D1346096

GADS engelsk

engelsk-dansk
dansk-engelsk
ordbog

G.E.C. Gads Forlag
1992

1. udgave, 4. oplag 1992

Published in collaboration with William Collins Sons & Co. Ltd. of Glasgow, Scotland and based on the text of Collins Gem Dictionaries

Forlagsredaktion: Anna Garde
Konsulenter: Ann Caie, Graham Caie

Layout og omslag: Axel Surland
Sats: A/S Dansk EDB Regnecentrum
Tryk: Nørhaven A/S, Viborg

ISBN 87-13-03498-7

Gads stribede ordbøger omfatter:

Engelsk-dansk/dansk-engelsk small
Engelsk-dansk/dansk-engelsk medium
Engelsk-dansk/dansk-engelsk large

Fransk-dansk/dansk-fransk small
Fransk-dansk/dansk-fransk medium

Tysk-dansk/dansk-tysk small
Tysk-dansk/dansk-tysk medium

Spansk-dansk/dansk-spansk small
Spansk-dansk/dansk-spansk medium

Svensk-dansk/dansk-svensk small
Svensk-dansk/dansk-svensk medium

Indledning

Gads engelske ordbog er, som de øvrige i serien, baseret på et fælles ordforråd som lægger hovedvægt på moderne tale- og skriftsprog og bl.a. henvender sig til elever på begynder- og mellemtrinet. Ordbogen indeholder ca. 40.000 opslagsord med oversættelse og en række eksempler på ordenes brug i sætninger og faste vendinger samt i præpositionsforbindelser.

I den engelsk-danske del har det været målet at give så mange hovedbetydninger af opslagsordene som muligt, ofte uden angivelse af betydningsområde, da det vil fremgå af sammenhængen i teksten, hvilken oversættelse man skal vælge. I den dansk-engelske del er der derimod lagt vægt på at vise, hvornår de forskellige oversættelser skal anvendes, og hvordan de forbindes med andre ord.

I mange tilfælde kan det samme opslagsord være fx både verbum og substantiv. I ordbogen er disse forskellige ordklasser opført under den samme artikel, adskilt af tegnet //. Rækkefølgen er: substantiv, verbum, adjektiv, adverbium.

Om ordbogens brug

Ordbogen er strengt alfabetisk opbygget. Forkortelser og talord står således på alfabetisk plads ligesom de uregelmæssige engelske verber. Ved fx verbet *to do* er bøjningen *did, done* angivet (med udtale), og ydermere er der fra henholdsvis *did* og *done* på alfabetisk plads henvisning til *do*. Tilden ~ erstatter hele det halvfede hovedopslagsord i artiklen. Hvis hovedopslagsordet fx er stavet med stort som **Amerika,** kan man komme ud for følgende konstruktion: **a ~ ner,** dvs. amerikaner, der jo staves med lille.

Som en tommelfingerregel kan man sige, at hvis oversættelserne til et opslagsord er adskilt af komma, er de stort set synonyme og man kan frit vælge imellem dem. Er ordene derimod adskilt af semikolon, kan de ikke bruges i flæng. I disse tilfælde vil ordbogen give oplysning om, hvilket ord der er det rigtige i de forskellige situationer. Der er dog undtagelser fra denne regel, nemlig hvor der først er anført fx et adjektiv med dets forskellige oversættelser, og herefter følger et adverbium, hvis oversættelser bruges på samme måde som adjektivets. Vi har her af pladshensyn ikke gentaget forklaringen til hvert ord, og man må da læse hele artiklen igennem for at sikre sig, at man vælger det rette adverbium. Fx: **skarp** *adj* sharp; (*fig om fx hørelse*) keen;... ~**hed** *s* sharpness; keenness; (*foto*) focus;... ~**t** *adv* sharply; keenly;...

Udtale

[']	hovedtrykket ligger på den efterfølgende stavelse, fx **Italy** ['itəli], **Italian** [i'tæljən]
[ˌ]	bitryk på den efterfølgende stavelse, fx **unimportant** [ˌʌnim'pɔ:tənt]
[:]	den forudgående vokal er lang, fx **heat** [hi:t], **see** [si:]
[*]	det forudgående r udtales når det følgende ord begynder på vokal, fx **here are** ['hiəra:] men: **here come** ['hiə:kʌm]
[æ]	som i **bat** [bæt], **mad** [mæ:d]
[ð]	som i **the** [ðə], **this** [ðis]
[θ]	som i **thing** [θiŋ], **three** [θri:]
[ə]	som i **winter** ['wintə*], **bird** [bə:d]
[ε]	som i **bear** [bεə*], **them** [ðεm]
[ɔ]	som i **not** [nɔt], **lord** [lɔ:d]
[ʌ]	som i **nut** [nʌt], **but** [bʌt]
[ŋ]	som i **finger** ['fiŋgə*], **singing** ['siŋiŋ]
[ʃ]	som i **shut** [ʃʌt], **wish** [wiʃ]
[z]	som i **zoo** [zu:], **wise** [waiz]
[ʒ]	som i **pleasure** ['plεʒə*], **age** [eidʒ].

Forkortelser

adj adjektiv, tillægsord
adm administrativt
adv adverbium, biord
agr landbrug
am amerikansk
anat anatomi
arkit arkitektur
arkæol arkæologi
astr astronomi/astrologi
auto vedr. biler
bibl biblioteksvæsen
biol biologi
bot botanik
brit britisk
bygn bygningsfag
d.s.s. det samme som
edb databehandling
elek elektricitet
F dagligt talesprog
F! meget familiært - pas på!
fig overført betydning
fork.f. forkortelse for
fys fysik
gastr madlavning og køkken
geogr geografi
geom geometri
gl gammeldags
gram grammatik
H højtideligt
hist historisk
hum humoristisk
interj interjektion, udråbsord
iron ironisk
jernb jernbane
jur jura, retsvæsen
kem kemi
konj konjunktion, bindeord
mar maritimt, søfart
mat matematik
med medicin, lægevidenskab
merk handel, merkantilt
met meteorologi

mil militært
mods modsat
mus musik
neds nedsættende
parl parlamentarisk
pol politik
pp perfektum participium, datids tillægsform
præp præposition, forholdsord
præt præteritum, datid
psyk psykologi
rel religion
S slang
S! grov slang - pas på!
s substantiv, navneord
spøg spøgende
sv.t. svarer til
teat teater, dramatik
tekn teknik
tlf telefon
typ typografi
ubøj ubøjeligt
univ vedr. universiteter
u.pl uden pluralis, uden flertal
V vulgært sprog
V! meget vulgært - pas på!
v verbum, udsagnsord
zo zoologi
økon økonomi

Øvrige forkortelser

ngn nogen
ngt noget
sby somebody
sth something

A

A, a [ei].

a [ei], *an* [æn, ən, n] (ubest. artikel) en, et; om; pr.; *~ few* nogle få; *~ little* lidt; *~ lot* en masse; *three times ~ day* tre gange om dagen; *50p a dozen* 50 p pr. dusin.

A.A. ['ei'ei] *s* (fork.f. *Automobile Association)* brit. pendant til FDM.

aback [ə'bæk] *adv: be taken ~* blive forbløffet.

abandon [ə'bændən] *s* løssluppenhed // *v* opgive; forlade.

abashed [ə'bæʃt] *adj* beskæmmet, forlegen.

abbess ['æbəs] *s* abbedisse; **abbey** ['æbi] *s* abbedi; **abbot** ['æbət] *s* abbed.

abbreviate [ə'bri:vieit] *v* forkorte; **abbreviation** [-'eiʃən] *s* forkortelse.

abdomen ['æbdəmən] *s* mave, underliv; **abdominal** [-'dɔminl] *adj* mave-.

abduct [æb'dʌkt] *v* bortføre; **~ion** *s* bortførelse.

abhor [əb'hɔ:*] *v* afsky; **~rence** *s* afsky; **~rent** *adj* afskyelig.

ability [ə'biliti] *s* evne; dygtighed.

abject ['æbdʒɛkt] *adj* ynkelig, sølle; ydmyg.

ablaze [ə'bleiz] *adj* i brand; i lys lue; *~ with light* strålende oplyst.

able [eibl] *adj* dygtig, kompetent; *be ~ to* være i stand til, kunne; *~ seaman* helbefaren matros; **ably** ['eibli] *adv* dygtigt.

abnormal [æb'nɔ:ml] *adj* unormal, abnorm; **~ity** [-'mæliti] *s* abnormitet.

aboard [ə'bɔ:d] *adv* ombord // *præp* om bord på.

abolish [ə'bɔliʃ] *v* afskaffe; nedlægge; **abolition** [-'liʃən] *s* afskaffelse.

abominable [ə'bɔminəbl] *adj* afskyelig; gyselig.

aborigine [æbə'ridʒini] *s* indfødt.

abort [ə'bɔ:t] *v* abortere; fremkalde abort (hos); **~ion** [-'bɔ:ʃən] *s* (provokeret) abort; **~ive** [-'bɔ:tiv] *adj* mislykket (fx *coup* kup).

abound [ə'baund] *v* findes i overflod; *~ in* vrimle med.

about [ə'baut] *adv/præp* omkring; rundt; om; vedrørende; omtrent, cirka; *at ~ two o'clock* ved totiden; *it's ~ here* det er her et sted; *walk ~ the town* gå rundt i byen; *be ~ to cry* være lige ved at græde; *what ~ a cup of tea?* hvad med en kop te? *I'm calling ~ the advertisement* jeg ringer vedrørende annoncen.

above [ə'bʌv] *adv/præp* over, ovenover; ovenpå; mere end; *~ all* fremfor alt; *be ~ sth* være hævet over ngt; *it is not ~ him to steal* han undser sig ikke for at stjæle; *from ~* ovenfra; *it is ~ me* det ligger over min forstand; *over and ~* foruden; ud over; **~board** *adj* ærlig; åben; **~-mentioned** *adj* ovennævnt.

abreast [ə'brɛst] *adv: keep ~ of* holde sig ajour med, følge med i; *march four ~* gå fire ved siden af hinanden.

abridge [ə'bridʒ] *v* forkorte.

abroad [ə'brɔ:d] *adj* ud, udenlands; *go ~* tage til udlandet.

abrupt [ə'brʌpt] *adj* brat; pludselig; (om person) kort for hovedet.

abscess ['æbsəs] *s* byld.

absence ['æbsəns] *s* fravær;

mangel *(of* på); **absent** [æb'sɛnt] *v: ~ oneself from sth* holde sig væk fra ngt // *adj* ['æbsənt] fraværende; væk; **absentee** [-'ti:] *s* fraværende person; en der pjækker; **absenteeism** [-'ti:izm] *s* fravær; pjækkeri; **absent-minded** [-maindid] *adj* åndsfraværende, distræt.

absolute ['æbsəlu:t] *adj* absolut; fuldstændig; **~ly** [-'lu:tli] *adv* absolut; aldeles; simpelthen.

absolve [əb'zɔlv] *v: ~ sby from a promise* løse en fra et løfte; *~ sby* give en syndsforladelse.

absorb [əb'zɔ:b] *v* opsuge; *be ~ed in a book* være opslugt af en bog; **~ent** *adj* absorberende, sugende; **~ing** *adj* (om fx bog) spændende.

abstain [əb'stein] *v: ~ from* afstå fra; **abstemious** [-'sti:miəs] *adj* afholdende; **abstinence** ['æbstinəns] *s* afholdenhed.

abstract *s* ['æbstrækt] uddrag; referat // *v* [æb'strækt] abstrahere; uddrage, udvinde; optage // *adj* ['æb-] abstrakt.

absurd [əb'sə:d] *s* meningsløs; latterlig; absurd.

abundance [ə'bʌndəns] *s* overflod; rigdom; **abundant** *adj* rigelig.

abuse *s* [ə'bju:s] misbrug; mishandling; skældsord // *v* [ə'bju:z] misbruge; mishandle; skade; **abusive** [-'bju:ziv] *adj* grov.

abyss [ə'bis] *s* afgrund; dybhavsområde.

A.C. ['ei'si:] (fork.f. *alternating current)* vekselstrøm.

academic [ækə'dɛmik] *s* akademiker, videnskabsmand // *adj* akademisk; teoretisk; **academy** [ə'kædəmi] *s* akademi; *academy of music* musikkonservatorium.

accede [æk'si:d] *v: ~ to* gå ind på, tilslutte sig; *~ to the throne* komme på tronen.

accelerate [æk'sɛləreit] *v* fremskynde; accelerere; **accelerator** *s* speeder, gaspedal.

accent ['æksənt] *s* accent; tryk (fx på stavelse); tonefald; udtale.

accentuate [æk'sɛntjueit] *v* fremhæve, understrege; lægge vægt på.

accept [ək'sɛpt] *v* acceptere; tage imod; sige ja til; godtage; **~able** *adj* tilfredsstillende; **~ance** *s* billigelse; accept, modtagelse.

access ['æksɛs] *s* adgang; *have ~ to* have adgang til; kunne få i tale; *~* **balcony** *s* altangang; **~ible** [-'sɛsəbl] *adj* tilgængelig.

accessory [æk'sɛsəri] *s* rekvisit; *(jur)* medskyldig *(to* i); *accessories pl* tilbehør; *toilet accessories pl* toiletsager.

accident ['æksidənt] *s* tilfælde; uheld, ulykkestilfælde; *by ~* tilfældigt; ved et uheld; *have an ~* komme galt af sted; **~al** [-'dɛntl] *adj* tilfældig; **~-prone** *adj: be ~-prone* altid komme galt af sted.

acclimatize [ə'klaimətaiz] *v* tilpasse, akklimatisere.

accommodate [ə'kɔmədeit] *v* anbringe; huse; have plads til; tilpasse (sig); *well-~d* bekvem; **accommodating** *adj* imødekommende.

accommodation [əkɔmə'deiʃən] *s* husly; plads; bekvemmelighed; tilpasning; *he's found ~* han har fundet husly; *~ for 500 guests* plads til 500 gæster; *have you got accommodation for two adults?* har De værelser til to perso-

ner?
accompaniment [ə'kʌmpəniment] *s* akkompagnement; tilbehør; **accompany** *v* ledsage; akkompagnere.
accomplice [ə'kʌmplis] *s* medskyldig.
accomplish [ə'kʌmpliʃ] *v* udrette; fuldende; gennemføre; **~ed** *adj* gennemført; dannet; dygtig; **~ment** *s* resultat; færdighed; *he has many ~ments* han har mange evner.
accord [ə'kɔ:d] *s* enighed; overenskomst // *v* stemme overens; give, skænke; *of one's own ~* af sig selv; *with one ~* alle som én; **~ance** *s: in ~ance with* i overensstemmelse med; **~ing** *adv: ~ing to* ifølge; efter; **~ingly** *adv* følgelig; derfor.
account [ə'kaunt] *s* konto; regnskab; beretning; *by all ~s* efter alt at dømme; *on ~* à conto; *on no ~* under ingen omstændigheder; *on ~ of* på grund af; *take into ~* el. *take ~ of* tage hensyn til; *~ for* gøre rede for; **~able** *adj* ansvarlig; forklarlig; **~ancy** *s* bogføring; revision; **~ant** *s* bogholder; revisor; **~ book** *s* regnskabsbog.
accumulate [ə'kju:mjuleit] *v* hobe sig op; vokse; samle(s); **accumulation** [-'leiʃən] *s* samling; ophobning.
accuracy ['ækjurəsi] *s* nøjagtighed; omhu; **accurate** *adj* nøjagtig; omhyggelig.
accusation [ækju'zeiʃən] *s* beskyldning; anklage; **accuse** [ə'kju:z] *v* beskylde; anklage; **~d** *adj* anklaget.
accustom [ə'kʌstəm] *v* vænne; **~ed** *adj* vant *(to* til); sædvanlig; *be ~ed to* være vant til.
ace [eis] *s* (kort) es; *within an ~ of* lige ved at.
ache [eik] *s* smerte // *v* gøre ondt; være øm; *I'm aching all over* jeg føler mig helt radbrækket.
achieve [ə'tʃi:v] *v* præstere; udrette; opnå; **~ment** *s* præstation, bedrift.
acid ['æsid] *s* syre // *adj* sur, syrlig, syre-; **~ity** [æ'siditi] *s* surhed(sgrad); sur mave.
acknowledge [ək'nɔlidʒ] *v* anerkende; bekræfte; indrømme; **~ment** *s* anerkendelse; indrømmelse; *in ~ment of your letter* som svar på Deres brev; *send ~ments* kvittere for modtagelsen.
acorn ['eikɔ:n] *s* agern.
acoustic [ə'ku:stik] *adj* akustisk (fx *guitar); ~s spl* akustik.
acquaint [ə'kweint] *v: ~ sby with sth* gøre en bekendt med ngt; *be ~ed with* kende; **~ance** *s* bekendtskab; (om person) bekendt.
acquire [ə'kwaiə*] *v* erhverve sig; få; opnå; **acquisition** [ækwi'ziʃən] *s* erhvervelse; **acquisitive** [-'kwizitiv] *adj* begærlig; 'om sig.
acquit [ə'kwit] *v* frikende; *~ oneself (well)* klare sig (fint).
acre ['eikə*] *s* (flademål: 4047 m^2); **~age** ['eikəridʒ] *s* (grund)areal.
acrimonious [ækri'məuniəs] *adj* bitter, skarp.
across [ə'krɔs] *adv/præp* (tværs) over; på den anden side af; på tværs; over kors; (i krydsord) vandret; *walk ~ the road* gå over gaden; *a road ~ the wood* en vej tværs igennem skoven; *~ from* lige over for; *come ~ sby* støde på en.
act [ækt] *s* handling; akt; lov // *v* handle; opføre sig; virke;

optræde; spille (teater); *~ as* fungere som; *~ up* skabe sig; **~ing** *s* skuespilkunst; komediespil // *adj* fungerende.

action ['ækʃən] *s* handling; virkning; funktion; *(jur)* retssag; *(mil)* kamp; *take ~* tage affære; anlægge sag.

activate ['æktiveit] *v* aktivisere; sætte gang i; aktivere; **active** ['æktiv] *adj* aktiv, virksom; **activity** [-'tiviti] *s* aktivitet.

actor ['æktə*] *s* skuespiller; **actress** ['æktris] *s* skuespillerinde.

actual ['æktjuəl] *adj* faktisk; virkelig; nuværende; **~ly** *adv* faktisk; egentlig; for øjeblikket; *~ly I'm Danish* jeg er faktisk dansk.

acute [ə'kju:t] *adj* akut; skarp; spids (fx *angle* vinkel); skærende (fx *pain* smerte); skarpsindig.

ad [æd] *s* fork.f. *advertisement.*

A.D. ['ei'di:] *adv* (fork.f. *Anno Domini)* e.Kr. (efter Kristi fødsel).

adamant ['ædəmənt] *adj* benhård; ubøjelig.

adapt [ə'dæpt] *v* tilpasse (sig); indrette (sig); bearbejde; **~able** *adj* som kan tilpasses; praktisk; **~ation** [-'teiʃən] *s* tilpasning; bearbejdelse; **~er** *s (tekn)* mellemstykke.

add [æd] *v* tilføje; tilsætte; lægge til (el. sammen); addere; *~ up* tælle sammen; *(fig)* stemme; *~ up to* beløbe sig til; ende med; betyde.

adder ['ædə*] *s* hugorm.

addict ['ædikt] *s* narkoman; *(fig)* fanatiker; **~ed** [ə'diktid] *adj: be ~ed to* være forfalden til; være vild med; **~ion** [ə'dikʃən] *s* hang; (om medicin el. stoffer) tilvænning.

addition [ə'diʃən] *s* tilføjelse; sammenlægning, addition; *in ~ to* foruden; **~al** *adj* ekstra; forøget; yderligere; **additive** ['æditiv] *s* tilsætningsstof.

address [ə'drɛs] *s* (højtidelig) tale; adresse // *v* tale til; holde foredrag for; henvende (sig til); adressere.

adenoids ['ædinɔidz] *spl (med)* polypper.

adept [ə'dɛpt] *adj: be ~ at* være mester i.

adequate ['ædikwit] *adj* tilstrækkelig; fyldestgørende.

adhere [əd'hiə*] *v: ~ to* klæbe til; *(fig)* holde fast ved; holde sig til; **~nt** *s* tilhænger // *adj* klæbende; *(fig)* forbundet; **adhesion** [əd'hi:ʒən] *s* klæben; fastholden; **adhesive** [əd'hi:ziv] *s* klæbestof // *adj* klæbende, klæbe- (fx *tape* strimmel).

adjacent [ə'dʒeisənt] *adj* nærliggende; tilstødende.

adjoin [ə'dʒɔin] *v* støde op til; vedføje; **~ing** *adj* tilstødende (fx *room* værelse).

adjourn [ə'dʒə:n] *v* udsætte; hæve mødet; fortrække.

adjust [ə'dʒʌst] *v* indstille; tilpasse; ordne; *~ to* tilpasse sig til; **~able** *adj* indstillelig; **~able spanner** *s* svensknøgle, skruenøgle; **~ment** *s* indstilling; justering; ordning.

administer [əd'ministə*] *v* administrere; tildele; give (fx *medicine* medicin); **administration** [ədminis'treiʃən] *s* ledelse, administration; tildeling; **administrator** [æd'ministreitə*] *s* leder, administrator.

admirable ['ædmərəbl] *adj* beundringsværdig; fortræffelig.

admiration [ædmə'reiʃən] *s* beundring; **admire** [əd'maiə*] *v* beundre; **admirer**

[əd'mairə*] *s* beundrer.
admission [əd'miʃən] *s* indrømmelse; adgang; (på museum etc) entré; (på sygehus) indlæggelse; (på skole etc) optagelse.
admit [əd'mit] *v* indrømme; lukke ind; tillade; optage; ~ *of* indrømme; ~ *to* give adgang til; optage i (fx *school* skole); **~tance** *s* adgang; **~tedly** *adv* ganske vist.
admonish [əd'mɔniʃ] *v* formane; advare.
ado [ə'du:] *s* postyr; *without (any) more* ~ uden videre.
adolescence [ædəu'lɛsns] *s* ungdom; pubertet; **adolescent** *s* ung mand (el. pige); teenager.
adopt [ə'dɔpt] *v* adoptere; antage (fx *another name* et nyt navn); vælge; **~ion** *s* adoption; antagelse; vedtagelse.
adorable [ə'dɔ:rəbl] *adj* yndig, henrivende; **adore** [ə'dɔ:*] *v* tilbede, elske.
adorn [ə'dɔ:n] *v* smykke, pryde; udsmykke.
Adriatic [eidri'ætik] *s: the ~ (Sea)* Adriaterhavet.
adult ['ædʌlt] *s* voksen (person) // *adj* voksen, moden.
adultery [ə'dʌltəri] *s* utroskab, ægteskabsbrud.
advance [əd'va:ns] *s* fremskridt; fremrykning; forskud // *v* gå frem; fremsætte; fremme; gøre fremskridt; *in* ~ forud; på forhånd; **~d** *adj* fremskreden; videregående; avanceret; **~ment** *s* forfremmelse; fremme; **~s** *spl* tilnærmelser.
advantage [əd'va:ntidʒ] *s* fordel; fortrin; *take ~ of* benytte sig af; **~ous** [-'teidʒəs] *adj* fordelagtig.
adventure [əd'vɛntʃə*] *s* eventyr; oplevelse; vovestykke; **~r** *s* eventyrer; **adventurous** *adj* eventyrlysten; eventyrlig.
adversary ['ædvəsəri] *s* modstander; modspiller.
adverse ['ædvə:s] *adj* ugunstig; uheldig; *be ~ to* være fjendtligt indstillet over for; være skadelig for; **adversity** [-'və:siti] *s* modgang.
advertise ['ædvətaiz] *v* reklamere, avertere; **~ment** [əd'və:tismənt] *s* annonce; reklame; **advertising** ['ædvətaiziŋ] *s* reklame, avertering.
advice [əd'vais] *s* råd; (om post) anmeldelse; bevis; *a piece of ~* et råd.
advisable [əd'vaizəbl] *adj* tilrådelig; ønskelig; **advise** [əd'vaiz] *v* råde; tilråde; underrette; *be well advised to* gøre klogt i at; **adviser** *s* rådgiver; **advisory** *adj* rådgivende.
advocate ['ædvəkeit] *s* (skotsk) advokat; forkæmper (*of* for) // *v* gøre sig til talsmand for.
Aegean [i'dʒi:ən] *adj: the ~ Sea* Ægæiske Hav.
aerial ['ɛəriəl] *s* antenne // *adj* luft-; antenne-; ~ *photograph* luftfoto.
aeroplane ['ɛərəplein] *s* flyvemaskine, fly.
aesthetic [is'θɛtik] *adj* æstetisk; fintfølende.
afar [ə'fa:*] *adv: from ~* langt borte fra.
affable ['æfəbl] *adj* venlig; forekommende.
affair [ə'fɛə*] *s* sag; affære; forhold; **~s** *spl* forretninger.
affect [ə'fɛkt] *v* påvirke; berøre; angribe; foregive; **~ation** [-'teiʃən] *s* affekterethed; krukkeri; **~ion** [-'fɛkʃən] *s* kærlighed; følelse; påvirkning; **affectionate** [-'fɛkʃənit]

adj kærlig, hengiven.
affidavit [æfi'deivit] *s (jur)* beediget skriftlig erklæring.
affiliated [ə'filieitid] *adj* tilsluttet, tilknyttet.
affinity [ə'finiti] *s* slægtskab; lighed.
affirmative [ə'fə:mətiv] *adj* bekræftende // *s: in the affirmative* bekræftende.
afflict [ə'flikt] *v* plage, hjemsøge; **~ion** *s* sorg; plage, lidelse.
affluence ['æfluəns] *s* tilstrømning; velstand; **affluent** *adj* tilstrømmende; velstående, velfærds-.
afford [ə'fɔ:d] *v* have råd til; kunne tillade sig; yde; byde på; *I can't ~ the time* jeg kan ikke afse tiden.
afield [ə'fi:ld] *adv: far ~* langt bort(e); langt ud(e).
afloat [ə'fləut] *adj (mar)* flot; flydende // *adv: stay ~* holde hovedet oven vande; *keep a business ~* holde en forretning i gang.
aforesaid [ə'fɔ:sɛd] *adj* ovennævnt; førnævnt.
afraid [ə'freid] *adj* bange; *be ~ of* (el. *to)* være bange for (at); *I'm ~ that...* jeg er bange for at...
afresh [ə'frɛʃ] *adj* påny; om igen.
after ['a:ftə*] *adj/adv/præp* efter; bagefter; senere // *konj* efter at; *what are you ~?* hvad er du ude efter? *ask ~ sby* spørge til en; *~ all* når det kommer til stykket; alligevel; **~-effects** *spl* eftervirkninger; efterveer; **~life** *s* livet efter døden; **~math** *s* eftervirkning; *in the ~math of* i tiden efter (fx *the war* krigen); **~noon** *s* eftermiddag; **~thought** *s: have an ~thought* få en ny indskydelse; være bagklog; **~wards** *adv* bagefter; senere.
again [ə'gɛn] *adv* igen; på den anden side; desuden; *begin ~* begynde forfra (el. igen); *~ and ~* gang på gang; *what did you say ~?* hvad var det du sagde? hvadbehar? *as much ~* lige så meget til, dobbelt så meget.
against [ə'gɛnst] *præp* mod, imod; ud for; ved; *run ~ time* løbe om kap med tiden.
age [eidʒ] *s* alder; tidsalder // *v* ælde(s); *it's been ~s since we met* det er hundrede år siden vi sås; *come of ~* blive myndig; **~d** [eidʒd] *adj: a boy ~d ten* en dreng på ti år; ['eidʒid] gammel; oppe i årene; *~* **limit** *s* aldersgrænse.
agency ['eidʒənsi] *s* virken; kraft; agentur, bureau; *through* (el. *by) the ~ of sby* ved ens formidling, gennem en.
agenda [ə'dʒɛndə] *s* notesbog; dagsorden.
agent ['eidʒənt] *s* agent; middel.
aggravate ['ægrəveit] *v* forværre; irritere; **aggravation** [-'veiʃən] *s* forværring; skærpelse.
aggregate ['ægrigeit] *s* ophobning; aggregat; samlet sum.
aggression [ə'grɛʃən] *s* angreb; aggression; **aggressive** [-'grɛsiv] *adj* pågående; aggressiv.
aghast [ə'ga:st] *adj* forfærdet.
agile ['ædʒail] *adj* adræt, kvik;
agility [æ'dʒiliti] *s* smidighed.
agitate ['ædʒiteit] *v* ophidse; sætte i bevægelse; agitere; **~d** *adj* urolig; ophidset.
ago [ə'gəu] *adv: not long ~* for ikke så længe siden; *long ~* for længe siden; *five years ~* for fem år siden.
agonizing ['ægənaiziŋ] *adj* pi-

nefuld; sindsoprivende; **agony** ['ægəni] *s* kval; (stærk) smerte; *be in ~* lide de frygteligste kvaler; **agony column** *s* (i dameblad) læserbrevkasse.

agrarian [ə'grɛəriəŋ] *adj* landbrugs-.

agree [ə'gri:] *v* være (el.blive) enige; stemme (overens); enes; *I ~ that...* jeg er enig i at...; *~ to* gå ind på; gå med til; *they ~ on this* de er enige om dette; *they ~d on a price* de enedes om en pris; *~ with sby* være enig med en; *garlic doesn't ~ with me* jeg kan ikke tåle hvidløg; **~able** *adj* behagelig; velvillig; *are you ~able to this?* er du indforstået med dette? **~d** *adj* enig; aftalt (fx *time* tid); **~ment** *s* enighed; overenskomst, aftale.

agricultural [ægri'kʌltʃərəl] *adj* landbrugs-; **agriculture** ['ægrikʌltʃə*] *s* landbrug.

ahead [ə'hɛd] *adv* foran; forud(e); fremad; *~ of time* i god tid; *go straight ~* gå (el. køre) lige frem; *they were right ~ of us* de var lige foran os.

aid [eid] *s* hjælp; støtte; hjælpemiddel // *v* hjælpe; støtte; *hearing ~* høreapparat; *~ and abet (jur)* være medskyldig.

aide [eid] *s* hjælper.

ail [eil] *s* være syg; skrante; *what is ~ing him? (fig)* hvad går der af ham? **ailment** *s* (lettere) sygdom.

aim [eim] *s* sigte; mål // *v* sigte; kaste; stile; agte; *take ~* sigte; lægge an; *~ at* sigte på; stile efter; *~ to* agte at; **~less** *adj* formålsløs.

air [ɛə*] *s* luft; præg; holdning; mine // *v* lufte; ventilere; tørre; *~* **base** *s* flyvestation; **~bed** *s* luftmadras; **~borne** *adj* luftbåren; *be ~borne* være i luften; **~-cooled** *adj* luftkølet; **~craft** *s* fly(vemaskine); **~craft carrier** *s* hangarskib; **~crew** *s* flybesætning; *~* **force** *s* flyvevåben; **~gun** *s* luftbøsse; **~hostess** *s* stewardesse, flyværtinde; **~ily** *adj* flygtigt; henkastet; **~lift** *s* luftbro; **~line** *s* flyverute; flyselskab; **~liner** *s* rutefly; **~mail** *s* luftpost; *~* **pollution** *s* luftforurening; **~port** *s* lufthavn; *~* **raid** *s* luftangreb; **~sick** *s* luftsyg; **~strip** *s* start- og landingsbane; **~tight** *adj* lufttæt; *(fig)* skudsikker; **~y** *adj* luftig; luft-; flygtig; nonchalant.

aisle [ail] *s* (i kirke) midtergang; sideskib.

ajar [ə'dʒa:*] *adv* på klem.

akin [ə'kin] *adj: be ~ to* være beslægtet med.

alarm [ə'la:m] *s* alarm(signal); uro, ængstelse // *v* alarmere; forskrække; *sound the ~* slå alarm; *~* **clock** *s* vækkeur.

alas [ə'la:s] *interj* ak; desværre.

album ['ælbəm] *s* album; LP(-plade).

albumen ['ælbjumin] *s* æggehvidestof.

alchemy ['ælkimi] *s* alkymi.

alcohol ['ælkəhɔl] *s* alkohol; sprit; **~ic** [-'hɔlik] *s* alkoholiker // *adj* alkoholisk, sprit-.

ale [eil] *s* lyst øl.

alert [æ'lə:t] *s* alarm // *adj* vågen; kvik; *on the ~* på sin post; i beredskab.

algebra ['ældʒibrə] *s* aritmetik.

Algeria [æl'dʒiəriə] *s* Algeriet; **~n** *s* algerier // *adj* algerisk.

alias ['eiliəs] *s* dæknavn // *adj* også kaldet, alias.

alibi ['ælibai] *s* alibi; undskyld-

ning.
alien ['eiliən] *s* udlænding; fremmed // *adj* fremmed; ~ *from* forskellig fra; ~ *to* fremmed for; **~ate** *v* gøre fjendtligt indstillet; fremmedgøre.
alight [ə'lait] *v* stige ned; stå 'af; lande // *adj: be* ~ brænde.
align [ə'lain] *v* stå (el. stille sig) på linje; rette ind; **~ment** *s* stillen på linje; *(pol* etc) gruppering; alliance.
alike [ə'laik] *adj/adv* ens; *look* ~ ligne hinanden.
alimony ['æliməni] *s* underholdsbidrag.
alive [ə'laiv] *adj* levende, i live; livlig; *be* ~ *to* være opmærksom på; have sans for; *be* ~ *with* vrimle med.
all [ɔ:l] *adj/pron* al, alt, alle; det hele; helt // *adv* fuldstændig, helt; ~ *alone* helt alene; ~ *along* hele tiden; ~ *but* næsten; ~ *his life* hele livet; ~ *five* alle fem; ~ *of them* (dem) allesammen; ~ *over the place* over det hele; *not at* ~ slet ikke; ~ *the same* alligevel; ~ *at once* med ét, pludselig; *once (and) for* ~ én gang for alle; ~ *the better* så meget desto bedre.
allegation [æli'geiʃən] *s* påstand; **allege** [ə'lɛdʒ] *v* påstå; hævde; **allegedly** [ə'lɛdʒidli] *adv* angiveligt; påstået.
allegiance [ə'li:dʒəns] *s* troskab.
allergic [ə'lə:dʒik] *adj:* ~ *to* overfølsom for; **allergy** ['ælədʒi] *s* allergi, overfølsomhed.
alleviate [ə'li:vieit] *v* lindre; dæmpe.
alley ['æli] *s* stræde, gyde.
alliance [ə'laiəns] *s* alliance; forbindelse.
allied ['ælaid] *adj* allieret; beslægtet.
all-important ['ɔ:lim'pɔ:tənt] *adj* altafgørende.
allocate ['æləkeit] *v* tildele; fordele; **allocation** [-'keiʃən] *s* tildeling; fordeling; rationering.
allot [ə'lɔt] *v* tildele; uddele; **~ment** *s* andel; kolonihave.
allow [ə'lau] *v* tillade; lukke ind; lade få, give; indrømme; ~ *for* tage hensyn til; regne med; **~ance** *s* ration; lommepenge; diæter; rabat; (i skat) fradrag; *make ~ances for* tage hensyn til.
all right ['ɔ:l'rait] *adv* i orden; rask; udmærket; *it's quite* ~ det er helt i orden.
all-round ['ɔ:l'raund] *adj* alsidig; universal-.
all-time ['ɔ:l'taim] *adj: an* ~ *record* alle tiders rekord.
allude [ə'lu:d] *v:* ~ *to* hentyde til.
allusion [ə'lu:ʒən] *s* hentydning.
ally ['ælai] *s* forbundsfælle, allieret.
almighty [ɔ:l'maiti] *adj* almægtig.
almond ['a:mənd] *s* mandel.
almost ['ɔ:lməust] *adv* næsten.
alms [a:mz] *spl* almisse.
alone [ə'ləun] *adj* alene; kun; *leave sby* ~ lade en være i fred; *all* ~ helt alene; *let* ~ for ikke at tale om.
along [ə'lɔŋ] *adv/præp* langs (med); hen ad; med; af sted; *is he coming ~?* kommer han med? ~ *with* sammen med; foruden; *all* ~ hele tiden; *get* ~ *with* klare sig med; komme godt ud af det med; **~side** *præp* ved siden af; langs med.
aloof [ə'lu:f] *adj/adv* reserveret; tilknappet.
aloud [ə'laud] *adv: read* ~ læse højt.

alpine ['ælpain] *adj* alpin, alpe-; ~ **combined** *s* alpine skiløb; **alps** [ælps] *spl: the Alps* Alperne.
already [ɔ:l'rɛdi] *adv* allerede.
alright ['ɔ:l'rait] *adv* d.s.s. *all right.*
also ['ɔ:lsəu] *adv* også; ligeledes.
altar ['ɔ:ltə*] *s* alter.
alter ['ɔ:ltə*] *v* ændre; lave om; forandre (sig); ~**ation** [-'reiʃən] *s* ændring; (om tøj) omsyning.
alternate *v* ['ɔltəneit] veksle; skifte(s) // *adj* [ɔ:l'tənit] (af)vekslende; skiftevis; *on ~ days* hveranden dag; **alternating current** *s (AC)* vekselstrøm.
alternative [ɔ:l'tə:nətiv] *s* alternativ; valg; anden mulighed; ~**ly** *adv: ~ly one could...* man kunne også...
alternator ['ɔ:ltəneitə*] *s (auto)* vekselstrømsdynamo.
although [ɔ:l'ðəu] *konj* skønt; selv om.
altitude ['æltitju:d] *s* højde.
alto ['æltəu] *s* alt(stemme); ~ **flute** *s* altfløjte.
altogether ['ɔ:ltə'gɛðə*] *adv* fuldstændig; (alt) i alt; i det hele taget; allesammen; *they came ~* de kom allesammen // *s: in the ~* (F) splitternøgen.
always ['ɔ:lweiz] *adv* altid.
am [æm, əm] *v* 1. person sing af *be; I ~* jeg er.
a.m. ['ei'ɛm] *adv* (fork.f. *ante meridiem)* om formiddagen, om morgenen; *at seven ~* klokken syv morgen.
amalgamate [ə'mælgəmeit] *v* sammensmelte; sammenslutte.
amateur ['æmətə*] *s* amatør; ~**ish** [-'tə:riʃ] *adj (neds)* amatøragtig.
amaze [ə'meiz] *v* forbløffe; ~**ment** *s* forbløffelse; **amazing** *adj* forbavsende; utrolig.
ambassador [æm'bæsədə*] *s* ambassadør.
amber ['æmbə*] *s* rav; (om trafiklys) gult (lys).
ambiguity [æmbi'gjuiti] *s* dobbelttydighed; **ambiguous** [-'bigjuəs] *adj* tvetydig; forblommet.
ambition [æm'biʃən] *s* ambition, ærgerrighed; **ambitious** *adj* ambitiøs, ærgerrig.
amble [æmbl] *v: ~ (along)* lunte (af sted).
ambush ['æmbuʃ] *s* baghold // *v* lægge sig (el. lokke) i baghold.
amend [ə'mɛnd] *v* forbedre; rette; forbedre sig; ~**ment** *s* forbedring; ændring; ~**s** *spl: make ~s* give oprejsning (el. erstatning).
amiable ['eimiəbl] *adj* venlig; elskværdig.
amicable ['æmikəbl] *adj* fredelig; venskabelig.
amid(st) [ə'mid(st)] *præp* midt i; blandt.
amiss [ə'mis] *adj/adv: there's sth ~* der er ngt galt (el. forkert); *take sth ~* tage ngt ilde op; *go ~* mislykkes.
ammonia [ə'məuniə] *s* salmiakspiritus, ammoniak.
amnesia [æm'ni:ziə] *s* hukommelsestab.
amnesty ['æmnisti] *s* benådning, amnesti.
among [ə'mʌŋ] *præp* mellem; blandt; *~ other things* blandt andet; *~ others* blandt andre; *~ themselves* indbyrdes; ~**st** *præp* d.s.s. *among.*
amoral [ei'mɔrəl] *adj* amoralsk.
amorous ['æmərəs] *adj* forelsket; kælen.
amount [ə'maunt] *s* beløb;

mængde; sum *// v: ~ to* beløbe sig til; *it (all) ~s to the same thing* det kommer ud på ét.
amphibian [æm'fibiən] *s* amfibiefartøj; *(zo)* padde.
ample [æmpl] *adj* fyldig; rigelig; vidtstrakt; *this is ~* det (her) er rigeligt; *have ~ time* have rigelig tid.
amplifier ['æmplifaiə*] *s* forstærker; **amplify** *v* forstærke; udvide; supplere.
amputate ['æmpjuteit] *v* amputere.
amuse [ə'mju:z] *v* more; underholde; *~***ment** *s* underholdning; fornøjelse; *~***ment park** *s* forlystelsespark.
an [æn, ən, n] se *a.*
anaemia [ə'ni:miə] *s* blodmangel, anæmi; **anaemic** *adj* blodfattig, anæmisk.
anaesthetic [ænis'θɛtik] *s* bedøvelsesmiddel; *under the ~* i narkose, bedøvet; **anaesthetist** [æ'ni:sθitist] *s* narkoselæge.
analgesic [ænəl'dʒi:sik] *s* smertestillende middel.
analogy [æ'nælədʒi] *s* parallel; analogi.
analyse ['ænəlaiz] *v* analysere; **analysis** [ə'nælisis] *s (pl: analyses* [-si:z]) analyse; **analyst** ['ænəlist] *s (brit)* analytiker; *(am)* psykoanalytiker.
anarchy ['ænəki] *s* anarki; lovløshed.
anathema [ə'næθimə] *s: be ~* være bandlyst; *it is ~ to him* det vil han ikke røre med en ildtang.
anatomy [ə'nætəmi] *s* anatomi; (op)bygning; krop.
ancestor ['ænsistə*] *s* forfader, stamfader; **ancestral** [æn'sɛstrəl] *adj* familie-, slægts-; **ancestry** ['æn-] *s* slægt; forfædre, aner.
anchor ['æŋkə*] *s* anker *// v* ankre op; forankre; *~***age** ['æŋkəridʒ] *s* opankring; ankerplads.
anchovy ['æntʃəvi] *s* ansjos.
ancient ['einʃənt] *adj* ældgammel; oldtids-; *an ~ monument* et fortidsminde.
and [ænd, ən] *konj* og; *~ so on* og så videre; *try ~ come* prøv at komme; *do it ~ I'll kill you* hvis du gør det, slår jeg dig ihjel; *for hours ~ hours* i timevis.
angel ['eindʒəl] *s* engel; *~***ic** [-'dʒɛlik] *adj* engleagtig; engleblid.
anger ['æŋgə*] *s* vrede *// v* gøre vred.
angina [æn'dʒainə*] *s* angina, halsbetændelse; angina pectoris.
angle [æŋgl] *s* vinkel; kant; hjørne; *from their ~* fra deres synsvinkel *// v: ~ for* fiske efter; *~***r** *s* lystfisker; **angling** *s* lystfiskeri.
Anglo- ['æŋgləu] *adj* engelsk-; anglo-; *~***-Saxon** *adj* angelsaksisk.
angry ['æŋgri] *adj* vred, gal; *be ~ with* (el. *at)* være vred på; *get ~* blive vred; *make sby ~* gøre en vred.
anguish ['æŋgwiʃ] *s* kval; tortur.
angular ['æŋgjulə*] *adj* kantet; vinkel-.
animal ['æniməl] *s* dyr *// adj* dyre-; animalsk.
animate *v* ['ænimeit] opmuntre; live op; animere; *~d cartoon* tegnefilm *// adj* ['ænimit] levende; livlig; *~***d** *adj* animeret.
animosity [æni'mɔsiti] *s* uvilje; fjendskab.
ankle [æŋkl] *s* ankel; ankelled; *~***t** ['æŋklit] *s* (om smykke) ankelkæde.

annex(e) ['ænɛks] *s* tilbygning; anneks // *v* [ə'nɛks] indlemme; *~ a country* annektere et land; **~ation** [-'seiʃən] *s* annektering.
annihilate [ə'naiəleit] *v* tilintetgøre; udslette.
anniversary [æni'və:səri] *s* årsdag; *his twenty-fifth ~* hans femogtyveårs jubilæum; *wedding ~* bryllupsdag.
annotate ['ænəuteit] *v* kommentere.
announce [ə'nauns] *v* melde; meddele; bekendtgøre; **~ment** *s* bekendtgørelse; annoncering (af fx radioprogram); **~r** *s (tv, radio)* speaker.
annoy [ə'nɔi] *v* irritere; ærgre; genere; *don't get ~ed!* lad nu være med at blive sur! **~ing** *adj* irriterende; kedelig.
annual ['ænjuəl] *s* årbog; *(bot)* etårig plante // *adj* årlig, års-.
annuity [ə'njuiti] *s* årlig ydelse; *life ~* livrente.
annul [ə'nʌl] *v* annullere; ophæve; **~ment** *s* annullering.
anoint [ə'nɔint] *v* salve; indvi.
anomalous [ə'nɔmələs] *adj* abnorm; uregelmæssig; **anomaly** *s* afvigelse; abnormitet.
anonymous [ə'nɔniməs] *adj* anonym.
another [ə'nʌðə*] *pron* en anden; en til; *~ cup of tea* en kop te til; *~ two years* to år endnu (el. til); *one ~* hinanden.
answer ['a:nsə*] *s* svar; løsning // *v* svare; besvare; løse (fx *a problem* en opgave); *~ the door* lukke op (for en der ringer på); *~ the phone* tage telefonen; *in ~ to* som svar på; *~ back* svare igen; *~ for* stå inde for; stå til regnskab for; **~able** *adj* ansvarlig.
ant [ænt] *s* myre.
antagonism [æn'tægənizm] *s* modstrid; modstand; **antagonist** *s* modstander; **antagonistic** [-'nistik] *adj* fjendtlig; modsat.
anteater ['ænti:tə*] *s* myresluger.
antecedent [ænti'si:dənt] *s* forudsætning.
antemeridian ['æntimə'ridiən] *(a.m.) adj* formiddags-.
antenatal ['ænti'neitl] *adj* før fødslen, prænatal; *~* **clinic** *s* svangreambulatorium.
antenna [æn'tɛnə] *s (pl: antennae* [-ni:]) følehorn; antenne.
anteroom ['æntiru:m] *s* forværelse, forkontor.
anthem ['ænθəm] *s* hymne; *national ~* nationalsang.
ant-hill ['ænthil] *s* myretue.
anthology [æn'θɔlədʒi] *s* udvalg, antologi.
anti. . . ['ænti-] sms: **~-aircraft** *adj* luftværns-; *~-aircraft defence* luftværn; **~biotic** [-bai'ɔtik] *s* antibiotikum // *adj* antibiotisk; **~body** *s (med)* antistof.
anticipate [æn'tisipeit] *v* vente; se hen til; foregribe; komme i forkøbet; **anticipation** [-'peiʃən] *s* forventning; foregribelse; *thanking you in anticipation* idet jeg på forhånd takker Dem.
anti. . . ['ænti-] sms: **~climax** [-'klaimæks] *s* antiklimaks; **~clockwise** [-'klɔkwaiz] *adj* mod uret; venstredrejet; **~dote** *s* modgift; **~freeze** *s (auto)* kølervæske; frostvæske; **~-noise campaign** *s* støjbekæmpelse; **~pathy** [æn'tipæθi] *s* modvilje, antipati; **A~podes** *spl: the A~podes* antipoderne (dvs. Australien, New Zealand, Oceanien).

antiquarian [ænti'kwɛəriən] *adj* antikvarisk; ~ **bookshop** *s* antikvariat; **antiquated** ['æntikweitid] *adj* gammeldags; antikveret.
antique [æn'ti:k] *s* antikvitet // *adj* antik; gammel; ~ **dealer** *s* antikvitetshandler; ~ **shop** *s* antikvitetshandel; **antiquity** [-'tikwiti] *s* oldtiden; antikken.
antiseptic [ænti'sɛptik] *s* antiseptisk middel // *adj* steril; **antisocial** *adj* uselskabelig; samfundsskadelig.
antlers ['æntləz] *spl* gevir.
ant's nest ['æntsnɛst] *s* myretue.
anvil ['ænvil] *s* ambolt.
anxiety [æŋ'zaiəti] *s* ængstelse, angst; iver; **anxious** ['æŋkʃəs] *adj* ængstelig, bekymret *(about* over); ivrig; *be very anxious to* være stærkt opsat på at.
any ['ɛni] *adv/pron* nogen; enhver; hvilken som helst; *hardly* ~ næsten ingen (, ingenting, intet); *in* ~ *case* el. *at* ~ *rate* i hvert fald; *(at)* ~ *time* når som helst; *(at)* ~ *moment* hvert øjeblik; *does* ~ *of you sing?* er der en af jer der kan synge? *he's not here* ~ *more* han er her ikke længere; *is there* ~ *more tea?* er der mere te? **~body** *pron* nogen (som helst); hvem som helst; enhver; **~how** *adv* i hvert fald; alligevel; på en hvilken som helst måde; **~one** *pron* d.s.s. *~body;* **~thing** *pron* noget (som helst); hvad som helst; alt; **~time** *adv* når som helst; **~way** *adv* d.s.s. *~how;* **~where** *adv* hvor som helst; alle vegne; *I don't see him ~where* jeg kan ikke se ham nogen steder.

apart [ə'pa:t] *adv* adskilt; afsides; (hver) for sig; *live* ~ leve hver for sig; være separerede; ~ *from* bortset fra; *take* ~ skille ad.
apartment [ə'pa:tmənt] *s (brit)* værelse; *(am)* lejlighed; **~s** *spl (brit)* lejlighed.
apathetic [æpə'θɛtik] *adj* apatisk, sløv, ligeglad; **apathy** ['æpəθi] *s* apati, sløvhed.
ape [eip] *s* menneskeabe // *v* abe efter.
aperture ['æpətʃjuə*] *s* åbning, hul; *(foto)* blænderåbning.
aphrodisiac [æfrəu'diziæk] *s* elskovsmiddel.
apiece [ə'pi:s] *adv* pr. styk, stykket; hver; *a pound* ~ et pund stykket.
apologetic [əpɔlə'dʒɛtik] *adj* undskyldende; *be very* ~ *about sth* være fuld af undskyldninger over ngt; **apologize** [ə'pɔlədʒaiz] *v* sige undskyld; **apology** [ə'pɔlədʒi] *s* undskyldning; *send one's apologies* sende afbud.
apostrophe [ə'pɔstrəfi] *s* apostrof.
appal [ə'pɔ:l] *v* forfærde; **~ling** *adj* rystende, skrækkelig.
apparatus [æpə'reitəs] *s* apparat; redskab; hjælpemiddel.
apparent [ə'pærənt] *adj* synlig, åbenbar; **~ly** *adv* åbenbart, tilsyneladende.
apparition [æpə'riʃən] *s* fænomen, syn; genfærd.
appeal [ə'pi:l] *s* appel; bøn; henvendelse; tiltrækning // *v* appellere; bede, behage, tiltale; ~ *for* anmode indtrængende om; ~ *to* appellere til; virke tiltrækkende på; ~ *to sby for mercy* bede en om nåde; *it doesn't* ~ *to me* jeg synes ikke om det; **~ing** *adj* tiltalende; bønfaldende.
appear [ə'piə*] *v* komme

frem; vise sig; møde op; (om bog etc) udkomme; synes; fremgå; *it would ~ that* det ser ud til at; *~ in Hamlet* spille i Hamlet; *~ on television* komme i tv, optræde i fjernsynet; ~**ance** *s* forekomst; tilsynekomst; udseende; fænomen; *put in* (el. *make) an ~ance* møde op; komme til stede; *judge from ~ances* dømme efter udseendet; *keep up ~ances* bevare facaden.

appendicitis [əpɛndi'saitis] blindtarmsbetændelse; **appendix** [ə'pɛndiks] *s (pl: appendices* [-si:z]) tillæg, appendiks; blindtarm.

appetite ['æpitait] *s* appetit; lyst; **appetizing** *adj* appetitvækkende; appetitlig.

applaud [ə'plɔ:d] *v* applaudere, klappe (af), bifalde; **applause** [ə'plɔ:z] *s* bifald.

apple [æpl] *s* æble; *she's the ~ of his eye* hun er hans et og alt; *~* **blossom** *s* æbleblomst; *~* **core** *s* kærnehus; *~* **dumpling** *s* sv.t. æbleskive; *~* **pie** *s* æblepie; *in ~-pie order* (F) i tip-top form; *~* **sauce** *s* æblemos; *~* **turnover** *s* (sammenfoldet) æbletærte.

appliance [ə'plaiəns] *s* anordning; apparat; instrument.

applicant ['æplikənt] *s* ansøger; **application** [-'keiʃən] *s* ansøgning; anvendelse; anbringelse; flid; *on application* ved henvendelse.

applied [ə'plaid] *adj* anvendt; *~* **art** *s* brugskunst.

apply [ə'plai] *v* anvende; ansøge; henvende sig; anbringe; *~ for* ansøge om; *~ the brakes* træde på bremsen; *~ oneself to* gå op i, hengive sig til.

appoint [ə'pɔint] *v* udnævne; udpege; (om tid, sted etc) fastsætte, aftale; ~**ment** *s* udnævnelse; stilling; møde; aftale; *make an ~ment with sby* aftale et møde (el. at mødes) med en.

appreciate [ə'pri:ʃieit] *v* sætte pris på; have sans for; vurdere; **appreciation** [-'eiʃən] *s* påskønnelse; vurdering; *(økon)* værdiforøgelse; **appreciative** [ə'pri:siətiv] *adj* forstående; anerkendende.

apprehend [æpri'hɛnd] *v* pågribe; begribe, forstå; **apprehension** *s* pågribelse; fatteevne, ængstelse; **apprehensive** *adj* ængstelig; forstående.

apprentice [ə'prɛntis] *s* lærling, elev; ~**ship** *s* læretid, elevtid.

approach [ə'prəutʃ] *s* komme; adgang; indkørsel; fremgangsmåde // *v* nærme sig; henvende sig til; gribe an; ~**able** *adj* omgængelig.

appropriate *v* [ə'prəuprieit] tilegne sig; bevilge // *adj* [ə'prəupriit] passende, behørig; rammende (fx *remark* bemærkning).

approval [ə'pru:vəl] *s* godkendelse; *on ~* på prøve, til gennemsyn; **approve** [ə'pru:v] *v* godkende; *approve of* synes om; **approving** *adj* bifaldende.

approximate *v* [ə'prɔksimeit] nærme (sig), tilnærme // *adj* [ə'prɔksimit] tilnærmet, omtrentlig; ~**ly** *adv* omtrent, cirka; **approximation** [-'meiʃən] *s* tilnærmelse.

apricot ['æprikət] *s* abrikos.

April ['eiprəl] *s* april; *~* **fool** *s* aprilsnar.

apron ['eiprən] *s* forklæde; *~* **string** *s* forklædebånd; *he is tied to her ~ strings* han hænger i hendes skørter.

apt [æpt] *adj* passende; træffende; dygtig; *be ~ to* være tilbøjelig til.
aqualung ['ækwəlʌŋ] *s* iltbeholder (til svømmedykkere).
aquarium [ə'kwεəriəm] *s* akvarium.
Aquarius [ə'kwεəriəs] *s (astr)* Vandmanden.
aquatic [ə'kwætik] *adj* vand-.
Arab ['ærəb] *s* araber; **~ia** [ə'reibiə] *s* Arabien; **~ian** [ə'reibiən] *adj* arabisk; *the ~ian Nights* Tusind og én Nats Eventyr; **~ian camel** *s* dromedar; **~ic** ['ærəbik] *s* (om sprog) arabisk; *~ic numerals* arabertal.
arable ['ærəbl] *adj* som kan dyrkes; opdyrket.
arbiter ['a:bitə*] *s* dommer; voldgiftsmand; enehersker.
arbitrary ['a:bitrəri] *adj* skønsmæssig; egenrådig; **arbitrate** *v* (lade) afgøre ved voldgift; dømme; **arbitration** [-'treiʃən] *s* voldgift; **arbitrator** *s* mægler, forligsmand.
arcade [a:'keid] *s* arkade; spillehal.
arch [a:tʃ] *s* bue, hvælving; (på foden) svang // *v* krumme (fx ryg); danne en bue (over) // *adj* skælmsk; ærke-.
archaeologist [a:ki'ɔlədʒist] *s* arkæolog; **archaeology** *s* arkæologi.
archaic [a:'keik] *adj* gammeldags, forældet.
archangel ['a:keindʒəl] *s* ærkeengel.
archbishop ['a:tʃbiʃəp] *s* ærkebiskop; **arch-enemy** *s* ærkefjende.
archer ['a:tʃə*] *s* bueskytte; **~y** *s* bueskydning.
archetype ['a:kitaip] *s* prototype; grundform.
archipelago [a:ki'pεləgəu] *s* øhav.
architect ['a:kitεkt] *s* arkitekt; **~ure** ['a:kitεktʃə*] *s* arkitektur.
archives ['a:kaivz] *spl* arkiv; **archivist** ['a:kivist] *s* arkivar.
archway ['a:tʃwei] *s* bue(gang).
Arctic ['a:ktik] *s: the ~* Arktis // *adj* arktisk; *the ~ Circle* den nordlige polarcirkel; *the ~ Ocean* Nordlige Ishav.
ardent ['a:dənt] *adj* brændende; ivrig; lidenskabelig.
arduous ['a:djuəs] *adj* besværlig, vanskelig.
are [a:*] *pl* af *be*.
area ['εəriə] *s* område; areal; felt; *a sum in the ~ of £50* et beløb på omkring £50; *dining ~* spiseplads; *~* **code** *s (tlf)* områdenummer.
Argentina [a:dʒən'ti:nə] el. **Argentine** ['a:dʒəntain] *s* Argentina; **Argentinian** [-'tiniən] *s* argentiner // *adj* argentinsk.
arguable ['a:gjuəbl] *adj* diskutabel; **arguably** *adv* nok, velsagtens.
argue ['a:gju:] *v* diskutere; hævde; overtale; *~ that* hævde (el. påstå) at; **argument** *s* argument; diskussion; skænderi.
arid ['ærid] *adj* tør, gold; åndløs.
Aries ['εəriz] *s (astr)* Vædderen.
arise [ə'raiz] *v (arose, arisen* [ə'rəuz, ə'rizn]) opstå; stige op; hæve sig; *~ from* komme af, skyldes.
aristocracy [æri'stɔkrəsi] *s* aristokrati; **aristocrat** ['æristəkræt] *s* aristokrat; **aristocratic** [-'krætik] *adj* aristokratisk.
arithmetic [ə'riθmətik] *s* (om skolefag) regning.
arm [a:m] *s* arm; gren; ærme; (oftest i *pl: arms)* våben // *v* bevæbne; armere; *~ in ~*

arm i arm; *bear ~s* bære våben (el. våbenskjold); **~chair** *s* lænestol; **~ed** *adj* (be)væbnet; **~ful** *s* favnfuld.
armistice ['a:mistis] *s* våbenstilstand.
armour ['a:mə*] *s* rustning, harnisk; (også: *~-plating)* pansring; *(mil)* kampvogne; *~ed car* pansret bil; **~ry** *s* arsenal.
armpit ['a:mpit] *s* armhule; **armrest** *s* armlæn.
army ['a:mi] *s* hær, armé.
arose [ə'rəuz] *præt* af *arise.*
around [ə'raund] *adv/præp* rundt (om); omkring (i); om; *is he ~?* er han her et sted?
arouse [ə'rauz] *v* vække.
arrange [ə'reindʒ] *v* arrangere, ordne; stille op; **~ment** *s* arrangement, ordning; aftale; *make ~ments* gøre forberedelser.
array [ə'rei] *s* opbud; opstilling.
arrears [ə'riəz] *spl: be in ~ with one's rent* være bagud med huslejen; *pay in ~* betale bagud.
arrest [ə'rɛst] *s* standsning; anholdelse // *v* standse; arrestere, anholde; *be under ~* være arresteret.
arrival [ə'raivəl] *s* ankomst; **arrive** [ə'raiv] *v* (an)komme; *arrive at* finde frem til; nå.
arrogance ['ærəgəns] *s* hovmod; **arrogant** *adj* hovmodig, arrogant.
arrow ['ærəu] *s* pil.
arson [a:sn] *s* brandstiftelse.
art [a:t] *s* kunst; kunstfærdighed.
artery ['a:təri] *s* pulsåre, arterie.
artful ['a:tful] *adj* listig, snedig; **art gallery** *s* kunstmuseum, kunstgalleri.
arthritis [a:'θraitis] *s* ledegigt.
artichoke ['a:titʃəuk] *s* artiskok.
article ['a:tikl] *s* genstand; vare; artikel; kendeord; **~s** *spl* vedtægter; kontrakt.
articulate *v* [a:'tikjuleit] udtale; formulere // *adj* [a:'tikjulit] leddelt; velformuleret; tydelig; **~d lorry** *s* sættevogn.
artificial [a:ti'fiʃəl] *adj* kunstig, kunst- (fx *manure* gødning); **~ respiration** *s* kunstigt åndedræt.
artillery [a:'tiləri] *s* artilleri.
artisan ['a:tizæn] *s* håndværker.
artist ['a:tist] *s* kunstner; **~ic** [-'tistik] *adj* kunstnerisk; **~ry** ['a:tistri] *s* kunstnerisk dygtighed.
artless ['a:tlis] *adj* ukunstlet, naturlig.
arts [a:ts] *spl: the ~* de humanistiske videnskaber; *faculty of ~* humanistisk fakultet; *the (fine) ~* de skønne kunster.
as [æz, əz] *adv/konj* som, ligesom; da; mens; så; *twice ~ big ~* dobbelt så stor som; *big ~ it is* hvor stort det end er; *~ she said* som hun sagde; *~ if* (el. *though)* som om; *~ for* (el. *to)* hvad angår; *~ long ~* så længe (som); *(for) ~ much ~* så meget som, så vidt som; *~ soon ~* så snart (som); *~ such* som sådan; *~ well* også; *~ well ~* såvel som; *~ yet* endnu.
ascend [ə'sɛnd] *v* stige (op); bestige; **~ancy** *s* overherredømme; **ascension** *s* opstigning; **Ascension Day** *s* Kristi Himmelfartsdag; **ascent** *s* stigning; bestigning.
ascertain [æsə'tein] *v* forvisse sig om; konstatere.
ascetic [ə'sɛtik] *s* asket // *adj* asketisk.

ascribe [ə'skraib] *v: ~ to* tilskrive, tillægge.
ash [æʃ] *s* ask(etræ); (oftest i *pl: ashes)* aske.
ashamed [ə'ʃeimd] *adj* skamfuld, flov; *be ~ of* skamme sig over.
ashore [ə'ʃɔ:*] *adv* i land.
ashtray ['æʃtrei] *s* askebæger.
Asia ['eiʃə] *s* Asien; *~ Minor* Lilleasien; **~n** *s* asiat // *adj* asiatisk; **a~tic** [eisi'ætik] *adj* asiatisk.
aside [ə'said] *s* sidebemærkning // *adj* til side; *~ from* bortset fra.
ask [a:sk] *v* spørge; bede; invitere; kræve; *~ sby to do sth* bede en gøre ngt; *~ sby about sth* spørge en om ngt; *~ sby out* invitere en ud; *~ for* spørge efter; bede om; *he was ~ing for it* han har selv været ude om det.
askance [ə'ska:ns] *adv: look ~ at sby* se skævt til en.
asleep [ə'sli:p] *adj* sovende; *be ~* sove; *fall ~* falde i søvn.
asparagus [ə'spærəgəs] *s* asparges.
aspect ['æspɛkt] *s* udseende; synsvinkel; aspekt; beliggenhed.
aspen ['æspən] *s* asp(etræ).
asphalt ['æsfəlt] *s* asfalt; **~ paper** *s* tagpap.
asphyxiate [æs'fiksieit] *v* kvæle; blive kvalt.
aspiration [æspə'reiʃən] *s* åndedrag, indånding; forhåbning, stræben; **aspire** [ə'spaiə*] *v: aspire to* stræbe efter.
ass [æs] *s* æsel; *(fig)* fjols, kvaj; *make an ~ of oneself* kvaje sig.
assail [ə'seil] *v* overfalde; angribe; **~ant** *s* voldsmand, angriber.
assassin [ə'sæsin] *s* (snig)morder; **~ate** *v* myrde; **~ation** [-'neiʃən] *s* (snig)mord.
assault [ə'sɔ:lt] *s* angreb, overfald; voldtægtsforsøg // *v* angribe, overfalde; *~ (and battery) (jur)* vold; legemsbeskadigelse.
assemble [ə'sɛmbl] *v* samle, montere; samles; **assembly** [ə'sɛmbli] *s* samling, montage; forsamling; **assembly line** *s* samlebånd.
assent [ə'sɛnt] *s* samtykke // *v* samtykke *(to* i).
assert [ə'sə:t] *v* påstå; hævde; bedyre; **~ion** [-'sə:ʃən] *s* påstand; **~ive** *adj* påståelig; selvhævdende.
assess [ə'sɛs] *v* vurdere; opgøre; **~ment** *s* vurdering; beskatning; **~or** *s* ligningsmand; vurderingsmand.
asset ['æsət] *s* aktiv; fordel; **~s** *spl* formue.
assign [ə'sain] *v* udpege; anvise; overdrage; tillægge; pålægge; **~ment** *s* opgave, hverv; overdragelse.
assimilate [ə'simileit] *v* optage; opsuge; fordøje; **assimilation** [-'leiʃən] *s* optagelse; assimilation.
assist [ə'sist] *v* hjælpe, medvirke; *~ at* overvære; **~ance** *s* hjælp, bistand; medvirkning; **~ant** *s* assistent; (med)hjælper.
assizes [ə'saiziz] *spl* (i Skotland) nævningeret.
associate *s* [ə'səuʃiit] medarbejder; kollega; medlem // *v* [ə'səuʃieit] forbinde, forene // *adj* [ə'səuʃiit] tilknyttet; associeret; *~ with* omgås; **association** [-'eiʃən] *s* tilknytning; forening; **association football** *s* fodbold.
assort [ə'sɔ:t] *v* sortere; assortere; **~ed** *adj* blandede (fx

chocolates chokolader).
assume [ə'sju:m] *v* antage; iføre sig; overtage; påtage sig; foregive; *~d name* påtaget navn; *~ one's teeth* sætte protesen på plads; **assuming** *adj* vigtig; *assuming that* under forudsætning af at.
assumption [ə'sʌmpʃən] *s* antagelse; forudsætning; overtagelse; påtagethed; overlegenhed; **A~** *s* himmelfart.
assurance [ə'ʃuərəns] *s* forsikring; overbevisning; selvsikkerhed; **assure** [ə'ʃuə*] *v* forsikre; garantere; overbevise.
astonish [əs'tɔniʃ] *v* forbavse, forbløffe; **~ment** *s* forbavselse.
astound [ə'staund] *v* overraske; lamslå.
astray [ə'strei] *adv: go ~* fare vild; *(fig)* komme på gale veje.
astride [ə'straid] *adv* overskrævs // *præp* overskrævs på.
astringent [ə'strindʒənt] *s* adstringerende middel // *adj* sammensnerpende; skarp.
astrologer [ə'strɔlədʒə*] *s* astrolog; **astrology** *s* astrologi.
astronomer [ə'strɔnəmə*] *s* astronom; **astronomy** *s* astronomi.
astute [əs'tju:t] *adj* snedig, dreven.
asylum [ə'sailəm] *s* tilflugtssted, asyl; *lunatic ~ (gl)* sindssygeanstalt.
at [æt, ət] *præp* på; i; ved; hos; ad; til; *~ the baker's* hos bageren; *~ school* i skole(n); *~ table* ved bordet; *be ~ table* sidde til bords; *~ times* til tider; *~ that* oven i købet; tilmed; *laugh ~* le ad; *throw stones ~ sby* kaste sten efter en; *sell sth ~ 50p* sælge ngt for 50 p; *what are you ~ now?* hvad laver du nu? *what are you driving ~?* hvad hentyder du til?
ate [eit] *præt* af *eat.*
Athens ['æθinz] *s* Athen.
athlete ['æθli:t] *s* idrætsmand, atlet; **~'s foot** *s* fodsvamp; **athletic** [-'lɛtik] *adj* idræts-; atletisk; **athletics** [-'lɛtiks] *spl* fri idræt; atletik.
Atlantic [ət'læntik] *s: the ~ (Ocean)* Atlanterhavet // *adj* atlanterhavs-.
atmosphere ['ætməsfiə*] *s* atmosfære; *(fig)* stemning; **atmospheric** [-'fɛrik] *adj* atmosfærisk; *atmospherics pl (radio, tv)* atmosfæriske forstyrrelser.
atom ['ætəm] *s* atom; *not an ~ of* ikke skygge af; **~ic** [ə'tɔmik] *adj* atom-; **~ic bomb** *s* atombombe; **~ic energy** *s* atomkraft; **~izer** ['ætəmaizə*] *s* sprayflaske.
atone [ə'təun] *v: ~ for* bøde for; gøre godt igen; **~ment** *s* bod; forsoning.
atrocious [ə'trəuʃəs] *adj* grusom; rædsom; **atrocity** [ə'trɔsiti] *s* grusomhed; *(fig)* rædsel.
attach [ə'tætʃ] *v* fastgøre; hæfte (sammen); vedføje; tilknytte; *be ~ed to sby* være knyttet til en; **~ment** *s* tilbehør; *(fig)* hengivenhed; tilknytning.
attack [ə'tæk] *s* angreb; anfald // *v* angribe; kaste sig over; gå i gang med; **~er** *s* angriber.
attain [ə'tein] *v: ~ (to)* nå, opnå.
attempt [ə'tɛmpt] *s* forsøg // *v* forsøge; *make an ~ on sby's life* lave attentat mod en; **~ed theft** *s (jur)* tyveriforsøg.
attend [ə'tɛnd] *v* deltage i; gå i

(fx *church* kirke); tilse; passe; *~ (up)on* betjene; være til rådighed for; *~ to* lytte til; passe; tage sig af; ekspedere; **~ance** *s* tilstedeværelse; tilsyn; betjening; **~ant** *s* ledsager; tjener; deltager // *adj* tjenstgørende; ledsagende.
attention [ə'tɛnʃən] *s* opmærksomhed; pasning; *at ~ (mil)* i retstilling; *pay ~ to* lægge mærke til; sørge for; høre efter; **attentive** [-'tɛntiv] *adj* opmærksom; påpasselig.
attest [ə'tɛst] *v: ~ to* bevidne, attestere.
attic ['ætik] *s* loft(srum), pulterkammer.
attire [ə'taiə*] *s* dragt, antræk.
attitude ['ætitju:d] *s* stilling; indstilling; holdning.
attorney [ə'tə:ni] *s* advokat; befuldmægtiget; *A~ General (brit)* medlem af regeringen og dennes juridiske rådgiver; (også:) sv.t. justitsminister; *power of ~* fuldmagt.
attract [ə'trækt] *v* tiltrække; **~ion** [-'trækʃən] *s* tiltrækning; attraktion; **~ive** *adj* tiltrækkende; tiltalende.
attribute *s* ['ætribju:t] attribut, egenskab // *v* [ə'tribju:t] tilskrive, tillægge.
auburn ['ɔ:bən] *adj* (om hår) kastaniebrun.
auction ['ɔ:kʃən] *s* (også: *sale by ~)* auktion // *v* sælge på auktion; *put sth up for ~* sætte ngt på auktion; **~eer** [-'niə*] *s* auktionarius.
audacious [ɔ:'deiʃəs] *adj* dristig, fræk; **audacity** [-'dæsiti] *s* dristighed, frækhed.
audible ['ɔ:dibl] *adj* hørlig.
audience ['ɔ:diəns] *s* publikum; tilskuere; tilhørere; audiens.
audit ['ɔ:dit] *s* revision // *v* revidere.
audition [ɔ:'diʃən] *s* høreevne; høring; prøvesyngning (el. -spilning).
auditor ['ɔ:ditə*] *s* revisor.
auditorium [ɔ:di'tɔ:riəm] *s* tilskuerpladser; auditorium; koncertsal.
augment [ɔ:g'mɛnt] *v* øge(s); gøre (el. blive) større.
August ['ɔ:gəst] *s* august.
august [ɔ:'gʌst] *adj* ærefrygtindgydende; ophøjet.
aunt [a:nt] *s* tante; **~ie, ~y** *s* (kæleform af *aunt)* tante.
auspices ['ɔ:spisiz] *spl: under the ~ of* under protektion af.
austere [ɔs'tiə*] *adj* barsk, streng.
Australia [ɔs'treiliə] *s* Australien; **~n** *s* australer // *adj* australsk.
Austria ['ɔ:striə] *s* Østrig; **~n** *s* østriger // *adj* østrigsk.
authentic [ɔ:'θɛntik] *adj* ægte, autentisk; **~ate** *v* fastslå ægtheden af; legalisere.
author ['ɔ:θə*] *s* forfatter; ophav(smand).
authoritarian [ɔ:θəri'tɛəriən] *adj* autoritær; **authoritative** [-'θɔritətiv] *adj* autoritativ, myndig; **authority** [ɔ:'θɔriti] *s* myndighed; bemyndigelse; autoritet; *the authorities* myndighederne; **authorize** ['ɔ:θəraiz] *v* bemyndige, autorisere.
authorship ['ɔ:θəʃip] *s* forfattervirksomhed; oprindelse.
auto... [ɔ:təu-] sms: **~biography** [-bai'ɔgrəfi] *s* selvbiografi; **~cratic** [-'krætik] *adj* enevældig; **~graph** ['ɔ:təgra:f] *s* autograf // *v* signere; **~matic** [-'mætik] *s* automatpistol (el. -gevær) // *adj* automatisk; **~mation** [-'meiʃən] *s* automatisering; **~maton** [ɔ:'tɔmətən] *s (pl: automata)* robot; **~nomous**

[ɔːˈtɔnəməs] *adj* uafhængig, autonom; ~**nomy** [ɔːˈtɔnəmi] *s* selvstyre.
autopsy [ˈɔːtɔpsi] *s* obduktion.
autumn [ˈɔːtəm] *s* efterår; ~**al** [-ˈtʌmnəl] *adj* efterårs-.
auxiliary [ɔːgˈziliəri] *s* hjælper // *adj* hjælpe-; reserve-.
avail [əˈveil] *s: of* (el. *to) no ~* til ingen nytte // *v: ~ oneself of* benytte sig af; ~**ability** [-ˈbiliti] *s* tilgængelighed; ~**able** *adj* disponibel; tilgængelig; gyldig; *every ~able means* alle til rådighed stående midler.
avalanche [ˈævəlaːnʃ] *s* sneskred, lavine.
avarice [ˈævəris] *s* havesyge, griskhed; **avaricious** [-ˈriʃəs] *s* grisk; grådig.
avenge [əˈvɛndʒ] *v* hævne.
average [ˈævəridʒ] *s* gennemsnit; middelværdi // *v* beregne gennemsnittet // *adj* gennemsnitlig; middel-; *on ~* i gennemsnit; *above* (el. *below) ~* over (el. under) gennemsnittet; *~ out* udligne(s); *~ out at* i gennemsnit blive.
averse [əˈvəːs] *adj* utilbøjelig; *be ~ to* ikke kunne lide at; *I wouldn't be ~ to a drink* jeg ville ikke have ngt imod en drink; **aversion** [əˈvəːʃən] *s* modvilje, uvilje, aversion; *pet aversion* yndlingsaversion.
avert [əˈvəːt] *v* vende bort; afværge.
aviary [ˈeiviəri] *s* voliere.
aviation [eiviˈeiʃən] *s* flyvning.
avid [ˈævid] *adj* grisk, begærlig.
avoid [əˈvɔid] *v* undgå, sky; ~**able** *adj* som kan undgås; ~**ance** *s* undgåelse.
avowed [əˈvaud] *adj* erklæret.
await [əˈweit] *v* afvente, vente på; *~ events* afvente begivenhedernes gang.
awake [əˈweik] *v (awoke, awoken* [əˈwəuk, əˈwəukn]) vække; vågne // *adj* vågen; *be ~ to* være klar over; være lydhør overfor; ~**ning** [əˈweikəniŋ] *s* opvågnen.
award [əˈwɔːd] *s* belønning, præmie; kendelse // *v* belønne; *(jur)* tilkende, give.
aware [əˈwɛə*] *adj: ~ of* klar over; *become ~ of* blive klar over; *politically ~* politisk bevidst; ~**ness** *s* viden; årvågenhed.
awash [əˈwɔʃ] *adj* overskyllet (af vand); drivende (i vand); *~ with* fuld af.
away [əˈwei] *adj/adv* væk; af sted; bort(e); løs; *Christmas is two weeks ~* der er to uger til jul; *he's ~ for a week* han er væk i en uge; *far ~* langt væk (el. borte); *pedal ~* cykle løs; *wither ~* visne hen; *do ~ with sby* skaffe en af vejen; ~ **match** *s (sport)* kamp på udebane.
awe [ɔː] *s* ærefrygt; ~-**inspiring** *adj* respektindgydende; ~**some** *adj* skrækindjagende; formidabel; ~**struck** *adj* rædselslagen.
awful [ˈɔːfəl] *adj* skrækkelig, rædsom; mægtig, enorm.
awhile [əˈwail] *adv* en stund, lidt.
awl [ɔːl] *s* syl.
awning [ˈɔːniŋ] *s* solsejl; markise.
awoke, awoken [əˈwəuk, əˈwəukn] *præt* og *pp* af *awake.*
awry [əˈrai] *adj/adv* skæv(t); *go ~* slå fejl.
axe [æks] *s* økse // *v* hugge med økse; afskedige; skære ned.
axis [ˈæksis] *s (pl: axes* [ˈæksiːz]) akse.
axle [æksl] *s* (også: *~-tree)* hjulaksel.

ay(e) [ai] *interj* ja; *aye-aye, sir! (mar)* javel! // *s* jastemme.
azure ['eiʒə*] *adj* himmelblå, azurblå.

B

B,b [bi:].
B.A. ['bi:'ei] fork.f. *Bachelor of Arts.*
babble [bæbl] *s* pludren // *v* pludre.
baboon [bə'bu:n] *s* bavian.
baby ['beibi] *s* spædbarn, baby; *be left holding the* ~ sidde tilbage med alt besværet; **~ish** *adj* barnagtig; **~ minder** *s* barnepige; dagplejemor.
bachelor ['bætʃələ*] *s* ungkarl; *B~ of Arts (B.A.)* humanistisk kandidat; *B~ of Science (B.Sc.)* matematisk-naturvidenskabelig kandidat.
back [bæk] *s* ryg; bagside; bageste del; (i fodbold) back // *v* gå baglæns; bakke; (også: *~ up)* støtte; bakke op // *adj* bag-; ryg-; tilbage, igen; *at the ~ of* bagved; *get up sby's ~* gøre en vred; *he's ~* han er kommet tilbage; *can I have it ~?* må jeg få den igen? *put ~ the meal* udsætte måltidet; *~ out* trække sig ud; springe fra; **~ache** *s* hold (el. ondt) i ryggen; **~bencher** *s* menigt medlem (af parlamentet); **~biting** *s* bagtalelse; **~bone** *s* rygrad; **~date** *v* baguddatere; *~dated pay rise* lønstigning med tilbagevirkende kraft; **~er** *s* bagmand; støtte; **~fire** *v* kikse; give bagslag; (om motor) sætte ud; **~ground** *s* baggrund; **~hand** *s (sport)* baghånd(sslag); **~ing** *s* støtte, opbakning; **~lash** *s* tilbageslag; bagslag; **~log** *s* efterslæb; ugjort arbejde; **~ number** *s* gammelt nummer (af blad etc); **~ pay** *s* efterbetaling; **~ rent** *s* huslejerestance; **~side** *s* bagside; (F) bagdel; **~stitch** *s* stikkesting; **~stroke** *s* rygsvømning; **~-up** *s* støtte, medhold; **~ward** *adj* tilbage, baglæns; *(fig)* tilbagestående; tilbageholdende; **~wards** *adv* tilbage, bagover; bagfra; **~water** *s* dødvande; afkrog; **~yard** *s* baggård.
bacteria [bæk'tiəriə] *spl* bakterier.
bad [bæd] *adj (worse, worst* [wə:s, wə:st]) slem; dårlig; ond; grim; fordærvet; *his ~ leg* hans dårlige ben; *that's too ~* det er en skam; det er for galt; *feel ~ about sth* være ked af ngt; **~dy** *s* (F) skurk.
bade [beid] *præt* af *bid.*
badge [bædʒ] *s* mærke, emblem; politiskilt.
badger ['bædʒə*] *s* grævling // *v* plage, chikanere.
badly ['bædli] *adv* slemt; dårligt; *~ wounded* hårdt såret; *need sth ~* trænge stærkt til ngt; *be ~ off* være dårligt stillet.
bad-tempered ['bædˌtɛmpəd] *adj* i dårligt humør, sur.
baffle [bæfl] *v* forvirre; forbløffe.
bag [bæg] *s* taske; pose; sæk; kuffert; *it is in the ~* (F) det er i orden, den er hjemme // *v* (F) få fat i; snuppe; **~ful** *s* posefuld.
baggy ['bægi] *adj* poset; løsthængende.
bagpipes ['bægpaips] *spl* sækkepibe.
bag snatcher ['bægsnætʃə*] *s* tasketyv.
bail [beil] *s* kaution; løsladelse mod kaution // *v* gå i kaution for; (også: *~ out)* løslade

mod kaution; (om båd) øse, lænse (se også *bale).*

bailiff ['beilif] *s* foged; forvalter.

bait [beit] *s* lokkemad; madding // *v* lokke; tirre, plage; *rise to the ~* bide på krogen.

bake [beik] *v* bage; ovnstege; **~d beans** *spl* bønner i tomatsovs; **~r** *s* bager; **~ry** *s* bageri; **baking powder** *s* bagepulver.

balance ['bæləns] *s* balance, ligevægt; saldo; vægt // *v* balancere; afbalancere; afveje; opveje; udligne; *~ of trade* handelsbalance; *~ of payment* betalingsbalance; **~d** *adj* afbalanceret; ~ **sheet** *s* statusopgørelse.

balcony ['bælkəni] *s* altan; balkon.

bald [bɔ:ld] *adj* skaldet; bar, nøgen.

balderdash ['bɔ:ldədæʃ] *s* sludder, vrøvl.

bale [beil] *v: ~ out* springe ud med faldskærm.

ball [bɔ:l] *s* bal; bold; kugle; *have a ~* (F) have det skægt; *a ~ of wool* et nøgle garn.

ballad ['bæləd] *s* folkevise.

ball-bearing ['bɔ:l'bɛəriŋ] *s* kugleleje.

ballet ['bælei] *s* ballet.

ball game ['bɔ:lgeim] *s* boldspil.

balloon [bə'lu:n] *s* ballon; (i tegneserie) taleboble.

ballot ['bælət] *s* (hemmelig) afstemning; valgresultat; ~ **box** *s* stemmeurne; ~ **paper** *s* stemmeseddel.

ball-point (pen) ['bɔ:lpɔint ('pɛn)] *s* kuglepen.

ballroom ['bɔ:lrum] *s* balsal; ~ **dancing** *s* selskabsdans.

balls [bɔ:ls] *spl* (V) nosser.

balm [ba:m] *s* balsam; *(bot)* citronmelisse; **~y** *adj* balsamisk; livsalig; (F) d.s.s. *barmy.*

Baltic ['bɔ:ltik] *s: the ~ (Sea)* Østersøen // *adj* baltisk, østersø-.

bamboo [bæm'bu:] *s* bambus.

ban [bæn] *s* bandlysning // *v* forbyde; bandlyse; forvise; *the footballplayer was ~ned for six weeks* fodboldspilleren fik seks ugers karantæne.

banana [bə'na:nə] *s* banan; *go ~s* (F) blive skør.

band [bænd] *s* bånd, stribe; bande; flok; band // *v: ~ together* slutte (sig) sammen.

bandage ['bændidʒ] *s* forbinding, bandage // *v* forbinde.

B.&B., b.&b. fork.f. *bed and breakfast.*

bandwagon ['bændwægən] *s: jump on the ~ (fig)* hoppe med på vognen.

bandy ['bændi] *v* udveksle; *~ about* slå om sig; **~-legged** [-lɛgd] *adj* hjulbenet.

bang [bæŋ] *s* brag, knald; smæk; hårdt slag // *v* slå (hårdt); smække (i); banke; *~ the door* dundre på døren; smække med døren; **~er** *s* kanonslag; (F) pølse; (om bil) skramlekasse; *~ers and mash* (F) pølser med kartoffelmos.

banish ['bæniʃ] *v* forvise, forjage; bandlyse.

banister ['bænistə*] *s* (oftest i *pl: ~s)* gelænder.

bank [bæŋk] *s* bank; (om flod etc) bred; (om jord etc) vold; dige // *v* sætte i banken; (om fly) krænge; *they ~ with Pitt's* Pitt's er deres bankforbindelse; *~ on* (F) stole på, regne med; ~ **account** *s* bankkonto; **B~ Holiday** *s (brit)* alm. fridag (hvor bankerne holder lukket); **~ing** *s* bankvæsen; bankvirksomhed; **~ing hours** *spl* banker-

nes åbningstider; **~note** *s* pengeseddel; ~ **rate** *s* diskonto.
bankrupt ['bæŋkrʌpt] *s* person som er gået fallit, fallent // *adj* fallit, bankerot; **~cy** ['bæŋkrʌpsi] *s* konkurs, bankerot.
banns [bænz] *spl* lysning (til ægteskab); *read the* ~ lyse til ægteskab.
banquet ['bæŋkwit] *s* banket; festmiddag; **~(ing) hall** *s* festsal.
baptism ['bæptizm] *s* dåb; **baptize** ['bæptaiz] *v* døbe.
bar [ba:*] *s* stang, tremme; vinduessprosse; stykke (fx *of chocolate* chokolade); bom; hindring; bar, bardisk; *(mus)* takt; (på mål) overligger // *v* spærre; stænge; udelukke; forbyde; *the B~ (jur)* advokatstanden; *be called to the B~* få advokatbeskikkelse; ~ *none* uden undtagelse.
barbarian [ba:'bɛəriən] *s* barbar // *adj* barbarisk; **barbarous** ['ba:bərəs] *adj* barbarisk.
barbed wire ['ba:bd'waiə*] *s* pigtråd.
bar code ['ba:'kəud] *s (edb)* stregkode.
bard [ba:d] *s* skjald // *v (gastr)* spække.
bare [bɛə*] *v* blotte; blotlægge // *adj* bar, nøgen; kneben; *the ~ essentials* det nødtørftigste; *the ~ facts* de nøgne fakta; *~ of* blottet for; **~back** *adj* uden sadel; **~faced** *adj* skamløs; **~foot** *adj/adv* barfodet; barfods-; **~headed** *adj/adv* barhovedet; **~ly** *adv* sparsomt; med nød og næppe.
bargain ['ba:gin] *s* handel; køb; god forretning // *v* købslå; forhandle; bytte; *into the ~* oven i købet; *~ for* regne med.
barge [ba:dʒ] *s* pram // *v* mase; ~ *in* brase ind; ~ *into* løbe 'på.
bark [ba:k] *s* (på træ) bark; (H) båd; (om hund) gøen // *v* afbarke; gø, bjæffe.
barley ['ba:li] *s (bot)* byg.
barmaid ['ba:meid] *s* bardame; **barman** *s* bartender.
barmy ['ba:mi] *adj* (F) skør, bims.
barn [ba:n] *s* lade.
baron ['bɛrən] *s* baron; **~ess** *s* baronesse.
barracks ['bærəks] *spl* kaserne.
barrage ['bæra:ʒ] *s* spærreild; ['bæridʒ] dæmning, spærring.
barrel ['bærəl] *s* tønde; tromle; (om skydevåben) løb; ~ **organ** *s* lirekasse.
barren ['bærən] *adj* ufrugtbar, gold; nøgen; tom.
barricade [bæri'keid] *s* barrikade // *v* barrikadere.
barrier ['bæriə*] *s* barriere; afspærring; skranke.
barrister ['bæristə*] *s* (procederende) advokat.
barrow ['bærəu] *s* gravhøj; (også: *wheel~)* trillebør.
base [beis] *s* basis, grundlag; base // *v* basere // *adj* lav, gemen; *coffee-~d* baseret på kaffe; *a London-~d firm* et firma med hovedkvarter i London; **~less** *adj* grundløs, ubegrundet; **~ment** *s* sokkel; underetage, kælderetage.
bases ['beisi:z] *spl* af *basis;* ['beisiz] *spl* af *base.*
bash [bæʃ] *v* (F) slå, hamre; *~ed in* smadret; **~ful** *adj* genert, undselig; **~ing** *s* (F) tæv.
basic ['beisik] *adj* fundamental, grundliggende; basal; **~ally** *adv* i grunden.
basin ['beisin] *s* kumme; fad; bassin.

basis ['beisis] *s (pl: bases* [-'si:z]) basis, grundlag.
bask [ba:sk] *v: ~ in the sun* sole sig, dase.
basket ['ba:skit] *s* kurv; ~ **chair** *s* kurvestol.
bass [beis] *s* bas.
bassoon [bə'su:n] *s (mus)* fagot.
bastard ['ba:stəd] *s* bastard, uægte barn; (F, om person) lort // *adj* uægte.
baste [beist] *v* ri, kaste; *(gastr)* dryppe (fx en steg).
bat [bæt] *s* boldtræ; ketsjer, bat; *(zo)* flagermus // *v* slå; blinke med; *he didn't ~ an eyelid* (F) han fortrak ikke en mine; *have ~s in the belfry* (F) have knald i låget.
batch [bætʃ] *s* portion, parti; bunke.
bated ['beitid] *adj: with ~ breath* med tilbageholdt åndedræt.
bath [ba:θ] *s (pl: ~s* [ba:ðz]) bad, badekar // *v* give et bad, bade; *~s pl* svømmehal, badeanstalt; *have a ~* tage bad; *run a ~* tappe vand i badekarret.
bathe [beið] *v* gå i vandet, bade; **~r** *s* badende.
bathing ['beiðiŋ] *s* badning; ~ **cap** *s* badehætte; ~ **costume** *s* badedragt.
bath... ['ba:θ-] sms: **~mat** *s* bademåtte; **~room** *s* badeværelse; ~ **towel** *s* badehåndklæde.
baton ['bætən] *s* stav; politistav; *(mus)* taktstok.
batter ['bætə*] *s (gastr)* tynd dej (til pandekager etc) // *v* slå; **~ed** *adj* medtaget, ramponeret; *~ed wife* (el. *child)* voldsramt hustru (el. barn); **~ing ram** *s* murbrækker.
battery ['bætəri] *s* batteri; *(assault and) ~ (jur)* legemsbeskadigelse.
battle [bætl] *s* kamp, slag // *v* kæmpe; bekæmpe; **~field** *s* slagmark; **~ment** *s* brystværn (med murtinder); **~ship** *s* slagskib.
bawdy ['bɔ:di] *adj* sjofel.
bawl [bɔ:l] *v* brøle, vræle.
bay [bei] *s* (hav)bugt, indskæring; *(bot)* laurbær(træ); *hold* (el. *keep) at ~* holde stangen; ~ **leaf** *s* laurbærblad; ~ **window** *s* karnap.
bazaar [bə'za:*] *s* basar.
BBC ['bi:bi:'si:] *s* fork.f. *British Broadcasting Corporation.*
B.C. ['bi:'si:] *adv* (fork.f. *before Christ)* før Kristi fødsel (f.Kr.).
be [bi:] *v (præs: I am, you are, he (,she, it) is, we (, you, they) are; præt: I was, you were, he (, she, it) was, we (, you, they) were; pp: been)* være (til); findes; befinde sig; blive; *how are you?* hvordan har du det? *I am warm* jeg har det varmt; *it is cold* det er koldt; *how much is it?* hvor meget koster det? *how much are the tomatoes?* hvor meget koster tomaterne? *they are 50p a pound* de koster 50 p pundet; *two and two are four* to og to er fire; *how is it that...?* hvordan kan det være at...? *that is...* det vil sige...; *let it be* lad det være; *have you been to London?* har du været i London?
beach [bi:tʃ] *s* strand; land // *v* landsætte; **~wear** *s* strandtøj.
beacon ['bi:kən] *s* fyr; sømærke, vager.
bead [bi:d] *s* perle; *a string of ~s* en perlekæde; **~y-eyed** *adj* med små stikkende øjne.
beak [bi:k] *s* næb, tud.
beam [bi:m] *s* bjælke; bom; stråle // *v* stråle; **~ing** *adj*

strålende.
bean [bi:n] *s* bønne; *full of ~s* fuld af krudt.
bear [bɛə*] *s* bjørn // *v (bore, born(e)* [bɔ:*, bo:n]) bære; udholde; føde; *~ right* (el. *left)* holde til højre (el. venstre); *~ comparison with* tåle sammenligning med; *~ up* holde modet oppe; klare sig; *bring to ~* tage i brug; gøre gældende; **~able** *adj* tålelig.
beard [biəd] *s* skæg; **~ed** *adj* skægget.
bearer ['bɛərə*] *s* bærer; ihændehaver; overbringer.
bearing ['bɛəriŋ] *s* holdning; fremtræden; betydning; retning; *(tekn)* leje; *(ball) ~s* kugleleje; *take a ~* orientere sig; tage pejling; *find one's ~s* finde ud af hvor man står (el. er).
beast [bi:st] *s* dyr, bæst; **~ly** *adj* væmmelig, modbydelig.
beat [bi:t] *s* slag; banken; taktslag, rytme; (om politibetjent) runde // *v (beat, beaten)* slå; banke; *off the ~en track* afsides; væk fra alfarvej; *~ about the bush* komme med udflugter; *~ it* stikke af; *~ time* slå takt; *it ~s me* det går over min forstand; *~ off* slå tilbage; *~ up* (F) gennembanke; *~ up eggs* piske æg; **~er** *s* (hjul)pisker; (også: *carpet ~)* tæppebanker; **~ing** *s* tæv, prygl.
beautician [bju:'tiʃən] *s* skønhedsekspert.
beautiful ['bju:tiful] *adj* smuk, dejlig.
beauty ['bju:ti] *s* skønhed; pragtstykke; *~* **parlour,** *~* **salon** *s* skønhedsklinik; *~* **spot** *s* skønhedsplet; naturskønt sted.
beaver ['bi:və*] *s (zo)* bæver.
became [bi'keim] *præt* af *become.*
because [bi'kɔz] *konj* fordi, da, eftersom; *~ of* på grund af.
beck ['bɛk] *s* vink; *be at sby's ~ and call* stå på pinde for en; **~on** *v* vinke; gøre tegn.
become [bi'kʌm] *v* blive; klæde; sømme sig for; *~ fat* blive fed; *what's ~ of him?* hvad er der blevet af ham? *that dress ~s you* den kjole klæder dig; **becoming** *adj* passende, klædelig.
bed [bɛd] *s* seng; (i have) bed; *(geol)* leje; *go to ~* gå i seng; *~ and breakfast (B.&B., b.&b.)* værelse og morgenmad; **~clothes** *spl* sengetøj; **~cover** *s* sengetæppe; **~ding** *s* sengetøj; sengeudstyr; underlag.
bed... sms: *~* **linen** *s* sengelinned; **~pan** *s* bækken; **~post** *s* sengestolpe; **~ridden** *adj* sengeliggende; **~room** *s* soveværelse; **~side** *s* sengekant; **~side book** *s* godnatlekture; **~sit(ter)** *s* etværelses lejlighed; **~sore** *s* liggesår; **~spread** *s* sengetæppe; **~stead** *s* sengested.
bee [bi:] *s* bi; *have a ~ in one's bonnet* have en fiks idé; (F) være blød i bolden.
beech [bi:tʃ] *s* bøg(etræ); **~wood** *s* bøgeskov; (materialet) bøgetræ.
beef [bi:f] *s* oksekød; okse // *v: ~ about sth* (F) brokke sig over ngt; **~steak** *s* bøf; **~y** *adj* kraftig; velnæret.
beehive ['bi:haiv] *s* bikube; **bee keeper** *s* biavler.
been [bi:n] *pp* af *be.*
beer [biə*] *s* øl; *it's all small ~* (F) det er bare pebernødder; *~* **belly** *s* ølmave; **~mat** *s* ølbrik; **~mug** *s* ølkrus.
beetle [bi:tl] *s* bille.

beetroot ['bi:tru:t] *s* rødbede; **beet sugar** *s* roesukker.
befall [bi'fɔ:l] *v* tilstøde; hænde; overgå.
befit [bi'fit] *v* passe til; passe sig.
before [bi'fɔ:*] *præp* før, inden; foran; forud (for); fremfor; *the week* ~ ugen før; *I've seen it* ~ jeg har set det før; ~ *long* inden længe; *sit* ~ *the mirror* sidde foran spejlet.
beg [bɛg] *v* tigge, bede, bønfalde; ~ *leave to* bede om lov til; tillade sig at; ~ *for mercy* tigge om nåde.
began [bi'gæn] *præt* af *begin.*
beggar ['bɛgə*] *s* tigger; *poor* ~*!* stakkels fyr!
begin [bi'gin] *v (began, begun* [bi'gæn, bi'gʌn]) begynde; *to* ~ *with* til at begynde med; for det første; ~**ner** *s* begynder; ~**ning** *s* begyndelse.
begrudge [bi'grʌdʒ] *v:* ~ *sby sth* misunde en ngt; ikke unde en ngt.
begun [bi'gʌn] *pp* af *begin.*
behalf [bi'ha:f] *s: on* ~ *of sby* på ens vegne.
behave [bi'heiv] *v* opføre sig (ordentligt); optræde; *well* ~*d* velopdragen; **behaviour** [bi'heiviə*] *s* opførsel, optræden, adfærd.
behead [bi'hɛd] *v* halshugge.
beheld [bi'hɛld] *præt* og *pp* af *behold.*
behind [bi'haind] *s* (F) bagdel // *adv/præp* bagefter; bagud; bagved // *præp* bag; *from* ~ bagfra; *look* ~ se sig tilbage; ~**hand** *adj* bagefter, bagud.
behold [bi'həuld] *v* se, betragte.
being ['bi:iŋ] *s* væsen; tilværelse; *come into* ~ blive til // *adj: for the time* ~ indtil videre, foreløbig.
belch [bɛltʃ] *v* bøvse, ræbe; ~ *out* udspy.
belfry ['bɛlfri] *s* klokketårn; *have bats in the* ~ (F) have knald i låget.
Belgian ['bɛldʒən] *s* belgier // *adj* belgisk; **Belgium** ['bɛldʒəm] *s* Belgien.
belief [bi'li:f] *s* tro; anskuelse; mening; *it is past all* ~ det er utroligt; **believe** [bi'li:v] *v* tro *(in* på); *make believe* lade som om; **believer** *s* troende; tilhænger.
belittle [bi'litl] *v* forklejne; nedvurdere.
bell [bɛl] *s* klokke; bjælde; *ring* (el. *sound) the* ~ ringe med (el. på) klokken; *his name rings a* ~ hans navn virker bekendt.
belligerent [bi'lidʒərənt] *adj* krigerisk; krigsførende.
bellow ['bɛləu] *v* brøle.
bellows ['bɛləuz] *s* blæsebælg.
belly ['bɛli] *s* mave, vom; bug; ~ **ache** *s* mavepine // *v* (F) brokke sig; ~**flop** *s* 'maveplaster'.
belong [bi'lɔŋ] *v:* ~ *to* tilhøre; høre til; ~ *together* høre sammen; ~**ings** *spl* ejendele; tilbehør.
beloved [bi'lʌvid] *s* elskede // *adj* elsket.
below [bi'ləu] *adv/præp* nedenunder; nede; nedenfor; under; *from* ~ nedefra.
belt [bɛlt] *s* bælte; livrem; *(tekn)* drivrem // *v* slå, tæve; (F) flintre af sted.
bench [bɛntʃ] *s* bænk; høvlebænk; *the B~ (jur)* domstolen, retten.
bend [bɛnd] *s* bøjning; (vej)sving; kurve; (om rør) knæk // *v (bent, bent)* bøje (sig); krumme (sig); svinge, dreje; *go round the* ~ (F) blive skrupskør; ~ *over* bøje sig fremover; ~ *over back-*

wards to do right stå på hovedet for at gøre det rigtige.
beneath [bi'ni:θ] *adv* nedenunder; nedenfor // *præp* under; ~ *contempt* under al kritik; uværdig; *it was* ~ *him to...* det lå under hans værdighed at...
benediction [bɛni'dikʃən] *s* velsignelse.
benefactor ['bɛnifæktə*] *s* velgører.
beneficial [bɛni'fiʃəl] *adj* gavnlig; fordelagtig.
benefit ['bɛnifit] *s* fordel; nytte, gavn; støtte, understøttelse // *v* gavne; ~ *from* få gavn af; nyde godt af; lære af; ~ **performance** *s* velgørenhedsforestilling.
benevolence [bi'nɛvələns] *s* velvilje; godgørenhed; **benevolent** *adj* velvillig; godgørende.
benign [bi'nain] *adj* venlig; gavnlig; *(med)* godartet.
bent [bɛnt] *s* tilbøjelighed, hang // *præt* og *pp* af *bend* // *adj* krum, bøjet; buet; *be* ~ *on sth* være opsat på ngt.
bequeath [bi'kwi:ð] *v* testamentere; lade gå i arv.
bereaved [bi'ri:vd] *s: the* ~ de (sørgende) efterladte; **bereavement** *s* sorg; tab (ved dødsfald).
berry ['bɛri] *s* bær.
berth [bə:θ] *s* køje; kajplads, ankerplads // *v (mar)* lægge 'til.
beseech [bi'si:tʃ] *v (besought, besought* [bi'sɔ:t]) bønfalde, trygle.
beside [bi'said] *præp* ved siden af; *be* ~ *oneself with anger* være ude af sig selv af vrede; ~**s** *adv* desuden; for øvrigt // *præp* foruden.
besiege [bi'si:dʒ] *v* belejre; *(fig)* overvælde.
besought [bi'sɔ:t] *præt* og *pp* af *beseech.*
best [bɛst] *adj/adv (sup* af *good)* bedst; mest; højest; *the* ~ *part of* størstedelen af; *at* ~ i bedste fald; *make the* ~ *of sth* få det mest mulige ud af ngt; *to the* ~ *of my knowledge* så vidt jeg ved; *to the* ~ *of my ability* så godt jeg kan; ~ **man** *s* forlover.
bestow [bi'stəu] *v* skænke; overdrage.
bet [bɛt] *s* væddemål // *v (bet, bet* el. *~ted, ~ted)* vædde; *make a* ~ lave et væddemål; *you* ~ *I do!* det kan du tro (el. bande på) at jeg gør!
betray [bi'trei] *v* forråde; røbe; svigte; ~**al** *s* forræderi; svig.
betrothal [bi'trəuðəl] *s* (H) trolovelse.
better ['bɛtə*] *v* forbedre; (om rekord) slå // *adj (komp* af *good)* bedre; mere; *get the* ~ *of sby* vinde over en; *you had* ~ *go now* du må hellere gå nu; *he thought* ~ *of it* han kom på bedre tanker; *get* ~ blive (el. få det) bedre; ~ *off* bedre stillet.
betting ['bɛtiŋ] *s* væddemål; ~ **shop** *s* indskudsbod (for fx tips, trav etc).
between [bi'twi:n] *adv/præp* (i)mellem; *in* ~ ind imellem; ~ *you and me* mellem os sagt.
beverage ['bɛvəridʒ] *s* drik.
beware [bi'wɛə*] *v:* ~ *(of)* passe på; vogte sig (for).
bewildered [bi'wildəd] *adj* forvirret; desorienteret.
bewitch [bi'witʃ] *v* forhekse; fortrylle; ~**ing** *adj* fortryllende.
beyond [bi'jɔnd] *adv* hinsides, på den anden side; længere // *præp* på den anden side af; ud over; over; ~ *doubt* uden for

enhver tvivl; ~ *repair* som ikke kan repareres mere; *it's ~ me* det går over min forstand.
bias ['baiəs] *s* forudindtagethed; partiskhed; **~(s)ed** *adj* forudindtaget; partisk.
bib [bib] *s* hagesmæk.
Bible [baibl] *s* bibel; **biblical** ['biblikəl] *adj* bibelsk.
bicker ['bikə*] *v* småskændes.
bicycle ['baisikl] *s* cykel // *v* cykle; *ride a ~* køre på cykel; ~ **clip** *s* cykelklemme.
bid [bid] *s* bud; tilbud // *v (bade* el. *bid, bidden* [bæd el. bid, bidn]) byde; befale; ~ *sby welcome* byde en velkommen; **~der** *s: the highest ~der* den højstbydende; **~ding** *s* bud; befaling.
bide [baid] *v: ~ one's time* se tiden an.
biennial [bi'ɛnjəl] *adj* to-årig (fx *plant* plante); som sker hvert andet år.
big [big] *adj* stor; kraftig; *be ~ with young* være drægtig.
bigamy ['bigəmi] *s* bigami.
big... ['big-] sms: **~headed** *adj* indbildsk; **~-hearted** *adj* ædelmodig.
bigwig ['bigwig] *s* (F) stor kanon, ping.
bike [baik] *s* cykel.
bilberry ['bilbɛri] *s* blåbær.
bile [bail] *s* galde.
bilingual [bai'liŋgwəl] *adj* tosproget.
bill [bil] *s* regning; pengeseddel; plakat; lovforslag; næb; *fit* (el. *fill) the ~* opfylde forventningerne; ~ *of fare* menu; **~board** *s* plakattavle.
billiards ['biljədz] *spl* billard.
billion ['biljən] *s (brit)* billion; *(am)* milliard.
billy ['bili] *s* kogekar (til camping).
bin [bin] *s* bøtte; kasse; (også: *dust~)* skraldebøtte; *bread~* brødkasse.
bind [baind] *v (bound, bound* [baund]) binde; indbinde; forpligte; **~ing** *s* indbinding // *adj* bindende.
bin liner ['binlainə*] *s* affaldspose (til at fore skraldespanden med).
binoculars [bi'nɔkjuləz] *spl* kikkert.
bio... ['baiəu-] sms: **~chemistry** [-'kɛmistri] *s* biokemi; **~-degradable** [-di'greidəbl] *adj* biologisk nedbrydelig; **~graphy** [bai'ɔgrəfi] *s* biografi; **~logist** [bai'ɔlədʒist] *s* biolog.
birch [bə:tʃ] *s* birk(etræ).
bird [bə:d] *s* fugl; (F, om pige) dulle, larve; *old ~* (F) gammel støder; gamle jas; ~ *of prey* rovfugl; **~cage** *s* fuglebur; **~'s-eye-view** *s* fugleperspektiv; **~table** *s* foderbræt; ~ **watcher** *s* ornitolog; **~watching** *s: go ~watching* tage på fugletur; (S) tage ud og se på damer.
birth [bə:θ] *s* fødsel; herkomst; ~ **certificate** *s* fødselsattest; dåbsattest; ~ **control** *s* børnebegrænsning; **~day** *s* fødselsdag; **~place** *s* fødested; ~ **rate** *s* fødselshyppighed, fødselstal.
biscuit ['biskit] *s* småkage, kiks.
bisect [bai'sɛkt] *v* gennemskære; skære over (i to dele).
bishop ['biʃəp] *s* biskop; **~ric** *s* bispedømme.
bit [bit] *s* bid, stykke; smule; (om hest) bidsel // *præt* af *bite; a ~* en smule; lidt; *not a ~* ikke spor; *do one's ~* gøre sit; gøre sin del; *that's a ~ much* det er lovlig skrapt; *go to ~s* gå i stykker.
bitch [bitʃ] *s* (om hund) tæve,

hunhund; (om kvinde, *neds)* mær, harpe; *son of a* ~ (V!) (forbandet) satan.
bite [bait] *s* bid; stik; mundfuld // *v (bit, bitten* [bit, bitn]) bide; stikke; *let's have a* ~ *(to eat)* lad os få en mundfuld mad; *what's biting you?* hvad er der i vejen?
bitten [bitn] *pp* af *bite.*
bitter ['bitə*] *s* slags fadøl // *adj* bitter; skarp; *to the* ~ *end* til den bitre ende.
black [blæk] *s* sort; neger // *v* sværte; pudse (fx sko); (i industrien) boykotte; sætte på den sorte liste // *adj* sort, mørk; *give sby a* ~ *eye* give en et blåt øje; ~ *and blue* (slået) gul og grøn; ~ *out* mørkelægge; ~**berry** *s* brombær; ~**bird** *s* solsort; ~**board** *s* (skole)tavle; ~**currant** *s* solbær; ~**en** *v* blive (el. gøre) sort; formørke(s); ~ **ice** *s* isslag; ~**leg** *s* skruebrækker; ~**list** *v* sætte på den sorte liste; ~**mail** *s* pengeafpresning // *v:* ~*mail sby* presse penge af en; ~ **market** *s* sortbørs; ~**out** *s* mørkelægning; strømafbrydelse; besvimelse; *the* **B~ Sea** *s* Sortehavet; ~**smith** *s* grovsmed.
bladder ['blædə*] *s* blære.
blade [bleid] *s* (om fx kniv, åre) blad; *a* ~ *of grass* et græsstrå.
blame [bleim] *s* skyld; dadel // *v* bebrejde; give skylden; ~ *sby for sth* give en skylden for ngt; *who's to* ~*?* hvis skyld er det?
bland [blænd] *adj* mild; rolig og uforstyrret.
blank [blæŋk] *s* tomrum; skud med løst krudt; *draw a* ~ trække en nitte.
blanket ['blæŋkit] *s* (uld)tæppe; *he is a wet* ~ han er en dødbider.
blasphemous ['blæsfiməs] *adj* blasfemisk.
blast [bla:st] *s* vindstød; stød; eksplosion // *v* sprænge (væk); ødelægge; ~ **furnace** *s* højovn; ~**-off** *s* affyring (af missil etc).
blatant ['bleitənt] *adj* højrøstet; pågående; grov; *a* ~ *lie* en fed løgn.
blaze [bleiz] *s* brand; flammer; skær // *v* flamme; blusse; stråle; ~ *a trail (fig)* bane (el. vise) vej.
bleach [bli:tʃ] *s* (også: *household* ~*)* blegemiddel // *v* blege; affarve.
bleak [bli:k] *adj* nøgen, forblæst; kold, trist.
bleary-eyed ['bliəriˌaid] *adj* klatøjet.
bleat [bli:t] *s* brægen // *v* bræge.
bleed [bli:d] *v (bled, bled* [blɛd]) bløde; årelade, tappe.
blemish ['blɛmiʃ] *s* skavank; plet.
blend [blɛnd] *s* blanding // *v* blande; (om farver) gå over i hinanden; passe sammen.
bless [blɛs] *v (~ed, ~ed* el. *blest, blest* [blɛst]) velsigne; *be ~ed with* være velsignet med; ~ *me!* du godeste! ~**ing** *s* velsignelse; held; *a ~ing in disguise* held i uheld.
blether ['blɛðə*] *v* vrøvle.
blew [blu:] *præt* af *blow.*
blind [blaind] *s* skodde; rullegardin; jalousi // *v* gøre blind; blænde // *adj* blind; *turn a* ~ *eye on* (el. *to)* se igennem fingre med; ~ **alley** *s* blindgyde; ~**fold** *s* bind for øjnene // *v* give bind for øjnene // *adj* i blinde; ~**ness** *s* blindhed.
blink [bliŋk] *v* blinke, glimte; ~**ers** *spl* skyklapper; ~**ing**

adj (F) pokkers, forbandet.
bliss [blis] *s* lyksalighed; ~**ful** *adj* salig.
blister ['blistə*] *s* vable, blist; (i maling) blære // *v* danne blærer; få vabler.
blithering ['bliðəriŋ] *adj: a ~ idiot* (F) en kraftidiot.
blitz [blits] *s* luftangreb; lynkrig.
blizzard ['blizəd] *s* snestorm.
bloated ['bləutid] *adj* opsvulmet; oppustet.
block [blɔk] *s* blok; klods; kliché; blokering, spærring // *v* blokere, stoppe; *a ~ of flats* en boligkarré; ~**ade** [-'keid] *s* blokade // *v* blokere; ~**age** ['blɔkidʒ] *s* blokering; ~**head** *s* dumrian; ~ **letters** *spl* blokbogstaver.
bloke [bləuk] *s* (F) fyr.
blonde [blɔnd] *s* blondine // *adj* blond, lyshåret.
blood [blʌd] *s* blod; slægt; *bad ~* ondt blod; *make sby's ~ run cold* få blodet til at isne i årerne på en; ~ **clot** *s* blodprop; ~ **group** *s* blodtype; ~**less** *adj* ublodig (fx *victory* sejr); bleg, anæmisk; ~ **poisoning** *s* blodforgiftning; ~ **pressure** *s* blodtryk; ~**shed** *s* blodsudgydelse; ~**shot** *adj* blodskudt; ~**stained** *adj* blodplettet; ~**-thirsty** *adj* blodtørstig; ~**y** *adj* blodig; (F!) satans, forbandet; *~y good!* (F) skidegodt! ~**y-minded** *adj* (F) krakilsk.
bloom [blu:m] *s* blomst, blomstring // *v* blomstre; ~**ing** *adj* (F) pokkers.
blossom ['blɔsəm] *s* blomst, blomstring // *v* blomstre.
blot [blɔt] *s* klat, plet // *v* klatte, plette; *~ out* udslette; udrydde; *~ one's copybook* ødelægge sit rygte.
blotchy ['blɔtʃi] *adj* skjoldet.
blotting paper ['blɔtiŋ,peipə*] *s* klatpapir.
blouse [blauz] *s* bluse.
blow [bləu] *s* slag, stød // *v* (*blew, blown* [blu:, bləun]) blæse, puste; sprænge (fx *the fuses* sikringerne); *~ one's nose* pudse næse; *~ a whistle* blæse i en fløjte; *~ away* blæse væk; *~ down* blæse ned (el. omkuld); *~ off* blæse af; brokke sig; *~ off course* blæse ud af kurs; *~ out* puste ud; springe; *~ over* drive over; *~ up* puste op; sprænge (el. springe) i luften; *(foto)* forstørre; ~**lamp** *s* blæselampe.
blue [blu:] *adj* blå, nedtrykt; ~**bell** *s* blåklokke; ~**bottle** *s* spyflue; ~ **jeans** *s* cowboybukser; ~**print** *s* blåkopi; *(fig)* perspektivplan; projekt; ~**s** *spl: have the ~s* være deprimeret.
bluff [blʌf] *s* bluff(mager) // *v* bluffe // *adj* (om person) bramfri; *call sby's ~* afsløre ens bluff.
blunder ['blʌndə*] *s* dumhed, brøler // *v* kludre, dumme sig.
blunt [blʌnt] *v* sløve(s) // *adj* (om fx kniv) sløv; (om person) brysk, studs.
blur [blə:*] *s* uklarhed; udvisket plet // *v* sløre(s); tvære(s) ud.
blurt [blə:t] *v: ~ out* buse ud med.
blush [blʌʃ] *s* rødmen // *v* rødme.
boar [bɔ:*] *s* vildsvin.
board [bɔ:d] *s* bræt; tavle; pap; bestyrelse; komité // *v* beklæde med brædder; gå ombord i; (om tog) stige op i; *~ and lodging* kost og logi; *full ~* helpension; *~ up* slå brædder for; ~**er** *s* pensionær; (på skole etc) kostelev; ~**ing**

house *s* pensionat; **~ing school** *s* kostskole; **~ room** *s* direktionsværelse.

boast [bəust] *s* pral(en); stolthed // *v* prale; kunne prale af; **~ful** *adj* pralende.

boat [bəut] *s* båd, skib // *v* sejle, ro; *rock the ~* gøre tingene besværlige; **~swain** [bəusn] *s* bådsmand.

bob [bɔb] *s* (F) shilling // *v* hoppe op og ned; neje, knikse; *~ up* dukke op.

bobbin ['bɔbin] *s* (i symaskine etc) spole.

bobby ['bɔbi] *s* (F) politibetjent.

bobsleigh ['bɔbslei] *s* bobslæde.

bodice ['bɔdis] *s* (på kjole) overdel, liv.

bodily ['bɔdili] *adj* korporlig // *adv* personlig.

body ['bɔdi] *s* legeme, krop; lig; *(auto)* karrosseri; (om skib) skrog; gruppe, forsamling; masse; *in a ~* i samlet flok; **~ conscious** *adj* kropsbevidst; **~guard** *s* livvagt; **~ odour** *s* kropslugt, svedlugt; **~ repairs** *spl (auto)* karrosseriarbejde; **~work** *s (auto)* karrosseri.

bog [bɔg] *s* mose, sump.

boggle [bɔgl] *v: the mind ~s* det er for utroligt.

bogus ['bəugəs] *adj* falsk, uægte; skin-.

boil [bɔil] *s* byld; kog // *v* koge; *come to the ~* komme i kog; *~ down to (fig)* kunne reduceres til; i al enkelhed gå ud på; **~er room** *s* fyrkælder; **~er suit** *s* kedeldragt; **~ing point** *s* kogepunkt; **~-in-the-bag** *adj* i kogepose.

boisterous ['bɔistərəs] *adj* larmende, støjende.

bold [bəuld] *adj* dristig, fræk; tydelig; *write a ~ hand* have en flot og tydelig håndskrift; **~ type** *s (typ)* halvfed (el. fed) skrift.

bolt [bəult] *s* bolt, slå // *v* bolte; (om mad) sluge; stikke af; fare af sted; *a ~ from the blue* et lyn fra klar himmel.

bomb [bɔm] *s* bombe // *v* bombe, bombardere; *the book goes like a ~* bogen bliver revet væk; **~ disposal unit** *s* sprængningskommando (el. -eksperter).

bomber ['bɔmə*] *s* bombefly; **bombing** ['bɔmiŋ] *s* bombardement, bombning; **bomb scare** *s* bombetrussel.

bond [bɔnd] *s* bånd; forskrivning; kaution; obligation; **~age** ['bɔndidʒ] *s* trældom.

bone [bəun] *s* ben, knogle // *v* udbene; *a ~ of contention* et stridens æble; **~-dry** *adj* knastør.

bonfire ['bɔnfaiə*] *s* bål.

bonnet ['bɔnit] *s* hue, kyse; *(auto)* motorhjelm.

bonny ['bɔni] *adj* frisk, sund; (skotsk:) smuk, dejlig.

bony ['bəuni] *adj* benet, radmager; fuld af ben.

boo [bu:] *interj* øv! fy! // *v* hysse ad, råbe øv.

booby trap ['bu:bitræp] *s* fælde.

book [buk] *s* bog, hæfte (fx *of stamps* frimærke-) // *v* notere; bestille (fx bord, billet); købe billet; **~able** *adj: seats are ~able* der kan reserveres plads; **~case** *s* bogreol; **~ ends** *spl* bogstøtter; **~ie** *s* (F) d.s.s. *~maker;* **~ing office** *s* billetkontor; **~-keeping** *s* bogholderi; **~let** *s* brochure, pjece; **~maker** *s* person (el. butik) som tager imod væddemål; **~s** *spl* regnskab; **~seller** *s* boghandler; **~shop** *s* boghandel; **~store** *s* d.s.s.

~shop.
boom [bu:m] *s* drøn, brag; *(merk)* højkonjunktur, opsving // *v* drøne, buldre; have et opsving.
boost [bu:st] *s* hjælpende skub // *v* hjælpe; sætte skub i; opreklamere.
boot [bu:t] *s* støvle; *(auto)* bagagerum; *give sby the ~* sparke en ud; fyre en; *to ~* oven i købet.
booth [bu:θ] *s* bod, markedstelt; (telefon)boks; (også: *voting ~)* stemmeboks.
bootlace ['bu:tleis] *s* snørebånd.
booty ['bu:ti] *s* bytte.
booze [bu:z] *s* (F) sprut // *v* bumle, svire.
border ['bɔ:də*] *s* kant, rand; grænseegn; kantebånd; blomsterbed // *v* kante; grænse op til; *the B~* grænsen mellem England og Skotland; *the B~s* egnen omkring den engelsk-skotske grænse; **~line case** *s* grænsetilfælde.
bore [bɔ:*] *s* (om person) dødbider; (om gevær etc) boring, kaliber // *v* bore; kede; *præt* af *bear; he's a ~* han er dødkedelig; *be ~d (stiff)* kede sig (ihjel); **~dom** *s* kedsomhed; **boring** *adj* kedelig.
born [bɔ:n] *adj: be ~* blive født; *~ blind* blindfødt; *in all my ~ days* i alle mine livskabte dage.
borne [bɔ:n] *pp* af *bear.*
borough ['bʌrə*] *s* købstad.
borrow ['bɔrəu] *v* låne; *~ sth from sby* låne ngt af en.
bosom ['buzəm] *s* (H) barm, bryst; *(fig)* skød; *~* **buddy,** *~* **friend** *s* hjerteven.
boss [bɔs] *s* chef, boss // *v* regere; bestemme; lede; **~y** *adj* dominerende.
botanical [bə'tænikl] *adj* botanisk (fx *gardens* have); **botanist** ['bɔtənist] *s* botaniker; **botany** ['bɔ-] *s* botanik.
botch [bɔtʃ] *v: ~ (up)* forkludre.
both [bəuθ] *adj/pron* begge; både; *~ of them* dem begge (to); *we ~ came* el. *~ of us came* vi kom begge to.
bother ['bɔðə*] *s* plage; besvær // *v* plage, genere; gøre sig ulejlighed; *~ about* spekulere over; *don't ~!* gør dig ingen ulejlighed! lad det bare være! *oh, ~!* pokkers også!
bottle [bɔtl] *s* flaske // *v* hælde på flaske(r); henkoge; *hit the ~* (F) slå sig på flasken; *be on the ~* (F) være drikfældig; *~ up* tilbageholde; undertrykke (fx *anger* vrede); **~neck** *s* flaskehals (også *fig); **~-opener** s* oplukker.
bottom ['bɔtəm] *s* bund, nederste del; (F) bagdel; (stole)sæde // *adj* lavest, nederst; bund-; under- (fx *floor* etage); **~less** *adj* bundløs.
bought [bɔ:t] *præt* og *pp* af *buy.*
boulder ['bəuldə*] *s* kampesten, rullesten.
bounce [bauns] *s* spring // *v* (om bold) hoppe tilbage; (om person) komme farende; (om dækningsløs check) blive afvist.
bound [baund] *s* grænse; spring // *v* begrænse; grænse (til); springe, hoppe; *præt* og *pp* af *bind // adj* bundet; forpligtet; *out of ~s* forbudt område; *~ to* nødt til; forpligtet til; *he's ~ to fail* han er dømt til at mislykkes; *he's ~ to come* han 'må komme; han kommer helt bestemt; *~ for* (om skib etc) med kurs mod.
boundary ['baundri] *s* grænse.

boundless ['baundlis] *adj* grænseløs; uendelig.
bouquet ['bukei] *s* buket.
bourgeois ['buəʒwa:] *adj* småborgerlig.
bout [baut] *s* omgang; anfald.
bow [bəu] *s* sløjfe; bue; [bau] buk // *v* [bau] bukke; nikke; bøje sig; ~ *to* (el. *before)* bøje sig for; være underlegen overfor.
bowels ['bauəlz] *spl* indvolde, tarme.
bowl [bəul] *s* skål; kumme; (pibe)hoved; kugle // *v* kaste; bowle; ~ *over (fig)* vælte omkuld; **~ing alley** *s* bowlingbane; **~s** *spl* bowling; bocciakugler.
bow tie ['bəu'tai] *s* butterfly.
box [bɔks] *s* æske, kasse; skrin; boks; *(teat)* loge; (på vogn) kuskesæde // *v* bokse (med); lægge i æske; deponere; *the* ~ (F) fjernsynet, flimmerkassen; ~ *sby's ears* stikke en et par på kassen; **~er** *s* bokser; **~ing** *s* boksning; **B~ing Day** *s* anden juledag (26. dec.); **~ing gloves** *spl* boksehandsker; ~ **office** *s* billetkontor; ~ **room** *s* pulterkammer.
boy [bɔi] *s* dreng; ung mand; (om tjener) boy; **~friend** *s* kæreste, fyr, ven; **~hood** *s* drengetid; **~ish** *adj* drenget.
BR fork.f. *British Rail.*
bra [bra:] *s* (F, fork.f. *brassiere)* brystholder, bh.
brace [breis] *s* støtte; stiver; (tand)bøjle; klampe; (også: ~ *bracket)* klamme // *v* støtte, afstive; ~ *oneself* samle alle sine kræfter; stramme sig op.
bracelet ['breislit] *s* armbånd.
braces ['breisiz] *spl* seler.
bracken ['brækən] *s* bregne.
bracket ['brækit] *s* støtte; hyldeknægt; parentes; gruppe, kategori // *v* sætte i parentes; *(fig)* sidestille; 'sætte i bås'.
brag [bræg] *v* prale, skryde.
Braille [breil] *s* blindeskrift.
brain [brein] *s* hjerne; ~ **damage** *s* hjerneskade; **~less** *adj* ubegavet, dum; **~s** *spl: he's got ~s* han er intelligent; (F) han er kvik i pæren; **~wash** *v* hjernevask; **~wave** *s* lys idé; **~y** *adj* intelligent.
braise [breiz] *v* grydestege.
brake [breik] *s* bremse // *v* bremse (op); ~ **fluid** *s* bremsevæske; ~ **lining** *s* bremsebelægning.
bramble [bræmbl] *s* brombær(busk).
bran [bræn] *s* klid.
branch [bra:ntʃ] *s* gren; afdeling, filial // *v* dele sig; ~ *off* dreje af; forgrene sig; ~ *out* udvide, ekspandere.
brand [brænd] *s* varemærke // *v* brændemærke; ~ *sby a communist (fig)* stemple en som kommunist.
brandish ['brændiʃ] *v* svinge (med).
brand-new ['brænd'nju:] *adj* splinterny.
brandy ['brændi] *s* cognac.
brass [bra:s] *s* messing; (S) gysser, grunker; *the* ~ *(mus)* messingblæserne; ~ **band** *s* hornorkester.
brassière ['bræsiə*] *(bra) s* brystholder, bh.
brat [bræt] *s (neds)* unge.
brave [breiv] *v* trodse // *adj* modig, tapper; **~ry** ['breivəri] *s* mod, tapperhed.
brawl [brɔ:l] *s* slagsmål // *v* lave optøjer; slås, skændes.
brawn [brɔ:n] *s* muskelstyrke; *(gastr)* grisesylte; **~y** *adj* muskuløs.
Brazil [brə'zil] *s* Brasilien; **~ian** *s* brasilianer // *adj* bra-

siliansk; ~ **nut** *s* paranød.
breach [bri:tʃ] *s* brud, revne; breche // *v* bryde en breche i; ~ *of confidence* tillidsbrud; ~ *of contract* kontraktbrud; ~ *of the peace* forbrydelse mod den offentlige orden; ~ *of promise* brud på ægteskabsløfte.
bread [brɛd] *s* brød; *a loaf of* ~ et brød; *one's* ~ *and butter* ens levebrød; ~**crumbs** *spl* brødkrummer; rasp; ~**line** *s: be on the* ~*line* leve på eksistensminimum.
breadth [brɛdθ] *s* bredde.
breadwinner ['brɛdwinə*] *s* familieforsørger.
break [breik] *s* brud; pause, frikvarter; afbrydelse; chance // *v (broke, broken* [brəuk, brəukn]) ødelægge; slå i stykker; bryde (fx *a promise* et løfte); gå itu; knalde; brække; afbryde; begynde; (om vejret) slå om; (om hest) tæmme; ~ *a record* slå en rekord; ~ *service* (i tennis) få servegennembrud; ~ *the news to sby* (skånsomt) fortælle en ngt; ~ *down* bryde ned; bryde sammen; opdele; ~ *even* få det til at gå lige op; ~ *free* (el. *loose)* rive (sig) løs; ~ *in* bryde ind; (om hest) tilride; (om person) oplære; ~ *in on* bryde ind i; afbryde; ~ *into* bryde ind i (fx *a house* et hus); slå over i; ~ *off* afbryde; knække af; ~ *open* bryde op; ~ *out* bryde ud; opstå; ~ *out in spots* få udslæt (el. knopper); ~ *up* splitte(s); bryde op; sprænge(s); opløse(s); standse; ~**able** *adj* skrøbelig; ~**age** ['breikidʒ] *s* brud; beskadigelse; ~**down** *s* sammenbrud; skade; motorstop, havari; ~**down lorry** *s* kranvogn; ~**down service** *s* sv.t. fx Falcks vejservice.
breaker ['breikə*] *s* (om bølge) styrtsø; ~**s** *spl* brænding.
break... ['breik-] sms: ~**fast** *s* morgenmad; ~**neck** *adj* halsbrækkende; ~**through** *s* gennembrud; ~**water** *s* bølgebryder.
breast [brɛst] *s* bryst; ~**-feed** *v* give bryst, amme; ~**stroke** *s* brystsvømning.
breath [brɛθ] *s* ånde, åndedrag; pust; *a* ~ *of air* en mundfuld luft; *out of* ~ åndeløs, forpustet; ~**alyzer** ['brɛθəlaizə*] *s* spritballon (til spiritusprøve).
breathe [bri:ð] *v* ånde, trække vejret; henånde; ~**r** *s* (F) pusterum.
breath... ['brɛθ-] sms: ~**less** *adj* åndeløs, forpustet; ~**-taking** *adj* betagende, spændende.
breeches ['bri:tʃəz] *spl* bukser; knæbukser.
breed [bri:d] *s* race; art // *v (bred, bred* [brɛd]) yngle; avle; opdrætte; opdrage; ~**er** *s* avler; ~**ing** *s* formering; opdragelse, dannelse.
breeze [bri:z] *s* brise.
brevity ['brɛviti] *s* korthed.
brew [bru:] *v* brygge; pønse på; trække op, være i anmarch; ~**er** *s* brygger; ~**ery** *s* bryggeri.
bribe [braib] *s* bestikkelse // *v* bestikke; ~**ry** ['braibəri] *s* bestikkelse.
brick [brik] *s* mursten, teglsten // *v:* ~ *up* mure til (el. inde); ~**layer** *s* murer; ~**work** *s* murværk; ~**works** *s* teglværk.
bridal [braidl] *adj* brude-; bryllups-; **bride** [braid] *s* brud; ~**groom** *s* brudgom; ~**smaid** *s* brudepige.
bridge [bridʒ] *s* bro; (næse)ryg.
bridle [braidl] *v* tøjle, tæmme;

~-**path** *s* ridesti.
brief [bri:f] *s* resumé // *v* give et resumé af; instruere // *adj* kort, kortfattet; *in* ~ kort sagt; ~**case** *s* dokumentmappe; ~**ing** *s* instruktion; ~**ly** *adv* kort (og godt); ~**s** *spl* trusser.
brigadier [briga'diə*] *s* brigadegeneral.
bright [brait] *adj* lys; klar; strålende; glad; kvik; ~**en** *v* gøre lysere; lysne; live op; klare op.
brilliance ['briljəns] *s* glans; skin; intelligens; **brilliant** *adj* strålende, fremragende.
brillo ['briləu] *adj* (S) fed, skøn.
brim [brim] *s* kant, rand; ~**ful** *adj* fyldt til randen.
bring [briŋ] *v (brought, brought* [brɔ:t]) bringe; tage med; skaffe; ~ *about* forårsage, medføre; ~ *back* bringe tilbage; ~ *down* få til at falde; nedlægge; vælte; ~ *forward* fremsætte; fremlægge; ~ *off* gennemføre; klare; ~ *out* få frem; fremhæve; ~ *round* (el. *to)* bringe til sig selv igen; ~ *up* opdrage; bringe på bane.
brink [briŋk] *s* kant, rand.
brisk [brisk] *s* livlig, kvik; frisk.
brisket ['briskit] *s (gastr)* brystStykke.
bristle [brisl] *s* børstehår // *v* rejse børster; få til at stritte; *bristling with* spækket med.
Britain ['britən] *s* (også: *Great ~)* Storbritannien; **British** ['britiʃ] *adj* britisk; *the British Isles* De britiske Øer; *British Rail (BR)* de britiske statsbaner.
Briton ['britən] *s* bretoner (person fra Bretagne); **Brittany** ['britəni] *s* Bretagne.
brittle [britl] *adj* skør, skrøbelig; sprød.
broach [brəutʃ] *v: ~ a subject* bringe et emne på bane.
broad [brɔ:d] *s (neds)* tøs // *adj* bred; vid; jævn; frisindet; *in ~ daylight* ved højlys dag; *a ~ hint* et tydeligt vink; ~**cast** *s* radioudsendelse // *v* udbrede; udsende, transmittere; ~**en** *v* gøre (el. blive) bredere; ~**ly** *adv* i det store og hele; *~ly speaking* stort set; ~-**minded** *adj* frisindet.
broiler ['brɔilə*] *s* slagtekylling, landkylling.
broke [brəuk] *præt* af *break* // *adj* (F) 'på spanden'; ~**n** *pp* af *break* // *adj* knust; brækket; brudt; usikker; *in ~n English* på gebrokkent engelsk; *a ~n home* et skilsmissehjem; ~**n-hearted** *adj* sønderknust.
broker ['brəukə*] *s* mægler.
bronze [brɔnz] *s* bronze; ~**d** *adj* bronzeret; solbrændt.
brooch [brəutʃ] *s* broche.
brood [bru:d] *s* yngel; kuld // *v* ruge; udruge; spekulere; ~**y** *adj* melankolsk.
brook [bruk] *s* bæk.
broom [brum] *s* (feje)kost; ~**stick** *s* kosteskaft.
Bros. ['brʌðəz] fork.f. *Brothers* (i firmanavn).
broth [brɔθ] *s* kødsuppe.
brothel [brɔθl] *s* bordel.
brother ['brʌðə*] *s* broder; medbroder; ~**hood** *s* broderskab; ~-**in-law** *s* svoger.
brought [brɔ:t] *præt* og *pp* af *bring.*
brow [brau] *s* pande; (også: *eye~)* øjenbryn.
brown [braun] *s* brunt // *v* brune; blive brun // *adj* brun; ~**ie** *s* lille pigespejder.
browse [brauz] *v* gå og snuse (i bøger etc); bladre lidt i.
bruise [bru:z] *s* blåt mærke; blodudtrædning // *v* støde; få

blå mærker; ~**d** *adj* forslået.
brunch [brʌntʃ] *s* kombineret *breakfast* og *lunch.*
brush [brʌʃ] *s* børste; pensel; krat; *(fig)* sammenstød // *v* børste; stryge; strejfe; ~ *aside* affærdige; feje til side; ~ *up* pudse op; genopfriske; ~**-off** *s: give sby the ~-off* afvise en; ~**wood** *s* kvas; krat.
Brussels [brʌslz] *s* Bruxelles; ~ **sprout** *s* rosenkål.
brutal [bru:tl] *adj* brutal, rå; ~**ity** [-ˈtæliti] *s* brutalitet; **brute** [bru:t] *s* udyr, bæst; **brutish** [ˈbru:tiʃ] *adj* rå, dyrisk.
B.Sc. [ˈbi:ɛsˈsi:] fork.f. *Bachelor of Science.*
bubble [bʌbl] *s* boble // *v* boble, sprudle.
buck [bʌk] *s* (om hare, hjort etc) han, buk // *v* springe; stange; stejle; *pass the* ~ (F) lade sorteper gå videre.
bucket [ˈbʌkit] *s* spand; *kick the* ~ (F) kradse af.
buckle [bʌkl] *s* spænde // *v* spænde(s); *(fig)* slå sig; (om hjul) exe.
bud [bʌd] *s (bot)* knop // *v* skyde knopper; spire; *nip sth in the* ~ standse ngt i opløbet; ~**ding** *adj* spirende; *(fig)* vordende.
budge [bʌdʒ] *v* flytte (sig); røre (sig).
budgerigar [ˈbʌdʒəriga:*] *s* undulat.
budget [ˈbʌdʒit] *s* budget // *v:* ~ *for sth* optage ngt på budgettet.
budgie [ˈbʌdʒi] *s* d.s.s. *budgerigar.*
buff [bʌf] *s: in the* ~ (F) nøgen.
buffalo [ˈbʌfələu] *s (pl:* ~ el. ~*es)* bøffel; *(am)* bisonokse.
buffer [ˈbʌfə*] *s* stødpude.
buffet *s* [ˈbufei] buffet; (på tog, station etc) restaurant // *v* [ˈbʌfit] støde, puffe; bumpe.
bug [bʌg] *s* væggelus; virus; bacille; skjult mikrofon // *v* aflytte; anbringe skjulte mikrofoner i.
bugger [ˈbʌgə*] *v:* ~ *about* (S) fjumre rundt; ~ *off* (S) skride; ~ *up* klumre med.
bugle [bju:gl] *s* (signal)horn.
build [bild] *s* (om person) bygning, skikkelse // *v (built, built)* bygge; ~ *up* opbygge; oparbejde; ~**er** *s* bygningshåndværker; entreprenør; ~**ing** *s* bygning; ~**ing society** *s* realkreditinstitution; ~**-up** *s* oparbejdning; ophobning.
built [bilt] *præt* og *pp* af *build* // *adj* bygget; *well-~* velskabt; ~**-in** *adj* indbygget; ~**-up area** *s* bebygget område.
bulb [bʌlb] *s* blomsterløg; *(elek)* pære; ~**ous** *adj* løgformet.
bulge [bʌldʒ] *s* bule // *v* bulne ud; svulme (op); *be bulging with* være ved at revne af.
bulk [bʌlk] *s* omfang; masse; *in* ~ *(merk)* løst, upakket; *the* ~ *of* størstedelen af; ~**head** *s (mar)* skot; ~**y** *adj* uhåndterlig; voluminøs.
bull [bul] *s* tyr; (om elefant etc) han.
bulldoze [ˈbuldəuz] *v* tromle ned; planere.
bullet [ˈbulit] *s* kugle, projektil.
bullfight [ˈbulfait] *s* tyrefægtning; ~**er** *s* tyrefægter.
bullfinch [ˈbulfintʃ] *s (zo)* dompap.
bullock [ˈbulək] *s* ung tyr, stud.
bully [ˈbuli] *s* tyran, bølle // *v* tyrannisere; herse med; skræmme.
bulrush [ˈbulrʌʃ] *s (bot)* dunhammer.
bum [bʌm] *s* vagabond, bums, sut; (F) bagdel.
bumblebee [ˈbʌmblˌbi:] *s* humlebi.

bump [bʌmp] *s* bump; stød; bule; (i vej) hul // *v* bumpe; skumple; ~ *into* støde mod; ~ *sby off* rydde en af vejen; ~ *up the price* presse prisen op; **~er** *s* kofanger, stødfanger.
bumptious ['bʌmʃəs] *adj* storsnudet.
bumpy ['bʌmpi] *adj* ujævn; (om vej) hullet.
bun [bʌn] *s* bolle; (om frisure) knude i nakken.
bunch [bʌntʃ] *s* bundt; klump; buket; klase; (om personer) flok.
bundle [bʌndl] *s* bundt // *v* (også: ~ *up)* bundte sammen; ~ *the kids into the car* proppe børnene ind i bilen; ~ *off* sende af sted i en fart; ~ *out* falde (el. vælte) ud.
bungle [bʌŋgl] *v* forkludre; klokke i det.
bunk [bʌŋk] *s* køje; *do a* ~ (S) stikke af; ~ **beds** *spl* etageseng.
bunker ['bʌŋkə*] *s* kulkasse; bunker.
bunny ['bʌni] *s* (også: ~ *rabbit)* kanin.
buoy [bɔi] *s (mar)* bøje // *v* afmærke; ~ *up* bære oppe; *(fig)* holde oppe, støtte; **~ancy** *s (fig)* livlighed; **~ant** *adj* livlig, let.
burden [bə:dn] *s* byrde, last // *v* bebyrde.
bureau [bjuə'rəu] *s (pl: ~x* [-'rəuz]) kontor, bureau; skrivebord; chatol; **~cracy** [-'rɔkrəsi] *s* bureaukrati.
burglar ['bə:glə*] *s* indbrudstyv; ~ **alarm** *s* tyverialarm; **~y** *s* indbrudstyv.
Burgundy ['bə:gəndi] *s* Bourgogne; **b~** *s* bourgognevin; vinrød farve.
burial ['bɛriəl] *s* begravelse; ~ **ground** *s* begravelsesplads; kirkegård.
burly ['bə:li] *adj* kraftigt bygget; djærv.
burn [bə:n] *s* bæk; brandsår // *v (~ed, ~ed* el. *~t, ~t)* brænde; svide; ~ *down* nedbrænde; **~er** *s* brænder.
burnish ['bə:niʃ] *v* polere.
burnt [bə:nt] *præt* og *pp* af *burn* // *adj:* ~ *sugar* karamel.
burp [bə:p] *s* (F) bøvs // *v* bøvse; ~ *the baby* få babyen til at bøvse.
bursar ['bə:sə*] *s* regnskabsfører; (skotsk) stipendiat; **~y** *s* stipendium.
burst [bə:st] *s* eksplosion; brag; (også: ~ *pipe)* sprængt vandrør // *v (burst, burst)* briste, springe; sprænge(s); *a* ~ *of energy* et anfald af energi; *a* ~ *of inflation* en inflationsbølge; *a* ~ *blood vessel* et sprængt blodkar; ~ *into flames* bryde i brand; ~ *into laughter* (el. *tears)* briste i latter (el. gråd); *be ~ing with* være ved at revne af; ~ *open* springe op; ~ *out of* vælte ud af.
bury ['bɛri] *v* begrave; ~ *oneself in sth* fordybe sig i ngt; ~ *one's head in the sand* stikke hovedet i busken; ~ *the hatchet* begrave stridsøksen.
bus [bʌs] *s (pl: ~es* ['bʌsiz]) bus // *v* køre med bus.
bush [buʃ] *s* busk; krat; *beat about the* ~ krybe udenom.
bushy ['buʃi] *adj* busket; kratbevokset.
busily ['bizili] *adv* travlt.
business ['biznis] *s* forretning; firma; forretningslivet; erhverv, arbejde; sag, affære; *be away on* ~ være på forretningsrejse; *it's none of your* ~ det kommer ikke dig ved; *he means* ~ han mener det alvorligt; **~like** *adj* forret-

ningsmæssig; saglig; effektiv; **~man** *s* forretningsmand.
bus lane ['bʌslein] *s* busbane; **bus layby** *s* busholdeplads.
bust [bʌst] *s* buste; brystmål // *adj* brækket; revnet; ruineret; *go ~* gå fallit.
bustle [bʌsl] *s* travlhed, tummel // *v* have travlt, skynde sig; **bustling** *adj* travl; (om person) geskæftig.
bust-up ['bʌstʌp] *s* (F) voldsomt skænderi; skilsmisse; abegilde.
busy ['bizi] *v: ~ oneself* være travlt beskæftiget // *adj* travl; **~body** *s* geskæftig (el. nævenyttig) person.
but [bʌt, bət] *præp/konj* men; kun; undtagen; *nothing ~* ikke andet end; *~ for her* havde det ikke været for hende; *all ~ finished* næsten færdig; *anything ~* alt andet end; langtfra.
butcher ['butʃə*] *s* slagter // *v* nedslagte; mishandle.
butler ['bʌtlə*] *s* butler, hushovmester.
butt [bʌt] *s* stor tønde; geværkolbe; skæfte; stump; (cigaret)skod // *v* støde (til); give (el. få) en skalle.
butter ['bʌtə*] *s* smør // *v* smøre (også *fig); ~***cup** *s* smørblomst; *~* **dish** *s* smørasiet.
butterfly ['bʌtəflai] *s* sommerfugl; *~* **tie** *s* butterfly.
butter. . . ['bʌtə-] sms: **~milk** *s* kærnemælk; **~scotch** *s* slags flødekaramel.
buttocks ['bʌtəks] *spl* bagdel, endebalder.
button [bʌtn] *s* knap; knop // *v* knappe(s); *~ up* knappe; *(fig)* klappe i; **~hole** *s* knaphul; knaphulsblomst // *v* hage sig fast i; gribe fast i for at snakke.
buttress ['bʌtris] *s* støttepille.
buxom ['bʌksəm] *adj* fyldig; yppig, trivelig.
buy [bai] *v (bought, bought* [bɔ:t]) købe; *~ sby a drink* købe en drink til en; *~ off* bestikke; købe fri; *~ up* opkøbe; **~er** *s* opkøber.
buzz [bʌz] *s* summen; (F) telefonopringning // *v* summe; (F) slå på tråden til; *~ off* (F) gå, 'skride', 'smutte'; *~ one's secretary* ringe efter sin sekretær.
buzzard ['bʌzəd] *s (zo)* musvåge.
buzzer ['bʌzə*] *s* brummer; ringeklokke.
by [bai] *præp* af; ved; forbi; via; med; *written ~ Shakespeare* skrevet af Shakespeare; *a house ~ the river* et hus ved floden; *pass ~* gå (, køre etc) forbi; *the train went ~ Reading* toget kørte via Reading; *go ~ bus* køre med bus; *paid ~ the hour* timelønnet; *all ~ oneself* helt alene; *~ the way* for resten; *~ and large* stort set; *~ and ~* om lidt, snart; *multiply ~ two* gange med to.
bye(-bye) ['bai('bai)] *interj* (F) farvel! hej-hej!
bye-laws ['bailɔ:z] *spl* d.s.s. *bylaws.*
by-election ['baii,lɛkʃən] *s* suppleringsvalg.
bygone ['baigɔn] *s: let ~s be ~s* lad det (el. fortiden) være glemt // *adj* forgangen, svundet.
by-laws ['bailɔ:z] *spl* vedtægter, statutter.
bypass ['baipa:s] *s* omkørselsvej; ringvej.
byre [baiə*] *s* kostald.
bystander ['baistændə*] *s* tilskuer.
byword ['baiwə:d] *s: be a ~ for*

være et andet ord for.

C

C, c [si:].
C. fork.f. *centigrade* celsius (C).
C.A. fork.f. *chartered accountant.*
cab [kæb] *s* taxi, drosche; (i bil, tog etc) førerhus.
cabbage ['kæbidʒ] *s* kål (især hvidkål), kålhoved; *red* ~ rødkål.
cabin ['kæbin] *s* hytte, lille hus; *(mar)* kabine, lille kahyt; *(fly)* kabine.
cabinet ['kæbinit] *s* skab; kabinet; *cocktail* ~ barskab; *medicine* ~ medicinskab; **~-maker** *s* møbelsnedker.
cable [keibl] *s* kabel; ledning // *v* telegrafere; **~-car** *s* (i tovbane) kabine; **~gram** *s* telegram; ~ **railway** *s* tovbane.
cackle [kækl] *v* kagle; skræppe (op).
cactus ['kæktəs] *s (pl: cacti* ['kæktai]) kaktus.
cadet [kə'dɛt] *s* yngre søn (i fin familie); kadet.
cadge [kædʒ] *v* snylte, nasse; ~ *on* nasse på; ~ *a meal (off sby)* 'redde sig' et måltid mad (hos en); **~r** *s* snylter, (F) nasserøv.
Caesarean [si:'zɛəriən] *adj* Cæsar-; kejser-; ~ *(section) (med)* kejsersnit.
caffein ['kæfi:n] *s* koffein.
cage [keidʒ] *s* bur; *(sport)* kurv, net, mål // *v* spærre inde, sætte i bur; **~y** ['keidʒi] *adj* hemmelighedsfuld.
cairn [kɛən] (skotsk) varde; stendysse.
cajole [kə'dʒəul] *v* snakke godt for; smigre; lokke.
cake [keik] *s* kage; stykke; frikadelle; *a ~ of soap* et stykke sæbe; *fish~* fiskefrikadelle; **~d** *adj: ~d with* med kager af (fx *mud* mudder).
calamity [kə'læmiti] *s* katastrofe.
calculate ['kælkjuleit] *v* beregne; regne *(on* med); **calculating** *adj* beregnende; **calculating machine** *s* regnemaskine; **calculation** [-'leiʃən] *s* beregning; udregning; **calculator** *s* regnemaskine.
calculus ['kælkjuləs] *s (pl: calculi* [-lai]) *(mat)* -regning; *(med)* sten; *renal* ~ nyresten.
calender ['kæləndə*] *s* kalender; tidsregning; ~ **watch** *s* kalenderur.
calf [ka:f] *s (pl: calves* [ka:vz]) kalv, unge; *(anat)* læg; *elephant* ~ elefantunge; **~skin** *s* kalveskind.
calibre ['kælibə*] *s* kaliber; karat; kvalitet.
call [kɔ:l] *s* råb; kalden; opfordring; besøg // *v* råbe; kalde (på); komme på besøg; *(tlf)* ringe til; *be on* ~ være i beredskab; have tilkaldevagt; *he's ~ed John* han hedder John; ~ *for* komme for at hente; kalde på; kræve; ~ *in* komme på besøg; ~ *off* aflyse; ~ *on* besøge; ~ *on sby to...* opfordre en til at...; ~ *up (mil)* indkalde; **~box** *s* telefonboks; **~er** *s* besøgende, gæst; *(tlf)* en der ringer op; **~ing** *s* kald; stilling.
callous ['kæləs] *adj* hård, barket; ufølsom, ubarmhjertig.
calm [ka:m] *s* ro; vindstille // *v* berolige; blive rolig; (om blæst etc) lægge sig // *adj* rolig; *dead* ~ blikstille; ~ *down* falde til ro.
calve ['ka:v] *v* kælve; **~s** ['ka:vz] *spl* af *calf.*
camber ['kæmbə*] *s* (om vej) runding; krumning; hæld-

ning.
cambric ['kæmbrik] *s* batist.
came [keim] *præt* af *come.*
camera ['kæmərə] *s* foto(grafi)apparat, kamera; (også: *cine-~, movie ~)* filmsapparat; *35 mm ~* småbilledkamera (24x36); *in ~ (jur)* for lukkede døre; **~man** *s* kameramand; fotograf.
camomile ['kæməmail] *s* kamille.
camp [kæmp] lejr // *v* ligge i (el. slå) lejr; campere; *pitch ~* slå lejr; *strike ~* bryde op.
campaign [kæm'pein] *s* kampagne, felttog // *v* deltage i (el. organisere) en kampagne.
camp. . . ['kæmp-] sms: **~bed** *s* feltseng, campingseng; **~ chair** *s* feltstol, campingstol; **~er** *s* campist, teltligger; campingvogn; **~site** *s* campingplads.
campus ['kæmpəs] *s* universitet(sområde), campus.
can [kæn] *s* kande, dunk; *(am)* (konserves)dåse.
can [kæn, kən] *v (præt: could* [kud]) kan; må; *I ~ swim* jeg kan svømme; *I cannot* (el. *can't) see him* jeg kan ikke se ham; *~ I have an apple?* må jeg få et æble? *no, you can't!* nej du må ikke!
Canadian [kə'neidiən] *s* canadier // *adj* canadisk.
canal [kə'næl] *s* kanal.
canary [kə'nɛəri] *s* kanariefugl; kanariegult.
cancel ['kænsəl] *v* stryge, strege ud; aflyse (fx *a meeting* et møde); afbestille (fx *a reservation* et hotelværelse (, en billet osv)); annullere; **~lation** [-'leiʃən] *s* udstregning; aflysning; afbestilling; annullering.
cancer ['kænsə*] *s* kræft, cancer; *the C~ (astr)* Krebsen; *the Tropic of C~* krebsens (el. den nordlige) vendekreds.
candid ['kændid] *adj* oprigtig, åben; *~ camera (film, tv)* skjult kamera.
candidate ['kændideit] *s* kandidat.
candle ['kændl] *s* (levende) lys, kærte; *by ~light* i stearinlysskær; **~stick s** lysestage; kandelaber; **~wick** *s* væge.
candour ['kændə*] *s* åbenhed, oprigtighed.
candy ['kændi] *s* kandis; *(am,* også) slik; **~-striped** *adj* bolsjestribet.
cane [kein] *s* rør; stok; spanskrør // *v* slå med spanskrør.
canine ['kænain] *adj* af hundefamilien, hunde-; *~* **tooth** *s* hjørnetand.
cannon ['kænən] *s (pl: ~* el. *~s)* kanon; **~ball** *s* kanonkugle; **~-fodder** *s* kanonføde.
cannot ['kænət] d.s.s. *can not.*
canoe [kə'nu:] *s* kano // *v* ro i kano; **~ing** *s* kanosport; **~ist** *s* kanoroer.
canon ['kænən] *s* lov, regel; kannik; *(mus)* 'kanon; **~ize** [-aiz] *v* gøre til helgen, kanonisere.
canopy ['kænəpi] *s* baldakin; sengehimmel.
can't [kænt, ka:nt] d.s.s. *can not.*
cantankerous [kæn'tæŋkərəs] *adj* krakilsk, kværulantisk; vrissen.
canteen [kæn'ti:n] *s* kantine, frokoststue; feltflaske.
canter ['kæntə*] *s* kort galop // *v* ride i kort galop.
Canute [kə'nju:t] *s* Knud; *king ~* Knud den Store.
canvas ['kænvəs] *s* lærred, sejldug; (om kunst) maleri; *under ~* i telt; *(mar)* under sejl.
canvass ['kænvəs] *v* hverve

(stemmer, kunder etc); ~**ing** *s* (hus)agitation, stemmehvervning; *(merk)* kolportage; tegning (af abonnementer etc).
canyon ['kænjən] *s* dyb og snæver dal.
cap [kæp] *s* hue; kasket; kalot; kapsel, låg; knaldhætte; (også: *Dutch* ~) pessar // *v* sætte hue (el. låg) på; dække; *obtain a* ~ el. *be ~ped (sport)* blive udtaget til landsholdet; *~ped with* dækket af.
capability [keipə'biliti] *s* dygtighed, evne; **capable** ['keipəbl] *adj* dygtig; *capable of* i stand til; modtagelig for.
capacious [kə'peiʃəs] *adj* rummelig; **capacity** [kə'pæsiti] *s* evne, anlæg; åndsevner; volumen; kapacitet; *in his capacity of...* i hans egenskab af...; *work at full capacity* (om fabrik etc) arbejde (el. køre) for fuld kraft.
cape [keip] *s* slag, cape; *(geogr)* forbjerg, kap; *the C~* Kap det Gode Håb.
capital ['kæpitl] *s* hovedstad; kapital, formue; (også: ~ *letter)* stort bogstav // *adj* kapital-; (F) glimrende, strålende; ~ **crime** *s* forbrydelse som der er dødsstraf for; ~ **punishment** *s* dødsstraf.
capitulate [kə'pitjuleit] *v* kapitulere; **capitulation** [-'leiʃən] *s* kapitulation, overgivelse.
capricious [kə'priʃəs] *adj* lunefuld; ustadig.
Capricorn ['kæprikɔ:n] *s (astr)* Stenbukken; *the Tropic of* ~ stenbukkens (el. den sydlige) vendekreds.
capsize [kæp'saiz] *v (mar)* kæntre.
capsule ['kæpsju:l] *s* kapsel; hylster, beholder.
captain ['kæptin] *s* anfører, leder; kaptajn; *(mar* også) kommandørkaptajn; *(sport)* holdkaptajn.
caption ['kæpʃən] *s* overskrift, billedtekst.
captivate ['kæptiveit] *v* fængsle, fange; fortrylle; **captive** *s* fange // *adj* fanget; tryllebunden; **captivity** [-'tiviti] *s* fangenskab; **capture** ['kæptʃə*] *s* erobring; pågribelse; fangst, bytte.
car [ka:*] *s* vogn, bil.
caravan ['kærəvæn] *s* campingvogn; karavane.
caraway ['kærəwei] *s:* ~ *seed* kommen.
carbohydrate [ka:bəu'haidreit] *s (kem)* kulhydrat.
carbon ['ka:bən] *s (kem)* kulstof; ~ **copy** *s* gennemslag; ~ **paper** *s* karbonpapir.
carburettor [ˌka:bju'rɛtə*] *s (auto)* karburator.
carcass ['ka:kəs] *s* ådsel, kadaver.
card [ka:d] *s* kort; *put one's ~s on the table (fig)* lægge kortene på bordet; *have a ~ up one's sleeve* have ngt i baghånden; ~**board** *s* pap, karton; ~ **game** *s* kortspil.
cardiac ['ka:diæk] *adj* hjerte-; ~ **arrest** *s (med)* hjertestop; ~ **infarct** *s (med)* hjerteinfarkt.
cardinal ['ka:dinl] *s* kardinal // *adj* vigtigst; hoved-; *of ~ importance* af allerstørste vigtighed.
card index ['ka:d'indɛks] *s* kartotek.
care [kɛə*] *s* omhu; pleje, pasning; varetægt; bekymring // *v* bekymre sig; ~ *about* være interesseret i; tage sig af; ~ *for* tage sig af; kunne lide, holde af; *would you ~ to...?* har du lyst til at...? I don't ~ jeg er ligeglad; *I couldn't ~*

less det rager mig en fjer; *be in sby's* ~ være i ens varetægt; *take* ~ passe på; *take* ~ *of* passe, tage sig af; ordne; *'Handle with C~!'* (på pakke etc) 'forsigtig!'
career [kə'riə*] *s* karriere; levnedsløb // *v:* ~ *(along)* fare af sted.
care... ['kɛə-] sms: **~free** *adj* ubekymret; uforsigtig; **~ful** *adj* forsigtig; påpasselig, omhyggelig; *(be)* *~ful!* (vær) forsigtig! pas på! **~less** *adj* uforsigtig; skødesløs, sjusket.
caress [kə'rɛs] *s* kærtegn // *v* kæle for.
caretaker ['kɛəteikə*] *s* vicevært, portner, opsynsmand; pedel.
car-ferry ['ka:ˌfɛri] *s* bilfærge.
cargo ['ka:gəu] *s (pl: ~es)* last, ladning.
car hire ['ka:ˌhaiə*] *s:* ~ *(service)* biludlejning.
Caribbean [kæri'bi:ən] *adj: the* ~ *(Sea)* Caraibiske Hav.
carnage ['ka:nidʒ] *s* blodbad.
carnal ['ka:nəl] *adj* kødelig, sanselig; verdslig.
carnation [ka:'neiʃən] *s (bot)* nellike.
carnival ['ka:nivəl] *s* karneval.
carnivorous [ka:'nivərəs] *adj* kødædende (fx *plant* plante).
carol ['kærəl] *s: (Christmas)* ~ julesang // *v* synge; gå rundt ved dørene og synge julesange.
car park ['ka:ˌpa:k] *s* parkeringsplads.
carpenter ['ka:pintə*] *s* tømrer; **carpentry** *s* tømrerarbejde; (i skolen) træsløjd.
carpet ['ka:pit] *s* (gulv)tæppe // *v* lægge tæppe på; give en omgang; *be on the* ~ være på tapetet; (F) stå skoleret; ~ **sweeper** *s* tæppefejemaskine.
carriage ['kæridʒ] *s* (heste)vogn; togvogn; transport, befordring; holdning; adfærd; **~way** *s* kørebane; *dual ~way* vej med midterrabat.
carrier ['kæriə*] *s* bærer; bud; vognmand; bagagebærer; lad; fragtskib; hangarskib; **~bag** *s* bærepose; ~ **pigeon** *s* brevdue.
carrot ['kærət] *s* gulerod.
carry ['kæri] *v* bære; medføre; transportere, befordre; føre; (om lyd) bære, række; *be carried away* blive revet væk; blive begejstret; ~ *on* føre, drive; fortsætte; opføre sig; ~ *on about sth* skabe sig over ngt; ~ *on with sby* have en affære med en; ~ *out* udføre; foretage; **~cot** *s* babylift.
cart [ka:t] *s* kærre; trækvogn // *v* køre; *(fig)* slæbe.
cartilage ['ka:tilidʒ] *s* brusk.
carton ['ka:tən] *s* papæske; karton; pakke.
cartoon [ka:'tu:n] *s* vittighedstegning; tegneserie; (også: *animated* ~) tegnefilm; **~ist** *s* vittighedstegner; tegneserieforfatter.
cartridge ['ka:tridʒ] *s* patron; *(foto)* filmrulle, kassette; båndkassette.
carve [ka:v] *v* skære (ud); hugge (ud); *(gastr)* skære 'for, tranchere; **carving** *s* billedskærerarbjde; billedhuggerarbejde; **carving knife** *s* forskærerkniv.
car wash ['ka:ˌwɔʃ] *s* autovask.
cascade [kæs'keid] *s* vandfald, kaskade // *v* strømme, bruse.
case [keis] *s* sag (også *jur)*; tilfælde; kasse, æske, skrin, etui; (også: *suit~)* kuffert; *in* ~ *he comes* hvis han kommer; *in* ~ *of* i tilfælde af (at); *just in* ~ for alle tilfældes skyld; ~ **history** *s* (patients)

sygehistorie, anamnese.

cash [kæʃ] *s* kontanter // *v* indløse (fx *a cheque* en check), hæve // *adj* kontant; *pay (in)* ~ betale kontant; ~ *on delivery (COD)* kontant ved levering; **~-and-carry** *s* discountvarehus; ~ **book** *s* kassebog.

cashier [kæ'ʃiə*] *s* kasserer.

cashmere [kæʃ'miə*] *s* kashmir(uld).

cash. . . ['kæʃ-] sms: ~ **payment** *s* kontant betaling; ~ **receipt** *s* kassebon; ~ **register** *s* kasseapparat.

casing ['keisiŋ] *s* beklædning; væg; karm, indfatning.

cask [ka:sk] *s* tønde, fad.

casket ['ka:skit] *s* (lig)kiste.

casserole ['kæsərəul] *s* ildfast fad; gryderet.

cassette [kæ'sɛt] *s* kassette; **~player,** ~ **recorder** *s* kassettebåndoptager.

cassock ['kæsək] *s* præstekjole.

cast [ka:st] *s* kast; afstøbning; *(teat)* rollebesætning // *v (cast, cast)* kaste; (om fjer etc) fælde; støbe; ~ *sby as Hamlet* tildele en rollen som Hamlet; ~ *one's vote* afgive sin stemme; ~ *off (mar)* kaste los; (i strikning) lukke af; ~ *on* (i strikning) slå op.

castaway ['ka:stəwei] *s* udstødt; skibbruden.

casting ['ka:stiŋ] *adj:* ~ *vote* afgørende stemme.

cast iron ['ka:st'aiən] *s* støbejern.

castle ['ka:sl] *s* slot, borg; herregård; (i skak) tårn; *~s in the air* luftkasteller; vilde drømme.

castor ['ka:stə*] *s* (på rullebord etc) hjul; strødåse; krydderisæt; ~ **oil** *s* amerikansk olie; ~ **sugar** *s* strøsukker.

casual ['kæʒjuəl] *adj* tilfældig; flygtig, henkastet (fx *remark* bemærkning); overlegen; ~ **labour** *s* løsarbejde; **~ly** *adv* tilfældigt; henkastet; **~ty** *s* ulykke; tilskadekommen; *~ties pl* tilskadekomne; *(mil)* sårede, faldne; ~ **wear** *s* fritidstøj.

cat [kæt] *s* kat; *let the ~ out of the bag* røbe en hemmelighed; plapre ud med det hele; *rain ~s and dogs* regne skomagerdrenge.

catalogue ['kætəlɔg] *s* katalog; liste // *v* katalogisere.

catalyst ['kætəlist] *s* katalysator (også *fig).*

catapult ['kætəpʌlt] *s* slangebøsse; katapult.

cataract ['kætərækt] *s* vandfald; rivende strøm; *(med)* grå stær.

catastrophe [kə'tæstrəfi] *s* katastrofe; **catastrophic** [-'strɔfik] *adj* katastrofal.

catch [kætʃ] *s* fangst; fælde; lås (på fx taske, smykke) // *v (caught, caught* [kɔ:t]) fange; gribe (fx en bold); nå (fx toget); overraske; opfatte, få fat i; hænge fast (i); ~ *sby's attention* (el. *eye)* fange ens opmærksomhed (el. blik); ~ *cold* blive forkølet; ~ *fire* antændes; ~ *sight of* få øje på; ~ *up (with)* indhente; **~ing** *adj* (om sygdom) smitsom.

catchment area ['kætʃmənt-ˌɛəriə] *s* (om fx skole, hospital) opland; befolkningsunderlag; *(geol)* afvandingsområde.

catch phrase ['kætʃfreiz] *s* slagord.

catchy ['kætʃi] *adj* iøjnefaldende; ørefaldende.

categoric(al) [kæti'gɔrik(əl)] *adj* kategorisk, bestemt; **cate-**

gorize ['kætigəraiz] *v* klassificere, rubricere; **category** ['kætigəri] *s* kategori, gruppe.
cater ['keitə*] *v* levere mad *(for* til); ~ *for* (også:) appellere til, prøve at gøre tilpas; ~**er** *s* diner transportable; arrangør af (fest)måltider; ~**ing** *s* forplejning; catering; *the* ~*ring trade* restaurationsbranchen.
caterpillar ['kætəpilə*] *s* kålorm; larve; ~ **tank** *s* kampvogn, tank; ~ **tractor** *s* larvefodstraktor; ~ **vehicle** *s* bæltekøretøj.
cathedral [ke'θi:drəl] *s* domkirke, katedral.
Catholic ['kæθəlik] *s* katolik // *adj* katolsk; **catholic** *adj* alsidig, omfattende.
catkin ['kætkin] *s (bot)* rakle; 'gæsling'.
cattle [kætl] *spl* kvæg, kreaturer; *twenty head of* ~ tyve stykker kvæg.
catty ['kæti] *adj* katteagtig; ondskabsfuld, spydig.
caught [kɔ:t] *præt* og *pp* af *catch.*
cauliflower ['kɔliflauə*] *s* blomkål.
cause [kɔ:z] *s* årsag, grund; sag // *v* forårsage; bevirke; *give* ~ *for* give anledning til; *there is no* ~ *for concern* der er ingen grund til at bekymre sig; ~ *sby to change his mind* få en til at bestemme sig om; ~**way** *s* vej på dæmning (over fx sumpet område).
caution ['kɔ:ʃən] *s* forsigtighed; advarsel // *v* advare; tilråde; **cautious** ['kɔ:ʃəs] *adj* forsigtig; forbeholden.
cavalry ['kævəlri] *s (mil)* kavaleri.
cave [keiv] *s* hule, grotte // *v:* ~ *in* (om tag etc) styrte sammen; trykke ind; *(fig)* give efter; ~**man** *s* hulemenneske.
cavern ['kævən] *s* stor hule; hulrum; ~**ous** *adj* hul; bundløs.
cavity ['kæviti] *s* hulhed, hulrum; (i tand) hul.
cavort [kə'vɔ:t] *v* hoppe omkring, lave krumspring.
cc fork.f. *cubic centimetres; carbon copy.*
cease [si:s] *v* standse; høre op; holde op; ~**fire** *s* våbenhvile; ~**less** *adj* endeløs.
cedar ['si:də*] *s* ceder(træ).
cede [si:d] *v* overdrage (fx *the rights* rettighederne); afstå.
ceiling ['si:liŋ] *s* loft (også *fig); (fly)* tophøjde; *(met)* skyhøjde; *hit the* ~ ryge helt op i loftet (af raseri).
celebrate ['sɛlibreit] *v* fejre; feste; ~**d** *adj* berømt; feteret; **celebration** [-'breiʃən] *s* fest; fejren; lovprisning; **celebrity** [si'lɛbriti] *s* berømmelse; (om person) berømthed.
celeriac [sə'lɛriæk] *s* (rod)selleri; **celery** ['sɛləri] *s* bladselleri.
celibacy ['sɛlibəsi] *s* cølibat.
cell [sɛll] *s* celle; *(elek)* element.
cellar ['sɛlə*] *s* kælder; vinkælder.
cellular ['sɛljulə*] *adj* bestående af celler, cellet, cellulær.
Celtic ['kɛltik, 'sɛltik] *adj* keltisk.
cement [si'mɛnt] *s* cement // *v* cementere.
cemetery ['sɛmitri] *s* kirkegård.
cenotaph ['sɛnəta:f] *s* gravmonument, gravmæle.
censor ['sɛnsə*] *s* (om film, bøger etc) censor // *v* censurere; ~**ship** *s* censur.
censure ['sɛnʃə*] *s* kritik // *v* kritisere.
census ['sɛnsəs] *s* folketæl-

ling; *traffic* ~ trafiktælling.
centenary [sən'ti:nəri] *s* hundredårsdag.
centigrade ['səntigreid] *s* celsius.
centipede ['sɛntipi:d] *s* skolopender, tusindben.
central ['sɛntrəl] *adj* central(-); ~ **heating** *s* centralvarme; ~**ize** *v* centralisere.
centre ['sɛntə*] *s* centrum, midtpunkt; center; ~**board** *s* *(mar)* sænkekøl.
century ['sɛntʃəri] *s* århundrede.
ceramic [si'ræmik] *adj* keramisk; ~**s** *spl* keramik.
cereal ['si:riəl] *s* kornsort; corn-flakes, popris, müsli etc.
ceremony ['sɛriməni] *s* ceremoni; *stand on* ~ holde på formerne; *without* ~ uden videre.
certain ['sə:tən] *adj* sikker, vis; afgjort; sikker på; *make* ~ sikre sig; *for* ~ bestemt; ~**ly** *adv* sikkert, bestemt; (som *interj)* ja absolut; ja endelig; gerne; ~**ty** *s* vished, sikkerhed.
certificate [sə'tifikət] *s* certifikat, attest, bevis; **certify** ['sə:tifai] *v* attestere, bekræfte; **certitude** *s* vished.
cervix ['sə:viks] *s* livmoderhals.
cessation [sə'seiʃən] *s* ophør; indstilling.
cesspool ['sɛspu:l] *s* sivebrønd; *(fig)* sump, kloak.
cf. fork.f. *compare* jf., se.
chafe [tʃeif] *v* gnide; (om fx sko) gnave; irritere.
chaffinch ['tʃæfintʃ] *s* bogfinke.
chain ['tʃein] *s* lænke, kæde; række // *v* lænke; spærre med kæde; ~ **reaction** *s* kædereaktion; ~**smoker** *s* kæderyger; ~ **store** *s* kædebutik.
chair [tʃɛə*] *s* stol; *(univ)* lærestol, professorat; formandspost // *v* være formand for, lede (fx *a meeting* et møde); ~**lift** *s* svævebane, skilift; ~**man** *s* formand; ordstyrer; ~**person** *s* ordstyrer, formand m/k; ~**woman** *s* forkvinde.
chalice ['tʃælis] *s* bæger; (alter)kalk.
chalk [tʃɔ:k] *s* kridt // *v* kridte; skrive med kridt; *not by a long* ~ (F) ikke på langt nær.
challenge ['tʃælindʒ] *s* udfordring // *v* udfordre; kræve; protestere mod, bestride; ~**r** *s* *(sport)* udfordrer; **challenging** *adj* udfordrende.
chamber ['tʃeimbə*] *s* kammer, værelse; ~ *of commerce* handelskammer; ~**maid** *s* stuepige; ~ **music** *s* kammermusik; ~**pot** *s* natpotte; ~**s** *spl* ungkarlehybel; advokatkontor; dommerkontor.
chamois ['ʃæmwa:] gemse; ['ʃæmi] (også: ~ *leather)* vaskeskind.
champion ['tʃæmpiən] *s* forkæmper *(of* for); *(sport)* champion, mester; ~**ship** *s* mesterskab; mesterskabskonkurrence.
chance [tʃa:ns] *s* chance, mulighed; lejlighed *(of* til); tilfælde(t) // *v: ~ it* tage chancen, risikere det // *adj* tilfældig; *there is little ~ of his coming* der er ikke store chancer for at han kommer; *take a* ~ tage en chance; løbe en risiko; *by* ~ tilfældigvis; *do you by any ~ know where he is?* du ved vel ikke (tilfældigvis) hvor han er?
chancellor ['tʃa:nsələ*] *s* kansler; *C~ of the Exchequer* sv.t. finansminister.
chandelier [ʃændə'liə*] *s* lyse-

krone.

change [tʃeindʒ] *s* ændring, forandring; skifte; omklædning; småpenge, vekselpenge // *v* ændre(s), forandre (sig); skifte; klæde sig om; bytte, veksle; *a ~ of clothes* skiftetøj; *for a ~* til en forandring; *have you any (small) ~?* har du nogen småpenge? har du vekselpenge? *~ of address* adresseforandring; *~ into* forvandle sig til; *~ one's mind* ombestemme sig; **~able** *adj* (om vejret) ustadig, foranderlig; **~over** *s* overgang, omstilling; **changing** *adj* skiftende; **changing room** *s* (i butik) prøverum; *(sport)* omklædningsrum.

channel [tʃænl] *s* kanal (også *tv* etc); *(mar)* sejlrende; (om flod) leje // *v* danne kanaler i; kanalisere; *the (English) C~ (geogr)* Kanalen; *the C~ Islands (geogr)* Kanaløerne.

chant [tʃa:nt] *s* (H) sang, messen // *v* messe.

chaos ['keiɔs] *s* kaos; **chaotic** [kei'ɔtik] *adj* kaotisk.

chap [tʃæp] *s* (F, om mand) fyr // *v* få revner i huden; blive sprukken.

chapel ['tʃæpəl] *s* kapel; mindre kirke; bedehus.

chaplain ['tʃæplin] *s* huskapellan; præst (fx ved hoffet, på skib o.l.).

chapter ['tʃæptə*] *s* kapitel.

char [tʃa:*] *s* d.s.s. *~woman* // *v* forkulle(s); gå ud og gøre rent.

character ['kæriktə*] *s* karakter; art, natur; (i bog, film etc) person; personlighed; (skrift)tegn; *be in ~* passe i stilen; *be out of ~* ikke passe i stilen; *she is quite a ~* hun er lidt af en personlighed; **~istic** [-'ristik] *s* karakteregenskab; særligt kendetegn // *adj* karakteristisk *(of* for); **~ize** *v* karakterisere.

charade [ʃə'ra:d] *s* ordsprogsleg; *(fig)* paradenummer.

charcoal ['tʃa:kəul] *s* trækul.

charge [tʃa:dʒ] *s (jur)* anklage, tiltale, sigtelse; pris, takst; *(mil)* ladning; angreb // *v* beskylde, anklage; (om pris) forlange; debitere; (om gevær etc) lade; *(elek)* oplade; *(mil)* angribe, storme; *be in ~ of* have ansvaret for; stå for; *have ~ of* have ansvaret for; *take ~ of* tage sig af; tage i forvaring; *~ sby (with sth)* sigte en (for ngt); pålægge en (ngt); *is there a ~?* koster det ngt? *there's no ~* det er gratis; *they ~d us £10 for the meal* de tog £10 for måltidet; *how much do you ~ for this repair?* hvor meget skal De have for denne reparation? *~ it* (el. *the expense) to me* sæt det på min regning; *~ in* komme farende ind; **~s** ['tʃa:dʒiz] *spl* omkostninger.

charitable ['tʃæritəbl] *s* næstekærlig; godgørende, velgørende; **charity** *s* (næste)kærlighed; velgørenhed; barmhjertighed.

charlady ['tʃa:leidi] *s* d.s.s. *charwoman.*

charm [tʃa:m] *s* charme; ynde; trolddom, tryllemiddel; amulet // *v* charmere; fortrylle; **~ing** *adj* charmerende, yndig.

chart [tʃa:t] *s* diagram; kurve; tavle; *(mar)* søkort // *v* lave kort (el. diagram) over; *(fig)* planlægge.

charter ['tʃa:tə*] *s* dokument; privilegium; fundats; *(mar, fly)* chartring // *v* chartre; **~ed accountant** *s (C.A.)* statsautoriseret revisor; ~

flight *s* charterflyvning.
charwoman ['tʃa:wumən] *s* rengøringskone.
chary ['tʃɛəri] *adj: be ~ of doing sth* være forsigtig med at gøre ngt.
chase [tʃeis] *s* jagt, forfølgelse // *v* jage (efter), forfølge; løbe efter.
chasm ['kæzəm] *s* kløft; svælg.
chaste ['tʃeist] *adj* kysk, ærbar; **chastity** ['tʃæstiti] *s* ærbarhed, renhed.
chat [tʃæt] *s* sludder, snak // *v* sludre, snakke.
chatter ['tʃætə*] *s* snakken, snadren // *v* snakke, pladre, skvadre op; (om tænder) klapre; **~box** *s* sludrebøtte; **chatty** *adj* snakkesalig.
chauffeur ['ʃəufə*] *s* (privat)-chauffør.
cheap [tʃi:p] *adj* billig; tarvelig, simpel; letkøbt; **~en** *v* gøre billigere, nedsætte; gøre simpel.
cheat [tʃi:t] *s* snyderi; snyder, bedrager // *v* snyde, bedrage; *~ at cards* snyde i kortspil.
check [tʃɛk] *s* standsning; kontrol; kontrolmærke; (restaurations)regning; (kasse)bon // *v* standse; holde tilbage; kontrollere, checke; *~ in* (på hotel etc) indskrive sig, tage ind (på); *~ off* kontrollere, checke af; *~ out* (på hotel etc) betale regningen, afrejse; *~ up on sth* efterprøve (el. undersøge) ngt; *~ up on sby* undersøge ens forhold; *keep a ~ on sby* føre kontrol med en; **~mate** *s* skakmat; **~point** *s* kontrolpunkt; **~up** *s (med)* helbredsundersøgelse.
cheek [tʃi:k] *s* kind; (F) frækhed; **~bone** *s* kindben; **~y** *adj* fræk, flabet.
cheer [tʃiə*] *s* hurraråb; bifald; (H) humør // *v* råbe hurra; juble over; opmuntre; *~ up!* op med humøret! **~ful** *adj* munter; frejdig; opmuntrende; **~io** *interj* (F) hej; farvel; **~less** *adj* trist, uhyggelig; **~s!** *interj* skål!
cheese [tʃi:z] *s* ost; *say ~!* smil til fotografen! **~board** *s* osteanretning; ostebræt.
chef [sɛf] *s* køkkenchef, kok.
chemical ['kɛmikəl] *s* kemikalie // *adj* kemisk, kemi-;
chemist ['kɛmist] *s* kemiker; apoteker; **chemistry** *s* kemi; **chemist's (shop)** *s* apotek.
cheque [tʃæk] *s* check; *a ~ for £10* en check på £10; **~book** *s* checkhæfte.
chequered ['tʃɛkəd] *adj* ternet; afvekslende, broget.
cherish ['tʃɛriʃ] *v* nære (fx *hopes* håb); værne om, hæge om; elske.
cheroot [sə'ru:t] *s* cerut.
cherry ['tʃɛri] *s* kirsebær; kirsebærrødt; *~* **brandy** *s* kirsebærlikør.
chervil ['tʃə:vil] *s* kørvel.
chess [tʃɛs] *s* skak; **~board** *s* skakbræt; **~man** *s* skakbrik; **~player** *s* skakspiller.
chest [tʃɛst] *s* kasse, kiste; bryst(kasse); *get sth off one's ~* lette sit hjerte (for ngt); *~ of drawers* kommode; dragkiste.
chestnut ['tʃɛsnʌt] *s* kastanje(træ); kastanjebrunt.
chew [tʃu:] *v* tygge; **~ing gum** *s* tyggegummi.
chick [tʃik] *s* kylling, fugleunge; (S) pige, dulle.
chicken ['tʃikən] *s* kylling; høne; (S) bangebuks; *roast ~* stegt kylling; *~* **broth** [-brɔθ] *s* hønsekødsuppe; *~* **farm** *s* hønseri; *~* **feed** *s (fig)* småskillinger, 'pebernødder'; *~* **pox** *s* skoldkopper.
chick pea ['tʃikpi:] *s (bot)* kik-

ært.

chicory ['tʃikəri] *s (bot)* cikorie; (også: ~ *salad)* julesalat.

chief [tʃi:f] *s* chef; høvding // *adj* vigtigst; hoved-, over-; ~ **constable** *s* sv.t. politimester; ~ **editor** *s* chefredaktør; **~ly** *adv* hovedsagelig, først og fremmest.

chilblain ['tʃilblein] *s* frostknude; forfrysning.

child [tʃaild] *s (pl: children* ['tʃildrən]) barn; *be with ~* være gravid; **~birth** *s* barnefødsel; **~hood** *s* barndom; **~ish** *adj* barnlig, barnagtig; ~ **minder** *s* dagplejemor; **~proof** *adj* børnesikret; **~ren's disease** *s* børnesygdom; ~ **welfare** *s* børneforsorg.

chill [tʃil] *s* kulde; kuldegysning; snue, forkølelse // *v* få til at fryse; blive (el. gøre) kold // *adj* kølig, kold; *catch a ~* få snue; *serve ~ed* serveres afkølet; **~y** *adj* kold, kølig; kuldskær; *feel ~y* småfryse.

chime [tʃaim] *spl* klokkespil // *v* kime, ringe (med); (om ur) slå; ~ *in* stemme i; ~ *in with* harmonere med.

chimney ['tʃimni] *s* skorsten; kamin, ildsted; **~piece** *s* kaminhylde; ~ **sweep** *s* skorstensfejer.

chimpanzee [tʃimpæn'zi:] *s* chimpanse.

chin [tʃin] *s (anat)* hage; *keep your ~ up!* op med humøret!

china ['tʃainə] *s* porcelæn; **C~** *s* Kina; **Chinese** [tʃai'ni:z] *s* kineser // *adj* kinesisk.

chink [tʃiŋk] *s* revne, sprække.

chip [tʃip] *s* flis; skår, hak; (i spil) jeton // *v* snitte; hugge (skår i); blive skåret; **~board** *s* spånplade; **~pings** *spl* spåner; **~s** *spl* (også: *potato ~s)* pommes frites; *(am)* franske kartofler.

chiropodist [ki'rɔpədist] *s* fodplejer.

chirp [tʃə:p] *v* kvidre, pippe; **~y** *adj* kvidrende, i sprudlende humør.

chisel [tʃizl] *s* mejsel; brækjern; stemmejern.

chit [tʃit] *s* kort besked, seddel; gældsbevis.

chitchat ['tʃitˌtʃæt] *s* lille sludder, småsnak.

chivalrous ['tʃivəlrəs] *adj* ridderlig; **chivalry** *s* ridderskab; ridderlighed.

chives ['tʃaivz] *spl* purløg.

chloride ['klɔ:raid] *s (kem)* klorid; **chlorine** ['klɔ:rin] *s (kem)* klor.

chock [tʃɔk] *s* bremseklods; kile; **~-full** *adj* propfuld.

chocolate ['tʃɔklit] *s* chokolade; *hot ~* varm chokoladedrik.

choice [tʃɔis] *s* valg; udvalg // *adj* udsøgt; *we don't have any ~* vi har ikke ngt valg; *a large ~ in shoes* et stort udvalg i sko.

choir ['kwaiə*] *s* kor; **~-boy** *s* kordreng, messedreng.

choke [tʃəuk] *s (auto)* choker // *v* kvæle; være ved at kvæles; tilstoppe, blokere.

choose [tʃu:z] *v (chose, chosen* [tʃəuz, tʃəuzn]) vælge *(to* at); udvælge; *when he ~s* når han gider; *pick and ~* vælge og vrage.

chop [tʃɔp] *s* hug; *(gastr)* kotelet // *v* hugge (fx *wood* brænde); hakke (i småstykker); ~ *down a tree* fælde et træ; **~per** *s* hakkekniv; hakkemaskine; **~sticks** *spl* spisepinde.

choral ['kɔrəl] *adj* kor-; sang-; ~ **society** *s* sangforening.

chord [kɔ:d] *s (mus)* streng; akkord; *vocal ~s* stemmebånd.

chore [tʃɔ:*] *s* rutinearbejde; *household ~s* huslige pligter.
choreographer [kɔri'ɔgrəfə*] *s* koreograf.
chortle [tʃɔ:tl] *v* klukle.
chorus ['kɔrəs] *s* kor; omkvæd.
chose [tʃəuz] *præt* af *choose;* **chosen** [tʃəuzn] *pp* af *choose.*
Christ ['kraist] *s* Kristus; **c~en** [krisn] *v* døbe; **c~ning** ['krisniŋ] *s* dåb; **~ian** ['kristiən] *adj* kristen; **~ianity** [kristi'æniti] *s* kristenhed, kristendom; **~ian name** *s* fornavn; **~mas** ['krisməs] *s* jul; **~mas Eve** *s* juleaften; **~mas present** *s* julegave; **~mas tree** *s* juletræ.
chronic ['krɔnik] *adj* kronisk.
chronicle ['krɔnikl] *s* krønike.
chubby ['tʃʌbi] *adj* buttet, trind.
chuck [tʃʌk] *v* kaste, smide; *~ out* smide ud; *~ (up)* (F) opgive; sige op.
chuckle [tʃʌkl] *v* klukle; grine i skægget.
chum [tʃʌm] *s* kammerat, makker // *v: ~ up* blive gode venner; **~my** *adj* kammeratlig.
chunk [tʃʌŋk] *s* (om kød) luns; (om brød) humpel; **~y** *adj* (F) lækker, 'fed' (fx sweater).
church [tʃə:tʃ] *s* kirke; **~yard** *s* kirkegård.
churn [tʃə:n] *s* (mælke)junge.
chute [ʃu:t] *s* slisk; rutschebane; (også: *rubbish ~)* affaldsskakt.
CID ['si:ai'di:] (fork.f. *Criminal Investigation Department)* afd. af *Scotland Yard,* sv.t. kriminalpolitiet.
cigarette [sigə'rɛt] *s* cigaret; *~* **case** *s* cigaretetui; *~* **end** *s* cigaretskod; *~* **holder** *s* cigaretrør.
cinch [sintʃ] *s: it's a ~* (F) det er en smal sag.
cinder ['sində*] *s* slagge; *~s* (også) aske; **C~ella** [-'rɛlə] *s* Askepot.
cine-camera ['sini,kæmərə] *s* filmsoptager; **cinefilm** *s* (biograf)film; **cinema** ['sinəmə] *s* biograf; **cine-projector** *s* smalfilmsfremviser.
cinnamon ['sinəmən] *s* kanel.
cipher ['saifə*] *s* nul; chifferskrift; chiffer.
circle [sə:kl] *s* cirkel; (rund)kreds; omdrejning; *(teat)* balkon // *v* kredse; cirkle; gå rundt om; omgive.
circuit ['sə:kit] *s* omkreds; kredsløb; runde; kreds; *short ~* kortslutning; **~-breaker** *s* strømafbryder.
circular ['sə:kjulə*] *s* cirkulære, rundskrivelse // *adj* cirkulær; rund; **circulate** *v* cirkulere; være i omløb; udsprede; **circulation** [-'leiʃən] *s* cirkulation; omløb; kredsløb, blodomløb.
circumcision [sə:kəm'siʒən] *s* *(med)* omskæring.
circumference [sə'kʌmfərəns] *s* omkreds; periferi.
circumspect ['sə:kəmspɛkt] *adj* forsigtig.
circumstance ['sə:kəmstəns] *s* omstændighed; **~s** *spl* omstændigheder, forhold; kår.
circus ['sə:kəs] *s* rund plads; cirkus.
cissy ['sisi] *s* tøsedreng.
cite [sait] *v* citere; påberåbe sig.
citizen ['sitizn] *s* borger; statsborger; **~ship** *s* borgerskab; indfødsret; samfundssind.
city ['siti] *s* by; bymidte // *adj* by-, stads-; *the C~* City (forretningskvarter i London).
civic ['sivik] *adj* borgerlig; by-; kommunal.
civil ['sivil] *adj* civil, borgerlig; høflig; *~* **defence** *s* civilfor-

svar; ~ **engineer** *s* sv.t. civilingeniør; **~ian** [si'viliən] *s* civilperson // *adj* civil; **~ization** [sivilai'zeiʃən] *s* civilisation; **~ized** *adj* civiliseret, kultiveret.

civil. . . ['sivil-] sms: ~ **law** *s (jur)* civilret; borgerlig ret; ~ **servant** *s* embedsmand, tjenestemand; **C~ Service** *s* sv.t. statsforvaltningen, civilforvaltningen; ~ **war** *s* borgerkrig.

claim [kleim] *s* krav, fordring; påstand // *v* gøre krav på; kræve; påstå; *(insurance)* ~ erstatningskrav; **~ant** *s* fordringshaver; ansøger.

clam [klæm] *s* musling.

clamber ['klæmbə*] *v* klatre, kravle.

clammy ['klæmi] *adj* fugtig, klam.

clamp [klæmp] *s* skruetvinge; klemme; *(fig)* hindring // *v* spænde fast; ~ *down on* stramme grebet om; ~ *one's teeth* bide tænderne sammen.

clan [klæn] *s* klan, familie.

clandestine [klæn'dɛstin] *adj* hemmelig.

clang [klæŋ] *s* metalklang; klirren.

clap [klæp] *s* brag; smæk; skrald (fx *of thunder* torden-) // *v* brage, smælde; klappe; smække; ~ *(one's) hands* klappe i hænderne; **~ping** *s* applaus, klapsalver.

claret ['klærət] *s* rødvin (især bordeauxvin).

clarification [klærifi'keiʃən] *s* afklaring, klarlæggelse; **clarify** ['klærifai] *v* klarlægge; gøre klar; **clarity** ['klæriti] *s* klarhed.

clash [klæʃ] *s* klirren; brag; sammenstød; konflikt // *v* klirre; støde sammen.

clasp [kla:sp] *s* spænde; lås; hægte; omfavnelse; greb // *v* spænde; hægte; omfavne; holde på; ~ *one's hands* folde hænderne.

class [kla:s] *s* klasse // *v* klassificere; **~ic** ['klæsik] *s* klassiker; *C~s* (skole, universitet) græsk og latin // *adj* klassisk; **~ification** [klæsifi'keiʃən] *s* klassificering; **~ified** ['klæsifaid] *adj* klassificeret; **~ified ads** *spl* rubrikannoncer; **~ify** ['klæsifai] *v* klassificere; ~ **mate** *s* klassekammerat.

clatter ['klætə*] *s* klirren; klapren; spektakel // *v* klirre; klapre.

clause [klɔ:z] *s* klausul; bestemmelse; *(gram)* sætning.

claw [klɔ:] *s* klo; klosaks // *v* gribe (med kløerne); kradse, rive.

clay [klei] *s* ler; **~-pipe** *s* kridtpibe.

clean [kli:n] *v* rense; gøre rent // *adj* ren; uplettet; glat, jævn; ~ *out* udrense; rydde op i; udplyndre; *I am ~ed out* (F) jeg er blanket helt af; ~ *up* rydde op; gøre rent; gøre sig i stand; *a ~ edge* en jævn (el. glat) kant; *come ~* (F) indrømme, tilstå; **~er** *s* rengøringsassistent; (også: *dry ~)* renseriejer; (om produkt) rensevæske; *take sth to the ~er's* bringe ngt til rensning; *take sby to the ~er's* (F) give en et møgfald; **~ing** *s* rensning; rengøring; **~liness** ['klɛnlinis] *s* renlighed.

cleanse [klɛnz] *v* rense, gøre ren; **cleansing cream** *s* rensecreme; **cleansing tissue** *s* renseserviet.

clean-shaven ['kli:nʃeivn] *adj* glatbarberet.

clear [kliə*] *s: be in the ~* være uden for fare; være frikendt

// *v* klare (op); rydde; rense; tømme; komme over; *(merk)* klarere; *(jur)* frikende // *adv:* ~ *of* fri af (el. for); ~ *one's throat* rømme sig; ~ *up* opklare (fx *a case* en sag); (om vejret) klare op; rydde op i; få af vejen; **~ance** *s* rydning; tilladelse; klarering; *slum ~ance* slumsanering; **~ance sale** *s (merk)* udsalg; **~-cut** *adj* klar, tydelig; skarpskåret; **~ing** *s* rydning; (i skov også) lysning; *(merk)* clearing; **~way** *s* vej med stopforbud.

cleavage ['kli:vidʒ] *s* (om kjole etc) dyb udskæring; **cleave** *v (cleft, cleft* [klɛft] el. *~d, ~d)* kløve, spalte; *(clave, cloven* [kleiv, kləuvn]) klæbe, holde fast ved.

clef [klɛf] *s (mus)* nøgle (fx *G ~* G-nøgle).

clemency ['klɛmənsi] *s* mildhed; **clement** *adj* mild.

clench [klɛntʃ] *v* knuge; knytte (fx *one's fist* næven); bide sammen (fx *one's teeth* tænderne).

clergy ['klə:dʒi] *s* gejstlighed; præster; **~man** *s* præst.

clerical ['klɛrikl] *adj* præste-; kontor-.

clerk [kla:k] *s* kontorfunktionær; sekretær.

clever ['klɛvə*] *adj* dygtig; kvik, begavet; ferm; smart.

click [klik] *s* klik; smæld // *v* klikke; smælde; klapre med; ~ *one's heels* smække hælene sammen; ~ *one's tongue* slå smæld med tungen.

client ['klaiənt] *s* klient; kunde.

cliff [klif] *s* klint; klippeskrænt.

climate ['klaimit] *s* klima.

climb [klaim] *s* bjergbestigning; klatretur; stigning // *v* klatre; kravle (op); stige (op); skråne opad; **~er** *s* klatreplante; stræber; (også: *mountain ~)* bjergbestiger; **~ing** *s* bjergbestigning.

clinch [klintʃ] *v* klinke; bekræfte; afgøre endeligt (fx *a deal* en handel).

cling [kliŋ] *v (clung, clung* [klʌŋ]*): ~ to* hænge fast ved (el. i); klamre sig til; **~film** *s* plastfolie; **~ing** *adj* (om kjole etc) tætsiddende.

clinic ['klinik] *s* klinik.

clink [kliŋk] *v* klirre, rasle.

clip [klip] *s* klemme, holder; cykelklemme; (også: *paper ~)* papirclips // *v* klippe; ~ *together* hæfte sammen; **~pers** *spl* have- el. hækkesaks; (også: *nail ~pers)* neglesaks.

clique [kli:k] *s* klike.

cloak [kləuk] *s* kappe; slag; **~room** *s* garderobe; toilet.

clock [klɔk] *s* ur; klokke // *v (sport)* tage tid (på); ~ *in to work* stemple ind på arbejdet; **~wise** *adj* med uret; højre om; **~work** *s* urværk; tælleværk; **~work toy** *s* mekanisk legetøj (som trækkes op).

clod [klɔd] *s* klump (jord etc); (F) klods; sløv padde.

clog [klɔg] *s* træsko // *v* hæmme; ~ *up* tilstoppe; blive tilstoppet.

cloister ['klɔistə*] *s* kloster; søjlegang.

close [kləus] *s* indhegning; plads, stræde; [kləuz] afslutning; ophør // *v* [kləuz] lukke; afslutte; slutte // *adj/adv* og sms [kləus] nær; tæt; i nærheden, tæt på; lukket; nøje; omhyggelig; (om vejret) lummer; indelukket; ~ *down* lukke, ophøre; nedlægge; *a ~ friend* en nær ven; *have a ~ shave (fig)* klare sig på et hængende hår; **~d shop** *s* virksomhed der kun be-

skæftiger organiseret arbejdskraft; **~-fisted** *adj* nærig, påholdende; **~fitting** *adj* (om tøj) tætsiddende; **~ly** *adv* nøje; indgående.
closet ['klɔzit] *s* skab; wc // *v: be ~ed with* være i enrum med.
close-up ['kləusʌp] *s* nærbillede.
closure ['kləuʒə*] *s* lukning; afslutning.
clot [klɔt] *s* klump; blodprop // *v* danne klumper; koagulere.
cloth [klɔθ] *s* klæde; tøj; klud; dug; **~e** ['kləuð] *v* klæde på; iklæde; dække; **~es** ['kləuðs] *spl* klæder, tøj; **~es brush** *s* klædebørste; **~es line** *s* tørresnor; **~es peg** *s* tøjklemme; **~es press** *s* klædeskab; kommode; **~ing** ['kləuðiŋ] *s* d.s.s. **~es.**
clotted ['klɔtid] *adj* klumpet.
cloud [klaud] *s* sky; sværm; **~burst** *s* skybrud; **~ed** el. **~y** *adj* (over)skyet.
clove [kləuv] *s* kryddernellike; *a ~ of garlic* et fed hvidløg.
clover ['kləuvə*] *s (bot)* kløver; *be in ~* have kronede dage; **~leaf** *s* kløverblad (også i vejanlæg).
clown [klaun] *s* klovn // *v* klovne.
club [klʌb] *s* klub; kølle; politistav // *v* slå (ned); *~ together* slå sig sammen; **~s** *spl* (i kortspil) klør; *ace of ~s* klør es; *~* **steak** *s (gastr)* oksehøjreb.
cluck [klʌk] *v* (om høne) klukke; (om person) smække med tungen; sige hyp til en hest.
clue [klu:] *s* spor (i en sag); fingerpeg; (i krydsord etc) nøgleord; *I haven't (got) a ~* jeg aner det ikke.
clump [klʌmp] *s* klump, klynge.
clumsy ['klʌmzi] *adj* kluntet; klodset.
clung [klʌŋ] *præt* og *pp* af *cling.*
cluster ['klʌstə*] *s* klynge; (lille) gruppe // *v* samle sig, flokkes.
clutch [klʌtʃ] *s* (stramt) greb; *(auto)* kobling // *v* gribe fat i; *be in sby's ~es* være i kløerne på en; *~ at* gribe efter; klynge sig til.
clutter ['klʌtə*] *v* fylde op; rode; ligge og flyde.
Co. fork.f. *company; county.*
coach [kəutʃ] *s* bus; karet; *(jernb)* personvogn; *(sport)* træner // *v* instruere; give lektiehjælp; *(sport)* træne.
coagulate [kəu'ægjuleit] *v* størkne, koagulere.
coal [kəul] *s* kul; **~field** *s* kulfelt.
coalition [kəuə'liʃən] *s* sammenslutning, forbund, koalition.
coalmine ['kəulmain] *s* kulmine; **coalmining** *s* kulminedrift; **coalpit** *s* kulmine.
coarse [kɔ:s] *adj* grov; rå; *use ~ language* være grov i munden.
coast [kəust] *s* kyst // *v* sejle langs kysten; (på cykel) køre frihjul; *(auto)* køre med udkoblet motor; rulle; **~al** *adj* kyst-; *~* **guard** *s* kystbevogtning; **~line** *s* kystlinje.
coat [kəut] *s* frakke; (om dyr) pels; fjerdragt; (om maling) lag // *v* overtrække; dække; stryge; smøre; *~* **hanger** *s* klædebøjle; **~ing** *s* overtræk, belægning; lag; *~* **of arms** *s* våbenskjold.
coax [kəuks] *v* lokke; snakke godt for.
cob [kɔb] *s* (også: *corn ~)* majskolbe.
cobble [kɔbl] *s* (også: *cobble-*

stone) brosten.

cobweb ['kɔbwɛb] *s* spindelvæv.

cock [kɔk] *s (zo)* hane; (V) pik // *v* sætte på skrå; dreje, vende; (om gevær) spænde hanen på; ~ *one's ears* spidse ører; **~erel** *s* hanekylling; **~-eyed** *adj* skeløjet.

cockle [kɔkl] *s (zo)* hjertemusling; muslingeskal.

cockney ['kɔkni] *s* cockney (person fra London's East End); cockneydialekt.

cockroach ['kɔkrəutʃ] *s (zo)* kakerlak.

cock robin [ˌkɔk'rɔbin] *s* hanrødkælk.

cocoa ['kəukəu] *s* kakao.

coconut ['kəukənʌt] *s* kokosnød; ~ **meal** *s* kokosmel.

cocoon [kə'ku:n] *s* kokon, hylster.

COD ['si:əu'di:] *(merk)* fork.f. *cash on delivery.*

cod [kɔd] *s (zo)* torsk.

coddle [kɔdl] *v* kæle for; forkæle.

code [kəud] *s* kode; *(jur)* lovsamling, kodeks.

coeducational ['kəuɛdjuˌkeiʃənl] *adj* blandet, fælles- (fx *school* skole).

coerce [kəu'ə:s] *v* tvinge; bruge tvang overfor; **coercion** *s* tvang.

coexistence ['kəuig'zistəns] *s* (fredelig) sameksistens.

coffee ['kɔfi] *s* kaffe; ~ **grinder** *s* kaffemølle, -kværn; ~ **grounds** *spl* kaffegrums; **~pot** *s* kaffekande; ~ **table** *s* sofabord.

coffin ['kɔfin] *s* (lig)kiste.

cogwheel ['kɔgwi:l] *s* tandhjul.

cohabitation [ˌkəuhæbi'teiʃən] *s* (papirløst) samliv.

coherent [kəu'hiərənt] *adj* sammenhængende; logisk.

coil [kɔil] *s* spiral; spole; rulle // *v* sno (sig); danne spiral.

coin [kɔin] *s* mønt; pengestykke // *v:* ~ *a phrase* sige det banalt; *to ~ a word...* for nu at sige det sådan..., om jeg så må sige...; **~age** ['kɔinidʒ] *s* møntsystem; (om ord) nydannelse; **~-box** *s* møntboks, telefonboks.

coincide [kəuin'said] *v* falde sammen; ~ *with* indtræffe samtidig med; **~nce** [kəu'insidəns] *s* sammentræf; tilfælde.

coke [kəuk] *s* koks; (S) cola; kokain.

colander ['kʌləndə*] *s* dørslag; *salad* ~ salatslynge.

cold [kəuld] *s* kulde; *(med)* forkølelse // *adj* kold; *catch (a)* ~ blive forkølet; *be* ~ fryse, være kold; **~-blooded** *adj* kold, hårdhjertet; **~sore** *s (med)* forkølelsessår.

coleslaw ['kəulslɔ:] *s (gastr)* råkostsalat (af kål).

colic ['kɔlik] *s (med)* mavekneb, kolik.

collaborate [kə'læbəreit] *v* samarbejde; deltage; medvirke; **collaboration** [-'reiʃən] *s* samarbejde; **collaborator** *s* medarbejder; *(neds)* kollaboratør.

collapse [kə'læps] *s* sammenbrud; kollaps // *v* falde (el. bryde) sammen; **collapsible** [-'læpsəbl] *adj* sammenklappelig, klap-.

collar ['kɔlə*] *s* krave; flip; (om hund) halsbånd // *v* tage en i kraven, fange; snuppe, hugge; **~bone** *s* kraveben.

colleague ['kɔli:g] *s* kollega; medarbejder.

collect [kə'lɛkt] *v* samle (sammen, ind, på); opkræve (fx *taxes* skat); afhente (fx *a parcel* en pakke); *call ~ (tlf)* ringe på modtagerens regning; **~ed** *adj: ~ed works* samlede værker; **~ion** [-'lɛkʃən] *s* samling; indsamling; opkrævning; afhentning; **~ive** [-'lɛktiv] *adj* fælles-, kollektiv; **~or** [-'lɛktə*] *s* samler; inkassator; indsamler.

college ['kɔlidʒ] *s* kollegium; læreanstalt; *(am)* universitet.

collide [kə'laid] *v* kollidere, støde sammen.

colliery ['kɔliəri] *s* kulmine.

collision [kə'liʃən] *s* sammenstød, kollision.

colloquial [kə'ləukwiəl] *adj* daglig; ~ **language** *s* (dagligt) talesprog.

colon ['kəulən] *s (gram)* kolon; *(anat)* tyktarm.

colonel ['kə:nl] *s* oberst.

colonial [kə'ləuniəl] *adj* koloni-; **colonize** ['kɔlənaiz] *v* kolonisere; **colony** ['kɔləni] *s* koloni.

colossal [kə'lɔsl] *adj* kolossal, enorm; **colossus** [-'lɔsəs] *s* kolos, kæmpe.

colour ['kʌlə*] *s* farve, kulør; skær // *v* farve; farvelægge; få farve; rødme; præge; ~ **bar** *s* raceadskillelse; **~-blind** *adj* farveblind; **~ed** *adj* farvet; farve- (fx *photo* foto); **~eds** *spl* (om personer) farvede; (om vasketøj) kulørt vask; **~fast** *adj* farveægte; **~ful** *adj* farverig, farvestrålende; **~ing book** *s* malebog; **~s** *spl* fane, flag; (fx et fodboldholds) farver; ~ **scheme** *s* farvevalg, farvesammensætning; ~ **slide** *s* farvelysbillede, farvedias.

colt [kəult] *s* (om hingst) føl, plag; (om person) nybegynder.

column ['kɔləm] *s* søjle; *(mil)* kolonne; (i avis etc) spalte; **~ist** *s* journalist som skriver fast rubrik.

comb [kəum] *s* (rede)kam // *v* rede (hår), kæmme; finkæmme.

combat ['kɔmbæt] *s* kamp // *adj* kamp-, felt- // *v* (be)kæmpe.

combination [kɔmbi'neiʃən] *s* kombination; forbindelse;

combine *s* ['kɔmbain] sammenslutning, kartel; (også: *combine harvester) (agr)* mejetærsker // *v* [kəm'bain] kombinere; forene (sig); samarbejde.

combustible [kəm'bʌstibl] *adj* brændbar; **combustion** [-'bʌstʃən] *s* forbrænding.

come [kʌm] *v (came* [keim], *come)* komme; ankomme; ske; ~ *into sight* (el. *view)* komme til syne; ~ *to a decision* nå til en beslutning; ~ *undone* gå løs (el. op); *how ~?* hvorfor? ~ *summer, we will...* når sommeren kommer skal vi...; ~ *about* ske; ~ *across* falde over; støde på; ~ *along!* kom nu! ~ *apart* gå i stykker; ~ *away* gå væk; gå af; ~ *back* vende tilbage; ~ *by* få fat i; komme forbi; ~ *down* komme ned; (om priser) gå ned; (om hus) falde sammen; ~ *forward* komme frem; melde sig; ~ *from* komme fra (el. af); stamme fra; ~ *in* komme ind; blive aktuel (el. in); ~ *in for* komme ud for; få; ~ *into* få; arve; ~ *off* gå løs, gå af; foregå; klare sig; ~ *off it!* årh, hold op! ~ *on* udvikle sig; trives, gøre fremskridt; ~ *on!* kom så! årh, lad vær! ~ *out* komme ud; nedlægge arbejdet, strejke; lykkes; (om blomster) springe ud; ~ *'to* komme til sig selv; ~ *up* komme op; dukke op; ~ *up with*

komme frem med; ~ *upon* støde på; falde over.
comedian [kə'mi:diən] *s* komiker; **comedy** ['kɔmidi] *s* komedie; farce.
comfort ['kʌmfət] *s* trøst; velvære; bekvemmelighed // *v* trøste; **~able** *adj* behagelig; magelig; veltilpas; **~s** *spl* komfort; **comfy** ['kɔmfi] *adj* (F) d.s.s. *comfortable.*
comic ['kɔmik] *s* komiker; (også: ~ *strip)* tegneserie // *adj* (også: *~al)* komisk; ~ **strip** *s* tegneserie.
coming ['kɔmiŋ] *s* komme; *~(s) and going(s)* kommen og gåen; anliggender; *he has it ~ (to him)* han kan vente sig; ~ *of age* det at blive myndig.
command [kə'ma:nd] *s* ordre; kommando; magt; rådighed // *v* befale; kommandere; have kommando over; beherske; råde over; ~ *sby to* beordre en til at; **~eer** [kɔmən'diə*] *v (mil)* udskrive; beslaglægge; **~er** *s* leder, anfører; *(mil)* kommandør; *(mar)* orlogskaptajn; **~er-in-chief** *s* øverstkommanderende; **~ing** *adj* bydende; med vid udsigt (fx *position* beliggenhed); **~ing officer** *s* befalingsmand; **~ment** *s: the ten ~ments* de ti bud; **~o** *s* kommando // *adj* kommando- (fx *troops* tropper).
commemorate [kə'mɛməreit] *v* fejre; mindes; **commemoration** [-'reiʃən] *s* ihukommelse; mindefest; **commemorative** [kə'mɛmərətiv] *adj* minde-; jubilæums-.
commence [kə'mɛns] *v* begynde.
commend [kə'mɛnd] *v* rose; anbefale; **~able** *adj* prisværdig; **~ation** [kɔmən'deiʃən] *s* anbefaling; lovtale.
comment ['kɔmənt] *s* kommentar, bemærkning // *v* kommentere; ~ *on* udtale sig om; **~ary** ['kɔməntəri] *s* kommentar; *(radio, sport* etc) reportage.
commerce ['kɔməs] *s* handel; omgang, samkvem.
commercial [kə'mə:ʃəl] *s* (også: ~ *break)* (i tv etc) reklameindslag, reklamefilm // *adj* kommerciel; handels-, forretnings-; ~ **college** *s* handelsskole; **~ize** *v* udnytte forretningsmæssigt; ~ **television** *s* kommercielt fjernsyn (*mods:* statsligt); ~ **traveller** *s* handelsrejsende.
commiserate [kə'mizəreit] *v:* ~ *with* ynke, have ondt af; kondolere.
commission [kə'miʃən] *s* hverv, bemyndigelse; kommission; forøvelse // *v* bemyndige; give et hverv; *out of* ~ (om skib) ude af tjeneste; **~aire** [kəmiʃə'nɛə*] *s* dørvogter, portier; **~er** *s* kommissær; kommitteret; *police ~er* sv.t. politidirektør.
commit [kə'mit] *v* begå (fx *a crime* en forbrydelse); overgive *(to* til); ~ *oneself* forpligte sig; røbe sig; udsætte sig *(to* for); ~ *suicide* begå selvmord; ~ *sby to prison* fængsle en; ~ *to writing* skrive ned; **~ment** *s* forpligtelse; engagement.
committee [kə'miti] *s* komité, udvalg.
commodity [kə'mɔditi] *s* vare, produkt.
common ['kɔmən] *s* fælled // *adj* fælles; almindelig; jævn; simpel; *in* ~ fælles; *it's ~ knowledge that...* alle og enhver ved at...; *to the ~ good* til fælles bedste; *the C~s*

(d.s.s. *the House of Commons)* Underhuset; **~er** *s* borgerlig; **~ ground** *s: it's ~ ground* det kan vi (kun) være enige om; **~ law** *s* sv.t. retssædvane // *adj* papirløs (fx *wife* samleverske); **~ly** *adv* sædvanligvis; **~ market** *s* fællesmarked; **~place** *adj* banal, ordinær; **~room** *s* fællesrum; *(univ)* lærerværelse; **~ sense** *s* sund fornuft; **~wealth** *s* statsforbund; *the British C~wealth* det Britiske Statssamfund.

commotion [kə'məuʃən] *s* opstandelse; påstyr; uro.

communal ['kɔmju:nl] *adj* fælles; kollektiv; **~ family** *s* storfamilie; **commune** *s* ['kɔmju:n] kommune; kollektiv; storfamilie; *people's commune* folkekommune (i Kina) // *v* [kə'mju:n]: *~ with* omgås fortroligt; tale fortroligt med.

communicate [kə'mju:nikeit] *v* meddele; stå i forbindelse, kommunikere; smitte (med sygdom); **communication** [-'keiʃən] *s* meddelelse; overføring; forbindelse; kommunikation(smiddel); **communication cord** *s* nødbremse(snor).

communion [kə'mju:niən] *s* (også: *Holy ~)* altergang, nadver.

community [kə'mju:niti] *s* fællesskab; samfund; (befolknings)gruppe; **~ centre** *s* kulturhus.

commutation [kəmju'teiʃən] *s* udveksling; forandring; (om trafik) pendulfart; **commute** [kə'mju:t] *v* ombytte; rejse frem og tilbage, pendle; *(jur)* forvandle (en straf); **~r** *s* rejsende (i pendulfart), pendler.

compact *s* ['kɔmpækt] pagt; (også: *powder ~)* pudderdåse (til at have i tasken) // *adj* [kəm'pækt] fast; tæt, kompakt; (om person) tætbygget.

companion [kəm'pæniən] *s* ledsager; kammerat; **~ship** *s* kammeratskab; selskab; **~way** *s (mar)* kahytstrappe.

company ['kʌmpəni] *s* selskab; aktieselskab; kompagni; gæster; *(mar)* besætning; *he's good ~* han er rar at være sammen med; *we have ~* vi har besøg (el. gæster); *keep sby ~* holde en med selskab; *keep ~ with* komme sammen med; *part ~ with* skilles fra; **~ law** *s (jur)* selskabsret; **~ secretary** *s* sv.t. direktionssekretær.

comparable ['kɔmpərəbl] *adj* sammenlignelig; **comparative** [kəm'pærətiv] *adj* sammenlignende; komparativ; forholdsvis; **compare** [kɔm'pɛə*] *v* sammenligne; *(gram)* gradbøje; **comparison** [-'pærisn] *s* sammenligning.

compartment [kəm'pa:tmənt] *s* (afgrænset) felt; rum; *(jernb)* kupé.

compass ['kʌmpəs] *s* omkreds; område; kompas; **~es** *spl* passer; *a pair of ~es* en passer.

compassion [kəm'pæʃən] *s* medlidenhed; barmhjertighed; **~ate** *adj* medlidende, deltagende.

compatible [kəm'pætibl] *adj* forenelig *(with* med).

compel [kəm'pɛl] *v* tvinge; fremtvinge; aftvinge; **~ling** *adj* tvingende; overbevisende.

compensate ['kɔmpənseit] *v* kompensere; erstatte; *~ for* opveje; **compensation** [-'seiʃən] *s* erstatning, kompensation; belønning.

compete [kəm'pi:t] *v* konkurrere *(for* om).
competence ['kɔmpitəns] *s* dygtighed; kompetence; **competent** *adj* dygtig; kvalificeret; kompetent.
competition [kɔmpi'tiʃən] *s* konkurrence; **competitive** [-'pɛtitiv] *adj* konkurrencedygtig; konkurrencepræget; **competitor** [kəm'pɛtitə*] *s* konkurrent; konkurrencedeltager.
compile [kəm'pail] *v* samle; udarbejde (fx *a dictionary* en ordbog).
complacency [kəm'pleisnsi] *s* selvtilfredshed; **complacent** *adj* selvglad.
complain [kəm'plein] *v* klage; beklage sig *(about* el. *of* over); **~t** *s* klage; reklamation; *(med)* sygdom, lidelse.
complement ['kɔmplimənt] *s* komplement; *(gram)* omsagnsled, prædikat; *(mar)* bemanding; **~ary** [-'mɛntəri] *adj* komplementær.
complete [kəm'pli:t] *v* fuldende; gøre færdig; opfylde // *adj* fuldstændig; fuldkommen, komplet; grundig; **~ly** *adv* fuldstændig, helt; **completion** [-'pli:ʃən] *s* færdiggørelse; opfyldelse.
complex ['kɔmplɛks] *adj* sammensat; indviklet.
complexion [kəm'plɛkʃən] *s* ansigtsfarve, teint.
complexity [kəm'plɛksiti] *s* indviklethed; forvikling.
compliance [kəm'plaiəns] *s* overensstemmelse; føjelighed; *in ~ with* i overensstemmelse med; **compliant** *adj* eftergivende; medgørlig.
complicate *v* ['kɔmplikeit] komplicere // *adj* ['kɔmplikit] indviklet; **~d** *adj* kompliceret, indviklet; **complication** [-'keiʃən] *s* komplikation.
compliment ['kɔmplimənt] *s* kompliment // *v* komplimentere; gratulere; **~ary** [-'mɛntəri] *adj* komplimenterende, smigrende; **~ary ticket** *s* fribillet; **~s** *spl* hilsen(er); *with the ~s of the season* med ønsket om en glædelig jul og et godt nytår.
comply [kəm'plai] *v* føje sig; samtykke; *~ with* rette sig efter; opfylde.
component [kəm'pəunənt] *s* bestanddel; komponent // *adj* del-; **~s** *spl* (også) byggeelementer.
compose [kəm'pəuz] *v* sammensætte; udarbejde; komponere; bringe i orden; *~ oneself* samle sig; tage sig sammen; **~d** *adj* rolig, fattet; **~r** *s* komponist; *(typ)* sættemaskine; *photo ~r* fotosætter.
composite ['kɔmpəzit] *adj* sammensat; *(bot)* kurvblomstret.
composition [kɔmpə'ziʃən] *s* sammensætning; udarbejdelse; komposition; *(typ)* sætning, sats.
composure [kəm'pəuʒə*] *s* fatning, ro; ligevægt.
compound ['kɔmpaund] *s* sammensætning; forbindelse (også *kem);* indhegnet område // *adj* sammensat; ~ **fraction** *s* brøks brøk; ~ **fracture** *s (med)* kompliceret knoglebrud; ~ **interest** *s* rentes rente.
comprehend [kɔmpri'hɛnd] *v* forstå, begribe; omfatte; **comprehension** [-'hɛnʃən] *s* forståelse; fatteevne; **comprehensive** [-'hɛnsiv] *adj* omfattende; vidtspændende; alsidig; **comprehensive school** *s* sv.t. udelt skole, enhedsskole.

compress *s* ['kɔmprɛs] kompres // *v* [kəm'prɛs] sammenpresse, komprimere; **~ion** [-'prɛʃən] *s* sammenpresning, kompression.
comprise [kəm'praiz] *v* omfatte; bestå af.
compromise ['kɔmprəmaiz] *s* kompromis // *v* indgå forlig (el. kompromis); kompromittere.
compulsion [kəm'pʌlʃən] *s* tvang; tvangstanke; **compulsive** [-'pʌlsiv] *adj* tvingende; tvangs-; fængslende (fx *book* bog); *a compulsive eater* en trøstespiser; **compulsory** [-'pʌlsəri] *adj* tvungen; obligatorisk.
computer [kəm'pju:tə*] *s* regnemaskine; computer, datamat **~ize** [-ize] *v* databehandle; indføre databehandling; ~ **language** *s (edb)* maskinsprog; ~ **science** *s* datamatik; informatik.
comrade ['kɔmrid] *s* kammerat; **~ship** *s* kammeratskab.
conceal [kən'si:l] *v* skjule; fortie.
concede [kən'si:d] *v* indrømme; gå med til; afstå.
conceit [kən'si:t] *s* indbildning; indbildskhed; **~ed** *adj* indbildsk; vigtig.
conceivable [kən'si:vəbl] *adj* tænkelig; **conceive** *v* finde på; forstå, opfatte; undfange.
concentrate ['kɔnsəntreit] *v* samle (sig); koncentrere (sig); **concentration** [-'treiʃən] *s* koncentration.
concept ['kɔnsɛpt] *s* begreb; **~ion** [-'sɛpʃən] *s* opfattelse; begreb; idé; undfangelse.
concern [kən'sə:n] *s* anliggende; virksomhed, koncern; interesse; bekymring // *v* angå, vedrøre; ængste, bekymre; *be ~ed about sth* være bekymret for ngt; **~ing** *adj* angående, vedrørende.
concert ['kɔnsət] *s* koncert; *in ~ with* i samråd med; **~ed** [kən'sə:tid] *adj* samlet, fælles-; ~ **hall** *s* koncertsal.
concertina [kɔnsə'ti:nə] *s* (om harmonika) koncertina // *v* blive mast sammen som en harmonika.
concerto [kən'tʃə:təu] *s* koncert (for soloinstrument og orkester).
concession [kən'sɛʃən] *s* indrømmelse; koncession.
conciliation [kənsili'eiʃən] *s* forsoning; mægling; **conciliatory** [-'siliətri] *adj* forsonende; forsonlig.
concise [kən'sais] *adj* kortfattet, koncis.
conclude [kən'klu:d] *v* slutte; afslutte; beslutte; **conclusion** [-'klu:ʒən] *s* slutning; konklusion; afslutning; **conclusive** [-'klu:siv] *adj* afgørende (fx *evidence* bevis).
concoct [kən'kɔkt] *v* bikse sammen; udpønse.
concord ['kɔŋkɔ:d] *s* sammenhold; overenskomst.
concrete ['kɔŋkri:t] *s* beton // *adj* konkret; størknet; beton-.
concussion [kən'kʌʃən] *s* rystelse; *(med)* hjernerystelse.
condemn [kən'dɛm] *v* fordømme; dømme (fx *to death* til døden); (om bygning) kondemnere, dømme til nedrivning; **~ation** [-'neiʃən] *s* fordømmelse; kondemnering.
condensation [kɔndɛn'seiʃən] *s* fortætning; kondens; **condense** [kən'dɛns] *v* sammentrænge; fortætte(s).
condescend [kɔndi'sɛnd] *v* nedlade sig; **~ing** *adj* nedladende.
condition [kən'diʃən] *s* tilstand; kondition; betingelse

// *v* stille betingelser; betinge sig; undersøge; *on ~ that* på den betingelse at; **~al** *adj* betinget; *~al release* prøveløsladelse; *be ~al (up)on* være betinget af.

condolences [kən'dəulənsiz] *spl* kondolence; *send* (el. *give) one's ~* kondolere..

condone [kən'dəun] *v* tilgive; se gennem fingre med.

conduct *s* ['kɔndʌkt] førelse; opførsel // *v* [kən'dʌkt] føre; udføre; *(elek)* lede; *(mus* etc) dirigere; *~ oneself* opføre sig; **~ed tour** *s* selskabsrejse; rundvisning; **~or** *s (mus)* dirigent; (i bus) konduktør; *(elek)* leder.

cone [kəun] *s* kegle; isvaffel; *(bot)* kogle.

confectioner [kən'fɛkʃənə*] *s* konditor; konfekturehandler; **~y** *s* konditorkager; konfekture.

confederate [kən'fɛdərit] *s* forbundsfælle; medskyldig // *adj* forbunds-; **confederation** [-'reiʃən] *s* forbund, føderation.

confer [kən'fə*] *v* konferere, rådslå; tildele; *(cf.)* jævnfør (jf.); *~ sth on sby* tildele en ngt.

conference ['kɔnfərəns] *s* konference; møde; *he's in ~* han sidder i møde.

confess [kən'fɛs] *v* tilstå; indrømme; bekende; **~ion** [-'fɛʃən] *s* tilståelse; indrømmelse; tro; trosbekendelse; **~ional** [-'fɛʃənl] *s* skriftestol; **~or** *s* skriftefader.

confide [kən'faid] *v: ~ in* betro sig til; stole på; **~nce** ['kɔnfidns] *s* tillid; fortrolighed; (også: *self-~nce)* selvsikkerhed; *in strict ~nce* strengt fortroligt; **~nce trick** *s* bondefangerkneb; **~nt** ['kɔnfidnt] *adj* tillidsfuld; tryg; sikker; **~ntial** [kɔnfi'dɛnʃəl] *adj* fortrolig.

confine [kən'fain] *v* begrænse; indskrænke; **~d** *adj* begrænset; snæver; **~ment** *s* fangenskab; begrænsning; *(med)* nedkomst; **~s** ['kɔnfainz] *spl* grænser; rammer.

confirm [kən'fə:m] *v* bekræfte; bestyrke; **~ation** [-'meiʃən] *s* bekræftelse; godkendelse; konfirmation; **~ed** *adj* inkarneret, uforbederlig.

confiscate ['kɔnfiskeit] *v* konfiskere.

conflict *s* ['kɔnflikt] konflikt; kamp // *v* [kən'flikt] være i modstrid *(with* med); støde sammen; **~ing** *adj* modstridende.

conform [kən'fɔ:m] *v: ~ (to)* tilpasse sig; være i overensstemmelse med.

confound [kən'faund] *v* blande sammen; forvirre; *~ it!* pokkers også! **~ed** *adj* forvirret; forbistret.

confront [kən'frʌnt] *v* konfrontere; stå ansigt til ansigt med; **~ation** [kɔnfrən'teiʃən] *s* konfrontation.

confuse [kən'fju:z] *v* blande sammen; forvirre; **~d** *adj* forvirret, forfjamsket; **confusion** [-'fju:ʒən] *s* forvirring; forveksling; uro.

congeal [kən'dʒi:l] *v* størkne, stivne.

congenial [kən'dʒi:niəl] *adj* åndsbeslægtet; af samme slags; rar, sympatisk.

congenital [kən'dʒɛnitl] *adj* medfødt.

congestion [kən'dʒɛstʃən] *s* overfyldning; overbefolkning; overbelastning.

congratulate [kən'grætjuleit] *v* lykønske; ønske til lykke *(on* med); **congratulation**

[-ˈleiʃən] *s* lykønskning; *congratulations!* tillykke! gratulerer!

congregate [ˈkɔŋgrigeit] *v* samle sig; forsamles; **congregation** [-ˈgeiʃən] *s* forsamling; menighed.

conical [ˈkɔnikl] *adj* kegleformet, konisk.

conifer [ˈkɔnifə*] *s* nåletræ; **~ous** [kəˈnifərəs] *adj* koglebærende; nåle-.

conjecture [kənˈdʒɛktʃə*] *s* gætteri // *v* gætte, gisne.

conjugal [ˈkɔndʒugl] *adj* ægteskabelig, ægte- (fx *bed* seng).

conjugate [ˈkɔndʒugeit] *v* *(gram)* bøje; **conjugation** [-ˈgeiʃən] *s* bøjning.

conjunction [kənˈdʒʌŋkʃən] *s* forbindelse, sammentræf; *(gram)* bindeord, konjunktion.

conjunctivitis [kəndʒʌŋktiˈvaitis] *s (med)* øjenkatar, konjunktivit.

conjure [ˈkʌndʒə*] *v* trylle; [kənˈdʒuə*] bønfalde; besværge; *~ up* trylle frem; fremkalde; **~r** *s* tryllekunstner; **conjuring trick** *s* tryllekunst.

conk [kɔŋk] *s* (F, om næse) snabel; (om hoved) nød // *v* (F) slå (i nødden), 'pande'; *~ out* (om motor) gå i stå; (om person) kradse af.

conman [ˈkɔnmæn] *s* (F) bondefanger.

connect [kəˈnɛkt] *v* forbinde; være i forbindelse; *(tlf)* stille ind; *(jernb* etc) korrespondere; **~ion** [-ˈnɛkʃən] *s* forbindelse, tilknytning; *in ~ion with* i forbindelse med; i anledning af; **connexion** *s* d.s.s. *connection.*

connive [kəˈnaiv] *v: ~ at* se gennem fingre med; *~ with* konspirere med.

connoisseur [kɔniˈsə:*] *s* kender; feinschmecker.

conquer [ˈkɔŋkə*] *v* erobre; (be)sejre; **~or** *s* sejrherre; *William the C~or* Vilhelm Erobreren; **conquest** [ˈkɔŋkwɛst] *s* erobring; *the Norman Conquest* normannernes erobring af England 1066.

cons [kɔnz] *spl* se *pro; convenience.*

conscience [ˈkɔnʃəns] *s* samvittighed; *in good ~* med god samvittighed; *have sth on one's ~* have ngt på samvittigheden; **conscientious** [kɔnʃiˈɛnʃəs] *adj* samvittighedsfuld; pligtopfyldende; **conscientious objector** *s* militærnægter.

conscious [ˈkɔnʃəs] *adj* bevidst; ved bevidsthed; *be ~ of* være klar over; **~ness** *s* bevidsthed; *regain ~ness* komme til bevidsthed.

conscript [ˈkɔnskript] *s* værnepligtig; **~ion** [-ˈskripʃən] *s* værnepligt.

consecrate [ˈkɔnsikreit] *v* indvie, vie; **~ed** *adj* hellig, indviet.

consecutive [kənˈsɛkjutiv] *adj* efter hinanden; i rad; fortløbende (fx *numbers* numre); logisk; følge-.

consensus [kənˈsɛnsəs] *s* almindelig enighed; almen opfattelse; overensstemmelse.

consent [kənˈsɛnt] *s* samtykke; overenskomst // *v* opfattelse; overensstemmelse.

consequence [ˈkɔnsikwəns] *s* følge; konsekvens; betydning; *it's of no ~* det har ingen betydning; det er lige meget; **consequential** [-ˈkwɛnʃəl] *adj* (deraf) følgende; betydningsfuld; indbildsk.

conservation [kɔnsə:ˈveiʃən] *s* bevarelse; fredning; konservering.
conservative [kənˈsə:vətiv] *adj* bevarende; konservativ; forsigtig.
conservatory [kənˈsə:vətri] *s* vinterhave; (musik)konservatorium.
conserve [kənˈsə:v] *v* bevare; spare på; opbevare; lave syltetøj.
consider [kənˈsidə*] *v* tage hensyn til; betragte; overveje; tænke over; mene; anse for; **~able** *adj* betydelig; anselig; væsentlig; **~ate** [-ˈsidərit] *adj* betænksom; **~ation** [-ˈeiʃən] *s* overvejelse; omtanke, hensyn; betydning; betaling; *out of ~ation for* af hensyn til; *under ~ation* under overvejelse; *for a certain ~ation* for en vis betaling; **~ing** *præp* i betragtning af (at); (F) efter omstændighederne.
consign [kənˈsain] *v* overgive; overdrage; **~ment** *s* forsendelse; sending.
consist [kənˈsist] *v: ~ in* (el. *of)* bestå af; **~ency** [-ˈsistənsi] *s* konsistens; konsekvens; overensstemmelse; **~ent** [-ˈsistənt] *adj* overensstemmende; forenelig; konsekvent; ensartet; *be ~ent with* stemme (overens) med.
consolation [kɔnsəˈleiʃən] *s* trøst; **~ prize** *s* trøstpræmie.
console *s* [ˈkɔnsəul] konsol // *v* [kənˈsəul] trøste.
consolidate [kənˈsɔlideit] *v* befæste; konsolidere; sammenslutte(s).
consort *s* [ˈkɔnsɔ:t] ledsager; gemal(inde); *Prince C~* prinsgemal // *v* [kənˈsɔ:t]: *~ with* omgås (med); harmonere (med).
conspicuous [kənˈspikjuəs] *adj* iøjnefaldende; tydelig; påfaldende.
conspiracy [kənˈspirəsi] *s* sammensværgelse; komplot; **conspirator** *s* medsammensvoren; **conspire** [kənˈspaiə*] *v* sammensværge sig; konspirere.
constable [ˈkɔnstəbl] *s* politibetjent; **constabulary** [kənˈstæbjuləri] *s* politi(korps) (i bestemt by).
constancy [ˈkɔnstənsi] *s* bestandighed; **constant** *adj* bestandig; konstant; **~ly** *adv* hele tiden.
constellation [kɔnstəˈleiʃən] *s* konstellation (også *fig);* stjernebillede.
consternation [kɔnstəˈneiʃən] *s* bestyrtelse; forfærdelse.
constipate [ˈkɔnstipeit] *v* forstoppe; **constipation** [-ˈpeiʃən] *s* forstoppelse.
constituency [kənˈstitjuənsi] *s* valgkreds; **constituent** *s* vælger; nødvendig bestanddel.
constitute [ˈkɔnstitju:t] *v* udgøre; danne; konstituere; grundlægge, stifte; udnævne til; **constitution** [-ˈtju:ʃən] *s* oprettelse; sammensætning; beskaffenhed; forfatning, grundlov; konstitution; **~al** *adv* forfatningsmæssig, konstitutionel; *~al monarchy* indskrænket monarki.
constrain [kənˈstrein] *v* tvinge; gøre tvungen; indespærre; **~ed** *adj* tvungen; genert; **~t** *s* tvang, ufrihed.
constrict [kɔnˈstrikt] *v* snøre sammen; hæmme; **~or** *s* kvælerslange.
construct [kənˈstrʌkt] *v* bygge; konstruere; sammensætte; **~ion** *s* bygning; anlæg; konstruktion; **~ive** *adj* konstruktiv.
consult [kənˈsʌlt] *v* rådspørge;

konsultere; benytte; konferere; ~ *a dictionary* slå op i en ordbog; ~**ant** *s* konsulent; overlæge; *legal ~ant* juridisk rådgiver; ~**ant engineer** *s* rådgivende ingeniør; ~**ation** [-ˈteiʃən] *s* konsultation; samråd; ~**ing room** *s* konsultationsværelse.

consume [kənˈsju:m] *v* fortære; opbruge; forbruge; ~**r** *s* forbruger, konsument; ~**r goods** *spl* forbrugsvarer; ~**r society** *s* forbrugersamfund; **consuming** *adj* altopslugende.

consummate [ˈkɔnsʌmeit] *v* fuldbyrde.

consumption [kənˈsʌmpʃən] *s* fortæring; forbrug.

cont. fork.f. *continued.*

contact [ˈkɔntækt] *s* kontakt; berøring // *v* kontakte; få forbindelse med; være i berøring med; møde(s); ~ **lenses** *spl* kontaktlinser.

contagious [kənˈteidʒəs] *adj* smitsom, smittende.

contain [kənˈtein] *v* indeholde; rumme; beherske; fastholde; ~ *oneself* styre sig, dy sig; ~**er** *s* beholder; container.

contaminate [kənˈtæmineit] *v* forurene; kontaminere; **contamination** [-ˈneiʃən] *s* forurening.

cont'd fork.f. *continued.*

contemplate [ˈkɔntəmpleit] *v* betragte; overveje; påtænke; **contemplation** [-ˈpleiʃən] *s* betragten; overvejelse; fordybelse; meditation.

contemporary [kənˈtɛmpərəri] *adj* jævnaldrende; samtidig // *adj* samtidig; nutids; moderne (fx *art* kunst).

contempt [kənˈtɛmpt] *s* foragt; ~**ible** *adj* foragtelig; ~**uous** [-tjuəs] *adj* foragtelig; hånlig.

contend [kənˈtɛnd] *v: ~ that* hævde at; ~ *with* slås med; rivalisere med; ~**er** *s (sport)* udfordrer; konkurrencedeltager.

content [kənˈtɛnt] *s* tilfredshed; [ˈkɔntɛnt] indhold // *v* tilfredsstille; nøjes *(with* med) // *adj* tilfreds; *be ~ with* være tilfreds med; nøjes med; ~**ed** *adj* veltilfreds; ~**s** [ˈkɔntɛnts] *spl* indhold; indbo; *(table of) ~s* indholdsfortegnelse.

contention [kənˈtɛnʃən] *s* strid; disput; påstand; *the bone of ~* stridens æble.

contest *s* [ˈkɔntɛst] strid; konkurrence // *v* [kənˈtɛst] bestride; kæmpe; konkurrere (om); *a ~ed city* en omstridt by; ~**ant** [kənˈtɛstənt] *s* konkurrencedeltager.

context [ˈkɔntɛkst] *s* sammenhæng.

continent [ˈkɔntinənt] *s* kontinent, verdensdel; fastland; *the C~* det europæiske fastland; ~**al** [-ˈnɛntl] *s* udlænding (fra Europa) // *adj* kontinental-, fastlands-; ~**al breakfast** *s* let morgenmad, morgenkaffe; ~**al shelf** *s (geogr)* fastlandssokkel.

continual [kənˈtinjuəl] *adj* stadig; fortsat; **continuation** [-ˈeiʃən] *s* fortsættelse, genoptagelse; **continue** [-ˈtinju:] *v* fortsætte; *to be ~d* (fx i bog el. blad) fortsættes; ~**d** *adj* (fork. *cont.* el. *cont'd)* fortsat; **continuity** [kɔntiˈnjuiti] *s* sammenhæng; kontinuitet; **continuous** [-ˈtinjuəs] *adj* bestandig; uafbrudt; fortsat.

contort [kənˈtɔ:t] *v* forvride; forvrænge; ~**ion** [-ˈtɔ:ʃən] *s* forvridning; forvrængning; ~**ionist** [-ˈtɔ:ʃənist] *s* slangemenneske.

contraception [kɔntrəˈsɛpʃən]

s svangerskabsforebyggelse; **contraceptive** *s* svangerskabsforebyggende middel // *adj* svangerskabsforebyggende.

contract *s* ['kɔntrækt] kontrakt; aftale // *v* [kən'trækt] indgå kontrakt; trække sig sammen; fortrække; pådrage sig (fx *a disease* en sygdom); **~ion** [-'trækʃən] *s* forsnævring; sammentrækning; **~or** *s* entreprenør.

contradict [kɔntrə'dikt] *v* modsige; være i modstrid med; **~ion** [-'dikʃən] *s* modsigelse; dementi; uoverensstemmelse; **~ory** *adj* modstridende.

contralto [kən'træltəu] *s (mus)* (om dyb altstemme) kontraalt.

contraption [kən'træpʃən] *s* tingest; indretning.

contrary ['kɔntrəri] *s: the ~* det modsatte // *adj* modsat; [kən'trɛəri] kontrær; *on the ~* tværtimod; *unless you hear to the ~* med mindre du får anden besked.

contrast *s* ['kɔntra:st] kontrast, modsætning // *v* [kən'tra:st] stille i kontrast *(with* til); **~ing** *adj* kontrasterende; modsat.

contribute [kən'tribju:t] *v* bidrage (med); medvirke; *~ an article to* skrive en artikel til; *~ to* bidrage til; medvirke ved; **contribution** [-'bju:ʃən] *s* bidrag; **contributor** [-'tribjutə*] *s* bidragyder.

contrivance [kən'traivəns] *s* opfindsomhed; påfund; kunstgreb; indretning; mekanisme; **contrive** *v* opfinde; udtænke; lægge planer; *contrive to* sørge for at; have held med at.

control [kən'trəul] *s* kontrol; herredømme; myndighed; *(tekn)* betjeningshåndtag // *v* kontrollere; beherske; holde styr på; regulere; *be in ~ of* have magten over, stå for; *circumstances beyond our ~* omstændigheder vi ikke har indflydelse på; *~* **point** *s* kontrolsted; *~* **tower** *s (fly)* kontroltårn.

controversial [kɔntrə'və:ʃl] *adj* omdiskuteret; kontroversiel; **controversy** ['kɔntrəvə:si] *s* disput.

conurbation [kɔnə:'beiʃən] *s* byområde; bymæssig bebyggelse.

convalesce [kɔnvə'lɛs] *v* være rekonvalescent, være i bedring; **convalescence** [-'lɛsns] *s* bedring; rekonvalescens; **convalescent** [-'lɛsnt] *s* rekonvalescent.

convene [kən'vi:n] *v* træde sammen; samles; sammenkalde.

convenience [kən'vi:niəns] *s* bekvemmelighed; nemhed; *at your ~ earliest* så snart du kan; *all modern ~s* (i annonce: *all mod cons)* alle moderne bekvemmeligheder; *public ~s* offentligt toilet; **convenient** *adj* bekvem; belejlig.

convent ['kɔnvənt] *s* (nonne)kloster.

convention [kən'vɛnʃən] *s* kongres; stævne; konvention; **~al** *adj* konventionel, traditionel.

converge [kən'və:dʒ] *v* samles (i ét punkt), konvergere.

conversation [kɔnvə'seiʃən] *s* samtale; konversation; omgang.

converse *s* ['kɔnvə:s] samtale; samkvem // *v* [kən'və:s] samtale, konversere // *adj* ['kɔnvə:s] omvendt.

conversion [kən'və:ʃən] *s* omdannelse; forvandling; ombygning; omregning; *(rel)* omvending; ~ **table** *s* omregningstabel.

convert *s* ['kɔnvə:t] konvertit; omvendt // *v* [kən'və:t] omvende sig; omdanne; forvandle; lave om; omregne; **~ible** [-'və:tibl] *s (auto)* cabriolet; bilmodel med kaleche.

convey [kən'vei] *v* transportere; overbringe (fx *our thanks* vores tak); bibringe (fx *an idea* en idé); **~ance** *s* transport, befordring; **~er** *s* transportør; **~er belt** *s* transportbånd.

convict *s* ['kɔnvikt] strafafsoner; straffefange // *v* [kən'vikt] erklære skyldig; straffe; **~ion** [-'vikʃən] *s* domfældelse; overbevisning.

convince [kən'vins] *v* overbevise.

convoy ['kɔnvɔi] *s* konvoj, eskorte // *v* eskortere.

convulse [kən'vʌls] *v* få krampe; give krampe; vride sig; *be ~ed with laughter* vride sig af grin; **convulsion** [-'vʌlʃən] *s* anfald; *convulsions pl* krampe.

coo [ku:] *v* kurre.

cook [kuk] *s* kok; kokkepige // *v* lave mad; tillaves; være i gære; ~ *up a story* brygge en historie sammen; ~ *the books* (F) manipulere med regnskaberne; **~er** *s* komfur; **~ery** *s* madlavning; **~ery book** *s* kogebog; **~ie** *s* småkage; **~ing** *s* madlavning; **~ing apple** *s* madæble; **~ing film** *s* stegefilm; **~ing oil** *s* spiseolie.

cool [ku:l] *v* køle(s); kølne // *adj* kølig; koldblodig; rolig; fræk, smart; ~ *down!* tag den med ro! *keep* ~ holde hovedet koldt; *a ~ movie* (S) en dødlækker *(el.* fed) film; **~-headed** *adj* koldblodig.

coop [ku:p] *s* hønsehus; bur // *v: be ~ed up (fig)* sidde indemuret.

co-op ['kəuʌp] *s* (fork.f. *cooperative society)* brugs(forening).

cooperate [kəu'ɔpəreit] *v* samarbejde; **cooperation** [-'reiʃən] *s* samarbejde, kooperation; **cooperative** [-'ɔpərətiv] *s* kooperativ, andelsforetagende // *adj* samarbejdsvillig; andels-; **cooperative society** *s* brugsforening.

coordinate [kəu'ɔ:dineit] *v* samordne, koordinere; **coordination** [-'neiʃən] *s* koordination.

cop [kɔp] *s* (F) strisser, strømer.

cope [kəup] *v* klare den; ~ *with* klare, overkomme; magte.

copious ['kəupiəs] *adj* omfangsrig; rigelig; vidtløftig.

copper ['kɔpə*] *s* kobber; (F) strisser, strømer; **~s** *spl* småpenge.

copse [kɔps] *s* krat.

copy ['kɔpi] *s* kopi; eksemplar // *v* kopiere; efterligne; **~book** *s* stilebog; *blot one's ~book* ødelægge sig rygte; **~right** *s* ophavsret; *~right reserved* sv.t. eftertryk forbudt; **~writer** *s* (reklame)tekstforfatter.

coral ['kɔrəl] *s (zo)* koral; koralrødt; ~ **reef** *s* koralrev.

cord [kɔ:d] *s* snor; ledning; fløjl.

cordial ['kɔ:diəl] *s* hjertestyrkning // *adj* hjertelig; inderlig.

cordon ['kɔ:dən] *s* (politi)afspærring // *v:* ~ *off* afspærre.

cords [kɔ:ds] *s* (F) d.s.s. *corduroys.*

corduroy ['kɔ:dərɔi] *s* jernbanefløjl; **~s** *spl* fløjlsbukser.

core [kɔ:*] *s* kernehus; kerne; marv // *v* udkerne; ~ **time** *s* fikstid (mods: flekstid).
cork [kɔ:k] *s (bot)* kork; (kork)prop; ~**screw** *s* proptrækker; ~**y** *adj* korkagtig; livlig.
cormorant ['kə:mərnt] *s (zo)* ålekrage, skarv.
corn [kɔ:n] *s* korn; majs; *(med)* ligtorn; ~ *on the cob* majskolber.
cornea ['kɔ:niə] *s (anat)* (øjets) hornhinde.
corned [kɔ:nd] *adj* saltet, konserveret; ~ **beef** *s* sprængt oksekød (på dåse).
corner ['kɔ:nə*] *s* hjørne; krog; *(sport)* hjørnespark // *v* trænge op i en krog; danne hjørne; køre om hjørner; *(auto* etc) tage et sving.
cornet ['kɔ:nit] *s* isvaffel; *(mus)* kornet.
cornflour ['kɔ:nflaue*] *s* majsmel.
cornice ['kɔ:nis] *s* gesims.
Cornish ['kɔ:niʃ] *adj* fra Cornwall.
cornucopia [kɔ:nju'kəupiə] *s* overflødighedshorn.
corny ['kɔ:ni] *adj* (F) banal; forslidt.
coronary ['kɔrənəri] *s:* ~ *(thrombosis) (med)* coronartrombose, blodprop i hjertets kranspulsåre.
coronation [kɔrə'neiʃən] *s* kroning.
coroner ['kɔrənə*] *s* ligsynsmand; ~**'s inquest** *s* ligsyn.
corporal ['kɔ:pərl] *s (mil)* korporal // *adj:* ~ *punishment* korporlig straf.
corporate ['kɔ:pərit] *adj* fælles; samlet; **corporation** [-'reiʃən] *s* korporation; (i by) sv.t. magistrat; ~ **tax** *s* selskabsskat.
corps [kɔ:*] *s (pl:* ~ [kɔ:z]) korps.
corpse [kɔ:ps] *s* lig.
correct [kə'rɛkt] *v* rette, korrigere; bøde på; irettesætte // *adj* korrekt, rigtig; ~**ion** [-'rɛkʃən] *s* rettelse; irettesættelse.
correlate ['kɔrileit] *v* samkøre; koordinere.
correspond [kɔris'pɔnd] *v* korrespondere; ~ *with* (el. *to)* svare til; modsvare; ~**ence** *s* korrespondance; overensstemmelse; ~**ent** *s* modstykke; korrespondent // *adj* tilsvarende.
corridor ['kɔridə:*] *s* gang, korridor.
corroborate [kə'rɔbəreit] *v* bekræfte; styrke.
corrode [kə'rəud] *v* ætse; ruste; tæres; **corrosion** [-'rəuʒən] *s* tæring, korrosion.
corrugated ['kɔrəgeitid] *adj* bølget; rynket; ~ **cardboard** *s* bølgepap; ~ **iron** *s* bølgeblik.
corrupt [kə'rʌpt] *v* fordærve; korrumpere // *adj* korrupt; rådden; bestikkelig; ~**ion** [-'rʌpʃən] *s* korruption.
cosignatory ['kəu'signətəri] *s* medunderskriver.
cosiness ['kəuzinis] *s* hygge.
cosmetic [kəs'mɛtik] *s* kosmetisk middel // *adj* kosmetisk; ~**s** *spl* kosmetik.
cosmic ['kɔzmik] *adj* kosmisk.
cost [kɔst] *s* pris; omkostning; udgift // *v (cost, cost)* koste; *at all* ~*s* for enhver pris; *at the* ~ *of* på bekostning af; *free of* ~ uden omkostninger, gratis; *it will* ~ *you dear* det bliver en dyr historie for dig; *it* ~*s the earth* det koster det hvide ud af øjnene.
co-star ['kəusta:*] *s (film, teat)* medspiller // *v* være medspil-

ler.

costly ['kɔstli] *adj* dyr, bekostelig.

cost of living [kɔst-] *s* leveomkostninger; **cost price** *s* fremstillingspris.

costume ['kɔstju:m] *s* dragt, kostume; spadseredragt; (også: *swimming ~)* badedragt; ~ **jewellery** *s* bijouteri.

cosy ['kəuzi] *s* tevarmer // *adj* hyggelig, rar; lun.

cot [kɔt] *s* barneseng.

cottage ['kɔtidʒ] *s* (lille) hus; hytte; sommerhus; ~ **hospital** *s* mindre sygehus på landet; ~ **industry** *s* husflid.

cotton [kɔtn] *s* bomuld; ~ **wool** *s* vat.

couch [kautʃ] *s* divan, sofa.

cough [kɔf] *s* hoste // *v* hoste; *~ up with* (F) hoste op med; punge ud med; ~ **drop** *s* hostepastil.

could [kud] *præt* af *can;* **couldn't** [kudnt] d.s.s. *could not.*

council ['kaunsl] *s* råd; *city ~, town ~* byråd; *the British C~* den britiske ambassades kulturafdeling; ~ **estate** *s* sv.t. socialt boligbyggeri; **~lor** *s* (by)rådsmedlem.

counsel ['kaunsl] *s* råd; rådslagning; juridisk rådgiver; *(pl: counsel)* advokat; **~lor** *s* rådgiver.

count [kaunt] *s* tælling; slutsum; (ikke *brit)* greve; fyrste // *v* tælle; medregne; regne for; betyde noget, gælde; *that does not ~* det gælder ikke; *~ on* regne med; stole på; *~ up* tælle op; regne sammen; **~down** *s* nedtælling.

countenance ['kauntinəns] *s* ansigt(sudtryk); fatning; billigelse // *v* støtte; tolerere.

counter ['kauntə*] *s* tæller; disk; skranke // *v* imødegå; modsætte sig; indvende // *adv: ~ to* stik imod (fx *orders* ordre); **~act** *v* modarbejde; **~attack** *s* modangreb // *v* foretage modangreb; **~balance** *v* danne modvægt mod; opveje; *~balance overtime* afspadsere; **~-clockwise** *adv* mod uret; venstre om; **~-espionage** *s* kontraspionage.

counterfeit ['kauntəfit] *s* efterligning; forfalskning // *v* forfalske // *adj* falsk; forloren.

counter... ['kauntə-] sms: **~foil** *s* (i checkhæfte) talon; (på girokort etc) kupon; **~pane** *s* sengetæppe; **~part** *s* sidestykke; modstykke; **~sign** *v* medunderskrive, kontrasignere; **~stroke** *s* modtræk.

countess ['kauntis] *s* en *earl's* hustru; (ikke *brit)* grevinde; fyrstinde.

countless ['kauntlis] *adj* utallig.

country ['kʌntri] *s* land; område; egn; *in the ~* i landet; på landet; ~ **dancing** *s* folkedans; ~ **house** *s* herregård; landsted; **~man** *s* landsmand; landbo; **~side** *s* egn; *in the ~side* ude på landet.

county ['kaunti] *s (hist)* grevskab; *(adm)* sv.t. amt; ~ **town** *s* sv.t. provinshovedstad.

coup [ku:] *s (pl: ~s* [ku:z]) *s* kup; ~ **d'état** ['ku:dei'ta:] *s* statskup.

couple [kʌpl] *s* par; (om hunde) kobbel // *v* koble sammen; kobles; parre(s); gifte sig; parre sig; *a ~ of* et par.

courage ['kʌridʒ] *s* mod; *take ~* fatte mod; **~ous** [kə'reidʒəs] *adj* modig.

courier ['kuriə*] *s* kurér; rejsefører.

course [kɔ:s] *s* løb; rute; kurs;

forløb; kursus; *(gastr)* ret; (golf)bane; *first* ~ forret; *main* ~ hovedret; *in due* ~ til sin tid; *of* ~ naturligvis, selvfølgelig; ~ **of action** *s* handlemåde; ~ **of life** *s* levnedsløb; livsførelse.

court [kɔ:t] *s (jur)* ret, domhus; retsmøde; *(sport)* bane; *(hist)* slot, hof; (også: *~yard)* gård // *v* gøre kur til; tragte efter; opfordre til; *in* ~ i retten; *settle a matter out of* ~ afgøre en sag mindeligt; indgå forlig; *take (in)to* ~ bringe for retten.

courteous ['kə:tiəs] *adj* høflig; artig.

courtesy ['kə:təsi] *s* høflighed; ~ *of the duke* med hertugens tilladelse.

courtier ['kɔ:tie*] *s* hofmand; hofdame.

court-martial ['kɔ:t'ma:ʃəl] *s (pl: courts-martial)* krigsret.

courtroom ['kɔ:trum] *s* retslokale.

courtship ['kɔ:tʃip] *s* forlovelsestid; bejlen.

courtyard ['kɔ:tja:d] *s* gård; gårdsplads.

cousin [kʌzn] *s* fætter; kusine.

cove [kəuv] *s* bugt; vig.

cover ['kʌvə*] *s* ly; skjul; dækning; betræk; tæppe; (om bog) omslag // *v* dække (til); betrække; (om afstand) tilbagelægge; *under* ~ *of* i ly af; *under separate* ~ særskilt; ~ *up* dække til; ~ *up for* dække over; **~age** ['kɔvəridʒ] *s* dækning; reportage; ~ **charge** *s* (i restaurant etc) kuvertafgift; **~ing** *s* dække; dækning; omslag; **~ing letter** *s* følgeskrivelse.

covet ['kʌvit] *v* tragte efter; begære.

cow [kau] *s* ko; (om fx giraf, elefant) hun // *v* underkue.

coward ['kauəd] *s* kujon; **~ice** ['kauədis] *s* fejhed; **~ly** *adj* fej.

cower ['kauə*] *v* krybe sammen.

cowshed ['kauʃɛd] *s* kostald.

cowslip ['kauslip] *s (bot)* kodriver.

coxswain [kɔksn] *s (mar,* på mindre skib) rorgænger, kaptajn, skipper; (i kapronings-båd) styrmand.

coy [kɔi] *adj* bly; koket.

crab [kræb] *s* krabbe; ~ **apple** *s (bot)* vildæble.

crack [kræk] *s* revne, sprække; knald, brag; (F) forsøg // *v* revne; knække; gå i stykker; knalde, brage // *adj* (F) førsteklasses; ~ *jokes* rive vittigheder af sig; ~ *up* bryde sammen; smadre; *he is ~ing up* det rabler for ham; **~er** *s* kineser; knallert; usødet kiks; **~ing** *adj: get ~ing* (F) få fart på.

crackle [krækl] *s* knitren; krakelering // *v* knitre; sprutte; krakelere; **crackling** *s* knitren, knasen; sprød flæskesvær.

cradle [kreidl] *s* vugge.

craft [kra:ft] *s* (kunst)håndværk; dygtighed; *(pl: craft)* fartøj, båd; **~sman** *s* (kunst)håndværker; **~smanship** *s* håndværksmæssig dygtighed; **~y** *adj* udspekuleret; listig; snu.

crag [kræg] *s* klippefremspring; klippeskrænt; **~gy** *adj* forreven; klippefuld.

cram [kræm] *v:* ~ *sth with* stoppe ngt fuldt af; proppe ngt med; ~ *sth into* stuve ngt ned (el. ind) i; ~ **course** *s* intensivkursus; **~ming** *s* eksamensterperi.

cramp [kræmp] *s* krampe; *(tekn)* skruetvinge // *v* snære;

hindre; genere; ~**ed** *adj* trang; krampagtig.
cranberry ['krænbəri] *s* tranebær.
crane [krein] *s* trane // *v* strække (fx *one's neck* hals).
crank [krɛŋk] *s (tekn)* krumtap; håndsving; (på cykel) krank; (om person) sær snegl; ~ **shaft** *s (tekn)* krumtapaksel; ~**y** *adj* vakkelvorn; mærkelig, sær, gnaven.
cranny ['kræni] *s* krog; *nooks and crannies* krinkelkroge.
crash [kræʃ] *s* brag; skrald; *(auto* etc) sammenstød; (med motorcykel etc) styrt; krak // *v* brage; smadre; støde sammen; *(fly)* styrte ned; krakke; ~ *into* brase ind i; ~ **course** *s* lynkursus; ~ **helmet** *s* styrthjelm; ~ **landing** *s* katastrofelanding.
crate [kreit] *s* pakkasse.
crater ['kreitə*] *s* krater.
crave [kreiv] *v: ~ for* tørste efter; trænge stærkt til.
crawl [krɔ:l] *v* kravle, krybe; snegle sig; køre langsomt; *be ~ing with* vrimle med.
crayfish ['kreifiʃ] *s* krebs.
crayon ['kreiən] *s* farveblyant; oliekridt; kridttegning.
craze [kreiz] *s* dille, mani; sidste skrig; **crazy** ['kreizi] *adj* skør, vild; *be crazy about* være helt fjollet med; *it drives me crazy* det driver mig til vanvid.
creak [kri:k] *v* knage, knirke.
cream [kri:m] *s* fløde; creme; flødefarve; *whipped ~* flødeskum; *the ~ of sth* det bedste (el. blomsten) af ngt; ~ **cake,** ~ **bun** *s* (om kage) flødebolle; ~ **cheese** *s* flødeost; fuldfed ost; ~**y** *adj* flødeagtig.
crease [kri:s] *s* pressefold; rynke // *v* presse (tøj); fure; rynke, krølle.
create [kri:'eit] *v* skabe, kreere; **creation** [-'eiʃən] *s* skabelse, kreation; **creator** *s* skaber; **creature** ['kri:tʃə*] *s* skabning; (levende) væsen.
crèche [krɛʃ] *s* vuggestue.
credentials [kri'dɛnʃlz] *spl* (ambassadørs) akkreditiver.
credibility [krɛdi'biliti] *s* troværdighed; **credible** ['krɛdibl] *adj* trolig; troværdig.
credit ['krɛdit] *s* tiltro; anerkendelse; ære; kredit(konto) // *v* tro (på); give æren *(with* for); kreditere; *give ~ to* stole på; *to one's ~* på ens konto; *take the ~ for* tage æren for; *it does you ~* det tjener dig til ære; ~**able** *adj* hæderlig, god; ~ **card** *s* købekort; ~ **ceiling** *s* kreditloft; ~**s** *spl (film)* fortekster.
credulity [kri'dju:liti] *s* godtroenhed.
creed [kri:d] *s* tro, trosretning; *the C~* trosbekendelsen.
creek [kri:k] *s* bugt, vig; *up the ~* (F) skør i bolden; *be up the ~* (også:) være på spanden.
creep [kri:p] *s* kryben; *(fig)* ækelt kryb // *v (crept, crept)* krybe; snige sig; *it gives me the ~s* det giver mig myrekryb; ~**er** *s* slyngplante; ~**er lane** *s* krybespor; ~**ers** *spl* kravledragt; listesko; ~**y** *adj* uhyggelig.
cremate [kri'meit] *v* brænde, kremere; **cremation** [-'meiʃən] *s* ligbrænding, kremering.
crêpe [kreip] *s* crepe; ~ **rubber** *s* rågummi.
crept [krɛpt] *præt* og *pp* af *creep.*
crescent ['krɛsnt] *s* halvmåne; halvrund plads (el. gade); *(gastr)* horn.
cress [krɛs] *s* karse.
crest [krɛst] *s* (om hane etc)

kam; (om hjelm) fjerbusk; våbenmærke; (om bølge) skumtop; **~fallen** *adj* modfalden.

Crete [kri:t] *s* Kreta.

crevice ['krɛvis] *s* sprække; klippespalte.

crew [kru:] *s* besætning, mandskab; **~-cut** *adj* karseklippet; **~-neck** *s* rund halsudskæring.

crib [krib] *s* krybbe; (i stald) bås; kravleseng; **~ death** *s* *(med)* vuggedød.

cricket ['krikit] *s* *(zo)* fårekylling; *(sport)* cricket; *that is not ~!* (F) det er ikke fair! **~er** *s* cricketspiller.

crime [kraim] *s* forbrydelse; kriminalitet; **criminal** ['kriminl] *s* forbryder // *adj* kriminel; strafbar; kriminal-; straffe-; *the Criminal Investigation Department (C.I.D.)* sv.t. kriminalpolitiet.

crimson ['krimzn] *adj* højrød; blodrød.

cringe [krindʒ] *v* krybe sammen; krympe sig; *~ to* krybe for.

cripple [kripl] *s* krøbling // *v* gøre til krøbling; lamme; lemlæste.

crisis ['kraisis] *s* *(pl: crises* ['kraisi:z]) krise; kritisk punkt.

crisp [krisp] *adj* sprød; (om frostluft) frisk; *(fig)* klar; skarp; livlig; **~s** *spl* franske kartofler.

criss-cross ['kriskrɔs] *adj* på kryds og tværs; i siksak.

criterion [krai'tiəriən] *s* *(pl: criteria* [-'tiəriə]) kriterium, rettesnor.

critic ['kritik] *s* kritiker, anmelder; **~al** *adj* kritisk; afgørende; **~ism** ['kritisizm] *s* kritik; **~ize** ['kritisaiz] *v* kritisere.

croak [krəuk] *v* (om frø) kvække; (om fugl) skrige hæst.

crochet ['krəuʃei] *s* hækling; hæklemaske; *double ~* fastmaske // *v* hække; **~ hook** *s* hæklenål.

crockery ['krɔkəri] *s* service; porcelæn.

croft [krɔft] *s* husmandssted; **~er** *s* husmand.

crony ['krəuni] *s* (F) kammerat; god gammel ven.

crook [kruk] *s* (F) skurk; **~ed** ['krukid] *adj* kroget; krum; skæv; uærlig.

croon [kru:n] *v* nynne; **~er** *s* refrænsanger.

crop [krɔp] *s* afgrøde, høst; (om fugle) kro // *v: ~ up* dukke op; **~ failure** *s* fejlslagen høst, misvækst.

cropper ['krɔpə*] *s: come a ~* komme galt af sted.

croquet ['krəukei] *s* kroketspil.

cross [krɔs] *s* kors; kryds; krydsning // *v* korse; krydse; rejse (, gå, køre etc) over // *adj* kryds-; tvær-; sur, tvær; *~ out* overstrege; stryge; *~ my heart (and hope to die)!* på æresord! **~bar** *s* tværstang; (på fodboldmål) overligger; **~breed** *s* krydsning; hybrid; **~ country (race)** *s* terrænløb; **~ country skiing** *s* langrend; **~-examination** *s* krydsforhør; **~-eyed** *adj* skeløjet; **~ing** *s* overfart; overgang; vejkryds; (jernbane)overskæring; (også: *pedestrian ~)* fodgængerovergang; **~-reference** *s* krydshenvisning; **~roads** *spl* korsvej, vejkryds; **~ section** *s* tværsnit; **~wind** *s* sidevind; **~wise** *adj* over kors; på tværs; **~word** *s* krydsord, krydsogtværs.

crotch [krɔtʃ] *s* (i bukser) skridt.

crotchet ['krɔtʃit] *s* *(mus)* fjerdedelsnode.

crouch ['krautʃ] *v* krybe sammen; stå på spring.

crow [krəu] *s* krage; hanegal // *v* (om hane) gale; *(fig)* triumfere, juble.

crowbar ['krəuba:*] *s* løftestang; brækjern.

crowd [kraud] *s* (menneske)mængde, opløb; (F) klike, slæng; sværm, mylder // *v* trænges; stimle sammen; myldre; *don't ~ me!* (F) lad være med at presse mig! **~ed** *adj* overfyldt, overlæsset; *~ed with* stuvende fuld af.

crown [kraun] *s* krone; (bjerg)top; (hatte)puld; *(anat)* isse // *v* krone; fuldende; sætte krone på; *the C~* kronen, staten; **C~ court** *s (jur)* sv.t. overret; **~ jewels** *spl* kronjuveler; **~ prince** *s* kronprins.

crucial ['kru:ʃəl] *adj* afgørende; vanskelig.

crucifixion [kru:si'fikʃən] *s* korsfæstelse; **crucify** ['kru:sifai] *v* korsfæste.

crude [kru:d] *adj* rå; grov; umoden; **~ (oil)** *s* råolie.

cruel ['kruəl] *adj* grufuld; grusom; **~ty** *s* grusomhed.

cruise [kru:z] *s* krydstogt; sørejse; langfart // *v* være på krydstogt; køre (el. flyve) i passende fart; **~ missile** *s (mil)* krydsermissil; **~r** *s (mar)* krydser; turbåd; **cruising speed** *s* marchhastighed.

crumb [krʌm] *s* (brød)krumme; rasp; smuld.

crumble [krʌmbl] *v* smuldre; forvitre; **crumbly** *adj* (let)smuldrende.

crumpet ['krʌmpit] *s* slags tekage; (F) laber larve.

crumple [krʌmpl] *v* krølle(s) sammen.

crunch [krʌntʃ] *s* knasen; kritisk øjeblik; afgørelsens time // *v* knase; knuse; mase; **~y** *adj* knasende, sprød.

crusade [kru:'seid] *s* korstog; kampagne; **~r** *s* korsfarer; *(fig)* forkæmper.

crush [krʌʃ] *s* trængsel // *v* knuse; mase sig; krølle; *have a ~ on sby* være lun på en; *lemon ~* presset citron, citronsaft; **~ing** *adj* knusende, knugende.

crust [krʌst] *s* skorpe.

crutch [krʌtʃ] *s* krykke; støtte; *(mar)* åregaffel.

crux [krʌks] *s* vanskeligt punkt.

cry [krai] *s* råb, skrig, brøl // *v* råbe, skrige; udbryde; græde, tude; *~ off* melde afbud til; *~ out for* råbe på; **~ing** *adj (fig)* himmelråbende; *a ~ing shame* synd og skam.

crystal ['kristl] *s* krystal; prisme; **~-clear** *adj* krystalklar; soleklar; **~lize** [-laiz] *v* krystallisere (sig); kandisere.

cub [kʌb] *s* unge; hvalp; *(fig)* grønskolling; (skotsk, om spejder) sv.t. ulveunge.

cube [kju:b] *s* terning; kubus // *v (mat)* opløfte til tredje potens; **~ root** *s* kubikrod; **cubic** *adj* kubisk, kubik-; **cubic metre** *s* kubikmeter.

cubicle ['kju:bikl] *s* (sove)kabine; lille aflukke.

cuckold ['kʌkəuld] *s* hanrej.

cuckoo ['kuku:] *s* gøg; **~ clock** *s* kukkeur.

cucumber ['kju:kʌmbə*] *s* agurk.

cuddle [kʌdl] *v* omfavne, 'knuse'; **cuddly** *adj* kælen; nuttet.

cudgel ['kʌdʒəl] *s* knippel.

cue [kju:] *s* billardkø; signal; *(teat)* stikord; **~ card** *s* tv-oplæsers manuskript.

cuff [kʌf] *s* manchet, opslag, ærmelinning // *v* slå, daske; *off the ~* på stående fod; ud

af ærmet; **~link** *s* manchet-knap.
cuisine [kwi'zi:n] *s* madlavning, kogekunst.
cul-de-sac ['kʌldəsæk] *s* blindgade, lukket vej.
culinary ['kʌlinəri] *adj* kulinarisk, mad-.
culminate ['kʌlmineit] *v* kulminere; **culmination** [-'neiʃən] *s* kulmination.
culprit ['kʌlprit] *s* 'synder', 'forbryder'.
cult [kʌlt] *s* kult, sekt.
cultivate ['kʌltiveit] *v* dyrke, kultivere; **cultivation** [-'veiʃən] *s* dyrkning, kultivering; afgrøde.
cultural ['kʌltʃərəl] *adj* kulturel, kultur-; **culture** ['kʌltʃə*] *s* kultur; dannelse; dyrkning; **cultured** *adj* kultiveret, dannet.
cumbersome ['kʌmbəsəm] *adj* besværlig; uhåndterlig.
cunning ['kʌniŋ] *s* list, snilde // *adj* listig, snu.
cunt [kʌnt] *s* (V!) kusse.
cup [kʌp] *s* kop, pokal; skål.
cupboard ['kʌbəd] *s* skab.
Cupid ['kju:pid] *s* (gud) Amor; amorin.
cuppa ['kʌpə] *s* (F) kop te.
curable ['kjuərəbl] *adj* helbredelig.
curate ['kju:rit] *s* hjælpe(præst).
curator [kju'reitə*] *s* konservator.
curb ['kə:b] *s* tømme, tøjle // *v* tøjle, styre, tæmme.
curdle ['kə:dl] *v* stivne, koagulere; (om mælk) skille.
curds [kə:ds] *spl* kvark, skyr.
cure [kjuə*] *s* helbredelse; (læge)middel; kur // *v* helbrede; kurere; *(gastr)* konservere (, salte, tørre etc).
curfew ['kə:fju:] *s* udgangsforbud.
curio ['kjuəriəu] *s* kuriositet, souvenir; **~sity** [-'ɔsiti] *s* nysgerrighed; mærkværdighed; **curious** ['kjuəriəs] *adj* nysgerrig; mærkelig.
curl [kə:l] *s* krølle // *v* krølle, kruse; ~ *up* rulle sig sammen; **~er** *s* curler; *(sport)* curlingspiller; **~y** *adj* krøllet, kruset.
currant ['kʌrənt] *s* korend; *red* ~ ribs; *black* ~ solbær.
currency ['kʌrənsi] *s* valuta; omløb, cirkulation; *foreign* ~ fremmed valuta.
current ['kʌrənt] *s* (om vand, *elek* etc) strøm; strømning // *adj* gangbar, almindelig udbredt; aktuel; herskende; løbende; ~ **account** *s* løbende konto; **~ly** *adv* for tiden.
curry ['kʌri] *s* karry // *v:* ~ *favour with* lefle for, indynde sig hos; *chicken* ~ høns i karry; ~ **powder** *s* karry.
curse [kə:s] *s* forbandelse, ed; (S) menses // *v* forbande; bande, skælde ud.
cursory ['kə:ʃəri] *adj* overfladisk, flygtig.
curt [kə:t] *adj* studs, kort for hovedet.
curtain [kə:tn] *s* gardin, forhæng; slør; *(teat)* tæppe.
curts(e)y ['kə:tsi] *s* nejen // *v* neje.
curve [kə:v] *s* kurve; bue; (vej)sving // *v* krumme (sig; svinge (i en bue).
cushion ['kuʃən] *s* pude, hynde // *v* polstre; afbøde; danne stødpude.
custard ['kʌstəd] *s* vanillecreme; cremebudding.
custodian [kʌs'təudiən] *s* vogter; kustode.
custody ['kʌstədi] *s* varetægt, forvaring; forældremyndighed.
custom ['kʌstəm] *s* skik, sæd-

vane; (om kunder) søgning; ~**ary** *adj* sædvanlig, almindelig; ~**er** *s* kunde; ~**-made** *adj* lavet på bestilling; (om tøj) syet efter mål.

customs ['kʌstəmz] *spl* told(væsen); ~ **duty** *s* toldafgift; ~ **officer** *s* toldfunktionær, tolder.

cut [kʌt] *s* snit; hug; skår; udsnit; skive (fx kød, brød) // *v (cut, cut)* skære; klippe; hugge; nedskære; *power* ~ strømafbrydelse; ~ *teeth* (om baby) få tænder; ~ *away* skære væk; ~ *back* (om fx plante) skære ned; ~ *down (on)* skære ned (på); ~ *off* afskære; afbryde; ~ *sby off with sth* spise en af med ngt; ~ *out* skære (el. klippe) ud; udelade; ~ *it out!* hold nu op! ~ *short* afbryde, gøre en ende på.

cute [kju:t] *adj* nuttet, sød; fiffig, snild.

cut glass ['kʌt,gla:s] *s* krystal.

cuticle ['kju:tikl] *s* neglebånd; ~ **remover** *s* neglebåndsfjerner.

cutlery ['kʌtləri] *s* (spise)bestik; knivfabrik.

cutlet ['kʌtlit] *s* kotelet.

cut. . . ['cʌt-] sms: ~**out** *s* påklædningsdukke; *(elek)* HFI-relæ; ~**-price** *s* nedsat pris; ~**-throat** *s* (leje)morder; barberkniv // *adj* hensynsløs, skrap.

cutting ['kʌtiŋ] *s* udklip; *(jernb* etc) gennemskæring // *adj* skærende; skarp; sårende; ~ **pliers** *spl* bidetang.

C.V. fork.f. *curriculum vitae.*

cwt fork.f. *hundredweight.*

cyanide ['saiənaid] *s (kem)* cyanid; *potassium* ~ cyankalium.

cycle [saikl] *s* cyklus, kredsløb; cykel // *v* cykle.

cygnet ['signit] *s* svaneunge.

cylinder ['silində*] *s* cylinder, valse, tromle; ~ **head** *s (auto)* (cylinder)topstykke; ~ **head gasket** *s (auto)* toppakning.

cymbal [simbl] *s (mus)* bækken.

cynic ['sinik] *s* kyniker; ~**al** *adj* kynisk; ~**ism** ['sinisizəm] *s* kynisme.

cypress ['saipris] *s* cypres(træ).

Cypriot ['sipriət] *s* kypriot // *adj* kypriotisk; **Cyprus** ['saiprəs] *s* Kypern.

cyst [sist] *s (med)* cyste; ~**itis** [sis'taitis] *s* blærebetændelse.

Czech [tʃɛk] *s* tjekke // *adj* tjekkisk; ~**oslovakia** ['tʃɛkəusləu'vækiə] *s* Tjekkoslovakiet.

D

D, d [di:].

dab [dæb] *s* (F) fingeraftryk // *v* tjatte (til); duppe (fx *eyes* øjne); *a* ~ *of paint* et strøg maling; ~**hand** *s* (F) knag.

dabble [dæbl] *v:* ~ *in* fuske med.

dad, daddy [dæd, 'dædi] *s* (F) far(mand); **daddy-long-legs** *s (zo)* stankelben.

daffodil ['dæfədil] *s* påskelilje.

daft [da:ft] *adj* skør; *be* ~ *about* (F) være skør med.

dagger ['dægə*] *s* daggert, dolk; *be at ~s drawn with sby* have krig på kniven med en.

daily ['deili] *s* dagblad; (også: ~ *help)* hushjælp (som bor hjemme) // *adj* daglig.

dainty ['deinti] *s* lækkeri // *adj* lækker, fin; raffineret.

dairy ['dɛəri] *s* mejeri // *adj* mejeri-; ~ **farm** *s* gård med malkekvæg; ~ **produce** *s* mejeriprodukter.

daisy ['deizi] *s* bellis; margerit.

dally ['dæli] *v* pjanke, fjase;

smøle.

dam [dæm] *s* dæmning, dige // *v* opdæmme.

damage ['dæmidʒ] *s* skade // *v* beskadige; blive beskadiget; **~s** *spl* skadeserstatning; **damaging** *adj* skadelig; *(jur)* belastende (fx *evidence* bevis).

Dame [deim] *s* titel for kvinder sv.t. *Sir* (fx *~ Janet Baker);* **dame** *s* pige, kvindemenneske.

damn [dæm] *s: I don't give a ~* (F) det rager mig en fjer // *v* forbande, fordømme // *adj* d.s.s. *~ed; ~ (it)!* fandens; **~ed** *adj* forbandet, fordømt; *well, I'll be ~ed!* det var som pokker! *I'll be ~ed if I do!* gu' vil jeg ej! **~ing** *adj* fældende (fx *evidence* bevis); **~ation** [-'neiʃən] *s* forbandelse // *interj* for pokker.

damp [dæmp] *s* fugt(ighed) // *v* (også: *~en)* fugte; stænke; dæmpe // *adj* fugtig, klam; **~er** *s: put a ~er on* lægge en dæmper på.

dance [da:ns] *s* dans, bal // *v* danse; **~r** *s* danser; *he's a good ~r* han danser godt; **dancing** *s* dans // *adj* danse-.

dandelion ['dændilaiən] *s* mælkebøtte.

dandruff ['dændrəf] *s* skæl (i håret).

dandy ['dændi] *s* laps.

Dane [dein] *s* dansker; *Great D~* grand danois.

danger ['deindʒə*] *s* fare; *~ of fire* brandfare; **~ous** *adj* farlig; **~ous driving** *s* uforsvarlig kørsel.

dangle [dæŋgl] *v* dingle (med), vifte med.

Danish ['deiniʃ] *s/adj* dansk; **~ pastry** *s* wienerbrød.

Danube ['dænju:b] *s: the ~* Donau.

dapper ['dɛpə*] *adj* væver; sirlig; smart.

dare [dɛə*] *v* turde; trodse; udfordre; *I ~ say* jeg tror nok; det kan godt være; *I ~ you to say it* sig det hvis du tør; **daring** ['dɛəriŋ] *s* dristighed // *adj* dristig; vovet.

dark [da:k] *s* mørke // *adj* mørk, skummel, dyster; *be in the ~ about sth* være uvidende om ngt; *after ~* efter mørkets frembrud; *before ~* før det bliver mørkt; **~en** *v* blive mørkere; formørke; **~ness** *s* mørke; **~ room** *s (foto)* mørkekammer.

darling ['da:liŋ] *s* skat; (min) ven // *adj* yndlings-.

darn [da:n] *v* stoppe (fx *socks* strømper); *~ it!* (F) pokkers!

dart [da:t] *s* kastepil // *v* fare af sted som en pil; sende (fx *an angry look* et vredt blik); **~board** *s* dartskive; **~s** *spl* dartspil.

dash [dæʃ] *s* tankestreg; fremstød // *v* kaste, slynge; fare, styrte; knuse; *make a ~ for it* stikke af; *make a ~ for sth* kaste sig over ngt; styrte hen mod ngt; *~ away* styrte af sted; **~board** *s (auto* etc) instrumentbræt; **~ing** *adj* flot.

data ['deitə] *spl* data; **~ processing** *s* databehandling.

date [deit] *s* dato; tid(spunkt); stævnemøde; *(bot)* daddel(palme) // *v* datere, tidsfæste; (F) gå ud med, komme sammen med; *out of ~* forældet, umoderne; *to ~* hidtil; *up to ~* moderne, tidssvarende; **~d** *adj* forældet; **~line** *s (geogr)* datolinje.

daughter ['dɔ:tə*] *s* datter; **~-in-law** *s* svigerdatter.

dawn [dɔ:n] *s* daggry; *(fig)* frembrud, begyndelse // *v* dages, gry; *it ~ed on me* det dæmrede (el. gik op) for mig.

day [dei] *s* dag; døgn; tid; vejr; *the ~ before* dagen før; *the ~ before yesterday* i forgårs; *one of these ~s* en af dagene; en skønne dag; *this ~ week* i dag otte dage; *by ~* om dagen; *call it a ~* lade det være godt (for idag); *it's a fine ~* det er fint vejr; *some ~* engang; **~break** *s* daggry; **~light** *s* dagslys; **~time** *s: in ~time* ved dagslys, om dagen.

daze [deiz] *s: in a ~* fortumlet, rundtosset // *v* gøre fortumlet; blænde; bedøve.

dazzling ['dæzliŋ] *adj* blændende, strålende.

dead [dɛd] *adj* død; vissen; følelsesløs; mat // *adv* død-; fuldstændig; *be shot ~* blive skudt ihjel; *~ on time* lige på klokkeslæt, præcis; *'~ slow'* 'langsom kørsel'; *stop ~* standse brat; gå i stå; *in the ~ of winter* midt om vinteren; *I would not be seen ~ in that hat* jeg ville hellere dø end gå med den hat; **~en** *v* dæmpe; **~ end** *s* blindgade (også *fig);* **~ heat** *s (sport)* dødt løb; **~line** *s* skæringsdato, frist; **~lock** *s* baglås; hårdknude; **~ly** *adj* dødelig, dræbende; dødkedelig.

deaf [dɛf] *adj* døv; **~en** *v* døve; overdøve; dæmpe; **~ening** *adj* øredøvende; **~-mute** *s* døvstum.

deal [di:l] *s* del; forretning, handel; aftale; fyrretræ // *v (dealt, dealt* [dɛlt]) tildele; uddele; give (fx *cards* kort); *a big ~* en god (el. fed) forretning; *a great ~* en hel del; *have a rotten ~* få en dårlig behandling; *that's a ~* det er en aftale; *~ in* handle med; *~ with* have at gøre med; dreje sig om; ordne; **~er** *s* -handler, -forhandler; person som giver kort; **~ings** *spl* transaktioner; forbindelser.

dean [di:n] *s* (dom)provst; (universitets)dekan.

dear [diə*] *s: my ~* min skat, min ven // *adj* kær, rar, sød, elskelig; (om pris) dyr; *~ me!* (el. *oh, ~!)* du godeste! men dog! *take that, there's a ~!* tag den, så er du sød! *she's an old ~* hun er en sød gammel dame.

death [dɛθ] *s* død; dødsfald; *be at ~'s door* være på gravens rand; **~bed** *s* dødsleje; **~ certificate** *s* dødsattest; **~ duties** *spl* arveafgift; **~ly** *adj* dødelig; døds-; **~ penalty** *s* dødsstraf; **~ rate** *s* dødelighed; **~ sentence** *s* dødsdom; **~-trap** *s* dødsfælde.

debase [di'beis] *v* forringe; nedværdige.

debatable [di'beitəbl] *adj* tvivlsom, diskutabel; **debate** *s* debat, drøftelse.

debit ['dɛbit] *s* debet // *v* debitere.

debris ['dɛbri] *s* brokker, ruiner; efterladenskaber; affald.

debt [dæt] *s* gæld; *be in ~* være forgældet; **~or** *s* debitor, skyldner.

decade ['dɛkeid] *s* tiår.

decadence ['dɛkədəns] *s* forfald.

decanter [di'kæntə*] *s* (vin)karaffel.

decay [di'kei] *s* forfald; forrådnelse; *(fys)* henfald; (også: *tooth ~)* karies // *v* forfalde; rådne; gå i opløsning.

decease [di'si:s] *s* død; **~d** *adj* (af)død; *the ~d* (den) afdøde; de døde.

deceit [di'si:t] *s* bedrageri, svig; **~ful** *adj* løgnagtig; falsk; **deceive** [-'si:v] *v* bedrage, narre; *if my eyes don't deceive me*

hvis ikke jeg tager meget fejl.
December [di'səmbə*] *s* december.
decency ['di:sənsi] *s* anstændighed, sømmelighed; **decent** *adj* pæn, anstændig; flink; *they were very decent about it* de tog det pænt.
deception [di'sɛpʃən] *s* bedrag; **deceptive** *adj* vildledende.
decide [di'said] *v* beslutte, afgøre; ~ *on* træffe beslutning om; *that ~d her* det fik hende til at beslutte sig; *that's for you to* ~ det må du afgøre; **~d** *adj* udpræget; afgjort; **~dly** *adv* absolut, bestemt.
decimal ['dɛsiməl] *adj* decimal-, titals-; ~ **point** *s* sv.t. komma (foran decimalbrøk; NB! *brit* anvendes punktum); **decimate** *v* decimere; *(fig)* tynde ud.
decipher [di'saifə*] *v* tyde, dechifrere.
decision [di'siʒən] *s* beslutning, afgørelse; beslutsomhed; *make a* ~ træffe en afgørelse; *come to a* ~ tage en beslutning; **decisive** [di'saisiv] *adj* beslutsom; afgørende.
deck [dɛk] *s* (skibs)dæk; **~chair** *s* liggestol.
declaim [di'kleim] *v* deklamere; ~ *against sth* protestere mod ngt; **declamation** [-'meiʃən] *s* deklamation; protesttale.
declaration [dɛklə'reiʃən] *s* erklæring; *tax* ~ selvangivelse; **declare** [di'klɛə*] *v* erklære; (i tolden) deklarere; (om skat) opgive.
declension [di'klɛnʃən] *s* nedgang; *(gram)* (kasus)bøjning.
decline [di'klain] *s* nedgang, tilbagegang // *v* skråne, hælde; dale, aftage; afslå; *(gram)* (kasus)bøje.
declutch ['di:'klʌtʃ] *v* koble ud (el. fra).
decode ['di:'kəud] *v* dechifrere.
decompose [ˌdi:kəm'pəuz] *v* opløse(s); nedbryde(s); **decomposition** ['di:kɔmpə'ziʃən] *s* opløsning; forrådnelse.
décor ['deikɔ:*] *s* (teater)dekoration, sceneri.
decorate ['dɛkəreit] *v* pynte, dekorere; (om fx værelse) istandsætte; **decoration** [-'reiʃən] *s* pynt, dekoration; (indvendig) istandsættelse; orden(sdekoration); **decorator** *s* dekoratør; *interior ~r* indretningsarkitekt.
decorum [di'kɔ:rəm] *s* sømmelighed.
decoy ['di:kɔi] *s* lokkefugl.
decrease *s* ['di:kri:s] nedgang, aftagen // *v* [di:'kri:s] aftage; formindske(s).
decree [di'kri:] *s* dekret, påbud; ~ **nisi** [-'naisai] *s* sv.t. foreløbig skilsmissebevilling.
decrepit [di'krɛpit] *adj* affældig; faldefærdig.
dedicate ['dɛdikeit] *v* indvie; hellige; dedicere; **dedication** [-'keiʃən] *s* indvielse; dedikation; engagement.
deduce [di'dju:s] *v* udlede, konkludere; **deduction** [-'dʌkʃən] *s* udledning; (skatte)fradrag.
deed [di:d] *s* gerning; bedrift, dåd; dokument, skøde.
deem [di:m] *v* skønne; anse for; *he ~ed it necessary* han fandt det nødvendigt.
deep [di:p] *adj/adv* dyb(t); stor; dybsindig; snu; ~ *in snow* begravet i sne; *stand ten man* ~ stå i ti rækker; *he's a ~ one* han er udspekuleret; *go off the ~ end (fig)* blive stiktosset. **~en** *v* uddybe; blive dybere; **~-freeze** *s* dybfry-

ser // *v* dybfryse; **~-fry** *v* friturestege; **~ red** *adj* mørkerød; **~-seated** *adj* indgroet, rodfæstet; **~-set** *adj* dybtliggende (fx *eyes* øjne).
deer [diə*] *s (pl: deer)* hjort; *the ~* hjortefamilien; *red ~* kronhjort; *fallow ~* dådyr; *roe ~* rådyr.
default [di:ˈfɔ:lt] *s* forsømmelighed; misligholdelse; udebliven // *v* forsømme en pligt; udeblive (fra); *in ~ of* af mangel på.
defeat [diˈfi:t] *s* nederlag // *v* besejre, slå; forpurre (fx *plans* planer); forkaste (fx *a bill* et lovforslag); **~ist** *s* opgivende person.
defect *s* [ˈdi:fɛkt] mangel, defekt // *v* [diˈfɛkt] falde fra; *~ to the enemy* gå over til fjenden; **~ive** [-ˈfɛktiv] *adj* mangelfuld.
defence [diˈfɛns] *s* forsvar; *in ~ of* til forsvar for; *Minister of D~* forsvarsminister; *counsel for the ~ (jur)* forsvarer; **~less** *adj* forsvarsløs; **defend** *v* forsvare; **defendant** *s: the defendant (jur)* den anklagede (el. sagsøgte); **defender** *s* forsvarer; **defensive** *adj* forsvars-, defensiv.
deference [ˈdɛfərəns] *s* agtelse, respekt; **deferential** [-ˈrɛnʃəl] *adj* ærbødig.
defiance [diˈfaiəns] *s* trods; udfordring; *in ~ of* til trods for; **defiant** *adj* trodsig; provokerende.
deficiency [diˈfiʃənsi] *s* utilstrækkelighed, mangel; underskud; **~ disease** *s* mangelsygdom; **deficient** *adj* utilstrækkelig, mangelfuld.
deficit [ˈdɛfisit] *s* underskud, minus.
define [diˈfain] *v* definere; bestemme; angive.
definite [ˈdɛfinit] *adj* bestemt; klar; afgrænset; *be ~* være sikker (el. kategorisk); **~ly** *adv* bestemt, afgjort; **definition** [-ˈniʃən] *s* bestemmelse; definition; **definitive** [-ˈfinitiv] *adj* endelig; afgørende, definitiv.
deflate [di:ˈfleit] *v* lukke luften ud af; *(fig)* tage gassen af.
deform [diˈfɔ:m] *v* misdanne, deformere; **~ed** *adj* vanskabt; **~ity** *s* vanskabthed, misdannelse.
defrost [ˈdi:ˈfrɔst] *v* afrime, afise (fx *the fridge* køleskabet); tø op (fx *the meat* kødet).
deft [dɛft] *adj* fingernem, behændig.
defunct [diˈfʌŋkt] *adj* afdød.
defy [diˈfai] *v* trodse; udfordre; *I ~ you to do it* gør det hvis du tør.
degenerate *v* [diˈdʒɛnəreit] udarte, degenerere // *adj* [diˈdʒɛnərit] degenereret.
degradation [dɛgrəˈdeiʃən] *s* nedværdigelse; degradering; **degrading** [diˈgreidiŋ] *adj* nedværdigende.
degree [diˈgri:] *s* grad, rang; (universitets)eksamen; *it is five ~s below (zero)* det er fem graders frost; *by ~s* gradvis; *to a certain ~* til en vis grad; *~ of latitude* (el. *longitude)* bredde- (el. længde)grad.
dehydrated [ˈdi:haiˈdreitid] *adj* (ud)tørret, dehydreret; **~ milk** *s* tørmælk.
de-ice [ˈdi:ˈais] *v* afise (fx *the windscreen* forruden).
deign [dein] *v: ~ to* nedlade sig til at.
dejected [diˈdʒɛktid] *adj* nedslået, modløs; **dejection** *s* modløshed.
delay [diˈlei] *s* forsinkelse; udsættelse // *v* forsinke; udsæt-

te; nøle; *without* ~ straks, ufortøvet.
delegate *s* ['dɛligit] delegeret // *v* ['dɛligeit] delegere; beskikke; **delegation** [-'geiʃən] *s* delegation; beskikkelse.
delete [di'li:t] *v* slette, stryge.
deliberate *v* [di'libəreit] overveje; drøfte // *adj* [di'libərit] bevidst, forsætlig; **~ly** [-'libərətli] *adj* med fuldt overlæg, bevidst; **deliberation** [-'reiʃən] *s* overvejelse; overlæg.
delicacy ['dɛlikəsi] *s* sarthed; takt(fuldhed); lækkerbisken; **delicate** ['dɛlikit] *adj* sart, skrøbelig; fintfølende; delikat; **delicatessen** [-'tɛsn] *s* viktualieforretning.
delicious [di'liʃəs] *adj* dejlig, lækker.
delight [di'lait] *s* glæde, fryd // *v* glæde; ~ *in* nyde, fryde sig ved; **~ed** *adj* henrykt; *I shall be ~ed to* det skal være mig en glæde (at); **~ful** *adj* dejlig, yndig; tiltalende.
delineate [di'linieit] *v* aftegne; skildre.
delinquency [di'liŋkwənsi] *s* forseelse, kriminalitet; **delinquent** *s* lovovertræder; *juvenile delinquent* ungdomsforbryder // *adj* forsømmelig; kriminel.
deliver [di'livə*] *v* levere; aflevere; omdele, udbringe (fx *mail* post); befri; nedkomme, føde; ~ *a speech* holde en tale; ~ *the goods* levere varerne; ~ *on expectations* leve op til forventningerne; **~y** *s* levering, uddeling; (post)ombæring; nedkomst; *take ~y of (merk)* aftage; **~y van** *s* varevogn.
deluge ['dɛlju:dʒ] *s* oversvømmelse; *the D~* Syndfloden.
delusion [di'lu:ʒən] *s* selvbedrag; vildfarelse; **delusive** *adj* skuffende; illusorisk.
demand [di'ma:nd] *s* krav; efterspørgsel; behov // *v* kræve, forlange; *in* ~ efterspurgt; *on* ~ efter påkrav; **~ing** *adj* krævende; fordringsfuld.
demean [di'mi:n] *v*: ~ *oneself* nedværdige sig; **~or** *s* optræden, opførsel.
demented [di'mɛntid] *adj* afsindig, vanvittig.
demi- ['dɛmi-] halv- (fx *god* gud).
demo ['dɛməu] *s* (F) d.s.s. *demonstration.*
democracy [di'mɔkrəsi] *s* demokrati; **democrat** ['dɛməkræt] *s* demokrat; **democratic** [-'krætik] *adj* demokratisk.
demoded ['di:məudid] *adj* umoderne.
demolish [di'mɔliʃ] *v* nedrive (fx *a house* et hus); sløjfe; **demolition** [-'liʃən] *s* nedrivning; ødelæggelse.
demonstrable ['dɛmənstrəbl] *adj* bevislig; håndgribelig; **demonstrate** ['dɛmənstreit] *v* vise, demonstrere; bevise; lægge for dagen; **demonstration** [-'streiʃən] *s* forevisning; bevis; demonstration; **demonstrator** ['dɛmənstreitə*] *s* demonstrant.
demoralize [di'mɔrəlaiz] *v* demoralisere.
demur [di'mə*] *v* gøre indsigelse; tøve.
demure [di'mjuə*] *adj* dydig, ærbar; adstadig.
den [dɛn] *s* (dyrs) hule; rovdyrbur; hybel.
denial [di'naiəl] *s* nægtelse; afslag; dementi.
denim ['dɛnim] *s* cowboystof; **~s** *spl* cowboybukser.
denomination [dinɔmi'neiʃən] *s* benævnelse, navn; kategori; trosretning; *(økon)* pålyden-

de; møntsort; **denominator** [di'nɔmineitə*] *s* nævner; *common denominator* fællesnævner.
denote [di'nəut] *v* betegne, betyde.
denounce [di'nauns] *v* anklage; fordømme; angive, melde.
dense [dɛns] *adj* tæt, kompakt, tyk; (om person) tykhovedet; **density** *s* tæthed; vægtfylde.
dent [dɛnt] *s* fordybning; hak.
dental [dɛntl] *adj* tand-; ~ **nurse** *s* klinikassistent; ~ **surgeon** *s* tandlæge.
dentist ['dɛntist] *s* tandlæge; ~**try** *s* tandlægearbejde; **denture** ['dɛntʃə*] *s* tandprotese.
denunciation [dinʌnsi'eiʃən] *s* fordømmelse; angivelse; opsigelse.
deny [di'nai] *v* nægte, benægte; *there's no ~ing that...* det kan ikke nægtes at...
depart [di'pa:t] *v* rejse væk; afrejse, afgå; ~ *from* rejse væk fra, forlade; *(fig)* fravige; *the ~ed* de afdøde.
department [di'pa:tmənt] *s* afdeling, institut; område, felt; departement, ministerium; ~ **store** *s* stormagasin.
departure [di'pa:tʃə*] *s* afrejse, afgang; fravigelse, afvigelse.
depend [di'pɛnd] *v* være uafgjort; komme an (på); ~ *on* afhænge af; stole på, regne med; *it ~s* det kommer an på omstændighederne; ~**able** *adj* pålidelig; ~**ant** *s* person som er afhængig; ~**ence** *s* afhængighed, tillid; ~**ent** *adj* afhængig; (om lampe) hænge-; *be ~ent on* være afhængig af.
depict [di'pikt] *v* afbilde; (ud)male; skildre.
deplorable [di'plɔ:rəbl] *adj* beklagelig; meget uheldig; **deplore** *v* beklage dybt; sørge over.
depopulation ['di:pɔpju'leiʃən] *s* affolkning.
deport [di'pɔt] *v* udvise, deportere; ~ *oneself* opføre sig; ~**ation** [-'teiʃən] *s* deportation; ~**ment** *s* optræden, væsen.
deposit [di'pɔzit] *s* pant, depositum; aflejring // *v* deponere; indsætte (i bank); anbringe; aflejre; ~ **account** *s* indlånskonto; ~**ion** [-'ziʃən] *s* afsættelse; aflejring; ~**or** *s* deponent; indskyder.
depot ['dɛpəu] *s* depot, magasin; bus- el. flyterminal.
deprave [di'preiv] *v* fordærve, demoralisere; **depravity** [di'præviti] *s* last; demoralisering.
depress [di'prɛs] *v* (ned)trykke; gøre deprimeret; ~**ed** *adj* deprimeret; (om område) kriseramt, arbejdsløsheds-; ~**ing** *adj* nedslående; ~**ion** *s* depression; krise(tid); *(geol)* sænkning.
deprivation [dɛpri'veiʃən] *s* berøvelse, tab; **deprive** [di'praiv] *v: deprive sby of sth* berøve en ngt; unddrage en ngt; **deprived** *adj* fattig, underprivilegeret.
depth [dɛpθ] *s* dybde, dyb; *in the ~s of* i hjertet af, dybt inde i; ~ **charge** *s (mil)* dybvandsbombe.
deputy ['dɛpjuti] *s* stedfortræder // *adj* vice-; ~ **chairman** *s* næstformand; ~ **head** *s* vicedirektør; næstkommanderende.
derail [di'reil] *v* (om tog) afspore(s); *(fig)* forpurre; ~**ment** *s* afsporing (også *fig).*
deranged [di'reindʒd] *adj* forstyrret; (om fx maskine) i uorden.
derelict ['dɛrilikt] *adj* herreløs;

forladt, forsømt.
derivation [dɛri'veiʃən] *s* afledning, udledning; oprindelse; **derivative** [di'rivətiv] *s* afledning // *adj* afledet, udledet.
derive [di'raiv] *v: ~ sth from* få ngt fra; *~ from* stamme fra, komme af.
derogatory [di'rɔgətəri] *adj* nedsættende.
derrick ['dɛrik] *s* boretårn; *(mar)* lossebom.
descend [di'sənd] *v* komme (, gå, stige etc) ned; dale; *~ from* stå af, komme ned fra; nedstamme fra; *~ on* hjemsøge; *~ to* nedværdige sig til; **~ant** *s* efterkommer; **descent** *s* nedstigning; skrånen; afstamning; *(fly)* landing.
describe [dis'kraib] *v* beskrive, skildre; **description** [-'kripʃən] *s* beskrivelse; signalement; slags, art; **descriptive** [-'kriptiv] *adj* beskrivende; *a very descriptive account* en malende beskrivelse.
desert *s* ['dɛzət] ørken, ødemark // *v* [di'zə:t] forlade; desertere; **~er** [-'zə:tə*] *s* desertør; **~ification** [-'keiʃən] *s* ørkendannelse, ørkenvækst; **~ion** [-'zə:ʃən] *s* frafald, desertion; **~s** [di'zə:ts] *spl: get one's ~s* få hvad man har fortjent.
deserve [di'zə:v] *v* fortjene; **~d** *adj* velfortjent, berettiget; **deserving** *adj* fortjenstfuld; værdig.
desiccate ['dɛsikeit] *v* (ud)tørre.
design [di'zain] *s* udkast, skitse; tegning; mønster; formgivning; konstruktion // *v* tegne; konstruere; formgive; planlægge; *have ~s on sth* være ude efter ngt.
designate *v* ['dɛzigneit] angive, betegne; udpege // *adj* ['dæzignit] udpeget, designeret; **designation** [-'neiʃən] *s* betegnelse, titel; udpegning.
designer [di'zainə*] *s* tegner, formgiver; konstruktør; planlægger.
desirable [di'zaiərəbl] *adj* ønskelig; attråværdig; **desire** [di'zaiə*] *s* ønske; begær; anmodning // *v* ønske, begære; anmode om.
desk [dɛsk] *s* skrivebord; skolebord; (i butik) skranke, kasse; *~* **clerk** *s* (hotel)portier; *~* **drawer** *s* skrivebordsskuffe.
desolate ['dɛsəlit] *adj* øde; ubeboelig; ulykkelig; **desolation** [-'leiʃən] *s* ødelæggelse; forladthed; fortvivlelse.
despair [dis'pɛə*] *s* fortvivlelse; desperation // *v* fortvivle; *~ of* opgive håbet om (at).
despatch [dis'pætʃ] d.s.s. *dispatch.*
desperate ['dɛspərit] *adj* fortvivlet; håbløs; desperat; **desperation** [-'reiʃən] *s* fortvivlelse; desperation.
despicable [dis'pikəbl] *adj* foragtelig, ussel; **despise** [dis'paiz] *v* foragte; lade hånt om.
despite [dis'pait] *præp* trods, til trods for.
despondent [dis'pɔndənt] *adj* modløs, mismodig.
dessert [di'zə:t] *s* dessert; *~* **wine** *s* hedvin.
destination [dɛsti'neiʃən] *s* bestemmelsessted; **destine** ['dɛstin] *v* bestemme, destinere; **destiny** ['dæstini] *s* skæbne.
destitute ['dɛstitju:t] *adj* ludfattig; subsistensløs; *~ of* blottet for.
destroy [dis'trɔi] *v* ødelægge, udslette; dræbe; **~er** *s* torpedobåd, destroyer.

destruction [dis'trʌkʃən] *s* ødelæggelse; undergang; destruktion; **destructive** *adj* ødelæggende, nedbrydende.
detach [di'tætʃ] *v* løsrive; løsne; skille ud (el. fra); **~able** *adj* aftagelig, udskiftelig; **~ed** *adj* (om person) upartisk; reserveret; **~ed house** *s* villa, parcelhus; **~ment** *s* adskillelse; objektivitet; *(mil)* afdeling.
detail ['di:teil] *s* detalje // *v* fortælle udførligt om; *(mil)* detachere, beordre; *in ~* indgående, i detaljer; **~ed** *adj* detaljeret, omstændelig.
detain [di'tein] *v* opholde, forsinke; tilbageholde, anholde.
detect [di'tɛkt] *v* opdage; opspore; påvise; **~ion** *s* opdagelse; påvisning; *escape ~ion* undgå opdagelse; **~ive** *s* detektiv; kriminalbetjent; **~ive story** *s* kriminalroman; **~or** *s* detektor.
detention [di'tɛnʃən] *s* tilbageholdelse; forvaring; anholdelse.
deter [di'tə:*] *v* afskrække; forhindre.
detergent [di'tə:dʒənt] *s* (syntetisk) vaskemiddel; sulfo(sæbe).
deteriorate [di'tiəriəreit] *v* forringe(s); forværre(s); **deterioration** [-'reiʃən] *s* forringelse; forværrelse; svækkelse.
determination [ditə:mi'neiʃən] *s* beslutsomhed, fasthed; bestemmelse, afgørelse; **determine** [di'tə:min] *v* bestemme, afgøre; beslutte; gøre en ende på; **determined** [-'tə:mind] *adj* bestemt, beslutsom.
deterrent [di'tɛrənt] *s* afskrækkende middel; *nuclear ~* atomtrussel.
detest [di'tɛst] *v* afsky, hade; **~able** *adj* afskyelig.
detonate ['dɛtəneit] *v* bringe til eksplosion, detonere; sprænges.
detour ['di:tuə*] *s* omvej; omkørsel; afstikker.
detract [di'trækt] *v: ~ from* forringe, skade; bortlede.
detrimental [dɛtri'mɛntl] *adj* skadelig.
deuce [dju:s] *s* (i spil) toer; (i tennis) lige; (F) pokker; *the ~ he did* han gjorde pokker.
devastate ['dɛvəsteit] *v* hærge; ødelægge; *(fig)* sønderlemme.
develop [di'vɛləp] *v* udvikle (sig); udvide; udnytte; få (fx *cancer* kræft); bebygge; *(foto)* fremkalde; **~er** *s (foto)* fremkalder; *(bygn)* entreprenør; byggespekulant; **~ing country** *s* udviklingsland, u-land; **~ment** *s* udvikling; udbygning; udstykning; bebyggelse.
deviate ['di:vieit] *v* afvige; **deviation** [-'eiʃən] *s* afvigelse; *(mar)* afdrift.
device [di'vais] *s* indretning, anordning; plan; påhit; list; motto.
devil [dɛvl] *s* djævel; **~ish** *adj* djævelsk.
devious ['di:viəs] *v* lusket; **~ly** *adv* ad omveje.
devise [di'vaiz] *v* udtænke.
devoid [di'vɔid] *adj: ~ of* fri for, blottet for.
devolution [dɛvə'lu:ʃən] *s* overdragelse, afvikling; decentralisering.
devote [di'vəut] *v* hellige, vie; **~d** *adj* hengiven; passioneret; *be ~d to sby* holde meget af en; **devotion** *s* hengivenhed; fromhed; iver.
devour [di'vauə*] *v* fortære, sluge.
devout [di'vaut] *adj* from; andægtig; ivrig.
dew [dju:] *s* dug; **~y** *adj* dugget, dugfrisk.

dexterity [dɛks'tɛriti] *s* fingerfærdighed, behændighed; **dexterous** [dɛkstərəs] *adj* fiks på fingrene.
diabetes [daiə'bi:tiz] *s* sukkersyge; **diabetic** [-'bɛtik] *s* sukkersygepatient, diabetiker.
diabolic(al) [daiə'bɔlik(l)] *adj* djævelsk.
diagnose ['daiəgnəuz] *v* stille en diagnose, diagnosticere; **diagnosis** [-nəusis] *s (pl: diagnoses* [-si:z]) diagnose.
dial ['daiəl] *s* skive; urskive; solur; *(tlf)* nummerskive // *v (tlf)* dreje; *~ 999 for help* drej 999 for hjælp; **~ling tone** *s (tlf)* klartone.
dialogue ['daiəlɔg] *s* samtale, dialog.
diamond ['daiəmənd] *s* diamant; rhombe; **~s** *spl* ruder; *jack of ~s* ruder knægt.
diaper ['daiəpə*] *s (am)* ble.
diaphragm ['daiəfræm] *s (anat)* mellemgulv; *(tekn)* membran; *(med)* pessar.
diarrhoea [daiə'riə] *s* diarré.
diary ['daiəri] *s* dagbog; kalender.
dice [dais] *spl* terninger // *v* rafle; *(gastr)* skære i terninger.
dictate *s* ['dikteit] diktat, påbud // *v* [dik'teit] diktere, foreskrive; **dictation** [-'teiʃən] *s* diktat; **dictator** [-'teitə*] *s* diktator.
diction ['dikʃən] *s* udtryksmåde, diktion.
dictionary ['dikʃənəri] *s* ordbog; leksikon; *look sth up in the ~* slå ngt op i ordbogen.
did [did] *præt* af *do.*
die [dai] *v* dø; gå i stå; ophøre; *never say ~!* (F) giv aldrig op! *~ away* (el. *~ down)* dø hen, stilne af; *~ out* uddø; (om vind) løje af.
diet ['daiət] *s* kost; diæt // *v (også: be on a ~)* holde diæt.
differ ['difə*] *v* afvige; være anderledes *(from* end); have en anden mening; **~ence** ['difrəns] *s* forskel; uoverensstemmelse; **~ent** ['difrənt] *adj* forskellig, anderledes; **~ential** [-'rɛnʃəl] *s* forskel // *adj* differential-; **~entiate** [-'rɛnʃieit] *v* adskille, skelne; differentiere.
difficult ['difikəlt] *adj* svær, vanskelig; **~y** *s* vanskelighed; besvær.
diffidence ['difidəns] *s* usikkerhed; generthed; **diffident** *adj* usikker.
diffuse *adj* [di'fju:s] spredt, diffus; vidtløftig // *v* [di'fju:z] (ud)sprede.
dig [dig] *s* udgravning // v (dug, dug [dʌg]) grave; puffe; (F) slide i det; *~ for sth* grave efter ngt; *~ in one's heels* stå fast; stritte imod.
digest *s* ['daidʒəst] udtog, sammendrag // *v* [dai'dʒɛst] fordøje; **~ible** [di'dʒɛstibl] *adj* letfordøjelig; **~ion** [di'dʒɛstʃən] *s* fordøjelse; **~ive** [di'dʒɛstiv] *s* fuldkornskiks // *adj* fordøjelsesfremmende.
digit ['didʒit] *s* finger (el. tå); (encifret) tal; **~al** *adj* finger-; digital.
dignified ['dignifaid] *adj* værdig; fornem; **dignify** *v* hædre; **dignitary** *s* fornem person; **dignity** *s* værdighed.
digs [digz] *spl* (F) bolig, hybel.
dike [daik] *s* dige, dæmning // *v* inddige; *~ up* klæde sig ud (i stadstøjet).
dilapidated [di'læpideitid] *adj* forfalden.
dilate [dai'leit] *v* udvide(s); spile(s) ud; **dilatory** ['dilətəri] *adj* sendrægtig.
diligent ['dilidʒənt] *adj* flittig; omhyggelig.

dill [dil] *s* dild.
dilute [dai'lu:t] *v* fortynde // *adj* fortyndet.
dim [dim] *v* dæmpe(s); sløre(s); blænde ned // *adj* svag; tåget, uklar, utydelig; (om person) sløv, dum; omtåget.
dimension [di'mɛnʃən] *s* dimension, omfang; mål.
diminish [di'miniʃ] *v* formindske(s).
diminutive [di'minjutiv] *adj* lille bitte, minimal.
dimple [dimpl] *s* smilehul; kløft i hagen.
din [din] *s* larm, spektakel.
dine [dain] *v* spise til middag; ~ *out* spise ude; være ude til middag; **~r** *s* middagsgæst; *(jernb)* togvogn.
dinghy ['diŋgi] *s* jolle; *rubber ~* gummibåd.
dingy ['dindʒi] *adj* snusket, nusset.
dining ['dainiŋ] sms: ~ **car** *s (jernb)* spisevogn; ~ **room** *s* spisestue; ~ **table** *s* spisebord.
dinner ['dinə*] *s* middag(smad); ~ **jacket** *s* smoking; ~ **party** *s* middagsselskab; ~ **service,** ~ **set** *s* spisestel; ~ **time** *s* spisetid.
diocese ['daiəsis] *s* bispedømme; stift.
dip [dip] *s* dypning; dukkert; dressing, dip; hældning, skråning; lavning; (F) svømmetur // *v* dyppe; dukke; skråne; ~ *the (head)lights (auto)* blænde (for)lygterne ned; *your skirt ~s* din nederdel drypper.
diploma [di'pləumə] *s* diplom.
diplomacy [di'pləuməsi] *s* diplomati; **diplomat** ['dipləmæt] *s* diplomat; **diplomatic** [-'mætik] *adj* diplomatisk.
dipstick ['dipstik] *s (auto)* oliemålepind.
direct [dai'rɛkt] *v* dirigere; vejlede, vise vej; adressere; beordre; iscenesætte // *adj* direkte; *can you ~ me to...?* kan du sige mig vejen til...? ~ **current** *s* jævnstrøm; ~ **hit** *s* fuldtræffer; **~ion** *s* retning; ledelse; vejledning, anvisning; direktion; *sense of ~ion* retningssans; *~ions for use* brugsanvisning; **~ly** *adv* lige, direkte; straks; **~or** *s* leder, direktør; (film)instruktør; **~ory** *s* vejviser; adressebog; *telephone ~ory* telefonbog.
dirt [də:t] *s* snavs, smuds; **~y** *adj* snavset, sjofel; **~y trick** *s* tarveligt trick.
disability [disə'biliti] *s* manglende evne; handicap; **disabled** [-'eibld] *adj* uarbejdsdygtig; handicappet.
disadvantage [ˌdisəd'va:ntidʒ] *s* mangel, minus, ulempe; **~ous** [-'teidʒəs] *adj* ufordelagtig; uheldig.
disagree [disə'gri:] *v* være uenig; ikke stemme overens; ~ *with* være uenig med; *garlic ~s with me* jeg kan ikke tåle hvidløg; **~able** *adj* ubehagelig; **~ment** *s* uoverensstemmelse, uenighed.
disappear [disə'piə*] *v* forsvinde; **~ance** *s* forsvinden.
disappoint [disə'pɔint] *v* skuffe; **~ment** *s* skuffelse.
disapproval [disə'pru:vəl] *s* misbilligelse; modvilje; **disapprove** *v: disapprove of* misbillige.
disarm [dis'a:m] *v* afvæbne; nedruste; **~ament** *s* nedrustning.
disarray [disə'rei] *s* uorden; uordentlig påklædning.
disaster [di'za:stə*] *s* katastrofe; **disastrous** [di'za:strəs] *adj* katastrofal.

disbelief ['disbi'li:f] *s* vantro, tvivl; **disbelieve** ['disbi'li:v] *v* tvivle *(in* på).
disc [disk] *s* skive; (grammofon)plade; *slipped* ~ diskusprolaps.
discard [dis'ka:d] *v* (af)kaste; kassere; afskedige.
disc brake ['diskbreik] *s (auto)* skivebremse.
discern [di'sə:n] *v* skelne; skimte; **~ing** *adj* skarpsindig.
discharge *s* ['distʃa:dʒ] udløb, udtømning; *(med)* udflåd; *(elek)* udladning // *v* [dis'tʃa:dʒ] aflæsse; bortskaffe, fjerne; udsondre; udlade; afskedige, hjemsende; løslade, frigive.
disciple [di'saipl] *s* lærling; discipel.
discipline ['disiplin] *s* disciplin, orden // *v* disciplinere, tugte.
disclaim [dis'kleim] *v* frasige sig; benægte; afvise.
disclose [dis'kləuz] *v* afsløre, åbenbare; **disclosure** [-'kləuzə*] *s* afsløring.
discomfort [dis'kʌmfət] *s* ubehag; uhygge.
disconnect ['diskə'nɛkt] *v* afbryde; koble fra; **~ed** *adj* usammenhængende.
discontent ['diskən'tɛnt] *s* utilfredshed.
discontinue [diskən'tinju:] *v* afbryde; nedlægge, sløjfe.
discord ['diskɔ:d] *s* uoverensstemmelse; strid; *(mus)* disharmoni; **~ant** [-'kɔ:dənt] *adj* uharmonisk, skærende.
discount *s* ['diskaunt] rabat; diskonto // *v* [dis'kaunt] se bort fra; diskontere.
discourage [dis'kʌridʒ] *v* tage modet fra; afskrække; modvirke, bekæmpe; **discouraging** *adj* nedslående.
discourse [dis'kɔ:s] *s* foredrag // *v* tale, samtale.
discover [dis'kʌvə*] *v* opdage; afsløre; **~y** *s* opdagelse.
discredit [dis'krɛdit] *s* miskredit, dårligt ry // *v* give et dårligt ry; drage i tvivl.
discreet [dis'kri:t] *adj* diskret, taktfuld.
discrepancy [dis'krɛpənsi] *s* uoverensstemmelse; misforhold.
discretion [dis'krɛʃən] *s* diskretion; betænksomhed; *at* ~ efter behag; *at your* ~ som du selv vil.
discriminate [dis'krimineit] *v* skelne; gøre forskel, diskriminere; ~ *between* skelne mellem; gøre forskel på; ~ *against sby* diskriminere en; **discriminating** *adj* kræsen, kritisk; **discrimination** [-'neiʃən] *s* skelnen; kritisk sans; kræsenhed; forskelsbehandling, diskrimination.
discursive [dis'kə:siv] *adj* vidtløftig; causerende.
discus ['diskəs] *s (pl: disci* ['diskai]) diskos.
discuss [dis'kʌs] *v* diskutere, tale om; gøre rede for; **~ion** *s* diskussion, drøftelse; samtale; redegørelse.
disdain [dis'dein] *s* foragt.
disease [di'zi:z] *s* sygdom, syge.
disembark ['disim'ba:k] *v* udskibe; gå i land; stige ud.
disengage ['disin'geidʒ] *v* frigøre, udløse; ~ *the clutch (auto)* slå koblingen fra; **~ment** *s* frigørelse; frigjorthed.
disfigure [dis'figə*] *v* vansire, skamfere.
disgrace [dis'greis] *s* vanære, skam; unåde // *v* bringe skam over; *that hat is a* ~ den hat er en skandale; **~ful** *adj* skændig, skammelig.
disguise [dis'gaiz] *s* forklædning // *v* forklæde; tilsløre;

skjule.
disgust [dis'gʌst] *s* afsky, væmmelse // *v* frastøde; chokere, forarge; **~ing** *adj* led, afskyelig.
dish [diʃ] *s* fad; ret mad; *do* (el. *wash up) the ~es* vaske op; *~ up* diske op; øse op; **~ cloth** *s* viskestykke; karklud.
dishevelled [di'ʃɛvəld] *adj* pjusket, sjusket.
dishonest [dis'ɔnist] *adj* uærlig; uhæderlig.
dishonour [dis'ɔnə*] *v* vanære; **~able** *adj* æreløs, vanærende.
dish. . . ['diʃ-] sms: **~ rack** *s* opvaskestativ; **~rag** *s* karklud; **~washer** *s* opvaskemaskine; (om person) opvasker.
disillusion [disi'lu:ʒən] *s* desillusion // *v* desillusionere.
disinfect [disin'fɛkt] *v* desinficere; **~ant** *s* desinficerende middel.
disinherit ['disin'hɛrit] *v* gøre arveløs.
disintegrate [dis'intigreit] *v* opløse(s); smuldre, forvitre; *(fys)* henfalde.
disinterested [dis'intrəstid] *adj* uselvisk; upartisk.
disk [disk] *s* d.s.s. *disc.*
dislike [dis'laik] *s* ulyst, uvilje // *v* ikke kunne lide.
dislocate ['disləkeit] *v* forskubbe; forrykke; *(med)* forvride.
dislodge [dis'lɔdʒ] *v* flytte, få væk.
disloyal [dis'lɔiəl] *adj* illoyal.
dismal ['dizməl] *adj* trist, skummel; bedrøvelig.
dismantle [dis'mæntl] *v* afmontere; nedlægge.
dismay [dis'mei] *s* forfærdelse // *v* forfærde; afskrække; chokere.
dismiss [dis'mis] *v* sende bort (el. ud); give fri; sende hjem; afskedige; afvise; **~al** *s* afsked; afvisning; frikendelse.
disobedience [disə'bi:diəns] *s* ulydighed; **disobedient** *adj* ulydig; **disobey** [disə'bei] *v* være ulydig, ikke adlyde.
disorder [dis'ɔ:də*] *s* uorden, forstyrrelse; uro; *(med)* sygdom; **~ly** *adv* uordentlig, rodet; *~ly conduct* gadeuorden.
disorientate [dis'ɔ:riɛnteit] *v* vildlede, desorientere.
disown [dis'əun] *v* forstøde; nægte at vedkende sig.
disparaging [dis'pæridʒiŋ] *adj* nedsættende.
disparity [dis'pæriti] *s* uensartethed; skævhed, ulighed.
dispatch [dis'pætʃ] *s* afsendelse; ekspedition; hast; *(mil)* depeche // *v* (af)sende; ekspedere; fremme.
dispel [dis'pɛl] *v* sprede, splitte (fx *the crowd* folkemængden); forjage.
dispensary [dis'pɛnsəri] *s* udleveringssted for medicin.
dispense [dis'pɛns] *v* uddele, udlevere; give; dispensere; fritage; *~ with* give dispensation for; se bort fra; **~r** *s* uddeler; farmaceut; holder (til fx tape); **dispensing chemist** *s* apotek(er).
dispersal [dis'pə:sl] *s* spredning, splittelse; **disperse** *v* sprede(s), splitte(s).
dispirited [dis'piritid] *adj* nedslået.
displace [dis'pleis] *v* flytte; forskubbe; forskyde; afskedige; fortrænge; *~d persons* flygtninge; **~ment** *s* forskydning, fortrængning; *(piston) ~ment (auto)* slagvolumen.
display [dis'plei] *s* fremvisning, opvisning; udstilling // *v* fremvise; udstille; (ud)vise; udfolde; **~ unit** *s (edb)* dataskærm; **~ window** *s* udstillingsvindue.

displease [dis'pli:z] *v* mishage; *~d with* utilfreds med; **displeasure** [-'plɛʒə*] *s* mishag, ubehag.
disposable [dis'pəuzəbl] *adj* disponibel; engangs- (fx *plate* tallerken); **disposal** [-'pəuzl] *s* disposition; overdragelse; bortkastning; **disposal unit** *s* affaldskværn; **dispose** [-'pəuz] *v: dispose of* disponere over; skille sig af med; *disposed to* tilbøjelig til; disponeret for; **disposition** [-'ziʃən] *s* arrangement; anbringelse; gemyt; tilbøjelighed.
disproportionate [disprə'pɔ:ʃənət] *adj* uforholdsmæssig.
dispute [dis'pju:t] *s* uenighed, disput // *v* strides; debattere; bestride; *industrial ~* arbejdskonflikt.
disqualification [diskwɔlifi'keiʃən] *s* diskvalifikation; *~ (from driving)* fratagelse af kørekortet; **disqualify** [dis'kwɔlifai] *v* diskvalificere; *disqualify sby for speeding* fratage en kørekortet for overskridelse af hastighedsgrænserne.
disregard ['disri'ga:d] *v* ignorere; lade hånt om; forbigå.
disrepair ['disri'pɛə*] *s* forfald, dårlig vedligeholdelse.
disrespectful [disri'spɛktful] *adj* respektløs.
disrupt [dis'rʌpt] *v* afbryde; splitte, sprænge; *~***ion** *s* afbrydelse; sammenbrud, sprængning.
dissatisfaction ['dissætis'fækʃən] *s* utilfredshed; **dissatisfied** [-'sætisfaid] *adj* utilfreds.
dissect [di'sɛkt] *v* dissekere; analysere, pille fra hinanden.
dissemble [di'sɛmbl] *v* forstille sig.
disseminate [di'sɛmineit] *v* udsprede, udbrede.
dissent [di'sɛnt] *s* meningsforskel, uenighed.
dissertation [disə'teiʃən] *s* (doktor)afhandling, disputats.
disservice [dis'sə:vis] *s* bjørnetjeneste.
dissident ['disidnt] *adj* anderledes tænkende, afviger.
dissimilar [di'similə*] *adj* forskellig *(to* fra); ulig.
dissipated ['disipeitəd] *adj* udsvævende; hærget.
dissolve [di'zɔlv] *v* opløse(s); smelte; *(fig)* forsvinde; *~***nt** *s* opløsningsmiddel.
dissonant ['disənənt] *adj* disharmonisk.
dissuade [di'sweid] *v: ~ sby from doing sth* fraråde en af gøre ngt.
distance ['distns] *s* afstand; *in the ~* i det fjerne; *from a long ~* på lang afstand; **distant** *adj* fjern; utilnærmelig.
distaste [dis'teist] *s* afsmag; modvilje; *~***ful** *adj* usmagelig; ubehagelig.
distemper [dis'tɛmpə*] *s* limfarve; (om hund) hundesyge.
distend [dis'tɛnd] *v* udspile(s); svulme op.
distil [dis'til] *v* dryppe; destillere(s); *~***lery** *s* whiskyfabrik, spritfabrik.
distinct [dis'tiŋkt] *adj* tydelig, klar; særskilt, særlig; udtalt; *~***ion** [-'tiŋkʃən] *s* skelnen; forskel; fornemhed, betydning; (ved eksamen) udmærkelse; *~***ive** *adj* særpræget; karakteristisk.
distinguish [dis'tiŋgwiʃ] *v* skelne; adskille; *~***ed** *adj* fornem; fremtrædende; *~***ing** *s: ~ing feature* (el. *mark)* særligt kendetegn.
distort [dis'tɔ:t] *v* forvrænge, fordreje; *~***ion** [-'tɔ:ʃən] *s* for-

vrængning.
distract [dis'trækt] *v* distrahere; plage, genere; **~ion** [-'trækʃən] *s* forstyrrelse; adspredelse; *drive sby to ~ion* drive en til vanvid.
distraught [dis'trɔ:t] *adj* forvirret, ude af sig selv.
distress [dis'trɛs] *s* sorg, fortvivlelse; nød; kval // *v* volde sorg (etc); pine; forurolige; *~***ed area** *s* kriseramt område; ~ **signal** *s* nødsignal.
distribute [dis'tribju:t] *v* fordele, uddele; sprede; **distribution** [-'bju:ʃən] *s* fordeling; udbredelse; **distributor** [dis'tribju:tə*] *s* distributør, grossist; *(auto)* strømfordeler.
district ['distrikt] *s* område, egn; distrikt; ~ **nurse** *s* hjemmesygeplejerske.
distrust [dis'trʌst] *s* mistillid *(of* til) // *v* mistro, have mistillid til.
disturb [dis'tə:b] *v* forstyrre, bringe uorden i; forurolige; *~***ance** *s* forstyrrelse, uro; *~ances pl* optøjer; **~ing** *adj* foruroligende.
ditch [ditʃ] *s* grøft // *v* grave grøfter; *(auto)* køre i grøften; (F) skille sig af med, smide væk.
dither ['diðə*] *v* tøve, vakle; fjumre.
dive [daiv] *s* dyk, dykning; udspring // *v* dykke; **~r** *s* dykker; udspringer.
diverge [dai'və:ðʒ] *v* afvige, divergere; vige af.
diversion [dai'və:ʃən] *s* afledning; omlægning; adspredelse, underholdning; omkørsel; **divert** [-'və:t] *v* aflede; omlægge; adsprede.
divide [di'vaid] *v* dele (sig); adskille; fordele; være uenig; *(mat)* dividere, dele.
divine [di'vain] *v* gætte; spå // *adj* guddommelig.
diving ['daiviŋ] *s* dykning; *(sport)* udspring; svømmedykning; *high ~ (sport)* tårnspring; ~ **board** *s* (til udspring) vippe; ~ **suit** *s* dykkerdragt.
divinity [di'viniti] *s* guddommelighed; *read ~* studere teologi.
division [di'viʒən] *s* division; deling; skel; splid; *(parl)* afstemning; *~ of labours* arbejdsdeling; **~al** *adj* divisions-; **~al surgeon** *s* sv.t. politilæge.
divorce [di'vɔ:s] *s* skilsmisse // *v* lade sig skille fra; adskille; **~d** *adj* fraskilt; **~é, ~ee** [di,vɔ:'sei, -'si:] *s* fraskilt person.
divulge [dai'vʌldʒ] *v* røbe, afsløre (fx *a secret* en hemmelighed).
DIY, diy (fork.f. *do-it-yourself)* gør det selv-; **~kit** *s* byggesæt.
dizzy ['dizi] *adj* svimmel; svimlende; *feel ~* være svimmel.
do [du:] *v (did, done* [did, dʌn]; *he, she, it does* [dʌz]) gøre, bestille, lave, ordne; *how ~ you ~?* goddag! *~ tell me!* sig det nu! vær sød at sige mig; *will this ~?* er det (her) godt nok? er det (her) nok? *that will ~!* det er godt; så er det nok; *~ you agree? I ~!* er du enig? ja, jeg er; *get done (by the police)* (F) blive taget (af politiet) *~ away with* skaffe sig af med; rydde af vejen; *~ down* nedgøre; *~ sby in* gøre det af med en; *~ up* gøre i stand; pakke ind; knappe (, hægte, lyne); *~ with: I could ~ with a drink* jeg kunne godt trænge til en drink; *can you make ~ with this?* kan du klare dig med det her? *he could ~ with a*

washing han trænger til at blive vasket; ~ *without* klare sig uden, undvære; ~ *sby proud* kræse op for en; ~ *one's hair* rede sig, ordne håret; ~ *the dishes* vaske op; *what's to* ~*?* (F) hvad er der i vejen?

docile ['dəusail] *adj* føjelig; lærenem.

dock [dɔk] *s* dok, dokhavn; *(jur)* anklagebænk // *v* sætte i dok; beskære; ~ *sby's wages* trække fra i ens løn; ~**er** *s* havnearbejder; ~**yard** *s* (skibs)værft.

doctor ['dɔktə*] *s* doktor, læge // *v* doktorere; reparere på; pynte på; forfalske.

document ['dɔkjumənt] *s* dokument // *v* dokumentere; ~**ary** [-'mɛntəri] *s* dokumentarfilm // *adj* dokumentarisk; ~**ation** [-'teiʃən] *s* dokumentation.

doddering ['dɔdəriŋ] *adj* lallende, mimrende.

dodge [dɔdʒ] *s* trick, fidus // *v* smutte væk; undgå; lave krumspring.

dodgems ['dɔdʒəms] *spl* radiobiler.

doe [dəu] *s* dådyr.

dog [dɔg] *s* hund; *not have a* ~*'s chance* ikke have en levende chance; *go to the* ~*s* gå i hundene; *be* ~ *tired* være dødtræt; ~ **biscuits** *spl* hundekiks; ~ **collar** *s* hundehalsbånd; *(fig)* præsteflip; ~-**ear** *s* æseløre // *v* lave æseløre r i; ~**ged** ['dɔgid] *adj* stædig, udholdende; ~**gy** *s* (F) vovse // *adj* hunde- (fx *smell* lugt); ~**house** *s* hundehus; *be in the* ~*house* være i unåde.

do-it-yourself ['du:itjɔ:'sɛlf] *(DIY, diy) adj* gør det selv-; ~ **kit** *s* byggesæt.

doldrums ['dɔldrʌmz] *spl* død periode; depression; *be on the* ~ være langt nede.

dole [dəul] *s* arbejdsløshedsunderstøttelse; *be on the* ~ være på understøttelse // *v:* ~ *out* uddele (i små portioner); ~**ful** *adj* sørgmodig; sørgelig.

doll [dɔl] *s* dukke; (F) pige, dulle // *v:* ~ *oneself up* klæde sig fint på; *all* ~*ed up* (F) rigtig majet ud.

dolphin ['dɔlfin] *s* delfin; *(mar)* duc d'albe.

dome [dəum] *s* kuppel.

domestic [də'mɛstik] *adj* hjemlig, huslig; bolig-; indenlands- (fx *flight* flyvning); (om dyr) hus-, tam-; ~**ated** *adj* (om dyr) tam; (om person) huslig; hjemme-; ~ **science** *s* (som skolefag) hjemkundskab; ~ **staff** *s* tjenestefolk.

dominant ['dɔminənt] *adj* fremherskende, dominerende; **dominate** *v* beherske, dominere; have udsigt over; **domination** [-'neiʃən] *s* herredømme; **domineering** [-'niəriŋ] *adj* herskesyg, tyrannisk.

dominion [də'miniən] *s* herredømme, magtområde; dominion.

dominoes ['dɔminəuz] *spl: play* ~ spille domino.

don [dɔn] *s* universitetslærer // *v* tage på, iklæde sig.

donate [də'neit] *v* give, skænke (til velgørenhed); **donation** [-'neiʃən] *s* gave, bidrag.

done ['dʌn] *pp* af *do* // *adj* gjort; udmattet; færdig; *the potatoes are* ~ kartoflerne er færdige (el. møre).

donkey ['dɔŋki] *s* æsel; *it's been* ~*'s years* det er umindelige tider siden; ~ **work** *s* hestearbejde.

don't ['dəunt] *v* d.s.s. *do not.*

doodle [du:dl] *v* tegne kruseduller.

doom [du:m] *s* skæbne; undergang // *v: be ~ed* være fortabt; være fordømt; *~ed to failure* dømt til at mislykkes; **D~sday** *s* dommedag.

door [dɔ:*] *s* dør; *she lives next ~* hun bor inde ved siden af; *out of ~s* udendørs, i det fri; *within ~s* indendørs; *show sby the ~* smide en på porten; **~bell** *s* dørklokke; **~keeper, ~man** *s* dørvogter, portner; **~mat** *s* dørmåtte; **~plate** *s* dørskilt, navneskilt; **~post** *s* dørstolpe; **~step** *s* dørtærskel; trappesten.

dope [dəup] *s* (F) narko, stof(fer) // *v* bedøve; dope; **~y** *adj* (F) sløv (af stoffer); dum.

dormant ['dɔ:mənt] *adj* sovende, slumrende; uvirksom; uudnyttet.

dormer ['dɔ:mə*] *s* kvistvindue.

dormitory ['dɔ:mitri] *s* sovesal.

dosage ['dəusidʒ] *s* dosering; dosis.

dose [dəuz] *s* dosis; portion.

dossier ['dɔsiei] *s* sagsakter.

dot [dɔt] *s* prik, punkt // *v* prikke; punktere (fx en streg); overså; *at one o'clock on the ~* (præcis) på slaget et.

dotage ['dəutidʒ] *s* senilitet.

dote [dəut] *v: ~ on* tilbede, dyrke.

dotted ['dɔtid] *adj* prikket; **~ line** *s* punkteret linje.

dotty ['dɔti] *adj* skør, bims.

double [dʌbl] *s* modstykke, dobbeltgænger; *(film)* stand-in, dublant // *v* fordoble; folde sammen; dublere // *adj* dobbelt; *at the ~* i hurtig march; i fuld fart; *cost ~ sth* koste det dobbelte af ngt; **~ bass** *s* kontrabas; **~ bend** *s* (på vej) S-sving; **~-breasted** *adj* dobbeltradet (fx *coat* frakke); **~ cream** *s* piskefløde; **~cross** *v* snyde; **~decker** *s* (om bus etc) todækker; (F) tredobbel sandwich; **~ Dutch** *s* volapyk; **~talk** *s* tvetungethed; sort tale; **doubly** *adj* dobbelt.

doubt [daut] *s* tvivl, usikkerhed // *v* tvivle (om el. på); *beyond ~* hævet over enhver tvivl; *no ~* uden tvivl, sikkert; *~ that* tvivle på at; **~ful** *adj* tvivlsom; tvivlende; **~less** *adj* utvivlsom.

dough [dəu] *s* dej; (S) gysser, skillinger; **~nut** *s* friturekogt bagværk sv.t. munkering.

dour [duə*] *adj* streng, stramtandet; mut.

dove [dʌv] *s* due; **~cot** *s* dueslag.

dowdy ['daudi] *adj* (om påklædning) sjusket, gammeldags.

down [daun] *s* dun, fnug // *v* pille ned, nedgøre; (om drink) skylle ned // *adv* ned, nede // *præp* ned ad (, i, over); (i krydsord) lodret; *be ~ with the flu* ligge med influenza; *get ~ to* tage fat på; **~cast** *adj* nedslået; **~fall** *s* fald; regnbyge; snefald; undergang; **~hill** *adv: go ~hill* gå (, køre etc) ned ad bakke; **~hill (racing)** *s (sport)* styrtløb; **~ payment** *s* udbetaling; **~pour** *s* regnskyl, skylle; **~right** *adj* ligefrem, simpelthen; ren og skær; **~stairs** *adv* nedenunder; ned ad trapperne; **~stream** *adv* ned ad floden; **~-to-earth** *adj* nøgtern, jordnær; realistisk; **~ward** ['daunwəd] *adj* skrånende nedad // *adv* (også: *~wards)* nedad; **~y** *adj* dunet, dunblød; umoden.

dowry ['dauri] *s* medgift.
doz. fork.f. *dozen.*
doze [dəuz] *v* døse, blunde; ~ *off* døse hen.
dozen [dʌzn] *(doz.)* *s* dusin; *a* ~ *books* en halv snes bøger.
drab [dræb] *adj* gråbrun, trist.
draft [dra:ft] *s* udkast, koncept; plan; *(mil)* indkaldelse // *v* give udkast til; planlægge; indkalde; (se også *draught).*
drag [dræg] *s* bremseklods, hæmsko // *v* slæbe, trække; ~ *on* slæbe sig af sted, trække i langdrag.
dragon [drægn] *s* drage; **~fly** *s* *(zo)* guldsmed.
drain [drein] *s* afløb(srør), kloakledning // *v* skabe afløb; tømme, tappe; dræne; afvande(s); *go down the* ~ *(fig)* ryge i vasken; ende i rendestenen; **~age** ['dreinidʒ] *s* afløb; dræning; kloakering; ~ **hose** *s* afløbsslange; **~pipe** *s* afløbsrør, nedløbsrør.
drama ['dra:mə] *s* drama, skuespil; **~tic** [drə'mætik] *adj* dramatisk, skuespil-; **~tist** ['dræmətist] *s* dramatiker, skuespilforfatter.
drank [dræŋk] *præt* af *drink.*
drape [dreip] *v* drapere (sig); **~r** *s* manufakturhandler.
drastic ['dræstik] *adj* drastisk, skrap.
draught [dra:ft] *s* (gennem)-træk; aftapning; *(mar)* dybgående; ~ **beer** *s* fadøl; **~board** *s* dambræt; **~s** *s spl* dam(spil).
draughtsman ['dra:ftsmən] *s* tegner (især teknisk); **~ship** *s* tegnekunst, tegneteknik.
draw [drɔ:] *v (drew, drawn* [dru:, drɔ:n]) trække; tiltrække; hæve (penge); aftappe; tegne; *(sport)* spille uafgjort; ~ *to a close* lakke mod enden; ~ *near* nærme sig; ~ *on* trække på; ~ *out* trække ud; ~ *up* trække op; flytte nærmere; udfærdige; standse; **~back** *s* ulempe, minus; **~bridge** *s* vindebro.
drawer [drɔ:*] *s* skuffe; *the top* ~ øverste skuffe.
drawing ['drɔ:iŋ] *s* tegning; trækning; ~ **board** *s* tegnebræt; ~ **pin** *s* tegnestift; ~**room** *s* dagligstue.
drawl [drɔ:l] *s* dræven.
drawn [drɔ:n] *pp* af *draw.*
dread [drɛd] *s* rædsel, skræk // *v* frygte; grue for; **~ful** *adj* frygtelig.
dream [dri:m] *s* drøm // *v (~ed, ~ed* el. *dreamt, dreamt* [drɛmt]) drømme; *I would not* ~ *of it* det ville jeg ikke drømme om; *in one's dream(s)* i drømme; **~like** *adj* drømmeagtig; **~y** *adj* drømmende; drømmeagtig.
dreary ['driəri] *adj* trist, kedelig.
dredge [drɛdʒ] *v* skrabe (fx *for oysters* (efter) østers); **~r** *s* *(mar)* muddermaskine; (også: *sugar ~r)* strødåse (til sukker).
drench [drəntʃ] *v* gennembløde.
dress [drɛs] *s* dragt, påklædning; kjole // *v* klæde (sig) på; (om fjerkræ el. fisk) rense; (om salat) tilberede; *(med)* forbinde; ~ *up* tage fint tøj på; pynte op; ~ *a wound* forbinde et sår; ~ **circle** *s* *(teat)* balkon; ~ **designer** *s* modetegner; **~er** *s* anretterbord; kommode; *(teat)* påklæder; **~ing** *s* påklædning; tilberedning; dressing; *(med)* forbinding; **~ing gown** *s* morgenkåbe; **~ing room** *s* *(teat)* skuespillergarderobe; *(sport)* omklædningsrum; **~ing table** *s* toiletbord; **~maker** *s* dameskrædder;

~**making** *s* kjolesyning; ~ **rehearsal** *s (teat)* kostumeprøve, generalprøve; ~ **shirt** *s* kjoleskjorte.
drew [dru:] *præt* af *draw.*
dribble [dribl] *v* sive, sile; (om baby) savle; *(sport)* drible.
dried [draid] *præt* og *pp* af *dry* // *adj* tørret (fx *bean* bønne); tør- (fx *milk* mælk).
drift [drift] *s* drift, strøm; driven, flyden; retning; (sne)drive; (sand)klit; mening // *v* (om båd) drive; (om sne, sand) fyge (sammen); glide; ~**wood** *s* drivtømmer.
drill [dril] *s* bor, boremaskine; *(mil)* eksercits // *v* bore (hul i); eksercere.
drink [driŋk] *s* drik; slurk; drink // *v (drank, drunk* [dræŋk, drʌŋk]) drikke; *have a* ~ få ngt at drikke; tage sig en drink; ~ *up* drikke ud; ~**er** *s* dranker; ~**ing water** *s* drikkevand.
drip [drip] *s* dryp, dryppen; *(med)* drop // *v* dryppe; dryppe 'af; ~**-dry** *adj* som skal dryptørres; strygefri; ~**-feed** *v (med)* give ernæring via drop; ~**ping** *s* dryppen; *(gastr)* stegesky, stegefedt; ~*ping wet* dyngvåd.
drive [draiv] *s* kørsel; køretur; energi, fremdrift; *(psyk)* drift; (også: ~*way)* indkørsel // *v (drove, driven* [drəuv, drivn]) køre; drive; jage; slå (fx *a ball* en bold); trække; *(auto)* køre bil; *left-hand* ~ venstrestyring; ~**r** *s* chauffør.
drivelling ['drivəliŋ] *adj* savlende, lallende.
driving ['draiviŋ] *s* kørsel // *adj* drivende, driv-; ~ *rain* øsende regn; ~ **belt** *s* drivrem; ~ **instructor** *s* kørelærer; ~ **lesson** *s* køretime; ~ **licence** *s* kørekort; ~ **test** *s* køreprøve.
drizzle [drizl] *s* støvregn // *v* støvregne.
droll [drəul] *adj* sjov.
drone [drəun] *s* summen; *(zo)* drone.
droop [dru:p] *v* hænge slapt; synke sammen.
drop [drɔp] *s* dråbe; fald // *v* dryppe; tabe, give slip på; opgive, droppe; udelade; ~ *me a line* send mig et par ord; ~ *off* falde fra; falde i søvn; ~ *out* falde fra; gå ud; ~**pings** *spl: cow* ~*pings* kokasser; *dog* ~*pings* hundelort; *horse* ~*pings* hestepærer.
drought [draut] *s* tørke.
drove [drəuv] *præt* af *drive.*
drown [draun] *v* drukne; oversvømme; ~**ing** *s* drukning.
drowsy ['drauzi] *adj* døsig.
drudge [drʌdʒ] *s* slid og slæb; arbejdsslave; ~**ry** ['drʌdʒəri] *s* slid, slavearbejde.
drug [drʌg] *s* lægemiddel, medikament // *v* bedøve; ~ **addict** *s* stofmisbruger, narkoman; ~**s** *spl* stoffer, narkotika; ~**store** *s (am)* apotek og materialist (med fx kiosk, bar etc).
drum [drʌm] *s* tromme; tromle; ~**mer** *s* trommeslager; ~**stick** *s* trommestik; lår (af fx kylling).
drunk [drʌŋk] *s* fuld person // *pp* af *drink* // *adj* fuld, beruset; ~**ard** *s* dranker; ~**en** *adj* fuld; fordrukken; ~**en driver** *s* spritbilist; ~**en driving** *s* spirituskørsel.
dry [drai] *v* tørre // *adj* tør; ~ *up* tørre (ind); løbe tør; ~**-cleaner** *s* renseri; ~**-cleaning** *s* kemisk rensning; ~**er** *s* tørreapparat; ~ **rot** *s* (om træværk) svamp.
dual ['djuəl] *adj* dobbelt; ~ **carriageway** *s* vej med mid-

terrabat; **~-purpose** *adj* med dobbelt formål.
dubbed [dʌbd] *adj (film)* eftersynkroniseret.
dubious ['dju:biəs] *adj* tvivlsom; tvivlrådig.
duchess ['dʌtʃis] *s* hertuginde.
duck [dʌk] *s* and; dukkert // *v* dukke (sig), dykke; **~ling** *s* ælling.
duct [dʌkt] *s* kanal, gang; ledning.
due [dju:] *s: give sby his ~* give en hvad der tilkommer ham // *adj* skyldig; forfalden; passende // *adv: ~ north* stik mod nord; *in ~ course* (el. *time)* til sin tid; *the train is ~ at 4.15* toget skal efter planen ankomme 16.15; *~ to* på grund af; **~s** *spl* kontingent, afgifter.
dug [dʌg] *præt* og *pp* af *dig.*
duke [dju:k] *s* hertug.
dull [dʌl] *adj* kedelig, trist; (om lyd) dump; (om vejr etc) mørk, grå; (om kniv) sløv, stump; (om person) tungnem, træg // *v* dulme; sløve; gøre mat.
duly ['dju:li] *adv* behørigt; i rette tid.
dumb [dʌm] *adj* stum; tavs; dum; **~founded** [-'faundid] *adj* paf, lamslået.
dummy ['dʌmi] *s* attrap, dummy; (voks)mannequin; (til baby) narresut; *(sport)* finte // *adj* forloren; skin-.
dump [dʌmp] *s* losseplads; affaldsbunke; (om by etc) 'hul i jorden'; *(mil)* depot // *v* læsse af; dumpe (i havet); skaffe sig af med; **~ing** *s (merk)* dumping (fx *price* pris); dumpning (af giftaffald); *'no ~ing'* 'henkastning af affald forbudt'.
dumpling ['dʌmpliŋ] *s* bolle; *apple ~* sv.t. æbleskive.
dune [dju:n] klit.
dung [dʌŋ] *s* gødning, møg.
dungarees [dʌŋgə'ri:z] *spl* cowboybukser; overalls.
dungeon ['dʌndʒən] *s* fangehul.
dunghill ['dʌŋhil] *s* mødding.
duplicate *s* ['dju:plikət] dublet, genpart // *v* [-keit] fordoble; duplikere; gentage; *in ~* i to eksemplarer; **duplicity** [-'plisiti] *s* dobbelthed; tvetydighed.
durable ['djuərəbl] *adj* holdbar, solid.
duration [djuə'reiʃən] *s* varighed; *for the ~* så længe det varer; på ubestemt tid.
during ['djuəriŋ] *præp* under (fx *the war* krigen); i løbet af.
dusk [dʌsk] *s* skumring, tusmørke; **~y** *adj* mørk, dyster.
dust [dʌst] *s* støv, pulver; drys // *v* støve; blive støvet; tørre støv af; overstrø, drysse; **~bin** *s* skraldebøtte; **~er** *s* støveklud; strødåse (til fx sukker); **~ jacket** *s* (om bog) smudsomslag; **~man** *s* skraldemand; **~y** *adj* støvet.
Dutch [dʌtʃ] *s/adj* hollandsk; *go ~* splejse; *the ~* hollænderne; *double ~* (F) volapyk; **~man** *s* hollænder.
duty ['dju.ti] *s* pligt; told, afgift; *be off ~* have fri; *be on ~* være i tjeneste; have vagt; **~-free** *adj* toldfri.
duvet ['dju:vei] *s* dyne, dynetæppe; **~ cover** *s* dynebetræk.
dwarf [dwɔ:f] *s* dværg // *v* rage op over; undertrykke.
dwell [dwɛl] *v (dwelt, dwelt)* bo; dvæle; *~ on* dvæle ved; **~ing** *s* bolig.
dye [dai] *s* farvestof // *v* farve; tage imod farve; **~ing** *s* farvning; **~stuffs** *spl* farvestoffer.
dying ['daiiŋ] *adj* døende;

døds-; *be ~ for a drink* trænge forfærdeligt til en drink.
dyke [daik] *s* dige, dæmning.
dynamic [dai'næmik] *adj* dynamisk; **~s** *spl* dynamik.
dynamite ['dainəmait] *s* dynamit // *v* sprænge med dynamit.
dynasty ['dainəsti] *s* fyrsteslægt, dynasti.
dyspepsia [dis'pɛpsiə] *s* fordøjelsesbesvær.

E

E, e [i:].
each [i:tʃ] *pron/adv* hver; *~ of them has a bike* de har begge to en cykel, de har en cykel hver; *they hate ~ other* de hader hinanden; *on ~ side of* på begge sider af, på hver side af.
eager ['i:gə*] *adj* ivrig; *~ for* begærlig efter; *~ to* ivrig efter at.
eagle ['i:gl] *s* ørn; **eaglet** ['i:glit] *s* ørneunge, ung ørn.
ear [iə*] *s* øre; gehør; *(bot)* aks; *~ of corn* majskolbe; *play by ~* spille efter gehør; *I'm all ~s* jeg er lutter øre; **~ache** ['iəreik] *s* ørepine; **~drop** *s* hængeørering; **~drops** *spl* øredråber; **~drum** *s* trommehinde.
earl [ə:l] *s* jarl.
early ['ə:li] *adj* tidlig; først; snarlig // *adv* (for) tidligt; *make an ~ start* tage tidligt af sted; stå tidligt op; *the train was ~* toget ankom for tidligt; *the ~ Iron Age* den ældre jernalder; *~* **retirement** *s* førtidspensionering.
earmark ['iəma:k] *v* øremærke; *(fig)* reservere, lægge til side.
ear-muffs *spl* ørevarmere;
earn [ə:n] *v* tjene; indbringe; fortjene; *he ~ed his reward* han fortjente sin belønning; *~ one's living* tjene til livets opretholdelse; **~ed income relief** *s* lønmodtagerfradrag.
earnest ['ə:nist] *s* alvor // *adj* alvorlig; *in ~* for alvor; *in dead ~* for ramme alvor.
earnings ['ə:niŋs] *spl* indtægt; fortjeneste.
ear... ['iə-] sms: **~phone** *s* hovedtelefon; **~piece** *s (tv)* øresnegl; **~ring** *s* ørering; **~shot** *s* hørevidde; *within ~shot* inden for hørevidde; **~-splitting** *adj* øredøvende.
earth [ə:θ] *s* jord; *(elek)* jordforbindelse // *v (elek)* jordforbinde; *the ~* Jorden, jordkloden; *cost the ~* koste det hvide ud af øjnene; **~enware** ['ə:θənwɛə*] *s* lertøj; fajance; **~ly** *adj* jordisk; *~ly remains* jordiske rester; *he has not got an ~ly* (F) han har ikke en jordisk chance; **~quake** *s* jordskælv; **~y** *adj (fig)* jordbunden.
earwig *s* ørentvist.
ease [i:z] *s* velvære, ro; lettelse; lethed; tvangfrihed // *v* lette; lindre; løsne; *at ~* i ro og mag; veltilpas; rolig; *stand at ~ (mil)* stå rør; *a life of ~* en ubekymret tilværelse; *~ sth in* (el. *out)* lempe ngt ind (el. ud); *~ off* (el. *up)* lette; sætte farten ned; slappe af.
easel ['i:zl] *s* staffeli.
easily ['i:zili] *adv* let, med lethed; sagtens; afgjort; *he's ~ the best* han er så langt den bedste.
east [i:st] *s* øst // *adj* østlig, østen-, øst- // *adv* østpå, mod øst; *the E~* østen, orienten.
Easter ['i:stə*] *s* påske.
easterly ['i:stəli] *adj* østlig, østen-; **eastern** *adj* østlig, øst-; **East Germany** *s* Østtyskland, DDR; **eastward(s)** *adv*

østpå, mod øst.

easy ['i:zi] *adj* let, nem; bekvem; fri; omgængelig // *adv: take it ~* tage det med ro; **~ chair** *s* lænestol; **~-going** *adj* rolig, sorgløs.

eat [i:t] *v (ate, eaten* [eit, i:tn]) spise; fortære; *~ away at* (el. *into)* gøre indhug i; *what's ~ing you?* hvad er der i vejen med dig? **~able** *adj* spiselig; *~ables pl* mad.

eaves [i:vz] *spl* tagskæg; **~drop** *v* lytte, lure.

ebb [εb] *s* ebbe (mods flod) // *v* ebbe; synke; *~ (away)* ebbe ud, svinde.

ebony ['εbəni] *s* ibenholt.

eccentric [ik'sεntrik] *s* excentriker, sær snegl // *adj* excentrisk, sær.

ecclesiastic [ikli:zi'æstik] *s* gejstlig; **~al** *adj* gejstlig, kirkelig.

echo ['εkəu] *s (pl: ~es)* ekko, genlyd; genklang // *v* genlyde; gentage, snakke efter munden.

eclipse [i'klips] *s* formørkelse // *v* formørke; stille i skygge; *solar ~* solformørkelse.

ecology [i'kɔlədʒi] *s* økologi.

economic [i:kə'nɔmik] *adj* økonomisk; rentabel, som kan betale sig; **~al** *adj* økonomisk, sparsommelig; besparende; **~s** *spl* (national)økonomi; **economist** [-'kɔnəmist] *s* økonom; **economize** [-'kɔnəmaiz] *v* være sparsommelig, spare; **economy** [-'kɔnəmi] *s* økonomi; sparsommelighed.

ecstasy ['εkstəsi] *s* ekstase; *go into ecstasies over* falde i svime over; **ecstatic** [εks'tætik] *adj* henrykt, ekstatisk.

eczema ['εksimə] *s* eksem.

edge [εdʒ] *s* kant; (på kniv) æg, skær; skarphed, bid // *v* kante; ligge langs kanten af; *on ~* irritabel; *take the ~ off sth* tage brodden af ngt; *~ away from* rykke væk fra; *~ towards* kante sig hen mod; **~ways** *adv* på kant; sidelæns; *he couldn't get a word in ~ways* han kunne ikke få et ord indført; **edging** *s* kantning; kantebånd, bort; **edgy** *adj* irritabel; nervøs; skarp.

edible ['εdibl] *adj* spiselig.

edifice ['εdifis] *s* stor bygning, bygningsværk.

edit ['ədit] *v* redigere; *(film* etc) klippe; **~ion** [i'diʃən] *s* udgave, oplag; **~or** ['εditə*] *s* redaktør, udgiver; *(film)* klippebord; **~orial** [-'tɔ:riəl] *s* leder, ledende artikel // *adj* redaktionel, redaktions-.

EDP ['i:di:'pi:] *s* (fork.f. *electronic data processing)* edb.

educate ['εdjukeit] *v* uddanne; opdrage; **education** [-'keiʃən] *s* uddannelse; undervisning; opdragelse; **educational** [-'keiʃənəl] *adj* uddannelses-; opdragelses-; skole- (fx *books* bøger).

EEC ['i:i:'si:] *s* (fork.f. *European Economic Community)* EF (EØF).

eel [i:l] *s* ål; *jellied ~* ål i gelé.

eerie ['iəri] *adj* uhyggelig.

effect [i'fεkt] *s* virkning; resultat; effekt // *v* bevirke; sætte igennem; få i stand; *in ~* faktisk, praktisk talt; *take ~* (om fx maskine) virke; *(jur)* træde i kraft; *to that ~* ngt i den retning; *to the ~ that* med det formål at; **~ive** *adj* virkningsfuld, effektiv; **~s** *spl* ejendele, effekter.

effeminate [i'fεminit] *adj* feminin, kvindagtig.

efficacy ['εfikəsi] *s* virkningsfuldhed.

efficiency [i'fiʃənsi] *s* effektivi-

tet, dygtighed; ydedygtighed;
efficient *adj* effektiv; dygtig.
effigy ['ɛfidʒi] *s* billede, statue.
effort ['ɛfət] *s* anstrengelse; indsats; præstation; *make an ~* gøre en kraftanstrengelse; **~less** *adj* ubesværet, let.
effrontery [i'frɔntəri] *s* frækhed.
effusive [i'fju:siv] *adj* overstrømmende.
e.g. ['i:'dʒi:] (fork.f. *exempli gratia)* for eksempel, fx.
egg [ɛg] *s* æg // *v: ~ on* tilskynde, ægge; *lay an ~* lægge et æg; (S) kvaje sig; *fried ~s* spejlæg; **~cup** *s* æggebæger; **~plant** *s* aubergine; **~shell** *s* æggeskal // *adj* æggeskalsfarvet; **~-slice** *s* paletkniv; **~-timer** *s* æggeur; **~ white** *s* æggehvide; **~ yolk** *s* æggeblomme.
ego ['i:gəu] *s* jeg, ego; (F) forfængelighed; **~ist** ['ɛgəuist] *s* egoist; **~tist** ['ɛgəutist] *s* selvoptaget person.
Egypt ['i:dʒipt] *s* Egypten; **~ian** [i'dʒipʃən] *s* egypter // *adj* egyptisk.
eiderdown ['aidədaun] *s* edderdun; dyne.
eight [eit] *num* otte; **~een** *num* atten; **eighth** [eitθ] *s* ottendedel // *num* ottende; **~y** *num* firs; *in the ~ies* i firserne.
Eire ['ɛərə] *s* Den irske Republik.
either ['aiðə*] *pron* en af to; den ene el. den anden; begge // *adv* heller // *konj: ~ ... or* enten ... eller; hverken ... eller; *on ~ side* på begge sider; *I don't like ~ (of them)* jeg kan ikke lide nogen af dem; *I can't ~* det kan jeg heller ikke; *I didn't see ~ one or the other* jeg så hverken den ene eller den anden; jeg så ingen af dem.
ejaculation [idʒækju'leiʃən] *s* sædudtømmelse, ejakulation; udbrud, udråb.
eject [i'dʒəkt] *v* udspy; udsende; fordrive, smide ud; **~ion seat** *s* katapultsæde.
elaborate *v* [i'læbəreit] uddybe, udbygge; udarbejde (i detaljer); gå i detaljer // *adj* [i'læbərit] udførlig, detaljeret; kunstfærdig.
elapse [i'læps] *v* (om tid) gå, forløbe.
elastic [i'læstik] *s* elastik // *adj* elastisk, smidig; **~ band** *s* elastik, gummibånd; **~ity** [iləs'tisiti] *s* elasticitet, smidighed.
elated [i'leitid] *adj* opløftet, i høj stemning, oprømt; **elation** [i'leiʃən] *s* glæde, opløftelse; oprømthed.
elbow ['ɛlbəu] *s* albue; *rub ~s with* gnubbe sig op ad; **~-grease** *s* knofedt.
elder ['ɛldə*] *s (bot)* hyld // *adj* (komp af *old)* ældre; *one's ~s* de der er ældre end en selv; *the ~s* fortidens mennesker; menighedens ældste; **~berry** *s* hyldebær; **~ly** *adj* ældre; gammeldags; *the ~ly* de ældre; *care of the ~ly* ældreomsorg; **eldest** ['ɛldist] *adj (sup* af *old)* ældst.
elect [i'lɛkt] *v* vælge; foretrække // *adj* udvalgt; *the president ~* den tiltrædende præsident; **~ion** [-'lɛkʃən] *s* valg; udvælgelse; **~ioneering** [-'niəriŋ] *s* valgkampagne, valgagitation; **~or** *s* vælger; valgmand; **~orate** *s* vælgerkorps.
electric [i'lɛktrik] *adj* elektrisk; el-; elektro-; **~ blanket** *s* elektrisk varmetæppe; **~ cooker** *s* elkomfur; **~ fire** *s* elvarmeovn; **~ian** [-'triʃən] *s*

elektriker; **~ity** [-'trisiti] *s* elektricitet; **electrify** [i'lɛktrifai] *v* elektrificere; opildne.

electron [i'lɛktrən] *s* elektron; **~ic** [-'trɔnik] *adj* elektronisk; **~ic data processing** *(EDP) s* elektronisk databehandling (edb); **~ics** [-'trɔniks] *s* elektronik.

element ['ɛlimənt] *s* element; (bestand)del; grundstof; *an ~ of truth* en vis sandhed; *an ~ of danger* et faremoment; **~ary** [-'mɛntəri] *adj* elementær; *~ary school (brit, gl)* sv.t. folkeskole; *(am)* sv.t. grundskole (1.-6. el. 8. klasse).

elephant ['ɛlifənt] *s* elefant.

elevate ['ɛliveit] *v* løfte; forhøje, ophøje; **elevation** [-'veiʃən] *s* løften; forhøjning; højde; forfremmelse.

eleven [i'lɛvn] *num* elleve // *s: (football) ~* fodboldhold; **~ses** *spl* formiddagskaffe (el. -te); **~th** *s* ellevtedel // *adj* ellevte.

elf [ɛlf] *s (pl: elves* [ɛlvz]) alf; **~in** *adj* alfe-; alfeagtig; æterisk.

elicit [i'lisit] *v* lokke frem; udløse (fx *a reflex* en refleks).

eligible ['ɛlidʒibl] *adj* valgbar; kvalificeret; passende; *an ~ young man* et passende parti; *~ for a pension* pensionsberettiget.

eliminate [i'limineit] *v* bortskaffe, fjerne; udelukke, eliminere.

Elizabethan [ilizə'bi:ðən] *adj* elisabethansk (fra Elisabeth 1.s tid 1558-1603); renæssance-.

ellipse [i'lips] *s* ellipse; **elliptical** [i'liptikəl] *adj* ellipseformet.

elm [ɛlm] *s* elm(etræ); **~ disease** *s* elmesyge.

elongated ['i:lɔŋgeitid] *adj* forlænget; langstrakt.

elope [i'ləup] *v* løbe bort sammen (for at gifte sig); **~ment** *s* flugt; bortførelse.

eloquence ['ɛləkwəns] *s* veltalenhed; **eloquent** *adj* veltalende; *(fig)* talende, sigende.

else [ɛls] *adv* ellers; anden; andet; *everywhere ~* alle andre steder; *little ~* ikke stort andet; *nothing ~* intet andet; *or ~* ellers, eller også; *something ~* ngt andet; *somewhere ~* et andet sted; **~where** *adv* andetsteds, et andet sted.

elucidate [i'lu:sideit] *v* tydeliggøre; belyse; forklare.

elude [i'lu:d] *v* undvige; slippe fra; **elusive** [i'lu:siv] *adj* vanskelig at få fat på; svær at definere; flygtig.

elves [ɛlvz] *spl* af *elf.*

emaciated [i'meisieitid] *adj* udtæret, udmagret.

emanate ['ɛməneit] *v: ~ from* udgå fra; udstråle fra; have sit udspring i.

emancipate [i'mænsipeit] *v* frigøre; frigive (fx *the slaves* slaverne); **emancipation** [-'peiʃən] *s* frigørelse, frigivelse.

embalm [im'ba:m] *v* balsamere; fylde med vellugt.

embankment [im'bæŋkmənt] *s* vold, dæmning.

embargo [im'ba:gəu] *s (pl: ~es)* forbud (mod import og eksport), embargo // *v* beslaglægge; lægge embargo på.

embark [im'ba:k] *v: ~ on* begynde på; gå ombord i; begive sig ud på; **~ation** [-'keiʃən] *s* indskibning.

embarrass [im'bærəs] *v* gøre forlegen; hæmme; **~ing** *adj* pinlig, flov; **~ment** *s* forlegenhed, generthed.

embassy ['ɛmbəsi] *s* ambassade.

embed [im'bɛd] *v* lægge ned i; indstøbe, indkapsle; *~ded in* begravet i, omgivet af.

ember ['ɛmbə*] *s* glød.

embezzle [im'bɛzl] *v* begå underslæb; **~ment** *s* underslæb.

embitter [im'bitə*] *v* forbitre, gøre bitter.

emblem ['ɛmbləm] *s* symbol; mærke.

embodiment [im'bɔdimənt] *s* legemliggørelse; indarbejdelse; **embody** *v* legemliggøre; udtrykke; udforme; indkorporere, indarbejde.

embrace [im'breis] *s* omfavnelse // *v* omfavne (hinanden); tage til sig; omfatte.

embroider [im'brɔidə*] *v* brodere; *(fig)* pynte *(on* på); **~y** *s* broderi.

embryo ['ɛmbriəu] *s* foster; *(bot)* kim, spire.

emerald ['ɛmərəld] *s* smaragd // *adj* smaragdgrøn.

emerge [i'mə:dʒ] *v* dukke op (el. frem); *it ~d that* det viste sig at; **~nce** [i'mə:dʒəns] *s* tilsynekomst, opdukken.

emergency [i'mə:dʒənsi] *s* nødsituation; *in case of ~* i nødstilfælde; *state of ~* undtagelsestilstand; **~ area** *s* katastrofeområde; **~ exit** *s* nødudgang; **~ ward** *s* skadestue.

emery ['ɛməri] *s* smergel; **~ board** *s* sandfil (til negle).

emigrant ['ɛmigrənt] *s* udvandrer, emigrant; **emigrate** *v* udvandre, emigrere.

eminence ['ɛminəns] *s* høj anseelse; fremtrædende stilling; berømthed; **eminent** *adj* høj; fremtrædende, fremragende; enestående.

emissary ['ɛmisəri] *s* udsending; **emission** [i'miʃən] *s* udstedelse; (ud)stråling; udstedelse; **emit** [i'mit] *v* udsende; udstråle; udstøde.

emotion [i'məuʃən] *s* følelse; sindsbevægelse; **~al** *adj* følelsesbetonet; følelsesladet; følsom; **emotive** [i'məutiv] *adj* følelsesmæssig.

emperor ['ɛmpərə*] *s* kejser.

emphasis ['ɛmfəsis] *s (pl: emphases* [-si:z]) eftertryk, vægt; **emphasize** [-saiz] *v* betone, lægge vægt på, understrege; **emphatic** [ɛm'fætik] *adj* eftertrykkelig, udtrykkelig; iøjnefaldende.

empire ['ɛmpaiə*] *s* kejserdømme, imperium; *the Roman E~* romerriget; *French E~* empirestil.

employ [im'plɔi] *v* ansætte, beskæftige; anvende, bruge; **~ee** [ɛmplɔi'i:] *s* funktionær; ansat; **~er** *s* arbejdsgiver; **~ment** *s* beskæftigelse; ansættelse; arbejde; **~ment agency** *s* arbejdsformidling.

empower [im'pauə*] *v: ~ sby to* bemyndige en til; sætte en i stand til at.

empress ['ɛmpris] *s* kejserinde.

empty ['ɛmpti] *v* tømme(s), blive tom // *adj* tom; øde, ubeboet; **~-handed** *adj* tomhændet; **~-headed** *adj* tomhjernet.

enable [i'neibl] *v: ~ sby to* gøre det muligt for en at.

enamel [i'næməl] *s* emalje // *v* emaljere, lakere.

encased [in'keist] *adj: ~ in* indkapslet i; indesluttet af.

enchant [in'tʃa:nt] *v* fortrylle; henrykke; **~ing** *adj* fortryllende, besnærende.

encircle [in'sə:kl] *v* indkredse, omringe, omkredse.

enclose [in'kləuz] *v* omgive; indhegne, indeslutte; *please find ~d* (i brev) vedlagt føl-

ger; **enclosure** [-'kləuʒə*] *s* indhegning, indelukke; (i brev) bilag.
encompass [in'kʌmpəs] *v* omgive; omringe; omfatte.
encore [ɔŋ'kɔ:*] *s* ekstranummer, dacapo.
encounter [in'kauntə*] *s* møde, sammentræf // *v* møde, træffe (på).
encourage [in'kəridʒ] *v* opmuntre; tilskynde, fremme; **~ment** *s* opmuntring; tilskyndelse.
encroach [in'krəutʃ] *v: ~ on* trænge sig ind på; gøre indgreb i.
encumber [in'kʌmbə*] *v* hindre, besværliggøre; tynge.
encyclop(a)edia [ɛnsaikləu'pi:diə] *s* leksikon, opslagsværk.
end [ɛnd] *s* ende, slutning; endeligt; mål // *v* ende, slutte; afslutte; holde op; *come to an ~* slutte, høre op; *put an ~ to* gøre en ende på; sætte en stopper for; gøre kål på; *in the ~* til sidst, til slut; *it's no ~ difficult* (F) det er mægtig svært; *he's got no ~ of money* (F) han har masser af penge; *be on ~* stå på den anden ende; være på højkant; *for days on ~* i dagevis; *for five hours on ~* i fem timer i træk; *~ up with* ende med; *to that ~* med det formål; *to no ~* uden formål; *make ~s meet* få pengene til at slå til.
endanger [in'deindʒə*] *v* bringe i fare, sætte på spil.
endearing [in'diəriŋ] *adj* indtagende.
endeavour [in'dɛvə*] *s* bestræbelse, stræben // *v: ~ to* bestræbe sig på at.
ending ['ændiŋ] *s* ende, (af)slutning; endelse.
endive ['ɛndaiv] *s* julesalat.
endless ['ɛndlis] *adj* endeløs, uendelig.
endorse [in'dɔ:s] *v* (om check) skrive bag på, endossere; påtegne; skrive under på; **~ment** *s* påtegning; endossering; tilslutning.
endow [in'dau] *v* skænke (et beløb), betænke; *~ with* udstyre med; skænke.
end product ['ɛndprɔdəkt] *s* slutprodukt, slutresultat.
endurable [in'djuərəbl] *adj* udholdelig, tålelig; **endurance** *s* udholdenhed; modstandskraft; trængsler, lidelser; **endure** [in'djuə*] *v* tåle, udholde; lide, udstå; vare (ved).
enemy ['ɛnəmi] *s* fjende // *adj* fjendtlig.
energetic [ɛnə'dʒɛtik] *adj* energisk, aktiv; handlekraftig; **energy** ['ɛnədʒi] *s* energi, kraft.
enervating ['ɛnə:veitiŋ] *adj* enerverende; udmattende.
enforce [in'fɔ:s] *v* bestyrke; fremtvinge, gennemtvinge; *(jur)* håndhæve (fx *the laws* lovene); **~d** *adj* påtvungen; ufrivillig.
engage [in'geidʒ] *v* engagere; ansætte; reservere; optage; påtage sig *(to* at); *(mil)* angribe; *(tekn)* tilkoble; *~ in* tage del i; indlade sig på; indlede; **~d** *adj* optaget, travl; forlovet; *be ~d in* være beskæftiget med; *'number ~d' (tlf)* 'optaget': **~ment** *s* beskæftigelse; ansættelse; aftale; forpligtelse; forlovelse; *(mil)* træfning; **~ment ring** *s* forlovelsesring; **engaging** *adj* indtagende, vindende.
engine ['ɛndʒin] *s* maskine, motor; lokomotiv; *~* **driver** *s* lokomotivfører; **engineer** [ɛndʒi'niə*] *s* ingeniør; maskinist; tekniker; **engineering** [-'niəriŋ] *s* teknik; inge-

niørarbejde // *adj* maskin-.
engine... ['ɛndʒin-] sms: ~ **failure** *s* motorstop, motorskade; ~ **room** *s (mar)* maskinrum; (i fabrik) maskinhal; ~ **trouble** *s (auto* etc) vrøvl med motoren.
English ['iŋgliʃ] *s/adj* engelsk; *the* ~ englænderne.
engrave [in'greiv] *v* gravere, præge; **engraving** *s* gravering.
engrossed [in'grəust] *adj:* ~ *in* opslugt af, fordybet i.
engulf [in'gʌlf] *v* opsluge; oversvømme.
enhance [in'ha:ns] *v* forøge; forhøje; forbedre.
enigma [i'nigmə] *s* gåde; **~tic** [-'mætik] *adj* gådefuld.
enjoy [in'dʒɔi] *v* nyde; more sig over; synes om; ~ *oneself* more sig, have det rart; ~ *good health* have et godt helbred; **~able** *adj* morsom; hyggelig; **~ment** *s* nydelse; glæde.
enlarge [in'la:dʒ] *v* forstørre; udvide; blive større; ~ *on* udbrede sig om; **~ment** *s* forstørrelse (også *foto);* udvidelse.
enlighten [in'laitn] *v* oplyse; **~ed** *adj* oplyst; **~ment** *s* oplysning; *the E~ment (hist)* oplysningstiden.
enlist [in'list] *v* hverve, rekruttere; melde sig (fx *in the army* til hæren).
enliven [in'laivn] *v* oplive, kvikke op.
enmity ['ɛnmiti] *s* fjendskab, uvenskab.
enormity [i'nɔ:miti] *s* uhyrlighed; **enormous** [i'nɔ:məs] *adj* enorm, uhyre, drabelig.
enough [i'nʌf] *adj/adv* nok; ~ *is* ~ nu kan det være nok; ~ *to drive you crazy* til at blive vanvittig over (el. af); *strangely* ~ mærkeligt nok.
enquire [in'kwaiə*] *v* d.s.s. *inquire.*
enrage [in'reidʒ] *v* gøre rasende.
enrich [in'ritʃ] *v* berige; ~ *with* berige med; tilsætte.
enrol [in'rəul] *v* indføre på liste, indskrive; tilmelde sig; **~ment** *s* indskrivning; tilmeldelse; medlemskab.
ensconced [in'skɔnst] *adj:* ~ *in* forskanset i; plantet i (fx *the sofa* sofaen).
enslave [in'sleiv] *v* gøre til slave, underkue.
ensue [in'sju:] *v* følge (lige) efter; være resultatet af.
ensure [in'sjuə*] *v* garantere, sikre.
entangle [in'tæŋgl] *v* filtre sammen, vikle ind i; *get ~d in* blive blandet ind i, rode sig ind i.
enter ['ɛntə*] *v* gå (el. komme) ind (i); anføre, indføre; optage; indskrive; melde sig til; ~ *for* indskrive sig til; ~ *into* gå ind i; indlade sig på; komme ind på; ~ *upon* slå ind på; tiltræde.
enterprise ['ɛntəpraiz] *s* foretagende; foretagsomhed; virksomhed; **enterprising** *adj* foretagsom.
entertain [ɛntə'tein] *v* underholde; traktere, have gæster; gøre sig (fx *illusions* illusioner); overveje; **~er** *s* varietékunstner; **~ing** *adj* underholdende, morsom; **~ment** *s* underholdning; selskab(elighed); repræsentation; traktement.
enthralled [ɛn'θrɔ:ld] *adj* fængslet, betaget.
enthusiasm [in'θ(j)u:ziæzəm] *s* entusiasme, begejstring; **enthusiast** *s* varm tilhænger, entusiast.
entire [in'taiə*] *adj* hel, kom-

plet, i ét stykke; **~ly** *adv* helt, fuldstændig; udelukkende; **~ty** [-'tairəti] *s* helhed; *in it's ~ty* i sin helhed.
entitle [in'taitl] *v: be ~d to* være berettiget til, have krav på; *~ sby to sth* give en ret til ngt.
entity ['ɛntiti] *s* helhed; væsen.
entrance *s* ['ɛntrəns] indgang; adgang; entré // *v* [in'tra:ns] henrykke, tryllebinde; *gain ~ to* få adgang til, blive optaget på (fx *university* universitetet); *~* **examination** *s* adgangseksamen; *~* **fee** *s* entré(afgift); indmeldelsesbegyr.
entreat [in'tri:t] *v* bønfalde (el. bede indtrængende) om; **~y** *s* bøn(faldelse).
entrenched [in'trɛntʃd] *adj* forskanset; rodfæstet, indgroet.
entrust [in'trʌst] *v: ~ sth to sby* betro en ngt; *~ him with the money* betro ham pengene.
entry ['ɛntri] *s* det at komme ind; indtræden, indkørsel, indtog; adgang; indmeldelse, indskrivning; *'no ~''*indkørsel (el. adgang) forbudt'; *make an entry in a book* indføre (el. skrive) ngt i en bog; *~* **form** *s* indmeldelsesblanket.
entwine [in'twain] *v* flette sammen, omvinde.
enumerate [i'nju:məreit] *v* optælle, opregne.
envelop [in'vɛləp] *v* indhylle; skjule; omgive, omringe; **envelope** ['ɛnvələup] *s* konvolut, kuvert.
enviable ['ɛnviəbl] *adj* misundelsesværdig; **envious** ['ɛnviəs] *adj* misundelig *(of* på).
environment [in'vairənmənt] *s* omgivelser, miljø; **~al** *adj* miljø-; **~alist** [-'mɛn-] *s* miljøforkæmper; **~al pollution** *s* miljøforurening; **~al protection** *s* miljøbeskyttelse.
envisage [in'vizidʒ] *v* se på; forudse, forestille sig; se i øjnene.
envoy ['ɛnvɔi] *s* udsending, sendebud.
envy ['ɛnvi] *s* misundelse // *v* misunde.
epic ['ɛpik] *s* epos // *adj* episk; storslået.
epidemic [ɛpi'dɛmik] *s* epidemi // *adj* epidemisk.
epilogue ['ɛpilɔg] *s* efterskrift, slutningstale, epilog.
episode ['ɛpisəud] *s* episode; (i fx tv-serie) afsnit.
epitaph ['ɛpita:f] *s* gravskrift, epitaf.
epitome [i'pitəmi] *s: be the ~ of (fig)* være indbegrebet af; **epitomize** *v* resumere, sammenfatte; være indbegrebet af.
epoch ['i:pɔk] *s* tids(alder), epoke; **~-making** *adj* epokegørende.
equal ['i:kwəl] *s* lige(mand) // *v* være lig med; kunne måle sig med // *adj* lige, ligelig; *~ to* lig med; jævnbyrdig med; *be ~ to* (også:) kunne magte; **~ity** [i:'kwɔliti] *s* lighed, ligestilling; **~izer** *s (sport)* udligning(smål); **~ly** *adv* lige(ligt), lige så; **~(s) sign** *s* lighedstegn.
equanimity [ɛkwə'nimiti] *s* ligevægt, sindsro.
equation [i'kweiʃən] *s (mat)* ligning.
equator [i'kweitə*] *s* ækvator; **~ial** [ɛkwə'tɔ:riəl] *adj* ækvatorial-.
equestrian [i'kwɛstriən] *s* (skole)rytter // *adj* rytter-.
equilibrium [i:kvi'libriəm] *s* li-

gevægt.
equinox ['i:kwinɔks] *s* jævndøgn.
equip [i'kwip] *v* udstyre, udruste; ekvipere; **~ment** *s* udrustning; udstyr; tilbehør; installation.
equivalent [i'kwivəlnt] *s* modstykke, ækvivalent // *adj* tilsvarende.
equivocal [i'kwivəkl] *adj* tvetydig; usikker; tvivlsom.
era ['iərə] *s* epoke, tidsalder, æra.
eradicate [i'rædikeit] *v* udrydde.
erase [i'reize] *v* viske ud, radere (ud), slette; **~r** *s* viskelæder.
ere [ɛə*] *præp* (H) før, inden.
erect [i'rɛkt] *v* rejse (fx *a monument* et monument), opføre; oprette // *v* oprejst; opret, rank; **~ion** *s* rejsning; opførelse; oprettelse; erektion.
ermine ['ə:min] *s* hermelin, lækat.
erode [i'rəud] *v* erodere(s), nedbryde(s); *(fig)* undergrave; **erosion** [i'rəuʒən] *s* erosion, nedbrydning.
erotic [i'rɔtik] *adj* (let *neds)* erotisk; **~ism** [i'rɔtisizm] *s* erotisk præg, erotik.
err [ə:*] *v* tage fejl, fejle; *(gl)* flakke om, fare vild.
errand ['ɛr(ə)nd] *s* ærinde; **~ boy** *s* bydreng; *(fig)* stikirenddreng.
erratic [i'rætik] *adj* uberegnelig; uregelmæssig, ujævn; omkringflakkende.
erroneous [i'rəuniəs] *adj* fejlagtig, urigtig.
error ['ɛrə*] *s* fejl, fejltagelse; *commit an* ~ begå en fejl; *be in* ~ tage fejl; ~ *of judgment* fejlskøn.
erupt ['irʌpt] *v* bryde ud; (om vulkan) komme i udbrud; (om sygdom) slå ud; **~ion** *s* udbrud; frembrud.
escalate ['ɛskəleit] *v* stige; optrappe; **escalation** [-'leiʃən] *s* regulering; optrapning; **escalator** *s* rulletrappe.
escape [is'keip] *s* flugt; rømning; redning; udslip // *v* flygte, undslippe; undgå; redde sig; strømme ud; *fire* ~ brandtrappe; *make a lucky* ~ *from sth* slippe godt fra ngt; *make a narrow* ~ undslippe med nød og næppe.
escort *s* ['ɛskɔ:t] eskorte; ledsager // *v* [i'skɔ:t] eskortere, ledsage, følge.
esoteric [ɛsə'tɛrik] *adj* kun for særligt indviede.
especially [i'spɛʃli] *adv* specielt, især.
espionage ['ɛspiəna:ʒ] *s* spionage.
esquire [i'skwaiə*] *(Esq.) s: J. Brown,* ~ hr. J. Brown.
essay ['ɛsei] *s* essay; forsøg; (i skolen) stil.
essence ['ɛsns] *s* det væsentlige; kerne, essens; **essential** [i'sɛnʃl] *adj* væsentlig; tvingende; uomgængelig; **essentially** *adv* i alt væsentligt; inderst inde.
establish [i'stæbliʃ] *v* oprette, grundlægge; etablere, tilvejebringe; godtgøre, bevise (fx *one's innocence* sin uskyld); ~ *oneself* nedsætte sig; indrette sig; **~ment** *s* oprettelse, etablering; institution; foretagende; *the E~ment* det etablerede samfund, systemet.
estate [i'steit] *s* gods; besiddelse; bo; *real* ~ fast ejendom; ~ **agent** *s* ejendomsmægler; ~ **car** *s* stationcar.
esteem [i'sti:m] *s* agtelse.
estimate *s* ['ɛstimit] skøn, vurdering; overslag // *v* ['ɛstimeit] skønne, vurdere,

anslå; **estimation** [-ˈmeiʃən] *s* skøn, vurdering; agtelse, respekt.

estrangement [iˈstreindʒmənt] *s* kølighed, fremmedgørelse.

estuary [ˈɛstjuəri] *s* flodmunding (med tidevand).

etching [ˈætʃiŋ] *s* radering; ætsning.

eternal [iˈtə:nl] *adj* evig, evindelig; **eternity** [iˈtə:niti] *s* evighed.

ether [ˈi:θə*] *s* æter; **~ial** [i:ˈθiəriəl] *adj* æterisk, overjordisk.

ethics [ˈəθiks] *s* moral(lære), etik.

ethnic [ˈɛθnik] *adj* folke-, etnisk; hedensk; ~ **group** *s* befolkningsgruppe.

euphemism [ˈju:fəmizm] *s* formildende omskrivning, eufemisme.

euphoria [ju:ˈfɔ:riə] *s* kunstig opstemthed, overdreven optimisme.

Europe [ˈjuərəp] *s* Europa; **~an** [-ˈpi:ən] *s* europæer // *adj* europæisk; *(pol)* EF-tilhænger; **~an champion** *s* europamester.

euthanasia [ju:θəˈneiziə] *s* dødshjælp; medlidenhedsdrab.

evacuate [iˈvækjueit] *v* evakuere; tømme, udtømme; rømme; **evacuation** [-ˈeiʃən] *s* evakuering; tømning, rømning.

evade [iˈveid] *v* vige udenom, undgå; slippe udenom.

evaluate [iˈvæljueit] *v* vurdere, evaluere.

evaporate [iˈvæpəreit] *v* fordampe; få til at fordampe; svinde ind; fordufte; **~d milk** *s* kondenseret mælk; **evaporation** [-ˈreiʃən] *s* fordampning; forsvinden.

evasion [iˈveiʒən] *s* undvigelse; omgåelse; unddragelse; **evasive** [iˈveisiv] *adj* undvigende; ubestemt.

eve [i:v] *s* dagen (el. aftenen) før en helligdag (fx *Christmas E~* juleaften(sdag).

even [ˈi:vn] *adj* jævn, flad, ensartet; lige (fx *numbers* tal) // *adv* lige, netop; selv, tilmed, endog; ~ *if* (el. *though)* selv om; ~ *more* endnu mere; ~ *so* alligevel; ~ *out* udjævne(s); *an ~ match* en jævnbyrdig kamp; *get ~ with* hævne sig på.

evening [ˈi:vniŋ] *s* aften; *in the ~* om aftenen; *this ~* i aften; ~ **class** *s* aftenskole; ~ **dress** *s* selskabstøj; (for kvinder) lang kjole; (for mænd) smoking; ~ **duty** *s* aftenvagt; ~ **gown** *s* lang kjole.

evensong [ˈi:vnsɔŋ] *s* aftenandagt; vesper.

event [iˈvɛnt] *s* begivenhed; *(sport)* disciplin; løb; kamp; *at all ~s* i alle tilfælde; *in the ~ of* i tilfælde af; **~ful** *adj* begivenhedsrig.

eventual [iˈvɛntʃuəl] *adj* endelig, sluttelig; mulig, eventuel; **~ity** [-ˈæliti] *s* mulighed; *in the ~ity of* i tilfælde af; **~ly** [-ˈvɛntʃuəli] *adv* til sidst; efterhånden; senere.

ever [ˈɛvə*] *adv* nogensinde; overhovedet; altid; *the best ~* den bedste nogensinde; *if he ~ comes* hvis han overhovedet kommer; *hardly ~* næsten aldrig; *~ since* lige siden; *~ so pretty* noget så pæn; *for ~* for evig; evig og altid; **~green** *s* stedsegrøn plante (el. træ); (om melodi) evergreen; **~lasting** *adj* evig, stadig.

every [ˈɛvri] *pron* hver; al mulig; ~ *day* hver dag; ~ *other* *day* hveranden dag; ~ *now and then* hvert øjeblik; nu og da; *in ~ way* på alle måder; **~body** *pron* enhver; alle (og enhver); **~day** *adj* daglig, hverdags-; **~one** *pron* d.s.s. *~body;* **~thing** *pron* alt; det hele; **~where** *adv* alle vegne, overalt.

evict [i'vikt] *v* sætte på gaden, sætte ud; **~ion** [-'vikʃən] *s* udsættelse.

evidence ['ɛvidns] *s* tegn *(of* på); beviser; vidneudsagn; *a piece of ~* et bevis; *give ~* vidne, afgive vidnesbyrd; *in ~* tydelig; bemærket; *show ~ of* vise tegn på; **evident** ['ɛvidnt] *adj* indlysende, tydelig, åbenbar.

evil [i:vl] *s* ulykke, onde // *adj* ond, syndig; hæslig; dårlig; **~-doer** *s* misdæder; **~-minded** *adj* ondsindet.

evocative [i'vɔkətiv] *adj* tankevækkende; suggestiv; udtryksfuld.

evoke [i'vəuk] *v* fremmane; fremkalde, vække.

evolution [i:və'lu:ʃən] *s* udvikling; udfoldelse; **evolve** [i'vɔlv] *v* udvikle; udtænke; udvikle sig.

ewe [ju:] *s* hunfår, moderfår.

exact [ig'zækt] *adj* nøjagtig; præcis; rigtig // *v* kræve, afkræve; inddrive; **~ing** *adj* krævende; nøjeregnende; streng; **~itude** *s* nøjagtighed, præcision; **~ly** *adv* netop; nøjagtig(t); lige (akkurat); *not ~ly* ikke ligefrem; *what ~ly do you mean?* hvad mener du helt præcis?

exaggerate [ig'zædʒəreit] *v* overdrive; **~d** *adj* overdreven.

exalt [ig'zɔ:lt] *v* opløfte; ophøje; prise; **~ation** [-'teiʃən] *s* ophøjelse; (sygelig) opstemthed.

exam [ig'zæm] *s* fork.f. *examination.*

examination [igzæmi'neiʃən] *s* undersøgelse; eksamen, prøve; *(jur)* forhør; *medical ~* lægeundersøgelse; *pass an ~* bestå en eksamen; **examine** [ig'zæmin] *v* undersøge; eksaminere; afhøre; **~r** [ig'zæminə*] *s* eksaminator, censor; *(jur)* forhørsdommer.

example [ig'za:mpl] *s* eksempel; forbillede; eksemplar; *for ~* for eksempel.

exasperate [ig'za:spəreit] *v* irritere, gøre rasende.

excavate ['ɛkskəveit] *v* (ud)grave; **excavation** [-'veiʃən] *s* udgravning; **excavator** *s* gravemaskine.

exceed [ik'si:d] *v* overskride; overstige; overgå; **~ingly** *adv* yderst; overordentlig.

excel [ik'sɛl] *v* udmærke sig; overgå; **~lence** ['ɛksələns] *s* fortræffelighed, fortrin; **E~lency** *s: His E~lency* Hans Excellence; **~lent** ['ɛksələnt] *adj* glimrende, strålende.

except [ik'sɛpt] *v* undtage // *adj* undtagen; *~ for* (el. *~ing)* bortset fra at; **~ion** [ik'sɛpʃən] *v* undtagelse; *make an ~ion* gøre en undtagelse; *take ~ion to* gøre indsigelse mod; tage anstød af; *an ~ion to the rule* en undtagelse fra reglen; **~ional** *adj* usædvanlig, enestående.

excerpt ['ɛksə:pt] *s* uddrag; udtog.

excess [ik'sɛs] *s* overflod; overskud; *~* **baggage** *s* overvægtig bagage; **~es** *spl* udskejelser; *~* **fare** *s* tillægsbillet; **~ive** *adj* overdreven, umådeholden; urimelig; *~* **postage** *s* strafporto.

exchange [iks'tʃeindʒ] *s* udveksling; bytte; vekselpenge; valuta; børs; *(tlf)* central // *v* udveksle, bytte; veksle; skifte; *in ~ for* i bytte for; til gengæld for; *foreign ~* fremmed valuta.

exchequer [iks'tʃəkə*] *s: the E~ (brit)* statskassen; finansministeriet.

excise *s* ['εksaiz] forbrugsafgift (el. -skat); ~ **duties** *spl* indirekte skatter; toldafgifter.

excite [ik'sait] *v* ophidse; fremkalde, vække; *get ~d* blive ophidset; *don't get ~d* hids dig nu ikke op; *~ envy* vække misundelse; **~ment** *s* ophidselse; begejstring; uro; **exciting** *adj* spændende; ophidsende.

exclaim [iks'kleim] *v* udbryde; **exclamation** [εksklə'meiʃən] *s* udbrud, udråb; *exclamation mark* udråbstegn.

exclude [iks'klu:d] *v* udelukke, se bort fra; holde ude; **exclusion** [-'klu:ʒən] *s* udelukkelse; **exclusive** [-'klu:siv] *adj* fornem, eksklusiv; speciel; ene- // *adv (merk)* eksklusive; *have the exclusive right of* have eneretten til; *exclusive of VAT* eksklusive moms.

excrete [iks'kri:t] *v* udskille, udsondre; **excretion** *s* udskillelse, udsondring.

excruciating [iks'kru:ʃieitiŋ] *adj* ulidelig; pinefuld.

excursion [iks'kə:ʃən] *s* udflugt, tur; *(fig)* afstikker.

excusable [iks'kju:səbl] *adj* undskyldelig; **excuse** *s* [iks'kju:s] undskyldning; anledning; påskud // *v* [iks'kju:z] undskylde; fritage; *~ me!* undskyld! tillader De? *~ oneself from* bede sig fritaget fra.

execute ['εksikju:t] *v* udføre; iværksætte; spille; opføre; henrette; *(jur)* eksekvere; **~er** *s* bøddel; **execution** [-'kju:ʃən] *s* udførelse; henrettelse; eksekution.

executive [ig'zεkjutiv] *s* ledelse, bestyrelse; leder, chef, direktør // *adj* udøvende; administrativ; ledende; ~ **case** *s* attachétaske; ~ **committee** *s* bestyrelse; forretningsudvalg.

executor [ig'zεkjutə*] *s* udøver; *(jur)* eksekutor (af testamente).

exemplary [ig'zεmpləri] *adj* mønstergyldig, eksemplarisk.

exempt [ig'zεmpt] *adj: ~ from* fritaget for; fri for // *v: ~ sby from* fritage en for; *tax-~* skattefri; **~ion** *s* fritagelse, dispensation.

exercise ['εksəsaiz] *s* anvendelse; udøvelse; øvelse; (i skolen) opgave, stil // *v* anvende; udøve; øve (sig), træne; *take ~* få motion, motionere; ~ **book** *s* øvehæfte, stilehæfte.

exert [ig'zə:t] *v* anvende, bruge; *~ oneself* anstrenge sig; oppe sig; **~ion** [-'zə:ʃən] *s* anvendelse; anstrengelse.

exhaust [ig'zɔ:st] *s* udblæsning; udstrømning // *v* opbruge, udtømme, udmatte; **~ed** *adj* udtømt; udmattet; ~ **fumes** *spl* udstødningsgas; **~ion** *s* udtømning; udmattelse; **~ive** *adj* udtømmende; grundig; ~ **pipe** *s* udstødningsrør.

exhibit [ig'zibit] *s* udstillingsgenstand; *(jur)* bilag, bevismateriale // *v* udstille, fremvise; udvise; **~ion** [εksi'biʃən] *s* udstilling; fremvisning; tilkendegivelse; *make an ~ion of oneself* lave skandale, gøre sig til grin; **~or** [ig'zibitə*] *s* udstiller.

exhilarating [ig'zilәreitiŋ] *adj* opmuntrende, opkvikkende.
exile ['ɛksail] *s* eksil, udlændighed // *v* landsforvise.
exist [ig'zist] *v* eksistere, leve; findes, forekomme; **~ence** *s* eksistens; tilstedeværelse; liv, tilværelse; *be in ~ence* være til, findes.
exit ['ɛksit] *s* udgang; (fra motorvej) frakørsel(svej); *(teat)* udgangsreplik, sortie.
exodus ['ɛksәdәs] *s* udvandring; *E~* 2. mosebog.
exorbitant [ig'zɔ:bitәnt] *adj* urimelig; ublu (fx *prices* priser).
exorcize ['ɛksɔ:saiz] *v* uddrive (fx *an evil spirit* en ond ånd); foretage djævleuddrivelse.
exotic [ig'zɔtik] *adj* eksotisk, fremmedartet.
expand [iks'pænd] *v* udvide; udvide sig; vokse; udbrede sig *(on* om).
expanse [iks'pæns] *s* vid udstrækning, vidtstrakt flade; **expansion** *s* udvidelse; ekspansion; udbredelse.
expect [iks'pɛkt] *v* vente; forvente; kræve, forlange; regne med; antage; *be ~ing* (også:) vente sig; *~ sby to* forvente af en at; forlange af en at; **~ant** *adj* ventende; forhåbningsfuld; vordende; forventet; **~ation** [-'teiʃәn] *s* forventning; *~ations* forhåbninger; fremtidsudsigter.
expedience, expediency [ɛks'pi:diәns(i)] *s* middel; udvej; hensigtsmæssighed; **expedient** *adj* formålstjenlig, hensigtsmæssig.
expedite ['ɛkspәdait] *v* fremskynde; gøre hurtigt; **expedition** [-'diʃәn] *s* ekspedition; opdagelsesrejse; hurtighed; **expeditious** [-'diʃәs] *adj* hurtig.
expel [iks'pɛl] *v* kaste ud; uddrive; fordrive; bortvise.
expend [iks'pɛnd] *v* anvende; forbruge, bruge op; **~able** *adj* som kan opbruges; som kan undværes; **~iture** [iks'pɛnditʃә*] *s* forbrug; udgift.
expense [iks'pɛns] *s* udgift; omkostning; bekostning; *at great ~* med store omkostninger; i dyre domme; *at the ~ of* på bekostning af; *~* **account** *s* udgiftskonto; **expensive** [iks'pɛnsiv] *adj* dyr, kostbar.
experience [iks'piәriәns] *s* erfaring; oplevelse // *v* opleve, komme ud for; erfare; **~d** *adj* erfaren, rutineret.
experiment [iks'pɛrimәnt] *s* forsøg, eksperiment // *v* eksperimentere, lave forsøg; **~al** [-'mɛntl] *adj* forsøgs-, eksperimentel.
expert ['ɛkspә:t] *s* ekspert, specialist // *adj* sagkyndig; dygtig, erfaren; ekspert-.
expire [iks'paiә*] *v* ånde ud; udånde, dø; (om fx kontrakt) udløbe; ophøre.
explain [iks'plein] *v* forklare; gøre rede for; **explanation** [ɛksplә'neiʃәn] *s* forklaring; **explanatory** [iks'plænәtri] *adj* forklarende.
explicit [iks'plisit] *adj* tydelig; bestemt, udtrykkelig.
explode [iks'plәud] *v* eksplodere, springe i luften; sprænge(s).
exploit *s* ['ɛksplɔit] bedrift, dåd // *v* [iks'plɔit] udnytte; udbytte; **~ation** [-'teiʃәn] *s* udnyttelse; udbytning.
exploration [ɛkplә'reiʃәn] *adj* udforskning, undersøgelse; **exploratory** [iks'plɔrәtri] *adj* forberedende, orienterende (fx *talks* forhandlinger); **ex-**

plore [iks'plɔ:*] *v* udforske, undersøge; gå på opdagelse i.
explosion [iks'pləuʒən] *s* eksplosion, sprængning; **explosive** [-'pləusiv] *s* sprængstof // *adj* eksplosiv, spræng-.
exponent [iks'pəunənt] *s* eksponent; repræsentant.
export *s* ['ɛkspɔ:t] eksport, udførsel // *v* [ɛks'pɔ:t] eksportere, udføre; **~ation** [-'teiʃən] *s* eksport; **~er** *s* eksportør.
expose [iks'pəuz] *v* udsætte *(to* for); fremvise; udstille; afsløre (fx *a crime* en forbrydelse); *(foto)* belyse, eksponere; *~ oneself (jur)* krænke blufærdigheden, blotte sig; **exposure** [-'pəuʒə*] *s* det at være udsat; fremvisning; *(foto)* belysning; optagelse; *suffer from exposure* være medtaget af kulde, vejr, vind etc.
express [iks'prɛs] *s* eksprestog; ekspresbesørgelse // *v* udtrykke, udtale; sende ekspres // *adj* udtrykkelig; ekspres-; **~ion** *s* udtryk; tilkendegivelse; **~ive** *adj* udtryksfuld; udtryks-; **~ively** *adv* udtrykkelig; specielt.
expropriate [ɛks'prəuprieit] *v* ekspropriere.
expulsion [iks'pʌlʃən] *s* udstødning; bortvisning; eksklusion.
exquisite ['ɛkskwizit] *adj* udsøgt; meget fin, dejlig.
extend [iks'tɛnd] *v* udstrække, udvide; forlænge; række (ud), strække (ud); **extension** [-'tɛnʃən] *s* udstrækning; udvidelse; forlængelse; tilbygning; *(elek)* forlængerled; *(tlf)* lokalnummer; ekstraapparat; **extensive** [iks'tɛnsiv] *adj* udstrakt, vidtstrakt; omfattende (fx *damage* skader); vidtgående; *he has travelled extensively* han har rejst vidt omkring; **extent** *s* størrelse, udstrækning; omgang; grad; *to some extent* i nogen grad; *to what extent?* i hvor høj grad?
extenuating [iks'tɛnjueitiŋ] *adj* formildende.
exterior [ɛks'tiəriə*] *s* ydre, yderside // *adj* ydre, udvendig.
exterminate [iks'tə:mineit] *v* udrydde, tilintetgøre; **extermination** [-'neiʃən] *s* udryddelse, tilintetgørelse.
external [ɛks'tə:nl] *adj* ydre; udvendig; ekstern; ~ **examiner** *s* (til eksamen) censor; **~ly** *adv* udvendigt, udadtil.
extinct [iks'tiŋkt] *adj* udslukt (fx *volcano* vulkan); uddød; **~ion** *s* slukning; udslettelse; ophævelse.
extinguish [iks'tiŋgwiʃ] *v* slukke; udslette; **~er** *s* (også: *fire ~)* ildslukker.
extort [iks'tɔ:t] *v: ~ sth from sby* aftvinge en ngt; **~ion** [-'tɔ:ʃən] *s* afpresning, aftvingelse; **~ionate** [-'tɔ:ʃənət] *adj* ublu, åger- (fx *prices* priser).
extra ['ɛkstrə] *s* ekstraudgave; *(teat, film)* statist; (også:) ekstranummer; *~s* ekstraudgifter, det ekstra // *adj* ekstra(-).
extract *s* ['ɛkstrækt] ekstrakt; uddrag // *v* [iks'trækt] trække ud (fx *a tooth* en tand); hale ud *(from* af); lave uddrag *(from* af); **~ion** [-'trækʃən] *s* udtrækning; udpresning; udvinding; afstamning.
extradite ['ɛkstrədait] *v* udlevere (en forbryder til et andet land).
extramarital ['ɛkstrə'mæritl] *adj* udenomsægteskabelig.
extramural ['ɛkstrə'mjuərəl] *adj* uden for murene (el. institutionen).

extraordinary [iks'trɔ:dnri] *adj* ekstraordinær; usædvanlig; mærkværdig.
extra time ['ɛkstrə'taim] *s* (i fodbold) forlænget spilletid.
extravagant [iks'trævəgənt] *s* ødsel, flot, ekstravagant; urimelig; overdreven; overspændt.
extreme [iks'tri:m] *s* yderlighed; yderpunkt // *adj* yderst; yderlig; yderliggående; overordentlig; *in the ~* i allerhøjeste grad; *the ~ left* det yderste venstre; **extremist** [-'tri:mist] *s* ekstremist // *adj* yderliggående; **extremity** [iks'trɛmiti] *s* yderpunkt; højdepunkt; det yderste.
extricate ['ɛkstrikeit] *v: ~ sth (from)* befri (el. frigøre) ngt (fra).
extrovert ['ɛkstrəvə:t] *adj* udadvendt.
exuberant [ig'zju:bərnt] *adj* overstrømmende; frodig; overdådig.
exude [ig'zju:d] *v* udsondre, udsive; *(fig)* udstråle (fx *charm* charme).
exult [ig'zʌlt] *v* juble; triumfere.
eye [ai] *s* øje; blik // *v* se på; mønstre; *cast an ~ on* kaste et blik på; *do sby in the ~* (S) tage røven på en; *keep an ~ on* holde øje med; *in the public ~* i offentlighedens søgelys; **~ball** *s* øjeæble; **~bath** *s* øjenbadeglas; **~brow** ['aibrau] *s* øjenbryn; *up to the ~brows* til op over ørerne; **~-catching** *adj* iøjnefaldende; **~drops** *spl* øjendråber; **~ful** *s* (S) flot pige; **~glass** *s* monokel; **~lash** *s* øjenvippe; **~let** *s* snørehul; lille åbning; **~lid** *s* øjenlåg; **~-opener** *s* overraskelse; **~shadow** *s* øjenskygge; **~sight** *s* syn(sevne); *her ~sight is failing* hendes syn er ved at blive svækket; **~sore** *s* skamplet, ngt hæsligt; **~tooth** *s* hjørnetand; **~wash** *s* øjenbadevand; *(fig)* bluff; **~ witness** *s* øjenvidne.
eyrie ['iəri] *s* rovfuglerede.

F

F, f [ɛf].
F. fork.f. *Fahrenheit.*
fabbo ['fæbəu] *adj* (S) skøn, fantastisk.
fable ['feibl] *s* fabel, sagn.
fabric ['fæbrik] *s* (vævet) stof, tekstil; vævning; *a ~ of lies* et væv af løgne; **~ate** *v* opdigte, finde på; forfalske; **~ation** [-'keiʃən] *s* opspind; forfalskning; fremstilling.
fabulous ['fæbjuləs] *adj* fantastisk; fabelagtig; fabel-.
face [feis] *s* ansigt, ansigtsudtryk; forside, facade; overflade // *v* vende ansigtet imod; stå overfor; vende ud mod; beklæde, belægge; *in the ~ of* overfor; *on the ~ of it* tilsyneladende; *lose ~* tabe ansigt; *pull a ~ (at)* vrænge ansigt (ad); *save ~* redde ansigt; *~ up to* se i øjnene; **~ cloth** *s* vaskeklud; **~ lift** *s* ansigtsløftning; (om hus etc) oppudsning.
facetious [fə'si:ʃəs] *adj* spottende, 'morsom'.
face value ['feis'vælju:] *s: take sth at ~ (fig)* tage ngt for pålydende.
facial ['feiʃəl] *adj* ansigts-.
facile ['fæsail] *adj* let; letkøbt; uselvstændig.
facilitate [fə'siliteit] *v* gøre lettere, lette; hjælpe; **facility** *s* lethed; mulighed; behændighed; **facilities** *spl* hjælpemidler, faciliteter; bekvemmeligheder.

facing ['feisiŋ] *s* (på væg etc) beklædning; (på tøj) besætning, opslag, revers // *adj* med front mod, overfor.
fact [fækt] *s* kendsgerning; omstændighed; realitet; *in* ~ faktisk; endog; *the* ~ *is* sagen er; *as a matter of* ~ faktisk; *tell sby the ~s of life* give en seksualundervisning.
faction ['fækʃən] *s* klike, partigruppe, fraktion; splittelse.
factory ['fæktəri] *s* fabrik; ~ **hand** *s* fabriksarbejder.
factual ['fæktjuəl] *adj* faktisk, virkelig; nøgtern.
faculty ['fækəlti] *s* evne, anlæg; fakultet.
fad [fæd] *s* kæphest, mani.
fade [feid] *v* falme, visne; ~ *away* svinde bort, dø hen; ~ *out (film)* tone ud.
fag [fæg] *s* slid, mas; (F) cigaret, smøg; **~ged** *adj: ~ged out* udkørt; **~-end** *s* (F) cigaretskod; sidste del af ngt.
Fahrenheit ['færənait] *s* Fahrenheit (temperaturskala).
fail [feil] *v* svigte; slå fejl, mislykkes; fejle; dumpe; blive svagere; *his courage ~ed* modet svigtede ham; ~ *to* ikke kunne; undlade at; *without* ~ helt bestemt; **~ing** *s* svaghed, fejl, skavank // *præp* i mangel af; **~ure** ['feiljə*] *s* fiasko; nederlag; svigten; sammenbrud.
faint [feint] *s* besvimelse // *v* besvime // *adj* svag, mat; *feel* ~ være utilpas (el. svimmel); *I have not the ~est (idea)* jeg har ingen anelse.
fair [fɛə*] *s* marked, basar // *adj* retfærdig; ærlig, reel; rimelig; smuk; (om kvalitet etc) god, nogenlunde; (om farve) lys, blond; *the* ~ *sex* det smukke køn; ~ **copy** *s* renskrift; **~-ground** *s* markedsplads; tivoli; **~ly** *adv* temmelig; retfærdigt; **~-minded** *adj* retfærdig; ~ **play** *s* ærligt spil; **~way** *s* sejlrende.
fairy ['fɛəri] *s* fe, alf; (S) bøsse; ~ **tale** *s* eventyr.
faith [feiθ] *s* tro, tillid, troskab; **~ful** *adj* tro, trofast; nøjagtig; troende; **~fully** *adv: yours ~fully* ærbødigst, med venlig hilsen.
fake [feik] *s* forfalskning; svindel; (om person) svindler, simulant // *v* forfalske; simulere // *adj* uægte, falsk; *his illness is a* ~ han spiller syg.
falcon ['fɔ:lkən] *s* falk.
fall [fɔ:l] *s* fald; nedgang // *v (fell, fallen* [fɛl, 'fɔ:lən]) falde; aftage; blive; *her face fell* hun blev lang i ansigtet; ~ *back on* falde tilbage på; ~ *behind* komme bagefter (el. bagud); ~ *down* falde ned; (om hus etc) styrte sammen; ~ *down on* svigte; ~ *flat* falde på næsen; ~ *for* falde for; hoppe på; ~ *in* styrte sammen; *(mil)* træde an; ~ *in love* blive forelsket; ~ *in with* gå ind på; stemme overens med; ~ *off* falde af; gå tilbage; blive mindre; ~ *out* blive uvenner; falde ud; ~ *over* vælte, falde om; ~ *over backwards to do sth* være helt vild efter at gøre ngt; ~ *through* falde igennem; mislykkes.
fallen ['fɔ:lən] *pp* af *fall.*
fallout ['fɔ:laut] *s* (radioaktivt) nedfald.
fallow ['fæləu] *adj* gulbrun; brak; ~ **deer** *s* rådyr.
falls [fɔ:ls] *spl* vandfald.
false [fɔ:ls] *adj* falsk; urigtig, forkert; forloren; utro; **~hood** *s* usandhed, løgn; ~ **teeth** *spl* forlorne tænder,

protese.
falsify ['fɔ:lsifai] *v* forfalske.
falter ['fɔ:ltə*] *v* vakle, snuble; (om tale) stamme.
fame [feim] *s* rygte, ry; berømmelse.
familiar [fə'miliə*] *adj* kendt, velkendt; fortrolig; *be ~ with* kende; **~ity** [fəmili'æriti] *s* fortrolighed; **~ize** [fə'miliəraiz] *v: ~ize oneself with* gøre sig fortrolig med.
family ['fæmili] *s* familie; slægt; **~ allowance** *s* børnetilskud; **~ doctor** *s* huslæge; **~ man** *s* familiefar; familiemenneske; **~ name** *s* efternavn; **~ planning** *s* familieplanlægning; **~ way** *s: she is in the ~ way* hun venter familieforøgelse.
famine ['fæmin] *s* hungersnød.
famished ['fæmiʃt] *adj* skrupsulten, 'ved at dø af sult'.
famous ['feiməs] *adj* berømt; **~ly** *adv* glimrende, fortræffeligt.
fan [fæn] *s* vifte; ventilator; (om person) tilhænger, fan // *v* vifte; opflamme; *~ out* spredes (i vifteform); *~ the flame* puste til ilden.
fanatic [fə'nætik] *s* fanatiker // *(også: ~al) adj* fanatisk.
fan belt ['fænˌbɛlt] *s* ventilatorrem.
fancy ['fænsi] *s* fantasi; indbildning; indfald; lyst // *v* mene, tænke sig; have lyst til; *take a ~ to* få lyst til; kaste sin kærlighed på; *it took* (el. *caught) my ~* det faldt i min smag; *~ that...* forestille sig at...; *~ that, now!* nej, tænk engang! *he fancies her* han sværmer for hende; *he fancies himself* han føler sig rigtigt; *~ meeting you here!* tænk at jeg skulle møde dig her! **~ dress** *s* karnevalsdragt; **~-dress ball** *s* karneval, kostumebal.
fang [fæŋ] *s* hugtand, gifttand.
fan heater ['fænˌhi:tə*] *s* varmeblæser; **fan oven** *s* varmluftsovn.
fantastic [fæn'tæstik] *adj* fantastisk; **fantasy** ['fæntəsi] *s* fantasi; grille.
far [fa:*] *adj (farther, farthest* ['fa:ðə*, 'fa:ðist] el. *further, furthest* [fə:ðə*, 'fə:ðist]) fjern; lang; vid // *adv* fjernt; meget; *as ~ as I know* så vidt jeg ved; *as ~ as possible* så vidt muligt; *~ away* langt væk, langt borte; *~ better* meget bedre; *by ~ the best* langt det bedste; *~ from* langt fra; *so ~ I have not seen him* hidtil har jeg ikke set ham; *so ~ so good* så langt så godt; det var det; **~away** *adj* fjern.
fare [fɛə*] *s* kost, mad; billetpris, takst, kørepenge; (i taxi) passager // *v* klare sig; *'~s, please!'* 'billettering!'.
Far East ['fa:r'i:st] *s: the ~* Det fjerne Østen // *adj* fjernøstlig.
farewell ['fɛə'wɛl] *s* farvel, afsked.
far... ['fa:-] sms: **~-fetched** *adj* usandsynlig, søgt; **~-gone** *adj* langt nede (el. ude).
farm [fa:m] *s* (bonde)gård // *v* drive landbrug, dyrke jorden; **~er** *s* landmand, bonde; **~hand** *s* landarbejder; **~house** *s* bondegård, stuehus; **~ing** *s* landbrug; **~land** *s* landbrugsjord; **~yard** *s* gårdsplads.
far... ['fa:*-] sms: **~-off** *adj* fjern; **~-out** *adj* fjern; yderliggående; fantastisk; **~-reaching** *adj* vidtrækkende; **~-sighted** *adj* fremsynet; vidtskuende; langsynet.
fart [fa:t] *s* (F) prut, fis // *v*

prutte, fise.
farther ['fa:ðə*] *(komp* af *far)* fjernere; længere; **farthest** ['fa:ðist] *(sup* af *far)* fjernest, længst; *at the farthest* højst.
fascinate ['fæsineit] *v* fængsle; betage; **fascinating** *adj* betagende; spændende; **fascination** [-'neiʃən] *s* fortryllelse.
fashion ['fæʃən] *s* mode; manér; facon // *v* danne, forme; *after a* ~ på en måde; *in* ~ på mode; *out of* ~ gået af mode; **~able** *adj* moderne; mondæn, fashionabel; ~ **show** *s* modeopvisning.
fast [fa:st] *s/v* faste // *adj/adv* hurtig, rask; (om ur) for stærkt; (om farve) vaskeægte; *fall* ~ *asleep* falde i dyb søvn.
fasten [fa:sn] *v* gøre fast; lukke; hæfte; knappe; hænge fast; ~ *down* fæstne; ~ *on an idea* bide sig fast i en idé; **~er** *s* lukker; **~ing** *s* lukkemekanisme, lukning.
fastidious [fæs'tidiəs] *adj* kræsen; forvænt.
fat [fæt] *s* fedt(stof) // *adj* fed, tyk; *a* ~ *lot of good that is going to do!* (F) det skal fedt hjælpe! *the* ~ *is in the fire* (F) nu brænder lokummet.
fatal [feitl] *adj* skæbnesvanger, fatal; dødelig (fx *wound* sår); **~ism** *s* fatalisme; **~ity** [fə'tæliti] *s* farlighed; dødelighed; dødsulykke.
fate [feit] *s* skæbne; død, undergang; *as sure as* ~ så sikkert som amen i kirken; **~ful** *adj* skæbnesvanger; vigtig.
father ['fa:ðə*] *s* fader, far; **F~ Christmas** *s* julemanden; **~-in-law** *s* svigerfar.
fathom ['fæðəm] *s* favn *(6 feet,* 1,8 m) // *v (mar)* lodde, måle dybden; *(fig)* sondere; komme til bunds i.
fatigue [fə'ti:g] *s* træthed, udmattelse.
fatten ['fætn] *v* fede; blive fed; **fatty** *adj* fed, fedtet.
fault [fɔ:lt] *s* fejl; *(geol)* forkastning // *v* fejle; kritisere, finde fejl; *(sport)* dømme for fejl; *it's my* ~ det er min skyld; *find* ~ *with* bebrejde; kritisere; *be at* ~ have skylden; *(fig)* være på vildspor; *to a* ~ til overmål; i urimelig grad; **~less** *adj* fejlfri; **~y** *adj* fuld af fejl, mangelfuld, defekt.
favour ['feivə*] *s* gunst, velvilje; tjeneste // *v* støtte, billige; begunstige, favorisere; *do sby a* ~ gøre en en tjeneste; *in* ~ *of* til fordel for; *out of* ~ i unåde; **~able** *adj* gunstig; imødekommende; favorabel; **~ite** [-rit] *s* yndling, favorit // *adj* yndlings-.
fawn [fɔ:n] *s* hjortekalv, råkid // *v* (om hjort) kælve; (om hund) logre; *adj* (også: *~-coloured)* lysebrun; ~ *(up)on sby* sleske (el. krybe) for en.
fear [fiə*] *s* frygt, angst // *v* frygte, være bange (for); *for* ~ *of* af frygt for; *no* ~*!* det er der ingen fare for; ikke tale om; **~ful** *adj* frygtsom; frygtelig; **~less** *adj* uforfærdet; **~some** *adj* skrækkelig.
feasibility [fi:zə'biliti] *s* gennemførlighed; **feasible** ['fi:zibl] *adj* gennemførlig; mulig; rimelig.
feast [fi:st] *s* fest; banket; *(rel:* også: ~ *day)* højtid // *v* holde gilde; traktere; ~ *on* nyde; fryde sig over.
feat [fi:t] *s* dåd, bedrift.
feather ['fɛðə*] *s* fjer; *they are birds of a* ~ de er to alen af et stykke; **~-weight** *s (sport)* fjervægt.
feature ['fi:tʃə*] *s* ansigtstræk;

karakteristisk træk; (i avis) kronik, avisrubrik; indslag // *v* kendetegne; byde på; *a film featuring NN* en film med NN i hovedrollen; ~ **film** *s* spillefilm; ~**less** *adj* uinteressant, uden særpræg; ~**s** *spl* (om ansigt) træk.

February ['fɛbruəri] *s* februar.

fed [fɛd] *præt* og *pp* af *feed; ~ up with* led og ked af, træt af.

federal ['fɛdərəl] *adj* forbunds-; **federation** [-'reiʃən] *s* forbund, føderation.

fee [fi:] *s* honorar; afgift, gebyr; skolepenge.

feeble [fi:bl] *adj* svag, mat; hjælpeløs; ~-**minded** *adj* åndssvag.

feed [fi:d] *s* foder, føde; (F) måltid // *v (fed, fed)* fodre, give mad; ernære; (om baby) amme; (om maskine) tilføre, påfylde; ~ *on* leve af; ~**back** *s* tilbagemelding, feedback.

feel [fi:l] *s* følelse; stemning; præg // *v (felt, felt)* føle, mærke; have på fornemmelsen; synes, tænke; *get the ~ of a place* lodde stemningen på et sted; ~ *about* (el. *around)* famle; ~ *bad about* ikke rigtig kunne lide; have dårlig samvittighed over; ~ *better* have det bedre; ~ *hungry* være sulten; ~ *like screaming* have lyst til at skrige; *it ~s like silk* det føles som silke; *it ~s soft* det er blødt at føle på; ~ *sorry for* have ondt af; ~**er** *s (zo)* følehorn; *put out ~ers (fig)* stikke en føler ud; ~**ing** *s* følelse, fornemmelse; stemning.

feet [fi:t] *spl* af *foot;* (som mål) fod.

feign [fein] *v* foregive, simulere; finde på.

felicitations [filisi'teiʃəns] *spl* lykønskninger.

fell [fɛl] *v* fælde, hugge om; slå ned; sy kapsøm; *præt* af *fall.*

fellow ['fɛləu] *s* fyr, kammerat; kollega; medlem (af selskab osv); stipendiat; *(univ)* lærer ved kollegium; *their ~ students* deres studenterkammerater; ~ **citizen** *s* medborger; ~ **countryman** *s* landsmand; ~ **men** *spl* medmennesker; ~**ship** *s* fællesskab, kammeratskab; selskab, sammenslutning; *(univ)* stipendium; ~ **traveller** *s* medrejsende.

felt [fɛlt] *s* filt; (filt)hat // *præt* og *pp* af *feel;* ~-**tip (pen)** *s* filtpen, spritpen, (F) tusse.

female ['fi:meil] *s* kvinde; *(neds)* kvindemenneske; *(zo)* hun(dyr) // *adj* kvindelig; *(zo)* hun-; ~ **impersonator** *s* drag; transvestit.

feminine ['fɛminin] *adj* kvindelig, feminin; *(gram)* hunkøns-; **feminist** *s* kvindesagsforkæmper, feminist.

fen [fɛn] *s* engmose.

fence [fɛns] *s* hegn, stakit, plankeværk; *(sport)* fægtning // *v* (også: ~ *in)* indhegne // *v* fægte; *(fig)* vige udenom; ~**ing** *s (sport)* fægtning; indhegning.

fend [fɛnd] *v* afværge; ~ *for oneself* klare sig (selv); ~ *off* undgå, afværge.

fender ['fɛndə*] *s* kamingitter; stødfanger, kofanger.

ferment *s* ['fə:mɛnt] gæring // *v* [fə'mɛnt] gære; ~**ation** *s* gæring.

fern [fə:n] *s* bregne.

ferocious [fə'rəuʃəs] *adj* vild; grusom; glubsk; **ferocity** [fə'rɔsiti] *s* vildskab; grusomhed.

ferret ['fɛrit] *v: ~ out* opsnuse; ~ *out the secret* lokke hemmeligheden ud af en.

ferry ['fɛri] *s* færge // *v* færge, overføre; transportere.
fertile ['fə:tail] *adj* frugtbar; frodig (fx *imagination* fantasi); **fertility** [fə'tiliti] *s* frugtbarhed; **fertilize** ['fə:tilaiz] *v* gøde; befrugte; **fertilizer** ['fə:tilaizə*] *s* (kunst)gødning.
fervent ['fə:vənt] *adj* varm, glødende, ivrig.
festival ['fɛstivəl] *s (rel)* højtid; fest, festival; **festive** ['fɛstiv] *adj* festlig, glad; *the festive season* julen; **festivities** [fɛs'tivitiz] *spl* festligheder.
fetch [fɛtʃ] *v* hente; (ved salg) indbringe; **~ing** *adj* charmerende; fængslende.
fetters ['fɛtəz] *spl* lænker, tvang.
feud [fju:d] *s* fejde; **~alism** *s* feudalisme.
fever ['fi:və*] *s* feber; **~ish** *adj* febril, med feber; febrilsk.
few [fju:] *adj* få, ikke mange; *a ~* nogle få; *quite a ~* ret mange; en hel del; *in a ~ days* om et par dage.
fiancé, fiancée [fi'a:ŋsei] *s* forlovede.
fib [fib] *s* (F) løgnehstorie.
fibre ['faibə*] *s* fiber, trævl; *(fig)* karakter, kaliber; **~-board** *s* træfiberplade; **~-glass** *s* glasfiber.
fickle [fikl] *adj* svingende, vægelsindet, skiftende.
fiction ['fikʃən] *s* skønlitteratur, prosa; opspind; **fictitious** [fik'tiʃəs] *adj* opdigtet; fiktiv, fingeret.
fiddle [fidl] *s* violin; (F) fupnummer, fusk // *v* (F) lave fup med; forfalske; *as fit as a ~* (F) frisk som en fisk; *~ with* pille ved; **~-proof** *adj* pillesikker (fx *switch* kontakt); **~r** *s* spillemand; (F) fupmager; **~sticks** *spl* vrøvl, sludder.
fidelity [fi'dɛliti] *s* troskab; omhu.
fidget ['fidʒit] *v* være rastløs, vimse rundt; pille, fingerere; **~y** *adj* rastløs, febrilsk.
field [fi:ld] *s* mark; område, felt; *(sport)* bane; **~ day** *s* stor dag, skøn dag; **~ glasses** *spl* (felt)kikkert; **~work** *s* arbejde i marken.
fiend [fi:nd] *s* djævel, satan; **~ish** *adj* djævelsk.
fierce [fiəs] *adj* vild; rasende; voldsom, barsk (fx *wind* blæst).
fiery ['faiəri] *adj* brændende, hed; heftig; fyrig.
fifteen ['fif'ti:n] *num* femten; **fifth** [fifθ] *s* femtedel // *num* femte; **fiftieth** ['fiftiiθ] *num* halvtredsindstyvende; **fifty** ['fifti] *num* halvtreds.
fig [fig] *s* figen(træ).
fight [fait] *s* kamp; slagsmål; skænderi // *v (fought, fought* [fɔ:t]) kæmpe, slås; bekæmpe; bekæmpe; *have a ~* slås; skændes; *put up a ~* kæmpe bravt; *~ back* kæmpe imod; slå tilbage; **~er** *s* kriger; slagsbroder; bokser; *(fly)* jager; **~ing** *s* kamp // *adj* kæmpende; *~ing fit* i topform; *~ing mad* lynende gal; **~ing spirit** *s* kampgejst.
figurative ['figjurətiv] *adj* billedlig, overført; blomstrende.
figure ['figə*] *s* figur, skikkelse; tal // *v* afbilde; optræde; figurere; beregne; *~ out* regne ud; finde ud af; *that ~s!* det stemmer! **~head** *s (mar)* galionsfigur; *(fig)* stråmand; **~ of speech** *s* talemåde; **~ skating** *s* kunstskøjteløb.
filament ['filəmənt] *s* tråd, fiber; (i pære) glødetråd; *(bot)* støvtråd.
file [fail] *s* fil; brevordner, arkiv, kartotek; akter, sag; *(edb)*

fil // *v* file; ordne, arkivere; indgive ansøgning; *in single* ~ i gåsegang; ~ *in* komme ind en og en; ~ *past* defilere forbi; **filing** *s* arkivering; **filing cabinet** *s* arkivskab.

fill [fil] *v* fylde; optage; stoppe; ~ *a tooth* plombere en tand; ~ *in* udfylde; fylde op; ~ *it up, please! (auto)* fyld tanken op; *eat one's* ~ spise sig mæt; *he had his* ~ han fik nok.

fillet ['filit] *s* filet, mørbrad; liste (af fx træ) // *v* filere, filettere.

filling ['filiŋ] *s* (om mad) fyld; fyldning; (om tand) plombe(ring).

film [film] *s* film; hinde // *v* filme; ~ **star** *s* filmstjerne.

filter ['filtə*] *s* filter // *v* filtrere; sive igennem; ~ **lane** *s* frakørselsbane; ~ **tipped** *adj* (om cigaret) med filter.

filth [filθ] *s* snavs, skidt; *(fig)* sjofelheder; **~y** *adj* snavset, beskidt; sjofel; *~y rich* (F) stenrig.

fin [fin] *s* (om fisk) finne.

final [fainl] *s* slutkamp, finale // *adj* endelig, afsluttende; afgørende; **~ize** ['fainəlaiz] *v* afslutte; godkende; **~ly** *adv* endelig, til sidst; **~s** *spl* afsluttende eksamen.

finance [fai'næns] *s* finans // *v* finansiere; **financial** [-'nænʃəl] *adj* finans-, penge-; **financier** [-'nænsiə*] *s* finansmand, financier.

find [faind] *v (found, found* [faund]) finde; opdage; skaffe; ~ *sby guilty (jur)* kende en skyldig; ~ *out* opdage, finde ud af; **~ings** *spl (jur)* kendelse; konstatering.

fine [fain] *s* bøde // *v (jur)* idømme en bøde, give bødeforlæg // *adj* fin, glimrende, smuk; *the* ~ *arts* de skønne kunster; *you are a* ~ *fellow!* du er en køn en! **~ry** *s* pynt, stads.

finger ['fiŋgə*] *s* finger; (ur)viser // *v* fingerere; berøre; **~nail** *s* fingernegl; **~print** *s* fingeraftryk; **~tip** *s* fingerspids.

finish ['finiʃ] *s* afslutning; efterbehandling, overfladebehandling; *(sport)* opløb // *v* ende, gøre færdig, (af)slutte; færdigbehandle; ~ *sby off* gøre det af med en; ~ *up with* slutte (af) med; **~ing line** *s* mållinje; **~ing school** *s* privat skole for unge piger; **~ing touch** *s* en sidste afpudsning.

Finn [fin] *s* finne; **~ish** *s/adj* finsk.

fir [fə:*] *s* gran(træ); ~ **cone** *s* grankogle.

fire ['faiə*] *s* ild, (ilde)brand; bål; lidenskab // *v* fyre; affyre (fx *a gun* et gevær); antændes; *(fig)* opflamme; *on* ~ i brand; **~arm** *s* skydevåben; ~ **brigade** [bri'geid] *s* brandvæsen; ~ **engine** *s* brandbil; ~ **escape** *s* brandtrappe; ~ **extinguisher** *s* ildslukker; ~ **master** *s* brandchef; **~place** *s* kamin, ildsted, pejs; **~proof** *adj* brandsikker; ildfast; **~wood** *s* brænde; **~works** *spl* fyrværkeri; **firing** *s* skydning; **firing squad** *s* henrettelsespeloton.

firm [fə:m] *s* firma // *adj* fast; bestemt; **~ness** *s* fasthed; bestemthed.

first [fə:st] *s* førsteplads; (ved eksamen) første karakter; *(auto)* første gear // *adj* først // *adv* før, hellere; for det første; *at* ~ i begyndelsen, først; ~ *of all* allerførst, først og fremmest; ~ **aid** *s* førstehjælp; **~-aid kit** *s* førstehjælpskasse; ~ **class** *s: travel ~ class* rejse på første klasse; **~-class** *adj* førsteklasses; **~-hand** *adj* førstehånds; **~ly** *adv* for det første; ~ **name** *s* fornavn; ~ **night** *s* premiere(aften); **~-rate** *adj* førsteklasses, førsterangs.

firth [fə:θ] *s* fjord.

fiscal ['fiskəl] *adj* skatte-, fiskal-; ~ **year** *s* skatteår.

fish [fiʃ] *s (pl: ~* el. *~es)* fisk // *v* fiske (i); *~ a river* fiske i en flod; *go ~ing* tage på fisketur; *have other ~ to fry (fig)* have andet at lave (el. tage sig af); *he is a queer ~* han er en sær snegl; **~erman** *s* fisker; **~ery** *s* fiskeri; ~ **fingers** *spl (gastr)* fiskestave; **~ing boat** *s* fiskerbåd; **~ing line** *s* fiskesnøre; **~ing rod** *s* fiskestang; **~ing tackle** *s* fiskeredskaber; **~monger** *s* fiskehandler; ~ **slice** *s* paletkniv; **~y** *adj* fiske- (fx *smell* lugt); *(fig)* mistænkelig, suspekt; *there's sth ~y about it* der er ngt muggent ved det.

fist [fist] *s* næve; (om skrift) klo.

fit [fit] *s* anfald, tilfælde; pasform // *v* udstyre; indrette; tilpasse; (om tøj) passe; passe til; *this dress is a good ~* denne kjole passer (el. sidder) godt; *~ for* egnet til; *~ in* passe ind, få plads til; *~ out* (el. *up)* udstyre, ekvipere; *~ to* egnet til at; værdig til at; **~ful** *adj* stødvis; urolig; **~ment** *s* tilbehør; indbygget skab; element; **~ness** *s* egnethed; duelighed; form, kondition; **~ted** *adj* specielt fremstillet; *~ted cupboards* skabselementer; **~ter** *s* montør; tilskærer; **~ting** *s* montering; (om tøj) prøvning // *adj* passende; **~tings** *spl* installationer.

five [faiv] *num* fem; **~r** *s* (F) fempundseddel.

fix [fiks] *s: be in a ~* være i knibe; *get a ~* (S) få en sprøjte (narkotika), 'fikse' // *v* fæste, gøre fast; reparere; klare, fikse; fastsætte; **~ed** *adj* fast (fx *price* pris); **~ture** ['fikstʃə*] *s* fast tilbehør (el. inventar); *(sport)* sportskamp (som led i turneringsplan).

fizz [fiz] *v* bruse, moussere; syde.

fizzle [fizl] *v* bruse; *~ out* fuse ud, mislykkes.

flabbergasted ['flæbəga:stid] *adj* lamslået, paf.

flabby ['flæbi] *adj* slatten; lasket; holdningsløs.

flaccid ['flæksid] *adj* slatten, slap.

flag [flæg] *s* flag; (også: *~stone)* flise // *v* hænge slapt; dø hen; *~ of convenience* bekvemmelighedsflag; *fly the ~* lade flaget vaje; *~ down* (begynde at) standse.

flagpole ['flægpəul] *s* flagstang.

flagrant ['fleigrənt] *adj* åbenbar; skrigende; skamløs.

flake [fleik] *s* flage; (sne)fnug; (sæbe)spån // *v: ~ (off)* skalle af.

flamboyant [flæm'bɔiənt] *adj* festlig; farvestrålende; overlæsset, prangende.

flame [fleim] *s* flamme, lue // *v* flamme, blusse; **flaming** *adj* flammende; (F) forbandet, fandens; **flammable** ['flæməbl] *adj* brændbar.

flan [flæn] *s (gastr)* tærte.

flank [flæŋk] *s* flanke, side // *v* flankere.

flannel ['flænl] *s* (om stof) flannel, flonel; (også: *face ~)* vaskeklud; (F) smiger; **~s** *spl* flannelsbukser.

flap [flæp] *s* klap, lem; snip; hatteskygge // *v* daske, baske; hænge slapt ned; (F, også: *be in a ~)* blive (el. være) forfjamsket; **~-eared** *adj* med flyveører.

flare [flɛə*] *s* flakkende lys; nødblus, signallys; (om skørt) svaj, strutten // *v: ~ up* blusse op; *(fig)* fare op; **~d, flaring** *adj* (om bukser el. skørt) med svaj.

flash [flæʃ] *s* blink; lynglimt; (også: *news ~)* kort nyhedsmeddelelse; *(foto)* blitz // *v* blinke, lyne; lade skinne frem; prale med; *in a ~* på et øjeblik; *~ one's headlights* blinke med forlygterne; *~ by* (el. *past)* stryge (el. drøne) forbi; **~back** *s (film)* tilbageblik; **~bulb** *s (foto)* blitzpære: **~er** *s (auto)* blinklys; **~y** *adj (neds)* smagløs, overlæsset, prangende.

flask [fla:sk] *s* flaske, lommelærke; (også: *vacuum ~)* termoflaske.

flat [flæt] *s* lejlighed; flade; punktering // *adj* flad, jævn; direkte; (om smag) fad, doven; (om lyd) tonløs; *B-flat minor (mus)* b-moll; *E-flat major (mus)* es-dur; **~-footed** *adj* platfodet; **~ly** *adv* direkte, rent ud; kategorisk; **~-nose pliers** *spl* fladtang.

flatter ['flætə*] *v* smigre; **~er** *s* smigrer; **~ing** *adj* smigrende; flatterende; **~y** *s* smiger.

flatulence ['flætjuləns] *s* tarmluft, fjert; *(fig)* svulstighed.

flaunt [flɔ:nt] *v* flagre; knejse; skilte med.

flavour ['fleivə*] *s* aroma, smag; *(fig)* duft // *v* give aroma (el. smag); *add ~ to* krydre, tilsætte smagsstoffer; *vanilla ~ed* med vanillesmag; **~ing** *s* krydderi; tilsmagning; kunstigt smagsstof.

flaw [flɔ:] *s* (skønheds)fejl; mangel; svaghed; **~less** *adj* fejlfri.

flax [flæks] *s (bot)* hør; **~en** *adj* hør-; hørgul, blond.

flay [flei] *v* flå.

flea [fli:] *s* loppe; ~ **market** *s* loppemarked.

fleck [flæk] *s* plet, stænk.

fleece [fli:s] *s* skind, uld // *v* (F) plukke, flå.

fleet [fli:t] *s* flåde, flådestyrke; (om lastbiler etc) konvoj; vognpark.

fleeting [fli:tiŋ] *adj* flygtig, forbigående.

flesh [flɛʃ] *s* kød; **~y** *adj* kødfuld.

flew [flu:] *præt* af *fly.*

flex [flɛks] *v* bøje; *~ the muscles* spille med musklerne; **~ibility** [-'biliti] *s* bøjelighed; smidighed; **flexible** ['flɛksəbl] *adj* bøjelig; smidig, fleksibel.

flick [flik] *s* knips, svirp; *the ~s* (F) biffen // *v: ~ through* bladre igennem.

flicker ['flikə*] *s* flakken; flagren // *v* flimre, flakke.

flick knife ['fliknaif] *s (pl: -knives* [-naivz]) springkniv.

flier (el. *flyer)* ['flaiə*] *s* (om person) flyver.

flight [flait] *s* flugt; flyvning, flyvetur; *take ~* flygte; *a ~ of stairs* en trappe; ~ **deck** *s* startdæk; **~y** *adj* flyvsk; forfløjen.

flimsy ['flimzi] *adj* tynd; spinkel; overfladisk.

flinch [flintʃ] *s* vige tilbage; krympe sig *(from* for).

fling [fliŋ] *v (flung, flung* [flʌŋ]) kaste, smide, kyle.

flip [flip] *s* knips; lille tur // *v* daske, tjatte; (F) flippe ud.

flippant ['flipənt] *adj* næsvis, flabet.

flirt [flə:t] *s* kokette, flirt // *v* filme, flirte; **~ation** [-ˈteiʃən] *s* flirt, koketteri.
float [fləut] *s* tømmerflåde; (til fiskeri) flåd; *(tekn)* svømmer // *v* flyde, drive; oversvømme; (om tømmer) flåde; *(merk,* om kurs) lade flyde; **~ing** *adj* flydende.
flock [flɔk] *s* flok; hob; (om dyr) hjord // *v* flokkes; strømme.
flog [flɔg] *v* piske, banke, slå.
flood [flʌd] *s* højvande; oversvømmelse; strøm // *v* oversvømme; *~ed with light* badet i lys; *the F~* Syndfloden; **~light** *s* projektør // *v* projektørbelyse.
floor [flɔ:*] *s* gulv; etage; bund // *v* lægge gulv i; jorde, sætte til vægs; *ground ~* stueetage; **~board** *s* gulvbræt; **~ polish** *s* bonevoks; **~ show** *s* varietéshow.
flop [flɔp] *s* fiasko; klask // *v* baske; klaske; plumpe ned; have fiasko.
floppy [ˈflɔpi] *adj* slatten, løsthængende; **~ disk** *s (edb)* diskette.
floral [flɔ:rl] *adj* blomster-; **florid** [ˈflɔ:rid] *adj* blomstrende; rødmosset; **florist** [ˈflɔ:rist] *s* blomsterhandler.
flotsam [ˈflɔtsəm] *s* vraggods.
flour [ˈflauə*] *s* mel.
flourish [ˈflʌriʃ] *s* sving; forsiring, krusedulle; *(mus)* fanfare, touche // *v* blomstre, trives; svinge med; prale med.
flow [fləu] *s* strøm; (*mods* ebbe) flod // *v* strømme, flyde; (om vand) stige; (om hår) hænge løst.
flower [ˈflauə*] *s* blomst; blomstring // *v* blomstre; **~ bed** *s* blomsterbed; **~pot** *s* urtepotte; **~y** *adj* blomstrende; med blomster.
flown *pp* af *fly.*
flu [flu:] *s* (F) influenza.
fluctuate [ˈflʌktjueit] *v* svinge, variere; **fluctuation** [-ˈeiʃən] *s* vaklen, svingning; *(merk)* kurssvingning.
fluency [ˈflu:ənsi] *s* lethed, talefærdighed.
fluent [flu:ənt] *adj* flydende.
fluff [flʌf] *s* dun, fnug; **~y** *adj* dunet, blød; **~y toy** *s* blødt legedyr.
fluid [ˈflu:id] *s* væske // *adj* flydende; **~ ounce** *s* sv.t. 0,028 liter.
flung [flʌŋ] *præt* og *pp* af *fling.*
flunk [flʌŋk] *v* dumpe (fx *an exam* til eksamen); lade dumpe.
fluorescent [fluəˈrɛsnt] *adj* fluorescerende; **~ light** *s* lysstofrør.
fluoride [ˈfluəraid], **fluorine** [ˈfluərin] *s* fluor.
flurry [ˈflʌri] *s* hastværk; uro; vindstød; snebyge; *a ~ of activity* en hektisk aktivitet.
flush [flʌʃ] *s* rødmen; opbrusen // *v* rødme; skylle ud // *adj* fuld, svulmende; velbeslået; *~ the toilet* skylle ud, trække i snoren; **~ed** *adj* rød i hovedet.
fluster [ˈflʌstə*] *s* forfjamskelse; **~ed** *adj* forfjamsket; forskræmt.
flute [flu:t] *s* fuge; *(mus)* fløjte; **~ed** [ˈflu:tid] *adj* riflet.
flutter [ˈflʌtə*] *s* flagren, basken // *v* baske med, blafre; (om person) være nervøs, være ophidset.
flux [flʌks] *s* strøm; flyden; *(med)* udflåd.
fly [flai] *s* flue; (i bukser) gylp // *v (flew, flown* [flu:, fləun]) flyve; fare; lade vaje (fx *the flag* flaget); flygte; *~ at* fare løs på; *~ open* (om dør etc) springe op; **~er** (også: *flier) s*

(om person) flyver; **~ing** *s* flyvning // *adj* flyvende, hurtig; *a ~ing visit* en lynvisit; *with ~ing colours* med glans; **~ing fish** *s* flyvefisk; **~ing saucer** *s* flyvende tallerken; **~ing start** *s* flyvende start; **~over** *s* overføring (over vej); **~past** *s* forbiflyvning i formation; **~sheet** *s* (på telt) oversejl; **~wheel** *s* svinghjul.
foal [fəul] *s* føl // *v* fole.
foam [fəum] *s* skum, fråde; (også: *plastic ~, ~ rubber)* skumgummi // *v* skumme.
f.o.b. [fɔb] (fork.f. *free on board) (merk)* frit ombord.
focal [fəukl] *adj* fokal; *the ~ point* brændpunktet.
focus ['fəukəs] *s (pl: ~es)* brændpunkt, fokus // *v (foto* etc) indstille, fokusere; (om lys) samle, koncentrere; **in ~** skarp; *out of ~* uskarp.
fodder ['fɔdə*] *s* foder // *v* fodre.
foe [fəu] *s* (H) fjende.
foetus ['fi:təs] *s* foster.
fog [fɔg] *s* tåge; **~gy** *adj* tåget, dugget; sløret; *I haven't the ~giest* jeg har ikke den fjerneste anelse.
foil [fɔil] *s* (metal)folie; (også: *kitchen ~)* aluminiumsfolie, sølvpapir // *v* forpurre; narre.
fold [fəuld] *s* fold, ombøjning; fårefold // *v* folde, lægge sammen; *~ up* folde, lægge sammen; bryde sammen; måtte lukke; **~er** *s* folder, brochure; charteque; **~ing** *adj* sammenklappelig; *~ing bed* klapseng; *~ing chair* klapstol.
foliage ['fəuliidʒ] *s* blade, løv.
folk [fəuk] *spl* folk, mennesker // *adj* folke-; **~lore** *s* folkeminder, folklore; **~s** *spl* familie.
follow ['fɔləu] *v* følge (efter); efterfølge; følge med; være en følge (af); *it ~s that...* heraf følger at...; *~ suit* følge trop, gøre ligeså; *~ up* følge op; forfølge; *with drinks to ~* med drinks ovenpå; **~er** *s* ledsager; tilhænger; **~ing** *s* følge, tilhængere // *adj* følgende // *præp* efter.
folly ['fɔli] *s* dumhed, dårskab.
fond [fɔnd] *adj* kærlig, øm; *be ~ of* holde af, kunne lide, elske.
fondle [fɔndl] *v* kæle for.
fondness ['fɔndnis] *s* kærlighed, ømhed; *a special ~ for* en særlig svaghed for.
food [fu:d] *s* mad, føde; **~ mixer** *s* køkkenmaskine; **~ poisoning** *s* madforgiftning; **~ processor** *s* køkkenmaskine; **~stuffs** *spl* fødevarer.
fool [fu:l] *s* fjols, nar; *(gastr)* flødeskum med frugtpuré (fx *strawberry ~* jordbærskum) // *v* narre; fjolle, pjatte; *~ around* fjolle rundt; *make a ~ of oneself* gøre sig til grin; **~hardy** *adj* dumdristig; **~ish** *adj* dum; latterlig; **~proof** *adj* idiotsikker.
foot [fu:t] *s (pl: feet* [fi:t]) fod; sokkel; engelsk fod *(12 inches,* 30,48 cm) // *v* (om regning) betale; *on ~* til fods; **~ and mouth (disease)** *s* mund- og klovsyge; **~ball** *s* fodbold; **~baller** *s* fodboldspiller; **~brake** *s* fodbremse; **~bridge** *s* gangbro; **~hold** *s* fodfæste; **~ing** *s* fodfæste; fundament; *lose one's ~ing* miste fodfæstet; *on an equal ~ing* på lige fod; **~lights** *spl* rampelys; **~note** *s* fodnote; **~path** *s* gangsti, fortov; **~print** *s* fodspor; **~prints** *spl (tekn)* rørtang; **~rest** *s* fodstøtte; **~step** *s* fodspor; **~wear** *s* skotøj, fodtøj.

for [fɔ:*] *præp* for, til; (om tidsrum) i // *konj* for, thi; *~ all I know* så vidt jeg ved; *I haven't seen him ~ weeks* jeg har ikke set ham i flere uger; *he went down ~ the paper* han gik ned efter avisen; *~ sale* til salg.

forbad(e) [fə'bæd] *præt* af *forbid.*

forbearing [fɔ:'bɛəriŋ] *adj* tålmodig; overbærende.

forbid [fə'bid] *v (forbad(e), forbidden* [fə'bæd, fə'bidn]) forbyde; hindre; **~den** *adj* forbudt; **~ding** *adj* afskrækkende, uhyggelig.

force [fɔ:s] *s* kraft, styrke; *the F~s* militæret // *v* tvinge; presse; forcere; *in ~* i stort tal, mandstærkt; *come into ~* træde i kraft; **~d** *adj* tvunget; unaturlig; **~ful** *adj* kraftig, stærk; **~meat** *s* kødfars.

forceps [fɔ:sɛps] *spl* tang.

forcibly ['fɔ:səbli] *adv* med magt.

fore. . . ['fɔ:*-] sms: **~arm** *s* underarm; **~boding** [-'bəudiŋ] *s* forudanelse; *~bodings pl* bange anelser; **~cast** *s* forudsigelse, prognose; (også: *weather ~)* vejrudsigt // *v* [-'ka:st] forudsige, forudse; **~fathers** *spl* forfædre; **~finger** *s* pegefinger; **~go** [-'gəu] *v* se *forgo;* **~ground** *s* forgrund; **~head** ['fɔrid] *s* pande.

foreign ['fɔrin] *adj* fremmed, udenlandsk; udenrigs- (fx *trade* handel); *~* **body** *s* fremmedlegeme; **~er** *s* udlænding; *~* **exchange rate** *s* valutakurser; *~* **minister** *s* udenrigsminister; *the* **F~ Office** *s (brit)* udenrigsministeriet.

foreleg ['fɔ:lɛg] *s* forben.

foremost ['fɔ:məust] *adj* forrest, først; mest fremragende.

forensic [fə'rɛnsik] *adj: ~ medicine* retsmedicin.

foresee [fɔ:'si:] *v* forudse; **~able** *adj* til at forudse; **foresight** *s* forudseenhed, fremsynethed.

forest ['fɔrist] *s* skov.

forestall [fɔ:'stɔ:l] *v* komme i forkøbet.

forestry ['fɔristri] *s* skovbrug, forstvæsen.

foretaste ['fɔ:teist] *s* forsmag.

foretell [fɔ:'tɛl] *v* forudsige.

forethought ['fɔ:θɔ:t] *s* omtanke.

forever [fə'rɛvə*] *adv* for altid, for bestandig.

forewarn [fɔ:'wɔ:n] *v* advare i forvejen.

forfeit ['fɔ:fit] *s* bøde; pant; ngt man har mistet retten til // *v* fortabe, sætte over styr.

forgave [fə'geiv] *præt* af *forgive.*

forge [fɔ:dʒ] *s* smedje // *v* smede; forfalske; *~ documents* lave dokumentfalsk; *~ money* lave falskmønteri; **~r** *s* forfalsker; **~ry** *s* falskneri; forfalskning.

forget [fə'gɛt] *v* glemme; have glemt; **~ful** *adj* glemsom; *~ful of* uden at tænke på; **~-me-not** *s* forglemmigej.

forgive [fə'giv] *v* tilgive; eftergive; **~ness** *s* tilgivelse, forladelse; barmhjertighed.

forgo [fɔ:'gəu] *v* undvære; forsage, give afkald på.

forgot [fə'gɔt] *præt* af *forget;* **~ten** [fə'gɔtn] *pp* af *forget.*

fork [fɔ:k] *s* gaffel; høtyv, greb; skillevej // *v* dele sig; **~ed** *adj* gaffelformet; kløftet; *~ed lightning* siksaklyn; **~-lift truck** *s* gaffeltruck.

forlorn [fə'lɔ:n] *adj* forladt; ynkelig.

form [fɔ:m] *s* form; skikkelse;

formular; (skole)klasse // *v* forme, danne; udgøre; *a matter of* ~ en formssag; *that is bad* ~ det gør man ikke.
formal ['fɔ:məl] *adj* formel; (om person) stiv, højtidelig, afmålt.
formation [fɔ:'meiʃən] *s* dannelse, tilblivelse; formation.
former ['fɔ:mə*] *adj* tidligere, forhenværende; *the* ~ førstnævnte; *in* ~ *times* i gamle dage.
formidable ['fɔ:midəbl] *adj* frygtindgydende, drabelig, formidabel.
formula ['fɔ:mjulə] *s* formel; formular.
fornication [fɔ:ni'keiʃən] *s* hor, utugt.
forsake [fə'seik] *v (forsook, forsaken* [fə'suk, fə'seikn]) svigte; forlade (fx *one's children* sine børn); opgive (fx *an idea* en idé).
forth [fɔ:θ} *adv* frem(ad), videre; *back and* ~ frem og tilbage; *and so* ~ og så videre; *from this day* ~ fra i dag af; fra denne dag af; **~coming** *adj* forestående, kommende; imødekommende; **~right** *adj* ligefrem, oprigtig; **~with** *adv* straks, sporenstregs.
fortieth ['fɔ:tiiθ] *num* fyrretyvende.
fortification [fɔ:tifi'keiʃən] *s* befæstning; forstærkning; **fortify** ['fɔ:tifai] *v* befæste, styrke.
fortitude ['fɔ:titju:d] *s* mod, fatning.
fortnight ['fɔ:tnait] *s* fjorten dage; *once a* ~ en gang hver fjortende dag (el. hveranden uge); *this day* ~ i dag fjorten dage.
fortress ['fɔ:tris] *s* fæstning.
fortunate ['fɔ:tʃənit] *adj* heldig; **fortune** ['fɔ:tʃən] *s* formue; lykke; skæbne; held; *bad fortune* uheld; *make a fortune* tjene en formue; *tell fortunes* spå; **fortune-teller** *s* spåmand, spåkone.
forty ['fɔ:ti] *num* fyrre; *have* ~ *winks* tage sig en lur.
forward ['fɔ:wəd] *v* fremme; fremsende, (for)sende; ekspedere // *adj* forrest; småfræk, ubeskeden; fremmelig // *adv* fremad, videre; forover; fremme; *'please* ~'' bedes eftersendt'; **~ing address** *s* adresse til videresendelse; **~s** *s (sport)* angrebskæde // *adv* fremad.
forwent [fɔ:'wɛnt] *præt* af *forgo.*
foster ['fɔstə*] *v* fremme, støtte; opfostre, pleje; ~ **child** *s* plejebarn; ~ **mother** *s* plejemor; *(agr)* rugemaskine.
fought [fɔ:t] *præt* og *pp* af *fight.*
foul [faul] *s* (i fodbold) ureglementeret spil // *v* svine til, forpeste; (om fodboldspiller) lave straffespark (imod) // *adj* modbydelig, uhumsk; fordærvet; *fall* ~ *of sby* rage uklar med en; ~ **play** *s* uærligt spil; luskeri.
found [faund] *v* grundlægge, oprette; bygge; *(tekn)* støbe; *præt* og *pp* af *find;* **~ation** [-'deiʃən] *s* grundlæggelse; stiftelse; fond; (også: *~ation cream)* pudderunderlag; **~ations** *spl* grundvold; **founder** ['faundə*] *s* grundlægger, stifter; *(tekn)* støber // *v* (om skib) gå under; *(fig)* mislykkes.
foundling ['faundliŋ] *s* hittebarn.
foundry ['faundri] *s* støberi; støbegods.
fountain ['fauntin] *s* springvand; ~ **pen** *s* fyldepen.
four [fɔ:*] *num* fire; *on all ~s*

på alle fire; **~-letter word** *s* uartigt ord (fx *arse, fuck); ~***some*** *s* spil mellem to par; selskab (el. dans) for fire; **~teen** *num* fjorten; **~teenth** *num* fjortende // *s* fjortendedel; **~th** *num* fjerde // *s* fjerdedel; *(mus)* kvart.
fowl [faul] *s* (stykke) fjerkræ.
fox [fɔks] *s* ræv; *(fig)* snu person; **~hunt(ing)** *s* rævejagt; **~y** *adj* snu; lusket.
fraction ['frɛkʃən] *s* brøk(del); smule.
fracture ['frɛktʃə*] *s* brud, fraktur // *v* brække (fx *one's leg* benet).
fragile ['frædʒail] *adj* skrøbelig; spinkel.
fragment ['frægmənt] *s* brudstykke, fragment; **~ary** *adj* brudstykkeagtig.
fragrance ['freigrəns] *s* duft, vellugt; **fragrant** *adj* vellugtende.
frail [freil] *adj* skrøbelig; svag, svagelig.
frame [freim] *s* bygning; stativ, stillads; ramme; stel; (om person) skikkelse, form // *v* indramme; udforme, danne; lave falske beviser mod; *~ of mind* sindsstemning; **~work** *s* skelet; struktur; system.
franchise ['fræntʃaiz] *s* rettighed, privilegium; valgret.
frank [fræŋk] *adj* åben, oprigtig // *v* frankere; **~ly** *adv* ærlig talt; rent ud sagt.
frantic ['fræntik] *adj* hektisk; vild; ude af sig selv.
fraternal [frə'tə:nl] *adj* broderlig; **fraternity** *s* broderlighed; broderskab; **fraternize** ['frætənaiz] *v* fraternisere, omgås.
fraud [frɔ:d] *s* bedrageri; (om person) bedrager; *he is a ~* han er en svindler; **~ulent** ['frɔ:djulənt] *adj* bedragerisk, svigagtig.
fraught [frɔ:t] *adj: ~ with* fyldt af, ladet med.
fray [frei] *v* slide i laser; trævle, flosse.
freak [fri:k] *s* kuriositet; grille; original; *(biol* etc) mutant // *v: ~ out* (F) flippe ud.
freckle [frɛkl] *s* fregne.
free [fri:] *v* befri, frigøre // *adj* fri; tvangfri, ligefrem; gratis; rigelig; ledig; *you are ~ to do so* det står dig frit for at gøre det; **~dom** *s* frihed; **~-handed** *adj* rundhåndet, large; **~hold** *s* selveje; **~ kick** *s* *(sport)* frispark; **~ly** *adv* frit, utvunget; rigeligt; **~mason** *s* frimurer; **~ skating** *s* friløb (på skøjter); **~-spoken** *adj* åbenhjertig; **~ trade** *s* frihandel; **~wheel** *v* køre på frihjul.
freeze [fri:z] *v (froze, frozen* [frəuz, frəuzn]) fryse; være (el. blive) iskold; stivne; nedfryse; fastfryse (fx *the prices* priserne); **~-dry** *v* frysetørre; **~r** *s* dybfryser; **freezing** *adj: freezing cold* iskold; **freezing point** *s* frysepunkt.
freight [freit] *s* fragt; gods, last; fragtpenge; **~er** *s (mar)* fragtskib.
French [frɛntʃ] *s* (om sproget) fransk; *the ~* franskmændene // *adj* fransk; **~ horn** *s (mus)* valdhorn; **~ window** *s* fransk dør, glasdør ud til det fri.
frenzy ['frɛnzi] *s* vanvid, raseri(anfald); raptus.
frequency ['fri:kwənsi] *s* hyppighed; frekvens; **frequent** *v* [fri'kwɛnt] besøge hyppigt, omgås, frekventere // *adj* ['fri:kwənt] hyppig; **~ly** ['fri:kwəntli] *adv* ofte, tit.
fresh [frɛʃ] *adj* frisk; ny; fræk; *'~ paint'* 'nymalet'; **~en** *v*

friske op; *~en up* friske sig op; **~water** *adj* ferskvands-.
fret [frɛt] *v* være bekymret, ærgre sig; beklage sig; **~ful** *adj* irritabel; (om barn) klynkende; **~saw** *s* løvsav.
friction ['frikʃən] *s* gnidning, friktion.
Friday ['fraidi] *s* fredag; *man ~* Fredag (i Robinson Crusoe); *(fig)* tjener, tro følgesvend; *Good F~* langfredag.
fridge [fridʒ] *s* (F) køleskab.
fried [fraid] *præt* og *pp* af *fry* // *adj* stegt; *~ egg* spejlæg.
friend [frɛnd] *s* ven, veninde; bekendt; *make ~s with* blive (gode) venner med; *a ~ of mine* en ven af mig; **~liness** *s* venlighed; **~ly** *adj* venlig; **~ship** *s* venskab.
frigate ['frigit] *s (mar)* fregat.
fright [frait] *s* skræk; forskrækkelse; *(fig)* rædsel; *she looks a ~* hun ligner et fugleskræmsel; **~en** *v* forskrække, skræmme; **~ened** *adj: be ~ened of* være bange for; **~ening** *adj* skræmmende, afskrækkende; **~ful** *adj* skrækkelig.
frill [fril] *s* flæse; kalvekrøs; **~s** *spl* falbelader.
fringe [frindʒ] *s* frynse; krans, rand; udkant; ~ **benefits** *s* frynsegoder; ~ **theatre** *s* sv.t. alternativteater.
frisk [frisk] *v* kropsvisitere; boltre sig; **~y** *adj* sprælsk, kåd.
fritter ['fritə*] *s (gastr)* 'æblefisk' // *v: ~ away* klatte væk.
frivolous ['frivələs] *adj* overfladisk; fjantet.
fro [frəu] *adv: to and ~* frem og tilbage.
frock [frɔk] *s* kjole; kittel, busseronne.
frog [frɔg] *s (zo)* frø.
from [frɔm] *præp* fra; på grund af; *~ childhood* fra barndommen af; *~ what he says* efter hvad han siger; *safe ~* sikker mod.
front [frɔnt] *s* forside; forende; front; *(fig)* ydre, mine // *adj* forrest, for-; *in ~ (of)* foran; *in ~ of the class* i klassens påhør; **~age** ['frɔntidʒ] *s* facade; ~ **door** *s* gadedør, hoveddør; *(auto)* fordør; **~ier** ['frʌntiə*] *s* grænse (mellem stater); ~ **page** *s* (om avis etc) forside; ~ **room** *s* værelse til gaden; **~-wheel drive** *s (auto)* forhjulstræk.
frost [frɔst] *s* frost, rimfrost; kulde; **~bite** *s* forfrysning; **~ed** *adj* (om glas) matteret; **~ing** *s* (om glas) mattering; *(am,* om kage) glasur; **~y** *adj* frossen; kølig.
froth [frɔθ] *s* skum, fråde; *(fig)* gas.
frown [fraun] *s* rynket pande; truende blik // *v* rynke panden; se truende ud.
froze [frəuz] *præt* af *freeze;* **~n** *pp* af *freeze* // *adj* nedfrosset; indefrossen.
frugal ['fru:gəl] *adj* sparsommelig; beskeden, tarvelig.
fruit [fru:t] *s (pl: ~)* frugt; *(fig)* resultat, udbytte; **~ful** *adj* frugtbar; udbytterig; ~ **salad** *s* frugtsalat; ~ **sundae** *s* is med frugt og flødeskum.
frustrate [frʌ'streit] *v* tilintetgøre, forpurre; modarbejde; skuffe; **~d** *adj* utilfreds, frustreret; **frustration** [-'treiʃən] *s* skuffelse, frustration.
fry [frai] *v (fried, fried* [fraid]) stege; blive stegt; *small ~* småfisk; småtterier; **~ing pan** *s* stegepande.
ft. fork.f. *foot, feet.*
fuck [fʌk] *v* (V!) bolle, kneppe; *~ it!* satans også! *~ off!* skrub af! *~ you!* gå ad H til!

~**ing** *adj* (V!) satans, forpulet.
fuel ['fju:əl] *s* brændsel, brændstof; ~ **oil** *s* fyringsolie, brændselsolie; ~ **tank** *s* brændstoftank.
fugitive ['fju:dʒitiv] *s* flygtning // *adj* flygtet; *(fig)* flygtig.
fulfil [ful'fil] *v* opfylde; udføre; fuldføre; ~**ment** *s* opfyldelse, indfrielse; fuldførelse.
full [ful] *adj* fuld, opfyldt; mæt; fuldstændig; fyldig // *adv* helt, fuldt; *I'm* ~ jeg er mæt; *in* ~ fuldt ud; *a* ~ *skirt* en vid nederdel; *at* ~ *speed* for fuld fart; *a* ~ *two hours* hele to timer; *be* ~ *of oneself* være stærkt selvoptaget; ~-**length** *adj* i hel figur; uforkortet; ~ **moon** *s* fuldmåne; ~-**sized** *adj* i legemsstørrelse; ~ **stop** *s (gram)* punktum; ~ **time** *s (sport)* tid (dvs. slut for kampen); ~-**time** *adj* heltids-, heldags-; ~**y** *adv* helt, fuldstændigt; ~**y-fledged** [-flɛdʒd] *adj* flyvefærdig (også *fig)*.
fumble [fʌmbl] *v* famle, fumle (med); forkludre; ~ *with* pille ved.
fume [fju:m] *v* dampe, ryge; *(fig)* rase, fnyse; ~**s** *spl* dampe; giftige gasser.
fun [fʌn] *s* sjov, løjer; *have* ~ more sig; *it's not much* ~ der er ikke meget grin ved det; *make* ~ *of* gøre grin med.
function ['fʌŋkʃən] *s* funktion; hverv; fest, højtidelighed // *v* fungere, virke; ~**al** *adj* funktions-.
fund [fʌnd] *s* fond, kapital; forråd // *v* anbringe penge i; ~ *sby's schooling* betale for ens skolegang; ~**s** *spl* obligationer, fonds; midler.
fundamental [fʌndə'mɛntl] *adj* grundlæggende, fundamental; ~**ly** *adv* principielt; i bund og grund; ~**s** *spl* grundbegreber.
funeral ['fju:nərəl] *s* begravelse; ~ **director** *s* bedemand; ~ **service** *s* begravelse(sgudstjeneste).
fun fair ['fʌnfɛə*] *s* forlystelsespark, tivoli.
funnel [fʌnl] *s* tragt; (på skib el. lokomotiv) skorsten.
funny ['fʌni] *adj* morsom, sjov; mærkelig, underlig; *feel* ~ være utilpas; have en underlig fornemmelse.
fur [fə:*] *s* pels(værk); skind; kedelsten.
furious ['fjuəriəs] *adj* rasende; voldsom.
furnace ['fə:nis] *s* (smelte)ovn; fyr, ildsted.
furnish ['fə:niʃ] *v* yde, levere, skaffe; møblere, udstyre; ~**ings** *spl* møbler, boligudstyr; *soft* ~*ings* boligtekstiler.
furniture ['fə:nitʃə*] *s* møbler; udstyr; inventar; *a piece of* ~ et møbel; ~ **van** *s* flyttebil.
furrier ['fʌriə*] *s* buntmager.
furrow ['fʌrəu] *s* plovfure; fure.
furry ['fʌri] *adj* pelsagtig, pelsklædt; lådden.
further ['fə:ðə*] *v* fremme, befordre // *adj/adv (komp* af *far)* fjernere; yderligere, mere; videre; *until* ~ *notice* indtil videre; ~**more** *adv* desuden, endvidere; **furthest** ['fə:ðist] *adj (sup* af *far)* fjernest, længst (væk).
furtive ['fə:tiv] *adj* stjålen, hemmelighedsfuld; listig.
fury ['fjuəri] *s* raseri; *(myt)* furie.
fuse [fju:z] *s* lunte; detonator; (el)sikring // *v* smelte; sammensmelte, sammenslutte; *blow the* ~*s* få sikringerne til at springe; *the bulb has* ~*d* pæren er sprunget; ~ **box** *s (elek)* sikringskasse.

fuselage ['fju:zəlidʒ] *s (fly)* krop, skrog.
fusion ['fju:ʒən] *s* sammensmeltning, fusion.
fuss [fʌs] *s* ståhej, vrøvl; forvirring; *make a ~* lave ballade, gøre vrøvl; **~y** *adj* nervøs; kræsen; geskæftig; pertentlig; vanskelig.
futile ['fju:tail] *adj* unyttig, resultatløs, forgæves, omsonst; indholdsløs; **futility** [-'tiliti] *s* ørkesløshed; tomhed.
future ['fju:tʃə*] *s* fremtid; *(gram)* futurum // *adj* fremtidig, kommende.
fuzz [fʌz] *s* dun, fnug; *the ~* (S) strisserne; **~ery** *s* (S) politistation.
fuzzy ['fʌzi] *adj* dunet; (om hår) kruset; *(foto* etc) uskarp, sløret.

G

G, g [dʒi:].
g. fork.f. *gramme(s), gram(s).*
gabble [gæbl] *v* plapre, sludre.
gable [geibl] *s* gavl.
gadget ['gædʒit] *s* (F) tingest, dippedut; indretning, påfund.
Gaelic ['geilik] *s/adj* gælisk.
gaff [gæf] *s: blow the ~* plapre ud med det hele.
gaffe [gæf] *s* bommert, brøler.
gag [gæg] *s* knebel, mundkurv; *(fig)* fup(nummer), spøg // *v* kneble; stoppe munden på.
gaiety ['geiiti] *s* lystighed, munterhed; **gaily** ['geili] *adv* livligt, muntert (se *gay).*
gain [gein] *s* gevinst, profit; fremgang, forøgelse // *v* vinde; tjene; tage på i vægt; (om ur) vinde, gå for hurtigt; *~ a living* tjene til livets ophold; *~ strength* komme til kræfter; **~ful** *adj* indbringende.
gal. fork.f. *gallon.*
galaxy ['gælæksi] *s* mælkevej, galakse.
gale [geil] *s* storm, stærk blæst; ~ **warning** *s* stormvarsel.
gall [gɔ:l] *s* bitterhed, galde.
gallant ['gælənt] *adj* tapper, ædel, ridderlig; galant; **~ry** *s* tapperhed, ridderlighed.
gall-bladder ['gɔ:l,blædə*] *s* galdeblære.
gallery ['gæləri] *s* galleri; (også: *art ~)* kunstmuseum, kunstgalleri; (på hus) svalegang.
galley ['gæli] *s (mar)* galej; kabys; ~ **proof** *s (typ)* spaltekorrektur.
gallon [gæln] *s* rummål *(brit:* 4,543 liter, *am:* ca. 3,8 liter).
gallop ['gæləp] *s* galop // *v* galopere.
gallows ['gæləuz] *s* galge.
gall-stone ['gɔ:l,stəun] *s* galdesten.
gamble [gæmbl] *s* hasardspil; lotteri // *v* spille (hasard); *~ on (fig)* løbe an på; **~r** *s* (hasard)spiller; **gambling** *s* hasardspil; *(merk)* spekulation.
game [geim] *s* leg, spil; kamp; (ved jagt) vildt // *adj* modig; kampklar, parat; *be ~ for sth* være med på ngt; *be easy ~* være et let offer; *big ~* storvildt; **~keeper** *s* skytte, jagtbetjent; ~ **licence** *s* jagttegn.
gammon ['gæmən] *s (gastr)* (røget) skinke.
gang [gæŋ] *s* bande; hob; hold // *v: ~ up with sby* rotte sig sammen med en; *~ up on sby* mobbe en.
gangrene ['gæŋgri:n] *s (med)* koldbrand.
gangway ['gæŋwei] *s* landgang(sbro); midtergang; gangbro.
gaol [dʒeil] *s* d.s.s. *jail.*
gap [gæp] *s* åbning; kløft; af-

brydelse; *(fig)* tomrum, hul.
gape [geip] *v* måbe, glo; **gaping** *adj* måbende, gabende.
garage ['gæra:ʒ, 'gæridʒ] *s* garage; benzinstation; bilværksted.
garbage ['ga:bidʒ] *s* (køkken)affald, skrald.
garden [ga:dn] *s* have // *v* lave havearbejde; ~ **centre** *s* planteskole, handelsgartneri; **~er** *s* gartner, havemand; **~ing** *s* havearbejde; havedyrkning.
gargle [ga:gl] *s* mundskyllemiddel // *v* gurgle.
garland ['ga:lənd] *s* (blomster)krans; hæderskrans.
garlic ['ga:lik] *s* hvidløg.
garment ['ga:mənt] *s* klædningsstykke.
garnish ['ga:niʃ] *s* garnering, pynt // *v* garnere, pynte.
garret ['gærit] *s* kvist(værelse).
garrison ['gærisn] *s* garnison.
garrulous ['gærjuləs] *adj* snakkesalig.
garter ['ga:tə*] *s* strømpebånd; *the Order of the G~* hosebåndsordenen; ~ **belt** *s* strømpeholder.
gas [gæs] *s* gas, luftart // (F) sludre, vrøvle; ~ **cooker** *s* gaskomfur; ~ **cylinder** *s* gasflaske; ~ **fire** *s* gasradiator; gaskamin.
gash [gæʃ] *s* flænge, gabende sår // *v* flænge, skramme.
gasket ['gæskit] *s* (i vandhane etc) pakning.
gasman ['gæsmən] *s* måleraflæser; **gas meter** *s* gasmåler.
gasp [ga:sp] *v* stønne, gispe; ~ *for breath* hive efter vejret.
gas ring ['gæsriŋ] *s* gasapparat; **gas stove** *s* gaskamin, gaskomfur.
gastric ['gæstrik] *adj* mave-; ~ **ulcer** *s* mavesår.
gasworks ['gæswə:ks] *s* gasværk.
gate [geit] *s* port, låge; indgang; (jernbane)bom; **~crash** *v* komme uindbudt til et selskab; **~way** *s* port(åbning); *(fig)* indfaldsport; vej.
gather ['gæðə*] *v* samle(s); (om blomster) plukke; samle sammen; (om håndarbejde) rynke; *(fig)* forstå; ~ *speed* få farten op; **~ing** *s* samling; forsamling; sammenkomst.
gauge [geidʒ] *s* mål, måleinstrument; *(tekn)* lære; *(jernb)* sporvidde // *v* måle; justere.
gaunt [gɔ:nt] *adj* mager, udhungret; øde, barsk.
gauze [gɔ:z] *s* gaze.
gave [geiv] *præt* af *give.*
gay [gei] *s* (F) bøsse // *adj* lystig, munter.
gaze [geiz] *s* blik, stirren // *v:* ~ *at* stirre på, se stift på.
GB ['dʒi:'bi:] fork.f. *Great Britain.*
GCE ['dʒi:si:'i:] (fork.f. *General Certificate of Education)* sv.t. studentereksamen.
Gdns. fork.f. *gardens.*
gear [giə*] *s* udstyr; grej; apparat; gear; *in* ~ i gear; *(fig)* i gang; *out of* ~ ude af gear; *(fig)* i uorden; *top* ~ fjerde gear; *low* ~ andet gear; *bottom* ~ første gear; **~box** *s* gearkasse; ~ **lever** *s* gearstang.
geese [gi:s] *pl* af *goose.*
gem [dʒɛm] *s* ædelsten; *(fig)* klenodie, perle.
Gemini ['dʒɛminai] *s (astr)* Tvillingerne.
gender ['dʒɛndə*] *s (gram)* køn.
general ['dʒɛnərl] *s* general // *adj* almindelig, generel; almen; hoved-; *in* ~ i almindelighed; ~ **election** *s* valg til underhuset; **~ly** *adv* sædvanligvis; *~ly speaking* stort set;

G~ Post Office *(GPO)* *s* hovedpostkontor; ~ **practitioner** *(GP)* *s* almenpraktiserende læge; ~ **store** *s* landhandel.
generate ['dʒɛnəreit] *v* udvikle, frembringe; (om afkom) avle; *(fig)* afføde.
generation [dʒɛnə'reiʃən] *s* generation; udvikling; avl.
generosity [gʒɛnə'rɔsiti] *s* gavmildhed; ædelmodighed; **generous** ['dʒɛnərəs] *adj* gavmild, rundhåndet; ædelmodig; rigelig, stor; *a generous helping* en stor portion.
Genesis ['dʒɛnisis] *s* 1. Mosebog; **g~** *s* kilde, oprindelse.
genetics [dʒi'nɛtiks] *s* arvelighedslære, genetik.
genial ['dʒi:niəl] *adj* gemytlig, hyggelig; (om klima) mild.
genitals ['dʒɛnitlz] *spl* kønsorganer.
genius ['dʒi:niəs] *s* geni; genialitet; skytsånd.
gent [dʒɛnt] *s* fork.f. *gentleman* (se også: *gents).*
genteel [dʒɛn'ti:l] *adj* fisefornem, snobbet; standsmæssig, herskabelig.
Gentile ['dʒɛntail] *s* ikke-jøde; hedning.
gentle [dʒɛntl] *adj* blid, venlig; mild; (fx om skråning) jævn; **~ness** *s* mildhed, venlighed; **gently** *adv* blidt, stille; jævnt.
gentry ['dʒɛntri] *s* lavadel; *(iron)* fine folk; *landed ~* landadel.
gents [dʒɛnts] *s* (F) herretoilet.
genuine ['dʒɛnjuin] *adj* ægte, virkelig; autentisk; oprigtig.
geographic(al) [dʒiə'græfik(l)] *adj* geografisk; **geography** [dʒi'ɔgrəfi] *s* geografi.
geologic(al) [dʒiə'lɔdʒik(l)] *adj* geologisk; **geologist** [dʒi'ɔlədʒist] *s* geolog; **geology** [dʒi'ɔlədʒi] *s* geologi.
geometric(al) [dʒiə'mɛtrik(l)] *adj* geometrisk; **geometry** [dʒi'ɔmətri] *s* geometri.
geranium [dʒi'reinjəm] *s* pelargonie, geranium.
germ [dʒə:m] *s* bakterie; *(bot, fig)* spire, kim.
German ['dʒə:mən] *s* tysker; tysk (sprog) // *adj* tysk; ~ **measles** *s (med)* røde hunde; **~y** *s* Tyskland.
germination ['dʒə:mi'neiʃən] *s* spiring.
gestation [dʒɛs'teiʃən] *s* svangerskab, drægtighed.
gesticulate [dʒɛs'tikjuleit] *v* fægte med armene, gestikulere.
gesture ['dʒɛstʃə*] *s* håndbevægelse, gestus.
get [gɛt] *v (got, got* [gɔt]) få; skaffe, hente; forstå, begribe; blive; nå; komme; *~ about* komme omkring; brede sig; *~ across* komme over; slå an; *~ an idea across* vinde gehør for en idé; *~ along* klare sig; gøre fremskridt; komme videre; *~ along with* komme (godt) ud af det med; *~ at* komme til; drille, stikke til; nå; *what are you ~ting at?* hvad hentyder du til? *~ away* slippe væk; *~ away with* komme godt fra, klare; *~ back* få tilbage; komme tilbage; *~ one's own back* få hævn; *~ by* komme forbi; få fat i; klare sig; *~ down* gå ned; stige ned; *he ~s me down* han går mig på nerverne; *~ down to* tage fat på; *~ in* komme ind; komme hjem; (om tog) ankomme; *~ into* komme ind i; trænge ind i; *what got into you?* hvad gik der af dig? *~ into bed* gå i seng; *~ off* stå af; slippe væk; (om tøj) tage af; tage af sted;

~ *on* klare sig; komme videre; (om tøj etc) tage på; ~ *on (with)* komme videre med; komme (godt) ud af det med; ~ *on with it!* skynd dig nu! se nu at komme i gang! ~ *out* komme (, stå, gå etc) ud; ~ *out of* stå ud af; slippe godt fra; ~ *over* overvinde; komme over (fx *an illness* en sygdom);
~ *rich* blive rig; ~ *ready* gøre sig parat; ~ *round* komme ud; omgå; komme om ved; ~ *through* komme (el. slippe) igennem; ~ *through with* gøre sig færdig med; ~ *together* komme sammen; samles; ~ *up* stå op (af sengen); få op; klæde ud; ~ *up to* indhente; **~-together** *s* komsammen; **~up** *s* udstyr; antræk.
ghastly ['ga:stli] *adj* uhyggelig, grufuld; gyselig.
gherkin ['gə:kin] *s* sylteagurk.
ghost ['gəust] *s* spøgelse, genganger; ånd; *the Holy G~* helligånden; **~ly** *adv* spøgelsesagtig; *(fig)* åndelig.
giant ['dʒaiənt] *s* kæmpe // *adj* kæmpemæssig, kæmpe-; ~ **slalom** *s* storslalom.
gibberish ['dʒibəriʃ] *s* volapyk.
gibe (el. *jibe)* [dʒaib] *s* spydighed, hib // *v* håne, gøre nar af.
giddiness ['gidinis] *s* svimmelhed; **giddy** *adj* svimmel, ør; svimlende; kåd.
gift [gift] *s* gave; begavelse, talent; **~ed** *adj* begavet, talentfuld.
gigantic [dʒai'gæntik] *adj* enorm, gigantisk.
giggle ['gigl] *s* fnisen // *v* fnise.
gild [gild] *v (~ed, ~ed* el. *gilt, gilt)* forgylde.
gill [dʒil] *s* rummål *(0,25 pints,* 0,14 liter); **~s** *spl* gæller.
gilt [gilt] *s* forgyldning // *adj* forgyldt; ~ **securities** *spl* guldrandede papirer.
gimmick ['gimik] *s* trick, fidus; modedille; dims.
ginger ['dʒiŋdʒə*] *s* ingefær // *adj* rød(gul); ~ **ale,** ~ **beer** *s* sodavand med ingefærsmag; **~bread** *s* ingefærkage (sv.t. honningkage); ~ **group** *s* aktivistgruppe, pressionsgruppe; **~-haired** *adj* rødblond; **~ly** *adv* forsigtigt.
gipsy ['dʒipsi] *s* sigøjner.
girdle [gə:dl] *s* bælte; hofteholder // *v* omgive, omgjorde.
girl [gə:l] *s* pige; datter; *go with ~s* gå på pigesjov; *old ~* gamle tøs; **~friend** *s* veninde; ~ **guide** *s* pigespejder; **~ish** *adj* pige-; ungpigeagtig, tøset.
gist [dʒist] *s: the ~* det væsentlige.
give [giv] *s* (om stof) elasticitet // *v (gave, given* [geiv, givn]) give, forære; give efter, vige; ~ *away* give væk; røbe; ~ *back* give tilbage (el. igen); ~ *in* give efter; indgive; ~ *off* afgive; udsende (fx *steam* damp); ~ *out* uddele; meddele; udbrede; ~ *out a sigh* udstøde et suk; ~ *up* opgive; give afkald på; ~ *oneself up* melde sig; ~ *up smoking* holde op med at ryge; ~ *way* holde tilbage, vige; **~n** *adj: ~n to* tilbøjelig til.
glacier ['gleisiə*] *s* gletscher, bræ.
glad [glæd] *adj* glad, glædelig; **~den** *v* glæde.
gladly ['glædli] *adv* med glæde, gerne.
glamorous ['glæmərəs] *adj* strålende, betagende; **glamour** ['glæmə*] *s* glans; fortryllelse; romantik; **glamour girl** *s* (film)skønhed.
glance [gla:ns] *s* blik; glimt; *at a ~* ved første blik // *v: ~ at*

se (el. kikke) på; ~ *off* (om kugle) prelle af; **glancing** *adj* forbigående.

gland [glænd] *s* kirtel; **glandular** ['glændjulə*] *adj* kirtel-; **glandular fever** *s (med)* mononukleose.

glare [glɛə*] *s* blændende lys; olmt blik; *(fig)* søgelys // *v* blænde, skinne; (om farver) skrige; (om person) glo; **glaring** *adj* blændende; skærende, skrigende.

glass [gla:s] *s* glas; (også: *looking ~)* spejl; kikkert; **~es** *spl* briller; **~ware** *s* glasvarer; **~works** *s* glasværk; **~y** *adj* glasagtig; spejlklar; *(fig,* om blik) stiv, udtryksløs.

glaze [gleiz] *s* glasur; politur; glans // *v* sætte glas i; (om keramik etc) glasere; polere; **~d** *adj* (om blik) udtryksløs; (om keramik) glaseret; **glazier** ['gleiziə*] *s* glarmester.

gleam [gli:m] *s* glimt; stråle (af lys el. lyn) // *v* glimte, stråle; lyse, lyne.

glen [glɛn] *s* (især skotsk) dal, bjergkløft.

glib [glib] *adj* glat, mundrap.

glide [glaid] *s* gliden; svæven // *v* glide; svæve; **~r** *s* svævefly; **gliding** *s* svæveflyvning.

glimmer ['glimə*] *s* glimten, flimren; *(fig)* antydning, svagt glimt // *v* flimre, skinne mat.

glimpse [glimps] *s* glimt; strejf; flygtigt blik // *v* skimte, få et glimt af.

glint [glint] *s* blink, glimt // *v* glimte, funkle.

glisten [glisn] *v* funkle, skinne.

glitter ['glitə*] *s* glitren, glans // *v* glitre, funkle.

gloat [gləut] *v: ~ (over)* fryde sig, gotte sig (over).

globe [gləub] *s* globus, klode; kugle; ~ *of the eye* øjeæble.

gloom [glu:m] *s* mørke; tristhed, melankoli; **~y** *adj* mørk, dyster; nedtrykt, melankolsk.

glorification [glo:rifi'keiʃən] *s* lovprisning; forherligelse; (F) fest; **glorify** ['glɔ:rifai] *v* lovprise, forherlige; **glorious** ['glɔ:riəs] *adj* strålende, prægtig; pragtfuld; **glory** ['glɔ:ri] *s* pragt; ære; storhed, herlighed // *v: glory in* fryde sig over, nyde.

gloss [glɔs] *s* glans, skin // *v: ~ (over)* besmykke, pynte på.

glossary ['glɔsəri] *s* glosebog, glosar.

gloss paint ['glɔspeint] *s* emaljelak, højglansmaling.

glossy ['glɔsi] *adj* skinnende, blank; blankslidt; ~ *magazine* kulørt ugeblad.

glove [glʌv] *s* handske; *be hand in ~ with sby* være pot og pande med en; ~ **compartment** *s (auto)* handskerum.

glow [gləu] *s* glød, rødme; varme // *v* gløde, blusse.

glue [glu:] *s* lim, klister // *v* lime; klæbe.

glum [glʌm] *adj* trist, mut, nedtrykt.

glutton [glʌtn] *s* grovæder, ædedolk; *he is a ~ for work* han er arbejdsliderlig; **~ous** *adj* grådig, forslugen; **~y** *s* grådighed; frådseri.

gm, gms fork.f. *gramme(s).*

gnarled [na:ld], **gnarly** ['na:li] *adj* knudret, kroget.

gnash [næʃ] *v: ~ one's teeth* skære tænder.

gnat [næt] *s* myg.

gnaw [nɔ:] *v* gnave; nage, pine.

GNP ['dʒi:ɛn'pi:] (fork.f. *gross national product)* bruttonationalprodukt (BNP).

go [gəu] *s* forsøg; chance; historie; omgang; *have a ~* gøre et forsøg; *have a ~ at* forsøge sig med; *be on the ~* være i gang; *it's no ~* den går ikke; *it's all the ~* det er sidste skrig.

go [gəu] *v (went, gone* [wɛnt, gɔn]) gå, afgå; rejse, tage (til); bevæge sig, køre; blive; forsvinde; *~ shopping* gå på indkøb; *he's not ~ing to do it* han gør det ikke; *let ~ of sth* slippe ngt;
~ about gå (el. løbe) omkring; være i omløb; *how do I ~ about this?* hvordan skal jeg gribe det her an? *~ ahead* gå i forvejen; komme videre, fortsætte; *~ along* gå videre; *~ along with* høre sammen med; være enig med; *as you ~ along* efterhånden, hen ad vejen; *~ away* tage af sted; *~ away!* forsvind! skrub af! *~ back on* svigte; *~ by* gå forbi; (om tid) gå; *~ by train* tage med toget; *give us sth to ~ by* giv os nogle retningslinjer;
~ down gå ned; (om skib etc) gå under; vinde bifald; *the concert went down well* koncerten blev godt modtaget; *~ down in history* gå over i historien; *~ for* gå efter; regnes for; falde 'over; gå ind for; *~ for a walk* gå en tur; *they all went for him* de kastede sig allesammen over ham; *the painting went for £100* maleriet gik (el. blev solgt) for £100;
~ in gå ind; begynde; *~ in for* beskæftige sig med; gå ind for; *~ in for football* dyrke fodbold; *~ in for a competition* melde sig til en konkurrence; *~ into* gå ind i; *~ into publishing* blive forlægger; *let's not ~ into that!* lad os ikke komme nærmere ind på det; *~ off* gå, tage af sted; (om mad) blive fordærvet; forløbe; *our holiday went off well* vores ferie forløb (el. gik) godt; *the gun went off* geværet gik af; *~ off to sleep* falde i søvn; *I've gone off meat* jeg har tabt lysten til kød;
~ on fortsætte, gå videre, foregå; *what's ~ing on?* hvad foregår der? *~ on talking* blive ved med at snakke; *~ on with* fortsætte (el. blive ved) med; *~ out* gå ud; slukkes; *~ out of one's way to* gøre sig særlig umage for at;
~ over gennemgå (nøje); (om skib) kæntre;
~ round the back gå ind ad bagindgangen; *~ round the bend* blive skør; *~ through* gå igennem; gennemgå; *~ through with* gennemføre; *~ together* følges ad; passe sammen; *~ up* gå op; springe i luften; (om priser) stige; *~ with* ledsage; være enig med; passe sammen med; *~ without* undvære; *it goes without saying* det siger sig selv.

go-ahead ['gəuəhɛd] *s* startsignal // *adj* fremadstræbende, dynamisk.

goal [gəul] *s* mål; *keep ~* stå på mål; **~keeper** *s* målmand; **~-post** *s* målstolpe.

goat [gəut] *s* ged.

go-between ['gəubiˌtwi:n] *s* mellemmand, mægler.

goblin ['gɔblin] *s* nisse, trold.

go-cart ['gəuka:t] *s* klapvogn; go-kart.

god [gɔd] *s* gud; *G~* Gud, Vorherre; *G~ knows* guderne skal (el. må) vide; *thank G~* Gud være lovet; **~child** *s* gudbarn; **~dess** *s* gudinde; **~father** *s* gudfar; (F) mafialeder; **~-fearing** *adj* gudfrygtig; **~-forsaken** *adj* gudsforladt; ~**mother** *s* gudmor; ~**send** *s* uventet held; *it is a ~send* det kommer som sendt fra himlen.

goggles [gɔgls] *spl* motorbriller; beskyttelsesbriller.

going ['gəuiŋ] *s: get ~* se at komme i gang (el. af sted); *keep ~* blive ved; holde i gang; *stop while the ~ is good* holde op mens legen er god // *adj: the ~ rate* den gældende tarif; *a ~ concern* en igangværende (el. fremgangsrig) virksomhed.

gold [gəuld] *s* guld // *adj* guld-; *be as good as ~* være så god som dagen er lang; ~**en** *adj* guld-; gylden; ~ **rush** *s* sv.t. guldfeber.

golf [gɔlf] *s* golf(spil); ~ **club** *s* golfkølle; golfklub; ~ **course** *s* golfbane; ~**er** *s* golfspiller; ~ **links** *s* golfbane.

golly ['gɔli] *interj* ih du store! Gud!

gone [gɔn] *pp* af *go* // *adj* borte, væk; *be far ~* være langt ude; *it is ~ seven* klokken er over syv; ~**r** *s: he's a ~r* han er færdig, det er ude med ham.

good [gud] *s* gode; det gode // *adj* god; dygtig; venlig; egnet; *be ~ at* være god til; *would you be ~ enough to...?* vil De være så venlig at...? *a ~ deal, a ~ many* en hel del; *be ~ with children* have tag på børn; *for ~* for bestandig; *it is for your own ~* det er til dit eget bedste; *that is no ~* det går ikke; **G~ Friday** *s* langfredag; ~**-looking** *adj* pæn, køn; ~**ness** *s* godhed; *for ~ness sake!* for Guds skyld! *~ness gracious!* du godeste! ~**s** *spl* ting; gods; varer.

goose [gu:s] *s (pl: geese* [gi:s]) gås.

gooseberry ['guzbəri] *s* stikkelsbær.

gooseflesh ['gu:sflɛʃ] *s* gåsekød; *(fig)* gåsehud.

gorge [gɔ:dʒ] *s* slugt, kløft; snævert pas.

gorgeous ['gɔ:dʒəs] *adj* strålende, pragtfuld.

gory ['gɔ:ri] *adj* bloddryppende.

go-slow ['gəusləu] *s* arbejdelangsomt aktion.

gospel ['gɔspəl] *s* evangelium; ~ **truth** *s* den rene sandhed.

gossip ['gɔsip] *s* hyggesnak; sladder; (om person) sladdertaske // *v* sludre; sladre.

got [gɔt] *præt* og *pp* af *get.*

gout [gaut] *s* gigt, podagra.

govern ['gɔvən] *v* styre, regere; (be)herske; ~**ess** *s* guvernante; ~**ment** *s* ledelse; regering; ministerium // *adj* regerings-; stats-; ~**or** *s* leder, hersker; guvernør; (F) du gamle; *board of ~ors* bestyrelse; *the ~or* den gamle, bossen.

Govt fork.f. *government.*

gown [gaun] *s* kappe; (dame)kjole, robe.

GP ['dʒi:'pi:] fork.f. *general practitioner.*

GPO ['dʒi:pi:'əu] fork.f. *General Post Office.*

grab [græb] *v* gribe, snuppe; rage til sig; *make a ~ at* gribe efter.

grace [greis] *s* ynde; elskværdighed; nåde; bordbøn // *v* smykke; hædre; benåde; *five days' ~* fem dages henstand; *say ~* bede bordbøn; ~**ful** *adj* yndefuld, graciøs; smuk; **gracious** ['greiʃəs] *adj* nådig; venlig; *good gracious!* du godeste! *gracious living* høj levestandard; *be gracious in defeat* være en god taber.

gradation [grə'deiʃən] *s* gradvis overgang; trindeling.

grade [greid] *s* kvalitet, sort; kategori; grad, rang.
gradient ['greidiənt] *s* hældning, skråning.
gradual ['grædjuəl] *adj* gradvis, trinvis.
graduate *s* ['grædjuit] kandidat; en der har taget afsluttende eksamen // *v* ['grædjueit] tage afsluttende eksamen; graduere; **graduation** [-'eiʃən] *s* gradinddeling, gradering; afgang fra læreanstalt.
graft [gra:ft] *s* podning; *(med)* transplantat (fx organ, hud), transplantering // *v* pode; transplantere.
grain [grein] *s* korn, kerne; struktur; (i træ) årer; *with a ~ of salt* med et gran salt; *not a ~ of truth* ikke skygge af sandhed.
grammar ['græmə*] *s* grammatik; ~ **school** *s (gl)* gymnasium, latinskole.
grammatical [grə'mætikl] *adj* grammatisk.
gramme [græm] *s* gram.
gramophone ['græməfəun] *s* grammofon; ~ **record** *s* grammofonplade.
grand [grænd] *adj* stor, storslået; fornem; stor på den; (F) glimrende; **~child** *s* barnebarn; **~dad** *s* bedstefar; **~eur** ['grændjə*] *s* storslåethed, pragt; **~father** *s* bedstefar; **~father clock** *s* bornholmerur; **~iose** ['grændiəuz] *adj* storslået; svulstig; **~ma, ~mother** *s* bedstemor; **~pa** *s* bedstefar; ~ **piano** *s* flygel; **~stand** *s (sport)* tilskuertribune.
granny ['græni] *s* bedstemor.
grant [gra:nt] *s* bevilling, stipendium; (stats)støtte // *v* skænke, bevilge; indrømme; *take sth for ~ed* anse ngt for givet.
granulated ['grænjuleitid] *adj: ~ sugar* krystalmelis, perlesukker.
grape [greip] *s* (vin)drue; ~ **fruit** *s* grapefrugt; **~vine** *s* vinranke; *hear it on the ~vine* høre det i jungletelegrafen.
graph [gra:f] *s* kurve, diagram; **~ic** ['græfik] *adj* grafisk.
grasp [gra:sp] *s* greb, tag; *(fig)* opfattelsesevne, forståelse // *v* gribe, tage fat i; begribe, fatte; *it's beyond my ~* det går over min fatteevne; det er uden for min rækkevidde; **~ing** *adj* grisk; gerrig.
grass [gra:s] *s* græs, græsgang; (S) hash; **~hopper** *s* græshoppe; **~land** *s* græsjord; ~ **snake** *s* snog; **~y** *adj* græsagtig; græsklædt.
grate [greit] *s* rist, gitter // *v* gnide; rive (på rivejern); (om lyd) skurre.
grateful ['greitful] *adj* taknemmelig.
grater ['greitə*] *s* rivejern.
gratify ['grætifai] *v* glæde, tilfredsstille; **~ing** *adj* opmuntrende.
grating ['greitiŋ] *s* gitter(værk), rist.
gratitude ['grætitju:d] *s* taknemmelighed.
gratuitous [grə'tju:itəs] *adj* gratis; uberettiget.
gratuity [grə'tju:iti] *s* gratiale; drikkepenge.
grave [greiv] *s* grav // *adj* alvorlig; højtidelig; **~digger** *s* graver.
gravel [grævl] *s* grus, ral; ~ **pit** *s* grusgrav.
gravestone ['greivstəun] *s* gravsten; **graveyard** ['greivja:d] *s* kirkegård.
gravity ['græviti] *s* alvor, højtidelighed; vægt; tyngdekraft;

vægtfylde.
gravy ['greivi] *s* kødsaft, sky, sovs.
graze [greiz] *s* hudafskrabning // *v* græsse; strejfe, skrabe.
grease [gri:s] *s* fedt, smørelse; (F) bestikkelse // *v* fedte, smøre; (F) bestikke; ~ **gun** *s* smørepistol; ~**proof paper** *s* smørrebrødspapir; ~**y** *adj* fedtet, smattet.
great [greit] *adj* stor, fremragende; mægtig; (F) storartet; olde-; ~**-grandfather** *s* oldefar; ~**ly** *adj* i høj grad, meget.
Grecian ['gri:ʃən] *adj* græsk; **Greece** [gri:s] *s* Grækenland.
greed [gri:d] *s* (også: *~iness)* grådighed, begærlighed; ~**y** *adj* grådig, begærlig; gerrig.
Greek [gri:k] *s* græker; græsk (sprog) // *adj* græsk.
green [gri:n] *s* grønt; (på golfbane) green; (også: *village~)* grønning // *adj* grøn; ung, umoden, naiv; ~**ery** *s* grønne planter, grøn bevoksning; ~**grocer** *s* grønthandler; ~**house** *s* drivhus; ~**ish** *adj* grønlig; ~**s** *spl* grønsager.
greet [gri:t] *v* hilse; ~**ing** *s* hilsen; ~**ing(s) card** *s* lykønskningskort.
grenade [gri'neid] *s (mil)* granat.
grew [gru:] *præt* af *grow.*
grey [grei] *adj* grå; trist, mørk; *the future looks* ~ der er dystre udsigter for fremtiden; ~**hound** *s* mynde.
grid [grid] *s* rist; *(elek)* strømnet; ~**iron** *s* (stege)rist.
grief [gri:f] *s* sorg; *come to* ~ komme galt af sted.
grievance ['gri:vəns] *s* klage(punkt).
grieve [gri:v] *v* sørge; græmme sig; volde sorg; ~ *at* sørge over; ~**ous** *adj* alvorlig, svær, bitter.
grill [gril] *s* gitter, rist; grill // *v* stege, grille(re).
grille [gril] *s* gitter(værk); *(auto)* kølergitter.
grim [grim] *adj* streng, barsk, grusom.
grime [graim] *s* snavs; **grimy** *adj* beskidt, bemøget.
grin [grin] *s* grin // *v* grine, smile.
grind [graind] *s* knusning; slibning; *(fig)* slider // *v (ground, ground* [graund]) knuse; male, kværne; (om kniv etc) slibe, hvæsse; ~ *one's teeth* skære tænder; ~**er** *s* kindtand; mølle, kværn.
grip [grip] *s* greb, tag; håndtag // *v* gribe; få tag i; *come to ~s with* komme i slagsmål med; *(fig)* komme ind på livet af.
grisly ['grizli] *adj* uhyggelig.
gristle [grisl] *s* brusk.
grit [grit] *s* grus, sand; *(fig)* ben i næsen // *v* (om fx vej) gruse; ~ *one's teeth* skære tænder; bide tænderne sammen.
grizzle [grizl] *s* grå farve // *v* klynke, beklage sig; **grizzly bear** *s* gråbjørn.
groan [grəun] *s* stønnen // *v* stønne.
grocer ['grəusə*] *s* købmand; *~'s (shop)* købmandsbutik; ~**ies** *spl* købmandsvarer.
groin [grɔin] *s* lyske.
groom [gru:m] *s* tjener, karl; (også: *bride~)* brudgom // *v* pleje; (om hest) strigle.
groove [gru:v] *s* fure; skure; (i grammofonplade) rille.
grope [grəup] *v* famle *(for* efter).
gross [grəus] *adj* stor, tyk; grov; *(merk)* brutto-; ~ **national product** *(GNP) s* bruttonationalprodukt (BNP).
ground [graund] *s* jord, grund; terræn; plads; *(sport)* bane;

(fig) årsag // *v* (om fly) give flyveforbud; (om skib) gå på grund; *præt* og *pp* af *grind; gain* (el. *lose)* ~ vinde (el. tabe) terræn; *hold one's ~* holde stand; *on the ~(s) that* af den grund at; **~floor** *s* stueetage; **~ing** *s* grundlag; **~less** *adj* ubegrundet; **~s** *spl* (i væske) bundfald, grums; (til hus) have, park; **~sheet** *s* teltunderlag; **~ staff** *s (fly)* jordpersonale; **~work** *s* grundlag.

group [gru:p] *s* gruppe, hold // *v* (også: *~ together)* gruppere (sig).

grouse [graus] *s* rype // *v* knurre, brokke sig.

grove [grəuv] *s* lund, lille skov.

grovel ['grɔvl] *v: ~ (before) (fig)* krybe (for); ligge på maven (for).

grow [grəu] *v (grew, grown* [gru:, grəun]) vokse, gro; blive; dyrke, anlægge; *~ a beard* anlægge skæg; *~ old* blive gammel; *~ up* vokse op, blive voksen; **~er** *s* dyrker, producent; **~ing** *adj* voksende, tiltagende.

growl [graul] *v* knurre; rumle.

grown [grəun] *pp* af *grow* // *adj* voksen; **~-up** *s* voksen.

growth [grəuθ] *s* vækst, tiltagen; dyrkning, avl; *(med)* svulst; gevækst.

grudge [grʌdʒ] *s* nag, uvilje // *v* ikke unde; *bear sby a ~* bære nag til en; have et horn i siden på en; *I don't ~ him the success* jeg under ham succesen; **grudgingly** *adv* modstræbende.

gruel [gru:əl] *s* havresuppe, vælling; **~ling** *s* anstrengende, enerverende.

gruff [grʌf] *adj* barsk, bøs.

grumble [grʌmbl] *v* brumme, knurre; brokke sig.

grumpy ['grʌmpi] *adj* sur, gnaven.

grunt [grʌnt] *s* grynten, grynt // *v* grynte.

guarantee [ˌgærən'ti:] *s* garanti, kaution // *v* garantere (for); **guarantor** [ˌgærən'tɔ:] *s* garant, kautionist.

guard [gard] *s* vagt; bevogtning; garde; vogter; *(jernb)* togfører // *v* (be)vogte, beskytte; **~ed** *adj* forsigtig, reserveret; **~ian** *s* beskytter; *(jur)* værge; **~ian angel** *s* skytsengel; **~sman** *s* gardist, garder.

guess [gɛs] *s* gæt, gætning // *v* gætte; *have a ~* prøve at gætte; **~work** *s* gætteri.

guest [gɛst] *s* gæst; **~-house** *s* (hotel)pension; **~room** *s* gæsteværelse.

guidance ['gaidəns] *s* ledelse; vejledning; *under the ~ of* under ledelse af.

guide [gaid] *s* fører; vejleder; (turist)guide; (om bog) rejsefører; *(girl) ~* pigespejder; **~book** *s* rejsefører; **~d missile** *s* fjernstyret missil; **~lines** *spl* retningslinjer.

guilt [gilt] *s* skyld; **~less** *adj* uskyldig; **~y** *adj* skyldig *(of* i); skyldbevidst; *a ~y conscience* en dårlig samvittighed.

guinea ['gini] *s* 105 p (tidl. 21 shillings); **~ fowl** *s* perlehøne; **~ pig** *s* marsvin; *(fig)* forsøgskanin.

gulf [gʌlf] *s* (hav)bugt, golf; afgrund.

gull [gʌl] *s* måge.

gullet ['gʌlit] *s* spiserør.

gulp [gʌlp] *s* slurk, drag // *v* sluge, synke, nedsvælge; *at one ~* i et drag, i en mundfuld.

gum [gʌm] *s* gumme, tandkød; lim; vingummi; (også: *chewing ~)* tyggegummi // *v* klæbe, gummiere; **~boil** *s* tandbyld; **~boots** *spl* gummistøvler; **~my** *adj* klæbende.

gun [gʌn] *s* gevær; kanon; revolver // *v: ~ down* skyde ned; **~boat** *s* kanonbåd; **~fire** *s* skydning; **~man** *s* revolvermand; gangster; **~ner** *s* artillerist, skytte; **~point** *s: at ~point* med skydevåben parat; under trussel om skydning; **~shot** *s* skud; *within ~shot* inden for skudvidde; **~wale** [gʌnl] *s (mar)* ræling, lønning.

gurgle [gə:gl] *s* gurglen, skvulpen // *v* gurgle, skvulpe.

gush [gʌʃ] *s* strøm, væld // *v* strømme, vælde frem; *(fig)* falde i svime, svømme hen.

gusset ['gʌsit] *s* (i tøj) kile, spjæld.

gust [gʌst] *s* vindstød, pust; *(fig)* udbrud.

gusto ['gʌstəu] *s* veloplagthed; begejstring, entusiasme.

gut [gʌt] *s* tarm; **~s** *spl* indvolde; *(fig)* rygrad, mod.

gutter ['gʌtə*] *s* tagrende; rendesten.

guttural ['gʌtərəl] *adj* strube-, guttural.

guy [gai] *s* (F) fyr.

gym [dʒim] *s* gymnastik; (også: *gymnasium* [-'neizjəm]) gymnastiksal; **~nast** ['dʒimnəst] *s* gymnast; **~ics** [-'næstiks] *spl* gymnastik; **~ shoes** *spl* gymnastiksko; **~ slip** *s* gymnastikdragt.

gynaecology [gainə'kɔlədʒi] *s* gynækologi.

gypsy ['dʒipsi] *s* d.s.s. *gipsy.*

gyrate [dʒai'reit] *v* rotere.

H

H, h [eitʃ].

habit ['hæbit] *s* vane; dragt; *be in the ~ of* pleje at.

habitable ['hæbitəbl] *adj* beboelig; **habitation** [-'teiʃən] *s* beboelse.

habitual [hə'bitjuəl] *adj* sædvanlig, vane-.

hackney (cab) ['hækni(kæb)] *s (gl)* hyrevogn.

had [hæd] *præt* og *pp* af *have.*

haddock ['hædək] *s (pl: ~* el. *~s) (zo)* kuller.

hadn't [hædnt] d.s.s. *had not.*

haemorrhage ['hɛməridʒ] *s* stærk blødning.

hag [hæg] *s* heks, kælling.

haggard ['hægəd] *adj* mager, udtæret; uhyggelig, vild.

haggis ['hægis] *s* (skotsk ret:) hakket fåreindmad og krydderier kogt i en fåremave.

haggle [hægl] *v* tinge, prutte (om pris); parlamentere.

Hague [heig] *s: the ~* Haag (i Holland).

hail [heil] *s* hagl; *(fig)* byge // *v* hilse; praje; hagle; **~stone** *s* hagl.

hair [hɛə*] *s* hår; *do one's ~* sætte sit hår; *let one's ~ down* slå håret ud; *(fig)* slå sig løs; *she didn't turn a ~* hun fortrak ikke en mine; *split ~s* strides om ord; **~cut** *s* klipning; frisure; **~do** ['hɛədu:] *s* frisure; **~dresser** *s* frisør; **~-drier** *s* hårtørrer; **~piece** *s* (om kunstigt hår) top; **~pin** *s* hårnål; **~pin bend** *s* hårnålesving; **~raising** *s* hårrejsende; **~ remover** *s* hårfjerner; **~ slide** *s* skydespænde; **~style** *s* frisure; **~y** *adj* lodden, (be)håret; *(fig)* farlig; stærk.

half [ha:f] *s (pl: halves* [ha:vz]) halvdel; *(sport)* halvleg // *adj* halv, halvt; *~-an-hour* en halv time; *a week and a ~* halvanden uge; *~ (of it)* halvdelen; *~ (of)* det halve (af); *cut sth in ~* dele ngt i to;

~**-breed,** ~**-caste** *s* halvblods, mestits; ~**-hearted** *adj* halvhjertet, lunken; ligegyldig; ~**-hour** *s* halv time; ~**penny** ['heipni] *s (gl)* halv penny; ~**-time** *s (sport)* halvleg // *adj* halvdags; *be on ~-time* arbejde halvdags; ~**way** *adv* på halvvejen; halvvejs; ~**way line** *s* (i fodbold) midtlinje.

halibut ['hælibət] *s* helleflynder.

hall [hɔ:l] *s* hal, sal; entré, vestibule; herregård, stor bygning; *~ of residence* (universitets)kollegium.

Hallowe'en ['hæləu'i:n] *s* allehelgensaften (31. okt).

halo ['heiləu] *s* glorie, strålekrans; halo, ring om solen.

halt [hɔ:lt] *s* holdt, holdeplads // *v* standse, stoppe; halte, humpe; *call a ~ to* gøre en ende på.

halve [ha:v] *v* halvere, dele; ~**s** *spl* af *half.*

ham [hæm] *s* skinke; knæhase; bagdel; (om skuespiller etc) flødebolle; ~**-fisted** *adj* med store næver; klodset.

hamlet ['hæmlit] *s* (lille) landsby.

hammer ['hæmə*] *s* hammer // *v* hamre, banke; *(fig)* kritisere, angribe; *work ~ and tongs* (F) give den hele armen.

hammock ['hæmək] *s* hængekøje.

hamper ['hæmpə*] *v* genere; hindre.

hand [hænd] *s* hånd; (ur)viser; håndskrift; korthånd; arbejder, mand; (F) bifald // *v* række, give; *change ~s* skifte ejer; *give sby a ~* klappe ad en; *lend sby a ~* give en en hånd med; hjælpe en; *shake ~s* give (hinanden) hånden; *at ~* ved hånden; nær ved; *in ~* under kontrol; (om arbejde) i gang; *out of ~* ude af kontrol; *~ in* indlevere; *~ out* udlevere, uddele; *~ over* aflevere; *~s off!* ikke pille! ~**bag** *s* håndtaske; ~**basin** *s* vandfad; ~**book** *s* håndbog; ~**brake** *s* håndbremse; ~**cuffs** *spl* håndjern; ~**ful** *s* håndfuld; *she's quite a ~ful* hun er svær at styre; ~ **grenade** *s* håndgranat.

handicraft ['hændikra:ft] *s* (kunst)håndværk, håndarbejde.

handkerchief ['hæŋkətʃif] *s* lommetørklæde.

handle [hændl] *s* håndtag; hank, skaft // *v* røre ved, håndtere; tumle, klare; ekspedere; '*~ with care*' 'forsigtig'; ~**bars** *spl* cykelstyr.

hand... ['hænd-] sms: ~**-luggage** *s* håndbagage; ~**made** *adj* håndlavet; ~**out** *s* tildeling; brochure (el. andet papir) som uddeles; ~**shake** *s* håndtryk; ~**some** ['hænsəm] *adj* smuk; anselig, klækkelig; ~**writing** *s* håndskrift; ~**written** *adj* håndskrevet.

handy ['hændi] *adj* praktisk, bekvem; ved hånden, nær ved; (om person) behændig, fiks på fingrene; ~**man** *s* altmuligmand.

hang [hæŋ] *v (hung, hung* [hʌŋ]) hænge (op); være hængt på; *(hanged, hanged)* hænge (i galge); *~ about* stå og hænge; drive rundt; *~ on* hænge ved; vente; *~ up (tlf)* lægge røret på.

hanger ['hæŋə*] *s* (klæde)bøjle; (i fx frakke) strop.

hang-gliding ['hæŋglaidiŋ] *s (sport)* drageflyvning (ikke med papirsdrage).

hangman ['hæŋmən] *s* bøddel.

hangover ['hæŋəuvə*] *s* tømmermænd.
hankie, hanky ['hæŋki] *s* (F) lommetørklæde.
hanky-panky ['hæŋki'pæŋki] *s* (F) luskeri; kissemisseri.
haphazard [hæp'hæzəd] *adj* tilfældig, på lykke og fromme.
happen ['hæpən] *v* ske, hænde // *adv* måske; *as it ~s* tilfældigvis; forresten; *do you ~ to know..?* ved (el. kender) du tilfældigvis..? **~ing** *s* hændelse; happening.
happily ['hæpili] *adv* lykkeligt; lykkeligvis; **happiness** *s* lykke; **happy** *adj* lykkelig, glad, heldig; *~ with* tilfreds med, glad for; **happy-go-lucky** *adj* ubekymret; ligeglad.
harass ['hærəs] *v* plage, chikanere; **~ment** *s* plagerier, chikane.
harbour ['ha:bə*] *s* havn // *v* huse, rumme; (om følelse etc) nære; *~* **master** *s* havnefoged.
hard [ha:d] *adj/adv* hård, stærk; strengt; (om blik) stift; *drink ~* drikke tæt; *~ luck!* det var uheldigt! *no ~ feelings!* skal vi lade det være glemt! *~ of hearing* tunghør; *~ done by* uretfærdigt behandlet; **~back** *s* indbunden bog; **~board** *s* træfiberplade; **~-boiled** *adj* hårdkogt; **~en** *v* gøre hård, hærde(s); **~ening** *s* hærdning; forhærdelse; *~* **labour** *s* tvangsarbejde, strafarbejde; **~iness** *s* hårdførhed, udholdenhed.
hardly ['ha:dli] *adv* næppe, knap; *it's ~ enough* det er sikkert ikke nok; *~ anything* næsten intet.
hard... ['ha:d-] sms: **~ness** *s* hårdhed; *~* **sell** *s (merk)* pågående reklame; **~ship** *s* prøvelse, lidelse; *~ships pl* afsavn; **~-up** *adj: be ~-up* (F) sidde hårdt i det; **~ware** ['ha:dwɛə*] *s* isenkram; *(edb)* udstyr, maskinel; **~ware shop** *s* isenkramforretning; **~-wearing** *adj* slidstærk, solid; **~-working** *adj* flittig, arbejdsom; **~y** *adj* hårdfør; modstandsdygtig.
hare [hɛə*] *s* hare; **~-brained** *adj* tankeløs, flyvsk; **~lip** *s* hareskår.
harm [ha:m] *s* skade, fortræd // *v* skade, gøre fortræd; *he meant no ~* han mente det ikke så slemt; *no ~ done* der er ingen skade sket; *out of ~'s way* i sikkerhed; **~ful** *adj* skadelig; ond; **~less** *adj* uskadelig, harmløs.
harmonic [ha:'mɔnik] *adj* harmonisk; **~a** *s* mundharmonika; **~s** *spl (mus)* harmonilære; **harmonious** [-'məuniəs] *adj* harmonisk; **harmonize** ['ha:mənaiz] *v* harmonisere; afstemme; harmonere; **harmony** ['ha:məni] *s* harmoni; fredelighed, fordragelighed.
harness ['ha:nis] *s* (til hest) seletøj; (til barn) sele // *v* give sele(tøj) på; *(fig)* udnytte.
harp [ha:p] *s (mus)* harpe // *v: ~ on* tale konstant om; **~ist** *s* harpenist.
harpsichord ['ha:psikɔ:d] *s* cembalo.
harrow ['hærəu] *s (agr)* harve:
harsh [ha:ʃ] *adj* streng, hård, brutal; barsk; (om lyd) skurrende; (om farve) grel; (om smag) besk, harsk.
harvest ['ha:vist] *s* høst // *v* høste; **~er** *s* høstarbejder; mejetærsker.
has [hæz] se *have.*
hash [hæʃ] *s (gastr)* hakkemad, biksemad; *(fig)* kludder; (fork.f. *hashish)* hash; *make a*

~ *of sth* forkludre ngt.
hashish ['hæʃiʃ] *s* hash.
hassle [hæsl] *s* skænderi; problem.
haste [heist] *s* hast, fart; hastværk; *in a* ~ i en fart; *make* ~ skynde sig; **~n** [heisn] *v (gl)* fremskynde; haste, ile; **hasty** *adj* hastig; forhastet.
hat [hæt] *s* hat; *talk through one's* ~ vrøvle.
hatch [hætʃ] *s (mar* også: *~way)* luge, lem; (om fugl) udklækning; kuld // *v* ruge; udruge, udklække; **~back** *s (auto)* hækdør.
hatchet ['hætʃit] *s* lille økse; *bury the* ~ begrave stridsøksen.
hate [heit] *s* had // *v* hade, afsky; være ked af; *I would* ~ *to* jeg vil meget nødig; *I* ~ *to disturb* jeg er ked af at forstyrre; **~ful** *adj* væmmelig, modbydelig; **hatred** ['heitrid] *s* had.
haughty ['hɔ:ti] *adj* overlegen, arrogant.
haul [hɔ:l] *v* hale, slæbe; **~age** ['hɔ:lidʒ] *s* transportomkostninger; **~ier** *s* vognmand.
haunch [hɔ:ntʃ] *s* hofte; (om dyr) kølle; ~ *of venison* dyrekølle.
haunt [hɔ:nt] *s* tilholdssted // *v* hjemsøge, plage; spøge (i); *the house is ~ed* det spøger i huset; *a ~ed look* et jaget udtryk (el. blik).
have [hav] *v (had, had* [hæd]) have, være; eje; (F) narre; ~ *done (with)* være færdig (med); ~ *a dress made* få syet en kjole; ~ *to* være nødt til, skulle, måtte; *I had better* jeg må hellere; ~ *it out with* få talt ud med; *I won't* ~ *it* jeg vil ikke finde mig i det; *he has had it* han er færdig; han har fået nok; *he has been had* han er blevet snydt; ~ *tea* drikke te; ~ *a drink* få sig en drink.
haven ['heivən] *s* (H) tilflugtssted; *tax* ~ skattely.
havoc ['hævək] *s* ødelæggelse, ravage; *cry* ~ råbe gevalt; *play* ~ *with* ødelægge; hærge.
hawk [hɔ:k] *s* høg; **~er** *s* falkejæger; gadesælger.
hay [hei] *s* hø; *hit the* ~ (S) hoppe i dynerne, gå til køjs; **~fever** *s* høfeber; **~wire** *adj: go ~wire* blive skør; gå i skuddermudder.
hazard ['hæzəd] *s* tilfælde; fare, risiko // *v* vove, risikere; **~ous** *adj* risikabel, hasarderet.
haze [heiz] *s* dis, tåge; *(fig)* uklarhed.
hazel ['heizəl] *s* hassel // *adj* nøddebrun; **~nut** *s* hasselnød.
hazy ['heizi] *adj* diset, tåget; *(fig)* ubestemt, vag; *(foto)* uskarp.
he [hi:] *pron* han; den, det; ham; ~ *who* den som; *it is* ~ *who...* det er ham som ...
head [hɛd] *s* hoved; leder, forstander; (i avis) overskrift; (om kvæg) stykke; *(fig)* intelligens, forstand // *v* lede, stå i spidsen for; gå forrest; *(sport)* heade, lave hovedstød; *at the* ~ *of* i spidsen for; ~ *over heels* til op over begge ører; hovedkulds; *she lost her* ~ hun mistede besindelsen; ~ *for* sætte kursen (el. styre) imod; **~ache** ['hɛdeik] *s* hovedpine; **~ing** *s* titel, overskrift; afsnit; **~lamp** *s (auto)* forlygte; **~land** *s* odde, forbjerg; **~light** *s (auto)* forlygte; **~line** *s* overskrift; **~long** *adv* på hovedet, hovedkulds; **~master** *s* skolebestyrer, rektor; **~mistress** *s* skolebesty-

rerinde, rektor; ~ **office** *s* hovedkontor; **~-on** *adj* frontal (fx *collision* sammenstød); **~phones** *spl* hovedtelefoner; **~quarters** *(HQ) spl* hovedkvarter; **~-rest** *s* nakkestøtte; **~room** *s* fri højde; **~s** *spl: ~s or tails* plat eller krone; **~scarf** *s* hovedtørklæde; **~set** *s* hovedtelefoner; **~strong** *adj* stædig, egenrådig; **~way** *s* fart; fremskridt; **~wind** *s* modvind; **~y** *adj* egensindig; (om drik) som stiger til hovedet.

heal [hi:l] *v* hele(s), læge(s), helbrede.

health [hɛlθ] *s* sundhed; helbred; *drink (to) sby's ~* skåle for en; ~ **centre** *s* lægehus; ~ **food** *s* helsekost; *the* **H~ Service** sygesikringen; ~ **visitor** *s* sundhedsplejerske; **~y** *adj* sund, rask.

heap [hi:p] *s* bunke, dynge; masse // *v* samle i bunke; *(fig)* ophobe, dynge sammen; *a ~ of* el. *~s of* en mængde, masser af; *a ~ed spoonful* en topskefuld.

hear [hiə*] *v (heard, heard* [hə:d]) høre; erfare; lytte; lystre; ~ *about* høre om; ~ *from* høre fra; *they wouldn't ~ of it* de ville ikke høre tale om det; *do you ~ me?* hører du? **~ing** *s* hørelse; høring; *hard of ~ing* tunghør; **~ing aid** *s* høreapparat.

hearse [hə:s] *s* ligvogn, rustvogn.

heart [ha:t] *s* hjerte; mod; kerne; *at ~* inderst inde; *by ~* udenad; *have a ~!* vær nu lidt rar! *lose ~* tabe modet; ~ **attack** *s* hjerteanfald; **~beat** *s* hjertebanken; hjertets slag; **~breaking** *adj* hjerteskærende; **~broken** *adj* sønderknust; **~burn** *s* halsbrand, sure opstød; ~ **failure** *s* hjertestop; **~-felt** *adj* hjertelig, inderlig.

hearth [ha:θ] *s* kamin; esse.

heartily ['ha:tili] *adv* hjerteligt, inderligt; *agree ~* være helt enig(e); **heartless** *adj* hjerteløs; **hearts** *spl* (om kort) hjerter; *queen of hearts* hjerter dame; **hearty** *adj* hjertelig; ivrig; sund; (om appetit etc) solid.

heat [hi:t] *s* varme; *(fig)* glød, ophidselse; (om dyr) brunst; *(sport)* løb, heat // *v* varme (op); blive varm; **~ed** *adj* opvarmet; hidsig; **~er** *s* varmeapparat; varmelegeme.

heathen ['hi:ðən] *s* hedning // *adj* hedensk.

heather ['hɛðə*] *s* lyng // *adj* lyngfarvet, lilla.

heating ['hi:tiŋ] *s* opvarmning // *adj* varmende, varme-.

heatstroke ['hi:tstrəuk] *s* hedeslag; **heatwave** *s* hedebølge.

heave [hi:v] *s* træk; kast; bølgen, dønning // *v* løfte; kaste; hive, drage; svulme; ~ *a sigh* drage (el. udstøde) et suk.

heaven ['hɛvn] *s* himmel(en); ~ *forbid* Gud forbyde; ~ *knows* det må guderne vide; **~ly** *adj* himmelsk; dejlig.

heavily ['hævili] *adv* tungt; svært; meget; dybt; **heavy** *adj* tung, stor, stærk, svær; *it's heavy going* det er besværligt; *a heavy smoker* en storryger; **heavy-weight** *s (sport)* sværvægt.

Hebrew ['hi:bru] *s* hebræer // *adj* hebraisk.

hectic ['hɛktik] *adj* hektisk.

he'd [hi:d] d.s.s. *he had, he would.*

hedge [hædʒ] *s* hegn, hæk // *v* tøve, vakle; ~ *in* indhegne; ~ *one's bets* (i tipning etc) foretage helgarderinger;

~hog *s* pindsvin; **~row** *s* levende hegn.
heed [hi:d] *v* (også: *pay ~ to)* ænse, bryde sig om, lægge mærke til; **~less** *adj* ligegyldig; ubetænksom.
heel [hi:l] *s* hæl; endeskive // *v* (om sko) sætte hæle på; *take to one's heels* stikke af.
hefty ['hɛfti] *adj* stor, velvoksen, solid.
height [hait] *s* højde; højdedrag; højdepunkt; **~en** *v* forhøje, øge; *(fig)* tage til.
heir [ɛə*] *s* arving; **~ess** *s* kvindelig arving; **~loom** *s* arvestykke.
held [hɛld] *præt* og *pp* af *hold.*
hell [hɛl] *s* helvede; *a ~ of a...* en allerhelvedes...; *give them ~* gøre helvede hedt for dem; *oh ~!* så for pokker; *get the ~ out of here!* se at skrubbe ud! *like ~ I will!* gu vil jeg ej!
he'll [hi:l] d.s.s. *he shall, he will.*
hellish ['hɛliʃ] *adj* helvedes.
hello [hə'ləu] *interj* goddag! hej! hovsa! hallo!
helm [hɛlm] *s (mar)* ror, rat.
helmet ['hɛlmit] *s* hjelm.
helmsman ['hɛlmzmən] *s* rorgænger.
help [hɛlp] *s* hjælp; hjælper; hushjælp // *v* hjælpe, støtte; *~ yourself (to bread)* værsgo at tage (brød); *I can't ~ saying* jeg kan ikke lade være med at sige; *he can't ~ it* han kan ikke gøre for det; *~ sby out* hjælpe en igennem en vanskelighed, komme en til hjælp; **~ful** *adj* hjælpsom; nyttig; **~ing** *s* portion; **~less** *adj* hjælpeløs.
hem [hɛm] *s* søm, kant // *v* sømme, kante; *~ in* omringe, indeslutte.
hemisphere ['hɛmisfiə*] *s* halvkugle, hemisfære.
hemp [hɛmp] *s (bot)* hamp.
hem stitch ['hæmstitʃ] *s* hulsøm.
hen [hɛn] *s* høne; hunfugl.
hence ['hɛns] *adv* heraf, derfor; fra nu af; *two years ~* om to år fra nu af; **~forth** *adv* fra nu af, for fremtiden.
henpecked ['hɛnpɛkt] *adj* (om ægtemand) under tøflen.
hepatitis [hɛpə'taitis] *s* leverbetændelse.
her [hə:*] *pron* hende, sig; hendes.
herald ['hɛrəld] *s* herold, budbringer // *v* forkynde, bebude; **~dry** *s* heraldik.
herb [hə:b] *s* urt; krydderurt; **~aceous** [hə:'beiʃəs] *adj* urteagtig; *~aceous border* staudebed.
herd [hə:d] *s* hjord, flok // *v: ~ together* genne sammen.
here [hiə*] *adv* her, herhen; *from ~* herfra; *~'s my sister* dette (el. her) er min søster; *~ she comes* der kommer hun; *~ you are* værsgo; *now, look ~!* hør nu engang! **~after** *adv* herefter // *s: the ~after* det hinsides; **~by** *adv* herved.
hereditary [hi'rɛditri] *adj* arvelig, arve-; **heredity** *s* arvelighed.
heresy ['hɛrəsi] *s* kætteri; **heretic** *s* kætter; **heretical** [hi'rɛtikl] *adj* kættersk.
herewith [hiə'wið] *adv* hermed.
heritage ['hɛritidʒ] *s* arv.
hermit ['hə:mit] *s* eremit, eneboer.
hernia ['hə:niə] *s (med)* brok.
hero ['hiərəu] *s (pl: ~es)* helt; **~ic** [hi'rəuik] *adj* heltemodig, heroisk.
heroin ['hɛrəuin] *s* heroin.
heroine ['hɛrəuin] *s* heltinde; **heroism** *s* heltemod.
heron ['hɛrən] *s* hejre.

herring ['hɛriŋ] *s* sild; *a red ~* et falsk spor; *smoked ~* røget sild; **~bone** *s* sildeben; sildebensmønster; **~bone stitch** *s* heksesting.

hers [hə:z] *pron* hendes; sin, sit, sine.

herself [hə:'sɛlf] *pron* hun selv; hende selv; sig selv; *she did it ~* hun gjorde det selv.

he's [hi:z] d.s.s. *he has, he is.*

hesitant ['hɛzitənt] *adj* tøvende, usikker; **hesitate** *v* vakle, tøve; *hesitate about* være i tvivl om; *hesitate to* tøve med at; **hesitation** [-'teiʃən] *s* tøven, usikkerhed.

het-up [hɛt'ʌp] *adj* (F) ophidset.

hi [hai] *interj* hej! davs!

hibernate ['haibəneit] *v* overvintre; ligge i dvale, ligge i hi.

hiccough, hiccup ['hikʌp] *s/v* hikke.

hid [hid] *præt* af *hide;* **~den** [hidn] *pp* af *hide.*

hide [haid] *s* skind, hud // *v* banke, prygle; *(hid, hidden)* skjule, gemme; skjule sig; *~ from* gemme sig for; *~ sth (from sby)* gemme ngt (for en); **~-and-seek** *s* (om leg) skjul; **~away** *s* skjulested.

hideous ['hidiəs] *adj* hæslig, skrækkelig.

hiding ['haidiŋ] *s* tæsk, prygl; skjul; *give sby a good ~* give en en ordentlig gang tæsk; *be in ~* holde sig skjult; **~ place** *s* gemmested.

high [hai] *adj* høj; stor; stærk, voldsom (fx *wind* blæst); (S) høj, skæv (af stoffer); *~ and mighty* stor på den; *in ~ spirits* i højt humør; **~brow** [-brau] *s* intellektuel; åndssnob; **~-handed** *adj* storsnudet; **~-heeled** *adj* højhælet; **~ jump** *s (sport)* højdespring; **H~lander** *s* skotsk højlænder; *the* **H~lands** *spl* det skotske højland; **~light** *s (fig)* højdepunkt // *v* kaste lys over, fremhæve; **~ly** *adv* i høj grad, meget, højt; *~ly strung* overspændt, nervøs; **H~ness** *s: Your H~ness* Deres højhed; **~-pitched** *adj* (om stemme, tone) skinger, høj; **~rise block** *s* højhus; **~ school** *s* højere skole; **~ street** *s* hovedgade; **~way** *s* hovedvej; **~wayman** *s* landevejsrøver.

hijack ['haidʒæk] *v* (om fly) kapre, bortføre; **~er** *s* flykaprer.

hike [haik] *s* travetur, vandretur // *v* være på travetur; **~r** *s* vandrer, vandrefugl; **hiking** *s* vandring.

hilarious [hi'lɛəriəs] *adj* kåd, løssluppen; **hilarity** [hi'læriti] *s* munterhed, løssluppenhed.

hill [hil] *s* bakke; (især skotsk) bjerg; **~side** *s* (bjerg)skråning; **~ start** *s (auto)* start op (el. ned) ad bakke; **~y** *adj* bakket, bjergrig.

hilt [hilt] *s: up to the ~ (fig)* helt og igennem.

him [him] *pron* han; den, det; sig; **~self** *pron* han selv; sig selv; *(all) by ~self* (helt) alene; *he did it ~self* han gjorde det selv.

hind [haind] *s* hind // *adj* bagest, bag-.

hinder ['hində*] *v* hindre; sinke; **hindrance** ['hindrəns] *s* hindring.

hindsight ['haindsait] *s* bagklogskab.

hinge [hindʒ] *s* hængsel // *v: ~ on (fig)* komme an på.

hint [hint] *s* antydning, vink // *v* antyde, insinuere; *~ at* hentyde til.

hip [hip] *s* hofte; *(bot)* hyben.

hippopotamus [hipə'pɔtəməs] *s (pl: ~es* el. *hippopotami*

[-ˈpɔtəmai]) flodhest.
hire [haiə*] *s* leje; løn; hyre // *v* leje; hyre, ansætte; *for* ~ til leje; (på taxi) fri; ~ **purchase** *(HP) s* køb (el. salg) på afbetaling.
his [hiz] *pron* hans; sin, sit, sine.
hiss [his] *s* hvæsen, hvislen // *v* hvæse, hvisle; hysse.
historian [hisˈtɔ:riən] *s* historiker; **historic(al)** *adj* historisk; **history** [ˈhistəri] *s* historie; *make history* skabe historie.
hit [hit] *s* stød, slag; succes, hit // *v (hit, hit)* ramme; støde, slå; nå; støde sammen med; finde, støde på; ~ *it off with* komme godt ud af det med; **~-and-run driver** *s* flugtbilist.
hitch [hitʃ] *s* hindring, standsning; *(mar)* stik // *v* sætte fast; (også: ~ *up)* spænde for; ~ *a lift* blaffe, køre på tommelfingeren; **~-hike** *v* blaffe.
hive [haiv] *s* bikube.
H.M.S. fork.f. *Her (His) Majesty's Ship.*
hoard [hɔ:d] *s* forråd, reserver; skat // *v* samle sammen, hamstre.
hoarding [ˈhɔ:diŋ] *s* plankeværk.
hoarfrost [ˈhɔ:frɔst] *s* rimfrost.
hoarse [hɔ:s] *adj* hæs.
hoax [həuks] *s* spøg, nummer; skrøne.
hob [hɔb] *s* bordkomfur, kogesektion; varmeplade (oven på komfur); pind (i fx ringspil).
hobble [hɔbl] *v* halte, humpe.
hobby [ˈhɔbi] *s* hobby; *ride one's* ~ *(fig)* ride sin kæphest; **~horse** *s* (om legetøj) kæphest.
hobnailed [ˈhɔbneild] *adj* (om støvle) sømbeslået.
hock [hɔk] *s* rhinskvin; (om hest) hase.
hoe [həu] *s* hakke, lugejern.
hog [hɔg] *s* (vild)svin // *v (fig)* rage til sig; *go the whole* ~ tage skridtet helt ud.
Hogmanay [ˌhɔgməˈnei] *s* (skotsk) nytårsaften.
hoist [hɔist] *s* hejs, spil // *v* hejse, løfte.
hold [həuld] *s* hold, tag; støtte, fodfæste; *(mar)* lastrum // *v (held, held)* holde; indeholde, rumme; eje; mene, anse for; gælde; ~ *the line (tlf)* et øjeblik; ~ *one's own (fig)* holde stand; *get* ~ *of* få fat i; *get* ~ *of oneself* tage sig sammen; ~ *back* holde tilbage, skjule (fx *a secret* en hemmelighed); ~ *down* holde nede; blive i (fx *a job* et job); ~ *off* holde borte, holde på afstand; ~ *on* holde sig fast; holde ud; fortsætte; ~ *on!* stop lidt! ~ *on to* holde fast på (el. i); beholde; ~ *out* love; tilbyde; ~ *up* række op; støtte, holde oppe; holde i skak; lave holdup; **~all** *s* rejsetaske, weekendtaske; **~er** *s* indehaver; holder; **~ing** *s* beholdning; aktiepost; *(agr)* gård, brug; **~ing company** *s* holdingselskab; **~up** *s* holdup, væbnet røveri; trafikstandsning.
hole [həul] *s* hul // *v* hulle, lave huller i.
holiday [ˈhɔlidei] *s* ferie, fridag; helligdag; **~maker** *s* ferierejsende, turist; ~ **resort** *s* feriested.
holiness [ˈhəulinis] *s* hellighed.
hollow [ˈhɔləu] *s* hulning, hul // *v:* ~ *out* udhule // *adj* hul; *(fig)* falsk.
holly [ˈhɔli] *s* kristtorn; **~hock** *s* stokrose.
holocaust [ˈhɔləkɔ:st] *s* storbrand; massakre, massedrab.
holster [ˈhəulstə*] *s* pistolhylster.

holy ['həuli] *adj* hellig; *the H~ Ghost* el. *Spirit* helligånden; ~ **orders** *spl: take ~ orders* blive præsteviet; *the* **H~ See** *s* pavestolen; *the* **H~ Writ** *s* den hellige skrift, Bibelen.
homage ['hɔmidʒ] *s* hyldest; *pay ~ to* hylde.
home [həum] *s* hjem // *adj* hjemlig, hjemme-; indenrigs, national // *adv* hjem; i mål; *at ~* hjemme; *it came ~ to me* det gik op for mig; *go ~* gå hjem; *(fig)* ramme; *his remark went ~* hans bemærkning ramte (el. traf); **~land** *s* fædreland; (i Sydafrika) reservat (for sorte); **~less** *adj* hjemløs, husvild; **~ly** *adv* hjemlig, hyggelig; jævn, folkelig; **~-made** *adj* hjemmelavet; ~ **rule** *s* selvstyre, hjemmestyre; **H~ Secretary** *s* sv.t. indenrigsminister; **~sick** *adj: be ~sick* have hjemve; **~ward(s)** *adj* hjem-, hjemad; **~work** *s* hjemmearbejde, lektier.
homicide ['hɔmisaid] *s* drab; drabsmand.
homogeneous [hɔməu'dʒi:niəs] *adj* ensartet, homogen.
honest ['ɔnist] *adj* ærlig; hæderlig; **~ly** *adv* ærligt; ærligt talt; **~y** *s* ærlighed.
honey ['hɔni] *s* honning; (F) skat // *v* snakke godt for, smøre; **~moon** *s* bryllupsrejse, hvedebrødsdage.
honk [hɔŋk] *v* dytte, tude (med hornet).
honorary ['ɔnərəri] *adj* æres- (fx *member* medlem).
honour ['ɔnə*] *s* ære, hæder // *v* ære, hædre; opfylde, indfri; *in ~ of* til ære for; *guest of ~* hædersgæst; *maid* (el. *lady) of ~* hofdame; *~ a bill (merk)* acceptere en veksel; **~able** *adj* hæderlig, retskaffen; æret; *(parl): the ~able member* det ærede medlem; **~s degree** *s* kandidateksamen *(B.A.)* med specialisering i et fag.
hood [hud] *s* hætte; *(auto)* kaleche; **~wink** *v* bluffe, narre.
hoof [hu:f] *s (pl: hooves* [hu:vz]) hov (på dyr).
hook [hu:k] *s* krog, knage; hægte; fiskekrog // *v* få på krogen; hægte; *~ up* hægte sammen; koble til.
hooligan ['hu:ligən] *s* bølle, voldsmand.
hoot [hu:t] *s* hujen, tuden // *v* tude, huje efter; *not give a ~* være revnende ligeglad; *~ with laughter* hyle af grin; **~er** *s* bilhorn; *(mar)* signalhorn, sirene; (S) tud, gynter.
hooves [hu:vz] *spl* af *hoof.*
hop [hɔp] *s* hop, spring; *(bot)* humle // *v* hoppe, hinke.
hope [həup] *s* håb // *v* håbe (på); *I ~ so* det håber jeg; *I ~ not* det håber jeg ikke; *be past all ~* ikke være til at redde; **~ful** *adj* forhåbningsfuld; lovende; **~fully** *adv* optimistisk; forhåbentlig; **~less** *adj* håbløs.
horizon [hə'raizən] *s* horisont; **~tal** [hɔri'zɔntl] *adj* vandret.
hormone ['hɔ:məun] *s* hormon; ~ **deficiency** *s* hormonmangel.
horn [hɔ:n] *s* horn; *blow the ~ (auto)* tude i hornet; *(mus)* blæse i hornet; **~ed** *adj* med horn.
hornet ['hɔ:nit] *s* gedehams; **~'s nest** *s* hvepserede (også *fig).*
horrible ['hɔribl] *adj* frygtelig, grufuld; afskyelig; **horrid** ['hɔrid] *adj* væmmelig, gyselig; **horrify** ['hɔrifai] *v* forfærde, skræmme; **horror** ['hɔrə*] *s* rædsel, skræk; afsky; *she*

looks a horror hun ser skrækkelig ud; **horror film** *s* gyser, skrækfilm.

horse [hɔ:s] *s* hest; (sav)buk; **~back** *s* hesteryg; *on ~back* til hest; **~fly** *s* hestebremse; **~man** *s* rytter; **~power** *(hp) s* hestekraft; hestekræfter (hk); **~-racing** *s* hestevæddeløb; **~radish** *s* peberrod; **~whip** *s* ridepisk; **horsy** *adj* hesteagtig; heste-; vild med heste.

horticulture ['hɔ:tikʌltʃə*] *s* havedyrkning.

hose [həuz] *s* (også: *~ pipe)* (vand)slange; (også: *garden ~)* haveslange.

hosiery ['həuziəri] *s* trikotage; (i forretning) strømpeafdeling.

hospitable ['hɔspitəbl] *adj* gæstfri.

hospital ['hɔspitl] *s* sygehus, hospital; *in ~* på hospitalet, indlagt.

hospitality [hɔspi'tæliti] *s* gæstfrihed.

hospitalize ['hɔspitəlaiz] *v* indlægge (på hospitalet).

host [həust] *s* vært; (hær)skare, mængde.

hostage ['hɔstidʒ] *s* gidsel.

hostel [hɔstl] *s* hjem, herberg; (også: *youth ~)* ungdomsherberg, vandrerhjem.

hostess ['həustis] *s* værtinde; (også: *air ~)* stewardesse, flyværtinde.

hostile ['hɔstail] *adj* fjendtlig; **hostility** [hɔ'stiliti] *s* fjendtlighed.

hot [hɔt] *adj* varm, hed; krydret, stærk; *(fig)* hidsig, lidenskabelig; *you are getting ~* tampen brænder; *he's ~ on football* han er vild med fodbold; **~bed** *s* drivbænk; *(fig)* arnested.

hotel [həu'tɛl] *s* hotel; **~ier** *s* hotelejer, hotelvært.

hot... ['hɔt-] sms: **~foot** *adv* sporenstregs; **~headed** *adj* hidsig, opfarende; **~house** *s* drivhus; **~-water bottle** *s* varmedunk.

hound [haund] *s* jagthund // *v* jage, forfølge; *ride to ~s* drive rævejagt.

hour ['auə*] *s* time; stund, tid; *an ~ and a half* halvanden time; *after ~s* efter lukketid; *out of ~s* uden for arbejdstiden; *strike the ~* (om ur) slå hel (el. timeslag); *paid by the ~* timelønnet.

house *s* [haus] *(pl: ~es* ['hauziz]) hus (også om firma etc); *(teat)* forestilling; tilskuerplads // *v* [hauz] huse, give husly; *on the ~* for værtens regning; *the H~ of Commons* underhuset; *the H~ of Lords* overhuset; *~* **agent** *s* ejendomsmægler; **~breaking** *s* indbrud; **~hold** *s* husstand; husholdning; **~keeper** *s* husholderske, husbestyrerinde; **~keeping** *s* husholdning; **~top** *s* hustag; **~wife** *s* husmor; **~work** *s* husligt arbejde.

housing ['hauziŋ] *s* boliger, huse // *adj* bolig-; *~* **estate, ~ scheme** *s* boligkvarter; *~* **shortage** *s* boligmangel.

hover ['hɔvə*] *v* svæve; vakle, tøve; *~ about* (el. *round) sby* kredse om en; **~craft** *s* luftpudebåd; luftpude-.

how [hau] *adv* hvordan; hvor; *~ are you?* hvordan har du det? (ofte som hilsen:) goddag! *~ lovely!* hvor dejligt! *~ many?* hvor mange? *~ much is it?* hvor meget koster det? **~ever** [hau'ɛvə*] *adv* hvordan end // *konj* imidlertid, alligevel.

howl [haul] *s* hyl, brøl, tuden // *v* hyle, tude; **~er** *s* brøler, bommert.

HP, hp fork.f. *hire-purchase; horsepower.*
H.Q. ['eitʃ'kju:] fork.f. *head-quarters.*
hr(s) fork.f. *hour(s).*
hub [hʌb] *s* (om hjul) nav; *(fig)* centrum; (F) (også: *hubby)* (ægte)mand.
hub cap ['hʌbkæp] *s* hjulkapsel.
huddle [hʌdl] *v: ~ together* stimle sammen; trykke sig op ad hinanden.
hue [hju:] *s* farve; anstrøg; *~ and cry (fig)* ramaskrig, alarm; klapjagt, hetz.
huff [hʌf] *s* fornærmelse; *in a ~* mopset.
hug [hʌg] *s s* omfavnelse, knus // *v* omfavne, knuge (ind til sig); holde sig tæt ved.
huge [hju:dʒ] *adj* enorm, kæmpestor.
hulk [hʌlk] *s* stort klodset skib; skibsskrog; (om person) klods.
hull [hʌl] *s* skibsskrog.
hum [hʌm] *s* nynne; (om insekt) brummen, summen // *v* nynne; summe, brumme.
human ['hju:mən] *s* (også: *~ being)* menneske // *adj* menneskelig; menneske-; **~e** [hju'mein] *adj* menneskekærlig, human; **~ities** *spl* humaniora; **~ity** [-'mæniti] *s* menneskelighed; menneskehed.
humble [hʌmbl] *adj* ydmyg; beskeden, tarvelig; **humbly** *adv* ydmygt, beskedent.
humid ['hju:mid] *adj* fugtig; **~ity** [-'miditi] *s* fugtighed.
humiliate [hju:'milieit] *v* ydmyge; **humiliation** [-'eiʃən] *s* ydmygelse; **humility** [-'militi] *s* ydmyghed.
humming-bird ['hʌmiŋbə:d] *s* kolibri.
humorous ['hju:mərəs] *adj* humoristisk; **humour** ['hju:mə*] *s* humor; humør // *v* føje.
hump [hʌmp] *s* pukkel; tue.
hunch [hʌntʃ] *s* pukkel; klump, luns; *(fig)* forudanelse; *have a ~ that...* have på fornemmelsen at...; **~back** *s* pukkel; pukkelrygget person; **~ed** *adj* ludende.
hundred ['hʌndrəd] *num* hundrede; **~weight** *s* centner *(brit: 112 lb,* 50,8 kg; *am: 100 lb,* 45,3 kg).
hung [hʌŋ] *præt* og *pp* af *hang.*
Hungarian [hʌŋ'gɛəriən] *s* ungarer // *adj* ungarsk; **Hungary** ['hʌŋgəri] *s* Ungarn.
hunger ['hʌŋgə*] *s* sult; *(fig)* trang *(for* til) // *v: ~ for* tørste efter, ønske brændende; **hungry** ['hʌŋgri] *adj* sulten; begærlig *(for* efter).
hunt [hʌnt] *v* jage (efter), søge; gå på jagt; *~ for* lede efter; **~er** *s* jæger; **~ing** *s* jagt (især rævejagt til hest).
hurdle [hə:dl] *s* gærde; *(sport)* hæk, forhindring; *~* **race** *s* (også: *hurdles)* hækkeløb, forhindringsløb.
hurl [hə:l] *v* slynge, kyle.
hurricane ['hʌrikən] *s* orkan.
hurried ['hʌrid] *adj* hastig, fortravlet; hastværks-; **hurry** *s* hast(værk), fart // *v* skynde sig, haste; skynde på; fremskynde; *be in a hurry* have travlt; *do sth in a hurry* skynde sig med ngt.
hurt [he:t] *s* skade, fortræd; sår // *v (hurt, hurt)* skade; slå, støde; *(fig)* såre; gøre ondt // *adj* såret; **~ful** *adj* sårende.
hurtle [hə:tl] *v* slynge, kaste; *~ down* rasle ned; *~ past* suse forbi.
husband ['hʌzbənd] *s* (ægte)-mand.
hush [hʌʃ] *s* stilhed // *v* berolige, dysse ned; *hush!* hys! stille! **hush-hush** *adj* meget hem-

melig, tys-tys.
husk [hʌsk] *(bot)* avne, skal, kapsel, bælg.
husky ['hʌski] *adj* (om stemme) hæs, grødet.
hustle [hʌsl] *s* trængsel // *v* jage med; skubbe til; *~ and bustle* liv og røre.
hut [hʌt] *s* hytte, skur; *(mil)* barak.
hybrid ['haibrid] *s* bastard, hybrid.
hydrate ['haidreit] *s (kem)* hydrat // *v* hydrere.
hydroelectric ['haidrəui'lɛktrik] *adj* vandkraft-.
hydrogen ['haidrədʒɛn] *s* brint, hydrogen.
hydrophobia [ˌhaidrə'fəubiə] *s* vandskræk; *(med)* hundegalskab, rabies.
hygiene ['haidʒi:n] *s* hygiejne.
hymn [him] *s* salme, hymne.
hypertension [haipə'tɛnʃən] *s* forhøjet blodtryk, hypertension.
hyphen [haifn] *s* bindestreg; **~ation** [haifə'neiʃən] *s* orddeling.
hypnosis [hip'nəusis] *s* hypnose; **hypnotism** ['hipnətizm] *s* hypnotisme; **hypnotist** ['hipnətist] *s* hypnotisør.
hypochondriac [ˌhaipə'kɔndriæk] *s* hypokonder.
hypocrisy [hi'pɔkrisi] *s* hykleri; **hypocrite** ['hipəkrit] *s* hykler.
hypothesis [hai'pɔθəsis] *s (pl: hypotheses* [-si:z]) antagelse, hypotese; **hypothetic(al)** [-'θɛtikl] *adj* antaget, hypotetisk.
hysterectomy [histə'rɛktəmi] *s* fjernelse af livmoderen, hysterektomi.
hysteria [his'tiəriə] *s* hysteri; **hysterical** [-'stɛrikl] *adh* hysterisk; **hysterics** [-'stɛriks] *spl* hysterianfald; *go into hysterics* blive hysterisk.

I

I, i [ai].
ice [ais] *s* is // *v* afkøle, lægge på is; *~ up* overise; *~* **age** *s* istid; **~bag** *s* ispose; **~berg** *s* isbjerg; **~cap** *s* indlandsis; evig sne; *~* **cream** *s* (fløde)is; *~* **cube** *s* isterning; **~d** *adj* iskold; is-; *~* **fern** *s* isblomst.
Iceland ['aislənd] *s* Island; **~er** *s* islænding; **~ic** [-'lændik] *s/adj* islandsk.
ice lolly ['aislɔli] *s* ispind; **ice rink** *s* skøjtebane.
icicle ['aisikl] *s* istap.
icing ['aisiŋ] *s* isslag; overisning; *(gastr)* glasur (på kage etc); *~* **sugar** *s* flormelis.
icy ['aisi] *adj* iskold, isnende.
I'd [aid] d.s.s. *I had, I would.*
idea [ai'diə] *s* idé; begreb; tanke; *I have no ~* jeg aner (det) ikke; *have you any ~ where?* har du ngt begreb om hvor? *that's the ~!* sådan skal det være!
ideal [ai'diəl] *s* forbillede, ideal // *adj* ideel; fuldendt; **~ist** *s* idealist.
identical [ai'dɛntikl] *adj* ens, identisk; *~* **twins** *spl* enæggede tvillinger.
identification [aidɛntifi'keiʃən] *s* legitimation; identifikation; **identify** [-fai] *v* identificere; **identity** [-ti] *s* identitet.
idiosyncrasy [idiə'sinkrəsi] *s* overfølsomhed; særhed.
idiot ['idiət] *s* idiot, fjols; **~ic** [-'ɔtik] *adj* idiotisk.
idle [aidl] *v* drive *(about* rundt); *(auto)* gå i tomgang // *adj* ledig, ubeskæftiget; doven; ude af drift; intetsigende; håbløs, forgæves; *lie ~* ligge stille; **~r** *s* lediggænger; dovendidrik.
idol [aidl] *s* afgud, idol; **~ize**

['aidəlaiz] *v* forgude, tilbede.
i.e. ['ai'i:] (fork.f. *id est)* dvs.
if [if] *konj* hvis, dersom; om; selv om; *as* ~ som om; ~ *not* hvis ikke; ellers; ~ *only* hvis bare, gid; ~ *so* i så fald.
ignition [ig'niʃən] *s* antændelse; *(auto)* tænding; *turn on the ignition* slå tændingen til; ~ **key** *s (auto)* startnøgle.
ignorance ['ignərəns] *s* uvidenhed; ukendskab; **ignorant** *adj* uvidende; **ignore** [ig'nɔ:*] *v* ignorere; overse, overhøre.
I'll [ail] d.s.s. *I shall, I will.*
ill [il] *adj* syg, dårlig; ond; *take* (el. *be taken)* ~ blive syg; *be* ~ *in bed* ligge syg; *speak* ~ *of* tale ondt om; **~-advised** *adj* ubetænksom; uovervejet; **~-at-ease** *adj* ilde til mode; **~-bred** *adj* uopdragen.
illegal [i'li:gl] *adj* ulovlig, illegal.
illegible [i'lɛdʒibl] *adj* ulæselig.
illegitimate [ili'dʒitimət] *adj* uberettiget; ulovlig; (om barn) uægte, illegitim.
ill-fated ['il'feitid] *adj* ulyksalig; skæbnesvanger; **ill feeling** *s* fjendskab, nag.
illicit [i'lisit] *adj* ulovlig.
illiterate [i'litərət] *s* analfabet // *adj* som ikke kan læse el. skrive, uvidende.
ill-mannered ['il'mænəd] *adj* uopdragen; **ill-natured** *adj* ondsindet; gnaven.
illness ['ilnis] *s* sygdom.
illogical [i'lɔdʒikl] *adj* ulogisk.
ill-treat ['il'tri:t] *v* mishandle.
illuminate [i'lu:mineit] *v* oplyse, belyse, illuminere; **~d sign** *s* lysskilt; **illumination** [-'neiʃən] *s* belysning, illumination.
illusion [i'lu:ʒən] *s* illusion; indbildning; (falsk) forhåbning; **illusive** [-'lu:siv], **illusory** [-'lu:səri] *adj* uvirkelig; illusorisk.
illustrate ['iləstreit] *v* illustrere; belyse; **illustration** [-'streiʃən] *s* illustration, billede.
illustrious [i'lʌstriəs] *adj* berømt; strålende.
ill-will ['ilwil] *s* ond vilje, uvenskab.
I'm [aim] d.s.s. *I am.*
image ['imidʒ] *s* billede; spejlbillede; image; *she's the spitting* ~ *of her mother* hun er sin mors udtrykte billede.
imaginary [i'mædʒinəri] *adj* indbildt, imaginær; **imagination** [-'neiʃən] *s* fantasi; indbildning; **imaginative** [i'mædʒinətiv] *adj* opfindsom, fantasifuld; **imagine** [i'mædʒin] *v* forestille sig; tro; bilde sig ind.
imbecile ['imbəsi:l] *s* tåbe // *adj* dum, imbecil.
imitate ['imiteit] *v* efterligne; **imitation** [-'teiʃən] *s* efterligning, parodi, imitation; **imitation leather** *s* kunstlæder; **imitator** *s* efterligner.
immaculate [i'mækjulət] *adj* ren, uplettet, ulastelig; *(rel)* ubesmittet.
immaterial [imə'tiəriəl] *adj* uvæsentlig; ligegyldig.
immature [imə'tjuə*] *adj* umoden.
immediate [i'mi:djət] *adj* øjeblikkelig; nærmest; direkte; **~ly** *adv* straks, umiddelbart; *~ly next to* lige ved siden af.
immense [i'mɛns] *adj* enorm, vældig.
immerse [i'mə:s] *v* dyppe (helt ned); nedsænke; **immersion heater** *s* dypkoger.
immigrant ['imigrənt] *s* indvandrer; **immigration** [-'greiʃən] *s* indvandring.
imminent ['iminənt] *adj* nært forestående; truende, over-

hængende.
immoderate [i'mɔdərət] *adj* umådeholden; overdreven.
immodest [i'mɔdist] *adj* ubeskeden; fræk; uanstændig.
immoral [i'mɔrl] *adj* umoralsk.
immortal [i'mɔ:tl] *s/adj* udødelig; **~ize** *v* udødeliggøre.
immune [i'mju:n] *adj* immun; uimodtagelig; **immunization** [imjunai'zeiʃən] *s* immunisering, vaccination.
impact ['impækt] *s* stød, slag; træfning; *make an ~ on sby* gøre indtryk på en.
impair [im'pɛə*] *v* svække(s), forværre(s).
impartial [im'pa:ʃl] *adj* upartisk.
impatience [im'peiʃəns] *s* utålmodighed; iver; **impatient** *adj* utålmodig; *be impatient of* ikke kunne tage.
impeccable [im'pɛkəbl] *adj* ulastelig; fejlfri.
impede [im'pi:d] *v* hindre; vanskeliggøre; **impediment** [-'pɛdimənt] *s* hindring; gene; (også: *speech ~)* talefejl.
impenetrable [im'pɛnitrəbl] *adj* uigennemtrængelig.
imperative [im'pɛrətiv] *s (gram)* bydemåde, imperativ // *adj* bydende; påkrævet.
imperceptible [impə'sɛptibl] *adj* umærkelig; ganske lille.
imperfect [im'pə:fikt] *s (gram)* datid, imperfektum // *adj* ufuldkommen; defekt, mangelfuld; **~ion** [-'fɛkʃən] *s* ufuldkommenhed; skavank.
imperial [im'piəriəl] *adj* kejserlig; imperie-; (om mål og vægt) britisk standard-; **~ism** *s* imperialisme.
impersonal [im'pə:sənl] *adj* upersonlig.
impersonate [im'pə:səneit] *v* udgive sig for; *(teat* etc) spille; parodiere; **impersonation** [-'neiʃən] *s* personifikation; parodi.
impertinent [im'pə:tinənt] *adj* næsvis, uforskammet.
impetuous [im'pɛtjuəs] *adj* voldsom; fremfusende.
impetus ['impətəs] *s* drivkraft; *(fig)* incitament.
impinge [im'pindʒ] *v: ~ on* trænge sig ind på; ramme, støde imod.
implicate ['implikeit] *v* indebære, implicere; **implication** [-'keiʃən] *s* indblanding; underforståelse; antydning.
implicit [im'plisit] *adj* underforstået; ubetinget.
implore [im'plɔ:*] *v* bønfalde, bede indstændigt.
imply [im'plai] *v* medføre, indebære; antyde; lade formode.
import *s* ['impɔ:t] indførsel, import; betydning, mening // *v* [im'pɔ:t] indføre, importere; indebære, betyde; **~ance** [-'pɔ:təns] *s* betydning, vigtighed; **~ant** [-'pɔ:tnt] *adj* vigtig; **~ation** [-'teiʃən] *s* import.
impose [im'pəuz] *v* påtvinge; *~ on sby* benytte sig af (el. bedrage) en; **imposing** *adj* imponerende; statelig.
impossibility [impɔsə'biliti] *s* umulighed; **impossible** [im'pɔsibl] *adj* umulig.
impostor [im'pɔstə*] *s* svindler, bedrager.
impotence ['impətns] *s* afmagt, svaghed; impotens; **impotent** *adj* kraftesløs, afmægtig; impotent.
impoverished [im'pɔvəriʃt] *adj* forarmet, ludfattig.
impracticable [im'præktikəbl] *adj* uigennemførlig; umulig; (om vej etc) ufremkommelig.
impractical [im'præktikl] *adj* upraktisk.
impregnable [im'prɛgnəbl] *adj*

uindtagelig; *(fig)* uangribelig; urokkelig.

impregnate ['imprɛgneit] *v* imprægnere; præparere; befrugte.

impress [im'prɛs] *v* gøre indtryk på; imponere; trykke; (ind)præge; ~ *sth on sby* indprente en ngt; **~ion** *s* indtryk; aftryk; *be under the ~ion that...* tro at; **~ionable** *adj* letpåvirkelig; **~ive** [-'prɛsiv] *adj* imponerende; slående.

imprint *s* ['imprint] aftryk; stempel // *v* [im'print] trykke på; mærke; indprente; **~ed** [-'printid] *adj: ~ed on* prentet i (fx *the memory* hukommelsen).

imprison [im'prizn] *v* fængsle; **~ment** *s* fængsling, fængsel.

improbable [im'prɔbəbl] *adj* usandsynlig.

improper [im'prɔpə*] *adj* upassende; uanstændig; urigtig; **impropriety** [imprə'praiəti] *s* uanstændighed; urigtighed.

improve [im'pru:v] *v* forbedre(s); blive bedre; gøre fremskridt; ~ *on* forbedre, pynte på; **~ment** *s* forbedring; fremskridt.

improvise ['imprəvaiz] *v* improvisere.

imprudence [im'pru:dns] *s* ubetænksomhed; **imprudent** *adj* uforsigtig; uklog.

impudent ['impjudnt] *adj* uforskammet, fræk.

impulse ['impʌls] *s* impuls; tilskyndelse; skub; (instinktiv) lyst; **impulsive** [im'pʌlsiv] *adj* impulsiv.

impure [im'pjuə*] *adj* uren; **impurity** [-'pjuəriti] *s* urenhed.

in [in] *adj* inde; ved magten; på mode // *adv/præp* i; (om retning) ind; (om tid) om; på; *their party is ~* deres parti er ved magten; ~ *two weeks* om to uger; ~ *a second* om et sekund; på et sekund; *a man ~ ten* en mand ud af ti; ~ *hundreds* i hundredevis; *is he ~?* er han hjemme? *he's ~ the country* han er på landet; ~ *town* i byen; ~ *English* på engelsk; ~ *my opinion* efter min mening; *ask sby ~* invitere en indenfor; *know the ~s and outs of sth* kende ngt ud og ind; ~ *that* idet, derved at; *you are ~ for it now* (F) nu hænger du på den; *sby has got it ~ for me* der er ngn der er ude efter mig.

in., ins. fork.f. *inch(es).*

inability [inə'biliti] *s* manglende evne; uduelighed.

inaccessible [inək'sɛsibl] *adj* utilgængelig; uopnåelig; uimodtagelig.

inaccuracy [in'ækjurəsi] *s* unøjagtighed; **inaccurate** *adj* unøjagtig.

inaction [in'ækʃən] *s* uvirksomhed; **inactive** [in'æktiv] *adj* uvirksom, passiv.

inadequacy [in'ædikwəsi] *s* utilstrækkelighed; **inadequate** *adj* utilstrækkelig.

inadvertently [inəd'və:tntli] *adj* uforvarende.

inadvisable [inəd'vaizəbl] *adj* ikke tilrådelig; uklog.

inappropriate [inə'prəupriət] *adj* upassende.

inapt [i'næpt] *adj* klodset; upassende.

inarticulate [ina:'tikjulət] *adj* umælende; som har svært ved at udtrykke sig; uartikuleret.

inasmuch [inəz'mʌtʃ] *adv:* ~ *as* for så vidt som; eftersom.

inattention [inə'tɛnʃən] *s* uopmærksomhed; **inattentive** [-'tɛntiv] *adj* uopmærksom.

inaudible [in'ɔ:dibl] *adj* uhør-

lig.
in-between ['inbi'twi:n] *adj* (ind)imellem; mellem-.
inborn ['in'bɔ:n] *adj* medfødt.
inbred ['inbrɛd] *adj* indavlet; medfødt; **inbreeding** ['in'bri:diŋ] *s* indavl.
Inc. fork.f. *incorporated.*
incalculable [in'kælkjuləbl] *adj* utallige; uoverskuelig.
incapability [inkeipə'biliti] *s* manglende evne; uduelighed; **incapable** [in'keipəbl] *adj* ude af stand *(of* til); uduelig.
incarnate *v* ['inka:neit] legemliggøre // *adj* [in'ka:neit] inkarneret.
incense *s* ['insɛns] røgelse // *v* [in'sɛns] opflamme, ophidse; gøre vred.
incentive [in'sɛntiv] *s* tilskyndelse, spore.
incessant [in'sɛsnt] *adj* ustandselig, uophørlig.
incest ['insɛst] *s* blodskam.
inch [intʃ] *s* sv.t. tomme (2,5 cm); *within an ~ of* lige ved (at); ~ **tape** *s* målebånd.
incidence ['insidəns] *s* forekomst; hyppighed; **incident** *s* hændelse; begivenhed; episode.
incidental [insi'dɛntl] *adj* tilfældig; ~ *to* som følger med; ~ *expenses* diverse udgifter; **~ly** *adv* for resten; tilfældigvis.
incinerator [in'sinəreitə*] *s* forbrændingsovn.
incipient [in'sipiənt] *adj* begyndende; spirende.
incisor [in'saizə*] *s* fortand.
incite [in'sait] *v* tilskynde, anspore.
inclination [inkli'neiʃən] *s* bøjning; hældning; tilbøjelighed.
incline *s* ['inklain] hældning, skråning // *v* [in'klain] bøje; skråne; ~ *to* hælde til, have tilbøjelighed til; *be ~d to* være tilbøjelig til; *well ~d* venligt indstillet.
include [in'klu:d] *v* omfatte; medregne; inkludere; **including** *præp* iberegnet, inklusive; **inclusion** [-'klu:ʒən] *s* medregning; **inclusive** [-'klu:siv] *adj* samlet; *inclusive of* inklusive.
incoherent [inkəu'hiərənt] *adj* usammenhængende; uklar.
income ['inkʌm] *s* indkomst; indtægt; ~ **tax** *s* indkomstskat; ~ **tax return** *s* selvangivelse.
incoming ['inkʌmiŋ] *adj* ankommende (fx *trains* tog); indløbende (fx *letters* breve); ~ *tide* stigende tidevand.
incompatible [inkəm'pætibl] *adj* uforenelig.
incompetent [in'kɔmpitnt] *adj* uduelig, umulig.
incomprehensible [inkəmpri'hɛnsibl] *adj* uforståelig.
inconceivable [inkənsi:vəbl] *adj* ufattelig, ubegribelig.
inconclusive [inkən'klu:siv] *adj* ufyldestgørende; uafgjort.
incongruous [in'kɔŋgruəs] *adj* upassende; uoverensstemmende; urimelig.
inconsiderate [inkən'sidərət] *adj* ubetænksom; tankeløs.
inconsistent [inkən'sistnt] *adj* usammenhængende; ulogisk; uoverensstemmende.
inconspicuous [inkən'spikjuəs] *adj* som ikke falder i øjnene; (om fx kjole, farve) diskret; *make oneself ~* holde en lav profil.
inconstant [in'kɔnstnt] *adj* ustadig; foranderlig.
inconvenience [inkən'vi:njəns] *s* ulejlighed; besvær; ulempe // *v* ulejlige; forstyrre; **inconvenient** *adj* ubelejlig; upraktisk.
incorporate [in'kɔ:pəreit] *v*

indlemme; indkorporere; omfatte; optage (som medlem); (om firmaer) fusionere; **~d** *adj: ~ company (Inc.) (am)* aktieselskab.

incorrect [inkə'rɛkt] *adj* ukorrekt; forkert.

incorruptible [inkə'rʌptibl] *adj* ubestikkelig.

increase *s* ['inkri:s] stigning; vækst; forøgelse // *v* [in'kri:s] forøge; vokse; tiltage; **increasing** [-'krisiŋ] *adv* voksende, tiltagende.

incredible [in'krɛdibl] *adj* utrolig; **incredulous** [-'krɛdjuləs] *adj* vantro; skeptisk.

increment ['inkrimənt] *s* stigning, tilvækst.

incriminate [in'krimineit] *v* anklage; rette mistanke imod; kompromittere.

incubation [inkju'beiʃən] *s* udrugning; inkubation; **incubator** ['inkjubeitə*] *s* rugemaskine; varmeskab; (til barn) kuvøse.

incurable [in'kjuərəbl] *adj* uhelbredelig.

indebted [in'dɛtid] *adj* forgældet; *be ~ to sby* være en tak skyldig.

indecent [in'di:snt] *adj* uanstændig; usømmelig; *~* **exposure** *s* blufærdighedskrænkelse.

indecision [indi'siʒən] *s* ubeslutsomhed, rådvildhed; **indecisive** [-'saisiv] *adj* svævende (fx *answer* svar); ubeslutsom.

indeed [in'di:d] *adv* virkelig; i virkeligheden; ganske vist; rigtignok; *thank you very much ~!* tusind tak! // *interj ~!* minsandten! virkelig! *~?* nej virkelig? såh?

indefinable [indi'fainəbl] *adj* ubestemmelig, udefinerlig.

indefinite [in'dɛfinit] *adj* ubestemt; utydelig; **~ly** *adv* i det uendelige, på ubestemt tid.

indentation [indən'teiʃən] *s* indsnit, hak; *(typ)* indrykning.

independence [indi'pɛndns] *s* uafhængighed; selvstændighed; **independent** *adj* uafhængig; **independently** *adv* hver for sig.

in-depth [in'dɛpθ] *adj* dybtgående, dybdeborende.

indescribable [indis'kraibəbl] *adj* ubeskrivelig.

index ['indɛks] *s (pl: ~es)* (i bog) register; (på bibliotek etc) kartotek, katalog; indeks; viser; *~* **card** *s* kartotekskort; *~* **finger** *s* pegefinger; *~***-linked** *adj* pristalsreguleret; *~* **regulation** *s* dyrtidsregulering.

India ['indiə] *s* Indien; **~n** *s* inder; indianer // *adj* indisk; indiansk; indianer-; **~n file** *s: in ~n file* i gåsegang; **~n ink** *s* tusch; *the* **~n Ocean** *s* Indiske Ocean.

indicate ['indikeit] *v* angive; betegne; vise; antyde; tyde på; **indication** [-'keiʃən] *s* angivelse; tegn; **indicator** *s* viser; (signal)tavle; *(auto)* blinklys.

indict [in'dait] *v* tiltale; strafforfølge.

indifference [in'difrəns] *s* ligegyldighed; **indifferent** *adj* ligeglad, ligegyldig; middelmådig.

indigenous [in'didʒinəs] *adj* indfødt; medfødt.

indigestible [indi'dʒɛstibl] *adj* ufordøjelig; **indigestion** *s* fordøjelsesbesvær; dårlig mave.

indignant [in'dignənt] *adj* indigneret, forarget; **indignation** [-'neiʃən] *s* harme, forargelse.

indirect [indi'rɛkt] *adj* indirekte.

indiscreet [ˌindiˈskri:t] *adj* ubetænksom, indiskret; **indiscretion** [-ˈkrɛʃən] *s* taktløshed, indiskretion.
indiscriminate [indisˈkriminət] *adj* kritikløs; tilfældig, i flæng, planløs, (fx *bombing* bombning).
indispensable [indisˈpɛnsəbl] *adj* uundværlig.
indisposed [ˌindisˈpəuzd] *adj* utilpas; indisponeret; **indisposition** [-ˈziʃən] *s* utilpashed.
indisputable [indisˈpju:təbl] *adj* ubestridelig; uimodsigelig.
indistinct [indisˈtiŋkt] *adj* utydelig; vag.
individual [indiˈvidjuəl] *s* individ, person // *adj* individuel, enkelt, særlig; **~ity** [-ˈæliti] *s* særpræg, egenart; særegenhed; **~ly** *adv* hver for sig, enkeltvis.
indolent [ˈindələnt] *adj* lad, ugidelig.
indoor [ˈindɔ:*] *adj* indendørs-; inde- (fx *football* fodbold); stue- (fx *plant* plante); **~s** [inˈdɔ:z] *adv* inde, inden døre.
indubitable [inˈdju:bitəbl] *adj* utvivlsom; ubestridelig.
induce [inˈdju:s] *v* formå, bevæge; forårsage; fremkalde; **~ment** *s* tilskyndelse; *(neds)* returkommission.
indulge [inˈdʌldʒ] *v* føje; forkæle; give efter for; *~ in sth* hengive sig til (el. dyrke) ngt; **~nce** *s* overbærenhed; (overdreven) nydelse; **~nt** *adj* overbærende; svag.
industrial [inˈdʌstriəl] *adj* industriel; industri-; faglig; **I~ Court** *s* arbejdsretten; **~ dispute** *s* arbejdskonflikt; **~ estate** *s* industriområde; **~ medicine** *s* arbejdsmedicin; **~ist** *s* industrimand, fabrikant.
industrious [inˈdʌstriəs] *adj* flittig, arbejdsom.
industry [ˈindəstri] *s* industri; erhverv; flid.
inedible [inˈɛdibl] *adj* uspiselig.
ineffective [iniˈfɛktiv] *adj* virkningsløs; unyttig; **ineffectual** [-ˈfɛktʃuəl] *adj* virkningsløs; uduelig.
inefficient [iniˈfiʃənt] *adj* udygtig, uduelig; ineffektiv.
inept [inˈɛpt] *adj* malplaceret, kluntet.
inequality [iniˈkwɔliti] *s* ulighed; uregelmæssighed.
inert [iˈnə:t] *adj* død, træg, inaktiv; **~ia** [iˈnə:ʃə] *s* træghed, sløvhed; inerti; **~ia-reel seat belt** *s* rullesele.
inescapable [iniˈskeipəbl] *adj* uundgåelig.
inessential [iniˈsɛnʃl] *adj* uvæsentlig.
inevitable [inˈɛvitəbl] *adj* uundgåelig.
inexact [inigˈzækt] *adj* upræcis.
inexhaustible [inigˈzɔ:stibl] *adj* utrættelig; uudtømmelig.
inexorable [inˈɛksərəbl] *adj* ubønhørlig.
inexpensive [ˌiniksˈpɛnsiv] *adj* billig.
inexperienced [ˌiniksˈpiəriənsd] *adj* uerfaren, uøvet.
inexplicable [ˌiniksˈplikəbl] *adj* uforklarlig.
inextricable [ˌiniksˈtrikəbl] *adj* uløselig; indviklet.
infallibility [inˌfæliˈbiliti] *s* ufejlbarlighed; **infallible** [inˈfælibl] *adj* ufejlbarlig.
infamous [ˈinfəməs] *adj* nederdrægtig, infam; berygtet; **infamy** *s* skændsel, vanære.
infancy [ˈinfənsi] *s* barndom; mindreårighed.
infant [ˈinfənt] *s* lille barn, spædbarn; **~ile** [-tail] *adj* barne-, børne-; barnlig; ~

school *s* forskole for børn under syv år.
infantry ['infəntri] *s (mil)* infanteri.
infatuated [in'fætjueitid] *adj: ~ with* forblindet af; vildt forelsket i; **infatuation** [-'eiʃən] *s* forgabelse; forelskelse.
infect [in'fɛkt] *v* inficere, smitte; *(neds)* besmitte; **~ion** *s* smitte, infektion; smitsom sygdom; **~ious** [-'fɛkʃəs] *adj* smitsom; smittende.
inferior [in'fiəriə*] *s* underordnet // *adj* lavere; dårlig, ringe; underordnet; **~ity** [infiəri'ɔriti] *s* lavere rang; dårligere kvalitet; **~ity complex** *s* mindreværdskompleks.
infernal [in'fə:nl] *adj* helvedes, infernalsk.
infested [in'fɛstid] *adj: ~ (with)* plaget (af); angrebet (af).
infidelity [infi'dɛliti] *s* utroskab; vantro.
infiltrate ['infiltreit] *v* trænge ind i, infiltrere.
infinite ['infinit] *adj* uendelig; **infinity** [in'finiti] *s* uendelighed; det uendelige.
infirm [in'fə:m] *adj* svag(elig); usikker; **~ary** [-'fə:məri] *s* hospital; **~ity** [-'fə:miti] *s* svagelighed; skavank.
inflame [in'fleim] *v* opflamme; blive opflammet; blive (el. gøre) betændt; **inflammable** [in'flæməbl] *adj* let antændelig, brandfarlig; **inflammation** [inflə'meiʃən] *s* antændelse; betændelse.
inflate [in'fleit] *v* puste (el. pumpe) op; udspile(s); **~d** *adj* (om fx stil) opblæst, svulstig; overdreven.
inflexible [in'flɛksibl] *adj* ubøjelig; urokkelig.
inflict [in'flikt] *v: ~ on* påføre, tildele, volde; **~ion** [-'flikʃən] *s* tildeling; plage, straf.
inflow ['infləu] *s* tilstrømning; tilgang.
influence ['influəns] *s* indflydelse // *v* have indflydelse på; påvirke; *under the ~ of* påvirket af; **influential** [-'ɛnʃl] *adj* indflydelsesrig.
influx ['inflʌks] *s* d.s.s. *inflow.*
inform [in'fɔ:m] *v* meddele; oplyse *(of* om); *~ against* angive, stikke.
informal [in'fɔ:ml] *adj* uformel; tvangfri; *'dress ~'* 'daglig påklædning'; **~ity** [-'mæliti] *s* tvangfrihed; *~* **language** *s* (dagligt) talesprog.
information [infə'meiʃən] *s* oplysning(er); underretning; viden; *a piece of ~* en oplysning; **informative** [in'fɔ:mətiv] *adj* oplysende, belærende; meddelsom.
informer [in'fɔ:mə*] *s* anmelder; (også: *police ~)* angiver, stikker.
infrequent [in'fri:kwənt] *adj* sjælden, ualmindelig.
infringe [in'frindʒ] *v* overtræde, bryde (fx *the law* loven); *~ on* krænke; **~ment** *s: ~ment (of)* overtrædelse (af); krænkelse (af).
infuriate [in'fjuərieit] *v* gøre rasende; **infuriating** *adj* til at blive rasende over.
ingenious [in'dʒi:njəs] *adj* genial; snild; **ingenuity** [indʒi'nju:iti] *s* genialitet; snildhed.
ingenuous [in'dʒɛnjuəs] *adj* naiv, troskyldig.
ingratiate [in'greiʃieit] *v: ~ oneself with* (prøve at) indynde sig hos.
ingratitude [in'grætitju:d] *s* utaknemmelighed.
ingredient [in'gri:diənt] *s* be-

standdel, ingrediens.
ingrown ['ingrəun] *adj* indgroet; (om tånegl) nedgroet.
inhabit [in'hæbit] *v* bebo; **~ant** *s* beboer; indbygger.
inhale [in'heil] *v* ånde ind; indånde, inhalere.
inherent [in'hiərənt] *adj: ~ (in* el. *to)* (uløseligt) forbundet med; rodfæstet i; iboende.
inherit [in'hɛrit] *v* arve; **~ance** *s* arv; *law of ~ance* arveret.
inhibit [in'hibit] *v* hæmme; undertrykke; forbyde; *~ sby from doing sth* forhindre en i at gøre ngt; **~ion** [-'biʃən] *s* hæmning.
inhospitable [in'hɔspitəbl] *adj* ugæstfri.
inhuman [in'hju:mən] *adj* umenneskelig.
initial [i'niʃl] *s* forbogstav, initial // *adj* indledende; begyndelses-; **~ly** *adv* i begyndelsen.
initiate [i'niʃieit] *v* indvi; indlede; påbegynde; *~ sby into a secret* indvi en i en hemmelighed.
initiative [i'niʃətiv] *s* initiativ; foretagsomhed.
inject [in'dʒɛkt] *v* indsprøjte; **~ion** *s* indsprøjtning.
injure ['indʒə*] *v* såre, skade, kvæste, beskadige; **injury** ['indʒəri] *s* skade, kvæstelse; fornærmelse; **injury time** *s (sport)* forlænget spilletid (p.g.a. skader).
injustice [in'dʒʌstis] *s* uretfærdighed.
ink [iŋk] *s* blæk; *write sth in ~* skrive ngt med blæk.
inkling ['iŋkliŋ] *s* mistanke; anelse.
inland *adv* ['inlənd] indlands-; indenrigs- // *adv* [in'lænd] ind (el. inde) i landet; **I~ Revenue** *s (brit)* skattevæsenet; **~ waterways** *spl* vandveje (fx floder, kanaler).
in-laws ['inlɔ:z] *spl* svigerforældre.
inlet ['inlɛt] *s* stræde, vig.
inmate ['inmeit] *s* beboer; (i fængsel) indsat.
inn [in] *s* kro.
innate [i'neit] *adj* medfødt; naturlig.
inner ['inə*] *adj* indre; inder-; **~ tube** *s* (i dæk) slange.
innkeeper ['inki:pə*] *s* krovært.
innocence ['inəsns] *s* uskyld(ighed); **innocent** *adj* uskyldig; troskyldig.
innocuous [i'nɔkjuəs] *adj* uskadelig.
innovation [inəu'veiʃən] *s* fornyelse.
innumerable [i'nju:mərəbl] *adj* utallig.
inoculation [inɔkju'leiʃən] *s* vaccination; podning.
inopportune [in'ɔpətju:n] *adj* ubelejlig.
inordinately [in'ɔ:dinətli] *adv* uforholdsmæssigt.
inorganic [ˌinɔ:'gænik] *adj* uorganisk.
in-patient ['inˌpeiʃent] *s* indlagt patient (*mods* ambulant).
input ['input] *s (elek)* energitilførsel; *(edb)* inddata.
inquest ['inkwɛst] *s* retslig undersøgelse, ligsyn.
inquire [in'kwaiə*] *v* (fore)-spørge; *~ about* forhøre sig om; *~ after* spørge til (fx *the patient* den syge); *~ into* undersøge; **inquiry** *s* forespørgsel; undersøgelse; efterforskning.
inquisitive [in'kwizitiv] *adj* videbegærlig; nysgerrig.
insane [in'sein] *adj* sindssyg.
insanitary [in'sænitəri] *adj* uhygiejnisk; usund.
insanity [in'sæniti] *s* sindssyge.
insatiable [in'seiʃəbl] *adj* umættelig.

inscribe [in'skraib] *v* indskrive; inskribere; (i bog) dedicere, tilegne; **inscription** [-'skripʃən] *s* indskrivning; indskrift; dedikation.
inscrutable [in'skru:təbl] *adj* uudgrundelig.
insect ['insɛkt] *s* insekt; **~icide** [in'sɛktisaid] *s* insektdræber.
insecure [,insi'kjuə*] *adj* usikker, utryg; **insecurity** *s* usikkerhed.
insensible [in'sɛnsibl] *adj* følelsesløs; ufølsom; bevidstløs.
insensitive [in'sɛnsitiv] *adj* ufølsom; upåvirkelig.
inseparable [in'sɛpərəbl] *adj* uadskillelig.
insert *s* ['insə:t] (i avis etc) tillæg; bilag // *v* [in'sə:t] indføje; indskyde; indlægge; **~ion** [-'sə:ʃən] *s* indføjelse; indskud; (i avis) indrykning.
inshore ['in'ʃɔ:*] *adj* mod land // *adv* inde ved land; ~ **fisheries** *spl* kystfiskeri.
inside ['in'said] *s* inderside // *adj* indvendig; indre // *adv* indeni; indenfor // *præp* inde; ~ *ten minutes* indenfor ti minutter; *he's been* ~ (også:) han har siddet inde (i fængsel); ~ **out** *adv* med indersiden ud; *know sth* ~ *out* kende ngt ud og ind.
insight ['insait] *s* indsigt; forståelse.
insignificant [,insig'nifikənt] *adj* ubetydelig.
insinuate [in'sinjueit] *v* insinuere, antyde; **insinuation** [-'eiʃən] *s* antydning.
insipid [in'sipid] *adj* (om mad) uden smag, fad; udvandet.
insist [in'sist] *v* insistere; påstå; understrege; ~ *on doing sth* absolut ville gøre ngt; ~ *that* hævde at; påstå at; holde på at; **~ence** *s* insisteren; stædighed; **~ent** *adj* vedholdende; ihærdig; stædig.
insolence ['insələns] *s* frækhed, uforskammethed; **insolent** *adj* uforskammet.
insoluble [in'sɔljubl] *adj* uopløselig; (om gåde etc) uløselig.
insomnia [in'sɔmniə] *s* søvnløshed.
inspect [in'spɛkt] *v* inspicere; efterse; kontrollere (fx billetter); **~ion** *s* eftersyn; inspektion; **~or** *s* inspektør; kontrollør; *police ~or* politiassistent.
inspire [in'spaiə*] *v* inspirere; indgyde; ånde ind; **inspiring** *adj* inspirerende.
install [in'stɔ:l] *v* indsætte; installere; indlægge (fx *gas* gas); **~ation** [instə'leiʃən] *s* indsættelse; installering.
instalment [in'stɔ:lmənt] *s* afdrag; rate; (om tv-serie) afsnit.
instance ['instəns] *s* eksempel; instans; *for* ~ for eksempel; *in many ~s* i mange tilfælde.
instant ['instənt] *s* øjeblik // *adj* øjeblikkelig; *(gastr)* pulver- (fx *coffee* kaffe); *the tenth* ~ den tiende dennes; **~ly** *adj* øjeblikkelig, straks.
instead [in'stɛd] *adv* i stedet; ~ *of* i stedet for.
instep ['instɛp] *s* vrist.
instigation [insti'geiʃən] *s* tilskyndelse; anstiftelse.
instil [in'stil] *v:* ~ *(into)* indpode, indgyde, vække.
instinct ['instiŋkt] *s* instinkt; *do sth by* ~ gøre ngt pr. instinkt; **~ive** [in'stiŋktiv] *adj* instinktiv.
institute ['institju:t] *s* institut // *v* indføre, indstifte; iværksætte (fx *an enquiry* en undersøgelse); **institution** [-'tju:ʃən] *s* institution; stiftelse; indførelse; iværksættelse.

instruct [in'strʌkt] *v* instruere, undervise; informere; **~ion** *s* undervisning; vejledning; *~ions for use* brugsanvisning; **~or** *s* lærer, instruktør.
instrument ['instrumənt] *s* instrument; redskab; **~ panel** *s* instrumentbræt.
insubordinate [insʌb'ɔ:dinit] *adj* ulydig; **insubordination** [-'neiʃən] *s* ulydighed.
insufferable [in'sʌfrəbl] *adj* ulidelig; uudholdelig.
insufficient [insʌ'fiʃənt] *adj* utilstrækkelig.
insular ['insjulə*] *adj* ø-, øbo-; (om person) som er sig selv nok.
insulate ['insjuleit] *v* isolere; **insulating tape** *s* isolerbånd; **insulation** [-'leiʃən] *s* isolation.
insult *s* ['insʌlt] fornærmelse // *v* [in'sʌlt] fornærme, krænke; **~ing** [-'sʌltiŋ] *adj* fornærmelig.
insurance [in'sjuərəns] *s* forsikring; **~ policy** *s* forsikringspolice; **insure** [in'sjuə*] *v* forsikre.
intact [in'tækt] *adj* uskadt, hel, intakt.
intake ['inteik] *s* tilførsel; indånding; indtagelse (fx *of food* af mad).
intangible [in'tændʒibl] *adj* uhåndgribelig; ubestemt; immateriel.
integral ['intigrəl] *adj* integral-; nødvendig; komplet.
integrate ['intigreit] *v* integrere; indordne (sig).
integrity [in'tɛgriti] *s* hæderlighed; integritet.
intellect ['intəlɛkt] *s* forstand; intelligens; **~ual** [-'lɛktjuəl] *adj* intellektuel.
intelligence [in'tɛlidʒəns] *s* intelligens; underretning; **~ service** *s* efterretningsvæsen;
intelligent *adj* intelligent.
intelligible [in'tɛlidʒibl] *adj* tydelig, forståelig.
intend [in'tɛnd] *v* have i sinde, agte; *be ~ed for* være beregnet til (el. på); **~ed** *adj* tilsigtet; planlagt.
intense [in'tɛns] *adj* intens; stærk; (om person) lidenskabelig; sammenbidt; **intensify** [-fai] *v* intensivere; forstærke; **intensity** [-ti] *s* styrke, intensitet.
intensive [in'tɛnsiv] *adj* intensiv; stærk; **~ care unit** *s* (på sygehus) intensivafdeling.
intent [in'tɛnt] *s* hensigt // *adj* anspændt; *~ on* stærkt opsat på; fordybet i; *to all ~s and purposes* praktisk talt; i alt væsentligt; **~ion** [-'tɛnʃən] *s* hensigt; mening; **~ional** *adj* forsætlig; tilsigtet.
interact [intər'ækt] *v* påvirke hinanden; **~ion** *s* vekselvirkning.
intercept [intə'sɛpt] *v* opsnappe; opfange; spærre (vejen) for.
interchange *s* ['intətʃeindʒ] udveksling; (motorvejs)udfletning // *v* [intə'tʃeindʒ] udveksle; ombytte; **~able** *adj* udskiftelig.
intercom ['intəkɔm] *s* samtaleanlæg.
interconnect [intəkə'nɛkt] *v* (om fx værelser) stå i forbindelse med hinanden.
intercourse ['intəkɔ:s] *s* samkvem; forbindelse; *sexual ~* seksuel omgang, samleje.
interest ['intrist] *s* interesse; *(økon)* rente(r) // *v* interessere; *be ~ed in* være interesseret i; **~ing** *adj* interessant.
interfere [intə'fiə*] *v: ~ in* blande sig i; *~ with* forstyrre; gribe ind i; pille ved; **~nce** *s* indblanding; forstyr-

relse.
interim ['intərim] *s: in the ~* i mellemtiden // *adj* foreløbig, konstitueret.
interior [in'tiəriə*] *s* indre; interiør // *adj* indre; indenrigs-; ~ **decorator** *s* indretningsarkitekt.
interjection [intə'dʒɛkʃən] *s* udråb(sord), interjektion.
interlock [intə'lɔk] *v* gribe ind i hinanden; sammenkoble(s).
interlude ['intəlu:d] *s* mellemspil; *(teat)* pause.
intermediary [intə'mi:diəri] *s* mellemmand, formidler; **intermediate** [-'mi:djət] *adj* mellemliggende, mellem-.
intermission [intə'miʃən] *s* afbrydelse; pause, mellemakt.
intermittent [intə'mitnt] *adj* periodisk; som kommer og går; **~ly** *adv* med mellemrum, ind imellem.
intern [in'tə:n] *v* internere.
internal [in'tə:nl] *adj* indre, intern; *'not to be taken ~ly'* 'kun til udvortes brug'.
international [intə'næʃənl] *s* *(sport)* landskamp // *adj* international.
internment [in'tə:nmənt] *s* internering.
interpret [in'tə:prit] *v* (for)tolke; tyde; **~ation** [-'teiʃən] *s* (for)tolkning; **~er** *s* tolk; **~ing** *s* tolkning.
interrelated [intəri'leitid] *adj* indbyrdes beslægtet.
interrogate [in'tɛrəugeit] *v* udspørge; forhøre; spørge; **interrogation** [-'geiʃən] *s* forhør; spørgsmål; **interrogative** [-'rɔgətiv] *adj* spørgende, spørge-; **interrogator** [-'tɛrəgeitə*] *s* forhørsleder.
interrupt [intə'rʌpt] *v* afbryde; **~ion** *s* afbrydelse.
intersect [intə'sɛkt] *v* (gennem)skære; (om fx veje) skære hinanden; **~ion** *s* gennemskæring; vejkryds.
interval ['intəvəl] *s* pause; mellemrum; frikvarter; *(sport)* halvleg; *bright ~s* (i vejrudsigter) til tider opklaring; *at ~s* med mellemrum.
intervene [intə'vi:n] *v* skride ind; komme imellem; **intervention** [-'vɛnʃən] *s* indgriben; intervention.
intestate [in'tɛsteit] *adj: die ~* dø uden at have lavet testamente.
intestine [in'tɛstin] *s* tarm; *large ~* tyktarm; *small ~* tyndtarm; **~s** *spl* indvolde.
intimacy ['intiməsi] *s* intimitet; fortrolighed.
intimate *v* ['intimeit] tilkendegive; antyde; meddele // *adj* ['intimət] nær, intim; **intimation** [-'meiʃən] *s* tilkendegivelse; antydning.
intimidate [in'timideit] *v* skræmme.
into ['intu, 'intə] *præp* ind i; ned (el. op) i; ud i; til; *translate sth ~ English* oversætte ngt til engelsk; *far ~ the night* (til) langt ud på natten; *turn ~* lave om til; blive til.
intolerable [in'tɔlərəbl] *adj* utålelig; uudholdelig; **intolerant** [in'tɔlərənt] *adj* intolerant.
intoxicate [in'tɔksikeit] *v* beruse; **~d** *adj* beruset.
intractable [in'træktəbl] *adj* uregerlig, umedgørlig, genstridig.
intra-uterine [intrə'ju:tərain] *adj* i livmoderen; ~ **device** *(I.U.D.)* *s* spiral.
intrepid [in'trɛpid] *adj* dristig.
intricacy ['intrikəsi] *s* indviklethed; *intricacies pl* forviklinger; **intricate** ['intrikət] *adj* indviklet, kompliceret.
intrigue [in'tri:g] *s* intrige(r); (i

bog) handling // *v* intrigere; optage, fængsle; **intriguing** *adj* spændende.

intrinsic [in'trinsik] *adj* egentlig; iboende; indre.

introduce [intrə'dju:s] *v* indføre; indlede; præsentere; ~ *oneself* præsentere sig; ~ *sby to sth* gøre en bekendt med ngt; **introduction** [-'dʌkʃən] *s* introduktion; indledning; **introductory** [-'dʌktəri] *adj* indledende.

introvert ['intrəvə:t] *adj* indadvendt.

intrude [in'tru:d] *v* trænge sig på; forstyrre; ~**r** *s* ubuden gæst; **intrusion** [-'tru:ʒən] *s* indtrængen; forstyrrelse.

intuition [intju:'iʃən] *s* intuition; **intuitive** [in'tju:itiv] *adj* intuitiv.

invade [in'veid] *v* trænge ind i; invadere; ~**r** *s* indtrængende fjende.

invalid *s* ['invəlid] kronisk syg person; invalid // *adj* [in'vælid] ugyldig; ~**ate** [-'vælideit] *v* invalidere; annullere.

invaluable [in'væljuəbl] *adj* uvurderlig.

invariable [in'vɛəriəbl] *adj* uforanderlig; **invariably** *adv* konstant; uvægerlig.

invent [in'vɛnt] *v* opfinde; finde på; ~**ion** *s* opfindelse; løgnehistorie; opfindsomhed; ~**ive** *adj* opfindsom; ~**or** *s* opfinder.

inventory ['invəntri] *s* lagerliste.

inverse [in'və:s] *adj* omvendt.

invert [in'və:t] *v* vende om på; spejlvende; ~**ed commas** *spl* anførelsestegn, gåseøjne.

invest [in'vɛst] *v* investere; anbringe; udstyre; indhylle; belejre.

investigate [in'vɛstigeit] *v* undersøge; efterforske; **investigation** [-'geiʃən] *s* undersøgelse; efterforskning.

investment [in'vɛstmənt] *s* investering; indeslutning; **investor** *s* investor, aktionær.

inveterate [in'vɛtərət] *adj* uforbederlig, indgroet.

invigorating [in'vigəreitiŋ] *adj* forfriskende; styrkende.

invincible [in'vinsibl] *adj* uovervindelig.

invisible [in'vizibl] *adj* usynlig.

invite [in'vait] *v* invitere; bede om; opfordre til; ~ *offers* indhente tilbud; **inviting** *adj* indbydende; fristende.

invoice ['invɔis] *s* faktura // *v* fakturere.

invoke [in'vəuk] *v* påkalde; påberåbe sig; tilkalde.

involuntary [in'vɔləntri] *adj* ufrivillig; uvilkårlig.

involve [in'vɔlv] *v* inddrage; indebære, medføre; ~ *sby in sth* blande en ind i ngt; ~**d** *adj* indblandet; impliceret; *be ~d with* have et forhold til; ~**ment** *s* indblanding; engagement.

invulnerable [in'vʌlnərəbl] *adj* usårlig.

inward ['inwəd] *adj* indre; indvendig; indadgående; ~**ly** *adv* i sit stille sind; ~**(s)** *adv* indad.

iodine ['aiəudi:n] *s* jod.

IOU ['aiəu'ju:] *s* (fork.f. *I owe you)* gældsbrev.

IQ ['ai'kju:] *s* (fork.f. *intelligence quotient)* intelligenskvotient (IK).

I.R.A. ['ai'a:'ei] *s* (fork.f. *Irish Republican Army)* den irske revolutionshær (I.R.A.).

Iran [i'ra:n] *s* Iran; ~**ian** [i'reiniən] *s* iraner // *adj* iransk.

Iraq [i'ra:k] *s* Irak; ~**i** [i'ra:ki] *s* iraker // *adj* irakisk.

irascible [i'ræsibl] *adj* hidsig, arrig.
irate [ai'reit] *adj* harmdirrende.
Ireland ['aiələnd] *s* Irland; **Irish** ['airiʃ] *s: the Irish* irerne // *adj* irsk.
iron ['aiən] *s* jern; strygejern // *v* stryge // *adj* jern-; ~ *out* udglatte; bringe ud af verden; ~ **age** *s* jernalder; *the* ~ **curtain** *s* jerntæppet.
ironic(al) [ai'rɔnik(l)] *adj* ironisk.
ironing ['aiəniŋ] *s* strygning; strygetøj; ~ **board** *s* strygebræt.
iron. . . ['aiən-] sms: ~**monger** [-mʌŋgə*] *s* isenkræmmer; ~ **ore** *s* jernmalm; ~**works** *s: an ~works* et jernværk.
irony ['airəni] *s* ironi.
irrational [i'ræʃənl] *adj* ufornuftig; ulogisk.
irregular [i'rɛgjulə*] *adj* uregelmæssig; ureglementeret; ~**ity** [-'læriti] *s* uregelmæssighed; ukorrekthed.
irrelevance [i'rɛləvəns] *s* ngt sagen uvedkommende; **irrelevant** *adj* uvedkommende, irrelevant.
irreparable [i'rɛprəbl] *adj* uoprettelig.
irreplaceable [iri'pleisəbl] *adj* uerstattelig.
irreproachable [iri'prəutʃəbl] *adj* uangribelig; upåklagelig.
irresistible [iri'zistibl] *adj* uimodståelig.
irresolute [i'rɛzəlu:t] *adj* ubeslutsom; vaklende.
irrespective [iris'pɛktiv] *adj: ~ of* uden hensyn til, uanset.
irresponsible [iri'spɔnsibl] *adj* uansvarlig; ansvarsløs.
irretrievable [iri'tri:vəbl] *adj* uoprettelig; uigenkaldelig.
irreverent [i'rɛvərənt] *adj* uærbødig.
irrigate ['irigeit] *v* vande, overrisle; **irrigation** [-'geiʃən] *s* overrisling; kunstig vanding.
irritable ['iritəbl] *adj* irritabel; **irritate** ['iriteit] *v* irritere.
is [iz] se *be.*
island ['ailənd] *s* ø; (også: *traffic ~)* helle; ~**er** *s* øbo.
isle [ail] *s* ø (fx *the British Isles).*
isn't [iznt] d.s.s. *is not.*
isolate ['aisəleit] *v* isolere, afskære fra omverdenen; ~**d** *adj* afsides; isoleret; enkeltstående.
Israel ['izreil] *s* Israel; ~**i** [iz'reili] *s* israeler // *adj* israelsk.
issue ['isju:] *s* udstedelse; (om blad etc) udgave, nummer; (strids)spørgsmål; resultat, udfald; afkom // *v* udsende; fordele; udstede; udgive; *at ~* under debat.
isthmus ['isməs] *s* landtange.
it [it] *s/pron* den, det; *it's raining* det regner; *that's ~* det er rigtigt; der har vi det; *run for ~* stikke af; *have a good time of ~* more sig godt.
Italian [i'tæljən] *s* italiener // *adj* italiensk.
italics [i'tæliks] *spl* kursiv.
Italy ['itəli] *s* Italien.
itch [itʃ] *s* kløe; voldsom trang *(for* til) // *v* klø; *be ~ing to* brænde efter at; *have an ~ing palm* være gerrig; ~**y** *adj* kløende, kradsende.
it'd [itd] d.s.s. *it had, it would.*
item ['aitəm] *s* punkt; nummer; (også: *news ~)* nyhed(sartikel); ~**ize** *v* specificere.
itinerant [i'tinərənt] *adj* omrejsende; **itinerary** [ai'tinərəri] *s* rejseplan, rejserute.
it'll [itl] d.s.s. *it shall, it will.*
its [its] (genitiv af *it)* dens, dets, sin, sit, sine.

it's [its] d.s.s. *it has, it is.*
itself [it'sɛlf] *pron* selv, selve; sig; *by* ~ alene, af sig selv; *in* ~ i sig selv; *not in the house* ~ ikke i selve huset.
itsy-bitsy [itsi'bitsi] *adj* kælen, puttenuttet (fx *voice* stemme).
ITV ['aiti:'vi:] *s* (fork.f. *Independent Television) brit* tv-kanal.
I.U.D. *s* (fork.f. *intra-uterine device)* spiral.
I've [aiv] d.s.s. *I have.*
ivory ['aivəri] *s* elfenben.
ivy ['aivi] *s* vedbend, efeu.

J

J, j [dʒei].
jab [dʒæb] *s* stik, stød // *v* stikke, støde.
jack [dʒæk] *s* donkraft; (i kortspil) knægt // *v:* ~ *up* løfte (med donkraft).
jackal ['dʒækɔ:l] *s* sjakal; håndlanger.
jackass ['dʒækəs] *s* hanæsel; *(fig)* fæ, fjols.
jacket ['dʒækit] *s* jakke; trøje; *(tekn)* kappe; (om bog) omslag; *potatoes in their ~s* kartofler med skræl på.
jack-knife ['dʒæknaif] *s* foldekniv, lommekniv // *v: the lorry ~d* (om lastvogn) anhængeren saksede.
Jacobean [dʒækə'bi:ən] *adj* fra James 1s tid (1603-42).
jade [dʒeid] *s* jade; krikke; tøs; **~d** *adj* udkørt, træt.
jagged ['dʒægid] *adj* hakket, takket, forreven.
jail (el. *gaol)* [dʒeil] *s* fængsel; **~bird** *s* fange; vaneforbryder; **~break** *s* fangeflugt; **~er** *s* fangevogter.
jam [dʒæm] *s* syltetøj; vrimmel; (også: *traffic ~)* trafikprop // *v* blokere; sidde fast, binde; mase, proppe; blive blokeret; *the door ~med* døren bandt; ~ *things into a bag* proppe ting ned i en taske.
jangle [dʒæŋgl] *v* rasle (med), klirre (med).
janitor ['dʒænitə*] *s* portner, vicevært; (i skole) pedel.
January ['dʒænjuəri] *s* januar.
Japan [dʒə'pæn] *s* Japan; **~ese** [dʒæpə'ni:z] *s* japaner // *adj* japansk.
jar [dʒa:*] *s* krukke, glas; (om lyd) skurren // *v* skurre; ryste, chokere; (om farver) skrige; *on the* ~ på klem.
jaundice ['dʒɔ:ndis] *s* gulsot; **~d** *adj* misundelig; misbilligende.
jaunt [dʒɔ:nt] *s* udflugt, lille tur; **~y** *adj* kæk, kry, flot.
javelin ['dʒævlin] *s* kastespyd; **~-throwing** *s (sport)* spydkast.
jaw [dʒɔ:] *s* kæbe; hage // *v* sludre; kæfte op; *his ~ fell* han blev lang i ansigtet.
jay [dʒei] *s (zo)* skovskade; **~walker** *s* fumlegænger.
jazz [dʒæz] *s* jazz; (F) fut; sludder // *v:* ~ *up* (F) sætte fut i; **~y** *adj* (F) kvik, smart.
jealous ['dʒɛləs] *adj* misundelig, jaloux; **~y** *s* misundelse, jalousi.
jeans [dʒi:ns] *spl* cowboybukser.
jeer [dʒiə*] *v:* ~ *(at)* håne, spotte; **~s** *spl* hånlige tilråb.
jelly ['dʒɛli] *s* gelé, sky; **~fish** *s* vandmand.
jeopardize ['dʒɛpədaiz] *v* sætte på spil; **jeopardy** *s* fare.
jerk [dʒə:k] *s* ryk, sæt; (om person) skid // *v* rykke, spjætte; ~ *to a stop* standse med et ryk; **~y** *adj* rykvis, stødvis.
jersey ['dʒə:si] *s* jersey(stof); trøje; jumper.
jest [dʒɛst] *s* spøg, morsomhed

// *v* spøge; **~er** *s* spøgefugl; *(hist)* hofnar.

jet [dʒɛt] *s* stråle, sprøjt; jetfly; **~-black** *s* kulsort; **~ engine** *s* jetmotor; **~ fighter** *s* jetjager.

jetsam ['dʒɛtsəm] *s* strandingsgods, vraggods.

jettison ['dʒɛtisn] *v* kaste over bord (også *fig);* tilintetgøre.

jetty ['dʒɛti] *s* mole, anløbsbro.

Jew [dʒu:] *s* jøde.

jewel ['dʒu:əl] *s* juvel, ædelsten; **~ler** *s* juvelér; **~ler's (shop)** *s* guldsmedebutik; **~lery** *s* smykker.

Jewess ['dʒu:is] *s* jødisk kvinde; **Jewish** *adj* jødisk.

jibe [dʒaib] *s* spydighed, hib.

jiffy ['dʒifi] *s: in a ~* (F) på et øjeblik.

jigsaw ['dʒigsɔ:] *s: ~ (puzzle)* puslespil.

jingle ['dʒiŋgl] *s* klirren, ringlen; reklameslogan (på vers) // *v* klirre (med), rasle (med).

jinx [dʒiŋks] *s* (F) ulykkesfugl.

jitters ['dʒitəz] *spl: get the ~* (F) blive helt ude af det, blive nervøs.

job [dʒɔb] *s* arbejde; stilling; affære; *give sth up as a bad ~* opgive ngt som håbløst; *it's a good ~ we came* det var heldigt vi kom; *it's just the ~* det er lige sagen; **~ber** *s* akkordarbejder; børsspekulant; **~centre** *s* arbejdsformidling.

jockey ['dʒɔki] *s* jockey; svindler.

jockstrap ['dʒɔkstræp] *s (sport* etc) skridtbind.

jocular ['dʒɔkjulə*] *adj* jovial; munter; humoristisk.

jog [dʒɔg] *v* skubbe (til); jogge; *~ along* lunte, skumple; *~ sby's memory* friske op på ens hukommelse.

join [dʒɔin] *s* sammenføjning // *v* forbinde (sig med); sammenføje; slutte sig til; melde sig ind i; *will you ~ me for dinner?* skal vi spise middag sammen? *~ 'in* tage del i; stemme i (med); *~ up* gå 'med; melde sig som soldat.

joiner ['dʒɔinə*] *s* snedker; **~y** *s* snedkeri.

joint [dʒɔint] *s* sammenføjning; *(anat)* led; *(gastr)* steg; (F) bule, biks; (S) hash-cigaret // *adj* fælles; forenet; *out of ~* af led; af lave; *by ~ efforts* ved fælles anstrengelser; **~ly** *adv* i fællesskab; **~ owner** *s* medindehaver; **~ venture** *s* konsortium.

joke [dʒəuk] *s* spøg, vittighed // *v* spøge; drille; **~r** *s* spøgefugl; joker; **joking** *s* spøg.

jollity ['dʒɔliti] *s* lystighed; festlighed; **jolly** *adj* lystig, munter, gemytlig // *adv* mægtigt, enormt (fx *hungry* sulten); *you'll jolly well have to* det bliver du knageme nødt til.

jolt [dʒəult] *s* stød, bump; chok // *v* støde; ryste; give et chok; *~ sby's memory* friske ens hukommelse op.

josh [dʒɔʃ] *v* (små)drille.

jostle [dʒɔsl] *v* skubbe (til); mase.

jot [dʒɔt] *s* tøddel // *v: ~ down* kradse ned; notere; **~ter** *s* notesbog (el. -blok).

journal ['dʒə:nl] *s* (dag)blad; tidsskrift; dagbog; **~ism** *s* journalistik.

journey ['dʒə:ni] *s* rejse (især til lands) // *v* rejse.

Jove ['dʒəuv] *s* Jupiter; *by ~!* du store! for pokker!

jowl [dʒaul] *s* (under)kæbe; kind.

joy [dʒɔi] *s* glæde; lykke; *I wish you ~ of it! (iron)* god fornøjelse! **~ful, ~ous** *adj* glad, lykkelig; **~ride** *s* fornøjelsestur (oftest i stjålen bil og med stor fart).

jubilant ['dʒu:bilənt] *adj* jublende; triumferende; **jubilation** [-'leiʃən] *s* jubel, fest; **jubilee** *s* jubilæum.

judge [dʒʌdʒ] *s* dommer; kender // *v* dømme; skønne; anse for; ~ *by* (el. *from)* dømme efter; **~ment** *s* dom; dømmekraft; mening, skøn; **~ment day** *s* dommedag.

judicial [dʒu:'diʃl] *adj* dommer-; retslig; upartisk; **judicious** [dʒu:'diʃəs] *adj* klog; velovervejet.

jug [dʒʌg] *s* kande.

juggernaut ['dʒʌgənɔ:t] *s* (om lastbil) mastodont.

juggle [dʒʌgl] *v* jonglere; manipulere med; **~r** *s* jonglør.

juice [dʒu:s] *s* saft; (F) benzin; *(elek)* strøm; **juicy** *adj* saftig (også *fig)*.

July [dʒu:'lai] *s* juli.

jumble [dʒʌmbl] *s* virvar, rod // *v:* ~ *(up)* rode sammen; ~ **sale** *s* loppemarked.

jump [dʒʌmp] *s* spring, hop; sæt // *v* springe, hoppe; give et sæt; ryge i vejret; ~ *the lights* køre over for rødt; ~ *the queue* springe over i køen; **~y** *adj* nervøs, urolig.

junction ['dʒʌŋkʃən] *s* forbindelse, knudepunkt.

juncture ['dʒʌŋktʃə*] *s: at this* ~ på dette tidspunkt; i dette kritiske øjeblik.

June [dʒu:n] *s* juni.

jungle [dʒʌŋgl] *s* jungle; vildnis.

junior ['dʒu:niə*] *s* junior // *adj* yngre; junior-; *he's ~ to me by two years* el. *he's my ~ by two years* han er to år yngre end jeg; *he's ~ to me* (også:) han har lavere anciennitet end jeg; ~ **aspirin** *s* sv.t. børnemagnyl; ~ **school** *s* grundskolens laveste trin.

juniper ['dʒu:nipə*] *s* enebærtræ (el. -busk); ~ **berry** *s* enebær.

junk [dʒʌŋk] *s* skrammel; *(mar)* junke; (S) heroin; **~shop** *s* marskandiserbutik.

jurisdiction [dʒuəris'dikʃən] *s* embedsområde; retskreds.

jurisprudence [dʒuəris'pru:dəns] *s* retslære.

juror ['dʒuərə*] *s* nævning;

jury *s* nævninge, jury.

just [dʒʌst] *adj* retfærdig; rigtig // *adv* lige, kun, bare, netop; *he has ~ left* han er lige gået; *~ as he was leaving* lige da han var ved at gå; *~ as I expected* lige som jeg havde ventet; *~ right* præcis rigtig; *it's ~ me* det er bare mig; *I ~ caught the bus* jeg nåede lige netop bussen; *I saw him ~ now* jeg har lige set ham; *~ listen to this!* hør nu bare her!

justice ['dʒʌstis] *s* retfærdighed; dommer; *Lord Chief J~* sv.t. højesteretspræsident; **J~ of the Peace** *s* fredsdommer.

justifiable [ˌdʒʌsti'faiəbl] *adj* forsvarlig; **justification** [ˌdʒʌstifi'keiʃən] *s* retfærdiggørelse; undskyldning; **justify** ['dʒʌstifai] *v* retfærdiggøre; undskylde; berettige.

justly ['dʒʌstli] *adv* med rette.

jut [dʒʌt] *v:* ~ *(out)* rage frem (el. ud).

juvenile ['dʒu:vənail] *adj* ungdoms-, børne-; ~ **delinquent** *s* ungdomsforbryder.

juxtapose ['dʒʌkstəpəuz] *v* sidestille.

K

K, k [kei].

kail el. **kale** [keil] *s* grønkål.

kangaroo [ˌkæŋgə'ru:] *s* kænguru.

kedgeree ['kɛdʒəri:] *s (gastr)*

indisk ret af ris og fisk.
keel [ki:l] *s* køl // *v: ~ over* kæntre; *on an even ~* på ret køl; støt og roligt; **~haul** *v* kølhale.
keen [ki:n] *adj* stærk, intens (fx *interest* interesse); skarp (fx *edge* kant); ivrig; *~ to* ivrig efter at; *~ on sth* opsat på ngt; begejstret for ngt; *~ on sby* lun på en; **~ness** *s* iver, entusiasme; **~-sighted** *adj* skarpsynet.
keep [ki:p] *s* borgtårn; kost, underhold // *v (kept, kept* [kɛpt]) beholde; holde; drive (fx *a shop* en forretning); underholde, ernære; opretholde; opholde; holde sig; *earn enough for one's ~* tjene til livets opretholdelse; *don't let me ~ you* jeg skal ikke opholde dig; *will this fish ~?* kan denne fisk holde sig? *~ on (with)* blive ved (med); *~ up* holde oppe; holde i gang; *~ up with sby* holde trit med en; **~er** *s* vogter; dyrepasser; **~ing** *s* forvaring; underhold; *in ~ing with* i overensstemmelse med; **~s** *spl: for ~s* (F) til at beholde; **~sake** *s* minde, souvenir.
Kelt (el. *Celt)* [kɛlt] *s* kelter; **~ic** *adj* keltisk.
kennel [kɛnl] *s* hundehus; rendesten; **~s** *s* kennel, hundepension; *a ~s* en kennel.
kept [kæpt] *præt* og *pp* af *keep.*
kerb [kə:b] *s* (på fortov) kantsten; rendesten.
kernel [kə:nl] *s* kerne; sten.
kerosene ['kɛrəsi:n] *s* petroleum.
kettle [kɛtl] *s* kedel; **~drum** *s* *(mus)* pauke.
key [ki:] *s* nøgle; tangent, tast; *(mus)* toneart; kode; facitliste // *v: ~ up (mus)* stemme; *(fig)* stramme op; **~board** *s* nøglebræt; klaviatur; tastatur // *v* (ind)taste; **~board operator** *s* tasteoperatør; **~note** *s* grundtone; grundtema; **~stone** *s (bygn)* slutsten; *(fig)* hovedpunkt.
khaki ['ka:ki] *s* kaki; *~s pl* kakiuniform // *adj* kakifarvet.
kick [kik] *s* spark; slag; (F) spænding; sjov // *v* sparke; sprælle; *get the ~* blive fyret; blive smidt ud; *get a ~ out of doing sth* finde fornøjelse i at gøre ngt; *for ~s* for sjov; *~ the bucket* (F) kradse 'af; *~ about* mishandle; drive rundt; *~ out* smide ud; fyre; **~-off** *s* (i fodbold) begyndelsesspark; **~-up** *s* (F) ballade.
kid [kid] *s* barn, unge, kid // *v* narre, drille; *I was only ~ding* det var bare for sjov; *no, ~ding!* nej, nu driller du! nej, det siger du ikke!
kidney ['kidni] *s* nyre; **~ machine** *s* dialyseapparat, kunstig nyre.
kill [kil] *s* bytte // *v* dræbe, slå ihjel; slagte; ødelægge; *be in at the ~* være med når det sker; *~ off* gøre det af med; *dressed to ~* dødsmart klædt på; **~er** *s* morder; dræber; **~ing** *s* drab // *adj* dræbende; **~-joy** *s* (om person) lyseslukker.
kiln [kiln] *s* (stor) ovn; tørreovn // *v* brænde; tørre.
kilt [kilt] *s* kilt // *v* kilte op; lægge i læg.
kin [kin] *s* slægt, slægtninge; *next of ~* nærmeste slægtning(e); *kith and ~* venner og slægtninge.
kind [kaind] *s* slags, art // *adj* venlig, rar; *pay in ~* betale i naturalier; *repay in ~* give igen af samme mønt; *he's ~*

of funny han virker underlig; *they are two of a ~* de er to alen af samme stykke; *he's a football player of a ~ (neds)* han skal forestille at være fodboldspiller; *would you be so ~ as to...?* vil du være så rar at...?

kindergarten ['kindəˌga:tn] *s* børnehave.

kindle [kindl] *v* fænge, tænde; *(fig)* ophidse, vække.

kindly ['kaindli] *adj* venlig, velvillig // *adv* venligt; *will you ~ lend me your pen?* vil du være så sød at låne mig din pen? *take ~ to* se med velvilje på; **~ness** *s* venlighed; velvilje; god gerning.

kindred ['kindrid] *adj* beslægtet; *a ~ spirit* (el. *soul)* en broder (el. søster) i ånden.

king [kiŋ] *s* konge // *v: ~ it* spille konge; **~dom** *s* (kongeʼ)rige; *the animal ~dom* dyreriget; **~fisher** *s* isfugl; **K~'s English** *s* dannet sprog; **~ship** *s* kongeværdighed.

kink [kiŋk] *s* bugt, snoning; karakterbrist; fiks idé; **~y** *adj* bugtet; (om hår) kruset; *(fig)* sær, speciel.

kinsfolk ['kinsfəuk] *spl* slægtninge; **kinship** *s* slægtskab; **kinsman** *s* slægtning.

kipper ['kipə*] *s (gastr)* saltet og røget sild.

kirk [kə:k] *s* (skotsk) kirke.

kiss [kis] *s* kys // *v* kysse; *the ~ of life* mund-til-mund metoden; *~ the dust (fig)* måtte bide i græsset; **~er** *s* (S) kyssetøj; **~-proof** *adj* kysægte.

kit [kit] *s* udstyr; værktøj; samlesæt; **~bag** *s* køjesæk.

kitchen ['kitʃən] *s* køkken; **~ette** [-'nɛt] *s* tekøkken; **~ range** *s* komfur; **~ sink** *s* køkkenvask; **~ware** *s* køkkenudstyr.

kite [kait] *s* drage (af papir etc); *(merk)* dækningsløs check; *fly a ~* sætte en drage op; *(merk)* udstede en dækningsløs check; *(fig)* opsende en prøveballon.

kith [kiθ] *s: ~ and kin* venner og slægtninge.

kitten [kitn] *s* kattekilling; *have ~s* (F) få et føl på tværs.

knack [næk] *s* håndelag, tag; *have the ~ for it* kende taget; *have the ~ of disappearing* have en vis evne til at forsvinde.

knapsack ['næpsæk] *s* rygsæk, tornyster.

knead [ni:d] *v* ælte.

knee [ni:] *s* knæ; *go on one's ~s* falde på knæ; **~cap** *s* knæskal; **~-deep** *adj* op til knæene.

kneel [ni:l] *v (knelt, knelt* [nɛlt]) knæle.

knew [nju:] *præt* af *know.*

knickers ['nikəz] *spl* (dame)underbukser; knæbukser.

knick-knack ['niknæk] *s* nipsting.

knife [naif] *s (pl: knives* [naivz]) kniv // *v* dolke, stikke med kniv; **~ edge** *s* knivsæg.

knight [nait] *s (gl)* ridder; (i skak) springer; titel der giver ret til at kalde sig *Sir* // *v* slå til ridder; **~hood** *s* ridderskab; rang af *knight.*

knit [nit] *v (knit, knit* el. *~ed, ~ed)* strikke; knytte; forene; vokse sammen; *~ one's brows* rynke panden; **~ting** *s* strikning; strikketøj; **~ting needle** *s* strikkepind; **~wear** *s* strikvarer.

knives [naivz] *spl* af *knife.*

knob [nɔb] *s* knop, kugle; dørhåndtag; (på radio) knap; *a ~ of butter* en klat smør.

knock [nɔk] *s* slag; banken // *v* slå; banke; (F) dupere; ~ *(on) the door* banke på døren; ~ *about* (el. *around)* flakke om; mishandle; ~ *down* slå ned; rive ned (fx *a house* et hus); ~ *off* (om pris) slå af på; (F) holde fyraften; ~ *it off!* hold op! ~ *sby off his feet* slå benene væk under en; ~ *out* slå ud; ~ *over* vælte; ~ *up* bikse sammen; (V) gøre gravid; **~er** *s* dørhammer; **~ers** *spl* (V) store patter; **~-kneed** *adj* kalveknæet.

knoll [nəul] *s* lille høj, bakketop.

knot [nɔt] *s* knude; sløjfe; klynge; vanskelighed; *(mar)* knob // *v* binde, knytte; **~ty** *adj* knudret, vanskelig.

know [nəu] *v (knew, known* [nju:, nəun]) kende; vide; kunne (fx *one's lessons* sine lektier); ~ *about* kende til; *for all I* ~ så vidt jeg ved; *there is no ~ing* man kan aldrig vide; det er ikke godt at vide; *not that I ~ of* ikke så vidt jeg ved; *you wouldn't* ~ det kan du jo ikke vide; det ved du jo alligevel ikke; *you* ~ du ved (nok); ved du (nok); **~-how** *s* ekspertise, sagkundskab; **~ing** *adj* kyndig; sigende; indforstået; **~ingly** *adv* med vilje.

knowledge ['nɔlidʒ] *s* viden, kendskab; lærdom; vidende; *that is common* ~ det ved alle og enhver; *to the best of my* ~ så vidt jeg ved; **~able** *adj* velinformeret.

known [nəun] *pp* af *know.*

knuckle [nʌkl] *s* kno; skank // *v* banke; ~ *down* (el. *under)* bøje sig; give efter; **~duster** *s* knojern.

kph (fork.f. *kilometres per hour)* km/t.

Kremlin ['krɛmlin] *s: the* ~ Kreml (i Moskva).

L

L, l [ɛl].

L fork.f. *learner (car)* skolevogn.

l. fork.f. *litre.*

lab [læb] fork.f. *laboratory.*

label ['leibl] *s* mærkeseddel, etiket; mærke // *v* mærke; rubricere; stemple.

laboratory [lə'bɔrətəri] *(lab) s* laboratorium.

laborious [lə'bɔ:riəs] *adj* arbejdsom; træls, slidsom.

labour ['ləibə*] *s* arbejde; arbejdskraft; besvær, mas; *(med)* fødselsveer // *v* arbejde; slide (i det); *be in* ~ have veer; **L~,** *the* **L~ party** arbejderpartiet; ~ **camp** *s* arbejdslejr; **~ed** *adj* besværlig; besværet; kunstlet; **~er** *s* arbejder; ~ **force** *s* arbejdskraft.

lace [leis] *s* snørebånd; knipling, blonde // *v* snøre; tilsætte, blande *(with* med).

lack [læk] *s* mangel // *v* mangle; savne; *through* (el. *for)* ~ *of* af mangel på; *be ~ing in* mangle.

lacquer ['lækə*] *s* lak.

lad [læd] *s* knægt, stor dreng; fyr, gut.

ladder ['lædə*] *s* stige; (i strømpe) løben maske.

ladle [leidl] *s* stor ske, opøseske; slev.

lady ['leidi] *s* dame, frue; *Our L~* Jomfru Maria; **~bird** *s* mariehøne; **~-in-waiting** *s* hofdame; **~like** *adj* dannet; damet; **L~ship** *s: your/her L~ship* Deres/hendes nåde.

lag [læg] *s* forsinkelse; (også: *time ~)* tidsafstand // *v: ~*

behind komme bagefter (el. bagud).
lager ['la:gə*] *s* pilsner(øl).
laid [leid] *præt* og *pp* af *lay;*
lain [lein] *pp* af *lie.*
lair [lɛ:ə*] *s* (dyrs) hule; *(fig)* tilflugtssted.
lake [leik] *s* sø; *L~ Garda* Gardasøen; *the L~ District* egn med søer og bjerge i Nordvestengland.
lamb [læm] *s* lam; lammekød; *leg of ~* lammekølle; *~* **chop** *s* lammekotelet; **~swool** *s* lammeuld.
lame [leim] *adj* halt; vanfør; *(fig)* tam.
lament [lə'mɛnt] *s* klage(sang) // *v* klage (sig); sørge over, begræde; **~able** ['læməntəbl] *adj* sørgelig; beklagelig.
laminated ['læmineitid] *adj* lamineret.
lamp [læmp] *s* lampe, lygte; **~post** *s* lygtepæl; **~shade** *s* lampeskærm.
lance [la:ns] *s* lanse, spyd.
land [lænd] *s* land; jord // *v* lande; gå i land; landsætte; ende, havne; *on ~* til lands; *extensive ~s* vidtstrakte jorder; *be ~ed in jail* havne i fængsel; **~ed gentry** *s* landadel; godsejere; **~holder** *s* jordejer; forpagter; **~ing** *s* landing; landsætning; (trappe)afsats, repos; **~ing craft** *s* landgangsfartøj; **~ing strip** *s* (mindre) startbane; **~lady** *s* værtinde; kroværtinde; **~-locked** *adj* omgivet af land; **~lord** *s* vært; krovært; godsejer; **~lubber** *s* landkrabbe; **~mark** *s* landemærke; vartegn; **~owner** *s* jordbesidder; **~scape** *s* landskab; **~slide** *s* jordskred; *(pol)* stemmeskred; *~* **surveyor** *s* sv.t. landinspektør.
lane [lein] *s* smal vej, stræde; vejbane, kørebane; *a six-~ motorway* en sekssporet motorvej.
language ['læŋgwidʒ] *s* sprog; *bad ~* grimt sprog, skældsord.
languid ['læŋgwid] *adj* ligeglad, sløv, mat.
languish ['læŋgwiʃ] *v* blive mat; sygne hen; dø hen; sukke.
languor ['læŋgə*] *s* smægten; kraftesløshed; sløvhed.
lap [læp] *s* overlapning; (om bane) omgang; skød // *v: ~ (up)* labbe i sig; (om bølge) skvulpe; *sit on sby's ~* sidde på skødet hos en; *~ of honour* æresrunde; **~dog** *s* skødehund.
lapel [lə'pɛl] *s* opslag, revers.
Lapp [læp] *s* same // *adj* samisk.
lapse [læps] *s* fejl, lapsus // *v* forse sig; henfalde *(into* til); *(jur)* bortfalde; *~ of time* tidsforløb.
lapwing *s* vibe.
larceny ['la:səni] *s* tyveri.
lard [la:d] *s* spæk, svinefedt // *v* spække; **~er** *s* spisekammer.
large [la:dʒ] *adj* stor; omfattende; *at ~* på fri fod; vidt og bredt; **~ly** *adv* i høj grad; overvejende; **~-scale** *adj* i stor målestok; storstilet; **largess(e)** [la:'dʒɛs] *s* rundhåndethed.
lark [la:k] *s* lærke; (F) fest, halløj // *v: ~ about* rende rundt og lave sjov.
laryngitis [lærin'dʒaitis] *s* halsbetændelse; **larynx** ['læriŋks] *s* strubehoved.
lascivious [lə'siviəs] *adj* lysten, liderlig.
lash [læʃ] *s* piskeslag; (oftest: *eye~)* øjenvippe // *v* piske; *~ out at* (el. *against)* lange ud efter.

lass [læs] *s* ung pige.
last [la:st] *v* vare (ved); holde (sig) // *adj* sidste // *adv* sidst; til sidst; ~ *week* i sidste uge; ~ *night* i aftes, i nat; *at* ~ til sidst; endelig; ~ *but one* næstsidst; *the year before* ~ i forfjor; forrige år; **~ing** *adj* vedvarende; varig; holdbar; **~ly** *adv* til slut.
latch [lætʃ] *s* klinke; smæklås; **~key** *s* gadedørsnøgle.
late [leit] *adj/adv* sen; forsinket; sent; længe; afdød; *in* ~ *May* i slutningen af maj; *the* ~ *Mr. X* afdøde hr. X; **~ly** *adv* i den senere tid.
latent [leitnt] *adj* skjult, latent.
later ['leitə*] *adj/adv* senere; nyere; ~ *on* senere; *see you* ~*!* farvel så længe! *sooner or* ~ før eller senere.
lateral ['lætərəl] *adj* side-; til siden.
latest ['leitist] *adj/adv* senest, sidst; nyest; *at the* ~ (aller)senest.
lather ['læðə*] *s* (sæbe)skum; *be all in a* ~ (F) være helt ude af flippen // *v* sæbe ind; skumme.
Latin ['lætin] *s* latin // *adj* latinsk.
latitude ['lætitju:d] *s (geogr)* bredde(grad); spillerum.
latter ['lætə*] *adj* sidste; *the* ~ sidstnævnte (af to).
lattice ['lætis] *s* gitter, tremmeværk.
laugh [la:f] *s* latter // *v* le, grine; smile; *have a good* ~ *at sby* få sig et billigt grin over en; *what a* ~*!* hvor morsomt! *it is no* ~*ing matter* det er ikke ngt at grine ad; ~ *at* le ad; ~ *it off* slå det hen i spøg; **~able** *adj* latterlig; **~ing** *adj* leende; *be the* ~*ing stock of* være til grin for; **~ter** *s* latter.
launch [lɔ:ntʃ] *s* søsætning; (om raket) affyring; (om båd) chalup; (større) motorbåd // *v* søsætte; affyre; starte; iværksætte; lancere; **~ing** *s* søsætning; affyring; **~(ing) pad** *s* affyringsrampe.
launderette [lɔ:n'drɛt] ® *s* møntvaskeri; **laundry** ['lɔ:ndri] *s* vaskeri; vasketøj; *do the laundry* vaske (og stryge) tøj.
laureate ['lɔ:riit] *adj: poet* ~ hofdigter.
laurel [lɔ:rl] *s* laurbær(træ).
lavatory ['lævətəri] *s* toilet, wc.
lavender ['lævəndə*] *s* lavendel.
lavish ['læviʃ] *v* ødsle med; overøse // *adj* ødsel, rundhåndet, flot.
law [lɔ:] *s* lov; jura; *by* ~ efter loven; *read* ~ studere jura; **~-abiding** *adj* lovlydig; **~breaker** *s* lovbryder; **~ court** *s* domstol, ret; **~ful** *adj* lovlig; retmæssig; **~fully** *adv* lovformeligt (fx *married* gift); **~less** *adj* retsløs.
lawn [lɔ:n] *s* græsplæne; **~-mower** *s* græsslåmaskine.
law. . . ['lɔ:-] sms: ~ **school** *s* juridisk fakultet; ~ **student** *s* juridisk studerende; **~suit** *s* retssag.
lawyer ['lɔ:jə*] *s* jurist; advokat.
lax [læks] *adj* slap, løs; **~ative** ['læksətiv] *s* afføringsmiddel; **~ity** *s* slaphed.
lay [lei] *v (laid, laid* [leid]) lægge // *præt* af *lie;* ~ *aside* (el. *by)* lægge til side; ~ *down* lægge ned; nedlægge; ~ *down a rule* opstille en regel; ~ *off* holde op (med); ~ *on* lægge på; indlægge (fx *gas* gas); smøre på, overdrive; ~ *out* lægge ud; anlægge; slå ud; tegne, layoute; ~ *up* lægge

hen, gemme; spare op; *(auto)* klodse op; (om skib) lægge op; *be laid up* måtte holde sengen; *~ the table* dække bordet; **~-by** *s* vigeplads; (på motorvej) holdeplads.

layer ['leiə*] *s* lag.

layman ['leimən] *s* lægmand.

layout ['leiaut] *s* plan; opsætning, layout.

laze [leiz] *v* dovne, dase; *~ around* drive rundt; **laziness** ['leizinis] *s* dovenskab; **lazy** ['leizi] *adj* doven; lad.

lb. fork.f. *pound(s).*

lead [li:d] (se også næste opslagsord) *s* ledelse, føring; vink, fingerpeg; (til hund) snor; *(teat)* hovedrolle // *v (led, led* [lɛd]) lede; føre; stå i spidsen (for); *~ astray* føre på afveje; *~ away* føre bort; *~ back to* føre tilbage til; *~ on* opmuntre; gå i forvejen; *~ sby on* (også:) forlede en, tage en ved næsen; *~ on to* føre ind på; *~ to* føre til; medføre; *~ up to* lægge op til; stile imod; *~ sby up the garden path* tage en ved næsen.

lead [lɛd] (se også foregående opslagsord) *s* bly; (bly)lod; (i blyant) stift; **~en** *adj* bly-; blygrå; tung som bly.

leader ['li:də*] *s* fører, leder; (i avis) leder(artikel); **~ship** *s* ledelse; førerskab; **leading** *adj* ledende; førende; **leading lady** *s (teat)* primadonna; **leading light** *s* ledefyr; førerskikkelse; **leading man** *s (teat)* mandlig hovedkraft.

leaf [li:f] *s (pl: leaves* [li:vz]) blad; løv; flage; broklap; (på bord) (forlænger)plade; **~let** *s* brochure, folder; **~y** *adj* bladrig; løv-.

league [li:g] *s* forbund; liga; *be in ~ with* stå i ledtog med.

leak [li:k] *s* utæthed, læk // *v* være utæt, lække; sive; *~ sth to the Press* lade ngt sive ud til pressen; **~age** ['li:kidʒ] *s* utæthed, læk; udsivning.

lean [li:n] *s* hældning // *v (~ed, ~ed* el. *leant, leant* [lɛnt]) hælde, stå skråt; læne (sig); støtte (sig) // *adj* mager; *~ against* stille (fx en cykel) op ad; læne sig op ad; *~ on* støtte sig til; *~ over* hælde; *~ towards* hælde til // *adj* mager; **~ing** *adj* hældende, skrå; **~-to** *s* halvtag; skur.

leap [li:p] *s* spring // *v (leapt, leapt* [lɛpt] el. *~ed, ~ed)* springe (over) (fx *a fence* et stakit); *~ at* gribe ivrigt efter; **~frog** *v* springe buk; **~ year** *s* skudår.

learn [lə:n] *v (~ed, ~ed* el. *learnt, learnt* [lə:nt]) lære; erfare, få at vide, høre; *I have yet to ~ that...* jeg har endnu aldrig hørt at...; **~ed** ['lə:nid] *adj* lærd; **~er** *s* elev, begynder; **~er (car)** *(L) s* skolevogn; **~ing** *s* lærdom.

lease [li:s] *s* leje; forpagtning; lejekontrakt // *v* leje; lease; udleje; **~hold** *s* lejet (el. forpagtet) ejendom (el. jord).

leash [li:ʃ] *s* (hunde)snor; (hunde)kobbel.

least [li:st] *adj/adv* mindst; *at ~* i det mindste; i hvert fald; *not in the ~* ikke det mindste; på ingen måde; *~ of all* mindst af alt (el. alle); *to say the ~ of it* mildest talt.

leather ['lɛðə*] *s* læder, skind // *adj* læder-, skind-.

leave [li:v] *s* tilladelse, lov; orlov // *v (left, left* [lɛft]) efterlade; levne; forlade; tage af sted; *be on ~* have orlov; *take one's ~* tage afsked, sige farvel; *take ~ of one's senses* gå fra forstanden; *be left* blive forladt; være til overs; *there's some milk left* der er ngt mælk til overs; ~ *out* udelade.

leaves [li:vz] *spl* af *leaf.*

Lebanese [lɛbə'ni:z] *s* libaneser // *adj* libanesisk; **Lebanon** ['lɛbənən] *s* Libanon.

lecherous ['lɛtʃərəs] *adj* liderlig.

lecture ['lɛktʃə*] *s* forelæsning; foredrag // *v* forelæse; docere; ~ *on* holde forelæsning over; **~r** *s* foredragsholder; lektor, docent; **~ship** *s* lektorat, docentur.

led [lɛd] *præt* og *pp* af *lead.*

ledge [lɛdʒ] *s* fremspring; (smal) hylde; (klippe)afsats.

leech [li:tʃ] *s (zo)* igle; (om person) snylter.

leek [li:k] *s* porre.

leer [liə*] *v:* ~ *at* kaste et olmt blik på; skæve til.

leeward ['li:wəd] *s/adj* læ.

leeway ['li:wei] *s: make* ~ indhente det forsømte; *have some* ~ have spillerum.

left [lɛft] *præt* og *pp* af *leave* // *adj* venstre; *on the* ~ på venstre hånd; til venstre; *keep* ~ hold til venstre; *the L~* venstrefløjen; **~-hand driving** *s* venstrestyring; **~-handed** *adj* kejthåndet; **~-hand side** *s* venstre side; **~-luggage (office)** *s* (banegårds)garderobe; bagageopbevaring; **~-overs** *spl* levninger; **~-wing** *adj* venstreorienteret; venstrefløjs-.

leg [lɛg] *s* ben; støtte; *(gastr)* kølle, lår; *have one's ~ over* (S) lægge en pige ned; *pull sby's* ~ tage gas på en; *take to one's ~s* tage benene på nakken.

legacy ['lɛgəsi] *s* arv.

legal ['li:gəl] *adj* lovlig; legal; lovbestemt; retlig; rets-; ~ **adviser** *s* juridisk rådgiver; **~ize** [-aiz] *v* gøre lovlig, legalisere.

legend ['lɛdʒənd] *s* legende; sagn; indskrift; (i bog etc) billedtekst; **~ary** *adj* legendarisk; sagn-.

leggings ['lɛgiŋs] *spl* (lange) gamacher; benvarmere.

legible ['lɛdʒibl] *adj* let læselig, tydelig.

legion ['li:dʒən] *s* legion; mængde, hærskare; **~ary** *s* legionær.

legislate ['lɛdʒisleit] *v* lovgive; **legislation** [-'leiʃən] *s* lovgivning; **legislative** ['lɛdʒislətiv] *adj* lovgivende; **legislature** ['lɛdʒislətʃə*] *s* lovgivningsmagt.

legitimacy [li'dʒitiməsi] *s* lovlighed; rimelighed; **legitimate** *adj* lovlig; legitim; *legitimate children* børn født i ægteskab.

leisure ['lɛʒə*] *s* fritid; otium; *be at* ~ have god tid; *at* ~ i ro og mag; *do it at your* ~ gør det når du har tid; ~ **centre** *s* fritidsklub; **~ly** *adv* magelig; i ro og mag.

lemon ['lɛmən] *s* citron(træ); ~ **balm** *s* citronmelisse; ~ **squeezer** *s* citronpresser.

lend [lɛnd] *v (lent, lent)* låne (ud); give; ~ *sth to sby* låne en ngt; ~ *a hand* give en hånd med; ~ *aid* give hjælp; ~ *oneself to* være med til; nedværdige sig til; **~er** *s* udlåner.

length [lɛŋθ] *s* længde; varighed; strækning; ~ *of time* varighed; *at* ~ endelig; langt om længe; **~en** *v* forlænge(s); **~ways, ~wise** *adv* i længden, på langs; **~y** *adj* langtrukken.

leniency ['li:niənsi] *s* mildhed; **lenient** *adj* mild; lemfældig.

lens [lɛns] *s* linse; *(foto)* objektiv.

Lent [lɛnt] *s* faste(tid).

lent [lɛnt] *præt* og *pp* af *lend.*

lentil [lɛntl] *s (bot)* linse.

Leo ['li:əu] *s (astr)* Løven.

leper ['lɛpə*] *s* spedalsk; **leprosy** ['lɛprəsi] *s* spedalskhed.

lesbian ['lɛzbiən] *s* lesbe // *adj* lesbisk.

lesion ['li:ʃən] *s* kvæstelse, skade, læsion.

less [lɛs] *adj/adv* mindre; færre; ringere // *præp* minus; ~ *and* ~ mindre og mindre; ~ *than* mindre end; ringere end; ~ *than half* under halvdelen; *the* ~ *you say, the better* jo mindre du siger, des bedre; *three* ~ *two is one* tre minus to er en; *a year* ~ *five days* et år minus fem dage.

lessen [lɛsn] *v* (for)mindske(s); aftage; undervurdere.

lesson [lɛsn] *s* lektie; (skole)time; lærestreg; *take dancing* ~*s* gå til dans; *prepare one's* ~*s* læse sine lektier; *let that be a* ~ *to you* lad det være dig en lærestreg.

lest [lɛst] *konj* for at ikke; for at; *I hid it* ~ *it was stolen* jeg gemte den for at den ikke skulle blive stjålet; *we were afraid* ~ *he should be late* vi var bange for at han skulle komme for sent.

let [lɛt] *v (let, let)* lade; leje ud; ~ *me go!* lad mig gå! giv slip! ~*'s go!* lad os gå! kom, nu går vi! *'to* ~*'* 'til leje'; ~ *down* sænke; (om tøj) lægge ned; *(fig)* svigte, skuffe; ~ *go* give slip *(of* på); give los; ~ *in* lukke ind; ~ *in the clutch* slippe koblingen; ~ *off* fyre af; lade slippe; slippe ud (fx *steam* damp); ~ *out* lukke ud, slippe ud; (om tøj) lægge ud; løslade; udstøde (fx *a scream* et skrig); ~ *up* holde op; slappe af; aftage.

lethal ['li:θl] *adj* dødelig; dødbringende.

lethargic [lɛ'θa:dʒik] *adj* sløv, apatisk; **lethargy** ['lɛθədʒi] *s* sløvhed; døsighed.

letter ['lɛtə*] *s* bogstav; brev; ~**box** *s* brevkasse; postkasse; ~**ing** *s* bogstaver; skrift; tekstning; ~**s** *spl* litteratur.

lettuce ['lɛtis] *s* salat(hoved).

leukaemia [lu:'ki:miə] *s* leukæmi.

level [lɛvl] *s* niveau, plan; (også: *spirit* ~*)* vaterpas // *v* planere, udjævne; sigte *(at* på); bringe i vater; *be* ~ *with* være på højde med; *on the* ~ vandret; *(fig)* regulær, ærlig; ~ *off* (el. *out)* udjævne(s); ~ **crossing** *s* jernbaneoverskæring; ~**-headed** *adj* klarhovedet, fornuftig.

lever ['li:və*] *s* løftestang; stang (fx *gear*~ gearstang).

liability [laiə'biliti] *s* ansvar; tilbøjelighed; ulempe; handicap; *liabilities pl* passiver; **liable** ['laiəbl] *adj: liable for* ansvarlig for; *liable to* forpligtet til; tilbøjelig til; modtagelig for.

liar ['laiə*] *s* løgner, løgnhals.

libel [laibl] *s* injurier; bagvaskelse // *v* bagvaske; smæde; ~**lous** *adj* ærekrænkende.

liberal ['libərl] *adj* gavmild, large; rigelig; liberal, frisindet.

liberate ['libəreit] *v* befri, frigive; **liberation** [-'reiʃən] *s* befrielse, frigivelse.

liberty ['libəti] *s* frihed; *at* ~ fri, ledig; på fri fod; *be at* ~ *to* have lov til at; *take the* ~ *of* tillade sig.

Libra ['li:brə] *s (astr)* Vægten.

librarian [lai'brɛəriən] *s* bibliotekar; **library** ['laibrəri] *s* bibliotek; **library van** *s* bogbus.

Libya ['libiə] *s* Libyen; ~**n** *adj*

libyer // *adj* libysk.
lice [lais] *spl* af *louse.*
licence ['laisəns] *s* tilladelse; bevilling; licens; (om restaurant etc) udskænkningsret; (også: *driving ~)* kørekort // *v* give tilladelse (el. bevilling); autorisere; **licensed** *adj* med bevilling; **licensee** [laisən'si:] *s* bevillingshaver.
lichen ['laikən] *s (bot)* lav.
lick [lik] *s* slik; anelse // *v* slikke; tæve, banke; *a ~ of paint* et strøg maling; *~ sby's boots* sleske for en; *~ one's lips* slikke sig om munden.
lid [lid] *s* låg; (også: *eye~)* øjenlåg.
lie [lai] *s* løgn // *v* lyve.
lie [lai] *s* beliggenhed // *v (lay, lain* [lei, lein]) ligge; *the ~ of the land* som landet ligger; *have a long ~* sove længe; *~ about* ligge og flyde; *~ low* holde en lav profil; *have a ~-down* lægge sig; *have a ~-in* sove længe.
lieutenant [lɛf'tɛnənt] *s* løjtnant.
life [laif] *s (pl: lives* [laivz]) liv; levevis; livet; menneskeliv; *enjoy ~* nyde livet; *fifty lives were lost* halvtreds menneskeliv gik tabt; *~* **assurance** *s* livsforsikring; **~belt** *s* redningsbælte; **~boat** *s* redningsbåd; **~buoy** *s* redningskrans; **~guard** *s* livredder; *~* **jacket** *s* redningsvest; **~less** *adj* livløs; kedelig; **~like** *adj* vellignende; livagtig; **~line** *s* redningsline; livline; **~long** *adj* livslang; for livstid; **~-raft** *s* redningsflåde; **~-saver** *s* livredder; *~* **sentence** *s* livsvarigt fængsel; **~-sized** *adj* i legemsstørrelse; *~* **support system** *s (med)* respirator; **~time** *s* levetid; menneskealder; *the chance of a ~time* alle tiders chance.
lift [lift] *s* løft; elevator; lift // *v* løfte, hæve; (om tåge) lette; *give sby a ~* give en et lift; **~-off** *s* (om raket) start.
light [lait] *s* lys; lampe; vindue // *v (~ed, ~ed* el. *lit, lit)* tænde(s); oplyse // *adj/adv* lys; lyse-; let, mild, svag; *have you got a ~?* har du ngt ild? *come to ~* komme for dagen; *in the ~ of* på baggrund af; *~ a fire* tænde op; *~ up* oplyse; tænde lys; lyse op; *with a ~ touch* med let hånd; **~en** *v* oplyse, gøre lysere; lysne; lette; blive lettere; **~er** *s* tænder, lighter; (om båd) lastepram; **~-headed** *adj* uklar; svimmel; **~-hearted** *adj* munter; letsindig; **~house** *s* fyrtårn; **~ing** *s* belysning; **~ing-up time** *s* lygtetændingstid; *~* **meter** *s (foto)* belysningsmåler.
lightning ['laitniŋ] *s* lyn; *like ~* lynhurtigt; *like a greased ~* hurtigere end lynet; *~* **conductor,** *~* **rod** *s* lynafleder.
light... ['lait-] sms: **~ship** *s* fyrskib; **~weight** *adj* letvægts- (fx *suit* habit); *~* **year** *s* lysår.
like [laik] *s: the ~* magen; *and the ~* og lignende; *the ~s of you* sådan nogle som dig // *v* kunne lide; holde af // *adj/adv/præp* lignende; ens; som, ligesom; som om; *I would ~* jeg vil gerne have; *I would ~ to* jeg vil(le) gerne; *be* (el. *look) ~ sby* ligne en; *that's just ~ him!* hvor det ligner ham! *something ~* omkring, cirka; sådan ngt som; *feel ~* have lyst til; føle sig som; **~able** *adj* tiltalende; **~lihood** *s* sandsynlighed; **~ly** *adj* sandsynlig; rimelig // *adv: as ~ly as not* sandsynligvis;

most ~ly højst sandsynligt; **~-minded** *adj* ligesindet; **~n** *v: ~n to* sammenligne med; **~wise** *adj* på samme måde, ligeså.

liking ['laikiŋ] *s: have a ~ for* godt kunne lide; have smag for; *take a ~ to* få sympati for; få smag for.

lilac ['lailək] *s (bot)* syren // *adj* lilla.

lily ['lili] *s* lilje; *~* **of the valley** *s* liljekonval; *~* **pond** *s* åkandedam.

limb [lim] *s* (om arm, ben etc) lem // *v* sønderlemme.

lime [laim] *s* kalk; *(bot)* lind(etræ); lime(frugt).

limelight ['laimlait] *s* rampelys; *in the ~* i søgelyset.

limestone ['laimstəun] *s* kalksten, limsten.

limit ['limit] *s* grænse // *v* begrænse; **~ation** [-'teiʃən] *s* begrænsning; **~ed** *adj* begrænset; indskrænket; **~ed (liability) company** *(Ltd) s* aktieselskab (med begrænset ansvar).

limp [limp] *s: walk with a ~* halte // *v* halte, humpe // *adj* slap, slatten.

limpid ['limpid] *adj* (krystal)klar.

line [lain] *s* linje; line, snor; kæde, række; (om bus etc) rute; branche // *v* kante; (om tøj) fore; beklæde; *in his ~ of business* i hans branche; *in ~ with* på bølgelængde med; i overensstemmelse med; *~ up* stille op (på rad).

lineage ['liniidʒ] *s* afstamning, herkomst.

linear ['liniə*] *s* linje-, lineær.

linen ['linin] *s* lærred; linned.

liner ['lainə*] *s* rutebåd.

linesman ['lainzmən] *s* (i fodbold) linjevogter; (i tennis) linjedommer.

line-up ['lainʌp] *s* række, geled; *(sport)* holdsammensætning.

linger ['liŋgə*] *v* tøve, nøle; drysse; (fx om lugt) blive hængende; **~ing** *adj* tøvende; langsom; langvarig.

linguist ['liŋgwist] *s* sprogforsker, lingvist; **~ics** [-'gwistiks] *spl* sprogvidenskab, lingvistik.

lining ['lainiŋ] *s* (om tøj) for; forstof; *brake ~* bremsebelægning.

link [liŋk] *s* (i kæde) led; forbindelse; tilknytning // *v* sammenkæde; koble (sammen); *~ up* knytte sammen; hænge sammen; **~s** *spl* golfbane; **~-up** *s* forbindelse; telefonmøde.

linseed ['linsi:d] *s* hørfrø; *~* **oil** *s* linolie.

lion ['laiən] *s* løve; *~* **cub** *s* løveunge; **~ess** *s* hunløve.

lip [lip] *s* læbe; (på kop etc) rand, overkant; *lower ~* underlæbe; *upper ~* overlæbe; *keep a stiff upper ~* ikke fortrække en mine; bide tænderne sammen; **~read** *v* mundaflæse; *~* **service** *s: pay ~service to sby* lefle for en; **~stick** *s* læbestift.

liqueur [li'kjuə*] *s* likør.

liquid ['likwid] *s* væske // *adj* flydende; klar; strålende; *~* **assets** *spl* likvider; disponible midler; **~ate** *v* likvidere; **~ation** [-'deiʃən] *s* likvidation; **~izer** [-daizə*] *s* blender.

liquor ['likə*] *s* væske; spiritus, alkohol.

liquorice ['likəris] *s* lakrids; *~* **allsorts** *s* lakridskonfekt.

lisp [lisp] *s* læspen // *v* læspe.

list [list] *s* liste; (om skib) slagside // *v* skrive op; føre (på) liste; (om skib) krænge over.

listen [lisn] *v* lytte; høre efter; *~ to* lytte til; høre (på); høre

efter; ~**er** *s* tilhører; (radio)lytter.
lit [lit] *præt* og *pp* af *light.*
literacy ['litərəsi] *s* det at kunne læse og skrive.
literal ['litərəl] *adj* bogstavelig; ordret; ~**ly** *adv: ~ly speaking* bogstaveligt talt; så at sige.
literary ['litərəri] *adj* litterær.
literate ['litərət] *adj* som kan læse og skrive; kultiveret.
literature ['litrətʃə*] *s* litteratur.
litre ['li:tə*] *s* liter.
litter ['litə*] *s* affald; efterladenskaber; rod; (om dyr) kuld // *v* lave rod, rode til; (om dyr) få unger; *be ~ed with* flyde med; ~ **bin** *s* affaldsspand; ~ **lout** *s* skovsvin.
little [litl] *adj/adv* lille; lidt; lidet; *a* ~ lidt, en smule; ~ *by* ~ lidt efter lidt; ~ *better* ikke stort bedre; *make ~ of* ikke gøre ngt stort nummer af; ~ *ones* børn, unger; ~ *or nothing* så godt som ingenting.
live *v* [liv] leve; bo // *adj* [laiv] levende; virkelig; livlig; (om udsendelse) direkte; ~ *'in* bo på stedet; ~ *on* leve af (fx *milk* mælk); leve på; ~ *'on* leve videre; ~ *up to* leve op til; ~**lihood** ['laivlihud] *s* levebrød; ~**liness** ['laivlinəs] *s* livlighed; ~**ly** ['laivli] *adj* livlig; levende.
liver ['livə*] *s* lever.
lives [laivz] *spl* af *life.*
livestock ['laivstɔk] *s* (husdyr)-besætning.
livid ['livid] *adj* gusten; ligbleg; hvidglødende (af raseri).
living ['liviŋ] *s* levevis; underhold; præstekald; *standard of* ~ levefod; *earn* (el. *make) one's* ~ tjene til livets opretholdelse // *adj* levende; leve-; ~ **room** *s* opholdsstue; ~ **standards** *spl* levestandard.
lizard ['lizəd] *s* firben; øgle.
load [ləud] *s* byrde; læs; belastning // *v* læsse; laste; belæsse; belaste; (om kamera, gevær etc) lade; *that was a ~ off my mind* der faldt en sten fra mit hjerte; *a ~ of* (el. *~s of)* masser af; ~**ed** *adj* belæsset; ladt; følelsesladet; (F) stenrig; fuld, beruset.
loaf [ləuf] *s (pl: loaves* [ləuvz]) brød; *two loaves of bread* to brød // *v* (også: ~ *about* (el. *around))* drysse rundt.
loan [ləun] *s* lån // *v* udlåne; *on* ~ til låns.
loath [ləuθ] *adj: be ~ to* nødigt ville.
loathe [ləuð] *v* hade, afsky; væmmes ved; **loathing** *s* lede, væmmelse; **loathsome** *adj* ækel, væmmelig, led.
loaves [ləuvz] *spl* af *loaf.*
lobby ['lɔbi] *s* forværelse; vestibule; *(pol)* interessegruppe // *v* lave korridorpolitik.
lobe [ləub] *s (anat)* lap (fx i hjernen); (også: *ear ~)* øreflip.
lobster ['lɔbstə*] *s* hummer.
local [ləukl] *s: the* ~ det lokale værtshus; *the ~s* folkene på stedet // *adj* stedlig, lokal; stedvis; ~ **call** *s (tlf)* lokalsamtale; ~ **government** *s* kommunalt selvstyre; ~**ity** [-'kæliti] *s* sted, lokalitet.
locate [ləu'keit] *v* lokalisere; finde; placere; **location** [-'keiʃən] *s* lokalisering; placering; sted; *on location* udendørs (film)optagelse.
loch [lɔχ] *s* (skotsk) sø.
lock [lɔk] *s* lås; (i kanal) sluse; (om hår) lok, tot // *v* låse; blokere; kunne låses; ~ *up* låse af; spærre inde.
locker ['lɔkə*] *s* skab; kasse; ~

room *s* omklædningsrum.
locket ['lɔkit] *s* (om smykke) medaljon.
lockjaw ['lɔkdʒɔ:] *s* stivkrampe.
locust ['ləukəst] *s* græshoppe; cikade.
lodge [lɔdʒ] *s* lille hus; gartnerbolig; portnerbolig; loge // *v* logere, bo; indkvartere; deponere; indsende; ~ *with* bo hos; **~r** *s* lejer, logerende; **lodgings** ['lɔdʒiŋs] *spl* logi; lejet værelse.
loft [lɔft] *s* (hø)loft; loftrum.
lofty ['lɔfti] *adj* stolt, ædel; højtbeliggende; overlegen.
log [lɔg] *s* tømmerstok, stamme; brændeknude; **~(book)** *s* skibsjournal, logbog; kørselsbog; ~ **cabin** *s* tømmerhytte.
logic ['lɔdʒik] *s* logik; **~al** *adj* logisk.
loin [lɔin] *s:* ~ *of veal* kalvenyresteg; **~s** *spl* lænd(er).
loiter ['lɔitə*] *v* drive; slentre *(about* rundt); *'no ~ing'* 'ophold forbudt'.
lollipop ['lɔlipɔp] *s* slikkepind.
lonely [ləunli] *adj* enlig, ensom; **loner** *s* enspænder.
long [lɔŋ] *v* længes *(for* efter; *to* efter at) // *adj* lang; stor // *adv* længe; *all night* ~ hele natten (lang); ~ *before* længe før (el. inden); *before* ~ inden længe, snart; *at* ~ *last* endelig langt om længe; *no ~er* el. *not any ~er* ikke længere; **~-distance** *adj (sport)* distance-; *(tlf)* sv.t. mellembys, udenbys; (om lastbil) langturs-; **~evity** [lɔn'dʒɛviti] *s* lang levetid; **~-haired** *adj* langhåret; **~hand** *s* almindelig skrift (*mods: shorthand* stenografi); **~ing** *s* længsel *(for* efter) // *adj* længselsfuld.
longitude ['lɔŋgitju:d] *s (geogr* etc) længde; **longitudinal** [-'tju:dinəl] *adj* på langs; længde-.
long. . . ['lɔŋ-] ~ **jump** *s* længdespring; **~-lived** *adj* som lever længe; langvarig; **~-range** *adj* langdistance; **~-sighted** *adj* langsynet; **~-standing** *adj* gammel; mangeårig; **~-suffering** *adj* langmodig; **~-term** *adj* langsigtet, langtids-; ~ **wave** *s* langbølge; **~-winded** [-windid] *adj* langtrukken; omstændelig.
loo [lu:] *s* (F) toilet, wc.
look [luk] *s* blik; udseende; udtryk // *v* se, kigge; se 'ud; vende (ud); ~ *after* se efter; tage sig af, passe; ~ *after oneself* passe på sig selv; ~ *at* se på; undersøge; ~ *down on* se ned på; ~ *for* lede efter; ~ *forward to* glæde sig til; se frem til; ~ *like* ligne; ~ *on* se 'til; ~ *out* passe på; ~ *out (for)* være forberedt på; være ude efter; ~ *to* passe på; se hen til; regne med; ~ *up* slå op (fx *in a dictionary* i en ordbog); opsøge; besøge; se op; ~ *up!* op med humøret! ~ *up to* beundre, se op til; **~ing glass** *s* spejl; **~-out** *s* udkigspost; *be on the ~out for* være på udkig efter; **~s** *spl* udseende.
loom [lu:m] *s* væv // *v* tårne sig op; virke truende.
loop [lu:p] *s* løkke; bugtning; (som prævention) spiral; **~hole** *s* smuthul.
loose [lu:s] *adj* løs; (om tøj) vid, løstsiddende; løs på tråden; slap; *be at a* ~ *end* ikke vide hvad man skal finde på; **~n** *v* løsne (på), slække (på); *~n up!* slap af!
loot [lu:t] *s* bytte // *v* plyndre.
lopsided ['lɔpsaidid] *adj* skæv, usymmetrisk.

lord [lɔ:d] *s* herre; *L~* lord (adelstitel); *the L~* Vorherre; *good L~!* du gode Gud! *the (House of) L~s* overhuset; **~ly** *adj* fornem; storslået; hoven; **L~ship** *s: your L~ship* Deres Nåde.
lorry ['lɔri] *s* lastvogn; *articulated ~* sættevogn; **~ driver** *s* lastbilchauffør.
lose [lu:z] *v (lost, lost* [lɔst]) tabe; miste; komme væk fra; *~ (time)* (om ur) gå for langsomt; *get lost* fare vild; *get lost!* skrub af! forsvind! **~r** *s* (om person) taber.
loss [lɔs] *s* tab; spild; (om skib) forlis; *be at a ~* være i vildrede; ikke begribe et muk; *~ of life* tab af menneskeliv.
lost [lɔst] *præt* og *pp* af *lose* // *adj* fortabt; **~ property** *s* (kontor for) glemte sager.
lot [lɔt] *s* lodtrækning; skæbne; jordlod; (vare)parti; *the ~* det altsammen; *a ~* meget; *a ~ of* mange; *~s of* en masse; *draw ~s* trække lod; **~tery** *s* lotteri.
loud [laud] *adj* (om lyd etc) høj, kraftig; larmende; højrøstet; (om farve etc) skrigende; **~speaker** *s* højttaler.
lounge [laundʒ] *s* salon; vestibule // *v* stå og hænge; sidde henslængt.
louse [laus] *s (pl: lice* [lais]) lus; **lousy** ['lauzi] *adj (fig)* modbydelig; (F) luset, elendig.
lout [laut] *s (neds)* drønnert.
lovable ['lʌvəbl] *adj* elskelig.
love [lʌv] *s* kærlighed; elskede, skat // *v* elske; holde af; *be in ~ with* være forelsket i; *make ~* elske, have samleje *(to* med); *~ fifteen* (i tennis) nul-femten; *~ to* elske at; gerne ville; **~ affair** *s* kærlighedsforhold; **~ letter** *s* kærlighedsbrev; **~ly** *adj* yndig; dejlig; **~-making** *s* erotik; **~r** *s* elsker, kæreste; ynder; **loving** *adj* kærlig, øm.
low [ləu] *adj* lav; dyb; ringe, dårlig; gemen // *v* (om ko) brøle; *feel ~* være deprimeret; *he's very ~* han er langt nede; **~-cut** *adj* nedringet; **~er** *v* sænke, dæmpe; hale ned (fx *the blind* gardinet); se truende ud; (om kvæg) brøle; **~ly** *adj* beskeden, simpel; **~-paid** *adj* lavtlønnet.
loyal ['lɔiəl] *adj* tro, loyal; trofast; **~ty** *s* troskab; trofasthed.
lozenge ['lɔzindʒ] *s* tablet, pastil.
L-plate ['ɛlpleit] *s* L-skilt (på bil hvis fører er *learner* begynder).
Ltd ['limitid] (fork.f. *limited)* A/S.
lubricant ['lu:brikənt] *s* smøremiddel; **lubricate** *v* smøre.
lucent ['lu:sənt] *adj* strålende; **lucid** *adj* klar; lysende.
luck [lʌk] *s* skæbne; lykke, held; *bad ~* uheld; *good ~!* held og lykke! *have ~* være heldig; *be in ~* sidde i held; *just my ~! (iron)* typisk! *a piece of ~* et rent held; *worse ~!* gud bedre det! **~ily** *adv* heldigvis; **~less** *adj* uheldig; **~y** *adj* heldig.
lucrative ['lu:krətiv] *adj* indbringende.
ludicrous ['lu:dikrəs] *adj* latterlig, komisk.
luggage ['lʌgidʒ] *s* bagage; **~ rack** *s* bagagehylde (el. -net).
lugubrious [lu'gu:briəs] *adj* trist, bedrøvelig.
lukewarm ['lu:kwɔ:m] *adj* lunken.
lull [lʌl] *s* pause; stille periode // *v* lulle (et barn); berolige; **~aby** ['lʌləbai] *s* vuggevise.

lumber ['lʌmbə*] *s* skrammel; **~jack** *s* skovhugger.
luminous ['lu:minəs] *adj* lysende; klar.
lump [lʌmp] *s* klump; bule; (om person) sløv padde // *v* (også: ~ *together)* klumpe (sig) sammen; *(fig)* skære over en kam; ~ **sugar** *s* hugget sukker; ~ **sum** sum betalt én gang for alle; **~y** *adj* klumpet.
lunacy ['lu:nəsi] *s* sindssyge, vanvid.
lunar ['lu:nə*] *adj* måne-.
lunatic ['lu:nətik] *s/adj* sindssyg.
lunch [lʌntʃ] *s* frokost; **~eon** ['lʌntʃən] *s* (forretnings)frokost; **~eon meat** *s* sv.t. forloren skinke; **~eon voucher** *s* frokostbillet; ~ **hour** *s* frokostpause.
lung [lʌŋ] *s* lunge.
lurch [lə:tʃ] *s* slingren; krængning // *v* slingre; *leave sby in the* ~ lade en i stikken.
lure [luə*] *v* lokke.
lurk [lə:k] *v* lure; ligge (el. stå) på lur.
lust [lʌst] *s* liderlighed; lyst, begær // *v:* ~ *after* begære, tørste efter.
lustre ['lʌstə*] *s* glans.
lute [lu:t] *s* lut; **~nist** ['lu:tənist] *s* lutspiller.
luxuriant [lʌg'zjuəriənt] *adj* overdådig; frodig; **luxurious** *adj* luksuriøs; overdådig; **luxury** ['lʌkʃəri] *s* luksus.
lying ['laiiŋ] *s* løgn // *adj* løgnagtig; **~-in** *s* barsel.
lynch [lintʃ] *v* lynche.
lynx [links] *s* los.
lyric ['lirik] *adj* lyrisk; **~s** *spl* lyrik; sangtekst.

M

M, m [ɛm].
m. fork.f. *metre, mile, million.*
M.A. fork.f. *Master of Arts.*
mac [mæk] *s* (fork.f. *mackintosh)* regnfrakke.
macaroon [mækə'ru:n] *s* makron.
mace [meis] *s* scepter; *(gastr)* muskatblomme.
machine [mə'ʃi:n] *s* maskine; automat // *v* sy på maskine; ~ **gun** *s* maskingevær; **~ry** [mə'ʃi:nəri] *s* maskineri; ~ **tool** *s* værktøjsmaskine.
mackerel ['mækərəl] *s* makrel.
mackintosh ['mækintɔʃ] *s* regnfrakke.
mad [mæd] *adj* sindssyg, gal; skør; ~ *about* vred over; skør med; *like* ~ som en gal; *drive sby* ~ drive en til vanvid.
madam ['mædəm] *s* (i tiltale) frue.
madden [mædn] *v* drive til vanvid.
made [meid] *præt* og *pp* af *make;* **~-to-measure** *adj* syet (el. lavet) efter mål.
madly ['mædli] *adv* vanvittigt.
madman ['mædmən] *s: like a ~man* som en gal.
madness ['mædnis] *s* sindssyge; galskab, raseri.
magazine [mægə'zi:n] *s* tidsskrift; magasin, depot.
maggot ['mægət] *s* maddike, larve.
magic ['mædʒik] *s* magi, trylleri // *adj* magisk, trylle-; **~ian** [mə'dʒiʃən] *s* troldmand.
magistrate ['mægʒistreit] *s* fredsdommer; underretsdommer.
magnanimous [mæg'næniməs] *adj* storsindet, ædelmodig.
magnate ['mægneit] *s* magnat, matador.
magnet ['mægnit] *s* magnet; **~ic** [-'nætik] *adj* magnetisk; **~ism** *s* magnetisme.

magnificent [mæg'nifisnt] *adj* storslået, herlig.
magnify ['mægnifai] *v* forstørre; **~ing glass** *s* forstørrelsesglas.
magnitude ['mægnitju:d] *s* størrelse(sorden).
magpie ['mægpai] *s (zo)* skade.
mahogany [mə'hɔgəni] *s* mahogni.
maid [meid] *s* pige; jomfru; *old* ~ gammeljomfru; **~en** *s* ung pige // *adj* ugift; uberørt; uprøvet; **~en name** *s* pigenavn; **~en voyage** *s* jomfrurejse.
mail [meil] *s* post; breve // *v* poste, sende (med posten); **~-order** *s* postordre.
maim [meim] *v* kvæste; lemlæste.
main [mein] *s* hovedledning // *adj* hoved-; *in the* ~ i hovedsagen; ~ **branch** *s* (om firma) hovedafdeling; **~land** *s* fastland; **~s** *spl* lysnet; **~stay** *s (fig)* grundpille.
maintain [mein'tein] *v* opretholde, bevare; vedligeholde; hævde; forsørge; **maintenance** ['meintənəns] *s* opretholdelse; vedligeholdelse; underhold.
maize [meiz] *s* majs; majsgult.
majestic [mə'dʒɛstik] *adj* majestætisk; **majesty** ['mædʒəsti] *s* majestæt.
major ['meidʒə*] *s* major; *(mus)* dur // *adj* større; betydningsfuld; størst, hoved-; **~ity** [mə'dʒɔriti] *s* flertal; myndighedsalder.
make [meik] *s* fabrikat, mærke; (om tøj etc) snit // *v (made, made* [meid]) lave; fremstille; gøre (til); ~ *sby sad* gøre en bedrøvet; ~ *sby do sth* få en til at gøre ngt; *two and two* ~ *four* to og to er fire; ~ *do with* klare sig med; ~ *for* sætte kurs efter; fare løs på; ~ *out* skimte, ane; forstå; udfærdige, skrive (fx *a bill* en regning); ~ *up* udgøre; opdigte, finde på; pakke ind; rede (op) (fx *the bed* sengen); sminke sig; ~ *up for* erstatte, opveje; ~ *up one's mind* bestemme sig; **~-believe** *adj* påtaget; skin-; **~r** *s* fabrikant, producent; **~-up** *s* sminke, make-up; sammensætning; **making** *s: in the making* under udarbejdelse; ved at blive til; **~shift** *s* nødhjælp // *adj* midlertidig.
maladjusted [mælə'dʒʌstid] *adj* dårligt tilpasset; miljøskadet.
male [meil] *s* mand; (om dyr) han // *adj* mandlig; mandig; han-; ~ **child** *s* drengebarn.
malevolent [mə'lɛvələnt] *adj* ondsindet.
malfunction [mæl'fʌŋkʃən] *s* funktionsfejl.
malice ['mælis] *s* ondsindethed; skadefryd; **malicious** [mə'liʃəs] *adj* ondskabsfuld; skadefro; *(jur)* i ond hensigt.
malign [mə'lain] *v* bagtale.
malignant [mə'lignənt] *adj* ondartet, malign.
mallet ['mælit] *s* (træ)kølle; kødhammer.
malnutrition ['mælnju:'triʃən] *s* underernæring.
malpractice ['mæl'præktis] *s* forsømmelse, uagtsomhed.
malt [mɔ:lt] *s* malt; (også: ~ *whisky)* maltwhisky.
maltreat [mæl'tri:t] *v* mishandle.
mammal ['mæməl] *s* pattedyr.
man [mæn] *s (pl: men)* mand; menneske; (i skak etc) brik // *v* bemande; tæmme; ~ *of war* krigsskib; ~ *of the world* verdensmand; *to a* ~ alle som én.

manage ['mænidʒ] *v* klare; styre, lede; ~ *to* klare at; **~able** *adj* medgørlig; **~ment** *s* ledelse; administration; direktion; **~r** *s* leder; direktør; impresario; **managing** *adj: managing director* administrerende direktør.
mane [mein] *s* manke.
maneater ['mæni:tə*] *s* menneskeæder; (om kvinde) mandfolkejæger.
manful ['mænful] *adj* mandig, tapper.
manger ['meindʒə*] *s* krybbe.
mangle [mæŋgl] *s* (tøj)rulle // *v* rulle (tøj); *(fig)* lemlæste.
man... ['mæn-] sms: **~handle** *v* mishandle; bakse med; **~hood** *s* manddom; mandighed; **~hunt** *s* menneskejagt.
mania ['meiniə] *s* mani; vanvid; **~c** *s* sindssyg.
manifest ['mænifɛst] *v* manifestere; (ud)vise; give udtryk for // *adj* åbenbar; **~ation** [-'teiʃən] *s* tilkendegivelse; manifestation.
manipulate [mə'nipjuleit] *v* manipulere; betjene, manøvrere.
man... [mæn-] sms: **~kind** [mæn'kaind] *s* menneskeheden; **~ly** *adj* mandig, viril; **~-made** *adj* menneskeskabt; syntetisk.
manner ['mænə*] *s* måde, facon; manér; **~ism** *s* affekterethed; **~s** *spl* opførsel; væsen; *bad ~s* uopdragenhed.
manoeuvre [mə'nu:və*] *s* manøvre // *v* manøvrere (med); lempe.
manor ['mænə*] *s* (også: *~ house)* herregård, gods.
manpower ['mænpauə*] *s* arbejdskraft.
manse [mæns] *s* præstegård.
manservant ['mænsə:vnt] *s (pl: menservants)* tjener.
mansion ['mænʃən] *s* palæ; **~s** *spl* (finere) beboelseshus.
manslaughter ['mænslɔ:tə*] *s* manddrab.
mantelpiece ['mæntlpi:s] *s* kaminhylde.
manual ['mænjuəl] *s* håndbog; lærebog // *adj* manuel, hånd-.
manufacture [mænju'fæktʃə*] *s* fabrikation; produkt, vare // *v* fremstille, forarbejde; **~r** *s* fabrikant, producent.
manure [mə'njuə*] *s* gødning; møg.
many ['mɛni] *s* mængde // *adj* mange; *a great ~* en mængde; *as ~ (as)* så mange (som); *~ a time* mange gange; *too ~* for mange.
map [mæp] *s* (land)kort // *v* kortlægge.
maple [meipl] *s (bot)* løn, ahorn.
mar [ma:*] *v* skæmme; ødelægge.
marble [ma:bl] *s* marmor; gravsten; statue; **~s** *spl* kuglespil.
March [ma:tʃ] *s* marts.
march [ma:tʃ] *s* march // *v* marchere; *~ sby off* slæbe af med en; *~ on Moscow* marchere mod Moskva.
mare [mɛə*] *s* (om hest) hoppe.
margarine ['ma:dʒəˌri:n] *s* margarine; **marge** [ma:dʒ] *s* (F) margarine.
margin ['ma:dʒin] *s* margen; rand, kant; spillerum; **~al** *adj* underordnet, marginal; rand-.
marigold ['mærigəuld] *s (bot)* morgenfrue.
marine [mə'ri:n] *s* marine, flåde; mariner // *adj* hav-, marine-; **~r** ['mærinə*] *s* sømand; matros.
marital ['mæritəl] *adj* ægteskabelig.

maritime ['mæritaim] *adj* sø-, sømands-, maritim.
marjoram ['ma:dʒərəm] *s (bot)* merian.
mark [ma:k] *s* mærke, spor; tegn; (i skolen) karakter; (ved skydning) mål // *v* mærke, sætte mærke på; plette; kendetegne; lægge mærke til; (i skolen) rette, give karakterer; markere; ~ *time* slå takt; ~ *out* afmærke; udpege; **~ed** *adj* markeret; tydelig; **~er** *s* markør; bogmærke; filtpen.
market ['ma:kit] *s* marked // *v* markedsføre; forhandle; ~ **day** *s* torvedag; ~ **garden** *s* handelsgartneri; **~ing** *s* markedsføring; ~ **place** *s* markedsplads, torv.
marksman ['ma:ksmən] *s* (dygtig) skytte; **~ship** *s* skydefærdighed.
marmalade ['ma:məleid] *s* appelsinmarmelade.
marquess, marquis ['ma:kwis] *s* (som titel) markis.
marriage ['mæridʒ] *s* ægteskab; bryllup; **married** ['mærid] *adj* gift; ægteskabelig.
marrow ['mærəu] *s* marv; livskraft; *(bot)* slags græskar.
marry ['mæri] *v* gifte sig (med); vie; forene; *get married* blive gift, gifte sig.
marsh [ma:ʃ] *s* sump, mose; eng.
marshal ['ma:ʃəl] *s* marskal // *v* bringe orden i.
marshy ['ma:ʃi] *adj* sumpet.
martial [ma:ʃl] *adj* krigs-, militær-; ~ **law** *s* undtagelsestilstand.
Martian ['ma:ʃjən] *s* marsbeboer // *adj* mars-.
martyr ['ma:tə*] *s* martyr // *v* gøre til martyr; **~dom** *s* martyrium.
marvel ['ma:vəl] *s* under; vidunder // *v:* ~ *(at)* undre sig (over); **~lous** ['ma:vələs] *adj* fantastisk, vidunderlig, herlig.
masculine ['mæskjulin] *adj* maskulin, mandig; hankøns-.
mash [mæʃ] *s (gastr)* mos // *v* mose; *bangers and* ~ (F) pølser med kartoffelmos; *~ed potatoes* kartoffelmos.
mask [ma:sk] *s* maske // *v* maskere; skjule; dække.
mason ['meisn] *s* (også: *stone~)* murer; stenhugger; (også: *free~)* frimurer; **~ry** *s* murværk.
masquerade [mæskə'reid] *s* maskerade // *v* spille komedie; ~ *as* udgive sig for.
mass [mæs] *s* masse; mængde; (i kirke) messe // *v* samle sig (i mængder); *the ~es* de store masser.
massacre ['mæsəkə*] *s* massakre // *v* nedslagte, massakrere.
mast [ma:st] *s* mast.
master ['ma:stə*] *s* herre, mester; (på skib) kaptajn; (i skole) lærer // *v* beherske; styre; lære sig; mestre; *M~ John* (om dreng) den unge hr. John; *M~'s degree* kandidateksamen; ~ **key** *s* universalnøgle; **~ly** *adj* mesterlig; **~mind** *s* overlegen intelligens // *v* være hjernen i; **M~ of Arts** *(M.A.)* *s* sv.t. magister; **M~ of Science** *(M.Sc.)* *s* sv.t. mag.scient; **~piece** *s* mesterstykke; ~ **plan** *s* overordnet plan; ~ **switch** *s* hovedkontakt.
mat [mæt] *s* måtte; løber; (også: *table ~)* lunchserviet.
match [mætʃ] *s* tændstik; kamp, match; sidestykke; ligemand // *v* svare til, passe til; være på højde med; *be a good ~* være et godt parti; ~

up assortere (varer); **~box** *s* tændstikæske; **~less** *adj* mageløs.

mate [meit] *s* makker, kammerat; ægtefælle; mage; *(mar)* styrmand // *v* gifte sig (med); (om fugle etc) parre sig.

material [mə'tiəriəl] *s* materiale; stof, tøj // *adj* materiel; legemlig; væsentlig; **~ize** *v* blive til virkelighed; dukke op.

maternity [mə'tə:niti] *s* moderskab; barsel; ~ **ward** *s* fødeafdeling; ~ **wear** *s* ventetøj.

mathematical [mæθə'mætikl] *adj* matematisk; **mathematician** [-'tiʃən] *s* matematiker; **mathematics** [-'mætiks] *spl* matematik; **maths** [mæθs] *spl* (F) matematik.

mating ['meitiŋ] *s* parring.

matron ['meitrən] *s* økonoma; (på hospital) forstanderinde.

matted ['mætid] *adj* sammenfiltret.

matter ['mætə*] *s* sag; spørgsmål; *(fys* etc) stof, substans; indhold; *(med)* materie, pus // *v* betyde ngt; *it doesn't ~* det gør ikke ngt; *what's the ~?* hvad er der (i vejen)? *no ~ what* lige meget hvad; *that's another ~* det er en anden sag; *as a ~ of course* selvfølgeligt, helt naturligt; *as a ~ of fact* faktisk; i virkeligheden; *it's a ~ of habit* det er en vanesag; **~-of-fact** *adj* nøgtern; med begge ben på jorden.

mattress ['mætris] *s* madras.

mature [mə'tjuə*] *v* modne(s); udvikle (sig) // *adj* moden; voksen; (om ost) lagret; **maturity** *s* modenhed.

mauve [məuv] *adj* lyslilla.

max. fork.f. *maximum.*

maxim ['mæksim] *s* leveregel, maksime.

maximum ['mæksiməm] *s (pl: maxima)* højdepunkt, maksimum // *adj* højeste, maksimal-.

May [mei] *s* maj.

may [mei] *v (præt: might* [mait]) kan (el. vil) måske; *he ~ come* han kommer måske; *~ I smoke?* må jeg godt ryge? *~ God bless you!* Gud velsigne dig! *I might as well go* jeg kan lige så godt gå; *you might like to try* du vil måske gerne prøve.

maybe ['meibi:] *adv* måske.

mayday ['meidei] *s* nødsignal, SOS.

mayor ['mεə*] *s* borgmester.

maypole ['meipəul] *s* majstang.

maze [meiz] *s* labyrint.

M.D. (fork.f. *Doctor of Medicine)* læge.

me [mi:] *pron* mig; *dear ~!* men dog! *~ too!* også mig; jeg med.

meadow ['mεdəu] *s* eng.

meagre ['mi:gə*] *adj* mager, tynd.

meal [mi:l] *s* måltid; (groft) mel; **~y-mouthed** *adj* forsigtig, spagfærdig; skinhellig.

mean [mi:n] *s* gennemsnit; middelvej // *v (meant, meant* [mεnt]) betyde; mene; have i sinde // *adj* nærig, smålig; mellem-, middel-; *be meant for* være bestemt for (el. til); *I meant to tell you* jeg ville have fortalt dig det; *the ~ value* middelværdien.

meander [mi'ændə*] *v* (om flod) bugte sig; (om person) slentre omkring.

meaning ['mi:niŋ] *s* betydning; mening // *adj* sigende (fx *look* blik); **~ful** *adj* betydningsfuld; **~less** *adj* meningsløs.

meanness ['mi:nnis] *s* smålig-

hed, nærighed.
means [mi:ns] *spl* middel, midler; penge; *by ~ of* ved hjælp af; *by all ~* hellere end gerne; naturligvis; *by no ~* under ingen omstændigheder; på ingen måde; *a man of ~* en formuende mand.
meant [mɛnt] *præt* og *pp* af *mean.*
meantime ['mi:ntaim], **meanwhile** ['mi:nwail] *adv* (også: *in the ~)* i mellemtiden.
measles [mi:zlz] *s* mæslinger; *German ~* røde hunde.
measly ['mi:zli] *adj* (F) elendig, sølle.
measure ['mɛʒə*] *v* mål; målebånd; grad; forholdsregel // *v* måle; registrere; tage mål af; **~d** *adj* afmålt; taktfast; **~ments** *spl* mål; *chest ~ments* brystmål.
meat [mi:t] *s* kød; ~ **ball** *s* kødbolle, frikadelle; ~ **loaf** *s* forloren hare; ~ **pie** *s* kødpostej.
mechanic [mi'kænik] *s* mekaniker; **~s** *spl* mekanik; **~al** *adj* mekanisk; **mechanism** ['mɛkənizm] *s* mekanisme; **mechanization** [mɛkənai'zeiʃən] *s* mekanisering.
medal [mɛdl] *s* medalje; **~list** *s (sport)* medaljevinder.
meddle [mɛdl] *v: ~ in* blande sig i; *~ with* rode med; pille ved; **~some** *adj* geskæftig.
media ['mi:diə] *spl* medier.
mediaeval [mɛdi'i:vl] *adj* d.s.s. *medieval.*
mediate ['mi:dieit] *v* mægle; formidle; **mediation** [-'eiʃən] *s* mægling, formidling.
medical ['mɛdikl] *adj* læge-, lægelig; medicinsk; medicinal-; ~ **student** *s* lægestuderende.
medicine ['mɛdsin] *s* lægevidenskab; medicin; ~ **chest** *s* medicinkasse.
medieval [mɛdi'i:vl] *adj* middelalderlig.
mediocre [mi:di'əukə*] *adj* middelmådig; **mediocrity** [-'ɔkriti] *s* middelmådighed.
meditate ['mɛditeit] *v* meditere; gruble, pønse på; **meditation** [-'teiʃən] *s* meditation; eftertanke.
Mediterranean [mɛditə'reiniən] *adj* middelhavs; *the ~* Middelhavet.
medium ['mi:diəm] *s (pl: media)* middel; *(pl: ~s)* medie; *the happy ~* den gyldne middelvej // *adj* medium, mellem-.
medley ['mɛdli] *s* blanding; sammensurium.
meek [mi:k] *adj* ydmyg; forsagt.
meet [mi:t] *v (met, met)* møde(s); træffe(s); ses; tage imod; tilfredsstille; *I'll ~ you at the station* jeg tager imod dig på stationen; *~ with* komme ud for; møde; *make both ends ~* få det til at løbe rundt; **~ing** *s* møde; *(sport* etc) stævne; *she's at a ~ing* hun er til møde.
megalomania [mɛgələ'meiniə] *s* storhedsvanvid.
melancholy ['mɛlənkəli] *s* melankoli, tungsind(ighed) // *adj* melankolsk.
mellow ['mɛləu] *v* modne(s) // *adj* moden; blød; (om farve etc) mættet; (om lyd) fyldig.
melodious [mi'ləudiəs] *adj* melodisk, melodiøs; **melody** ['mɛlədi] *s* melodi; velklang.
melt [mɛlt] *v* smelte; blive rørt; *~ away* smelte væk; *~ down* smelte om; **~-down** *s* nedsmeltning (af reaktor); **~ing point** *s* smeltepunkt; **~ing pot** *s* smeltedigel.
member ['mɛmbə*] *s* medlem; element; **M~ of Parliament**

(M.P.) *s* parlamentsmedlem; **~ship** *s* medlemskab; medlemstal; medlemmer.
memo ['mɛməu] *s* (F) d.s.s. *memorandum.*
memorable ['mɛmərəbl] *adj* mindeværdig.
memorandum [mɛmə'rændəm] *s (pl: memoranda* [-'rændə]) notat, optegnelse; memorandum.
memorial [mi'mɔ:riəl] *s* mindesmærke; minde; bønskrift // *adj* minde-; **memorize** ['mɛməraiz] *v* lære udenad; notere; **memory** ['mɛməri] *s* hukommelse; minde, erindring; *(edb)* lager; *in memory of* til minde om.
men [mɛn] *spl* af *man.*
menace ['mɛnəs] *s* trussel // *v* true; *that boy's a ~* (F) den dreng er livsfarlig.
mend [mɛnd] *s* reparation; bedring // *v* reparere; stoppe, lappe; bedres, få det bedre; *be on the ~* være i bedring; **~ing** *s* reparation; lapning, stopning; lappetøj.
menservants *spl* af *manservant.*
menstruate ['mɛnstrueit] *v* have menstruation.
mental [mɛntl] *adj* mental; åndelig; sindssyge-; hjerne-; *he's a ~ case* han er sindssyg; **~ity** [-'tæliti] *s* mentalitet; indstilling.
mention ['mɛnʃən] *s* omtale // *v* omtale, nævne; *don't ~ it!* ikke ngt at takke for! *not to ~* for ikke at tale om.
mercenary ['mə:sinəri] *s* lejesoldat // *adj* beregnende.
merchandise ['mə:tʃəndaiz] *s* varer; **merchant** *s* købmand, grosserer; **merchant bank** *s* forretningsbank; **merchant navy** *s* handelsflåde.
merciful ['mə:siful] *adk* barmhjertig; nådig; **merciless** *adj* ubarmhjertig.
mercury ['mə:kjuri] *s* kviksølv.
mercy ['mə:si] *s* barmhjertighed, nåde; *have ~ on* have medlidenhed med; *be at sby's ~* være i ens vold.
mere [miə*] *adj* ren (og skær); kun; *a ~ boy* kun en dreng; **~ly** *adv* kun, udelukkende; slet og ret.
merge [mə:dʒ] *v* smelte sammen; forene(s); slå sammen; **~r** *s (merk)* fusion.
meringue [mə'ræŋ] *s* marengs.
merit ['mɛrit] *s* fortjeneste; fortrin // *v* fortjene.
mermaid ['mə:meid] *s* havfrue.
merrily ['mɛrili] *adv* lystigt, muntert; **merriment** *s* lystighed; **merry** ['mɛri] *adj* lystig, glad; *merry Christmas!* glædelig jul! **merry-go-round** *s* karrusel.
mesh [mɛʃ] *s* (i net) maske; net(værk).
mess [mɛs] *s* rod, uorden; kludder; *(mil)* messe, kantine // *v* rode; lave kludder i; grise til; *~ about* (F) rode rundt; fumle; gå og svine; *~ about with* bikse (el. fumle) med; *~ up* lave rod i; grise til.
message ['mɛsidʒ] *s* meddelelse; besked; *do the ~s* (især skotsk) købe ind.
messenger ['mɛsindʒə*] *s* bud; budbringer.
messy ['mɛsi] *adj* rodet; snavset, griset.
met [mɛt] *præt* og *pp* af *meet.*
metabolism [mɛ'tæbəlizm] *s* stofskifte.
metal [mɛtl] *s* metal; **~lic** [-'tælik] *adj* metallisk; metal-.
mete [mi:t] *v: ~ out* udmåle, tildele.
meteorological [mi:tiərə'lɔdʒikl] *adj* metereologisk; **meteorology** [-'rɔlədʒi] *s* me-

teorologi.
meter ['mi:tə*] *s* måler; tæller; ~ **man** *s* måleraflæser.
method ['mɛθəd] *s* metode; ~**ical** [mi'θɔdikl] *adj* metodisk, systematisk.
methylated ['mɛθileitid] *adj:* ~ *spirits* (også: *meths)* denatureret sprit.
meticulous [mɛ'tikjuləs] *adj* omhyggelig, pertentlig.
metre ['mi:tə*] *s* meter.
metric ['mɛtrik] *adj* meter- (fx *system* system); ~**al** *adj* metrisk; på vers.
metropolis [mə'trɔpəlis] *s* hovedstad; storby; **metropolitan** [-'pɔlitən] *adj* hovedstads-; **metropolitan police** *s* Londons politi.
mew [mju:] *v* (om kat) mjave.
mews [mju:s] *s:* ~ *house* (hus indrettet i tidl. staldbygninger) sv.t. atelierlejlighed.
miaow [mi:'au] *v* (om kat) mjave.
mice [mais] *spl af mouse.*
microphone ['maikrəfəun] *s* mikrofon.
microscope ['maikrəskəup] *s* mikroskop; **microscopic** [-'skɔpik] *adj* mikroskopisk.
microwave ['maikrəweiv] *s:* ~ *oven* mikrobølgeovn.
middle [midl] *s* midje, bæltested; midte // *adj* midterst, mellemst; mellem-, midter-; *in the* ~ *of* midt i; ~**-aged** *adj* midaldrende; *the* **M~ Ages** middelalderen; ~**-class** *adj* sv.t. borgerlig; *the* ~ *class(es)* middelstanden; *the* **M~ East** *s* Mellemøsten; ~ **finger** *s* langfinger; ~**man** *s* mellemmand; ~ **name** *s* mellemnavn.
middling ['midliŋ] *adj* mellemgod; middelmådig // *adv* nogenlunde.
midge [midʒ] *s* myg.
midget ['midʒit] *s* dværg // *adj* dværg-; mini- (fx *submarine* u-båd).
midnight ['midnait] *s* midnat.
midriff ['midrif] *s (anat)* mellemgulv.
midshipman ['midʃipmən] *s* kadet.
midst [midst] *s: in the* ~ *of* midt i.
mid... ['mid-] sms: ~**summer** *s* midsommer; ~**way** *adj/adv* midtvejs; ~**week** *s* midt i ugen; ~**wife** *s (pl:* ~*wives* [-waivz]) jordemor; ~**wifery** *s* fødselshjælp; ~**winter** *s* midvinter.
might [mait] *s* magt; styrke // *præt* og *pp* af *may; with all one's* ~ af al sin magt; ~**y** *adj* mægtig // *adv* gevaldig; storsnudet.
migrant ['maigrənt] *s* trækfugl; (om dyr, person) omstrejfer // *adj* som flyver på træk; omvandrende; **migrate** *v* emigrere; drage bort; **migration** [-'greiʃən] *s* vandring; bortvandring; (om fugle) træk.
mike [maik] *s* (fork.f. *microphone)* mikrofon.
mild [maild] *adj* mild, blid; let (fx *ale* øl).
mildew ['mildju:] *s* meldug; skimmel, mug.
mildly ['maildli] *adv* mildt; let; *to put it* ~ mildt sagt.
mile [mail] *s* engelsk mil (1609 m); ~**age** ['mailidʒ] *s* afstand i *miles;* sv.t. kilometergodtgørelse; (også:) antal km pr. gallon benzin; ~**stone** *s* sv.t. kilometersten; *(fig)* milepæl.
militant ['militənt] *adj* krigerisk, militant; **military** *s: the military* militæret // *adj* militær(-).
militia [mi'liʃə] *s* milits.
milk [milk] *s* mælk // *v* malke

(også *fig); full-cream* el. *whole* ~ sødmælk; *skimmed* ~ skummetmælk; *semi-skimmed* ~ letmælk; ~ **chocolate** *s* flødechokolade; **~ing** *s* malkning; **~y** *adj* mælkeagtig; *the* **M~y Way** *s (astr)* mælkevejen.

mill [mil] *s* mølle; maskine; tekstilfabrik // *v* male, valse, knuse; (også: ~ *about)* hvirvle rundt.

millennium [mi'lɛniəm] *s (pl: ~s* el. *millennia)* årtusind.

miller ['milə*] *s* møller.

milliner ['milinə*] *s* modehandler; modist; **~y** *s* modevarer; modehandel.

millstone ['milstəun] *s* møllesten; **millwheel** ['milwi:l] *s* møllehjul.

milometer [mai'lɔmitə*] *s* sv.t. kilometertæller.

mime [maim] *s* mimekunstner // *v* mime, parodiere; **mimic** ['mimik] *s* mimiker // *v* efterligne; parodiere.

min. fork.f. *minute(s); minimum.*

mince [mins] *s* hakkekød // *v* hakke; trippe; ~ *one's words* tale affekteret; **~meat** *s* blanding af tørret, hakket frugt brugt i bagværk; ~ **pie** *s* tærte med *~meat;* **~r** *s* (kød)hakkemaskine; **mincing** *adj* affekteret.

mind [maind] *s* sind, sjæl; indstilling // *v* passe (fx *children* børn); passe 'på; bryde sig om; have ngt imod; *I don't ~ the noise* jeg har ikke ngt mod støjen; *do you ~ if...?* har du ngt imod at...? *I don't ~* det har jeg ikke ngt imod; jeg er ligeglad; *to my ~* efter min mening; *be out of one's ~* være ude af sig selv; *never ~* det gør ikke ngt; skidt med det; *bear in ~* tænke på; huske; *change one's ~* bestemme sig om; *make up one's ~* bestemme sig; ~ *the step!* pas på trinet! *have in ~* have i tankerne; *I'll give him a piece of my ~* jeg skal sige ham min ærlige mening.

mine [main] *s* mine, bjergværk // *v* grave efter, bryde (fx *coal* kul); minere.

mine [main] *pron* (se *my)* min, mit, mine; *a friend of ~* en af mine venner.

mine... ['main-] sms: ~ **detector** *s* minesøger; **~field** *s* minefelt; **~r** *s* minearbejder.

mineral ['minərəl] *s* mineral // *adj* mineralsk, mineral-.

minesweeper ['mainswi:pə*] *s* minestryger.

mingle [miŋgl] *v* blande (sig) *(with* i).

minicab ['minikæb] *s* minitaxi.

minim ['minim] *s (mus)* helnode.

minimal ['miniməl] *adj* mindste-; miminal-; **minimize** [-maiz] *v* formindske; undervurdere; **minimum** ['miniməm] *s* minimum; laveste punkt // *adj* minimums-; mindste.

mining ['mainiŋ] *s* minedrift; brydning // *adj* mine- (fx *town* by).

minister ['ministə*] *s* præst; (i Skotland) sognepræst; *(pol)* minister; **~ial** [minis'tiəriəl] *adj* ministeriel; minister-; **ministry** ['ministri] *s* ministerium.

minor ['mainə*] *s* mindreårig; *(mus)* mol // *adj* underordnet, ubetydelig; **~ity** [-'nɔriti] *s* mindretal, minoritet; mindreårighed.

minster ['minstə*] *s* domkirke; klosterkirke.

mint [mint] *s (bot)* mynte; pebermyntebolsje // *v* præge

(mønter); *the Royal M~* den kongelige mønt; *in ~ condition* som ny; ubrugt; ~ **sauce** *s* myntesovs (med eddike, sukker og mynte).
minuet [minju'ɛt] *s* menuet.
minus ['mainəs] *s* minus(tegn) // *præp: five ~ three is two* fem minus tre er to.
minute *s* ['minit] minut; øjeblik; notat // *adj* [mai'nju:t] minutiøs, lille bitte; udførlig; **~s** *spl* referat (af møde etc).
miracle ['mirəkl] *s* mirakel; vidunder; **miraculous** [-'rækjuləs] *adj* mirakuløs; mirakel-.
mirror ['mirə*] *s* spejl // *v* (af)spejle.
misadventure [misəd'vɛntʃə*] *s* uheld; *death by ~* død ved et uheld.
misanthropist [mi'zænθrəpist] *s* menneskehader, misantrop.
misappropriate [misə'prəuprieit] *v* tilegne sig; forgribe sig på.
misbehave [misbi'heiv] *v* opføre sig dårligt; være uartig; **misbehaviour** *s* dårlig opførsel.
miscalculate [mis'kælkjuleit] *v* regne forkert; fejlbedømme; **miscalculation** [-'leiʃən] *s* regnefejl; fejlbedømmelse.
miscarriage ['miskæridʒ] *s* *(med)* (spontan) abort; *~ of justice* justitsmord.
miscellaneous [misə'leiniəs] *adj* blandet; uensartet; diverse.
mischief ['mistʃif] *s* gale streger; fortræd, skade; **mischievous** ['mistʃivəs] *adj* drillesyg; skælmsk; skadelig.
misconduct [mis'kɔndʌkt] *s* utroskab; *professional ~* tjenesteforseelse; embedsmisbrug.
misdemeanour [misdi'mi:nə*] *s* forseelse.
miser ['maizə*] *s* gnier.
miserable ['mizərəbl] *adj* elendig, ulykkelig.
miserly ['maizəli] *adj* gerrig.
misery ['mizəri] *s* elendighed; ulykke, jammer.
misfit ['misfit] *s* (om person) afviger, mislykket individ.
misfortune [mis'fɔ:tʃən] *s* uheld, ulykke.
misgiving(s) [mis'giviŋ(z)] *s(pl)* bange anelser; betænkeligheder.
misguided [mis'gaidid] *adj* vildledt.
misinform [misin'fɔ:m] *v* give forkerte oplysninger.
misinterpret [misin'tə:prit] *v* misfortolke; **~ation** [-'teiʃən] *s* misforståelse.
misjudge [mis'dʒʌdʒ] *v* fejlbedømme.
mislay [mis'lei] *v* forlægge; ikke kunne finde.
mislead [mis'li:d] *v* vildlede; føre vild.
misplace [mis'pleis] *v* anbringe forkert, fejlplacere; **~d** *adj* malplaceret.
misprint ['misprint] *s* trykfejl.
mispronounce ['misprə'nauns] *v* udtale forkert.
misread [mis'ri:d] *v* læse forkert.
Miss, miss [mis] *s* frøken.
miss [mis] *s* kikser, forbier, fejlskud // *v* skyde (el. ramme) forbi (el. ved siden af); overse; gå glip af; komme for sent til; savne; *that was a near ~* det var lige ved; *give sth a ~* give pokker i ngt; *~ the train* komme for sent til toget.
misshapen [mis'ʃeipn] *adj* misdannet, vanskabt.
missile ['misail] *s* kasteskyts; missil, raketvåben.
missing ['misiŋ] *adj* manglen-

de; (om person) ikke til stede; savnet; forsvunden; *go* ~ forsvinde, blive væk.
mission ['miʃən] *s* mission; delegation; ærinde; **~ary** *s* missionær.
mist [mist] *s* dis, let tåge // *v* (også: ~ *over*, ~ *up*) sløres; (om vinduer) dugge.
mistake [mis'teik] *s* fejl, fejltagelse // *v* misforstå; *make a* ~ tage fejl; ~ *A for B* forveksle A med B; *it is a case of ~n identity* der er sket en forveksling; *be ~n* tage fejl; **~n identity** *s* forveksling.
mister ['mistə*] *s* se *Mr.*
mistletoe ['misltəu] *s* mistelten.
mistook [mis'tuk] *præt* af *mistake.*
mistreat [mis'tri:t] *v* behandle dårligt, mishandle.
mistress ['mistris] *s* frue; (skole)lærerinde; herskerinde; mester; elskerinde.
mistrust [mis'trʌst] *v* mistro.
misunderstand ['misʌndə'stænd] *v* misforstå; **~ing** *s* misforståelse; uoverensstemmelse.
misuse *s* [mis'ju:s] misbrug; forkert brug // *v* [mis'ju:z] misbruge; bruge forkert.
mite [mait] *s* mide; (lille) smule.
mitt(en) ['mit(n)] *s* vante, luffe.
mix [miks] *s* blanding; kludder // *v* blande; mixe; ~ *up* blande sammen; ~ *with* blande sig med; omgås; **~ed** *adj* blandet; fælles-; **~ed-up** *adj* forvirret, desorienteret; **~er** *s* røremaskine; *he's a good ~er* han har let ved at omgås folk; **~ture** ['mikstʃə*] *s* blanding; mikstur; **~-up** *s* forvirring.
moan [məun] *s* stønnen, jamren // *v* stønne, sukke; klage (sig); ~ *about* klage over; **~ing** *s* klagen, jamren.
moat [məut] *s* voldgrav.
mob [mɔb] *s* hob, flok; pøbel; bande // *v* overfalde i flok; mobbe; **~bing** *s* mobning.
mobile ['məubail] *s* uro (til pynt) // *adj* mobil, bevægelig, transportabel; **mobility** [-'biliti] *s* bevægelighed.
mock [mɔk] *v* håne; gøre har ad; efterligne // *adj* forloren, falsk; kunstig; **~ery** *s* spot, hån; parodi; ~ **exam** *s* prøveeksamen, sv.t. teminsprøve; **~ing-bird** *s* spottefugl; ~ **turtle** *s* forloren skildpadde.
mode [məud] *s* måde; mode; toneart.
model [mɔdl] *s* model; gine; mønster, forbillede // *v* modellere; forme; stå model; ~ *clothes* gå mannequin.
moderate *v* ['mɔdəreit] beherske; dæmpe, moderere; (om vind) tage af // *adj* ['mɔdərit] moderat; **moderation** [-'reiʃən] *s* mådehold; *in moderation* med måde.
modern ['mɔdən] *adj* moderne; nyere; **~ize** *v* modernisere.
modest ['mɔdist] *adj* beskeden; undselig; **~y** *s* beskedenhed; ærbarhed.
modification [mɔdifi'keiʃən] *s* tillempning; modifikation; **modify** ['mɔdifai] *v* modificere; lempe; ændre.
module ['mɔdju:l] *s* modul.
moist [mɔist] *adj* fugtig; **~en** [mɔisn] *v* fugte, væde; **~ure** ['mɔistʃə*] *s* fugt(ighed); **~urizer** ['mɔistʃəraizə*] *s* fugtighedscreme.
molar ['məulə*] *s* kindtand.
molasses [məu'læsiz] *s* (mørk) sirup.
mole [məul] *s* skønhedsplet; muldvarp; bølgebryder.
molecule ['mɔlikju:l] *s* moleky-

le.
molehill ['məulhil] *s* muldvarpeskud; *make a mountain out of a ~* gøre en myg til elefant.
molest [məu'lɛst] *v* genere; forulempe.
molten ['məultn] *adj* smeltet.
moment ['məumənt] *s* øjeblik; betydning; *in a ~* om et øjeblik; *just a ~* et øjeblik; *of no ~* uden betydning; **~ary** *adj* øjeblikkelig; forbigående; **~ous** [-'mɛntəs] *adj* vigtig, betydningsfuld.
momentum [məu'mɛntəm] *s* fart; styrke; *gather ~* få fart på.
monarch ['mɔnək] *s* konge, monark; **~y** *s* kongedømme, monarki.
monastery ['mɔnəstəri] *s* (munke)kloster.
Monday ['mʌndi] *s* mandag; *last ~* i mandags; *next ~* på mandag, næste mandag.
monetary ['mʌnitəri] *adj* penge-, valuta-.
money ['mʌni] *s* penge; *make ~* tjene penge; *danger ~* risikotillæg; **~lender** *s* pengeudlåner; **~ order** *s* postanvisning (på under £50).
mongrel ['mɔŋgrəl] *s* (om hund) køter, bastard.
monitor ['mɔnitə*] *s* (i skole) ordensduks; monitor; kontrolapparat; overvågningsudstyr // *v* aflytte; kontrollere; overvåge.
monk [mɔŋk] *s* munk.
monkey ['mɔŋki] *s* abe; **~ wrench** *s* svensknøgle; skruenøgle.
monologue ['mɔnəlɔg] *s* enetale, monolog.
monopolize [mə'nɔpəlaiz] *v* få (el. have) monopol på; lægge beslag på; **monopoly** *s* eneret, monopol; *Monopoly®* (om spil) Matador.
monosyllabic ['mɔnəusi'læbik] *adj* enstavelses-; (om person) fåmælt.
monotone ['mɔnətəun] *s* ensformig tone; **monotonous** [-'nɔtənəs] *adj* ensformig, kedelig; **monotony** [-'nɔtəni] *s* enformighed, monotoni.
monster ['mɔnstə*] *s* monstrum, uhyre; **monstrosity** [-'strɔsiti] *s* uhyre; skrummel; rædsel; **monstrous** ['mɔnstrəs] *adj* kolossal, monstrøs; uhyrlig.
month [mʌnθ] *s* måned; *for ~s (and ~s)* i månedsvis; *last ~* i sidste måned; *next ~* i næste måned; **~ly** *s* månedsmagasin // *adj* månedlig // *adv* månedsvis.
monument ['mɔnjumənt] *s* monument, mindesmærke; **~al** [-'mɛntl] *adj* storslået, monumental.
mood [mu:d] *s* humør, sindsstemning; *be in the ~ for* være i humør til, have lyst til; **~y** *adj* humørsyg; nedtrykt, mut.
moon [mu:n] *s* måne; *be over the ~ with joy* være helt oppe i skyerne af slæde; **~beam** *s* månestråle; **~light** *s* måneskin; **~lighting** *s* måneskinsarbejde; **~lit** *adj* måneklar; **~shine** *s* måneskin; (F) hjemmebrændt whisky.
moor [muə*] *s* hede // *v* (om skib) lægge til, fortøje; **~ings** *spl* fortøjninger; fortøjningsplads; **~land** *s* hede.
moose [mu:s] *s* elg, elsdyr.
mop [mɔp] *s* svaber // *v* svabre; tørre (op).
mope [məup] *v* hænge med næbbet.
moped ['məupɛd] *s* knallert.
moral [mɔrl] *s* morale // *adj* moralsk; moral-; **~e** [mɔ'ra:l]

s kampmoral; **~ity** [-ˈræliti] *s* moral; moralfølelse; **~ly** *adv* moralsk; **~s** *spl* moral; sæder.

morbid [ˈmɔ:bid] *adj* sygelig; makaber.

more [mɔ:*] *adj/adv* mer(e); flere; ~ *people* flere mennesker; *the* ~ *he gets, the* ~ *he wants* jo mere han får, des mere vil han have; *I want two* ~ *bottles* jeg vil gerne have to flasker til; ~ *or less* mere eller mindre; ~ *than ever* mere end nogensinde; **~over** *adv* desuden.

morgue [mɔ:g] *s* lighus.

morning [ˈmɔ:niŋ] *s* morgen, formiddag; *in the* ~ om morgenen; om formiddagen; *yesterday* ~ i går morges; *tomorrow* ~ i morgen tidlig; **~-afterish** *adj: feel ~afterish* have tømmermænd; ~ **coat** *s* jaket; ~ **room** *s* opholdsstue.

Moroccan [məˈrɔkən] *s* marokkaner // *adj* marokkansk; **Morocco** [-ˈrɔkəu] *s* Marokko.

moron [ˈmɔ:rən] *s* tåbe, idiot.

morose [məˈrəus] *adj* sur, gnaven.

morphia [ˈmɔ:fiə], **morphine** [ˈmɔ:fi:n] *s* morfin.

morsel [mɔ:sl] *s* bid, nip; stump.

mortal [mɔ:tl] *s/adj* dødelig; **~ity** [-ˈtæliti] *s* dødelighed.

mortar [ˈmɔ:tə*] *s* mørtel; morter.

mortgage [ˈmɔ:gidʒ] *s* pant; prioritet (i ejendom) // *v* belåne; prioritere.

mortify [ˈmɔ:tifai] *v* såre, krænke.

mortuary [ˈmɔ:tʃuəri] *s* lighus, ligkapel.

mosaic [məuˈzeiik] *s* mosaik.

Moscow [ˈmɔskəu] *s* Moskva.

Moslem [ˈmɔzləm] *s/adj* d.s.s. *Muslim.*

mosque [mɔsk] *s* moské.

mosquito [məsˈki:təu] *s (pl: ~es)* moskito; myg; ~ **repellent** *s* myggebalsam.

moss [mɔs] *s (bot)* mos; tørvemose; ~ **stitch** *s* perlestrikning; **~y** *adj* mosbegroet.

most [məust] *adj/adv* mest; det meste; flest; de fleste; højst; ~ *interesting* interessantest; yderst interessant; ~ *people think that...* de fleste mennesker mener at...; ~ *of them* de fleste af dem; *at the (very)* ~ (aller)højst; *make the* ~ *of* få det mest mulige ud af; **~ly** *adv* hovedsagelig, især.

MoT *s* (fork.f. *Ministry of Transport)* trafikministeriet; *the* ~ *(test)* årligt bilsyn (på over tre år gamle biler).

moth [mɔθ] *s* natsværmer; møl; **~ball** *s* mølkugle; **~-eaten** *adj* mølædt.

mother [ˈmʌðə*] *s* mor, moder // *v* tage sig moderligt af; **~hood** *s* moderskab; **M~ing Sunday** *s* mors dag; **~-in-law** *s* svigermor; **~ly** *adj* moderlig; **~-of-pearl** *s* perlemor; **~-to-be** *s* vordende mor; ~ **tongue** *s* modersmål.

mothproof [ˈmɔθpru:f] *adj* mølsikret; møltæt.

motion [ˈməuʃən] *s* bevægelse; tegn, vink; forslag // *v* vinke til, gøre tegn til; *the* ~ *was carried* forslaget blev vedtaget; **~less** *adj* ubevægelig; ~ **picture** *s* film; ~ **sickness** *s* transportsyge.

motivated [ˈməutiveitid] *adj* motiveret; begrundet; **motivation** [-ˈveiʃən] *s* motivering; **motive** [ˈməutiv] *s* motiv; hensigt // *adj* bevægende, bevæg- (fx *force* kraft).

motor [ˈməutə*] *s* motor; bil;

(fig) drivkraft // *v* køre i bil // *adj* motor-; bil-; **~bike** *s* motorcykel; **~boat** *s* motorbåd; **~cade** *s* bilkortege; **~cycle** *s* motorcykel; **~cyclist** *s* motorcyklist; **~ing** *s* bilkørsel; motorsport; **~ing accident** *s* bilulykke; **~ing holiday** *s* bilferie; **~ist** *s* bilist; **~ oil** *s* bilolie; **~ racing** *s* motorvæddeløb; **~ scooter** *s* scooter; **~ vehicle** *s* motorkøretøj; **~way** *s* motorvej.

mottled [mɔtld] *adj* broget; marmoreret.

mould [məuld] *s* form; støbeform; budding (lavet i form); mug, skimmel // *v* forme; støbe; mugne; **~ing** *s* formning; støbning; *(auto)* pynteliste; **~y** *adj* muggen.

mount [maunt] *s* bjerg; ridehest; (om billede etc) indfatning // *v* stige (op); bestige; montere; indfatte.

mountain ['mauntin] *s* bjerg; **~ ash** *s* røn; **~eer** [-'niə*] *s* bjergbestiger; **~eering** [-'niəriŋ] *s* alpinisme; **~ous** *adj* bjergrig; bjerg-; enorm; **~side** *s* bjergside, bjergskråning.

mourn [mɔ:n] *v* sørge; græde; **~** *(for)* sørge over; **~er** *s* sørgende; efterladt; **~ful** *adj* bedrøvet, trist; **~ing** *s* sorg; sørgedragt.

mouse [maus] *s (pl: mice* [mais]) mus; **~trap** *s* musefælde; **mousy** ['mauzi] *adj* (om person) grå, trist; (om hår) gråbrunt, kedeligt.

moustache [mu'sta:ʃ] *s* overskæg.

mouth [mauθ] *s (pl: ~s* [mauz]) mund; åbning; **~ful** *adj* mundfuld; **~ organ** *s* mundharmonika; **~piece** *s* mundstykke; telefontragt; *(fig)* talsmand, talerør; **~-watering** *adj* som får tænderne til at løbe i vand.

movable ['mu:vəbl] *adj* bevægelig; transportabel; **~s** løsøre.

move [mu:v] *s* træk; skridt; flytning // *v* bevæge (sig); flytte (sig); færdes; gribe, betage; fremsætte forslag om; *get a ~ on* få fart på; flytte sig; *~ about* bevæge sig rundt; rejse rundt; *~ along* gå (el. køre) videre; *~ away* fjerne sig; flytte væk; *~ in* flytte ind (i et hus); *~ on* komme videre; *~ out* flytte ud (af et hus); *~ up* rykke sammen; avancere; **~ment** *s* bevægelse; *(mus,* del af symfoni etc) sats.

movie ['mu:vi] *s* film; *the ~s* biografen.

moving ['mu:viŋ] *adj* som bevæger sig; gribende, rørende.

mow [məu] *v (~ed, ~ed* el. *mown)* meje; slå (fx *grass* græs); **~er** *s* slåmaskine.

M.P. ['ɛm'pi:] *s* fork.f. *Member of Parliament.*

m.p.g. fork.f. *miles per gallon* (30 m.p.g. sv.t. 29,5 liter pr. 100 km).

m.p.h. fork.f. *miles per hour* (60 m.p.h. sv.t. 96 km i timen).

Mr ['mistə*] *s: ~ X* hr. X.

Mrs ['misiz] *s: ~ X* fru X; *Doctor and ~ Smith* doktor Smith og frue.

Ms [miz] *s* fr. (dækker både *Miss* og *Mrs).*

M.Sc. fork.f. *Master of Science.*

much [mʌtʃ] *adj/adv* meget; omtrent; absolut; langt; *how ~ is it?* hvad koster det? *it's not ~* det er ikke meget; det er ikke ngt særligt; *it is ~ the same* det er nogenlunde det samme; *this is ~ the best* denne er langt den bedste;

make ~ of sth gøre et stort nummer ud af ngt.
muck [mʌk] *v: ~ about* nusse rundt; *~ up* (F) ødelægge.
mud [mʌd] *s* mudder; slam, skidt.
muddle [mʌdl] *s* forvirring; roderi, kludder // *v* (også: *~ up)* forkludre; forvirre; *be in a ~* (om person) være forvirret.
muddy ['mʌdi] *adj* pløret, sølet; uklar.
mud... ['mʌd-] sms: *~* **flats** *spl* mudderbanke; *~***guard** *s (auto)* stænkeskærm; *~***pack** *s* muddermaske.
muff [mʌf] *s* muffe.
muffin ['mʌfin] *s* (flad) tebolle.
muffle [mʌfl] *v* pakke ind; dæmpe; *~***d** *adj* formummet; dæmpet; *~***er** ['mʌflə*] *s* halstørklæde; *(auto)* lydpotte.
mug [mʌg] *s* krus; (F) fjæs; flab; tosse // *v* overfalde; *~***ging** *s* overfald (med kvælergreb).
mule [mju:l] *s* muldyr.
multiple ['mʌltipl] *adj* sammensat; mangfoldig; *~* **crash** *s* harmonikasammenstød; *~* **store** *s* kædeforretning; **multiplication** [mʌltipli'keiʃən] *s* mangfoldiggørelse; multiplikation; **multiply** ['mʌltiplai] *v* mangfoldiggøre, formere; gange, multiplicere.
multitude ['mʌltitju:d] *s* mængde; sværm, vrimmel.
mum [mʌm] *s* (F) mor // *adj: keep ~* ikke sige et ord; *~'s the word!* vi må ikke lade et ord slippe ud!
mumble [mʌmbl] *s* mumlen // *v* mumle.
mummy ['mʌmi] *s* mumie; (F) mor.
mumps [mʌmps] *s* fåresyge.
munch [mʌntʃ] *v* gumle, gnaske (på).
municipal [mju:'nisipl] *adj* kommunal, kommune-; *~* **heating** *s* fjernvarme; *~***ity** [-'pæliti] *s* kommune; kommunal myndighed.
munitions [mju:'niʃəns] *spl* krigsmateriel.
mural ['mjuərəl] *s* vægmaleri, fresko.
murder ['mə:də*] *s* mord, drab // *v* myrde, dræbe; *~***er** *s* morder, drabsmand; *~***ous** *adj* morderisk; dræbende.
murmur ['mə:mə*] *s* mumlen; murren // *v* mumle; knurre; (om flod etc) bruse; (om skov) suse.
muscle [mʌsl] *s* muskel, muskelkraft // *v: ~ in on* mase sig ind på; **muscular** ['mʌskjulə*] *adj* muskuløs; muskel-.
muse [mju:z] *s* muse // *v* gruble, spekulere.
museum [mju:'ziəm] *s* museum; *~* **piece** *s* museumsstykke.
mushroom ['mʌʃrum] *s (bot)* svamp, (især:) champignon // *v (fig)* skyde op som paddehatte.
mushy ['mʌʃi] *adj* blød, grødet; (F) rørstrømsk.
music ['mju:zik] *s* musik, noder; *~***al** *s* musical // *adj* musikalsk, musik-; *~***al box** *s* spilledåse; *~***al instrument** *s* musikinstrument; *~* **hall** *s* varieté; *~***ian** [mju:'ziʃən] *s* musiker; *~* **stand** *s* nodestativ.
musk ['mʌsk] *s* moskus.
Muslim ['mʌzlim] *s* muslim // *adj* muslimsk.
muslin ['mʌzlin] *s* musselin.
mussel [mʌsl] *s* musling.
must [mʌst] *s* nødvendighed; noget man 'skal // *v* må, måtte; skal, skulle; være nødt til; *I ~ do it* jeg må (el. er nødt til

at) gøre det; ~ *you go now?* skal du (absolut) gå nu? *well, if you* ~ siden du absolut vil.
mustard ['mʌstəd] *s* sennep; sennepsfarve.
muster ['mʌstə*] *v* mønstre; samle.
mustn't [mʌsnt] d.s.s. *must not.*
musty ['mʌsti] *adj* muggen.
mute [mju:t] *adj* stum; **~d** ['mju:tid] *adj* dæmpet; med sordin.
mutilate ['mju:tileit] *v* skamfere; **mutilation** [-'leiʃən] *s* lemlæstelse; skamfering.
mutinous ['mju:tinəs] *adj* oprørsk; som gør mytteri; **mutiny** *s* mytteri // *v* gøre mytteri.
mutter ['mʌtə*] *v* mumle, brumme, rumle.
mutton [mʌtn] *s* fårekød; ~ **chop** *s* lammekotelet.
mutual ['mju:tʃuəl] *adj* gensidig; indbyrdes; fælles.
my [mai] *pron* min, mit, mine // *interj* du store! ih!
myopic [mai'ɔpik] *adj* nærsynet.
myself [mai'sɛlf] *pron* jeg selv; selv; mig; *I did it* ~ jeg gjorde det selv; *by* (el. *for)* ~ alene, på egen hånd.
mysterious [mis'tiəriəs] *adj* mystisk; **mystery** ['mistəri] *s* mysterium; **mystic** ['mistik] *s* mystiker // *adj* mystisk; **mystify** ['mistifai] *v* mystificere, forvirre.
myth [miθ] *s* myte; sagn; **~ical** *adj* mytisk; sagn-; opdigtet; **~ological** [miθə'lɔdʒikl] *adj* mytologisk; **~ology** [mi'θɔlədʒi] *s* mytologi.

N

N, n [ɛn].
nag [næg] *v* (konstant) småskænde; **~ging** *adj* (om smerte) murrende; *(om fx kone)* som skælder og smælder.
nail [neil] *s* negl; søm // *v* få fat i; (F) negle, hugge; slå søm i; ~ *sby down to sth* holde en fast ved ngt; *hard as ~s* benhård; **~brush** *s* neglebørste; **~file** *s* neglefil; ~ **polish** *s* neglelak; ~ **scissors** *spl* neglesaks; *a pair of ~scissors* en neglesaks; ~ **varnish** *s* neglelak.
naïve [na'i:v] *adj* naiv, ukunstlet.
naked ['neikid] *adj* nøgen, bar; utilsløret; *it's the ~ truth* det er den rene sandhed; *with the ~ eye* med det blotte øje.
namby-pampy [næmbi'pæmpi] *v* pylre om, forkæle.
name [neim] *s* navn; ry // *v* nævne; give navn, kalde; *in the ~ of B* i B's navn; *lend one's ~ to* lægge navn til; **~dropping** *s* pralen af sine fine bekendte; **~less** *adj* navnløs; unævnelig; **~ly** *adv* nemlig; det vil sige; **~sake** *s* navnebror (el. -søster).
nanny ['næni] *s (pl: nannies)* barnepige; ~ **goat** *s* (hun)ged.
nap [næp] *s* lur; *be caught ~ping* blive taget på sengen.
nape [neip] *s: the ~ of the neck* nakke; nakkeskind.
napkin ['næpkin] *s* serviet; ble.
nappy ['næpi] *s* (F) ble.
narcissus [na:'sisəs] *s (pl: narcissi* [-sai]) narcis; (også: *white ~)* pinselilje.
narcotic [na:'kɔtik] *s* bedøvelsesmiddel; narkotisk middel; **~s** *spl* narkotika, stoffer.
narrate [næ'reit] *v* fortælle; **narrative** ['nærətiv] *s* beretning, fortælling; **narrator** [nə'reitə*] *s* fortæller; kommentator.
narrow ['nærəu] *v* indsnævre(s); (i strikning) tage ind //

adj smal, trang, snæver; kneben; *have a ~ escape* undslippe med nød og næppe; *~ sth down* indskrænke (el. reducere) ngt; **~ly** *adv: he ~ly missed the tree* han undgik lige at ramme træet; *he ~ly missed the target* han ramte lige ved siden af målet; **~-minded** *adj* indskrænket; snæversynet.

nasal ['neizl] *adj* nasal, næse-.

nasty ['na:sti] *adj* væmmelig, ækel, modbydelig; *a ~ piece of work* en led karl.

nation ['neiʃən] *s* nation, folk; **~al** ['næʃənəl] *adj* national; folke-; landsomfattende; **~al anthem** *s* nationalsang; **~al costume** *s* nationaldragt; *the* **N~al Health Service** *(N.H.S.)* *s* sv.t. sygesikringen; **~alism** *s* nationalisme; **~ality** [-'næliti] *s* nationalitet; **~alization** [næʃənəlai'zeiʃən] *s* nationalisering; **~al park** *s* nationalpark; *the* **N~al Trust** *s* fredningsforeningen (i Storbritannien); **~-wide** ['neiʃənwaid] *adj* landsomfattende.

native ['neitiv] *s* indfødt // *adj* indfødt; medfødt; føde-; hjem-; *a ~ speaker of English* en person med engelsk som modersmål; **~ language** *s* modersmål.

natural ['nætʃərəl] *adj* naturlig; natur-; **~ gas** *s* naturgas; **~ist** *s* naturalist; naturforsker; **~ize** *v* give statsborgerskab, naturalisere; **~ly** *adv* naturligt; naturligvis; **nature** ['neitʃə*] *s* natur; art, beskaffenhed; temperament, sind.

naughty ['nɔ:ti] *adj* uartig; vovet.

nausea ['nɔ:siə] *s* kvalme; væmmelse; **~te** ['nɔ:sieit] *v* give kvalme.

nautical ['nɔ:tikl] *adj* nautisk; sø-, sømands-; **~ mile** *s* sømil (1853 m).

naval [neivl] *adj* maritim, flåde-; **~ officer** *s* søofficer.

nave [neiv] *s* (hjul)nav; (i kirke) midterskib.

navel [neivl] *s* navle.

navigate ['nævigeit] *v* sejle; besejle; navigere; **navigation** [-'geiʃən] *s* navigation; sejlads; **navigator** ['nævigeitə*] *s* navigatør; *(hist)* søfarer.

navvy ['nævi] *s* vejarbejder; jord- og betonarbejder.

navy ['neivi] *s* flåde, marine; **~ blue** *adj* marineblå.

near [niə*] *adj/adv/præp* nær; i nærheden; næsten; *~ by* lige ved, i nærheden; *~ to* nær ved; *draw ~* komme nærmere; *the* **N~ East** *s* det nære østen; **~er** *adj* nærmere; **~ly** *adv* næsten; *I ~ly fell* jeg var lige ved at falde; **~ miss** *s* ngt der rammer lige ved siden af; *it was a ~ miss* det var lige ved; **~side** *s (brit)* venstre side (af bilen); **~-sighted** *adj* nærsynet.

neat [ni:t] *adj* ordentlig, ryddelig; velplejet, pæn; sirlig; pertentlig; (om alkohol) ublandet, ren; *a ~ whisky* en tør whisky; **~ly** *adv* propert, pænt.

necessarily ['nɛsisrili] *adv* nødvendigvis; **necessary** *adj* nødvendig; **necessitate** [-'sæsiteit] *v* nødvendiggøre; **necessity** [-'sɛsiti] *s* nødvendighed; fornødenhed; trang, nød.

neck [nɛk] *s* hals; halsudskæring // *v* (F) kæle; **~lace** *s* halssmykke; **~line** *s* halsudskæring.

née [nei] *adj: ~ Scott* (om kvinde) født Scott.

need [ni:d] *s* trang; nødvendighed; fornødenhed; nød; be-

hov // *v* behøve; trænge til; *if ~ be* om nødvendigt; *there's no ~ to...* der er ingen grund til at...
needle [ni:dl] *s* nål // *v* sy; stikke; prikke til, irritere; *be on the ~* (S) være på sprøjten; **~cord** *s* babyfløjl.
needless ['ni:dlis] *adj* unødvendig; *~ to say...* selvfølgelig...
needlework ['ni:dlwə:k] *s* håndarbejde, syning, broderi.
needy ['ni:di] *adj* trængende; nødlidende.
negation [ni'geiʃən] *s* (be)nægtelse; **negative** ['nεgətiv] *s (fot)* negativ; *(gram)* nægtelse // *adj* negativ; *answer in the negative* svare benægtende.
neglect [ni'glεkt] *s* forsømmelse; ligegyldighed; forsømthed // *v* forsømme; negligere; vanrøgte; *a state of ~* forsømthed, forfald; **negligence** ['nεglidʒəns] *s* forsømmelighed; uagtsomhed; **negligent** *adj* forsømmelig, skødesløs; **negligible** ['nεglidʒəbl] *adj* ubetydelig; minimal.
negotiable [ni'gəuʃiəbl] *adj (merk)* omsættelig; (om vej) fremkommelig; **negotiate** *v* forhandle (om); omsætte; klare, komme over; passere; **negotiation** [-'eiʃən] *s* forhandling; omsætning; passage, overvindelse.
Negress ['ni:gris] *s* negerkvinde; **Negro** ['ni:grəu] *s (pl: ~s)* neger // *adj* sort, neger-.
neighbour ['neibə*] *s* nabo; sidemand; **~hood** *s* nabolag; omegn, egn; nærhed; **~ing** *adj* tilstødende; nabo-.
neither ['naiðə*] *pron* ingen, intet (af to) // *adv: ~ ... nor* hverken ... eller; *that's ~ here nor there* det gør hverken fra eller til // *konj* heller ikke; *I didn't move and ~ did he* jeg rørte mig ikke og han heller ikke; ingen af os rørte os.
neon ['ni:ən] *s* neon; ~ **light** *s* neonlys; ~ **sign** *s* neonskilt, lysreklame; ~ **tube** *s* neonrør, lysstofrør.
nephew ['nεfju:] *s* nevø.
nerve [nə:v] *s* nerve; *(fig)* mod, kraft; *he's got a ~* han er ikke bange af sig; *he gets on my ~s* han går mig på nerverne; **~-racking** *adj* enerverende; **nervous** ['nə:vəs] *adj* nervøs; nerve-; **nervy** ['nə:vi] *adj* (F) nervøs.
nest [nεst] *s* rede, bo; sæt.
nestle [nεstl] *v* sætte (el. lægge) sig godt til rette; putte sig, hygge sig.
net [nεt] *s* net // *adj* netto.
Netherlands ['nεðələndz] *spl: the ~* Holland, Nederland.
netting ['nεtiŋ] *s* netværk, net.
nettle [nεtl] *s (bot)* nælde // *v* ærgre, irritere; provokere; ~ **rash** *s* nældefeber, udslæt.
network ['nεtwə:k] netværk; system; *(radio, tv)* sendernet.
neurotic [njuə'rɔtik] *adj* neurotisk.
neuter ['nju:tə*] *s (gram)* intetkøn, neutrum // *v* (om dyr) kastrere.
neutral ['nju:trəl] *s (auto)* frigear // *adj* neutral; **~ity** [-'træliti] *s* neutralitet.
never ['nεvə*] *adv* aldrig; ikke; *~ again* aldrig mede; *well, I ~!* nej nu har jeg aldrig (hørt mage)! **~theless** [ˌnεvəðə'lεs] *adv* ikke desto mindre, alligevel.
new [nju:] *adj* ny; frisk; moderne; **~born** *adj* nyfødt; **~comer** *s* nyankommen; **~ly** *adv* nylig, ny-; *~ly married* nygift.
news [nju:z] *s* nyhed(er); *a*

piece of ~ en nyhed; *what's the* ~*?* hvad nyt? ~ **agency** *s* pressebureau, nyhedsbureau; ~**agent** *s* bladhandler; ~ **flash** *s* højaktuel nyhed; *(radio, tv)* nyhedsindslag; ekstraudsendelse; ~**men** *spl* pressefolk; ~**paper** *s* avis, (dag)blad; ~**print** *s* avispapir; ~ **stand** *s* aviskiosk.

New Year ['nju:jiə*] *s* nytår; ~**'s Day** *s* nytårsdag; ~**'s Eve** *s* nytårsaften.

next [nɛkst] *adj* næste, førstkommende; nærmest; nabo- // *adv* derefter, så; næste gang; *when do we meet* ~*?* hvornår ses vi igen? ~ *to* ved siden af; ~ *to nothing* så godt som ingenting; ~ **door** *adv: he lives* ~ *door* han bor (i huset) ved siden af; *he's my* ~ *door neighbour* han er min nærmeste nabo; ~**-of-kin** *s* nærmeste slægtning.

N.H.S. fork.f. *National Health Service.*

nibble [nibl] *v* nippe til; gnaske.

nice [nais] *adj* pæn; flink, rar; god; dejlig; ~ *and warm* dejligt varm; *he's a* ~ *one!* han er en køn (el. værre) en.

nick [nik] *s:in the* ~ *of time* i sidste øjeblik.

nickname ['nikneim] *s* øgenavn, tilnavn.

niece [ni:s] *s* niece.

night [nait] *s* nat; aften; mørke; *at* ~ om aftenen (el. natten); *by* ~ om natten; *last* ~ i går aftes; i nat; ~**cap** *s* godnatdrink; ~**dress** *s* natkjole; ~ **duty** *s* nattevagt; ~**fall** *s* mørkets frembrud, mørkning; ~**ie** ['naiti] *s* (F) natkjole; ~**ingale** ['naitiŋgeil] *s* nattergal; ~**ly** *adj/adv* natlig, nat-; hver nat (el. aften); ~**mare** ['naitmɛə*] *s* mareridt; ~**-time** *s* nattetid; ~ **watchman** *s* nattevægter.

nil [nil] *s* nul; intet.

nimble [nimbl] *adj* adræt, let, rap, kvik.

nine [nain] *num* ni; ~**teen** *num* nitten; ~**ty** *num* halvfems; ~**th** *num* niende // *s* niendedel.

nip [nip] *s* bid, nap // *v* knibe, nappe, nippe; smutte; ~ *sth in the bud* standse ngt i opløbet.

nipple [nipl] *s* brystvorte; (på flaske) sut.

nippy ['nipi] *adj* (om kulde etc) bidende; (om person el. bil) rap, kvik.

nitrogen ['naitrədʒən] *s (kem)* kvælstof.

nitwit ['nitwit] *s* fæhoved, tumbe.

no [nəu] *s* nej, afslag // *adj/pron* ingen, intet // *adv* ikke // *interj* nej! *I won't take* ~ *for an answer* jeg accepterer ikke et nej; *there's* ~ *denying that...* man kan ikke nægte at...; *there's* ~ *mistaking that...* der er ingen tvivl om at...; '~ *entry*' 'adgang forbudt'; '~ *dogs*' 'hunde må ikke medtages'.

nobility [nəu'biliti] *s* adel, adelskab; ædelhed; **noble** [nəubl] *adj* adelig; ædel, fornem, fin; **nobleman** *s* adelsmand.

nobody ['nəubədi] *pron* ingen // *s: he's a mere* ~ han er et rent nul.

nod [nɔd] *s* nik; lille lur // *v* nikke; sove.

noise [nɔiz] *s* støj, spektakel; ståhej, postyr; *make a* ~ larme, støje; *make a* ~ *about sth* lave et stort nummer ud af ngt; ~**y** *adj* støjende; højlydt.

no-man's-land ['nəumænzlænd] *s* ingenmandsland.

nominal ['nɔminəl] *adj* symbolsk, nominel.

nominate ['nɔmineit] *v* opstille; udpege, nominere; udnævne; **nomination** [-'neiʃən] *s* opstilling; udnævnelse.

non. . . ['nɔn-] ikke; non-; sms: **~-alcoholic** *adj* alkoholfri; **~-aligned** *adj (pol)* alliancefri; **~-breakable** *adj* brudsikker; **~-committal** ['nɔnkə-'mitl] *adj* uforpligtende; diplomatisk, neutral; **~-descript** *adj* ubestemmelig.

none [nɔn] *pron* ingen, intet; *~ of them* ingen af dem; *you have money but I have ~* du har penge, men jeg har ingen; *he's ~ the worse for it* han tog ingen skade af det.

nonentity [nɔ'nɛntiti] *s* (om person) nul; (om ting) ubetydelighed.

nonetheless [ˌnɔnðə'lɛs] *adv* ikke desto mindre.

non. . . ['nɔn-] sms: **~-fiction** *s* fagbog, faglitteratur; **~-flammable** *adj* ildfast, brandsikker; **~-iron** *adj* strygefri; **~-plussed** [-'plʌsd] *adj* paf, perpleks.

nonsense ['nɔnsəns] *s* vrøvl, sludder; pjat, idioti.

non. . . ['nɔn-] sms: **~-smoker** *s* ikke-ryger; **~-stick** *adj* (om pande, gryde etc) 'slip-let'; **~-union** *adj* uorganiseret (fx *labour* arbejdskraft).

noodles [nu:dlz] *spl (gastr)* nudler.

nook [nuk] *s* krog, hjørne; *~s and crannies* krinkelkroge.

noon [nu:n] *s* middag (kl. 12); *at ~* ved middagstid, ved tolvtiden.

nor [nɔ:*] *konj* heller ikke (se også *neither).*

Nordic ['nɔ:dik] *adj* nordisk.

normal ['nɔ:məl] *adj* normal(-); **~ly** *adv* normalt; i reglen; ellers.

Norman ['nɔ:mən] *adj* normannisk; *(brit,* om stil) romansk, rundbue-; **~dy** *s* Normandiet.

Norse [nɔ:s] *adj (hist)* nordisk; norsk; *Old ~* oldnordisk; **~man** *s (hist)* nordbo.

north [nɔ:θ] *s* nord // *adj* nord-, nordlig; mod nord // *adv* nordpå; **~-east** *s* nordøst; **~erly** *adj* nordlig; **~ern** ['nɔ:ðən] *adj* nordlig, nordre; nordisk; **N~ern Ireland** *s* Nordirland; *the* **N~ Pole** *s* nordpolen; *the* **N~ Sea** *s* Nordsøen, Vesterhavet; **~ward(s)** *adv* mod nord, nordpå; **~-west** *s* nordvest.

Norway ['nɔ:wei] *s* Norge; **Norwegian** [nɔ:'wi:dʒən] *s* nordmand // *adj* norsk.

nose [nəuz] *s* næse; lugtesans; **~bleed** *s* næseblod; **~-dive** *s (fly)* styrtdyk; **~gay** *s* (lille) blomsterbuket.

nostalgia [nəs'tældʒə] *s* hjemve, vemod; nostalgi.

nostril ['nɔstril] *s* næsebor.

nosy ['nəuzi] d.s.s. *nosey.*

not [nɔt] *adv* ikke; *~ at all* slet ikke; *you must ~* (el. *mustn't) do it* du må ikke gøre det; *he is ~* (el. *isn't) here* han er ikke her; *so as ~ to* for ikke at.

notable ['nəutəbl] *adj* bemærkelsesværdig; anset; kendelig; **notably** *adv* navnlig, især.

notch [nɔtʃ] *s* hak, indskæring; skår.

note [nəut] *s* tone, node; klang; undertone; notat, optegnelse // *v* lægge mærke til, konstatere; (også: *~ down)* notere, skrive op; **~book** *s* notesbog; lommebog; **~-case** *s* seddelmappe; **~d** ['nəutid] *adj* kendt; fremtrædende; **~paper** *s* brevpapir.

nothing ['nɔθiŋ] *s* nul, ubetydelighed // *pron* ingenting, intet, ikke ngt; ~ *doing* den går ikke; *for* ~ gratis; uden grund; forgæves; *next to* ~ næsten ingenting.

no-thoroughfare ['nəu'θʌrə-fɛə*] *s* blindgade.

notice ['nəutis] *s* meddelelse; varsel; notits // *v* bemærke, mærke; *at short* ~ med kort varsel; *bring into* ~ henlede opmærksomheden på; *give* ~ sige op; *take* ~ *of* lægge mærke til; ~**able** *adj* synlig, mærkbar; påfaldende; ~ **board** *s* opslagstavle; **notify** ['nəutifai] *v* bekendtgøre; underrette.

notion ['nəuʃən] *s* begreb, idé; opfattelse.

notorious [nəu'tɔ:riəs] *adj* berygtet; bekendt; notorisk.

notwithstanding [ˌnɔtwið-'stændiŋ] *adv* ikke desto mindre // *præp* trods, uanset // *konj* uagtet.

nought [nɔ:t] *s (mat* etc) nul; ~*s and crosses* 'kryds og bolle'.

noun [naun] *s (gram)* navneord, substantiv.

nourish ['nʌriʃ] *v* ernære; nære (også *fig);* ~**ing** *adj* nærende; ~**ment** *s* (er)næring.

novel [nʌvl] *s* roman // *adj* ny (og usædvanlig); original; ~**ist** *s* romanforfatter; ~**ty** *s* nyhed.

November [nəu'vɛmbə*] *s* november.

now [nau] *adv/konj* nu; nu (da); ~ *and then* nu og da; ~ *and again* fra tid til anden; *from* ~ *on* fra nu af; *by* ~ nu, ved denne tid; ~ *then!* se så! ~, *I told you...* jamen, jeg sagde jo til dig...; ~**adays** ['nauədeiz] *adv* nutildags, nu for tiden.

nowhere ['nəuwɛə*] *adv* ingen steder, intetsteds; ingen vegne.

nozzle [nʌzl] *s* mundstykke, tud.

nuclear ['nju:kliə*] *adj* kerne-, atom; ~ **disarmament** *s* atomnedrustning; ~ **power station** *s* atomkraftværk.

nude [nju:d] *s* nøgenmodel // *adj* nøgen, bar; *in the* ~ i bar figur, nøgen.

nudge [nʌdʒ] *v* puffe til (med albuen); lempe, lirke.

nudity ['nju:diti] *s* nøgenhed.

nuisance ['nju:sns] *s* plage, gene; onde; (om person) plageånd; *don't be a* ~*!* lad nu være med at plage (mig)!

null [nʌl] *adj:* ~ *and void* ugyldig; ~**ify** ['nʌlifai] *v* annullere; ophæve.

numb [nʌm] *adj* følelsesløs, stiv (af kulde); ~**skull** *s* (F) grødhoved.

number ['nʌmbə*] *s* nummer; antal; tal // *v* tælle; udgøre, omfatte; nummerere; *a* ~ *of people* et antal mennesker, en del mennesker; *his opposite* ~ hans kollega (dvs. person i tilsvarende stilling som hans); *the staff* ~*s ten* personalet omfatter (el. består af) ti; ~ **plate** *s* nummerplade; **N~s** *spl* (i bibelen) 4. mosebog.

numeral ['nju:mərəl] *s* tal; *(gram)* talord, numerale; **numerical** [nju:'mɛrikl] *adj* numerisk, nummer-; **numerous** ['nju:mərəs] *adj* talrig(e); talstærk.

nun [nʌn] *s* nonne; ~**nery** *s* nonnekloster.

nurse [nə:s] *s* sygeplejerske; barnepige // *v* amme; passe (børn); pleje; ruge over, nære (fx *hopes* håb); ~**ry** *s* børneværelse; planteskole; ~**ry school** *s* sv.t. børnehaveklasse

(3-5 år); **nursing** ['nə:siŋ] *s* sygepleje; **nursing home** *s* (privat)klinik; plejehjem.
nurture ['nə:tʃə*] *v* nære, ernære; opfostre.
nut [nʌt] *s (bot)* nød; *(tekn)* møtrik; (F) hoved, nød; (om person) skør kule; ~**case** *s* (F) skør kule; ~**crackers** *spl* nøddeknækker; ~**meg** *s* muskatnød.
nutrient ['nju:triənt] *s* næringsstof; **nutrition** [-'triʃən] *s* (er)næring; ernæringstilstand.
nuts [nʌts] *adj: he's* ~ (F) han er skrupskør.
nutshell ['nʌtʃɛl] *s* nøddeskal.

O

O, o [əu].
oaf [əuf] *s (pl: oaves* [əuvz]) fjols, klodrian.
oak [əuk] *s* eg(etræ); ~**en** *adj* ege-, egetræs-.
OAP (fork.f. *old-age pensioner)* pensionist.
oar [ɔ:*] *s* åre; roer; ~**sman** *s* roer.
oasis [əu'eisis] *s (pl: oases* ['si:z]) oase.
oath [əuθ] *s* ed; banden; *take an* ~ aflægge en ed; *on* ~ under ed.
oatmeal ['əutmi:l] *s* havregryn; ~ **porridge** *s* havregrød; **oats** *spl* havre; *be off one's oats* have tabt madlysten; *feel one's oats* (F) være i stødet.
oaves [əuvz] *spl* af *oaf.*
OBE fork.f. *Order of the British Empire* britisk orden.
obedience [ə'bi:djəns] *s* lydighed; *in* ~ *to* i lydighed mod; **obedient** *adj* lydig *(to* imod).
obese [əu'bi:s] *adj* fed, lasket; **obesity** *s* fedme; overvægt.
obey [ə'bei] *v* adlyde; rette sig efter (fx *rules* reglerne).
obituary [ə'bitjuəri] *s* nekrolog.
object *s* ['ɔbdʒikt] genstand, ting; hensigt, mål // *v* [əb'dʒɛkt] indvende; protestere; ~ *to* protestere mod; ikke kunne lide; *I* ~*!* jeg protesterer! *he* ~*ed that* han indvendte at; ~**ion** [-'dʒɛkʃən] *s* indvending; protest; *if you have no* ~*ion* hvis ikke du har ngt imod (det); ~**ionable** [-'dʒɛkʃənəbl] *adj* ubehagelig; stødende; ~**ive** [-'dʒɛktiv] *s* mål; objektiv // *adj* saglig, objektiv; ~**or** [-'dʒɛktə*] *s* modstander; *conscientious* ~*or* militærnægter.
obligation [ɔbli'geiʃən] *s* forpligtelse; skyldighed; **obligatory** [-'bligətəri] *adj* tvungen, obligatorisk; bindende.
oblige [ə'blaidʒ] *v* tvinge; nøde; imødegå; ~ *sby* gøre en en tjeneste; ~ *sby to* tvinge en til; *I am much* ~*d to you* mange tak skal du have; **obliging** *adj* imødekommende; elskværdig.
oblique [ə'bli:k] *adj* skrå; skrånende; indirekte (fx *threats* trusler).
oblivion [ə'bliviən] *s* glemsel; *fall into* ~ gå i glemmebogen; **oblivious** *adj: be oblivious of* glemme; være ligeglad med.
oblong ['ɔblɔŋ] *adj* aflang.
obscene [əb'si:n] *adj* obskøn, sjofel; **obscenity** [əb'sɛniti] *s* uanstændighed, obskønitet; *(jur)* utugt.
obscure [əb'skjuə*] *v* formørke; skjule; tilsløre // *adj* mørk; utydelig, uklar; **obscurity** *s* dunkelhed; uklarhed; ubemærkethed.
obsequies ['ɔbsikwiz] *spl* begravelse.
observable [əb'zə:vəbl] *adj* bemærkelsesværdig; mærk-

bar.
observance [əb'zə:vns] *s* overholdelse (fx *of rules* af regler); højtideligholdelse; skik; **observant** *adj* opmærksom, agtpågivende; **observation** [-'veiʃən] *s* iagttagelse; observation; bemærkning; **observe** [əb'zə:v] *v* iagttage; observere; overholde (fx *the law* loven); bemærke, udtale; **observer** *s* iagttager; observatør.
obsess [əb'sɛs] *v* besætte; forfølge; *~ed with* besat af; opslugt af; **~sion** *s* besættelse; fiks idé; **~ive** *adj* næsten sygelig.
obsolescence [ɔbsə'lɛsns] *s* forældethed; *built in* (el. *planned) ~ (merk)* indbygget forældelse; **obsolete** ['ɔbsəli:t] *adj* forældet, gammeldags.
obstacle ['ɔbstəkl] *s* hindring; **~ race** *s* forhindringsløb.
obstinacy ['ɔbstinəsi] *s* stædighed; genstridighed; **obstinate** *adj* stædig; vedvarende (fx *pain* smerte); hårdnakket.
obstruct [əb'strʌkt] *v* spærre; hindre; tilstoppe; **~ion** *s* spærring; tilstopning; **~ive** *adj* hæmmende; spærrende.
obtain [əb'tein] *v* opnå, få, skaffe sig; gælde; **~able** *adj* opnåelig; til at skaffe.
obtrusive [əb'tru:siv] *adj* påtrængende; gennemtrængende (fx *smell* lugt).
obvious ['ɔbviəs] *adj* tydelig, åbenbar; indlysende; påfaldende; **~ly** *adv* åbenbart.
occasion [ə'keiʃən] *s* lejlighed; begivenhed; grund, anledning // *v* forårsage; foranledige; *no ~ for...* ingen grund til...; *on the ~ of* i anledning af; **~al** *adj* tilfældig; lejlighedsvis.
occupant ['ɔkjupənt] *s* beboer; besætter.
occupation [ɔkju'peiʃən] *s* erhverv; beskæftigelse; *(mil)* besættelse; *unfit for ~* ubeboelig; **~al disease** *s* erhvervssygdom; **~al therapy** *s* ergoterapi.
occupy ['ɔkjupai] *v* bebo; besidde; beklæde (fx *a position* en stilling); optage (fx *a seat* en plads); beskæftige; besætte.
occur [ə'kə:*] *v* hænde; forekomme; *it ~s to me* jeg kommer i tanke om; **~rence** *s* hændelse; forekomst.
ocean ['əuʃən] *s* hav, ocean; **~ liner** *s* stort passagerskib.
ochre ['əukə*] *adj* okker(gul).
o'clock [ə'klɔk] *adv: it is five ~* klokken er fem.
October [ɔk'təubə*] *s* oktober.
octogenarian [ɔktədʒi'nɛəriən] *s/adj* firsårig.
octopus ['ɔktəpəs] *s* blæksprutte.
oculist ['ɔkjulist] *s* øjenlæge.
odd [ɔd] *adj* mærkelig, underlig; ulige; umage; overskydende; *sixty ~* nogle og tres; *at ~ times* fra tid til anden, af og til; *the ~ one out* den der er tilovers; **~ity** *s* særhed; sjældenhed; særling; **~-job man** *s* altmuligmand; **~ jobs** *spl* tilfældigt arbejde; **~ments** *spl* rester; småting, pakkenelliker.
odds [ɔdz] *spl* chancer; fordel; ulighed; odds; *the ~ are against his coming* der er ikke store chancer for, at han kommer; *it makes no ~* det gør ingen forskel; *at ~ with* uenig med; *~ and ends* diverse småting.
odious ['əudiəs] *adj* modbydelig, frastødende.
odour ['əudə*] *s* lugt, duft;

~less *adj* lugtfri.

of [ɔv, əv] *præp* (udtrykker ofte genitiv:) *a friend ~ ours* en af vore venner, vores ven; *the son ~ the boss* chefens søn; (andre betydninger:) *the fifth ~ June* den femte juni; *~ late* i den senere tid; for nylig; *a boy ~ ten* en dreng på ti år; *think ~ sth* tænke på ngt; *complain ~* klage over; *all ~ you* jer allesammen; *all four ~ us* os alle fire.

off [ɔf] *adj/adv* bort, af sted; af; (om kontakt) slukket; (om vandhane) lukket; (om mad) dårlig; (om mælk) sur; (om vare) udgået; *~ and on* nu og da; *I must be ~* jeg er nødt til at gå (el. tage af sted); *she is well ~* hun er velhavende; *be ~ sick* være fraværende på grund af sygdom; *a day ~* en fridag; *have an ~ day* have en dårlig dag; *the meeting is ~* mødet er aflyst; *he had his coat ~* han gik uden frakke; *the hook is ~* krogen er taget af (dvs. døren er åben); *10% ~* 10% rabat; *5 km ~ the road* 5 km (borte) fra vejen; *~ the coast* ud for kysten; *a house ~ the main road* et hus et stykke fra hovedvejen; *I'm ~ meat* jeg er holdt op med at spise kød; *on the ~ chance that* i det svage håb at; for det tilfældes skyld at.

offbeat ['ɔfbi:t] *adj* (F) utraditionel; excentrisk.

off-colour ['ɔfkʌlə*] *adj* sløj, uoplagt; tvivlsom (fx *joke* vits).

offence [ə'fɛns] *s* fornærmelse; anstød; forseelse; forbrydelse; *give* (el. *cause) ~ to* såre, krænke; *take ~ at* tage anstød af; **offend** *v* fornærme, støde; forse sig; **offender** *s* forbryder, lovovertræder; **offensive** [-'fɛnsiv] *s (mil)* angreb, offensiv // *adj* fornærmelig; anstødelig; ækel (fx *smell* lugt).

offer ['ɔfə*] *s* tilbud // *v* tilbyde; byde (på); fremføre (fx *one's opinion* sin mening); tilbyde sig; *make an ~ of sth* tilbyde ngt; *~ of marriage* ægteskabstilbud; **~ing** *s* gave, offer.

offhand ['ɔf'hænd] *adj* improviseret; henkastet // *adv* uden forberedelse, på stående fod.

office ['ɔfis] *s* kontor; ministerium; embede; *be in ~* være ved magten; have regeringsmagten; være minister; *Reagan's second year in ~* Reagans andet år i præsidentembedet; *~* **block** *s* kontorbygning; *~* **hours** *spl* kontortid.

officer ['ɔfisə*] *s* officer; også: *police ~)* politibetjent.

official [ə'fiʃl] *s* tjenestemand; embedsmand; funktionær // *adj* offentlig; officiel.

officious [ə'fiʃəs] *adj* nævenyttig, geskæftig.

offing ['ɔfiŋ] *s: in the ~* i sigte; i farvandet.

off. . . ['ɔf-] sms: **~-licence** *s* ret til at sælge øl, vin og spiritus ud af huset; **~-season** *adj/adv* uden for sæsonen; **~set** *s* udløber; modvægt; *(typ)* offset // *v* modregne; kompensere; opveje; **~-shore** *adj* fralands; fra land; ud for kysten (fx *oil rig* boreplatform); kyst- (fx *fishing* fiskeri); **~side** *adj* (om bil) højre side (mod vejmidten); *(sport)* offside; **~spring** *s* afkom; *(fig)* produkt; **~stage** *adv* uden for scenen; i kulissen; **~-the-cuff** *adj* henkastet; på stående fod; **~-the-peg** *adj* konfektionssyet; **~-the-record** *adj* uofficiel; fortrolig.

often ['ɔfn] *adv* ofte, tit; *as ~ as not* i de fleste tilfælde.

oil [ɔil] *s* olie // *v* smøre, oliere; **~can** *s* smørekande; oliedunk; **~ers** *spl* olietøj; **~field** *s* oliefelt; **~ heater** *s* oliefyr; **~ painting** *s* oliemaleri; **~ rig** *s* boretårn; (til søs) boreplatform; **~skins** *spl* olietøj; **~ slick** *s* oliepøl (på vand); **~ strike** *s* oliefund; **~ well** *s* oliekilde; **~y** *adj* olieagtig; olieret; (om mad) fed, fedtet; *(fig)* slesk.

ointment ['ɔintmənt] *s* salve.

OK, okay ['əu'kei] *v* godkende // *interj* i orden; o.k.

old [əuld] *adj (~er, ~est* el. *elder, eldest)* gammel; aldrende; erfaren; *how ~ are you?* hvor gammel er du? *he's ten years ~* han er ti år gammel; **~ age** *s* alderdom; **~-age pensioner** *(OAP) s* pensionist; **~-fashioned** *adj* gammeldags; **~ hat** *adj* gammeldags; **~ish** *adj* ældre; **~ maid** *s* gammeljomfru; **~ man** *s* (F, tiltale) gamle ven; du gamle; *the ~ man* chefen; far; **~ people's home** *s* plejehjem.

olive ['ɔliv] *s* oliven(træ) // *adj* (også: *~ green)* olivengrøn.

omen ['əumən] *s* varsel; *bird of ill ~* ulykkesfugl; **ominous** ['ɔminəs] *adj* ildevarslende; uheldsvanger.

omission [əu'miʃən] *s* undladelse, forsømmelse; **omit** *v* undlade, forsømme; udelade.

on [ɔn] *adv/præp* på; om; ved; i gang; (om lys, radio) tændt; (om vandhane) åben; *is the meeting still ~?* er der stadig møde? skal der stadig være møde? *when is this film ~?* hvornår bliver denne film vist? *a house ~ the river* et hus ved floden; *~ learning this, I left* da jeg hørte det, gik jeg; *~ arrival* ved ankomsten; *~ the left* på venstre side; *~ Friday* på fredag; *a week ~ Friday* fredag otte dage; *go ~* gå videre; fortsætte; *it's not ~!* ikke tale om! *~ and off* nu og da; *be ~ about sth* ustandselig tale om ngt; *I'm ~ to her* jeg ved hvad hun er ude på.

once [wʌns] *adv* en gang; engang // *konj* når først; så snart; *at ~* straks; med det samme; samtidig; *all at ~* pludselig; på én gang; *~ a week* en gang om ugen; *~ more* en gang til; *~ and for all* en gang for alle; *~ upon a time* (der var) engang.

oncoming ['ɔnkʌmiŋ] *adj* (om trafik) modgående.

one [wʌn] *num* én, et // *pron* en; nogen; man; *this ~* denne (her); *that ~* den (der); *the ~ book which...* den eneste bog som...; *~ by ~* en ad gangen; en efter en; *~ never knows* man kan aldrig vide; *~ another* hinanden; *be at ~ with sby* være helt enig med en; *the little ~s* de små, børnene; **~-man** *adj* enmands; **~-parent family** familie med enlig forsørger; **~self** *pron* sig; sig selv; **~-way** *adj* (om gade, trafik) ensrettet.

ongoing ['ɔngəuiŋ] *adj* igangværende.

onion ['ʌnjən] *s* løg.

onlooker ['ɔnlukə*] *s* tilskuer.

only ['əunli] *adj* eneste // *adv* kun; blot // *konj* men; *an ~ child* et enebarn; *not ~* ikke alene; *if ~* hvis bare, gid; *~ just* kun lige akkurat; først nu; *he told me, ~ I didn't believe him* han sagde det, men jeg troede ikke på ham.

onset ['ɔnsɛt] *s* begyndelse; angreb.

onshore ['ɔnʃɔ:*] *adj* pålands; kyst-; i land.

onto el. *on to* ['ɔntu] *præp* op på, over på, ned på.

onward(s) ['ɔnwəd(z)] *adv* fremad; *from this time ~* fra nu af, fremover.

ooze [u:z] *v* sive, pible frem; *he ~d satisfaction* han emmede af veltilfredshed.

opaque [əu'peik] *adj* uigennemsigtig.

open [əupn] *v* åbne, lukke op // *adj* åben; (om fx møde) offentlig; (om beundring) uforbeholden; *~ on to* vende ud mod; føre ud til; *~ out* brede ud; udvikle; *~ up* lukke op, åbne; *in the ~ (air)* i det fri; *an ~ and shut case* en oplagt sag; **~-air** *adj* frilufts-; **~ing** *s* åbning; indledning; ledigt job; chance; **~minded** *adj* frisindet; *~* **sandwich** *s* stykke smørrebrød.

opera ['ɔpərə] *s* opera; *~* **glasses** *spl* teaterkikkert.

operate ['ɔpəreit] *v* virke; arbejde; betjene (fx *a machine* en maskine); operere; *~ on* virke på; operere.

operatic [ɔpə'rætik] *adj* opera-.

operating ['ɔpəreitiŋ] *adj: ~ table* operationsbord; *~ theatre* operationsstue.

operation [ɔpə'reiʃən] *s* virksomhed; funktion; drift; betjening; operation; **operative** ['ɔpərətiv] *s* arbejder // *adj* virksom; gyldig; operativ; **operator** ['ɔpəreitə*] *s* operatør; *(keyboard) operator* tasteoperatør; *(telephone) operator* telefonist.

opinion [ə'piniən] *s* mening; synspunkt; opfattelse; udtalelse; *get a second ~* spørge en anden også; *in my ~* efter min mening; *~* **poll** *s* meningsmåling.

opponent [ə'pəunənt] *s* modstander; opponent.

opportune ['ɔpətju:n] *adj* belejlig, opportun; **opportunity** [-'tju:niti] *s* lejlighed; chance; rette øjeblik; *take the opportunity* benytte lejligheden.

oppose [ə'pəuz] *v* modsætte sig; *as ~d to* i modsætning til; **opposing** *adj* modsat.

opposite ['ɔpəzit] *s* modsætning // *adj* modsat *(to, from* af); overfor // *præp* over for; *his ~ number* hans kollega; hans modstykke; **opposition** [-'ziʃən] *s* modstand; modsætning; *(pol)* opposition.

oppress [ə'prɛs] *v* undertrykke, kue; tynge; **~ion** *s* undertrykkelse; nedtrykthed; **~ive** *adj* trykkende.

opt [ɔpt] *v: ~ for* vælge; *~ out* (F) bakke ud, stå 'af.

optical ['ɔptikl] *adj* optisk; *~ illusion* synsbedrag; **optician** [-'tiʃən] *s* optiker; **optics** *spl* optik.

option ['ɔpʃən] *s* valg; valgmulighed; *(merk)* forkøbsret, option; *keep one's ~s open* lade alle muligheder stå åbne; **~al** *adj* valgfri; frivillig.

opulent ['ɔpjulənt] *adj* rig; overdådig, opulent.

or [ɔ:*] *konj* eller; ellers; *~ else* eller også.

oral ['ɔ:rəl] *s* (F) mundtlig eksamen // *adj* mundtlig, mund-; *(med)* som indtages gennem munden, oral.

orange ['ɔrindʒ] *s* appelsin // *adj* orangefarvet.

oration [ɔ'reiʃən] *s* højtidelig tale; præk; **orator** ['ɔrətə*] *s* taler.

orbit ['ɔ:bit] *s* kredsløb (i verdensrummet).

orchard ['ɔ:tʃəd] *s* frugtplantage.

orchestra ['ɔ:kistrə] *s* orkester.

orchid ['ɔ:kid] *s* orkidé.

ordain [ɔ:'dein] *v* ordinere; fastsætte.

ordeal [ɔ:'di:l] *s* prøvelse.

order ['ɔ:də*] *s* orden; ro; rækkefølge; ordning; ordre; bestilling; befaling // *v* ordne; beordre; bestille; *in ~* i orden; *in ~ of size* efter størrelse; *in ~ to* (el. *that)* for at; *in working ~* funktionsdygtig; *made to ~* lavet på bestilling; *~* **form** *s* ordreseddel; **~ly** *s (mil)* ordonnans; *(med)* sygepasser; (hospitals)portør // *adj* ordentlig, metodisk.

ordinal ['ɔ:dinl] *s* ordenstal.

ordinary ['ɔ:dnri] *adj* ordinær, almindelig; *(neds)* tarvelig, middelmådig; *sth out of the ~* ngt ud over det almindelige, ngt for sig selv.

ordnance ['ɔ:dnəns] *s (mil)* materiel; **O~ Survey map** *s* sv.t. generalstabskort.

ore [ɔ:*] *s* malm; metal.

organ ['ɔ:gən] *s* organ; *(mus)* orgel; **~ic** [-'gænik] *adj* organisk.

organize ['ɔ:gənaiz] *v* organisere; **~r** *s* organisator.

orgy ['ɔ:dʒi] *s* orgie.

origin ['ɔridʒin] *s* oprindelse, herkomst; kilde; *the ~ of species* arternes oprindelse; **~al** [ɔ'ridʒinl] *s* original // *adj* oprindelig, original; ægte; **~ally** [ɔ'ridʒinəli] *adv* oprindelig, fra første færd; **~ate** [ɔ'ridʒineit] *v: ~ate from* stamme (el. hidrøre) fra; *~ate in* hidrøre fra; **originator** [ɔ'ridʒineitə*] *s* ophavsmand.

ornament ['ɔ:nəmənt] *s* ornament; pynt; smykke; udsmykning; **~al** [-'mɛntl] *adj* ornamental; til pynt; **~ation** [-'teiʃən] *s* udsmykning, dekoration.

ornate [ɔ:'neit] *adj* overpyntet.

orphan ['ɔ:fn] *s* forældreløst barn // *v: be ~ed* blive (gjort) forældreløs.

ostensible [ɔs'tɛnsibl] *adj* påstået; tilsyneladende; **ostensibly** *adv* angivelig.

ostentatious [ɔstɛn'teiʃəs] *adj* pralende; demonstrativ.

ostrich ['ɔstritʃ] *s (pl: ~es* ['ɔstridʒiz]) struds.

other ['ʌðə*] *adj* anden, andet, andre; *the ~ day* forleden dag; *every ~ week* hveranden uge; *sth or ~* et eller andet; *~ than* andet end; anderledes end; ud over; **~wise** *adv/konj* anderledes; ellers.

otter ['ɔtə*] *s* odder.

ought [ɔ:t] *v* bør, burde; skulle; *I ~ to do it* jeg burde gøre det; *this ~ to have been done* dette skulle have været gjort; *he ~ to win* han vinder sandsynligvis; han skal nok vinde.

ounce [auns] *s* (vægtenhed: 28,35 gram); *not an ~ (fig)* ikke en disse.

our [auə*] *pron* vores, vor, vort, vore; *O~ Lord* Vorherre; **~s** *pron* vores, vor, vort, vore; *a friend of ~s* en ven af os, en af vores venner; **~selves** [-'sɛlvz] *pron pl* os; (forstærkende) selv; *let us do it ~selves* lad os gøre det selv.

oust [aust] *v* fordrive; fortrænge.

out [aut] *adv* ud; ude; udenfor; opbrugt; (om fx lys) slukket; *he's ~* han er ikke hjemme; han er bevidstløs; *these hats are ~* disse hatte er gået af mode; *be ~ in one's calculations* regne forkert; forregne sig; ~ *here* herude; ~ *loud* højt; med kraftig stemme; ~ *of* udenfor; på grund af (fx *anger* vrede); ud af; ~ *of petrol* løbet tør for benzin; *made ~ of wood* lavet af træ; ~ *of order* ude af funktion; i uorden; ~ *there* derude; **~-of-the-way** *adj* afsides; usædvanlig.

outboard ['autbɔ:d] *adj* udenbords; ~ *(motor)* påhængsmotor.

outbreak ['autbreik] *s* udbrud (fx *of war* krigs-); pludselig opståen; bølge (fx *of riots* af optøjer); opstand.

outburst ['autbə:st] *s* udbrud.

outcast ['autka:st] *s* paria; *an ~ of society* en social taber.

outcome ['autkʌm] *s* resultat; udslag.

outcry ['autkrai] *s* råb; nødråb; *start an ~* opløfte et ramaskrig.

outdated [aut'deitid] *adj* forældet, umoderne.

outdo [aut'du:] *v* overgå.

outdoor ['autdɔ:*] *adj* udendørs; frilufts-; **~s** *adv* udendørs, i fri luft.

outer ['autə*] *adj* ydre, yder-; ~ **space** *s* det ydre (verdens)rum.

outfit ['autfit] *s* udstyr; udrustning; mundering; **~ter's** *s* herreekviperingshandler.

outgrow [aut'grəu] *v* vokse fra.

outing ['autiŋ] *s* udflugt.

outlaw ['autlɔ:] *s* fredløs // *v* gøre fredløs; forvise; forbyde ved lov.

outlay ['autlei] *s* udlæg, udgifter.

outlet ['autlɛt] *s* udløb, afløb (også *fig); (elek)* stikkontakt; *(merk,* også: *retail ~)* afsætningssted.

outline ['autlain] *s* omrids, kontur; *(fig)* resumé; skitse; oversigt.

outlive [aut'liv] *v* overleve; komme over.

outlook ['autluk] *s* udsigt; (livs)syn; (fremtids)udsigter.

outnumber [aut'nʌmbə*] *v* være overlegen i antal; *be ~ed* være i mindretal.

outpatient ['autpeiʃənt] *s* ambulant patient.

outpost ['autpəust] *s* forpost.

output ['autput] *s* produktion; ydelse; udbytte; *(elek)* udgangseffekt; *(edb)* uddata.

outrage ['autreidʒ] *s* vold; krænkelse; skandale // *v* øve vold imod; krænke; **~ous** [aut'reidʒəs] *adj* skandaløs; oprørende.

outright *adj* ['autrait] fuldstændig; gennemført (fx *lie* løgn); kategorisk (fx *denial* nægtelse) // *adv* [aut'rait] straks; fuldstændigt; direkte, lige ud.

outset ['autsɛt] *s* begyndelse; *from the ~* fra første færd.

outside *s* ['autsaid] ydre; yderside // *adj/adv* [aut'said] udvendig; yderst; udendørs; udenpå; udenfor; yder-; *at the ~ (fig)* højst; **~r** *s* fremmed; udenforstående; outsider.

outsize ['autsaiz] *s* stor størrelse, fruestørrelse // *adj* ekstra stor.

outskirts ['autskə:ts] *spl* udkant; *on the ~ of London* i udkanten af London.

outspoken [aut'spəukən] *adj* (lovlig) åbenhjertig; frimodig.

outstanding [aut'stændiŋ] *adj* fremragende; fremtrædende; udestående; ['aut-] udstående.

outstretched [aut'strɛtʃt] *adj* udstrakt (fx *hand* hånd).

outward ['autwəd] *adj* ydre, udvendig; udgående; ~

bound (om skib) for udgående; **~ly** *adv* udadtil; udvendigt.

outweigh [aut'wei] *v* opveje; veje mere end.

outwit [aut'wit] *v* narre; være snedigere end.

ovary ['əuvəri] *s* æggestok, ovarie; *(bot)* frugtknude.

oven [ʌvn] *s* ovn; **~glove** *s* grillhandske; **~proof** *adj* ovnfast; **~ware** *s* ovnfaste fade etc.

over ['əuvə*] *adj/adv* forbi, ovre, omme; over, mere end; via // *præp* (ud) over; på den anden side af; mere end; *~ here* her ovre (el. over); *~ there* der ovre (el. over); *all ~* over det hele, overalt; forbi, overstået; *~ and ~ (again)* igen og igen; *~ and above* ud over; *is there any food ~?* er der ngt mad tilovers? *ask sby ~* invitere en (over til sig); *stay ~ the weekend* blive weekenden over.

overall ['əuvərɔ:l] *s* kittel // *adj* total (fx *length* længde); samlet; generel // *adv* [əuver'ɔ:l] alt i alt; overalt; **~s** *spl* overall, arbejdstøj.

overbearing [əuvə'bεəriŋ] *adj* myndig; overlegen.

overboard ['əuvəbɔ:d] *adv* overbord; udenbords.

overcast ['əuvəka:st] *v* sy kastesting (el. kaste) over // *adj* overskyet; overtrukket.

overcome [əuvə'kʌm] *v* overvinde, besejre; sejre; *~ by* overmandet af; *~ with* overvældet af (fx *grief* sorg).

overdo [əuvə'du:] *v* overdrive; *don't ~ it* overanstreng dig ikke; lad være med at overdrive; **overdone** [-'dʌn] *adj* kogt (el. stegt) for længe.

overdose ['əuvədəus] *s* overdosis.

overdraft ['əuvədra:ft] *s* overtræk (på konto); **overdrawn** [-'drɔ:n] *adj* overtrukket.

overdrive ['əuvədraiv] *s (auto)* 5. gear, økonomigear.

overdue [əuvə'dju:] *adj* forsinket; for længst forfalden.

overestimate [əuvər'εstimeit] *v* overvurdere.

overflow *s* ['əuvəfləu] oversvømmelse; overflod // *v* [əuvə'fləu] flyde (el. strømme) over; oversvømme.

overgrown [əuvə'grəun] *adj* overgroet, tilgroet.

overhaul ['əuvəhɔ:l] *s* eftersyn og reparation; overhaling; nøje gennemgang // *v* [əuvə'hɔ:l] foretage grundigt eftersyn; gennemgå nøje.

overhead *adj* ['əuvəhεd] luft- (fx *line* ledning); oven- (fx *light* lys) // *adv* [əuvə'hεd] ovenover, oppe i luften; **~s** *spl* faste udgifter.

overhear [əuvə'hiə*] *v* høre; komme til at høre.

overjoyed [əuvə'dʒɔid] *adj* himmelhenrykt.

overlap *s* ['əuvəlæp] overlapning; delvis dækning // *v* [əuvə'læp] overlappe; falde (delvis) sammen.

overleaf ['əuvə'li:f] *adv* på næste side.

overload ['əuvə'ləud] *v* overbelaste, overlæsse.

overlook [əuvə'luk] *v* vende ud imod (fx *the river* floden); overse, ignorere; lade passere; *~ing the valley* med udsigt over dalen.

overnight ['əuvə'nait] *adv* i nattens løb; natten over; *(fig)* fra den ene dag til den anden, pludselig; *he stayed ~* han blev natten over; han overnattede; *he'll be away ~* han er væk til i morgen; *~* **bag** *s* weekendkuffert.

overpower [əuvə'pauə*] *v* overmande; overvinde; **~ing** *adj* overvældende; uimodståelig.
override [əuvə'raid] *v* tilsidesætte (fx *rules* regler); negligere; underkende (fx *a decision* en beslutning; **overriding** *adj* altovervejende.
overrule [əuvə'ru:l] *v* underkende; afvise.
overseas ['əuvə'si:z] *adj (merk)* udenrigs- (fx *trade* handel) // *adv* oversøisk; udenlands.
oversight ['əuvəsait] *s* forglemmelse; uagtsomhed; opsyn, tilsyn.
oversleep [əuvə'sli:p] *v* sove over sig.
overstate ['əuvə'steit] *v* overdrive; angive for højt; **~ment** *s* overdrivelse.
overt [əu'və:t] *adj* åben; åbenlys.
overtake [əuvə'teik] *v* indhente; overhale (fx *a car* en bil).
overthrow [əuvə'θrəu] *v* kaste omkuld; vælte; styrte.
overtime ['əuvətaim] *s* overarbejde; *(sport)* forlænget spilletid; omkamp.
overweight ['əuvəweit] *s* (fx om bagage) overvægt // *adj* overvægtig.
overwhelm [əuvə'wɛlm] *v* overvælde; overmande; **~ing** *adj* overvældende.
overwork *s* ['əuvəwə:k] overanstrengelse; overarbejde // *v* [əuvə'wə:k] overanstrenge sig.
overwrought [əuvə'rɔ:t] *adj* overanstrengt; overspændt.
owe [əu] *v* skylde; have at takke for; **owing** *adj* skyldig; *owing to* på grund af.
owl [aul] *s* ugle.
own [əun] *v* eje; indrømme // *adj* egen, eget, egne; *~ up* tilstå; *a room of one's ~* eget værelse; *get one's ~ back* få revanche; *on one's ~* alene; på egen hånd; **~er** *s* ejer; **~er-occupier** *s* selvejer; **~ership** *s* ejendomsret.
ox [ɔks] *s (pl: oxen)* okse; **~eye** *s (bot)* margerit; **~tail** *s: ~tail soup* oksehalesuppe.
oxygen ['ɔksidʒin] *s* ilt; **~ mask** *s* iltmaske.
oyster ['ɔistə*] *s* østers; **~ bed** *s* østersbanke.
oz. [auns, aunsiz] fork.f. *ounce(s)* (28,35 gram).

P

P, p [pi:].
p [pi:] fork.f. *penny; pence.*
P.A. ['pi:'ei] se *public; personal.*
p.a. ['pi:'ei] fork.f. *per annum.*
pa [pa:] *s* (F) papa, far.
pace [peis] *s* skridt; gangart; fart, tempo; *set the ~* bestemme farten // *v* skridte (af); *~ up and down* gå (utålmodigt) frem og tilbage; *keep ~ with* holde trit med; følge med.
pacific [pə'sifik] *adj* fredelig, freds-; *the* **P~ (Ocean)** Stillehavet; **pacify** ['pæsifai] *v* berolige; tilfredsstille; pacificere.
pack [pæk] *s* pakke, bylt; indpakning; (om hunde) kobbel; (om røvere etc) bande, flok; (om kort) spil // *v* pakke (ind el. ned); fylde op, proppe; *~ (one's bags)* pakke (sin bagage); *the bus was ~ed* bussen var stopfuld; *the fridge has ~ed in* (F) køleskabet er stået af; **~age** ['pækidʒ] *s* pakning; pakke, balle; **~age deal** *s* samlet overenskomst; **~age tour** *s* færdigpakket rejse; **~et** *s* (lille) pakke; **~ing** *s* emballage; emballering; **~ing slip** *s* pakseddel.

pad [pæd] *s* pude; hynde; trædepude; *(sport)* (ben)beskytter; stempelpude; helikopterlandingsplads; affyringsrampe; (papirs)blok; (hygiejne)-bind; (F) hybel, lejlighed; **~ded** *adj* polstret; *~ded cell* gummicelle; **~ding** *s* polstring, udstopning.
paddle [pædl] *s* padleåre, pagaj // *v* padle; soppe; **~ steamer** *s* hjuldamper.
paddy ['pædi] *s: ~ field* rismark.
padlock ['pædlɔk] *s* hængelås // *v* sætte hængelås for.
paediatrics [pi:di'ætriks] *spl* læren om børnesygdomme, pædiatri.
pagan ['peigən] *s* hedning // *adj* hedensk.
page [peidʒ] *s* (i bog) side, pagina; *(gl)* page; brudesvend.
paid [peid] *præt* og *pp* af *pay* // *adj* betalt, lønnet; *well ~* godt lønnet; *put ~ to* afslutte; skaffe ud af verden.
pail [peil] *s* spand.
pain [pein] *s* smerte; *be a ~ in the neck* (F) være en plage; **~ed** *adj (fig)* såret, forpint; ilde berørt; **~ful** *adj* smertelig; pinlig; **~killer** *s* smertestillende middel; **~less** *adj* smertefri; **~s** *spl* smerter; veer; umage, ulejlighed; *take ~s to* gøre sig umage for; **~staking** ['peinzteikiŋ] *adj* omhyggelig, samvittighedsfuld.
paint [peint] *s* maling; sminke // *v* male; pensle; male sig; *(fig)* skildre, udmale; *'wet ~!'* 'nymalet'; **~box** *s* farvelade; malerkasse; **~brush** *s* pensel; **~er** *s* maler; kunstmaler; **~ing** *s* malerkunst; maleri; **~-stripper** *s* malingsfjerner, lakfjerner.
pair [pɛə*] *s* par; *a ~ of horses* et tospand; *a ~ of scissors* en saks; *the ~ of them* dem begge to.
Pakistan [pa:ki'sta:n] *s* Pakistan; **~i** *s* pakistaner // *adj* pakistansk.
pal [pæl] *s* (F) kammerat, ven.
palace ['pæləs] *s* slot, palads.
palatable ['pælitəbl] *adj* velsmagende; tiltalende; acceptabel.
palate ['pælit] *s* gane; *(fig)* smag(ssans); *have a ~ for burgundy* have smag for bourgogne.
pale [peil] *adj* bleg, farveløs, lys; *grow ~* blegne; *~ blue* lyseblå; **~face** *s* blegansigt.
Palestine ['pælistain] *s* Palæstina; **Palestinian** [-'tiniən] *s* palæstinenser // *adj* palæstinensisk.
paling ['peiliŋ] *s* pæleværk; stakit.
pallid ['pælid] *adj* bleg, gusten; **pallor** ['pælə*] *s* bleghed.
palm [pa:m] *s* håndflade; *(bot)* palme(træ) // *v* beføle; (om tryllekunstner) palmere; *have an itching ~* være grisk; være bestikkelig; *~ sth off on sby* (F) prakke en ngt på.
palpable ['pælpəbl] *adj* håndgribelig; til at tage og føle på.
palpitation [pælpi'teiʃən] *s* hjertebanken.
pamper ['pæmpə*] *v* forkæle, spolere.
pamphlet ['pæmflət] *s* pjece, brochure.
pan [pæn] *s* pande; kasserolle; (wc-)kumme.
panacea [pænə'siə] *s* universalmiddel, patentløsning.
pancake ['pænkeik] *s* pandekage.
panda car ['pændəka:*] *s* (politi)patruljevogn.
pandemonium [pændi'məu-

niəum] *s* vildt kaos; øredøvende spektakel.

pane [pein] *s* (også: *window ~)* rude; felt.

panel [pænl] *s* panel; fyldning; betjeningstavle; *(auto)* instrumentbræt; gruppe, udvalg; (i radio, tv etc) panel; **~ling** *s* paneler, træværk.

pang [pæŋ] *s* smerte; stik, jag; *~s of remorse* samvittighedskvaler.

panic ['pænik] *s* panik, skræk // *v* fremkalde panik; blive panikslagen; **~ky** *adj* panikagtig; som let bliver panikslagen.

pannier ['pæniə*] *s* kurv; cykeltaske.

pan scrubber ['pænskrʌbə*] *s* grydesvamp.

pansy ['pænsi] *s* stedmoderblomst; (F) bøsse.

pant [pænt] *v* stønne, gispe, puste; *~ for* sukke efter, tørste efter // *s:* se *pants.*

pantechnicon [pæn'tɛknikən] *s* (stor) flyttevogn.

panties ['pæntiz] *spl* (dame)-trusser.

pantomime ['pæntəmaim] *s* pantomime; *(brit)* populær eventyrkomedie, oftest opført ved juletid.

pantry ['pæntri] *s* spisekammer; anretterværelse.

pants [pænts] *spl* bukser; underbukser; *catch sby with his ~ down* komme bag på en; *a kick in the ~* et spark bagi; *wet one's ~* tisse i bukserne.

panty ['pænti] *s: ~ hose* strømpebukser.

papal ['peipəl] *adj* pavelig, pave-.

paper ['peipə*] *s* papir; (også: *news~)* avis, blad; (også: *wall~)* tapet; artikel; (skriftlig) eksamensopgave // *v* dække med papir; tapetsere // *adj* papir-, papirs-; **~back** *s* billigbog; **~bag** *s* papirspose; **~-bound** *adj* (om bog) hæftet; **~ hankie** *s* (F) papirslommetørklæde; **~ mill** *s* papirfabrik; **~ money** *s* seddelpenge; **~ pushing** *s* papirnusseri; **~ round** *s* avisrunde; **~ shop** *s* bladkiosk; **~weight** *s* brevpresser; **~work** *s* skrivebordsarbejde.

par [pa:*] *s* ligestilling; pari; *on a ~ with* på linje med; *feel below ~* ikke være i form.

parable ['pærəbl] *s (rel)* lignelse.

parabolic [pærə'bɔlik] *adj: ~ reflector* parabolantenne.

parachute ['pærəʃu:t] *s* faldskærm // *v* springe (el. kaste) ud med faldskærm; **~ jump** *s* faldskærmsudspring.

parade [pə'reid] *s* parade; optog, opvisning; promenade // *v (fig)* skilte med, vise frem; gå i optog.

paradise ['pærədais] *s* paradis.

paraffin ['pærəfin] *s* (også: *~ oil)* petroleum; **~ wax** *s* paraffin.

paragraph ['pærəgra:f] *s* paragraf; afsnit; artikel (i blad).

parallel ['pærəlɛl] *s* parallel; sammenligning; sidestykke; *~ (of latitude)* breddegrad // *adj* parallel; tilsvarende.

paralysis [pə'rælisis] *s* lammelse; **paralyze** ['pærəlaiz] *v* lamme, lamslå.

paramount ['pærəmaunt] *adj: of ~ importance* af allerstørste vigtighed.

paraphernalia [pærəfə'neiliə] *spl* tilbehør, udstyr; habengut.

paraphrase ['pærəfreiz] *s* omskrivning // *v* omskrive.

parasite ['pærəsait] *s* parasit, snylter; (F) nasserøv.

paratrooper ['pærətru:pə*] *s*

faldskærmssoldat.
parboil ['pa:bɔil] *v* give et opkog, blanchere; skolde, svitse.
parcel [pa:sl] *s* pakke; jordlod, parcel; ~ **post** *s* pakkepost.
parch [pa:tʃ] *v* svide, tørre ind (el. ud); *be ~ed* (om person) være ved at dø af tørst.
parchment ['pa:tʃmənt] *s* pergament.
pardon [pa:dn] *s* tilgivelse; benådning // *v* tilgive, benåde; undskylde; *~ (me)!* undskyld! *I beg your ~!* undskyld! om forladelse! *I beg your ~?* hvad behager?
pare [pεə*] *v* skrælle (fx *an apple* et æble); klippe (fx *one's nails* negle); nedskære.
parent ['pεərənt] *s* far el. mor; *single ~* enlig forsørger // *adj* moder-; **~al** [pə'rεntl] *adj* faderlig, moderlig; forældre-.
parenthesis [pə'rεnθəsis] *s* (*pl: parentheses* [-si:z]) parentes.
paring ['pεəriŋ] *s* skræl, afskåret stykke, spån; osteskorpe; *nail ~s* afklippede negle.
parish ['pæriʃ] *s* sogn // *adj* sogne-; **~ioner** [-'riʃənə*] *s* sognebarn; indbygger i sogn; ~ **register** *s* kirkebog.
parity ['pæriti] *s* ligestilling, ligeberettigelse.
park [pa:k] *s* park, (offentligt) anlæg; (sports)stadion // *v* parkere; **~ing** *s* parkering; **~ing disc** *s* parkeringsskive, p-skive; **~ing meter** *s* parkometer; **~ing place** *s* parkeringsplads.
parliament ['pa:ləmənt] *s* parlament; **~ary** [-'mεntəri] *adj* parlamentarisk, parlaments-.
parlour ['pa:lə*] *s (gl)* stue, salon; modtagelsesværelse.
parochial [pə'rəukiəl] *adj* sogne-, kommune-; *(fig)* provinsiel, snæversynet.
parody ['pærədi] *s* parodi.
parole [pə'rəul] *s: on ~* prøveløsladt.
parquet ['pa:kit] *s* (også: *~ flooring* el. *parquetry)* parket(gulv).
parrot ['pærət] *s* papegøje // *v* snakke efter.
parry ['pæri] *v* afparere, afbøde; *~ a question* vige uden om et spørgsmål.
parsimonious [pa:si'məuniəs] *adj* påholdende, oversparsommelig.
parsley ['pa:sli] *s* persille.
parsnip ['pa:snip] *s* pastinak.
parson [pa:sn] *s* præst, sognepræst; **~age** ['pa:sənidʒ] *s* præstegård.
part [pa:t] *s* del, part; *(auto* etc) reservedel; *(mus)* stemme, parti; *(teat)* rolle // *v* dele, adskille; dele sig // *adj* delvis, dels; *take ~ in* deltage (el. tage del) i; *on his ~* fra hans side; for hans del; *for my ~* for mit vedkommende; for min del; *for the most ~* for det meste; *~ with* skilles fra; tage afsked med; (F) skille sig af med.
partake [pa:'teik] *v* tage del (i); *~ of* nyde.
partial [pa:ʃl] *adj* delvis, partiel; partisk; *be ~ to* have en svaghed for.
participate [pa:'tisipeit] *v: ~ (in)* deltage (i); **participation** [-'peiʃən] *s* deltagelse; medbestemmelse.
particle ['pa:tikl] *s* lille del; partikel (også *gram).*
particular [pa:'tikjulə*] *adj* særlig, speciel; (om person) nøjeregnende, kræsen; *further ~s* yderligere oplysninger; **~ly** *adj* især, navnlig.
parting ['pa:tiŋ] *s* deling; adskillelse, afsked; (i håret) skilning // *adj* afskeds-.

partition [pa:'tiʃən] *s* deling; skel; skillevæg.

partly ['pa:tli] *adv* delvis, til dels.

partner ['pa:tnə*] *s* deltager; kompagnon, partner; *(sport)* medspiller, makker; **~ship** *s* fællesskab; kompagniskab.

part payment [pa:t'peimənt] *s* afdrag, delvis betaling.

partridge ['pa:tridʒ] *s* agerhøne.

part-time ['pa:t'taim] *adj/adv* deltids-, halvdags-.

party ['pa:ti] *s* selskab, fest; parti; gruppe; part; *be ~ to* deltage i; være medskyldig i.

pass [pa:s] *s* overgang, passage; (i bjerge) pas; passerseddel; *(sport)* aflevering; *make ~es at sby* gøre tilnærmelser til en // *v* passere, gå (el. køre) forbi, overhale; (om tid) gå, forløbe; bestå (en eksamen); drive over; *~ sth through a ring* stikke ngt gennem en ring; *please ~ me the potatoes* vær så venlig at række mig kartoflerne; *~ away* dø; *~ by* passere; komme forbi; ignorere, negligere; *~ for* gå for at være; *~ on* sende videre; lade gå videre; *~ out* besvime; **~able** *adj* fremkommelig, passabel; acceptabel, jævn.

passage ['pæsidʒ] *s* passage, gennemgang; overfart (med skib el. fly); korridor; afsnit (fx i bog); *have you booked your ~?* har du bestilt billet (til båden el. flyet)?

passenger ['pæsindʒə*] *s* passager; ~ **liner** *s* passagerskib.

passer-by ['pa:sə'bai] *s (pl: passers-by)* forbipasserende.

passing ['pa:siŋ] *adj* forbigående; *in ~* i forbifarten.

passion ['pæʃən] *s* lidenskab, vrede; forkærlighed; begær; *the P~* Kristi lidelseshistorie; *have a ~ for sth* være vild med ngt; **~ate** ['pæʃənət] *adj* lidenskabelig.

passive ['pæsiv] *adj* passiv.

passport ['pa:spɔ:t] *s* pas.

password ['pa:swə:d] *s* feltråb, løsen.

past [pa:st] *s* fortid // *adj* fortidig, tidligere; forløben; forbi // *præp* forbi, længere end, ud over; *he's ~ forty* han er over fyrre; *it's ~ midnight* det er over midnat; *at half ~ one* klokken halvto; *for the ~ few days* i de sidste par dage; *~ danger* uden for fare; *~ hope* håbløs.

paste [peist] *s* masse; pasta; puré; klister; (om smykker) simili // *v* klistre, lime; **~board** *s* karton, pap.

pastime ['pa:staim] *s* tidsfordriv; fornøjelse.

pastoral ['pa:strəl] *adj* hyrde-; *(fig)* idyllisk; *(agr)* græsnings-.

pastry ['peistri] *s* dej; kager; *Danish ~* wienerbrød.

pasture ['pa:stʃə*] *s* græsgang.

pat [pæt] *v* klappe, glatte, banke let; trippe // *adj/adv* tilpas; i rette øjeblik.

patch [pætʃ] *s* lap; klud; klap; stykke jord, plet // *v* lappe, flikke, stykke sammen; *a bad ~* en uheldig periode; *a ~ of land* et stykke jord; *~ up* lappe sammen; bilægge (fx *a quarrel* en strid).

pâté ['pætei] *s* postej.

patent [peitnt] *s* patent // *v* patentere; *~ leather shoes* lakssko; **~ly** *adv* tydeligt, åbenlyst.

paternal [pə'tə:nl] *adj* faderlig, fædrene; **paternity** *s* faderskab.

path [pa:θ] *s* sti; havegang; passage; (om planet el. fly)

bane.
pathetic [pə'θεtik] *adj* ynkelig; gribende; patetisk.
pathologist [pə'θɔlədʒist] *s* patolog; **pathology** *s* patologi.
pathway ['pa:θwei] *s* (gang)sti; *(fig)* vej, bane.
patience ['peiʃəns] *s* tålmodighed; (også: ~ *game)* kabale; *she has no ~ with him* han irriterer hende; **patient** *s* patient // *adj* tålmodig; udholdende.
patio ['pætiəu] *s* gårdhave.
patrol [pə'trəul] *s* patrulje; patruljering // *v* (af)patruljere.
patron ['peitrən] *s* (i butik etc) kunde; velynder, mæcen; *~ of the arts* kunstmæcen; **~age** ['pætrənidʒ] *s* beskyttelse; protektion; **~ize** ['pætrənaiz] *v* beskytte, protegere; handle hos; ~ **saint** *s* skytshelgen.
patter ['pætə*] *s* trommen, trippen; remse, snak // *v* trippe, tromme.
pattern ['pætən] *s* mønster; snitmønster; model; strikkeopskrift; stofprøve.
patty ['pæti] *s* lille postej.
paunch [pɔ:ntʃ] *s* (stor) mave, vom.
pauper ['pɔ:pə*] *s* fattiglem; fattig stakkel.
pause [pɔ:z] *s* pause, afbrydelse // *v* holde pause, standse.
pave [peiv] *v* brolægge; *~ the way for* bane vej for; **~ment** *s* fortov; brolægning; **paving** *s* vejbelægning; **paving stone** *s* brosten.
paw [pɔ:] *s* pote, lab // *v* stampe; gramse på.
pawn [pɔ:n] *s* pant; (i skak) bonde // *v* pantsætte; **~broker** *s* pantelåner; **~shop** *s* lånekontor.
pay [pei] *s* betaling, lønning, gage; hyre // *v (paid, paid* [peid]) betale; (af)lønne; betale sig; gengælde; *~ attention (to)* lægge mærke (til), lytte (til); *~ up* punge ud; **~able** *adj* at betale; ~ **day** *s* lønningsdag.
PAYE fork.f. *pay as you earn* kildeskat.
pay... sms: **~master** *s* kasserer; **~ment** *s* betaling; ~ **packet** *s* lønningspose; **~phone** *s* mønttelefon; **~roll** *s* lønningsliste; ~ **slip** *s* lønseddel.
PC ['pi:'si:] fork.f. *police constable.*
p.c. fork.f. *per cent.*
PE fork.f. *physical education.*
pea [pi:] *s* ært.
peace [pi:s] *s* fred, ro; **~able** *adj* fredelig; **~ful** *adj* fredelig, rolig; **~-keeping** *adj* fredsbevarende; ~ **talks** *spl* fredsforhandlinger.
peach [pi:tʃ] *s* fersken // *adj* ferskenfarvet.
peacock ['pi:kɔk] *s* påfugl.
peak [pi:k] *s* spids; (bjerg)top; højdepunkt; ~ **period** *s* periode med spidsbelastning.
peal [pi:l] *s* (om klokker) ringen, kimen; *~s of laughter* rungende latter; *a ~ of thunder* et tordenskrald.
peanut ['pi:nʌt] *s* jordnød; *~s* (F) småpenge, 'pebernødder'; *P~s* (om tegneserie) Radiserne; **peapod** *s* ærtebælg.
pear [pεə*] *s* pære.
pearl [pə:l] *s* perle; ~ **barley** *s* byggryn, perlegryn; ~ **button** *s* perlemorsknap; ~ **oyster** *s* perlemusling.
peasant [pεznt] *s* bonde; **~try** ['pεzntri] *s* bondestand, almue.
pea soup ['pi:'su:p] *s* ærtesuppe; *(fig)* tæt, gul londontåge.
peat [pi:t] *s* tørv; ~ **bog** *s* tørvemose.

pebble [pɛbl] *s* (lille og rund) sten; *~s* småsten, rullesten.
peck [pɛk] *s* hak(ken), pikken; (let) kys // *v* hakke, pikke; *~ at* hakke efter; *(fig)* hakke på; *~***ing order** *s* hakkeorden; *~***ish** *adj* (F) sulten.
peculiar [pi'kju:liə*] *adj* mærkelig, sær; særlig, særegen; *~ to* særegen for; *~***ity** [-'æriti] *s* særhed, særegenhed.
pedal [pɛdl] *s* pedal // *v* cykle; træde (pedaler).
peddle [pɛdl] *v* gå rundt og sælge ved dørene, kolportere; *~***r** *s* omvandrende handelsmand, kolportør; *drug ~r* narkohandler.
pedestrian [pi'dɛstriən] *s* fodgænger // *adj* gående, til fods; *~* **crossing** *s* fodgængerovergang; *~* **street** *s* gågade.
pedigree ['pɛdigri:] *s* stamtavle; *~* **horse** *s* racehest,
pee [pi:] *v* (F) tisse.
peek [pi:k] *v* kigge.
peel [pi:l] *s* skræl, skal, skind // *v* skrælle, pille; skalle af; *~***er** *s* skrællekniv; *~***ings** *spl* skræller, skaller.
peep [pi:p] *s* kig, glimt; pip, pippen // *v* kigge, titte; pippe; *~ out* titte frem, vise sig; *~***hole** *s* kighul; **P~ing Tom** *s* vindueskigger.
peer [piə*] *s* adelsmand; ligemand; medlem af overhuset // *v: ~ at* stirre på; *without (a) ~* uforlignelig; *~***age** ['piəridʒ] *s* adelsrang; *~***less** *adj* uden lige.
peeved [pi:vd] *adj* irriteret *(about* over); **peevish** ['pi:viʃ] *s* sur, vrissen.
peewit ['pi:wit] *s* vibe.
peg [pɛg] *s* pind, pløk; kile; knage; (også: *clothes ~)* tøjklemme; *off the ~* færdigsyet.
pejorative [pi'dʒɔrətiv] *s* nedsættende ord // *adj* nedsættende.
peke [pi:k] *s* (F) d.s.s. **pekin(g)ese** [pi:ki'ni:z] *s* pekingeser(hund).
pellet ['pɛlit] *s* kugle; hagl; pille.
pell-mell ['pɛl'mɛl] *adv* hulter til bulter.
pelvic ['pɛlvik] *adj (anat)* bækken-; **pelvis** *s* bækken(parti).
pen [pɛn] *s* fold, indelukke, bås; pen; *(fig)* skrivestil.
penal [pi:nl] *adj* straffe-; strafbar; *~***ize** *v* straffe; gøre strafbar; *~* **servitude** *s* strafarbejde; *~***ty** ['pɛnlti] *s* straf, bøde; *(sport)* straffespark (el. -kast); *on ~ty of death* under dødsstraf; *~***ty area** *s (sport)* staffesparkfelt.
pence [pɛns] *spl* af *penny.*
pencil [pɛnsl] *s* blyant; *(fig)* strålebundt // *v* skrive (el. tegne) med blyant; *~* **case** *s* penalhus; *~* **sharpener** *s* blyantspidser.
pendant ['pɛndənt] *s* hængesmykke; ørering; hængelampe; pendel; **pendent** *adj* hængende; *(fig)* svævende, uafgjort.
pending ['pɛndiŋ] *præp* under, i løbet af; indtil (fx *her arrival* hendes ankomst) // *adj* uafgjort; forestående; som står for døren; *patent ~* patent anmeldt.
penetrate ['pɛnitreit] *v* gennemtrænge, trænge ind i; gennembore; **penetrating** *adj* gennemtrængende; skarp(sindig); **penetration** [-'treiʃən] *s* indtrængen, gennemtrængen.
penguin ['pɛngwin] *s* pingvin.
peninsula [pə'ninsjulə] *s* halvø.
penitent ['pɛnitnt] *adj* angrende, bodfærdig; **penitentiary**

[-'tɛnʃəri] *s* forbedringshus.
penknife ['pɛnnaif] *s* lille lommekniv.
pen name ['pɛnneim] *s* pseudonym.
penniless ['pɛnilis] *adj* fattig, uden en øre.
penny ['pɛni] *s (pl: pence* [pɛns]) penny (1/100 £); *(pl: pennies* ['pɛniz]) pennystykke; *in for a ~, in for a pound* har man sagt a, må man også sige b; *a pretty ~* en pæn sum penge; *spend a ~* (F) gå på toilettet; *a ~ for your thoughts* hvad tænker du på?
pen pal ['pɛnpæl] *s* penneven.
pension ['pɛnʃən] *s* pension; pensionat; **~able** *adj* pensionsberettiget; **~er** *s* pensionist; ~ **fund** *s* pensionskasse.
pensive ['pɛnsiv] *adj* tankefuld; tungsindig.
pentagon ['pɛntəgən] *s* femkant; *P~* USA.s forsvarsministerium.
penthouse ['pɛnthaus] *s* (eksklusiv) taglejlighed; overbygning.
pent-up ['pɛntʌp] *adj* indestængt, undertrykt.
people [pi:pl] *spl* folk; man; *a ~* et folkeslag // *v* befolke; *several ~ came* der kom adskillige mennesker; *the room was full of ~* værelset var fuldt af folk; *~ say that...* man siger at...
pepper ['pɛpə*] *s* peber; peberfrugt // *v* pebre; **~mint** *s* pebermynte.
pep pill ['pɛp'pil] *s* (F) ferietablet; **pep talk** *s* opildnende tale.
per [pə:*] *præp* igennem, ved; pr.; via; ~ **annum** *(p.a.)* pr. år, om året; ~ **capita** pr. person; ~ **cent** procent; ~ **hour** i timen.
perceive [pə'si:v] *v* indse; opfatte, se; fornemme.
percentage [pə'sɛntidʒ] *s* procentdel, procent; del; *get a ~* få procenter.
perceptible [pə'sɛptibl] *adj* mærkbar; synlig; **perception** *s* opfattelse(sevne); **perceptive** *adj* hurtigt opfattende; følsom.
perch [pə:tʃ] *s* aborre // *v* sidde (og balancere); være anbragt højt oppe.
percolator ['pə:kəleitə*] *s* kaffemaskine; kaffekolbe.
percussion [pə'kʌʃən] *s* slag, sammenstød; *(mus)* slagtøj.
peremptory [pə'rɛmtəri] *adj* bydende; kategorisk; *(jur)* afgørende.
perennial [pə'rɛniəl] *s* staude // *adj* evig; (om plante) flerårig.
perfect *s* ['pə:fikt] (også: *~ tense) (gram)* førnutid, perfektum // *v* [pə'fɛkt] fuldende, fuldstændiggøre // *adj* ['pə:fikt] perfekt, fuldkommen, komplet; **~ion** [-'fɛkʃən] *s* fuldkommenhed, fuldendelse; **~ly** ['pə:-] *adv* helt, fuldstændig.
perforate ['pə:fəreit] *v* gennembore, perforere; **perforation** [-'reiʃən] *s* perforering.
perform [pə'fɔ:m] *v* udføre; opfylde; opføre, spille; **~ance** *s* udførelse; optræden; fremførelse, forestilling; *(auto* etc) ydeevne; **~er** *s* optrædende, kunstner; **~ing** *adj* (om dyr) dresseret; (om fx musiker) udøvende.
perfume ['pə:fju:m] *s* parfume; vellugt, duft // *v* parfumere.
perhaps [pə'hæps] *adv* måske.
peril ['pɛril] *s* fare, risiko; *in ~ of one's life* i livsfare; *do it at your own ~* du kan vove på at gøre det; **~ous** *adj* farlig.
period ['piəriəd] *s* periode, tidsrum, epoke; (i skole) time, lektion; *(med)* menstruation

// *adj* stil- (fx *furniture* møbler); **~ic** [-ˈɔdik] *adj* periodisk; **~ical** [-ˈɔdikl] *s* tidsskrift // *adj* periodisk.
peripheral [pəˈrifərəl] *adj* periferisk, perifer; **periphery** *s* periferi.
perish [ˈpɛriʃ] *v* omkomme, gå til grunde; **~able** *adj* forgængelig; letfordærvelig; **~ing** *adj* (F) forbandet; *I'm ~ing* jeg er ved at dø af kulde // *adv: it's ~ing cold* det er hundekoldt.
perjury [ˈpə:dʒəri] *s* mened.
perk [pə:k] *v: ~ up* kvikke op; **~s** *spl* frynsegoder; biindtægter.
perm [pə:m] *s* (F) permanent(krølning); *she had a ~* hun blev permanentet.
permanence [ˈpə:mənəns] *s* varighed, bestandighed; **permanent** *adj* permanent, varig.
permeable [ˈpə:miəbl] *adj* gennemtrængelig; **permeate** [ˈpə:mieit] *v* trænge igennem.
permissible [pəˈmisibl] *adj* tilladelig; **permission** [-ˈmiʃən] *s* tilladelse, lov; **permissive** [-ˈmisiv] *adj* tolerant, liberal; eftergivende; *lead a permissive life* få lov til alting.
permit *s* [ˈpə:mit] (skriftlig) tilladelse // *v* [pəˈmit] tillade; *be ~ted to* få lov til; *weather ~ting* hvis vejret tillader det.
pernicious [pə:ˈniʃəs] *adj* skadelig, ondartet.
pernickety [pəˈnikiti] *adj* (F) pertentlig; kilden (fx *case* sag).
peroxide [pəˈrɔksaid] *s: ~ (of hydrogen)* brintoverilte.
perpendicular [pə:pənˈdikjulə*] *adj* lodret.
perpetual [pəˈpɛtjuəl] *adj* evig; evindelig.
perplex [pəˈplɛks] *v* forvirre, gøre perpleks.
persecute [ˈpə:sikju:t] *v* forfølge; plage, genere; **persecution** [-ˈkju:ʃən] *s* forfølgelse; **persecution mania** *s* forfølgelsesvanvid.
persevere [pə:siˈviə*] *v* holde ud; blive ved, fremture; **persevering** [-ˈviəriŋ] *adj* udholdende; ihærdig.
persist [pəˈsist] *v: ~ in* blive ved med at; **~ence** *s* ihærdighed, hårdnakkethed; **~ent** *adj* vedholdende, hårdnakket.
person [pə:sn] *s* person; skikkelse, fremtræden; *in ~* personlig, i egen person; **~al** *adj* personlig; **~al assistant** *(P.A.)* *s* sv.t. privatsekretær; **~al call** *s (tlf)* personlig samtale; **~ality** [-ˈnæliti] *s* personlighed; **~ify** [-ˈsɔnifai] *v* personificere.
personnel [pə:səˈnɛl] *s* personale; personel; **~ ceiling** *s* personaleloft; **~ manager** *s* personalechef.
perspective [pəˈspɛktiv] *s* perspektiv, udsigt.
perspex [ˈpə:spɛks] *s* ® gennemsigtig plastic, slags plexiglas.
perspiration [pə:spiˈreiʃən] *s* sved, transpiration; **perspire** [pəˈspaiə*] *v* svede, transpirere.
persuade [pəˈsweid] *v* overtale; overbevise; *he ~d me to...* han overtalte mig til at...; *he ~d me that...* han overbeviste mig om at...; **persuasion** *s* overtalelse; overbevisning, anskuelse; **~ive** *adj* overbevisende.
pert [pə:t] *adj* næsvis, rapmundet.
pertaining [pəˈteiniŋ] *adj: ~ to* angående, vedrørende.
pertinent [ˈpə:tinənt] *adj* relevant; træffende.

perturb [pə'tə:b] *v* forurolige; forstyrre.
perusal [pə'ru:zl] *s* (grundig) gennemlæsning, granskning; **peruse** *v* granske.
Peruvian [pə'ru:viən] *s* peruaner // *adj* peruansk.
pervade [pə'veid] *v* trænge ind (i), brede sig.
perverse [pə'və:s] *adj* forstokket; urimelig; **perversion** [-'və:ʃən] *s* fordrejelse; fordærv; perversion; **perversity** [-'və:siti] *s* urimelighed, trodsighed; **pervert** *s* ['pə:və:t] pervers person // *v* [pə'və:t] fordreje, fordærve; **perverted** [-'və:tid] *adj* pervers.
pessimism ['pɛsimizm] *s* pessimisme; **pessimist** *s* pessimist, sortseer; **pessimistic** [-'mistik] *adj* pessimistisk.
pest [pɛst] *s* plage, plageånd; skadedyr; pest; **~er** *v* genere, plage; **~icide** ['pɛstisaid] *s* skadedyrsmiddel; **~ilence** *s* pest; *(fig)* pestilens.
pet [pɛt] *s* kæledyr; yndling // *v* kæle for; forkæle; ~ **aversion** *s* yndlingsaversion; ~ **name** *s* kælenavn.
petal [pɛtl] *s (bot)* kronblad.
Pete [pi:t] *d.s.s. Peter; for ~'s sake* for Guds skyld.
peter ['pi:tə*] *v: ~ out* løbe ud i sandet; ebbe ud; (om vind) løje af.
petition [pə'tiʃən] *s* ansøgning; bønskrift // *v* ansøge, indgive anmodning om.
petrified ['pɛtrifaid] *adj* forstenet; *(fig)* stiv af skræk; **petrify** *v* forstene; blive forstenet.
petrol ['pɛtrəl] *s* benzin.
petroleum [pə'trəuliəm] *s* råolie.
petrol... ['pɛtrəl-] sms: ~ **station** *s* tankstation, benzintank; ~ **tank** *s* benzintank (i bil).
petticoat ['pɛtikəut] *s* underkjole.
pettiness ['pɛtinis] *s* smålighed; **petty** *adj* smålig; ubetydelig; små-; **petty cash** *s* småbeløb; **petty officer** *s (mar)* underofficer.
petulant ['pɛtjulənt] *adj* gnaven, irritabel.
pew [pju:] *s* kirkestol.
pewter ['pju:tə*] *s* tin; ~ **ware** *s* tinvarer.
phantom ['fæntəm] *s* fantasibillede, fantom.
pharmacist ['fa:məsist] *s* farmaceut; sv.t. apoteker; **pharmacy** *s* apotek.
phase [feiz] *s* fase, periode; stadie // *v: ~ in* (el. *out)* gradvis indføre (el. afskaffe).
Ph.D. ['pi:eitʃ'di:] (fork.f. *Doctor of Philisophy)* sv.t. dr.phil.
pheasant ['fɛznt] *s* fasan.
phenomenon [fə'nɔminən] *s (pl: phenomena)* fænomen, foreteelse.
phew [fju:] *interj* pyh! føj! pyha!
phial ['faiəl] *s* lille flaske, medicinglas.
philanthropic [filæn'θrɔpik] *adj* menneskekærlig, filantropisk; **philanthropist** [-'lænθrəpist] *s* menneskeven, filantrop.
philatelist [fi'lætəlist] *s* frimærkesamler, filatelist.
Philippines ['filipi:ns] *spl* (også: *the Philippine Islands)* Filippinerne.
philology [fi'lɔlədʒi] *s* sprogvidenskab, filologi.
philosopher [fi'lɔsəfə*] *s* filosof; **philosophy** *s* filosofi.
phlegm [flɛm] *s* koldsindighed, flegma; *(med)* (ophostet) slim.
phobia ['fəubjə] *s* fobi.
phone [fəun] *s* (F) telefon // *v* telefonere (til), ringe (til); *be*

on the ~ have telefon; være ved at telefonere; ~ **booth** *s* telefonboks.
phonetics [fə'nɛtiks] *s* lydskrift; fonetik.
phon(e)y ['fəuni] *s* (F) fupmager; humbug // *adj* falsk, forloren.
phosphorescent [fɔsfə'rɛsnt] *adj* fosforescerende; selvlysende; **phosphorus** ['fɔsfərəs] *s* fosfor.
photo ['fəutəu] *s* foto(grafi); ~ **composer** *s (typ)* fotosætter; ~**copier** *s* (foto)kopimaskine; ~**copy** *s* fotokopi; ~**genic** *adj* fotogen; ~**graph** *s* foto(grafi) // *v* fotografere; ~**grapher** [fə'tɔgrəfə*] *s* fotograf; ~**graphy** [fə'tɔgrəfi] *s* fotografering; foto(grafi).
phrase [freiz] *s* udtryk, talemåde; frase // *v* udtrykke; frasere; ~ **book** *s* parlør.
physical ['fizikl] *adj* fysisk, legemlig; sanselig; ~ *education* gymnastik, idræt.
physician [fi'ziʃən] *s* læge.
physicist ['fizisist] *s* fysiker; **physics** ['fiziks] *s* fysik.
physiotherapist [fiziəu'θɛrəpist] *s* fysioterapeut.
physique [fi'zi:k] *s* legemsbygning, fysik; *a person of strong* ~ en fysisk stærk person; en person med et godt helbred.
pianist ['pi:ænist] *s* pianist; **piano** [pi'ænəu] *s* klaver; (også: *grand piano)* flygel; **piano tuner** *s* klaverstemmer.
piccalilli ['pikəlili] *s (gastr)* slags stærk pickles.
pick [pik] *s* (også: *~-axe)* hakke // *v* hakke; plukke (fx *flowers* blomster); tage, stjæle; vælge (ud); *take your* ~ værsgo at vælge; *the* ~ de(t) bedste; eliten; ~ *a bone* gnave et ben; ~ *a lock* dirke en lås op; ~ *one's teeth* stange tænder; ~ *on sby* være på nakken af en; ~ *out* udvælge; skelne; ~ *up* samle på; få, skaffe sig; lære; kvikke op; ~ *up speed* sætte farten op.
picket ['pikit] *s* pæl; strejkevagt, blokadevagt.
pickle [pikl] *s* (også: *~s)* lage, eddike; pickles; (F) knibe // *v* marinere, lægge i lage; *~d herrings* marinerede sild; *be in a nice* ~ være i en køn suppedas.
pick-me-up ['pikmi:ʌp] *s* opstrammer.
pickpocket ['pikpɔkit] *s* lommetyv.
pickup ['pikʌp] *s* pick-up; ngt (el. en) man har samlet op.
picnic ['piknik] *s* skovtur, udflugt; medbragt mad; *go for a* ~ tage på skovtur.
pictorial [pik'tɔ:riəl] *adj* illustreret; malerisk; billed-.
picture ['piktʃə*] *s* billede // *v* afbilde; forestille sig; *let's go to the ~s* lad os gå i biografen; ~**sque** [-'rɛsk] *adj* malerisk, pittoresk; ~ **window** *s* panoramavindue.
piddle [pidl] *v* (F) tisse; **piddling** *adj* (F) sølle, ussel.
pidgin ['pidʒin] *adj:* ~ *English* kineserengelsk.
pie [pai] *s* pie, postej; *have a finger in every* ~ blande sig i alting.
piece [pi:s] *s* stykke // *v* lappe, sy sammen; *a* ~ *of furniture* et møbel; *a nasty* ~ *of work* en led karl; *give sby a* ~ *of one's mind* sige en et par borgerlige ord; *in ~s* i stykker, itu; *take to ~s* skille ad; ~ *together* stykke sammen; ~**meal** *adj* stykke for stykke; ~**work** *s* akkordarbejde.
pier [piə*] *s* mole, anløbsbro.
pierce [piəs] *v* gennembore; trænge ind i; *have one's ears*

~d få lavet huller i ørerne; **piercing** *adj* gennemtrængende (fx *cry* skrig).
piety ['paiəti] *adj* fromhed, pietet.
pig [pig] *s* gris, svin (også *fig).*
pigeon ['pidʒən] *s* due; **~hole** *s* hul; dueslag; (i reol etc) rum.
piggy bank ['pigibæŋk] *s* sparegris.
pigheaded ['pighɛdid] *adj* stædig; **piglet** *s* griseunge; *piglets* smågrise.
pigmy d.s.s. *pygmy.*
pig... ['pig-] sms: **~skin** *s* svinelæder; **~sty** ['pigstai] *s* svinesti; **~tail** *s* grisehale; **~tails** *spl* rottehaler.
pike [paik] *s* gedde.
pilchard ['piltʃəd] *s* sardin.
pile [pail] *s* stabel; dynge; *(fys)* atomreaktor; (om tæppe) luv // *v* (også: *~ up)* stable (op); dynge (op); hobe sig op; **~s** *spl* hæmorroider; **~-up** *s* harmonikasammenstød.
pilfer ['pilfə*] *v* rapse; **~ing** *s* rapseri.
pilgrimage ['pilgrimidʒ] *s* pilgrimsfærd; valfart.
pill [pil] *s* pille; *be on the ~* tage p-piller.
pillage ['pilidʒ] *s* plyndring // *v* (ud)plyndre.
pillar ['pilə*] *s* søjle, pille; støtte; *~* **box** *s* (fritstående) postkasse.
pillow ['piləu] *s* hovedpude; **~case, ~slip** *s* (hoved)pudebetræk.
pilot ['pailət] *s* lods; pilot // *v* lodse; føre (et fly); styre // *adj* forsøgs-, pilot-; *~* **light** *s* vågeblus.
pimple [pimpl] *s* filipens, bums; **pimply** *adj* bumset.
pin [pin] *s* knappenål; stift // *v* fæste (med nåle), hæfte; *I have ~s and needles* mit ben (etc) sover; *~ sby to sth* holde en fast ved ngt.
pinafore ['pinəfɔ:*] *s* (barne)forklæde.
pincers ['pinsə:z] *spl: a pair of ~* en knibtang.
pinch [pintʃ] *s* kniben, klemmen; nød, klemme; så meget man kan have mellem to fingre (fx *a ~ of salt)* // *v* knibe, klemme; (F) stjæle; *at a ~* i en snæver vending.
pine [pain] *s* (også: *~ tree)* fyr(retræ) // *v: ~ for* længes efter; *~ away* hentæres.
pineapple ['painæpl] *s* ananas.
pink [piŋk] *s (bot)* nellike; lyserød farve // *adj* lyserød.
pinnacle ['pinəkl] *s* tinde, spir; bjergtop.
pinpoint ['pinpɔint] *s* nålespids; prik // *v* ramme præcis, præcisere // *adj* nøjagtig.
pinstriped ['pinstraipt] *adj* nålestribet, smalstribet.
pint [paint] *s* måleenhed sv.t. 0,56 liter; (F) et glas øl; **~a** ['paintə] *s* (F) d.s.s. *pint of* (oftest om mælk), sv.t. 1/2 sød.
pioneer [paiə'niə*] *s* pioner, foregangsmand; nybygger.
pious ['paiəs] *adj* from.
pipe [paip] *s* rør, rørledning; (tobaks)pibe // *v* pibe; lægge rør i; *~ down* (F) stikke piben ind, holde mund; **~d music** *s* muzak, dåsemusik; *~* **dream** *s* ønskedrøm; **~line** *s* rørledning (især til olie el. gas); **~r** *s* fløjtespiller, sækkepibespiller; *pay the ~r* betale regningen (for festen); **piping** *s* rørsystem; piben // *adj* fløjtende // *adv: piping hot* kogende varm.
pipsqueak ['pipskwi:k] *s* pjevs.
piqued [pi:kd] *adj* stødt, pikeret.
piracy ['paiərəsi] *s* sørøveri; *(fig)* plagiat; **pirate** ['paiərət]

s sørøver, pirat.
Pisces ['pisiz el. 'paisiz] *s (astr)* Fiskene.
piss [pis] *v* (V) pisse; ~ *around* (V) fjolle rundt; ~ *off!* (V) skrid! skrub af! *be ~ed* (V) være skidefuld.
pit [pit] *s* grav, hule; grube, skakt, mine; kule // *v* kule (ned); lave huller i; *coal* ~ kulmine; *orchestra* ~ orkestergrav; ~ *sby against sby* sætte ngn op mod hinanden.
pitch [pitʃ] *s* kast; *(mus)* tone, tonehøjde; højdepunkt; hældning; *(sport)* bane // *v* falde; skråne, hælde; kaste; ~ *camp* slå lejr; *be ~ed forward* blive kastet forover; **~-black** *adj* kulsort; **~ed roof** *s* skråtag; **~er** *s* krukke; *(sport)* kaster (i fx baseball); **~fork** *s* høtyv, greb.
piteous ['pitiəs] *adj* ynkelig, sørgelig.
pitfall ['pitfɔ:l] *s* faldgrube, fælde.
pith [piθ] *s* marv; *(fig)* kerne, kraft; *orange* ~ det hvide under appelsinskallen; **~y** ['piθi] *adj* marvfuld, kraftig.
pitiable ['pitiəbl] *adj* ynkelig, jammerlig; **pitiful** *adj* medlidende; ynkelig; **pitiless** *adj* ubarmhjertig.
pity ['piti] *s* medlidenhed // *v* have medlidenhed med, ynke, beklage; *what a ~!* det var en skam! *for ~'s sake* for Guds skyld; *take ~ on* forbarme sig over.
pivot ['pivət] *s* tap; akse; tyngdepunkt // *v* dreje (om en tap).
placate [plə'keit] *v* formilde.
place [pleis] *s* plads, sted; (om arbejde) stilling; (om hus) hjem; landsted // *v* anbringe, placere; identificere, bestemme; *at his* ~ hjemme hos ham; *to his* ~ hjem til ham; *take* ~ finde sted, foregå; *out of* ~ malplaceret; *in the first* ~ for det første; ~ *an order* afgive en bestilling; ~ **mat** *s* dækkeserviet.
placid ['plæsid] *adj* fredsommelig, rolig.
plagiarism ['pleidʒərizm] *s* plagiat.
plague [pleig] *s* pest; plage // *v* plage.
plaice [pleis] *s* rødspætte.
plaid [plæd] *s* skotskternet stof; klantern; plaid.
plain [plein] *s* slette; retstrikning // *adj* klar, tydelig; enkel; ensfarvet; (om person) jævn, ligefrem; (om udseende) grim; (om cigaret) uden filter; (i strikning) ret // *adv* ligefrem; simpelthen; *in ~ clothes* (om politi) i civil; *the ~ truth* den rene sandhed; **~ly** *adv* ligeud, uden omsvøb; **~ness** *s* simpelhed; grimhed; enkelhed.
plaintiff ['pleintif] *s* klager, sagsøger.
plait [plæt] *s* fletning; læg.
plan [plæn] *s* plan, projekt // *v* planlægge; organisere; have i sinde, agte.
plane [plein] *s* platan(træ); *(tekn)* høvl; *(fly)* flyvemaskine; flade, plan; niveau // *v* høvle // *adj* flad, plan.
plank [plæŋk] *s* planke.
planning ['plæniŋ] *s* planlægning.
plant [pla:nt] *s* plante; (om maskineri) materiel; virksomhed, anlæg, fabrik // *v* plante; anlægge, grundlægge; placere, lægge; **~ation** [-'teiʃən] *s* plantage; plantning.
plaque [plæk] *s* platte; mindeplade; tandbelægning, plak.
plaster ['pla:stə*] *s* gips, puds;

(også: *sticking ~)* hæfteplaster // *v* kalke, gipse; oversmøre; ~ *with* overdænge med, oversmøre med; *in* ~ (om ben etc) i gips(bandage); ~ **cast** *s* gipsbandage; gipsafstøbning; **~ed** *adj* (F) fuld, pløret.
plastic ['plæstik] *s* plastic, plast // *adj* plastisk; plastic-.
plasticine ['plæstisi:n] ® *s* modellervoks.
plastic surgery ['plæstik 'sə:dʒəri] *s* plastikkirurgi.
plate [pleit] *s* plade; planche; tallerken; portion; (også: *silver ~)* (sølv)plet; **~ful** *s* tallerken(fuld), portion; ~ **glass** *s* spejlglas (til fx butiksruder).
platform ['plætfɔ:m] *s* perron; forhøjning, tribune; ~ **ticket** *s* perronbillet.
platinum ['plætinəm] *s/adj* platin(-).
platitude ['plætitju:d] *s* banalitet; flad bemærkning.
plausible ['plɔ:zibl] *adj* plausibel, ret sandsynlig.
play [plei] *s* leg, spil; (teater)stykke, skuespil // *v* lege, spille; ~ *down* bagatellisere; ~ *up* skabe sig; opreklamere; ~ *up to* spille op til, støtte, bakke op; **~act** *v* spille teater; **~er** *s* spiller; musiker; skuespiller; **~ful** *adj* legesyg; munter; **~goer** *s* teatergænger; **~ground** *s* legeplads; **~ing card** *s* spillekort; **~ing field** *s* sportsplads; **~mate** *s* legekammerat; **~-off** *s (sport)* forlænget spilletid; **~pen** *s* kravlegård; **~time** *s* frikvarter; fritid; **~wright** ['pleirait] *s* skuespilforfatter, dramatiker.
plea [pli:] *s* bøn, appel; *(jur)* påstand.
plead [pli:d] *v* bede indtrængende, trygle; *(jur)* plædere, føre en sag; ~ *with sby* anråbe en; ~ *guilty* erkende sig skyldig; ~ *not guilty* nægte sig skyldig.
pleasant [plɛznt] *adj* behagelig; rar, elskværdig; hyggelig; **~ry** ['plɛzntri] *s* vittighed, spøgefuldhed; *~ries spl* venligheder.
please [pli:z] *v* behage, tiltale; *~!* vær så venlig! *my bill, ~!* må jeg få regningen; *yes, ~!* ja tak! ~ *yourself* gør som du vil; **~d** *adj* tilfreds; *be ~d with* være tilfreds med, være glad for; *~d to meet you!* det er hyggeligt at hilse på Dem! goddag! **pleasing** *adj* behagelig, tiltalende.
pleasure ['plɛʒə*] *s* glæde, fornøjelse; nydelse; ønske; *take ~ in* nyde, finde fornøjelse ved; ~ **ground** *s* tivoli, (folke)park; ~ **trip** *s* fornøjelsesrejse.
pleat [pli:t] *s* læg, fold // *v* folde, plissere; *a ~ed skirt* en lægget nederdel.
pledge [plɛdʒ] *s* pant; løfte // *v* sætte i pant; afgive løfte; forpligte (sig); *he ~d never to return* han lovede at blive væk for bestandig.
plentiful ['plɛntiful] *adj* rigelig;
plenty ['plɛnti] *s* overflod, rigdom, velstand; *plenty of* nok af, rigeligt med; *there's plenty of time* der er god tid.
pleurisy ['pluərisi] *s* lungehindebetændelse.
pliable ['plaiəbl] *adj* bøjelig, smidig; føjelig.
pliers ['plaiəz] *s (tekn): a pair of ~* en tang.
plod [plɔd] *v* traske; slide, hænge i; **~der** *s* slider; **~ding** *adj* møjsommelig; tungnem.
plonk [plɔŋk] *s* (F) billig vin, sprøjt // *v: ~ sth down*

smække (el. smide) ngt ned.
plot [plɔt] *s* komplot, sammensværgelse; (i fx bog) handling, intrige; stykke jord // *v* planlægge, pønse på; konspirere; plotte.
plough [plau] *s* plov // *v* pløje; *~ back (merk)* reinvestere; **~ing** *s* pløjning.
pluck [plʌk] *s* greb, tag; mod // *v* plukke; rykke, trække; *(mus,* om strenge) anslå, knipse; *~ up courage* tage mod til sig; **~y** *adj* modig, tapper.
plug [plʌg] *s* prop, pløk; *(elek)* stikprop, stik(kontakt); *(auto,* også: *sparking ~)* tændrør // *v* tilproppe; *~ in (elek)* tilslutte, sætte til; *~ up* blive tilstoppet.
plum [plʌm] *s* blomme // *adj: ~ job* (F) ønskejob.
plumb [plʌm] *s* blylod, lod // *v* lodde // *adj* lodret, i lod // *adv* fuldstændig; **~er** ['plʌmə*] *s* blikkenslager; **~ing** *s* blikkenslagerarbejde; sanitære installationer; vandrør.
plump [plʌmp] *adj* buttet, fyldig.
plunder ['plʌndə*] *s* plyndring, bytte // *v* (ud)plyndre.
plunge [plʌndʒ] *s* dykning, dukkert // *v* dykke; springe; kaste sig; *take the ~* vove springet.
plunging ['plʌndʒiŋ] *adj: ~ neckline* dyb halsudskæring.
pluperfect ['plu:'pə:fikt] *s (gram)* førdatid, pluskvamperfektum.
plural ['pluərəl] *s (gram)* flertal, pluralis // *adj* flertals-.
plus [plʌs] *s* (også: *~ sign)* plus, additionstegn; *it's a ~* det er en fordel; *ten ~* ti og derover.
plush [plʌʃ] *s* plys // *adj* dyr, luksus-.
ply [plai] *s* (i garn) tråd; (i krydsfinér) lag; *(fig)* tendens; *three ~ (wool)* tretrådet (uldgarn); **~wood** *s* krydsfinér.
P.M. ['pi:'ɛm] fork.f. *post-mortem; Prime Minister.*
p.m. ['pi:'ɛm] (fork.f. *post meridiem)* om eftermiddagen, efter kl. 12 middag.
pneumatic [nju:'mætik] *adj* pneumatisk, luft-, trykluft- (fx *drill* bor).
pneumonia [nju:'məuniə] *s* lungebetændelse.
P.O. fork.f. *postal order; post office.*
poach [pəutʃ] *v (gastr)* pochere; drive krybskytteri; **~er** *s* krybskytte; **~ing** *s* krybskytteri; *(gastr)* pochering.
pocket ['pɔkit] *s* lomme; hul // *v* stikke i lommen; indkassere; skjule; *be in ~* være ved muffen; *be out of ~* have lommesmerter; **~book** *s* tegnebog; lommebog; billigbog; **~-knife** *s* lommekniv; **~ money** *s* lommepenge.
poem ['pəuim] *s* digt; **poet** ['pəuit] *s* digter; **poetic** [pəu'ɛtik] *adj* poetisk, digterisk; **poetry** ['pəuitri] *s* poesi, digtning.
poignant ['pɔinənt] *adj* skarp, bitter, intens.
poinsettia [pɔin'sɛtiə] *s (bot)* julestjerne.
point [pɔint] *s* spids; punkt; sted; sag; hensigt, mening; point // *v* spidse; sigte; vende (mod); pege; *two ~ three* to komma tre (skrives på eng.: 2.3); *~ a gun at* sigte på med et gevær; *make one's ~* få ret; gøre sin mening klar; *get the ~* forstå (el. begribe) ngt; *come to the ~* komme til sagen; *there's no ~ in...* der er ingen mening i...; *good ~s*

gode sider, kvaliteter; ~ *out* udpege; pointere, understrege; **~-blank** *adv* direkte, ligefrem; *fire ~-blank* skyde på nært hold; **~ed** *adj* spids, skarp; **~edly** *adv* spidst, demonstrativt; **~less** *adj* meningsløs; ~ **of view** *s* mening, synspunkt; **~s** *spl* (også: *jernb)* sporskifte; *(auto)* platiner.

poise [pɔiz] *s* ligevægt, balance; ro // *v* balancere med; *be ~d for (fig)* være parat til.

poison ['pɔizən] *s* gift // *v* forgifte, forgive; **~ing** *s* forgiftning; **~ous** *adj* giftig; skadelig.

poke [pəuk] *v* stikke; rode op i; ~ *one's nose in(to)* stikke sin næse i; ~ *about* snuse rundt; **~er** *s* ildrager; (kortspil) poker.

Poland ['pəulənd] *s* Polen.

polar ['pəulə*] *adj* polar(-); ~ **bear** *s* isbjørn; ~ **light** *s* polarlys; nordlys.

Pole [pəul] *s* polak.

pole [pəul] *s* pæl, stolpe; *(elek)* mast; *(geogr)* pol; ~ **star** *s* polarstjerne, nordstjerne; ~ **vault** *s (sport)* stangspring.

police [pə'lis] *s* politi; politifolk // *v* holde orden, føre opsyn med; ~ **car** *s* politibil; ~ **constable** *(PC) s* politibetjent; **~man** *s* politimand; ~ **record** *s* generalieblad, straffeægister; ~ **sergeant** *s* sv.t. overbetjent; ~ **station** *s* politistation; ~ **superintendent** *s* sv.t. politikommissær; **~woman** *(PW) s* kvindelig politibetjent.

policy ['pɔlisi] *s* politik; taktik; (forsikrings)police.

Polish ['pəuliʃ] *s/adj* polsk.

polish ['pɔliʃ] *s* pudsecreme, politur; (også: *floor ~)* bonevoks; blank overflade; *(fig)* finhed; (også: *nail ~)* neglelak // *v* pudse, polere; (om gulv) bone; afpudse; ~ *off* gøre kål på, ekspedere; **~ed** *adj (fig)* glat, sleben.

polite [pə'lait] *adj* høflig; dannet; *be ~ with* være høflig over for; **~ness** *s* høflighed; velopdragenhed.

politic ['pɔlitik] *adj* snedig, diplomatisk; **~al** [pə'litikl] *adj* politisk; **~al science** *s* statskundskab; **~ian** [pɔli'tiʃən] *s* politiker, statsmand; **~s** *spl* politik.

poll [pəul] *s* valg, afstemning; stemmeprocent; (også: *opinion ~)* meningsmåling // *v* stemme.

pollen ['pɔlən] *s* blomsterstøv, pollen; ~ **count** *s* pollentælling; **pollination** [-'neiʃən] *s (bot)* bestøvning.

pollutant [pə'lu:tənt] *s* forureningskilde; **pollute** [pə'lu:t] *v* forurene; **pollution** [-'lu:ʃən] *s* forurening; *environmental pollution* miljøforurening.

polo-neck ['pəuləunɛk] *s* rullekrave(bluse).

polytechnic [pɔli'tɛknik] *s* sv.t. teknisk skole.

polythene ['pɔliθi:n] *s* polythen, polyethylen; ~ **bag** *s* plasticpose.

pomp [pɔmp] *s* pomp, pragt; **~ous** *adj* svulstig; *a ~ous ass* (F) en blærerøv.

pond [pɔnd] *s* dam; (lille) sø; *the P~* (F) Atlanterhavet.

ponder ['pɔndə*] *v* overveje, spekulere; tænke over.

pony ['pəuni] *s* pony; ~ **tail** *s* hestehale(frisure); ~ **trekking** *s* udflugt (el. tur) på pony.

poodle [pu:dl] *s* pudel(hund).

poofter ['pu:ftə*] *s* (F) tøsedreng; bøsse.

pool [pu:l] *s* vandpyt, pøl, dam;

bassin; (også: *swimming ~)* svømmebassin (el. -pøl); *(merk)* pulje // *v* slå sammen (i en pulje); samle; (også: *the football ~s) the* **~s** *spl* sv.t. tipstjenesten; *win the ~s* vinde i tipning; **~s coupon** *s* tipskupon.
poor [puə*] *adj* fattig, stakkels, ringe; dårlig; **~ly** *adj* (F) sløj.
pop [pɔp] *s* knald; skud; *(mus,* F) pop // *v* knalde, smælde; affyre; (om prop) springe; *~ in* lige 'kigge indenfor'; *~ off* dø; stikke af; gøre det af med; *~ out* smutte ud; *~ up* dukke op; *~ the question* (F) tage sig sammen til at fri.
pope [pəup] *s* pave.
Popeye ['pɔpai] *s: ~ (the Sailor)* Skipper Skræk; **popeyed** *adj* med udstående øjne.
popgun ['pɔpgʌn] *s* legetøjspistol (med prop).
poplar ['pɔplə*] *s* poppel(træ).
poppy ['pɔpi] *s* valmue; **~ seed** *s* birkes.
popular ['pɔpjulə*] *adj* populær, folkelig; **~ity** [-'læriti] *s* popularitet; **~ize** *v* popularisere.
populate ['pɔpjuleit] *v* befolke; **population** [-'leiʃən] *s* befolkning; folketal; **populous** ['pɔpjuləs] *adj* tæt befolket, folkerig.
porch [pɔ:tʃ] *s* vindfang.
pore [pɔ:*] *s* pore // *v: ~ over* fordybe sig i; hænge over.
pork [pɔ:k] *s* svinekød, flæsk; *roast leg of ~* flæskesteg; **~ chops** *spl* svinekoteletter; **~ loin** *s* stegeflæsk.
pornographic [pɔ:nə'græfik] *adj* pornografisk; **pornography** [-'nɔgrəfi] *s* pornografi.
porous ['pɔ:rəs] *adj* porøs.
porpoise ['pɔ:pəs] *s* (om hvalart) marsvin.
porridge ['pɔridʒ] *s* (havre)grød.
port [pɔ:t] *s* havn; havneby; portvin; *(mar,* også) bagbord.
portable ['pɔ:təbl] *adj* transportabel, bærbar.
porter ['pɔ:tə*] *s* portner, dørvogter; portier; drager, portør; (om ølsort) porter.
porthole ['pɔ:thəul] *s (mar)* koøje.
portico ['pɔ:tikəu] *s* indgang med søjler; søjlegang.
portion ['pɔ:ʃən] *s* del, part; portion; skæbne, lod.
portly ['pɔ:tli] *adj* korpulent; statelig.
portrait ['pɔ:trit] *s* portræt, billede; **portray** [pɔ:'trei] *v* portrættere; skildre; **portrayal** [pɔ:'treiəl] *s* portrætmaleri; skildring.
Portuguese [pɔ:tju'gi:z] *s* portugiser // *adj* portugisisk.
pose [pəuz] *s* stilling, positur; stillen sig an // *v* stå model, posere; stille sig an; anbringe; fremsætte; *~ as* give sig ud for at være.
posh [pɔʃ] *adj* (F) smart, fin.
position [pə'ziʃən] *s* stilling, position // *v* bringe på plads (el. i stilling); *be in a ~ to* være i stand til; *in ~* på plads.
positive ['pɔzitiv] *adj* positiv; bestemt; direkte; komplet; *a ~ fool* en komplet idiot; *be ~ (about)* være sikker (på); **~ly** *adv* ligefrem, bogstavelig talt.
possess [pə'zεs] *v* eje, besidde; beherske; besætte; *be ~ed with (fig)* være besat af; **~ion** *s* ejendom, besiddelse; eje; **~ive** *adj* rethaverisk; begærlig; **~or** *s* indehaver, ejer.
possibility [pɔsi'biliti] *s* mulighed *(of* for); **possible** ['pɔsibl] *adj* mulig; eventuel; gennemførlig; *if possible* om (el. hvis det er) muligt; **possibly**

['pɔsibli] *adv* måske, eventuelt; *if you possibly can* hvis du på nogen måde kan; hvis det er dig muligt; *I can't possibly come* det er umuligt for mig at komme.

post [pəust] *s* post, stilling; post(befordring); stolpe // *v* poste, sende med posten; (om opslag) slå op; (især *mil)* ansætte; **~age** ['pəustidʒ] *s* porto; **~al** *adj* post-; **~al order** *s* postanvisning; **~box** *s* postkasse; **~card** *s* postkort.

postdate ['pəustdeit] *v* (om fx check) fremdatere.

poster ['pəustə*] *s* plakat.

posterior [pɔs'tiəriə*] *s* (F) bagdel // *adj* senere; bag-; **posterity** [pos'tɛriti] *s* eftertid; efterkommere.

postgraduate [pəust'grædjuət] *adj: ~ studies* videregående studier (efter kandidateksamen).

post... ['pəust-] sms: **~man** *s* postbud; **~mark** *s* poststempel; **~master** *s* postmester; **~ meridiem** *(p.m.)* om eftermiddagen; **~-mortem** *(P.M.)* [pəust'mɔ:təm] *s* obduktion; **~ office** *s* posthus, postkontor; **~ office box** *(P.O. box) s* postboks.

postpone [pəs'pəun] *v* udsætte, udskyde; **~ment** *s* udsættelse, henstand.

postscript ['pəustskript] *s* efterskrift.

postulate ['pɔstjuleit] *v* hævde, postulere; gøre krav på.

posture ['pɔstjə*] *s* stilling, positur; holdning.

postwar ['pəustwɔ:*] *adj* efterkrigs-.

posy ['pəuzi] *s* (lille) buket.

pot [pɔt] *s* potte, gryde, krukke; (F) marihuana // *v* plante (i potte); nedsylte; *go to ~* gå i fisk.

potato [pə'teitəu] *s (pl: ~es)* kartoffel; **~ chips** *spl* pommes frites; **~ crisps** *spl* franske kartofler; **~ flour** *s* kartoffelmel.

potency ['pəutənsi] *s* styrke, kraft; indflydelse; potens; **potent** *adj* stærk (fx *drink);* virkningsfuld; potent.

potential [pə'tɛnʃl] *s* potentiel; muligheder; ydeevne // *adj* mulig, eventuel, potentiel.

pot roast ['pɔtˌrəust] *s (gastr)* grydesteg.

potted ['pɔtid] *adj (gastr)* syltet, nedlagt; **~ plant** *s* potteplante.

potter ['pɔtə*] *s* pottemager // *v: ~ around* (el. *about)* nusse rundt; **~y** *s* lervarer; pottemagerværksted.

potty ['pɔti] *s* (F) potte // *adj* (F) skør, småtosset.

pouch [pautʃ] *s* pose, etui; *(zo)* kæbepose; pung.

poulterer ['pəultərə*] *s* vildthandler.

poultry ['pəultri] *s* fjerkræ, høns.

pounce [pauns] *s* nedslag, overfald // *v: ~ (on)* slå ned (på); kaste sig over.

pound [paund] *s* pund (453 g; 100 pence) // *v* dundre; male, støde (i morter); stampe, trampe.

pour [pɔ:*] *v* hælde, skænke (fx *tea* te) // *v* øse (ned); vælte frem; *~ in* (om folk) strømme til; *~ out* (om folk) vælte ud; **~ing** *adj* øsende.

poverty ['pɔvəti] *s* fattigdom; **~-stricken** *adj* forarmet; ludfattig.

powder ['paudə*] *s* pudder, pulver; krudt // *v* pudre; pulverisere; **~ compact** *s* pudderdåse (til at have i tasken); **~ puff** *s* pudderkvast; **~ room** *s* dametoilet; **~y** *adj*

støvet; smuldrende; pudret.
power ['pauə*] *s* magt, styrke; evne; *(mat)* potens; *(elek)* strøm; *the ~s that be* myndighederne // *v* drive (frem); ~ **cut** *s* strømafbrydelse; **~ed** *adj: ~ed by* drevet af; **~ful** *adj* mægtig, stærk; **~less** *adj* magtesløs, kraftløs; ~ **point** *s* stikkontakt; ~ **station** *s* kraftværk, elværk.
pox [pɔks] *s: the ~* (F) syfilis (se også *chicken ~).*
practicable ['præktikəbl] *adj* gennemførlig, mulig; (om vej) fremkommelig, passabel.
practical ['præktikl] *adj* praktisk; ~ **joke** *s* grov spøg, nummer.
practice ['præktis] *s* praksis (også om læge etc); skik, sædvane; træning, øvelse; udøvelse; *in ~* i praksis; *out of ~* ude af træning; *piano ~* klaverøvelser; **practise** ['præktis] *v* øve, træne; udøve; øve sig; praktisere; *practise for a match* træne til en kamp; *practise medicine* være praktiserende læge; *practise the piano* øve sig på klaver; **practitioner** [-'tiʃənə*] *s* praktiker; praktiserende; *general practitioner* almenpraktiserende læge.
prairie ['prɛəri] *s* prærie, græssteppe.
praise [preiz] *s* ros, pris // *v* rose, prise, berømme; **~worthy** [-wə:ði] *adj* prisværdig.
pram [præm] *s* (fork.f. *perambulator)* barnevogn.
prattle [prætl] *v* sludre, pludre.
prawn [prɔ:n] *s* stor reje.
pray [prei] *v* bede, bønfalde; *and what is that, ~?* og hvad er det, om jeg må spørge? **~er** [prɛə*] *s* bøn; **~er mat** (el. *rug) s* bedetæppe.
preach [pri:tʃ] *v* prædike, forkynde; *~ at sby* præke for en; **~er** *s* prædikant.
prearranged ['pri:ə'reindʒd] *adj* (forud)aftalt; forberedt.
precarious [pri'kɛəriəs] *adj* prekær; usikker, uholdbar.
precaution [pri'kɔ:ʃən] *s* forsigtighed; forholdsregel; *take ~s against sth* tage sine forholdsregler mod ngt; **~ary** *adj* forsigtigheds-.
precede [pri'si:d] *v* gå forud (for), gå foran; *~d by our teacher we...* med vores lærer i spidsen...; **~nce** ['prɛsidəns] *s* forrang; *have ~nce over* have forrang for; **~nt** ['prɛsidənt] *s* præcedens, fortilfælde; **~ding** [pri'si:diŋ] *adj* foregående; forrig.
precept ['pri:sɛpt] *s* forskrift; rettesnor.
precinct ['pri:siŋkt] *s* område, distrikt; grænse; *within the city ~s* inden for bygrænsen; *cathedral ~s* kirkeplads; *pedestrian ~* fodgængerområde; *shopping ~* forretningskvarter.
precious ['prɛʃəs] *adj* kostbar, dyrebar; *(fig)* køn, nydelig; *~ little* ikke ret meget; ~ **stone** *s* ædelsten.
precipice ['prɛsipis] *s* afgrund; stejl skrænt.
precipitate *v* [pri'sipiteit] fremskynde; styrte; *(kem)* udfælde, bundfælde // *adj* [pri'sipitit] forhastet, overilet; hovedkulds; **precipitation** [-'teiʃən] *s* styrt, fald; bundfald; nedbør; **precipitous** [-'sipitʌs] *adj* stejl, brat.
precise [pri'sais] *adj* præcis, nøjagtig; **~ly** *adv* nøjagtigt; netop.
preclude [pri'klu:d] *v* forebygge; udelukke; forhindre; *~ sby from sth* forhindre en i ngt.

precocious [pri'kəuʃəs] *adj* tidligt moden; fremmelig; gammelklog.
preconceived [pri:kən'si:vd] *adj* forudfattet (fx *opinion* mening).
predecessor ['pri:disɛsə*] *s* forgænger, forfader.
predestination [pri:dɛsti'neiʃən] *s* forudbestemmelse.
predetermine [pri:di'tə:min] *v* forudbestemme; afgøre i forvejen.
predicament [pri'dikəmənt] *s* forlegenhed, knibe.
predicate ['prɛdikit] *s (gram)* omsagnsled, prædikat.
predict [pri'dikt] *v* forudsige, spå; **~ion** [-'dikʃən] *s* forudsigelse, spådom.
predominance [pri'dɔminəns] *s* overvægt; overmagt; **predominant** *adj* dominerende, fremherskende; **predominate** *v* være fremherskende, dominere.
preen [pri:n] *v: ~ oneself* (om fugl) pudse sig; (om person) pynte sig; *~ oneself of sth* blære sig med ngt.
prefab(ricated) ['pri:fæb(rikeitid)] *adj* præfabrikeret; *~ house* elementhus.
preface ['prɛfəs] *s* forord, indledning.
prefer [pri'fə*] *v* foretrække; *I ~ tea to coffee* jeg foretrækker te fremfor kaffe; **~able** ['prɛfrəbl] *adj* (som er) at foretrække; **~ably** ['prɛfrəbli] *adv* helst, fortrinsvis; **~ence** ['prɛfrəns] *s* forkærlighed; fortrinsret; begunstigelse.
prefix ['pri:fiks] *s (gram)* forstavelse, præfiks.
pregnancy ['prɛgnənsi] *s* graviditet, svangerskab; **pregnant** *adj* gravid; betydningsfuld; følelsesladet.
prehistoric ['pri:his'tɔrik] *adj* forhistorisk; **prehistory** *s* forhistorie; forhistorisk tid.
prejudice ['prɛdʒudis] *s* fordom; modvilje; skade, men // *v* forudindtage; være til skade for; *have a ~ against foreigners* være forudindtaget mod udlændinge; **~d** *adj* forudindtaget, partisk.
prelate ['prɛlət] *s* prælat.
preliminary [pri'liminəri] *adj* foreløbig; indledende; *preliminaries* indledende forhandlinger.
prelude ['prɛlju:d] *s* forspil; indledning; *(mus)* præludium.
premature ['prɛmətʃuə*] *adj* for tidlig; overilet; *~ baby* for tidligt født barn.
premeditated [pri'mɛditeitid] *adj* overlagt, forsætlig (fx *murder* mord); **premeditation** [-'teiʃən] *s* overlæg; forsæt.
premier ['prɛmiə*] *s* premierminister // *adj* fornemst; først.
premise ['prɛmis] *s* forudsætning; præmis; **~s** *spl* lokaliteter; ejendom; *on the ~s* på stedet; *keep off the ~s!* adgang forbudt!
premium ['pri:miəm] *s* præmie; bonus.
premonition [prɛmə'niʃən] *s* forudanelse; varsel.
preoccupation [pri:ɔkju'peiʃən] *s* optagethed; åndsfraværelse; **preoccupied** [-'ɔkjupaid] *adj* optaget; distræt; fordybet.
prepackaged ['pri:'pækidʒd] *adj* færdigpakket.
prepaid ['pri:'peid] *adj* forudbetalt.
preparation [prɛpə'reiʃən] *s* forberedelse; tilberedelse; udfærdigelse; **preparatory** [pri'pærətəri] *adj* forbere-

dende; **preparatory school** *s* (privat) forberedelsesskole (før adgang til *public school);*
prepare [pri'pɛə*] *v* forberede; gøre parat; tilberede; *prepare for* forberede sig på; *be prepared to* være parat til.
preponderance [pri'pɔndərəns] *s* overvægt; overlegenhed.
preposition [prɛpə'ziʃən] *s* *(gram)* forholdsord, præposition.
preposterous [pri'pɔstərəs] *adj* meningsløs, absurd; latterlig.
preschool ['pri:sku:l] *adj* førskole-.
prescribe [pris'kraib] *v* foreskrive; skrive recept (på), ordinere; **prescription** [-'kripʃən] *s* forskrift; recept.
presence [prɛzns] *s* tilstedeværelse, nærværelse; *in his ~* i hans påsyn; *~ of mind* åndsnærværelse.
present *s* [prɛznt] gave; *(gram)* nutid, præsens // *v* [pri'zɛnt] give, forære; fremvise; udgøre // *adj* [prɛznt] nærværende; til stede; *at ~* i øjeblikket, nu; *the ~* nutiden; **~able** [pri'zɛntəbl] *adj* præsentabel; velopdragen; **~ation** [-'teiʃən] *s* overrækkelse; præsentation; **~-day** *adj* nutids-; **~er** *s (tv)* præsentator, studievært; **~ly** *adv* snart, straks; for tiden.
preservation [prɛzə'veiʃən] *s* bevarelse; sikring; fredning; (om mad) konservering; syltning; henkogning; **preservative** [pri'zə:vətiv] *s* konserveringsmiddel // *adj* beskyttende, beskyttelses-; **preserve** [pri'zə:v] *s* (vildt)reservat; syltetøj // *v* beskytte; frede; konservere.
preside [pri'zaid] *v* præsidere, føre forsædet.
presidency ['prɛzidənsi] *s* præsidentperiode; **president** *s* præsident; formand; direktør.
press [prɛs] *s* presse; tryk, pres; trykkeri; (om møbel) kommode, klædeskab; presning // *v* presse; knuge; tvinge, nøde; trænges, mase; presse på, haste; *we are ~ed for time* vi er i tidnød, vi har dårlig tid; *~ for sth* rykke for ngt; *~ on* mase på; køre videre; ~ **agency** *s* nyhedsbureau; ~ **cutting** *s* avisudklip; **~ing** *s* presserende; indtrængende; ~ **stud** *s* trykknap (i tøj).
pressure ['prɛʃə*] *s* tryk; pres; pression; ~ **cooker** *s* trykkoger; ~ **group** *s* pressionsgruppe; **pressurized** [-raizd] *adj* under tryk; *(fig)* under pres.
presumably [pri'zju:məbli] *adv* antagelig, formentlig; **presume** [pri'zju:m] *v* antage, formode; tillade sig; gå for vidt; **presumption** [pri'zʌmpʃən] *s* antagelse, formodning; indbildskhed; dristighed; **presumptuous** [pri'zʌmptjuəs] *adj* overmodig; anmassende.
pretence [pri'tɛns] *s* påskud; krav *(to* på); indbildskhed; *false ~s* falske forudsætninger; *make a ~ of* lade som om; *on the ~ of* under påskud af; **pretend** [pri'tɛnd] *v* foregive, lade som om; lege; *pretend to* foregive at; *pretend to the throne* gøre krav på tronen; *they are only pretending* det er bare noget de leger.
pretentious [pri'tɛnʃəs] *adj* prætentiøs; fordringsfuld.
preterite ['prɛtərit] *s (gram)*

datid, præteritum.
pretext ['pri:tεkst] *s* påskud.
pretty ['priti] *adj* pæn, køn (også *iron) // adv* temmelig; *~ awful* ret slem; *~ well* temmelig godt; næsten.
prevail [pri'veil] *v* sejre; være fremherskende; *~ (up)on sby to do sth* formå en til at gøre ngt; **~ing** *adj* fremherskende.
prevent [pri'vεnt] *v* forhindre, forebygge; *~ sby from sth* forhindre en i ngt; **~ion** [-'vεnʃən] *s* forhindring; forebyggelse; bekæmpelse; **~ive** [-'vεntiv] *s* forebyggende middel // *adj* hindrende; forebyggende, præventiv.
preview ['pri:vju:] *s* fernisering; forpremiere.
previous ['pri:viəs] *adj* foregående, tidligere; *~ to* før.
prewar ['pri:'wɔ:*] *adj* førkrigs-.
prey [prei] *s* bytte, rov // *v: ~ on* angribe; nage; *bird of ~* rovfugl.
price [prais] *s* pris; værdi // *v* prissætte; prismærke; **~less** *adj* uvurderlig; **~y** *adj* (F) dyr, pebret.
prick [prik] *s* prik; stik; (V) pik // *v* prikke; stikke; punktere; *~ up one's ears* spidse ører.
prickle [prikl] *s* (på plante) torn, pig; stikken, prikken; **prickly** *adj* tornet; stikkende; *(fig)* vanskelig; (om person) irritabel, prikken; **prickly heat** *s* varmeknopper.
pride [praid] *s* stolthed, hovmod // *v: ~ oneself on sth* være stolt af ngt; *take (a) ~ in* sætte en ære i at.
priest [pri:st] *s* (især katolsk) præst; **~ess** *s* præstinde; **~hood** *s* præsteskab; præsteembede.
prig [prig] *s* pedant; stivstikker.
prim [prim] *adj* pæn, sirlig; snerpet.
primal ['praiməl] *adj* oprindelig; vigtigst.
primarily ['praimərili] *adv* først og fremmest; oprindelig; **primary** ['praiməri] *adj* først; primær; oprindelig; **primary school** *s* grundskole (5-11 år).
prime [praim] *s: in his ~* i sin bedste alder // *v* instruere; præparere // *adj* oprindelig, ur-; fornemst; prima; *~* **minister** *(P.M.) s* premierminister; **~r** *s* begynderbog; (ved maling) grunding.
primeval [prai'mi:vəl] *adj* oprindelig, ur-.
primrose ['primrəuz] *s* primula, kodriver.
prince [prins] *s* fyrste, prins; **P~ Consort** *s* prinsgemal; **princess** [prin'sεs] *s* fyrstinde, prinsesse.
principal ['prinsipl] *s* chef, arbejdsgiver; (i skole) forstander; (om penge) kapital, hovedstol // *adj* vigtigst, hoved-; **~ity** [-'pæliti] *s* fyrstendømme; fyrstemagt; **~ly** ['prinsipli] *adv* hovedsageligt.
principle ['prinsipl] *s* princip; *in ~* principielt; *a man of ~* en principfast mand.
print [print] *s* mærke; aftryk; *(typ)* tryk; *(foto)* kopi // *v* trykke; udgive; skrive med blokbogstaver; *out of ~* udsolgt fra forlaget; *~* **dress** *s* mønstret bomuldskjole; **~ed matter** *s* tryksag; **~er** *s* (bog)trykker; **~er's error** *s* trykfejl; **~ing** *s* trykning; bogtryk; *(foto)* kopiering; **~ing press** *s* trykpresse; **~-out** *s (edb)* udskrift.
prior ['praiə*] *s* prior // *adj* tidligere; foregående; *~ to* førend; forud for.

priority ['prai'ɔriti] *s* fortrinsret; prioritet; *top* ~ første prioritet; øverst på listen.
priory ['praiəri] *s* munkekloster, priorat.
prise [praiz] *v: ~ open* bryde (el. lirke) op.
prison [prizn] *s* fængsel; **~er** *s* fange; *~er of war* krigsfange.
pristine ['pristi:n] *adj* uberørt, jomfruelig.
privacy ['privəsi] *s* privatliv; uforstyrrethed.
private ['praivit] *s* menig (fx *soldier* soldat) // *adj* privat; personlig; ene- (fx *lesson* time); *in* ~ i enrum; under fire øjne; *go* ~ blive selvstændig; ~ **eye** *s* privatdetektiv; ~ **parts** *spl* ædlere dele, kønsdele.
privilege ['privilidʒ] *s* privilegium; **~d** *adj* privilegeret.
privy ['privi] *s* (F) wc, lokum // *adj: be ~ to* være medvidende om.
prize [praiz] *s* pris, præmie; skat // *v* sætte pris på; værdsætte; ~ **fight** *s* professionel boksekamp; ~ **giving** *s* prisuddeling.
pro [prəu] *s (sport)* professionel; *the ~s and cons* for og imod.
probability [prɔbə'biliti] *s* sandsynlighed; *in all* ~ efter al sandsynlighed; **probable** ['prɔbəbl] *adj* sandsynlig; **probably** ['prɔbəbli] *adv* sandsynligvis.
probation [prə'beiʃən] *s* prøvetid; *(jur)* betinget dom; *release on* ~ prøveløslade; ~ **officer** *s* tilsynsværge (for betinget dømt).
probe [prəub] *s* sonde; undersøgelse // *v* sondere; udforske.
problem ['prɔbləm] *s* problem; *(mat)* opgave; **~atic** [-'mætik] *adj* problematisk.
procedure [prə'si:dʒə*] *s* fremgangsmåde; *(jur)* procedure.
proceed [prə'si:d] *v* gå fremad, fortsætte; ~ *to* gå over til (at); **~ing** *s* fremgangsmåde; **~ings** *spl* forhandlinger; *(jur)* sagsanlæg, proces; mødeprotokol.
process ['prəusɛs] *s* proces; metode // *v* forarbejde; behandle; forædle; *in the ~ of* i færd med (at); **~ed cheese** *s* smelteost; **~ing** *s* behandling; forarbejdning.
procession [prə'sɛʃən] *s* procession, optog.
proclaim [prə'kleim] *v* proklamere; bekendtgøre; erklære (fx *war* krig); **proclamation** [prɔklə'meiʃən] *s* bekendtgørelse.
procure [prə'kjuə*] *v* skaffe; opdrive.
prod [prɔd] *v* prikke; puffe; pirke.
prodigal ['prɔdigl] *adj* ødsel, sløset; *the P~ Son* den fortabte søn.
prodigious [prə'didʒəs] *adj* fænomenal; formidabel.
prodigy ['prɔdidʒi] *s* vidunder.
produce *s* ['prɔdju:s] produktion; produkter; udbytte // *v* [prə'dju:s] producere; tage frem, fremvise; skabe, avle; *(teat)* iscenesætte; **~r** *s* producent; *(teat)* instruktør.
product ['prɔdʌkt] *s* produkt; fabrikat; **~ion** [prə'dʌkʃən] *s* produktion; forevisning; fremstilling; værk; iscenesættelse; **~ion line** *s* samlebånd; **~ive** [-'dʌktiv] *adj* produktiv; **~ivity** [-'tiviti] *s* produktivitet.
profane [prə'fein] *adj* verdslig, profan; blasfemisk.
profess [prə'fɛs] *v* erklære; udøve; bekende sig til; ~ *to*

be give sig ud for at være; **~ion** [-ˈfɛʃən] *s* profession, fag, erhverv; bekendelse; **~ional** *s* professionel // *adj* faglig, professionel; *he's a ~ional man* han har et liberalt erhverv.
proffer [ˈprɔfə*] *v* tilbyde.
proficiency [prəˈfiʃənsi] *s* dygtighed, færdighed; **proficient** *adj* dygtig; kyndig; kapabel.
profile [ˈprəufail] *s* profil; omrids.
profit [ˈprɔfit] *s* udbytte, gevinst; gavn // *v: ~ (by* el. *from)* tjene (på); **~ability** [-ˈbiliti] *s* lønsomhed, rentabilitet; **~able** *adj* gavnlig, nyttig; indbringende.
profound [prəˈfaund] *adj* dyb; dybtgående; dybsindig.
profuse [prəˈfju:s] *adj* overvældende, rigelig; ødsel; **profusion** [-ˈfju:ʒən] *s* overflod; ødselhed.
progeny [ˈprɔdʒini] *s* afkom.
programme [ˈprəugræm] *s* program // *v* programmere; **~r** *s (edb)* programmør.
progress *s* [ˈprəugrɛs] fremskridt; fremrykken; forløb, udvikling // *v* [prəˈgrɛs] skride frem, gå fremad; *in ~* i gang; *make ~* gøre fremskridt; **~ion** [-ˈgrɛʃən] *s* fremgang; rækkefølge; **~ive** [-ˈgrɛsiv] *adj* progressiv; voksende; (om person) fremskridtsvenlig; **~ively** [-ˈgrɛsivli] *adv* mere og mere; progressivt.
prohibit [prəˈhibit] *v* forbyde; forhindre; *~ sby from sth* forbyde en at gøre ngt; **~ion** [prəuiˈbiʃən] *s* forbud; **~ive** [-ˈhibitiv] *adj* (om pris) afskrækkende.
project *s* [ˈprɔdʒɛkt] plan, projekt // *v* [prəˈdʒɛkt] planlægge, projektere; rage frem, stikke ud; **~ion** [prəˈdʒɛkʃən] *s* projektering; projicering; fremspring; **~or** [-ˈdʒɛktə*] *s* planægger; projektør; (film- el. lysbilled)fremviser.
proliferate [prəˈlifəreit] *v* formere sig (hurtigt); *(fig)* vokse (hurtigt); **proliferation** [-ˈreiʃən] *s* hurtig formering; hurtig vækst.
prolific [prəˈlifik] *adj* frugtbar; *(fig)* frodig; produktiv.
prolong [prəˈlɔŋ] *v* forlænge; **~ed** *adj: a ~ed speech* en langtrukken tale.
prom [prɔm] *s* fork.f. *promenade concert.*
promenade [prɔməˈna:d] *s* spadseretur, promenade; **~ concert** *s* promenadekoncert.
prominence [ˈprɔminəns] *s* fremspring; *(fig)* betydelighed; **prominent** *adj* fremstående; *(fig)* prominent.
promiscuous [prɔˈmiskjuəs] *adj* som har tilfældige forhold.
promise [ˈprɔmis] *s* løfte // *v* love; tegne til; *he shows much ~* han er meget lovende; **promising** *adj* lovende.
promontory [ˈprɔməntri] *s* forbjerg.
promote [prəˈməut] *v* fremme, arbejde for (fx *peace* fred); reklamere for; (om person) forfremme; **~r** *s (sport)* promotor; **promotion** [-ˈməuʃən] *s* fremme, støtte; salgsarbejde; forfremmelse.
prompt [prɔmt] *v* tilskynde; fremkalde; *(teat)* sufflere // *adj* hurtig; beredvillig // *adv* omgående, prompte; *~ sby to* få en til (at); **~er** *s* sufflør; **~itude** *s* beredvillighed.
prone [prəun] *adj* liggende (på maven); tilbøjelig; *he's ~ to anger* han bliver let vred.

pronoun ['prəunaun] *s* stedord, pronomen.
pronounce [prə'nauns] *v* udtale; erklære; ~ *(up)on* udtale sig om; **~d** *adj* udtalt; udpræget; **~ment** *s* udtalelse.
pronunciation [prənʌnsi'eiʃən] *s* udtale.
proof [pru:f] *s* bevis, prøve; (om alkohol) styrke; *(typ)* korrektur; *(foto)* prøveaftryk // *adj* uimodtagelig; tæt; *be ~ against* kunne modstå; **~-reader** *s* korrekturlæser.
prop [prɔp] *s* stiver, støtte(bjælke) (se også *props)* // *v* (også: *~ up)* afstive, støtte; *~ sth against the wall* stille ngt op ad muren.
propagation [prɔpə'geiʃən] *s* formering; udbredelse.
propel [prə'pɛl] *v* drive frem; **~ler** *s* (skibs)skrue, propel.
propensity [prə'pɛnsiti] *s* hang, tilbøjelighed.
proper ['prɔpə*] *adj* rigtig; passende, egnet; anstændig; *give sby a ~ licking* (F) give en en ordentlig omgang tæv; ~ **noun** *s (gram)* egennavn, proprium.
property ['prɔpəti] *s* ejendom; ejendele; egenskab; ~ **owner** *s* husejer, grundejer.
prophecy ['prɔfisi] *s* forudsigelse, profet; **prophesy** ['prɔfisai] *v* forudsige, spå; **prophet** ['prɔfit] *s* profet.
proportion [prə'pɔ:ʃən] *s* del; forhold, proportion // *v* afpasse; **~al, ~ate** *adj* forholdsmæssig, proportionel.
proposal [prə'pəuzl] *s* forslag; frieri; **propose** [-'pəuz] *v* foreslå; forelægge, have i sinde; fri; **proposition** [-'ziʃən] *s* forslag, projekt.
proprietary [prə'praiətəri] *adj* navnebeskyttet; ejendoms-; **proprietor** [-'praiətə*] *s* ejer.
propriety [prə'praiəti] *s* berettigelse; rigtighed; sømmelighed.
props [prɔps] *spl* (teater)rekvisitter.
propulsion [prə'pʌlʃən] *s* drivkraft, fremdrift.
prosaic [prəu'zeiik] *adj* kedelig, prosaisk.
proscription [prə'skripʃən] *s* forbud; fordømmelse.
prose [prəuz] *s* prosa.
prosecute ['prɔsikju:t] *v* forfølge; udøve; *(jur)* anklage, sagsøge; **prosecution** [-'kju:ʃən] *s* forfølgelse; *(jur)* anklage(myndighed); **prosecutor** *s* anklager; sagsøger; (også: *public ~)* offentlig anklager.
prospect *s* ['prɔspɛkt] udsigt; (om person) emne // *v* [prə'spɛkt] foretage undersøgelser; søge efter olie (, guld etc); **~ive** [-'spɛktiv] *adj* eventuel; fremtidig; **~or** [-'spɛktə*] *s* guldsøger; en der borer efter olie etc; **~s** *spl* udsigter; chancer.
prospectus [prə'spɛktəs] *s* prospekt; program.
prosper ['prɔspə*] *v* have fremgang; trives; **~ity** [prɔs'pɛriti] *s* fremgang, held; velstand; **~ous** *adj* heldig; velstående; blomstrende.
prostitute ['prɔstitju:t] *s* prostitueret, luder.
prostrate ['prɔstreit] *adj* liggende; næsegrus; *(fig)* knust.
protect [prə'tɛkt] *v* beskytte; frede; **~ion** *s* beskyttelse, værn; **~or** *s* beskytter.
protest *s* ['prəutɛst] protest, indvending // *v* [prə'tɛst] protestere, gøre indsigelse; *she ~ed that...* hun påstod (el. hævdede) at...
protracted [prə'træktid] *adj* langtrukken.

protractor [prə'træktə*] *s* vinkelmåler.
protrude [prə'tru:d] *v* stikke ud; rage frem; **protruding** *adj* udstående (fx *eyes* øjne).
proud [praud] *adj* stolt; hovmodig; *he did me* ~ (F) han diskede op for mig; han gjorde det godt for mig.
prove [pru:v] *v* bevise; påvise; efterprøve; ~ *correct* vise sig at være rigtig; ~ *oneself* vise hvad man kan.
proverb ['prɔvə:b] *s* ordsprog; **~ial** [prə'və:biəl] *adj* legendarisk.
provide [prə'vaid] *v* skaffe; forsyne; foreskrive; ~ *sby with sth* skaffe en ngt; ~ *for* sørge for; tage højde for; *~d (that)* forudsat (at); på betingelse af (at).
Providence ['prɔvidəns] *s* forsynet.
providing [prə'vaidiŋ] *konj* forudsat (at).
province ['prɔvins] *s* provins; område, felt; **provincial** [prə'vinʃəl] *adj* provinsiel, provins-.
provision [prə'viʒən] *s* anskaffelse; tilvejebringelse; omsorg; **~al** *adj* foreløbig, provisorisk; **~s** *spl* proviant; forråd, forsyninger.
provocation [prɔvə'keiʃən] *s* udfordring, provokation; **provocative** [prə'vɔkətiv] *adj* provokerende.
provoke [prə'vəuk] *v* fremkalde, vække; tilskynde; provokere.
proximity [prɔk'simiti] *s* nærhed.
proxy ['prɔksi] *s* befuldmægtiget stedfortræder; fuldmagt; *vote by* ~ stemme ved fuldmagt.
prudence [pru:dns] *s* klogskab; forsigtighed; **prudent** *adj* klog; forsigtig.
prudery ['pru:dəri] *s* sippethed; **prudish** ['pru:diʃ] *adj* sippet.
prune [pru:n] *s* sveske // *v* (om træer, planter etc) beskære.
pry [prai] *v:* ~ *into* snage i, stikke sin næse i.
psalm [sa:m] *s* salme; *the P~s* Davids salmer.
psyche ['saiki] *s* psyke, sjæl.
psychiatric [saiki'ætrik] *adj* psykiatrisk; **psychiatrist** [-'kaiətrist] *s* psykiater; **psychiatry** [-'kaiətri] *s* psykiatri; **psychic(al)** ['saikik(l)] *adj* psykisk; (om person) telepatisk.
psycho... ['saikəu-] sms: **~analysis** [-æ'nælisis] *s* psykoanalyse; **~analyst** [-'ænəlist] *s* psykoanalytiker; **~logical** [-'lɔdʒikl] *adj* psykologisk; **~logist** [sai'kɔlədʒist] *s* psykolog; **~path** ['saikəpæθ] *s* psykopat; **~sis** [sai'kəusis] *s* psykose.
PTO, pto (fork.f. *please turn over)* vend! se næste side!
pub [pʌb] *s* (fork.f. *public house)* kro, værtshus; **~-crawl** ['pʌb'krɔ:l] *s* værtshusturné.
puberty ['pju:bəti] *s* pubertet.
public ['pʌblik] *s* publikum // *adj* offentlig, almen; *the general* ~ offentligheden; *in* ~ offentligt; ~ **address system** *(P.A.) s* højttaleranlæg.
publican ['pʌblikən] *s* værtshusholder, pubejer.
publication [pʌbli'keiʃən] *s* publikation; offentliggørelse, udgivelse; bekendtgørelse.
public... ['pʌblik-] sms: ~ **opinion** *s* den offentlige mening; ~ **relations** *(PR) s* public relations, reklame; ~ **school** *s* (i England) privat kostskole; (i Skotland) offentlig skole.

publish ['pʌbliʃ] *v* offentliggøre, publicere, udgive; **~er** *s* forlægger; **~ing** *s* forlagsvirksomhed; (om bog) udgivelse.
pucker ['pʌkə*] *v: ~ one's lips* knibe munden sammen.
pudding ['pudiŋ] *s* budding; dessert; *black ~* blodpølse.
puddle [pʌdl] *s* pyt, pøl.
puff [pʌf] *s* pust; røgsky; (også: *powder ~)* pudderkvast // *v* puste; dampe; *~ one's pipe* pulse på sin pibe; *~ out smoke* sende røgskyer ud; **~ed** *adj* (F) forpustet.
puff pastry ['pʌf'peistri] *s* butterdej.
puffy ['pʌfi] *adj* forpustet; oppustet.
puke [pju:k] *s* (F) bræk // *v* brække sig.
pull [pul] *s* træk, ryk; *(fig)* tiltrækning // *v* trække (i), rykke (i); hale (i); (om muskel) forstrække; *give sth a ~* rykke i ngt; *~ a face* skære ansigt; *~ sth to pieces* rive ngt i stykker; *~ oneself together* tage sig sammen; *~ sby's leg* gøre grin med en; bilde en ngt ind; *~ apart* rive i stykker; kritisere sønder og sammen; *~ down* rive ned; fælde; slå ned, ydmyge; *~ in* (om bil) køre ind til siden; (om tog) køre ind på stationen; *~ off* trække af, tage af; klare, gennemføre; *~ out* trække sig ud; gå (el. køre) ud; trække ud; trække sig (tilbage); *~ round* komme sig; komme til sig selv; *~ up* standse; trække op; holde an, stoppe.
pull-in ['pulin] *s* holdeplads; cafeteria (ved bilvej).
pulp [pʌlp] *s* frugtkød; papirmasse.
pulpit ['pulpit] *s* prædikestol.
pulsate [pʌl'seit] *v* pulsere, banke.
pulse [pʌls] *s* puls(slag); (om musik el. maskine) (rytmisk) banken.
pulverize ['pʌlvəraiz] *v* pulverisere; forstøve.
pumice ['pʌmis] *s* pimpsten.
pump [pʌmp] *s* pumpe, vandpost // *v* pumpe.
pumpkin ['pʌmpkin] *s* græskar.
pun [pʌn] *s* ordspil.
punch [pʌntʃ] *s* slag, stød; kraft, energi; *(tekn)* dorn, stempel; (om drik) punch // *v* slå, støde til; klippe, hulle; *P~ and Judy show* mester Jakelteater.
punctual ['pʌnktjuəl] *adj* præcis, punktlig; **~ity** [-'æliti] *s* punktlighed.
punctuate ['pʌnktjueit] *v* pointere; *(gram)* sætte tegn i; **punctuation** [-'eiʃən] *s (gram)* tegnsætning.
puncture ['pʌnktʃə*] *s* punktering, stik // *v* punktere, stikke hul i.
pungent ['pʌndʒənt] *adj* skarp, kras; sarkastisk.
punish ['pʌniʃ] *v* straffe, afstraffe; **~able** *adj* strafbar; **~ment** *s* straf.
punt [pʌnt] *s* fladbundet båd, pram; (i fodbold) flugtning.
pup [pʌp] *s* (hunde)hvalp; (om ræv, ulv etc) unge.
pupil ['pju:pil] *s* elev; *(anat)* pupil.
puppet ['pʌpit] *s* (marionet)-dukke.
puppy ['pʌpi] *s* (hunde)hvalp; *~* **fat** *s* hvalpefedt.
purchase ['pə:tʃəs] *s* køb, anskaffelse // *v* købe, erhverve; **~r** *s* køber.
pure [pjuə*] *adj* ren; ægte; uberørt; *it's ~ nonsense* det er det rene vrøvl; **~ly** *adv* rent; udelukkende; *it's ~ly my fault* det er udelukkende

min skyld.

purgatory ['pə:gətəri] *s* skærsild; lidelse.

purge [pe:dʒ] *s* afføringsmiddel; udrensning, renselse // *v* rense, udrense.

purification [pjuərifi'keiʃən] *s* renselse; oprensning; **purify** ['pjuərifai] *v* rense, lutre.

puritan ['pjuəritən] *s* puritaner // *adj* puritansk.

purity ['pjuəriti] *s* renhed.

purl [pə:l] *s* vrangmaske // *v* strikke vrang.

purple [pə:pl] *adj* violet, lilla.

purpose ['pə:pəs] *s* hensigt, formål; *on* ~ med vilje, forsætlig; *to no* ~ til ingen nytte; **~-built** *adj* (om byggeri) integreret, specialbygget; **~ful** *adj* målbevidst, bestemt; **~ly** *adv* med vilje.

purr [pə:*] *s* (om kat) spinden // *v* spinde, snurre.

purse [pə:s] *s* (penge)pung // *v* snerpe sammen.

pursue [pə'sju:] *v* forfølge; tilstræbe; følge; blive ved med; **~r** *s* forfølger.

pursuit [pə'sju:t] *s* forfølgelse, jagt; stræben; beskæftigelse, erhverv; *scientific ~s* videnskabelige sysler.

purveyor [pə'veiə*] *s* leverandør.

push [puʃ] *s* skub, puf; kraftanstrengelse; energi, gåpåmod // *v* skubbe, puffe; trykke på; forcere, tilskynde; opreklamere, promovere; presse på; *don't ~!* lad være med at skubbe! *~ aside* skubbe til side; *~ off* (F) komme (el. tage) af sted; *~ on* mase på, komme videre; *~ over* vælte omkuld; *~ through* gennemføre; komme frem; *~ up* presse i vejret (fx *prices* priser); **~chair** *s* promenadevogn, klapvogn; **~ing** *adj* energisk, foretagsom; påtrængende; **~over** *s: it's a ~over* (F) det er en let sag; **~y** *adj (neds)* fremadstræbende, med spidse albuer.

pussy ['pusi] *s* (F) mis(sekat).

put [put] *v (put, put)* lægge, sætte, stille, anbringe, putte; fremstille; foreslå; anslå; *~ about (mar)* gå over stag; udsprede (fx *a rumour* et rygte); *(fig)* ulejlige; *~ across* gennemføre, sætte igennem; *~ the idea across to sby* få en til at gå ind på tanken; *~ away* lægge til side, gemme væk; (om dyr) aflive; (F) sætte til livs; *~ back* stille (, lægge etc) tilbage; forsinke; *~ by* lægge til side, spare op; *~ down* lægge fra sig; notere, skrive ned; undertrykke, kvæle; *~ down to* tilskrive; *~ forward* stille frem (fx *the watch* uret); fremsætte, foreslå; *~ in* installere; indgive, indsende; *~ off* opsætte, udsætte; tage modet fra, skræmme; (om lys etc) slukke, lukke (for); *~ on* lægge på, sætte på, tage på (fx *one's clothes* sit tøj); (om lys etc) tænde, åbne for; lave numre med; (om kedel etc) sætte over; *~ on the brakes* bremse; *~ out* lægge ud, smide ud; række frem (fx *one's hand* hånden); sætte i omløb (fx *news* nyheder); (om lys etc) slukke, lukke (for); forvirre, irritere; *be quite ~ out* (F) være helt fra den; *~ together* sætte sammen, lægge sammen; *~ up* opføre, rejse; hejse; hænge op; give husly; *~ up with* finde sig i.

putrid ['pju:trid] *adj* rådden; (F) ækel.

putter ['pʌtə*] *s* golfkølle; **putting green** *s* (på golfbane)

green.
putty ['pʌti] *s* kit.
put-up ['putʌp] *adj: a ~ job* aftalt spil.
puzzle [pʌzl] *s* gåde, problem, mysterium; puslespil; (også: *crossword ~)* krydsogtværs // *v* forvirre; spekulere, bryde sin hjerne; **puzzling** *adj* forvirrende.
pygmy ['pigmi] *s* pygmæ, dværg.
pyjamas [pi'dʒa:məs] *spl* pyjamas.
pylon ['pailən] *s* el-mast, højspændingsmast.
Pyrenees ['pirəni:z] *spl: the ~* Pyrenæerne.
python ['paiθən] *s* pythonslange.

Q

Q [kju:].
Q.C. fork.f. *Queen's Counsel.*
quack [kwæk] *s* (om and) rappen, skræppen; kvaksalver.
quadrangle ['kwɔdræŋgl] *s* firkant, kvadrat.
quadrate ['kwɔdrət] *s* firkant, kvadrat.
quadruped ['kwɔdrupɛd] *s* firbenet dyr.
quadruple [kwɔ'drupl] *adj* firedobbelt, firsidet // *v* firdoble; **~t** [-'dru:plit] *s* firling.
quagmire ['kwægmaiə*] *s* hængedynd, sump.
quail [kweil] *s* vagtel.
quaint [kweint] *adj* mærkelig; kunstfærdig; gammeldags.
quake [kweik] *s* skælven, bæven; (også: *earth~)* jordskælv // *v* skælve, ryste.
Quaker ['kweikə*] *s* kvæker.
qualification [kwɔlifi'keiʃən] *s* kvalifikation; egnethed; forudsætning; eksamen; **qualified** ['kwɔlifaid] *adj* kvalificeret, egnet; betinget; uddannet (fx *nurse* sygeplejerske); **qualify** ['kwɔlifai] *v* kvalificere, dygtiggøre; give kompetence; uddanne sig; *qualify as* uddanne sig til, tage eksamen som; *qualify (for)* være kvalificeret til; **quality** ['kwɔliti] *s* kvalitet, egenskab.
qualm [kwɔ:m] *s* betænkelighed, skrupel.
quantitative ['kwɔntitətiv] *adj* kvantitativ; **quantity** ['kwɔntiti] *s* mængde, kvantum; kvantitet; størrelse; **quantity discount** *s* mængderabat.
quarantine ['kwɔrənti:n] *s* karantæne.
quarrel [kwɔrl] *s* skænderi, strid // *v* skændes, blive uvenner; *pick a ~ with sby* yppe kiv med en; **~some** *adj* krakilsk.
quarry ['kwɔri] *s* stenbrud; fangst, bytte // *v (min)* bryde.
quart [kwɔ:t] *s* (rummål: *2 pints* sv.t. 1,136 liter).
quarter ['kwɔ:tə*] *s* fjerdedel, kvart; (om tid) kvarter; kvartal // *v* dele i fire; partere; indkvartere; *a ~ of an hour* et kvarter; **~-deck** *s (mar)* agterdæk; **~ final** *s* kvartfinale; **~ly** *adj* kvartals-, kvartalsvis; **~s** *spl* bolig, logi; *(mil)* kvarter; *(mar)* mandskabsrum.
quartet [kwɔ:'tɛt] *s (mus)* kvartet.
quartz [kwɔ:ts] *s* kvarts.
quasi- ['kweizai] kvasi-, tilsyneladende.
quaver ['kweivə*] *s (mus)* ottendedelsnode; skælven // *v* skælve, dirre.
quay [ki:] *s* kaj.
queen [kwi:n] *s* dronning; (i kortspil) dame; *~ of hearts* hjerter dame; *~* **mother** *s* enkedronning (moder til re-

genten); **Q~'s Counsel** *(Q.C.)* *s* advokat der kan optræde som anklager i kriminalsager (og tage særlige honorarer).

queer [kwiə*] *s* (F) homoseksuel, bøsse // *adj* mærkelig, mistænkelig; sløj; (F) homoseksuel.

quell [kwɛl] *v* knuse, undertrykke; dæmpe.

quench [kwɛntʃ] *v* slukke.

query ['kwiəri] *s* spørgsmål, forespørgsel; spørgsmålstegn // *v* tvivle på; sætte spørgsmålstegn ved; forespørge.

quest [kwɛst] *s* søgen; *in ~ of sth* på udkig efter ngt.

question ['kwɛstʃən] *s* spørgsmål; sag // *v* (ud)spørge; afhøre; undersøge; drage i tvivl; *it's a ~ of* det drejer sig om; *there is no ~ of that* der er ingen tvivl om det; *the house in ~* det pågældende hus; *beyond ~* uden tvivl; *out of the ~* udelukket; **~able** *adj* tvivlsom, diskutabel; mistænkelig; **~ing** *s* forhør; undersøgelse; **~ mark** *s* spørgsmålstegn.

questionnaire [kwɛstʃə'nɛə*] *s* spørgeskema.

queue [kju:] *s* kø // *v: ~ (up)* stille sig (el. stå) i kø.

quibble [kwibl] *v* hænge sig i detaljer; være smålig.

quick [kwik] *s: cut to the ~ (fig)* gå til marv og ben; ramme det ømme punkt // *adj* hurtig, kort, kvik; opvakt; (om hørelse, syn etc) skarp; (om temperament) hidsig; *be ~!* skynd dig! **~en** *v* fremskynde; sætte fart i; sætte farten op; **~sand** *s* kviksand; **~silver** *s* kviksølv; **~-tempered** *adj* hidsig; **~-witted** *adj* snarrådig, slagfærdig.

quid [kwid] *s (pl: quid)* (F) pund (sterling); *20 ~* £20.

quiet ['kwaiət] *s* ro, stilhed // *adj* rolig, stille; diskret; *keep ~!* ti stille! vær stille! *keep sth ~* holde ngt hemmeligt; *on the ~* i hemmelighed, i smug; *~ down* falde til ro.

quill [kwil] *s* fjer; gåsefjer.

quilt [kwilt] *s* vatteret (el. quiltet) tæppe, vattæppe; *(continental) ~* dyne; **~ing** *s* vattering, quiltning.

quinine [kwi'ni:n] *s* kinin.

quins [kwins] *spl* (fork.f. *quintuplets)* (F) femlinger.

quintet(te) [kwin'tɛt] *s* kvintet.

quintuplet [kwin'tju:plit] *s* femling.

quirk [kwə:k] *s* særhed, ejendommelighed.

quit [kwit] *v (~ted, ~ted* el. *quit, quit)* forlade, opgive; fratræde; holde op med, droppe; flytte, gå sin vej; *~ smoking* holde op med at ryge; *notice to ~* opsigelse.

quite [kwait] *adv* helt, fuldkommen; ubetinget, absolut; temmelig, ret; *I ~ understand* jeg forstår udmærket; *~ a few* ikke så få, en hel del; *not ~* ikke helt; *he's not ~ there* (F) han er ikke rigtig med; *~ (so)!* netop! ganske rigtigt!

quits [kwits] *adj* kvit; *I'll be ~ with you!* det skal du få betalt!

quiver ['kwivə*] *s* pilekogger; skælven, bæven // *v* dirre, skælve.

quiz [kwiz] *s* spørgeleg, quiz // *v* udspørge; **~zical** *adj* spørgende; tvivlende.

quota ['kwəutə] *s* kvota, andel.

quotation [kwəu'teiʃən] *s* citat; *(merk)* notering, kurs; tilbud; **~ marks** *spl* anførelsestegn.

quote [kwəut] *s* citat, anførelsestegn // *v* citere; *(merk)* notere; give tilbud; *quote ...*

unquote citat begynder ... citat slut; *please* ~ (i forretningsbrev) sv.t. 'vor reference'.

R

R, r [a:*].
rabbit ['ræbit] *s* kanin.
rabble [ræbl] *s* pak, pøbel.
rabid ['ræbid] *adj* gal, rasende; fanatisk, rabiat.
rabies ['reibi:z] *s* rabies, hundegalskab.
raccoon [rə'ku:n] *s* vaskebjørn.
race [reis] *s* race; væddeløb, kapløb // *v* løbe (,køre, sejle etc) om kap (med); fare af sted, race; *(mek)* løbe løbsk; **~course** *s* væddeløbsbane; **~horse** *s* væddeløbshest; **~ riots** *spl* raceoptøjer; **~ track** *s* væddeløbsbane; **racial** [reiʃl] *adj* race-; **racialism** ['reiʃəlizm] *s* racisme; **racialist** ['reiʃəlist] *s* racist.
racing ['reisiŋ] *s* væddeløb; hestesport; **~ car** *s* racerbil; **~ driver** *s* væddeløbskører.
rack [ræk] *s* stativ; (også: *luggage ~)* bagagenet; (også: *roof ~) (auto)* tagbagagebærer; *(hist)* pinebænk // *v* pine; *dish ~* opvaskestativ; *magazine ~* tidsskrifthylde; *toast ~* holder til ristet brød; *~ one's brains* bryde sin hjerne; *~ed with pain* forpint.
racket ['rækit] *s* larm, ståhej; liv og glade dage; *(sport)* ketsjer; svindel, fupnummer.
racy ['reisi] *adj* smart, dødlækker (fx *car* bil); saftig; dristig (fx *story* historie).
radiance ['reidiəns] *s* stråleglans; udstråling; **radiant** *adj* strålende; **radiate** [-eit] *v* udstråle; bestråle; **radiation** [-'eiʃən] *s* udstråling; stråling.
radiator ['reidieitə*] *s* varmeapparat, radiator; *(auto)* køler; **~ cap** *s (auto)* kølerdæksel.
radii ['reidiai] *spl* af *radius.*
radio ['reidiəu] *s* radio; *on the ~* i radioen; **~active** *adj* radioaktiv; **~grapher** [reidi'ɔgrəfə*] *s* røntgenassistent, radiograf; **~graphy** [-'ɔgrəfi] *s* røntgenfotografering; **~logy** [-'ɔlədʒi] *s* radiologi; **~therapy** [-'θεrəpi] *s* røntgenbehandling.
radish ['rædiʃ] *s* radise; ræddike.
raffle [ræfl] *s* tombola, lotteri.
raft [ra:ft] *s* (tømmer)flåde; (også: *life ~)* redningsflåde.
rafter ['ra:ftə*] *s* tagspær.
rag [ræg] *s* klud, las; *(neds,* om avis) sprøjte; sjov, løjer // *v* skælde ud; tage gas på.
rage [reidʒ] *s* raseri; mani // *v* rase; *it's all the ~* det er sidste skrig.
ragged ['rægid] *adj* laset; (om fx klippe) forreven; takket.
raid [reid] *s* angreb; strejftog; razzia // *v* angribe; lave razzia; plyndre.
rail [reil] *s* gelænder; rækværk; *(jernb)* skinne; *(mar)* ræling // *v* skælde ud *(at* på, over); *by ~* med tog; *British R~* de britiske statsbaner; **~bus** *s* skinnebus; **~ing(s)** *s(pl)* stakit, rækværk; **~link** *s* (bus)forbindelse mellem fx lufthavn og jernbanestation; **~way** *s (brit)* jernbane; **~wayman** *s* jernbanefunktionær; **~way station** *s* jernbanestation.
rain [rein] *s* regn, regnvejr // *v* regne; *in the ~* i regnvejret; **~bow** *s* regnbue; **~drop** *s* regndråbe; **~fall** *s* regn; regnmængde; **~ gauge** *s* regnmåler; **~proof** *adj* regntæt;

~**storm** *s* voldsomt regnvejr; ~**y** *adj* regnfuld; regnvejrs-.

raise [reiz] *s* lønstigning // *v* løfte, hæve; opføre, rejse (fx *a building* en bygning); fremkalde; opløfte (fx *a cry* et skrig); dyrke, opdrætte; ~ *one's voice* hæve stemmen.

raisin [reizn] *s* rosin.

rake [reik] *s* rive // *v* rive; skrabe sammen; gennemrode; *(mil)* beskyde; ~ *one's brain* ransage hukommelsen; ~ *up* rippe op i; ~**-off** *s* (ulovlig) profit.

rally ['ræli] *s* samling, stævne; *(auto)* løb // *v* samle (sig); (om syg person) være i bedring; *(merk,* om kurser) rette sig; ~ *round* samles om; stå sammen om.

ram [ræm] *s* vædder // *v* stampe; vædre; støde; proppe.

ramble [ræmbl] *s* (vandre)tur // *v* vandre om; vrøvle, væve; ~**r** *s* vandrer; *(bot)* slyngrose; **rambling** *adj* (om tale) usammenhængende; vidtløftig; *(bot)* klatre-.

rampage [ræm'peidʒ] *s* rasen; *go on a* ~ slå sig løs // *v* hærge.

rampant ['ræmpənt] *adj* som breder sig stærkt; *be* ~ grassere.

ramshackle ['ræmʃɛkl] *adj* faldefærdig; vaklevorn.

ran [ræn] *præt* af *run.*

ranch [ra:ntʃ] *s* kvægfarm.

rancid ['rænsid] *adj* harsk.

rancour ['ræŋkə*] *s* bitterhed, nag.

random ['rændəm] *s: at* ~ på lykke og fromme; på må og få // *adj* tilfældig; på slump.

randy ['rændi] *adj* (F) liderlig.

rang [ræŋ] *præt* af *ring.*

range [reindʒ] *s* række; (om bjerge) kæde; rækkevidde; (også: *shooting* ~*)* skudvidde; (også: *kitchen* ~*)* komfur // *v* stille op (på række); placere; strejfe om; ~ *from... to...* variere mellem... og...; ~**r** *s* skovfoged; parkopsynsmand.

rank [ræŋk] *s* række, geled; *(mil)* grad, rang; (også: *taxi* ~*)* taxaholdeplads // *v:* ~ *among* regnes blandt; være en af; ~ *above* stå over, være bedre end; *the* ~ *and file (mil)* de menige; ~**ing-list** *s* rangliste.

ransack ['rænsæk] *v* ransage; plyndre.

ransom ['rænsəm] *s* løsepenge; *hold sby to* ~ kræve løsepenge for en (som man holder fangen).

rap [ræp] *s* slag, rap; banken // *v* banke, slå.

rape [reip] *s* voldtægt; bortførelse; *(bot)* raps // *v* voldtage; røve.

rapid ['ræpid] *adj* hurtig; rivende; ~**ity** [-'piditi] *s* rivende hast; ~**s** *spl* (i flod) strømhvirvler.

rapist ['reipist] *s* voldtægtsforbryder

rapport [ræ'pɔ:*] *s* forståelse; bølgelængde.

rapture ['ræptʃə*] *s* henrykkelse, ekstase; *go into* ~*s over sth* falde i svime over ngt.

rare [rɛə*] *adj* sjælden; usædvanlig; (om bøf etc) halvstegt, rød; ~**bit** *s* se *Welsh;* ~**ly** *adv* sjældent; **rarity** ['rɛəriti] *s* sjældenhed.

rascal [ra:skl] *s* slyngel, skurk.

rash [ræʃ] *s* udslæt // *adj* overilet; forhastet.

rasher ['ræʃə*] *s* tynd skive.

rasp [ra:sp] *s* rasp; raspen.

raspberry ['ra:zbəri] *s* hindbær.

rasping ['ra:spiŋ] *adj* skurrende (fx *voice* stemme).

rat [ræt] *s* rotte; *smell a ~* lugte lunten, få mistanke.

rate [reit] *s* takst; procent; hastighed; hyppighed; tarif; sats // *v* vurdere; regne; regnes; *at any ~* i hvert fald; *at this rate* på denne måde; *~ sby among* regne en blandt; **~able value** *s* skatteværdi; **~ of exchange** *s* valutakurs; **~s** *spl* kommunalskat.

rather ['ra:ðə*] *adv* hellere; helst; snarere; temmelig, ret; *it's ~ expensive* det er temmelig dyrt; *I would ~ you did it* jeg vil helst have at du gør det; *is he rich? ~!* er han rig? ja, mon ikke!

ratification [rætifi'keiʃən] *s* stadfæstelse; **ratify** ['rætifai] *v* stadfæste; anerkende.

rating ['reitiŋ] *s* vurdering; tjenestegrad.

ratio ['reiʃiəu] *s* forhold.

ration ['ræʃən] *s* ration // *v* rationere; **~al** *adj* rationel, fornuftig; **~alize** *v* rationalisere; **~ing** *s* rationering.

rattle [rætl] *s* raslen, klirren; rangle; skralde // *v* rasle, klirre; ralle; rasle med; *~* **snake** *s* klapperslange.

raucuous ['rɔ:kəs] *adj* ru, hæs.

ravage ['rævidʒ] *v* plyndre, hærge; **~s** *spl* plyndring, ødelæggelse.

rave [reiv] *v* fable; tale i vildelse; rase; *~ about sth* fable om ngt, være vild med ngt.

raven ['reivən] *s* ravn // *adj* ravnsort.

ravenous ['rævinəs] *adj* skrupsulten; glubende.

ravine [rə'vi:n] *s* slugt, bjergkløft.

raving ['reiviŋ] *adj: he's a ~ lunatic* han er fuldstændig vanvittig; *~ mad* bindegal.

ravish ['ræviʃ] *v* henrykke; **~ing** *adj* henrivende.

raw [rɔ:] *adj* rå; uforarbejdet; hudløs; uøvet.

ray [rei] *s* stråle; *a ~ of hope* et svagt håb.

raze [reiz] *v* rive ned til grunden.

razor ['reizə*] *s* barbermaskine, barberkniv; *~* **blade** *s* barberblad.

Rd fork.f. *road.*

re [ri:] *præp* angående.

reach [ri:tʃ] *s* rækkevidde; strækning // *v* række, strække; nå (til); kontakte; *out of ~* uden for rækkevidde; *within easy ~ (of)* i umiddelbar nærhed (af); *~ out for* række ud efter.

react [ri'ækt] *v* reagere; **~ion** [-'ækʃən] *s* reaktion; **~tionary** [-'ækʃənri] *adj* reaktionær; **~or** *s* reaktor; reagens.

read [ri:d] *v (read, read* [rɛd]) læse; forstå, opfatte; studere (fx *law* jura); aflæse // *adj* [rɛd] læst; *be well ~* være belæst; *~ out* læse op; **~able** *adj* letlæselig; læseværdig; **~er** *s* læser; oplæser; aflæser; læsebog; *(univ)* sv.t. universitetslektor, docent.

readily ['rɛdili] *adv* gerne; let, hurtigt; **readiness** *s* beredskab; beredvillighed; *in readiness* parat.

reading ['ri:diŋ] *s* læsning; læsestof; opfattelse; (om måler etc) visning; *~* **glasses** *spl* læsebriller.

ready ['rɛdi] *adj* parat; beredt; villig; *be ~ to cry* være lige ved at græde; *~* **cash** *s* rede penge; **~-cooked** *adj* (om mad) færdiglavet; **~-made** *adj* færdiglavet; færdigsyet; **~-mix** *s* (til kager, creme etc) færdig pulverblanding; **~-to-wear** *adj* færdigsyet.

real [riəl] *adj* virkelig, ægte; *~* **estate** *s* fast ejendom; *~*

estate agent *s* ejendomsmægler; **~ism** *s* realisme; **~istic** [-ˈlistik] *adj* realistisk; **~ity** [riˈæliti] *s* virkelighed; **~ization** [-laiˈzeiʃən] *s* gennemførelse; opfyldelse; opfattelse; **~ize** [-laiz] *v* gennemføre; realisere; blive klar over, indse.
realm [rɛlm] *s* (konge)rige.
reap [ri:p] *v* høste; meje; **~er** *s* høstarbejder; høstmaskine.
reappear [ˈri:əˈpiə*] *v* vise sig igen; dukke op igen; **~ance** *s* genopdukken.
rear [riə*] *s* bagside; bagtrop // *v* rejse; stille sig på bagbenene, stejle; opdrætte // *adj* bag-; **~-engined** *adj (auto)* med hækmotor; **~guard** *s* bagtrop.
rearm [ri:ˈa:m] *v* genopruste; **~ament** *s* genoprustning.
rearrange [ˈri:əˈreindʒ] *v* flytte om på; omordne.
rear-view [ˈriəvju:] *adj: ~ mirror* bakspejl.
reason [ri:zn] *s* grund; fornuft, forstand // *v* tænke (sig til); ræsonnere; *by ~ of* på grund af; *it stands to ~* det siger sig selv; *~ with sby* prøve at tale en til fornuft; **~able** *adj* fornuftig, rimelig; **~ably** *adv* rimeligt; nogenlunde; **~ing** *s* ræsonnement.
reassemble [ˈri:əˈsɛmbl] *v* samle(s) igen.
reassure [ˌri:əˈʃuə*] *v* berolige; **reassuring** *adj* beroligende.
rebel *s* [rɛbl] oprører // *v* [riˈbɛl] gøre oprør; **~lion** [-ˈbɛljən] *s* oprør; **~lious** [-ˈbɛljəs] *adj* oprørsk.
rebound [riˈbaund] *v* springe tilbage; give bagslag.
rebuild [ˈri:ˈbild] *v* genopbygge; ombygge.
rebuke [riˈbju:k] *s* irettesættelse; reprimande // *v* irettesætte.
recall [riˈkɔ:l] *s* tilbagekaldelse; *(mil)* genindkaldelse // *v* tilbagekalde; mindes, huske; *beyond ~* uigenkaldelig.
recapture [ri:ˈkæptʃə*] *v* generobre; genvinde.
recede [riˈsi:d] *v* vige; trække sig tilbage; dale, gå ned; **receding** *adj* vigende; skrå; *his hair is receding* han er ved at få høje tindinger.
receipt [riˈsi:t] *s* kvittering; modtagelse.
receive [riˈsi:v] *v* modtage; få, tage imod; opsamle; **~r** *s* modtager; telefonrør.
recent [ri:snt] *adj* nye, nyere; *in ~ years* i de senere år; **~ly** *adv* for nylig; *as ~ly as* så sent som.
receptacle [riˈsɛptikl] *s* beholder, opbevaringssted.
reception [riˈsɛpʃən] *s* modtagelse; reception; **~ desk** *s* (hotel)reception; **~ist** *s* ansat i hotelreception; (hos læge etc) klinikdame; **~ room** *s* (på hotel etc) selskabslokale; (i privathjem) stue; **receptive** [-ˈsɛptiv] *adj* modtagelig.
recess [riˈsɛs] *s* (i rum) niche; alkove; *(parl* etc) ferie.
recipe [ˈrɛsipi] *s* madopskrift.
recipient [riˈsipiənt] *s* modtager.
reciprocal [riˈsiprəkl] *adj* gensidig, indbyrdes; **reciprocate** [-ˈsiprəkeit] *v* gengælde; udveksle.
recital [riˈsaitl] *s* fortælling, recitation; opregning; koncert; **recite** *v* deklamere; berette om; opregne.
reckless [ˈrɛkləs] *adj* letsindig; hensynsløs.
reckon [ˈrɛkən] *v* beregne; regne (for); *~ on* regne med; **~ing** *s* regnskab; *the day of ~ing* regnskabets (el. dom-

mens) dag.

reclaim [ri'kleim] *v* genvinde, indvinde; udvinde; kræve tilbage; **reclamation** [rɛklə'meiʃən] *s* genvinding.

recline [ri'klain] *v* læne (sig) tilbage; **reclining** *adj* tilbagelænet.

recluse [ri'klus] *s* eneboer.

recognition [rɛkəg'niʃən] *s* anerkendelse; erkendelse; genkendelse; *transformed beyond* ~ forandret til ukendelighed; **recognize** ['rɛkəgnaiz] *v* anerkende; erkende; genkende.

recoil [ri'kɔil] *v* springe (el. vige) tlbage; give bagslag; (om gevær) rekylere.

recollect [rɛkə'lɛkt] *v* mindes; huske; tænke efter; **~ion** [-'lɛkʃən] *s* erindring, minde; tænken efter.

recommend [rɛkə'mɛnd] *v* anbefale; foreslå; **~ation** [-'deiʃən] *s* anbefaling; forslag.

recompense ['rɛkəmpɛns] *v* erstatte; belønne.

reconcile ['rɛkənsail] *v* forlige; bilægge; ~ *oneself to sth* forsone sig med ngt; **reconciliation** [-sili'eiʃən] *s* forsoning; forening.

reconnaissance [ri'kɔnisns] *s* *(mil)* rekognoscering; **reconnoitre** [rɛkə'nɔitə*] *v (mil)* rekognoscere.

reconsider ['ri:kən'sidə*] *v* tage under fornyet overvejelse.

reconstruct ['ri:kən'strʌkt] *v* rekonstruere; genopbygge; **~ion** [-'strʌkʃən] *s* genopbygning; ombygning.

record *s* ['rɛkɔ:d] fortegnelse; journal; dokument; fortid; (også: *police ~)* generalieblad; papirer; rekord; grammofonplade // *v* [ri'kɔ:d] skrive ned (el. op); skildre; optage, indspille, indsynge etc; *in ~ time* på rekordtid; *keep a ~ of* føre protokol over; *off the ~* uden for protokollen; uofficielt; **~er** [ri'kɔ:də*] *s* båndoptager; *(mus)* blokfløjte; ~ **holder** *s (sport)* rekordindehaver; **~ing** [-'kɔ:diŋ] *s* indspilning, optagelse; ~ **library** *s* musikbibliotek; ~ **player** *s* pladespiller.

recount [ri'kaunt] *v* berette om; **re-count** *s* ['ri:kaunt] fintælling // *v* [ri:'kaunt] tælle efter.

recover [ri'kʌvə*] *v* få tilbage; finde igen, komme sig; rette sig; **re-cover** ['ri:'kʌvə*] *v* ombetrække; **~y** *s* genvinding; bedring; helbredelse; *he is past ~y* han står ikke til at redde.

recreate ['ri:kri'eit] *v* forfriske; rekreere sig; **recreation** [-'eiʃən] *s* adspredelse; hobby.

recruit [ri'kru:t] *s* rekrut // *v* rekruttere; **~ing office** *s (mil)* hvervningskontor.

rectify ['rɛktifai] *v* rette; korrigere; afhjælpe.

rector ['rɛktə*] *s* sognepræst; rektor; **~y** *s* præstebolig.

recuperate [ri'kju:pəreit] *v* komme sig.

recur [ri'kə*] *v* vende tilbage; dukke op; gentage sig; **~rence** *s* gentagelse; **~rent** *adj* tilbagevendende.

recycling ['ri:saikliŋ] *s* genbrug.

red [rɛd] *s* rødt; (om venstreorienteret person) rød // *adj* rød; *in the ~* i gæld; i farezonen; **~breast** *s (zo)* rødkælk; ~ **brick** *s* rødsten; **~-brick university** *s* nyere universitet, universitetscenter; ~ **cabbage** *s* rødkål; ~ **carpet treatment** *s* fyrstelig modtagelse; **R~ Cross** *s* Røde Kors;

~ **currant** *s* ribs; ~ **deer** *s* kronhjort; ~**den** [rɛdn] *v* rødme; ~**dish** *adj* rødlig.
redecorate ['ri:'dɛkəreit] *v* nyistandsætte.
red... [rɛd-] sms: ~**-haired** *adj* rødhåret; ~**-handed** *adj: be caught ~-handed* blive grebet på fersk gerning; ~**head** *s* rødhåret person; ~ **herring** *s* falsk spor; ~**-hot** *adj* rødglødende.
redo ['ri:'du:] *v* nyistandsætte; gøre igen.
redouble [ri:'dʌbl] *v* fordoble.
red-tape ['rɛd'teip] *s* papirnusseri, bureaukrati.
reduce [ri'dju:s] *v* nedsætte; reducere; *'~ speed now'* 'sæt farten ned nu'; **reduction** [ri'dʌkʃən] *s* nedsættelse; indskrænkning.
redundancy [ri'dʌndənsi] *s* overskud; arbejdsløshed (p.g.a. rationalisering); ~ **money** *s* fratrædelsesgodtgørelse; **redundant** adj overflødig; arbejdsløs; *redundant manpower* overskydende (fristillet) arbejdskraft.
reed [ri:d] *s* (tag)rør; (om klarinet etc) rør(blad).
reef [ri:f] *s* rev, skær; ~ **knot** *s* råbåndsknob.
reek [ri:k] *v: ~ of* (el. *with)* stinke af.
reel [ri:l] *s* rulle, trisse; (på fiskestang) hjul; (til film etc) spole // *v* vinde; spole (op); slingre, svaje; *~ sth off* lire ngt af.
re-enter ['ri:'ɛntə*] *v* komme ind igen; **re-entry** *s* tilbagevenden.
refer [ri'fə*] *v: ~ to* henvise til; tilskrive; angå; omtale; hentyde til; *~ring to your letter* under henvisning til Deres brev.
referee [rɛfə'ri:] *s (sport)* dommer.
reference ['rɛfrəns] *s* henvisning; forbindelse; omtale; anbefaling; *with ~ to* under henvisning til; ~**book** *s* opslagsbog, håndbog.
referendum [rɛfə'rɛndəm] *s (pl: referenda)* folkeafstemning.
refill *s* ['ri:fil] stift, patron; ny påfyldning // *v* [ri:'fil] efterfylde; sætte ny stift (, patron etc) i.
refine [ri'fain] *v* rense; (om olie, sukker) raffinere; forfine; ~**d** *adj* forfinet; raffineret; ~**ment** *s* forædling; raffinering; spidsfindighed; ~**ry** [ri'fainəri] *s* raffinaderi.
reflect [ri'flɛkt] *v* genspejle, reflektere; kaste tilbage; tænke efter; *~ on* tænke over; kaste skygge over; ~**ion** [-'flɛkʃən] *s* genspejling; eftertanke, overvejelse; *on ~ion* ved nærmere eftertanke; ~**or** *s* reflektor; refleks(mærke); **reflex** ['ri:flɛks] *s* refleks, afspejling; **reflexive** [-'flɛksiv] *adj (gram)* tilbagevisende, refleksiv.
reflux ['ri:flʌks] *s* tilbageløb.
reforestation ['ri:fɔrəs'teiʃən] *s* genplantning af skov.
reform [ri'fɔ:m] *s* reform // *v* reformere; forbedre; **re-form** *v* omdanne; rekonstruere; ~**ation** [-'meiʃən] *s* reformation; forbedring; ~**er** *s* reformator.
refrain [ri'frein] *s* omkvæd, refræn // *v: ~ from* afholde sig fra.
refresh [ri'frɛʃ] *v* forfriske; styrke; forny; ~**er course** *s* genopfriskningskursus; ~**ment room** *s* buffet, restaurant; ~**ments** *spl* forfriskninger.
refrigerator [ri'fridʒəreitə*] *s* køleskab.

refuel [ˈriːˈfjuəl] *v* tanke op; få brændstof på.
refuge [ˈrɛfjuːdʒ] *s* tilflugt(ssted); (på gaden) helle; *take ~ in* søge ly i; **refugee** [ˌrɛfjuˈdʒiː] *s* flygtning.
refund *s* [ˈriːfʌnd] refundering; godtgørelse // *v* [riˈfʌnd] refundere.
refusal [riˈfjuːzl] *s* afslag; forkøbsret; **refuse** *s* [ˈrɛfjuːs] affald, skrald // *v* [riˈfjuːz] nægte; afslå, afvise; **refuse collection** *s* renovation; **refuse collector** *s* skraldemand; **refuse dump** *s* losseplads.
regain [riˈgein] *v* få tilbage, genvinde; nå tilbage til; *~ consciousness* komme til bevidsthed.
regal [riːgl] *adj* kongelig; prægtig; konge-; **~ia** [riˈgeiliə] *s* kronregalier.
regard [riˈgaːd] *s* blik; agtelse; hensyn // *v* betragte; agte; angå; *give my ~s to your wife* hils din kone fra mig; *with kindest ~s* med venlig hilsen; *~ing* (el. *as ~s* el. *with ~ to)* med hensyn til; hvad angår; vedrørende; **~less** *adj: ~less of* uden hensyn til, uanset.
regency [ˈriːdʒənsi] *s* rigsforstanderskab; **R~ style** *s* eng. stil fra 1811-20, sv.t. empirestil.
regenerate [riˈdʒɛnəreit] *v* genskabe; regenerere.
regent [ˈriːdʒənt] *s* regent; rigsforstander.
regiment [ˈrɛdʒimənt] *s* regiment.
region [ˈriːdʒən] *s* område, region; *(adm)* sv.t. amt; **~al** *adj* regional-, distrikts-, egns-; **~al council** *s* sv.t. amtsråd; **~al council district** *s* sv.t. amtskommune.
register [ˈrɛdʒistə*] *s* register; liste; protokol // *v* registrere, vise; skrive ind; indskrive sig; **~ed** *adj* (ind)registreret; mønsterbeskyttet; (om brev) anbefalet.
registrar [ˈrɛdʒistraː*] *s* registrator; giftefoged; sv.t. vicedommer; (på sygehus) sv.t. reservelæge; **registration** [-ˈtreiʃən] *s* (ind)registrering; indskrivning; *(auto,* også: *registration number)* bilregistreringsnummer; **registry** [ˈrɛdʒistri] *s* indskrivningskontor; *(jur)* dommerkontor; **registry office** *s* sv.t. folkeregister; *get married in a registry office* blive borgerligt viet.
regret [riˈgrɛt] *s* beklagelse; anger, sorg // *v* beklage, fortryde; sørge over; *much to my ~* til min store sorg; **~fully** *adv* beklageligvis; beklagende; **~table** *adj* beklagelig.
regular [ˈrɛgjulə*] *s* stamkunde; fastansat // *adj* regelmæssig; fast; normal; regulær; ordinær; *a ~ bastard* (S) en rigtig lort; **~ity** [-ˈlæriti] *s* regelmæssighed; **~ly** *adv* regelmæssigt.
regulate [ˈrɛgjuleit] *v* regulere; **regulation** [-ˈleiʃən] *s* regulering; reglement; bestemmelse.
rehabilitation [ˈriːhəbiliˈteiʃən] *s* rehabilitering; revalidering; genoptræning.
rehash [ˈriːˈhæʃ] *v* (F) koge suppe på; give et opkog.
rehearsal [riˈhəːsəl] *s* prøve; øvelse; **rehearse** [-ˈhəːs] *v* prøve; indstudere; holde prøve; øve (sig).
reign [rein] *s* regering(stid) // *v* regere, herske; **~ing** *adj* regerende; førende.
reimburse [ˈriːimˈbəːs] *v* erstatte, refundere.
rein [rein] *s* (til hest) tømme;

(til barn) sele.
reindeer ['reindiə*] *s* rensdyr, ren.
reinforce ['ri:in'fɔ:s] *v* forstærke; **~d concrete** *s* jernbeton; **~ment** *s* forstærkning; armering.
reissue ['ri:'isju:] *v* genudsende; genoptrykke.
reiterate [ri:'itəreit] *v* gentage.
reject *s* ['ri:dʒɛkt] udskudsvare // *v* [ri'dʒɛkt] forkaste, vrage; kassere; **~ion** [-'dʒɛkʃən] *s* forkastelse; afslag.
rejoice [ri'dʒɔis] *v* glæde (el. fryde) sig.
rejoin [ri'dʒɔin] *v* svare; stemme i; genforenes med.
relapse [ri'læps] *s* tilbagefald.
relate [ri'leit] *v* berette; bringe i relation; **~d** *adj* beslægtet (*to* med); **relating** *adj: relating to* angående; **relation** [-'leiʃən] *s* beretning; forhold, forbindelse; slægtning; **relationship** *s* forhold; slægtskab.
relative ['rɛlətiv] *s* slægtning // *v* relativ; gensidig; ~ *to* vedrørende; **~ly** *adv* forholdsvis.
relax [ri'læks] *v* slappe, løsne; slappe af; **~ation** [-'seiʃən] *s* (af)slappelse; afspænding.
relay ['ri:lei] *s* stafetløb; hold; omgang; relæ // *v* retransmittere; viderebringe.
release [ri'li:s] *s* løsladelse; befrielse; (om gas etc) udslip; (om film etc) udsendelse; udløser // *v* befri; udsende; slå fra (fx *the brake* bremsen); lade slippe ud; ~ *one's grip* slippe taget; ~ *the clutch* slippe koblingen.
relent [ri'lɛnt] *v* lade sig formilde; **~less** *adj* uforsonlig.
relevance ['rɛləvəns] *s* relevans; ~ *to* tilknytning til; **relevant** *adj* vedkommende, relevant.
reliability [rilaiə'biliti] *s* pålidelighed; **reliable** [ri'laiəbl] *adj* pålidelig; driftsikker; **reliably** [-'laiəbli] *adv: it is reliably informed that...* det meddeles fra pålidelig kilde at...; **reliance** [-'laiəns] *s* tillid.
relic ['rɛlik] *s* levn, minde; relikvie.
relief [ri'li:f] *s* befrielse; lindring; hjælp; *(mil)* afløsning; relief; **relieve** [ri'li:v] *v* befri; lindre; (af)hjælpe; fritage; afløse.
religion [ri'lidʒən] *s* religion; **religious** [ri'lidʒəs] *adj* religiøs.
relinquish [ri'liŋkwiʃ] *v* opgive; slippe; frafalde.
relish ['rɛliʃ] *s* velsmag; nydelse; *(gastr)* smagstilsætning // *v* give smag til; nyde; ~ *of* smage af.
reload ['ri:ləud] *v* omlade; lade igen.
reluctance [ri'lʌktəns] *s* modvillighed; **reluctant** *adj* modvillig; treven.
rely [ri'lai] *v:* ~ *on* stole på; være afhængig af.
remain [ri'mein] *v* være tilbage (el. tilovers); blive; vedblive; restere, mangle; **~der** *s* rest; **~ing** *adj* resterende.
remand [ri'ma:nd] *s* varetægtsfængsling // *v:* ~ *in(to) custody* varetægtsfængsle.
remark [ri'ma:k] *s* bemærkning // *v* bemærke; udtale sig, sige; **~able** *adj* bemærkelsesværdig; mærkelig.
remarry ['ri:'mæri] *v* gifte sig igen.
remedy ['rɛmədi] *s* middel; lægemiddel // *v* afhjælpe; afbøde.
remember [ri'mɛmbə*] *v* huske, mindes; tænke på; ~ *me to your wife* hils din kone fra mig; **remembrance** [ri'mɛmbrəns] *s* minde, erindringsga-

ve.
remind [riˈmaind] *v: ~ sby of sth* minde en om ngt; *~ sby to...* minde en om at ...; **~er** *s* påmindelse; rykkerskrivelse.
reminiscences [rɛmiˈnisənsiz] *spl* minder, erindringer; **reminiscent** [-ˈnisənt] *adj: be reminiscent of* minde om.
remiss [riˈmis] *adj* forsømmelig.
remission [riˈmiʃən] *s* eftergivelse; *(med)* bedring.
remit [riˈmit] *v* eftergive; sende (penge); betale; **~tance** *s* pengeforsendelse, anvisning.
remnant [ˈrɛmnənt] *s* (lille) rest.
remonstrate [riˈmɔnstreit] *v* protestere.
remorse [riˈmɔ:s] *s* samvittighedsnag; **~ful** *adj* angerfuld; **~less** *adj* ubarmhjertig; skrupelløs.
remote [riˈməut] *adj* fjern, afsidesliggende; utilnærmelig; *I haven't got the ~st* jeg aner det ikke; ~ **control** *s* fjernstyring.
removable [riˈmu:vəbl] *adj* flytbar; **removal** [riˈmu:vəl] *s* fjernelse; flytning; afskedigelse; **removal van** *s* flyttevogn; **remove** [riˈmu:v] *v* flytte, fjerne; afskedige; **remover** *s* farve- og lakfjerner; **removers** *s* flyttefirma.
remuneration [rimju:nəˈreiʃən] *s* belønning; løn.
renaissance [riˈneisaŋs] *s* renæssance.
rend [rɛnd] *v (rent, rent)* sønderrive, flænge; splittes.
render [ˈrɛndə*] *v* give; afgive; gøre; gengive; **~ing** *s* fortolkning, gengivelse.
rendez-vous [ˈrɔndivu:] *s* mødested // *v* mødes.
renegade [ˈrɛnigeid] *s* frafalden, desertør; overløber.
renew [riˈnju:] *v* forny; genoptage; **~al** *s* fornyelse; forlængelse.
renounce [riˈnauns] *v* frafalde; give afkald på; fornægte.
renovate [ˈrɛnəveit] *v* modernisere; renovere; **renovation** [-ˈveiʃən] *s* istandsættelse.
renown [riˈnaun] *s* ry, berømmelse; **~ed** *adj* berømt.
rent [rɛnt] *s* husleje // *v* leje; udleje; (se også *rend); **~al*** *s* leje; *(tlf)* abonnement.
renunciation [rinʌnsiˈeiʃən] *s* frafald; opgivelse; fornægtelse.
reopen [ˈri:ˈəupən] *v* genåbne; genoptage.
reorder [ˈri:ˈɔ:də*] *v* genbestille; omdanne.
reorganize [ri:ˈɔ:gənaiz] *v* omorganisere.
repair [riˈpɛə*] *s* reparation; vedligeholdelse // *v* reparere; rette (fx *a mistake* en fejltagelse); *in good ~* godt vedligeholdt; ~ **kit** *s* reparationsæske; lappegrejer; ~ **man** *s* reparatør; ~ **shop** *s* reparationsværksted.
repay [riˈpɛi] *v* betale tilbage; gengælde; **~ment** *s* tilbagebetaling.
repeat [riˈpi:t] *s* gentagelse; (i tv etc) genudsendelse // *v* gentage; fortælle videre; repetere; **~edly** *adv* gentagne gange, igen og igen.
repel [riˈpɛl] *v* frastøde; sky; **~lent** *s: insect ~lent* insektbeskyttelsesmiddel // *adj* -skyende; frastødende.
repent [riˈpɛnt] *v: ~ (of)* angre, fortryde; **~ance** *s* anger.
repercussion [ri:pəˈkʌʃən] *s* genlyd, genklang; *~s pl* efterdønninger.
repertory [ˈrɛpətəri] *s* forråd; repertoire.

repetition [rɛpi'tiʃən] *s* gentagelse, repetition; **repetitive** [ri'pɛtitiv] *adj* som gentager sig.
replace [ri'pleis] *v* lægge (, sætte etc) på plads; erstatte; afløse, udskifte; **~ment** *s* erstatning; udskiftning; reserve; **~ment part** *s* reservedel.
replenish [ri'plɛniʃ] *v* fylde efter; supplere op.
replica ['rɛplikə] *s* (tro) kopi, genpart.
reply [ri'plai] *s* svar // *v* svare.
report [ri'pɔ:t] *s* rapport; reportage; (om skud) brag; karakterbog // *v* rapportere; melde; indberette; aflægge beretning; *~ to sby* melde sig hos en; *it is ~ed that* det forlyder at; **~er** *s* journalist.
repose [ri'pəuz] *s* hvile, ro.
represent [rɛpri'zɛnt] *v* forestille; fremstille; repræsentere; **~ation** [-'teiʃən] *s* fremstilling; repræsentation; **~ative** [-'zɛntətiv] *s* repræsentant // *adj* repræsentativ; karakteristisk.
repress [ri'prɛs] *v* holde nede; undertrykke; **~ion** *s* undertrykkelse; **~ive** *adj* underkuende; repressiv.
reprieve [ri'pri:v] *s* henstand, udsættelse // *v: be ~d* blive benådet; få henstand.
reprimand ['rɛprima:nd] *s* reprimande, irettesættelse // *v* give en næse.
reprint *s* ['ri:print] genoptryk; særtryk // *v* [ri:'print] genoptrykke.
reprisal [ri'praizl] *s* gengældelse; repressalier.
reproach [ri'prəutʃ] *s* bebrejdelse; vanære // *v: ~ sby with sth* bebrejde en ngt; *beyond ~* dadelfri; **~ful** *adj* bebrejdende.
reproduce [ri:prə'dju:s] *v* fremstille igen; formere sig; gengive, reproducere; **reproduction** [-'dʌkʃən] *s* genfremstilling; gengivelse; formering; **reproductive** [-'dʌktiv] *adj* forplantnings-.
reproof [ri'pru:f] *s* irettesættelse; **reprove** *v* irettesætte.
reptile ['rɛptail] *s* krybdyr.
republican [ri'pʌblikən] *s* republikaner // *adj* republikansk.
repugnant [ri'pʌgnənt] *adj* frastødende.
repulse [ri'pʌls] *v* slå tilbage; afvise; **repulsion** [-'pʌæʃən] *s* tilbagestød; **repulsive** *adj* frastødende.
reputable ['rɛpjutəbl] *adj* agtet, anerkendt; **reputation** [-'teiʃən] *s* ry, omdømme; *have a reputation for being sth* have ord for at være ngt; **repute** [ri'pju:t] *s* ry; **reputed** *adj* anset.
request [ri'kwɛst] *s* anmodning // *v* anmode om, bede om; *do sth by ~* gøre ngt på opfordring; *~* **stop** *s* stoppested hvor bussen kun holder, når ngn skal af el. på.
require [ri'kwaiə*] *v* kræve; behøve, trænge til; påbyde; **~d** *adj* påbudt; ønsket; *if ~d* hvis det ønskes; **~ment** *s* krav; betingelse; behov.
requisite ['rɛkwizit] *s* fornødenhed // *adj* fornøden; *toilet ~s* toiletsager; **requisition** [-'ziʃən] *s* betingelse; krav // *v* rekvirere.
rescue ['rɛskju:] *s* redning; undsætning // *v* redde; undsætte; *~* **party** *s* redningsmandskab; **~r** *s* redningsmand.
research [ri'sə:tʃ] *s* forskning; undersøgelse // *v* foretage undersøgelser, forske; **~er** *s* forsker; *~* **worker** *s* forsker.
resemblance [ri'zɛmbləns] *s*

lighed; **resemble** *v* ligne.
resent [ri'zɛnt] *v* være krænket; ikke kunne lide; **~ful** *adj* vred; fornærmet; **~ment** *s* krænkelse; vrede.
reservation [rɛzə'veiʃən] *s* pladsbestilling; forbehold; (på vej, også: *central ~)* midterrabat; *with certain ~s* med visse forbehold; **reserve** [ri'zə:v] *s* reserve; reservat; forbehold // *v* reservere; holde tilbage; (forud)bestille; forbeholde sig; **reserved** *adj* reserveret.
reservoir ['rɛzəvwa:*] *s* beholder, bassin, reservoir.
reshuffle ['ri:'ʃʌfl] *s* (om kort) ny blanding; (også: *cabinet ~)* regeringsomdannelse.
reside [ri'zaid] *v* bo, residere; **~nce** ['rɛzidəns] *s* ophold; bopæl; beboelse; residens; **~nt** ['rɛzidənt] *s* beboer // *adj* fastboende; **~ntial** [-'dɛnʃəl] *adj* beboelses-, bolig-.
residue ['rɛzidju:] *s* rest.
resign [ri'zain] *v* opgive; sige op; gå af; *~ oneself to sth* affinde sig med ngt; **~ation** [rɛzig'neiʃən] *s* opsigelse; afgang; opgivelse; affindelse; **~ed** *adj* resigneret.
resilience [ri'ziliəns] *s* elasticitet; ukuelighed; **resilient** *adj* fjedrende; ukuelig.
resin ['rɛzin] *s* harpiks.
resist [ri'zist] *v* modstå; gøre modstand (mod); kunne stå for; **~ance** *s* modstand; modstandskraft; modstandskamp.
resolute ['rɛzəlu:t] *adj* resolut, beslutsom; **resolution** [-'lu:ʃən] *s* opløsning; løsning; beslutsomhed; beslutning.
resolve [ri'zɔlv] *s* beslutsomhed // *v* beslutte; opløse(s); **~d** *adj* fast besluttet.
resonant ['rɛzənənt] *adj* som giver genlyd, rungende.
resort [ri'zɔ:t] *s* tilholdssted; udvej // *v: ~ to* ty til; *in the last ~* som en sidste udvej; *holiday ~* feriested.
resound [ri'zaund] *v* genlyde *(with* af); runge; *a ~ing success* en bragende succes.
resource [ri'sɔ:s] *s* hjælpekilde, ressource; **~ful** *adj* opfindsom; **~s** *spl* forråd; midler; *natural ~s* naturrigdomme.
respect [ris'pɛkt] *s* respekt; hensyn; henseende // *v* respektere, agte; angå; *with ~ to* med hensyn til; *in this ~* i denne henseende; *pay one's ~s to sby* gøre en sin opvartning; *give my ~s to him* hils ham; **~able** *adj* respektabel; **~ful** *adj* ærbødig.
respective [ris'pɛktiv] *adj* respektive; **~ly** *adv* henholdsvis.
respiration [rɛspi'reiʃən] *s* åndedræt; **respiratory** [-'spirətəri] *adj* åndedræts-.
respite ['rɛspait] *s* henstand; udsættelse.
respond [ris'pɔnd] *v* svare; reagere *(to* på).
response [ri'spɔns] *s* svar; reaktion; **responsibility** [-'biliti] *s* ansvar; **responsible** *adj* ansvarlig; ansvarsbevidst; **responsive** *adj* interesseret, lydhør; svar-.
rest [rɛst] *s* hvile; pause; læn, støtte; rest // *v* hvile (sig); støtte, læne; *take a ~* holde hvil; *the ~ of them* resten af dem; *and all the ~ of it* og alt det andet; *~ on* hvile på; støtte sig til; *it ~s with him to...* det er op til ham at...; **~ful** ['rɛstful] *adj* rolig; **~ home** *s* hvilehjem; **~ive** ['rɛstiv] *adj* urolig; utålmodig; **~less** ['rɛstlis] *adj* urolig; hvileløs.

restoration [rɛstə'reiʃən] *s* restaurering; genoprettelse; tilbagegivelse; **restore** [ri'stɔ:*] *v* restaurere; genoprette (fx *peace* freden); gengive.
restrain [ri'strein] *v* holde tilbage; betvinge, holde nede; ~ *oneself* styre sig; ~ *one's tears* holde tårerne tilbage; **~ed** *adj* behersket; **~t** *s* tvang; tilbageholdenhed.
restrict [ris'trikt] *v* begrænse; **~ed area** *s (auto)* område med fartbegrænsning; **~ion** *s* begrænsning; restriktion; **~ive** *adj* indskrænkende.
result [ri'zʌlt] *s* resultat // *v:* ~ *in* resultere i; ende med.
resume [ri'zju:m] *v* tage igen; genoptage (fx *work* arbejdet); **resumption** [-'zʌmpʃən] *s* genoptagelse.
resurgence [ri'sə:dʒəns] *s* genopståen; genopblomstring.
resurrection [rɛzə'rɛkʃən] *s* genopstandelse; genoplivelse.
resuscitate [ri'sʌsiteit] *v* genoplive; **resuscitation** [-'teiʃən] *s* genoplivelse.
retail ['ri:teil] *s* (om salg) detail // *v* sælge en detail; bringe videre; **~er** *s* detailhandler; ~ **price** *s* detailpris.
retain [ri'tein] *v* holde (på); bibeholde; beholde.
retaliate [ri'tælieit] *v* gøre gengæld; **retaliation** [-'eiʃən] *s* gengæld; repressalier.
retarded [ri'ta:did] *adj* forsinket; tilbagestående, retarderet.
retch [rɛtʃ] *v* kaste op.
retentive [ri'tɛntiv] *adj: a ~ memory* en god hukommelse, en klæbehjerne.
reticence ['rɛtisns] *s* tilbageholdenhed; **reticent** *adj* tilbageholdende; tavs; forbeholden.
retina ['rɛtinə] *s (anat)* nethinde (i øjet).
retire [ri'taiə*] *v* trække sig tilbage; tage sin afsked; gå i seng; **~d** *adj* pensioneret; forhenværende; **~ment** *s* pensionering; *early ~ment* førtidspensionering.
retort [ri'tɔ:t] *s* skarpt svar // *v* svare igen, give svar på tiltale.
retrace [ri'treis] *v: ~ one's steps* gå samme vej tilbage.
retract [ri'trækt] *v* trække tilbage, trække ind; tage tilbage.
retrain ['ri:'trein] *v* genoptræne; omskole.
retread ['ri:trɛd] *s* slidbanedæk.
retreat [ri'tri:t] *s* tilbagetog; tilflugtssted // *v* trække sig tilbage, vige; *beat the ~ (fig)* trække i land.
retribution [rɛtri'bju:ʃən] *s* gengældelse; straf.
retrieval [ri'tri:vəl] *s* genfindelse; godtgørelse; *beyond ~* håbløs; **retrieve** *v* få tilbage; genfinde; råde bod på.
retrospect ['rɛtrəspɛkt] *s* tilbageblik; *in ~* når man ser tilbage; **~ive** [-'spɛktiv] *adj* tilbageskuende, retrospektiv.
return [ri'tə:n] *s* tilbagevenden; tilbagelevering; betaling; gengæld; *(merk* etc) udbytte; beretning; (i sms) retur- // *v* vende tilbage; returnere; gengælde; give fortjeneste; indberette; *in ~* til gengæld; **~able** *adj* (om flaske etc) retur-; **~s** *spl* returgods; overskud, udbytte; *tax ~s* selvangivelse; *many happy ~s!* til lykke (med fødselsdagen)! ~ **ticket** *s* returbillet.
reunion [ri:'juniən] *s* genforening; møde; **reunite** ['ri:ju:'nait] *v* genforene(s); mødes igen.
rev [rɛv] *s* (fork.f. *revolution) (auto)* omdrejning // *v* (også:

~ *up)* speede motoren op; *the engine is ~ving* motoren er ved at varme op; **Rev.** fork.f. *Reverend.*
reveal [ri'vi:l] *v* afsløre; røbe; **~ing** *adj* afslørende.
revel ['rɛvəl] *v: ~ in sth* svælge i ngt; nyde ngt i fulde drag.
revelation [rɛvə'leiʃən] *s* afsløring; åbenbaring.
revelry ['rɛvlri] *s* festen; sviren; svælgen.
revenge [ri'vɛndʒ] *s* hævn; hævnlyst; (i sport, spil etc) revanche // *v* hævne; **~ful** *adj* hævngerrig.
revenue ['rɛvənju:] *s* indtægter (se også: *Inland Revenue).*
revere [ri'viə*] *v* agte, ære; **~nce** ['rɛvərəns] *s* ærefrygt; ærbødighed; *your R~* Deres velærværdighed; **~nd** ['rɛvərənd] *s* (om præst) ærværdig; *the R~nd* (el. *Rev.) Peter Smith* pastor Smith; **~nt** ['rɛvərənt] *adj* ærbødig.
reverse [ri'və:s] *s* det modsatte; bagside, vrangen; (også: ~ *gear)* bakgear // *v* vende (om); ændre; slå 'om; *(jur)* omstøde; *(auto)* bakke; sætte i bakgear // *adj* modsat, omvendt; **~-charge call** *s (tlf)* opringning som modtageren betaler; **revert** [ri'və:t] *v: ~ to* komme tilbage til; vende tilbage til.
review [ri'vju:] *s* overblik; tilbageblik; anmeldelse (af bog etc); tidsskrift; revy; **~er** *s* anmelder.
revise [ri'vaiz] *v* gennemse, revidere; rette; **revision** [-'viʒən] *s* revision.
revival [ri'vaivəl] *s* genoplivelse; genoptagelse; **revive** [ri'vaiv] *v* live (el. leve) op igen; blomstre op igen; genoptage; genopfriske.
revoke [ri'vəuk] *v* kalde tilbage; tage tilbage.
revolt [ri'vəult] *s* oprør // *v* gøre oprør; væmmes; **~ing** *adj* frastødende; oprørende; oprørsk.
revolution [rɛvə'lu:ʃən] *s* revolution; omdrejning, omløb; **~ary** *s/adj* revolutionær; **~ counter** *s* omdrejningstæller; **~ize** *v* revolutionere.
revolve [ri'vɔlv] *v* dreje; løbe rundt; **~r** *s* revolver; **revolving** *adj* roterende, dreje-; **revolving door** *s* svingdør.
revue [ri'vju:] *s* revy.
revulsion [ri'vʌlʃən] *s* modvilje, afsky.
reward [ri'wɔ:d] *s* belønning; dusør // *v* belønne; lønne; **~ing** *adj* lønnende; lønsom.
rewind ['ri:'waind] *v* spole tilbage; (om ur) trække op.
rewire ['ri:'waie*] *v: ~ a house* trække nye elektriske ledninger i et hus.
rhetoric ['rɛtərik] *s* talekunst, retorik.
rheumatic [ru:'mætik] *adj* reumatisk, gigt-; **rheumatism** ['ru:mətizm] *s* reumatisme, gigt.
rhinoceros [rai'nɔsərəs] *s* næsehorn.
rhubarb ['ru:ba:b] *s* rabarber.
rhyme [raim] *s* rim, vers // *v* rime; skrive rim.
rhythm [riðm] *s* rytme; **~ic(al)** *adj* rytmisk.
rib [rib] *s (anat)* ribben; ribbensstykke; ribstrikning; ribbe; **~bed** [ribd] *adj* ribstrikket; ribbet, riflet.
ribbon [ribn] *s* bånd; strimmel.
rice [rais] *s* ris; *ground ~* rismel; **~ paddy** *s* rismark.
rich [ritʃ] *adj* rig; værdifuld; righoldig; fed (fx *sauce* sovs); *that's a bit ~!* nej, den er for

tyk! **~es** *spl* rigdomme.
rickets ['rikits] *s (med)* engelsk syge.
rickety ['rikiti] *adj* vaklevorn; ledeløs.
rid [rid] *v (rid, rid): ~ sby of sth* befri en for ngt; *get ~ of* blive af med; skille sig af med; *good ~dance!* godt at vi slap af med...!
ridden [ridn] *pp* af *ride.*
riddle [ridl] *s* gåde // *v: be ~d with* være befængt med.
ride [raid] *s* tur (til hest, på cykel etc) // *v (rode, ridden* [rəud, ridn]) ride; køre (på, i, med); sidde; *take sby for a ~* tage en med på en tur; *(fig)* lave numre med en; *~ at anchor* ligge for anker; *~ out a storm* ride stormen af; *~ to hounds* drive rævejagt.
ridge [ridʒ] *s* ryg; højderyg, ås; bjergkam.
ridicule ['ridikju:l] *s* latterliggørelse // *v* gøre til grin; **ridiculous** [ri'dikjuləs] *adj* latterlig.
riding ['raidiŋ] *s* ridning.
rifle [raifl] *s* gevær, riffel // *v* røve, plyndre; *~* **range** *s* skudhold; skydebane.
rig [rig] *s (mar)* rig; udstyr; (også: *oil ~)* boretårn; boreplatform // *v* rigge til; *~ an election* lave valgfusk; *~ out* maje (sig) ud; *~ up* rigge sammen; lave svindel med; **~ging** *s* rigning.
right [rait] *s* ret; rettighed; højre // *v* rette (til); ordne; gøre godt (igen) // *adj* ret, rigtig; højre // *adv* lige; rigtigt; til højre; *~ against the wall* helt op mod muren; *~ ahead* lige frem; *~ away* straks, med det samme; *~ in the middle* lige i midten; *by ~s* egentlig; hvis det gik rigtigt til; *on the ~* på højre hånd; *turn ~* dreje til højre; *~ about turn! (mil)* højre om! *~* **angle** *s* ret vinkel; **~eous** ['raitʃəs] *adj* retfærdig; **~ful** *adj* retmæssig; **~-hand drive** *s (auto)* højrestyring; **~-handed** *adj* højrehåndet; **~-hand side** *s* højre side; **~ly** *adv* rigtigt; med rette; **~-minded** *adj* retsindig; rettænkende; *~* **of way** *s* forkørselsret; *~* **wing** *s* højre fløj.
rigid ['ridʒid] *adj* stiv; streng, ubøjelig; **~ity** [-'dʒiditi] *s* stivhed; usmidighed.
rigmarole ['rigmərəul] *s* lang remse; forvrøvlet sludder.
rigorous ['rigərəs] *adj* streng; hård; **rigour** ['rigə*] *s* strenghed.
rile [rail] *v* irritere, ærgre.
rim [rim] *s* rand; bræmme; (om briller) indfatning; **~less** *adj* (om briller) uindfattet; **~med** *adj* kantet.
rime [raim] *s* rim(frost).
rind [raind] *s* skræl; skal; (om bacon) svær; (om ost) skorpe.
ring [riŋ] *s* ring; kreds; klang; ringen // *v (rang, rung* [ræŋ, rʌŋ]) ringe; ringe på; klinge, lyde; telefonere til; *~ the bell* ringe med klokken, ringe 'på; *~ off (tlf)* ringe 'af; *give sby a ~* ringe til en; *~* **binder** *s* ringbind; **~leader** *s* anfører, hovedmand.
ringlet ['riŋlit] *s* slangekrølle.
rink [riŋk] *s* (også: *ice ~)* skøjtebane.
rinse [rins] *s* skylning; toning (af hår) // *v* skylle; tone.
riot ['raiət] *s* uroligheder, optøjer // *v* lave optøjer; *a ~ of colours* et farveorgie; **~er** *s* urostifter; **~ous** *adj* løssluppen; *~* **squad** *s* (om politi) uropatrulje.
rip [rip] *s* flænge; rift // *v* rive, flå; trævle op; sprætte op; **~cord** *s* udløsersnor (i fx

faldskærm).
ripe [raip] *adj* moden; **~n** *v* modne(s); udvikle sig.
ripple [ripl] *s* krusning; lille bølge // *v* kruse (sig); skvulpe.
rise [raiz] *s* skråning; forhøjning; stigning; lønforhøjelse; rejsning // *v (rose, risen* [rəuz, rizn]) rejse sig; stå 'op; stige, hæve sig; (om fisk) bide 'på; (om fugl) lette; stamme *(from* fra); *give ~ to* fremkalde, give anledning til; *~ to the occasion* være situationen voksen; *~ in the world* komme frem i verden.
risk [risk] *s* risiko, fare // *v* risikere; indlade sig på; *take* (el. *run) the ~ of* risikere at; *be at ~* være i fare; *at one's own ~* på egen risiko; **~y** *adj* risikabel, farlig.
rissole ['rissəul] *s* sv.t. kroket, frikadelle.
rival [raivl] *s* rival; konkurrent // *v* rivalisere med; kappes med // *adj* konkurrerende; **~ry** *s* rivalisering; kappestrid.
river ['rivə*] *s* flod; strøm; *the ~ Thames* Themsen; **~bank** *s* flodbred; **~bed** *s* flodleje; **~side** *s* flodbred.
rivet ['rivit] *s* nagle, nitte // *v* nitte, klinke; **~ing** *adj* fascinerende.
RN fork.f. *Royal Navy.*
road [rəud] *s* vej; *he lives down the ~* han bor (længere) nede ad vejen; *'~ up'* 'vejarbejde'; **~ accident** *s* trafikulykke; **~block** *s* vejspærring; **~hog** *s* motorbølle; **~ map** *s* vejkort; **~side** *s* vejside; **~sign** *s* vejskilt; færdselstavle; **~ surface** *s* vejbelægning; **~ user** *s* trafikant; **~way** *s* vejbane, kørebane; **~worthy** *adj* køredygtig, vejsikker.
roam [rəum] *v* strejfe om.
roar [rɔ:*] *s* brøl(en); vræl; buldren; larm // *v* brøle; vræle; buldre; bruse; drøne; *a ~ing fire* en buldrende ild; *a ~ing trade* et strygende salg.
roast [rəust] *s* steg // *v* stege; riste; **~ chicken** *s* stegt kylling; **~ duck** *s* andesteg.
rob [rɔb] *v* røve; (ud)plyndre; *~ sby of sth* røve ngt fra en; berøve en ngt; **~ber** *s* røver; **~bery** *s* røveri, udplyndring.
robe [rəub] *s* (til fx dommer, præst) lang dragt, kjole; (også: *bath~)* badekåbe; gevandt // *v* iklæde.
robin ['rɔbin] *s* (også: *~ redbreast)* rødkælk.
rock [rɔk] *s* klippe; skær; bjergart; rokken; (S) ædelsten, diamant // *v* vugge, gynge; ryste; vippe; *on the ~s* (om drink) med isterninger; **~-bottom** *s (fig)* lavpunkt; **~ery** *s* (i have) stenhøjsparti.
rocket ['rɔkit] *s* raket // *v: ~ (off)* (F) drøne af sted.
rock. . . ['rɔk-] sms: **~ fall** *s* klippeskred; **~ing chair** *s* gyngestol; **~ing horse** *s* gyngehest; **~y** *adj* klippefuld; klippe-; vaklende.
rod [rɔd] *s* kæp, stang; fiskestang.
rode [rəud] *præt* af *ride.*
rodent [rəudnt] *s (zo)* gnaver.
roe [rəu] *s* rogn; (også: *~ deer)* rådyr.
rogue [rəug] *s* skurk, slyngel; skælm; **roguish** *adj* slyngelagtig; skælmsk.
role [rəul] *s* rolle.
roll [rəul] *s* rulle; rullen; *(gastr)* sv.t. blødt rundstykke // *v* rulle, trille; tromle; valse; *~ by* (om tid) gå; *~ in* strømme ind; *~ over* vende sig; vælte; *~ up* rulle (sig) sammen; (om fx ærmer) smøge op; **~ call** *s* navneopråb, appel; **~ed**

oats *spl* (valsede) havregryn; **~er** *s* valse, rulle; tromle; **~er skates** *spl* rulleskøjter.
rolling ['rəuliŋ] *s* rullende; (om landskab) kuperet, bølgende; rulle-; ~ **pin** *s* kagerulle; ~ **stock** *s (jernb)* rullende materiel.
Roman ['rəumen] *s* romer // *adj* romersk; ~ **Catholic** *s* katolik // *adj* romersk-katolsk.
romance [rə'mæns] *s* romantisk historie, romance; kærlighedsaffære // *v* fantasere; overdrive.
Romanesque [rəumə'nɛsk] *adj* (om stilart) romansk, rundbue-.
Romania [rəu'meiniə] *s* Rumænien; **~n** *s* rumæner // *adj* rumænsk.
romantic [rəu'mæntik] *adj* romantisk; eventyrlig; **~icism** [-'mæntisizəm] *s* (om kunst etc) romantik.
romp [rɔmp] *v: ~ (about)* boltre sig; **~ers** *spl* kravledragt.
roof [ru:f] *s* tag // *v* lægge tag på; tække; *the ~ of the mouth* ganen; ~ **garden** *s* tagterrasse; **~ing** *s* tagbeklædning, tag; ~ **rack** *s (auto)* tagbagagebærer.
rook [ru:k] *s* råge; (i skak) tårn.
room [ru:m] *s* værelse, rum, stue; plads; *men's ~* herretoilet; *ladies' ~* dametoilet; *make ~ for* gøre plads for (el. til); *there's plenty of ~* der er masser af plads; *'~ to let'* 'værelse til leje; **~mate** *s* værelsekammerat; **~s** *spl* (ung)karlelejlighed; *live in ~s* bo i (lejede) værelser.
rooster ['ru:stə*] *s (zo)* hane.
root [ru:t] *s* rod; *(fig)* kerne // *v* slå rod; rode, rage; *~ about* rode rundt (i); *~ out* rykke op med rode; udrydde; *square ~* kvadratrod.
rope [rəup] *s* reb, tov // *v* binde med reb; indhegne med tove; *~ sby in* indfange (el. kapre) en; *know the ~s (fig)* kende fiduserne; ~ **ladder** *s* rebstige.
rosary ['rəuzəri] *s (rel)* rosenkrans.
rose [rəuz] *s* rose; roset; (på vandkande) bruser // *v præt* af *rise* // *adj* rosen-; **~bed** *s* rosenbed; **~bud** *s* rosenknop.
rosemary ['rəuzməri] *s* rosmarin.
rosewood ['rəuzwud] *s* rosentræ.
rostrum ['rɔstrəm] *s* talerstol; podium; sejrsskammel.
rosy ['rəuzi] *adj* rosenrød.
rot [rɔt] *s* forrådnelse; råddenskab; sludder, vrøvl // *v* rådne; mørne; *don't talk ~!* hold op med det sludder! *dry ~* (i hus etc) svamp.
rota ['rəutə] *s* liste, turnus; *on a ~ basis* efter tur.
rotary ['rəutəri] *adj* roterende.
rotate [rəu'teit] *v* rotere, dreje (sig); arbejde efter tur; skifte afgrøder; **rotating** *adj* roterende; **rotation** [-'teiʃən] *s* rotation, omdrejning; skiften; *crop rotation (agr)* vekseldrift.
rotten [rɔtn] *adj* rådden; mørnet; korrumperet; (F) elendig, skidt; *feel ~* have det skidt.
rotund [rəu'tʌnd] *adj* rund.
rough [rʌf] *s* bølle; rå diamant // *v* være grov // *adj* ru, grov, ujævn; hård, barsk; usleben; løselig (fx *calculation* beregning); *~ it* leve primitivt; *sleep ~* sove hvor det bedst kan falde sig; **~age** *s* kostfibre; ~ **customer** *s* ballademager; **~en** [rʌfn] *v* gøre (el. blive) grov (el. ru); **~ly** *adv*

groft; hårdhændet; cirka, omtrent.
Roumania [ru:'meiniə] *s* Rumænien.
round [raund] *s* kreds, ring; runde; omgang; (om læge) sygebesøg; *(mus)* kanon // *v* afrunde; runde; dreje (sig) // *adj* rund // *præp* rundt om; omkring; om // *adv* rundt; om(kring); uden om; *all ~* hele vejen rundt; *the long way ~* ad en omvej; *all the year ~* hele året (rundt); *it's just ~ the corner* det er lige henne om hjørnet; *go ~* gå omkring; gå uden om; *go ~ to sby's house* gå hen og besøge en; *go ~ an obstacle* gå uden om en forhindring; *go ~ the back* gå ind ad bagindgangen; *go ~ a house* gå rundt i (el. inspicere) et hus; *go the ~s (med)* gå stuegang; (også:) gå en runde; *~ up* indkredse; omringe og fange; (om beløb) runde op; **~about** *s* rundkørsel; karrusel // *adj* indirekte; **~ed** *adj* afrundet; fyldig; **~ly** *adv* rundt; ligefrem; i store træk; **~-shouldered** *adj* rundrygget; **~ trip** *s* rundrejse; **~up** *s* sammentrommen (af folk); razzia.
rouse [rauz] *v* vække; vågne op; ruske op i; tirre.
route [ru:t] *s* rute // *v* dirigere.
routine [ru:'ti:n] *s* rutine, arbejdsgang; formalitet // *adj* rutinemæssig; rutine-.
roux [ru:] *s (gastr)* opbagning.
roving ['rəuviŋ] *adj* omstrejfende.
row [rəu] *s* række; (i strikning) pind, omgang; rotur // *v* ro; ro om kap med; *in a ~* på rad.
row [rau] *s* skænderi, ballade // *v* skælde ud; skændes; *kick up a ~* lave en scene, skabe sig.
rowan ['rəuən] *s: ~ (tree)* røn; **~berry** *s* rønnebær.
rowdy ['raudi] *s* bølle // *adj* bølleagtig, larmende.
rowing ['rəuiŋ] *s* roning; **~ boat** *s* robåd.
rowlock ['rɔlək] *s* åregaffel.
royal ['rɔiəl] *adj* kongelig, konge-; **~ty** *s* kongelighed; kongelig(e) person(er); licensafgift; forfatterhonorar, royalty.
r.p.m. (fork.f. *revs per minute)* omdrejninger pr. minut (o/m).
R.S.P.C.A. (fork.f. *Royal Society for the Prevention of Cruelty to Animals)* sv.t. Foreningen til Dyrenes Beskyttelse.
R.S.P.C.C. (fork.f. *Royal Society for the Prevention of Cruelty to Children)* kongeligt selskab til forebyggelse af børnemishandling.
R.S.V.P. (fork.f. *répondez s'il vous plaît)* svar udbedes (S.U.).
rub [rʌb] *s* afgnidning; ujævnhed, ulempe // *v* gnide, gnubbe; viske (med viskelæder); *don't ~ it in!* lad være med at tvære i det! *~ sby up the wrong way (fig)* stryge en mod hårene; *~ off on* smitte af på.
rubber ['rʌbə*] *s* gummi; viskelæder; (F) kondom; **~ band** *s* elastik, gummibånd; **~ stamp** *s* gummistempel; **~-stamp** *v* stemple; godkende; **~y** *adj* gummiagtig.
rubbish ['rʌbiʃ] *s* affald, skrald; *(fig)* vrøvl; møg; **~ bin** *s* skraldebøtte; **~ chute** *s* affaldsskakt; **~ dump** *s* losseplads.
rubble [rʌbl] *s* murbrokker; grus.
ruby ['ru:bi] *s* rubin; rubinrødt.

rucksack ['rʌksæk] *s* rygsæk.
rudder ['rʌdə*] *s* (på fly el. skib) ror.
ruddy ['rʌdi] *adj* rødmosset; rødlig; (F) pokkers.
rude [ru:d] *adj* grov; uhøflig; ubehøvlet; uanstændig; **~ness** *s* uforskammethed.
rueful ['ru:ful] *adj* bedrøvet; bedrøvelig.
ruffian ['rʌfiən] *s* bandit; voldsmand.
ruffle [rʌfl] *v* (om hår) kruse; (om tøj) bringe i uorden; *(fig)* støde, krænke.
rug [rʌg] *s* lille tæppe.
rugged ['rʌgid] *adj* ujævn; forreven; (om ansigt) markeret; grov, knudret; barsk.
rugger ['rʌgə*] *s* (F) rugby(fodbold).
ruin ['ru:in] *s* ruin; undergang // *v* ruinere; ødelægge; **~ous** *adj* ødelæggende.
rule [ru:l] *s* regel; styre, regering // *v* styre, herske (over), regere; råde; *(jur)* afgive kendelse; liniere; *as a ~* som regel; *~ out* udelukke; **~d** *adj* (om papir) linieret; **~r** *s* hersker, statschef; lineal; **ruling** *s (jur)* kendelse // *adj* herskende, gældende.
rum [rʌm] *s* (om drik) rom // *adj* mærkelig, underlig.
Rumania [ru:'meiniə] *s* d.s.s. *Romania.*
rumble [rʌmbl] *s* rumlen, bulder // *v* rumle, buldre.
ruminate ['ru:mineit] *v* tygge drøv (på).
rummage ['rʌmidʒ] *v* ransage, gennemsøge; rode *(for* efter).
rumour ['ru:mə*] *s* rygte // *v: be ~ed* rygtes.
rump [rʌmp] *s* ende, rumpe, gump; *(gastr)* halestykke; **~steak** *s* bøf af tykstegen.
rumpus [rʌmpəs] *s* (F) ståhej; ballade.
run [rʌn] *s* løb; løbetur; køretur; tur; kørsel; strækning; efterspørgsel, run // *v (ran, run)* løbe; strømme; deltage i løb; køre; gå; sejle; jage; drive; lede; stille op; *break into a ~* sætte i løb; *in the long ~* i det lange løb; *in the short ~* på kort sigt; *be on the ~* være på flugt; *I'll ~ you to the station* jeg kører dig til stationen; *~ a bath* tappe vand i badekarret; *~ a risk* løbe en risiko;
~ about løbe rundt; *~ across* løbe 'på, møde tilfældigt; *~ away* løbe væk; *~ down* løbe ned (ad); jage og fange; køre ned, køre over; *be ~ down* (også:) være udkørt; *~ for* løbe efter; *~ for it* løbe for at prøve at nå ngt; *~ for Parliamant* stille op som kandidat ved parlamentsvalg; *~ off* stikke af, flygte; *~ out* løbe ud, udløbe; løbe tør; *~ out of* løbe tør for; *~ over* løbe over; løbe igennem; køre over; *~ short of sth* være ved at løbe tør for ngt; *~ through* løbe igennem; bruge op; *~ up* løbe op; *~ up against* komme op imod; **~away** *adj* undsluppen, undvegen; (om hest) løbsk.
rung [rʌŋ] *s* (på stige) trin; (i hjul) ege // *v pp* af *ring.*
runic ['ru:nik] *adj* rune- (fx *stone* sten).
runner ['rʌnə*] *s* løber; (på slæde etc) mede; (på skøjte) klinge; *(bot)* udløber; *~* **bean** *s (bot)* pralbønne.
running ['rʌniŋ] *s* løb; drift; køreforhold // *adj* løbende, rindende; *six days ~* seks dage i træk.
runny ['rʌni] *adj* som løber (fx *nose* næse); rindende (fx *eyes* øjne).

runway ['rʌnwei] *s (fly)* startbane; landingsbane.
rupture ['rʌptʃə*] *s* brud; sprængning; *(med)* brok // *v* sprænge(s), briste.
rural ['ruərəl] *adj* landlig, land-.
ruse [ru:z] *s* list, kneb.
rush [rʌʃ] *s (bot)* siv; tilstrømning; brusen; hast, jag // *v* bringe i en fart; storme; styrte (sig); jage, skynde sig; *don't ~ me!* lad være med at jage med mig! **~es** *spl* siv, rør; **~ hour** *s* myldretid.
rusk [rʌsk] *s* tvebak.
Russia ['rʌʃə] *s* Rusland; **~n** *s* russer // *adj* russisk.
rust [rʌst] *s* rust; *green ~* ir // *v* ruste.
rustic ['rʌstik] *adj* landlig; almue-.
rustle [rʌsl] *s* raslen, brusen // *v* rasle (med), knitre.
rusty ['rʌsti] *adj* rusten.
ruthless ['ru:θlis] *adj* hensynsløs; ubarmhjertig; **~ly** *adv* med hård hånd.
rye [rai] *s (bot)* rug.

S

S, s [ɛs].
sabbath ['sæbəθ] *s* sabbat; søndag; **sabbatical** [sə'bætikl] *adj: ~ (year)* sabbatår.
sable [seibl] *s* zobel.
sabre ['seibə*] *s* sabel // *v* nedsable.
sack [sæk] *s* sæk, pose // *v* plyndre; afskedige, fyre; *get the ~* blive fyret; *hit the ~* (F) gå til køks; **~ing** *s* sækkelærred.
sacred ['seikrid] *adj* hellig; indviet.
sacrifice ['sækrifais] *s* offer; tab // *v* ofre.
sacrilege ['sækrilidʒ] *s* helligbrøde.
sacrosanct ['sækrəusæŋkt] *adj* fredhellig.
sad [sæd] *adj* bedrøvet, vemodig; sørgelig; **~den** *v* gøre (el. blive) trist, bedrøve.
saddle [sædl] *s* sadel; *(gastr)* ryg (fx *of lamb* lamme-) // *v* sadle.
s.a.e. (fork.f. *stamped addressed envelope)* frankeret svarkuvert.
safe [seif] *s* pengeskab; boks // *adj* sikker; uskadt; ufarlig; forsigtig; *~ from* i sikkerhed for; *~ and sound* i god behold; *just to be on the ~ side* for en sikkerheds skyld; **~-conduct** *s* frit lejde; **~guard** *s* værn, beskyttelse // *v* beskytte; sikre; **~keeping** *s* forvaring.
safety ['seifti] *s* sikkerhed; **~ belt** *s* sikkerhedsbælte (el. -sele); **~ curtain** *s (teat)* jerntæppe; **~ pin** *s* sikkerhedsnål.
sag [sæg] *v* hænge; dale; synke.
sage [seidʒ] *s* vismand; *(bot)* salvie.
Sagittarius [sædʒi'tɛəriəs] *s (astr)* Skytten.
said [sɛd] *præt* og *pp* af *say* // *adj: the ~* ovennævnte, (tidligere) omtalte.
sail [seil] *s* sejl; sejltur, sejlads; *set ~* sætte sejl; afsejle *(for* til) // *v* sejle; besejle; **~ing** *s* sejlads; sejlsport; *go ~ing* tage på sejltur; **~ing boat** *s* sejlbåd; **~ing ship** *s* sejlskib; **~or** *s* sømand; matros.
saint [seint] *s* helgen; **~ly** *adj* helgenagtig; hellig.
sake [seik] *s: for the ~ of* for ... skyld; af hensyn til; *for pity's ~* for Guds skyld.
salad ['sæləd] *s* salat; **~ bowl** *s* salatskål; **~ cream** *s* salatdressing.

salaried ['sælərid] *adj* lønnet; **salary** *s* løn, månedsløn.

sale [seil] *s* salg, udsalg; *on* (el. *for)* ~ til salg; *on ~ or return* med returret; *~s are up* salget er gået op; **~room** *s* salgslokale; auktionslokale; **~sman** *s* sælger; ekspedient; repræsentant; **~smanship** *s* salgsteknik; **~swoman** *s* ekspeditrice.

saline ['seilain] *s* saltopløsning // *adj* saltholdig, salt-.

saliva [sə'laivə] *s* spyt.

sallow ['sæləu] *adj (bot)* pil; pilekvist.

salmon ['sæmən] *s* laks // *adj* laksefarvet; lakse-; ~ **trout** *s* laksørred.

saloon [sə'lu:n] *s* (på skib) salon; *(auto)* sedan.

salt [sɔlt] *s* salt // *v* salte, komme salt på; **~cellar** *s* saltkar; **~y** *adj* salt; saltagtig.

salutary ['sæljutəri] *adj* sund; gavnlig.

salute [sə'lu:t] *s* hilsen; honnør; salut // *v* hilse; gøre honnør; salutere.

salvage ['sælvidʒ] *s* bjærgning; bjærgegods; bjærgeløn // *v* redde, bjærge.

salvation [sæl'veiʃən] *s* frelse; redning; *the S~ Army* Frelsens Hær.

salver ['sælvə*] *s* (metal)bakke.

same [seim] *adj/pron* samme; *the* ~ den (, det, de) samme; *all* (el. *just) the* ~ alligevel, ikke desto mindre; *much the* ~ ikke stort anderledes; *the ~ to you* i lige måde.

sample [sa:mpl] *s* prøve; smagsprøve // *v* prøve; smage på.

sanctify ['sæŋktifai] *v* hellige; retfærdiggøre.

sanctimoneous [sæŋkti'məuniəs] *adj* skinhellig.

sanction ['sæŋkʃən] *s* sanktion; godkendelse // *v* godkende, stadfæste.

sanctuary ['sæŋktjuəri] *s* tilflugtssted; (dyre)reservat.

sand [sænd] *s* sand // *v* komme sand på (el. i); slibe med sandpapir; **~bag** *s* sandsæk; **~blast** *v* sandblæse; ~ **dune** *s* klit; **~pit** *s* sandkasse.

sandwich ['sændwitʃ] *s* sandwich; *~ed between* klemt inde mellem; *open* ~ stykke smørrebrød; ~ **course** *s* kursus med skiftesvis teori og praktik.

sandy ['sændi] *adj* sandet; sand-; sandfarvet; rødblond.

sane [sein] *adj* sjæleligt sund; normal.

sang [sæŋ] *præt* af *sing.*

sanitary ['sænitəri] *adj* sanitær; hygiejnisk; ~ **towel** *s* hygiejnebind; **sanitation** [-'teiʃən] *s* sanitære installationer; sanitetsvæsen.

sanity ['sæniti] *s* tilregnelighed; (sund) fornuft.

sank [sæŋk] *præt* af *sink.*

Santa Claus ['sæntəˌklɔ:z] *s* julemanden.

sap [sæp] *s* (plante)saft // *v* underminere; **~ling** *s* ungt træ.

sapphire ['sæfaiə*] *s* safir; safirblåt.

sardine ['sa:di:n] *s* sardin; *be packed like ~s* stå som sild i en tønde.

sash [sæʃ] *s* skærf; vinduesramme; ~ **window** *s* skydevindue.

sat [sæt] *præt* og *pp* af *sit.*

satchel ['sætʃəl] *s* skuldertaske; skoletaske.

satellite ['sætəlait] *s* satellit.

satire ['sataiə*] *s* satire; **satirical** [-'tirikl] *adj* satirisk.

satisfaction [sætis'fækʃən] *s* tilfredsstillelse; tilfredshed;

oprejsning; **satisfactory** [-ˈfæktəri] *adj* tilfredsstillende; **satisfy** [ˈsætisfai] *v* tilfredsstille; overbevise; **satisfying** [ˈsætisfaiiŋ] *adj* tilfredsstillende.

saturate [ˈsætʃəreit] *v* mætte; gennemvæde; **saturation** [-ˈreiʃən] *s* mætning.

Saturday [ˈsætədi] *s* lørdag.

sauce [sɔ:s] *s* sovs; **~boat** *s* sovseskål; **~pan** [ˈsɔ:spən] *s* kasserolle.

saucer [ˈsɔ:sə*] *s* underkop; *cup and ~* et par kopper; *flying ~* flyvende tallerken.

saunter [ˈsɔ:ntə*] *v* slentre, drysse.

sausage [ˈsɔsidʒ] *s* pølse; **~ meat** *s* pølsefars, rørt fars.

savage [ˈsævidʒ] *s* vild(mand) // *v* mishandle // *adj* vild; brutal; rasende; **~ry** [ˈsævidʒəri] *s* grusomhed; vildskab.

save [seiv] *s (sport)* redning // *v* redde; spare; gemme; (også: *~ up)* spare op (el. sammen) // *præp* undtagen; på nær; *God ~ the Queen!* Gud bevare dronningen!

saving [ˈseiviŋ] *s* besparelse // *adj* frelsende; besparende; **~s** *spl* opsparing; **~s bank** *s* sparekasse.

saviour [ˈseivjə*] *s* frelser.

savour [ˈseivə*] *s* (vel)smag // *v* smage; nyde; **~y** *s* (let) anretning (ost etc) // *adj* velsmagende.

saw [sɔ:] *s* sav // *v (~ed, ~ed* el. *sawn* [sɔ:n]) save // *præt* af *see;* **~dust** *s* savsmuld; **~mill** *s* savværk.

say [sei] *s: have one's ~* få sagt hvad man vil; *have a ~* have et ord at skulle have sagt // *v (said, said* [sɛd]) sige; udtale; *could you ~ that again?* hvad behager? *that's to ~* det vil sige; *to ~ nothing of* for ikke at tale om; *~ that...* lad os sige at...; *that goes without ~ing* det siger sig selv; *you don't ~!* det siger du ikke? **~ing** *s* talemåde; ordsprog.

scab [skæb] *s* skruebrækker.

scaffold [ˈskæfəuld] *s* skafot; stillads; **~ing** *s* byggestillads.

scald [skɔ:ld] *v* skolde; **~ing** *adj* skoldende varm.

scale [skeil] *s* (om fisk etc) skæl; skala; målestok; *a pair of ~s* en (skål)vægt; *on a large ~* i stor målestok.

scallop [ˈskɔləp] *s* kammusling; *(gastr)* gratinskal.

scalp [skælp] *s* hovedbund, skalp // *v* skalpere.

scan [skæn] *v* studere nøje; kigge igennem; skanne.

scandal [skændl] *s* skandale; forargelse; sladder; **~ize** *v* forarge; bagtale; **~ous** *adj* skandaløs.

Scandinavia [skændiˈneiviə] *s* Skandinavien; **~n** *s* skandinav // *adj* skandinavisk.

scant [skænt] *adj* kneben, knap; **~y** *adj* sparsom; mager; (om kjole) luftig.

scapegoat [ˈskeipgəut] *s* syndebuk.

scar [ska:*] *s* ar; *(fig)* skramme // *v* danne (el. lave) ar; skramme.

scarce [skɛəs] *adj* sjælden; knap; *make oneself ~* (F) stikke af; **~ly** *adv* næsten ikke, næppe, knap; **scarcity** *s* mangel, knaphed.

scare [skɛə*] *s* skræk; panik // *v* skræmme; blive skræmt; *~ sby stiff* gøre en stiv af skræk; *bomb ~* bombetrussel; **~crow** [-krəu] *s* fugleskræmsel; **~d** *adj: be* (el. *get) ~d* blive forskrækket; **~monger** *s* panikmager.

scarf [ska:f] *s (pl: scarves*

[ska:vz]) (hals)tørklæde.
scarlet ['ska:lit] *adj* purpurrød; ~ **fever** *s* skarlagensfeber.
scarves [ska:vz] *spl* af *scarf.*
scary ['skɛəri] *adj* (F) skræmmende; skræk-; frygtsom.
scathing ['skeiðiŋ] *adj* svidende; bidende.
scatter ['skætə*] *v* sprede(s); strø; **~brained** *adj* forvirret; glemsom; bims.
scene [si:n] *s* scene; sted; **~ry** ['si:nəri] *s* sceneri; dekoration; landskab; **scenic** ['si:nik] *adj* scenisk; naturskøn.
scent [sɛnt] *s* duft; spor; lugtesans; parfume // *v* lugte, vejre; parfumere.
sceptic ['skɛptik] *s* skeptiker // *adj* skeptisk; **~al** *adj* skeptisk; **~ism** ['skɛptisizm] *s* skepsis.
sceptre ['sɛptə*] *s* scepter.
schedule ['ʃɛdju:l] *s* (tids)plan; køreplan; program; tarif, liste // *v* fastlægge; *as ~d* planmæssigt; *on* ~ i fast rute; *be behind* ~ være forsinket.
scheme [ski:m] *s* plan; system, ordning; intrige // *v* planlægge; smede rænker; **scheming** *adj* intrigant; beregnende.
scholar ['skɔlə*] *s* videnskabsmand; lærd; stipendiat; **~ly** *adj* lærd; **~ship** *s* lærdom; stipendium.
school [sku:l] *s* skole // *v* oplære; **~book** *s* skolebog; **~days** *spl* skoletid; **~ing** *s* skolegang; skoling; **~-leaving age** *s* den alder hvor skolepligten ophører; **~master** *s* lærer; **~mistress** *s* lærerinde; **~ report** *s* karakterbog; **~room** *s* klasseværelse; **~teacher** *s* skolelærer.
schooner ['sku:nə*] *s* skonnert; stort ølglas.
sciatica [sai'ætikə] *s* iskias.
science ['saiəns] *s* videnskab; (også: *natural ~)* naturvidenskab; **scientific** [-'tifik] *adj* videnskabelig; **scientist** *s* (natur)videnskabsmand.
scintillating ['sintileitiŋ] *adj* glitrende, funklende.
scissors ['sizəz] *spl: a pair of ~* en saks.
scoff [skɔf] *v* (F) æde, drikke; *~ at* kimse ad; spotte.
scold [skəuld] *v* skælde ud på.
scone [skɔn] *s* slags tebolle.
scoop [sku:p] *s* øse, skovl; kup; godt stof // *v: ~ out* øse; *~ up* skovle.
scooter ['sku:tə*] *s* løbehjul; scooter.
scope [skəup] *s* rækkevidde; omfang; spændvidde; spillerum.
scorch [skɔ:tʃ] *v* brænde, svide, branke, afsvide; **~er** *s* (F) brændende varm dag; **~ing** *adj* brændende, svidende.
score [skɔ:*] *s* regnskab; pointtal; *(mus)* partitur; snes; scoring // *v* føre regnskab; kunne notere (fx *a success* en succes); få points; score; *on that* ~ hvad det angår, af den grund; **~board** *s* måltavle; **~r** *s* regnskabsfører; målscorer.
scorn [skɔ:n] *s* foragt, hån // *v* foragte, håne; **~ful** *adj* hånlig.
Scorpio ['skɔ:piəu] *s (astr)* Skorpionen.
Scot [skɔt] *s* skotte; **Scotch** *s* (skotsk) whisky; **scot-free** *adj: go scot-free* slippe godt fra det; **Scots** [skɔts] *s/adj* skotsk; *spl* skotter; **Scottish** ['skɔtiʃ] *adj* skotsk.
scoundrel ['skaundrəl] *s* skurk.
scour [skauə*] *v* skure; **~er** *s* grydesvamp; skurepulver.
scout [skaut] *s* spejder // *v: ~ around* spejde, være på udkig.

scowl [skaul] *v* skule; ~ *at* se vredt på; se skævt til.
scramble [skræmbl] *s* klatretur; vild kamp // *v* klatre; vade; ~ *for* skubbes for at få fat i; løbe om kap efter; ~**d eggs** *spl* røræg.
scrap [skræp] *s* stump; smule; slagsmål; glansbillede; (også: ~ *iron)* skrot // *v* kassere.
scrape [skreip] *s: get into a* ~ komme i knibe // *v* skrabe, kradse; ~**r** *s* skraber; spatel.
scrap... ['skræp-] sms: ~ **heap** *s* affaldsbunke; *(fig)* brokkasse; ~ **merchant** *s* skrothandler; ~**py** *adj* sammenbrokket; planløs; ~**s** *spl* affald; udklip; ~**yard** *s* bilkirkegård, skrotlager.
scratch [skrætʃ] *s* rift; kradsen; skratten // *v* kradse, rive, klø (sig); *start from* ~ begynde helt forfra.
scrawl [skrɔ:l] *s* kragetæer, skribleri // *v* kradse ned, skrible.
scrawny ['skrɔ:ni] *adj* tynd, splejset.
scream [skri:m] *s* skrig // *v* skrige; *that's a* ~ det er hylende grinagtigt.
screech [skri:tʃ] *s* skrig, hvin // *v* skrige, hvine.
screen [skri:n] *s* skræm; *(film)* lærred // *v* skærme; afskærme; filmatisere; screene; skaffe oplysninger om; ~**ing** *s (med)* kontrolundersøgelse, screening.
screw [skru:] *s* skrue // *v* skrue; dreje; presse; (V!) 'knalde'; *have one's head ~ed on* have pæren i orden; ~**driver** *s* skruetrækker; ~**y** *adj* (F) skør.
scribble [skribl] *s* kradseri, skribleri // *v* skrible.
script [skript] *s (teat* etc) manuskript; drejebog; håndskrevet dokument.
Scripture ['skriptʃə*] *s: the (Holy)* ~ den hellige skrift, bibelen.
scriptwriter ['skriptraitə*] *s* tekstforfatter.
scroll [skrəul] *s* skriftrulle; snirkel.
scrounge [skraundʒ] *v* hugge; 'redde sig'; ~ *on sby* nasse på en; ~**r** *s* snylter, (F) nasserøv.
scrub [skrʌb] *s* skrubben; krat(bevoksning) // *v* skrubbe, skure; annullere.
scruple [skru:pl] *s* skrupel; ~**s** *pl* betænkeligheder; **scrupulous** ['skru:pjuləs] *adj* omhyggelig, skrupuløs.
scrutinize ['skru:tinaiz] *v* granske; ransage; forske; **scrutiny** ['skru:tini] *s* gransken; nøje undersøgelse.
scullery ['skʌləri] *s* bryggers.
sculptor ['skʌlptə*] *s* billedhugger; **sculpture** ['skʌlptʃə*] *s* skulptur, statue; billedhuggerkunst // *v* modellere.
scum [skʌm] *s* skum; afskum, udskud.
scythe [saið] *s* le // *v* meje.
SDP [ˌɛsdi:'pi:] fork.f. *Social Democratic Party.*
sea [si:] *s* hav; sø; *at* ~ til søs; *be all at* ~ være helt ude at svømme; *by* ~ ad søvejen; ~**bird** *s* havfugl; ~**food** *s* fisk (etc); 'alt godt fra havet'; ~ **front** *s* strandpromenade; ~**going** *adj* (om skib) søgående; ~**gull** *s* måge.
seal [si:l] *s* sæl; sælskind; segl; plombe // *v* forsegle; besegle; lukke.
sea level ['si:ˌlævl] *s* middelvandstand; *2000 feet above* ~ 2000 fod over havets overflade.
seam [si:m] *s* søm; stikning; (om kul etc) åre, lag; ~**less** *s* sømløs; ~**y** *adj* furet.

seaplane ['si:plein] *s* flyvebåd; **seaport** *s* havn(eby).
search [sə:tʃ] *s* søgen; eftersøgning; gennemsøgning; ransagning // *v* søge; gennemsøge; ransage; *in ~ of* ude at lede efter; ude efter; *~ me!* (F) det aner jeg ikke! **~ing** *adj* forskende; indgående; **~light** *s* projektør, søgelys; **~ party** *s* eftersøgningsmandskab; **~ warrant** *s* ransagningskendelse.
sea... ['si:-] sms: **~shore** *s* strandbred; **~sick** *adj* søsyg; **~side** *s* kyst; **~side resort** *s* badested.
season [si:zn] *s* årstid; sæson // *v* krydre, smage til; *strawberries are in ~* det er jordbærsæson; **~ing** *s* krydderi; lagring; **~ ticket** *s* abonnementskort, togkort.
seat [si:t] *s* sæde; siddeplads; mandat; residens; (om bukser) bag // *v* sætte, anbringe; rumme, kunne bænke; **~ belt** *s (auto)* sikkerhedssele.
sea... ['si:-] sms: **~ water** *s* havvand; **~weed** *s* tang; alger; **~worthy** *adj* sødygtig.
sec. fork.f. *second(s).*
secede [si'si:d] *v: ~ from the EEC* træde ud af EF.
secluded [si'klu:did] *adj* isoleret; afsondret; **seclusion** *s* afsondrethed.
second ['sɛkənd] *s* sekund; *(sport)* nummer to; *(auto)* andet gear // *v* sekundere, støtte // *adj/adv* anden; næst-; *every ~ month* hver anden måned; *be ~ to none* ikke stå tilbage for ngn; **~ary** *adj* underordnet; sekundær; **~ary school** *s* skole for børn over 10 år; **~-best** *adj* næstbedst; **~-class** *adj* andenklasses; **~er** *s* en der støtter (et forslag etc); **~hand** *adj* brugt; på anden hånd; **~ hand** *s* (på ur) sekundviser; **~ly** *adv* for det andet; **~ment** [si'kɔndmənt] *s* forflyttelse; **~-rate** *adj* andenrangs; **~ thoughts** *spl: on ~ thoughts* ved nærmere eftertanke.
secrecy ['si:krəsi] *s* hemmeligholdelse; *in ~* i hemmelighed; **secret** ['si:krit] *s* hemmelighed // *adj* hemmelig.
secretarial [sɛkri'tɛəriəl] *adj* sekretær-; **secretary** ['sɛkrətəri] *s* sekretær; *Secretary of State* minister.
secrete [si'kri:t] *v* afsondre, udsondre.
secretive ['si:krətiv] *adj* hemmelighedsfuld; tavs.
section ['sɛkʃən] *s* snit; afdeling; del, sektion, udsnit // *v* dele (i sektioner).
sector ['sɛktə*] *s* afsnit; område; sektor.
secular ['sɛkjulə*] *adj* verdslig; ikke-religiøs.
secure [si'kjuə*] *v* sikre (sig) // *adj* sikker; tryg; forsvarlig; *~ from* sikker mod; i sikkerhed for; **security** *s* sikkerhed; kaution; *securities pl* værdipapirer.
sedate [si'deit] *adj* sindig; adstadig // *v* give beroligende medicin; **sedative** ['sɛdətiv] *s* beroligende middel.
sedentary ['sɛdntri] *adj* fastboende; (stille)siddende.
sediment ['sɛdimənt] *s* bundfald; aflejring.
seduce [si'dju:s] *v* forføre; forlede; **seduction** [-'dʌkʃən] *s* forførelse; tillokkelse; **seductive** [-'dʌktiv] *adj* forførerisk; tillokkende.
see [si:] *v (saw, seen* [sɔ:, si:n]) se; indse; opleve; besøge; tale med; *~ sby to the door* følge en til døren; *go to ~ sby* tage hen og besøge en; *~ that he*

does it sørge for at han gør det; ~ *sby off* følge en (fx til toget); ~ *through* gennemskue; gøre færdig; ~ *to* tage sig af; sørge for; ~ *you!* farvel så længe! *I* ~! jeg forstår! nå sådan!

seed [si:d] *s (bot)* frø; kerne; *(fig)* spire; *go to* ~ gå i frø, forsumpe; *the second* ~*ed* (i tennis) nummer to på ranglisten; ~**ling** *s* frøplante; ~**y** *adj* lurvet; forsumpet.

seeing ['si:iŋ] *konj:* ~ *that* i betragtning af (at).

seek [si:k] *v (sought, sought* [sɔ:t]) søge (efter); forsøge.

seem [si:m] *v* synes; virke som om; *there* ~*s to be...* der lader til at være...; ~**ingly** *adv* tilsyneladende.

seen [si:n] *pp* af *see.*

seep [si:p] *v* sive.

seersucker ['siəsʌkə*] *s* (om stof) bæk-og-bølge.

seesaw ['si:sɔ:] *s* vippe; vippen.

seethe [si:ð] *v* syde, koge; ~ *with anger* skumme af raseri.

see-through ['si:θru:] *adj* gennemsigtig.

segment ['sɛgmənt] *s* stykke; udsnit, del.

segregation [sɛgri'geiʃən] *s* (race)adskillelse; isolation.

seize [si:z] *v* gribe; bemægtige sig; pågribe; ~ *(up)on* gribe ivrigt (efter); *the brake has* ~*d (up)* bremsen har sat sig fast; **seizure** ['si:ʒə*] *s* pågribelse; *(med)* slagtilfælde; *(jur)* beslaglæggelse.

seldom ['sɛldəm] *adv* sjældent.

select [si'lɛkt] *v* (ud)vælge // *adj* udsøgt; eksklusiv; ~**ion** [-'lɛkʃən] *s* udvælgelse; udvalg; ~**ive** [-'lɛktiv] *adj* selektiv.

self [sɛlf] *s (pl: selves* [sɛlvz]) jeg; *the* ~ jeg'et; *my better* ~ mit bedre jeg; ~**-adhesive** *s* selvklæbende; ~**-assertive** *adj* selvhævdende; ~**-assured** *adj* selvsikker; ~**-catering** *adj* på egen kost; ~**-centred** *adj* egocentrisk; ~**-confidence** *s* selvtillid; ~**-conscious** [-'kɔnʃəs] *adj* genert, forlegen; ~**-contained** *adj* selvstændig; med egen indgang; ~**-defence** *s* selvforsvar; ~**-employed** *adj* selvstændig; ~**-evident** [-'ɛvidənt] *adj* selvindlysende; ~**-explanatory** *adj* som forklarer sig selv; ~**-indulgent** *adj* som forkæler sig selv; nydelsessyg; ~**-interest** *s* egenkærlighed; ~**ish** *adj* selvisk, egoistisk; ~**ishness** *s* egoisme; ~**-pity** *s* selvmedlidenhed; ~**-possessed** *adj* fattet, behersket; ~**-preservation** *s* selvopholdelsesdrift; ~**-righteous** [-'raitʃəs] *adj* selvretfærdig; ~**-sacrifice** *s* selvopofrelse; *the* ~**-same** den selvsamme; ~**-satisfied** *adj* selvtilfreds; ~**-seal** *adj* selvklæbende (fx konvolut); ~**-service** *s* selvbetjening; ~**-sufficient** *adj* selvtilstrækkelig; selvforsynende; ~**-supporting** *adj* selvforsørgende; ~**-taught** *adj* selvlært.

sell [sɛl] *v (sold, sold* [səuld]) sælge; blive solgt; ~ *off* udsælge; ~**er** *s* sælger; ~**ing price** *s* salgspris; ~**out** *s* udsalg; forræderi; *it was a* ~*out* der blev udsolgt.

sellotape ['sɛləuteip] *s* ® klæbestrimmel, tape.

selvedge ['sɛlvidʒ] *s* ægkant.

selves [sɛlvz] *spl* af *self.*

semen ['si:mən] *s* sæd(væske); *(bot)* frø.

semi... ['sɛmi-] sms: ~**-breve** [-bri:v] *s* helnode; ~**circle** *s* halvcirkel; ~**detached**

(house) *s* halvt dobbelthus; **~finals** *spl* semifinale.
seminar ['sɛmina:*] *s* symposium; (fagligt) kursus; **~y** *s* præsteseminarium.
semi... ['sɛmi-] sms: **~quaver** [-kweivə*] *s* sekstendedelsnode; **~skilled worker** *s* specialarbejder; **~-skimmed milk** *s* letmælk.
semolina [sɛmə'li:nə] *s* semulje(vælling).
senate ['sɛnit] *s* senat; *(univ)* konsistorium.
send [sɛnd] *v (sent, sent)* sende; *~ away* sende væk; *~ away for* rekvirere; *~ back* sende tilbage; *~ down* (i skolen) bortvise; *~ for* sende bud efter; *~ off* afsende; *(sport)* udvise; *~ out* udsende, sende ud; *~ up* drive i vejret (fx *prices* priserne); sætte i fængsel; lade springe; **~er** *s* afsender; sender; **~-off** *s: a good ~-off* en god afskedsfest; en god start.
senile ['si:nail] *adj* senil.
senior ['si:niə*] *s* senior // *adj* senior-; **~ity** [-'ɔriti] *s* anciennitet.
sensation [sɛn'seiʃən] *s* følelse, fornemmelse; sensation; *cause a ~* vække opsigt; **~al** *adj* sensationel, sensations-.
sense [sɛns] *s* sans; følelse; fornuft; betydning // *v* mærke, fornemme; *~ of duty* pligtfølelse; *make ~* lyde fornuftig; være begribelig; *there is no ~ in...* der er ingen mening i...; det kan ikke nytte at...; *in more than one ~* i mere end én forstand; *anyone in his ~s* enhver der er ved sine fulde fem.
sensibility [sɛnsi'biliti] *s* følsomhed; følelse; **sensible** ['sɛnsibl] *adj* fornuftig; mærkbar.
sensitive ['sɛnsitiv] *adj* følsom; ømfindtlig, sart; **sensitivity** [-'tiviti] *s* følsomhed, sensitivitet.
sent [sɛnt] *præp* og *pp* af *send.*
sentence [sɛntns] *s* sætning; *(jur)* dom; straf // *v* dømme; *~ sby to death* dømme en til døden.
sentiment ['sɛntimənt] *s* følelse; mening; synspunkt; sentimentalitet; **~al** [-'mɛntl] *adj* sentimental.
sentry ['sɛntri] *s* skildvagt, vagtpost.
separate *v* ['sɛpəreit] adskille; dele; skille sig ud; gå løs; skilles ad // *adj* ['sɛprit] adskilt; særskilt; **~ly** *adj* hver for sig; **separation** [-'reiʃən] *s* adskillelse; udskillelse; separation.
September [sɛp'tɛmbə*] *s* september.
septic ['sɛptik] *adj* septisk; (om sår) betændt.
sequel ['si:kwəl] *s* fortsættelse; følge, konsekvens.
sequence ['si:kwəns] *s* rækkefølge, sekvens.
sequin ['si:kwin] *s* paillet.
serene [si'ri:n] *adj* rolig; fredelig; skyfri.
sergeant ['sa:dʒənt] *s* sergent; (om politi) sv.t. overbetjent.
serial ['siəriəl] *s* fortsat roman // *adj: ~ number* løbenummer; **~ize** *v* udsende som føljeton.
series ['siəri:s] *s* række; serie.
serious ['siəriəs] *adj* alvorlig, seriøs; vigtig.
sermon ['sə:mən] *s* prædiken.
serpent ['sə:pənt] *s* slange.
servant ['sə:vənt] *s* tjener, tjenestepige.
serve [sə:v] *v* tjene; servere; ekspedere; gøre tjeneste; afsone; (i tennis etc) serve; *it ~s him right* han har (rigtig)

godt af det; ~ *out* (el. *up)* rette (maden) an.

service ['sə:vis] *s* tjeneste; servering; betjening; service; (i tennis) serve(bold); *be of ~ to sby* være til nytte for en; *do sby a ~* gøre en en tjeneste; *put one's car in for ~* sende sin bil til service; *dinner ~* spisestel; *divine ~* gudstjeneste; **~able** *adj* anvendelig, tjenlig; ~ **area** *s* (på motorvej) nødspor; **~man** *s* soldat; ~ **station** *s* benzinstation (med værksted).

session ['sɛʃən] *s* møde; samling; skoleår; *be in ~* holde møde.

set [sɛt] *s* sæt; sortiment; apparat (fx *tv-~);* (omgangs)kreds; gruppe, klike; *(teat* etc) dekoration; (om hår) fald // *v (set, set)* sætte, stille; indstille; angive; (om gelé etc) stivne; (om solen) gå ned // *adj* fast; foreskreven; parat; *be ~ on doing sth* være opsat på at gøre ngt; *be (dead) ~ against* være stærkt imod; *~ to music* sætte musik til; *~ on fire* sætte ild til; *~ free* befri; *~ sth going* sætte ngt i gang; *~ sail* sætte sejl;
~ about gå i gang med; *~ aside* sætte til side; se bort fra; *~ back* sætte (el. stille) tilbage; *~ off* starte, tage af sted; affyre; sætte i gang; *~ out to* gå i lag med at; sætte sig for at; give sig ud for at; *~ up* etablere; nedsætte; installere; **~back** *s* bagslag; nederlag.

settee [sɛ'ti:] *s* sofa.

setting ['sɛtiŋ] *s* ramme, baggrund; (til juvel) indfatning; miljø.

settle [sɛtl] *v* afgøre (fx *an argument* en diskussion); berolige; sætte (sig) til rette; slå sig ned; aflejres; *~ down* falde til; gå til ro; *~ for sth* affinde sig med ngt; *~ in* indrette sig; *~ to sth* finde sig til rette med ngt; *~ up with sby* afregne med en; **~ment** *s* afregning; dækning; ordning; koloni, bebyggelse, boplads; **~r** *s* kolonist.

setup ['sɛtʌp] *s* ordning; situation; indretning.

seven [sɛvn] *num* syv; **~teen** *num* sytten; **~th** *s* syvendedel // *adj* syvende; **~ty** *num* halvfjerds.

sever ['sɛvə*] *v* skille; dele; afskære.

several ['sɛvrəl] *adj* adskillige, flere; *~ of us* flere af os; *they went their ~ ways* de gik hver sin vej.

severe [si'viə*] *adj* streng; alvorlig, slem; **severity** [si'vɛriti] *s* strenghed, hårdhed.

sew [səu] *v (~ed, ~n)* sy; *~ up* sy til, sy ind.

sewage ['su:idʒ] *s* kloakering; spildevand; **sewer** ['su:ə*] *s* kloak(ledning).

sewing ['səuiŋ] *s* syning, sytøj; ~ **machine** *s* symaskine.

sewn [səun] *pp* af *sew.*

sex [sɛks] *s* køn; kønslivet, sex; *have ~ (with)* elske (med); **~ual** ['sɛksjuəl] *adj* kønslig, seksuel; **~y** *adj* sexet.

shabby ['ʃæbi] *adj* lurvet.

shack [ʃæk] *s* lille hytte; skur // *v: ~ up with sby* flytte sammen (i parforhold) med en.

shade [ʃeid] *s* skygge; nuance; (til fx lampe) skærm // *v* skygge (for); afskærme; skravere; *a ~ of* en anelse; *in the ~* i skyggen; *~s of blue* blå nuancer; *a ~ smaller* en anelse mindre.

shadow ['ʃædəu] *s* skygge // *v* skygge (en person).

shady ['ʃeidi] *adj* skyggefuld; lyssky; tvivlsom.
shaft [ʃa:ft] *s* (om fx spyd) skaft; (om fx mine) skakt; (om lys) stråle, stribe; *(auto* etc) aksel.
shaggy ['ʃægi] *adj* lådden; langhåret.
shake [ʃeik] *v (shook, shaken* [ʃuk, ʃeikn]) ryste; ruske; få til at ryste; ryste sig; ~ *hands with sby* give en hånden; hilse på en; ~ *off* ryste af; vifte væk; ~ *up* omryste; ryste op; **~-up** *s* rystetur; omvæltning; **shaky** *adj* rystende; vakkelvorn.
shale [ʃeil] *s* skifer(ler).
shall [ʃæl, ʃəl] *v (should* [ʃud]) skal; vil; *what ~ we do?* hvad skal vi gøre? *I ~ tell him* jeg siger (el. vil sige) det til ham; *you ~ regret it* du vil komme til at fortryde det; *he should be here now* han burde være her nu.
shallot [ʃə'lɔt] *s* skalotteløg.
shallow ['ʃæləu] *adj* lavvandet; lav; (om person) overfladisk.
sham [ʃæm] *s* imitation; humbug // *v* simulere, spille // *adj* forloren, imiteret.
shambles [ʃæmblz] *s* roderi.
shame [ʃeim] *s* skam // *v* vanære; gøre skamfuld; gøre til skamme; *for ~!* el. *~ on you!* skam dig! *what a ~!* sikken en skam! det var synd! **~faced** *adj* flov, skamfuld; **~ful** *adj* skammelig; **~less** *adj* skamløs, fræk.
shampoo [ʃæm'pu:] *s* hårvask; shampoo // *v* vaske hår.
shamrock ['ʃæmrɔk] *s* kløverblad (Irlands nationalsymbol).
shan't [ʃa:nt] d.s.s. *shall not.*
shanty ['ʃænti] *s* hytte, skur; sømandssang; ~ **town** *s* skurby (slumkvarter med blikskure).
shape [ʃeip] *s* form, facon // *v* forme, danne; udforme; forme sig; ~ *up* udvikle sig i heldig retning; *take ~* få (el. tage) form; **~less** *adj* uformelig; **~ly** *adj* velskabt.
share [ʃɛə*] *s* del, andel; aktie // *v* dele; deltage; ~ *out* dele ud; deles om; **~holder** *s* aktionær.
shark [ʃa:k] *s* haj (også *fig).*
sharp [ʃa:p] *s (mus)* kryds // *adj* skarp; spids; bidende, råkold; markeret; vaks, kvik; smart // *adv* skarpt; præcis; *C-~ major* cis-dur; *at 2 o'clock ~* præcis kl. 2; *look ~!* lad det nu gå lidt kvikt! rub dig! **~en** *v* hvæsse; spidse (fx *a pencil* en blyant); skærpe; **~ener** *s* (også: *pencil ~ener)* blyantspidser; **~-eyed** *adj* skarpsynet; **~-witted** *adj* skarpsindig; vågen.
shatter ['ʃætə*] *v* knuse; smadre; splintre; blive knust; ødelægge; nedbryde.
shave [ʃeiv] *s* barbering // *v* barbere (sig); *have a ~* barbere sig; *it was a close ~* (F) det var lige til øllet; **~r** *s* barbermaskine; **shaving** ['ʃeiviŋ] *s* barbering; **shaving brush** *s* barberkost; **shaving cream** *s* barbercreme; **shavings** *spl* (høvl)spåner.
shawl [ʃɔ:l] *s* sjal.
she [ʃi:] *pron* hun; den, det.
sheaf [ʃi:f] *s (pl: sheaves* [ʃi:vz]) neg, bundt.
shear [ʃiə*] *v (~ed, ~ed* el. *shorn* [ʃɔ:n]) klippe (fx *sheep* får); **~s** *spl* saks; hækkesaks.
sheath [ʃi:θ] *s* skede; (om kjole) hylster; kondom.
shed [ʃɛd] *s* skur // *v (shed, shed)* fælde, kaste (af); udgyde (fx *tears* tårer).
she'd [ʃi:d] d.s.s. *she had; she*

would.
sheep [ʃi:p] *s (pl: sheep)* får; **~dog** *s* fårehund; **~ish** *adj* flov; fåret; **~skin** *s* fåreskind.
sheer [ʃiə*] *adj* let; ren (og skær); meget stejl // *adv* helt; *it's ~ nonsense* det er det rene vrøvl.
sheet [ʃi:t] *s* lagen; (om fx papir) ark; (om metal) plade; flade; ~ **metal** *s* metalplader.
shelf [ʃɛlf] *s (pl: shelves* [ʃælvz]) hylde; afsats.
shell [ʃɛl] *s* skal; konkylie; *(mil)* granat // *v* pille, afskalle; bælge; bombardere.
she'll [ʃi:l] d.s.s. *she shall; she will.*
shellfish ['ʃælfiʃ] *s* skaldyr.
shelter ['ʃɛltə*] *s* ly, beskyttelse; tilflugtssted; beskyttelsesrum // *v* skærme; give ly; søge læ (el. ly); **~ed** *adj* beskyttet; i læ.
shelve [ʃɛlv] *v* lægge på hylden; skrinlægge; **~s** *pl* af *shelf.*
shepherd ['ʃɛpəd] *s* (fåre)hyrde // *v* vogte; eskortere.
she's [ʃi:z] d.s.s. *she has; she is.*
shield [ʃi:ld] *s* skjold; skærm // *v* skærme, værne *(from* imod).
shift [ʃift] *s* forandring; (om tøj) chemise; (om arbejde) skiftehold // *v* flytte (rundt på); ~ **work** *s* skifteholdsarbejde; **~y** *adj* omskiftelig; (om blik) flakkende.
shilling ['ʃiliŋ] *s* (indtil 1971 britisk mønt, £1 sv.t. 20 ~s).
shimmer ['ʃimə*] *s* flimren // *v* glitre, flimre.
shin [ʃin] *s* skinneben.
shine [ʃain] *v* skin; glans // *v (shone, shone* [ʃɔn]) skinne, stråle; brillere; pudse; **~r** *s* (F) blåt øje.
shingle [ʃiŋgl] *s* tagspån; rullesten; **~s** *spl (med)* helvedesild.
shiny ['ʃaini] *adj* blank; skinnende.
ship [ʃip] *s* skib // *v* sende (el. transportere) med skib; indskibe (sig); (for)sende; **~broker** *s* skibsmægler; **~ment** *s* forsendelse, sending; **~ping** *s* søfart; forsendelse; **~ping office** *s* rederikontor; spedition; **~shape** *adj* sømandsmæssigt; i fineste orden; **~wreck** *s* skibbrud; **~yard** *s* skibsværft.
shire ['ʃaiə*] (i sms: [-ʃə*] fx *York~* ['jɔ:kʃə*]) *s* grevskab.
shirk [ʃə:k] *v* undgå; knibe udenom; pjække.
shirt [ʃə:t] *s* skjorte, skjortebluse.
shit [ʃit] *s* (F) lort, skid // *v (shit, shit)* skide.
shiver ['ʃivə*] *s* rysten, gysen // *v* ryste.
shoal [ʃəul] *s* stime.
shock [ʃɔk] *s* rystelse, stød; chok // *v* ryste; chokere; ~ **absorber** *s* støddæmper; **~ing** *adj* chokerende; skandaløs; **~proof** *adj* stødsikret.
shoe [ʃu:] *s* sko // *v (shod, shod* [ʃɔd]) sko; beslå; *step into sby's ~s* træde i ens fodspor; **~black** *s* skopudser; **~brush** *s* skobørste; **~lace** *s* snørebånd; ~ **polish** *s* skocreme; **~tree** *s* skolæst.
shone [ʃɔn] *præt* og *pp* af *shine.*
shook [ʃuk] *præt* af *shake.*
shoot [ʃu:t] *s (bot)* skud; jagt; (om smerte) jag // *v (shot, shot* [ʃɔt]) skyde; affyre; gå på jagt; fare; *~ in* fare ind; *~ up* skyde i vejret; fare op; **~ing** *s* skydning; jagt; **~ing range** *s* skydebane; **~ing star** *s* stjerneskud.
shop [ʃɔp] *s* forretning, butik; værksted // *v* (også: *go*

~ping) gå på indkøb; ~ **assistant** *s* ekspedient; **~keeper** *s* butiksindehaver; handlende; **~lifter** *s* butikstyv; **~lifting** *s* butikstyveri; **~per** *s* en der går på indkøb; **~ping** *s* indkøb; **~ping bag** *s* indkøbstaske; **~ping centre** *s* butikscenter; ~ **steward** *s* (på fabrik etc) tillidsmand; ~ **window** *s* udstillingsvindue.

shore [ʃɔ:*] *s* kyst; land.

shorn [ʃɔ:n] *pp* af *shear.*

short [ʃɔ:t] *adj* kort; kortvarig; for kort; kortfattet, studs; *be ~ of sth* mangle ngt; *I'm three ~* jeg mangler tre; *in ~* kort sagt; *~ of* bortset fra; *everything ~ of* alt undtagen; *it is ~ for...* det er en forkortelse af...; *cut ~* afkorte; afbryde; *fall ~ of* stå tilbage for; *stop ~* standse brat; *stop ~ of sth* ikke gå helt hen til ngt; **~bread** *s* slags sprød mørdejskage; **~-circuit** *s* kortslutning // *v* kortslutte; **~coming** *s* fejl, skavank; **~-crust pastry** *s* mørdej; **~cut** *s* genvej; **~en** *v* forkorte; blive kortere; **~ening** *s (gastr)* fedtstof (til bagning); **~hand** *s* stenografi; **~hand typist** *s* stenograf og maskinskriver; **~-lived** *adj* kortvarig; **~ly** *adv* kort; snart, inden længe; **~-sighted** *adj* nærsynet; kortsynet; **~ story** *s* novelle; **~-tempered** *adj* irritabel; **~-term** *adj* korttids-; **~wave** *s* kortbølge.

shot [ʃɔt] *s* skud; skytte; (F) forsøg; sprøjte; tår; foto; *have a ~ at sth* (F) forsøge sig med ngt; **~gun** *s* haglgevær.

should [ʃud] *præt* af *shall; I ~ go now* jeg burde gå nu; *I ~ go if I were you* hvis jeg var dig ville jeg gå; *I ~ like to* jeg vil(le) gerne.

shoulder ['ʃəuldə*] *s* skulder; *(gastr)* bov; (om vej) rabat // *v* tage over skulderen; *(fig)* tage på sine skuldre; ~ **bag** *s* skuldertaske; ~ **blade** *s* skulderblad; ~ **strap** *s* skulderstrop.

shouldn't [ʃudnt] d.s.s. *should not.*

shout [ʃaut] *s* råb // *v* råbe; skråle; *give sby a ~* kalde på en; *~ sby down* overdøve en; **~ing** *s* råben.

shove [ʃʌv] *v* skubbe; puffe; *~ sth in* (F) stoppe ngt ind (i).

shovel [ʃʌvl] *s* skovl // *v* skovle.

show [ʃəu] *s* skue; udstilling; forestilling, opvisning; skin // *v (showed, shown* [ʃəun]) vise, udvise, fremvise, udstille; vise sig, kunne ses; *~ sby in* vise en ind; *~ off* vise sig, vigte sig; *~ sby out* vise en ud; *~ up* komme til sin ret; afsløre; vise sig; (F) dukke op; ~ **business** *s* underholdningsbranchen; **~case** *s* montre; udhængsskab; **~down** *s* styrkeprøve.

shower ['ʃauə*] *s* byge; regn; (også: *~ bath)* brusebad // *v* tage brusebad; *~ sby with* overøse en med; **~proof** *s* regntæt; **~y** *adj* byget; regnvejrs-.

show... ['ʃəu-] sms: **~ground** *s* markedsplads; **~ing** *s* fremvisning; ~ **jumping** *s* ridebanespringning; **~manship** *s* sans for PR; **~n** *pp* af *show;* **~piece** *s* udstillingsgenstand; bravournummer; **~room** *s* udstillingslokale.

shrank [ʃræŋk] *præt* af *shrink,*

shrapnel ['ʃræpnəl] *s* granatsplint.

shred [ʃrɛd] *s* trævl; stump, smule // *v* rive (el. skære) i strimler; **~der** *s* råkostmaskine.

shrewd [ʃru:d] *adj* klog; fiffig; dreven.
shriek [ʃri:k] *s* skingrende skrig, hvin // *v* skrige, hyle.
shrill [ʃril] *adj* skingrende; skærende; skarp.
shrimp [ʃrimp] *s* reje; *(fig)* splejs.
shrine [ʃrain] *s* skrin; helligdom.
shrink [ʃriŋk] *v (shrank, shrank* [ʃræŋk]) krympe; vige tilbage; kvie sig *(at* ved); **~age** *s* krympning; svind; **~proof** *adj* krympefri.
shrivel [ʃrivl] *v: ~ (up)* skrumpe ind, visne.
shroud [ʃraud] *s* svøb; dække; liglagen // *v: ~ed in mystery* omgivet af mystik.
Shrovetide ['ʃrəuvtaid] *s* fastelavn.
shrub [ʃrʌb] *s* busk; **~bery** *s* buskads.
shrug [ʃrʌg] *s* skuldertræk // *v: ~ (one's shoulders)* trække på skuldrene; *~ sth off* slå ngt hen; ryste ngt af.
shrunk [ʃrʌŋk] *pp* af *shrink;* **~en** *adj* indskrumpen.
shudder ['ʃʌdə*] *s* gysen; skælven // *v* gyse; ryste.
shuffle [ʃʌfl] *v* blande (kort); *~ one's feet* slæbe med benene, sjokke.
shun [ʃʌn] *v* undgå, sky.
shunt [ʃʌnt] *v* lede (ind på et sidespor); rangere; **~ing** *s* rangering.
shut [ʃʌt] *v (shut, shut)* lukke (sig); *~ down* lukke, nedlægge; *~ off* lukke (af) for; spærre; *~ up* lukke (inde); holde mund; lukke munden på; **~ter** *s* skodde; *(foto)* lukker.
shuttle [ʃʌtl] *s* (i væv) skytte; (også: *~ service)* pendultrafik, pendulfart; **~cock** *s* badmintonbold.
shy [ʃai] *adj* genert, sky // *v: ~ away from* vige tilbage for, sky.
sick [sik] *adj* syg; dårlig; sygelig; *be* (el. *feel) ~* have kvalme; kaste op; *be ~ of* være led og ked af; **~ening** *adj* kvalmende; ækel; *~* **leave** *s* sygeorlov; **~ly** *adj* sygelig; vammel, kvalm; **~ness** *s* sygdom; kvalme.
side [said] *s* side; (om vej) rabat; (ved flod) bred // *v: ~ with sby* holde med en; *have sth on the ~* lave et sidespring; *on either ~ of* på begge sider af; *to be on the safe ~* for at være på den sikre side; *take ~s with* tage parti for; holde med; **~board** *s* skænk; *~* **effect** *s* bivirkning; **~light** *s (auto)* parkeringslygte, sidelygte; **~line** *s (sport)* sidelinje; *(fig)* bibeskæftigelse; **~long** *adj* skrå, sidelæns; **~track** *v* føre (el. komme) ind på et sidespor; distrahere(s); **~ways** *adv* sidelæns.
sidle [saidl] *v: ~ up (to)* kante sig hen (til); liste sig hen (til).
siege [si:dʒ] *s* belejring.
sieve [siv] *s* sigte, si // *v* sigte, si.
sift [sift] *s* si; strø; *(fig)* gennemgå nøje.
sigh [sai] *s* suk // *v* sukke; (om vinden) suse.
sight [sait] *s* syn; seværdighed; (om gevær etc) sigte // *v* få øje på; sigte; *at first ~* ved første blik; *I know him by ~* jeg kender ham af udseende; *in ~* i syne; synlig; *out of ~* ude af syne.
sign [sain] *s* tegn; skilt // *v* gøre tegn; underskrive; signere; *~ in* indskrive sig; stemple ind; melde sig; *~ up* indmelde sig; *(mil)* lade sig hverve.

signal ['signəl] *s* signal // *v* signalere, give tegn.
signature ['signətʃə*] *s* underskrift; ~ **tune** *s* kendingsmelodi.
significance [sig'nifikəns] *s* betydning; **significant** *adj* betydningsfuld; talende (fx *look* blik); **signify** ['signifai] *v* betegne, betyde; tilkendegive.
signpost ['sainpəust] *s* vejskilt; vejviser.
silence [sailns] *s* stilhed; tavshed // *v* lukke munden på; **~r** *s* lyddæmper; **silent** *adj* stille, tavs; lydløs; **silent movie** *s* stumfilm.
silicon ['silikən] *s (kem)* silicium.
silk [silk] *s* silke; **~lined** *adj* silkeforet; **~y** *adj* silkeagtig, silkeblød.
silly ['sili] *adj* dum; *the ~ season* agurketiden.
silt [silt] *s* dynd, slam.
silver ['silvə*] *s* sølv; (sølv)mønter; (også: *~ware)* sølvtøj; **~-plated** *adj* forsølvet; sølvplet-; **~smith** *s* sølvsmed; **~y** *adj* sølvskinnende.
similar ['similə*] *adj* lignende; **~ity** [-'læriti] *s* lighed; **~ly** *adv* ligeledes.
simmer ['simə*] *v* småkoge, snurre; ulme.
simple [simpl] *adj* enkel; simpel, ligetil; **~-minded** *adj* enfoldig, naiv; **~ton** *s* tosse; **simplicity** [-'plisiti] *s* enkelhed, ligefremhed; **simplification** [-'keiʃən] *s* forenkling; **simplify** ['simplifai] *v* forenkle; **simply** *adv* simpelthen, kun.
simulate ['simjuleit] *v* foregive, efterligne; **simulation** [-'leiʃən] *s* efterligning; simulering.
simultaneous [siməl'teiniəs] *adj* samtidig, simultan.
sin [sin] *s* synd // *v* synde.
since [sins] *konj/præp* siden; da; *long ~* for længst; *~ then* fra da af.
sincere [sin'siə*] *adj* oprigtig; ægte; *yours ~ly* (i brev) med venlig hilsen; **sincerity** [-'sɛriti] *s* oprigtighed.
sinew ['sinju:] *s* sene; **~s** *spl* kræfter, styrke.
sinful ['sinful] *adj* syndig.
sing [siŋ] *v (sang, sung* [sæŋ, sʌŋ]) synge; *~ sby's praise* prise en i høje toner.
singe [sindʒ] *v* svide.
singer ['siŋə*] *s* sanger; **singing** *s* sang, syngen // *adj* syngende.
single [siŋgl] *s* (også: *~ ticket)* enkeltbillet // *v: ~ out* udvælge, udtage // *adj* enkelt; alene, ene; ugift; *~ parent* enlig forsørger; **~-breasted** *adj* (om jakke etc) enradet; **~ cream** *s* sv.t. kaffefløde; **~-handed** *adj* alene, på egen hånd; **~-minded** *adj* målbevidst.
singly ['siŋgli] *adj* enkeltvis.
singular ['siŋgjulə*] *s (gram)* ental, singularis // *adj* enestående; mærkelig, sær.
sinister ['sinistə*] *adj* truende; uhyggelig; ond.
sink [siŋk] *s* køkkenvask // *v (sank, sunk* [sæŋk, sʌŋk]) synke; dale; sænke; *~ sth into* sænke ngt ned i; *~ in* trænge ind; *it didn't ~ in* det gik ikke op for mig; *a ~ing feeling* et sug i maven, en forudanelse.
sinner ['sinə*] *s* synder.
sinus ['sainəs] *s (anat)* bihule; **~itis** [-'saitis] *s* bihulebetændelse.
sip [sip] *s* slurk; nip // *v* nippe (til).
siphon ['saifən] *s* sifon.
sir [sə*] *s* hr.; *S~* titel for

knight.

sirloin ['sə:lɔin] *s* mørbradssteg, tyksteg.

sissy ['sisi] *s* tøsedreng.

sister ['sistə*] *s* søster; (over)sygeplejerske; **~-in-law** *s* svigerinde.

sit [sit] *v (sat, sat)* sidde; have sæde; være samlet; *~ an exam* gå op til eksamen; *~ down* sætte sig (ned); *~ up* sidde (el. sætte sig) op; sidde oppe.

site [sait] *s* byggeplads, grund; plads, sted; beliggenhed.

sitting ['sitiŋ] *s* samling, møde; *~* **room** *s* dagligstue.

situated ['sitjueitid] *adj* beliggende; anbragt.

situation [sitju'eiʃən] *s* beliggenhed; situation; stilling; *'~s vacant'* 'ledige stillinger'; *'~s wanted'* 'stillinger søges'.

six [siks] *num* seks; **~teen** *num* seksten; **~th** *s* sjettedel // *adj* sjette; **~ty** *num* tres.

size [saiz] *s* størrelse // *v: ~ up* vurdere, tage bestik af; *try sth on for ~* prøve ngt for at se, om størrelsen passer; **~able** *adj* anselig, betragtelig.

skate [skeit] *s* skøjte; *(zo)* rokke // *v* løbe på skøjter; **~-board** *s* rullebræt; **~r** *s* skøjteløber; **skating** *s* skøjteløb; **skating rink** *s* skøjtebane.

skeleton ['skɛlitən] *s* skelet; *~* **key** *s* hovednøgle.

sketch [skɛtʃ] *s* skitse, udkast; sketch // *v* skitsere; **~y** *adj* skitseret; overfladisk.

skewer ['skju:ə*] *s* (grill)spid.

ski [ski:] *s* ski // *v* løbe på ski.

skid [skid] *s* udskridning // *v* skride (ud); **~mark** *s* bremsespor, skridspor.

skier ['ski:ə*] *s* skiløber; **skiing** ['ski:iŋ] *s* skiløb; **ski jumper** *s* skihopper; **ski jumping** *s* skihop.

skilful ['skilful] *adj* dygtig.

skill [skil] *s* dygtighed; færdighed; **~ed** *adj* faglært; dygtig.

skim [skim] *v* skumme (fx mælk); stryge hen over; kigge igennem, skimme; **~med milk** *s* skummetmælk.

skin [skin] *s* hud; skind; skræl // *v* flå; pille; skrælle; **~-deep** *adj* overfladisk; *~* **diving** *s* svømmedykning; **~ny** *adj* tynd, mager; **~tight** *s* (om tøj) stramtsiddende.

skip [skip] *s* hop, spring; affaldscontainer // *v* hoppe, springe; sjippe; springe over.

skipping rope ['skipiŋrəup] *s* sjippetov.

skirmish ['skə:miʃ] *s* fægtning; skærmydsel.

skirt [skə:t] *s* nederdel, skørt // *v* løbe langs med; gå uden om; **~ing board** *s* fodpanel.

ski-tow ['ski:təu] *s* skilift.

skittle [skitl] *s* kegle; **~s** *spl* keglespil.

skull [skʌll] *s* kranie; hovedskal.

skunk [skʌnk] *s* stinkdyr.

sky [skai] *s* himmel; **~-blue** *adj* himmelblå; **~lark** *s* lærke; **~line** *s* synskreds; **~scraper** *s* skyskraber.

slab [slæb] *s* plade (fx *of stone* sten-); flise; tavle.

slack [slæk] *adj* slap; træg; forsømmelig; *~ wind* svag vind; **~en** *v: ~ (off)* slappe(s); slække; løje af.

slag [slæg] *s* slagge.

slam [slæm] *v* smække (fx *the door* døren); skælde ud.

slander ['sla:ndə*] *s* bagvaskelse, sladder // *v* bagtale.

slant [sla:nt] *s* skråning, hældning; synsvinkel; **~ed** *adj* skrå; tendentiøs, som har slagside; **~ing** *adj* skæv, skrå.

slap [slæp] *s* klask, smæk // *v* slå, klaske // *adv* lige, pla-

dask; *a ~ in the face* et slag i ansigtet; *(fig)* en afbrænder; **~dash** *adj* forhastet, jasket.
slash [slæʃ] *v* flænge; slå; (om priser etc) nedskære drastisk.
slate [sleit] *s* skifer; tavle; *start with a clean ~* begynde et nyt liv.
slaughter ['slɔ'tə*] *s* slagtning; massakre // *v* slagte; slå ned; massakrere; **~house** *s* slagteri.
slave [sleiv] *s* slave, træl // *v* (også: *~ away)* slide og slæbe; **~ry** ['sleivəri] *s* slaveri.
Slavic ['slævik] *adj* slavisk.
slavish ['sleiviʃ] *adj* slavisk (fx *imitation* efterligning).
Slavonic [slə'vɔnik] *adj* slavisk.
sledge [slɛdʒ] *s* slæde, kælk; **~hammer** *s* forhammer.
sleek [sli:k] *adj* (om hår etc) glat, glinsende; (om bil, båd etc) strømlinet, laber.
sleep [sli:p] *s* søvn // *v (slept, slept* [slɛpt]) sove; *go to ~* falde i søvn; *put to ~* få til at falde i søvn, lægge til at sove; bedøve; *~ in* sove længe, sove over sig; *~ it off* sove rusen ud; **~er** *s* sovende person; sovevogn; jernbanesvelle; *be a heavy ~er* sove tungt; **~ing bag** *s* sovepose; **S~ing Beauty** *s* Tornerose; **~less** *adj* søvnløs; **~walker** *s* søvngænger; **~y** *adj* søvnig; søvndyssende.
sleet [sli:t] *s* slud, tøsne.
sleeve [sli:v] *s* ærme; (plade)omslag; *have sth up one's ~* have ngt i baghånden.
sleigh [slei] *s* slæde, kane // *v* køre i kane.
slender ['slɛndə*] *adj* slank, tynd, spinkel.
slept [slɛpt] *præt* og *pp* af *sleep.*
sleuth [slu:θ] *s* detektiv.
slice [slais] *s* skive; plade; paletkniv // *v* snitte, skære i skiver.
slick [slik] *s* (også: *oil ~)* oliepøl (på vandet) // *adj* glat, fedtet; smart.
slid [slid] *præt* og *pp* af *slide.*
slide [slaid] *s* gliden; skred; glidebane, rutschebane; lysbillede, dias; (også: *hair ~)* skydespænde // *v (slid, slid* [slid]) glide; smutte; **~ rule** *s* regnestok; **sliding** ['slaidiŋ] *adj* glidende; skyde- (fx *door* dør).
slight [slait] *s* fornærmelse // *v* negligere // *adj* spinkel; skrøbelig; ubetydelig; let; *not the ~est* ikke det (el. den) mindste; **~ly** *adv* let, lettere.
slim [slim] *v* slanke sig // *adj* slank; lille.
slime [slaim] *s* slim; slam; **slimy** *adj* slimet, ækel.
sling [sliŋ] *s* slynge; (skulder)rem; skråbind (til fx brækket arm) // *v (slung, slung* [slʌŋ]) slynge, kaste; **~-backs** *spl* sko med hælrem.
slip [slip] *s* gliden; fejltrin; underkjole; pudebetræk; seddel, strimmel papir // *v* glide; smutte; liste; *give sby the ~* smutte fra en; *a ~ of the tongue* en fortalelse; *~ away* smutte (el. slippe) væk; *~ off one's clothes* smutte ud af tøjet; *~ out* liste (el. smutte) ud; **~ped disc** *s* discusprolaps.
slipper ['slipə*] *s* hjemmesko, sutsko.
slippery ['slipəri] *adj* glat, smattet.
slip... ['slip-] sms: **~ road** *s* tilkørselsvej, frakørselsvej (ved motorvej); **~shod** *adj* sjusket; udtrådt; **~way** *s* bedding.
slit [slit] *s* sprække; flænge // *v*

(slit, slit) skære (op); flænge.
slither ['sliðə*] *v* glide; sno sig.
slog [slɔg] *v* ase, pukle.
slope [sləup] *s* skråning, skrænt; hældning // *v* skråne, stå skråt.
sloppy ['slɔpi] *adj* sjasket, sjusket; pløret; (om fx film) pladdersentimental.
slot [slɔt] *s* sprække, spalte; ~ **machine** *s* automat.
slovenly ['slʌvənli] *adj* sjusket.
slow [sləu] *v* (også: *~ down, ~ up)* sætte farten ned // *adj* langsom; sen; tungnem; *be ~* (om ur) gå for langsomt; *the ~ season* den stille årstid; *a ~ fire* en sagte ild.
sludge [slʌdʒ] *s* mudder, slam.
slug [slʌg] *s (zo)* snegl; **~gish** *adj* doven, ugidelig; træg.
sluice [slu:s] *s* sluse.
slum [slʌm] *s* slumkvarter.
slumber ['slʌmbə*] *s* slummer // *v* slumre.
slump [slʌmp] *s* pludseligt fald (i priser etc); krise // *v* falde; sidde sammensunken.
slung [slʌŋ] *præt* og *pp* af *sling.*
slur [slə*] *s* utydelig tale; ulæselig tekst; (skam)plet // *v* tale utydeligt.
slush [slʌʃ] *s* tøsne, sjap; sentimentalt pladder; **~y** *adj* sjappet; *(fig)* pladdersentimental.
slut [slʌt] *s* sjuske; tøs; mær.
sly [slai] *adj* snedig, snu; *on the ~* i smug.
smack [smæk] *s* smæk, klask; lussing // *v* smække; *~ of* smage af; *~ one's lips* smække med læberne // *adv* pladask.
small [smɔ:l] *adj* lille; smålig; *the ~ of the back* lænden; *in a ~ way* i det små; ~ **ads** *spl* rubrikannoncer; **~holder** *s* husmand; **~ish** *adj* ret lille; **~pox** *s (med)* kopper; **~s** *spl* klatvask; ~ **talk** *s* småsnak.
smart [sma:t] *s* svie, smerte // *v* svie; vride sig // *adj* svien-de; rask; dygtig; smart; *~en up* fikse (sig) op.
smash [smæʃ] *s* sammenstød, kollision; hårdt slag; brag // *v* smadre, slå i stykker; knuse; *~ into* smadre ind i; **~ing** *adj* (F) strålende, dundrende; eddersmart.
smear [smiə*] *s* plet; *(fig)* tilsvining // *v* oversmøre, rakke ned.
smell [smɛl] *s* lugt; lugtesans // *v (smelt, smelt)* lugte; dufte; snuse; *~ trouble* ane uråd; *~ out sth* opsnuse ngt; (F) hørme ngt til; **~y** *adj* ildelugtende.
smile [smail] *s* smil // *v* smile; *be all ~s* være ét stort smil; *keep smiling!* hold humøret oppe!
smirk [smə:k] *s* smørret grin // *v* grine smørret.
smith [smiθ] *s* smed.
smithereens [smiðə'ri:nz] *spl: smash to ~* slå i stumper og stykker.
smithy ['smiði] *s* smedje.
smitten [smitn] *adj: ~ with* (be)smittet med, ramt af.
smock [smɔk] *s* kittel, busseronne; smocksyning.
smog [smɔg] *s* tåge (blandet med røg).
smoke [sməuk] *s* røg // *v* ryge, ose; røge; *have a ~* tage sig en smøg; **~r** *s* ryger; *(jernb)* rygekupé; **~screen** *s* røgslør; **smoky** *adj* rygende; røget; tilrøget; røgfarvet.
smooth [smu:ð] *v* glatte (ud); udjævne // *adj* glat, jævn; blød; (om person) beleven.
smother ['smʌðə*] *v* kvæle(s); undertrykke; overvælde.
smoulder ['sməuldə*] *v* ulme.
smudge [smʌdʒ] *s* (udtværet)

plet, plamage // *v* plette.
smug [smʌg] *adj* selvglad.
smuggle [smʌgl] *v* smugle; **~r** *s* smugler; **smuggling** *s* smugleri.
snack [snæk] *s* bid mad, mellemmåltid; mundsmag.
snag [snæg] *s* hindring, vanskelighed.
snail [sneil] *s* snegl.
snake [sneik] *s* slange.
snap [snæp] *s* smæld, klik; snap(pen) // *v* snappe; knække; klikke; *(foto)* knipse // *adj* forhastet; *~ one's fingers* knipse med fingrene; *~ open* smække (el. springe) op; *~ off* brække af; *~ up* snuppe; ~ **fastener** *s* tryklås.
snare [snεə*] *s* snare // *v* fange i snare; forlokke.
snarl [sna:l] *s* snerren // *v* snerre.
snatch [snætʃ] *s* snappen; stump, brudstykke; tyveri // *v* gribe; snappe; snuppe; stjæle.
sneak [sni:k] *v* snige sig; luske; **~ers** *spl* gummisko; **~ing** *adj* lumsk; **~y** *adj* lusket.
sneer [sniə*] *s* vrængen, hånligt smil // *v* vrænge; spotte.
sneeze [sni:z] *s* nys(en) // *v* nyse.
sniff [snif] *s* snøft, snusen // *v* snøfte; snuse; *~ at* rynke på næsen ad.
snigger ['snigə*] *s* fnisen // *v* fnise.
sniper ['snaipə*] *s* snigskytte.
snivel [snivl] *s* snot // *v* snøfte; flæbe.
snobbish ['snɔbiʃ] *adj* snobbet.
snooker ['snu:kə*] *s* slags billardspil.
snoop [snu:p] *v* snuse, spionere; *~ on sby* udspionere en.
snore [snɔ:*] *v* snorke; **snoring** *s* snorken // *adj* snorkende.
snort [snɔ:t] *s* fnys(en) // *v* fnyse.
snotty ['snɔti] *adj* snottet.
snout [snaut] *s* snude.
snow [snəu] *s* sne; snevejr; (S) kokain // *v* sne; drysse; **~-bound** *adj* indesneet; **~drift** *s* snedrive; **~drop** *s (bot)* vintergæk; **~flake** *s* snefnug; **S~ White** *s* Snehvide; **~y** *adj* snevejrs-.
snub [snʌb] *v* bide 'af; give en næse; **~-nosed** *adj* med opstoppernæse.
snuff [snʌf] *s* snus(tobak).
snug [snʌg] *adj* hyggelig, rar; lun.
so [səu] *adv* så; sådan; derfor // *konj* derfor, altså; *~ as to* for (el. således) at; *~ that* for at, sådan at; *~ do I* det gør jeg også; *if ~* i så fald; *you don't say ~!* det mener (el. siger) du ikke! *I hope ~* det håber jeg; *ten or ~* ti eller der omkring, cirka ti; *~ far* hidtil, foreløbig; *~ long!* farvel (så længe)! *and ~ on* og så videre; *~ what?* og hvad så?
soak [səuk] *v* gennembløde; lægge (el. ligge) i blød; *be ~ed through* være helt gennemblødt; *~ in* trænge (el. sive) ind; *~ up* opsuge.
so-and-so ['səuənsəu] *s* noksagt.
soap [səup] *s* sæbe; **~flakes** *spl* sæbespåner; ~ **powder** *s* vaskepulver; **~suds** *spl* sæbevand; **~y** *adj* sæbeagtig, glat; sentimental.
soar [sɔ:*] *v* flyve højt, svæve; (om priser etc) ryge i vejret.
sob [sɔb] *s* hulken // *v* hulke.
sober ['səubə*] *adj* ædru; nøgtern, sober // *v: ~ up* blive ædru.
so-called ['səu,kɔ:ld] *adj* såkaldt.
soccer ['ʃokə*] *s* (afledt af *association football)* fodbold.
sociable ['səuʃəbl] *adj* om-

gængelig.
social ['səuʃəl] *s* selskabelig sammenkomst // *adj* social; samfunds-; selskabelig; ~ **climber** *s* stræber; opkomling; ~**ist** *s* socialist // *adj* socialistisk; ~ **science** *s* samfundsvidenskab; ~ **security** *s* bistandshjælp; bistandskontor; ~ **welfare** *s* socialforsorg; ~ **worker** *s* socialrådgiver.
society [sə'saiəti] *s* samfund; selskab, forening; *high* ~ de højere kredse.
sock [sɔk] *s* sok; (F) slag // *v* smide; slå.
socket ['sɔkit] *s* holder; *(anat)* (øjen)hule; (led)skål; *(elek)* stikdåse; (på lampe) fatning.
sodden [sɔdn] *adj* gennemblødt.
sodium ['səudiəm] *s (kem)* natrium.
soft [sɔft] *adj* blød; dæmpet; mild, blid; dum; *have a ~ spot for* have en svaghed for; *a ~ drink* en alkoholfri drik; *be ~ on* være forelsket i; ~**en** [sɔfn] *v* gøre (el. blive) blød; dæmpe; formilde(s); ~-**pedal** *v* (F) gå stille med dørene; ~**ware** *s (edb)* programmel; ~**y** *s* skvat, tøsedreng.
soil [sɔil] *s* jord(bund) // *v* snavse til; blive snavset.
solar ['səulə*] *adj* solar-, sol-.
sold [səuld] *præt* og *pp* af *sell.*
solder ['səuldə*] *s* loddemetal // *v* lodde.
soldier ['səuldʒə*] *s* soldat, militærperson.
sole [səul] *s* sål; *(zo)* søtunge // *v* forsåle // *adj* eneste; ene-; ~**ly** *adv* udelukkende.
solemn ['sɔləm] *adj* højtidelig.
solicitor [sə'lisitə*] *s* sagfører, advokat; **solicitous** *adj* omsorgsfuld; ivrig.
solid ['sɔlid] *adj* fast, massiv; solid; grundig; ~**ify** [-'lidifai] *v* størkne; styrke; ~**ity** [-'liditi] *s* fasthed, soliditet.
solitary ['sɔlitəri] *adj* enlig; ensom; isoleret; afsides; ~ **confinement** *s* isolationsfængsel.
solitude ['sɔlitju:d] *s* ensomhed.
solstice ['sɔlstis] *s* solhverv.
soluble ['sɔljubl] *adj* opløselig; til at løse.
solution [sə'lu:ʃən] *s* opløsning; løsning.
solve [sɔlv] *v* løse (fx *a puzzle* en gåde); ~**nt** *s* opløsningsmiddel // *adj* solvent.
sombre ['sɔmbə*] *adj* mørk, dyster.
some [sʌm] *adj/adv/pron* en eller anden; et eller andet; nogen, noget; en del; ~ *ten people* cirka ti personer; ~ *(of it) was left* der blev noget tilovers; *will you have ~ tea?* vil du have en kop te? ~**body** *pron* en eller anden; nogen; *~body else* en anden; ~ **day** *adv* engang; en skønne dag; ~**how** *adv* på en eller anden måde; af en eller anden grund; ~**one** *pron* d.s.s. *~body.*
somersault ['sɔməsɔ:lt] *s* saltomortale, kolbøtte // *v* slå saltomortaler.
some. . . ['sʌm-] sms: ~**thing** *pron* et eller andet; noget; *he's a teacher or ~thing* han er lærer eller sådan noget; ~**time** *adv* engang; *~time last month* engang i sidste måned; ~**times** *adv* somme tider, til tider; ~**what** *adv* ret; noget; lidt; ~**where** *adv* et eller andet sted; *~where else* andetsteds.
son [sʌn] *s* søn.
song [sɔŋ] *s* sang, vise; *buy sth for a ~* få ngt for en slik.

son-in-law *s* svigersøn.
soon [su:n] *adv* snart; tidligt; *be too ~* være for tidligt på den; **~er** *adv* snarere; tidligere; *I would ~er...* jeg ville hellere...; *~er or later* før eller senere.
soot [su:t] *s* sod.
soothe [su:ð] *v* berolige; lindre.
sop [sɔp] *s* pjok, vatnisse.
sophisticated [sə'fistikeitid] *adj* forfinet; raffineret.
sopping ['sɔpiŋ] *adj* (også: *~ wet)* dyngvåd.
sordid ['sɔ:did] *adj* beskidt, smudsig; smålig, luset.
sore [sɔ:*] *s* sår; ømt sted // *adj* øm; smertende; fornærmet; *have a ~ throat* have ondt i halsen; **~ly** *adv* svært, yderst.
sorrow ['sɔrəu] *s* sorg, bedrøvelse; smerte.
sorry ['sɔri] *adj* sørgelig, trist; ked af det; ussel; *(so) ~!* undskyld! *feel ~ for sby* have medlidenhed med en; *I'm ~ to say* desværre; jeg beklager at.
sort [sɔ:t] *s* sort, slags, art // *v: ~ (out)* sortere, ordne; *he's ~ of funny* (F) han er ligesom lidt mærkelig.
so-so ['səusəu] *adv* så som så, nogenlunde.
sought [sɔ:t] *præt* og *pp* af *seek.*
soul [səul] *s* sjæl; ånd; *we didn't see a ~* vi så ikke en levende sjæl; *poor ~* stakkel; **~ful** *adj* sjælfuld; smægtende; **~less** *adj* sjælløs.
sound [saund] *s* lyd; *(geogr)* sund // *v* lyde; lade lyde; ringe med (el. på); (også: *~ out)* sondere // *adj* sund; solid; god; dygtig; grundig // *adv: be ~ asleep* sove trygt; *~ the horn* tude i (el. med) hornet; *~ the bell* ringe med (el. på) klokken; *~ the alarm* slå alarm; *of ~ mind* ved sine fulde fem; *~* **barrier** *s* lydmur; **~proof** *adj* lydtæt; **~track** *s (film)* tonebånd; lydside.
soup [su:p] *s* suppe; *be in the ~* (F) være på spanden.
sour ['sauə*] *adj* sur, dårlig; *'it's ~ grapes' (fig)* 'rønnebærrene er sure'.
source [sɔ:s] *s* kilde; udspring.
south [sauθ] *s* syd // *adj* sydlig, syd- // *adv* sydpå, mod syd; *~ of London* syd for London; *he's gone ~* han er taget sydpå; **S~ Africa** *s* Sydafrika; **S~ America** *s* Sydamerika; **~-east** *s* sydøst; **~erly** ['sʌðəli] *adj* sydlig, syd-; **~ern** ['sʌðən] *adj* sydlig; sydlandsk; syd-; **~ward(s)** *adj* mod syd, sydpå; **~-west** *s* sydvest.
sovereign ['sɔvrin] *s* monark, hersker // *adj* suveræn, uovertruffen; **~ty** *s* overhøjhed, suverænitet.
sow [səu] *s* so // *v (sowed, sown)* så.
soy [sɔi] *s* (også: *~ sauce)* soja(sovs).
sozzled ['sɔzəld] *adj* (F) fuld, pløret.
space [speis] *s* rum; plads; mellemrum; periode; **~craft** *s* rumfartøj; **~man** *s* rummand; **~ship** *s* rumskib; **~ shuttle** *s* rumfærge; **~ suit** *s* rumdragt; **spacing** *s* mellemrum, afstand; *double spacing* dobbelt linjeafstand; **spacious** ['speiʃəs] *adj* rummelig.
spade [speid] *s* spade; (i kortspil) spar; *queen of ~s* spar dame.
Spain [spein] *s* Spanien.
span [spæn] *s* tidsrum; spand (fx heste); spændvidde; bro-

fag // *præt* af *spin.*
Spaniard ['spænjəd] *s* spanier.
Spanish ['spæniʃ] *s/adj* spansk.
spank [spæŋk] *v* give smæk; **~ing** *s* endefuld.
spanner ['spænə*] *s* skruenøgle; *adjustable* ~ svensknøgle; *throw a ~ in the works* stikke en kæp i hjulet.
spare [spɛə*] *s* reservedel // *v* skåne, spare (for); spare på; undvære, afse; have tilovers // *adj* ekstra; reserve-; *he has a week's holiday to ~* han har en uges ferie tilovers; *can you ~ me a cigarette?* kan du afse en cigaret til mig? ~ **bed** *s* gæsteseng; ~ **part** *s* reservedel, løsdel; ~ **room** *s* gæsteværelse; ~ **time** *s* fritid; ~ **tyre** *s* reservehjul.
sparing ['spɛəriŋ] *adj* sparsom.
spark [spa:k] *s* gnist // *v* slå gnister; (om motor) tænde; **~(ing) plug** *s* tændrør.
sparkle [spa:kl] *s* tindren; glitren; glimt, glans // *v* tindre, glitre, stråle; **sparkling** *adj* funklende; sprudlende; boblende.
sparrow ['spærəu] *s* spurv.
sparse [spa:s] *adj* sparsom, spredt; *~ly populated* tyndt befolket.
spat [spæt] *præt* og *pp* af *spit.*
spatter ['spætə*] *v* sprøjte.
spawn [spɔ:n] *s* rogn; yngel // *v* gyde (rogn el. æg); yngle.
speak [spi:k] *v (spoke, spoken* [spəuk, spəukn]) tale; sige; holde tale; *~ to sby of* (el. *about) sth* tale med en om ngt; *~ up* tale højere (el. højt); sige sin mening; **~er** *s* taler; *the S~* formanden i underhuset; **~ing** *s* tale(n); *be on ~ing terms* være på talefod.
spear [spiə*] *s* spyd, lanse // *v* spidde.
special [spɛʃl] *s* ekstranummer; særudgave // *adj* speciel, særlig; special-; *take ~ care* være ekstra forsigtig; *today's ~* dagens ret; **~ist** *s* specialist; **~ity** [spɛʃi'æliti] *s* specialitet; **~ize** *v: ~ize (in)* specialisere sig (i); **~ly** *adv* særligt, specielt.
species ['spi:ʃiz] *s* art, slags; *the origin of ~* arternes oprindelse; *the (human) ~* menneskeslægten.
specific [spɛ'sifik] *adj* speciel; specifik; konkret; **specify** ['spɛsifai] *v* specificere; beskrive nærmere.
specimen ['spɛsimən] *s* eksemplar; prøve.
speck [spɛk] *s* plet; smule; stænk; **~led** [spɛkld] *adj* plettet; spættet.
specs [spɛks] *spl* (F) d.s.s. **spectacles** ['spɛktəkls] *spl* briller.
spectacular [spɛk'tækjulə*] *adj* iøjnefaldende, flot.
spectator [spɛk'teitə*] *s* tilskuer.
spectre ['spɛktə*] *s* spøgelse, genfærd.
speculate ['spɛkjuleit] *v* spekulere.
speech [spi:tʃ] *s* tale; taleevne; *make a ~* holde en tale; ~ **day** *s* skoleafslutning; **~less** *adj* målløs, stum.
speed [spi:d] *s* fart; hastighed; gear; (S) euforiserende stoffer (fx amfetamin) // *v (sped, sped* [spɛd]) ile; køre (, gå etc) hurtigt; *~ up* fremskynde; sætte farten op; *at full* (el. *top) ~* for (el. i) fuld fart; **~ing** *s (auto)* overskridelse af fartgrænsen; ~ **limit** *s* fartgrænse; ~ **skating** *s* hurtigløb på skøjter; **~y** *adj* hurtig, snarlig.

spell [spɛl] *s* periode; omgang; fortryllelse // *v (~ed, ~ed* el. *spelt, spelt)* stave(s); betyde; *cast a ~ on sby* forhekse en; *~ out* stave sig igennem; *(fig)* forstå; skære ud i pap; **~bound** *adj* tryllebundet; **~ing** *s* stavning.

spelt [spɛlt] *præt* og *pp* af *spell.*

spend [spɛnd] *v (spent, spent)* (om penge) give ud, bruge; (om tid) tilbringe; udmatte; **~ing money** *s* lommepenge; **~ing power** *s* købekraft; **~thrift** ['spɛndθrift] *s* ødeland, ødsel person.

spent [spɛnt] *præt* og *pp* af *spend.*

sperm [spə:m] *s* sæd(celle); **~ whale** *s (zo)* kaskelot.

sphere [sfiə*] *s* sfære; kugle, klode; felt, område.

spice [spais] *s* krydderi // *v* krydre.

spicy ['spaisi] *adj* krydret; pikant, vovet.

spider ['spaidə*] *s* edderkop; **~'s web** *s* edderkoppespind.

spill [spil] *v (~ed, ~ed* el. *spilt, spilt)* spilde; flyde (over); blive spildt.

spin [spin] *s* snurren, spin; lille (køre)tur // *v (spun* el. *span, spun* [spʌn]) spinde; snurre rundt; spinne; *~ a yarn (fig)* spinde en ende; fortælle en historie; *~ a coin* slå plat eller krone.

spinach ['spinitʃ] *s* spinat.

spinal [spainl] *adj* rygrads-, spinal-; **~ cord** *s* rygmarv.

spindly ['spindli] *adj* tynd, ranglet.

spin-dryer ['spin,draiə*] *s* (tørre)centrifuge.

spine [spain] *s* rygrad, rygsøjle; torn, pig; bogryg; **~less** *adj* vattet, uden rygrad; uden torne.

spinning ['spiniŋ] *s* spinding, spinde-; skruning; **~ wheel** *s* spinderok.

spinster ['spinstə*] *s* gammeljomfru.

spiral ['spaiərəl] *s* spiral; **~ staircase** *s* vindeltrappe.

spire [spaiə*] *s* spir; tinde.

spirit ['spirit] *s* ånd, sjæl; mod; humør; spiritus; *he's in good ~s* han er i godt humør; *she's in low ~s* hun er nedtrykt; **~ed** *adj* livlig; åndrig; **~ level** *s* vaterpas; **~s** *spl* sprit, spiritus; **~ual** ['spiritjuəl] *adj* åndelig, ånds-; **~ualism** *s* spiritisme.

spit [spit] *s* (stege)spid; spyt // *v (spat, spat)* spytte; sprutte.

spite [spait] *s* ondskab; ond vilje; trods // *v* plage, chikanere; trodse; *in ~ of* trods, skønt; **~ful** *adj* ondskabsfuld.

spitroast ['spitrəust] *v* spydstege.

spittle [spitl] *s* spyt.

splash [splæʃ] *s* plask(en); sprøjt; stænk // *v* plaske; (over)sprøjte; *~ money about* strø om sig med penge.

spleen [spli:n] *s (anat)* milt; *(fig)* livstræthed.

splendid ['splɛndid] *adj* strålende, storartet; **splendour** ['splɛndə*] *s* pragt; glans.

splint [splint] *s* flis, spån; *(med)* benskinne; **~er** *s* flis, splint // *v* splintre(s), splitte(s).

split [split] *s* revne, spalte; splittelse // *v (split, split)* spalte, flække; splitte; revne; dele; *~ up* (fx om par) gå hver til sit; (om møde) opløses; *a ~ second* en brøkdel af et sekund; *a ~ting headache* en dundrende hovedpine.

splutter ['splʌtə*] *v* sprutte.

spoil [spɔil] *v (~ed, ~ed* el. *spoilt, spoilt)* ødelægge(s);

spolere; forkæle; **~s** *spl* bytte, rov; **~sport** *s* lyseslukker.
spoke [spəuk] *s* ege (i hjul); trin (på stige) // *præt* af *speak;* **~n** *pp* af *speak;* **~s-man** *s* talsmand.
sponge [spʌndʒ] *s* svamp // *v* vaske af (med svamp); *~ on* nasse på; *~* **bag** *s* toilettaske; *~* **cake** *s* sv.t. sandkage; **~r** *s* snylter, (F) nasserøv.
spooky ['spu:ki] *adj* uhyggelig.
spool [spu:l] *s* spole, rulle.
spoon [spu:n] *s* ske; **~-feed** *v* made (med ske); proppe (med); *(fig)* servere alt på et sølvfad; **~ful** *s* skefuld.
sport [spɔ:t] *s* sport; fornøjelse; sjov; flink fyr // *v* drive sport; optræde med; *be a good ~* være en flink fyr; **~ing** *adj* sports-, jagt-; flink; *give sby a ~ing chance* give en en fair chance; **~sman** *s* sportsmand; jæger; lystfisker; **~manship** *s* god sportsånd; **~s page** *s* (i avis) sportsside; **~swear** *s* sportsbeklædning; **~y** *adj* sporty; udsvævende.
spot [spɔt] *s* plet, prik; filipens; sted; smule, sjat // *v* plette; få øje på; genkende; *a ~ of whisky* en sjat whisky; *on the ~* på stedet; lige på pletten; *come out in ~s* få knopper; slå 'ud; *~* **check** *s* stikprøve; **~less** *adj* pletfri; **~light** *s* projektør; spot(lys); søgelys; **~ted** *adj* plettet, spættet; **~ty** *adj* plettet; pletvis; med bumser.
spouse [spauz] *s* ægtefælle.
spout [spaut] *s* (på fx kande) tud; stråle; nedløbsrør // *v* sprøjte.
sprain [sprein] *s* forstuvning // *v* forstuve, forstrække (fx *one's ankle* anklen).
sprang [spræŋ] *præt* af *spring.*
sprawl [sprɔ:l] *v* ligge og flyde; brede sig.
spray [sprei] *s* sprøjt; sprøjtemiddel, spray // *v* sprøjte, bruse, spraye.
spread [sprɛd] *s* udbredelse; spredning; *(gastr)* (smøre)pålæg // *v (spread, spread)* brede (ud), sprede; brede sig; strække sig; *(gastr)* smøre.
sprightly ['spraitli] *adj* livlig.
spring [spriŋ] *s* spring; fjeder; fjedren; forår; kilde // *v (sprang, sprung* [spræŋ, sprʌŋ]) springe; skyde op; *~ from* stamme fra; *~ up* (om problem etc) pludselig dukke op; **~board** *s* springbræt, trampolin; **~-clean(ing)** *s* forårsrengøring, hovedrengøring; **~time** *s* forårstid; **~y** *adj* fjedrende, elastisk.
sprinkle [spriŋkl] *v* (over)drysse; (be)strø; stænke; *~ with sugar* strø sukker på; *~d with (fig)* oversået med.
sprint [sprint] *s* spurt // *v* spurte.
sprout [spraut] *s* spire, skud // *v* spire, skyde; *Brussels ~s* rosenkål.
spruce [spru:s] *s* gran(træ) // *adj* smart, fiks.
sprung [sprʌŋ] *pp* af *spring.*
spun [spʌn] *præt* og *pp* af *spin.*
spur [spə:*] *s* spore; ansporelse // *v: ~ (on)* anspore, tilskynde; *on the ~ of the moment* på stående fod; impulsivt.
spurn [spə:n] *v* afvise hånligt.
spurt [spə:t] *s* stråle, sprøjt; kraftanstrengelse // *v* sprøjte; spurte.
spy [spai] *s* spion // *v* få øje på; *~ on* udspionere.
Sq., sq. fork.f. *square.*
squabble [skwɔbl] *s* skænderi, kævl // *v* skændes.
squad [skwɔd] *s* hold; patrulje.

squadron ['skwɔdrən] *s (fly)* eskadrille; *(mil)* eskadron.
squalid ['skwɔlid] *adj* beskidt; ussel; gemen.
squall [skwɔ:l] *s* byge; uvejr; vræl.
squalor ['skwɔlə*] *s* smudsighed; elendighed.
squander ['skwɔndə*] *v* frådse med; ødsle; sprede(s).
square [skwɛə*] *s* kvadrat, firkant; plads, torv; vinkellineal // *v* gøre firkantet, kvadrere; opløfte til 2. potens; udligne; passe // *adj* firkantet; firskåren; afgjort; ærlig, fair; *be back to ~ one* være tilbage hvor man begyndte; *get a ~ deal* få en fair behandling; *two metres ~* to gange to meter; *one ~ metre* en kvadratmeter; *~ shoulders* brede skuldre.
squash [skwɔʃ] *s* mos; masen; *(bot)* courgette // *v* mase (sig); trykke flad, undertrykke; *lemon* (el. *orange) ~* citron- (el. appelsin)saft.
squat [skwɔt] *v* sidde på hug // *adj* lille og tyk; hugsiddende; **~ter** *s* husbesætter; BZ'er.
squeak [skwi:k] *s* hvin, piben // *v* hvine; knirke.
squeal [skwi:l] *v* hvine; *~ (on)* (F) sladre (om).
squeamish ['skwi:miʃ] *adj* sart, pivet.
squeeze [skwi:z] *s* tryk, pres; knus; klemme // *v* presse, klemme; omfavne.
squib [skwib] *s* kanonslag, kineser; *a damp ~* en fuser.
squillion ['skwiljən] *s* (F) fantasillion.
squint [skwint] *s: have a ~* skele // *v* skele; skæve, skotte.
squire [skwaiə*] *s* godsejer.
squirm [skwə:m] *v* vride sig; krympe sig.
squirrel ['skwirəl] s egern.
squirt [skwə:t] *s* sprøjt(en), stråle // *v* sprøjte.
stab [stæb] *s* stød (med dolk etc); stikkende smerte, jag; (F) forsøg // *v* stikke, dolke; *a ~ in the back* et bagholdsangreb.
stability [stə'biliti] *s* stabilitet; **stabilize** ['stæbilaiz] *v* stabilisere.
stable [steibl] *s* (heste)stald // *adj* stabil, fast; varig.
stack [stæk] *s* stak; stabel, bunke // *v* stakke; stable; kunne stables.
stadium ['steidium] *s* stadion.
staff [sta:f] *s* stav; stang; stab, personale // *v* forsyne med personale; ~ **participation** *s* medarbejderindflydelse.
stag [stæg] *s* (kron)hjort.
stage [steidʒ] *s* scene; estrade, platform; stadium, trin; stadie // *v* iscenesætte; foranstalte; opføre; *go on the ~* gå til scenen; *in ~s* trinvis; *~ a strike* arrangere en strejke; **~coach** *s* diligence; ~ **fright** *s* lampefeber; ~ **manager** *s* regissør.
stagger ['stægə*] *v* vakle; slingre; forbløffe, ryste; forskyde (fx ferien); **~ing** *adj* forbløffende, overvældende.
stagnant ['stægnənt] *adj* stillestående; **stagnate** [-'neit] *v* stå i stampe, stagnere.
stag party ['stæg,pa:ti] *s* mandfolkegilde; polterabend.
staid [steid] *adj* sat, adstadig.
stain [stein] *s* plet; farve, bejdse // *v* plette(s); farve, bejdse; **~ed** *adj* plettet; **~ed glass (window)** *s* vindue med glasmaleri; **~less** *adj* pletfri; **~less steel** *s* rustfrit stål; ~ **remover** *s* pletfjerner.
stair [stɛə*] *s* trappetrin; **~case** *s* trappe(gang); **~s** *spl*

trappe; ~**way** *s* trappe.
stake [steik] *s* stage, pæl; (i spil etc) indsats // *v* risikere, satse; *be at* ~ stå på spil.
stale [steil] *adj* gammel, overgemt; (om øl) doven; (om lugt) indelukket.
stalk [stɔ:k] *s (bot)* stængel; stok // *v* spankulere, skride.
stall [stɔ:l] *s* bås; stand, stade // *v* køre fast; få motorstop; komme med udflugter; søge at vinde tid; ~**s** *spl* (i teater etc) parket.
stallion ['stæljən] *s* (avls)-hingst.
stamina ['stæminə] *s* udholdenhed, styrke.
stammer ['stæmə*] *s* stammen // *v* stamme.
stamp [stæmp] *s* stampen; frimærke; stempelmærke; præg // *v* stampe, trampe; stemple; frankere; ~ **collector** *s* frimærkesamler; ~ **duty** *s* stempelafgift.
stampede [stæm'pi:d] *s* voldsom tilstrømning; vild flugt.
stand [stænd] *s* holdt; stade, plads; tribune; stativ // *v (stood, stood* [stud]) stå; rejse sig; stille; gælde; holde til, tåle; *make a* ~ holde stand; *take a* ~ tage opstilling; tage stilling; *I'll* ~ *you dinner* jeg giver en middag; ~ *for Parliament* lade sig opstille til parlamentet; *it* ~*s to reason* det siger sig selv; ~ *by* være parat; vedstå; holde med; ~ *for* betyde, repræsentere; finde sig i; ~ *in for sby* være stedfortræder for en; ~ *out* skille sig ud; holde ud; ~ *up* stå op; rejse sig (op); ~ *up for sby* forsvare en; ~ *up to sth* klare (el. tåle) ngt.
standard ['stændəd] *s* fane; standard, norm; ~ *of living* levestandard; ~**ization** [-'zeiʃən] *s* standardisering; ~ **lamp** *s* standerlampe; ~**s** *spl* moral.
stand-by ['stændbai] *s* reserve; ~ **ticket** *s (fly)* afbudsbillet.
standing ['stændiŋ] *s* stilling; status; anseelse // *adj* stående; løbende (fx *order* ordre); *of long* ~ mangeårig, langvarig; ~ **committee** *s* stående udvalg; ~ **orders** *spl* reglement; ~ **room** *s* ståplads.
stand-offish ['stænd'ɔfiʃ] *adj* afvisende; utilnærmelig;
standpoint *s* standpunkt; synspunkt.
standstill ['stændstil] *s: be at a* ~ ligge stille; være gået i stå; *come to a* ~ gå i stå.
stank [stæŋk] *præt* af *stink.*
staple [steipl] *s* hæfteklamme // *v* hæfte // *adj* vigtigst, hoved-; ~**r** ['steiplə*] *s* hæftemaskine.
star [sta:*] *s* stjerne // *v:* ~ *(in)* spille hovedrollen (i); præsentere i hovedrollen.
starboard ['sta:bəd] *s (mar)* styrbord.
starch [sta:tʃ] *s* stivelse // *v* stive.
stare [stɛə*] *s* stirren // *v* stirre, glo.
starfish ['sta:fiʃ] *s* søstjerne.
stark [sta:k] *adj/adv:* ~ *naked* splitternøgen; ~ *staring mad* bindegal.
starling ['sta:liŋ] *s* stær.
starlit ['sta:lit] *adj* stjerneklar.
starry ['sta:ri] *adj* stjerneklar; stjerne-; ~**-eyed** *adj* blåøjet, naiv.
start [sta:t] *s* start, begyndelse; sæt, spjæt // *v* begynde, starte; tage af sted; fare sammen; give et sæt; ~ *off* begynde, indlede; ~ *up* fare op; *(auto)* starte; ~**er** *s* startknap; forret; ~**ing handle** *s* startsving; ~**ing point** *s* udgangspunkt.

startle [sta:tl] *v* fare 'op; skræmme; **startling** *adj* chokerende, rystende.
starvation [sta:'veiʃən] *s* sult;
starve [sta:v] *v* sulte; dø af sult; lade sulte; *I'm starving!* jeg er ved at dø af sult!
state [steit] *s* tilstand; stat // *v* erklære; konstatere, fastslå; *be in a ~* være ophidset; **~d** *adj* fastslået; foreskreven; **~ly** *adj* statelig, majestætisk; **~ment** *s* erklæring, meddelelse; *(jur)* forklaring; *the* **S~s** *spl* Staterne (dvs. USA); **~sman** *s* statsmand.
static ['stætik] *adj* statisk; stillestående.
station ['steiʃən] *s* station; stilling; rang; *(mil* etc) post // *v* stationere; postere.
stationary ['steiʃnəri] *adj* stillestående, stationær.
stationer ['steiʃənə*] *s* papirhandler; **~'s (shop)** *s* papirhandel; **~y** *s* papirvarer; brevpapir.
station master ['steiʃən,ma:-stə*] *s* stationsforstander.
statistic [stə'tistik] *s* statistik // *adj* statistisk; **~al** *adj* statistisk; **~s** *spl* statistik (som videnskab).
stature ['stætʃə*] *s* statur; skikkelse, format.
status ['steitəs] *s* status; stilling; rang; *financial ~* økonomiske forhold.
statute ['stætju:t] *s* vedtægt; lov; statut; **statutory** *adj* lovbestemt; lovmæssig.
staunch [stɔ:ntʃ] *adj* pålidelig; standhaftig, stærk.
stay [stei] *s* ophold // *v* blive; opholde sig, bo; *~ put* blive hvor man er; *~ with friends* besøge (og bo hos) venner; *~ the night* overnatte; *where are you ~ing?* hvor bor du? *~ behind* være bagud; *~ in* holde sig inde; *~ in bed* ligge i sengen; *~ on* blive; blive boende; *~ out* blive ude; *~ up* blive (el. sidde) oppe.
steadfast ['stɛdfa:st] *adj* fast; urokkelig.
steadily ['stɛdili] *adv* sindigt; støt; **steady** *v* holde i ro; stabilisere; berolige // *adj* stabil, solid; sikker; rolig; fast; bestandig; *go steady (with)* komme fast sammen (med); *steady (now)!* bare rolig!
steak [steik] *s* bøf; **~house** *s* bøfrestaurant.
steal [sti:l] *v (stole, stolen* [stəul, stəuln]) stjæle; snige sig; smutte; *~ a glance at* kaste et stjålent blik på.
steam [sti:m] *s* damp; dug (på rude etc) // *v* dampe; dampkoge; dugge; *let off ~* afreagere; *~ along* dampe afsted; *~* **engine** *s* dampmaskine; damplokomotiv; **~er** *s* damper; **~roller** *s* damptromle; **~y** *adj* fuld af damp; dampende; dugget.
steel [sti:l] *s* stål; **~works** *s* stålværk.
steep [sti:p] *v* lægge i blød; lade stå og trække // *adj* stejl, brat; (om pris) skrap.
steeple [sti:pl] *s* spir; kirketårn; **~chase** *s* forhindringsløb (til hest).
steer [stiə*] *s* tyrekalv; stud // *v* styre, lodse; **~ing** *s (auto)* styretøj; **~ing column** *s (auto)* ratsøjle; **~ing wheel** *s (auto)* rat.
stellar ['stɛlə*] *adj* stjerne-.
stem [stɛm] *s* (om træ etc) stamme; stilk; *(mar)* stævn, forstavn // *v* dæmme op for, standse; tilstoppe; *~ from* stamme fra; *~* **cutting** *s* stikling.
stench [stɛntʃ] *s* stank.
step [stɛp] *s* trin; skridt; fod-

trin; *take ~s* træffe foranstaltninger // *v* træde; komme; *~ down* træde ned; træde tilbage; nedtrappe; *~ forward* træde frem; *~ off* komme ned fra; *~ on it!* træd sømmet i bund! *~ over* træde (el. gå) over; *~ up* optrappe; sætte(s) i vejret; **~father** *s* stedfar; **~ladder** *s* trappestige; **~mother** *s* stedmor; **~ping-stone** *s* trædesten; *(fig)* springbræt; **~-up** *s* forfremmelse.

sterile ['stɛrail] *adj* steril; **sterilization** [stɛrilai'zeiʃən] *s* sterilisering.

sterling ['stə:liŋ] *adj* sterling; ægte, lødig.

stern [stə:n] *s (mar)* agterstavn // *adj* streng, barsk.

stevedore ['sti:vədɔ:*] *s* havnearbejder.

stew [stju:] *s* ragout; gryderet // *v* småkoge; *be in a ~* være ude af flippen; *~ed tea* te som har trukket for længe.

steward ['stju:əd] *s* hovmester; intendant; *(fly* etc) steward; **~ess** *s* stewardesse, flyværtinde.

stick [stik] *s* stok, kæp; stang // *v (stuck, stuck* [stʌk]) stikke; klæbe; lægge, putte; udstå, holde ud; sidde fast; forblive; *~ out* (el. *up)* stikke frem (el. op); *~ to* holde fast ved; klæbe til; *~ up for* tage i forsvar; **~er** *s* selvklæbende etiket; **~ing plaster** *s* hæfteplaster.

stickleback ['stiklbæk] *s* hundestejle.

stickler ['stiklə*] *s: be a ~ for sth* holde (for) strengt på ngt.

sticky ['stiki] *adj* klæbende; klæbrig; klistret; (om vejret) lummer; vanskelig.

stiff [stif] *s* (S) lig // *adj* stiv; svær, vanskelig; kold, streng; hård; **~en** *v* stivne; stive (af); gøre stiv; *~* **necked** *adj* stædig, stejl.

stifle [staifl] *v* kvæle; undertrykke; **stifling** *adj* kvælende (fx *heat* varme).

still [stil] *s* brændevinsbrænderi // *adj* stadig(væk); endnu; alligevel; stille; tavs; berolige; **~born** *adj* dødfødt; *~* **life** *s* nature morte, stilleben.

stilted [stiltid] *adj* opstyltet; påtaget.

stimulant ['stimjulənt] *s* opkvikkende middel; stimulans; **stimulate** *v* stimulere; kvikke op; **stimulation** [-'leiʃən] *s* stimulering.

sting [stiŋ] *s* stik; *(zo, bot)* brod // *v (stung, stung* [stʌŋ]) stikke; svie; såre.

stingy ['stindʒi] *adj* nærig, fedtet.

stink [stiŋk] *s* stank; *(fig)* ballade // *v (stank, stunk* [stæŋk, stʌŋk]) stinke; være berygtet; **~ing** *adj* (F) skide- (fx *drunk* fuld), sten- *(fx rich* rig).

stipulate ['stipjuleit] *v* fastsætte; stipulere; **stipulation** [-'leiʃən] *s* betingelse, aftale.

stir [stə:*] *s* røre, ståhej; omrøring // *v* røre (rundt i); sætte i bevægelse; vække; røre sig; *~ up* ophidse; hvirvle op; **~ring** *adj* rørende, gribende.

stirrup ['stirəp] *s* stigbøjle.

stitch [stitʃ] *s* (i syning) sting; (i strikning etc) maske; sting i siden // *v* sy.

stock [stɔk] *s* forråd, lager; *(merk)* obligationer; *(agr)* (kreatur)besætning; *(gastr)* kraftsuppe, sky // *v* have på lager; oplagre // *adj* standard- (fx *reply* svar); *~s and shares* børspapirer, fonde; *in ~* på lager.

stock. . . ['stɔk-] sms: **~broker**

s børsmægler; ~ **exchange** *s* fondsbørs; **~holder** *s* aktionær.
stocking ['stɔkiŋ] *s* strømpe; *in one's ~ed feet* på strømpefødder.
stockist ['stɔkist] *s* leverandør, forhandler.
stock... ['stɔk-] sms: ~ **market** *s* børs, børskurser; ~ **phrase** *s* fast udtryk; **~-still** *adj* bomstille; **~taking** *s (merk)* lageropgørelse, status.
stoke [stəuk] *v* fyre (med brændsel); proppe i; **~r** *s* fyrbøder.
stole [stəul] *s* stola, sjal // *præt* af *steal;* **~n** *pp* af *steal.*
stolid ['stɔlid] *adj* upåvirket; upåvirkelig.
stomach ['stɔmək] *s* mave, mavesæk; appetit // *v* finde sig i; tage; ~ **ache** [-eik] *s* mavepine.
stone [stəun] *s* sten; *(pl: stone) (brit* vægtenhed: 6,348 kg) // *v* stene; udstene; **~-cold** *adj* iskold; *~-cold sober* pinligt ædru; **~d** *adj* (S) døddrukken; 'skæv', 'høj'; **~-deaf** *adj* stokdøv; **~mason** *s* stenhugger; **~y** *adj* stenet.
stood [stud] *præt* og *pp* af *stand.*
stool [stu:l] *s* skammel, taburet; afføring.
stoop [stu:p] *s* luden; bøjning // *v* lude; være rundrygget; bøje sig.
stop [stɔp] *s* stop, standsning; (også: *full ~)* punktum // *v* stoppe, standse; opholde sig, bo; ~ *at a hotel* tage ind på et hotel; ~ *dead* standse brat op; ~ *it!* hold op! ~ *off* gøre et kort ophold; ~ *up* (til)stoppe; **~lights** *spl* stoplys; *(auto)* bremselygter; **~over** *s* kort ophold på rejse; *(fly)* mellemlanding; **~page** ['stɔpidʒ] *s* afbrydelse; arbejdsnedlæggelse; **~per** *s* prop; stopper; ~ **watch** *s* stopur.
storage ['stɔ:ridʒ] *s* opbevaring; lagerrum; *(edb)* lagring.
store [stɔ:*] *s* lager, forråd; depot; pakhus; varehus, stormagasin; *what is in ~ for us?* hvad mon der venter os? // *v* opbevare; opmagasinere; ~ *up* opsamle, oplagre; **~room** *s* lagerlokale; pulterkammer.
storey ['stɔ:ri] *s* etage.
storm [stɔ:m] *s* uvejr; stærk storm // *v* (om vejr) rase; (om person, *mil)* storme; **~-beaten** *adj* stormomsust; **~y** *adj* stormende.
story ['stɔri] *s* historie; beretning; (i bog) handling; *short ~* novelle; **~teller** *s* fortæller; løgnhals.
stout [staut] *s* stærkt øl (slags porter) // *adj* stærk, kraftig; kraftigt bygget.
stove [stəuv] *s* ovn; komfur; kamin.
stow [stəu] *v* anbringe; stuve; gemme væk; **~away** *s* blind passager.
straddle [strædl] *v* skræve (over); sidde overskrævs på.
straggle [strægl] *v* strejfe (el. flakke) om; *~d along the coast* spredt langs kysten; **~r** *s* omstrejfer; efternøler; **straggling, straggly** *adj* (om hår etc) tjavset.
straight [streit] *adj/adv* lige; (om hår) glat; i orden; ærlig, oprigtig; (om drink) tør, ublandet; *put* (el. *get)* ~ bringe i orden, ordne; ~ *ahead* ligeud, lige frem; ~ *away* lige, ligefrem; øjeblikkelig; ~ *off* (el. *out)* ligefrem; **~en** *v: ~en (out)* rette ud, glatte; **~forward** *adj* direkte; ligetil; ærlig.

strain [strein] *s* belastning; (an)spændelse; forstrækning; anlæg; anstrøg // *v* stramme, spænde, anspænde; overanstrenge; forvride; si; **~ed** *adj* (an)spændt; anstrengt; **~er** *s* si, sigte; **~s** *spl* toner.

strait [streit] *s* (også: *~s) (geogr)* stræde; **~jacket** *s* spændetrøje; **~laced** *adj* snerpet.

strand [strænd] *s* snor, tråd // *v* strande; *be left ~ed* stå på bar bund.

strange [streindʒ] *adj* fremmed; ukendt; underlig; *~ to say* mærkeligt nok; **~r** *s* fremmed.

strangle [stræŋgl] *v* kvæle; blive kvalt; **~hold** *s* kvælertag.

strap [stræp] *s* strop; rem // *v* spænde med remme; slå med rem; *~ up (med)* give hæfteplaster på.

strapping [stræpiŋ] *adj* stor og stærk; flot.

stratagem ['strætidʒəm] *s* krigslist.

strategic [strə'ti:dʒik] *adj* strategisk; **strategy** ['strætədʒi] *s* strategi.

straw [strɔ:] *s* strå; sugerør; *the last ~* dråben der får bægeret til at flyde over.

strawberry ['strɔ:bəri] *s* jordbær.

stray [strei] *v* strejfe om; komme på afveje // *adj* omstrejfende; herreløs (fx *dog* hund); spredt; *a ~ bullet* en vildfaren kugle.

streak [stri:k] *s* stribe; streg; anstrøg // *v* gøre stribet; slå streger; stryge; *~ past* stryge forbi; **~y** *adj* stribet (fx *bacon).*

stream [stri:m] *s* vandløb; strøm; (i skole etc) niveau // *v* strømme; (i skolen) niveaudele; **~er** *s* vimpel; serpentine; (på bus etc) klæbemærke; **~lined** *adj* strømlinet.

street [stri:t] *s* gade; *in* (el. *on) the ~* på gaden; *it's right up his ~* det er lige hans speciale; *~* **lamp** *s* gadelygte.

strength [strɛŋθ] *s* styrke, kræfter; *turn out in ~* møde talstærkt op; **~en** *v* styrke(s); forstærke(s).

strenuous ['strɛnjuəs] *adj* kraftig; ivrig; anstrengende.

stress [strɛs] *s* tryk; eftertryk; spænding, stress // *v* betone; fremhæve; påvirke.

stretch [strɛtʃ] *s* strækning; stræk; periode // *v* strække (sig); være elastisk; række; *at a ~* i ét stræk; *~ a muscle* spænde en muskel; *~ out* række ud; strække sig (ud); *~ out for sth* række ud efter ngt; **~er** *s* båre.

strew [stru:] *v (~ed, ~ed* el. *~ed, ~n)* strø (ud), overså; *~n with* bestrøet med.

stricken [strikn] *adj* ramt; hjemsøgt.

strict [strikt] *adj* nøje; streng; *~ly confidential* strengt fortrolig; *~ly speaking* strengt taget.

stride [straid] *s* langt skridt // *v* skride; skridte ud; skræve over; *take sth in one's ~* klare ngt med lethed.

strident [straidnt] *adj* skingrende; højrøstet.

strike [straik] *s* slag; strejke; (om olie etc) fund; *(mil)* angreb // *v (struck, struck* [strʌk]) slå (på); ramme; stryge (fx *a match* en tændstik); slå 'til; strejke; *(fig)* have heldet med sig; *~ oil* finde olie; *~ up (mus)* spille op; *~ up a friendship with* slutte venskab med; **~breaker** *s* strejkebryder; **~r** *s* strejkende; **striking** *adj* slående, påfal-

dende; meget smuk.
string [striŋ] *s* snor, bånd; række; *(mus)* streng; stryger // *v (strung, strung* [strʌŋ]) trække på snor; sætte streng(e) på; *a ~ of pearls* en perlekæde; **~ bean** *s* snittebønne; **~(ed) instrument** *s* strygeinstrument, strengeinstrument; *the ~s* spl (i orkester) strygerne.
stringent ['strindʒənt] *adj* stram, streng.
string vest ['striŋvɛst] *s* netundertrøje.
strip [strip] *s* strimmel // *v* klæde (sig) af; tage af; (også: *~ down)* skille ad; demontere; *comic ~* tegneserie.
stripe [straip] *s* stribe.
strive [straiv] *v (strove, striven* [strəuv, strivn]) stræbe *(to* efter at); kæmpe *(against* mod).
strode [strəud] *præt* af *stride.*
stroke [strəuk] *s* slag; tag; strøg; kærtegn; slagtilfælde; *a ~ of genius* et genialt indfald // *v* slå streg; stryge, ae; *at a ~* med ét slag; *on the ~ of five* på slaget fem; *a two-~ engine* en totaktsmotor.
stroll [strəul] *s* spadseretur // *v* slentre (om).
strong [strɔŋ] *adj* stærk, kraftig; *they were fifty ~* de var halvtreds mand høj; **~hold** *s* borg; **~minded** *adj* viljestærk; **~room** *s* bankhvælving; boksrum.
strove [strəuv] *præt* af *strive.*
struck [strʌk] *præt* og *pp* af *strike.*
structure ['strʌktʃə*] *s* konstruktion; struktur; bygning.
struggle [strʌgl] *s* kamp // *v* kæmpe; mase, bakse.
strum [strʌm] *v* klimpre (på).
strung [strʌŋ] *præt* og *pp* af *string.*
stub [stʌb] *s* stump; træstub; (på billet etc) talon // *v: ~ out a cigarette* slukke (el. skodde) en cigaret.
stubble [stʌbl] *s* stub; skægstubbe.
stubborn ['stʌbən] *adj* stædig; genstridig.
stuck [stʌk] *præt* og *pp* af *stick* // *adj: be* (el. *get) ~* sidde fast; gå i stå; *be ~ with sth* hænge på ngt; **~-up** *adj* (F) storsnudet.
stud [stʌd] *s* (bredhovedet) søm; dup; manchetknap; (heste)stutteri; (også: *~ horse)* avlshest; *~ded with* tæt besat med.
student ['stju:dənt] *s* studerende; studenter-.
studied ['stʌdid] *adj* bevidst, tilstræbt; raffineret.
studio ['stju:diəu] *s* atelier; *(tv* etc) studie.
studious ['stju:diəs] *adj* flittig; omhyggelig.
study ['stʌdi] *s* studium; studie; arbejdsværelse; udkast // *v* studere; læse (på); undersøge.
stuff [stʌf] *s* sager, ting; ragelse; stof, materiale; *... and ~ like that ...* og sådan ngt // *v* proppe, stoppe; *(gastr)* farsere; *get ~ed!* rend og hop! **~ing** *s* fyld; **~y** *adj* (om værelse) indelukket; *(fig)* forstokket; fornærmet.
stumble [stʌmbl] *v* snuble; *~ on* finde ved et tilfælde, falde over; **stumbling block** *s* anstødssten.
stump [stʌmp] *s* (træ)stub; stump.
stun [stʌn] *v* lamslå; chokere.
stung [stʌŋ] *præt* og *pp* af *sting.*
stunk [stʌŋk] *pp* af *stink.*
stunning ['stʌniŋ] *adj* chokerende; overvældende; pragtfuld.
stunt [stʌnt] *s* kraftpræstation;

kunststykke; stuntnummer // *v* hæmme (i væksten); være stuntman; ~**ed** *adj* forkrøblet.

stupefy ['stju:pifai] *v* lamslå.

stupendous [stju:'pɛndəs] *adj* vældig; fantastisk.

stupid ['stju:pid] *adj* dum; *be ~ at sth* være dum til ngt; *too ~ for words* dummere end man har lov til at være; ~**ity** [-'piditi] *s* dumhed.

stupor ['stju:pə*] *s* døs; bedøvet tilstand.

sturdy ['stə:di] *adj* robust; stærk, beslutsom.

stutter ['stʌtə*] *s* stammen // *v* stamme.

sty [stai] *s* (svine)sti.

stye [stai] *s* bygkorn (på øjet).

style [stail] *s* stil; mode; manér; *do sth in ~* gøre ngt med manér; **stylish** *adj* smart, stilig; **stylized** ['stailaizd] *adj* stiliseret.

suave [swa:v] *adj* (om person) åleglat, sleben.

sub... ['sʌb-] sms: ~**conscious** [-'kɔnʃəs] *adj* underbevidst; ~**divide** *v* underinddele; ~**division** ['sʌbdiˌviʃən] *s* underinddeling.

subdue [sʌb'dju:] *v* undertrykke; betvinge; dæmpe; ~**d** *adj* kuet; dæmpet, spagfærdig.

subject *s* ['sʌbdʒikt] genstand; emne; (stats)borger; *be ~ to* være udsat for // *v* [səb'dʒɛkt]: *~ to* udsætte for; *be ~ to* være underkastet; være pligtig at; være tilbøjelig til; ~**ion** [-'dʒɛkʃən] *s* underkastelse; undertrykkelse; ~**ive** [-'dʒɛktiv] *adj* subjektiv; ~ **matter** *s* stof, emne.

subjunctive [səb'dʒʌŋktiv] *s (gram)* konjunktiv.

sublet ['sʌb'lɛt] *v* fremleje.

sublime [sə'blaim] *adj* storslået; sublim.

submarine ['sʌbmari:n] *s* undervandsbåd, ubåd.

submerge [sʌb'mə:dʒ] *v* sænke ned i vand; dykke; oversvømme.

submission [səb'miʃən] *s* underkastelse; henstilling; **submissive** [-'misiv] *adj* underdanig; **submit** *v* forelægge; indsende; henstille; *submit oneself* underordne sig.

subordinate [səb'ɔ:dinət] *s/adj* underordnet.

subpoena [səb'pi:nə] *s (jur)* indkaldelse af vidne // *v* indstævne som vidne.

subscribe [səb'skraib] *v* bidrage; abonnere *(to* på), subskribere; **subscription** [-'skripʃən] *s* kontingent; abonnement; *take out a subscription for sth* tegne abonnement på ngt.

subsequent ['sʌbsikwənt] *adj* (efter)følgende, senere; ~**ly** *adv* så, derpå; senere.

subside [səb'said] *v* synke ned; stilne af, lægge sig.

subsidiary [səb'sidiəri] *s* hjælper // *adj* hjælpe-, bi-; ~ **company** *s* datterselskab.

subsidize ['sʌbsidaiz] *v* give støtte (el. tilskud) til; **subsidy** ['sʌbsidi] *s* (stats)støtte.

subsistence [sʌb'sistəns] *s* eksistens; underhold.

substance ['sʌbstəns] *s* stof; substans; væsen; indhold; vægt; *a man of ~* en velstående mand.

substantial [sʌb'stænʃəl] *adj* virkelig; håndgribelig; solid; væsentlig.

substitute ['sʌbstitju:t] *s* vikar, stedfortræder; erstatning // *v: ~ wine for beer* erstatte vin med øl; **substitution** [-'tju:ʃən] *s* indsættelse (i stedet for ngt andet); udskiftning.

subterranean [sʌbtə'reiniən] *adj* underjordisk.
subtitle ['sʌbtaitl] *s* undertitel; *(film, tv)* undertekst.
subtle [sʌtl] *adj* fin; svag; spidsfindig; behændig; **~ty** *s* skarpsindighed; finhed; spidsfindighed.
subtract [səb'trækt] *v* trække fra; **~ion** *s* subtraktion.
suburb ['sʌbə:b] *s* forstad; *the ~s* omegnen; **~an** [sə'bə:bən] *adj* forstads-.
subversive [səb'və:siv] *adj* undergravende; nedbrydende.
subway ['sʌbwei] *s* fodgængertunnel.
succeed [sək'si:d] *v* lykkes, være heldig; efterfølge; *they ~ed in doing it* det lykkedes dem at gøre det; *~ to the throne* arve tronen; **~ing** *adj* (efter)følgende.
success [sək'sɛs] *s* held, succes; **~ful** *adj* heldig; vellykket; **~ion** *s* rækkefølge; arvefølge; **~ive** *adj* efterfølgende; i træk; **~or** *s* efterfølger.
succinct [sək'siŋkt] *adj* kortfattet, koncis.
succulent ['sʌkjulənt] *adj* saftig.
succumb [sə'kʌm] *v* bukke under *(to* for).
such [sʌtʃ] *adj/adv/pron* sådan, så; sådan ngt; *~ books* sådan nogle bøger; den slags bøger; *~ good books* så gode bøger; *~ as* såsom, sådan som; *as ~* som sådan(t); *~ and ~* den og den; det og det; de og de; **~like** *adj* den slags.
suck [sʌk] *v* suge; sutte (på); patte; **~er** *s* sugeskive; (F) tosse.
suckle [sʌkl] *v* amme, give bryst.
suction ['sʌkʃən] *s* sug(en); sugning.
sudden [sʌdn] *adj* pludselig; brat; *all of a ~* med ét; **~ly** *adv* pludselig.
suds [sʌdz] *spl* sæbevand.
sue [su:] *v* lægge sag an (mod); sagsøge.
suede [sweid] *s* ruskind.
suet ['suit] *s (gastr)* nyrefedt; oksetalg.
suffer ['sʌfə*] *v* lide *(from* af); tage skade; gennemgå; tåle, finde sig i; tillade; **~ing** *s* lidelse.
suffice [sə'fais] *v* være nok; slå 'til; tilfredsstille; **sufficient** [-'fiʃənt] *adj* tilstrækkelig, nok.
suffocate ['sʌfəkeit] *v* kvæle(s); **suffocation** [-'keiʃən] *s* kvælning.
sugar ['ʃugə*] *s* sukker // *v* komme sukker i (el. på), søde; *~* **beet** *s* sukkerroe; *~* **cane** *s* sukkerrør; **~-coated** *adj* (sukker)glaseret; sukkerovertrukken; **~y** *adj* sukkersød.
suggest [sə'dʒɛst] *v* foreslå; tyde på; antyde; lede tanken hen på; **~ion** [-'dʒɛstʃən] *s* forslag; antydning; mindelse; **~ive** [-'dʒɛstiv] *adj* tankevækkende; sigende.
suicide ['suisaid] *s* selvmord; selvmorder.
suit [su:t] *s* sæt tøj, habit; spadseredragt; (i kortspil) farve // *v* passe (til); klæde; *~ yourself!* gør som du vil! **~able** *adj* passende; egnet.
suitcase ['su:tkeis] *s* kuffert.
suite [swi:t] *s* suite; møblement.
sulk [sʌlk] *v* surmule; **~y** *adj* sur.
sulphur ['sʌlfə*] *s* svovl; **~ic** [-'fjuərik] *adj: ~ic acid* svovlsyre.
sultana [sʌl'ta:nə] *s* (lille) rosin.
sultry ['sʌltri] *adj* trykkende, lummer.

sum [sʌm] *s* sum; regnestykke // *v:* ~ *up* tælle sammen, opsummere.
summarize ['sʌməraiz] *v* resumere; **summary** ['sʌməri] *s* resumé, uddrag.
summer ['sʌmə*] *s* sommer // *adj* sommer-; ~**house** *s* (i have) lysthus; ~**time** *s* sommertid; ~**y** *adj* sommerlig.
summit ['sʌmit] *s* (bjerg)top; ~ *(conference)* topmøde.
summon ['sʌmən] *v* tilkalde; sammenkalde; ~ *up all one's strength* opbyde alle sine kræfter; ~**s** *s* stævning, tilsigelse.
sumptuous ['sʌmptjuəs] *adj* overdådig, luksuriøs; ødsel.
sun [sʌn] *s* sol; ~**bathe** *v* tage solbad; ~**burnt** *adj* solbrændt; solskoldet.
sundae ['sʌndei] *s (gastr)* flødeis med frugt.
Sunday ['sʌndi] *s* søndag; *last* ~ i søndags; *on* ~ på søndag; *in one's* ~ *best* i søndagstøjet.
sundial ['sʌndaiəl] *s* solur.
sundry ['sʌndri] *adj* forskellige; diverse; *all and* ~ alle og enhver; *sundries pl* diverse udgifter; ~ **shop** *s* blandet landhandel.
sunflower ['sʌnflauə*] *s* solsikke.
sung [sʌŋ] *pp* af *sing.*
sunglasses ['sʌngla:siz] *spl* solbriller.
sunk [sʌŋk] *pp* af *sink;* ~**en** *adj* sunket; indsunken.
sun. . . ['sʌn-] sms: ~**light** *s* sol(lys); ~**lit** *adj* solbeskinnet; ~**ny** *adj* solrig; solskins-; glad; ~**rise** *s* solopgang; ~**set** *s* solnedgang; ~**shade** *s* parasol; markise; ~**shine** *s* solskin; ~**stroke** *s* solstik; ~**tan** *s* solbrændthed; ~**tan oil** *s* sololie; ~**trap** *s* solkrog.
super. . . [ˌsuper-] sms: ~**cilious** [-'siliəs] *adj* overlegen, vigtig; ~**ficial** [-'fiʃəl] *adj* overfladisk, flygtig; ~**fluous** [su'pə:fluəs] *adj* overflødig; ~**human** [-'hju:mən] *adj* overmenneskelig; ~**intendent** [-in'tɛndənt] *s* forstander; tilsynsførende; (også: *police ~intendent)* sv.t. politiinspektør.
superior [su'piəriə*] *s* overordnet // *adj* højere; over-; overlegen; ~**ity** [-'ɔriti] *s* overlegenhed; overhøjhed.
super. . . ['su:pə-] sms: ~**natural** [-'nætʃrəl] *adj* overnaturlig; ~**sede** [-'si:d] *v* afløse; fortrænge; ~**stition** [-'stiʃən] *s* overtro; ~**stitious** [-'stiʃəs] *adj* overtroisk; ~**vise** ['su:pəvaiz] *v* overvåge; føre opsyn med; ~**vision** [-'viʒən] *s* overopsyn; ~**visor** ['su:pəvaizə*] *s* tilsynsførende; afdelingschef.
supper ['sʌpə*] *s* aftensmad; *the last* ~ den sidste nadver.
supple [sʌpl] *adj* smidig, bøjelig.
supplement *s* ['sʌplimənt] tillæg, supplement // *v* [sʌpli'mɛnt] supplere; fylde op; ~**ary** [-'mɛntəri] *adj* ekstra, supplerende.
supplier [sə'plaiə*] *s* leverandør.
supply [sə'plai] *s* forsyning, forråd // *v* forsyne; levere, skaffe; ~ *and demand* udbud og efterspørgsel.
support [sə'pɔ:t] *s* støtte; underhold // *v* støtte; understøtte; bære; forsørge; ~**er** *s* tilhænger; forsørger.
suppose [sə'pəuz] *v* antage, formode; *be ~d to* burde; *I ~ so* det tror (el. antager) jeg; **supposing** *konj* hvis nu; **supposition** [-'ziʃən] *s* antagelse;

formodning.
suppress [sə'prɛs] *v* undertrykke; skjule, fortie; **~ion** [-'prɛʃən] *s* undertrykkelse.
supremacy [sə'prɛməsi] *s* overhøjhed; **supreme** [sə'pri:m] *s* højest; øverst; **supreme court** *s* højesteret.
sure [ʃuə*] *adj* sikker, vis; ~ *enough* ganske rigtig; *make* ~ sikre sig; *just to make* ~ bare for en sikkerheds skyld; **~ly** *adv* sikkert; da vel; **~ty** ['ʃuərəti] *s* sikkerhed; kaution.
surf [sə:f] *s* (om bølger) brænding.
surface ['sə:fis] *s* overflade // *v* overfladebehandle; dukke op; ~ **mail** *s* alm. post (*mods:* luftpost).
surfboard ['sə:fbɔ:d] *s* bræt til surfriding; sejlbræt.
surfeit ['sə:fit] *s* overmål.
surge [sə:dʒ] *s* (stor) bølge; bølgen // *v* bruse, strømme.
surgeon ['sə:dʒən] *s* kirurg.
surgery ['sə:dʒəri] *s* kirurgi; konsultation(sværelse); *undergo* ~ blive opereret; ~ **hours** *spl* konsultationstid; **surgical** ['sə:dʒikl] *adj* kirurgisk; **surgical spirit** *s* hospitalssprit.
surly ['sə:li] *adj* sur, tvær.
surname ['sə:neim] *s* efternavn.
surpass [sə'pa:s] *v* overgå.
surplus ['sə:pləs] *s* overskud // *adj* overskuds-; overskydende.
surprise [sə'praiz] *s* overraskelse, forbavselse // *v* overraske, overrumple; **surprising** *adj* forbavsende.
surrender [sə'rɛndə*] *s* overgivelse; afståelse // *v* overgive (sig); opgive, afstå.
surreptitious [sʌrɛp'tiʃəs] *adj* stjålen, hemmelig.
surround [sə'raund] *v* omgive; omringe; **~ing** *adj* omgivende; **~ings** *spl* omgivelser.
surveillance [sə:'veiləns] *s* opsyn.
survey *s* ['sə:vei] overblik, oversigt; inspektion; opmåling // *v* [sə:'vei] overskue; bese, inspicere; kortlægge; **~ing** [sə:'veiiŋ] *s* landmåling; **~or** [-'veiə*] *s* tilsynsførende; landmåler.
survival [sə'vaivl] *s* overlevelse; levn; **survive** [sə'vaiv] *v* overleve; leve videre; **survivor** *s* overlevende.
susceptible [sə'sɛptəbl] *adj* modtagelig (*to* for).
suspect *s* ['sʌspɛkt] mistænkt // *adj* mistænkelig, mistænkt // *v* [sə'spɛkt] mistænke.
suspend [səs'pɛnd] *v* ophænge; suspendere; standse; udsætte; **~ed sentence** *s* betinget dom; **~er belt** *s* strømpeholder; **~ers** *spl* sokkeholder; **suspense** *s* udsættelse; spænding; **suspension** *s* ophængning; affjedring; suspendering; frakendelse (fx af kørekort); **suspension bridge** *s* hængebro.
suspicion [səs'piʃən] *s* mistanke; anelse; **suspicious** [-'piʃəs] *adj* mistænksom; mistænkelig, suspekt.
sustain [səs'tein] *v* støtte; opretholde; lide, tåle; **~ed** *adj* vedvarende; langvarig.
swab [swɔb] *s* vatpind; tampon; *(med)* podning.
swallow ['swɔləu] *s (zo)* svale; mundfuld // *v* synke, sluge; *(fig)* æde i sig, sluge råt; *~ed up* (op)slugt.
swam [swæm] *præt* af *swim*.
swamp [swɔmp] *s* sump // *v* oversvømme; **~y** *adj* sumpet.
swan [swɔn] *s* svane.
swap [swɔp] *s* (bytte)handel //

v bytte, udveksle; *I'll ~ you!* skal vi bytte?.

swarm [swɔ:m] *s* sværm, vrimmel // *v* sværme, myldre.

swarthy ['swɔ:ði] *adj* mørklødet; sortsmudsket.

sway [swei] *v* svaje, slingre; påvirke.

swear [swɛə*] *v (swore, sworn* [swɔ:*, swɔ:n]) sværge; bande; *~ at sby* lade ederne hagle ned over en; *~ sby in* tage en i ed; *~ to sth* sværge på ngt; **~word** *s* bandeord.

sweat [swɛt] *s* sved // *v* svede; *in a ~* badet i sved; **~y** *adj* svedig; møjsommelig.

Swede [swi:d] *s* svensker; **s~** *s (bot)* kålroe; **~n** *s* Sverige; **Swedish** [swi:diʃ] *s/adj* svensk.

sweep [swi:p] *s* fejning; tag; fejende bevægelse; strækning; (også: *chimney ~)* skorstensfejer // *v (swept, swept* [swɛpt]) feje; stryge hen over; skride; strække sig; *~ away* rive bort; feje til side; *~ past* stryge forbi; *~ up* feje op; **~ing** *adj* fejende (fx *gesture* gestus); **~stakes** *spl* slags spil på heste.

sweet [swi:t] *s* dessert; bolsje etc; *~s pl* slik // *adj* sød; elskværdig; frisk (fx *milk* mælk); *have a ~ tooth* holde af søde sager; *be ~ on sby* (F) være lun på en; **~bread** *s (gastr)* brissel; **~corn** *s* sukkermajs; **~en** *v* søde; komme sukker i; forsøde; **~ener** *s* sødemiddel; **~heart** *s* kæreste, skat; **~ly** *adv* sødt, blidt; **~ pea** *s (bot)* latyrus.

swell [swɛl] *s* (om havet) dønning; (op)svulmen // *v (~ed, ~ed* el. *swollen* ['swəulən]) svulme (op); bugne // *adj* (F) alle tiders; mægtig(t); **~ing** *s* hævelse; bule.

sweltering ['swɛltəriŋ] *adj* (om varme) kvælende.

swept [swɛpt] *præt* og *pp* af *sweep.*

swerve [swə:v] *v* dreje (hurtigt) til siden; vige af.

swift [swift] *adj* hurtig, rap.

swim [swim] *s* svømmetur // *v (swam, swum* [swæm, swʌm]) svømme (over); flyde; svæve; *my head ~s* jeg er svimmel; **~mer** *s* svømmer; **~ming** *s* svømning; **~ming baths** *spl* svømmehal; **~ming cap** *s* badehætte; **~ming costume, ~suit** *s* badedragt.

swindle [swindl] *s* svindelnummer // *v* svindle, fuppe; tilsvindle sig; **~r** *s* svindler.

swine [swain] *s (pl: swine)* svin; (F) møgsvin.

swing [swiŋ] *s* gynge; gyngetur; sving(ning); swing // *v (swung, swung* [swʌŋ]) gynge; svinge; dingle; blive hængt; **~ing** *adj* rytmisk; som swinger.

swipe [swaip] *s* hårdt slag // *v* slå hårdt; knalde; (F) hugge.

Swiss [swis] *s* schweizer // *adj* schweizisk.

switch [switʃ] *s* kontakt, afbryder; omslag, skifte // *v* skifte; dreje, svinge; *~ off* slukke for; stoppe; *~ on* tænde for; starte; **~back** *s* rutschebane; **~board** *s (tlf)* omstillingsbord.

Switzerland ['switsələnd] *s* Schweiz.

swivel [swivl] *v: ~ (round)* dreje; *~* **chair** *s* drejestol.

swollen ['swəulən] *pp* af *swell* // *adj* hævet; ophovnet.

swoon [swu:n] *s* besvimelse // *v* besvime.

sword [sɔ:d] *s* sværd, sabel.

swore [swɔ:*] *præt* af *swear;* **sworn** [swɔ:n] *pp* af *swear.*

swot [swɔt] *s* læsehest // *v*

pukle, slide, terpe.
swum [swʌm] *pp* af *swim.*
swung [swʌŋ] *præt* og *pp* af *swing.*
syllable ['siləbl] *s* stavelse.
symbol [simbl] *s* tegn; symbol; **~ic(al)** [sim'bɔlik(l)] *adj* symbolsk; **symbolize** *v* symbolisere.
symmetrical [si'mɛtrikl] *adj* symmetrisk; **symmetry** ['simitri] *s* symmetri.
sympathetic [simpə'θɛtik] *adj* forstående, medfølende; *~ towards* velvilligt indstillet over for.
sympathize ['simpəθaiz] *v* sympatisere; have medfølelse; **~r** *s* sympatisør; **sympathy** ['simpəθi] *s* sympati, medfølelse.
symphonic [sim'fɔnik] *adj* symfonisk; **symphony** ['simfəni] *s* symfoni.
synagogue ['sinəgɔg] *s* synagoge.
synchronize ['sinkrənaiz] *v* synkronisere.
syndicate ['sindikit] *s* konsortium; syndikat.
synonym ['sinənim] *s* synonym; **~ous** [si'nɔniməs] *adj* synonym.
synopsis [si'nɔpsis] *s (pl: synopses* [-si:z]) resumé, synopsis.
synthesis ['sinθəsis] *s (pl: syntheses* [-si:z]) syntese; **synthetic** [-'θɛtik] *adj* syntetisk, kunstig, kunst-; *synthetics pl* (om tekstiler) kunststoffer.
Syria ['siriə] *s* Syrien; **~n** *s* syrer // *adj* syrisk.
syringe ['sirindʒ] *s* (injektions)sprøjte.
syrup ['sirəp] *s* sød frugtsaft; (også: *golden ~)* sirup.
system ['sistəm] *s* system; metode; ordning; **~atic** [-'mætik] *adj* ordnet; systematisk; **~s analyst** *s (edb)* systemanalytiker.

T

T, t [ti:].
ta [ta:] *interj* (F) tak.
table [teibl] *s* bord; tavle; tabel // *v* stille op; fremsætte (fx *a motion* et forslag); *lay* (el. *set) the ~* dække bord(et); *~ of contents* indholdsfortegnelse; **~cloth** *s* dug; **~ manners** *spl* bordskik; **~mat** *s* lunchserviet; bordskåner; **~spoon** *s* spiseske; **~spoonful** *s* spiseskefuld.
tablet ['tæblit] *s* tablet, pastil; tavle; (skrive)blok.
tabletop ['teibltɔp] *s* bordplade.
tabloid ['tæblɔid] *s* avis i frokostformat; sensationsblad.
tacit ['tæsit] *adj* stiltiende; tavs; **~urn** ['tæsitə:n] *adj* fåmælt.
tack [tæk] *s* (tegne)stift; lille søm; risting // *v* fæste, ri; *be on the wrong ~ (fig)* være på vildspor.
tackle [tækl] *s* udstyr, grej(er); *(tekn)* talje; *(sport)* tackling // *v (fig)* gå løs på; tackle.
tact [tækt] *s* finfølelse, takt; **~ful** *adj* diskret.
tactical ['tæktikl] *adj* taktisk; **tactics** *spl* taktik.
tactless ['tæktlis] *adj* taktløs; indiskret.
tadpole ['tædpəul] *s* haletudse.
taffeta ['tæfitə] *s* taft.
tag [tæg] *s* etiket; prisskilt.
tail [teil] *s* hale; (om kjole) slæb; bageste del, ende; **~back** *s* bilkø; **~ end** *s* bagende; **~gate** *s* (på stationcar) bagklap.
tailor ['teilə*] *s* skrædder; **~ing** *s* skræddersyning; snit; **~-made** *adj* skræddersyet (også

fig).
tails [teils] *spl* (F) kjolesæt; *heads or ~* plat eller krone.
tailwind ['teilwind] *s* medvind.
tainted ['teintid] *adj* fordærvet; anløben; plettet.
take [teik] *v (took, took)* tage; kræve; rumme; bringe; tage med; ledsage; *I ~ it that* jeg går ud fra at; *~ sby for a walk* tage en med ud at gå tur; *be ~n ill* blive syg; *~ after* slægte på; *~ apart* skille ad; *~ away* fjerne; trække fra; *~ back* tage tilbage; tage i sig igen; *~ down* nedrive (fx *a house* et hus); skrive (ned); *~ in* narre; (op)fatte; omfatte; modtage; *~ off* tage væk; tage af; imitere; (om fly) lette, starte; *~ on* påtage sig; ansætte, antage; tage på; *~ out* tage ud; skaffe sig; invitere ud; *~ over* overtage; afløse; *~ to* komme til at synes om, få smag for; *~ up* tage op; genoptage; optage (fx *room* plads); fylde; slå sig på; begynde på; **~away** *adj* (om mad) ud-af-huset; **~-home pay** *s* nettoløn; **~off** *s (fly)* start; **~over** *s* overtagelse.
takings ['teikiŋz] *spl (merk)* indtægt.
talc [tælk] *s* (også: *~um powder)* talkum(pudder).
tale [teil] *s* fortælling, historie; *(neds)* løgnehistorie.
talent ['tɛlənt] *s* talent, anlæg; **~ed** *adj* talentfuld.
talk [tɔ:k] *s* snak, tale(n); samtale; foredrag // *v* snakke, tale; *~ sby out of doing sth* tale en fra at gøre ngt; *~ shop* tale forretninger (el. fag); *~ sth over* diskutere ngt; **~ative** ['tɔ:kətiv] *adj* snakkesalig.
tall [tɔ:l] *adj* høj, stor; (F) utrolig; *that's a bit ~* (F) den er for langt ude! **~boy** *s* højkommode.
tally ['tæli] *s* regnskab // *v: ~ (with)* stemme (med).
tame [teim] *v* tæmme // *adj* tam; mat, sagtmodig.
tamper ['tæmpə*] *v: ~ with* pille ved; manipulere med.
tan [tæn] *s* solbrændthed // *v* garve; gøre (el. blive) solbrændt // *adj* gyldenbrun.
tangerine ['tændʒəri:n] *s* (om frugt) mandarin.
tangible ['tændʒəbl] *adj* håndgribelig.
tangle [tæŋgl] *s* sammenfiltret masse; vildnis // *v* sammenfiltres; *get into a ~* komme i urede; *~ up* lave uorden i.
tankard ['tæŋkəd] *s* ølkrus.
tanker ['tæŋkə*] *s* tankskib; tankvogn.
tanned [tænd] *adj* solbrændt.
tantalizing ['tæntəlaiziŋ] *adj* meget fristende.
tantamount ['tæntəmaunt] *adj: ~ to* ensbetydende med.
tap [tæp] *s* (let) slag; (vand)hane // *v* give et let slag; banke (let); tromme (med); tappe; **~-dancing** *s* stepdans.
tape [teip] *s* bånd; bændel; (også: *adhesive ~)* klæbestrimmel, tape // *v* sætte tape på; optage på bånd; *~* **measure** *s* målebånd.
taper ['teipə*] *s* kerte // *v* spidse til.
tape recorder ['teipriko:də*] *s* båndoptager.
tapestry ['tæpistri] *s* billedtæppe, gobelin.
tape worm ['teipwə:m] *s* bændelorm.
taproom ['tæpru:m] *s* skænkestue; **tap water** *s* ledningsvand.
tar [ta:*] *s* tjære.
target ['ta:git] *s* mål; skydeski-

ve; målsætning; ~ **practice** *s* skydeøvelse.

tarmac ['ta:mæk] *s* ® (på vej) asfaltbelægning; *(fly)* startbane (med belægning) // *v* asfaltere.

tarnish ['ta:niʃ] *v* (om fx kobber) anløbe; falme; *(fig)* plette.

tarpaulin [ta:'pɔ:lin] *s* presenning.

tarragon ['tærəgən] *s (bot)* esdragon.

tart [ta:t] *s* tærte; (F, *neds)* tøs // *v: ~ oneself up* maje sig ud // *adj* skarp, besk.

tartan [ta:tn] *s* skotskternet mønster, klantern // *adj* skotskternet.

task [ta:sk] *s* hverv, opgave; pligt; ~ **force** *s (mil)* kommandostyrke.

taste [teist] *s* smag; mundsmag // *v* smage; *in good ~* smagfuld; *in bad ~* smagløs; *each to his ~* enhver sin smag; ~**ful** *adj* smagfuld; ~**less** *adj* smagløs; fad; **tasty** ['teisti] *adj* velsmagende, lækker.

tatters ['tætəz] *spl: in ~* i laser.

tattoo [tæ'tu:] *s* tatovering; tattoo // *v* tatovere.

tatty ['tæti] *adj* (F) nusset, tarvelig.

taught [tɔ:t] *præt* og *pp* af *teach.*

Taurus ['tɔ:rəs] *s (astr)* Tyren.

taut [tɔ:t] *adj* spændt; stram.

tax [tæks] *s* skat; byrde // *v* beskatte; pålægge; sætte på prøve; bebrejde; ~**able** *adj* skattepligtig; ~**ation** [-'seiʃən] *s* beskatning; ~ **collector** *s* skatteopkræver; ~ **dodge** *s* skattefidus; ~ **evasion** *s* skattesnyderi; ~ **exile** *s* person som lever i skattely; ~**-free** *adj* skattefri; ~ **haven** *s* skatteparadis.

taxi ['tæksi] *s* taxi, taxa // *v (fly)* køre på jorden, taxie.

taxidermist ['tæksidə:mist] *s* konservator; dyreudstopper.

taxidriver ['tæksidraivə*] *s* taxachauffør; **taxi rank** *s* taxaholdeplads.

tax payer ['tækspeiə*] *s* skatteyder; **tax return** *s* selvangivelse.

tea [ti:] *s* te; *have ~* drikke te; *high ~* eftermiddagsmåltid; aftensmad; ~ **bag** *s* tepose, tebrev; ~ **break** *s* tepause.

teach [ti:tʃ] *v (taught, taught* [tɔ:t]) lære, undervise; *~ sby to read* lære en at læse; *~ history* undervise i historie; ~**er** *s* lærer; ~**ing** *s* undervisning; ~**ing staff** *s* lærerstab.

tea cosy ['ti:kəuzi] *s* tevarmer.

team [ti:m] *s* hold; (om dyr) spand; ~**work** *s* samarbejde.

tea pot ['ti:pɔt] *s* tepotte.

tear [tiə*] *s* tåre; [tεə*] flænge, rift // *v* [tεə*] *(tore, torn* [tɔ:*, tɔ:n]) flå, rive; revne; *be in ~s* græde; *burst into ~s* briste i gråd; *~ along* fare (el. drøne) af sted; ~**ful** ['tiəful] *adj* tårevædet, grædende; ~ **gas** ['tiəgæs] *s* tåregas.

tearoom ['ti:ru:m] *s* terestaurant.

tease [ti:z] *s* drilleri; (om person) drillepind // *v* drille; pirre; plage.

tea. . . ['ti:-] sms: ~ **set** *s* testel; ~**spoon** *s* teske; ~ **strainer** *s* tesi.

teat [ti:t] *s* brystvorte; (på sutteflaske) sut.

tea towel ['ti:tauəl] *s* viskestykke.

technical ['tεknikl] *adj* teknisk; ~**ity** [-'kæliti] *s* teknisk detalje; formalitet; **technician** [-'niʃən] *s* tekniker; laborant; **technique** [-'ni:k] *s* teknik.

technologist [tɛk'nɔlədʒist] *s* teknolog.
tedious ['ti:diəs] *adj* kedelig; trættende.
teem [ti:m] *v* myldre, vrimle *(with* med).
teens [ti:nz] *spl: be in one's ~s* være ung (under 20 år).
teeth [ti:θ] *spl* af *tooth.*
teethe [ti:ð] *v* få tænder; *be teething* være ved at få tænder; **teething ring** *s* bidering; **teething troubles** *spl* ondt for tænder.
teetotal ['ti:'təutl] *adj* totalt afholdende; afholds-.
tele. . . ['tɛli-] tele-; sms: **~graph** *s* telegraf; **~graphic** [-'græfik] *adj* telegrafisk; **~pathy** [tə'lɛpəθi] *s* tankeoverføring, telepati; **~phone** *s* telefon // *v* telefonere (til); **~phone booth** (el. *box) s* telefonboks; **~phone call** *s* telefonopringning; **~phone directory** *s* telefonbog; **~phone exchange** *s* telefoncentral; **~phone operator** *s* telefonist; **~-photo** *s* telefoto; **~photo lens** *s* telelinse; **~scope** *s* kikkert, teleskop; **~viewer** [-vju:ə*] *s* (fjern)seer; **~vise** [-vaiz] *v* udsende i fjernsynet; **~vision** *s (TV)* fjernsyn (tv); **~vision set** *s* fjernsyn(sapparat).
tell [tɛl] *v (told, told* [təuld]) fortælle; sige; give besked; afgøre, skelne; mærkes; *~ sth from sth* skelne ngt fra ngt; *~ on sby* sladre om en; *there's no ~ing* det er ikke til at vide; *be told to do sth* få besked på at gøre ngt; *be told off* få læst og påskrevet; **~ing** *adj* rammende; sigende; **~tale** *adj* afslørende; forræderisk.
telly ['tɛli] *s* (F) fjernsyn.
temp [tɛmp] *s* (fork.f. *temporary)* sekretærvikar.
temper ['tɛmpə*] *s* sind; natur; humør; temperament; hidsighed // *v* temperere; mildne; *be in a ~* være gal i hovedet; *lose one's ~* blive vred; **~ament** ['tɛmprəmənt] *s* temperament; **~ance** *s* mådehold; ædruelighed; **~ate** *adj* moderat, mådeholdende; (om klima etc) tempereret; **~ature** ['tɛmprətʃə*] *s* temperatur; *have* (el. *run) a ~* have feber; **~ed** *adj* hærdet.
tempest ['tɛmpist] *s* (stærk) storm.
temple [tɛmpl] *s* tempel; *(anat)* tinding.
temporarily ['tɛmprərəli] *adv* for øjeblikket; midlertidigt; **temporary** *adj* midlertidig; provisorisk; kortvarig.
tempt [tɛm(p)t] *v* friste, lokke; **~ation** [-'teiʃən] *s* fristelse; **~ing** *adj* fristende.
ten [tɛn] *num* ti.
tenacious [tə'neiʃəs] *adj* fast; sej; klæbrig; vedholdende; **tenacity** [-'næsiti] *s* fasthed; ihærdighed.
tenancy ['tɛnənsi] *s* leje; forpagtning; **tenant** *s* lejer; forpagter; beboer.
tend [tɛnd] *v* passe, pleje; betjene; *~ to* være tilbøjelig til at; gå i retning af, tendere imod; **~ency** ['tɛndənsi] *s* tendens, tilbøjelighed.
tender ['tɛndə*] *s* plejer, passer; *(merk)* tilbud; *put out to ~* udbyde i licitation // *v* tilbyde // *adj* blød; (om mad) mør; sart, øm, kærlig; *legal ~* lovligt betalingsmiddel; **~-loin** *s* mørbradsteg.
tendon ['tɛndən] *s (anat)* sene.
tenement ['tɛnəmənt] *s* udlejningsejendom; beboelseshus.
tennis ['tɛnis] *s* tennis; **~ court** *s* tennisbane; **~ racket**

s tennisketsjer.
tense [tɛns] *s (gram)* tid // *adj* spændt; anspændende; **tension** ['tɛnʃən] *s* spænding; anspændthed.
tent [tɛnt] *s* telt // *v* ligge i telt.
tentacle ['tɛntəkl] *s (zo)* fangarm.
tentative ['tɛntətiv] *adj* prøvende; prøve-; foreløbig.
tenterhooks ['tɛntəhuks] *spl: be on ~* sidde som på nåle.
tenth [tɛnθ] *num* tiende // *s* tiendedel.
tepid ['tɛpid] *adj* lunken.
term [tə:m] *s* termin, periode, frist; udtryk, vending; (i skole etc) semester // *v* benævne, kalde; *~ of imprisonment* fængselsstraf; *in the long ~* i det lange løb; (se også *terms).*
terminal ['tə:minl] *s* endestation; terminal; (i batteri) pol // *adj* endelig; ende-; yder-; afsluttende.
terminate ['tə:mineit] *v* afslutte; ende; *~ in* ende med; munde ud i.
termination [tə:mi'neiʃən] *s* afslutning; ophævelse (af fx kontrakt); udløb; *~ (of pregnancy)* svangerskabsafbrydelse.
terms [tə:ms] *spl* betingelser, vilkår; *easy ~ (merk)* fordelagtige vilkår; *be on good ~s with* stå på god fod med; *come to ~s with* komme til forståelse med; finde sig til rette med.
terrace ['tɛrəs] *s* terrasse; husrække, rækkehuse; **~d** *adj* terrasseformet.
terrible ['tɛribl] *adj* frygtelig, skrækkelig; **terrific** [tə'rifik] *adj* fantastisk; enorm; **terrify** *v* skræmme, gøre bange.
territory ['tɛritəri] *s* territorium, område.
terror ['tɛrə*] *s* skræk, rædsel; *he's a (real) ~* han er en skrækkelig karl; **~ism** *s* terrorisme; **~ist** *s* terrorist; **~ize** *v* terrorisere.
terry ['tɛri] *s* frotté.
test [tɛst] *s* prøve; undersøgelse; analyse // *v* prøve, teste; undersøge; *~* **flight** *s* prøveflyvning.
testify ['tɛstifai] *v* (be)vidne; attestere.
testimonial [tɛsti'məuniəl] *s* vidnesbyrd; attest; **testimony** ['tɛstiməni] *s* vidneforklaring; bevis.
test. . . ['tɛst-] sms: *~* **match** *s* (i cricket) landskamp; *~* **paper** *s* skriftlig opgave; *~* **tube** *s* reagensglas, prøverør.
tetanus ['tɛtənəs] *s* stivkrampe.
tether ['tɛðə*] *s: be at the end of one's ~* ikke kunne tage mere.
text [tɛkst] *s* tekst; **~book** *s* lærebog.
textile ['tɛkstail] *s* tekstil.
texture ['tɛkstʃə*] *s* vævning, struktur; konsistens.
Thai [tai] *s* thailænder // *adj* thailandsk; **~land** *s* Thailand.
Thames [tɛmz] *s: the ~* Themsen.
than [ðæn, ðən] *konj* end; *more ~* mere end.
thank [θɛŋk] *v* takke; *~ you (very much)!* (mange) tak! **~ful** *adj* taknemmelig; **~less** *adj* utaknemmelig; **~s** *spl* tak; *~s very much!* mange tak! *~s to* takket være; **~sgiving** *s* taksigelse.
that [ðɛt, ðət] *pron (pl: those)* den, det, de (der); der, som // *konj* at; fordi; så (el. for) at // *adv* så; *~'s what he said* det sagde han; *~ is* det vil sige; *I can't work ~ much* jeg kan ikke arbejde så meget; *at ~* tilmed, oven i købet.

thatched [θætʃt] *adj* stråtækt.
thaw [θɔ:] *s* tø(vejr) // *v* tø; optø; (om køleskab) afrime.
the [ðə, ði] den, det, de; jo, des(to); *~ sooner ~ better* jo før jo bedre; *so much ~ better* så meget des(to) bedre; *you're just ~* [ði:] *person I need* du er lige den jeg behøver.
theatre ['θiətə*] *s* teater; **~-goer** *s* teatergænger; **theatrical** [θi'ætrikl] *adj* teatralsk; teater-.
theft [θɛft] *s* tyveri.
their [ðɛə*] *pron* deres; **~s** *pron* deres; *a friend of ~s* en af deres venner.
them [ðɛm, ðəm] *pron* dem, sig.
theme [θi:m] *s* tema; emne; (i skolen) stil; *~* **song** *s* kendingsmelodi.
themselves [ðəm'sɛlvz] *pron* sig; (sig) selv; *they did it ~* de gjorde det selv.
then [ðɛn] *adj/adv* da; dengang; daværende; så, derpå; *now and ~* nu og da; *from ~ on* fra da af; *by ~* på det tidspunkt; *till ~* indtil da.
theology [θi'ɔlədʒi] *s* teologi.
theoretical [θiə'rɛtikl] *adj* teoretisk.
therapist ['θɛrəpist] *s* terapeut; **therapy** ['θɛrəpi] *s* behandling, terapi.
there [ðɛə*] *adv* der; derhen; *~, ~!* så, så! *~ he is* der er han; *he's in ~* han er derinde; *he went ~* han gik (el. tog) derhen; *~ now!* der kan du selv se! **~abouts** *adv* deromkring; **~after** *adv* derefter; **~fore** *adv* derfor; **there's** d.s.s. *~ has; ~ is.*
thermal ['θə:ml] *adj* varme-; termisk.
thermometer [θə'mɔmitə*] *s* termometer.
thermos ['θə:məs] *s* ® (også: *~ flask)* termoflaske.
thesaurus [θi'sɔ:rəs] *s* sv.t. synonymordbog; opslagsbog, leksikon.
these [ði:z] *pron (pl* af *this)* disse.
thesis ['θi:sis] *s (pl: theses* [-siz]) tese; disputats.
they [ðɛi] *pron* de; man; *~ say that...* man siger at...; *as ~ say* som man siger.
thick [θik] *adj* tyk; tæt; uklar; tykhovedet; *be ~ with sby* (F) være pot og pande med en; *that's a bit ~* det er altså for galt; *in the ~ of* midt i; **~en** *v* gøre (el. blive) tyk; (om sovs) jævne; **~ness** *s* tykkelse; **~set** *adj* (om person) tætbygget, firskåren.
thief [θi:f] *s (pl: thieves* [θi:vz]) tyv; **thieving** ['θi:viŋ] *adj* tyvagtig.
thigh [θai] *s* lår; **~bone** *s* lårben.
thimble [θimbl] *s* fingerbøl.
thin [θin] *v* tynde ud; fortynde // *adj* tynd; spinkel; fin, let (fx *fog* tåge).
thing [θiŋ] *s* ting; tingest; sag; *for one ~* for det første; *the best ~ would be to* det bedste ville være at; *that's just the ~* det er lige sagen; *not feel quite the ~* ikke være helt oppe på mærkerne; *poor ~!* den stakkel! **~s** *spl* sager; tøj, kluns.
think [θiŋk] *v (thought, thought* [θɔ:t]) tænke; tro, mene; forestille sig; synes; *~ of sth* tænke på ngt; *what do you ~ of that?* hvad mener (el. synes) du om det? *I'll ~ about it* jeg skal tænke over det; *I ~ so* det tror jeg (nok); *~ well of* have høje tanker om; *~ up* finde på; udtænke; **~ing** *s* tænkning.

thinner ['θinə*] *s* fortynder(væske).
third [θə:d] *s* tredjedel; *(mus)* terts; *(auto)* tredje gear // *num* tredje; **~ly** *adv* for det tredje; ~ **party insurance** *s* ansvarsforsikring; **~-rate** *adj* tredjerangs; *the* **T~ World** *s* den tredje verden.
thirst [θə:st] *s* tørst; **~y** *adj* tørstig.
thirteen ['θə:ti:n] *num* tretten.
thirty ['θə:ti] *num* tredive.
this [ðis] *pron (pl: these* [ði:z]) denne, dette; den (el. det) her; de her, disse; ~ *day week* i dag otte dage; ~ *morning* i morges (el. i formiddags); *like* ~ på denne måde, sådan her; ~ *and that* dit og dat; *one of these days* en af dagene, en skønne dag.
thistle [θisl] *s* tidsel.
thorn [θɔ:n] *s* torn; tjørn; **~y** *adj* tornet; *(fig)* tornefuld.
thorough ['θʌrə] *adj* grundig; omhyggelig; *(fig)* gennemført; **~bred** *adj* (om hest) fuldblods; (om person) dannet; **~fare** *s* vej, færdselsåre; *'no ~fare''* gennemkørsel forbudt'; **~ly** *adv* fuldkommen, til bunds; *he ~ly agreed* han var helt enig.
those [dəuz] *pl* af *that.*
though [ðəu] *adv* alligevel, dog // *konj* skønt, selv om; *as* ~ som om; *even* ~ selv om; *you have to do it,* ~ du må alligevel gøre det.
thought [θɔ:t] *s* tanke; omtanke; overvejelse; tænkning; *on second ~s* ved nærmere eftertanke; *she's a ~ better today* hun har det lidt bedre i dag; **~ful** *adj* tankefuld; betænksom; **~less** *adj* tankeløs; ubetænksom.
thousand ['θauzənd] *num* tusind; *~s of* tusindvis af; **~th** *s* tusindedel.
thrash [θræʃ] *v* tæve, slå; ~ *about* slå om sig; ~ *out* gennemdrøfte.
thread [θrɛd] *s* tråd; *(tekn)* gevind // *v: ~ a needle* træde en nål; **~bare** *adj* tyndslidt.
threat [θrɛt] *s* trussel; **~en** *v* true *(to* med at).
three [θri:] *num* tre; **~-piece suit** *s* sæt tøj med vest; **~-piece suite** *s* sofagruppe (sofa og to lænestole).
thresh [θrɛʃ] *v (agr)* tærske; **~ing machine** *s* tærskeværk.
threshold ['θrɛʃəuld] *s* tærskel, dørtrin.
threw [θru:] *præt* af *throw.*
thrift [θrift] *s* økonomisk sans; **~y** *adj* økonomisk.
thrill [θril] *s* gys(en); spænding // *v* begejstre; gyse; *be ~ed with sth* være begejstret over ngt; **~er** *s* (om bog, film etc) gyser; **~ing** *adj* spændende.
thrive [θraiv] *v (~d, ~d* el. *throve, thriven* [θrəuv, θrivn]) trives; have fremgang; ~ *on sth* stortrives ved ngt.
throat [θrəut] *s* hals, svælg; *have a sore* ~ have ondt i halsen; *cut sby's* ~ skære halsen over på en; **~y** *adj* (om stemme) dyb.
throb [θrɔb] *s* (om hjerte) slag, banken; (om maskine) dunken // *v* banke, slå, dunke.
throne [θrəun] *s* trone.
throttle [θrɔtl] *s (auto)* choker // *v* kvæle(s).
through [θru:] *adj/adv* igennem; (om tog, billet etc) gennemgående; færdig // *præp* gennem; ved; på grund af; *be put ~ to sby (tlf)* blive stillet ind til en; *be* ~ være færdig; *'no ~ way''* blindgade'; **~out** [θru'aut] *adv* helt igennem // *præp* gennem hele.

throve [θrəuv] *præt* af *thrive.*
throw [θrəu] *s* kast // *v (threw, thrown* [θru:, θrəun]) kaste, smide; ~ *a party* holde fest; ~ *away* smide væk; forspilde; ~ *off* skaffe sig af med; ryste af sig; ~ *up* kaste op; **~away** *adj* engangs-; **~in** *s (sport)* indkast.
thrush [θrʌʃ] *s* drossel.
thrust [θrʌst] *s* skub, puf; stød; udfald // *v (thrust, thrust)* skubbe; stikke; mase (sig); **~ing** *adj* dynamisk.
thud [θʌd] *s* bump, brag.
thug [θʌg] *s* bølle.
thumb [θʌm] *s* tommelfinger // *v* bladre; ~ *a lift* blaffe; *be all ~s* have ti tommelfingre.
thump [θʌmp] *s* dunk; tungt slag // *v* dunke; dundre; hamre.
thunder ['θʌndə*] *s* torden; buldren // *v* tordne; drøne, buldre; **~clap** *s* tordenskrald; **~ous** *adj* tordnende; **~storm** *s* tordenvejr; **~struck** *adj (fig)* som ramt af lynet.
Thursday ['θə:zdi] *s* torsdag; *on* ~ på torsdag.
thus [ðʌs] *adv* således; derfor; ~ *far* hidtil.
thyme ['taim] *s* timian.
thyroid ['θairɔid] *s* skjoldbruskkirtel.
tick [tik] *s* tikken; hak, mærke; *(zo)* skovflåt // *v* tikke; (F) fungere; *in a* ~ (F) om et sekund; *on* ~ (F) på kredit; ~ *off* checke af; ~ *sby off* give en en næse.
ticket ['tikit] *s* billet; (mærke)seddel; bon; lånerkort; bøde; *~s, please!* billettering! *that's the* ~ (F) sådan skal det være; ~ **collector** *s* billettør; ~ **office** *s* billetkontor.
tickle [tikl] *s* kilden // *v* kilde; more; smigre; glæde; *be ~d pink* (F) fryde sig; føle sig smigret; **ticklish** *adj* kilden.
tidal [taidl] *adj* tidevands-.
tide [taid] *s* tidevand; *(fig)* tendens; strøm; *the ~ is in* (el. *up)* det er højvande (el. flod); *the ~ is out* det er lavvande (el. ebbe); *go with the ~* følge med strømmen.
tidiness ['taidines] *s* orden; ordenssans; **tidy** *v: tidy (up)* rydde op; nette sig // *adj* pæn, ordentlig; hæderlig.
tie [tai] *s* slips; bånd, snor; hæmsko; forbindelse // *v* binde; *black* ~ (på indbydelse) smoking; ~ *down* binde (fast); ~ *sby down* være en klods om benet på en; ~ *up* binde (sammen); klare, afslutte; båndlægge; *be ~d up* være ophængt, have travlt.
tiger ['taigə*] *s* tiger; vilddyr.
tight [tait] *adj* tæt; stram, snæver, trang; fast; (F) fuld, pløret; *be in a ~ spot* være i knibe; **~en** *v* stramme; spænde; blive stram; **~-fisted** *adj* nærig; **~-rope** *s* line; **~s** *spl* strømpebukser; trikot.
tile [tail] *s* tagsten; flise, kakkel; **~d** *adj* tagstens-; flise-.
till [til] *s* pengeskuffe // *v* (op)dyrke // *præp* d.s.s. *until.*
tiller ['tilə*] *s* rorpind.
tilt [tilt] *v* vippe; sætte på skrå, hælde; *at full ~* for fuld fart.
timber ['timbə*] *s* tømmer; **~yard** *s* tømmerplads.
time [taim] *s* tid; periode; tidspunkt; gang; takt // *v* tage tid; afpasse; vælge det rette øjeblik; *any* ~ når som helst; *for the ~ being* for øjeblikket; *from ~ to ~* fra tid til anden, til tider; *in* ~ i tide, i rette tid; med tiden; *five ~s five* fem gange fem; *what ~ is it?* hvad er klokken? *have a good* ~ more sig; have det godt; *~'s up* så er tiden ude;

I've no ~ for that (fig) det irriterer mig; *out of ~* ude af takt; ~ **bomb** *s* tidsindstillet bombe; ~ **lag** *s* tidsforskel; **~less** *adj* evig, tidløs; ~ **limit** *s* frist; tidsbegrænsning; **~ly** *adj* i rette tid; belejlig; **~r** *s* minutur; **~-saving** *adj* tidsbesparende; **~table** *s* køreplan; (i skolen) skema.

timid ['timid] *adj* frygtsom; sky; ængstelig.

timing ['taimiŋ] *s* tidtagning; valg af tidspunkt.

tin [tin] *s* tin; blik; (konserves)dåse; (bage)form; ~ **foil** *s* aluminiumsfolie, sølvpapir.

tingle [tingl] *v* prikke, snurre; dirre.

tinkle [tinkl] *s* ringen; klirren; *give me a ~* (F) slå på tråden.

tinned [tind] *adj* på dåse, dåse- (fx *meat* kød); **tin opener** *s* dåseåbner.

tint [tint] *s* farvetone; (om hår) toning.

tiny ['taini] *adj* lillebitte.

tip [tip] *s* spids, top, dup; drikkepenge; losseplads; (til kul) slaggebunke; tips, fidus // *v* vippe; vælte; give drikkepenge; tippe; læsse af; **~-off** *s* tip, fidus; **~ped** *adj* (om cigaret) med filter.

tipsy ['tipsi] *adj* bedugget.

tiptoe ['tiptəu] *s: on ~* på tåspidserne.

tire ['taiə*] *v* trætte, udmatte; blive træt; **~less** *adj* utrættelig; **~some** *adj* trættende, kedelig; **tiring** *adj* trættende.

tissue ['tiʃu:] *s* stof, væv; renseserviet, papirslommetørklæde; ~ **paper** *s* silkepapir.

tit [tit] *s (zo)* mejse; (F) brystvorte; *give ~ for tat* give svar på tiltale.

titbit ['titbit] *s* godbid; lækkerbisken.

title [taitl] *s* titel, navn; ret, krav; ~ **deed** *s (jur)* skøde.

to [tu, tə] *præp* at; for; til; *give it ~ me* giv mig den; *the key ~ the front door* nøglen til hoveddøren; *the main thing is ~...* det vigtigste er at...; *go ~ England* tage til England; *go ~ school* gå i skole; *go ~ and fro* gå frem og tilbage; komme og gå.

toad [təud] *s* tudse; **~stool** *s (bot)* giftig svamp.

toast [təust] *s* ristet brød; skål // *v* riste; udbringe en skål for; **~er** *s* brødrister; **~rack** *s* holder til ristet brød.

tobacco [tə'bækəu] *s* tobak; **~nist** *s* tobakshandler.

toboggan [tə'bɔgən] *s* slæde, kælk.

today [tə'dei] *s/adv* i dag.

toddler ['tɔdlə*] *s* rolling, kravlebarn.

to-do [tə'du:] *s* ståhej, postyr.

toe [təu] *s* tå; (om sko) snude // *v: ~ the line* holde sig på måtten.

toffee ['tɔfi] *s* karamel.

together [tə'gɛðə*] *adv* sammen, tilsammen; samtidig; i træk; **~ness** *s* det at komme hinanden ved.

toil [tɔil] *s* slid; hårdt arbejde // *v* slide, mase.

toilet ['tɔilit] *s* toilet; toilette; ~ **bowl** *s* wc-skål; ~ **paper** *s* toiletpapir; **~ries** ['tɔilətriz] *spl* toiletartikler; ~ **roll** *s* wc-rulle; ~ **water** *s* eau de toilette.

toing ['tu:iŋ] *s: ~ and froing* faren (el. bevægen sig) frem og tilbage.

token ['təukən] *s* tegn; mærke; bevis; kupon; polet; *in ~ of* som vidnesbyrd om.

told [təuld] *præt* og *pp* af *tell.*

tolerable ['tɔlərəbl] *adj* tålelig; udholdelig; jævn; nogenlunde.

tolerant ['tɔlərənt] *adj* tolerant; modstandsdygtig.
tolerate ['tɔləreit] *v* tåle; tolerere.
toll [təul] *s* afgift; vejpenge // *v* (om klokke) ringe.
tomato [tə'ma:təu] *s (pl: ~es)* tomat.
tomb [tu:m] *s* grav.
tomorrow [tə'mɔrəu] *s/adv* i morgen; *the day after ~* i overmorgen; *~ morning* i morgen tidlig.
ton [tɔn] *s* ton (1016 kg); *(mar,* også: *register ~)* registerton (2,83 m³); *~s of* (F) masser af.
tone [təun] *s* tone, klang; stemning // *v* tone; stemme; harmonisere; *~ down* dæmpe(s); mildne(s).
tongs [tɔŋz] *spl: a pair of ~* en tang.
tongue [tʌŋ] *s* tunge; sprog; *~ in cheek* uden at mene hvad man siger; *hold one's ~* holde mund; **~-tied** *adj* mundlam; **~-twister** *s* ord som er svært at udtale; halsbrækkende sætning.
tonic ['tɔnik] *s* styrkende middel; *(mus)* grundtone; (også: *~ water)* tonicvand.
tonight [tə'nait] *s/adv* i aften, i nat.
tonne [tʌn] *s* ton.
tonsil [tɔnsl] *s (anat)* mandel; **~litis** [-'laitis] *s* halsbetændelse.
too [tu:] *adv* (alt)for; også; oven i købet; *~ much* for meget; *~ bad!* det var en skam!
took [tuk] *præt* af *take.*
tool [tu:l] *s* redskab; stykke værktøj // *v* bearbejde.
tooth [tu:θ] *s (pl: teeth* [ti:θ]) tand; tak; spids; *have a sweet ~* være slikken; **~ache** ['tu:θeik] *s* tandpine; **~brush** *s* tandbørste; **~paste** *s* tandpasta; **~pick** *s* tandstikker.
top [tɔp] *s* top; øverste del; overdel; låg; tag; (på flaske) kapsel // *v* stå øverst (på); være førende // *adj* top-; øverst; bedst; *at the ~ of one's voice* af fuld hals; *on ~ of* oven på; oven i; *~ up* fylde op (med fx benzin); *the ~ floor* øverste etage; *~ secret* strengt fortroligt; **~coat** *s* overfrakke; *~* **hat** *s* høj hat; **~-heavy** *adj* som er tungest foroven.
topic ['tɔpik] s emne; **~al** *adj* aktuel.
top. . . ['tɔp-] sms: **~less** *adj* topløs; *~* **level** *s (pol* etc) topniveau; **~most** *adj* øverst, højest.
topple [tɔpl] *v* vakle, vælte.
topsy-turvy ['tɔpsi'tə:vi] *adj/adv* hulter til bulter; med bunden i vejret.
torch [tɔ:tʃ] *s* fakkel; lommelygte.
tore [tɔ:*] *præt* af *tear.*
torment *s* ['tɔ:mənt] pine, kval, plage // *v* [tɔ:'mɛnt] pine, plage.
torn [tɔ:n] *pp* af *tear* // *adj: ~ between* vaklende mellem.
tornado [tɔ:'neidəu] *s (pl: ~es)* hvirvelstorm.
torrent ['tɔrənt] *s* stærk strøm; skybrud; **~ial** [-'rɛnʃl] *adj* rivende; styrtende.
torsion ['tɔ:ʃən] *s* vridning, snoning.
tortoise ['tɔ:təs] *s* skildpadde; **~shell** *s* skildpaddeskjold.
tortuous ['tɔ:tjuəs] *adj* snoet; forvreden, indviklet.
torture ['tɔ:tʃə*] *adj* tortur; kval // *v* tortere; pine; fordreje.
Tory ['tɔ:ri] *s/adj* konservativ.
toss [tɔs] *s* kast; lodtrækning (ved plat og krone) // *v* kaste; smide; *~ one's head* slå med

nakken; ~ *the salad* vende salaten (i marinade); ~ *a coin* slå plat og krone; ~ *up for sth* trække lod om ngt; ~ *and turn (in bed)* vride og vende sig (i sengen).
total [təutl] *s* sum, facit // *v* beløbe sig til; udgøre // *adj* total, fuldkommen; **~itarian** [təutəli'tɛəriən] *adj (pol)* totalitær.
totter ['tɔtə*] *v* stavre; vakle.
touch [tʌtʃ] *s* berøring; kontakt; strøg,; træk; anelse // *v* berøre, røre (ved); bevæge; måle sig med; *a ~ of* en anelse; en smule; *be in ~ with* have føling (el. forbindelse) med; *get in ~ with* sætte sig (el. komme) i kontakt med; *lose ~ with* miste forbindelsen med; ~ *on* komme ind på; angå; ~ *up* fikse op på; pynte på; ~ *wood* banke under bordet; **~-and-go** *adj* uvis, usikker; *it was ~-and-go whether we did it* vi var lige ved ikke at gøre det; **~down** *s (fly)* landing; (i rugby og *fig)* scoring; **~ed** *adj* rørt, bevæget; **~ing** *adj* rørende // *præp* vedrørende; **~line** *s* (i fodbold) sidelinje; **~y** *adj* sart; irritabel.
tough [tʌf] *s* gangster; hård negl // *adj* sej; skrap; hård, barsk; ~ *luck!* ærgerligt! **~en** *v* gøre (el. blive) hård, sej etc.
tour [tu:ə*] *s* rejse; rundtur, turné; (i museum etc) omvisning // *v* rejse (el. gå) rundt i; **~ing** *s* turisme; rejsen (rundt); **tourist** *s* turist.
tournament ['tuənəmənt] *s* turnering.
tousled [tauzld] *adj* (om hår) uglet.
tow [təu] *v* bugsere; slæbe.
toward(s) [tə'wɔ:d(z)] *præp* (hen)imod; overfor; for at.
tow-bar ['təuba:*] *s (auto)* anhængertræk.
towel ['tauəl] *s* håndklæde; viskestykke; (også: *sanitary ~)* hygiejnebind; **~ling** *s* frotté; frottering; ~ **rail** *s* håndklædestang.
tower ['tauə*] *s* tårn // *v* hæve sig; knejse; ~ **block** *s* højhus; **~ing** *adj* meget høj; imponerende.
towline ['təulain] *s* slæbetov; trosse.
town [taun] *s* by; *go to ~* tage til byen; (F) tage ud at feste; ~ **council** *s* byråd; ~ **hall** *s* rådhus; ~ **planning** *s* byplanlægning.
towpath ['təupa:θ] *s* træksti (langs fx kanal); **towrope** *s* slæbetov; trosse.
toxic ['tɔksik] *adj* giftig.
toy [tɔi] *s* stykke legetøj // *v: ~ with* pusle med; lege med; ~ **shop** *s* legetøjsbutik.
trace [treis] *s* spor; mærke; sti; antydning // *v* spore; mærke; skelne; tegne; *without ~* sporløst.
track [træk] *s* spor; aftryk; sti, bane // *v* (efter)spore; *keep ~ on* have føling med; have check på; ~ *down* støve op; forfølge og fange; **~ed** *adj (auto)* med larvefødder; bælte-; **~suit** *s* træningsdragt; overtræksdragt.
tract [trækt] *s* egn, område, trakt; traktat; pjece; *the respiratory ~ (anat)* luftvejene; **~ion** ['trækʃən] *s* træk(kraft).
trade [treid] *s* handel; erhverv; håndværk // *v* handle; udveksle; bytte; ~ *with* (el. *in)* handle med; ~ *'in* give i bytte; **~-in (value)** *s* bytteværdi; **~mark** *s* varemærke;

firmamærke; ~**name** *s* varebetegnelse; varemærke; ~**r** *s* næringsdrivende; handelsskib; ~**sman** *s* handlende; ~ **union** *s* fagforening; ~ **unionist** *s* medlem af (el. forkæmper for) fagforening; **trading** *s* handel; omsætning.

tradition [trə'diʃən] *s* tradition; skik; ~**al** *adj* traditionel.

traffic ['træfik] *s* trafik, færdsel; handel; samkvem // *v*: ~ *in sth* handle med ngt; ~ **jam** *s* trafikprop; ~ **lights** *spl* lyssignal, lyskurv; ~ **sign** *s* færdselsskilt; ~ **warden** *s* sv.t. parkeringsvagt.

tragedy ['trædʒədi] *s* tragedie; ulykke; **tragic** ['trædʒik] *adj* tragisk.

trail [treil] *s* spor; sti; hale; stribe (fx *of smoke* røg) // *v* følge sporet efter; slæbe; slynge sig; ~ *behind* komme bagud; ~**er** *s* påhængsvogn; anhænger; *(film)* trailer; ~**ing plant** *s* slyngplante.

train [trein] *s* tog; (på kjole etc) slæb; række // *v* uddanne (sig); oplære(s); træne; dressere; *his ~ of thought* hans tankegang; ~**ed** *adj* uddannet; øvet; faglært; ~**ee** [trei'ni:] *s* praktikant; ~**er** *s* træner, dressør; ~**ers** *spl* træningssko; ~**ing** *s* uddannelse; træning; ~**ing college** *s* (lærer)seminarium.

trait [treit] *s* karaktertræk; ansigtstræk.

traitor ['treitə*] *s* forræder.

tram [træm] *s* sporvogn.

tramp [træmp] *s* vagabond // *v* trampe (på); traske; vagabondere; gennemstrejfe.

trample [træmpl] *v*: ~ *on* trampe på.

tramway ['træmwei] *s* sporvej.

tranquil ['træŋkwil] *adj* rolig, stille; ~**lity** [-'kwiliti] *s* ro, stilhed; ~**lizer** ['træŋkwilaizə*] *s* beroligende middel, nervepille.

transaction [træn'zækʃən] *s* udførelse; forretning.

transcript ['trænskript] *s* genpart; udskrift; gengivelse; ~**ion** [-'skripʃən] *s* omskrivning; transkription.

transept ['trænsɛpt] *s* (i kirke) tværskib.

transfer *s* ['trænsfə:*] overførsel; overføring; overdragelse; overføringsbillede // *v* [træns'fə:*] overføre; overdrage; overflytte; ~ *the charges (tlf)* lade modtageren betale samtalen.

transform [træns'fɔ:m] *v* omdanne; forandre; forvandle *(into* til); ~**ation** [-'meiʃən] *s* forandring; forvandling; ~**er** *s (elek)* transformator.

transfusion [træns'fju:ʒən] *s* overføring; transfusion.

transgress [træns'grɛs] *v* overtræde; overskride; synde.

transient ['trænziənt] *adj* forbigående; kortvarig.

transit ['trænsit] *s*: *in* ~ på gennemrejse; ~**ion** [-'ziʃən] *s* overgang; ~**ional** [-'ziʃənəl] *adj* overgangs-; ~**ory** *adj* kortvarig; flygtig.

translate [træns'leit] *v* oversætte; fortolke; overføre; **translation** *s* oversættelse; omsætning; **translator** *s* oversætter, translatør.

transmission [trænz'miʃən] *s* overføring; udsendelse, transmission; **transmit** *v* fremsende; meddele; sende, transmittere.

transparency [træns'pɛərənsi] *s* gennemsigtighed; transparent; **transparent** [-'pɛərənt] *adj* gennemsigtig.

transpire [træns'paiə*] *v* svede, transpirere; (om fx hemmelighed) sive ud, komme frem.

transplant *s* ['trænspla:nt] omplantning; transplantation; transplantat // *v* [træns'pla:nt] omplante; transplantere.

transport *s* ['trænspɔ:t] transport; forsendelse; henrykkelse // *v* [træns'pɔ:t] transportere; henrykke; **~ation** [-'teiʃən] *s* transport(middel); deportation (af fanger).

transverse ['trænzvə:s] *adj* tvær-; transversal.

trap [træp] *s* fælde; (i rør) vandlås // *v* fange (i en fælde); standse; *shut one's ~* (F) klappe i; *be ~ped* sidde i saksen; sidde fast; **~ door** *s* lem, luge.

trash [træʃ] *s* (F) bras, møg; ævl.

travel [trævl] *s* rejse // *v* rejse; bevæge sig; gennemrejse; **~ agency** *s* rejsebureau; **~ler** *s* rejsende; **~ler's cheque** *s* rejsecheck; **~ling** *s* det at rejse; **~ sickness** *s* transportsyge.

tray [trei] *s* bakke; brevbakke.

treacherous ['trɛtʃərəs] *adj* forræderisk; lumsk; **treachery** *s* forræderi.

treacle [tri:kl] *s* sirup.

tread [trɛd] *s* trin; gang; skridt; (om dæk) slidbane // *v (trod, trodden* [trɔd, trɔdn]) træde; betræde.

treason [tri:zn] *s* (lands)forræderi.

treasure ['trɛʒə*] *s* skat // *v* sætte stor pris på; gemme på; bevare; **~ hunt** *s* skattejagt; **~r** *s* kasserer; **~ trove** *s* skat; **treasury** *s* skatkammer; kasse; *the Treasury* sv.t. finansministeriet.

treat [tri:t] *s* (lille) gave; (dejlig) overraskelse; (lækkert) traktement // *v* behandle; traktere; *it was a ~* det var en oplevelse; *~ sby to sth* spendere ngt på en.

treatise ['tri:tiz] *s* afhandling.

treatment ['tri:tmənt] *s* behandling.

treaty ['tri:ti] *s* traktat.

treble [trɛbl] *s (mus)* diskant // *v* tredoble(s) // *adj* tredobbel; (om stemme) høj, skinger; **~ clef** *s (mus)* diskantnøgle, G-nøgle.

tree [tri:] *s* træ; **~ line** *s* trægrænse; **~-lined** *adj* omgivet af træer; **~ trunk** *s* træstamme.

trek [trɛk] *s* tur, vandring // *v* tage på vandretur; *pony ~king* ferietur på pony.

trellis ['trɛlis] *s* gitter(værk); tremmer.

tremble [trɛmbl] *v* ryste, skælve; vibrere; **trembling** *s* rysten, dirren // *adj* rystende, bævende.

tremendous [tri'mɛndəs] *adj* enorm, kolossal; frygtelig.

tremor ['trɛmə*] *s* rysten, skælven.

trench [trɛntʃ] *s* grøft; udgravning; skyttegrav.

trend [trɛnd] *s* tendens; retning; mode; **~y** *adj* (om tøj etc) in; (om person) med på noderne.

trepidation [trɛpi'deiʃən] *s* frygt og bæven.

trespass ['trɛspəs] *v: ~ on* trænge ind på; gøre indgreb i; *'no ~ing'* 'adgang forbudt'; 'privat område'.

trial ['traiəl] *s* prøve; afprøvning; prøvelse; *(jur)* retssag; *be on ~* være på prøve; være anklaget; *by ~ and error* ved at prøve sig frem.

triangle ['traiæŋgl] *s* trekant; *(mus* etc) triangel; **triangular** [-'æŋgjulə*] *adj* trekantet, trekant(s)-.

tribal ['traibəl] *adj* stamme-; **tribe** *s* stamme; **tribesman** *s* stammemedlem.
tribunal [trai'bju:nl] *s* domstol; nævn.
tributary ['tribju:təri] *s* biflod.
tribute ['tribju:t] *s* hyldest; skat; *pay ~ to* hylde.
trick [trik] *s* kneb, trick; fidus; kunst(stykke); (i kortspil) stik // *v* narre, snyde; *a dirty ~* en grim streg; *play a ~ on sby* lave et nummer med en; **~ery** *s* fup; svindel.
trickle [trikl] *s* tynd strøm; piblen // *v* pible; sive; *~ in* (om person) liste (el. sive) ind.
tricycle ['traisikl] *s* trehjulet cykel.
triennial [trai'ɛniəl] *adj* treårig; som sker hvert 3. år.
trifle [traifl] *s* bagatel, smule; *(gastr)* trifli // *v: ~ with* lege med; **trifling** *adj* ubetydelig.
trigger ['trigə*] *s* (om gevær etc) aftrækker; udløser // *v: ~ off* udløse, sætte i gang.
trim [trim] *s* orden; stand; udstyr; (om hår) studsning; (på bil) pynteliste // *v* klippe, trimme, studse, gøre i stand, ordne; **~mings** *spl* pynt; udsmykning; *(gastr)* garnering, tilbehør; småkød.
Trinity ['triniti] *s: the ~* treenigheden.
trinket ['triŋkit] *s* nipsting; (billigt) smykke.
trip [trip] *s* rejse; udflugt; trippen, snublen // *v: ~ up* kludre; spænde ben for; *be on a ~* være på rejse; (S) være høj.
tripe [traip] *s (gastr)* kallun; *(neds)* møg, bras.
triple [tripl] *adj* tredobbel; **triplets** *spl* trillinger.
triplicate ['triplikit] *s: in ~* i tre eksemplarer.
tripod ['traipɔd] *s (foto)* stativ.
trite [trait] *adj* banal, fortærsket.
triumph ['traiʌmf] *s* triumf, sejr // *v* triumfere, hovere, sejre; **~al** [-'ʌmfl] *adj* sejrrig; triumf-; **~ant** [-'ʌmfənt] *adj* sejrende; triumferende.
trivia ['triviə] *spl* bagateller; **~l** *adj* ubetydelig; banal, triviel; **~lity** [-'æliti] *s* ubetydelighed, bagatel.
trod [trɔd] *præt* af *tread;* **~den** [trɔdn] *pp* af *tread.*
trolley ['trɔli] *s* trækvogn; indkøbsvogn; rullebord.
troop [tru:p] *s* trop; flok, skare // *v* gå i flok; myldre; **~ing** *s: ~ing the colours* fanemarch; **~s** *spl* tropper.
trophy ['trəufi] *s* trofæ.
tropic ['trɔpik] *s* vendekreds; *in the ~s* i troperne; *the T~ of Cancer* (el. *Capricorn)* krebsens (el. stenbukkens) vendekreds; **~al** *adj* tropisk, trope-.
trot [trɔt] *v* trave, traske; **~ter** *s* travhest; *pig's ~ters* grisetæer.
trouble [trʌbl] *s* besvær; vrøvl; bekymring(er); sygdom // *v* besvære, ulejlige (sig); bekymre (sig); *stomach ~* dårlig mave; *go to the ~ of* el. *take the ~ to* gøre sig den ulejlighed at; *it's no ~* det er ingen ulejlighed; *what's the ~?* hvad er der i vejen? *ask for ~* være ude på skrammer; **~d** *adj* bekymret, urolig; **~-free** *adj* problemfri; sorgløs; **~maker** *s* urostifter, ballademager; **~some** *adj* besværlig, vanskelig.
trough [trɔf] *s* trug; rende; *a ~ of low pressure (met)* et lavtryksområde.
trousers ['trauzəz] *spl* bukser; *a pair of ~* et par bukser.
trout [traut] *s (pl: ~)* ørred, forel.

truant ['truənt] *s: play* ~ pjække, skulke.
truce [tru:s] *s* våbenstilstand.
truck [trʌk] *s* lastvogn, lastbil; trækvogn; bagagevogn; ~ **driver** *s* lastbilchauffør.
truculent ['trʌkjulənt] *adj* aggressiv.
trudge [trʌdʒ] *v* traske, trave.
true [tru:] *adj* sand; nøjagtig, tro; ægte; trofast; *come* ~ gå i opfyldelse.
truffle [trʌfl] *s* trøffel.
truly ['tru:li] *adv* sandt; virkelig; *yours* ~ (i breve) Deres ærbødige.
trumpet ['trʌmpit] *s* trompet; trompetist.
truncheon ['trʌntʃən] *s* politistav, knippel.
trunk [trʌŋk] *s* (træ)stamme; krop; (elefant)snabel; *(auto)* bagagerum; (stor) kuffert; ~ **call** *s (tlf)* udenbys samtale; ~ **road** *s* hovedvej; ~**s** *spl* bukser; badebukser.
trust [trʌst] *s* tillid, tiltro; betroede midler; båndlæggelse; *(merk)* trust // *v* stole på; betro; ~ *sth to sby* el. ~ *sby with sth* betro (el. overlade) en ngt; ~**ed** *adj* betroet; ~**ee** [trʌs'ti:] *s* formynder, værge; (i institution) bestyrelsesmedlem; ~**ful,** ~**ing** *adj* tillidsfuld; ~**worthy** *adj* pålidelig; ~**y** *adj* trofast.
truth [tru:θ] *s (pl:* ~*s* [tru:ðz]) sandhed; *to tell the* ~... (F) for at sige det rent ud...; ~**ful** *adj* sandfærdig; tro, sand.
try [trai] *s* forsøg; chance // *v (tried, tried)* prøve, forsøge; sætte på prøve; stille for retten, dømme; ~ *on* prøve (tøj); ~ *it on* (F) prøve at se om det går; ~ *out* gennemprøve; *be tried for murder* blive anklaget for mord; ~**ing** *adj* enerverende, ubehagelig.
tub [tʌb] *s* balje; badekar.
tube [tju:b] *s* rør, tube; (i dæk) slange; **tubing** *s* rørsystem; *valve tubing* ventilgummi.
TUC ['ti:ju:'si:] *s* (fork.f. *Trade Union Congress)* sv.t. LO.
tuck [tʌk] *s* (syet) læg // *v* putte, stoppe; proppe; ~ *in* (F) guffe i sig; (om barn) putte, stoppe dynen ned om; ~ *up* putte (el. stikke) op; smøge op.
Tuesday ['tju:zdi] *s* tirsdag; *on* ~ på tirsdag.
tuft [tʌft] *s* dusk, tot; tue.
tug [tʌg] *s* træk; slæbebåd // *v* trække, slæbe; ~**-of-war** *s* tovtrækning.
tuition [tju:'iʃən] *s* undervisning.
tulip ['tju:lip] *s* tulipan.
tumble [tʌmbl] *v* falde; tumle (omkuld); rode op i; ~**down** *adj* faldefærdig; forfalden; ~ **dryer** *s* tørretumbler; ~**r** *s* krus, glas.
tummy ['tʌmi] *s* (F) mave.
tumour ['tju:mə*] *s* svulst, tumor.
tuna ['tju:nə] *s (pl:* ~*)* tunfisk.
tune [tju:n] *s* melodi; harmoni // *v* stemme (fx *the violin* violinen); afstemme; tune; *be in* ~ stemme; spille (el. synge) rent; *be in* ~ *with* stemme med, være i harmoni med; ~ *in* indstille; ~ *up* stemme (instrument); ~**r** *s (radio)* tuner; (også: *piano* ~*r)* klaverstemmer.
tunic ['tju:nik] *s* tunika, kjortel; gymnastikdragt.
tuning ['tju:niŋ] *s* (af)stemning, indstilling; ~ **fork** *s* stemmegaffel.
Tunisia [tju:'niziə] *s* Tunesien; ~**n** *s* tunesier // *adj* tunesisk.
tunnel [tʌnl] *s* tunnel; (mine)gang // *v* grave sig igennem.

tunny ['tʌni] *s* tunfisk.
turbot ['tə:bət] *s (zo)* pighvar.
tureen [tə'ri:n] *s* (suppe)terrin.
turf [tə:f] *s* græstørv; grønsvær // *v: ~ out* smide ud.
turgid ['tə:dʒid] *adj* svulstig.
Turk [tə:k] *s* tyrk; **~ey** *s* Tyrkiet.
turkey ['tə:ki] *s* kalkun.
Turkish ['tə:kiʃ] *s/adj* tyrkisk; **~ delight** *s* sukkerovertrukket frugtkonfekt.
turmoil ['tə:mɔil] *s* oprør; uro.
turn [tə:n] *s* drejning; sving; tilbøjelighed; nummer; tur; forskrækkelse; anfald // *v* dreje; vende; forvandle; blive; (om mælk) blive sur; *do sby a good ~* gøre en en tjeneste; *a bad ~* en bjørnetjeneste; *it gave me quite a ~* jeg blev helt forskrækket; *'no left ~'* 'venstresving forbudt'; *it's your ~* det er din tur; *in ~* skiftevis, efter tur; *take ~s* skiftes;
~ about vende; *~ away* vende (sig) bort; *~ back* vende tilbage (el. om); *~ down* afvise; ombøje; skrue ned (for); *~ in* bukke om; (F) gå til køjs; *~ off* dreje 'af; slukke (for); stoppe; *~ on* tænde (for); starte; (F) vække interesse hos; gøre 'høj'; *~ out* jage væk; vise sig at være; slukke for; *~ up* dukke op, vise sig; skrue op (for); bukke op; smøge op; **~around** *s* kovending; **~ing** *s* (vej)sving; **~ing point** *s* vendepunkt.
turnip ['tə:nip] *s* turnips, roe; kålrabi.
turnkey ['tə:n'ki:] *adj: a ~ house* et nøglefærdigt hus.
turn... ['tə:n-] sms: **~out** *s* fremmøde, mødeprocent; udrykning; **~over** *s* omsætning; *(gastr)* sammenfoldet tærte; **~stile** [-stail] *s* tælleapparat; **~table** *s* pladetallerken; **~-up** *s* opslag.
turpentine ['tə:pəntain] *s* (også: *turps)* terpentin.
turquoise ['tə:kwɔiz] *s* turkis // *adj* turkis(farvet).
turret ['tʌrit] *s* lille tårn.
turtle [tə:tl] *s* skildpadde; *mock ~* forloren skildpadde; **~neck (sweater)** *s* rullekravesweater.
tusk [tʌsk] *s* stødtand.
tutor ['tju:tə*] *s* universitetslærer; huslærer; **~ial** [-'tɔ:riəl] *adj* manuduktion(stime).
TV [ti:'vi:] *s* (fork.f. *television)* fjernsyn (tv); **~-am** [-ˌei'ɛm] *s* tidlige morgenudsendelser i tv.
twang [twæŋ] *s* svirpen; knips; snøvlen // *v* knipse; anslå (en streng).
tweezers ['twi:zəz] *spl: a pair of ~* en pincet.
twelfth [twɛlfθ] *num* tolvte // *s* tolvtedel; **T~ Night** *s* helligtrekongers aften; **twelve** [twɛlv] *num* tolv.
twentieth ['twɛntiiθ] *num* tyvende // *s* tyvendedel; **twenty** ['twɛnti] *num* tyve.
twice [twais] *adv* to gange; *~ as much* dobbelt så meget.
twig [twig] *s* kvist, lille gren.
twilight ['twailait] *s* tusmørke, skumring.
twin [twin] *s* tvilling; **~-bed** *adj* tosengs-.
twine [twain] *s* sejlgarn; snoning // *v* sno (sig); slynge (sig).
twinkle [twiŋkl] *s* blink(en), glimt(en) // *v* blinke, tindre.
twin set ['twinsɛt] *s* cardigansæt; **twin town** *s* venskabsby.
twirl [twə:l] *v* snurre (rundt); svinge (med).
twist [twist] *s* vridning, snoning; drejning // *v* sno (sig); vride (sig); forvride, forvræn-

ge.
twitch [twitʃ] *s* trækning; ryk, spjæt // *v* rykke, spjætte; fortrække sig.
two [tu:] *num* to; *put ~ and ~ together* lægge to og to sammen; *he can put ~ and ~ together* han er ikke tabt bag af en vogn; *one or ~* et par (stykker); **~-faced** *adj* (om person) falsk; **~fold** *adv: increase ~fold* vokse til det dobbelte; fordobles; **~pence** ['tʌpəns] *s* to pence; *I don't care ~pence* jeg er revnende ligeglad; **~-piece (suit)** *s* spadseredragt; **~-piece (swimsuit)** *s* todelt badedragt; **~-seater** *s* topersoners bil; **~-way** *adj* (om trafik) i begge retninger.
tycoon [tai'ku:n] *s* pamper.
type [taip] *s* type; forbillede, model; skrift // *v* skrive på maskine; **~script** *s* maskinskrevet manuskript; **~writer** *s* skrivemaskine.
typhoid ['taifɔid] *s* tyfus.
typhoon [tai'fu:n] *s* tyfon.
typical ['tipikl] *adj* typisk.
typing ['taipiŋ] *s* maskinskrivning; **~ error** *s* slåfejl; **typist** *s* maskinskriver.
typographer [tai'pɔgrəfə*] *s* typograf.
tyranny ['tirəni] *s* tyranni; **tyrant** ['tairənt] *s* tyran.
tyre ['taiə*] *s* (om bil, cykel etc) dæk; **~ pressure** *s* dæktryk; **~ track** *s* bilspor.

U

U, u [ju:].
udder ['ʌdə*] *s* yver.
ugliness ['ʌglinis] *s* grimhed; **ugly** *adj* grim, hæslig, styg.
UK ['ju:'kei] *s* (fork.f. *United Kingdom)* Storbritannien og Nordirland.
ulcer ['ʌlsə*] *s* mavesår.
ulterior [ʌl'tiəriə*] *adj: ~ motive* bagtanke.
ultimate ['ʌltimət] *adj* yderst; endelig; sidst; **~ly** *adv* til sidst, i sidste ende.
umbilical [ʌmbi'laikl] *adj: ~ cord* navlestreng.
umbrage ['ʌmbridʒ] *s: take ~ at* tage anstød af.
umbrella [ʌm'brɛlə] *s* paraply; *under the ~ of the UN* under FN.s auspicier.
umpire ['ʌmpaiə*] *s* forligsmand; *(sport)* dommer // *v* være dommer.
umpteen ['ʌmpti:n] *adj: for the ~th time* for 117. gang.
UN ['ju:'ɛn] *s* (fork.f. *United Nations)* FN.
unabashed ['ʌnə'bæʃt] *adj* ufortrøden.
unable [ˌʌn'eibl] *adj* ude af stand *(to* til at).
unaccompanied ['ʌnə'kɔmpənid] *adj* alene; uden akkompagnement.
unaccountable ['ʌnə'kauntəbl] *adj* uforklarlig; mystisk.
unaccustomed ['ʌnə'kʌstəmd] *adj* ikke vant *(to* til); uvant *(to* med).
unaided [ʌn'eidid] *adj* uden hjælp, på egen hånd.
unanimity [ju:nə'nimiti] *s* enstemmighed; **unanimous** [ju:'næniməs] *adj* enstemmig.
unarmed ['ʌn'a:md] *adj* ubevæbnet; forsvarsløs.
unashamed ['ʌnə'ʃeimd] *adj* uden at skamme sig, ugenert.
unassuming ['ʌnə'sju:miŋ] *adj* beskeden, fordringsløs.
unattended ['ʌnə'tɛndid] *adj* (om barn etc) uden tilsyn (el. opsyn); forsømt.
unattractive ['ʌnə'træktiv] *adj* ucharmerende; usympatisk.
unauthorized ['ʌn'ɔ:θəraizd] *adj* uautoriseret; ubemyndi-

get.

unavoidable ['ʌnə'vɔidəbl] *adj* uundgåelig.

unaware ['ʌnə'wɛə*] *adj: be ~ of* være uvidende om; ikke være klar over; **~s** *adv* uforvarende; uventet.

unbalanced [ˌʌn'bælənst] *adj* uligevægtig.

unbearable [ˌʌn'bɛərəbl] *adj* utålelig; uudholdelig.

unbeatable [ˌʌn'bi:təbl] *adj* uovervindelig; **unbeaten** *adj* ubesejret.

unbecoming ['ʌnbi'kʌmiŋ] *adj* uklædelig, upassende.

unbelievable [ʌnbi'li:vəbl] *adj* utrolig, ufattelig.

unbiased [ˌʌn'baiəst] *adj* upartisk; saglig.

unbind [ʌn'baind] *v* binde op.

unbreakable [ˌʌn'breikəbl] *adj* brudsikker; ubrydelig.

unbroken [ˌʌn'brəukn] *adj* ubrudt, hel; uafbrudt.

unburden [ʌn'bə:dn] *v: ~ oneself* lette sit hjerte.

unbutton [ˌʌn'bʌtn] *v* knappe op.

uncalled [ʌn'kɔ:ld] *adj* ukaldet; **~-for** *adj* malplaceret; uberettiget.

uncanny [ʌn'kæni] *adj* mystisk; uhyggelig.

uncared-for [ʌn'kɛədfɔ:*] *adj* forsømt.

uncertain [ʌn'sə:tn] *adj* usikker, uvis; omskiftelig; **~ty** *s* uvished, tvivl.

unchanged [ʌn'tʃeindʒd] *adj* uforandret, uændret.

uncharitable [ʌn'tʃæritəbl] *adj* fordømmende, streng.

uncle [ʌŋkl] *s* onkel.

unclean [ˌʌn'kli:n] *adj* uren.

unclothe [ʌn'kləuð] *v* klæde af.

uncoil [ʌn'kɔil] *v* rulle (sig) op (el. ud).

uncomfortable [ʌn'kʌmfətəbl] *adj* ubekvem; ubehagelig; ilde til mode.

uncommon [ʌn'kʌmən] *adj* ualmindelig, usædvanlig.

uncompromising [ʌn'kɔmprəmaiziŋ] *adj* ubøjelig; kompromisløs.

unconditional [ˌʌnkən'diʃənl] *adj* betingelsesløs; ubetinget.

unconscious [ʌn'kɔnʃəs] *adj* bevidstløs; ubevidst; underbevidst; **~ness** *s* bevidstløshed.

uncontrollable [ʌnkən'trəuləbl] *adj* ustyrlig, uregerlig.

uncork [ʌn'kɔ:k] *v* trække proppen op (af).

uncover [ʌn'kʌvə*] *v* afdække, afsløre.

unctuous ['ʌŋktjuəs] *adj* fedtet; salvelsesfuld.

undeniable [ʌndi'naiəbl] *adj* ubestridelig; **undeniably** *adv* unægtelig.

under ['ʌndə*] *adv* nede, nedenunder // *præp* under; neden for; mindre end.

under... ['ʌndə*-] sms: **~-age** [-'eidʒ] *adj* umyndig; **~carriage** *s* undervogn; *(fly)* landingsstel; **~coat** *s* grundmaling; **~cover** [-'kʌvə*] *adj* hemmelig, skjult; **~cut** *s* *(gastr)* mørbrad(stykke) // *v* sælge billigere end; **~developed** *adj* underudviklet; **~done** *adj (gastr)* rødstegt; *(neds)* ikke kogt (el. stegt) nok.

under... ['ʌndə*-] sms: **~estimate** [-'ɛstimeit] *v* undervurdere; **~exposed** *adj (fot)* underbelyst, undereksponeret; **~fed** [-'fɛd] *adj* underernæret; **~go** [-'gəu] *v* gennemgå, udstå; **~graduate** [-'grædjuit] *s* student; studerende; **~-ground** *s* undergrundsbane; modstandsbevægelse; **~growth** *s* bundvegetation.

under... ['ʌndə*] sms: **~lie**

[-ˈlai] *v* danne basis for; ligge til grund for; **~line** [-ˈlain] *v* understrege; **~ling** *s (neds)* underordnet; slave; **~mine** [-ˈmain] *v* underminere; **~neath** [-ˈni:θ] *adv* (neden)under; på bunden // *præp* under; **~paid** [-ˈpeid] *adj* underbetalt; **~pass** *s* fodgængertunnel; (på motorvej) (vej)underføring; **~rate** [-ˈreit] *v* undervurdere.

understand [ʌndəˈstænd] *v* forstå; indse; få at vide; opfatte; *make oneself understood* gøre sig forståelig; give klar besked; **~able** *adj* forståelig; **~ing** *s* forståelse; forstand; opfattelse // *adj* forstående.

understatement [ʌndəˈsteitmənt] *s* underdrivelse.

understood [ʌndəˈstud] *præt* og *pp* af *understand.*

under. . . [ˈʌndə*-] sms: **~study** *s (teat)* dubleant; **~take** [-ˈteik] *v* foretage; påtage sig; **~taker** *s* bedemand; **~taking** [-ˈteikiŋ] *s* foretagende; forpligtelse; **~water** *adj* undervands- // *adv* under vandet; **~wear** *s* undertøj; **~weight** *adj* undervægtig.

undesirable [ʌndiˈzaiərəbl] *adj* uønsket, mindre heldig.

undig [ʌnˈdig] *v* grave op.

undisputed [ˌʌndisˈpju:tid] *adj* ubestridt.

undo [ʌnˈdu:] *v* løse (op); knappe op; åbne; ødelægge.

undoubted [ʌnˈdautid] *adj* utvivlsom; ubestridelig; **~ly** *adv* uden tvivl.

undress [ʌnˈdrɛs] *v* klæde (sig) af.

undue [ʌnˈdju:] *adj* utilbørlig; upassende; unødig.

undulating [ˈʌndjuleitiŋ] *adj* bølgende; kuperet.

unearned [ˌʌnˈə:nd] *adj: ~ income* arbejdsfri indtægt.

unearth [ʌnˈə:θ] *v* grave op; *(fig)* finde frem; **~ly** *adj* overnaturlig; ukristelig.

uneasy [ʌnˈi:zi] *adj* ubekvem; generende; usikker; genert; urolig, bekymret.

uneducated [ʌnˈɛdjukeitid] *adj* ukultiveret; uuddannet.

unemployed [ˌʌnimˈplɔid] *adj* arbejdsløs; **unemployment** *s* arbejdsløshed; **unemployment benefit** *s* arbejdsløshedsunderstøttelse.

unending [ʌnˈɛndiŋ] *adj* endeløs, uendelig.

unequalled [ˈʌnˈi:kwəld] *adj* uovertruffen.

uneven [ʌnˈi:vn] *adj* ujævn, ulige.

unexpected [ˌʌniksˈpɛktid] *adj* uventet; uforudset.

unfailing [ˌʌnˈfeiliŋ] *adj* ufejlbarlig; uudtømmelig; sikker.

unfaithful [ˌʌnˈfeiθful] *adj* utro; uærlig; unøjagtig.

unfamiliar [ʌnfəˈmiliə*] *adj* fremmed; uvant; ukendt.

unfasten [ʌnˈfa:sn] *v* løsne; lukke op.

unfeeling [ʌnˈfi:liŋ] *adj* ufølsom, hård.

unfinished [ʌnˈfiniʃt] *adj* ufuldendt.

unfit [ʌnˈfit] *adj* uegnet; ikke i form; *~ for* uanvendelig til.

unfold [ʌnˈfəuld] *v* folde (sig) ud; røbe, afsløre.

unforeseen [ˈʌnfɔ:ˈsi:n] *adj* uforudset.

unfortunate [ʌnˈfɔ:tʃənət] *adj* uheldig; beklagelig; stakkels; **~ly** *adv* uheldigvis.

unfounded [ʌnˈfaundid] *adj* ubegrundet; uberettiget.

unfurnished [ʌnˈfə:niʃt] *adj* umøbleret.

ungainly [ʌnˈgeinli] *adj* klodset; uskøn.

unguarded [ʌnˈga:did] *adj*

ubevogtet; tankeløs.
unhappiness [ʌn'hæpinis] *s* ulykke; fortvivlelse; elendighed; **unhappy** *adj* ulykkelig; ked af det; uheldig.
unharmed [ʌn'ha:md] *adj* uskadt.
unhealthy [ʌn'hɛlθi] *adj* usund; skadelig; sygelig.
unheard-of [ʌn'hə:dɔv] *adj* uhørt; enestående.
unhook [ʌn'huk] *v* take krogen af; haspe af; tage af krogen.
unhurt [ʌn'hə:t] *adj* uskadt.
unicorn ['junikɔ:n] *s* enhjørning.
unidentified [ˌʌnai'dɛntifaid] *adj* uidentificeret; ~ *flying object* ufo.
uniform ['ju:nifɔ:m] *s* uniform // *adj* ensartet, jævn.
unify ['ju:nifai] *v* forene; samle; gøre ensartet.
unilateral [ju:ni'lætərəl] *adj* ensidig.
unimpaired [ˌʌnim'pɛəd] *adj* usvækket; uskadt.
unimportant [ˌʌnim'pɔ:tənt] *adj* uvigtig; uvæsentlig.
uninhabited [ˌʌnin'hæbitid] *adj* ubeboet.
uninhibited [ˌʌnin'hibitid] *adj* uhæmmet.
unintentional [ˌʌnin'tɛnʃənəl] *adj* utilsigtet; ufrivillig.
union ['ju:njən] *s* union; forbund; forening; (også: *trade ~)* fagforbund.
unique [ju:'ni:k] *adj* enestående.
unison ['ju:nisn] *s: in* ~ enstemmigt; i kor.
unit ['ju:nit] *s* enhed; (bygge)element; blok; gruppe, afdeling.
unite [ju'nait] *v* forene(s); samle(s); **~d** *adj* forenet; fælles; **U~d Kingdom** *s (UK)* Storbritannien og Nordirland; **U~d Nations (Organization)** *s (UN, UNO)* Forenede Nationer (FN); **U~d States (of America)** *s (US, USA)* Forenede Stater (USA).
unity ['ju:niti] *s* enhed; enighed; helhed.
universal [ju:ni'və:sl] *adj* universel; almindelig, almen; **universe** ['ju:nivə:s] *s* univers; verden.
university [ju:ni'və:siti] *s* universitet.
unjust [ʌn'dʒʌst] *adj* uretfærdig.
unkempt [ʌn'kɛmpt] *adj* uredt; usoigneret.
unkind [ʌn'kaind] *adj* uvenlig.
unknown [ʌn'nəun] *adj* ukendt, ubekendt.
unleash [ʌn'li:ʃ] *v* slippe løs.
unless [ʌn'lɛs] *konj* medmindre; hvis ikke; ~ *otherwise stated* medmindre andet angives.
unlicensed [ʌn'laisənst] *adj* som ikke har tilladelse til at sælge vin og spiritus.
unlike [ʌn'laik] *adj* uens; ulig; forskellig // *præp* i modsætning til; **~ly** *adj* usandsynlig.
unlimited [ʌn'limitid] *adj* ubegrænset, grænseløs.
unload [ʌn'ləud] *v* læsse af; losse; ~ *one's heart* lette sig hjerte.
unlock [ʌn'lɔk] *v* låse op.
unlucky [ʌn'lʌki] *adj* uheldig.
unmarried [ʌn'mærid] *adj* ugift.
unmistakable [ˌʌnmis'teikəbl] *adj* umiskendelig; ufejlbarlig.
unmitigated [ʌn'mitigeitid] *adj* absolut; rendyrket.
unnatural [ʌn'nætʃrəl] *adj* unaturlig; unormal.
unnecessary [ˌʌn'nɛsisri] *adj* unødvendig.
UNO ['ju:nəu] *s* (fork.f. *United Nations Organization)* FN.
unobtainable [ˌʌnəb'teinəbl]

adj uopnåelig; *(tlf)* ikke til at træffe.
unoccupied [ˌʌnˈɔkjupaid] *adj* ubeboet (fx *flat* lejlighed; ubesat, ledig (fx *seat* plads).
unofficial [ˌʌnəˈfiʃl] *adj* uofficiel; ~ *strike* ulovlig strejke.
unpack [ʌnˈpæk] *v* pakke op (el. ud).
unparallelled [ʌnˈpærəlɛld] *adj* uden sidestykke, uden lige.
unpleasant [ʌnˈplɛznt] *adj* ubehagelig; usympatisk.
unplug [ʌnˈplʌg] *v* (om stik) trække ud; (om prop i vask etc) trække op.
unpopular [ʌnˈpɔpjulə*] *adj* upopulær; ildeset.
unpredictable [ˌʌnpriˈdiktəbl] *adj* uforudsigelig; uberegnelig.
unprepared [ˌʌnpriˈpɛəd] *adj* uforberedt; improviseret.
unqualified [ʌnˈkwɔlifaid] *adj* ukvalificeret; ubetinget.
unquestionable [ʌnˈkwɛstʃənəbl] *adj* ubestridelig; utvivlsom.
unravel [ʌnˈrævl] *v* udrede; bringe i orden; trevle(s) op.
unreal [ʌnˈriəl] *adj* uvirkelig.
unreasonable [ʌnˈri:znəbl] *adj* urimelig; overdreven.
unrelenting [ˌʌnriˈlɛntiŋ] *adj* uforsonlig; utrættelig.
unreliable [ˌʌnriˈlaiəbl] *adj* upålidelig; usikker.
unrest [ʌnˈrɛst] *s* uro.
unroll [ʌnˈrəul] *v* rulle (sig) op (el. ud); vikle ud.
unruly [ʌnˈru:li] *adj* uregerlig.
unsafe [ʌnˈseif] *adj* farlig; usikker.
unsaid [ʌnˈsɛd] *adj: leave sth* ~ lade ngt være usagt.
unsatisfactory [ˈʌnsætisˈfæktəri] *adj* utilfredsstillende.
unsavoury [ʌnˈseivəri] *adj* ulækker; ækel; usmagelig.
unscrew [ʌnˈskru:] *v* skrue løs (el. af).
unscrupulous [ʌnˈskru:pjuləs] *adj* skrupelløs; forhærdet.
unseemly [ʌnˈsi:mli] *adj* upassende.
unseen [ʌnˈsi:n] *adj* uset; ubeset.
unsettled [ʌnˈsɛtld] *adj* urolig; usikker; (om gæld etc) ikke betalt.
unshaven [ʌnˈʃeivn] *adj* ubarberet.
unskilled [ʌnˈskild] *adj* ukyndig; ~ *worker* ufaglært arbejder.
unspeakable [ʌnˈspi:kəbl] *adj* ubeskrivelig; afskyelig.
unsteady [ʌnˈstɛdi] *adj* ustadig; usikker; vaklende.
unstuck [ʌnˈstʌk] *adj: come* ~ gå løs (el. op); slå fejl.
unsuccessful [ˌʌnsəkˈsɛsful] *adj* mislykket; forgæves; *be* ~ ikke have held med sig; mislykkes.
unsuitable [ʌnˈsu:təbl] *adj* upassende; uegnet.
unsuspecting [ˌʌnsəˈspɛktiŋ] *adj* intetanende; godtroende.
unthinkable [ʌnˈθiŋkəbl] *adj* utænkelig; utrolig.
untidy [ʌnˈtaidi] *adj* rodet; uordentlig, sjusket.
untie [ʌnˈtai] *v* løse (el. binde) op.
until [ənˈtil] *præp/konj* (ind)til; lige til; før(end); *not* ~ ikke før, først (når); ~ *then* indtil da.
untimely [ʌnˈtaimli] *adj* alt for tidlig (fx *death* død); uheldig, malplaceret.
untold [ʌnˈtəuld] *adj* uhørt; umådelig; utallig.
untoward [ˌʌntəˈwɔ:d] *adj* uheldig; upassende; genstridig.
unusual [ʌnˈju:ʒuəl] *adj* usædvanlig; ualmindelig.
unveil [ʌnˈveil] *v* afsløre, af-

dække.
unwell [ʌn'wɛl] *adj* utilpas.
unwilling [ʌn'wiliŋ] *adj* uvillig; modvillig; **~ly** *adv* nødig; mod sin vilje.
unwind [ʌn'waind] *v* vikle(s) op; rulle(s) ud; slappe af.
unwitting [ʌn'witiŋ] *adj* ubevidst; uden at vide det; **~ly** *adv* uforvarende.
unworthy [ʌn'wə:ði] *adj* uværdig *(of* til).
unwrap [ʌn'ræp] *v* pakke(s) ud.
unwritten [ʌn'ritn] *adj* uskrevet (fx *law* lov).
unzip ['ʌn'zip] *v* lyne op.
up [ʌp] *adv/præp* op; oppe; op ad; hen; forbi; på færde; *go ~ a ladder* gå op ad en stige; *be ~ the mountain* være oppe på bjerget; *she went ~ to him* hun gik hen til ham; *time is ~* tiden er ude; *it is ~ to you* det må du om; det bliver din sag; det kommer an på dig; *what are you ~ to?* hvad har du for? hvad er du ude på? *he is not ~ to it* han kan ikke klare det; *~s and downs* svingninger; medgang og modgang; **~-and-coming** *adj* på vej frem, lovende.
upbringing ['ʌpbriŋiŋ] *s* opdragelse.
update [ʌp'deit] *v* ajourføre, opdatere.
upgrade [ʌp'greid] *v* forfremme; forbedre; opvurdere.
upheaval [ʌp'hi:vl] *s* omvæltning; krise.
uphill ['ʌp'hil] *adj* op ad bakke.
upholstery [ʌp'həulstəri] *s* polstring; betræk; (i bil) indtræk.
upland ['ʌplənd] *s* (ofte i *pl: ~s)* højland.
upon [ə'pɔn] *præp* d.s.s. *on.*
upper ['ʌpə*] *adj* højere; øvre, øverst; over-; **~most** *adj* øverst, højest.
upright ['ʌprait] *s* stolpe // *adj* lodret; opretstående; retskaffen.
uprising ['ʌpraiziŋ] *s* opstand; opgang, stigning.
uproar ['ʌprɔ:*] *s* tumult, råben og skrigen.
uproot [ʌp'ru:t] *v* rive op med rod; udrydde.
upset *s* ['ʌpsɛt] forstyrrelse, uorden; fald // *v* [ʌp'sɛt] vælte; forstyrre; gøre ked af det; bringe i uorden // *adj* [ʌp'sɛt] chokeret; ked af det; *have an ~ stomach* have dårlig mave.
upside ['ʌpsaid] *s: ~-down* med bunden i vejret; *turn sth ~-down* vende op og ned på ngt.
upstairs ['ʌp'stɛəz] *adj* ovenpå, på næste etage // *adv* op ad trappen; *there's no ~* der er ingen overetage.
upstart ['ʌpsta:t] *s* opkomling.
upstream ['ʌpstri:m] *adv* mod strømmen; op (el. oppe) ad floden.
uptake ['ʌpteik] *s* optagelse; *quick on the ~* hurtig i optrækket, kvik.
uptight ['ʌptait] *adj* nervøs; snerpet; mopset.
up-to-date ['ʌptə'deit] *adj* à jour; moderne, tidssvarende.
upward ['ʌpwəd] *adj* opadgående; opadvendt; **~(s)** *adv* opad; i vejret; foroven.
uranium [juə'reiniəm] *s* uran.
urban ['ə:bən] *adj* bymæssig, by-; **~ district** *s* bymæssig bebyggelse.
urbane [ə:'bein] *adj* kultiveret; beleven.
urchin ['ə:tʃin] *s* knægt, (lille) rod.
urge [ə:dʒ] *s* (stærk) trang, drift; lyst // *v: ~ sby to do sth* indtrængende anmode en om at gøre ngt; tilskynde en til at

gøre ngt; ~ *sby not to do sth* indstændigt fraråde en at gøre ngt; ~ *on* drive frem, ægge.

urgency ['ə:dʒənsi] *s* pres; påtrængende nødvendighed; pågåenhed; **urgent** *adj* som haster, tvingende, presserende.

urinal ['juərinl] *s* pissoir; **urinate** ['juərineit] *v* tisse.

US ['ju:'ɛs], **USA** ['ju:ɛs'ei] *s* (fork.f. *United States (of America))* USA.

us [ʌs] *pron* os.

usage ['ju:zidʒ] *s* (skik og) brug; kutyme; behandling; *modern* ~ moderne sprogbrug.

use *s* [ju:s] brug; skik; nytte // *v* [ju:z] bruge; benytte (sig af); behandle; *he ~d to do it* han plejede at gøre det; *in* ~ i brug; *out of* ~ gået af brug; ubenyttet; *it's no* ~ det nytter ikke; *have the* ~ *of* kunne bruge; *be ~d to* være vant til; **~ful** *adj* nyttig; *come in ~ful* komme lige tilpas; **~less** *adj* nytteløs; ubrugelig; **~r** *s* (for)bruger.

usher ['ʌʃə*] *s* dørvogter; kontrollør; **~ette** [-'rɛt] *s* (i biograf) kvindelig kontrollør.

usual ['ju:ʒuəl] *adj* sædvanlig; almindelig; *as* ~ som sædvanlig; **~ly** *adv* almindeligvis, i reglen, gerne.

usurp [ju:'zə:p] *v* bemægtige sig.

utensil [ju:'tɛnsl] *s* redskab.

utility [ju:'tiliti] *s* nytte; (også: *public ~)* almennyttigt foretagende.

utilize ['ju:tilaiz] *v* udnytte.

utmost ['ʌtməust] *s/adj* det højeste (el. yderste); *do one's* ~ gøre sit yderste.

utter ['ʌtə*] *v* udtale; udstøde, udtrykke // *adj* fuldstændig, komplet; **~ance** *s* ytring, udtalelse.

V, v [vi:].

v. fork.f. *verse; versus; vide; volt.*

vacancy ['veikənsi] *s* tomhed; tomrum; ledig stilling; ledigt værelse; *'no vacancies'* 'alt optaget'; **vacant** *adj* tom; ledig; (om blik) udtryksløs.

vacation [və'keiʃən] *s* ferie.

vaccinate ['væksineit] *v* vaccinere; **vaccine** ['væksi:n] *s* vaccine.

vacuum ['vækjəm] *s* tomrum, vakuum; ~ **cleaner** *s* støvsuger; ~ **flask** *s* termoflaske.

vagina [və'dʒainə] *s* skede, vagina.

vagrant ['veigrənt] *s* vagabond // *adj* omstrejfende.

vague [veig] *adj* uklar, vag; ubestemt.

vain [vein] *adj* forfængelig; forgæves; *in* ~ forgæves.

valentine ['væləntain] *s* (også: ~ *card)* sv.t. gækkebrev (sendt til St. Valentins dag, 14. feb.).

valet ['vælit] *s* kammertjener; **~ing service** *s* (på hotel) presning etc af tøj.

valiant ['væliənt] *adj* tapper.

valid ['vælid] *adj* gyldig; effektiv; **~ity** [-'liditi] *s* gyldighed.

valley ['væli] *s* dal.

valour ['vælə*] *s* tapperhed, mod.

valuable ['væljuəbl] *adj* værdifuld; **~s** *spl* værdigenstande.

value ['vælju:] *s* værdi // *v* vurdere; værdsætte; ~ **added tax** *s (VAT)* sv.t. moms; **~d** *adj* værdsat.

valve [vælv] *s* ventil; klap.

van [væn] *s (auto)* varevogn; *(jernb)* godsvogn.

vanish ['vænɪʃ] *v* forsvinde; **~ing cream** *s* ansigtscreme, pudderunderlag.
vanity ['vænɪtɪ] *s* forfængelighed; ~ **case** *s* kosmetikpung.
vantage ['væntɪdʒ] *s* fordel; ~ **point** *s* fordelagtig stilling.
vapour ['veɪpə*] *s* damp; em, dug.
variable ['vɛərɪəbl] *adj* foranderlig; variabel; skiftende.
variance ['vɛərɪəns] *s: be at ~ (with)* være i strid med; være uenig med.
variation [vɛərɪ'eɪʃən] *s* forandring; variation.
varicella [værɪ'sɛlə] *s* skoldkopper.
varicose ['værɪkəus] *adj: ~ veins* åreknuder.
varied ['vɛərɪd] *adj* afvekslende; varieret.
variety [və'raɪətɪ] *s* afveksling, variation; slags, sort; type; afart; variant; ~ **show** *s* varietéforestilling.
various ['vɛərɪəs] *adj* forskellige; adskillige; diverse.
varnish ['va:nɪʃ] *s* fernis; lak; glans // *v* fernisere; lakere.
vary ['vɛərɪ] *v* skifte; forandre (sig); variere.
vast [va:st] *adj* umådelig; vidtstrakt; enorm; *the ~ majority* det store flertal; **~ly** *adv* umådeligt, enormt.
VAT [væt] (fork.f. *value added tax)* sv.t. moms.
vault [vɔ:lt] *s* hvælving; gravkælder; (i bank) boksafdeling; spring // *v* (også: *~ over)* springe over.
VD ['vi:'di:] fork.f. *venereal disease.*
veal [vi:l] *s* kalvekød; *roast ~* kalvesteg.
veg [vɛdʒ] *s* d.s.s. *vegetable.*
vegetable ['vɛdʒtəbl] *s* grøntsag // *adj* plante-; grøntsags-; ~ **garden** *s* køkkenhave; ~ **marrow** *s* courgette.
vegetarian [vɛdʒɪ'tɛərɪən] *s* vegetar // *adj* vegetarisk.
vegetate ['vɛdʒɪteɪt] *v* vegetere; **vegetation** [-'teɪʃən] *s* vegetation; plantevækst.
vehemence ['vi:ɪməns] *s* voldsomhed; **vehement** *adj* heftig, voldsom.
vehicle ['vi:ɪkl] *s* køretøj, vogn; middel; **vehicular** [vɪ'hɪkjulə*] *adj: 'no vehicular traffic'* 'kørsel forbudt'.
veil [veɪl] *s* slør // *v* tilsløre.
vein [veɪn] *s* (blod)åre, vene; (på blad) streng; *(fig)* stemning.
velocity [vɪ'lɔsɪtɪ] *s* hastighed, fart.
velvet ['vɛlvɪt] *s* fløjl; **~een** *s* bomuldsfløjl.
veneer [və'nɪə*] *s* finering; *(fig)* fernis.
venerable ['vɛnərəbl] *adj* ærværdig.
venereal [vɪ'nɪərɪəl] *adj: ~ disease (VD)* kønssygdom.
Venetian [vɪ'ni:ʃən] *adj* venetiansk; ~ **blind** *s* persienne.
vengeance ['vɛndʒəns] *s* hævn; *with a ~ (fig)* så det batter.
Venice ['vɛnɪs] *s* Venedig.
venison ['vɛnɪsn] *s* (dyre)vildt.
venom [vɛnəm] *s* gift; **~ous** *adj* giftig; ondskabsfuld.
vent [vɛnt] *s* lufthul; afløb; (i tøj) slids // *v* lufte; *give ~ to* give frit afløb for.
ventilate ['vɛntɪleɪt] *v* udlufte; ventilere; **ventilation** [-'leɪʃən] *s* ventilation.
ventriloquist [vɛn'trɪləkwɪst] *s* bugtaler.
venture ['vɛntʃə*] *s* foretagende; vovestykke // *v* driste sig til; vove; *~ out* vove sig ud.
verb [və:b] *s* udsagnsord, verbum; **~al** *adj* verbal; mundtlig; ordret.

verbatim [və:'beitim] *adj/adv* ordret.
verdict ['və:dikt] *s* kendelse, dom.
verge [və:dʒ] *s* kant, rand // *v: ~ on* grænse (op) til; *'soft ~s'* 'rabatten er blød'; *on the ~ of* på randen af.
verification [vɛrifi'keiʃən] *s* bekræftelse; bevis; **verify** ['vɛrifai] *v* bekræfte; verificere.
vermin ['və:min] *spl* skadedyr, utøj.
vernacular [və'nækjulə*] *s* folkesprog; egnsdialekt.
versatile ['və:sətail] *adj* alsidig.
versed [və:st] *adj: (well-)~ in* velbevandret i.
version ['və:ʃən] *s* oversættelse; gengivelse; version.
versus ['və:səs] *præp* mod, kontra.
vertebra ['və:tibrə] *s (pl: vertebrae* [-bri:]) ryghvirvel; **~te** ['və:tibrit] *s* hvirveldyr.
vertical ['və:tikl] *s* lodlinje // *adj* lodret, opretstående.
vertigo ['və:tigəu] *s* svimmelhed.
very ['vɛri] *adj/adv* meget; aller-; selv, selve; netop; *the ~ book I wanted* netop den bog jeg ville have; *at the ~ end* til allersidst; *the ~ last* den allersidste; *at the ~ least* i det mindste; *~ much* meget.
vessel [vɛsl] *s* fartøj, skib; kar, beholder.
vest [vɛst] *s* undertrøje.
vestry ['vɛstri] *s* sakristi.
vet [vɛt] *s* (fork.f. *veterinary)* dyrlæge // *v* undersøge grundigt; **~erinary** ['vɛtrinəri] *s* dyrlæge // *adj* veterinær, dyrlæge-.
veto ['vi:təu] *s (pl: ~es)* veto // *v* nedlægge veto mod.
vex [vɛks] *v* ærgre, plage; oprøre.
vibrate ['vaibreit] *v* vibrere, svinge; *~ with* genlyde af; **vibration** [-'breiʃən] *s* vibration, svingning; rystelse.
vicar ['vikə*] *s* sognepræst; **~age** ['vikəridʒ] *s* præstegård.
vice [vais] *s* last, synd; *(tekn)* skruestik; **~(-)** i sms: vice-; **~ chairman** *s* viceformand; **~ squad** *s* sædelighedspoliti.
vicinity [vi'siniti] *s* nærhed; nabolag.
vicious ['viʃəs] *adj* ondskabsfuld; voldsom.
victim ['viktim] *s* offer; *fall ~ to* blive offer for; **~ize** *v* lade det gå ud over.
victor ['viktə*] *s* sejrherre.
Victorian [vik'tɔ:riən] *adj* viktoriansk (1837-1901).
victorious [vik'tɔ:riəs] *adj* sejrrig; sejrende; **victory** ['viktəri] *s* sejr.
vide ['vaidi] *v* se; *~ infra* se nedenfor.
Vienna [vi'ɛnə] *s* Wien; **Viennese** [viə'ni:z] *adj* wiener-.
view [vju:] *s* syn; udsigt; mening // *v* bese; betragte; syne; *point of ~* synspunkt; *in ~ of* i betragtning af; *have sth in ~* have ngt i syne; *on ~* (i fx museum) udstillet; *with a ~ to* med henblik på; **~data** *s* teledata; **~er** *s (foto)* søger; *(tv)* seer; **~finder** *s (foto)* søger; **~point** *s* synspunkt.
vigil ['vidʒil] *s* (natte)vagt; **~ance** *s* årvågenhed; **~ant** *adj* vagtsom.
vigorous ['vigərəs] *adj* kraftig; frodig; **vigour** ['vigə*] *s* (livs)kraft.
vile [vail] *adj* led, nederdrægtig; ækel; ussel; *a ~ temper* et rædsomt humør.
village ['vilidʒ] *s* landsby; **~ hall** *s* forsamlingshus; **~r** *s* landsbybeboer.
villain ['vilən] *s* skurk, bandit.

vindicate ['vindikeit] *v* forsvare; retfærdiggøre.
vindictive [vin'diktiv] *adj* hævngerrig.
vine [vain] *s (bot)* vin; vinranke; slyngplante.
vinegar ['vinigə*] *s* eddike.
vine grower ['vaingrəuə*] *s* vinavler.
vineyard ['vinja:d] *s* vingård, vinmark.
vintage ['vintidʒ] *s* (om vin etc) årgang; ~ **car** *s* veteranbil; ~ **wine** *s* årgangsvin.
viola [vai'əulə] *s (mus)* bratsch.
violate ['vaiəleit] *v* krænke; overtræde, bryde; voldtage; **violation** [-'leiʃən] *s* krænkelse; brud; voldtægt.
violence ['vaiələns] *s* vold; voldsomhed; **violent** *adj* voldsom; voldelig.
violet ['vaiələt] *s* viol // *adj* violet.
violin ['vaiəlin] *s* violin; **~ist** [-'linist] *s* violinist.
VIP ['vi:ai'pi:] *s* (fork.f. *very important person)* stor ping.
viper ['vaipə*] *s* hugorm.
virgin ['və:dʒin] *s* jomfru // *adj* jomfruelig; uberørt; *the Blessed V~* den hellige jomfru, jomfru Maria; **~ity** [-'dʒiniti] *s* jomfruelighed; ~ **soil** *s* uopdyrket jord.
Virgo ['və:gəu] *s (astr)* Jomfruen.
virile ['virail] *adj* mandlig; mandig, viril; **virility** [-'riliti] *s* manddom; mandighed.
virtual ['və:tjuəl] *adj* virkelig, faktisk; **~ly** *adv* praktisk talt.
virtue ['və:tju:] *s* dyd; fortrin; *by ~ of* i kraft af.
virtuoso [və:tju'əuzəu] *s* virtuos.
virtuous ['və:tjuəs] *adj* dydig; retskaffen.
visa ['vi:zə] *s* visum.
viscount ['vaikaunt] *s* viscount (næstlaveste rang i brit højadel).
visibility [vizi'biliti] *s* sigtbarhed; **visible** ['vizəbl] *adj* synlig; visibel.
vision ['viʒən] *s* syn; synsevne; udsyn; vision; **~ary** *adj* synsk; uvirkelig.
visit ['vizit] *s* besøg; visit; ophold // *v* besøge; hjemsøge; **~ing card** *s* visitkort; **~ing professor** *s* gæsteprofessor; **~or** *s* gæst; besøgende; tilsynsførende.
visor ['vaizə*] *s* visir; *(auto)* solskærm.
visual ['vizjuəl] *adj* synlig, syns-; ~ **aid** *s* (i skole etc) visuelt hjælpemiddel; **~ize** *v* se for sig; forestille sig; visualisere.
vital [vaitl] *adj* livsvigtig; væsentlig, vital; livs-; ~ **statistics** *spl* befolkningsstatistik; (F) personlige mål.
vitamin ['vitəmin] *s* vitamin; ~ **deficiency** *s* vitaminmangel.
vivacious [vi'veiʃəs] *adj* livlig, levende; **vivacity** [-'væsiti] *s* livlighed.
vivid ['vivid] *adj* livlig; levende.
V-neck ['vi:nɛk] *s* v-udskæring.
vocabulary [vəu'kæbjuləri] *s* ordforråd; ordliste.
vocal [vəukl] *adj* stemme-; sang-; vokal; højrøstet; **~ist** *s* sanger.
vocation [vəu'keiʃən] *s* kald; erhverv; **~al** *adj* erhvervs-.
vociferous [və'sifərəs] *adj* bralrende, højrøstet.
vogue [vəug] *s* mode; *in ~* på mode.
voice [vɔis] *s* stemme, røst; mening // *v* udtrykke; (om sproglyd) stemme.
vol. fork.f. *volume.*
volatile ['vɔletail] *adj* flygtig; livlig.
volcanic [vɔl'kænik] *adj* vul-

kansk; **volcano** [-'keinəu] *s (pl: ~es)* vulkan.
volley ['vɔli] *s* skudsalve; strøm, byge; *(sport)* flugtskud.
volt [vəult] *s* volt; **~age** *s (elek)* spænding.
volume ['vɔlju:m] *s* (om bog) bind; rumfang, volumen; *turn down the ~!* skru ned for lyden!
voluntary ['vɔləntəri] *adj* frivillig; forsætlig.
volunteer [vɔlən'tiə*] *s* frivillig // *adj* melde sig frivilligt; tilbyde.
voluptuous [və'lʌptjuəs] *adj* vellystig.
vomit ['vɔmit] *s* opkastning, bræk // *v* kaste op, brække sig.
vote [vəut] *s* stemme; afstemning; stemmeret // *v* stemme; vedtage; *~ of censure* mistillidsvotum; *~ of thanks* takkeskrivelse (el. -tale); **~r** *s* vælger; **voting** *s* votering; (om)valg.
vouch [vautʃ] *v: ~ for* garantere, indestå for; **~er** *s* kupon; rabatkupon; polet; kvittering, bon; (også: *gift ~)* gavekort.
vow [vau] *s* (højtideligt) løfte, ed // *v* love, sværge.
vowel ['vauəl] *s* medlyd, vokal.
voyage ['vɔiidʒ] *s* sørejse.
vulgar ['vʌlgə*] *adj* vulgær; tarvelig; grov.
vulnerable ['vʌlnərəbl] *adj* sårbar.
vulture ['vʌltʃə*] *s (zo)* grib; *(fig)* blodsuger, haj.

W

W, w ['dʌblju:].
wad [wɔd] *s* tot; klump; (om penge) seddelbundt.
wade [weid] *v* vade (over); *~ through (fig)* pløje sig igennem.
wafer ['weifə*] *s* (tynd, sprød) vaffel; *(rel)* oblat.
waffle ['wɔfl] *s* (blød) vaffel; (F) vrøvl, øregas // *v* ævle, hælde vand ud af ørerne.
wag [wæg] *v* bevæge fra side til side; logre; vippe med.
wage [weidʒ] *s* (bruges oftest i *pl: ~s)* løn, hyre // *v: ~ war* føre krig; *~* **claim** *s* lønkrav; *~* **earner** *s* lønmodtager; familieforsørger; *~* **freeze** *s* lønstop.
wager ['weidʒə*] *s* væddemål // *v* vædde.
waggle [wægl] *v* svinge; vrikke; logre.
wag(g)on ['wægən] *s* vogn; hestevogn; godsvogn; *be on the ~* (F) være på vandvognen.
wail [weil] *s* jammer, hylen // *v* jamre, hyle.
waist [weist] *s* talje, liv; **~coat** *s* vest; **~line** *s* talje; taljemål.
wait [weit] *s* venten; ventetid // *v* vente (på); varte op, servere; *lie in ~ for* ligge på lur efter; *I can't ~ to get there* jeg kan ikke komme hurtigt nok derhen; *~ behind* blive hjemme og vente; *~ for* vente på; *~ on* servere for, betjene; **~er** *s* tjener; **~ing** *s* venten; *'no ~ing'* 'stopforbud'; **~ress** *s* serveringsdame.
wake [weik] *s* gravøl; kølvand // *v (woke* el. *~d, woken* [wəuk, wəukn]) (også: *~ up)* vække; vågne; **~n** *v* d.s.s. *wake.*
walk [wɔ:k] *s* (spadsere)tur; gang, sti // *v* gå, spadsere; gå med; få til at gå; *take* (el. *go for) a ~* gå en tur; *10 minutes' ~ from* 10 minutters gang fra; *~ the dog* gå tur med hunden; **~er** *s* fodgænger, gående; **~ing** *s* gang; føre

// *adj* vandre-; omvandrende; **~ing shoes** *spl* spadsersko; **~out** *s* arbejdsnedlæggelse; **~over** *s* (F) let sejr.
wall [wɔ:l] *s* mur; væg; vold; **~ed** *adj* (om by) befæstet.
wallet ['wɔlit] *s* tegnebog.
wallflower ['wɔ:lflauə*] *s (bot)* gyldenlak; *(fig)* bænkevarmer.
wallow ['wɔləu] *v* vælte sig; *~ in* vade i.
wallpaper ['wɔ:lpeipə*] *s* tapet.
walnut ['wɔ:lnʌt] *s* valnød(detræ).
walrus ['wɔ:lrəs] *s (pl: ~* el. *~es)* hvalros.
waltz [wɔ:lts] *s* vals // *v* danse vals.
wan [wɔn] *adj* bleg, trist.
wand [wɔnd] *s* (også: *magic ~)* (trylle)stav.
wander ['wɔndə*] *v* strejfe om (i); (om tanke el. tale) ikke holde sig til sagen; være uopmærksom; **~er** *s* vandringsmand.
wangle [wæŋgl] *v* (F) luske sig til; sno sig.
want [wɔnt] *s* mangel; trang; fornødenhed // *v* ønske (sig); mangle; behøve; gerne ville; søge; *for ~ of* af mangel på; i mangel af; *be in ~ of* trænge til; *you won't be ~ed any more* vi har ikke brug for dig længere; *your hair ~s cutting* dit hår trænger til at blive klippet; *be ~ed by the police* være eftersøgt af politiet; *be ~ing* mangle, savnes.
war [wɔ:*] *s* krig; *be at ~ with* være i krig med; *go to ~* gå i krig.
ward [wɔ:d] *s* (hospitals)afdeling, stue; *(jur,* om barn) myndling; formynderskab // *v: ~ off* afværge.
warden [wɔ:dn] *s* opsynsmand; bestyrer; (også: *traffic ~)* parkeringsvagt; (også: *church ~)* kirkeværge.
warder ['wɔ:də*] *s* fangevogter.
wardrobe ['wɔ:drəub] *s* klædeskab; (om tøj etc) garderobe.
warehouse ['wɛəhaus] *s* pakhus, lager.
wares [wɛəz] *spl* varer.
warfare ['wɔ:fɛə*] *s* krig(sførelse).
warhead ['wɔ:hɛd] *s (mil)* sprængladning.
warily ['wɛərili] *adv* forsigtigt.
warm [wɔ:m] *v* varme; blive varm // *adj* varm; hjertelig; ivrig; *~ up* varme op; **~-hearted** *adj* varmhjertet; **~th** [wɔ:mθ] *s* varme; begejstring.
warn [wɔ:n] *v* advare; formane; gøre opmærksom på; **~ing** *s* advarsel, varsel, meddelelse; *give ~ing* sige op; **~ing light** *s* advarselslys.
warrant [wɔrnt] *s* sikkerhed, garanti; *(jur)* arrestordre; fuldmagt // *v* berettige (til); garantere.
warrior ['wɔriə*] *s* kriger.
Warsaw ['wɔ:sɔ:] *s* Warszawa.
warship ['wɔ:ʃip] *s* krigsskib.
wart [wɔ:t] *s* vorte.
wartime ['wɔ:taim] *s: in ~* i krigstid.
wary ['wɛəri] *adj* forsigtig.
was [wɔz] *præt* af *be.*
wash [wɔʃ] *s* vask; vasketøj; skvulpen // *v* vaske (sig); kunne vaskes; skylle, skvulpe; *give sth a ~* vaske ngt; *have a ~* vaske sig; *~ away* vaske af; skylle(s) væk; *~ down* vaske, spule; *~ off* vaske af; *~ up* vaske op; **~able** *adj* vaskeægte; vaskbar; **~-and-wear** *adj* strygefri; **~basin** *s* vaskekumme; håndvask; **~er** *s* vaskemaskine; *(tekn)* pakning; **~ing** *s* vask; vasketøj; **~ing machine** *s* va-

skemaskine; **~ing powder** *s* vaskepulver; **~ing-up** *s* opvask; **~-out** *s* (F) fiasko; **~room** *s* toilet.

wasn't [wɔznt] d.s.s. *was not.*

wasp [wɔsp] *s* hveps.

waste [weist] *s* ødemark; spild, ødslen; affald // *v* spilde; ødsle væk; ødelægge; *~ away* tæres hen; *go to ~* gå til spilde; **~bin** *s* skraldebøtte; **~ disposal unit** *s* affaldskværn; **~ful** *adj* ødsel; uøkonomisk; **~paper basket** *s* papirkurv; **~ pipe** *s* afløbsrør.

watch [wɔtʃ] *s* ur; vagt // *v* se på; overvære; holde udkig; våge; passe (på); holde øje med; *~ TV* se fjernsyn; *~ out* passe på; **~dog** *s* vagthund; **~ful** *adj* påpasselig, årvågen; **~maker** *s* urmager; **~man** *s* vægter; **~ strap** *s* urrem.

water ['wɔ:tə*] *s* vand // *v* vande; løbe i vand; *in smooth ~s* i smult vande; *in British ~s* i britisk farvand; *~ down* fortynde; udvande; **~colour** *s* vandfarve, akvarel; **~cress** *s* brøndkarse; **~ ice** *s (gastr)* sorbet; **~ing can** *s* vandkande; **~ level** *s* vandstand; vandoverflade; **~ lily** *s* åkande; **~logged** *adj* vandfyldt, sumpet; **~ main** *s* hovedvandledning; **~mark** *s* (om papir) vandmærke; **~ meter** *s* vandmåler; **~proof** *s* regnfrakke // *adj* vandtæt; **~shed** *s (geol)* vandskel; *(fig)* skel; **~side** *s* kyst; **~ softener** *s* blødgøringsmiddel; **~splash** *s* sted hvor fx en bæk løber over vejen; **~ supply** *s* vandforsyning; **~tight** *adj* vandtæt; **~ trap** *s* vandlås; **~works** *spl* vandværk; *a ~works* et vandværk; **~y** *adj* vandet; tynd; (om øjne) rindende.

wave [weiv] *s* bølge; vinken // *v* vifte (med); vinke, bølge; **~length** *s* bølgelængde.

waver ['weivə*] *v* vakle; dirre; flakke.

wavy ['weivi] *adj* bølgende; slynget.

wax [wæks] *s* voks // *v* vokse; bone; (om ski) smøre; (om månen) tiltage; **~en** *adj* voksagtig, bleg; **~works** *spl* voksfigurer; vokskabinet.

way [wei] *s* vej; afstand; retning; måde; skik; vane; væsen; *which ~?* hvilken vej? hvordan? *this ~* denne vej; på denne måde; *I'm on my ~* jeg er på vej; *be in the ~* stå i vejen; *out of the ~* af vejen; *go out of one's ~ to (fig)* gøre sig ulejlighed for at; *it is ~ out!* det er fantastisk; *'~ out'* 'udgang'; *in a ~* på en måde; *in some ~s* på en vis måde; *by the ~* forresten; *by ~ of excuse* som (el. til) undskyldning; *'give ~'* 'hold tilbage'; *be in a bad ~* have det dårligt; *no ~ I'm doing it!* ikke ud af stedet om jeg gør det! **~lay** *v* ligge på lur efter; kapre; **~ward** ['weiwəd] *adj* lunefuld.

we [wi:] *pron* vi, man; *it is ~* det er os.

weak [wi:k] *adj* svag, skrøbelig; (om fx te) tynd; **~en** *v* svække(s); **~ling** *s* svækling; **~ness** *s* svaghed; skavank.

wealth [wəlθ] *s* rigdom; righoldighed; **~y** *adj* rig, velhavende.

wean [wi:n] *v: ~ a baby* vænne et barn fra.

weapon ['wɛpən] *s* våben.

wear [wɛə*] *s* brug; slid; tøj // *v (wore, worn* [wɔ:*, wɔ:n]) have på; bære; slide; holde (til); *~ and tear* engangstøj;

~ *away* slides (væk); (om tid) slæbe sig hen; ~ *down* slide(s) ned (el. op); ~ *off* slide(s) af; fortage sig; ~ *on* slæbe sig hen; ~ *out* slide op; udmatte.

weariness ['wiərinis] *s* træthed, lede; **weary** *v* blive træt; trætte // *adj* træt; nedslået; kedsommelig.

weather ['wɛðə*] *s* vejr // *v* forvitre; klare sig igennem; overstå; *be under the* ~ (F) være sløj (el. uoplagt); **~-beaten** *adj* vejrbidt; forvitret; ~ **cock** *s* vejrhane; ~ **forecast** *s* vejrudsigt; **~proof** *adj* vind- og regntæt; ~ **vane** *s* d.s.s. ~ *cock.*

weave [wi:v] *v (wove, woven* [wəuv, wəuvn]) væve; flette; sætte sammen; **weaving** *s* vævning.

web [wɛb] *s* væv; net; spind; *(zo)* svømmehud; **~bing** *s* (på møbler) gjord.

wed [wɛd] *v (~ded, ~ded)* gifte sig (med), ægte; vie; *the newly ~s* de nygifte.

we'd [wi:d] d.s.s. *we had; we would.*

wedding ['wɛdiŋ] *s* bryllup; ~ **anniversary** *s* bryllupsdag; ~ **dress** *s* brudekjole; ~ **ring** *s* vielsesring.

wedge [wɛdʒ] *s* kile; (om lagkage etc) stykke kage // *v* kløve; fastkile; **~-heeled** *adj* (om sko) med kilehæl.

wedlock ['wɛdlɔk] *s* (H) ægtestand; *born out of* ~ født uden for ægteskab.

Wednesday ['wɛdnzdi] *s* onsdag; *on* ~ på onsdag.

wee [wi:] *adj* (især skotsk) lille; *a* ~ *bit* en lille smule.

weed [wi:d] *s* ukrudtsplante // *v* luge; rense (ud); **~-killer** *s* ukrudtsmiddel.

week [wi:k] *s* uge; *a* ~ *today* el. *this day* ~ (i dag) om en uge; *Sunday* ~ søndag otte dage; *last Sunday* ~ i søndags for en uge siden; **~day** *s* hverdag; **~end motorist** *s* søndagsbilist; **~ly** *s* ugeblad; tidsskrift // *adj* ugentlig // *adv* en gang om ugen.

weep [wi:p] *v (wept, wept* [wɛpt]) græde; ~ *for joy* græde af glæde; ~ *for sby* sørge over en; **~ing willow** *s (bot)* grædepil, hængepil.

weigh [wei] *v* veje; bedømme; ~ *anchor* lette anker; ~ *down* tynge ned; nedbøje.

weight [weit] *s* vægt; tyngde; byrde; *sale by* ~ salg i løs vægt; **~less** *adj* vægtløs; ~ **lifter** *s* vægtløfter; **~y** *adj* tung, vægtig.

weird [wiəd] *adj* uhyggelig; overnaturlig; mærkelig.

welcome ['wɛlkəm] *s* velkomst, modtagelse // *v* hilse velkommen; tage imod // *adj* velkommen; *you're* ~ *to...* du må gerne...; *you're ~!* selv tak!

weld [wɛld] *s* svejsning // *v* svejse (sammen); **~er** *s* svejser; svejseapparat.

welfare ['wɛlfɛə*] *s* velfærd; *child* ~ børneforsorg; *the public* ~ det almene vel; ~ **state** *s* velfærdsstat; ~ **work** *s* socialt arbejde.

well [wɛll] *s* brønd, kilde // *v* strømme, vælde // *adj (better, best)* vel; rask; god // *adv* godt; ordentligt; nok; *be* ~ være rask, have det godt; ~ *done!* godt (klaret)! *get* ~ *soon!* god bedring! *do* ~ *to* gøre klogt i at.

we'll [wi:l] d.s.s. *we will; we shall.*

well... ['wɛl-] sms: **~-behaved** *adj* velopdragen; **~-bred** *adj* kultiveret; **~-defined** *adj* vel-

afgrænset, skarp; **~-developed** *adj* veludviklet; **~-earned** *adj* velfortjent; **~-founded** *adj* velfunderet; **~-groomed** *adj* velplejet.
wellingtons ['wɛliŋtənz] *spl* gummistøvler, røjsere.
well. . . ['wɛl-] sms: **~-known** *adj* velkendt; **~-made** *adj* velskabt; **~-meaning** *adj* velmenende; **~-off** *adj* velhavende; **~-read** *adj* belæst; **~-to-do** *adj* velhavende.
Welsh [wɛlʃ] *adj* walisisk; **~man** *s* waliser; ~ **rarebit** *s (gastr)* ristet brød med smeltet ost.
went [wɛnt] *præt* og *pp* af *go.*
wept [wɛpt] *præt* og *pp* af *weep.*
were [wə:*] *præt* af *be.*
we're [wiə*] d.s.s. *we are.*
weren't [wə:nt] d.s.s. *were not.*
west [wɛst] *s* vest; vestlig del // *adj* vest-; vestlig // *adv* vestpå; mod vest; **~erly** *adj* vestlig, vestre; **~ern** *s* cowboyfilm, western // *adj* vestlig, vest-; **W~ Germany** *s* Vesttyskland; *the* **W~ Indies** *spl* Vestindien; **~ward(s)** *adv* vestpå, mod vest.
wet [wɛt] *s* regn // *v* gøre våd // *adj* våd, fugtig; regnfuld; *~ one's pants* tisse i bukserne; *~ through* gennemblødt; *get ~* blive våd; *'~ paint'* 'nymalet'; ~ **blanket** *s (fig)* lyseslukker; **~lands** *spl* vådområder; ~ **suit** *s* våddragt.
we've [wi:v] d.s.s. *we have.*
whacking ['wækiŋ] *adj* (F) mægtig, kæmpe-.
whale [weil] *s* hval; **whaling** *s* hvalfangst.
wharf [wɔ:f] *s (pl: wharves* [wɔ:vz]) brygge, kaj.
what [wɔt] *pron* hvad; hvilken; sikken; den (, det, de) der; hvad for; *~ are you doing?* hvad laver du? *~ has happened?* hvad er der sket? *~ a mess!* sikken et rod! *~ is it called?* hvad hedder det? *~ about (having) some tea?* hvad med (at drikke) en kop te? *~ about me?* hvad med mig? *so ~?* og hvad så? **~ever** *pron* hvad som helst; alt hvad; overhovedet; *~ever book* ligemeget hvilken bog; *do ~ever you like* gør hvad du vil; *~ever happens* hvad der end sker; *no reason ~ever* (el. *~soever)* overhovedet ingen grund.
wheat [wi:t] *s* hvede.
wheel [wi:l] *s* hjul; rat; ror // *v* køre (med); trille; dreje (sig); (også: *~ round)* dreje rundt; **~barrow** *s* trillebør; **~chair** *s* rullestol.
wheeze [wi:z] *v* hvæse; hive efter vejret.
when [wɛn] *adv/konj* hvornår; når; hvor; *on the day ~ I met him* den dag (hvor) jeg mødte ham; **~ever** *adv* når som helst; hver gang; hvornår.
where [wɛə*] *adv/konj* hvor; hvorhen; der hvor; *this is ~* her er det; *she has gone to you know ~* hun er gået et vist sted hen; **~abouts** *spl* opholdssted // *adv* hvor omtrent; **~as** *adv* hvorimod; **~upon** *adv* hvorefter; **wherever** [wɛər'ɛvə*] *adv* hvor. . . end; hvor i alverden.
whet [wɛt] *v* slibe, hvæsse; *(fig)* skærpe.
whether ['wɛðə*] *konj* om; hvorvidt; *it's doubtful ~. . .* det er tvivlsomt om. . .; *~ you go or not* hvad enten du går eller ej.
which [witʃ] *pron* hvem; hvad; hvilken; som, der; *~ of you* hvem af jer? *tell me ~ one you want* sig (mig) hvad for

en du vil have; *I don't mind* ~ jeg er ligeglad hvilken; *the book of ~ he was talking* den bog (som) han talte om; *after* ~ hvorefter; *in ~ case* i hvilket fald; ~**ever** [witʃ'ɛvə*] *pron* hvilken (, hvilket) som helst; *take ~ever book you prefer* tag hvilken bog du end foretrækker; *~ever book you take* lige meget hvilken bog du tager.

while [wail] *s* tid, stund; øjeblik // *v: ~ away the time* fordrive tiden // *konj* medens, mens; selv om, skønt; *go away for a* ~ rejse bort et stykke tid.

whim [wim] *s* lune, indfald.

whimper ['wimpə*] *s* klynken // *v* klynke.

whimsical ['wimzikl] *adj* lunefuld; excentrisk.

whine [wain] *s* jamren // *v* jamre.

whip [wip] *s* pisk; piskeslag; *(parl)* indpisker // *v* piske; fare; snappe; ~**ped cream** *s* flødeskum; ~**-round** *s* (F) indsamling; ~**stitch** *s* kastesting.

whirl [wə:l] *s* hvirvel; tummel // *v* hvirvle, snurre, svinge; ~**pool** *s* strømhvirvel; malstrøm; ~**wind** *s* hvirvelvind.

whirr [wə:*] *v* snurre; svirre.

whisk [wisk] *s* piskeris // *v* piske; viske; fare (af sted), snuppe; *~ sby away* (el. *off)* bortføre en; *~ out* hive frem.

whiskers ['wiskəz] *spl* bakkenbarter; (om dyr) knurhår, børster.

whisper ['wispə*] *s* hvisken; rygte // *v* hviske.

whistle [wisl] *s* fløjte; fløjten; piben // *v* fløjte; pifte, pibe.

white [wait] *adj* hvid, bleg; ren; ~**wash** *s* hvidtekalk // *v* hvidte.

Whitsun [witsn] *s* pinse.

whiz(z) [wiz] *v* suse, fare; svirre; ~ **kid** *s* (F) vidunderbarn.

who [hu:] *pron* hvem; som, der; *~'s speaking? (tlf)* hvem taler jeg med? ~**dunit** [hu:'dʌnit] *s* (F) krimi; ~**ever** *pron* hvem der end; hvem i alverden; *~ever you marry* hvem du end gifter dig med; *~ever was that?* hvem i alverden var det?

whole [həul] *s* hele, helhed // *adj* hel (, helt, hele); velbeholden; *the ~ of the town* hele byen; *on the* ~ el. *as a* ~ i det store og hele, som helhed; ~**hearted** *adj* uforbeholden; ~**sale** *s* engrossalg // *adj* engros-; *(fig)* masse-; ~**saler** *s* grossist; ~**some** *adj* sund; gavnlig; **wholly** ['həuli] *adv* helt; fuldstændig.

whom [hu:m] *pron* (af *who)* hvem; som; *~ did you meet?* hvem mødte du? *the boy ~ I told you about* den dreng (som) jeg fortalte dig om.

whoop [hu:p] *v* huje; hive efter vejret; ~**ing cough** *s* kighoste.

whopping ['wɔpiŋ] *adj* (F) enorm, kæmpestor.

whore [hɔ:*] *s* (F, *neds)* hore, mær.

whose [hu:z] *pron (gen* af *who* el. *which)* hvis; *~ book is this?* hvis er denne bog? *the man ~ son you saw* den mand hvis søn du så; *~ is this?* hvis er den (, det) her?

Who's Who ['hu:z'hu:] *s* sv.t. Kraks Blå Bog.

why [wai] *adv* hvorfor // *interj* nå da! ih! jah! jamen; *~ is it that...?* hvordan kan et være at...? *the reason* ~ grunden til at; *~, here's Jean!* jamen, der er jo Jean! ~**ever** *adv* hvorfor i alverden.

wick [wik] *s* væge.

wicked ['wikid] *adj* ond; slem; ondskabsfuld; drilagtig.

wicker ['wikə*] *s* vidje; (også: **~work)** kurvefletning.

wicket ['wikit] *s* låge, luge; (i cricket) gærde.

wide [waid] *adj* bred; udstrakt; vid, stor // *adv* vidt; *stare with ~ eyes* glo med store øjne; *shoot ~* skyde (el. ramme) langt ved siden af; **~-angle** *s (foto)* vidvinkel; **~-awake** *adj* lysvågen; **~ly** *adv* vidt (fx *different* forskellig); vidt og bredt; almindeligt (fx *known* kendt); **~n** *v* udvide; blive bredere; **~ open** *adj* vidt åben; **~spread** *adj* (almindeligt) udbredt; vidtstrakt.

widow ['widəu] *s* enke; *be ~ed* blive enke; **~er** *s* enkemand.

width [widθ] *s* bredde; vidde; *(fig)* spændvidde.

wield [wi:ld] *v* håndtere; bruge; udøve.

wife [waif] *s (pl: wives* [waivz]) kone, hustru.

wig [wig] *s* paryk.

wiggle [wigl] *v* vrikke (med); sno sig.

wild [waild] *adj* vild; uopdyrket; øde; uregerlig; fantastisk; **~erness** ['wildənis] *s* vildmark; vildnis; **~-goose chase** *s (fig)* forgæves forsøg; **~life** *s* naturens verden; dyreliv; **~s** *spl* ødemarker.

wilful ['wilful] *adj* (om person) egenrådig; (om mord etc) overlagt, forsætlig.

will [wil] *s* vilje; testamente // *v (præt: would* [wud]) vil; skal; (ofte ikke oversat); *(~ed, ~ed)* ville; tvinge til; *I ~ do it soon* jeg skal nok gøre det snart; *he ~ come* han kommer; *I ~ show you how* jeg skal (nok) vise dig hvordan; *he ~ed himself to go on* han tvang sig til at fortsætte; *~ sby to do sth* få en til at gøre ngt; **~ing** *adj* villig; parat; *be ~ing to* være villig til at; **~ingly** *adv* gerne, med glæde; **~ingness** *s* villighed.

willow ['wiləu] *s* pil(etræ).

willpower ['wilpauə*] *s* viljestyrke.

wilt [wilt] *v* tørre hen; visne.

win [win] *s* (i sport etc) sejr // *v (won, won* [wʌn]) vinde, sejre; nå; *~ sby over* (el. *round)* få en over på sin side.

wince [wins] *v* krympe sig.

winch [wintʃ] *s* håndsving, spil.

wind [wind] *s* vind, luftstrøm; fjert, prut; *the ~s (mus)* blæserne.

wind [waind] *v (wound, wound* [waund]) sno (sig); vikle; (om ur) trække op; *~ up* afslutte, afvikle.

wind. . . ['wind-] sms: **~bag** *s* (F) blærerøv; **~break** *s* læhegn; **~fall** *s* uventet held.

winding ['waindiŋ] *adj* snoet, bugtet.

wind. . . ['wind-] sms: **~ instrument** *s* blæseinstrument; **~mill** *s* vindmølle.

window ['windəu] *s* vindue; rude; **~ box** *s* blomsterkasse; **~ cleaner** *s* vinduespudser; **~ pane** *s* vinduesrude; **~sill** *s* vindueskarm.

wind. . . ['wind-] sms: **~pipe** *s (anat)* luftrør; **~screen** *s* vindskærm; *(auto)* forrude; *rear ~screen* bagrude; **~screen washer** *s (auto)* sprinkler; **~screen wiper** *s* vinduesvisker; **~swept** *adj* vindblæst; forblæst; **~y** *adj* (om vejret) blæsende; (om sted) forblæst.

wine [wain] *s* vin; vinrødt; **~ cellar** *s* vinkælder; **~ list** *s* vinkort; **~ merchant** *s* vinhandler; **~ tasting** *s* vinsmagning; ~ **waiter** *s* kyper.

wing [wiŋ] *s* vinge; *(mil)* flyverafdeling; (på hus) fløj; *on the* ~ i flugten; på farten; ~ **mirror** *s (auto)* sidespejl.

wink [wiŋk] *s* blink(en); øjeblik; lur // *v* blinke *(at* til).

winner ['winə*] *s* vinder; **winning** *adj* sejrende, vinder-; **winnings** *spl* gevinst.

winter ['wintə*] *s* vinter // *v* overvintre; ~ **sports** *spl* vintersport; **wintry** *adj* vinteragtig, kold.

wipe [waip] *s* aftørring // *v* tørre (af); ~ *off* tørre væk; slette; ~ *out* slette; viske ud; udrydde; slå en streg over; ~ *up* tørre op.

wire ['waiə*] *s* ståltråd; ledning; (F) telegram // *v* sætte ståltrådshegn om; trække ledninger i; (F) telegrafere; ~ **brush** *s* stålbørste.

wireless ['waiəlis] *s* trådløs telegrafi; (også: ~ *set)* radio(apparat).

wiretap ['waiətæp] *v* lave telefonaflytning.

wiry ['waiəri] *adj* stiv, strittende; (om person) sej, senet.

wisdom ['wizdəm] *s* visdom, klogskab.

wise [waiz] *adj* klog; forstandig; vis.

. . .wise [-waiz] på. . .-vis; -mæssigt; *time~* tidsmæssigt.

wish [wiʃ] *s* ønske; hilsen // *v* ønske; *best ~es* (til jul etc) de bedste ønsker; *with best ~es* (i brev etc) med venlig hilsen; *give her my best ~es* hils hende fra mig; ~ *sby goodbye* sige farvel til en; *he ~ed me well* han ønskede mig held og lykke; ~ *for* ønske sig; ~ *to* (el. *that)* ønske at; gerne ville have at; **~ful** *adj: it's ~ful thinking* det er ønsketænkning.

wisp [wisp] *s* tjavs, tot; (om røg) stribe; *a ~ of hair* en hårtot.

wistful ['wistful] *adj* længselsfuld; tankefuld.

wit [wit] *s* (oftest bruges *pl: ~s)* forstand, intelligens; kvikhed, vid; *be at one's ~s' end* ikke ane sine levende råd.

witch [witʃ] *s* heks; **~craft** *s* hekseri.

with [wið, wiθ] *præp* med; af; trods; til; *bring the book ~ you* tag bogen med; *tremble ~ fear* ryste af skræk; ~ *all his kindness, he's a dangerous man* trods al hans venlighed er han en farlig mand; *he took beer ~ his lunch* han drak øl til frokosten; *be ~ it (fig)* være med på noderne; *I'm ~ you there* det holder jeg med dig i.

withdraw [wiθ'drɔ:] *v* trække tilbage; inddrage; tage tilbage; ophæve; gå 'af; **~al** *s* tilbagetrækning; *(med)* abstinens.

wither ['wiðə*] *v* visne; **~ed** *adj* visnet; lammet.

withhold [wiθ'həuld] *v* tilbageholde, nægte at give; ~ *sby from sth* hindre en i ngt; ~ *sth from sby* unddrage en ngt.

within [wið'in] *adv* indvendig; indenfor // *præp* inden for; inden i; inden; fra; ~ *sight* inden for synsvidde; ~ *a mile of* mindre end en *mile* fra; ~ *the week* inden ugens udgang; ~ *doors* inden døre.

without [wið'aut] *præp* uden; udenfor; *from ~* udefra.

withstand [wiθ'stænd] *v* modstå.

witness ['witnis] *s* vidne(udsagn) // *v* være vidne til, overvære; bevidne; *bear ~ to* bevidne; vidne om; ~ **box** *s* vidneskranke.

witticism ['witisizm] *s* vits, vit-

tighed; **witty** *adj* vittig, åndrig.
wives [waivz] *spl* af *wife.*
wizard ['wizəd] *s* troldmand.
wk fork.f. *week.*
wobble [wɔbl] *v* rokke; vakle.
woe [wəu] *s* sorg; smerte, kval; **~ful** *adj* sørgmodig; ynkelig.
woke [wəuk] *præt* af *wake;* **~n** *pp* af *wake.*
wolf [wulf] *s (pl: wolves* [wulvz]) ulv // *v* æde.
woman ['wumən] *s (pl: women* ['wimin]) kvinde; dame; kone; **~ chaser** *s* skørtejæger; **~ doctor** *s* kvindelig læge; **~izer** *s* d.s.s. *~ chaser;* **~ly** *adv* kvindelig; **~-power** *s* kvindelig arbejdskraft.
womb [wu:m] *s* livmoder.
women ['wimin] *spl* af *woman; the* **~'s movement** *s* kvindebevægelsen; **~'s refuge** *s* kvindehus, krisecenter for kvinder.
won [wʌn] *præt* og *pp* af *win.*
wonder ['wʌndə*] *s* mirakel; (vid)under; undren // *v* undre sig; spekulere over; *it's no ~ that...* det er ikke så mærkeligt at...; *I ~ whether* (el. *if)* jeg gad vide om; *~ at* undre sig over; **~ful** *adj* vidunderlig, dejlig.
won't [wəunt] d.s.s. *will not.*
woo [wu:] *v* gøre kur til; fri til.
wood [wud] *s* skov; (om materialet) træ; *touch ~* banke under bordet; **~ carving** *s* træskærerarbejde; **~cut** *s* træsnit; **~ed** *adj* skovklædt; **~en** *adj* træ-; *(fig)* stiv; **~pecker** *s (zo)* spætte; **~wind** *s (mus)* træblæser; **~work** *s* trævarer; træværk; sløjd; **~worm** *s* træorm.
wool [wul] *s* uld; uldent tøj; uldgarn; *pull the ~ over sby's eyes (fig)* føre en bag lyset; **~len** *adj* ulden, uld-; **~lens** *spl* uldvarer; **~ly** *adj* ulden; uld-; uldhåret; *(fig)* uklar, tåget.
word [wə:d] *s* ord; løfte; besked // *v* formulere; *in other ~s* med andre ord; *break one's ~* bryde sit løfte; *be as good as one's ~* holde ord; *I'll take your ~ for it* jeg tror dig på ordet; *send ~ that...* sende besked om at...; **~ing** *s* ordlyd; ordvalg; **~y** *adj* ordrig.
wore [wɔ:*] *præt* af *wear.*
work [wə:k] *s* arbejde, værk // *v* arbejde; fungere, virke; drive; bearbejde; udnytte; *out of ~* arbejdsløs; *Minister of W~s* minister for offentlige arbejder; *~ loose* arbejde sig (el. gå) løs; *~ on* arbejde med; udnytte; *~ out* udarbejde; løse; ordne; lave (hård) motionstræning; *it ~s out at £100* det beløber sig til £100; *get ~ed up* blive ophidset; **~able** *adj* gennemførlig; **~er** *s* arbejder; **~ing** *adj* arbejdende; arbejds-; drifts-; *in ~ing order* funktionsdygtig; **~ing class** *s* arbejderklasse; **~ing environment** *s* arbejdsmiljø; **~ing man** *s* arbejder.
work... ['wə:k-] sms: **~man** *s* arbejder; **~manship** *s* håndværksmæssig dygtighed; kvalitet; **~shop** *s* værksted; seminar; **~-to-rule** *s* arbejde-efter-reglerne aktion.
world [wə:ld] *s* verden; folk; *think the ~ of* have meget høje tanker om; *out of this ~* skøn, pragtfuld; *for all the ~ like* nøjagtig ligesom; **~ly** *adj* verdslig, jordisk; **~-wide** *adj* verdensomspændende; verdens-.
worm [wə:m] *s* orm // *v: ~ sth out of sby* liste ngt ud af en.
worried ['wʌrid] *adj* bekymret; plaget; **worry** ['wʌri] *s* bekym-

ring; ærgrelse // *v* bekymre sig; være urolig; plage; *don't worry!* lad være med at tage dig af det! tag det roligt!

worse [wə:s] *s* det der er værre // *adj (komp* af *bad, ill)* værre, dårligere; *a change for the* ~ en forandring til det værre; *be none the* ~ *for* ikke have taget skade af; **~n** *v* blive (el. gøre) værre.

worship ['wə:ʃip] *s* dyrkelse; gudstjeneste // *v* tilbede, dyrke; *your W~* (titel for borgmester el. dommer); **~per** *s* tilbeder, dyrker.

worst [wə:st] *s: the* ~ det værste // *adj (sup* af *bad, ill)* værst, dårligst; ~ *of all* allerværst; *at* ~ i værste fald; *get the* ~ *of it* trække det korteste strå.

worsted ['wustid] *s* kamgarn.

worth [wə:θ] *s* værdi // *adj* værd; *it's* ~ *it* det er det værd; *50p* ~ *of apples* for 50 p æbler; **~less** *adj* værdiløs; uduelig; **~while** *adj* som er umagen værd; *a ~while book* en læseværdig bog.

worthy ['wə:ði] *adj* værdig; agtværdig; ~ *of* som fortjener.

would [wud] *præt* af *will; he* ~ *have come* han ville være kommet; ~ *you like some tea?* vil du have lidt te? **~-be** *adj* vordende; såkaldt.

wound [wu:nd] *s* sår // *v* såre; krænke.

wound [waund] *præt* og *pp* af *wind.*

wove [wəuv] *præt* af *weave;* **~n** *pp* af *weave.*

wrangle [ræŋgl] *s* skænderi // *v* skændes.

wrap [ræp] *s* sjal; kåbe; indpakning // *v* (også: ~ *up)* pakke ind; svøbe (ind); **~per** *s* indpakning; (om bog) (smuds)omslag; **~ping paper** *s* indpakningspapir.

wrath [rɔθ] *s* (H) vrede, rasen.

wreath [ri:ð] *s* krans; snoning.

wreck [rɛk] *s* forlis, skibbrud; vrag // *v* ødelægge; få til at forlise (el. forulykke); **~age** ['rɛkidʒ] *s* ødelæggelse; vragrester; murbrokker.

wren [rɛn] *s (zo)* gærdesmutte.

wrench [rɛntʃ] *s* ryk; vridning; smerte; skruenøgle, svensknøgle // *v* rykke; rive; vriste; forvride.

wrestle [rɛsl] *v* brydes, kæmpe; **~r** *s* bryder; **wrestling** *s* brydning; **wrestling match** *s* brydekamp.

wretch [rɛtʃ] *s* skrog, stakkel; **~ed** ['rɛtʃid] *adj* elendig; ussel, sølle; (F) forbandet.

wriggle [rigl] *s* vriden; vrikken // *v* vrikke (med); vride (sig).

wring [riŋ] *v (wrung, wrung* [rʌŋ]) vride; fordreje.

wrinkle [riŋkl] *s* rynke; fold // *v* rynke; krølle; blive rynket.

wrist [rist] *s* håndled; ~ **watch** *s* armbåndsur.

writ [rit] *s* skrivelse; *(jur)* stævning; *issue a* ~ *against sby* udtage stævning mod en.

write [rait] *v (wrote, written* [rəut, ritn]) skrive; ~ *down* skrive op (el. ned); notere; ~ *off* afskrive; ~ *out* udfærdige; renskrive; ~ *up* skrive om; ajourføre; **~-off** *s* afskrivning; *the car is a ~-off* bilen er totalskadet; **~r** *s* forfatter, skribent.

writhe [raið] *v* vride sig.

writing ['raitiŋ] *s* skrift; skrivning; skriveri; *in* ~ skriftligt; ~ **paper** *s* brevpapir.

written [ritn] *pp* af *write.*

wrong [rɔŋ] *s* uret // *v* gøre uret; krænke // *adj* forkert // *adv* galt; *you are* ~ el. *you've got it* ~ du tager fejl; *be in the* ~ have uret; *what's* ~*?*

hvad er der i vejen? *go* ~ gå galt, mislykkes; komme i uorden; **~ful** *adj* urigtig, uretfærdig; ~ **side** *s* vrangside.
wrote [rəut] *præt* af *write.*
wrought [rɔ:t] *adj:* ~ *iron* smedejern.
wrung [rʌŋ] *præt* og *pp* af *wring.*
wry [rai] *adj* skæv; tør; besk.
wt. fork.f. *weight.*

X

X, x [ɛks].
Xerox ['ziərɔks] *s* ® fotokopi // *v* fotokopiere.
Xmas ['ɛksməs] *s* (fork.f. *Christmas)* jul.
X-ray ['ɛksrei] *s* røntgenstråle // *v* røntgenfotografere.

Y

Y, y [wai].
yacht [jɔt] *s* lystbåd; sejlbåd // *v* dyrke sejlsport; **~ing** *s* sejlsport; **~sman** *s* sejlsportsmand; lystsejler.
Yank [jæŋk] *s (neds)* yankee, amerikaner; **yank** *s* (F) ryk.
yap [jæp] *v* bjæffe, gø; (F) braldre op.
yard [ja:d] *s* gård, gårdsplads; (også: *ship~)* værft; yard (914 mm, *3 feet); the Y~* Scotland Yard; **~stick** *s (fig)* målestok.
yarn [ja:n] *s* garn, tråd; (F) (røver)historie.
yawn [jɔ:n] *s* gaben // *v* gabe; **~ing** *adj* gabende (også om afgrund etc).
yd. fork.f. *yard(s).*
year [jiə*] *s* år; ~ *by* ~ år for år; *this* ~ i år; *every* ~ hvert år; *twice a* ~ to gange om året; *for ~s* i årevis; **~ly** *adj* årlig // *adv* en gang om året.
yearn [jə:n] *v:* ~ *for* længes efter; **~ing** *s* voldsom længsel.
yeast [ji:st] *s* gær; *dry* ~ tørgær.
yell [jɛl] *s* hyl, skrål // *v* hyle.
yellow ['jɛləu] *adj* gul; *(fig)* fej; ~ **fever** *s* gul feber.
yelp [jɛlp] *s* bjæf; vræl // *v* bjæffe, hyle.
yes [jɛs] *s/interj* ja, jo; *~?* ja, og hvad så? virkelig?
yesterday ['jɛstədi] *s* i går; ~ *morning* i går morges (el. formiddags); *the day before* ~ i forgårs.
yet [jɛt] *adv* endnu; dog, alligevel; *as* ~ endnu; *not* ~ ikke endnu; *must you go just ~?* skal du allerede gå? *the best* ~ den hidtil bedste; *a few days* ~ et par dage endnu; *and* ~ *we must go* og dog er vi nødt til at gå.
yew [ju:] *s (bot)* taks(træ).
Yiddish ['jidiʃ] *s/adj* jiddisch.
yield [ji:ld] *s* udbytte; ydelse // *v* give, yde; give efter; overgive.
YMCA ['waiɛmsi:'ei] *s* (fork.f. *Young Men's Christian Association)* KFUM.
yodel [jəudl] *v* jodle.
yog(h)ourt, yog(h)urt ['jəugət] *s* yoghurt.
yoke [jəuk] *s* åg; (om okser) spand; (på kjole etc) bærestykke.
yolk [jəuk] *s* æggeblomme.
yonder ['jɔndə*] *adv* derhenne; derovre.
yonks [jɔŋks] *spl: for ~, in* ~ (S) i evigheder.
Yorkshire pudding ['jɔrkʃə'pudiŋ] *s (gastr)* slags budding af pandekagedej (spises til oksesteg).
you [ju:] *pron* du; dig; De; Dem; I; jer; man; ~ *never know* man kan aldrig vide; *you're a fool!* du er et fjols! *(and) so are ~!* det kan du

selv være! det er du også!
you'd [ju:d] d.s.s. *you had; you would.*
you'll [ju:l] d.s.s. *you will; you shall.*
young [jʌŋ] *s* (om dyr) unger; *the ~* de unge // *adj* ung; lille; **~ish** ['jʌŋgiʃ] *adj* ret ung, yngre; **~ster** *s* ungt menneske.
your [jɔ:*] *pron* din, dit, dine; jeres; Deres.
you're [juə*] d.s.s. *you are.*
yours [jɔ:z] *pron* din, dit, dine; jeres; Deres; *is it ~?* er det din (, jeres, Deres)? *~ sincerely* din (, Deres) hengivne.
yourself [jɔ:'sɛlf] *pron (pl: yourselves* [-'sɛlvz]) du (,dig) selv; De (, Dem) selv; dig, Dem; selv.
youth [ju:θ] *s* ungdom; *(pl: ~s* [ju:ðz]) ung mand; **~ful** *adj* ungdommelig; ~ **hostel** *s* ungdomsherberg; vandrerhjem.
you've [ju:v] d.s.s. *you have.*
Yugoslav ['ju:gəu'sla:v] *s* jugoslav // *adj* jugoslavisk; **~ia** [-'sla:vjə] *s* Jugoslavien.
yukky ['jʌki] *adj* (F) ækel, ulækker, klam.
YWCA ['wai'dʌblju:si:'ei] *s* (fork.f. *Young Women's Christian Association)* KFUK.

Z

Z, z [zɛd].
zany ['zeini] *adj* skør, tosset.
zappy ['zæpi] *adj* (F) smart, rap.
zeal [zi:l] *s* iver, nidkærhed; **~ous** ['zɛləs] *adj* ivrig; begejstret; nidkær.
zebra ['zi:brə] *s* zebra; ~ **crossing** *s* fodgængerovergang.
zero ['ziərəu] *s* nul; nulpunkt; *10 degrees below ~* 10 graders frost; ~ **growth** *s* nulvækst.
zest [zɛst] *s* veloplagthed; (F) fut, pif.
zigzag ['zigzæg] *s* siksak // *v* siksakke.
zinc [ziŋk] *s* zink.
zip [zip] *s* (også: *~ fastener, ~per)* lynlås; (F) fart, go // *v* svirpe; suse; (også: *~ up)* lyne; ~ **code** *s (am)* postnummer; **~ped compartment** *s* lynlåsrum.
zodiac ['zəudiæk] *s: the ~ (astr)* dyrekredsen.
zombie ['zɔmbi] *s* (F) sløv padde; robot.
zone ['zəun] *s* område, zone.
zoo [zu:] *s* zoo(logisk have).
zoological [zuə'lɔdʒikl] *adj* zoologisk; **zoologist** [zu'ɔlədʒist] *s* zoolog; **zoology** [zu'ɔlədʒi] *s* zoologi.
zoom [zu:m] *v* zoome; *~ past* fare forbi; ~ **lens** *s* zoomlinse.

A

à *præp: to æsker ~ 20 stk* two boxes of 20 each; *10 øller ~ 5 kr* 10 beers at five kr each; *det står ~ tre (i fodbold etc)* it is three all.
abe *s* monkey; *(menneske~)* ape // *v: ~ efter* mimic, ape; **~gilde** *s* do, beano; **~unge** *s* young monkey.
abnorm *adj* abnormal.
abonnement *s* subscription; **~skort** *s* season ticket; **abonnent** *s* subscriber; **abonnere** *v: abonnere på* subscribe to.
abort *s (provokeret)* abortion; *(spontan)* miscarriage; *få foretaget ~* have an abortion; **~ere** *v* have a miscarriage.
abrikos *s* apricot.
absolut *adj* absolute // *adv* absolutely; *(helt sikkert)* definitely; *skal du ~ se den film?* must you see that film? *~ ikke* definitely not.
abstinenser *spl: have ~* have withdrawal symptoms.
abstrakt *adj* abstract.
absurd *adj* absurd.
accelerere *v* accelerate.
accent *s* accent; *tale med ~* speak with an accent.
acceptabel *adj* acceptable; **acceptere** *v* accept.
a conto on account.
ad *præp* by; *gå ind ~ døren* come in by *(el.* through) the door; *le ~ en* laugh at sby; *spørge en ~* ask sby.
adel *s* nobility; **~ig** *adj* noble.
adfærd *s* behaviour; **~svanskelig** *adj* maladjusted.
adgang *s (~stilladelse)* admission; *(~smulighed)* acces; '*~ forbudt*' 'No admittance'; *gratis ~* admission free; **~sbegrænsning** *s* restricted entry; **~seksamen** *s* entrance examination; **~skort** *s* entrance card; **~stilladelse** *s* permission to enter.
adjektiv *s (gram)* adjective.
adjunkt *s (i skolen)* schoolmaster; *(univ) sv.t.* lecturer.
adlyde *v* obey.
administrere *v* manage; *~nde direktør* managing director.
adoptere *v* adopt; **adoption** *s* adoption.
adressat *s* addressee.
adresse *s* address; *ubekendt efter ~n* not known at this address; **~forandring** *s* change of address; **~kort** *s* dispatch form; **~re** *v* address.
Adriaterhavet *s* the Adriatic (Sea).
adræt *adj* agile; **~hed** *s* agility.
adskille *v* separate; **~lse** *s* separation,
adskillig *adj: ~e* several, various; **~t** *adv* a good deal, considerably.
adskilt *adj* separate; *leve ~* live apart.
adstadig *adj* sedate.
advare *v* warn *(mod* against); *~ en om at...* warn sby that...
advarsel *s* warning; *få en ~ (i sport)* be cautioned; *slippe med en ~* be let off with a warning; **~stavle** *s* warning sign; **~strekant** *s* warning triangle.
advent *s* Advent; **~skrans** *s* advent wreath.
adverbium *s (gram)* adverb.
advokat *s* lawyer; **~fuldmægtig** *s sv.t.* trainee lawyer; **~praksis** *s* legal practice.
ae *v* stroke, caress.
aerodynamisk *adj* aerodynamic; **aerogram** *s* air letter.
af *præp (om materiale, del, dato)* of; *(om årsag)* of, with; *(ved passiv form:)* by; *(væk fra)* off; *(om oprindelse, kil-*

de, ud fra) from; *(se også de enkelte ord som ~ forbindes med); lavet ~ jern* made of iron; *flere ~ dem* several of them; *dø ~ kræft* die of cancer; *bleg ~ skræk* pale with fear; *stiv ~ kulde* stiff with cold; *Deres brev ~ femte juni* your letter of June the fifth; *blive kørt over ~ en bil* be run over by a car; *et digt ~ Burns* a poem by Burns; *knappen er gået ~* the button has come off; *låne ngt ~ en* borrow sth from sby; *jeg ser ~ Deres brev at...* I see from your letter that... // *adv (om ngt der fjernes)* off; *tage tøjet ~* take off one's clothes; *~ og til* from time to time.

afbalancere *v* balance.

afbestille *v* cancel; **afbestilling** *s* cancellation.

afbetaling *s (rate)* instalment; *købe ngt på ~* buy sth on hire purchase (HP).

afbleget *adj* bleached *(fx hår* hair); *(falmet)* faded.

afbryde *v* interrupt; *(standse helt)* stop; *(lukke for strøm etc)* switch off, turn off; *blive afbrudt (dvs. forstyrret)* be interrupted; *(tlf)* be cut off; **~lse** *s* interruption; stopping, breaking off; switching off, cutting off; *uden ~lse (dvs. uforstyrret)* uninterrupted; *(dvs. uden pause)* non-stop; **~r** *s (elek)* switch.

afbrænder *s: det var en ~* it was a slap in the face.

afbud *s: sende ~* send one's apologies; **~sbillet** *s* stand-by ticket.

afbøde *v: ~ et slag* ward off a blow.

afdeling *s (på hospital, i forretning, firma)* department; *(del)* part, section; *(mil)* unit; **~schef** *s* head of department; **~ssygeplejerske** *s* (ward) sister.

afdrag *s* part-payment, instalment; *betale ngt i ~* pay sth by instalments.

afdød *adj* deceased; *min ~e mand* my late husband.

affald *s (skrald etc)* rubbish; *(køkken~)* garbage; *(som er smidt i naturen etc)* litter; *(kemisk, radioaktivt etc)* waste; **~skurv** *s* litter bin; **~spose** *s* waste bag; *(til at fore skraldespanden med)* bin liner; **~sskakt** *s* refuse chute; **~sspand** *s* (rubbish) bin; *(skraldespand)* (dust)bin; *(i køkkenet)* (waste)bin.

affarve *v (om hår etc)* bleach.

affekteret *adj* affected.

affinde *v: ~ sig med ngt* put up with sth.

affjedring *s (auto)* suspension.

affyre *v* fire; *(om missil)* launch.

affældig *adj* decrepit; *(om person)* frail.

affærdige *v: ~ en* snub sby.

affære *s* business, affair; *tage ~* take action; *(gribe ind)* intervene.

afføring *s* bowel movement; *(ekskrementer)* stools *pl;* **~smiddel** *s* laxative.

afgang *s* departure; *(fra stilling)* resignation, retirement; *naturlig ~* natural wastage; **~sbevis** *s* diploma; **~seksamen** *s (i skolen)* school leaving examination; **~shal** *s* departure hall; **~stid** *s* time of departure.

afghaner *s,* **afghansk** *adj* Afghan.

afgift *s* duty; tax; *(told)* customs duty; *(gebyr)* fee; *(i garderobe, toilet etc)* charge; *(vej~, bropenge)* toll; **~sfri** *adj* duty-free.

afgive *v (afstå)* give up; *(fremkomme med, fx rapport)* make; *(udsende, fx lugt)* give off; *~ bestilling på ngt* order sth; *~ sin stemme* vote; **~lse** *s (afståelse)* surrender; *(af rapport etc)* submission; *(af ordre)* placing.

afgjort *adj (ordnet)* settled // *adv* certainly, decidedly.

afgrund *s* precipice; *(fig)* abyss; *falde i ~en* fall over the precipice; *på ~ens rand* on the edge of the precipice.

afgrøde *s* crop.

afgud *s* idol.

afgøre *v (bestemme)* decide; *(fx en sag, strid)* settle; *(finde ud af)* make out, tell; *det er svært at ~* it is difficult to tell; **~lse** *s* decision; *(ordning)* settlement; *træffe en ~lse* make a decision; **~nde** *adj* crucial; *(endelig)* final, conclusive.

afgå *v (starte)* depart, leave; *~ ved døden* (H) pass away; **~ende** *adj (om fx tog)* departing; **~et** *adj (fra stilling)* retired.

afhandling *s* treatise; *(disputats)* thesis, dissertation.

afhente *v* fetch, collect; **afhentning** *s* collection.

afholde *v* hold; *(fx koncert, selskab)* give; *(betale)* pay; *~ en fra at gøre ngt* prevent sby from doing sth; *~ sig fra at gøre ngt* refrain from doing sth; **~nde** *adj* abstemious; **~nhed** *s* abstinence.

afholdsmand *s* teetotaller.

afholdt *adj* popular *(af* with).

afhopper *s (pol)* defector.

afhænde *v* sell.

afhænge *v: ~ af* depend on; **afhængig** *adj* dependent *(af* on); **afhængighed** *s* dependence *(af* on).

afhøre *v* question; **afhøring** *s* questioning, interrogation.

afkald *s: give ~ på ngt (dvs. opgive)* give sth up; *(om fx arv, trone)* renounce sth.

afkalke *v* decalcify.

afkom *s* offspring.

afkrog *s (om del af landet)* backwater.

afkræfte *v (gøre svag)* weaken; *(mods: bekræfte)* deny; **~t** *adj* weakened.

afkræve *v: ~ en ngt* demand sth from sby; *~ gebyr* charge a fee.

afkøle *v* cool, chill; *serveres ~t* serve chilled.

aflagt *adj: ~ tøj* cast-offs *pl.*

aflang *adj* oblong.

aflaste *v* relieve *(for* of); **aflastning** *s* relief.

aflede *v (lede væk)* deflect; *(adsprede)* distract; *(om afstamning)* derive *(af* from); *~ ens opmærksomhed* distract sby's attention; **afledning** *s* deflection; diversion; distraction; *(af ord)* derivation; *(~t ord)* derivative.

aflejre *v* deposit; *~s* settle; **aflejring** *s (lag)* deposit; *(bundfald)* sediment.

aflevere *v* deliver; *(opgive, give fra sig)* hand over, give up; *(levere tilbage, fx lånt bog)* return; *(i fodbold)* pass; **aflevering** *s* delivery; *(i fodbold)* pass.

aflive *v* kill; *(om dyr)* put down; **aflivning** *s* killing.

aflukke *s* cubicle; **~t** *adj* closed; *(aflåst)* locked.

aflyse *v* cancel; **aflysning** *s* cancellation; **aflyst** *adj* cancelled, off.

aflytte *v (med skjult mikrofon)* bug; *(tlf)* tap.

aflægge *v (fx ed, løfte)* make; *(opgive, fx vane)* drop; *~ besøg hos en* call on sby; *~ prøve* take a test; **~r** *s (bot)* cutting.

afløb *s* outlet; *(~srør)* drain; *få ~ for ngt* give vent to sth; **~srør** *s* drain, wastepipe; **~s-slange** *s* drain hose.

aflønne *v* pay; **aflønning** *s* pay, salary.

afløse *v (fx om vagt)* relieve; *(erstatte)* replace; *(følge efter)* succeed; **~r** *s* relief; *(efterfølger)* successor; **afløsning** *s* relief; replacement; succession.

afmagring *s (ufrivillig)* loss of weight; *(med vilje)* slimming; **~skur** *s* slimming diet.

afmærke *v* mark; *(med sedler, etiketter etc)* label.

afpasse *v* adapt; *(efter tiden)* time.

afpresning *s* blackmail; **afpresse** *v: afpresse en penge* blackmail sby.

afprøve *v* test, try; **afprøvning** *s* test, trial.

afrakket *adj* shabby.

afreagere *v* let off steam.

afregne *v: ~ med en* settle with sby; **afregning** *s* settlement; *(skriftlig)* statement.

afrejse *s* departure.

Afrika *s* Africa; **a~ner** *s*, **a~nsk** *adj* African.

afrime *v* defrost.

afruste *v* disarm; **afrustning** *s* disarmament.

afsats *s (på trappe)* landing; *(klippe~ etc)* ledge.

afse *v* spare.

afsende *v* send off, dispatch; *(med posten)* post; **~lse** *s* sending, dispatch; posting; **~r** *s* sender; **~radresse** *s* return address.

afsides *adj* out-of-the-way; *(fjern)* remote; *bo ~* live in a remote place; *gå ~ (dvs. på toilettet)* follow the call of nature.

afsindig *adj* mad, crazy // *adv* madly, terribly.

afskaffe *v* abolish; **~lse** *s* abolition.

afsked *s (fyring)* dismissal; *(fratræden)* resignation; *(p.g.a. alder)* retirement; *(det at skilles)* parting; *(farvel)* leave; *tage ~ med en* take leave of sby; *tage sin ~* resign; retire; **~ige** *v* dismiss, sack; **~sansøgning** *s* resignation; **~sfest** *s* farewell party.

afskrække *v* deter; **~nde** *adj* deterrent.

afsky *s* disgust, revulsion // *v* detest, loathe.

afskyde *v* fire; *(om missil)* launch.

afskyelig *adj* disgusting.

afskære *v* cut off; **afskåret** *adj* cut off; *(om brød, pålæg)* sliced; *være afskåret fra at gøre ngt* be unable to do sth; *afskåret fra omverdenen* cut off from the outside world.

afslag *s* refusal; *(i pris)* discount; *få ~* be refused; *få ~ i prisen* get a discount.

afslappet *adj* relaxed.

afslutning *s* end, finish; *(måde hvorpå det ender, det at nå til ende)* ending; *(skole~)* end-of-term (celebration); **afslutte** *v* end; *(gøre helt færdig)* finish.

afsløre *v (en statue etc)* unveil; *(røbe etc)* disclose; *(åbenbare)* reveal; *blive ~t* be found out; **~nde** *adj* revealing; **afsløring** *s* unveiling; disclosure; revelation.

afslå *v* refuse, decline.

afsmag *s (grim smag, smag af ngt)* aftertaste; *(væmmelse)* distaste *(for* for).

afsnit *s* section; *(om tid)* period; *(af tekst)* passage; *(på side)* paragraph; *(af tv-serie)* episode.

afsondret *adj* isolated; **afson-**

dring *s* isolation; *(udskillelse)* secretion.
afsone *v: ~ en straf* serve a sentence; **afsoning** *s* imprisonment; *afsoning af straf* serving of a sentence.
afspadsere *v* counterbalance overtime.
afspore *v* derail; **afsporing** *s* derailment.
afspænding *s (afslapning)* relaxation; *(pol)* detente.
afspærre *v* close off, block; **afspærring** *s (fx brædder)* barrier; *(politi~)* cordon.
afstamning *s* descent, origin.
afstand *s* distance; *holde ~ (om fx biler)* keep one's distance; *i en ~ af fem km* at a distance of five km; *på ~* at a distance; *tage ~ fra ngt* dissociate oneself from sth; **~tagen** *s* dissociation.
afsted *adv se sted.*
afstemning *s (afpasning)* tuning, matching; *(valg)* voting, vote; *(hemmelig)* ballot.
afstikker *s (lille tur)* trip; *(omvej)* detour.
afstraffe *v* punish; **~lse** *s* punishment.
afstøbning *s (det at afstøbe)* casting; *(det afstøbte)* cast.
afstå *v (opgive, afhænde)* give up; *~ fra at kommentere ngt* abstain from commenting on sth.
afsyre *v* acid-wash; **afsyring** *s* acid washing.
afsætning *s (salg)* sale.
afsætte *v (sælge)* sell; *(afskedige)* dismiss; *(om fx konge)* depose; *(sætte til side, reservere)* set aside; **~lse** *s* dismissal; deposition.
aftage *v (købe)* buy; *(fjerne)* remove; *(mindskes)* decrease; *(om fx sygdom, blæst etc)* ease off; **~lig** *adj* detachable; **~r** *s* buyer.
aftale *s* arrangement; *(overenskomst)* agreement, deal; *(møde~)* appointment // *v* arrange; agree; *efter ~* as arranged; *det er en ~!* that's a deal! that's settled then! *træffe en ~ om at, ~ at* agree to.
aften *s* evening, night; *god ~!* good evening! *i ~* tonight; *i (går) aftes* last night, yesterday evening; *i morgen ~* tomorrow night *(el.* evening); *om ~en* in the evening, at night; *spise til ~* have supper; *hvad skal vi have til ~?* what are we having for supper? **~bøn** *s* evening prayer; **~kursus, ~skole** *s* evening classes *pl;* **~smad** *s* supper.
aftjene *v: ~ sin værnepligt* do one's military service.
aftrapning *s* de-escalation.
aftryk *s* impression; *(trykt)* reprint; *(foto)* print.
aftrækker *s* trigger.
afvande *v* drain; **afvanding** *s* drainage.
afvej *s: komme på ~e* go astray; **~e** *v* weigh; **~ning** *s* weighing.
afvekslende *adj* varied; **afveksling** *s* variation; *til en afveksling* for a change.
afvente *v* await, wait for; **~nde** *v: forholde sig ~nde* wait and see.
afvige *v* deviate *(fra* from); **~lse** *s* deviation; **~nde** *adj* different; **~r** *v* deviant; *(systemkritiker etc)* dissident.
afvikle *v (gennemføre)* conclude; *(lukke fx firma)* wind up; *(fx atomkraft)* phase out; **afvikling** *s* conclusion; winding up.
afvise *v* turn down, refuse; *(forkaste)* reject; **~nde** *adj* negative; **~rblink** *s* flashing indicator; **~rskilt** *s* signpost; **afvisning** *s* refusal, rejection.

afværge *v* prevent.
agent *s* agent; **~film** *s* spy film; **~ur** *s* agency.
agere *v* act, play.
agerhøne *s* partridge.
agern *s* acorn.
agitere *v: ~ for ngt* make propaganda for sth, promote sth, boost sth.
agt *s (hensigt)* intention, purpose; *give ~* look out; *'giv ~, højspænding'* 'Danger, high voltage'; *tage sig i ~* take care, look out; *tage sig i ~ for ngt* beware of sth; **~e** *v (respektere)* respect; *(have planer om)* intend *(at* to); **~else** *s* respect, esteem; *han steg i min ~else* he rose in my esteem.
agter *adv (mar)* astern; **~ende, ~stavn** *s* stern; **~ud** *adv: sakke ~ud* fall behind.
agtpågivende *adj* attentive; **agtpågivenhed** *s* attention.
agurk *s* cucumber; **~etid** *s (fig)* silly season.
ahorn *s* maple.
ajle *s* liquid manure; **~beholder** *s* liquid-manure tank.
ajour *adj: holde sig ~* keep informed; *føre ngt ~* bring sth up to date; **~føre** *v* update.
akademi *s* academy; **~ker** *s* academic; **~sk** *adj* academic; *~sk grad* university degree.
akavet *adj* awkward.
akillessene *s* Achilles' tendon.
akkompagnement *s* accompaniment; **akkompagnere** *v* accompany.
akkord *s (mus)* chord; *arbejde på ~* do piecework; *anslå en ~* strike a chord; **~arbejde** *s* piecework; **~løn** *s* piece wages *pl.*
akkumulator *s* accumulator; **akkumulere** *v* accumulate.
akkurat *adj (nøjagtig)* accurate // *adv (netop)* exactly, just.
akrobatik *s* acrobatics *pl.*
aks *s (korn~)* ear; *(bot)* spike.
akse *s* axis.
aksel *s (i hjul)* axle; *(driv~)* shaft.
akt *s (teat)* act; *(papir)* document; *sagens ~er* the dossier, the file.
aktie *s* share; **~børs** *s* stock exchange; **~kapital** *s* share capital; **~majoritet** *s* majority interest; **~post** *s* holding; **~selskab** *s* limited (liability) company; *A/S Olsen og Jensen* Olsen and Jensen, Ltd.; **~udbytte** *s* dividend.
aktion *s* action; *gå i ~* go into action.
aktionær *s* shareholder.
aktiv *s (merk, fig)* asset // *adj* active; **~ere, ~isere** *v* activate; **~ist** *s* activist; **~itet** *s* activity.
aktualitet *s* relevance.
aktuar *s* actuary.
aktuel *adj* relevant; *(om emne, spørgsmål)* topical; *(nuværende)* current; *hvis det skulle blive ~t* if the question should arise; *det bliver ikke ~t* it won't come up.
akupunktur *s* acupuncture.
akustik *s* acoustics *pl.*
akut *adj* acute.
akvarel *s* watercolour.
akvarium *s* aquarium.
al *adj* all; *(se også alle, alt).*
alarm *s* alarm; *slå ~* sound the alarm; *for min skyld ingen ~* it is all right as far as I am concerned; **~beredskab** *s: i ~beredskab* on the alert; **~erende** *adj* alarming; **~ering** *s* alarm (call).
albue *s* elbow; *have spidse ~er* have sharp elbows // *v: ~ sig frem* use one's elbows; **~rum** *s* elbow-room.
aldeles *adv* completely, quite; *~ ikke* not at all; *~ intet*

nothing at all.

alder *s* age; *være stor af sin ~* be tall for one's age; *i en ~ af...* at the age of...; *i din ~* at your age; *være i sin bedste ~* be at the prime of one's life; *i en høj ~* at an advanced age; *i en ung ~* at an early age; *hun er på hans ~* she is his age; *atom~en* the atomic age.

alderdom *s* (old) age; **~shjem** *s* old people's home, rest home.

alders... *sms:* **~forskel** *s* difference in age; **~grænse** *s* age limit; **~klasse** *s* age group

aldrig *adj* never; *~ mere* never again, no more; *~ nogensinde* never ever; *jeg har ~ hørt magen!* well, I never!

alene *adj* alone; *være ~ om ngt (også:)* do sth single-handed // *adv* only; *~ det at...* the mere fact that...; *ene og ~* only; *~ tanken om det...* the mere thought of it...

alenlang *adj* mile-long, lengthy.

alf *s* fairy.

alfabet *s* alphabet; **~isk** *adj* alphabetical.

alfons *s* pimp; **~eri** *s* pimping.

alge *s* alga *(pl:* algae); *(tang)* seaweed.

algerier *s,* **algerisk** *adj* Algerian; **Algeriet** *s* Algeria.

alibi *s* alibi.

alkohol *s* alcohol; *(som drikkes)* spirits *pl;* **~fri** *adj* non-alcoholic; *~fri drikke* non-alcoholic beverages, soft drinks; **~holdig** *adj* alcoholic; **~iker** *s* alcoholic; **~isme** *s* alcoholism; **alkotest** *s* breathalyzer.

alle *adj* all; *(~ og enhver)* everybody; *(hvem som helst)* anybody; *~ bøgerne* all the books; *~ siger at...* everybody says that...; *~ andre* everybody else; *~ de andre* all the others; *~ andre end dig* everybody except you; *~ mennesker* everybody; *~ menneskene* all the people; *de kom ~ fire* all four of them came.

allé *s* avenue.

allehånde *s (krydderi)* allspice // *adj (alle slags)* all sorts of.

allerbedst *adj/adv* best of all.

allerede *adv* already; *(selv, endog)* even.

allerflest *adj: i de ~e tilfælde* in the majority of cases; **allerførst** *adj* very first // *adv* first of all.

allergi *s* allergy; **~ker** *s* allergic; **~sk** *adj* allergic *(overfor* to).

aller... *sms:* **~helst** *adj: jeg vil ~helst have øl* I much prefer beer; **~helvedes** *adj: en ~helvedes larm* a hell of a noise; **~højst** *adj* at the utmost; **~mest** *adj* most of all; **~mindst** *adj: det er det ~mindste vi kan gøre* it is the (very) least we can do // *adv* least of all; **~senest** *adj* very latest // *adv* at the very latest; **~sidst** *adj* last of all; **~værst** *adj* worst of all.

allesammen *pron* all of them (, you, us), everybody; *de kom ~* they all came.

allevegne *adv* everywhere.

alliance *s* alliance; **~fri** *adj* non-aligned.

alliere *v: ~ sig med en* join forces with sby; **~t** *s* ally // *adj* allied; *de ~de* the Allies.

alligevel *adv* still, yet, all the same; *(under alle omstændigheder)* anyway; *det var ~ dumt af dig* it was stupid of you all the same; *du kan ~ ikke lide det* you don't like it

anyway; *det blev solskin* ~ it was sunshine after all.
almen *adj* common, general; *(for offentligheden)* public; **~gyldig** *adj* universal; **~heden** *s* the public; **~nyttig** *adj* non-profit making.
almindelig *adj (mods: sjælden)* common; *(som omfatter de fleste)* general; *(ordinær, sædvanlig)* ordinary; *(dagligdags)* plain; *det er ~ praksis* it is common practice; *~ brugt* in general use; *~e mennesker* ordinary people; *det er ngt ud over det ~e* it is sth out of the ordinary; **~vis** *adj* generally, usually.
almue- *adj* peasant, rustic.
almægtig *ajd* omnipotent; *du ~e!* almighty God!
alpehue *s* beret; **Alperne** *spl* the Alps; **alpeviol** *s* cyclamen.
alpin *adj* alpine; *~e discipliner (i skisport)* alpine combined.
alsidig *adj* versatile; *(omfattende)* all-round; **~hed** *s* versatility.
alt *s (om stemme)* contralto // *adj* all, everything; *(hvad som helst)* anything; *~ efter som...* according as...; *~ for* (far) too; *gøre ~ hvad man kan* do everything one can; *skynde sig ~ hvad man kan* hurry as much as one can; *det er ~ for meget* it is far too much; *vi bliver 20 i ~* we will be 20 in all; *~ i ~* altogether; *når ~ kommer til ~* after all.
altan *s* balcony; **~gang** *s* access balcony; **~kasse** *s* flower box.
alter *s* altar; *gå til ~s* take Communion; **~gang** *s* Holy Communion; **~kalk** *s* chalice.
alternativ *s/adj* alternative.
altertavle *s* altarpiece.
altid *adv* always.
alting *pron* everything.
altmuligmand *s* odd-job-man.
altomfattende *adj* all-embracing, global.
altså *adv* so, therefore; *(dvs)* that is; *(forstærkende)* really; *det er ~ for galt!* it is really too much! *du mener det ~? (også:)* you mean it then?
alverden *s* all the world; *hvad i ~* what on earth; *hvorfor i ~* why on earth; *den koster ikke ~* it does not cost the earth.
alvor *s* seriousness; *er det dit ~?* are you serious? *det er mit ~* I am serious; *for ~* seriously; *i ramme ~* in dead earnest; **~lig** *adj* serious // *adv* seriously.
amatør *s* amateur; **~agtig** *adj* amateurish.
ambassade *s* embassy; **ambassadør** *s* ambassador; *den danske ambassadør i Storbritannien* the Danish ambassador to Britain.
ambition *s* ambition; **ambitiøs** *adj* ambitious.
ambolt *s* anvil.
ambulance *s* ambulance.
ambulant *adj: ~ behandling* outpatient treatment; *~ patient* outpatient; **ambulatorium** *s* outpatients' clinic.
Amerika *s* America; **a~ner** *s,* **a~nsk** *adj* American.
amme *v* nurse, breastfeed.
ammoniak *s* ammonia.
ammunition *s* ammunition.
amnesti *s* amnesty.
amok *s: gå ~* run amuck.
amoralsk *adj* amoral.
amputation *s* amputation; **amputere** *v* amputate.
amt *s sv.t.* region; **~mand** *s sv.t.* prefect; **~skommune** *s sv.t.* regional council district; **~sråd** *s sv.t.* regional council.
amulet *s* charm.
analfabet *s* illiterate; **~isme** *s*

illiteracy.
analyse *s* analysis; **~re** *v* analyse.
ananas *s* pineapple.
anatomi *s* anatomy; **~sk** *adj* anatomical.
anbefale *v* recommend; *(om brev)* register; **~t** *adj (om brev)* registered (R); **anbefaling** *s* recommendation; *(ved jobansøgning)* reference.
anbringe *v* put, place; *(om penge)* invest; **~lse** *s* putting, placing; investment.
anciennitet *s* seniority; *efter ~* by seniority.
and *s* duck; *(avis~)* hoax (story).
andagt *s (i kirke)* prayers *pl; lytte med ~* listen with rapt attention; **~sfuld** *adj* devout.
andel *s* share, part; *have ~ i ngt* have a share in sth; **~s-** co-operative *(fx bevægelse* movement); **~slejlighed** *s* cooperative housing unit.
andemad *s (bot)* duckweed.
anden *pron* other; *en ~ (om person)* somebody else, another person; *(om ting)* another; *en el. ~* somebody; *en el. ~ ting* something or other; *den ene efter den ~* one after the other; *ingen ~ (om person)* nobody else; *(om ting)* no other; *(se også andet, andre) // num* second; *anden præmie* second prize; *den anden maj* the second of May *el.* May the second; *for det andet* secondly.
anderledes *adj* different // *adv* otherwise, differently; *(mere)* far more; *~ end* different from; *hvis det ikke kan være ~* if it must be.
andesteg *s* roast duck.
andet *pron* other; *et ~ hus* another house; *alt ~ end* anything but; *blandt ~ (om mennesker)* among others; *(om ting)* among other things; *ikke ~* nothing else; *ikke ~ end* nothing but; *ngt ~* something else; anything else; *(se også anden, andre);* **~steds** *adv* elsewhere; **~stedsfra** *adv* from somewhere else; **~stedshen** *adv* somewhere else.
andre *pron* other; *alle ~ (om personer)* everybody else; *(om ting)* all others; *alle de ~* all the others; *ingen ~* nobody else; *de ~* the others, the rest of them; *vi ~* the rest of us.
andægtig *adj* reverent; *(opmærksom)* attentive, rapt.
ane *s* ancestor // *v* suspect; *(mærke svagt)* sense; *(se svagt)* glimpse; *jeg ~r det ikke* I have not the faintest idea; *jeg ~r ikke hvad jeg skal gøre* I don't know what to do; *du ~r ikke hvad det koster* you have no idea what it costs; **~lse** *s* suspicion; *(smule)* touch; *have en ~lse om at...* suspect that...; *jeg har ingen ~lse om det* I have not got a clue; *bange ~lser* misgivings.
anemone *s* anemone.
anerkende *v (berettigelsen af)* acknowledge; *(godkende)* recognize; *~ modtagelsen af et brev* acknowledge receipt of a letter; **~lse** *s* acknowledgement; recognition; *(ros)* appreciation; **anerkendt** *adj (godkendt)* approved, recognized; *(kendt, med godt ry)* reputable; *almindelig anerkendt* generally accepted.
anfald *s* attack; *(kort og pludseligt)* fit; *han fik et ~ over skrammen på bilen* he had a fit over the scratch on the car.
anføre *v* lead; *(nævne)* men-

tion; **~lsestegn** *spl* quotation marks, inverted commas; **~r** *s* leader; *(hold~, sport)* captain; **anførsel** *s* leadership; *under anførsel af* led by.
anger *s* regret.
angive *v (anføre, opgive)* give, state; *(vise)* indicate; *(hævde, påstå)* profess, claim; *(stikke, melde)* inform on *(el.* against); *~ tidspunktet* state the time (of day); *~ en til politiet* report sby to the police; *~ at være læge* claim to be a doctor; **~lig(t)** *adv* allegedly; **~lse** *s* statement; *nøjere ~lse* specification; **~r** *s* informer.
angre *v* regret.
angreb *s* attack; *(luft~)* raid; *gå til ~ på* make an attack on; **~et** *adj: ~et af en sygdom* suffering from a disease; **~sspiller** *s (i fodbold)* forward; **~svåben** *s* offensive weapon.
angribe *v* attack; *(fra luften)* raid; *(skade)* damage; *(om sygdom)* affect; **~r** *s (også sport)* attacker; *(i krig)* aggressor.
angst *s* fear; *(ængstelse)* anxiety // *adj* afraid, anxious.
angå *v* concern; *hvad ~r* as to; *hvad ~r mig* for my part; *det ~r ikke dig* it is none of your business; **~ende** *adj* concerning, about.
anholde *v* arrest; *~ om ens hånd* ask for sby's hand in marriage; **~lse** *s* arrest.
anhænger *s* trailer.
anke *s (klage)* complaint; *(appel)* appeal // *v (klage)* complain *(over* of); *(appellere)* appeal.
ankel *s* ankle.
ankenævn *s* board of appeal.
anker *s* anchor; *(tønde)* barrel; *ligge for ~* lie at anchor; **~plads** *s* anchorage.
anklage *s* accusation, charge // *v* accuse, charge; *~ en for ngt* accuse sby of sth, charge sby with sth; *være under ~* be on trial; **~bænk** *s* dock; **~myndigheden** *s* the prosecution; **~r** *s* accuser; *(i retten)* prosecutor; **~skrift** *s* indictment; **~t** *adj: den ~de* the accused, the defendant.
ankomme *v* arrive *(til* at, in); **ankomst** *s* arrival *(til* at, in); *ved ankomsten* on arrival; **ankomsttid** *s* time of arrival.
ankre *v: ~ (op)* anchor.
anledning *s (lejlighed)* occasion; *(grund)* reason, cause; *(mulighed)* opportunity; *i dagens ~* in honour of the occasion; *give ~ til mistanke* give cause for suspicion; *få ~ til at gøre ngt* get an opportunity to do sth; *i ~ af Deres skrivelse...* referring to your letter...
anlæg *s (fabrik etc)* plant, works; *(park)* park; *(have)* gardens; *(evne, talent)* talent; **~ge** *v (bygge etc)* build; *(grundlægge)* found; *(have etc)* lay out; *~ge sag* take legal action; *~ge sag mod en* sue sby; *~ge skæg* grow a beard; **~sarbejde** *s* construction work.
anløbe *v (om skib)* call at; *(irre, blive sort etc)* be tarnished; **anløbsbro** *s* jetty.
anmarch *s: være i ~* be on the way.
anmelde *v (til politiet etc)* report; *(bebude, annoncere)* announce; *(deltagelse i fx konkurrence)* enter; *(som kritiker)* review; **~lse** *s* notification; *(til konkurrence etc)* entry; *(indtegning)* registration; *(kritik)* review; **~lsesblanket** *s* registration form; **~r** *s (kri-*

tiker) critic, reviewer; *(jur)* informer.

anmode *v: ~ om* ask for; *~ en om at gøre ngt* ask sby to do sth; **anmodning** *s* request *(om* for); *efter anmodning* by request; *på ens anmodning* at sby's request.

annonce *s* advertisement, (F) ad; **~kampagne** *s* advertising campaign; **~re** *v* advertise; *~re et program* announce a program; **~ring** *s* advertising; *(tv, radio)* announcing.

annullere *v* cancel; **annullering** *s* cancellation.

anonym *adj* anonymous; **~itet** *s* anonymity.

anordning *s* device.

anretning *s (opdækning)* table arrangement; *(ret mad)* course; **anrette** *v (mad)* serve; *(forårsage)* cause *(fx skade* damage).

anse *v: ~ for* consider (to be), regard as; *~ ngt for givet* take sth for granted; **~else** *s (godt ry)* reputation; **~lig** *adj (ret stor)* considerable; *(om person)* notable; **~t** *adj* distinguished.

ansigt *s* face; *sige ngt op i ens åbne ~* tell sby sth to his face; **~sfarve** *s* complexion; **~sløftning** *s* facelift; **~smaske** *s* face mask; **~stræk** *s* feature; **~sudtryk** *s* (facial) expression.

ansjos *s* anchovy.

anskaffe *v: ~ sig ngt* get oneself sth; **~lse** *s* acquisition.

anskuelse *s* view, opinion; *jeg er af den ~ at...* in my view...

anslag *s (på klaver etc)* touch; *200 ~ i minuttet sv.t.* 40 words per minute.

anslå *v (om streng etc)* strike; *(vurdere)* estimate.

anstalt *s* institution.

anstandsdame *s* chaperon(e).

anstrenge *v* strain; *(trætte)* tire; *~ sig for at gøre ngt* make an effort to do sth; **~lse** *s* effort; *(stærk)* strain; **~nde** *adj* strenuous; *(trættende)* tiring; **anstrengt** *adj (spændt)* tense; *(fx smil)* forced.

anstændig *adj* decent; **~hed** *s* decency.

anstød *s: tage ~ af ngt* take offence at sth; *vække ~* cause offence; **~elig** *adj* offensive.

ansvar *s* responsibility; *(skyld)* blame; *på eget ~* on one's own responsibility; *stå til ~ for ngt* be held responsible for sth; **~lig** *adj* responsible; **~sforsikring** *s* personal liability insurance; *(auto)* third-party insurance; **~sfuld** *adj* responsible; **~sløs** *adj* irresponsible.

ansætte *v (i stilling)* employ; *(i embede etc)* appoint; *(vurdere, skønne)* estimate *(til* at); *(i skat)* assess; *være ansat i et firma* be with a firm; **~lse** *s* employment; estimation; assessment; *tryghed i ~lsen* job security.

ansøge *v* apply *(om* for); **~r** *s* applicant *(til* for); **ansøgning** *s* application *(om* for).

antage *v (formode)* suppose; *(ansætte)* engage; *(godkende, acceptere)* accept; *~ et nyt navn* adopt a new name; **~lig** *adj (god nok)* acceptable; *(ret stor)* considerable // *adv (formentlig)* presumably.

antal *s* number; *i et ~ af flere hundrede* several hundred in number.

Antarktis *s* the Antarctic.

antenne *s* aerial.

antiatom- *adj* anti-nuclear.

antibiotika *spl* antibiotics; **antibiotisk** *adj* antibiotic.

antik *s* antique; **~ken** *s* Antiquity.
antikvariat *s* second-hand bookshop.
antikveret *adj* obsolete.
antikvitet *s (som købes)* antique; *(fortidsminde)* antiquity; **~sforretning** *s* antique shop; **~shandler** *s* antique dealer.
antilope *s* antelope.
anti. . . *sms:* **~pati** *s* antipathy *(mod* to); **~semitisk** *adj* antisemitic; **~septisk** *adj* antiseptic; **~statisk** *adj* antistatic; **~stof** *s* antibody.
antræk *s (påklædning)* get-up.
antyde *v* hint, suggest; *(tyde på)* indicate; *det tør svagt ~s!* you may say so! **antydning** *s* hint, suggestion.
antænde *v* set fire to; *~s* catch fire; **~lse** *s* ignition.
anvende *v* use *(til* for); **~lig** *adj (nyttig)* useful; *(brugbar)* applicable; **~lse** *s* use.
anvise *v (vise)* show; *(give, tildele)* assign; *anvise beløbet til udbetaling* order the amount to be paid out; *~ en en plads* show sby to his/her seat; **anvisning** *s (penge~)* money order; *(vejledning)* direction, instructions *pl.*
aparte *adj* peculiar, odd.
apatisk *adj* apathetic.
apostrof *s* apostrophe.
apotek *s* chemist's (shop), pharmacy; **~er** *s* pharmacist, dispensing chemist.
apparat *s* device, (F) contraption; *(radio, tv)* set; **~ur** *s* apparatus.
appel *s* appeal; **~domstol** *s* court of appeal; **~lere** *v* appeal; **~sag** *s* appeal case.
appelsin *s* orange; **~marmelade** *s* (orange) marmalade; **~skal** *s* orange peel.
appetit *s* appetite; **~lig** *adj* appetizing; **~vækker** *s* appetizer.
applikation *s* appliqué; **applikere** *v* appliqué.
appretur *s* finish; *(selve midlet)* starch.
april *s* April; *den første ~* the first of April *el.* April the first; *narre en ~* make sby an April fool; **~snar** *s* April fool.
apropos *adv (forresten)* by the way; *~ penge, så har jeg ingen* talking of money, I don't have any.
ar *s* scar.
araber *s* Arab; **Arabien** *s* Arabia; **arabisk** *s (om sproget)* Arabic // *adj* Arab, Arabian.
arbejde *s* work; *(hårdt)* labour; *(beskæftigelse)* employment; *få ~* get a job, find work; *gå på ~* go to work; *være i ~* be working; *være uden ~* be unemployed // *v* work; *(hårdt)* labour; *~ med ngt* work at sth; *~ på at opnå ngt* work at achieving sth.
arbejder *s* worker, workman; **~beskyttelse** *s* maintenance of industrial health and safety standards; **~klassen** *s* the working class; **~parti** *s* labour party.
arbejds. . . *sms:* **~anvisning** *s sv.t.* job centre; **~byrde** *s* work load; **~dag** *s* working day; **~deling** *s* division of labour; **~evne** *s* working capacity; **~forhold** *spl* working conditions; **~formidling** *s sv.t.* job centre; **~giver** *s* employer; **~giverforening** *s* employers' federation; **~gruppe** *s* team; **~kammerat** *s* colleague, workmate; **~konflikt** *s* labour conflict; **~kraft** *s (arbejdere)* manpower; *(evne til at arbejde)* capacity for work; **~krævende** *adj* labour-in-

tensive; **~liderlig** *adj: han er ~liderlig* he is a workaholic; **~løn** *s* wages *pl.*
arbejdsløs *adj* unemployed, redundant; *blive ~* lose one's job; **~hed** *s* unemployment, redundancy; **~hedskasse** *s* unemployment fund; **~hedsunderstøttelse** *s* unemployment benefit; *få ~hedsunderstøttelse* (F) be on the dole.
arbejds... *sms:* **~marked** *s* labour market; **~medicin** *s* industrial medicine; **~ministerium** *s* Ministry of Labour; **~moral** *s* work ethic; **~nedlæggelse** *s* walkout.
arbejdsom *adj* hard-working.
arbejds... *sms:* **~plads** *s* place of work; **~ret** *s sv.t.* industrial tribunal; **~søgende** *s* job hunter; **~tager** *s* employee; **~tid** *s* working hours; *efter ~tid* after work; **~tilladelse** *s* work permit; **~tøj** *s* working clothes; **~ulykke** *s* industrial accident; **~uge** *s* working week; **~værelse** *s* study.
areal *s (område)* area; *(mål)* acreage.
Argentina *s* the Argentine, Argentina; **argentiner** *s,* **argentinsk** *adj* Argentinian.
argument *s* argument; **~ere** *v* argue.
aristokrat *s* aristocrat; **~i** *s* aristocracy; **~isk** *adj* aristocratic.
aritmetik *s* algebra.
ark *s* sheet *(fx papir* of paper); *Noas ~* Noah's ark.
arkitekt *s* architect; **~lampe** *s* anglepoise ® (lamp); **~tegnet** *adj* designed by an architect; **~ur** *s* architecture.
arkiv *s* archives *pl; (på kontor)* file; **~ar** *s* archivist; **~ere** *v* file.
Arktis *s* the Arctic; **a~k** *adj* arctic.
arkæolog *s* archeologist; **~i** *s* archaeology.
arm *s* arm; *tage ngt i stiv ~* take sth without flinching // *adj: ~e dig!* poor you! **~bevægelse** *s* gesture; **~bøjninger** *spl (gymnastik)* pushups; **~bånd** *s* bracelet; **~båndsur** *s* (wrist)watch.
armere *v* arm; *(pansre)* armour; *~t jernbeton* reinforced concrete; **armering** *s* armament; *(panser)* armour.
arm... *sms:* **~hule** *s* armpit; **~læn** *s* armrest; **~ring** *s* bangle; **~stol** *s* arm chair; **~sved** *s* body odour.
arrangement *s* arrangement; **arrangere** *v* arrange; *arrangere sig med en* make an arrangement with sby; **arrangør** *s* organizer.
arrest *s* custody; *(stedet)* prison; **~ere** *v* arrest; *være ~eret* be held in custody; **~ordre** *s* warrant.
arrig *adj* bad-tempered; **~skab** *s* bad temper.
arrogant *adj* arrogant.
arsenik *s* arsenic.
art *s (slags)* kind, sort; *(væsen, beskaffenhed)* nature.
arterie *s* artery.
artig *adj* good, well-behaved.
artikel *s* article; *(videnskabelig også:)* paper.
artiskok *s* artichoke; **~bund** *s* artichoke heart.
artist *s* artiste.
arv *s* inheritance; *(ved testamente)* legacy; *få ngt i ~* inherit sth; *gå i ~ til* pass on to; **~e** *v* inherit; *~e sin onkel* be heir to one's uncle; *~e ngt efter en* get sth after sby; **~eafgift** *s* death duties *pl;* **~eanlæg** *s* hereditary factor; **~efølge** *s* line of succession; **~elig** *adj* hereditary; **~estyk-**

ke *s* heirloom; **~ing** *s* heir.
A/S *se aktieselskab.*
asbest *s* asbestos; **~ose** *s* asbestosis.
ascorbinsyre *s* ascorbic acid.
ase *v* struggle *(med* with).
asfalt *s* asphalt, tarmac; **~ere** *v* asphalt, tarmac.
asiat *s,* **~isk** *adj* Asian.
asie *s: syltet ~* pickled gherkin.
Asien *s* Asia.
ask *s* ash.
aske *s* ashes *pl; (fra cigaret el. vulkan)* ash; **~bæger** *s* ashtray; **A~pot** Cinderella; **~skuffe** *s* ash pan.
asketisk *adj* ascetic.
asocial *adj* antisocial.
asparges *s* asparagus; **~hoved** *s* asparagus tip.
assistance *s* assistance; **assistent** *s* assistent; **assistere** *v* assist *(ved* at).
assurance *s* insurance; **assurandør** *s* insurance man.
astma *s* asthma; **~tisk** *adj* asthmatic.
astro... *sms:* **~log** *s* astrologist; **~logi** *s* astrology; **~naut** *s* astronaut; **~nom** *s* astronomer; **~nomi** *s* astronomy; **~nomisk** *adj* astronomical.
asyl *s* asylum; *ansøge om politisk ~* apply for political asylum.
at *(foran infinitiv)* to; *prøv at gøre det* try to do it; *bogen er svær at læse* the book is difficult to read; *(infinitiv uden* to:) *få en til at græde* make sby cry; *(ofte kan man vælge mellem* to + *infinitiv el.* -ing-*form:) han begyndte at løbe* he started to run *el.* he started running; *(efter præp altid* -ing-*form:) de talte om at gøre det* they talked about doing it; *de gik uden at spise* they left without eating // *(foran sætning, udelades dog ofte)* that; *jeg ved at det er for sent* I know (that) it is too late; *(andre forbindelser:) tale om ~ rejse til London* talk about going to London; *jeg kan ikke fordrage ~ se på det* I cannot stand watching it; *få en til ~ gøre ngt* make sby do sth; *~ du ikke skammer dig!* you ought to be ashamed of yourself! *(tænk) ~ det skulle ske nu!* that it should happen now!
atelier *s* studio.
Athen *s* Athens.
Atlanterhavet *s* the Atlantic (Ocean); **Atlantpagten** *s* the Atlantic Charter.
atlas *s* atlas.
atlet *s* athlete; **~ik** *s* athletics; **~isk** *adj* athletic.
atmosfære *s* atmosphere; **atmosfærisk** *adj: atmosfæriske forstyrrelser (radio, tv)* atmospherics *pl.*
atom *s* atom; *(for sms se også kerne);* **~affald** *s* nuclear waste; **~bombe** *s* atom(ic) bomb, nuclear bomb; **~brændstof** *s* nuclear fuel; **~drevet** *adj* nuclear-powered; **~energi** *s* nuclear energy; **~forsøg** *s* nuclear test; **~fri** *adj: ~fri zone* denuclearized zone; **~fysik** *s* nuclear physics; **~fysiker** *s* nuclear physicist; **~kraft** *s* nuclear power; **~kraftværk** *s* nuclear power station *(el.* plant); **~krig** *s* nuclear war; **~våben** *spl* nuclear weapons.
atten *num* eighteen; **~de** *adj* eighteenth.
attentat *s (dvs. forsøg)* assassination attempt; *(dvs. mord)* assassination.
atter *adv* again, once more.
attest *s* certificate; **~ere** *v* certify (to).

attrap *s* dummy.
attråværdig *adj* desirable.
audiens *s* audience.
auditorium *s* lecture hall; *(lille)* lecture room.
august *s* August; *den femte ~* the fifth of August *el.* August the fifth.
auktion *s* auction (sale); *sætte ngt på ~* put sth up for auction; **~arius** *s* auctioneer.
aula *s* assembly hall.
Australien *s* Australia; **australier** *s*, **australsk** *adj* Australian.
autentisk *adj* authentic.
autograf *s* autograph.
autohandler *s* car dealer.
automat *s (salgs~)* vending machine; *(spille~)* slot-machine; *(robot og fig)* automaton; **~isering** *s* automation; **~isk** *adj* automatic // *adv* automatically.
automekaniker *s* car mechanic.
automobil *s* (motor) car; **~fabrik** *s* car factory; **~forhandler** *s* car dealer; **~forsikring** *s* motor (car) insurance; **~værksted** *s* garage.
autorisation *s* authorization; **autorisere** *v* authorize, license; **autoritet** *s* authority; **autoritær** *adj* authoritarian.
autovask *s* carwash; **autoværn** *s* crash-barrier.
av *interj* ouch.
avance *s* profit.
avancement *s* promotion; **avancere** *v (blive forfremmet)* be promoted; **avanceret** *adj* advanced.
avertere *v* advertise *(efter* for); *~ med ngt* advertise sth.
avis *s* paper, newspaper; **~kiosk** *s* newsstand; **~papir** *s* newsprint; **~udklip** *s* (press) cutting.
avl *s (høstudbytte)* crop; *(dyrkning)* growing; *(opdræt)* breeding; **~e** *v (dyrke)* grow; *(opdrætte)* breed; *(få unger)* procreate; *(fig)* breed; **~sdyr** *s* breeding animal.
avocado *s* avocado.

B

baby *s* baby; **~lift** *s* carrycot; **~sitter** *s: være ~sitter* babysit; **~udstyr** *s* layette, baby things.
bacille *s* germ.
bad *s (kar~)* bath; *(bruse~)* shower; *(i fri luft)* swim, bathe; *tage ~* have a bath; *værelse med ~* room with a private bath; **~e** *v* have a bath; *(~e fx øjne)* bathe; *bade et barn* bath a child; **~eanstalt** *s* baths *pl;* **~ebro** *s* bathing jetty; **~ebukser** *spl* bathing trunks; **~edragt** *s* bathing suit, swimsuit; **~ehætte** *s* swimming cap; **~ehåndklæde** *s* bath towel; **~ekar** *s* bath tub; **~ekåbe** *s* bathrobe; **~esalt** *s* bath salts *pl;* **~ested** *s* seaside resort; **~estrand** *s* beach; **~eværelse** *s* bathroom.
badminton *s* badminton; **~bold** *s* shuttlecock; **~ketsjer** *s* badminton racket.
badning *s* bathing.
bag *s (bagdel)* backside, bottom; *(bagside)* back // *adj/adv* behind; *gå ~ en* walk behind sby; *~ på* on the back of; *det kom ~ på os* it took us by surprise; *~ ved* behind.
bagage *s* luggage, baggage; **~bærer** *s (på bil)* luggage rack; *(på cykel)* carrier; **~rum** *s (i bil)* boot.
bagatel *s* trifle.
bagben *s* hindleg.
bagbord *s (mar)* port; **~s** *adj*

port.
bagdel *s* backside, bottom; *(ulempe, mods: fordel)* drawback; **bagdør** *s* back door.
bage *v* bake; **~form** *s* baking tin.
bagefter *adv (senere)* afterwards; *(bagved)* behind; *mit ur er ~* my watch is slow; *være ~ med huslejen* be in arrears with the rent.
bage. . . *sms:* **~opskrift** *s* baking recipe; **~ovn** *s* (baking) oven; **~plade** *s* baking tray; **~pulver** *s* baking powder.
bager *s* baker; **~butik** *s* baker's; **~i** *s* bakery.
bagerist *s* wire rack.
bagest *adj* hindmost // *adv* at the back; *~ i salen* at the back of the hall.
bagfra *adv* from behind.
baggrund *s* background; *på ~ af* in the light of; **~s-** *adj* background *(fx støj* noise).
bag. . . *sms:* **~gård** *s* backyard; **~gårds-** *adj* slum *(fx børn* children); **~have** *s* back garden; **~hjul** *s* rear wheel; **~hjulsbremse** *s* rear-wheel brake; **~hjulstræk** *s* rear-wheel drive; **~hold** *s* ambush; *falde i ~hold* be ambushed; **~hus** *s* back building; **~hånd** *s (fx i tennis)* backhand; *have ngt i ~hånden* have sth up one's sleeve.
bagi *adv* in the back.
bag. . . *sms:* **~klap** *s (auto)* tail-gate; **~lomme** *s* hip pocket; **~lygte** *s* rear light, tail light; **~læns** *adj* backward // *adv* backwards; **~lås** *s: gå i ~lås* jam; **~mand** *s (fig)* wire-puller; **~mandspolitiet** *s* (F) the fraud squad.
bagning *s* baking.
bagom *adv* behind; *gå ~ (fx i forretning)* go round the back; **bagover** *adv* backwards; *falde (el. gå) bagover* fall backwards; **bagpå** *adv* behind, on the back.
bag. . . *sms:* **~rude** *s* rear window; **~side** *s* back; **~smæk** *s (auto)* tailboard; **~stavn** *s (mar)* stern; **~sæde** *s* back seat; *(på motorcykel)* pillion; **~tale** *v* slander; **~tanke** *s* ulterior motive; **~trappe** *s* back stairs *pl;* **~ud** *adv* to the rear; *(med betaling)* in arrears; *betale ~ud* pay in arrears; *sakke ~ud* lag behind; **~ude** *adv* behind; **~vaskelse** *s* slander; **~ved** *adv* behind; **~vendt** *adj* turned the wrong way; *(fig)* awkward.
bagværk *s* pastry.
bajer *s: en ~* a beer.
bajersk *adj: ~ pølse* frankfurter.
bakgear *s* reverse gear.
bakke *s (i terrænet)* hill; *(til servering)* tray; *(til frugt og grønt)* punnet // *v (gå, køre etc baglæns)* reverse, back; *(ryge på fx pibe)* puff; **~drag** *s* range of hills; **~t** *adj* hilly.
baklygte *s* reversing lamp.
bakse *v: ~ med ngt* manouvre sth; *(slås med)* struggle with sth.
bakspejl *s* rear-view mirror.
bakterie *s* germ.
bal *s* dance; *(stort, formelt)* ball; *(billardkugle)* ball.
balance *s* balance; **~re** *v* balance; *få ngt til at ~re* balance sth.
balje *s (fx opvaske~)* bowl, basin; *(større kar)* tub.
balkon *s* balcony; *(teat)* (dress) circle.
ballade *s (halløj)* row; *(folkevise)* ballad; *lave ~* kick up a row.
balle *s (til varer)* bale.
ballet *s* ballet; **~danser** *s* ballet dancer; **~kjole** *en* tutu;

~**sko** *s* ballet shoe.
ballon *s* balloon; ~**gynge** *s* Ferris wheel; ~**tyggegummi** *s* bubble gum.
balsam *s* balm; *(til håret)* hair conditioner; ~**ere** *v* embalm.
bambus *s* bamboo.
bamse *s* bear; *(som legetøj)* teddy bear.
banal *adj* banal; ~**itet** *s* banality.
banan *s* banana; ~**klase** *s* bunch of bananas; ~**skræl** *s* banana skin; ~**stik** *s (elek)* jack plug.
bandage *s* bandage.
bande *s* gang; *(på ishockeybane)* barrier // *v* swear, curse; *det kan du ~ på!* you can bet your life on it! *~ på at...* swear that...; ~**n** *s* swearing, cursing; ~**ord** *s* swearword.
bandit *s* bandit, scoundrel; *(spøg)* rascal.
bandlyse *v* ban.
bane *s* track, course; *(jernb)* railway; *(papir, tæppe, stof)* length; *(om planet, rumskib)* orbit; *(sport, fx fodbold)* pitch; *der er fri ~* the path is clear; *mad i lange ~r* lots of food; *bringe ngt på ~* bring sth up // *v* level, clear; *~ vej for ngt* prepare the way for sth; *~ sig vej* force one's way; ~**brydende** *adj* pioneering; ~**gård** *s* railway station; ~**legeme** *s* railway track; ~**linje** *s* railway line; ~**pakke** *s* railway parcel.
bange *adj* afraid, scared *(for* of); *jeg er ~ for at...* I am afraid that...; *er vi for sent på den? Ja, jeg er ~ for det* are we late? Yes, I'm afraid so; ~**buks** *s* coward.
bank *s (klø)* beating; *(pengeinstitut)* bank; *sætte penge i ~en* deposit *(el.* put) money in the bank; *sprænge ~en* break the bank; ~**bog** *s* savings book; ~**boks** *s* safe-deposit box.
banke *v* knock, tap; *(om hjerte)* beat; *(tæve)* beat, thrash; *(slå i spil etc)* beat; *det ~r* somebody is knocking; *~ på* knock; ~**kød** *s sv.t.* stewed beef; ~**n** *s* knock(ing).
bankerot *s* bankruptcy // *adj* bankrupt; *gå ~* go bankrupt.
bankier *s* banker.
bank... *sms:* ~**konto** *s* bank account; ~**lån** *s* bank loan; ~**mand** *s* bank employee.
bankospil *s* bingo.
bankrøver *s* bank robber; ~**i** *s* bank robbery.
bar *s* bar // *adj* bare; *(nøgen)* naked; *(lutter)* sheer, pure; *starte på ~ bund* start from scratch; *stå på ~ bund* not have a clue; *gå på ~e fødder* walk barefoot; *(se også bare).*
barak *s* hut.
barbarisk *adj* barbaric.
barbenet *adj* bare-legged.
barber *s* barber; *(herrefrisør)* hairdresser; ~**blad** *s* razor blade; ~**creme** *s* shaving cream; ~**e** *v: ~e (sig)* shave; ~**ing** *s* shave; ~**kniv** *s* razor; ~**kost** *s* shaving brush; ~**maskine** *s (elek)* electric shaver; ~**skum** *s* shaving foam; ~**sprit** *s* after-shave (lotion); ~**sæbe** *s* shaving soap.
bare *adv* just, only // *konj* if only; *du kan ~ vente dig!* you just wait! *det var ~ for sjov* it was only for fun; *~ tanken om det...* the mere thought of it...; *(se også bar).*
barfodet *adj* barefoot(ed).
bark *s (på træ)* bark.
barm *s* bosom.
barmhjertig *adj* merciful; *(godgørende)* charitable; ~**hed** *s* mercy; charity.
barn *s* child; *få et ~ med en*

have a child by sby; *de skal have et* ~ they are having a baby; *have kone og børn* have a wife and family; **~agtig** *adj* childish.
barndom *s* childhood; *gå i* ~ be in one's second childhood.
barne. . . *sms:* **~barn** *s* grandchild; **~billet** *s* half ticket; **~dåb** *s* christening; **~mad** *s* infant food; *(fig)* child's play; **~pige** *s* nanny; **~pleje** *s* child care; **~seng** *s* cot; **~vogn** *s* pram.
barnlig *adj* childish; **~hed** *s* childishness.
barnløs *adj* childless.
barok *s/adj* baroque.
barometer *s* barometer.
baron *s* baron; **~esse** *s* baroness.
barre *s (guld etc)* bar; *(i gymnastik)* parallel bars; *(forskudt ~)* uneven bars.
barriere *s* barrier.
barrikade *s* barricade; **~re** *v* barricade.
barsel *s* childbirth; **~sorlov** *s* maternity leave.
barsk *adj (klima etc)* rough; *(person)* hard, tough.
bas *s (om sanger, guitar)* bass; *(kontra~)* double bass.
basar *s* bazaar.
base *s* base; **~re** *v* base.
basis *s* basis; *på ~ af* on the basis of.
bassin *s* pool; *(havne~ etc)* basin.
bassist *s* bass player.
bast *s* raffia
bastant *adj (fx om mad)* substantial; *(om person)* stout.
bastard *s* hybrid, crossbreed.
basun *s* trombone; **~ist** *s* trombone player; **~kinder** *spl* chubby cheeks.
batist *s* cambric.
batte *v: ~ ngt* have an effect; *så det ~r* with a vengeance.
batteri *s* battery.
bautasten *s* standing stone.
bavian *s* baboon.
bearbejde *s* work; prepare; *(om fx manuskript)* adapt *(fx for tv* for television); *(presse en person)* try to persuade; **~lse** *s* working, preparation; adaptation; persuasion.
bebo *v* live in, occupy; **~else** *s* habitation, residence; **~elseshus** *s (etageejendom)* block of flats; **~elseskvarter** *s* residential area; **~er** *s* occupant; *(lejer)* tenant; *(indbygger)* inhabitant; **beboet** *adj* occupied, inhabited.
bebrejde *v: ~ en ngt* blame sby for sth; **~lse** *s* reproach; **~nde** *adj* reproachful.
bebude *v* announce; **~lse** *s* announcement; *jomfru Marias ~lsesdag* Annunciation Day.
bebygge *v* build on; *(om byområde)* build up, develop; **~lse** *s (det at bygge)* building; *(bygninger)* buildings *pl; (bebygget område)* built-up area; **~t** *adj* built-up.
bed *s (i have etc)* bed.
bedding *s* slipway.
bede *v* ask; *(tigge)* beg; *(til gud)* pray; *man ~s. . .* please. . .; *~ en bøn* say a prayer; *~ om* ask for; *~ en om at gøre ngt* ask sby to do sth; *~ en om forladelse* beg sby's pardon; *jeg be'r!* don't mention it! **~mand** *s* undertaker; **~nde** *adj* entreating.
bedrag *s* delusion; **~e** *v (snyde)* cheat, deceive; *(lave ~ mod)* swindle; *(lede på vildspor)* delude; *(i ægteskab)* be unfaithful to; **~er** *s* swindler, impostor; **~eri** *s* deceit, swindling.
bedre *adj/adv* better; *det var ~!* that's better! *få det ~* get

better; *have det* ~ be better; *det ville passe* ~ *i morgen* it would be better tomorrow; *jeg kan* ~ *lide te* I prefer tea; **~vidende** *adj* know-all.
bedrift *s* achievement; *(firma)* concern; *(fabrik)* factory; *(landbrug)* farm; **~slæge** *s* works doctor.
bedring *s* improvement; *god* ~*!* I wish you a speedy recovery!
bedrøve *v* distress; **~lig** *adj* sad; **~lse** *s* sadness; **~t** *adj* sad.
bedst *adj* best; *i* ~*e fald* at best; *du gør* ~ *i at...* you had better...; ~ *som...* just as...
bedste *s: det er til dit eget* ~ it is for your own good; *til ens* ~ for the benefit of sby; *til fælles* ~ for the common good; **~far** *s* grandfather; **~forældre** *spl* grandparents; **~mor** *s* grandmother.
bedømme *v* assess, judge (about); **~lse** *s* assessment, judgement.
bedøve *v* anaesthetize; *(med slag)* stun; **~lse** *s* anaesthesia; **~lsesmiddel** *s* anaesthetic.
befale *v* order; *(give ordrer)* give orders.
befaling *s* command, order; *på* ~ to order, under orders *(af* from); **~smand** *s* officer.
befinde *v:* ~ *sig* be; *(føle sig, også:)* feel.
befolkning *s* population; *~en* the inhabitants.
befordre *v (transportere)* convey; *(fremme)* promote; **befordring** *s* conveyance; **befordringsmiddel** *s* means of transport.
befri *v* free, release; ~ *en for ngt* free sby from sth; *det var helt ~ende* it was quite a relief; **~else** *s* liberation; *B~elsen* the Liberation.
befrugte *v* fertilize; **befrugtning** *s* fertilization; *kunstig befrugtning* artificial insemination.
beføjelse *s* authority.
begavelse *s* gifts, talents *pl;* **begavet** *adj* gifted, talented.
begejstret *adj* enthusiastic *(over* about); **begejstring** *s* enthusiasm.
begge both; *(den ene el. den anden af to mulige)* either; *vi kommer* ~ *to* we are both coming; *de er* ~ *to millionærer* both of them are millionaires; ~ *dele* both.
begive *v:* ~ *sig til* go to.
begivenhed *s* event; *(hændelse)* incident; **~srig** *adj* eventful.
begrave *v* bury; **~lse** *s* funeral; *(det at begrave)* burial.
begreb *s* idea, conception; *have* ~ *om ngt* know about sth; *jeg har ikke* ~ *om det* I have no idea about it; *~et rigdom* the concept of wealth.
begribe *v* understand, grasp.
begrundelse *s* reason; *med den* ~ *at* for the reason that.
begrænse *v* limit; *(indskrænke)* reduce; **~t** *adj* limited; **begrænsning** *s* limitation; reduction.
begynde *v* start, begin; ~ *at løbe* start running, begin to run; *til at* ~ *med* to begin with; ~ *på at gøre ngt* start doing sth; **~lse** *s* beginning, start; *i ~lsen* at first; *i ~lsen af januar* in the beginning of January; **~r** *s* beginner.
behag *s* pleasure; *efter* ~ as you like; *smag og* ~... everyone to his taste; **~e** *v* please; *som man ~er* as you like it; **~elig** *adj* pleasant; *(rar, bekvem)* comfortable; *gøre sig det ~eligt* make oneself comfortable; **~elighed** *s* pleasant-

ness; *(ngt rart)* comfort; *(fordel, gode)* advantage.

behandle *v* treat; *(diskutere)* discuss; **behandling** *s* treatment; discussion.

beherske *v (regere over)* rule over; *(kunne)* master; *(være fremtrædende)* dominate; *~ sig* control oneself; **~lse** *s* control; **~t** *adj* moderate.

behold *s: i god ~* safe (and sound); **~e** *v* keep; **~er** *s* container; **~ning** *s (forråd)* supply; *(lager)* stock.

behov *s* need; *have ~ for ngt* need sth; *efter ~* as required.

behændig *adj* nimble, agile; **~hed** *s* nimbleness, agility.

behøve *v* need; *(være nødt til)* have to; *du ~r ikke at ringe* there is no need to call; *det ~s ikke* it is not necessary.

bejdse *s/v* stain.

bekende *v (indrømme)* admit; *(tilstå)* confess; *~ kulør (fig)* show one's hand; **~lse** *s* confession; *gå til ~lse* confess.

bekendt *s* acquaintance // *adj (kendt af alle)* well-known; *(som man er fortrolig med)* familiar; *~ med* acquainted with; *(så vidt) mig ~* as far as I know; *som ~* as is you know; *vi kan ikke være ~ at...* it won't do for us to...; *det kan du ikke være ~!* you ought to be ashamed of yourself! **~gøre** *v* announce; **~gørelse** *s* announcement, notice; **~skab** *s* acquaintance; *stifte ~skab med en* make sby's acquaintance.

beklage *v (angre)* regret; *(have ondt af)* be sorry for; *~ sig over ngt* complain about sth; **~lig** *adj* unfortunate; *(yderst ~lig)* deplorable; **~ligvis** *adv* unfortunately; **~lse** *s* regret; *(medlidenhed)* pity; *(klage)* complaint; *det er med den største ~lse at vi må...* much to our regret we have to...

beklæde *v (betrække, dække)* cover; *(med brædder)* board; *(en stilling)* hold.

beklædning *s (påklædning)* clothes *pl; (betræk etc)* cover(ing); *(med brædder)* boarding; **~sgenstand** *s* garment.

bekoste *v* pay for; **~lig** *adj* costly; **bekostning** *s* cost, expense; *på bekostning af* at the expense of.

bekræfte *v (attestere etc)* certify; *(anerkende, bestyrke)* confirm; **~lse** *s* certification; confirmation; **~nde** *adj* affirmative // *adv* in the affirmative; *i ~nde fald* if so.

bekvem *adj (behagelig)* comfortable; *(praktisk)* handy, convenient; **~melighed** *s* comfort; convenience; *moderne ~meligheder* modern conveniences.

bekymre *v* worry; *~ sig om ngt* worry about sth; *(tage sig af)* concern oneself with sth; **~t** *adj* worried *(for, over* about); **bekymring** *s* worry.

bekæmpe *v* fight; *(nedkæmpe)* control; *(sætte sig imod)* oppose; *~ forureningen* fight pollution; *~ myndighederne* oppose the authorities; **~lse** *s* fight *(af* against).

belaste *v* put weight on; *(anstrenge fx muskler)* strain; *(tynge på, fig)* burden; **belastning** *s (last)* load; *(fig)* strain; *(ngt graverende)* burden *(for* on).

belave *v: ~ sig på at gøre ngt* prepare oneself for doing sth.

belejlig *adj* convenient; *snarest ~t* at your earliest convenience, soonest possible; *det kom ~t* it came at just the right time; *det var ikke ~t* it was inconvenient.

belejre *v* besiege; **belejring** *s* siege; *være under belejring* be besieged.
belemre *v: ~ en med ngt* encumber sby with sth.
Belgien *s* Belgium; **belgier** *s,* **belgisk** *adj* Belgian.
beliggende *adj* situated; **beliggenhed** *s* situation.
bellis *s (bot)* daisy.
belyse *v (lyse på)* illuminate; *(foto)* expose; *(fig, kaste lys over)* throw light on.
belysning *s (det at lyse på)* illumination; *(elek, sol etc)* light; *(fig, af emne etc)* illustration; **~småler** *s (foto)* light meter; **~stid** *s* exposure time; **~svæsen** *s* gas and electricity board.
belægge *v (dække)* cover; *(med lag af fx glasur)* coat; *(lægge beslag på, optage)* occupy; *~ med håndjern* handcuff; *~ med tæpper* carpet; *hotellet er fuldt belagt* the hotel is booked up; **belægning** *s* cover(ing); coating; *(på vej)* surface.
belære *v: ~ en om ngt* teach sby sth; **~nde** *adj* instructive.
belæst *adj* well-read.
beløb *s* amount; *samlet ~* total amount; **~e** *v: ~e sig til* amount to.
belønne *v* reward; **belønning** *s* reward; *få ngt i (el. til) belønning* get sth as a reward.
bemande *v* man; **bemanding** *s (mandskab)* crew; *(det at bemande)* manning.
bemyndige *v* authorize; **~lse** *s* authorization.
bemægtige *v: ~ sig ngt* take possession of sth.
bemærke *v (lægge mærke til)* notice; *(bide mærke i)* note; *(sige)* remark; *gøre sig ~t* draw attention to oneself; *man bedes ~ at...* please note that...; **~lsesværdig** *adj* remarkable; *(værd at bide mærke i)* noteworthy; **bemærkning** *s* remark, comment; *komme med bemærkninger om ngt* comment on sth.
ben *s* leg; *(knogle, fiske~, materialet)* bone; *(bijob)* sideline; *have ~ i næsen* be tough; *det er der ingen ~ i* that's child's play; *have ondt i ~ene* have sore legs; *komme på ~ene* get back on one's feet; *spænde ~ for en* trip sby up; **~beskytter** *s* shin pad; **~e** *v: ~e rundt* run about; **~ende** *s (i seng)* foot of the bed; **~fri** *adj* boneless; **~klæder** *spl* trousers; **~skade** *s* leg injury; **~skinne** *s* splint.
benytte *v* use, employ; *~ sig af ngt* make use of sth; *~ lejligheden til at gøre ngt* take the opportunity to do sth.
benzin *s (til bil etc)* petrol; *(rense~)* benzine; **~dunk** *s* petrol can; **~måler** *s* fuel gauge; **~tank** *s (tankstation)* petrol station; *(i bil)* petrol tank.
benægte *v* deny; **~lse** *s* denial; **~nde** *adj* negative // *adv: svare ~nde* answer in the negative.
benåde *v* pardon; **benådning** *s* pardon.
beordre *v* order.
beplantning *s (det at plante)* planting; *(plantage)* plantation.
beredskab *s* readiness; *holde ngt i ~* have sth ready; *holde sig i ~* be on standby; **beredt** *adj* ready, prepared *(til* for, *til at* to); **beredvillig** *adj* willing.
beregne *v* calculate; *(anslå)* estimate; *~t til (el. på)* intended for; *~t til (el. på) at*

intended to; ~ *sig procenter* charge a percentage; **~nde** *adj* calculating.
beregning *s* calculation; *efter ~en* as expected; *uden ~* free of charge.
beretning *s* report; *(historie)* account, story *(om* of); *aflægge ~ om ngt* make a report on sth; **berette** *v* tell *(om* about).
berettige *v* entitle; **~lse** *s (myndighed)* authority; *(ret)* right; *(rimelighed)* justice; **~t** *adj* entitled; *(rimelig)* just.
bero *v (henligge, være uafklaret)* be pending; *~ på (dvs. skyldes)* be due to; *(dvs. komme an på)* depend on.
berolige *v* calm (down), reassure; *(med medicin)* sedate; **~lse** *s* reassurance; *til min ~lse sagde han at...* I was relieved to hear him say that...; **~nde** *adj* reassuring; *(om medicin)* sedative; *et ~nde middel* a sedative.
beruse *v* intoxicate; **~lse** *s* intoxication; **~t** *adj* intoxicated, drunk.
berygtet *adj* notorious.
berømmelse *s* fame; **berømt** *adj* famous; **berømthed** *s (det at være berømt)* fame; *(person)* celebrity.
berøre *v* touch; *(gøre indtryk på, påvirke, angå)* affect; *føle sig ilde berørt af ngt* feel embarrassed by sth; **berøring** *s* touch, contact.
berøve *v: ~ en ngt* deprive sby of sth; *(groft, uberettiget)* rob sby of sth.
besejre *v* beat, defeat; *(fig)* overcome.
besidde *v* possess, have; **~lse** *s* possession; *~lser (dvs. ejendom, jord)* property; *komme i ~lse af ngt* get hold of sth; *være i ~lse af ngt* be in possession of sth.
besk *adj* acrid.
beskadige *v* damage; *(såre)* injure; **~lse** *s* damage, injury.
beskatning *s* taxation; **beskatte** *v* tax.
besked *s* message; *(oplysning)* information; *(ordre)* instruction; *få ~ om at...* be told that...; *få ~ på at gøre ngt* be told to do sth; *vide ~ om ngt* know about sth; **~en** *adj* modest; **~enhed** *s* modesty.
beskidt *adj* dirty, filthy.
beskikket *adj: ~ forsvarer sv.t.* Legal Aid counsel.
beskrive *v* describe; **~lse** *s* description.
beskylde *v: ~ en for ngt* accuse sby of sth; **beskyldning** *s* accusation.
beskytte *v* protect *(mod* from); **~lse** *s* protection; **~lseshjelm** *s* protective helmet; **~lsesrum** *s* bomb shelter; **~r** *s* protector; **~t** *adj* protected; sheltered *(fx bolig* dwelling; *værksted* workshop).
beskæftige *v (give arbejde, have ansat)* employ; *(holde i gang med ngt)* keep occupied; *~ sig med ngt (dvs. tage sig af, ordne)* deal with sth; *(dvs. være optaget af)* be occupied with sth; *være travlt ~t med ngt* be very busy doing sth; **~lse** *s (arbejde)* employment; *uden ~lse (dvs. arbejdsløs)* unemployed.
beskære *v* cut; *(om træer)* prune; **beskæring** *s* cutting; pruning.
beslag *s (til pynt)* fitting; *(søm~)* studding; *lægge ~ på ngt* confiscate sth; *lægge ~ på ens tid* take up sby's time; **~læggelse** *s* confiscation.
beslutning *s* decision, resolution; *tage en ~ om ngt* make

a decision on sth; *vedtage en ~ (ved møde etc)* pass a resolution; **beslutsom** *adj* resolute; **beslutsomhed** *s* resolution, resolve; **beslutte** *v* decide; *(ved møde)* resolve; *beslutte sig* make up one's mind.
besparelse *s* cut, reduction.
bespise *v* feed; **bespisning** *s* feeding; *gratis bespisning* free meal(s).
bestalling *s: få ~ som advokat sv.t.* be called to the bar; *blive frataget ~en* be disbarred.
bestand *s (af fx hjorte)* population; *(kvæg~ på gård)* stock; **~del** *s* component, ingredient; **~ig** *adj* continual; *for ~ig* for good.
bestemme *v* decide; *(afgøre)* determine; *(fastsætte)* fix; *det må du ~* it is for you to decide; *~ sig* make up one's mind; *~ sig for (el. til) at...* decide to...; *~ over* control; **~lse** *s* decision; *(vedtægt etc)* regulation; *(fastsættelse af fx art, type)* determination; *(skæbne)* destiny; *efter ~lserne* according to regulations; *tage en ~lse* make a decision; **~lsessted** *s* destination.
bestemt *adj* definite; *(fig, viljefast etc)* determined, firm; *(speciel)* particular, specific; *(vis)* certain; *holde ~ på ngt* be very definite about sth; *nægte på det ~este* deny categorically // *adv (sikkert)* definitely; *(afgjort)* decidedly; *~ ikke* certainly not; **~hed** *s (vished, sikkerhed)* certainty; *(fasthed)* firmness.
bestige *v (fx et bjerg)* climb; *(fx en hest)* mount.
bestik *s (spisegrej)* cutlery; *(tegne~)* drawing set; *tage ~ af ngt* size sth up; **~ke** *v* bribe; **~kelse** *s* bribery; *tage imod ~kelse* take bribes.
bestille *v (gøre)* do; *(reservere)* book, reserve; *(afgive ordre på)* order; *~ billet* book (a ticket); *vi har meget at ~* we are very busy; *du skal få med mig at ~!* I'll be after you!
bestilling *s (arbejde)* work; *(stilling)* occupation, job; *(ordre)* order; *afgive ~ på ngt* place an order for sth; *gøre ngt på ~* do sth to order; **~sseddel** *s* order form.
bestræbe *v: ~ sig på at* endeavour to; **~lse** *s* effort.
bestråle *v* irradiate; **bestråling** *s* irradiation.
bestyre *v* be in charge of, manage; **~lse** *s* management; *(direktion)* board (of directors); *(i forening)* committee; *sidde i ~lsen* be on the board; **~lsesmedlem** *s* director; *(i forening)* member of the committee; **~lsesmøde** *s* board meeting, committee meeting; **~r** *s* manager; *(af skole)* headmaster.
bestøve *v* pollinate; **bestøvning** *s* pollination.
bestå *v (findes)* exist; *(vare ved)* last, endure; *(tage eksamen)* pass; *~ af* consist of; *~et (om eksamen)* passed; *ikke ~et (om eksamen)* failed.
besvare *v* answer; *(gengælde)* return; **~lse** *s* answer; return; *(af opgave i skole etc)* paper; *(i konkurrence)* entry; *i ~lse af Deres skrivelse...* in reply to your letter...
besvime *v* faint; **~lse** *s* faint.
besvær *s* trouble; *(anstrengelse)* effort; *(vanskelighed)* difficulty; *~ med motoren* engine trouble; *vi havde et farligt ~ med dem* they gave us a lot of trouble; *gøre ngt med ~* do sth with difficulty; *være til ~*

for en be a nuisance to sby; **~e** *v* trouble; *~e sig over ngt* complain about sth; **~lig** *adj* troublesome; *(svær)* difficult; **~lighed** *s* difficulty.

besynderlig *adj* odd, strange.

besætning *s (mandskab)* crew; *(af kvæg)* livestock; *(pynt etc på tøj)* trimming.

besætte *v (om land etc)* occupy; *(om embede)* fill; **~lse** *s* occupation; *(af djævel etc)* possession; *(af tomt hus)* squatting.

besøg *s* visit; *komme på ~ hos en* come to see sby, visit sby; *have ~* have visitors; **~e** *v* visit; *(kort og uanmeldt)* drop in on; **~ende** *s* visitor; **~stid** *s (på sygehus etc)* visiting hours.

betage *v* thrill, impress; **~lse** *s* thrill, excitement; **~nde** *adj* thrilling, impressive.

betale *v* pay *(for* for); *det skal du få betalt* you will have to pay for this; *~ sig* pay, be worth it.

betaling *s (som man yder)* payment; *(som man får)* pay, charge; *mod ~* for money; *tage ~ for ngt* charge for sth; *standse ~erne* suspend one's payments; **~sbalance** *s* balance of payments.

betegne *v: ~ ngt som ngt* describe sth as sth; **~lse** *s (navn)* name; *(angivelse)* indication.

betinge *v: ~ sig ngt* reserve the right to sth; **~lse** *s* condition; *gå ind på ens ~lser* accept sby's terms; *opfylde ~lserne* fulfil the demands; *på ~lse af at...* on condition that...; **~t** *adj* conditional; *~t af (dvs. nødvendiggjort af)* necessitated by; *(dvs. afhængig af)* dependent on; *en ~t dom* a suspended sentence.

betjene *v* serve; *(varte op)* wait on; *~ sig af* use; **betjening** *s* service; *(tjenere)* staff; *(af maskine)* operation.

betjent *s* policeman, police officer.

beton *s* concrete; *armeret ~, jern~* reinforced concrete.

betragte *v* look at; *(tænke over, anse)* consider; *~ en som sin ven* consider sby (as) one's friend.

betragtning *s* consideration; *i ~ af at...* considering that...; *tage ngt i ~* consider sth; *komme i ~* be considered; *lade ngt ude af ~* ignore sth.

betro *v (give)* entrust; *(fortælle)* confide; *~ en sin bil* entrust sby with one's car; *~ en sine hemmeligheder* confide one's secrets to sby; *~ sig til en* confide in sby; **~et** *adj: en ~et medarbejder* a trusted employee.

betryggende *adj* reassuring.

betræk *s* cover; **~ke** *v* cover.

betyde *v* mean; *hvad ~r det?* what does it mean? *hvad skal det ~?* what is that supposed to mean? *~ ngt (dvs. være vigtig)* matter; *det ~r ikke ngt* it does not matter; **~lig** *adj* considerable; *(fremragende)* outstanding // *adv* considerably.

betydning *s* meaning, sense; *(vigtighed)* importance; *det er af ~* it is important; *bruge et ord i en bestemt ~* use a word in a certain sense; *få ~ for en* become important to sby; *det er uden ~* it does not matter.

betændelse *s* inflammation *(i* of); *der er gået ~ i såret* the wound has become inflamed; **betændt** *adj* inflamed.

betænke *v (tænke, på, huske)* bear in mind, remember; ~

en i sit testamente remember sby in one's will; ~ *sig (dvs. tænke over det)* think it over; *(dvs. ombestemme sig)* change one's mind; *(dvs. tøve)* hesitate *(på at* to); *uden at* ~ *sig* without hesitating; **~lig** *adj (risikabel)* dangerous, risky; *(bekymret, urolig)* uneasy; *finde ngt* *~ligt* feel doubtful about sth; **~lighed** *s* doubt; **betænkningstid** *s* time to think; **betænksom** *adj* thoughtful; **betænksomhed** *s* thoughtfulness.

beundre *v* admire; **~r** *s* admirer; *(fan)* fan; **beundring** *s* admiration.

bevare *v* keep, preserve; *bevar mig vel!* dear me! *~s (dvs. selvfølgelig)* by all means.

bevidne *v* testify; *(skriftligt)* certify.

bevidst *adj* conscious; *(gjort med vilje)* deliberate; *være sig ngt* ~ be conscious of sth; *ikke mig* ~ not that I know of; **~hed** *s* consciousness *(om* of); *komme til ~hed* come round; **~løs** *adj* unconscious; **~løshed** *s* unconsciousness; *kunne ngt til ~løshed* know sth ad nauseam.

bevilge *v* grant; **bevilling** *s (af penge)* grant; *(tilladelse til fx handel med spiritus)* licence; *få bevilling* get licensed.

bevirke *v* cause.

bevis *s* proof; *(retsligt)* evidence; ~ *på* proof of, evidence of; **~e** *v* prove.

bevogte *v* guard; *~t jernbaneoverskæring* level crossing with barrier; **bevogtning** *s* guard; *(opsyn)* surveillance.

bevokset *adj* overgrown; **bevoksning** *s* growth.

bevæbne *v* arm; **bevæbning** *s* arming; *(våben)* weapons *pl.*

bevæge *v* move; ~ *sig* move; **~lig** *adj (som kan flyttes)* mobile; **~lse** *s* movement, motion; *(sindsbevægelse)* emotion; *sætte sig i ~lse* start moving; **~t** *adj (rørt)* moved; *(begivenhedsrig)* eventful.

beværte *v* treat; ~ *en med ngt* treat sby to sth; **beværtning** *s (værtshus)* pub; *(mad og drikke)* food and drink.

bh *s* bra.

bi *s* bee // *adv: stå* ~ stand by; **~avl** *s* beekeeping.

bibel *s* bible; **~sk** *adj* biblical.

bibliotek *s* library; **~ar** *s* librarian.

bid *s* bite; *(stykke)* bit; *få* ~ *(ved fiskeri)* get a rise; *en* ~ *mad* a bite; **~e** *v* bite; *~e efter en* snap at sby; *~e i ngt* bite sth; *~e mærke i ngt* make a note of sth; *~e smerten i sig* bear the pain; *~e tænderne sammen* clench one's teeth; *~e på (krogen)* rise to the bait; **~ende** *adj* biting; *~ende koldt* bitterly cold; **~etang** *s* (pair of) wirecutters.

bidrag *s* contribution; *(til børn)* maintenance; *(til ægtefælle)* alimony; **~e** *v* contribute *(til* to); *~e med 100 kr* contribute 100 kr; **~yder** *s* contributor.

bidsel *s* bridle.

bidsk *adj* fierce.

bierhverv *s* sideline, extra job.

bifag *s* minor subject.

bifald *s* applause; **~sråb** *s* cheers.

bigami *s* bigamy.

bihulebetændelse *s* sinusitis.

biks *s (butik)* shop; *(møg)* rubbish; **~e** *v: ~e ngt sammen* concoct sth; **~emad** *s sv.t.* hash.

bikube *s* beehive.

bil *s* car; *(taxa)* taxi; *køre* ~ drive a car; *køre i* ~ go by

car; *tage en* ~ take a taxi.
bilag *s (vedr. udgifter)* voucher; *(vedlagt i brev)* enclosure.
bilde *v: ~ en ngt ind* make sby believe sth; *~ sig ind at...* imagine that...; *hvad ~r du dig ind?* who do you think you are?
bil... *sms:* **~dæk** *s* (car) tyre; *(på færge)* car deck; **~forsikring** *s* motor car insurance; **~færge** *s* car ferry; **~ist** *s* motorist; **~kørsel** *s* motoring.
billard *s* billiards *pl;* **~bord** *s* billiard table.
bille *s* beetle.
billedbog *s* picture book.
billede *s* picture; *(foto)* photo(graph); *tage et* ~ take a photo.
billed... *sms:* **~hugger** *s* sculptor; **~huggerkunst** *s* sculpture; **~kunst** *s* visual art; **~lotteri** *s* picture lottery; **~rør** *s (tv)* picture tube.
billet *s* ticket; **~automat** *s* ticket machine; **~kontor** *s* booking office; *(teat)* box office; **~kontrollør** *s* ticket collector; **~pris** *s* admission; *(for tog, skib etc)* fare; **~tere** *v* collect fares; **~tering** *s* ticket control.
billig *adj* cheap; **~bog** *s* paperback; **~t** *adv* cheap(ly); *købe ngt ~t* buy sth cheap.
bil... *sms:* **~lygte** *s (forlygte)* headlight; **~motor** *s* car engine; **~nummer** *s* registration number; **~tur** *s* drive; *tage på ~tur* go for a drive; **~ulykke** *s* car accident; **~værksted** *s* repair shop, garage.
bilægge *v* settle.
bind *s (bandage)* bandage; *(hygiejne~)* (sanitary) towel; *(bog~)* cover, binding; *(del af bogværk)* volume; *gå med armen i* ~ have one's arm in a sling; *have ~ om foden* have a bandaged foot.
binde *v* tie; bind; *(klæbe)* stick; *(sidde fast, fx om dør)* jam; *~ knude på ngt* tie a knot in sth; *~ an med ngt* tackle sth; *~ snor om ngt* tie a piece of string round sth; *~ en knude op* untie a knot; *~ sig til at gøre ngt* commit oneself to do sth; **~ord** *s* conjunction; **~streg** *s* hyphen.
binding *s* binding.
bindingsværk *s* half-timbering.
binyre *s* adrenal gland.
biodynamisk *adj* biodynamic.
biograf *s* cinema; *gå i ~en* go to the cinema.
biografi *s* biography; **~sk** *adj* biographical.
biokemi *s* biochemistry; **~ker** *s* biochemist; **~sk** *adj* biochemical.
biolog *s* biologist; **~i** *s* biology; **~isk** *adj* biological.
biord *s* adverb.
birk *s* birch (tree).
birkes *s* poppy seeds *pl.*
biskop *s* bishop.
bismag *s* after-taste.
bisp *s* bishop; **~edømme** *s* diocese.
bisse *s* rough, thug.
bistand *s* aid, assistance; *(social ~)* social security; **~shjælp** *s (til u-lande)* development aid; *(til personer)* social security; **~skontor** *s* social security office.
bistik *s* bee sting.
bistå *v* aid, assist.
bisætning *s* subordinate clause.
bisættelse *s* funeral.
bitter *adj* bitter; **~hed** *s* bitterness.
bivej *s* secondary road.
bivirkning *s* side effect.
bivoks *s* beeswax.

bjerg *s (bakke, mindre ~)* hill; *(højt ~, fjeld)* mountain; *bestige et ~* climb a mountain; **~bestiger** *s* mountaineer; **~bestigning** *s* mountaineering; **~kæde** *s* mountain range; **~landskab** *s* mountain scenery; **~rig** *adj* hilly, mountainous; **~skred** *s* landslide; **~top** *s* mountain peak; **~værk** *s* mine; **~værksdrift** *s* mining.
bjæffe *v* bark, yelp.
bjælde *s* bell.
bjælke *s* beam; *(i loftet)* rafter; **~hus** *s* timbered house; **~hytte** *s* log cabin.
bjærge *v* rescue; *(om skib)* salvage; **bjærgning** *s* rescuing; salvage.
bjørn *s* bear; **~eskindshue** *s* bearskin; **~etjeneste** *s* disservice; **~eunge** *s* bear's cub.
blad *s (på træ, i bog)* leaf; *(tidsskrift etc)* magazine; *(avis)* paper; *holde et ~* subscribe to a magazine *(el.* paper); *spille (el. synge) fra ~et* sight-read; **~e** *v: ~e i en bog* turn over the leaves of a book; *~e et blad igennem* leaf through a magazine; **~handler** *s* newsagent; **~kiosk** *s* news stand; **~lus** *s* greenfly.
blaffe *v* hitchhike; **~r** *s* hitchhiker.
blafre *v (om lys)* flicker; *(om flag etc)* flap.
blande *v* mix; *~ kortene* shuffle the cards; *~ ngt i dejen* mix sth into the dough; *~ sig i ngt* meddle in sth; *~ ngt sammen* mix sth; *(ikke kunne kende forskel)* mix sth up; *~ sig uden om* mind one's own business; **~t** *adj* mixed; *~t chokolade* assorted chocolates; *det var en ~t fornøjelse* it was a doubtful pleasure; *~t ægteskab* mixed marriage.
blanding *s* mixture; *(det at blande)* mixing; **~sbatteri** *s* mixer tap.
blandt *præp* among; *(ud af)* from among; *~ andet* among other things; *~ andre* among others.
blank *adj* shining, bright; *(med højglans)* glossy; *(tom, ubeskrevet)* blank; *et ~t afslag* a flat refusal; **~e** *v* polish.
blanket *s* form; *udfylde en ~* fill in a form.
ble *s* nappy; **~bukser** *spl* nappy pants.
bleg *adj* pale; *blive ~* turn pale; **~e** *v* bleach; **~fed** *adj* pasty; **~hed** *s* paleness, pallor; **~næbbet** *adj* pale.
blender *s* blender, liquidizer.
blesnip *s* (disposable) nappy holder.
blid *adj* gentle, soft; *(rar, sød)* kind; **~hed** *s* gentleness, softness; kindness; **~t** *adv* gently, softly; kindly.
blik *s (metal)* tin; *(øjekast)* look, glance; *have ~ for ngt* have an eye for sth; *kaste et ~ på ngt* take a look at sth; *sende en et ~* give sby a look; *ved første ~* at first sight; **~dåse** *s* tin.
blikkenslager *s* plumber; **~arbejde** *s* plumbing.
blikstille *adj* dead calm.
blind *adj* blind *(for* to); *blive ~* go blind; *en ~* a blind person; *~ passager* stowaway; *~ vej* cul-de-sac; **~e** *s: i ~e* in the dark, blindly; **~ebuk** *s* blind man's buff; **~eskrift** *s* Braille; **~hed** *s* blindness; **~skrift** *s (på maskine)* touch-typing.
blindtarm *s* appendix; **~sbetændelse** *s* appendicitis.
blink *s* flash, gleam; *(med øjnene)* wink; *(til fiskeri)* blinker; **~e** *v* flash, gleam; wink; *~e*

med en lygte flash a light; **~lys** *s* flashlight; *(auto)* indicator; *(på udrykningskøretøj)* flashing blue light.
blist *s* blister.
blitz *s (foto)* flash; **~pære** *s* flashbulb; **~terning** *s* flashcube.
blive *v* be; *(om ændring, overgang, efterhånden ~)* become; *(foran adj også:)* get; *(lidt efter lidt ~)* grow; *(pludseligt ~)* turn; *(forblive)* stay, remain; *(vise sig at være)* be, turn out to be; *~ glemt* be forgotten; *~ gift* get married; *han er blevet direktør* he has become a director; *~ berømt* become famous; *~ rig* get rich; *han er blevet fed* he has grown fat; *~ vred* get angry, go mad; *~ rød i hovedet* turn red; *~ hjemme* stay at home; *de blev i en uge* they stayed for a week; *bogen blev en bestseller* the book was a bestseller; *det ~r 55 p (om pris)* that will be 55 p; *hun ~r 50 i maj* she will be 50 in May; *det ~r regnvejr* it is going to rain;
hvad blev der af ham? what became of him? *det ~r der ikke ngt af* that won't happen; *~ af med en (el. ngt)* get rid of sby *(el.* sth); *~ 'til (dvs. opstå)* come into being; *(dvs. fødes)* be born; *~ til ngt (om person)* succeed, get somewhere; *(blive gennemført)* come off; *det ~r ikke til ngt* nothing will come of it; *~ ved* go on, continue; *~ ved med at gøre ngt* go on doing sth, continue to do sth; *~ ved med at være ngt* remain sth; *~ væk (dvs. holde sig væk)* stay away; *(dvs. gå tabt, forsvinde)* disappear, be lost.
blod *s* blood; **~bøg** *s* copper beech; **~donor** *s* blood donor; **~dråbe** *s* drop of blood; **~forgiftning** *s* blood poisoning.
blodig *adj (med blod på)* blood-stained; *(bloddryppende)* gory.
blod. . . *sms:* **~kar** *s* blood vessel; **~legeme** *s* blood corpuscle; **~mangel** *s* anaemia; **~omløb** *s* circulation; **~plet** *s* bloodstain; **~procent** *s* haemoglobin percentage; **~prop** *s* blood clot; *~prop ved hjertet* coronary (thrombosis); **~prøve** *s* blood sample, blood test; **~pølse** *s* black pudding; **~skam** *s* incest; **~skudt, ~sprængt** *adj* bloodshot; **~sudgydelse** *s* bloodshed; **~sukker** *s* blood sugar; **~sænkning** *s* sedimentation rate; **~tab** *s* loss of blood; **~transfusion** *s* blood transfusion; **~tryk** *s* blood pressure; *forhøjet ~tryk* hypertension; **~type** *s* blood group; **~tørstig** *adj* bloodthirsty; **~åre** *s* vein.
blok *s (klods)* block; *(skrive~ etc)* pad.
blokade *s* blockade; *lave ~ mod et firma* boycott a firm; **~vagt** *s* picket.
blokbogstaver *spl* block capitals.
blokere *v (spærre)* block; *(firma etc)* boycott; **blokering** *s* blocking; *(af hjul)* locking; *(psyk)* block.
blokfløjte *s* recorder; **bloktilskud** *s* block grant.
blomkål *s* cauliflower.
blomme *s (bot)* plum; *(i æg)* yolk; **~træ** *s* plum tree.
blomst *s* flower; *stå i ~* be in bloom; *afskårne ~er* cut flowers; *en buket ~er* a bunch of flowers.
blomster. . . *sms:* **~bed** *s* flow-

erbed; **~forretning** *s* florist's; **~frø** *s* flower seed; **~gødning** *s* fertilizer; **~handler** *s* florist; **~krans** *s* floral wreath; **~løg** *s* bulb.

blomstre *v* flower, be in flower; *(trives)* flourish; **~nde** *adj* flowering; *(fig)* flourishing; **~t** *adj* flowered; **blomstring** *s* flowering; *(fig)* bloom.

blond *adj* blonde, fair.

blonde *s* lace.

blondine *s* blonde.

blot *adj (bar, nøgen)* naked; *(alene)* mere, very; *med det ~te øje* with the naked eye; *~ ved tanken om det...* at the mere thought of it... // *adv (kun)* only, simply, merely; *hvis ~* if only; *når ~* so long as.

blotte *v* uncover; *(afsløre)* reveal; *(røbe)* betray; *~ hovedet* bare one's head; *~ sig (dvs. dumme sig)* blunder; *(røbe sig)* give oneself away; *(krænke blufærdigheden)* expose oneself indecently; **~lse** *s* exposure; **~r** *s* flasher; **~t** *adj (bar)* bare, naked; *~t for* devoid of.

blufærdig *adj* modest; **~hed** *s* modesty; **~hedskrænkelse** *s* indecent exposure.

blus *s (bål)* fire; *(ild)* blaze; *(gas~)* jet; *svagt ~ (på komfur etc)* low heat.

bluse *s* blouse.

blusse *v (brænde)* blaze; *(rødme)* blush.

bly *s* lead // *adj* shy.

blyant *s* pencil; *skrive med ~* write in pencil; **~spidser** *s* pencil sharpener; **~stift** *s* pencil lead.

blyindfattet *adj* leaded.

blæk *s* ink; **~hus** *s* inkpot; **~sprutte** *s* cuttlefish, squid; *(ottearmet)* octopus; *(til at fastspænde bagage med)* luggage holder.

blænde *v (med lys)* blind; *(imponere)* dazzle; *(en dør etc)* cover up; *~ ned (om lygter)* dip the (head)lights; **~nde** *adj* dazzling; **~r** *s (foto)* aperture.

blære *s (anat)* bladder; *(vable)* blister; *(luft~)* bubble // *v: ~ sig* show off; **~betændelse** *s* cystitis; **~t** *adj (om person)* stuck-up.

blæse *v* blow; *det ~r* it is windy; *vinduet blæste op* the window blew open; *~ en ballon op* inflate a balloon; *~ være med det!* never mind! *det vil jeg ~ på* I could not care less; *~ på horn (, trompet etc)* blow the horn (, the trumpet etc); **~bælg** *s* bellows; **~instrument** *s* wind instrument; **~lampe** *s* blowtorch; **~nde** *adj* windy; **~r** *s (mus)* wind player; *~rne (i orkester)* the winds; **~vejr** *s* windy weather; **blæst** *s* wind.

blød *s: lægge ngt i ~* put sth to soak; *lægge hovedet i ~* rack one's brains // *adj* soft; *(følsom)* sensitive; *(for blød, eftergivende)* weak; **~dyr** *s* mollusc.

bløde *v* bleed; *~ ngt op* steep sth; **~r** *s (med)* haemophiliac; **~rsyge** *s* haemophilia.

blød... *sms:* **~gøre** *v* soften; **~hed** *s* softness; *(eftergivenhed)* weakness; **~kogt** *adj* softboiled.

blødning *s* bleeding; *(voldsom)* haemorrhage; *(menstruation)* period.

blå *adj* blue; *~t mærke* bruise; *B~ Bog sv.t.* Who's Who; **~bær** *s* bilberry; **~klokke** *s* bluebell; **~lig** *adj* bluish; **~mejse** *s* blue titmouse; **~musling** *s* mussel; **~øjet** *adj* blue-eyed; *(naiv)* naïve, simple.

bo *s (jur, fx døds~)* estate; *(hjem)* home; *(dyre~)* nest, den; *sætte ~* settle; *opgøre et ~* wind up an estate // *v* live; *(på besøg, kortere ophold)* stay; *~ hos en* live *(el.* stay) with sby.

boble *s/v* bubble.

bod *s (bøde)* fine; *(handels~)* stall, booth; *(butik)* shop; *gøre ~* do penance; *råde ~ på ngt* make sth good.

bog *s* book; *føre ~ over ngt* keep a record of sth; **~bind** *s* cover, binding; **~binder** *s* bookbinder; **~finke** *s* chaffinch; **~føre** *v* enter; **~føring** *s* book-keeping.

boghandel *s (butik)* bookseller's; *(det at sælge bøger)* bookselling; **boghandler** *s* bookseller.

bogholder *s* book-keeper; **~i** *s (afdeling)* book-keeping department; *(det at føre bøger)* book-keeping.

boghvede *s* buckwheat.

bogmærke *s* book marker; **bogreol** *s* bookcase, book shelves.

bogstav *s* letter, character; *små ~er* lower-case *(el.* small) letters; *store ~er* upper-case *(el.* capital) letters; **~elig** *adj* literal; *tage ngt ~eligt* follow sth to the letter; *~elig talt* literally (speaking).

bogstøtte *s* book end.

bogtrykker *s* printer; **~i** *s* printer's, printing works.

boks *s* box; *(bank~)* safe-deposit (box); *(tlf)* (tele)phone booth.

bokse *v* box; **~handske** *s* boxing glove; **~kamp** *s* boxing match; **~r** *s (også om hund)* boxer; **~ring** *s* ring; **boksning** *s* boxing.

bold *s* ball; *spille ~* play ball; **~spil** *s* ball game; **~træ** *s* bat.

bolig *s* residence; *(hus)* house; *(lejlighed)* flat; *skaffe ~* provide housing; **~anvisning** *s (kontor)* housing agency; **~forhold** *spl* housing conditions; **~haj** *s* slum landlord; **~kvarter** *s* residential area; **~mangel** *s* housing shortage; **~ministerium** *s* Ministry of Housing; **~nævn** *s* rent control board; **~selskab** *s* housing society; **~sikring** *s* housing allowance; **~søgende** *adj* flat-hunting; **~tekstiler** *spl* soft furnishings; **~udstyr** *s* furnishings *pl.*

bolle *s (af brøddej)* bun, muffin; *(kød~)* ball // *v* (V!) screw.

bolsje *s* sweet.

bolt *s* bolt; **~e** *v* bolt.

boltre *v: ~ sig* romp about.

bolværk *s* wharf.

bom *s* bar; *(jernb)* gate; *(til gymnastik)* beam.

bombardere *v* bombard; *(med bomber)* bomb.

bombe *s/v* bomb; **~fly** *s* bomber; **~sikker** *adj (fig, helt sikker)* positive, dead certain.

bommert *s* blunder.

bomstille *adj* stock-still; *(tavs)* quite silent; **bomstærk** *adj* strong as a horse.

bomuld *s* cotton; **~sgarn** *s* cotton (yarn); **~sstof** *s* cotton (material).

bon *s* ticket.

bonde *s* farmer; *(hist)* peasant; *(i skak)* pawn; **~fange** *v* con; **~fangeri** *s* confidence tricks *pl;* **~gård** *s* farm; **~kone** *s* farmer's wife; **~mand** *s* farmer.

bone *v* polish; **~voks** *s* floor polish.

boplads *s* settlement.

bopæl *s* address.

bor *s (tekn)* drill; *(kem)* boron.

bord *s* table; *dække* ~ lay *(el.* set) the table; *tage af ~et* clear the table; *rejse sig fra ~et* leave the table; *gå fra ~e* go ashore; *gå om ~ i ngt (fig)* tackle sth; *falde over ~* fall overboard; *gå til ~s* go in to dinner (, lunch etc); *sidde til ~s* be at table; **~bøn** *s* grace; *bede ~bøn* say grace; **~dame** *s* dinner partner.

borde *v (et skib)* board.

bordel *s* brothel.

bord. . . *sms:* **~ende** *s* head of the table; **~herre** *s* dinner partner; **~kort** *s* place card; **~plade** *s* table top; **~skåner** *s* (dish) mat; **~tennis** *s* table tennis, ping-pong ®.

bore *v* bore, drill; *~ efter ngt* drill for sth; **~maskine** *s (elektrisk)* power drill; **~platform** *s* oilrig; **~tårn** *s* derrick.

borg *s* castle, stronghold.

borger *s* citizen; **~krig** *s* civil war; **~lig** *adj* civil; *(middelklasse)* middle-class; *(neds)* bourgeois; *(jævn)* plain; *de ~lige partier* the non-socialist parties; *~lig vielse* civil marriage; **~repræsentation** *s* town *(el.* city) council; **~ret** *s* citizenship.

borgmester *s* mayor.

boring *s* boring, drilling; *(i fx revolver)* bore.

bornholmer *s* person from Bornholm; *røget ~* kipper from Bornholm; **~ur** *s* grandfather clock.

borsyre *s* boric acid.

bort *s* border; *(bånd)* ribbon // *adv* away, off; *gå ~* go away; *(dø)* pass away; **~e** *adv* away, gone; *blive ~e* disappear; *(holde sig væk)* stay away; *langt ~e* far away; **~føre** *v* abduct; *(kidnappe)* kidnap; *~føre et fly* hijack a plane; **~førelse** *s* abduction; kidnapping; *(af fly)* hijacking; **~fører** *s* abductor; kidnapper; hijacker; **~lede** *v: ~lede ens opmærksomhed fra ngt* divert sby's attention from sth; **~rejst** *adj* away, out of town; **~set** *adj: ~set fra* except for, apart from; *~set fra at* except that.

bosiddende *adj* resident.

bosætte *v: ~ sig* settle; **~lse** *s* settlement.

botanik *s* botany; **~er** *s* botanist; **botanisk** *adj* botanical *(fx have* gardens).

bouillon *s* stock; **~terning** *s* stock cube.

bourgogne *s* burgundy.

bov *s (på dyr)* shoulder; *(mar)* bow.

boykotte *v* boycott.

bradepande *s* roasting pan.

brag *s* bang, crash; **~e** *v* crash.

brak *s: ligge ~* lie fallow; *(fig)* be left unexploited; **~mark** *s* fallow field; **~næse** *s* snub nose; **~vand** *s* brackish water.

branche *s* trade, line.

brand *s* fire; *stikke i ~* set fire to; *komme i ~* catch fire; **~alarm** *s* fire alarm; **~bil** *s* fire engine; **~bælte** *s* fire break; **~dør** *s* fire door; **~fare** *s* danger of fire; **~farlig** *adj* inflammable; **~forsikring** *s* fire insurance; **~mand** *s* fireman; **~mur** *s* firewall; **~sikker** *adj* fireproof; **~sikring** *s* fire precautions *pl:* **~slange** *s* fire hose; **~slukker** *s* fire extinguisher; **~station** *s* fire station; **~stiftelse** *s* arson; **~sår** *s* burn; **~trappe** *s* fire escape; **~væsen** *s* fire brigade.

branke *v* burn.

bras *s* rubbish, trash.

brase *v: ~ ind i stuen* barge

into the room; ~ *sammen* crash; ~ *kartofler* fry potatoes.
brasilianer *s*, **brasiliansk** *adj* Brazilian; **Brasilien** *s* Brazil.
brat *adj (stejl)* steep; *(pludselig)* sudden; *standse* ~ stop short.
bratsch *s* viola.
bravur *s: med* ~ with style; ~**nummer** *s* star turn.
bred *s (af sø)* shore; *(af flod etc)* bank; *gå over sine ~der (om flod)* break the banks // *adj* broad, wide; ~**de** *s* breadth, width; *(geogr)* latitude; *i ~den* across; ~**degrad** *s* degree of latitude; *på vore ~degrader* in our latitudes; ~**e** *v* spread; *~e (ud)* spread; *~e sig (dvs. fylde for meget)* take up room; *(blive bredere)* broaden; *(blive kendt)* spread; ~**skuldret** *adj* broad-shouldered; ~**t** *adv* broadly, widely; *tale vidt og ~t om ngt* talk about sth in every detail.
bregne *s* fern, bracken.
bremse *s (zo)* horsefly; *(bil~ etc)* brake // *v* brake; *(fig)* check; ~ *op* brake, apply the brakes; ~**belægning** *s* brake lining; ~**lygte** *s* brake light; ~**længde** *s* braking distance; ~**pedal** *s* brake (pedal); ~**spor** *s* skid marks *pl;* ~**væske** *s* brake fluid; **bremsning** *s* braking.
brev *s* letter; *(kort ~)* note; *et ~ knappenåle* a packet of pins; ~**bombe** *s* letter bomb; ~**due** *s* carrier pigeon; ~**kasse** *s (i hoveddør etc)* letterbox; *(på gaden etc)* post-box; *(i blad, avis)* letters to the editor; ~**ordner** *s* file; ~**papir** *s* notepaper; ~**presser** *s* paperweight; ~**sprække** *s* letter-box; ~**stemme** *s* postal vote.
brik *s (i spil)* piece, man; *(bordskåner)* table mat; *(smørebræt)* platter.
briks *s (seng)* plank bed.
brilleetui *s* spectacle case; **brilleglas** *s* (spectacle) lens.
briller *spl* spectacles, glasses; *gå med* ~ wear spectacles.
brillestang *s* (spectacle) arm; **brillestel** *s* (spectacle) frame.
bringe *v (til den der taler)* bring; *(væk fra den der taler)* take; *(hente)* fetch; ~ *en til fornuft* bring sby to his senses; ~ *varer ud* deliver goods.
brint *s* hydrogen; ~**overilte** *s* (hydrogen) peroxide.
brise *s* breeze.
brissel *s* sweatbread.
briste *v* burst; *(knække)* snap; *(gå galt)* fail; *det fik mit hjerte til at* ~ it broke my heart; *vores håb ~ede* our hopes were shattered; ~ *i gråd* burst into tears.
brite *s* Briton; *~rne* the British; **britisk** *adj* British.
bro *s* bridge.
broche *s* brooch.
brochure *s* leaflet, pamphlet.
brod *s* sting.
broder *s* brother; *han er ~ til Susy* he is a brother of Susy's, he is Susy's brother.
brodere *v* embroider; **broderi** *s* embroidery.
broder. . . *sms:* ~**land** *s* sister country; ~**parten** *s* the lion's share; ~**skab** *s* brotherhood.
broget *adj (farverig)* colourful; *(plettet)* mottled; *(rodet)* confused; *en ~ forsamling* a motley crowd; *nu bliver det for ~!* that is too much!
brok *s* hernia; ~**bind** *s* truss.
brokke *v:* ~ *sig over ngt* grumble about sth; *(klage)* complain about sth.
brolægning *s* paving.

brombær *s* blackberry; **~busk** *s* bramble.
bronkitis *s* bronchitis.
bronze *s* bronze; **~alder** *s* bronze age.
bropenge *spl* bridge toll; **bropille** *s* pier.
bror *s d.s.s. broder.*
brud *s (kvinde)* bride; *(hul, sprængning)* break *(på* in), bursting *(på* of); *(på rør også:)* leak *(på* in); *(overtrædelse, fx af regler)* breach *(på* of); *(kalk~, sten~ etc)* quarry; *(knogle~)* fracture.
brude... *sms:* **~buket** *s* wedding bouquet; **~kjole** *s* wedding dress; **~par** *s* bride and groom; *(efter vielsen)* newlyweds; **~pige** *s* bridesmaid; **~slør** *s* bridal veil.
brudgom *s* bridegroom.
brudstykke *s* fragment.
brug *s* use; *gøre ~ af ngt* make use of sth; *have ~ for ngt* need sth; *tage ngt i ~* put sth into use; *være i ~* be in use; *til ~ for en* for the use of sby; *det er skik og ~* it is the custom; **~bar** *adj* useable; *(til nytte)* useful; **~e** *v* use; *(gå med, fx briller)* wear; *(penge, tid)* spend; *han ~er nr. 45 i sko* he takes a 45 in shoes; *~e mælk i teen* take milk in one's tea; **~er** *s* user.
brugs *s* co-op; **~anvisning** *s* directions for use; *(til maskine etc)* operating instructions; **~forening** *s* co-operative (consumer) society.
brugt *adj* used, second-hand; **~vogn** *s* second-hand car.
brumme *v* hum; *(knurre)* growl, grumble.
brun *adj* brown; *(solbrændt)* tanned; **~e** *v* brown; *(om solen)* tan; *~ede kartofler* caramelled potatoes.
brunst *s (om han)* rut; *(om hun)* heat; **~ig** *adj* rutting; in heat; **~tid** *s* mating season.
brus *s* roar; *(i drik)* fizz; **~e** *v* roar; *(om drik)* fizz; *(med vand, sprøjte over)* spray; **~ebad** *s* shower; **~eniche** *s* shower cabinet; **~er** *s* shower.
brusk *s (i kød)* gristle; *(anat)* cartilage.
brutal *adj* brutal, cruel; **~itet** *s* brutality, cruelty.
bruttoløn *s* gross income; **bruttovægt** *s* gross weight.
Bruxelles *s* Brussels.
bryde *v* break; *~ lyset* refract the light; *~ af* break off; *~ igennem* break through; *~ ind* break in; *~ ind i en samtale* interrupt a conversation; *~ løs* break out; *(om storm etc)* break; *~ op (dvs. tage af sted)* leave; *~ en lås op* break open a lock; *~ sammen* break down; *~ ud* break out; *~ sig om* like, care for; *(tage sig nær)* care, mind; *(høre efter, tage notits af)* pay attention to; *jeg ~r mig ikke om at gøre det* I don't like to do it; *jeg ~r mig ikke om hvad de siger* I don't care what they say; **~kamp** *s* wrestling match; **~r** *s* wrestler; **~ri** *s* trouble; **brydning** *s* breaking; *(af kul etc)* mining; *(sport)* wrestling.
bryg *s* brew; **~ge** *v* brew; **~geri** *s* brewery; **~gers** *s* scullery; **~ning** *s* brewing.
bryllup *s* wedding; *holde ~ (dvs. gifte sig)* get married; *(dvs. fejre ~)* have a wedding party; **~sdag** *s* wedding anniversary; **~srejse** *s* honeymoon.
bryst *s* breast; *(brystkasse)* chest; *give et barn ~* nurse a baby; **~barn** *s* breast-fed baby; **~holder** *s* brassiere,

bra; **~kasse** *s* chest; **~lomme** *s* breast pocket; **~mål** *s (om mand)* chest; *(om kvinde)* bust; **~svømning** *s* breaststroke; **~vorte** *s* nipple.

bræ *s* glacier.

brædder *spl* boards; **brædde-væg** *s* wooden wall.

bræge *v* bleat; **~n** *s* bleating.

bræk *s (opkast)* vomit; *(ind-brud)* break-in; **~jern** *s* crowbar; **~ke** *v* break; *(knække med et smæld)* snap; *~ke ngt op* break sth open; *~ke sig* be sick; **~ning** *s* vomiting.

brænde *s* (fire)wood // *v* burn; *(være tændt)* be on; *(keramik etc)* fire; *~ efter at* be dying to; *~ inde* die in a fire; *~ ned* burn down; *~ op* be burnt; *~ på (om mad)* be burnt; *~ sig* burn oneself; **~knude** *s* log; **~nde** *adj* burning; **~nælde** *s* (stinging) nettle; **~ovn** *s (til opvarmning)* stove; *(til keramik etc)* kiln; **~skur** *s* woodshed; **~vin** *s* spirits *pl.*

brænding *s (det at brænde)* burning; *(af keramik etc)* firing; *(om bølger)* surf.

brændpunkt *s* focus.

brændsel *s* fuel; **~solie** *s* fuel oil.

brændstof *s* fuel.

brændt *adj* burnt, burned; *lugte ~* smell of sth burning.

bræt *s* board; **~sejlads** *s* windsurfing; **~spil** *s* board game.

brød *s* bread; *et ~* a loaf; *to ~* two loaves; *smøre et stykke ~* spread a piece of bread; *ristet ~* toast; *en skive ~* a slice of bread.

brødebetynget *adj* guilty.

brød... *sms:* **~kasse** *s* bread bin; **~kniv** *s* bread knife; **~krumme** *s* breadcrumb; **~rister** *s* toaster; **~skorpe** *s* breadcrust.

brøk *s* fraction; **~del** *s* fraction; *på en ~del af et sekund* in a split second; **~streg** *s* fraction line.

brøl *s* roar; **~e** *v* roar; *(råbe)* shout; *(om ko)* low; **~er** *s* blunder, howler.

brønd *s* well; **~karse** *s* watercress.

bud *s (besked)* message; *(som bringer varer ud)* delivery man; *(som bringer besked)* messenger; *(tilbud)* offer; *de ti ~* the ten commandments; *sende ~ efter en* send for sby; *give et ~ på ngt* make an offer for sth; *(ved auktion)* make a bid for sth.

buddhist *s,* **~isk** *adj* Buddhist.

budding *s* pudding.

budget *s* budget; *lægge ~* draw up a budget; *være på ~tet* be in the budget; **~tere** *v* budget.

budskab *s* message; *(nyhed)* news.

bue *s (flits~, violin~ etc)* bow; *(tegnet, dannet ~)* curve; *(bygn)* arch // *v* arch, curve; **~gang** *s* arcade; **~skydning** *s* archery; **~skytte** *s* archer.

buffet *s (møbel)* sideboard; *(med servering)* buffet.

bug *s (mave)* stomach; *(underliv)* abdomen; **~hindebetændelse** *s* peritonitis.

bugne *v* bulge; *~ med* abound with.

bugserbåd *s* tug; **bugsere** *v* tow, tug; **bugsering** *s* towing.

bugspytkirtel *s* pancreas.

bugt *s* bay, gulf; *(mindre, vig)* creek; *(bugtning)* curve, bend; *få ~ med ngt* overcome sth.

bugtaler *s* ventriloquist.

bugte *v: ~ sig* wind; **~t** *adj* winding.

buk *s (om ged)* billy goat; *(om*

hjort) buck; *(støtte~, fx til bord)* trestle; *(til gymnastik)* buck; *(hilsen etc)* bow; *springe ~* play leapfrog.
buket *s: en ~ blomster* a bunch of flowers; *(om vins duft)* bouquet.
bukke *v* bend; *(hilse også:)* bow *(for* to); *~ ngt sammen* bend sth, double sth up; *~ sig* bend down; *~ under for* succumb to.
bukse. . . *sms:* **~bag** *s* trouser seat; **~ben** *s* trouser leg; **~dragt** *s* trouser suit; **~lomme** *s* trouser pocket.
bukser *spl* trousers; *et par ~* a pair of trousers; *gå med ~* wear trousers; *tisse i ~ne* wet one's pants.
buldre *v (banke på etc)* bang; *(larme)* rumble.
bule *s (i panden)* bump; *(i bilen etc)* dent; *(beværtning)* joint // *v: ~ ud* bulge; **~t** *adj* dented.
bullen *adj* swollen.
bumletog *s* local train.
bump *s (stød)* jolt; *(lyd)* thud; *(bule el. hul i vej)* bump; **~e** *v* jolt; thud.
bums *s (filipens)* pimple; *(om person)* bum.
bund *s* bottom; *i (el. på) ~en af* in *(el.* at) the bottom of; *gå til ~s* go down; *komme til ~s i ngt* get to the bottom of sth; **~e** *v* touch bottom; *~e i* be due to; **~en** *adj: ~en opgave* set subject; *~en opsparing* compulsory saving; **~fald** *s* deposit; **~løs** *adj* bottomless; *i ~løs gæld* up to one's ears in debt.
bundt *s* bunch; *(uordentligt)* bundle; *et ~ persille* a bunch of parsley.
bunke *s* heap; *(masse også:)* lot; **~r** *s (beskyttelsesrum)* bomb shelter.
buntmager *s* furrier.
bur *s* cage; *sætte et dyr i ~* cage an animal.
burde *v* ought to; *det ~ du ikke gøre* you ought not to do that.
bure *v: ~ sig inde* coop up.
bureau *s* office; **~krati** *s* bureaucracy; *(neds)* red tape.
burhøns *spl* battery hens.
burre *s (bot)* burdock; **~lukning** *s* velcro-fastening.
bus *s* bus; *(turistbus også:)* coach.
busk *s* bush, shrub; *komme ud af ~en* come out in the open; **~ads** *s* shrubbery; *(tæt)* thicket; **~et** *adj* bushy.
bussemand *s (som skræmmer)* bogeyman; *(i næsen)* nose pick.
busseronne *s* smock.
buste *s* bust.
bustur *s* bus-ride.
butik *s* shop; *gå i ~ker* go shopping; *se på ~ker* go window-shopping; **~scenter** *s* shopping centre; **~skæde** *s* chain of shops; **~spris** *s* retail price; **~styv** *s* shoplifter; **~svindue** *s* shopwindow.
butterdej *s* puff pastry.
butterfly *s* bow tie.
buttet *adj* plump.
by *s* town; *(storby)* city; *være i ~en* be out; *(på indkøb)* be shopping; *gå i ~en (på indkøb)* go shopping; *(ud at more sig)* go out; **~bud** *s* messenger; *(som bringer varer ud)* delivery man.
byde *v (befale)* command; *(tilbyde)* offer; *(komme med et bud)* bid *(på* for); *(indbyde)* ask; *~ en velkommen* bid sby welcome; *~ en indenfor* ask sby in; *~ på ngt* offer sth; *(afgive bud på)* bid for sth; *~ ngt rundt* pass sth round.
bydel *s* part of town.

bydende *adj* commanding; *(tvingende)* urgent; *~ nødvendig* absolutely necessary.
bydreng *s* delivery boy.
byg *s* barley.
byge *s* shower.
bygge *v* build; *~ om* rebuild; *~ til* make additions; **~grund** *s* building site; **~klodser** *spl* toy bricks; **~legeplads** *s* adventure playground; **~plads** *s* building site; **~ri** *s* building; **~sjusk** *s* jerry-building; **~sæt** *s* do-it-yourself kit; *(som legetøj)* building set; **~tilladelse** *s* building permit.
byggryn *s* barley groats.
bygkorn *s (i øjet)* sty.
bygning *s* building; **~sfejl** *s (i øjet)* astigmatism; **~shåndværker** *s* builder; **~singeniør** *s* construction engineer; **~sværk** *s* building.
byld *s* abscess.
by. . . *sms:* **~mæssig** *adj: ~mæssig bebyggelse* built-up area; **~område** *s* urban area; **~planlægning** *s* town planning.
byrde *s* burden, load.
byret *s* city court; **byråd** *s* town council.
bytte *s (ombytning)* exchange; *(røvet ~)* spoils *pl,* loot; *(dyrs ~)* prey; *få ngt i ~ for ngt* get sth in exchange for sth; *give ngt i ~ for ngt* trade sth in for sth; *være et let ~* be an easy prey // *v* change; *(udveksle)* exchange; *~ ngt for ngt* change sth for sth; *~ om på ngt* change sth about; *~ (billeder af) popstjerner* exchange pop stars; **~handel** *s* exchange; **~penge** *s* change.
byvåben *s* town *(el.* city) arms.
bz'er *s* squatter.
bæger *s* cup.
bæk *s* brook; *~ og bølge (om stof)* seersucker.
bækken *s (anat)* pelvis; *(mus)* cymbal; *(til sengeliggende)* bedpan.
bælg *s (ærte~ etc)* pod; *(i harmonika, blæse~ etc)* bellows; **~e** *v: ~e ærter* shell peas; **~øjet** *adj* wall-eyed.
bælle *v: ~ sig med ngt* swill sth (down).
bælte *s* belt; **~køretøj** *s* caterpillar vehicle.
bændel *s* tape; **~orm** *s* tapeworm.
bænk *s* bench, seat; **~evarmer** *s* wallflower.
bær *s* berry.
bære *v* carry; *(have på)* wear; *(tåle, udholde)* bear; *~ frugt* bear fruit; *~ over med en* bear with sby; *~ på ngt* carry sth; *~ sig ad med at. . .* manage to. . .; *det er ikke til at ~!* I can't bear it! **~pose** *s* carrier bag; **~sele** *s* carrying sling; **~stykke** *s (på tøj)* yoke.
bærfrugt *s* soft fruit.
bæst *s* beast; *slide som et ~* work like a slave.
bæve *v* tremble, shake; **~n** *s* trembling.
bæver *s* beaver.
bøddel *s* executioner.
bøde *s* fine; *få en ~ på 200 kr* be fined 200 kr // *v: ~ for ngt* pay for sth; *~ på ngt* remedy sth.
bøf *s* steak; *(hakke~)* hamburger steak.
bøffel *s* buffalo.
bøg *s* beech; **~eskov** *s* beech forest; **~etræ** *s* beech; *(materialet)* beechwood.
bøje *s* buoy // *v* bend, bow; *(gram)* inflect; *~ af* turn off; *(give efter)* yield; *~ sig* bend; *(give efter)* give in; **~lig** *adj* flexible.
bøjle *s (til tøj)* hanger; *(til tænder)* brace.

bøjning *s* bow; *(gram)* inflection; *(af verber)* conjugation.
bølge *s* wave // *v* wave; **~blik** *s* corrugated iron; **~bryder** *s* breakwater; **~gang** *s* rough sea; **~længde** *s* wavelength; **~pap** *s* corrugated cardboard.
bølle *s* hooligan, thug; **~hat** *s* sunhat; **~optøjer** *spl* hooliganism, riots.
bøn *s* prayer; *(anmodning)* request *(om* for); *(indtrængende anmodning)* plea *(om* for); *bede en ~* say a prayer; **~falde** *v* implore; **~høre** *v* hear; grant.
bønne *s* bean.
bønnespirer *spl* bean sprouts.
børne... *sms:* **~begrænsning** *s* birth control; **~bidrag** *s* maintenance; **~bog** *s* children's book; **~børn** *spl* grandchildren; **~have** *s* kindergarten; **~haveklasse** *s* nursery school; **~lammelse** *s* polio; **~læge** *s* paediatrician; **~mishandling** *s* child battering; **~sygdom** *s* children's disease; **~sår** *s* impetigo; **~tilskud** *s* family allowance; **~tøj** *s* children's wear; **~værelse** *s* nursery.
børs *s* exchange; *på ~en* on the Exchange.
børste *s* brush; *rejse ~r (om dyr)* bristle; *(fig)* show fight // *v* brush; *~ tænder* brush one's teeth.
bøsse *s (til penge)* box; *(våben)* gun; *(homoseksuel)* gay.
bøtte *s* bin; *(maler~)* pot; *hold ~!* shut up!
bøvs *s* burp, belch; **~e** *v* burp, belch; *få en baby til at ~e* burp a baby.
båd *s* boat; *gå i ~ene* take to the boats.
både *adv: ~ ... og* both ... and; *~ John, Peter og Bill kom* John, Peter and Bill all came.
både... *sms:* **~bygger** *s* boatbuilder; **~havn** *s* boat harbour; **~hus** *s* boathouse.
bådshage *s* boathook; **bådsmand** *s* boatswain.
bål *s* fire; *(fx til St. Hans)* bonfire; *lave ~* build a fire.
bånd *s* string; *(bændel)* tape; *(pynte~)* ribbon; *(til båndoptager)* tape; *optage ngt på ~* tape sth; **~kassette** *s* tape cassette; **~lægge** *v* tie up; **~optagelse** *s* tape recording; **~optager** *s* tape recorder.
båre *s* stretcher; *(ved begravelse)* bier.
bås *s* stall, box; *(til parkering)* bay; *sætte en i ~* label sby.

C

C *(fork.f. Celsius)* centigrade (C).
ca. *(fork.f. cirka)* approximately, about.
camouflere *v* camouflage; *(fig)* disguise.
campere *v* camp; **campingplads** *s* camping ground, campsite; **campingvogn** *s* caravan.
cand. *i sms: ~ jur. sv.t.* Bachelor of Laws *(LL.B); ~ mag. sv.t.* Bachelor of Arts (B.A.) *el.* Master of Arts (M.A.); *~ polit. sv.t.* Bachelor of Science (Econ.) (B.Sc.); *~ scient. sv.t.* Master of Science; *~ theol. sv.t.* Bachelor of Divinity.
celle *s* cell.
cellist *s* cellist; **cello** *s* cello.
celsius *s (C): 30 grader ~* 30 degrees centigrade.
cembalo *s* harpsichord.
cement *s* cement; *(beton)* concrete; **~ere** *v* cement.
censor *s (ved eksamen)* external examiner; *(film etc)* cen-

sor; **censur** *s* censorship; **censurere** *v (ved eksamen)* mark; *(film etc)* censor.
center *s* centre.
central *s* central office; *(tlf)* exchange // *adj* central; *et ~t spørgsmål* a crucial question; **~administration** *s* central administration; **~skole** *s* district school (in the country); **~varme** *s* central heating.
centrifuge *s* centrifuge; *(til tøj)* spin-drier; **~re** *v* centrifuge; *(om tøj)* spin-dry.
centrum *s* centre.
ceremoni *s* ceremony; **~el** *adj* ceremonious, ceremonial.
certifikat *s* certificate.
cerut *s* cheroot.
chalotteløg *s* shallot.
chalup *s (mar)* barge.
champignon *s* mushroom.
chance *s* chance; *(lejlighed)* opportunity; *lad os tage ~n* let us risk it; *der er ikke store ~r for, at de kommer* there is not much chance of their coming.
changere *v (om stof etc)* shimmer.
charcuteri *s* delicatessen.
charme *s* charm // *v: ~ sig til ngt* use one's charm to obtain sth; **~re** *v* charm; **~rende** *adj* charming; **~trold** *s* charmer.
chartek *s* folder.
charterterflyvning *s* charter flight; **chartre** *v* charter.
chatol *s* bureau.
chauffør *s* driver; *(privat~)* chauffeur; *(som kører varer ud)* delivery man.
check *s* cheque; *(kontrol)* check; *betale med ~* pay by cheque; *hæve en ~* cash a cheque; *skrive en ~ ud* make out a cheque; *have ~ på ngt* have sth under control; *tage et ~ på en* check (up on) sby; **~e** *v* check; *~e efter* check up on; **~hæfte** *s* cheque book; **~konto** *s* cheque account.
chef *s* head; *(arbejdsgiver)* employer, (F) boss; **~stilling** *s* top position.
chiffer *s* cipher, code.
chik *adj* smart.
chikane *s* harassment; *(mobning)* bullying; **~re** *v* harass; bully.
chimpanse *s* chimpanzee.
chok *s* shock, (F) turn; *jeg fik et helt ~* it gave me quite a turn.
choker *s (auto)* choke, throttle.
chokere *v* shock.
chokolade *s* chocolate; **~mælk** *s* drinking chocolate.
ciffer *s* number, figure; *(taltegn)* digit; **-cifret** *adj* -digit; *et tocifret millionbeløb* tens of millions.
cigar *s* cigar.
cigaret *s* cigarette, (S) fag; *en pakke ~ter* a packet of cigarettes; **~skod** *s* cigarette end.
cigarkasse *s* cigar box; **cigarklipper** *s* cigar cutter.
cikorie *s* chicory.
cirka *adv (ca.)* approximately, about; **~pris** *s* approximate price.
cirkel *s* circle; *en ond ~* a vicious circle; **~rund** *adj* circular; **cirkle** *v* circle.
cirkulation *s* circulation; **cirkulere** *v* circulate; **cirkulære** *s* circular.
cirkus *s* circus; **~artist** *s* circus artiste; **~forestilling** *s* circus performance.
cisterne *s* cistern, tank.
citat *s* quotation; *~ begynder ... ~ slut* quote ... unquote; **~ionstegn** *s* quotation marks, inverted commas; **citere** *v* quote.
citron *s* lemon; **~gul** *adj* lemon(-coloured); **~saft** *s* lemon

juice; **~skal** *s* lemon peel; **~skive** *s* slice of lemon; **~syre** *s* citric acid.
civil *s: i ~* in plain clothes // *adj (mods: mil)* civilian, civil; *(ikke i uniform)* in plain clothes; **~befolkningen** *s* the civilian population; **~forsvar** *s* civil defence; **~ingeniør** *s* graduate engineer; **~isation** *s* civilization; **~isere** *v* civilize; **~klædt** *adj* in plain clothes.
clementin *s* clementine.
clips *s (papir~)* paper clip; *(øre~)* ear-clip; *(hår~)* hair-clip.
clou *s: festens ~* the climax of the party.
cognac *s* brandy; *(fransk)* cognac.
cola *s* (F) Coke ®.
colibakterie *s* coli bacillus.
complet *s (om måltid)* continental breakfast; *(om dragt)* suit, costume.
cottoncoat *s* waterproof.
courgette *s* squash.
cowboy. . . *i sms:* **~bukser** *s* jeans; **~film** *s* western; **~stof** *s* (blue) denim.
CPR-nummer *s* civil registration number.
creme *s* cream; *(kage~)* custard; *(pudse~)* polish; **~ fraiche** *s* sour cream.
crepe *s* crepe; **~nylon** *s* crepe nylon; **~papir** *s* crepe paper.
culotte *s (gastr) sv.t.* rump-steak.
cyankalium *s* potassium cyanide.
cykel *s* bicycle; (F) bike; *køre på ~* ride a bicycle; **~bane** *s* cycle-racing track; **~handler** *s* bicycle dealer; **~kurv** *s* bicycle basket; **~lygte** *s* bicycle lamp; **~løb** *s* bicycle race; **~rytter** *s* racing cyclist; **~slange** *s* bicycle tube; **~smed** *s* (F) bike-mender; **~stativ** *s* bicycle stand; **~sti** *s* bicycle path; **~taske** *s* pannier; **cykle** *v* cycle, ride a bicycle; (F) bike; **cyklist** *s* cyclist.
cyklon *s* cyclone.
cyklus *s* cycle.
cylinder *s* cylinder; *en bil med 12 cylindre* a twelve-cylinder car.
cølibat *s* celibacy.

D

da *adv* then, at that time // *konj (dengang ~)* when; *(lige idet)* (just) as; *(fordi)* as, since; *nu og ~* now and then; *fra ~ af* since then; *det var ~ godt de kom* I'm so glad they came; *ja, ja ~!* well, all right then! *~ du nu spørger* since you ask; *~ vi skulle til at gå* as we were leaving.
daddel *s (bot)* date.
dadel *s (kritik)* blame; **dadle** *v* blame *(for* for).
dag *s* day; *en af ~ene* one of these days; *det går galt en ~* some day it will end in disaster; *god ~!* hello! *(formelt)* good morning (, afternoon, evening); *~ens ret (på menu)* today's special; *i ~* today; *i otte ~e* today week; *i vore ~e* nowadays; *i gamle ~e* in the old days; *om ~en* by day; *flere gange om ~en* several times a day; *ved højlys ~* in broad daylight.
dagblad *s* (daily) newspaper; **dagbog** *s* journal; *føre dagbog* keep a diary.
dagevis *adv: i ~* for days.
daggry *s* dawn.
daglig *adj* daily; *(almindelig)* everyday // *adv* daily, a day; *~ påklædning* informal dress; *i ~ tale* in everyday language; **~dags** *adj* every-

day; **~stue** *s* living room; **~vare** *s* everyday necessity.
dag. . . *sms:* **~penge** *spl (ved sygdom)* sickness benefit; *(ved arbejdsløshed)* unemployment benefit; **~pleje** *s (offentlig)* day care; *(privat)* child-minding; **~plejemor** *s* childminder.
dags. . . *sms:* **~lys** *s* daylight; **~orden** *s* agenda; *(beslutning)* resolution; **~pressen** *s* the daily press.
dal *s* valley; **~e** *v* fall.
dam *s (lille sø)* pond; *(spil)* draughts.
dame *s* lady; *(i kort)* queen; *(borddame etc)* partner; **~bekendtskab** *s* lady friend; **~cykel** *s* lady's bicycle; **~frisør** *s* (ladies') hairdresser; **~konfektion** *s* ladies' wear; **~sko** *s* ladies' shoes; **~skrædder** *s* dressmaker; **~t** *adj* ladylike; **~taske** *s* handbag; **~toilet** *s* ladies' (room), cloakroom; **~tøj** *s* ladies' wear.
damp *s* steam; *for fuld ~* at full speed; *sætte ~en op* get up steam; **~e** *v* steam; *(ryge)* smoke; **~er** *s* steamer; **~koge** *v* steam; **~maskine** *s* steam engine; **~skib** *s* steamship; **~strygejern** *s* steam iron.
Danmark *s* Denmark; **d~skort** *s* map of Denmark; **d~smester** *s* Danish champion.
danne *v* form, make; *(tildanne, skabe)* create; *~ sig en idé om ngt* get an idea of sth.
dannebrog *s* the Dannebrog.
dannelse *s (opståen)* formation; *(kultur)* education; *(gode manerer)* good manners; **dannet** *adj (kultiveret)* cultured; *(med gode manerer)* well-bred.
dans *s* dance; *(det at danse)* dancing; *gå til ~* take dancing lessons; **~e** *v* dance; *~e godt* be a good dancer; **~emusik** *s* dance music; **~er** *s* dancer; **~eskole** *s* dancing school.
dansk *s/adj* Danish; *på ~* in Danish; *tale ~* speak Danish; *~ vand* mineral water; **~er** *s* Dane; *hun er ~er* she is Danish; **~sproget** *adj* Danish-speaking.
dase *v* laze.
dask *s* slap; **~e** *v* slap; *hænge og ~e* flap.
data *spl* facts; *(edb)* data; **~base** *s* data base; **~behandling** *s* data processing; **~log** *s* computer scientist; **~logi** *s* computer science; **~lære** *s (i skolen)* computing; **~maskine, ~mat** *s* computer; **~skærm** *s* display unit; **~styret** *adj* computerized; **~terminal** *s* data terminal, monitor.
datere *v* date; **datering** *s* dating; *(datoen)* date.
datid *s (gram)* the past tense, the preterite.
dativ *s (gram)* the dative.
dato *s* date; *af nyere ~* of recent date; *af ældre ~* of an earlier date; *dags ~* this day, today; *til ~* to date, so far; **~mærkning** *s* date stamp(ing).
datter *s* daughter; **~selskab** *s* subsidiary (company).
dav(s) *interj* hello! hi!
daværende *adj: den ~ statsminister* the prime minister at that time.
DDR *(Østtyskland)* the GDR.
de *pron (personligt)* they; *(demonstrativt)* those; *(bestemt artikel)* the; *De* you; *~ børn der kommer er søde* the children that are coming are nice; *~ børn er uartige* those children are naughty; *~ la-*

ver ballade they make trouble; ~ *tilstedeværende* those present; *kan De sige mig...?* could you please tell me...?
debat *s* debate; *vække* ~ be much discussed; ~**tere** *v* debate.
debitere *v:* ~ *en for ngt* charge sby for sth; **debitor** *s* debtor.
debut *s* first appearance, début; ~**ere** *v* make one's début; ~**koncert** *s* first concert.
december *s* December; *den 24.* ~ the twenty-fourth of December *el.* December the twenty-fourth.
defekt *s* defect, fault // *adj* defective.
defensiv *adj* defensive.
definere *v* define; **definition** *s* definition; **definitiv** *adj* final; **definitivt** *adv* finally.
degenerere *v* degenerate.
degn *s sv.t.* sexton, verger.
degradere *v* degrade.
dej *s (især gær~)* dough; *(især finere ~, fx til tærter)* pastry; *(flydende)* batter.
dejlig *adj* lovely; *(lækker)* delicious; *det smager ~t* it is delicious; *det var ~t vejr i går* it was a lovely day yesterday; *her er ~ varmt* it is nice and warm here.
deklaration *s* declaration; *(på vare)* (informative) labelling; *(om indholdet i fx madvarer)* (declaration of) contents; **deklarere** *v* declare.
dekoration *s (pynt)* decoration; *(teat etc)* set; **dekorere** *v* decorate.
dekret *s* decree; ~**ere** *v* decree.
del *s* part; *(andel)* share; *(afsnit)* section; *en ~ af sommeren* part of the summer; *jeg fik min ~ af pengene* I got my share of the money; *begge ~e* both; *der er en (hel) ~ fejl i bogen* there are quite a few errors in the book; *han har en hel ~ bøger* he has quite a lot of books; *tage ~ i ngt* take part in sth; *ingen af ~ene* neither; *største ~en af dem* most of them; *til ~s* partly; ~**agtig** *adj* involved; ~**agtighed** *s (i ngt kriminelt)* complicity.
dele *v (i stykker, fordele)* divide; *(være fælles om)* share, split; ~ *en ngt i otte stykker* divide sth into eight pieces; *vi delte udgifterne* we shared *(el.* split) the expenses; ~ *ngt op* divide sth; ~ *sig* divide; ~ *ud* distribute, hand out.
delegeret *s* delegate // *adj* delegated.
delfin *s* dolphin.
delikat *adj (lækker)* delicious; *(prekær)* delicate.
delikatesse *s* delicacy.
deling *s* division; *(som man er fælles om)* sharing; *(mil)* platoon; *få ngt til ~* get sth to share.
delle *s* roll of fat.
dels *adv* partly; ~ ... ~ partly ... partly.
delt *adj* divided; *det kan der være ~e meninger om* that is a matter of opinion.
deltage *v* take part, participate *(i* in); ~**lse** *s* participation; *(medfølelse)* sympathy; ~**r** *s (i møde etc)* participant; *(i konkurrence)* competitor.
deltid *s* part-time; *arbejde på ~* work part-time; ~**sbeskæftigelse** *s* part-time employment.
delvis *adj* partial // *adv* partly, in part.
dem *pron* them; ~ *der (el. som)* those who; **Dem** *pron* you.
dementere *v* deny; **dementi** *s* denial.

demokrati *s* democracy; *~ på arbejdspladsen* staff participation; *økonomisk ~* economic democracy; **~sk** *adj* democratic.

demonstration *s* demonstration; (F, *om protesttog også:)* demo; **demonstrativ** *adj* demonstrative; **demonstrere** *v* demonstrate.

den *pron (personligt)* it; *(demonstrativt)* that; *(om dyr ofte)* he, she; *(foran adj)* the; *jeg har set ~ film; ~ er god* I have seen that film; it is good; *~ idiot!* the fool! *der er en is til ~ der vinder* there is an icecream for whoever wins; *hun er nu ~ hun er* she is what she is; *den sorte kat og ~ med pletter* the black cat and the one with spots.

denatureret *adj: ~ sprit* methylated spirits.

dengang *adv* at that time, then // *konj: ~ da* when.

denne *pron* this; *(sidstnævnte)* the latter, he, she; *den 31. ~s* the thirty-first of this month.

dens *pron* its.

deodorant *s* deodorant.

departementschef *s sv.t.* permanent secretary.

deponere *v* deposit.

deportere *v (forvise)* deport.

depositum *s* deposit; *betale ~* put down a deposit.

depot *s* depot; *(ved motorløb)* pit.

depression *s* depression; **deprimeret** *adj* depressed.

der *pron (om personer)* who; *(om andet)* which; *han ~ spiller er min fætter* it is my cousin who is playing; *den avis ~ kom i går* the newspaper which arrived yesterday // *adv* there; *de var ~ ikke* they were not there; *~ er min taske* there is my bag; *~ hvor vi kommer fra* where we come from; *det var ~ han faldt* that was where he fell; *~ er 42 km til Helsingør* it is 42 km to Elsinore; *hvem ~?* who is there? *~ flages i byen* they are flying flags in town; *~ blev gjort rent i huset* they cleaned the house; *ved du hvem ~ kommer?* do you know who is coming? *~ kan du se!* there you see!

deraf *adv* of this, from this; *~ følger at...* hence it follows that...

derefter *adv* after that, afterwards; *(ifølge dette)* accordingly; *vi handlede ~* we acted accordingly; *resultatet blev ~* the result was as might have been expected.

deres *pron* their; *(stående alene)* theirs; *det er ~ hus* it is their house; *huset er ~* the house is theirs; **Deres** *pron* your; *er det Deres hund?* is it your dog? *bogen er Deres* the book is yours; *Deres hengivne (i brev)* yours sincerely.

derfor *adv (af den grund)* so, therefore; *(alligevel)* yet, all the same; *det var ~ de gik* that was why they left; *~ kan det jo godt passe* it may be true, all the same.

derfra *adv* from there; *de rejste ~* they left there.

derhen *adv* there; **~ne** *adv* over there.

deri *adv* in that, therein; **~gennem** *adv* through there; **~mod** *adv* on the other hand.

derind *adv* in there, into it; **~e** *adv* in there.

dermed *adv* with that; *(med disse ord)* so saying; *~ var sagen klar* that settled the matter; *~ være ikke sagt at...* that is not to say that...; *~ forlod han mødet* so say-

ing, he left the meeting.
derned, ~e *adv* down there.
deromkring *adv (i nærheden)* somewhere near there; *(cirka)* thereabouts.
derop, ~pe *adv* up there.
derover *adv* over there; *(oven over)* above (it); *folk på 67 år og ~* people of 67 plus; **derovre** *adv* over there.
derpå *adv* then, after that; *~ sagde han...* then he said...; *dagen ~* the next day; *(efter fest)* the morning after.
dertil *adv* to that; *(hen til sted)* there; *(med det formål)* for that purpose; *(desuden)* besides; *~ kommer at...* add to this that...; *vi kom ~ om aftenen* we got there in the evening; *det skulle nødig komme ~* I hope it does not come to that.
derud *adv* out there; **~ad** *adv: det kører bare ~ad* everything is fine; **~e** *adv* out there.
derved *adv (ved hjælp af det)* in that way; *de bor nær ~* they live near there; *lad det blive ~* leave it at that.
des *adv* the; *jo mere ~ bedre* the more the better; *så meget ~ bedre* so much the better; *jo mere han råber, ~ værre bliver det* the more he shouts, the worse it gets.
desertere *v* desert; **desertør** *s* deserter.
desinficere *v* disinfect.
desorienteret *adj* confused.
desperat *adj* desperate; **~ion** *s* desperation.
dessert *s* dessert, sweet.
destillation *s* distillation; **destillere** *v* distil.
desto *adv d.s.s. des.*
destruere *v* destroy.
desuden *adv* besides, moreover.
desværre *adv* unfortunately; *vi kan ~ ikke komme* unfortunately we can't come, I'm sorry but we can't come; *vi må ~ meddele Dem at...* we regret to have to inform you that...
det *pron (personligt)* it; *(refleksivt)* he, she, they; *(demonstrativt)* that; *(foran adj)* the; *har du set ~ hus? ~ er pænt!* have you seen that house? it is nice! *hvad er ~?* what is that? *~ er for sent nu* it is too late now; *hvem er det?* who is it? *er det (der) din far?* is that your father?
detailhandel *s* retail trade; **detailhandler** *s* retailer.
detalje *s* detail; *gå i ~r* go into detail; **~ret** *adj* detailed // *adv* in detail.
detektiv *s* detective; **~roman** *s* detective story.
detention *s* drying-out cell.
detonere *v* detonate.
dets *pron* its.
dette *pron* this; *(se også denne, disse).*
devaluering *s* devaluation.
dia *s (foto)* slide.
diabetiker *s* diabetic.
diagnose *s* diagnosis; *stille en ~* make a diagnosis.
diagonal *s/adj* diagonal.
diagram *s* diagram; *(kurve)* graph.
dialekt *s* dialect.
dialog *s* dialogue.
diamant *s* diamond.
diameter *s* diameter; **diametral** *adj* diametrical; *diametralt modsat* diametrically opposed.
diapositiv *s (foto)* slide.
diarré *s* diarrhoea.
die *v* suck.
dieselmotor *s* diesel engine; **dieselolie** *s* diesel oil.
diffus *adj* diffuse.

dig *pron* you; *(refleksivt)* yourself; *nu skal jeg sige ~ ngt* I'll tell you sth; *morer du ~?* are you having fun? *keder du ~?* are you bored?
dige *s* dyke.
digt *s* poem; *(opspind)* fiction; **~e** *v (skrive vers)* write poetry; *(opdigte)* invent; **~er** *s* poet; *(forfatter)* writer; **~ning** *s* writing; *(om poesi)* poetry; **~samling** *s* collection of poems.
diktat *s (ordre)* dictate; *skrive efter ~* write from dictation; **~or** *s* dictator; **~ur** *s* dictatorship; **diktere** *v* dictate.
dild *s* dill.
dilettant *s* amateur; *(neds)* dilettante.
dille *s* mania, craze.
dimension *s* dimension, scale; *en sag af ~er* a very sizable matter.
dims *s* thingummy, what'sit.
din *pron* your; *(stående alene)* yours; *er det ~ bil?* is it your car? *denne bog er ~* this book is yours; *~ idiot!* you fool!
dingle *v* dangle; *(vakle, rave)* stagger; *~ med benene* dangle one's legs.
diplom *s* diploma.
diplomat *s* diplomat; **~i** *s* diplomacy; **~isk** *adj* diplomatic.
direkte *adj (lige)* direct, straight; *(umiddelbar)* immediate; *(om person)* direct, blunt; *(komplet)* perfect // *adv* directly, straight; *(ligefrem)* positively, downright; *gå ~ hjem* go straight home; *udsende ~ (radio, tv)* transmit live; *~ valg* direct elections; *han var ~ grov* he was positively rude.
direktion *s* management; **direktør** *s* manager, managing director.
dirigent *s (mus)* conductor; *(ved møde)* chairman; **dirigere** *v* conduct; *(styre)* direct.
dirk *s* skeleton key; **~e** *v: ~e en lås op* pick a lock; **~efri** *adj* burglar-proof.
dirre *v* tremble.
dis *s (tåge)* mist.
disciplin *s* discipline.
diset *adj* misty.
disk *s* counter.
diskant *s (mus)* treble; **~blokfløjte** *s* treble recorder.
diske *v (sport,* F) disqualify; *~ op med ngt* serve up sth; *(neds)* concoct sth; *~ op for en* do sby proud; **~r** *s* (S) disco fan.
diskette *s (edb)* floppy disk, diskette.
diskoskast *s (sport)* discus(-throwing).
diskotek *s* discotheque.
diskret *adj* discreet; **~ion** *s* discretion.
diskriminere *v* discriminate.
diskusprolaps *s (med)* slipped disc.
diskussion *s* discussion; **diskutere** *v* discuss.
diskvalificere *v* disqualify.
dispensation *s* dispensation; **dispensere** *v* exempt.
disponent *s* sub-manager.
disponere *v* dispose; *~ over ngt* have sth at one's disposal; *være ~t for kræft* be predisposed to cancer.
disponibel *adj* available, at disposal.
disposition *s (rådighed)* disposal; *(i stil etc)* plan, layout; *(beslutning)* arrangement; *stå til ens ~* be at sby's disposal; *træffe sine ~er* make one's arrangements.
disputats *s* thesis.
disse *pron* these; *(påpegende)* those; *(se også denne, dette).*

dissekere *v* dissect.
distance *s* distance; *stå ~n* go the distance; **~re** *v* outdistance.
distrahere *v* distract; **distraktion** *s* absent-mindedness.
distribuere *v* distribute.
distrikt *s* district, region; **~slæge** *s sv.t.* medical officer of health; **~sygeplejerske** *s* district nurse.
distræt *adj* absent-minded.
dit *pron* your; *(stående alene)* yours; *det er ~ hus* it is your house; *huset er ~* the house is yours.
divan *s* couch.
diverse *s* sundries *pl // adj* various.
dividende *s* dividend.
dividere *v* divide; *otte ~t med to er fire* eight divided by two makes four; **division** *s* division.
diæt *s* diet; *holde ~* be on a diet; **~er** *spl (dagpenge)* maintenance money; **~mad** *s* dietary food.
djævel *s* devil; **~sk** *adj* devilish; *det gør ~sk ondt* it hurts like hell.
dobbelt *adj* double // *adv* double, twice; *det koster det ~e* it costs twice as much; *~e vinduer* double glazing: *kvit el. ~* double or quits; **~gænger** *s* double; **~hage** *s* double chin; **~radet** *adj (om fx frakke)* double-breasted; **~seng** *s* double bed; **~spil** *s* double game; **~stik** *s (elek)* two-way adapter; **~tydig** *adj* ambiguous; **~værelse** *s* double room.
doble *v: ~ op* double.
docent *s* reader; **docere** *v* lecture.
dog *adv (alligevel)* however, yet; *(imidlertid)* after all; *(sandelig)* really; *men ~!* dear me! *det er ~ for galt!* this is really too much! *sig det ~ bare* go on and say it; *hvis jeg ~ bare var blevet i sengen* if only I had stayed in bed; *hvor er han ~ rar!* he really is nice! *hvad er der ~ i vejen?* what on earth is the matter?
dok *s* dock.
doktor *s* doctor; **~afhandling** *s* thesis; **~grad** *s* doctorate.
dokument *s* document; **~arfilm** *s* documentary; **~ation** *s* documentation; **~ere** *v* document, prove; **~mappe** *s* briefcase.
dolk *s* knife; **~e** *v* stab.
dom *s* judg(e)ment; *(i kriminalsag)* sentence; *(fig)* verdict; *afsige ~* deliver judg(e)ment, pronounce sentence; *~mens dag* the Day of Judg(e)ment; *betale i dyre ~me* pay through the nose; **~hus** *s* court.
dominere *v* predominate; *(om person)* dominate.
domkirke *s* cathedral.
dommedag *s* the Day of Judg(e)ment.
dommer *s (jur)* judge; *(i fodbold, boksning)* referee; *(i tennis, badminton)* umpire; **~komité** *s* jury.
domprovst *s* dean (of a cathedral).
domstol *s* court, law court; *gå til ~ene med en sag* take a matter to court.
Donau *s* the Danube.
donkraft *s* jack; *hæve bilen med ~* jack up the car.
donor *s* donor.
dosis *s* dose.
doven *adj* lazy; *(om øl etc)* flat, stale; **~dyr** *s (zo)* sloth; *(om person)* lazybones; **~skab** *s* laziness; **dovne** *v* idle.
drab *s (det at dræbe)* killing;

(overlagt) murder, homicide; *(uoverlagt)* manslaughter; **~smand** *s* killer.

drag *s: tømme flasken i ét ~* empty the bottle in one go; *nyde ngt i fulde ~* enjoy sth to the full.

drage *s (fantasidyr)* dragon; *(legetøj)* kite; *sætte en ~ op* fly a kite.

drage *v (rejse)* go; *(trække)* draw, pull; *~ af sted* set out; *~ omsorg for at...* see to it that...; *~ en til ansvar for ngt* hold sby responsible for sth; **~flyvning** *s (sport)* hang-gliding; **~r** *s* porter.

dragkiste *s* chest of drawers.

dragt *s (påklædning)* clothing, clothes *pl; (spadsere~)* suit; *(til udklædning)* costume; **~pose** *s* moth-proof bag.

dram *s* drink.

drama *s* drama; **~tiker** *s* dramatist; **~tisere** *v* dramatize; **~tisk** *adj* dramatic.

dranker *s* drunkard.

drapere *v* drape; **draperi** *s* drapery.

drastisk *adj* drastic.

dreje *v* turn; *(sno)* twist; *(på tlf)* dial; *~ af* turn; *~ om hjørnet* turn the corner; *~ nøglen om* turn the key; *hvad ~r det sig om?* what is it about? **~bog** *s (film)* script; **~bænk** *s* lathe; **~scene** *s (teat)* revolving stage; **~skive** *s (tlf)* dial; *(til keramik)* potter's wheel; **~stol** *s* swivel chair; **drejning** *s* turn(ing).

dreng *s* boy; *da han var ~* when he was a boy; **~estreger** *spl* boyish pranks; **~et** *adj* boyish; **~etøj** *s* boys' clothes.

dressere *v* train.

dreven *adj* skilled; *(snedig)* shrewd.

drible *v* dribble.

drift *s (af virksomhed etc)* running; *(tilbøjelighed)* instinct, urge; *(tog~)* service; *i ~* running; *ude af ~* not working; *gøre ngt af egen ~* do sth on one's own initiative; *billig i ~* cheap to run; *der er 20 minutters ~ på ruten* there is a twenty-minute service on the line.

drifts... *sms:* **~leder** *s* manager; **~omkostninger** *spl (i firma)* overheads; *(for maskine)* operating costs; **~sikker** *adj* reliable.

drik *s* drink; **~fældig** *adj* (F) on the booze; **~ke** *s: mad og ~ke* food and drink // *v* drink; *hvad vil du have at ~ke?* what would you like to drink? *~ke ens skål* drink to sby; *~ke sig fuld* get drunk; *~ke af flaske* drink out of the bottle; *~ke ud* finish one's drink; **~kegilde** *s* drinking session; **~kepenge** *spl* tip; *give en ~kepenge* tip sby; **~keri** *s* drinking; **~kevand** *s* drinking water.

drilagtig *adj* teasing; *(om irriterende el. vanskelig ting)* tricky.

drille *v* tease; *motoren ~r* the engine is playing up; **~pind** *s* tease; **~ri** *s* teasing.

driste *v: ~ sig til at* venture to; **dristig** *adj* bold; *(vovet)* daring; **dristighed** *s* boldness; daring.

drive *s (sne~ etc)* drift // *v (jage, tvinge, tilskynde)* drive; *(maskine, firma etc)* run; *(~ af sted)* drift; *(dovne)* idle; *~ et hotel* run a hotel; *~ den af* loaf, laze; **~nde** *adj: ~nde våd* soaking wet.

drivhus *s* greenhouse, hothouse; **drivkraft** *s* drive *(også fig);* **drivvåd** *adj* soaking wet.

dronning *s* queen.

droppe *v* drop, give up.
drue *s* grape; **~klase** *s* bunch of grapes; **~saft** *s* grape juice; **~sukker** *s* glucose.
druk *s* drinking; **~ken** *adj* drunk; **~kenbolt** *s* alcoholic.
drukne *v (~ en el. ngt)* drown; *(~ selv)* be drowned; *være ved at ~ i arbejde* be up to one's ears in work; *~ i mængden* be lost in the crowd; **~ulykke** *s* drowning.
dryp *s* drip; *(dryppen)* dripping; **~pe** *v* drip; *(om steg)* baste; *~pe øjne (etc)* put drops in one's eyes (etc); **~tørre** *v* drip-dry.
drys *s* sprinkle; *(om person)* dawdler; **~se** *v (strø)* sprinkle; *(falde ned, om fx sne)* fall; *(smøle)* dawdle; *~se sukker på kagen* sprinkle the cake with sugar; *~se aske på gulvet* drop ashes on the floor.
dræbe *v* kill; **~nde** *adj* deadly.
drægtig *adj* pregnant; **~hed** *s* pregnancy.
dræn *s* drain; **~rør** *s* drain pipe.
dræve *v* drawl; **~n** *s* drawl.
drøbel *s* uvula.
drøfte *v* discuss, debate; **~lse** *s* discussion, debate.
drøj *adj (som strækker langt)* economic; *(slidsom)* tough; *(grov)* coarse.
drøm *s* dream; *i ~me* in one's dreams; **~me** *v* dream; *~me om at komme til England* dream of going to England; **~meri** *s* dreaming; **~meseng** *s* camp bed.
drøn *s* boom, roar; *for fuldt ~ (om lyd)* at full blast; *(om fart)* at full speed; **~e** *v* boom; *(køre larmende)* roar; *(køre hurtigt)* belt; **~nert** *s* oaf.
drøv *s: tygge ~ (også fig)* ruminate.
drøvel *s d.s.s. drøbel.*
drøvtygger *s* ruminant.
dråbe *s* drop; *en ~ vand* a drop of water; **~vis** *adv* drop by drop.
du *pron* you.
du *v* be good; *det ~er ikke* it is no good; *vise hvad man ~er til* prove one's worth.
dubleant *s* substitute; *(teat etc)* understudy; **dublere** *v* double; substitute; understudy; **dublet** *s* duplicate.
due *s* pigeon; *(fig, fx pol)* dove.
duel *s* duel.
duelig *adj* fit *(til* for).
duellere *v* duel.
dueslag *s* dovecot, pigeon loft.
duet *s* duet.
duft *s* scent, smell; **~e** *v* smell; **~ende** *adj* fragrant.
dug *s (i græsset etc)* dew; *(på rude)* steam; *(bord~)* tablecloth; *der er ~ på ruden* the window is steamed up; **~dråbe** *s* dewdrop; **~ge** *v (om rude etc)* steam up, mist up.
dukke *s* doll; *(marionet)* puppet // *v (dyppe)* duck; *(dykke)* dive; *~ frem (el. op)* emerge; *~ hovedet* duck one's head; *~ sig* duck; **~dreng** *s (neds)* sissy; **~hus** *s* doll's house; **~rt** *s* dive; *give en en ~rt* duck sby; *tage sig en ~rt (dvs. springe i)* dive in; *(dvs. bade)* go for a swim; **~teater** *s* toy theatre; *(med marionetter)* puppet theatre; **~tøj** *s* doll's clothes; **~vogn** *s* doll's pram.
duknakket *adj* stooping.
duks *s* top boy, top girl.
dulle *s* doll.
dulme *v* ease, soothe; **~nde** *adj* soothing.
dum *adj* stupid, foolish; **~dristig** *adj* foolhardy; **~hed** *s* stupidity, foolishness; *lave ~heder* do sth stupid; **~me** *v:*

~me sig make a fool of oneself.
dump *adj* dull.
dumpe *v (falde)* fall; *(til eksamen)* fail; *(smide affald etc)* dump; **dumpning** *s (af affald etc)* dumping.
dumrian *s* fool, ass.
dun *s* down.
dundre *v* rumble, thunder; *(banke)* hammer; *en ~nde hovedpine* a splitting headache; **~n** *s* rumble, thunder; hammering.
dundyne *s* duvet, continental quilt.
dunk *s (beholder)* can; *(slag)* knock; **~e** *v* knock.
dunkel *adj* dark; *(utydelig)* dim; *(fig)* obscure.
duntæppe *s* quilt.
dup *s (på stok etc)* knob; *(på fodboldsko etc)* stud; *være oppe på ~perne* (F) be with it.
duplikere *v* duplicate.
dur *s (mus)* major; *as-~* A flat major.
dus: *være ~ med en* be on first name terms with sby; *være ~ med ngt* be familiar with sth.
dusin *s* dozen.
dusk *s* tuft, wisp.
dusør *s* reward.
dvale *s* lethargy; *(vinterhi)* hibernation; *ligge i ~ (om dyr)* hibernate; *(fig)* lie dormant.
dvask *adj* lethargic.
dvs. *(fork.f. det vil sige)* that is (i.e.).
dvæle *v* linger; *lad os ikke ~ ved det* let's not dwell on that.
dværg *s* midget, dwarf.
dy *v: kan du så ~ dig!* behave yourself! *vi kunne ikke ~ os for at gøre det* we could not resist doing it.
dyb *s* depth; *(afgrund)* abyss // *adj* deep; *~est set* basically; *i ~este hemmelighed* in the utmost secrecy; *~ tallerken* soup plate; *i ~e tanker* deep in thought; *(se også dybt).*
dybde *s* depth; *gå i ~n med ngt* be thorough about sth.
dybfrost *s* deep freeze; **~varer** *spl* frozen foods; **dybfryse** *v* deep-freeze; **dybfryser** *s* deep freeze.
dybhavs- deep-sea *(fx fiskeri* fisheries).
dybsindig *adj* profound; **~hed** *s (bemærkning)* profound remark.
dybt *adv* deeply; deep; *~ chokeret* deeply shocked; *~ inde i skoven* deep in the forest; **~gående** *s (om skib)* deep-draught // *adj (fig)* thorough.
dyd *s* virtue; **~ig** *adj* virtuous; **~smønster** *s* paragon (of virtue).
dygtig *adj* good; *(kvik)* clever; *(med godt håndelag)* skilful; *hun er ~ i skolen* she is doing well at school; *være ~ til sprog* be good at languages; **~hed** *s* cleverness, competence, skill.
dyk *s* dive; **~ke** *v* dive; *~ke ned i ngt (fig)* delve into sth; **~ker** *s* diver; **~kerdragt** *s* diving-suit; **~kerhjelm** *s* diver's helmet; **~kerudstyr** *s* diving equipment; **~ning** *s* diving; *(sportsdykning)* skin-diving.
dynamik *s* dynamic(s); **dynamisk** *adj* dynamic.
dynamit *s* dynamite.
dynamo *s* dynamo.
dynd *s* mud.
dyne *s* duvet, continental quilt; *nu vil jeg se ~r!* (F) I'm going to hit the sack; *som at slå i en ~* like banging one's head against a brick wall; **~betræk** *s* duvet cover.
dynge *s* heap, pile // *v: ~ ngt*

op pile sth up.
dypkoger *s* immersion heater.
dyppe *v* dip; **~lse** *s (gastr)* sauce.
dyr *s* animal; *vilde ~* wild animals; *(om rovdyr også:)* wild beasts.
dyr *adj* expensive; *betale i ~e domme* pay through the nose; *det kommer til at koste dig ~t (fig)* you will have to pay for it; **~ebar** *adj* precious.
dyre... *sms:* **~forsøg** *s* animal experiment; **~handel** *s* pet shop; **~have** *s* deer park; **~kredsen** *s (astr)* the zodiac; **~købt** *adj* hard-earned; **~kød** *s* venison; **~kølle** *s* haunch of venison; **~liv** *s* wildlife; **~passer** *s* (zoo-) keeper; **~riget** *s* the animal kingdom; **~ryg** *s (gastr)* saddle of venison.
dyrisk *adj* animal; *(fig)* bestial.
dyrke *v (op~)* cultivate; *(avle)* grow; *(beskæftige sig med)* go in for; *(tilbede)* worship; *~ jorden* cultivate the land; *~ kartofler* grow potatoes; *~ sport* go in for sports; **~r** *s* cultivator; **dyrkning** *s* cultivation; growing.
dyr... *sms:* **~læge** *s* vet, veterinary surgeon; **~plageri** *s* cruelty to animals; **~skue** *s* cattle show; **~tidsreguleret** *adj* with cost-of-living adjustment; **~tidstillæg** *s* cost-of-living bonus.
dysse *s (hist)* dolmen // *v: ~ en i søvn* lull sby to sleep.
dyster *adj* sombre.
dyt *s (om bilhorn)* honk; **~te** *v* honk.
dæk *s (bil~ etc)* tyre; *(skibs~)* deck; **~jern** *s* tyre lever.
dække *v* cover; *~ bord* lay *(el.* set) the table; *~ over en* cover up for sby; *~ ngt til* cover sth up.
dækken *s* cloth, cover.
dækkeserviet *s* place mat; **dækketøj** *s* table linen.
dækning *s (ly)* cover, shelter; *(betaling)* payment; *gå i ~* seek shelter; *der er ~ for checken* the cheque will be met; **~sløs** *s: en ~sløs check* a rubber cheque.
dæksel *s* cover.
dæmme *v: ~ op for ngt* dam up sth; *(fig)* check sth.
dæmning *s* dam.
dæmpe *v (om lyd)* muffle; *(mindske)* damp; *(undertrykke, fx følelse)* subdue; *(holde igen på)* curb; *~t belysning* subdued light; *~t musik* soft music; *tale med ~t stemme* speak in a low voice; **~r** *s* damper; *(mus)* mute; *lægge en ~r på ngt* put a damper on sth.
dæmre *v* dawn; *nu ~r det (for mig)* it is beginning to dawn (on me); **dæmring** *s (om morgenen)* dawn; *(om aftenen)* twilight.
dø *v* die; *~ af kræft* die of cancer; *~ af sult* starve to death; *jeg er ved at ~ af sult* I'm starving; *ved at ~ af kedsomhed* bored to death; *hun var ved at ~ af grin* she nearly died laughing; *~ hen* die away; *~ ud* die out.
døbe *v* christen; **~font** *s* baptismal font.
død *s* death // *adj* dead; *~ og pine!* golly! *det er den visse ~* it is certain death; *det bliver min ~* it will be the death of me; *ligge for ~en* be dying; *der var over 20 ~e* there were more than 20 dead; *mere ~ end levende* more dead than alive; *~t løb* dead heat.
død... *sms:* **~bider** *s* dope; **~bringende** *adj* deadly, le-

thal; ~**drukken** *adj* dead-drunk.

dødelig *adj* mortal; *(som man dør af)* deadly, lethal; *~t forelsket* madly in love; *~t såret* fatally wounded; ~**hed** *s* mortality.

dødfødt *adj* stillborn; **dødkedelig** *adj* deadly dull.

dødningehoved *s* skull.

døds. . . *sms:* ~**dom** *s* death sentence; ~**dømt** *adj* sentenced to death; *(om fx projekt)* doomed; ~**fald** *s* death; ~**fjende** *s* mortal enemy; ~**hjælp** *s* euthanasia; ~**leje** *s* deathbed; ~**offer** *s* victim; ~**straf** *s* capital punishment; ~**stød** *s* deathblow; ~**syg** *adj* mortally ill; *(fig,* F) rotten; ~**årsag** *s* cause of death.

dødtræt *adj* tired to death; ~**vægt** *s* dead weight.

døgn *s* day and night, 24 hours; *rejsen varer tre ~* the journey takes three days and nights; *sove otte timer i ~et* sleep eight hours a night; *~et rundt* day and night; ~**box** *s* night safe; ~**drift** *s* round-the-clock work; ~**radio** *s* round-the-clock programs.

døje *v: jeg kan ikke ~ hende* I can't stand her; *hun ~r med gigt* she is suffering from rheumatism.

døjt *s: ikke en ~* not a bit.

dømme *v* judge; *(idømme straf)* sentence; *(idømme bøde)* fine; *(ved fodboldkamp)* referee; *efter alt at ~* to all appearances; *~ om ngt* judge of sth; *~ en til døden* sentence sby to death; *du kan selv ~* judge for yourself; ~**kraft** *s* judg(e)ment.

dønning *s* swell; *(fig)* repercussion.

dør *s* door; *komme ind ad ~en* come in through the door; *holde sig inden ~e* stay indoors; *gå stille med ~ene (fig)* pussyfoot it; *smække med ~en* slam the door; *banke på ~en* knock at the door; *ringe på ~en* ring the doorbell; *gå ud ad ~en* go out of the door; ~**hammer** *s* door-knocker; ~**håndtag** *s* door handle; ~**karm** *s* doorframe; ~**klokke** *s* doorbell; ~**lukker** *s* door spring; ~**måtte** *s* doormat; ~**slag** *s (sigte)* colander; ~**spion** *s (kighul i døren)* peephole; ~**sprække** *s* chink; *(til post)* slot; ~**trin** *s* doorstep; ~**vogter** *s* doorkeeper, ~**åbning** *s* doorway.

døs *s* doze; ~**e** *v* doze; ~**ig** *adj* drowsy.

døv *adj* deaf; *vende det ~e øre til ngt* turn a deaf ear to sth; ~**hed** *s* deafness.

dåb *s* christening; ~**sattest** *s sv.t.* birth certificate; ~**skjole** *s* christening robe.

dåd *s* deed; *vågne op til ~* wake up and get on with it.

dådyr *s* fallow deer.

dåne *v* faint.

dårlig *adj* bad; *(ringe)* poor; *(utilpas)* unwell; *(syg)* ill // *adv* badly; poorly; *(næppe)* hardly; *blive ~ (dvs. få kvalme)* get sick; *(dvs. blive syg)* be taken ill; *du ser ~ ud* you don't look well; *vi har ~ tid* we are pressed for time; *(dvs. vi har travlt)* we are busy; *det er ~t vejr* the weather is bad; *vi kunne ~t kende ham igen* we hardly recognized him; ~**ere** *adj* worse; ~**st** *adj* worst; *høre til de ~st stillede* be among those who are worst off.

dåse *s* box; *(konserves~)* tin, can; *kød på ~* tinned meat; ~**latter** *s* canned laughter; ~**mad** *s* tinned food; ~**musik**

s (muzak) piped music; **~øl** *s* canned beer; **~åbner** *s* tin-opener.

E

ebbe *s* low tide, ebb; *~ og flod* tide; *det er ~ (også:)* the tide is out // *v: ~ ud* ebb away.
ed *s* oath; *aflægge ~* take the oath *(på* on); *~er og forbandelser* cursing and swearing.
edb *s* electronic data processing, EDP; **~anlæg** *s* computer system; **~styring** *s* computerizing.
edder. . . *sms:* **~dunsdyne** *s* eiderdown; **~kop** *s* spider; **~koppespind** *s* spider's web; **~smart** *adj* smashing; **~spændt** *adj* livid.
eddike *s* vinegar; **~sur** *adj (fig)* acid; **~syltet** *adj* pickled; **~syre** *s* acetic acid.
EF *s* the EEC.
efeu *s* ivy.
effekt *s* effect; **~er** *spl (ting)* things; *(varer)* goods; *(værdipapirer)* securities; **~iv** *adj* effective; *(om person)* efficient; **~ivitet** *s* efficiency.
efg *s sv.t.* vocational school, job-training classes.
efter *adv* after(wards); *dagen ~* the next *(el.* following) day; *længe ~* a long time afterwards; *se ngt ~* go over sth // *præp* after; *(ifølge)* according to, to; *(i retning mod)* at; *(for at hente etc)* for; *bruden ankom ~ brudgommen* the bride arrived after the bridegroom; *han er den dygtigste (næst) ~ John* he is the best after John; *det gik ~ planen* it went according to plan; *leveret ~ ordre* delivered to order; *hun smed en tallerken ~ ham* she threw a plate at him; *se ~ ngt (dvs. lede)* look for sth; *(dvs. passe på)* keep an eye on sth; *sende bud ~ en* send for sby; *skrive ~ ngt* write for sth; *en ~ en* one by one; *dag ~ dag* day after day; *~ min mening* in my opinion; *de er ude ~ ham* they are after him.
efterdønninger *spl (fig)* repercussions.
efterforske *v* investigate; **efterforskning** *s* investigation.
efterfølger *v* successor.
efterhånden *adv* gradually; *~ som* as; *man bliver ~ træt af det* it tends to get tiring.
efterkommer *s* descendant.
efterkrav *s: sende ngt pr. ~* send sth cash on delivery *(el.* C.O.D.).
efterlade *v* leave (behind); *han efterlod sig en formue* he left a fortune; *de efterladte* the bereaved; **~nskaber** *spl (om affald)* litter; *(om hundelort etc)* droppings.
efterligne *v* imitate, copy; **efterligning** *s* imitation.
efterlyse *v (ngt tabt)* advertise for; *(en savnet)* call a search for; **efterlysning** *s (politi~)* search.
efterløn *s (efter afskedigelse)* redundancy money; *(frivillig)* early retirement.
eftermiddag *s* afternoon; *i ~* this afternoon; *i går ~s* yesterday afternoon; *om ~en* in the afternoon; **~sforestilling** *s* matinée; **~skaffe** *s sv.t.* (afternoon) tea.
efternavn *s* surname; *han hedder Smith til ~* his surname is Smith.
efterret *s* second course; *(om dessert)* sweet.
efterretning *s* piece of information; *de seneste ~er* the latest news; *tage ngt til ~* take note of sth; **~svæsen** *s*

intelligence service.

efterse *v* examine; *(kontrollere)* check; *få vognen ~t* get the car looked over.

efterskole *s* continuation school.

eftersom *konj* since.

efterspurgt *adj* in demand; **efterspørgsel** *s* demand.

eftersyn *s (før auktion)* view; *(af fx bil)* overhaul; *ved nærmere ~* on closer inspection.

eftersynkronisere *v* dub.

eftersøgning *s* search; **eftersøgt** *adj* wanted.

eftertanke *s: ved nærmere ~* on second thoughts.

eftertragtet *adj* in great demand.

eftertryk *s* emphasis; *lægge ~ på* emphasize; *~ forbudt* all rights reserved; **~kelig** *adj* emphatic.

eftervirkninger *s* after-effects.

efterår *s* autumn; **~sagtig** *adj* autumnal; **~sferie** *s* autumn school holiday.

eg *s* oak.

ege *s (i hjul)* spoke.

egen *adj (eget, egne)* own; *(sær)* odd, strange; *(særskilt)* separate; *hun har ~ bil* she has a car of her own; *de bor i eget hus* they live in a house of their own; *han har sin ~ mening om tingene* he has his own opinion of things; *de har eget badeværelse* they have a separate bathroom.

egen... *sms:* **~art** *s* peculiarity; **~hændig** *adj* personal // *adv* with one's own hands; **~navn** *s (gram)* proper name; **~sindig** *adj* headstrong, stubborn.

egenskab *s* characteristic; quality; *i ~ af* in the capacity of.

egentlig *adj* real, actual // *adv* really; after all; *han er ~ helt rar* he is really quite nice; *hvad vil du ~ her?* what do you want here anyway? *hvad gør det ~?* after all, what does it matter?

egern *s* squirrel.

eget *se egen.*

egetræ *s* oak tree; **~smøbler** *spl* oak furniture.

egn *s* area, district, region; part of the country; *der er smukt her på ~n* it's beautiful in this part of the country.

egne *v: ~ sig til (el. for) ngt* be suitable for sth.

egoisme *s* egoism; **egoist** *s* egoist; **egoistisk** *adj* selfish, egoistic.

Egypten Egypt; **egypter** *s,* **egyptisk** *adj* Egyptian.

ej *adv: hvad enten ... eller ~* whether ... or not.

eje *s: hans kæreste ~* his dearest possession // *v* own, possess; *jeg vil hverken ~ eller have den* I would not have it as a gift.

ejendele *spl* belongings, possessions.

ejendom *s* property; *fast ~* real estate; *bilen er min private ~* the car is my property.

ejendommelig *adj* strange, curious.

ejendomsmægler *s* estate agent.

ejer *s* owner; *skifte ~* change hands; **~lejlighed** *s* owner-occupied flat.

ekko *s* echo; *give ~* echo.

e.Kr. *(fork.f. efter Kristi fødsel)* A.D.

eks- *(forhenværende) i sms:* ex- *(fx ~konge* ex-king).

eksamen *s* examination, (F) exam; *tage ~* pass an examination; *(univ)* graduate; *gå op til ~* sit (for) an examination; **~sbevis** *s* diploma; **eksaminere** *v* examine.

eksem *s* eczema.
eksempel *s* example; *for ~ (fx)* for instance, for example *(fork.* e.g.); *statuere et ~* set an example.
eksemplar *s* specimen; *(af bog, blad etc)* copy; **~isk** *adj* exemplary.
eksercits *s* drill.
eksil *s* exile.
eksistens *s* existence; **~minimum** *s* subsistence level; **eksistere** *v* exist.
ekskludere *v (udelukke)* exclude; *(smide ud)* expel.
eksklusiv *adj* exclusive; **~e** *adv* exclusive of *(fx moms* VAT).
eksotisk *adj* exotic.
ekspandere *v* expand.
ekspedere *v (kunder)* serve; *(ordne)* see to, attend to; *(sende)* send off, dispatch; *(udføre)* carry out; *så blev han ~t* (F) that took care of him.
ekspedient *s* shop assistant.
ekspedition *s (kontor)* office; *(af kunder)* service, attendance; *(forsendelse)* dispatch; *(rejse)* expedition.
eksperiment *s* experiment; **~ere** *v* experiment.
ekspert *s* expert *(i* in, on); **~ise** *s* expert knowledge.
eksplodere *v* explode, blow up; *(om dæk, ballon)* burst; **eksplosion** *s* explosion; **eksplosiv** *adj* explosive.
eksport *s* export(s) *(pl)*; **~ere** *v* export; **~forbud** *s* export ban, embargo; **~fremstød** *s* export drive; **~ør** *s* exporter.
ekspres *s (om tog)* express // *adv* express; **~brev** *s* special delivery letter.
ekstase *s* ecstasy.
ekstern *adj* external.
ekstra *adj/adv* extra; *(reserve-, som er til overs)* spare *(fx værelse* room); **~arbejde** *s* extra work; **~fin** *adj* superior, choice; **~indtægt** *s* extra income; **~nummer** *s (om blad)* special (issue); *(ved koncert etc)* encore; **~ordinær** *adj* extraordinary; **~skat** *s* additional tax; **~tog** *s* special train; **~udgave** *s (af blad) d.s.s. ~nummer; (af bog)* special edition.
el *s (bot)* alder; *(elek) d.s.s. elektricitet.*
elastik *s* elastic; *(gummibånd)* rubber band; **elastisk** *adj* elastic, springy.
elefant *s* elephant; **~hue** *s* balaclava; **~ordenen** *s* the Order of the Elephant.
elegance *s* elegance; **elegant** *adj* elegant.
elektricitet *s* electricity; **~småler** *s* (electric) meter; *(for sms med ~ se også el-, fx elværk).*
elektriker *s* electrician; **elektrisk** *adj* electric; *elektrisk stød* electric shock; *elektrisk udstyr* electrical appliances.
elektrode *s* electrode.
elektron *s* electron; **~blitz** *s* electronic flash; **~ik** *s* electronics; **~ikbranchen** *s* the electronics industry; **~isk** *adj* electronic.
element *s* element; *(elek)* cell, battery; *(del af køkken)* unit; **~hus** *s* prefab(ricated house); **~køkken** *s* fitted kitchen.
elementær *adj* elementary; *(grundlæggende)* basic.
elendig *adj* miserable; (F) rotten, lousy *(fx vejr* weather); **~hed** *s* misery; *(fattigdom)* poverty.
elev *s* pupil; *(studerende)* student; *(lærling)* apprentice.
elevator *s* lift.
elevråd *s* pupils' council; **elevskole** *s (teat)* school of drama.
elfenben *s* ivory; **E~skysten** *s*

the Ivory Coast.

elg *s (zo)* elk.

elite *s* élite; **~sport** *s* competitive sport.

elkomfur *s* electric cooker; **elkraft** *s* electric power; **elkøkken** *s* electric kitchen.

eller *konj* or; *enten ... ~* either ... or; *hverken ... ~* neither ... nor; **~s** *adv* or (else); *(hvis ikke)* if not; *(som regel)* generally, usually; *han er ~s meget rar* he is quite nice really; *hvis ~s du kan* that is if you can; *hvem ~s?* who else? *var der ~s ngt?* anything else? *nej, ~s tak! (iron)* not for me, thank you!

elleve *adj* eleven.

ellevte *num* eleventh; **~del** *s* eleventh.

ellipse *s* ellipse; **~formet** *adj* elliptic(al).

elm *s (bot)* elm.

elske *v* love; *(have sex)* make love *(med en* to sby); **~lig** *adj* lovable; **~r** *s* lover; **~rinde** *s* mistress.

elskov *s* love.

elskværdig *adj* kind, amiable; *vil De være så ~ at...?* would you kindly...?

elv *s* river.

elverfolk *spl* elves.

elværk *s* electric power plant *(el.* station).

em *s* vapour.

emalje *s* enamel; **~maling** *s* enamel paint; **~re** *v* enamel.

emballage *s* packing; *(kasser etc)* container(s) *(pl)*; **emballere** *v* pack.

embede *s* post, office; *blive ansat i et ~* be appointed to a post; *hans første år i ~t* his first year in office; *på embeds vegne* officially.

embeds... *sms:* **~eksamen** *s* university degree; **~mand** *s* official; *(i ministerium)* civil servant; **~misbrug** *s* abuse of one's position; **~periode** *s* period of office.

emblem *s* badge.

emhætte *s* (extractor) hood.

emigrant *s* emigrant; **emigrere** *v* emigrate.

emne *s* subject; *(materiale)* material; *(om person)* candidate.

empirestil *s* French Empire.

emsig *adj* officious.

en *(et) ubest. artikel:* a, *(foran vokal)* an; *(ubest om tid, trykstærkt foran substantiv:)* one; *(stående alene:)* one, somebody, someone; *~ skønne dag* some day; *det er vel ~ to år siden at...* it is some two years since...; *~ efter ~* one by one; *hun snakkede i én køre* she talked continuously; *hans ~e arm er brækket* one of his arms is broken; *det kommer ud på ét* it comes to the same thing; *~ gang for alle* once and for all; *han er en værre én* he is a bad one; *(rosende)* he is quite a guy; *~ eller anden* someone (or other); *vi ses ~ af dagene!* see you one of these days! *der var ~ der ringede* somebody called.

encifret *adj: ~ tal* digit.

end *adv* -ever; *hvad du ~ siger* whatever you say // *konj* than; except, but; *han er større ~ sin bror* he is bigger than his brother; *hun er alt andet ~ dum* she is anything but stupid; *der var ikke andre ~ mig* there was no-one but me; *hvor gerne vi ~ ville* no matter how much we wanted to; *~ ikke* not even.

endda *adv* even; *(tilmed)* at that; *det var ikke så galt ~* it was not so bad after all; *hun er ~ kun 14 år* and she is only 14 at that; *det er galt nok ~* it is bad enough as it is; *han grinede ~* he even laughed.

ende *s (afslutning)* end; *(bagdel)* behind, bottom; *den øverste ~* the top; *den nederste ~* the bottom; *gøre en ~ på ngt* put an end to sth; *i alle ~r og kanter* from top to bottom, inside out; *stå på den anden ~* be on end; *der var ingen ~ på det* there was no end to it; *nå til vejs ~* come to the end of the road; *i sidste ~...* ultimately... // *v* end; *(fuldende)* finish; *det endte med at...* the outcome was that...; *det ~r galt med dem* they will come to a bad end; *historien endte godt* the story had a happy ending; **~fuld** *s* spanking.

endelig *adj* final; *træffe en ~ beslutning* make a final decision // *adv* finally; *(langt om længe)* at last; *han kom ~* he finally came, he came at last; *du må ~ blive* do stay; *vi må ~ ikke komme for sent* it won't do for us to be late.

endelse *s* ending.

endeløs *adj* endless.

endeskive *s (af brød)* end.

endevende *v* turn upside down.

endnu *adv (stadig)* still; *(hidtil)* yet; *(ved komp:)* even; *de er ~ ikke kommet* they have not arrived yet; *han kan nå det ~* he can still make it; *hun bliver et par dage ~* she is staying for another couple of days; *~ bedre* even better; *~ en gang* once more.

endog(så) *adv* even.

ene *adj* alone; *(kun)* only; *~ og alene* only; **~barn** *s: han er ~barn* he is an only child; **~boer** *s* hermit.

enebær *s* juniper berry; **~busk, ~træ** *s* juniper tree.

eneforhandler *s* sole agent; **~hersker** *s* sole ruler, autocrat; **~mærker** *spl* premises.

ener *s* one; *han er en ~* he is sth out of the ordinary.

eneret *s* monopoly *(på* of); exclusive rights *(på* to).

energi *s* energy; **~besparende** *adj* energy-saving; **~kilde** *s* energy source; **~krise** *s* energy crisis; **~sk** *adj* energetic; **~spild** *s* waste of energy.

enerverende *adj* enervating.

enes *v* agree; *(om* on, about; *om at* to); *(forliges)* get on.

eneste *adj* only; single; *de ~ der kom* the only ones who came; *ikke en ~ ven* not a single friend; *hver ~ dag* every single day.

ene...: *sms:* **~stue** *s (på hospital)* private ward; **~stående** *adj* unique; **~time** *s* private lesson; **~vælde** *s* absolute monarchy.

enfamiliehus *s* one-family house.

enfoldig *adj* simple.

eng *s* meadow; *ude på ~en* (out) in the meadow.

engagere *v* engage; *~ sig i ngt* engage in sth, commit oneself to sth.

engang *adv (i fortiden)* once; *(i fremtiden)* one day, some day; *der var ~... (i eventyr)* once upon a time there was...; *han har været gift ~* he used to be married; *det vil du fortryde ~* you will regret that some day; *~ imellem* sometimes, from time to time; *ikke ~* not even; *tænk ~!* (just) imagine!

engangs... *sms:* **~bestik** *s* disposable cutlery; **~flaske** *s (uden pant)* non-returnable bottle; **~forestilling** *s* sole performance; *(fig)* one-off affair; **~glas** *s* disposable glass; **~sprøjte** *s* disposable syringe.

engel *s* angel.

engelsk *s/adj* English; *på ~* in English; *hvad hedder det på ~?* what is that in English? **~-dansk** *adj* Anglo-Danish; **~sindet** *adj* anglophile; **~sproget** *adj* English-speaking; **England** *s* England.

engleagtig *adj* angelic.

englænder *s* Englishman; *~ne* the English; *han/hun er ~* he/she is English.

en gros *adv* wholesale; **engrospris** *s* wholesale price.

enhed *s* unity; *(fx flåde~, hær~)* unit.

enhver *pron (alle)* every; *(stående alene:)* everybody; *(af to el. af gruppe:)* each; *(hvilken som helst)* any; *(hvem som helst)* anybody; *alle og ~* everybody, anybody; *~ anden end dig* anybody but you; *til ~ tid* any time.

enig *adj* united; *(enstemmig)* unanimous; *blive ~e* agree *(om* on, *om at* to, that); *det er jeg ~ i* I agree with that; *de er ikke ~e* they don't agree; **~hed** *s* agreement; *(harmoni)* unity; *(enstemmighed)* unanimity; *nå til ~hed* come to an agreement.

enke *s* widow; *blive ~* be widowed; **~dronning** *s* dowager queen.

enkel *adj* simple, plain; **~hed** *s* simplicity.

enkelt *adj (mods: dobbelt)* single; *(ukompliceret)* simple; *(særskilt)* individual; *der er kun en ~ fejl* there is only one error; *bare en ~* just one; *en ~ gang* once (in a while); *~e gange* occasionally; **~billet** *s* single (ticket), one-way ticket; **~hed** *s* detail; *i de mindste ~heder* in every detail; **~vis** *adj* one by one; **~værelse** *s* single room.

enkemand *s* widower; **enkepension** *s* widow's pension.

enlig *adj* single; *~ forsørger* single parent; *de er ~e (om ægtepar)* they are childless.

enorm *adj* enormous, huge; *det var ~t godt* (F) it was terrific.

enrum *s: i ~* in private.

ens *adj (helt ~)* identical; *(omtrent ~)* alike; *de er ~ af størrelse* they are the same size; *børnene er ~ klædt på* the children are dressed alike; **~betydende** *adj: det er ~betydende med at...* it means that...; **~farvet** *s* plain; **~formig** *adj* monotonous; **~formighed** *s* monotony.

ensidig *adj* unilateral; *(partisk)* one-sided, biassed *(fx syn* view); *~ kost* unbalanced food.

ensom *adj* lonely; *~t beliggende* solitary; **~hed** *s* loneliness; solitude.

ensrette *v* standardize; *ensrettet trafik* one-way traffic.

enstemmig *adj* unanimous.

ental *s (gram)* the singular.

enten *adv* either; *~... eller* either... or.

entré *s (gang)* hall; *(adgang)* admission; *(adgangsbetaling)* entrance fee; *gratis ~* admission free; **~dør** *s* front door.

entreprenør *s* contractor.

entusiasme *s* enthusiasm; **entusiastisk** *adj* enthusiastic.

entydig *adj* clear, unambiguous.

enzym *s* enzyme.

enægget *adj: enæggede tvillinger* identical twins.

epidemi *s* epidemic; **~sk** *adj*

epidemic.
episode *s* episode; *(optrin)* incident.
epoke *s* epoch; **~gørende** *adj* epoch-making.
erantis *s (bot)* (winter) aconite.
erfare *v (høre)* learn; *(opleve)* experience; **~n** *adj* experienced.
erfaring *s* experience *(u.pl); gøre sine ~er* learn by experience; *tale af ~* talk from experience.
erhverv *s (fag)* profession; *(arbejde)* occupation; *(del af ~slivet)* industry; **~e** *v: ~e (sig)* acquire; **~saktiv** *adj* working; **~sarbejde** *s* paid work; **~sdrivende** *s* businessman; **~sfiskeri** *s* industrial fishing; **~shæmmet** *adj* partially disabled; **~sliv** *s: ~slivet* industry; *(forretningslivet)* business; **~sorientering** *s* vocational guidance; **~spraktik** *s (i skolen)* work experience; *(i uddannelse)* practical trainee work; **~ssygdom** *s* occupational disease.
erindre *v* remember.
erindring *s (hukommelse)* memory; *(minde)* souvenir; *til ~ om* in memory of; *udgive sine ~er* publish one's memoirs; **~sforskydning** *s* lapse of memory.
erkende *v (indrømme)* acknowledge; *(tilstå)* admit; *(indse)* recognize; *(blive klar over)* realize; *~ sig skyldig (i retten)* plead guilty; **~lse** *s* acknowledgement; *(det at indse)* recognition; *(det at blive klar over)* realisation.
erklære *v* declare; *~ krig mod* declare war on; **erklæring** *s* declaration; *(udtalelse)* statement.
ernæring *s* nutrition; *(føde)* nourishment; *rigtig (el. forkert) ~* a wrong *(el.* proper) diet; **~stilstand** *s* state of nutrition.
erobre *v* win, conquer; *(indtage)* capture; *hun ~de verdensmesterskabet* she won the world championship; *~ ngt fra en* capture sth from sby; **erobring** *s* conquest.
erotik *s* eroticism; **erotisk** *adj* erotic.
erstatning *s (godtgørelse)* compensation; *(som man skal betale)* damages *pl; (surrogat)* substitute; *(som sættes i stedet)* replacement; *betale ~* pay damages; *slik er en dårlig ~ for mad* sweets are a bad substitute for food; **~skrav** *s* claim for compensation; **erstatte** *v* replace; *(give erstatning for)* compensate for.
es *s (i kortspil)* ace; *være i sit ~* be in one's element.
esdragon *s* tarragon.
et *se en; med ~* all of a sudden, suddenly; *under ~* altogether.
etablere *v: ~ sig* establish oneself, set up *(fx som bager* as a baker).
etage *s* floor, storey; *første ~* the first floor; *øverste ~* the top floor; *et hus med fire ~r* a four-storeyed house; **~ejendom** *s* block of flats; **~seng** *s* bunk bed.
etape *s* stage.
ethvert *se enhver.*
etiket *s* label; *sætte ~ på ngt* label sth.
Etiopien Ethiopia; **etiopier** *s,* **etiopisk** *adj* Ethiopian.
etisk *adj* ethical.
etplanshus *s* bungalow.
ettal *s* one; **etter** *s (om bus)* number one; **ettid** *s: ved ettiden* about one o'clock.

etui *s* case.
etværelses *adj* one-room.
etårig *(om plante)* annual; *se også -årig.*
Europa Europa; **e~mesterskab** *s* European championship; **~rådet** *s* the Council of Europe; **europæer** *s,* **europæisk** *adj* European.
evakuere *v* evacuate; **evakuering** *s* evacuation.
evangelium *s* gospel; *Markusevangeliet* the Gospel according to St. Mark.
eventuel *adj* possible; **~t** *adv (måske)* perhaps, possibly; *(om nødvendigt)* if necessary; *jeg kunne ~t besøge dig* I might visit you; *hvis de ~t skulle dukke op* if they should turn up.
eventyr *s (oplevelse)* adventure; *(fortælling)* fairytale; *han er ude på ~* he is out looking for adventure; **~er** *s* adventurer; **~lig** *adj* fantastic; **~lyst** *s* thirst for adventure.
evig *adj* eternal; *(evindelig)* perpetual // *adv* for ever, eternally; *~ og altid* perpetually, always; *hver ~e dag* every single day; *~ sne* perpetual snow; **~hed** *s* eternity; *aldrig i ~hed* never ever; *for tid og ~hed* for ever; *det er ~heder siden at...* it has been ages since...; *være en ~hed om at...* take ages to...; **~hedsblomst** *s* everlasting flower.
evindelig *adj* eternal; *i det ~e* eternally, perpetually.
evne *s* ability; *(arbejds~)* capacity; *han har gode ~r* he is talented; *han har en vis ~ til at gøre ngt* he has a certain knack of doing sth; *leve over ~* live beyond one's means; *efter (bedste) ~* to the best of one's ability; **~svag** *adj* mentally handicapped.
excellere *v: ~ i ngt* excel in sth.
excentrisk *adj* eccentric.
exet *adj (om hjul)* buckled; *en smart bil gør ham helt ~* (F) a fancy car makes him go nuts.

F

fabel *s* fable; **~agtig** *adj* fabulous; **fable** *v: fable om (dvs. snakke om)* rave about; *(dvs. drømme om)* dream about.
fabrik *s* factory, plant, *(tekstil~, papir~ etc)* mill; **~ant** *s* manufacturer; *(som ejer fabrikken)* industrialist; **~at** *s (om vares art)* make, brand; *(om selve varen)* product; **~ation** *s* manufacture; **~ere** *v* manufacture, make.
fabriks... *sms:* **~arbejder** *s* factory worker; **~by** *s* industrial town; **~fremstillet** *adj* factory-made.
facade *s* front.
facit *s* result, total; **~liste** *s* key.
facon *s* shape; *(måde)* manner.
fad *s (serverings~)* dish; *(vaske~)* basin; *(tønde)* barrel // *adj (om smag)* insipid.
fadder *s* godfather, godmother.
fader *s* father, (F) dad(dy); *han er ~ til John* he John's father; **~skab** *s* paternity; **~vor** *s* the Lord's Prayer.
fadæse *s* blunder.
fadøl *s* draught beer.
fag *s (i undervisning)* subject; *(felt, område)* field; *(håndværk etc)* trade; *han er maler af ~* he is a painter by profession; **~blad** *s* periodical, journal; **~bog** *s* reference book; *(tlf) sv.t.* yellow pages; **~forbund** *s* federation of trade

unions; ~**forening** *s* trade union; ~**lig** *adj* technical, professional; *(vedr. fagforening)* union; ~**litteratur** *s* non-fiction; ~**lært** *adj* skilled; ~**mand** *s* expert.
fagot *s* bassoon; *spille* ~ play the bassoon.
fagskole *s* technical college.
fakkel *s* torch.
faktisk *adj* real, actual // *adv* actually, as a matter of fact.
faktor *s* factor; *(på trykkeri)* supervisor.
faktum *s* fact.
faktura *s* invoice; **fakturere** *v* invoice.
fakultet *s* faculty.
fald *s* fall; *(tilfælde)* case; *have* ~ *i håret* have a natural wave; *i al* ~ in any case, at any rate; *i bedste* ~ at best; *i så* ~ in that case; *i værste* ~ at worst.
falde *v* fall; *lade sagen* ~ drop the case; ~ *af* fall off; ~ *for en* fall for sby; ~ *for fristelsen* give in to the temptation; ~ *fra (fx studier, skole)* drop out; ~ *i krigen* be killed in the war; ~ *i vandet* fall into the water; ~ *i øjnene* be conspicuous; *det kunne ikke* ~ *mig ind at gøre det* I would not dream of doing it; *hvor kunne det* ~ *dig ind?* how could you? ~ *ned* fall down; ~ *ned af (el. fra)* fall off; ~ *om* fall down, drop; ~ *over ngt* fall *(el.* stumble) over sth; *(finde ngt tilfældigt)* come across sth; ~ *på hovedet* fall headfirst; ~ *på ryggen* fall on one's back; ~ *sammen* collapse; *(om hustag etc)* fall in; ~ *til (dvs. vænne sig til)* settle down; ~ *ud af vinduet* fall out of the window; ~**færdig** *adj* ramshackle.
faldskærm *s* parachute; ~**sudspring** *s* parachute jump.
falk *s* falcon.
fallit *s* bankruptcy // *adj* bankrupt; *gå* ~ go bankrupt; ~**erklæring** *s: det var en* ~*erklæring* it showed me (, you, him, her etc) up.
falme *v* fade.
falsk *adj* false; *(forfalsket)* fake *(fx diamant* diamond), forged *(fx pengeseddel* banknote) // *adv* falsely; *(om musik)* out of tune.
falskmøntner *s* forger; ~**i** *s* forgery.
familie *s* family; *være i* ~ *med en* be related to sby; *hun hører til* ~*n* she is one of the family; ~**forsørger** *s* breadwinner; ~**medlem** *s* member of the family; ~**planlægning** *s* family planning; ~**vejledning** *s sv.t.* family counselling.
famle *v* grope *(efter* for); *(fig og om tale)* hesitate.
fanatiker *s* fanatic; **fanatisk** *adj* fanatic.
fanden *s* the devil; *for* ~*!* damn! hell! *kan du for* ~ *ikke holde op!* can't you stop it, damn you! *hvem* ~ *siger det?* who the hell says so? ~ *tage det!* blast it! *som bare* ~ like hell; ~**s** *adj* damned, bloody // *adv* damn, bloody; *en* ~*s karl* one hell of a man.
fange *s* prisoner; *blive taget til* ~ be taken prisoner // *v* catch; ~**lejr** *s* prison camp; ~**nskab** *s* captivity; *(i fængsel)* imprisonment.
fanger *s (grønlandsk)* sealer; *(hval~)* whaler.
fangevogter *s* gaoler.
fangst *s* hunting, catching; *(bytte)* catch.
fantasere *v* fantasize, dream.
fantasi *s* imagination; *(drøm)* fantasy; *en livlig* ~ a lively imagination; *fri* ~ pure in-

vention; **~fuld** *adj* imaginative; *(idérig også:)* inventive; **~løs** *adj* unimaginative.
fantastisk *adj* fantastic.
far *d.s.s. fader.*
farbar *adj* passable; *ikke ~ (om vej)* closed to traffic.
farbror *s* (paternal) uncle.
fare *s* danger; *(risiko)* risk; *det er der ingen ~ for* there is no risk of that; *være i ~* be in danger // *v* rush; *(suse, køre hurtigt)* speed; *~ af sted* tear along; *~ løs på en* fly at sby; *~ op* start up; *(blive vred)* fly into a rage; *~ sammen* start; *~ vild* lose one's way; **~signal** *s* danger signal; **~tillæg** *s* danger money; **~truende** *adj* ominous; **~zone** *s* danger zone.
farfar *s* (paternal) grandfather.
farlig *adj* dangerous; *(risikabel)* risky; *(skrækkelig)* awful // *adv* dangerously; awfully; *et ~t spektakel* an awful noise; *hun ser ~ ud* she looks awful.
farmaceut *s* pharmacist.
farmor *s* (paternal) grandmother.
fars *(kød~)* forcemeat; *(fiske~) sv.t.* creamed fish; *rørt ~ (af kød) sv.t.* sausage meat; **~ere** *v* stuff.
fart *s* speed; *(travlhed, hast)* hurry; *bestemme ~en* set the pace; *i en ~* in a hurry, quickly; *i fuld ~* at full speed; *have ~ på* be going fast; *(skulle skynde sig)* be in a hurry; *sætte ~en ned (el. op)* reduce *(el.* increase) speed; **~begrænsning** *s* speed limit; **~måler** *s* speedometer; **~plan** *s* timetable.
fartøj *s* vessel.
farvand *s* water; *være i ~et (fig)* be in the offing.
farve *s* colour; *(til farvning af tøj, hår etc)* dye; *(til levnedsmidler)* colouring // *v* colour; *(om tøj etc)* dye; **~blind** *adj* colour-blind; **~blyant** *s* crayon; **~bånd** *s* ribbon; **~film** *s* colour film; **~fjernsyn** *s* colour-TV; **~foto** *s* colour photo; **~handel** *s* paint shop; **~kridt** *s* crayon; *(til tavle)* coloured chalk.
farvel *s* goodbye // *interj* goodbye, bye-bye; *~ så længe* see you (later).
farve. . . *sms:* **~lade** *s* paintbox; **~lægge** *v* colour; **~løs** *adj* colourless; **~rig** *adj* colourful; **~stof** *s* dye; *(til levnedsmidler)* colouring; **~t** *adj* coloured *(også om hudfarve); hun har ~t hår* her hair is dyed; **~ægte** *adj* colourfast.
farvning *s* colouring; *(af tøj etc)* dyeing.
fasan *s* pheasant.
fascinerende *adj* fascinating.
fascisme *s* fascism; **fascist** *s,* **fascistisk** *adj* fascist.
fase *s* phase; **-faset** *adj: trefaset* three-phase.
fast *adj* firm; *(mods: flydende)* solid; *(mods: løs)* tight, firm; *(fastsat)* fixed; *(varig)* permanent; *(tilbagevendende)* regular // *adv* firmly, solidly, fixedly, permanently, regularly; *et ~ greb* a firm grip; *~ overbevisning* firm conviction; *~ føde* solid food; *~e priser* fixed prices; *~ ansættelse* permanent employment; *~ ejendom* real estate; *holde ~ ved ngt* stick to sth; *(stædigt)* insist on sth; *sidde ~* be stuck; **~ansat** *adj* employed on a regular basis.
faste *v* fast; **~lavn** *s* Shrovetide; **~nde** *adj* fasting; *på ~nde hjerte* on an empty stomach.

faster *s* (paternal) aunt.
fasthed *s* firmness.
fastland *s (ikke ø)* mainland; *(kontinent)* continent; *(ikke hav)* dry land; **~sklima** *s* continental climate; **~ssokkel** *s* continental shelf.
fastlægge *v (om tid, pris, rækkefølge etc)* fix; *(afgøre)* determine.
fastmaske *s* double crochet.
fastslå *v (erklære)* state; *(vise)* prove, establish.
fastsætte *s* fix.
fat *adv: få ~ i* get hold of; *have ~ i ngt* have got hold of sth; *hvordan er det ~?* how are things? *tage ~ på ngt* get down to sth.
fatning *s (ro)* composure; *(på lampe)* socket; *bevare (el. tabe) ~en* maintain *(el.* lose) one's composure.
fatte *v (begribe)* understand, grasp; **~s** *v (mangle)* lack; **~t** *adj* composed, calm.
fattig *adj* poor; *de ~e* the poor; *~ på* lacking in; **~dom** *s* poverty; **~kvarter** *s* poor district.
favn *s* arms *pl; (mål)* fathom; *med ~en fuld af ngt* with an armful of sth.
favorisere *v* favour; **favorit** *s* favourite; **favør** *s: i ens favør* in sby's favour; **favørpris** *s* special price.
fe *s* fairy.
feber *s* fever, temperature; *have ~* be running a temperature; **~fri** *adj* with a normal temperature; **febrilsk** *adj* feverish.
februar *s* February; *den første ~* the first of February *el.* February the first.
fed *s (garn)* skein; *(hvidløg)* clove // *adj* fat; (S, *mægtig)* great; *~ kost* fatty food; *blive ~* get fat; *det kan være lige ~t* it is all one (to me); *det skal ~t hjælpe!* a fat lot of good that's going to do! *en ~ fest* (S) a brillo party.
fede *v* fatten; *det ~r* it is fattening.
fedme *s* fatness.
fedt *s* fat; *(svine~)* lard; *(til smøring)* grease; **~e** *v* grease; *~e for en* fawn on sby; **~erøv** *s (slesk person)* crawler, bootlicker; **~et** *adj* greasy; *(glat, fx om vej)* slippery; *(nærig)* mean, stingy; **~fri** *adj* fat-free; **~plet** *s* grease spot; **~stof** *s* fat; *(til bagning)* shortening.
fej *adj* cowardly.
feje *v* sweep; *~ ngt til side (fig)* brush sth aside; **~bakke** *s* dustpan; **~kost** *s* broom; **~maskine** *s* sweeper.
fejhed *s* cowardice.
fejl *s (fejltagelse, ngt man har gjort forkert)* mistake, error; *(mangel ved ngt)* fault, defect; *lave en ~* make a mistake *(el.* an error); *det er ikke min ~* it is not my fault.
fejl *adj* wrong *(fx adresse* address) // *adv* wrong(ly); *gå ~ af en* miss sby; *slå ~* go wrong; *tage ~* be mistaken, be wrong; *tage ~ af ngt* mistake sth; *tage ~ af A og B* mistake A for B; *det er ikke til at tage ~ af* it is unmistakable.
fejlagtig *adj* wrong.
fejle *v: hvad ~r du?* what is the matter with you? *ikke ~ ngt* be all right.
fejl. . . *sms:* **~fri** *adj* perfect; **~kilde** *s* source of error; **~tagelse** *s* mistake; *ved en ~tagelse* by mistake; **~trin** *s: begå et ~trin* make a slip.
fejre *v* celebrate.
f.eks. *(fork.f. for eksempel, i skriftsprog)* e.g.

felt *s* field; **~flaske** *s* canteen; **~seng** *s* campbed; **~tog** *s* campaign.
fem *num* five.
feminin *adj* feminine; *(om mand)* effeminate; **~um** *s (gram)* the feminine; **~ist** *s* feminist; **~istisk** *adj* feminist.
fem. . . *sms:* **~kamp** *s (sport)* pentathlon; **~kant** *s* pentagon; **~kantet** *adj* pentagonal; **~linger** *spl* quintuplets.
femmer *s* five; *(pengestykke el. -seddel)* fiver; *(bus etc)* number five; **femtal** *s* five; **femte** *adj* fifth; **femtedel** *s* fifth.
femten *num* fifteen; **~de** *adj* fifteenth.
femtid *s: ved ~en* (at) about five o'clock.
fennikel *s* fennel.
ferie *s* holiday(s) *(pl); holde ~* be on holiday; *i ~n* during the holiday(s); *tage på ~* go on holiday; **~afløser** *s* holiday relief; **~job** *s (for studerende etc)* vacation job; **~koloni** *s* holiday camp; **~penge** *spl* holiday allowance; **~re** *v* be on holiday; **~rejse** *s* holiday trip; **~rejsende** *s* holiday-maker; **~sted** *s* holiday resort; **~tablet** *s* pep pill.
fernis *s* varnish; **~ere** *v* varnish; **~ering** *s (åbning af udstilling)* preview.
fersk *adj* fresh; *(om smag)* insipid; *tage en på ~ gerning* catch sby red-handed.
fersken *s* peach.
ferskvand *s* fresh water; **~s-** freshwater *(fx fisk* fish).
fest *s* party; *(by~, musik~ etc)* festival; *holde ~* throw *(el.* have) a party, celebrate; *ved ~en* at the party; **~e** *v* have a party; **~forestilling** *s* gala performance; **~ival** *s* festival; **~klædt** *adj* in evening dress; **~lig** *adj* festive; *(underholdende, morsom)* very funny; *det var ~ligt* it was great fun; **~lighed** *s* celebration; **~middag** *s* banquet; **~spil** *s* festival.
feteret *adj* celebrated.
fiasko *s* failure.
fiber *s* fibre; **~rig** *adj* high-fibre.
fidus *s (kneb)* trick; *(vink, råd)* tip; *(snyd)* fiddle.
fiffig *adj* smart; *(snu)* shrewd; **~hed** *s* smartness; shrewdness.
figen *s* fig.
figur *s* figure; *i bar ~ (dvs. nøgen)* naked, in the nude; *(dvs. uden overtøj)* without a coat; *passe på ~en* watch one's figure; **~ere** *v* figure; **~løb** *s (på skøjter)* figure skating.
fiks *adj* smart; *en ~ idé* an obsession; *~ på fingrene* dexterous.
fiksere *v* fix; **fiksering** *s* fixation; **fiksersalt** *s* fixing salt; **fikstid** *s* core time.
file *v* file.
filet *s* fillet; *rødspætte~* fillet of plaice; **~tere** *v* fillet.
filial *s* branch.
filipens *s* pimple, spot.
filippiner *s* Filipino; **filippinsk** *adj* Philippine; **Filippinerne** *spl* the Philippines.
film *s* film; **~apparat** *s (optager)* cine camera; *(fremviser)* projector; **~atisere** *v* film; **~atisering** *s* film version; **~e** *v (lave ~)* film; *(kokettere etc)* flirt; **~fotograf** *s* cameraman; **~instruktør** *s* film director; **~kamera** *s* film camera; *(til smalfilm)* cine camera; **~lærred** *s* screen; **~stjerne** *s* filmstar.
filo. . . *sms:* **~log** *s* philologist; **~logi** *s* philology; **~sof** *s*

philosopher; **~sofere** *v* philosophize *(over* about); **~sofi** *s* philosophy.
filt *s* felt.
filter *s* filter; *(på cigaret)* filter tip; *med ~* filter-tipped.
filtrere *v* filter.
fin *adj* fine; *(ekstra~)* choice; *(moderne, in)* fashionable; *~t!* fine! great! *have det ~t* be fine, feel fine.
finale *s* finale; *(i sport etc)* final.
finanser *spl* finances; **finansiere** *v* finance; **finansiering** *s* financing.
finans. . . *sms:* **~loven** *s* the Budget; **~ministerium** *s* Ministry of Finance; **~år** *s* fiscal year.
finde *v* find; *(mene, synes)* think; *~ vej* find one's way; *~ sig i ngt* put up with sth; *~ på ngt* think of sth; *(opdigte)* make sth up; *~ ud af ngt (dvs. opdage)* discover sth; *(forstå)* make sth out; **~løn** *s* reward; **~r** *s* finder; **~s** *v* exist.
finér *s* veneer.
finesse *s* finesse; *(trick)* trick; *(smart opfindelse etc)* gadget.
finger *s* finger; *holde fingrene fra ngt* keep one's hands off sth; *få fingre i ngt* get hold of sth; *kunne ngt på fingrene* have sth at one's fingertips; **~aftryk** *s* fingerprint; **~bøl** *s* thimble.
fingere *v* simulate; **~t** *adj* simulated, mock; *(falsk)* faked.
finger. . . *sms:* **~færdig** *adj* dexterous; **~færdighed** *s* dexterity; **~nem** *adj* dexterous; **~peg** *s* hint; **~ring** *s* ring; **~spids** *s* fingertip; **~sprog** *s* finger language.
Finland *s* Finland.
finmekaniker *s* precision engineer.
finne *s (fra Finland)* Finn; *(på fisk)* fin; **finsk** *adj* Finnish.
fintfølende *adj* sensitive; *(overfor andre)* tactful.
firben *s* lizard.
firdobbelt *adj* quadruple.
fire *v (sænke, fx flag)* lower; *~ på et tov* ease off a rope // *num* four; *på alle ~* on all fours; **~personers** *adj (auto)* fourseater; **~r** *s* four; *(om bus etc)* number four; **~taktsmotor** *s* four-stroke engine; **~tiden** *s: ved ~tiden* (at) about four o'clock.
firhjulet *adj* four-wheel(ed); **firhjulstræk** *s* four-wheel drive.
firkant *s* square; *(aflang)* rectangle; **~et** *adj* square; rectangular; *(kluntet)* awkward.
firkløver *s* four-leaf clover.
firkort *s: spille ~* play happy families.
firlinger *spl* quadruplets.
firma *s* firm; **~bil** *s* company car; **~mærke** *s* trade mark.
firs *num* eighty; *han er i ~erne* he is in his eighties; *han er født i ~erne* he was born in the eighties.
firskåren *adj* square-built.
firstemmig *adj* four-part.
firtal *s* four.
fis *s* fart; *lave ~ med en* (F) have sby on; **~e** *v* fart; **~efornem** *adj* stuck-up.
fisk *s* fish; *F~ene (astr)* Pisces; *mange ~* lots of fish; *ti ~* ten fishes; *fange ~* catch fish; *gå i ~* go haywire; *hverken fugl el. ~* neither fish nor fowl; **~e** *v* fish; *tage ud at ~e* go fishing; *~e efter ngt (fig)* angle for sth; **~eben** *s* fish bone; **~ebolle** *s* fish ball; **~efars** *s sv.t.* creamed fish; **~efilet** *s* fillet of fish; **~efrikadelle** *s* fishcake; **~egarn** *s* fishing net; **~ehandler** *s* fish-

monger; ~**ekrog** *s* fish-hook; ~**ekutter** *s* fishing boat; ~**eplads** *s* fishing ground.
fisker *s* fisherman; ~**båd** *s* fishing boat; ~**i** *s* fishing; ~**igrænse** *s* fishing limit; ~**ihavn** *s* fishing port; ~**iministerium** *s* Ministry of Fisheries; ~**leje** *s* fishing village.
fiske... *sms:* ~**snøre** *s* fishing line; ~**stang** *s* fishing rod; ~**tur** *s: tage på ~tur* go fishing.
fjante *v* fool around; ~**t** *adj* silly; *(pjattet, fnisende)* giggling.
fjeder *s* spring; **fjedre** *v* be springy.
fjeld *s* mountain; *(klippegrund)* rock.
fjende *s* enemy; **fjendskab** *s* enmity; **fjendtlig** *adj (af indstilling)* hostile; *(som tilhører fjenden)* enemy *(fx tropper* troops); **fjendtlighed** *s* hostility.
fjer *s* feather; *(stor hatte~)* plume; *have en ~ på (fig)* be tipsy; ~**bold** *s* shuttlecock.
fjerde *adj* fourth; ~**del** *s* fourth, quarter; ~**delsnode** *s* crotchet.
fjerkræ *s* poultry; ~**avl** *s* poultry farming.
fjern *adj* distant, faraway; *(afsides)* remote; *(langt væk i tankerne etc)* far away; *i en ~ fortid* in the distant past; *se ngt i det ~e* see sth in the distance; ~**e** *v* remove; *~e sig* go away; ~**ere** *adj* more distant, further (away); more remote; ~**est** *adj* most distant, furthest; remotest; *det betyder ikke det ~este* it does not make the least bit of difference; ~**lys** *s (auto)* main beam; ~**seer** *s* viewer; ~**skriver** *s* teleprinter; ~**styret** *adj* remote-controlled; ~**styring** *s* remote control.
fjernsyn *s* television; *(om apparatet)* television set, (F) telly; *se ~* watch television; *se ngt i ~et* see sth on television; *være i ~et* be on television; *sende ngt i ~et* televise sth; ~**santenne** *s* television aerial; ~**sapparat** *s* television set; ~**slicens** *s* television licence fee; ~**snarkoman** *s* television addict; *(neds, om kvinde)* telly-nelly; ~**sprogram** *s* television programme; ~**sskærm** *s* television screen; ~**sudsendelse** *s* television programme.
fjernt *adv* far-off; *(fig)* distantly.
fjernvarme *s* district heating.
fjoget *adj* foolish.
fjolle *v: ~ rundt* fool around; ~**ri** *s* nonsense; ~**t** *adj* silly.
fjols *s* fool.
fjor *s: i ~* last year.
fjord *s* inlet; *(i Skotland)* firth; *(i Norden)* fiord.
fjorten *num* fourteen; *om ~ dage* in a fortnight; ~**de** *adj* fourteenth; *hver ~nde dag* every two weeks.
f.Kr. *(fork.f. før Kristi fødsel)* B.C.
flabet *adj* cheeky; ~**hed** *s* cheek.
flad *adj* flat; *(uden penge)* broke; *en ~ tallerken* a plate; *det var en ~ fornemmelse* it made me feel stupid.
flade *s (overflade)* surface; *(om landskab)* expanse.
flad... *sms:* ~**fisk** *s* flatfish; ~**lus** *s* crab louse; ~**tang** *s: en ~tang* a (pair of) flat-nose pliers; ~**trykt** *adj* flattened.
flag *s* flag; *hejse ~et* hoist the flag; *hejse ~et ned* lower the flag; *gå ned med ~et (fig)* have a nervous breakdown; ~**dug** *s* bunting.

flage *s* flake; *(af is)* floe // *v* fly a flag; ~ *for kongens fødselsdag* fly the flags for the King's birthday.
flagermus *s* bat; ~**lygte** *s* hurricane lantern.
flagstang *s* flagpole.
flakke *v (om lys)* flicker; *(om øjne)* wander; ~ *om* roam about.
flamberet *adj* flambée.
flamingo *s (zo)* flamingo; *(tekn)* expanded polystyrene.
flamme *s* flame // *v* flame, blaze.
flamsk *adj* Flemish.
flaske *s* bottle; *fylde ngt på* ~ bottle sth; *slå sig på* ~*en* (F) hit the bottle; ~**barn** *s* bottle-fed baby; ~**gas** *s* bottled gas; ~**hals** *s* bottleneck *(også fig)*; ~**renser** *s* bottle-brush.
flekstid *s* flextime.
flere *adj* more; *(adskillige)* several; *(diverse, forskellige)* various; ~ *end* more than; ~ *tusind* several thousand; *har du* ~ *penge?* do you have any more money? *regering og folketing med* ~ government, parliament and others.
fler. . . *sms:* ~**etages** *adj* multi-storey; ~**stavelses** *adj* polysyllabic; ~**stemmig** *adj:* ~*stemmig sang* part-song; *(det at synge. . .)* part-singing.
flertal *s* majority; *(gram)* the plural; *vedtaget med stort* ~ carried by a large majority; *være i* ~ be in the majority.
flest *adj* most; *de* ~*e* most; *(om personer)* most people.
fletning *s* plait; *(det at flette)* plaiting; **flette** *v* plait; *flette fingre med en* hold hands with sby; *flette en krans* make a wreath; **fletværk** *s* wickerwork.
flid *s* diligence; *(arbejdsomhed)* industry; *(iver, vedholdenhed)* application.
flig *s* corner, snip.
flimmer *s* flicker; **flimre** *v* flicker; *det flimrer for øjnene* everything is dancing in front of my eyes; **flimren** *s* shimmer, flicker.
flink *adj (rar)* nice; *(dygtig)* good, clever; *være* ~ *til ngt* be good at sth.
flintesten *s* flint(stone).
flintre *v:* ~ *af sted* belt along.
flip *s* collar; *stiv* ~ starched collar; *være ude af* ~*pen* be flustered; *det var et* ~ it was a flop; ~**pe** *v:* ~*pe ud* freak out; ~**per** *en* freak.
flirte *v* flirt.
flis *s* splinter.
flise *s (på vej etc)* flagstone; *(væg~, gulv~ etc)* tile; ~**belægning** *s* tiling; ~**bord** *s* tile-top table; ~**gulv** *s* tiled floor; ~**væg** *s* tiled wall.
flitsbue *s* bow.
flittig *adj* diligent; *(arbejdsom)* industrious; *(travl)* busy.
flod *s* river; *(højvande)* high tide; *sejle ned ad* ~*en* sail downstream; *falde i* ~*en* fall into the river; *sejle op ad* ~*en* sail upstream; ~**bred** *s* riverside, river bank; ~**bølge** *s* tidal wave; ~**hest** *s* hippopotamus; ~**leje** *s* river bed; ~**munding** *s* river mouth.
flok *s (af mennesker)* crowd, *(mindre)* group; *(om kvæg)* herd; *(om får, geder, fugle)* flock; *i samlet* ~ in a body; ~**ke** *v:* ~*kes,* ~*ke sig* flock *(om* round); *(om stor flok, trænges)* crowd.
flonel *s* flannel.
flormel *s* white flour; **flormelis** *s* icing sugar.
floskel *s* empty phrase.
flosse *v* fray.
flot *adj (smart etc)* elegant; *(large)* generous; *(ødsel)* lav-

ish; *(om ting)* fine; *en ~ fyr (el. pige)* a good-looker; *det var ~ klaret!* well done! **~hed** *s* elegance; generosity; lavishness; **~te** *v: ~te sig med ngt* treat oneself to sth.

flov *adj (som skammer sig)* ashamed; *(pinligt berørt, forlegen)* embarrassed, awkward; *(om smag)* flat; **~e** *v: ~e sig* (F) be ashamed; **~hed** *s* embarrassment, awkwardness.

flue *s* fly; *han kunne ikke gøre en ~ fortræd* he would not hurt a fly; **~papir** *s* fly-paper; **~smækker** *s* fly-swatter; **~svamp** *s* fly agaric; **~vægt** *s (sport)* flyweight.

flugt *s (det at flygte el. flyve)* flight; *(det at undslippe)* escape; *gribe ngt i ~en* catch sth in the air; *på ~* on the run; **~bilist** *s* hit-and-run driver; **~e** *v (være på højde)* be flush *(med* with); *(i tennis etc)* volley; **~stol** *s* deck chair; **~vej** *s* escape route.

fluor *s* fluorine; **~tandpasta** *s* fluoride toothpaste.

fly *s* aeroplane; **~billet** *s* plane ticket; **~bortførelse** *s* hijacking; **~bortfører** *s* hijacker; **~forbindelse** *s* air service; *(se også flyve-).*

flyde *v (svømme ovenpå)* float; *(rinde, løbe)* run; *(om roderi)* be in a mess; *ligge og ~ (om ting)* be lying around; *(om person)* be lazing about; *gulvet flød med legetøj* the floor was littered with toys; *~ over* overflow; **~nde** *adj (om væske etc)* liquid, fluid; *(om sprog, tale)* fluent; *tale ~nde engelsk* speak fluent English.

flygel *s* grand piano.

flygte *v* run away; *(undslippe)* escape.

flygtig *adj* passing; *(overfladisk)* casual; *(som let fordamper)* volatile; *en ~ berøring* a casual touch; *et ~t blik* a passing glance; **~t** *adv* casually; *se ~t på ngt* glance at sth.

flygtning *s* fugitive; *(p.g.a. krig, forfølgelse etc)* refugee; **F~e-hjælpen** *s (dvs. Dansk F~e-hjælp)* the Danish Refugee Council; **~elejr** *s* refugee camp.

fly. . . *sms:* **~kaprer** *s* hijacker; **~kapring** *en* hijacking; **~katastrofe** *s* air disaster; **~rute** *s* air service; **~styrt** *s* air crash.

flytning *s* removal.

flytte *v* move; *(fjerne)* remove; *~ fra hinanden* split up; *~ ind* move in; *~ om på ngt* move sth around; *~ sammen med en* move in with sby; *~ sig* move; **~folk** *s* removal men; **~kasse** *s* packing case; **~vogn** *s* furniture van.

flyve *v* fly; *(suse, styrte)* dash, rush; **~base** *s* air base; **~billet** *s* plane ticket; **~båd** *s (med bæreplaner)* hydrofoil boat; *(luftpudebåd)* hovercraft; **~leder** *s* air-traffic controller; **~maskine** *s* aeroplane; **~nde** *adj* flying; *i ~nde fart* at top speed; *~nde tallerken* flying saucer; *~nde tæppe* magic carpet; **~plads** *s (lufthavn)* airport; *(mindre)* airfield.

flyver *s (om maskine)* aeroplane; *(om pilot)* pilot; **~certifikat** *s* flying certificate; **~dragt** *s (til børn) sv.t.* snowsuit.

flyvetur *s* flight; **flyveulykke** *s* air crash; **flyvevåben** *s* air force.

flyvning *s* flight; *(det at flyve)* aviation.

flække *s* small town // *v* split.

flæng *s: i* ~ at random.
flænge *s (i tøj, papir etc)* tear; *(mindre sår)* scratch; *(større sår)* gash // *v* tear; scratch; gash; *få bukserne ~t* tear one's trousers.
flæse *s* ruffle.
flæsk *s (~ekød)* pork; *(bacon)* bacon; **~efars** *s* minced pork; **~esteg** *s (kødstykke) sv.t.* joint of pork; *(som ret)* roast pork; **~esvær** *s (spæklaget på grisen)* bacon rind; *(sprød)* crackling.
fløde *s* cream; **~chokolade** *s* milk chocolate; **~farvet** *adj* cream; **~is** *s* ice cream; **~karamel** *s* toffee; **~skum** *s* whipped cream.
fløj *s* wing; **~dør** *s* double door.
fløjl *s* velvet; *(jernbane~)* corduroy; **~sbukser** *spl* corduroys.
fløjt *s* whistle; **~e** *s (tværfløjte)* flute; *(blokfløjte)* recorder; *(legetøj, signal~ etc)* whistle; *han spiller (på) ~e* he plays the flute // *v* whistle; **~ekedel** *s* whistling kettle; **~en** *s* whistling; **~enist** *s* flute player, flautist.
flå *v* skin; *(rive)* tear; ~ *en hare* skin a hare; *blive ~et (p.g.a. høj pris)* be fleeced.
flåde *s (samling af skibe)* fleet; *(tømmer~, rednings~ etc)* raft; *(marine)* navy // *v* float, raft *(fx tømmer* timber); **~base** *s* naval base.
FN *(fork.f. Forenede Nationer)* the UN *(fork.f.* United Nations).
fnat *s* scabies; **~tet** *adj (sølle)* lousy.
fnise *v* giggle; *(hånligt)* snigger; **~n** *s* giggling, sniggering.
fnug *s* fluff; *(støv~)* speck; *(sne~)* flake; **~ge** *v* fluff; **~get** *adj* fluffy.
fnyse *v* snort *(ad* at).
fod *s* foot; ~ *for* ~ step by step; *have ømme fødder* have sore feet; *fryse om fødderne* have cold feet; *gå på bare fødder* walk barefoot; *på fri* ~ free; *stå på god* ~ *med en* be on good terms with sby; *til ~s* on foot.
fodbold *s* football; **~bane** *s* football ground *(el.* pitch); **~hold** *s* football team; **~kamp** *s* football match; **~spiller** *s* football player; **~træner** *s* (football) coach.
fodbremse *s* foot brake; *(på cykel)* pedal brake.
foder *s* feed; *(om hø etc)* fodder; **~bræt** *s* bird feeder; **~kage** *s* oil cake; **~stof** *s* feeding stuff.
fodfolk *spl (mil)* infantry.
fodformet *adj* pediform; *(om meninger)* ready-made.
fodfæste *s* footing.
fodgænger *s* pedestrian; **~område** *s* pedestrian precinct; **~overgang** *s* pedestrian crossing; *(med striber)* zebra crossing; **~tunnel** *s* subway.
fod. . . *sms:* **~klinik** *s* chiropodist's; **~note** *s* footnote; **~panel** *s* skirting board.
fodre *v* feed; **fodring** *s* feeding.
fod. . . *sms:* **~spor** *s* footprint; **~svamp** *s* athlete's foot; **~sved** *s: have ~sved* have sweaty feet; **~sål** *s* sole of the foot; **~trin** *s* (foot)step; **~tøj** *s* footwear.
foged *s (kongens ~) sv.t.* bailiff.
fok *s (mar)* foresail, jib.
fokus *s* focus; **~ere** *v* focus *(på* on).
fold *s (indhegning)* pen; *(i tøj etc)* fold; *(rynke)* wrinkle; *(presse~)* crease; *lægge ngt i ~r* fold sth (up); *nederdel med ~er* pleated skirt; **~e** *v*

fold; *~e ngt sammen* fold sth up; *~e ngt ud* unfold sth; *~e sig ud* unfold; *(om person)* let oneself go; **~ekniv** *s* jack-knife; **~er** *s* folder.

folk *s* people; *(arbejdere)* men; *~et* the people; *hvad mon ~ vil sige?* I wonder what people will say.

folke... *sms:* **~afstemning** *s* referendum; **~dans** *s (det at danse)* country dancing; *(selve dansen)* country dance; **~dragt** *s* national costume; **~højskole** *s* folk high school; **~kirke** *s* national church; **~lig** *adj* popular; *(jævn)* simple; **~mængde** *s (indbyggertal)* population; *(masse mennesker)* crowd; **~pension** *s* old age pension; **~pensionist** *s* old age pensioner, O.A.P.; **~register** *s* national register; **~sagn** *s* legend; **~sanger** *s* folk singer; **~skole** *s* primary and lower secondary school (for children between 7 and 16); **~slag** *s* people; **~tinget** *s sv.t.* the parliament; **~tælling** *s* census; **~vandring** *s* migration; **~vise** *s* ballad.

fond *s* fund; *(legat)* foundation; **~saktie** *s* bonus share; **~sbørs** *s* stock exchange.

for *s (i tøj)* lining.

for *præp (beregnet for, på grund af, om tid, som betaling for, i stedet for)* for; *(foran, i overværelse af)* before, at, in front of; *(til beskyttelse imod)* from, to; *(med hensyn til)* to, from; *(~ at + infinitiv)* to, in order to; *(~ at + sætning)* so that, in order that; *(se også de enkelte ord, som ~ forbindes med); den bog er ~ børn* that book is for children; *de lejede et værelse ~ en uge* they took a room for a week; *han ville have 10.000 ~ bilen* he wanted 10,000 for the car; *takke en ~ ngt* thank sby for sth; *~ øjnene af børnene* in front of the children; *hele verden ligger ~ hans fødder* the whole world is at his feet; *han har hele livet ~ sig* he has his whole life before him; *søge ly ~ regnen* seek shelter from the rain; *han var døv ~ hendes forklaringer* he was deaf to her explanations; *være fri ~ ngt* be free from sth; *sætte sig ned ~ at spise* sit down to eat; *~ ikke at glemme Peter* so as not to forget Peter, not forgetting Peter; *gøre ngt ~ at forhindre krig* do sth (in order) to prevent war; *~ at være sikker* (in order) to make sure; *~ at de ikke skulle komme for sent* so that they should not be late; *~ længe siden* a long time ago; *~ et år siden* a year ago; *være ngt ~ sig selv* be sth out of the ordinary; *hvad ~ ngt?* what? *hvad er det ~ en bog?* what book is that? // *adv (alt ~)* too; *spille ~ højt* play too loudly; *har du ngt ~ i dag?* are you doing anything today? *~ og imod* for and against // *konj (fordi)* because, for; *hun råbte højt, ~ hun var vred* she yelled, for she was angry.

foragt *s* contempt; **~e** *v* despise; **~elig** *adj* contemptible, despicable.

foran *præp* in front of; *(forud for)* ahead of // *adv* ahead; *(i spidsen)* in front; *vi standsede ~ kirken* we stopped in front of the church; *han var langt ~ os* he was far ahead of us; *gå ~* walk in front.

forandre *v* change; *~ sig* change *(til* into); **forandring** *s*

change; *til en forandring* for a change.
foranstaltning *s* arrangement; *træffe ~er* take measures.
forarge *v* shock, offend; **~lse** *s* indignation; *vække ~lse* cause a scandal.
forbande *v* curse; **~lse** *s* curse; **~t** *adj/adv* damned.
forbarme *v: ~ sig over en* take pity on sby.
forbavse *v* surprise; **~lse** *s* surprise; **~t** *adj* surprised // *adv* in surprise.
forbedre *v* improve; *~ sig* improve; **forbedring** *s* improvement.
forbehold *s* reservation; *tage ~* make a reservation; *uden ~* unconditionally; **~e** *v: ~e sig ret til* reserve the right to; **~en** *adj* reserved.
forben *s* foreleg.
forberede *v* prepare; *~ en (el. sig) på ngt* prepare sby *(el.* oneself) for sth; **~lse** *s* preparation *(til* for); *under ~lse* in preparation; **~nde** *adj* preliminary.
forbi *adv/præp (om bevægelse)* past; *(slut, ovre)* over; *(færdig)* finished; *gå (, køre etc) ~ ngt* walk (, drive etc) past sth; *det er ~* it is over.
forbier *s* miss.
forbifart *s: i ~en* (in) passing.
forbigå *v (ignorere)* overlook; *blive ~et (ved forfremmelse etc)* be passed over; **~ende** *adj* passing, temporary.
forbillede *s* model, example; **forbilledlig** *adj* exemplary.
forbinde *v* connect *(med* with); *(sætte sammen)* join *(med* to); *(forene)* combine *(med* with); *(lægge forbinding på)* dress, bandage; **~lse** *s* connection; *(rute, fast ~lse)* service; *(forhold)* relationship; *(sammenhæng)* context; *(kemisk)* compound; *få ~lse med en (tlf)* get through to sby; *holde ~lsen ved lige* keep in touch; *i denne ~lse* in this connection; *miste ~lsen med en* lose touch with sby; *sætte sig i ~lse med en* get in touch with sby.
forbinding *s* bandage; *(det at forbinde)* bandaging, dressing; **forbindskasse** *s* first-aid box.
forbitret *adj (bitter)* bitter *(på* with); *(vred)* furious.
forbjerg *s* promontory, headland.
forblive *v* remain; *(på stedet)* stay.
forbløde *v* bleed to death.
forbløffe *v* amaze, astonish; **~lse** *s* amazement, astonishment.
forbogstav *s* initial.
forbrug *s* consumption; **~er** *s* consumer; **~erråd** *s* consumers' advisory council; **~safgift** *s* excise duty; **~sgoder** *spl* consumer goods; *varige ~sgoder* consumer durables.
forbryde *v: ~ sig mod en* commit an offence against sby; **~lse** *s* crime, offence; *begå en ~lse* commit a crime; **~r** *s* criminal.
forbrænding *s* combustion; incineration; **~sanlæg** *s* incineration plant; **~sovn** *s* incinerator.
forbrændt *adj* burnt; *(af solen)* sunburnt.
forbud *s* prohibition *(mod* against), ban *(mod* on); *give en ~ mod at gøre ngt* forbid sby to do sth; *nedlægge ~ mod ngt* prohibit *(el.* ban) sth; *ophæve et ~* lift a ban.
forbudt *adj* forbidden, prohibited; *'adgang ~'* 'no admittance'; *~ for børn* for adults only.

forbund *s* union, league; *(stats~)* federation; *(alliance)* alliance.
forbundet *adj* connected; combined; joined; *(se også forbinde); det var ~ med en vis risiko* it involved a certain risk.
forbunds... *sms:* **~fælle** *s* ally; **~kansler** *s* federal chancellor; **~republik** *s* federal republic; **~stat** *s* federal state.
forbyde *v* forbid, prohibit, ban; *~ en adgang* forbid sby to enter; *~ spiritus ved fodboldkampe* ban liquor from football matches.
force *s* strong point; **~re** *v* force; **~ret** *adj* forced.
fordampe *v* evaporate; **fordampning** *s* evaporation.
fordel *s* advantage; *have ~ frem for en* have an advantage over sby; *til ~ for* in favour of; *til ens ~* to sby's advantage; **~agtig** *adj* advantageous; *(indbringende)* lucrative.
fordele *v* distribute; *(dele)* divide; **fordeling** *s* distribution; division.
fordi *konj* because; *det er ikke ~ han er dum, men...* it is not that he is stupid but...
fordoble *v* double; **fordobling** *s* doubling.
fordom *s* prejudice *(mod* against); **~sfri** *adj* unprejudiced.
fordrage *v: jeg kan ikke ~ det* I can't stand it; *jeg kan ikke ~ at gøre det* I hate to do it.
fordre *v* demand; *(have krav på)* claim.
fordring *s* demand; *(jur, krav)* claim; *gøre ~ på ngt* claim sth; **~sfuld** *adj* demanding.
fordrive *v: ~ tiden* pass the time.
fordybe *v: ~ sig i ngt* become engrossed in sth; **fordybning** *s* hollow, depression; *(rille etc)* groove.
fordæk *s (på skib)* foredeck; *(på bil)* front tyre.
fordærv *s* ruin, disaster; **~e** *v (om mad etc)* spoil, ruin; *(om person)* deprave; **~elig** *adj: let ~elig* perishable; **~et** *adj (om person)* depraved; *(om mad etc)* bad.
fordøje *v* digest; **~lig** *adj: let ~lig* digestible; **~lse** *s* digestion; *dårlig ~lse* indigestion.
fordømme *v* condemn; **~lse** *s* condemnation; **fordømt** *adj* condemned; *(pokkers)* damned.
fordør *s* front door.
fore *v* line.
forebygge *v* prevent; **~lse** *s* prevention; **~nde** *adj* preventive; *(med)* prophylactic *(fx behandling* treatment).
foredrag *s* talk *(om* on); *(forelæsning)* lecture *(om* on); *holde ~ for* give a talk *(el.* lecture) to; **~sholder** *s* lecturer.
foregive *v* pretend, feign.
foregribe *v: ~ begivenhedernes gang* anticipate events.
foregå *v* happen, go on; *hvad ~r der?* what is happening? what is going on? *mødet ~r på rådhuset* the meeting is taking place at the town hall; **~ende** *adj* previous.
forekomme *v (ske)* happen; *(findes)* occur; *(virke)* seem, appear; *det ~r mig at...* it seems to me that...; **~nde** *adj (venlig)* courteous.
forekomst *s* occurrence.
forel *s* trout.
foreligge *s (findes)* be available; *der må ~ en misforståelse* there must be some mistake; **~nde** *adj* existing.
forelske *v: ~ sig* fall in love *(i*

with); **~lse** *s* love *(i* for); **~t** *adj* in love *(i* with).

forelægge *v* present.

forelæsning *s* lecture; *holde ~ om ngt* give a lecture on sth; *gå til ~* attend a lecture.

foreløbig *adj* temporary // *adv (for en tid)* temporarily; *(indtil videre)* for the time being; *(hidtil)* so far; *~ går det fint* so far it is all right.

forene *v* combine, join; *(i en helhed)* unite; *De ~de Nationer (FN)* the United Nations (UN); *De ~de Stater (USA)* the United States (US(A)); **~lig** *adj* consistent *(med* with).

forening *s* society.

forenkle *v* simplify; **forenkling** *s* simplification.

foreskrive *v* prescribe; *(beordre)* order.

foreslå *v* suggest.

forespørge *v* enquire; **forespørgsel** *s* enquiry.

forestille *v (skulle være, gengive)* represent; *(præsentere)* introduce; *hvad skal det ~?* what is that supposed to be? *~ sig ngt* imagine sth; *du kan ikke ~ dig, hvor skønt det var* you have no idea how nice it was.

forestilling *s (teat etc)* performance; *(begreb, idé)* idea *(om* of).

forestå *v (lede)* be in charge of; *(nærme sig)* be near.

foretage *v* make; *~ sig ngt* do sth; *~ en rejse* make a journey; *~ en operation* perform an operation; **~nde** *s* undertaking; *(firma)* business.

foretagsom *adj* enterprising; **~hed** *s* enterprise.

foretrække *v* prefer; *~ vin for øl* prefer wine to beer.

forevise *v* show; **forevisning** *s* showing.

forfald *s (ødelæggelse etc)* decay; *(dag hvor beløb skal betales)* settlement date; **~e** *v (om hus)* fall into disrepair; *(skulle betales)* fall due; *~e til ngt* take to sth; **~en** *adj* dilapidated, in disrepair; *(til betaling)* due.

forfalske *v (fx smykker, billeder)* fake; *(fx dokumenter)* forge; *(penge)* counterfeit; **forfalskning** *s (det at ~)* faking; forgery; counterfeiting; *(det ~de)* fake; forgery.

forfatning *s (grundlov)* constitution; *(tilstand)* state.

forfatter *s* author, writer *(til* of); **~skab** *s (det en ~ har skrevet)* works *pl.*

forfinet *adj* sophisticated.

forfjamsket *adj* flustered.

forfra *adv (fra forsiden)* from in front; *(om igen)* again, from the beginning.

forfremme *v* promote; **~lse** *s* promotion.

forfriske *v* refresh; **~nde** *adj* refreshing; **forfriskning** *s* refreshment.

forfrossen *adj* cold; **forfrysning** *s* frostbite.

forfædre *spl* ancestors.

forfængelig *adj* vain; **~hed** *s* vanity.

forfærde *v* terrify; *(forarge)* shock; **~lig** *adj* terrible, awful // *adv* terribly, awfully; *hun staver ~ligt* her spelling is awful; **~lse** *s* horror, terror; **~t** *adj* terrified.

forfølge *v* persecute; *(løbe efter, jage)* pursue; *(genere, plage)* pester; **~lse** *s* persecution; pursuit; chase; **~lsesløb** *s* pursuit race; **~lsesvanvid** *s* persecution mania.

forføre *v* seduce; **~lse** *s* seduction.

forgifte *v* poison; **forgiftning** *s* poisoning; **forgive** *v* poison.

forglemmelse *s* oversight.
forglemmigej *s* forget-me-not.
forgribe *v: ~ sig på ngt* misappropriate sth; *~ sig på en* lay hands on sby.
forgrund *s* foreground.
forgude *v* idolize.
forgyldt *adj* gilt.
forgængelig *adj* perishable.
forgænger *s* predecessor.
forgæves *adj* vain; *et ~ forsøg* a vain attempt // *adv* in vain.
forgårs *s: i ~* the day before yesterday.
forhadt *adj* hated.
forhal *s* vestibule.
forhandle *v* negotiate; *(diskutere)* discuss; *(sælge)* deal in; *~ om en løsning* negotiate *(el.* discuss) a solution; **~r** *s* negotiator; *(sælger)* dealer.
forhandling *s* negotiation; *(diskussion)* discussion; *(om løn)* bargaining; *(salg)* sale; *indlede ~er med en* enter into negotiations with sby; **~spartner** *s* negotiating party; **~svenlig** *adj* ready to negotiate.
forhaste *s: ~ sig* be rash; **~t** *adj* rash, hasty; *(for tidlig)* premature.
forhekset *adj* bewitched.
forhenværende *adj* former, ex-.
forhindre *v* prevent; *~ en i at gøre ngt* prevent sby from doing sth.
forhindring *s (det at forhindre)* prevention; *(som spærrer etc)* obstacle; **~sløb** *s* obstacle race.
forhistorisk *adj* prehistoric.
forhjul *s* front wheel; **~stræk** *s* front-wheel drive.
forhold *s (omstændigheder, tilstand)* conditions *pl,* circumstances *pl; (forbindelse, ~ mellem mennesker)* relationship; *(sag)* fact, matter, affair; *sociale ~* social conditions; *private ~* private affairs; *have et ~ til en* have an affair with sby; *have et godt ~ til en* be on good terms with sby; *i ~ til (dvs. sammenlignet med)* (as) compared to; *under de nuværende ~* under the present circumstances.
forholde *v: ~ sig* be; *det ~r sig sådan at...* the fact is that...; *~ sig roligt* keep quiet; *vide hvordan man skal ~ sig* know what to do.
forholdsmæssig *adj* proportional; **~t** *adv (temmelig)* relatively.
forholdsord *s* preposition.
forholdsregel *s* precaution, measure; *tage sine forholdsregler mod ngt* take measures against sth.
forholdsvis *adv* relatively, comparatively.
forhæng *s* curtain.
forhøje *v* raise, increase.
forhøjning *s (i terrænet)* rise; *(i rum)* platform.
forhør *s* questioning, interrogation; *(i retten)* examination; *holde ~* hold an inquiry; *tage en i ~* interrogate sby; **~e** *v* question; interrogate; examine; *~e sig* enquire, ask.
forhåbentlig *adv* I hope, hopefully.
forhånd *s (i tennis)* forehand; *være i ~en (i kortspil)* have the lead; *på ~* in advance, beforehand.
forhåndenværende *adj (til at få fat i)* available; *(eksisterende)* existing.
forkalket *adj (om person)* senile.
forkaste *v* reject; **forkastning** *s (geol)* fault.
forkert *adj* wrong // *adv* wrong(ly); *(ved verber erstat-*

tes wrong *ofte af:* mis-, *fx:* misspell, miscalculate); *huske* ~ be mistaken; *uret går* ~ the watch is wrong; *træde* ~ stumble.

forklare *v* explain; ~ *en ngt* explain sth to sby; **forklaring** *s* explanation; *(vidne~)* evidence.

forklæde *s* apron // *v* disguise; **forklædning** *s* disguise.

forkorte *v* shorten; *(om tekst, bog)* abridge; **~lse** *s* abbreviation.

forkromet *adj* chromium-plated.

forkvinde *s* chairwoman; *(for arbejdere)* forewoman.

forkynde *v (meddele)* proclaim, announce; ~ *evangeliet* preach the gospel; **~lse** *s* proclamation; preaching.

forkæle *v* spoil, *(neds)* pamper; *et ~t barn* a spoilt child.

forkæmper *s* advocate *(for* of).

forkærlighed *s* partiality *(for* for); *have* ~ *for* be partial to.

forkøb *s: komme en i ~et (dvs. komme først)* anticipate sby; *(dvs. hindre)* forestall sby; **~sret** *s* first option *(til* on).

forkølelse *s* cold; **forkølet** *adj: blive forkølet* catch cold; *være forkølet* have a cold.

forkørselsret *s: have* ~ *for...* have right of way over...

forlade *v* leave; *(rømme)* desert; ~ *sig på ngt* depend on sth; **~lse** *s (tilgivelse)* pardon; *om ~lse!* I'm sorry!

forladt *adj (øde, tom)* deserted, desolate.

forlag *s* publishing house; **~sredaktør** *s* publishing editor.

forlange *v (bede om)* ask for; *(kræve)* demand; *(som sin ret)* claim; *(om pris)* charge; ~ *ngt af en* demand sth from sby; *det kan man ikke* ~ one can't expect that; **~nde** *s* demand.

forleden *adj:* ~ *dag* the other day.

forlegen *adj* shy, self-conscious; **~hed** *s (generthed)* shyness, self-consciousness; *(knibe)* difficulty; *være i ~hed* be in trouble.

forlig *s (aftale)* agreement, deal; *slutte* ~ come to an agreement, (F) make a deal; **~e** *v* reconcile; *~e sig med ngt* become reconciled to sth; **~es** *v* get on; **~smand** *s* mediator.

forlis *s* shipwreck; **~e** *v* be shipwrecked.

forloren *adj* false; ~ *skildpadde* mock turtle; *forlorne tænder* false teeth.

forlove *v:* ~ *sig med en* get engaged to sby; **~lse** *s* engagement; **~lsesring** *s* engagement ring; **~r** *s (for brud)* he who gives away the bride; *(for brudgom)* best man; **~t** *adj* engaged *(med* to); *hendes ~de* her fiancé; *hans ~de* his fiancée.

forlygte *s* headlight.

forlyste *v* amuse, entertain; **~lse** *s* amusement, entertainment; **~lsessyg** *adj* pleasure-seeking.

forlægge *v (så det er blevet væk)* mislay; *(flytte)* remove; ~ *residensen til* adjourn to; **~r** *s* publisher.

forlænge *v (udbygge etc)* extend; *(gøre længere)* lengthen; **~lse** *s* extension; lengthening; **~r(led), ~r(ledning)** *s* extension.

forlængst *adv* long ago.

forlæns *adv* forward(s).

forløb *s* course; *efter ngn tids* ~ after some time; *inden en måneds* ~ within a month; **~e** *v (om tid)* pass; *(foregå)* go; *~e godt* go well; *i den forløbne uge* during the past week; *~e sig* go too far; **~er** *s* forerunner *(for* of).

form *s* form, shape; *(støbe~)* mould; *(bage~)* tin; *jeg er ikke i ~ til det* I'm not in form *(el.* the shape) for it; *han er i fin ~* he is in very good shape; *i ~ af* in the shape of; *holde på ~erne* stand on ceremony.

formalitet *s* formality.

formand *s (i forening etc)* president *(for* of); *(i bestyrelse etc)* chairman; *(arbejds~)* foreman; **~skab** *s* presidency; chairmanship.

formane *v* admonish; **formaning** *s* admonition, warning.

format *s* size; *(om bog, papir også:)* format; *(om persons karakter)* standing; *en fest af ~* a great party; *en person af ~* a person of standing; *i lille (el. stort) ~* on a small *(el.* large scale

formation *s* formation.

forme *v* form, shape.

formedelst *præp: ~ 100 kr* for 100 kr.

formel *s* formula // *adj* formal.

formentlig *adv* presumably, I believe.

formere *v: ~ sig* reproduce, multiply; **formering** *s* reproduction.

formgive *v* design; **~r** *s* designer; **formgivning** *s* design.

formiddag *s* morning; *i ~(s)* this morning; *i går ~s* yesterday morning; *i morgen ~* tomorrow morning.

formidle *v (skabe, sørge for)* arrange; *(give videre)* give, convey; **~r** *s* mediator; **formidling** *s* arrangement; *(udbredelse af viden om)* promotion.

formilde *v (berolige etc)* calm, soothe.

formindske *v* reduce, diminish, lessen; **~lse** *s* decrease.

formning *s* forming, shaping; *(i skolen)* art.

formode *v* suppose, presume; **~ntlig** *adj* presumably, I suppose; **formodning** *s* supposition; *(gæt)* guess; *have formodning om at...* suspect that...

formue *s* capital; *(stor ~)* fortune; **~nde** *adj* wealthy; **~skat** *s* wealth tax.

formular *s* form.

formulere *v* express, put into words.

formynder *s* guardian; **~skab** *s* guardianship.

formøble *v* squander, throw away.

formørke *v* darken; **~lse** *s (om sol, måne etc)* eclipse.

formå *v (kunne)* be able (to), be capable (of); *(overtale)* induce.

formål *s* purpose, aim; *have til ~ at* be intended to; *lavet til ~et* purpose-made; **~sløs** *adj* pointless; **~stjenlig** *adj* suitable.

fornavn *s* Christian name, first name.

forneden *adv* below, at the bottom.

fornem *adj* distinguished.

fornemme *v* feel, sense; **~lse** *s* feeling; *have ngt på ~lsen* have a feeling about sth.

fornuft *s* reason; *det er sund ~* it is common sense; *tale en til ~* make sby see reason; **~ig** *adj* sensible; *(rimelig)* reasonable.

forny *v* renew; *(lave i stand)* renovate; *(udskifte)* replace; *efter ~et overvejelse* after further consideration; **~else** *s* renewal; renovation; replacement.

fornærme *v* offend, insult; **~lse** *s* insult *(mod* to); **~t** *adj* offended; *(mopset)* miffed; *blive ~t over ngt* take offence at sth; *blive ~t på en* be miffed with sby.

fornøden *adj* necessary.

fornøje *v* amuse; **~lig** *adj* amusing; **~lse** *s* pleasure; *(forlystelse)* amusement; *god ~lse!* have a good time! *med ~lse* with pleasure; *det er ikke for min ~lses skyld* it is not for fun; **~t** *adj* pleased, content *(med* with); *(glad)* cheerful.

forord *s* preface.

foroven *adv* above, at the top.

forover *adv* forward.

forpagte *v* rent; *~ bort* lease; **~r** *s* tenant; **forpagtning** *s* tenancy, lease.

forpeste *v* poison.

forpjusket *adj* tousled.

forplante *v: ~ sig (om dyr)* reproduce; *(om lyd etc)* spread; **forplantning** *s* reproduction.

forpligte *v: ~ sig til at gøre ngt* commit oneself to doing sth; **~lse** *s* commitment, obligation *(over for* towards, *til at* to); **~nde** *adj* binding; **~t** *adj* bound.

forpustet *adj* breathless.

forrest *adj* front, foremost // *adv* in front, first.

forret *s (gastr)* starter, first course; *(førsteret)* priority.

forretning *s* business; *(butik)* shop; *(enkel handel)* deal; *gøre en god ~* make a bargain; *snakke ~er* talk shop; **~sdrivende** *s (med butik)* shopkeeper; *(i større stil)* businessman; **~sforbindelse** *s* business connection; **~sgade** *s* shopping street; **~smand** *s* businessman; **~srejse** *s* business trip.

forrige *adj* previous; *~ år* last year.

forringe *v* reduce; *(i værdi)* depreciate; **~lse** *s* reduction; depreciation.

forrude *s (auto)* windscreen.

forrygende *adj* furious; *(fig)* wild, fantastic.

forrykt *adj* mad, crazy.

forræder *s* traitor; **~i** *s* treachery; *(lands~i)* treason; **~isk** *adj* treacherous.

forråd *s* store, stock.

forråde *v* betray.

forrådnelse *s* decay, rot.

forsagt *adj* timid.

forsamle(s) *v* gather; **forsamling** *s* meeting, gathering; *(publikum)* audience; *(menneskemængde)* crowd; **forsamlingshus** *s* village hall.

forsatsvinduer *spl* double glazing.

forse *v: ~ sig mod en* do sby wrong; *~ sig på en (dvs. ikke kunne lide)* get annoyed with sby; *(dvs. falde for)* fall for sby; **~else** *s* offence.

forsegle *v* seal (up).

forsendelse *s (det at sende)* sending; *(hold varer)* shipment; *(pakke)* parcel.

forside *s* front; *(i avis, blad)* front page.

forsigtig *adj* careful; *(blid)* gentle; *'F~!' (på pakke etc)* 'Handle With Care'; **~hed** *s* care; caution.

forsikre *v* insure; *(hævde, sværge på etc)* assure; *~ en om ngt* assure sby of sth.

forsikring *s* insurance; *(hævdelse etc)* assurance; **~spolice** *s* insurance policy; **~spræmie** *s* insurance premium; **~sselskab** *s* insurance company; **~stager** *s* policy holder.

forsinke *v* delay; **~lse** *s* delay.

forske *v* do research *(i* into).

forskel *s* difference; *gøre ~ på* distinguish between; *kende ~ på Peter og Henry* tell Peter from Henry.
forskellig *adj* different *(fra* from); *~e (dvs. ikke ens)* different; *(dvs. diverse)* various; *det er meget ~t* it varies a lot.
forsker *s* researcher; *(naturvidenskabelig)* scientist; *(humanistisk)* scholar; **forskning** *s* research *(i* into).
forskrift *s (reglement)* regulation; *(vejledning)* directions *pl.*
forskrække *v* frighten, scare; **~lse** *s* fright.
forskud *s* advance; **~sopgørelse** *s* estimate of next year's income.
forslag *s* proposal *(om* for); *(lov~)* bill; *(~ til afstemning ved møde)* motion; *komme med et ~* make a proposal; *(ved møde)* put a motion.
forsone *v* reconcile; *~ sig med ngt* reconcile oneself to sth; **forsoning** *s* reconciliation.
forsorg *s* care; *(social ~)* welfare.
forspil *s* prelude.
forspilde *v* waste; *~ sin chance* miss one's chance.
forspring *s* lead; *have ~* be in the lead.
forstad *s* suburb; **~s-** suburban.
forstand *s (fornuft)* reason; *(tænkeevne)* intellect; *(intelligens)* intelligence; *(sind)* mind; *gå fra ~en* go mad; *er du fra ~en?* are you out of your mind? *i en vis ~* in a sense; *i den ~ at...* in the sense that...; *have ~ på ngt* know about sth.
forstander *s (for skole)* headmaster, *(kvindelig)* headmistress; *(for institution etc)* director.
forstavelse *s* prefix.
forstavn *s* bow.
forstene *v* petrify; **~t** *adj* petrified; *(om fx søpindsvin)* fossilized; **forstening** *s (af dyr el. plante)* fossil.
forstmand *s* forester.
forstoppe *v* block; *(med)* constipate; **~lse** *s (med)* constipation.
forstrække *v (fx en muskel)* strain; *(give penge)* advance.
forstue *s* hall.
forstuve *v* sprain; **forstuvning** *s* sprain.
forstvæsen *s* forestry.
forstyrre *v* disturb; **~lse** *s* disturbance; **~t** *adj* confused; *(skør)* crazy.
forstærke *v* strengthen; *(om lyd og fig)* increase; **~r** *s (radio)* amplifier; **forstærkning** *s* strengthening; *forstærkninger (mil)* reinforcements.
forstørre *v* enlarge; **~lse** *s* enlargement; **~lsesglas** *s* magnifying glass.
forstøve *v* atomize; **~r** *s* atomizer.
forstå *v* understand; *(indse)* realize, see; *hun forstod på ham at...* she understood from what he said that...; *~ sig på ngt* know about sth; **~elig** *adj* comprehensible; *(som kan undskyldes)* understandable; *gøre sig ~elig* make oneself understood; **~else** *s* understanding; **~ende** *adj* understanding.
forsvar *s* defence; *tage en i ~* stand up for sby; **~e** *v* defend *(mod* against); **~er** *s* defender; *(jur)* counsel for the defence; **~lig** *adj* justifiable; *(sikker)* secure; **~sløs** *adj* defenceless; **~sministerium** *s* Ministry of Defence; **~spolitik** *s* defence policy; **~svåben**

s defensive weapon.
forsvinde *v* disappear, vanish; *(blive væk)* get lost; *forsvind med dig!* get lost! scram! **forsvundet** *adj* lost; *(savnet)* missing.
forsyne *v: ~ en med ngt (dvs. levere ngt)* supply sby with sth; *(dvs. udstyre en)* provide sby with sth; *~ sig (med mad etc)* help oneself; **forsyning** *s* supply.
forsæde *s (i bil)* front seat.
forsæt *s* intention, purpose; *med ~* on purpose; **~lig** *adj* intentional, deliberate.
forsøg *s (prøve)* test, trial; *(eksperiment)* experiment; *(bestræbelse)* attempt; *gøre et ~ på at...* make an attempt to...; *det var ~et værd* it was worth a try; **~e** *v* try, attempt *(på at* to); **~sdyr** *s* laboratory animal; **~skanin** *s (fig)* guinea-pig.
forsømme *v (ikke passe på)* neglect; *(gå glip af, udeblive fra)* miss; *(være fraværende)* be absent; **~lse** *s* neglect; absence; *~lser (i skolen etc)* absenteeism; **forsømt** *adj* neglected.
forsørge *v* keep, provide for; *(økonomisk)* support; **~lse** *s* support; **~r** *s* breadwinner; *enlig ~r* single parent.
forsåle *v* sole; **forsåling** *s* soling.
fortabe *v* forfeit; **fortabt** *adj* lost; *føle sig fortabt* feel lost; *give fortabt* give up; *de er fortabt* they are done for.
fortage *v: ~ sig* wear off; *(om lyd)* die down.
fortand *s* front tooth.
fortegnelse *s* list; *(systematisk)* record.
fortid *s* past; *(gram)* the past (tense).
fortil *adv* in front.
fortilfælde *s* precedent.
fortjene *v* deserve; *det har du fortjent* it serves you right; **~ste** *s (overskud)* profit; *(indtægt)* earnings *pl; (ngt man har opnået etc)* merit; *det er din ~ste at...* it is due to you that...; *sælge ngt med ~ste* sell sth at a profit; **fortjenstfuld** *s* deserving.
fortjent *adj: gøre sig ~ til ngt* deserve sth.
fortløbende *adj* consecutive.
fortolde *v* declare; *(betale told af)* pay duty on; **fortoldning** *s* clearance; *(betaling)* payment of duty.
fortolke *v* interpret; **~r** *s* interpreter; **fortolkning** *s* interpretation.
fortov *s* pavement; **~srestaurant** *s* pavement restaurant.
fortrin *s* advantage.
fortrinlig *adj* excellent.
fortrinsret *s* priority; **fortrinsvis** *adj* preferably; *(især)* chiefly.
fortrolig *adj* confidential; *(som man kender godt)* familiar; *blive ~ med ngt* make oneself familiar with sth; *en ~ ven* an intimate friend; **~hed** *s* confidence.
fortryde *v* regret; **~lse** *s* regret; *(irritation etc)* annoyance.
fortrylle *v* charm, bewitch; **~lse** *s* charm; *(trylleri)* spell; **~nde** *adj* charming.
fortræd *s* harm; *gøre en ~* harm sby, hurt sby.
fortrække *v (gå væk)* go away; *(om ansigtet etc)* distort; *ikke ~ en mine* not turn a hair.
fortsat *adj* continuous; *(historie, artikel)* continued // *adv* still.
fortsætte *v* continue, go on; *~ med at gøre ngt* continue to do sth, go on doing sth; **~lse** *s* continuation.

fortvivle *v* despair; **~lse** *s* despair; **~t** *adj* in despair.
fortynde *v* dilute, thin; **~r** *s (til maling etc)* thinner; **fortynding** *s* dilution.
fortælle *v* tell; *hun fortalte at de var syge* she told me (, him, her, us, them) that they were ill; *~ en om ngt* tell sby about sth; **fortælling** *s* story.
fortøje *v* moor; **fortøjning** *s* mooring; **fortøjningspæl** *s* bollard; *(ude i vandet)* dolphin.
fortørnet *adj* angry.
forud *adv* in advance; *være ~ for en* be ahead of sby; **~bestemt** *adj* predetermined; **~bestille** *v* book; *(om varer)* order in advance; **~bestilling** *s* reservation; **~e** *adv* ahead; **~en** *præp* besides; **~gående** *adj (tidligere)* previous; **~sat** *adj: ~sat at* provided that; **~se** *v* foresee; **~sige** *v* predict; **~sigelig** *adj* predictable.
forudsætning *s* condition; *(antagelse)* assumption; *have ~er for at gøre ngt* be qualified to do sth; *ud fra den ~ at...* on the assumption that...; *under ~ af at...* on condition that...; **forudsætte** *v (gå ud fra)* presuppose; *(antage)* assume; *forudsætte som givet at* take it for granted that.
forulykke *v (om bil, fly etc)* crash; *(om person)* have an accident; *(dvs. dø)* be killed in an accident.
forundret *adj* surprised *(over* at, *over at* that); **forundring** *s* surprise.
forurene *v* pollute; **forurening** *s* pollution; **forureningskilde** *s* pollutant.
forurolige *v* disturb; **~nde** *adj* disturbing.
forvalte *v* manage; **~r** *s* manager; *(af landejendom)* (farm) bailiff; **forvaltning** *s* administration.
forvandle *v* change *(til* into); *~ sig* change; **forvandling** *s* change.
forvaring *s* keeping; *(fængsel)* custody.
forvask *s* prewash; **~et** *adj* washed-out.
forvejen *s: gå i ~* go ahead; *gøre ngt i ~* do sth beforehand; *det var varmt nok i ~* it was already warm enough.
forveksle *v* mix up; *~ A med B* mistake A for B, mix A up with B; **forveksling** *s* mistake; *de ligner hinanden til forveksling* they are hard to tell from one another.
forvente *v* expect.
forventning *s* expectation; *mod ~* contrary all expectations; *leve op til ~erne* come up to expectations; *i ~ om...* expecting...; *over ~* beyond expectation; **~sfuld** *adj* expectant.
forvirre *v* confuse; **forvirring** *adj* confusion.
forvise *v* ban; *(fx til Sibirien)* deport; *(landsforvise)* exile; **forvisning** *s* exile.
forvisse *v: ~ sig om at...* make sure that...
forvolde *v* cause.
forvride *v* twist; *(forstuve)* sprain; **forvridning** *s* twisting; spraining.
forvrænge *v* distort; **forvrængning** *s* distortion.
forvænt *adj* spoilt.
forværre *v* worsen, aggravate; *(syn, hørelse etc)* impair; *~s* get worse; **forværring** *s* worsening; aggravation; impairment.
forældet *adj* out-dated, obsolete.
forældre *spl* parents; **~løs** *adj*

orphaned; **~myndighed** *s* custody *(over* of).
forære *v* give; *jeg har fået den ~nde* it was given to me; **foræring** *s* gift, present.
forøge *v* increase *(med* by); **~lse** *s* increase.
forår *s* spring; *i ~et 1986* in the spring of 1986; *til ~et* next spring.
forårsage *v* cause, bring about.
fos *s* waterfall.
fosfor *s* phosphorus.
fosse *v: ~ ud* gush out.
foster *s* embryo, foetus; **~vand** *s* amniotic fluid; **~vandsprøve** *s* amniocentesis; **fostre** *v* produce.
foto *s* photo; **~graf** *s* photographer; *(tv, film)* cameraman; **~grafere** *v* photograph; **~grafi** *s (billede)* photo(graph); *(det at fotografere)* photography; **~grafiapparat** *s* camera; **~handler** *s* camera dealer, photo shop; **~kopi** *s* photocopy, Xerox ®; **~kopiere** *v* photocopy, Xerox ®; **~kopimaskine** *s* photocopier; **~stat** *s* photostat ®.
fra *præp/konj* from; *(væk fra)* off; *(se også de enkelte ord som ~ forbindes med); de kommer ~ Skotland* they come from Scotland; *holde sig ~ cigaretter* stay off cigarettes; *fem ~ otte er tre* five from eight is three; *~ i dag af* from this day on; *hun har talt engelsk ~ han var lille* she has been speaking English since she was a child // *adv* off; *tapetet er gået ~* the wallpaper has come off; *det gør hverken ~ el. til* it makes no difference.
frabede *v: ~ sig ngt* refuse sth; *det vil jeg gerne have mig frabedt* I won't have that.
fradrag *s (i selvangivelsen etc)* deduction; *(som skattevæsenet giver)* allowance; **~sberettiget** *adj* tax-deductible.
fradømme *v: ~ en kørekortet* suspend sby's licence.
fragt *s* freight; **~brev** *s* waybill; **~e** *v* carry; **~gods** *s* goods *pl;* **~mand** *s* carrier; **~skib** *s* freighter.
frakke *s* coat; *tage ~n på* put on one's coat; **~skåner** *s* dress guard.
frakørsel *s (fra motorvej)* exit, slip road.
fralandsvind *s* off-shore wind.
fralægge *v: ~ sig ansvaret* refuse to take responsibility.
frankere *v* stamp.
Frankrig *s* France; **fransk** *adj* French; *på fransk* in French; *franske kartofler* potato crisps; **franskbrød** *s* white bread; **franskmand** *s* Frenchman; *franskmændene* the French.
fraråde *v: ~ en at gøre ngt* advise sby against doing sth.
fraseparereret *adj* separated.
frasige *v: ~ sig* renounce.
fraskilt *adj* divorced.
fraskrive *v: ~ sig* renounce.
frastødende *adj* repulsive.
fratage *v: ~ en ngt* deprive sby of sth.
fratræde *v* resign; *(p.g.a. alder)* retire; **~lse** *s* resignation; retirement.
fravær *s* absence; **~ende** *adj* absent; *(langt væk i tankerne)* absent-minded.
fred *s* peace; *~ og ro* peace and quiet; *lade en være i ~* leave sby alone; *slutte ~* make peace.
fredag *s* Friday; *i ~s* last Friday; *om ~en* on Fridays; *på ~* on Friday, next Friday.
frede *v* protect, preserve.
fredelig *adj* peaceful.
fredet *adj* protected, preser-

ved; ~ *område* conservation area.

fredløs *adj* outlawed; *en* ~ an outlaw; **~hed** *s* outlawry.

fredning *s* preservation, conservation; **~snævnet** *s* the Conservation Board; **~stid** *s* *(for dyr)* close season.

freds... *sms:* **~aktivist** *s* peace activist; **~bevarende** *adj* peace-keeping *(fx styrker* forces); **~bevægelse** *s* peace movement.

fredsommelig *adj* peaceable; **~hed** *s: i al ~hed* peacefully.

freds... *sms:* **~prisen** *s* the Nobel Peace Prize; **~slutning** *s* peace agreement; **~styrker** *spl (FN)* peace-keeping forces; **~tid** *s: i ~tid* in times of peace.

fregat *s* frigate.

fregne *s* freckle; **~t** *adj* freckled.

frekvens *s* frequency.

frekventere *v* frequent.

frelse *s (redning)* rescue; *(åndelig ~)* salvation // *v* save, rescue; **F~ns Hær** *s* the Salvation Army; **~r** *s* saviour; **frelst** *adj* saved, rescued; *(neds)* self-righteous.

frem *adv (videre)* on; *(ud, til syne)* out; *(fremad)* forward(s); *træde ~* step forward; *gå længere ~* walk further on; *komme ~ fra mørket* come out of the dark; *tage ngt ~* take sth out, produce sth; *trave ~ og tilbage* walk up and down, walk to and fro.

fremad *adv* forward(s); *(videre)* on; *(ud i fremtiden)* ahead; **~stræbende** *adj* up-and-coming.

frembringe *v* produce; **~lse** *s* production; *(det der er frembragt)* product.

fremdatere *v* postdate.

fremfor *præp* before, rather than; ~ *alt* above all.

fremgang *s* progress; *(held)* success; **~småde** *s* procedure; *(metode)* method.

fremgå *v* appear; *heraf ~r at...* from this it appears that...

fremherskende *adj* prevailing.

fremhæve *v* accentuate; *(lægge vægt på, understrege)* emphasize.

fremkalde *v* cause, evoke; *(føre til)* bring about; *(foto)* develop; *(med)* induce; **~lse** *s (foto)* development; *(teat)* curtain call; **~r** *s (foto)* developer.

fremkommelig *adj (om vej)* passable, practicable.

fremleje *v* sublet.

fremlægge *v* present; *(til bedømmelse)* submit.

fremme *s* advancement // *v* promote, further; *(bringe videre frem)* advance, forward // *adv (foran)* in front; *(kommet frem, til at se)* out; *(i medierne etc)* in the news; *lade ngt ligge ~* leave sth lying about; *være langt ~ med ngt* be far ahead with sth.

fremmed *s (ukendt person)* stranger; *(udlænding)* foreigner; *(gæst)* visitor // *adj (ukendt)* strange; *(fra udlandet)* foreign; *føle sig ~* feel a stranger; *være ~ for ngt* be a stranger to sth; ~ *valuta* foreign currency; **~arbejder** *s* immigrant worker; **~gøre** *v* alienate; **~gørelse** *s* alienation; **~legeme** *s* foreign body; **~ord** *s* foreign word; **~politiet** *s* the aliens branch (of the police).

fremmelig *adj (om barn)* precocious.

fremover *adv* ahead; *(for*

fremtiden) in the future.
fremragende *adj* outstanding.
fremsende *v* forward; *vedlagt ~s...* enclosed you will find...
fremskridt *s* progress; *et ~* a step forward; **~svenlig** *adj (også pol)* progressionist.
fremskynde *v* speed up, hasten; **~lse** *s* speeding up, hastening.
fremspring *s* projection.
fremstille *v (lave)* make, produce, manufacture; *(fortælle om)* describe; *(afbilde, gengive)* represent; **fremstilling** *s* production, manufacture; representation; *(beretning)* account.
fremsætte *v* put forward; *(foreslå)* propose; *~ et lovforslag* introduce a bill.
fremtid *s* future; *for ~en* in future; *en gang i ~en* some time in the future; **~ig** *adj* future; **~sudsigter** *spl* prospects.
fremtrædende *adj* prominent.
fremtvinge *v* force.
fremvise *v* show; **~r** *s (til dias)* slide projector; *(til film)* film projector; **fremvisning** *s* showing, presentation.
fri *v (bejle)* propose *(til* to) // *adj* free; *holde ~* take time off; *slippe ~ fra ngt* escape sth; *jeg vil helst være ~* I would rather not; *må vi så være ~!* now, that's enough! *være ~ for ngt* be free from sth; *blive ~ for at gøre ngt* be excused from doing sth; *ude i det ~* in the open air; **~billet** *s* free ticket; **~dag** *s* day off, holiday.
frier *s* suitor; **~i** *s* proposal.
frifinde *v* acquit; **~lse** *s* acquittal.
frigive *v* release, set free; *(gøre tilladt)* legalize; **~lse** *s* release; legalization.
frigjort *adj* emancipated; **~hed** *s* emancipation.
frihed *s* freedom, liberty; *tage sig den ~ at...* take the liberty to...; **~sberøvelse** *s (jur)* imprisonment; **~sbevægelse** *s* liberation movement; **~skamp** *s* struggle for liberty; *(modstandskamp)* resistance; **~skæmper** *s* freedom-fighter; *(i modstandskamp)* resistance fighter.
frihjul *s: køre på ~* coast, freewheel.
frikadelle *s* meat cake, rissole; *(om person)* ham.
frikassé *s* stew.
frikende *v* acquit *(for* of); **~lse** *s* acquittal.
frikort *s (billet)* free pass; *(skattekort)* card showing how much you may earn without paying tax.
frikvarter *s* interval, break.
frilandsmuseum *s* open-air museum.
frilufts... *sms:* **~forestilling** *s* open-air performance; **~liv** *s* outdoor life; **~menneske** *s* nature lover; **~teater** *s* open-air theatre.
friløb *s (på skøjter)* free skating.
frimurer *s* freemason.
frimærke *s* stamp; **~automat** *s* stamp machine; **~hæfte** *s* book of stamps; **~samling** *s* stamp collection.
friplads *s (i skole etc)* free place.
frisere *v* comb; *~ sig* comb *(el.* do) one's hair.
frisindet *adj* broad-minded.
frisk *adj* fresh; *(rask)* well; *(livlig)* lively; *begynde på en ~* start afresh; **~bagt** *adj* freshly baked; **~e** *v* freshen; *~e op (forfriske)* refresh; *(pynte på, om vind: blæse*

stærkere) freshen up; *~e sit engelsk op* brush up one's English; **~lavet** *adj* freshly made.

friskole *s* free school, private school.

frispark *s* free kick; *lave ~ mod en* foul sby.

frist *s (tidsrum)* period; *(tidspunkt hvor ngt skal ske)* deadline; *sidste ~* final date; *få en ~ til på mandag* get until Monday.

fristad *s* freetown.

friste *v* tempt; **~lse** *s* temptation; **~nde** *adj* tempting.

frisure *en* hairdo, hairstyle; **frisør** *s* hairdresser.

fritid *s* leisure time, spare time; **~sbeskæftigelse** *s* hobby; **~scenter** *s* leisure centre; **~shjem** *s* after-school centre; **~shus** *s* holiday house.

friturestege *v* deep-fry.

frivillig *s* volunteer // *adj* voluntary; *melde sig som ~ til ngt* volunteer for sth.

frodig *adj (om jord)* fertile; *(om kvinde)* buxom; **~hed** *s* fertility.

frokost *s* lunch; *spise ~* have lunch; *han er gået til ~* he is at lunch; *gå ud og spise ~* lunch out; **~pause** *s* lunch break.

from *adj* pious; *(blid)* gentle; *~ som et lam* meek as a lamb.

fromage *s sv.t.* cold soufflé.

fromhed *s* piety.

front *s* front.

frontal *adj* frontal; *~t sammenstød* head-on collision.

frossen *adj* frozen.

frost *s* frost; *få ~ i tæerne* get frost-bitten toes; **~boks** *s* freezer; **~vejr** *s* frosty weather; **~væske** *s (auto)* antifreeze.

frotté *s* towelling; **~håndklæde** *s* towel; **frottere** *v* rub.

frue *s (i huset)* mistress; *(hustru)* wife; *fru Hansen* Mrs. Hansen; *javel, ~!* yes, madam! *hr. Henning Poulsen og ~* Mr. and Mrs. Henning Poulsen.

frugt *s* fruit; **~avl** *s* fruit-growing; **~bar** *adj* fertile; **~barhed** *s* fertility; **~farve** *s* food colouring; **~grød** *s sv.t.* stewed fruit; **~have** *s* orchard; **~saft** *s* fruit juice; **~salat** *s* fruit salad; **~træ** *s* fruit tree.

frustreret *adj* frustrated.

fryd *s* joy; delight; **~e** *v* delight; *~e sig over ngt (dvs. glæde sig)* enjoy sth; *(dvs. hovere)* gloat over sth.

frygt *s* fear; *af ~ for* for fear of; *af ~ for at* for fear that; **~e** *v* fear, be afraid of, dread; *~e for ngt* fear *(el.* dread) sth; *~e for at* fear that; **~elig** *adj* terrible, dreadful // *adv* terribly, dreadfully; **~indgydende** *adj* terrifying; **~løs** *adj* fearless; **~som** *adj* timid.

frynse *s* fringe; **~gode** *s* fringe benefit.

fryse *v (om person)* be cold; *(nedfryse etc)* freeze; *det ~r* it is freezing; *det ~r ti grader* it is ten degrees below zero; *~ ihjel* freeze to death; *~ om fingrene* have cold fingers; **~boks** *s* freezer; **~punkt** *s* freezing point; **~r** *s* freezer; **~tørre** *v* freeze-dry.

fræk *adj* impudent, cheeky; *(dristig)* daring; *(uartig)* naughty; **~hed** *s* impudence, cheek; daring; naughtiness.

fræse *v* mill; *~ af sted* belt along; **~r** *s* milling machine.

frø *s (zo)* frog; *(bot)* seed.

frøken *s* young lady, miss; *~ Jensen* Miss Jensen.

frømand *s* frogman; **~sdragt** *s* frogman suit.

fråde *s* froth, foam // *v* foam; **~nde** *adj* foaming.
frådse *v* gorge; *~ i ngt* gorge oneself with sth; **~ri** *s* gluttony; *(ødslen)* waste *(med* of).
fugl *s* bird; *det er hverken ~ el. fisk* it is neither here nor there; **~ebur** *s* bird-cage; **~erede** *s* bird's nest; **~eskræmsel** *s* scarecrow; **~eunge** *s* young bird.
fugt *s* moisture; *(i fx hus, uønsket)* damp; **~e** *v* moisten, damp; **~er** *s* moistener; **~ig** *adj* moist, damp; **~ighed** *s* humidity; dampness; **~ighedscreme** *s* moisturizer; **~ighedsmåler** *s* hygrometer.
fuld *adj* full; *(om bus etc også:)* crowded, packed; *(beruset)* drunk; *blive ~* get drunk; *~ af...* full of...; *køre for ~ kraft* go at full steam; *køre i ~ fart* go at full tilt; *~e navn* full name; *arbejde på ~ tid* work full time; *(se også fuldt).*
fuldautomatisk *adj* fully automatic.
fuldblods- *adj* thoroughbred.
fuldbyrde *v* accomplish; *(voldtægt etc)* consummate; **~lse** *s* accomplishment; consummation.
fuldende *v* complete, finish; **~lse** *s* completion; **fuldendt** *adj (hel)* complete; *(perfekt)* perfect; **fuldendthed** *s* perfection.
fuldkommen *adj* perfect // *adv* perfectly, quite.
fuldkornsbrød *s* coarse wholemeal bread; **fuldkornsmel** *s* coarse wholemeal.
fuldmagt *s (skriftlig)* written authority; *(til at stemme for en anden)* proxy; *(jur)* power of attorney.
fuldmægtig *s sv.t.* head clerk; *(i ministerium)* principal.
fuldmåne *s* full moon.
fuldskab *s* drunkenness.
fuldskæg *s* (full) beard.
fuldstændig *adj* complete; *(perfekt)* perfect.
fuldt *adv* completely, fully; *tro ~ og fast på ngt* believe firmly in sth; *have ~ op at gøre* have plenty to do; *gøre ngt ~ ud* do sth to the full.
fuldtallig *adj* complete.
fuldtids- full-time.
fuldtræffer *s* direct hit.
fumle *v* fumble, fiddle *(med* with); **fummelfingret** *adj* fumble-fisted.
fund *s* find; *(billigt køb)* bargain.
fundament *s* foundation, base; *(fig)* basis; **~al** *adj* fundamental, basic.
fundere *v (spekulere)* ponder *(over* on).
fungere *v (handle)* act; *(virke)* work; *(om person)* function; **~nde** *adj* acting.
funktion *s* function; *(om maskine)* functioning; *i ~* working; **~sdygtig** *adj* in working order; **~sfejl** *s* malfunction; **~ær** *s (på kontor)* office worker; *(i det offentlige)* official.
fup *s* cheat, trickery; **~mager** *s* cheat; **~nummer** *s* trick; **~pe** *v* cheat, swindle.
fure *s (fx plov~)* furrow; *(rille)* groove; *(i ansigtet)* line.
fuser *s* damp squib.
fusion *s* merger; **~ere** *v* merge.
fuske *v (kludre)* bungle; *~ med ngt* dabble in sth; **~ri** *s (kludder)* bungling; *(snyd)* cheating.
fut *s (liv)* go, pep; *sætte ~ i ngt* jazz up sth; **~te** *v: ~te ngt af* burn sth.
fx *d.s.s. f.eks.*
fy *interj: ~ for pokker!* ugh! *~ skam dig!* you ought to be

ashamed of yourself!
fyge *v* drift, fly.
fyld *s* filling; *(i fx kylling, i møbler)* stuffing; **~e** *v* fill; *(tage plads op)* take up room; *(om fjerkræ etc)* stuff; *han ~er 20 i morgen* he will be 20 tomorrow; *~e tanken op (auto)* fill up the tank; *~e på* pour.
fyldepen *s* fountain pen.
fylderi *s (druk)* boozing.
fyldest *s: gøre ~* be satisfactory; *ske ~* be done; **~gørende** *adj* adequate.
fyldig *adj* plump; *(fig, omfangsrig)* copious; **~hed** *s* plumpness; copiousness.
fyldt *adj* full *(med* of), filled *(med* with).
Fyn *s* Funen; **f~bo** *s* native of Funen.
fyndig *adj* terse.
fynsk *adj* from Funen.
fyr *s (mar)* light; *(~tårn)* lighthouse; *(varme~)* furnace; *(person)* chap, bloke; *(bot)* pine; **~aften** *s* closing time; **~bøder** *s* stoker.
fyre *v (afskedige)* sack; *(tænde ild)* fire; *(have ild i kakkelovnen el. pejsen)* have a fire; *(have tændt for varmeapparatet)* have the heating on; *~ en kanon af* fire a gun; *~ vittigheder af* crack jokes; *~ op* make a fire; **~seddel** *s* notice of dismissal.
fyrig *adj* fiery, ardent; **~hed** *s* fire, ardour.
fyring *s (afskedigelse)* sacking; *(optænding)* firing; *(opvarmning)* heating.
fyrkedel *s* boiler.
fyrre *num* forty; *han er født i ~rne* he was born in the forties; *han er i ~rne* he is in his forties.
fyrre. . . *sms:* **~skov** *s* pine forest; **~træ** *s* pine (tree); *(materialet)* pine(wood); **~træsmøbler** *spl* deal *(el.* pine) furniture.
fyrretyvende *adj* fortieth.
fyrskib *s* lightship.
fyrste *s* prince; **~lig** *adj* princely; **~ndømme** *s* principality; **fyrstinde** *s* princess.
fyrtårn *s* lighthouse; **fyrværkeri** *s* fireworks.
fyråb *s* booing.
fysik *s* physics; *(kropsbygning etc)* physique; **~er** *s* physicist.
fysiolog *s* physiologist; **~i** *s* physiology; **~isk** *adj* physiological.
fysioterapeut *s* physiotherapist; **fysioterapi** *s* physiotherapy.
fysisk *adj* physical.
fæ *s* fool, ass.
fædreland *s* native country; **~ssang** *s* patriotic song.
fædrene *adj: på ~ side* on the father's side.
fægte *v (kæmpe)* fight; *(sport)* fence; *~ med armene* gesticulate; **fægtning** *s (sport)* fencing.
fæl *s* nasty.
fælde *s* trap; *gå i ~n* fall into the trap; *sætte en ~ for en* set a trap for sby // *v (træ etc)* cut down, fell; *(tabe hår)* shed; *(tabe fjer)* moult; *~ en dom over en* pass sentence on sby; *~ en tåre* shed a tear; **~nde** *adj (fx bevis)* damning.
fælg *s (i hjul)* rim.
fælles *adj* common *(for* to), joint; *(ngt man deler)* shared; *have ngt til ~* have sth in common; *være ~ om ngt* share sth; *~ anstrengelser* joint effort; *ved ~ hjælp* between us (, them, you); *vores ~ ven* our mutual friend.
fællesantenne *s* block aerial.
fælleseje *s* joint property.
fællesmarked *s: ~et* the Com-

mon Market; **~s-** Common Market, Community.
fællesskab *s* community; *gøre ngt i* ~ do sth together.
fællesskole *s* coeducational school.
fællestillidsmand *s* senior shop steward.
fænge *v* kindle, catch fire.
fængsel *s* prison, gaol; *(~sstraf)* imprisonment; **~sbetjent** *s* warder; **~sstraf** *s* imprisonment.
fængsle *v* imprison, put in prison; *(fig, gribe, betage)* fascinate; **~nde** *adj* fascinating; **fængsling** *s* imprisonment.
fænomen *s* phenomenon; **~al** *adj* phenomenal.
færd *s: fra første* ~ right from the beginning; *være i ~ med at gøre ngt* be doing sth; *hvad er der på ~e?* what is going on? *der er fare på ~e* there is danger brewing.
færdes *v* move about; *(gå)* walk; *(i køretøj)* go; *~ blandt de rige* mix with the rich.
færdig *adj* finished, done; *(parat)* ready; *gøre sig* ~ get ready; *er du snart ~?* when will you be finished? *fiks og* ~ cut-and-dried; **~gørelse** *s* finishing; **~hed** *s* skill, accomplishment; **~pakket** *adj* prepacked; **~syet** *adj* ready-made, off-the-peg; **~varer** *spl* manufactured goods.
færdsel *s* traffic; **~sloven** *s* the Road Traffic Act; **~spoliti** *s* traffic police; **~sregler** *spl* traffic regulations; **~ssikkerhed** *s* road safety; **~sskilt** *s* traffic sign; **~suheld** *s* road accident; **~såre** *s (i by)* thoroughfare; *(på landet)* arterial road.
færge *s/v* ferry; **~fart** *s* ferry service; **~leje** *s* ferry berth.
færing *s* Faroese.
færre *adj* fewer; **~st** *adj* fewest; *de ~ste ved at...* few people know that...
Færøerne *spl* the Faroe Islands; **færøsk** *adj* Faroese.
fæste *v* fasten, secure, fix; *~ sig ved ngt* notice sth.
fæstning *s* fortress.
fætter *s* cousin; *være ~ og kusine* be cousins.
føde *s* food; *(næring)* nourishment; *tage ~ til sig* take nourishment, eat; *tjene til ~n* earn one's living // *v (få barn/unge)* give birth (to); *(forsørge, ernære)* support; *hun har født tre gange* she has had three children; *hun er født i 1950* she was born in 1950; *fru Jensen født Hansen* Mrs. Jensen née Hansen; **~afdeling** *s* maternity ward; **~by** *s* native town; **~klinik** *s* maternity clinic; **~kæde** *s* food-chain; **~sted** *s* birthplace; **~varer** *spl* foodstuffs.
fødsel *s* birth, childbirth; *(nedkomst)* delivery; *hun er engelsk af* ~ she is English by birth; **~sattest** *s* birth certificate; **~sdag** *s* birthday; **~sdagsgave** *s* birthday present; *give en ngt i ~sdagsgave* give sby sth for his/her birthday; **~sforberedelse** *s* antenatal exercises *pl;* **~skontrol** *s* birth control; **~slæge** *s* obstetrician; **~stal** *s* birthrate; **~sveer** *spl* labour pains; **~sår** *s* year of birth.
føje *v: ~ en* give in to sby; *~ ngt sammen* join sth; *have ngt at ~ til* have sth to add; **~lig** *adj* compliant; *(eftergivende)* indulgent; **~lighed** *s* compliance; indulgence.
føjte *v* roam around; *være ude at* ~ be out gallivanting.
føl *s* foal.

føle *v* feel; *jeg ~r med dig!* I feel for you! *~ på ngt* feel sth; *~ sig for* feel one's way; *~ sig glad* feel happy; **~horn** *s* antenna; **~lse** *s* feeling; **~lsesbetonet** *adj* emotional; **~lsesløs** *adj* numb; **~r** *s: sende en ~r ud* put out a feeler; **~sans** *s* sense of touch.

følge *s (ledsagelse)* escort; *(rækkefølge)* succession; *(resultat)* consequence; *have til ~* result in; *som ~ af* as a result of // *v* follow; *(ledsage)* accompany, escort; *~ et råd* take a piece of advice; *~s ad* go together; *~ en hjem* see sby home; *~ med tiden* keep up with the times; *~ en ud* see sby out; *~ en til toget* see sby to the station.

følgende *adj* following; *han skrev ~* he wrote as follows.

følgeseddel *s* delivery note; **følgeskrivelse** *s* covering letter.

føljeton *s* serial story.

følsom *adj* sensitive; **~hed** *s* sensitivity.

før *adv/præp/konj* before; *(tidligere)* earlier on; *(snarere, hurtigere, hellere)* sooner; *ikke ~ (dvs. først når)* not until; *(dvs. tidligst)* not before; *har du set ham ~?* have you seen him before? *nej, ikke ~ nu* no, not until now; *~ el. senere* sooner or later; *jo ~ jo bedre* the sooner the better; *næppe var vi kommet ~...* no sooner had we arrived when...

føre *s: det er fint ~ (om veje)* the roads are fine; *(om sne)* the snow is fine; *det er dårligt ~* the roads are in a bad state; *(om sne)* the snow is bad // *v (lede, ~ an)* lead, guide; *(transportere)* carry, take; *(være i gang med, fx forhandlinger)* carry on; *(køre bil)* drive; *vejen ~r til stranden* the road leads to the beach; *~ en samtale* carry on a conversation; *~ bil* drive a car; *~ an* lead; *~ med fem meter* lead by five metres; *~ til* result in, lead to; **~greb** *s* armlock; *tage ~greb på en* frogmarch sby.

fører *s (anfører)* leader; *(turist~)* guide; *(chauffør)* driver; **~bevis** *s* driving licence; **~hus** *s* (driver's) cab; **~sæde** *s* driver's seat.

føring *s* lead; *have ~en* be in the lead; *tage ~en* take the lead.

førnævnt *adj* above-mentioned.

først *adj* first; *for det ~e* in the first place // *adv (i begyndelsen)* at first; *(ikke før)* not until; *komme ~* be first, come first; *~ sagde hun ja* at first she said yes; *jeg så det ~ i går* I did not see it until yesterday; *~ og fremmest* first of all; *han er ~ i trediverne* he is in his early thirties; *~ lige* only just; *~ nu* not until now; *~ på måneden* in the beginning of the month.

første... *sms:* **~født** *adj* firstborn; **~hjælp** *s* first aid; **~hjælpskasse** *s* first-aid box; **~klasses** *adj* first-class; **~præmie** *s* first prize; **~rangs-** *adj* first-rate; **~styrmand** *s* first mate.

førstkommende *adj* next.

førstnævnte *adj* the first mentioned; *(af to)* the former.

førtidspension *s* early retirement.

få *v (modtage)* get, receive, have; *(opnå)* obtain; *(mad el. drikke)* have; *~ et brev* get *(el.* receive) a letter; ~ *en prop (fig)* have a fit; *du ~r pladen i morgen* you will get the record tomorrow; ~ *vin til maden* have wine with one's meal; ~ *bilen ordnet* have the car seen to; *få ngt gjort (dvs. af andre)* have sth done; *(dvs. gøre det selv)* get sth done; ~ *det overstået* get it over with; ~ *fat i ngt* get hold of sth; *jeg fik ikke fat i navnet* I did not get the name; ~ *en til at gøre ngt* make sby do sth; *(ved overtalelse)* get sby to do sth; *hun kunne ikke ~ sig til at gøre det* she could not bring herself to do it; *fik du ngt ud af det?* did it get you anywhere?

få *adj* few; *(efter* in, only, not, no more than:) a few; *om ~ timer* in a few hours; *ikke så ~* quite a few; *nogle ~* a few; *vi har kun ~ penge* we only have a little money.

fåmælt *adj* taciturn.

får *s* sheep; **~ehyrde** *s* shepherd; **~ekød** *s* mutton; **~esyge** *s* mumps; **~et** *adj* sheepish.

fåtal *s: et ~* a minority.

G

gab *s* mouth; *(afgrund etc)* chasm; *døren stod på vid ~* the door was wide open; **~e** *v (åbne munden)* open one's mouth; *(være søvnig)* yawn; *(stå åben)* be wide open.

gade *s* street, road; *gå hen (el. ned) ad ~n* go down the street; *gå over ~en* cross the street; *på ~en* in the street; *blive sat på ~n* be turned out; **~dør** *s* front door; **~dørsnøgle** *s* latchkey; **~handler** *s* street vendor; **~kryds** *s: et ~kryds* a crossroads; *(om hund)* a mongrel, a crossbreed; **~lygte** *s* streetlamp; **~teater** *s* street theatre; **~uorden** *s* breach of the peace.

gaffel *s* fork; **~bidder** *spl* fillets of pickled herring; **~formet** *adj* forked; **~truck** *s* fork-lift truck.

gage *s* pay, salary; **~forhøjelse** *s* increment.

gal *adj (vred)* angry; *(meget vred)* mad; *(forkert)* wrong; *(tosset)* crazy, mad; *blive ~* get angry; *(blive sindssyg)* go mad; *det er for ~t!* that's too much! *det er alt for ~t (dvs. venligt)* you are too kind! *fare rundt som en ~* rush about like mad; *få ngt i den ~e hals* get sth down the wrong way; *komme på ~e veje* go wrong; *(se også galt).*

galant *adj* courteous.

galde *s (hos mennesker)* bile; *(hos dyr og fig)* gall; **~blære** *s* gall-bladder; **~sten** *s* gallstone.

gale *v (om hane)* crow; ~ *op (om person)* shout.

galge *s* gallows; **~nhumor** *s* grim humour.

gallaforestilling *s* gala performance.

galleri *s* gallery.

gallupundersøgelse *s* ® Gallup poll.

galoche *s* galosh.

galop *s* gallop; *i ~* at a gallop; **~bane** *s* racecourse; **~ere** *v* gallop; **~løb** *s* horserace.

galskab *s (sindssyge)* madness; *(raseri)* rage; *det er den rene ~* it is sheer madness.

galt *adv* wrong(ly); *det gik ~* it went wrong; *der er ngt ~* there is sth wrong; *det var nær gået ~* it was a near thing; *komme ~ af sted* get into trouble; *(dvs. komme til* *skade)* get hurt; *køre* ~ have an accident.

gamacher *spl* leggings.

gammel *adj* old; *(antik)* ancient; *(forhenværende)* former, old; *(brugt)* secondhand; *han er blevet* ~ he has grown old; *han er 80 år* ~ he is 80 years old; *i gamle dage* in the old days; *de er lige gamle* they are the same age; *davs, du gamle!* hello, old boy! **~dags** *adj* old-fashioned; *(som ikke længere bruges)* obsolete; **~jomfru** *s* old maid, spinster; **~kendt** *adj* familiar; **~klog** *adj* precocious.

gane *s* palate; **~spalte** *s (med)* a cleft palate.

gang *s (det at gå)* walk(ing); *(gangart)* gait; *(forløb)* course; *(om maskine etc)* running; *(om tidspunkt)* time; *(entré)* hall; *(have~)* path; *(passage, korridor)* passage; *en* ~ *(i fortiden)* once; *(i fremtiden)* some day; *lad gå for denne* ~ let it pass for now; *tiden går sin* ~ time passes on; *en* ~ *imellem* once in a while, sometimes; *hver* ~ *vi ses* every time we meet; *fire ~e fem er tyve* four times five makes twenty; *gøre ngt to ~e* do sth twice; *for en ~s skyld* for once; *gå i* ~ *med arbejdet* set to work; *motoren er i* ~ the engine is running; *en ad ~en* one at a time; *lidt ad ~en* little by little; *på en* ~ at once; ~ *på* ~ time after time.

gange *v* multiply *(med* by); **~tegn** *s* multiplication sign.

gangsti *s* footpath.

ganske *adv (fuldstændig)* absolutely, very; *(temmelig)* quite; *hun har det* ~ *godt* she is feeling quite well; *det var* ~ *forfærdeligt* it was absolutely awful; ~ *vist* certainly; ~ *vist . . . men* of course . . . but.

garage *s* garage.

garantere *v* guarantee; *(indestå for)* vouch for; *jeg ~r dig for at. . .* I promise you that. . .; **garanti** *s* guarantee; *(for lån)* security; **garantibevis** *s* guarantee slip.

garde *s* guard; **~r** *s* guardsman; **~re** *v* guard *(sig mod* against).

garderobe *s* wardrobe; *(i restaurant etc)* cloakroom; **~skab** *s* wardrobe.

gardin *s* curtain; *(rulle~)* blind; **~kappe** *s* pelmet; **~stang** *s* curtain rail.

garn *s (strikke~)* yarn; *(sy~)* thread; *(uld~)* wool; *(bomulds~)* cotton; *(fiskenet)* net.

garnering *s (flæse etc)* trimming; *(gastr)* garnish.

garnison *s* garrison.

garniture *s* set; *(gastr, om tilbehør)* garnish.

garnnøgle *s* ball of yarn (, wool, cotton).

gartner *s* gardener; *(på planteskole)* nurseryman; **~i** *s (handelsgartneri)* market garden; *(planteskole)* nursery.

garvesyre *s* tannic acid.

garvet *adj (om skind)* tanned; *(fig, om person)* hardened.

gas *s (også fig)* gas; *give den* ~ (F) put one's foot down; *tage* ~ *på en* (F) have sby on; **~apparat** *s* gas ring; **~beholder** *s (til camping etc)* gas cylinder; **~forgiftning** *s* gas poisoning; **~hane** *s* gas tap; **~komfur** *s* gas cooker; **~ledning** *s* gas pipe; **~maske** *s* gas mask; **~måler** *s* gas meter; **~-og vandmester** *s* plumber; **~ovn** *s* gas oven; **~pedal** *s*

(auto) accelerator (pedal); **~vandvarmer** *s* gas water heater; **~værk** *s: et ~værk* a gasworks.
gave *s* present, gift; **~kort** *s* gift voucher.
gavl *s* gable.
gavmild *adj* generous; **~hed** *s* generosity.
gavn *s (nytte)* use, good; *(fordel)* benefit; *have ~ af ngt* benefit from sth; *gøre ~* be useful; *være til ~ for* be of benefit to; **~e** *v* be of use, be useful; benefit; *hvad skal det ~e?* what is the good of that? **~lig** *adj* useful; beneficial.
gaze *s* gauze; **~bind** *s* gauze bandage.
gear *s* gear; *første (, andet, trejde, fjerde) ~* bottom (, low, third, top) gear; *skifte ~* change gear; **~e** *v: ~e op* change up; *~e ned* change down; **~et** *adj: højt ~et* highly strung; **~kasse** *s* gear box; **~stang** *s* gear lever.
gebis *s* denture, false teeth.
gebrokken *s: tale ~t dansk* speak broken Danish.
gebyr *s* fee.
ged *s* goat.
gedde *s* pike.
gede. . . *sms:* **~hams** *s* hornet; **~kid** *s* kid; **~ost** *s* goat's milk cheese.
gehør *s* ear; *spille efter ~* play by ear; *absolut ~* absolute pitch.
gejstlig *adj* clerical; *en ~* a clergyman; *de ~e* the clergy; **~hed** *s* clergy.
gelé *s* jelly; *ål i ~* jellied eels.
geled *s* rank; *i række og ~* (drawn up) in ranks.
gelænder *s* railing; *(på trappe)* bannister.
gemal, gemalinde *s* consort.
gemen *adj* mean.
gemme *s* hiding place // *v* *(skjule)* hide; *(lægge til side)* put away; *(opbevare)* keep; *(ikke bruge)* save; *~ sig for en* hide from sby; **~sted** *s* hiding place.
gemyse *s (gastr)* vegetables *pl.*
gemyt *s (væsen)* disposition; *(temperament)* temper; **~lig** *adj* jovial.
gen *s (biol)* gene.
genbo *s* opposite neighbour.
genbrug *s* recycling, reuse; **~e** *v* recycle, reuse; **~sbutik** *s* second-hand shop; **~sflaske** *s* returnable bottle; **~spapir** *s* recycled paper; **~støj** *s* second-hand clothes.
gene *s* nuisance; *(forhindring)* impediment.
general *s* general; **~direktør** *s* director general; **~forsamling** *s* annual general meeting (a.g.m.).
generalieblad *s* police record.
generalisere *v* generalize.
general. . . *sms:* **~konsul** *s* consul general; **~prøve** *s* rehearsal; *(teat)* dress rehearsal; **~sekretær** *s* secretary general; **~stabskort** *s* Ordnance Survey map; **~strejke** *s* general strike.
generation *s* generation; **~skløft** *s* generation gap.
generator *s* generator.
genere *v* bother; *(irritere)* annoy; *(forstyrre)* disturb; *~ sig (dvs. være genert)* be shy *(over* about); *~ sig for at gøre ngt* be ashamed to do sth; *~r det hvis jeg ryger?* do you mind if I smoke?
generel *adj* general.
genert *adj* shy; *være ~ over ngt* be shy about sth.
genetisk *adj* genetic.
genforening *s* reunion.
genfortælle *v* retell.
genfærd *s* ghost.
genganger *s (ngt der kommer*

igen) repeat; *(spøgelse)* ghost.
gengive *v (give tilbage)* give back; *(reproducere)* reproduce; *(forestille)* picture, represent; *(referere)* report; *(gentage)* repeat; *~ ngt på engelsk* render sth in English; **~lse** *s* reproduction; representation; report; repetition.
gengæld *s* return; *gøre ~* get one's own back; *han er grim, men til ~ rar* he is ugly, but on the other hand he is nice; *jeg skal give dig ngt til ~* I'll give you sth in return; **~e** *v (gøre gengæld)* repay; *(hævne sig)* pay back; *(besvare, fx følelser)* return; *~e ondt med godt* return good for evil; **~else** *s (om hævn)* retaliation.
geni *s* genius; **~al** *adj* brilliant; *(om opfindelse etc)* ingenious; *en ~al idé (også:)* a stroke of genius.
genindføre *v* reintroduce.
genitiv *s (gram)* the genitive.
genkende *v* recognize; **~lse** *s* recognition.
genlyd *s: give ~* d.s.s. **~e** *v* echo; *(runge etc)* resound *(af* with).
genne *v* chase.
gennem d.s.s. *igennem.*
gennemblødt *adj* soaked, wet through.
gennembrud *s* breakthrough; **gennembryde** *v* break through.
gennemføre *v* carry through; **gennemført** *adj* thorough.
gennemgang *s (af fx pensum)* going through; *(kontrol)* going over; *(vej etc)* passage.
gennemgribende *adj* thorough.
gennemgå *v (gennemleve)* go through, undergo; *(kontrollere)* go over, check; *~ en operation* undergo surgery; **~ende** *adj (almindeligvis)* generally; *(om tog)* through.
gennemkørsel *s (vej, passage)* passage, thoroughfare; '*~ forbudt*' 'No thoroughfare'.
gennemsigtig *adj* transparent.
gennemslag *s (ved maskinskrivning)* carbon copy.
gennemsnit *s* average; *i ~* on average; **~lig** *adj* average // *adv* on average.
gennemstegt *adj* well done.
gennemsyret *adj: ~ af* permeated with.
gennemsøge *v* search.
gennemtræk *s* draught; *(på arbejdsplads om ansatte)* quick turnover.
gennemtrænge *v* pierce, penetrate; **~nde** *adj* piercing.
genopbygge *v* rebuild; **genopbygning** *s* reconstruction.
genoplive *v* revive, resuscitate; **genoplivning** *s* revival; *(af fx druknet)* resuscitation.
genoprette *v* re-establish.
genoprustning *s* rearmament.
genopstå *v* rise again; *~ fra de døde* rise from the dead.
genoptryk *s* reprint.
genoptræne *v* rehabilitate; **genoptræning** *s* rehabilitation.
genpart *s (kopi)* copy.
gense *v* see again.
gensidig *adj* mutual.
gensplejsning *s* genetic engineering.
genstand *s (ting)* object, thing; *(anledning, emne)* subject; *(mål)* object *(for* of); *(drink)* drink; *gøre ngt til ~ for diskussion* make sth a subject for discussion; *være ~ for beundring* be admired; *være ~ for misundelse* be envied; **~sled** *s (gram)* object.
genstridig *adj* obstinate.
gensyn *s* reunion, meeting *(el.*

seeing) again; *på ~!* see you (later)! *~ med barndomshjemmet* return to one's childhood home.

gentage *v* repeat; *~ sig* be repeated, happen again; *det gentog sig flere gange* it happened several times; **~lse** *s* repetition.

genudsendelse *s (radio, tv)* repeat.

genvalg *s* re-election.

genvej *s* short cut; *skyde ~* take a short cut.

genvinde *v* regain; *(om jord, land)* reclaim.

genvordigheder *spl* troubles.

genvælge *v* re-elect.

genåbne *v* reopen.

geodætisk *adj* geodesic.

geograf *s* geographer; **~i** *s* geography; **~isk** *adj* geographic(al).

geolog *s* geologist; **~i** *s* geology; **~isk** *adj* geologic(al).

geometri *s* geometry; **~sk** *adj* geometric(al).

germansk *adj* Germanic.

gerne *adv (som regel)* usually, generally; *(med glæde)* willingly; *vi sover ~ længe om søndagen* we usually have a long lie on Sundays; *jeg ville ~ gøre det, hvis...* I should like to do it, if...; *jeg vil ~ have tre bananer (i forretning)* three bananas, please; *det vil jeg meget ~!* I should love to! *du må ~ være med* you may join us, if you like; *ja, så ~!* certainly! yes, sir! yes, madam!

gerning *s (handling)* action, act; *(virksomhed)* work; *blive grebet på fersk ~* be caught red-handed; **~smanden** *s* the culprit; **~sstedet** *s* the scene of the crime.

gerrig *adj (nærig)* stingy; *(havesyg)* avaricious; **~hed** *s* stinginess; avarice.

gesandt *s* envoy; **~skab** *s* legation.

gesims *s* cornice.

geskæftig *adj* officious; *en ~ person (også:)* a busybody.

gestikulere *v* gesticulate; **gestus** *s* gesture.

gevaldig *adj* enormous.

gevind *s (på skrue)* thread; *gå over ~* get out of control.

gevinst *s (udbytte)* profit; *(i lotteri)* prize; *(i spil)* winnings *pl.*

gevir *s* antlers *pl.*

gevær *s* rifle, shotgun; *præsentere ~* present arms.

gib *s: det gav et ~ i mig* I started, I jumped.

gid *adv* I wish, if only; *~ han ville komme* if only *(el.* I wish) he would come.

gide *v* take the trouble to, be bothered to; *(have lyst til)* feel like, like to; *han ~r ikke gå i skole* he can't be bothered to go to school; *det gad jeg nok se!* I should like to see that! *jeg gad vide om...* I wonder if...

gidsel *s* hostage; *tage en som ~* take sby hostage; **~tager** *s* hostage-taker.

gift *s* poison // *adj* married; *give en ~* poison sby; *blive ~* get married; *være dansk ~* be married to a Dane; **~e** *v: ~e sig* marry, get married; *vi skal ~es i morgen* we are getting married tomorrow; **~ermål** *s* marriage; **~fri** *adj* non-poisonous; **~gas** *s* poison gas; **~ig** *adj* poisonous; *(fig, om fx bemærkning)* venomous; *(om kemikalier, kemisk affald etc)* toxic; **~mord** *s* poisoning; **~slange** *s* poisonous snake; **~stof** *s* poison.

gigantisk *adj* gigantic.

gigt *s* rheumatism; *(lede~)*

arthritis; ~**feber** *s* rheumatic fever.

gilde *s* party; *(orgie)* orgy; *holde ~* throw *(el.* hold) a party; *han betalte ~t* it was on him.

gine *s* (dressmaker's) dummy.

gips *s* plaster; ~**bandage** *s* plaster cast; ~**e** *v* plaster; ~**figur** *s* plaster figure.

giraf *s* giraffe.

giro *s* giro; ~**konto** *s* giro account; ~**kort** *s (til indbetaling)* giro inpayment form; *(til udbetaling)* giro cheque; ~**nummer** *s* giro number.

gisp *s* gasp; ~**e** *v* gasp, pant.

gitter *s* grille; *(til pynt, til planter etc)* lattice; ~**port** *s* wrought-iron gate.

give *v* give; *(yde, indbringe)* yield; *~ en hånden* shake hands with sby; *~ kort* deal cards; *~r du en smøg?* can you spare me a fag? *~ efter* yield, give (in); *~ ngt fra sig* give sth up; *ikke ~ en lyd fra sig* not utter a sound; *~ igen (dvs. penge)* give change; *(dvs. ~ tilbage)* return; *(dvs. hævne sig)* pay back; *~ op* give up; *~ penge ud på ngt* spend money on sth; *~ sig (dvs. give op)* give in; *(dvs. klage)* groan; *~ sig af med ngt* have to do with sth; *det ~r sig af sig selv* it goes without saying; *~ sig til at gøre ngt* start doing sth.

givet *adj: tage ngt for ~* take sth for granted; *det er ~* it is certain; *i ~ tilfælde* if occasion arises.

gjord *s (i møbler)* webbing.

glad *adj* glad, happy; *(munter)* cheerful; *(henrykt)* delighted; *være ~ for ngt* be glad about sth; be pleased with sth; *jeg er ~ for at se dig* I am glad to see you; *du kan sagtens være ~!* lucky you! *du ~e verden!* goodness me! *have en ~ aften* have an evening out.

glans *s (om ngt blankt)* gloss, shine; *(som stråler)* sparkle; *(pragt)* splendour; *bestå eksamen med ~* pass an exam with flying colours; *tage ~en af ngt* rub the shine off sth; ~**billede** *s* coloured scrap; ~**nummer** *s: det er mit ~nummer* it is my specialty; ~**papir** *s* glossy paper.

glarmester *s* glazier.

glas *s* glass; *(til syltetøj etc)* jar; *et ~ vand* a glass of water; ~**dør** *s* glass door.

glasere *v* glaze; *(om kage etc)* ice.

glas. . . *sms:* ~**fiber** *s* fibre glass; ~**maleri** *s* stained-glass; ~**skår** *spl* piece of broken glass; ~**uld** *s* glass wool.

glasur *s* glazing; *(på kage)* icing.

glasværk *s: et ~* a glassworks.

glat *adj* smooth; *(smattet, som man glider på)* slippery; *(om hår)* straight; *det gik ~* it went smoothly; ~**barberet** *adj* clean-shaven; ~**strikning** *s* stocking stitch; ~**te** *v: ~te ngt ud* smooth sth (out); *(med strygejern)* iron sth out.

glemme *v* forget; *(efterlade)* leave; *jeg glemte paraplyen i bussen* I left my umbrella on the bus; ~**bog** *s: gå i ~bogen* be forgotten.

glemsel *s* oblivion; **glemsom** *adj* forgetful.

gletscher *s* glacier.

glide *v (jævnt)* glide, slide; *(miste fodfæstet)* slip; *(om hjul)* skid; *~ i en bananskræl* slip on a banana skin; *få ngt til at ~ ned* make sth go down; *vi er gledet* (F) we're off; ~**bane** *s* slide.

glimmer *s* tinsel; **glimrende** *adj*

splendid, excellent.

glip *s: gå ~ af ngt* miss sth; **~pe** *v (gå galt)* fail.

glo *v* stare *(på* at); *(måbe)* gape *(på* at).

globus *s* globe.

gloende *adj (glødende)* red-hot // *adv: ~ varm* burning hot.

glorie *s* halo.

glose *s* word; **~hæfte** *s* vocabulary.

glubende *s* ravenous.

glubsk *adj* ferocious.

glæde *s* joy; *(fornøjelse, nydelse)* pleasure // *v* please; *(gøre glad, også:)* make happy; *græde af ~* weep with joy; *gøre ngt med ~* do sth gladly; *gøre en den ~ at...* do sby the pleasure of...; *det ~r mig at høre det* I am glad to hear it; *~ sig over* be happy about; *~ sig til ngt* look forward to sth; **~lig** *adj* happy; *(behagelig)* pleasant; *en ~lig meddelelse* a piece of good news; *~lig jul!* merry Christmas! *~ligt nytår!* happy New Year; **~strålende** *adj* radiant.

glød *s* glow; *(i bål, pejs etc)* ember; *(fig)* ardour; **~e** *v* glow; **~etråd** *s (elek)* filament.

gnaske *v: ~ på ngt* munch sth.

gnave *v* gnaw; *(om sko etc)* chafe; **~n** *adj* cross *(over* about; *på* with); *(irritabel)* fretful; *(sur og mut)* sulky; **~r** *s (zo)* rodent.

gnide *v* rub; *~ sig i hænderne* rub one's hands; **gnidning** *s* rubbing; *(strid)* friction; **gnidningsløs** *adj* smooth; **gnidret** *adj* cramped.

gnier *s* miser.

gnist *s* spark; *slå ~er* throw sparks.

gnubbe *v* rub; *~ sig op ad en* rub shoulders with sby.

gobelin *s* tapestry.

god *adj* good; *det er det ~e ved det* that is the good thing about it; *det vil gøre dig ~t* it will be good for you; *hvad skal det gøre ~t for?* what is the use of that? *han har rigtig ~t af det* it serves him right; *så er det ~t!* that will do! *vær så ~!* here you are! *(dvs. maden er klar)* dinner (, lunch, tea etc) is ready! *være ~ ved en* be good to sby; *hun er ~ til at synge (, danse etc)* she is a good singer (, dancer etc); *have ngt til ~e* have sth coming; *gøre sig til ~e med ngt* tuck into sth; *(se også godt).*

god... *sms:* **~artet** *adj* benign; **~dag** *interj* hello! good morning! (, afternoon! evening!); **~e** *s* advantage; *det er et stort ~e* it is a good thing; *nyde livets ~er* enjoy the good things in life; **~este:** *du ~este!* good God! dear me! **~kende** *v (tillade)* sanction; *(sige ja til)* approve; **~kendelse** *s* sanction; approval; **~modig** *adj* good-natured; **~modighed** *s* good-naturedness; **~morgen** *interj* good morning; **~nat** *interj* good night; **~natlekture** *s* bedside reading.

gods *s (varer)* goods *pl; (ejendele)* property; *(herregård etc)* estate; **~banegård** *s* goods station; **~ejer** *s* landowner; **~tog** *s* goods train; **~vogn** *s* goods wagon.

godt *adv* well; *(cirka, lidt over)* rather more than; *(knap)* just under; *det gik ~* it went well; *hav det ~!* take care (of yourself)! *(dvs. mor dig)* have a good time! *vi har det ~* we are fine; *han har det ikke så ~* he is not well; *se ~ ud* look well; *(være smuk)* be good-

looking; *så ~ man kan* as best one can; *der kom så ~ som ingen* hardly anybody came.
godter *spl* sweets.
godtgørelse *s (erstatning)* compensation; *(betaling)* fee.
godtroende *adj* naïve.
godvilligt *adv* voluntarily.
golf... *sms:* **~bane** *s* golf course, golf links; **~kølle** *s* golf club; **~spiller** *s* golfer.
gonorré *s* gonorrhea.
gorilla *s* gorilla *(også fig).*
gotisk *adj* gothic.
gotte *v: ~ sig over ngt* gloat over sth.
graciøs *adj* graceful.
grad *s* degree; *(rang)* rank; *det er ti ~ers frost* it is ten degrees below zero; *i den ~* to such an extent; *i høj ~* extremely; *i hvor høj ~?* to what extent? *i nogen ~* to some extent; *til en vis ~* to a certain extent; **~bøjning** *s (gram)* comparison; **~vis** *adj* gradual // *adv* gradually.
grafiker *s* graphic artist *(el.* designer); **grafisk** *adj* graphic.
grahamsbrød *s* wholemeal bread.
gram *s* gramme; *100 ~ smør* a hundred grammes of butter.
grammatik *s* grammar; **grammatisk** *adj* grammatital.
grammofon *s* gramophone, record player; **~optagelse** *s* (gramophone) recording; **~plade** *s* (gramophone) record.
gramse *v: ~ på ngt* paw sth.
gran *s (bot)* spruce; *(smule)* bit.
granat *s* grenade, shell; *(ædelsten)* garnet; **~æble** *s* pomegranate.
grand danois *s (om hund)* Great Dane.
grandonkel *s* great-uncle; **grandtante** *s* great-aunt.
grangivelig *adj* down to the last detail.
granit *s* granite; **~brud** *s* granite quarry.
grankogle *s* spruce cone.
granske *v* examine; *(grundigt)* scrutinize.
granskov *s* spruce forest; **grantræ** *s* spruce.
gratiale *s* bonus.
gratin *s: blomkåls~* cauliflower au gratin; **~ere** *v* put under the grill.
gratis *adj* free // *adv* free of charge; *få ngt ~* get sth for nothing; *~ adgang* admission free; **~t** *s* fare dodger.
gratulation *s* congratulation; **gratulere** *v* congratulate.
grav *s* grave, tomb; *(udgravning)* pit; *(fx grøft)* ditch; *følge en til ~en* go to sby's funeral; *være på ~ens rand* be near death; **~e** *v* dig; *~e ngt frem* dig sth out; *~e ngt ned* bury sth; **~emaskine** *s* excavator; **~er** *s (på kirkegård)* gravedigger; *(ansat ved kirken)* sexton.
gravere *v* engrave; **~nde** *adj* grave.
grav... *sms:* **~fund** *s* grave find; **~hund** *s* dachshund; **~høj** *s* burial mound; *(dysse)* barrow.
gravid *adj* pregnant; **~itet** *s* pregnancy.
grav... *sms:* **~ko** *s* excavator; **~sted** *s* burial place, tomb; **~sten** *s* gravestone; **~øl** *s* funeral feast.
greb *s (redskab)* fork; *(tag)* hold, grip; *(dør~)* handle; *holde en i et fast ~* have a firm hold of sby; *slippe ~et på ngt* let go of sth; *have godt ~ om tingene* have a good grip of things; *stramme ~et* tighten one's hold.

grej(er) *s(pl)* gear.
grel *adj* loud, glaring.
gren *s* branch; *(kvist)* twig.
greve *s* count; **grevinde** *s* countess; **grevskab** *s* county.
grib *s (zo)* vulture.
gribe *v* catch; *(med fast tag)* grasp, grip; *(rive til sig)* snatch, grab; *(pågribe)* catch; *~ chancen* take the opportunity; *~ efter ngt* catch (, grasp, snatch etc) at sth; *~ en i armen* grab sby by the arm; *~ ind (dvs. skride ind)* intervene; *(dvs. forstyrre, blande sig)* interfere.
grille *s: få ~r* get ideas // *v (el. grillere)* grill; **grillstegt** *adj* grilled.
grim *adj* ugly; *(ækel)* nasty; *(om person, ikke særlig køn)* plain.
grimasse *s* grimace; *gøre ~r* make faces.
grin *s* laugh; *få sig et billigt ~* have a good laugh; *det er helt til ~* it is quite ridiculous; *det er til at dø af ~ over* it is a scream; **~agtig** *adj* funny; **~e** *v* laugh.
gris *s* pig; *en gammel ~ (om person)* a dirty old man; **~e** *v: ~e med ngt* mess with sth; *~e sig til* get dirty; **~eri** *s* mess; **~esylte** *s* brawn; **~etæer** *spl* pig's trotters.
grisk *adj* greedy *(efter* for); **~hed** *s* greed.
gro *v* grow; *~ sammen (om sår)* heal; *~ til (om have etc)* become overgrown; *(om sø etc)* become choked.
groft *adv* grossly; *(se grov).*
grosserer *s* wholesaler.
grotte *s* cave.
grov *adj* coarse; *(ru)* rough; *(uhøflig)* rude; *i ~e træk* roughly; *nej, det er for groft!* that's the limit! *nu skal du ikke blive ~!* don't be rude now! **~brød** *s* wholemeal bread; **~hed** *s* coarseness, roughness, rudeness; *komme med ~heder* be rude; **~kornet** *adj (fig)* coarse; **~køkken** *s* scullery; **~smed** *s* blacksmith; **~æder** *s* glutton.
gru *s* horror; *han praler så det er en ~* he boasts something terrible.
grube *s* pit, mine; *(se også mine).*
gruble *v* ponder; *(melankolsk)* brood; *~ over ngt* ponder on *(el.* over) sth.
grue *v: ~ for ngt* dread sth; **~lig** *adj* awful.
grufuld *adj* horrible.
grums *s* dregs *pl,* grounds *pl;* **~et** *adj* muddy.
grund *s (bund)* ground; *(grundlag)* foundation; *(lavvandet sted)* shoal; *(bygge~)* site; *(anledning, fornufts~)* reason; *(årsag)* cause; *sejle på ~* go aground; *af gode ~e* for good reasons; *begynde fra ~en* start from the beginning; *han er i ~en rar* he is really rather nice; *på ~ af* because of; *der er ingen ~ til at tro det* there is no reason to think so; *der er al mulig ~ til at tro det* there is every reason to think so; *brænde ned til ~en* burn down.
grund. . . *sms:* **~bog** *s* basic reader; **~e** *v (grundlægge)* found; *(oprette)* establish; *(male første gang)* prime; *(gruble)* ponder *(over, på* on, over); **~ejer** *s* house owner; *(af jord uden hus)* landowner; **~flade** *s* base.
grundig *adj* thorough; *(gennemgribende)* radical; *tage ~t fejl* be quite mistaken; **~hed** *s* care.
grundlag *s* foundation, basis; *på ~ af* on the basis of.

grundled *s (gram)* subject.
grundlov *s* constitution; **~sdag** *s sv.t.* national day; **~sforhør** *s* preliminary questioning; **~sstridig** *adj* unconstitutional.
grund. . . *sms:* **~lægge** *v* found; *(oprette)* establish; **~læggelse** *s* foundation; establishment; **~lægger** *s* founder; **~maling** *s* primer; **~plan** *s* ground plan; **~skyld** *s* land tax; **~sten** *s* foundation stone; **~stof** *s* element; **~vand** *s* ground water; **~værdi** *s* land value.
gruopvækkende *adj* terrible.
gruppe *s* group; **~arbejde** *s* group work; **~praksis** *s (om læger)* group practice; **~pres** *s* group pressure; **~rejse** *s* party tour; **~vis** *adv* in groups.
grus *s* gravel; *synke i ~* fall into ruins; **~grav** *s* gravel pit.
grusom *adj* cruel *(mod* to); *(stor)* terrible; *han er ~t stor* he is terribly big; **~hed** *s* cruelty.
grusvej *s* gravel road.
gry *s* dawn // *v* dawn; *dagen ~r* the day is dawning.
gryde *s* pot; *(kasserolle)* saucepan; *(stege~)* casserole; **~klar** *adj* oven-ready, ready for use; **~lap** *s* pot holder; **~låg** *s* lid; **~ret** *s* casserole; **~ske** *s* ladle; **~steg** *s* pot-roast; **~stegt** *adj* pot-roasted; **~svamp** *s* pan scrubber.
gryn *s (i flager, fx havre~)* meal; *(som korn)* grits; **~et** *adj* gritty.
grynt *s* grunt; **~e** *v* grunt.
græde *v* cry, weep; *~ af glæde* weep for joy; *det er ikke ngt at ~ for* it is nothing to cry about; *få grædt ud* have a good cry; **~færdig** *adj* on the verge of tears.
Grækenland Greece; **græker** *s* Greek.
græmme *v: ~ sig over ngt* be vexed at sth.
grænse *s (lande~)* frontier, border; *(naturlig)* boundary; *(~område)* border; *(fig)* limit; *køre over ~n* cross the frontier *(el.* border); *der må være en ~* there must be a limit; *inden for visse ~r* within certain limits; *det var lige på ~n (fig)* it was a near thing // *v: ~ (op) til* border on; *det ~r til det utrolige* it is almost incredible; **~egn** *s* border(land); **~løs** *adj* infinite; **~tilfælde** *s* borderline case.
græs *s* grass; *køerne er på ~* the cows are grazing; *slå ~* cut grass; **~enke** *s* grass widow; **~enkemand** *s* grass widower; **~hoppe** *s* grasshopper.
græsk *adj* Greek.
græs. . . *sms:* **~kar** *s* pumpkin; **~plæne** *s* lawn; *slå ~plæne* mow the lawn; **~rodsbevægelse** *s* grasroots movement; **~se** *v* graze; **~slåmaskine** *s* lawn mower; **~tørv** *s* turf.
grævling *s* badger; **~ehund** *s* dachshund.
grød *s (af gryn etc)* porridge; *(af frugt)* stewed fruit; **~et** *adj (om stemme)* thick; **~hoved** *s* oaf; **~is** *s* slush.
grøft *s* ditch; *køre i ~en* go into the ditch; **~ekant** *s* roadside.
grøn *adj* green; *det ~ne køkken* vegetarian cuisine; *give ~t lys for ngt* give the go-ahead to sth; *~ bølge (om trafiklys)* phased traffic lights *pl; i hans ~ne ungdom* in his early youth; *De G~ne (pol)* the Green; **~kål** *s* kale, kail.
Grønland *s* Greenland; **g~sk**

adj Greenland(ic); *g~sk slædehund* husky; **grønlænder** *s* Greenlander.
grøn... *sms:* **~sager** *spl* vegetables; **~sagssuppe** *s* vegetable soup; **~skolling** *s* puppy; **~svær** *s* turf.
grønthandler *s* greengrocer.
grønærter *spl* green peas.
grå *adj* grey; *det barn giver mig ~ hår i hovedet* that child makes my hair turn grey.
gråd *s (det at græde)* crying; *(tårer)* tears; *briste i ~* burst into tears.
grådig *adj* greedy *(efter* for); **~hed** *s* greed.
grå... *sms:* **~håret** *adj* grey-haired; **~lig** *adj* greyish; **~sprængt** *adj* with a touch of grey; **~vejr** *s: det er ~vejr* it is overcast.
gud *s* god; *(Vorherre)* God; *~ske lov!* thank God! *for ~s skyld* for God's sake; *~ ved om de kommer* God knows if they are coming; *det må ~erne vide* God knows; *ved ~* by Jove; *gu' vil jeg ej!* I'll be damned if I do! **~barn** *s* godchild; **~dommelig** *adj* divine; **~elig** *adj (from)* pious; *(neds)* sanctimonious; **~far** *s* godfather; **~inde** *s* goddess; **~mor** *s* godmother.
guds... *sms:* **~bespottelse** *s* blasphemy; **~forladt** *adj* godforsaken; **~tjeneste** *s* service; *afholde ~tjeneste* hold a service.
guf *s (slik)* sweets; *(ngt lækkert)* goody; **~fe** *v: ~fe i sig* stuff oneself; *~fe kager i sig* scoff down cakes.
guirlande *s* festoon.
guitar *s* guitar; **~ist** *s* guitar player.
gul *adj* yellow; *der er ~t lys (i trafiklys)* the lights are amber; *~e ærter (gastr)* pea soup.
guld *s* gold; *hun er ~ værd* she is worth her weight in gold; **~barre** *s* gold bar; **~brand** *s* ring finger; **~bryllup** *s* golden wedding; **~fisk** *s* goldfish; **~grube** *s* gold mine; **~indfattet** *adj (om briller)* gold-rimmed; **~medalje** *s* gold medal; **~plombe** *s (i tand)* gold filling; **~randet** *adj* gilt-edged; **~regn** *s (bot)* laburnum; **~smed** *s* goldsmith; *(zo)* dragonfly; **~tand** *s* gold tooth; **~vinder** *s (sport etc)* gold medallist.
gulerod *s* carrot; *reven ~* grated carrot.
gullig *adj* yellowish.
gulv *s* floor; *tabe ngt på ~et* drop sth on the floor; *(fig)* bungle sth; *gå i ~et* go down; **~belægning** *s* flooring; **~bræt** *s* floor board; **~klud** *s* floorcloth; **~måtte** *s (lille tæppe)* mat; *(løber)* runner; **~skrubbe** *s* scrubbing brush; **~spand** *s* bucket; **~tæppe** *s* carpet; **~varme** *s* underfloor heating.
gumle *v* munch *(på ngt* sth).
gumme *s* gum.
gummi *s* rubber; *(kondom)* contraceptive sheath, (S) rubber; **~bold** *s* rubber ball; **~båd** *s* rubber dinghy; **~bånd** *s (elastik)* rubber band; **~celle** *s* padded cell; **~ged** *s* loader tractor; **~slange** *s* rubber tube; **~støvle** *s* wellington; **~sål** *s* rubber sole.
gunstig *adj* favourable // *adv* favourably.
gurgle *v* gargle.
gurkemeje *s* turmeric.
guvernante *s* governess.
guvernør *s* governor.
gyde *s (smal gade)* alley // *v*

(om fisk) spawn.
gylden *s (hollandsk mønt)* guilder // *adj* golden; *den gyldne middelvej* the golden mean.
gyldig *adj* valid; *med ~ grund* with good reason; **~hed** *s* validity.
gylp *s (i bukser)* fly; *(om fx baby)* vomit; *(om fx ugle)* cast; **~e** *v: ~e (op)* vomit.
gymnasium *s sv.t.* grammar school.
gymnastik *s (som sportsgren)* gymnastics; *(~øvelser)* (physical) exercises; *gøre ~* do exercises; **~dragt** *s* gym suit; **~redskab** *s* gymnastic apparatus; **~sal** *s* gymnasium; **~sko** *s* gym shoe.
gynge *s* swing // *v* swing; *(i ~stol)* rock; *(om skib)* roll; *være på ~nde grund* be on thin ice; **~hest** *s* rocking horse; **~stol** *s* rocking chair.
gynækolog *s* gynaecologist; **~i** *s* gynaecology.
gys *s (af frygt, kulde etc)* shiver; *(af fryd etc)* thrill; **~e** *v (af kulde etc)* shiver; *(af fryd)* be thrilled; *jeg ~er ved tanken* I shudder at the thought; **~elig** *adj (hæslig)* hideous; *(væmmelig)* atrocious; **~er** *s (om film, bog etc)* thriller.
gysser *spl* (F) brass.
gyvel *s (bot)* broom.
gæld *s* debt; *komme i ~* get into debt; *stå i ~ til en* be indebted to sby.
gælde *v (være gyldig)* be valid, be good; *(tælle med)* count; *(dreje sig om)* concern, apply to; *billetten ~r ikke længere* the ticket is no longer valid; *det point ~r ikke* that point does not count; *nu ~r det!* this is it! *det ~r liv og død* it is a matter of life and death; *når det ~r penge, så spørg mig* when it comes to money, ask me; *det ~r om at få det gjort* the thing is to get it done; *hvad ~r det?* what is it about? **~nde** *adj (om billet etc)* valid; *(som er i kraft)* in force; *(eksisterende)* current, existing; *ifølge ~nde lov* according to the existing laws; *gøre sig ~nde (om person)* assert oneself; *(om ting, fænomen etc)* have its effect.
gælds. . . *sms:* **~bevis, ~brev** *s* IOU ['aiəu'ju:] *(dvs.* I owe you); **~post** *s* item of a debt; **~sanering** *s* restructuring of debts.
gælle *s* gill; *ånde ved ~r* breathe by gills.
gængs *adj* current; *(fremherskende)* prevailing; *(almindelig)* common.
gær *s* yeast.
gærde *s* fence.
gære *s: der er ngt i ~* there is sth brewing // *v* ferment; **gæring** *s* fermentation.
gæst *s* visitor; *(indbudt)* guest; *vi får ~er til middag (også:)* we are having some people for dinner; *have liggende ~er* have people staying; **~e** *v* visit; **~earbejder** *s* guest worker; **~eoptræden** *s* guest performance; **~etoilet** *s* extra toilet; **~eværelse** *s* spare bedroom; **~fri** *adj* hospitable; **~frihed** *s* hospitality.
gæt *s: et kvalificeret ~* an educated guess; **~te** *v* guess; *hun ~tede rigtigt* she guessed right; **~teri** *s* guessing; *det rene ~teri* pure guesswork.
gø *v* bark.
gøde *v* fertilize; **gødning** *s (om midlet)* fertilizer; *(naturlig ~)* manure; *(det at gøde)* fertilization; manuring.
gøen *s* bark(ing).
gøg *s* cuckoo; **~eunge** *s* young

cuckoo; *(fig)* cuckoo in the nest.

gøgler *s* buffoon; *(som laver tricks)* juggler.

gør det selv- *adj* do-it-yourself.

gøre *v* do; *(lave, foretage)* make; ~ *ondt* hurt; *det gør mig ondt at høre det* I am sorry to hear it; *hvad skal det ~ godt for?* what is the good of that? *det gør ikke ngt* it does not matter; *hvor har du gjort af nøglen?* where did you put the key? ~ *det af med en* dispose of sby; *han kan ikke ~ for det* he can't help it; *have at ~ med ngt* have to do with sth; *(beskæftige sig med)* deal with sth; ~ *kassen op* balance the cash; ~ *en til anfører* make sby the leader; ~ *sig til af ngt* brag about sth; *hvad skal vi ~ ved det?* what shall we do about it?

gå *v* go; *(på benene)* walk; *(om film etc, opføres)* be on; *(gå an)* do; *(om maskine etc, køre)* run; *(om tog, afgå)* leave; *(om tiden)* pass; *være ude at ~* be out for a walk; *Stjernekrigen ~r i biografen i aften* Star Wars is on at the cinema tonight; *toget ~r kl. 16* the train leaves at 4 p.m.; *tiden ~r hurtigt* time passes quickly; *hvordan ~r det? (dvs. hvordan har du det)* how are you? *(dvs. hvordan glider tingene)* how are things? *det ~r godt (dvs. jeg har det godt)* I'm all right; *(dvs. tingene glider)* it is going all right; ~ *af (løsne sig)* come off; *(fra stilling)* retire; *hvad ~r der af dig?* what is the matter (with) you? ~ *an* do; ~ *(hen) efter ngt* go and get sth; ~ *ngt efter* go over sth; ~ *for at være ngt* pass for sth; *hvad ~r her for sig?* what is going on here? ~ *fra (løsnes)* come loose; ~ *fra en* leave sby; ~ *fra kone og børn* desert one's wife and family; ~ *frem (dvs. gøre fremskridt)* make progress; *hvor ~r I hen?* where are you going? ~ *i skole* go to school; ~ *i vandet* bathe; ~ *igennem byen* go through the town; *han har ~et meget igennem* he has gone through a lot; ~ *ind* go in, enter; ~ *ind for ngt* go in for sth; ~ *i stykker* to to pieces, break; ~ *med briller* wear spectacles; ~ *med til ngt* agree to sth; ~ *ned* go down; *(om solen)* set; ~ *nedenom og hjem* go to the dogs; ~ *op* go up; *(åbne sig)* open; *(om snor)* come undone; *(om regneopgave)* come right; *det er ~et op for mig at...* I have realized that...; ~ *over gaden* cross the street; *det ~r snart over* it will soon pass; *det ~r ham meget på* it is bothering him a lot; ~ *på besøg* go visiting; ~ *rundt* go round; *hvordan er det ~et til?* how did that happen? *her ~r det lystigt til* things are lively here; *pengene ~r til transport* the money is spent on transport; ~ *til læge* see a doctor; ~ *ud* go out; *(om træ)* die; *(udgå)* be left out; ~ *ud ad døren* go out of the door; ~ *ud af stuen* leave the room; ~ *ud fra at...* assume that...; *det gik ud over børnene* it was the children who suffered; *hvad ~r det ud på?* what is it supposed to mean? *det ~r ud på at vinde* the thing is to win.

gåde *s* riddle; *(ngt mystisk)* mystery; *(ngt forvirrende)* puzzle; *løse en ~* solve a riddle; *det er mig en ~* it is a mystery to me, (F) it beats me.

gå. . . *sms:* **~ende** *s* pedestrian // *adj* going, walking; *holde den ~ende* keep it up; **~felt** *s* (pedestrian) crossing; **~gade** *s* pedestrian street; **~påmod** *s* go, drive; *(foretagsomhed)* enterprise.

går *s: i ~* yesterday; *i ~ aftes* last night, yesterday evening; *i ~ morges* yesterday morning.

gård *s (gårdsplads)* court(yard); *(skolegård)* playground; *(landejendom)* farm; *(herregård)* estate; *køkkenet vender ud til ~en* the kitchen looks out on the courtyard, the kitchen is at the back; **~ejer** *s* farmer; **~have** *s* patio; **~mand** *s (som fejer gård etc)* caretaker; **~splads** *s* courtyard; *(på bondegård)* yard.

gås *s* goose; **~efjer** *s* goose feather; *(til at skrive med)* quill; **~egang** *s: gå i ~egang* walk in single file; **~ehud** *s* gooseflesh; *det giver mig ~ehud (også:)* it gives me the creeps; **~eleverpostej** *s* pâté de foie; **~esteg** *s* roast goose; **~eøjne** *spl* quotation marks, inverted commas.

gåtur *s* walk.

H

habit *s* suit.

had *s* hatred *(til* of); *nære ~ til en* hate sby; **~e** *v* hate; *(afsky også:)* loathe.

hage *s (anat)* chin; *(krog)* hook; **~kors** *s* swastika; **~smæk** *s* bib.

hagl *s (nedbør)* hail; *(til skydning)* shot; **~byge** *s* hail shower; **~bøsse** *s* shotgun; **~e** *v* hail.

haj *s* shark; **~tænder** *spl (på gade)* give-way markings.

hak *s* notch; *(i fx tallerken)* chip; *ikke et ~* not a bit; **~ke** *s (redskab)* hoe // *v (med redskab)* hoe; *(med fx kniv)* hack; *(om fugl)* peck; *(om fx løg, purløg)* chop; *(om kød)* mince; *~ke i det (om tale)* stammer; *(økon)* be hard up; **~kebræt** *s* chopping board; **~kebøf** *s* hamburger steak; **~kemaskine** *s* mincer; **~kniv** *s* chopper.

hale *s* tail; *(numse)* bottom // *v* pull; *(slæbe)* drag; *~ i ngt* pull at sth; *~ ind på en* gain on sby; **~stykke** *s (gastr)* rump; **~tudse** *s* tadpole.

hallo *interj* hello.

halløj *s* fun; *(ballade)* row; (F) hullabaloo.

halm *s* straw; **~strå** *s* straw.

hals *s* neck; *(det indre af halsen, svælget)* throat; *brække ~en* break one's neck; *skære ~en over på en* cut sby's throat; *få ngt i den gale ~* get sth down the wrong way; *have ondt i ~en* have a sore throat; *det hænger mig langt ud af ~en* I'm fed up with it; **~betændelse** *s* laryngitis, tonsillitis; **~brand** *s* heartburn; **~brækkende** *adj: i ~brækkende fart* at breakneck speed; **~bånd** *s (smykke)* necklace; *(til hund)* collar; **~e** *v (gø)* bark; *~e af sted* pant along; **~hugge** *v* behead; **~hugning** *s* beheading; **~kæde** *s* necklace; **~tørklæde** *s* scarf, *(stort, uldent)* muffler; **~udskæring** *s* neckline.

halte *v* limp; *(fig)* halt; **~n** *s* limp.

halv *adj* half; *det ~e af det* half of it; *de glemte det ~e* they forgot half of it; *den koster kun det ~e* it only costs half; *klokken er ~* it is half past; *den er fem minutter i ~* it is twenty-five (minutes) past; *tre en ~ dag* three and a half days; *en ~ time* half an hour; *om et ~t år* in six months.

halv... *sms:* **~anden** *adj* one and a half; *~andet år* a year and a half; **~cirkel** *s* semicircle; **~dagsarbejde** *s* half-time job; **~del** *s* half; *~delen af pengene* half of the money; **~fems** *num* ninety; *han er født i ~femserne* he was born in the nineties; *han er i ~femserne* he is in his nineties; **~fjerds** *num* seventy; *i ~fjerdserne se ~fems;* **~færdig** *adj* half-finished; **~gammel** *adj* elderly; **~kugle** *s (om Jorden)* hemisphere; **~kvalt** *adj* stifled; **~leg** *s (i fodbold etc)* half; *(pausen mellem ~legene)* halftime, interval; **~mørke** *s* half-light; **~måne** *s* half-moon; **~pension** *s* half board.

halvt *adv* half; *dele ngt ~ med en* go halves with sby on sth; *~ så meget* half as much.

halv... *sms:* **~tag** *s* lean-to, shed; **~treds** *num* fifty; *hun er født i ~tredserne* she was born in the fifties; *hun er i ~tredserne* she is in her fifties; **~vej** *s: på ~vejen* half-way; **~vejs** *adj: vi er ~vejs* we have come half-way // *adv* half; **~voksen** *adj (om barn)* adolescent; *(om dyr)* half-grown; **~ø** *s* peninsula; **~år** *s* six months; **~årlig** *adj* half-yearly // *adv* every six months.

ham *s* slough // *pron: det er ~* it is him; *det er ~ der kommer* it is he who is coming.

hamburgerryg *s* smoked saddle of pork.

hammer *s* hammer; **~kast** *s (sport)* throwing the hammer.

hamp *s* hemp.

hamre *v* hammer; **~n** *s* hammering.

hamster *s* hamster; **hamstre** *v* hoard; **hamstring** *s* hoarding.

han *s* male, he // *pron* he; *det sagde ~ selv!* he said so himself!

handel *s* trade; **~sbalance** *s* balance of trade; **~sflåde** *s* merchant navy; **~sforetagende** *s* business (concern); **~sgartner** *s* market gardener; **~shøjskole** *s* commercial college; **~sministerium** *s* Ministry of Commerce; **~spartner** *s* trading partner; **~srejsende** *s* commercial traveller; **~sskib** *s* merchant ship; **~sskole** *s* commercial school; **~svare** *s* commodity.

handicap *s* handicap; **~pet** *adj* handicapped; *(fysisk også:)* disabled.

handle *v* act; *(drive handel)* trade, deal; *(gå på indkøb)* go shopping; *~ med en* do business with sby; *~ med ngt* deal in sth; *det ~r om os* it is about us; *~ om prisen* bargain over the price; **~kraft** *s* energy; **~kraftig** *adj* energetic; **~nde** *s* tradesman; *(detailhandler også:)* shopkeeper.

handling *s* action; *(i bog etc)* story, plot; *(ceremoni etc)* ceremony.

handske *s* glove; **~rum** *s* glove compartment.

hane *s* cock; *(vand~)* tap; **~gal** *s* cockcrow.

hangarskib *s* aircraft carrier.

hank *s* handle; **~e** *v: ~e op i*

ngt grab sth.
hankøn *s* male sex; *(gram)* the masculine; *af* ~ male.
hans *adj* his; *bilen er* ~ it is his car, the car belongs to him.
hare *s* hare.
harem *s* harem.
hareskår *s (med)* harelip; **haresteg** *s* roast hare.
harme *s* indignation; **~s** *v* feel indignant *(over* at); **harmløs** *adj* harmless.
harmonere *v* harmonize, be in harmony; **harmoni** *s* harmony.
harmonika *s* accordion; *(lille)* concertina; **~sammenstød** *s* pile-up.
harmoniorkester *s* brass band; **harmonisere** *v* harmonize; **harmonisk** *adj* harmonious.
harpe *s (mus)* harp; *(neds, om kvinde)* harridan; **~nist** *s* harpist.
harpiks *s* resin.
harsk *adj* rancid.
hasarderet *adj* rash; **hasardspil** *s* gambling.
hasselnød *s* hazelnut.
hast *s* haste, hurry; *gøre ngt i* ~ do sth in a hurry; *det har ingen* ~ there is no hurry; **~e** *v* hasten, hurry; *det ~er* it is urgent; *det ~er ikke* there is no hurry; **~esag** *s* urgent matter.
hastig *adj* quick; *(overilet)* hasty; **~hed** *s (fart)* speed; *køre med en ~hed på 100 km i timen* go at (a speed of) 100 km per hour; **~hedsbegrænsning** *s* speed limit.
hastværk *s* hurry; **~sarbejde** *s* slapdash work.
hat *s* hat; **~teskygge** *s* hat brim.
hav *s* sea; *(ocean)* ocean; *et ~ af breve* heaps of letters; *være på ~et* be at sea; *de bor ved ~et* they live at the seaside.
havarere *v* be wrecked; *(om bil)* break down; **havari** *s (forlis)* shipwreck; *(skade)* damage, loss; *(om maskine)* break-down; *lide havari (om skib)* be shipwrecked; *(blive skadet)* break down.
havbugt *s* bay, gulf; **havbund** *s* ocean bed, sea bed.
have *s* garden; *botanisk* ~ botanical gardens *pl; zoologisk* ~ zoo.
have *v* have, have got; *(om tilstand, levevilkår, form, farve)* be; *han har kone og børn* he has a wife and family; *har du en tændstik?* have you got a match? do you have a match? *hvordan har I det?* how are you? *vi har det fint* we are fine; *have det varmt* be warm; *hvad farve har bilen?* what colour is the car? *hvad vil du have* what do you want? *jeg vil gerne have et æble I would like an apple, please; har du noget imod at...?* do you mind if...? *have briller på* wear spectacles.
have... *sms:* **~fest** *s* garden party; **~forening** *s (med kolonihaver)* allotment society; **~gang** *s* garden path; **~låge** *s* gate; **~saks** *s: en ~saks* a pair of garden shears; **~slange** *s* garden hose.
hav... *sms:* **~forskning** *s* maritime research; **~frue** *s* mermaid; **~mand** *s* merman; **~måge** *s* herring gull.
havn *s* harbour; *(stor, ~eby)* port; *gå i* ~ put into harbour *(el.* port).
havne *v (ende)* land, end up.
havne... *sms:* **~arbejder** *s* docker; **~by** *s* port; **~foged** *s* harbour master.
havre *s* oats *pl;* **~gryn** *s* oatmeal; **~grød** *s* oatmeal porridge.

havsnød *s* distress; **havvand** *s* seawater.
hebraisk *adj* Hebrew.
hed *adj (varm)* hot; *blive ~ om ørerne* get the wind up.
hedde *v* be called; *hvad ~r du?* what is your name? *jeg ~r Ann* my name is Ann; *det ~r sig at...* it is said that...
hede *s (~strækning)* moor, heath; *(varme)* heat; **~bølge** *s* heatwave.
hedensk *adj* heathen.
hedeslag *s* heatstroke.
hedning *s* heathen.
hedvin *s* dessert wine.
heftig *adj* violent; *(af natur)* impetuous; **~hed** *s* violence.
hegn *s* fence; *levende ~* hedgerow; **~e** *v: ~e ngt ind* fence sth in.
hejre *s* heron.
hejse *v* hoist; **~værk** *s* hoisting apparatus.
heks *s* witch; *en gammel ~ (neds)* an old hag; **~e** *v* practise witchcraft; **~ejagt** *s* witch hunt; **~eri** *s* witchcraft; **~eskud** *s* lumbago; **~esting** *s (i syning)* herringbone stitch.
hektisk *adj* hectic.
hel *adj* whole; *(fuldstændig)* complete; *klokken slog ~* the clock struck the hour; *en ~ del* quite a few; *han tog det ~e* he took all of it; *det var det ~e, tak* that was all, thank you; *i det ~e taget* on the whole; *(overhovedet)* at all; *jeg har ondt over det ~e* I'm aching all over; *der var støvet over det ~e* it was dusty all over the place; *over ~e landet* all over the country.
helbred *s* health; *have et godt (el. svagt) ~* have a strong *(el.* weak) constitution; *det er godt for ~et* it is good for you; **~e** *v* cure; **~else** *s* cure; *(det at komme sig)* recovery; **~sattest** *s* health certificate; **~stilstand** *s* (state of) health.
held *s* luck; *have ~ med sig* be lucky; *det var et ~!* what luck! *have ~ til at gøre ngt* succeed in doing sth; *~ og lykke!* good luck!
heldagsarbejde *s* full-time job.
heldig *adj* lucky; **~vis** *adv* fortunately.
heldækkende *adj: ~ tæppe* wall-to-wall carpet.
hele *s* whole; **~s** *v* heal up.
helgen *s* saint.
helhed *s* whole; *i sin ~* in full; **~sløsning** *s* overall solution.
helikopter *s* helicopter; **~landingsplads** *s (på jorden)* heliport; *(på fx boreplatform)* helipad.
hellang *adj* ankle length.
helle *s (trafik~)* traffic island; **~fisk** *s* halibut.
heller *adv: jeg kan ~ ikke gøre det* I can't do it either; *du må ~ ikke gøre det* you must not do it either; *det havde jeg ~ ikke tænkt mig* I was not planning to.
hellere *adv* rather; *vi må ~ skynde os* we had better hurry; *jeg vil ~ køre selv* I would rather drive myself; *~ end gerne!* with pleasure! *jeg ville ~ end gerne gøre det* I should love to do it.
hellig *adj* holy; *(from)* pious; *(indviet, fx bygning)* sacred; *~ krig* holy war; **~dag** *s* holiday; **~dom** *s* sanctuary; **~e** *v* devote, dedicate; *~e sig arbejdet* devote oneself to work; **~trekongersaften** *s* Twelfth Night; **~ånden** *s* the Holy Spirit.
helsecenter *s* health centre; **helsekost** *s* health food.
Helsingør *s* Elsinore.
helskindet *adj: slippe ~ fra*

ngt escape sth unscathed.

helst *adj* preferably; *jeg vil ~ have te* I prefer tea; *du må ~ ikke gå* I would rather you did not go.

helt *s* hero.

helt *adv* quite, completely; *(ganske)* quite; *det er ~ forkert!* it is all wrong! *de kommer ~ fra Bornholm* they have come all the way from Bornholm; *han er ~ igennem pålidelig* he is thoroughly reliable.

heltids. . . *i sms:* full-time *(fx beskæftigelse* employment).

heltinde *s* heroine.

helulden *adj* all-wool, pure-wool.

helvede *s* hell; *det er varmt som bare ~* it is hot like hell; *for ~!* oh hell! **~s** *adj* damned, a hell of a // *adv* damned, like hell; *han tror han er en ~s karl* he thinks he is one hell of a man; *det er ~s varmt* it is damned hot.

helårshus *s* house for living in all the year round.

hemmelig *adj* secret; *~ afstemning* secret vote; *~t nummer (tlf)* ex-directory number; **~hed** *s* secret; *(det at holde ngt hemmeligt)* secrecy; *i ~hed* in secret; *i dybeste ~hed* in the deepest secrecy; **~hedsfuld** *adj* secretive; *(mystisk)* mysterious.

hen *adv: ~ ad vejen* along the road; *(fig, efterhånden)* as we go along; *~ imod* towards; *~ over engen* across the meadow; *gå ~ til en* go up to sby; *kom ~ og se til mig* come round and see me; *han gik ~ til døren* he went (over) to the door.

henad *præp: ~ aften* towards evening.

henblik *s: med ~ på (vedrørende)* concerning; *(for at)* with a view to.

hende *pron* her; *der er brev til ~* there is a letter for her; *det var ~ der sagde det* it was she who said it.

hengiven *adj* devoted; *Deres hengivne. . .* Yours sincerely. . .; *din hengivne. . .* Yours. . .; **~hed** *s* devotion.

henhold *s: i ~ til* referring to; *(ifølge fx regler)* according to; **~e** *v: ~e sig til* refer to.

henimod *præp (om tidspunkt)* towards; *(om tal)* nearly.

henkoge *v* preserve; **henkogningsglas** *s* preserving jar.

henlede *v: ~ ens opmærksomhed på ngt* draw sby's attention to sth.

henlægge *v (lægge på hylden)* shelve; *(opgive)* drop; *(om forråd, gemme)* store; **~lse** *s* shelving; storage.

henne *adv: der ~* over there; *her ~* over here; *han er ~ hos bageren* he is at the baker's; *hvor er du ~?* where are you? *hvor har du været ~?* where have you been? *være 4 måneder ~ (i graviditet)* be four months gone.

henrette *v* execute; **~lse** *s* execution.

henrivende *adj* lovely, charming.

henrykkelse *s* delight; **henrykt** *adj* delighted.

henseende *s* respect; *i den ~* in that respect; *i enhver ~* in every respect.

hensigt *s* intention; *(formål)* purpose; *i den ~ at gøre ngt* with the intention of doing sth; *gøre ngt i bedste ~* do sth with the best of intentions; *det var ikke ~en* it was not my intention; *hvad er ~en med det?* what is the purpose of that? **~smæssig** *adj* suit-

able.
henstand *s* respite.
henstille *v (anbefale)* recommend; *(anmode)* request; **henstilling** *s* recommendation; request; *rette henstilling til en om at gøre ngt* appeal to sby to do sth.
hensyn *s* consideration; *af ~ til* because of; *(om fx person)* for the sake of; *med ~ til* concerning, as regards; *tage ~ til* consider; *tage ~ til en* show consideration for sby; *uden ~ til* regardless of; **~sfuld** *adj* considerate; **~sfuldhed** *s* consideration; **~sløs** *adj* ruthless; **~sløshed** *s* ruthlessness.
hente *v* fetch; get; *(komme hen og ~)* come for, collect; pick up; *~ børnene i børnehaven* fetch *(el.* collect) the children from the kindergarten.
hentyde *v: ~ til* refer to; *(antyde)* hint at; **hentydning** *s* reference; *(antydning)* hint.
henvende *v: ~ sig ved skranken* enquire at the counter; *~ sig til en (dvs. tale til)* talk to sby; *(med forespørgsel etc)* apply to sby; **~lse** *s (forespørgsel)* enquiry; *(skriftlig)* letter; *(med bøn om ngt)* application.
henvise *v: ~ til* refer to; **henvisning** *s* reference; **henvist** *adj: være henvist til at* have to.
heppe *v* cheer.
her *adv* here; *~ og der* here and there; *kom ~!* come here! *er han ~ fra egnen?* is he from this area? *~ i huset* in this house.
heraf *adv* from this.
heraldik *s* heraldry.
herberg *s (kro etc)* inn; *(vandrehjem etc)* hostel.
her. . . *sms:* **~efter** *adv (så)* after this, then; *(for fremtiden)* from now on; **~fra** *adv* from here, from this; *de skal rejse ~fra* they are leaving here; **~hen** *adv* (over) here; **~hjemme** *adv* here; *(her i landet)* in this country; **~i** *adv* in this; *(på dette punkt)* on this point; **~iblandt** *adv* including; **~ind, ~inde** *adv* in here.
herkomst *s* origin.
herlig *adj* wonderful.
hermed *adv* with this; *(med disse ord)* so saying; *(således)* thus; *~ følger* enclosed please find.
hermetisk *adj: ~ lukket* hermetically sealed.
herned, hernede *adv* down here.
herom *adv* about this; *(denne vej)* round here; **~kring** *adv* somewhere here, hereabouts; **~me** *adv* round here.
herop, heroppe *adv* up here.
herover, herovre *adv* over here.
herre *s (mand)* gentleman; *(hersker, chef)* master; *hr. Poulsen* Mr. Poulsen; *javel, hr!* yes, sir! *der så ~ns ud* it looked awful; *være sin egen ~* be one's own master; *mine ~r!* gentlemen! *blive ~ over ngt* get control of sth; *være ~ over ngt* be master of sth, control sth; **~bukser** *spl* men's trousers; **~cykel** *s* gentleman's bicycle; **~dømme** *s* control *(over* of, over); **~gård** *s* manor (house); **~kor** *s* male (voice) choir; **~løs** *adj* abandoned; *(om hund)* stray; **~mand** *s* squire; **~sko** *spl* men's shoes; **~skrædder** *s* tailor; **~toilet** *s* men's room, gents; **~tøj** *s* men's clothes.
herse *v: ~ med en* order sby

around.

herskabelig *adj* luxurious.

herske *v (styre, regere)* rule; *(som konge el. dronning)* reign; *(findes)* be; *(være fremherskende)* prevail; *~ over ngt* rule sth, reign over sth; **~r** *s* ruler *(over* of); **~rinde** *s* mistress *(over* of); **~syg** *adj* domineering; *(ivrig efter magt)* greedy for power.

hertil *adv* here; *(til denne brug)* for this purpose; *~ kommer at...* add to this that...

hertug *s* duke; **~dømme** *s* duchy; **~inde** *s* duchess.

her... *sms:* **~ud, ~ude** *adv* out here; **~under** *adv* under here; *(inkluderet)* including; **~ved** *adv* by this, hereby; *~ved meddeles det at...* we hereby inform you that...

hest *s* horse; *(redskab til gymnastik)* vaulting horse; *til ~* on horseback; *spring over ~ (i gymnastik)* horse vault; **~eavl** *s* horse breeding; **~edækken** *s* horsecloth; **~ehale** *s* horsetail; *(om frisure)* ponytail; **~ekraft** *s (hk)* horsepower, h.p.; *20 ~ekræfter* 20 horsepower; **~ekød** *s* horseflesh, horsemeat; **~estald** *s* stable; **~evogn** *s* horse cart; **~evæddeløb** *s* horse-racing; *(selve løbet)* horse-race.

HFI-relæ *s (elek)* cutout.

hi *s* lair; *gå i ~ (fig)* go underground; *ligge i ~* hibernate.

hidse *v: ~ en op* excite sby; *(gøre vred)* make sby angry; *~ sig op over ngt* get excited about sth; *hids dig ned!* don't get excited! calm down! *~e ngn op mod hinanden* set sby on each other; **hidsig** *adj* hotheaded; *blive hidsig* lose one's temper; *et hidsigt gemyt* a hot temper; **hidsighed** *s* hot temper.

hidtil *adv* so far, up to now.

hikke *s* hiccup // *v* hiccup; *have ~* have the hiccups.

hilse *v* say hello (, good morning, good afternoon, good evening); *(~ velkommen)* greet; *vil du ~ din kone?* give my regards to your wife! *jeg skal ~ fra familien* the family send their regards; *~ ngt velkommen* welcome sth; *~ på en* say hello (etc) to sby; **~n** *s* greeting; *(med nik)* nod; *med ~n fra køkkenchefen* with the compliments of the chef; *mange ~ner (i brev)* best regards; *med venlig ~n* yours sincerely.

himmel *s* sky; *(himmerig)* heaven; *det kom som sendt fra himlen* it was a godsend; *stjernerne på himlen* the stars in the sky; *for himlens skyld* for heaven's sake; **~blå** *adj* azure; **~fart** *s: Kristi ~fartsdag* Ascension Day; **~legeme** *s* celestial body; **~råbende** *adj* crying; **~seng** *s* four-poster; **~sk** *adj* heavenly.

himmerig *s* Heaven.

hinanden *pron* one another; *i to dage efter ~* for two days in succession; *gå (el. falde) fra ~* go *(el.* fall) to pieces; *være forelskede i ~* be in love (with one another).

hindbær *s* raspberry.

hinde *s* membrane; *(tyndt overtræk etc)* film.

hindre *v (standse, spærre for)* block, obstruct; *(forhindre)* prevent; *(sinke)* hinder; *~ en i at gøre ngt* prevent sby from doing sth; **hindring** *s (som standser ngt)* obstacle, obstruction; *(forhindring)* prevention; *(som sinker)* hin-

drance; *lægge hindringer i vejen for en* put obstacles in the way of sby, obstruct sby.
hingst *s* stallion.
hinke *v* skip; *(humpe)* limp; *(i hinkerude)* play hopscotch; **~rude, ~sten** *s* hopscotch.
hirse *s* millet.
hist *adv: ~ og her* here and there.
historie *s (faget)* history; *(fortælling)* story; *(sag)* affair; *studere ~* read history; *det er en længere ~* it is a long story; *en pinlig ~* an awkward affair; **historiker** *s* historian; **historisk** *adj* historical.
hitte *v* find; *~ rede i ngt* make sth out; *~ på ngt* think of sth; *(digte)* think up sth; *~ ud af ngt* find out about sth, make sth out; **~gods** *s* lost property.
hive *v* pull; *(stærkt, pludseligt)* tug; *~ efter vejret* gasp for breath; *~ i snoren* pull the string; *~ op i bukserne* hitch up one's trousers.
hjelm *s* helmet.
hjem *s* home // *adv* home; *komme ~* come home; *invitere en ~* ask sby home; **~ad** *adv* homeward; **~by** *s* home town; **~kalde** *v* recall; **~komst** *s* homecoming; **~kundskab** *s (i skolen)* home economics; **~land** *s* native country; **~lig** *adj* domestic; *(rar, hyggelig)* cosy, homely; **~løs** *adj* homeless.
hjemme *adv* at home; *(kommet hjem)* home; *høre ~ et sted* belong somewhere; *(bo)* live somewhere; *være ~* be (at) home; *er han ~? (også:)* is he in? **~arbejde** *s* homework; *~arbejdende husmor* housewife; **~bagt** *adj* home-baked; **~bane** *s (sport)* home ground; *føle sig på ~bane (fig)* feel at home; **~computer** *s* personal computer, PC; **~fra** *adv: rejse (el. flytte) ~fra* leave home; **~hjælp** *s* home help; **~hjælper** *s* home help; **~hørende** *adj: ~hørende i Danmark* a native of Danmark; *(bosat i)* resident in Denmark; **~kamp** *s (sport)* home match; **~lavet** *adj* home-made; **~sko** *s* slipper; **~styre** *s* Home Rule; **~sygeplejerske** *s (på landet)* district nurse; *(i byen) sv.t.* health visitor; **~værn** *s* Home Guard.
hjem. . . *sms:* **~rejse** *s* journey home; *på ~rejsen mødte vi. . .* on our way home we met. . .; **~sende** *v* send home; *(om tropper etc)* demobilize; **~sted** *s* domicile; **~søge** *v: være ~søgt af ngt* be afflicted by *(el.* with) sth; **~vej** *s* way home; *på ~vejen så vi kirken* we saw the church on our way home.
hjerne *s* brain; *(forstand)* brains *pl; få ngt på ~n* get sth on the brain; **~arbejde** *s* brainwork; **~blødning** *s* cerebral haemorrhage; **~død** *s* brain death; **~rystelse** *s* concussion; *have ~rystelse* be concussed; **~skade** *s* brain injury; **~skal** *s* skull; **~vask** *s* brainwashing.
hjerte *s* heart; *have dårligt ~* have a heart disease; *have svagt ~* have a weak heart; *have ondt i ~t* have a pain in one's heart; *have ngt på ~* have sth on one's mind; *hånden på ~t!* honest to God! **~anfald** *s* heart attack; **~banken** *s* palpitation; *(se også ~slag)*; **~fejl** *s* organic heart disease; **~lammelse** *s* heart failure; **~lig** *adj* hearty; *(dybfølt)* heartfelt; *(oprigtig)*

sincere; *en ~lig latter* a hearty laugh; **~løs** *adj* heartless; **~musling** *s* cockle; **~r** *s (i kort)* hearts; *~r dame* queen of hearts; **~skærende** *adj* heart-rending; **~slag** *s (om hjertets banken)* heartbeat; *(om hjertetilfælde)* heart failure; **~stop** *s* heart failure; **~styrkning** *s* refreshment; **~sygdom** *s* heart disease; **~tilfælde** *s* heart attack; **~transplantation** *s* heart transplant.

hjort *s* deer; *to ~e* two deer; **~etaksalt** *s* ammonium carbonate.

hjul *s* wheel; **~benet** *adj* bowlegged; **~damper** *s* paddle steamer; **~kapsel** *s* hub cap; **~pisker** *s* rotary beater; **~spor** *s (efter bil)* car track; *(efter anden vogn)* wheel track.

hjælp *s* help; *(assistance også:)* assistance; *(undsætning)* rescue; *(understøttelse)* support, aid; *(nytte)* use, help; *råbe om ~* cry for help; *komme en til ~* come to sby's assistance *(el.* rescue); *ved ~ af* by means of; **~e** *v* help; assist; rescue; support, aid; be of use; *det ~er ikke (også:)* it is no good; *hvad skal det ~e?* what is the good of that? *~es ad* help one another; *~e en med at gøre ngt* help sby to do sth; *~e på ngt* improve sth; *~e til* give a hand, help.

hjælpeløs *adj* helpless; **~hed** *s* helplessness.

hjælpemiddel *s* aid.

hjælper *s* helper, assistant.

hjælpsom *adj* helpful; **~hed** *s* helpfulness.

hjørne *s* corner; *gå om ~t* go round the corner; *dreje om ~et* turn the corner; *på ~t af* at the corner of; **~spark** *s* corner; **~tand** *s* eye tooth.

hob *s* crowd; *(større mængde af ngt)* multitude.

hof *s* court; *ved ~fet* at Court; **~dame** *s* lady-in-waiting; **~leverandør** *s: kongelig ~leverandør* purveyor to His *(el.* Her) Majesty the King *(el.* Queen); **~nar** *s* court jester.

hofte *s* hip; **~ben** *s* hip bone; **~holder** *s* girdle; **~led** *s* hip joint.

hold *s* team; *(mindre gruppe, selskab etc)* group, party; *(greb, tag)* hold, grasp; *(side, kant)* quarter; *(i ryg, nakke etc)* pain; *være med på ~et (sport)* be on the team; *på nært ~ af* close to.

holdbar *adj (stærk, solid)* durable; *(om mad)* non-perishable; *(om farve)* fast; *(om påstand)* tenable; **~hed** *s* durability; *have lang ~hed (om mad)* keep well.

holde *v* hold; *(vedlige~, bevare, underholde, fejre etc)* keep; *(abonnere på)* take; *(standse)* stop; *(~ stille for kortere tid)* wait; *~ avis* take a newspaper; *~ hund* keep a dog; *~ af en* be fond of sby; *~ af at gøre ngt* like to do sth; *~ fast i ngt* hold on to sth; *~ igen på ngt* hold sth; *~ inde (med fx skydning)* cease; *(fx med at tale)* stop; *~ med en* side with sby; *~ en med tøj* keep sby equipped; *~ en nede* keep sby down; *~ op med at gøre ngt* stop doing sth; *hold nu op!* stop it now! *~ på (dvs. beholde)* hold on to; *(dvs. hævde)* insist *(at* that); *(ved væddemål)* bet on; *~ sammen* stick together; *~ til et sted* live *(el.* stay) in a place; *jeg kan ikke ~ til det mere* I can't stand it any longer; *~ tilbage* hold back;

(i trafikken) give way; ~ *ud (dvs. blive ved)* hold out; *(dvs. udstå)* stand; ~ *sig (dvs. ikke blive dårlig)* keep; *(dvs. forblive)* stay; *(dvs. ikke gå på toilettet)* contain oneself; ~ *sig fra ngt* stay away from sth; ~ *sig inde* stay indoors; ~ *sig oppe (i vandet)* keep afloat; *(ikke gå i seng)* stay up; ~ *sig parat* keep ready; ~ *sig til reglerne* stick to rules; ~ *sig tilbage* hold back.

holdeplads *s (for bus etc)* stop; *(for taxa)* taxi rank.

holder *s (til fx blyanter)* holder; *(til fx tape)* dispenser.

holdning *s (af kroppen)* posture, bearing; *(måde at opføre sig på)* conduct; *(indstilling)* attitude; *(standpunkt)* position.

holdsammensætning *s (sport)* line-up.

Holland *s* Holland; **h~sk** *adj* Dutch; **hollænder** *s* Dutchman; *hun er hollænder* she is Dutch.

homo... *sms:* **~fil** *adj* homophile; **~gen** *adj* homogenous; **~seksuel** *s/adj* homosexual.

honning *s* honey; **~kage** *s sv.t.* gingerbread; **~melon** *s* honey dew melon.

honnør *s: gøre ~ for en* salute sby.

honorar *s* fee; **honorere** *v (betale)* pay; *(opfylde)* fulfil.

hop *s* jump; *(stort)* leap; **~bakke** *s (til skihop)* ski jump.

hoppe *s (om hest)* mare // *v* jump; *(med store spring)* leap; ~ *over ngt* jump (over) sth; *(fig)* skip sth; *den ~r jeg ikke på!* I don't buy that one!

hor *s (utroskab)* adultery; *bedrive ~* commit adultery; **~e** *v* fornicate.

horisont *s* horizon; *ude i ~en* on the horizon; **~al** *adj* horizontal.

hormon *s* hormone; **~mangel** *s* hormone deficiency; **~tilskud** *s* hormone supplement.

horn *s* horn; *(mus)* (French) horn; *(om brød)* croissant; *tude i ~et* blow the horn; *spille på ~* play the horn; **~fisk** *s* garfish; **~hinde** *s (i øjet)* cornea; **~ist** *s* horn player; **~orkester** *s* brass band.

horoskop *s* horoscope; *få stillet sit ~* have one's horoscope cast.

hos *præp: være på besøg ~ en* be visiting sby; *bo ~ en ven* stay with a friend; *han er henne ~ bageren* he is at the baker's; *vil du sidde ~ mig?* will you sit by me?

hospital *s* hospital; *komme på ~et* go to hospital; *ligge på ~et* be in hospital; **~ssprit** *s* surgical spirit.

hoste *s* cough; *(det at ~)* coughing; *have ~* have a cough; **~anfald** *s* fit of coughing; **~n** *s* cough(ing); **~saft** *s* cough mixture.

hotel *s* hotel; *bo på ~* stay at a hotel; **~reservation** *s* room reservation; **~værelse** *s* hotel room; **~vært** *s* hotel keeper.

hov *s (på dyr)* hoof // *interj* hey! *~, ~!* come, come!

hoved *s* head; *få ngt i ~et* be hit on the head by sth; *have ondt i ~et* have a headache; *regne ngt i ~et* calculate sth in one's head; *falde på ~ ned ad trappen* fall headfirst down the stairs; *springe på ~et ud i vandet* dive headfirst into the water; *stille ngt på ~et* stand sth on its head, turn sth upside down; **~banegården** *s* the central station; **~bestyrelse** *s* executive committee; **~bund** *s* scalp; **~bygning** *s* main building; **~dør** *s* front door; **~fag** *s* major subject; **~formål** *s* chief aim.

hoved. . . *sms:* **~gade** *s* main street; **~indgang** *s* main entrance; **~kontor** *s* head office; **~kulds** *adj* headlong // *adv* headfirst; **~kvarter** *s* headquarters *pl* (H.Q.); **~ledning** *s* main; **~nøgle** *s* master key; **~parten** *s* the greater part; *(de fleste)* the majority; **~pine** *s* headache; *have ~pine* have a headache; **~pude** *s* pillow; **~pudebetræk** *s* pillowcase, pillowslip; **~regning** *s* mental arithmetic; **~rengøring** *s* spring cleaning; **~rolle** *s* leading part; **~sagen** *s* the main thing; **~sagelig** *adj* mainly; **~stad** *s* capital; **~stads-** metropolitan; **~stød** *s (i fodbold)* header; **~sæde** *s* head office; **~telefoner** *spl* earphones, headset; **~trappe** *s* front stairs *pl;* **~træk** *s: i ~træk* in outline; **~tørklæde** *s* (head)scarf; **~vej** *s* main road.

hovere *v: ~ over ngt* gloat over sth; **~nde** *adj* gloating.

hovmester *s (på skib)* steward.

hovmod *s* arrogance; **~ig** *adj* arrogant.

hovne *v: ~ op* swell.

hud *s* skin; *med ~ og hår* skin and all; *hård ~* callous skin; **~afskrabning** *s* abrasion; **~farve** *s* colour (of the skin); **~løs** *adj* raw; **~løshed** *s* rawness; **~orm** *s* blackhead; **~pleje** *s* skin care; **~sygdom** *s* skin disease.

hue *s* cap.

hug *s (med fx økse)* stroke; *sidde på ~* squat.

hugge *v (med økse etc)* cut, chop; *(stjæle)* pinch; *(gribe)* catch; *~ brænde* chop firewood; *~t sukker* lump sugar; *~ træer* fell trees; **~blok** *s* chopping block.

hugorm *s* viper; **hugtand** *s (om slange)* fang; *(om andre dyr)* tusk.

hukommelse *s* memory; *efter ~n* from memory; **~stab** *s* loss of memory.

hul *s* hole; *(sted hvor der mangler ngt)* gap; *(i fx vandrør)* leak; *stikke ~ i ngt* prick a hole in sth, puncture sth; *det er ~ i hovedet* it is madness; *få lavet ~ler i ørerne* have one's ears pierced; *der gik ~ på posen* there was a hole in the bag.

hul *adj* hollow; *have en i sin ~e hånd* hold sby in the hollow of one's hand.

hule *s* cave; *(om dyrs bo, om hybel)* den // *v: ~ ngt ud* hollow out sth; **~maleri** *s* cave painting.

hulke *v* sob; **~n** *s* sobbing.

hulkort *s* punched card; **~operatør** *s* punch card operator.

hullet *adj* full of holes.

hul. . . *sms:* **~mur** *s* cavity wall; **~rum** *s* cavity; **~ske** *s* skimmer; **~spejl** *s* concave mirror; **~strimmel** *s* punch tape; **~søm** *s* hemstitch.

hulter *adv: ~ til bulter* pell-mell.

human *adj (god ved mennesker)* humane; *(angående mennesker)* human; **~iora** *spl* the humanities; **~isme** *s* humanism; **~istisk** *adj* humanistic; **~itær** *adj* humanitarian.

humle *s* hop; **~bi** *s* bumblebee.

hummer *s* lobster; *(om værelse)* den.

humor *s* humour; **~ist** *s* humorist; **~ristisk** *adj* humorous; *han har ~istisk sans* he has got a sense of humour.
humpe *v* limp.
humør *s* mood; *være i godt (el. dårligt) ~* be in a good *(el.* bad) mood; *være i ~ til at gøre ngt* be in the mood for doing sth; *op med ~et!* cheer up!
hun *s (om dyr)* female, she; *(om fugl)* hen // *pron* she; *det sagde ~ selv!* she said so herself.
hund *s* dog; *have ~* keep a dog; *lufte ~en* walk the dog; *føre en ~ i snor* have a dog on a leash; *slippe ~ene løs* unleash the dogs; *gå i ~ene* go to the dogs.
hunde... *sms:* **~angst** *adj* scared stiff; **~galskab** *s* rabies; **~halsbånd** *s* dog-collar; **~hus** *s* doghouse, kennel; **~hvalp** *s* puppy; **~kiks** *s* dog biscuit; **~lort** *s* dog shit; **~pension** *s* boarding kennels; **~slæde** *s* dog sleigh; **~stejle** *s* stickleback; **~sulten** *adj* famished; **~væddeløb** *s* dog racing, (F) the dogs.
hundrede *num* a hundred; *et ~* one hundred; *fem ~* five hundred; *der var ~r af mennesker* there were hundreds of people; *en ud af ~* one in a hundred; **~del** *s* hundredth.
hundred... *sms:* **~tusind** *s* a hundred thousand; *~tusinder* hundreds of thousands; **~vis** *adv: i ~vis af biler* hundreds of cars; **~årsjubilæum** *s* centenary.
hundse *v: ~ med en* bully sby.
hungersnød *s* famine.
hunhund *s* she-dog, bitch; **hunkøn** *s* female sex; *(gram)* the feminine; *af hunkøn* female.
hurra *interj* hurrah, hurray; *(et ~råb)* cheer; *råbe ~ for en* cheer sby; *~ for det!* hurray for that! *det var ikke ngt at råbe ~ for* it was nothing to write home about; **~råb** *s* cheer.
hurtig *adj* quick; *(om bevægelse)* fast // *adj* quickly; *(snart)* soon; *(med stor fart)* fast; *kom så ~t du kan* come as soon as you can; *så ~t som muligt* as quickly *(el.* soon) as possible; **~løb** *s* sprinting; *(på skøjter)* speed skating; **~løber** *s* sprinter; **~tog** *s* fast train, express; **~virkende** *adj* quick-acting.
hus *s* house; *(bygning også:)* building; *føre ~* keep house; *holde ~ med ngt* economize on sth; *her i ~et* in this house; *være i ~et (som ung pige etc)* be a mother's help; *have til ~e et sted* live somewhere; **~arrest** *s* house arrest; **~assistent** *s* housemaid, mother's help; **~behov** *s: kunne ngt til ~behov* do sth moderately well; **~bestyrerinde** *s* housekeeper; **~besætter** *s* squatter; **~blas** *s* gelatine; **~båd** *s* houseboat; **~dyr** *s* domestic animal.
huse *v* house; **~re** *v (være på spil)* be at work; *(hærge, rase)* ravage.
hus... *sms:* **~gerning** *s* housework; *(i skolen)* domestic science; **~hjælp** *s* maid; *(til rengøring)* charwoman, daily; **~holderske** *s* housekeeper.
husholdning *s (det at føre hus)* housekeeping; *(familie, husstand)* household; **~spenge** *spl* housekeeping money; **~sregnskab** *s* household accounts *pl;* **~sskole** *s* school of domestic science.
huske *v* remember; *husk det*

nu! don't forget! ~ *galt* be mistaken; *hvis ikke jeg ~r meget galt* unless I'm much mistaken; *så vidt jeg ~r* as far as I (can) remember; **~seddel** *s* note; *(indkøbsliste)* shopping list.
husleje *s* rent; **~nævn** *s* rent tribunal; **~tilskud** *s* housing benefit.
huslig *adj* domestic.
hus. . . *sms:* **~ly** *s* shelter; **~mand** *s* smallholder; **~mandssted** *s* smallholding; *(om huset)* cottage; **~mor** *s* housewife; **~morafløser** *s* home help; **~stand** *s* household; **~telefon** *s (i firma etc)* inter-office telephone; *(ved gadedøren)* entry phone.
hustru *s* wife; **~bidrag** *s* alimony; **~mishandling, ~vold** *s* wife battering.
husundersøgelse *s* search (of a house); **husvild** *adj* homeless.
hvad *pron* what; ~ *siger du?* I beg your pardon? (F) what? ~ *hedder du?* what is your name? ~ *hedder det på engelsk?* what is it (called) in English? ~ *er der?* what is it? what do you want? *gøre ~ der bliver sagt* do as one is told; ~ *gør det?* what is wrong with that? ~ *skulle det være? (i forretning)* can I help you? ~ *er det for ngt?* what is that? ~ *for ngt?* what? ~ *med en drink* how about a drink? *og ~ så?* so what? *ved du ~. . .?* listen. . .; ~ *dag det skal være* any day.
hval *s* whale; **~fangerskib** *s* whaler; **~fangst** *s* whaling.
hvalp *s* puppy; *få ~e* have pups; **~efedt** *s* puppy fat.
hvalros *s* walrus.
hvas *adj* sharp, keen.
hvede *s* wheat; **~brød** *s* white bread; **~brødsdage** *spl* honeymoon; **~kim** *s* wheat germ; **~klid** *s* bran.
hvem *pron* who; ~ *er det?* who is it? ~ *af jer?* which (one) of you? ~ *der bare havde en million* if only I had a million; ~ *som helst kan gøre det* anybody can do it; ~ *har sagt det?* who said so? ~ *sagde du det til?* who did you tell (it to)?
hveps *s* wasp; **~erede** *s* wasps' nest; *(fig)* hornet's nest.
hver *pron (~ af alle)* every; *(~ af enkelte, af bestemt antal)* each; ~ *dag* every day; ~ *anden dag* every other day, every second day; ~ *eneste dag* every single day; ~ *og én* one and all; ~ *for sig* separately; *de fik en cykel ~* they got a bike each; *~t øjeblik (det skal være)* any moment.
hverdag *s* weekday; *om ~en* (on) weekdays; *til ~* usually; **~s-** *adj* everyday *(fx tøj* clothes).
hverken *konj: ~. . .eller* neither. . .nor; *(efter nægtelse)* either. . .or; *han kan ~ synge el. spille* he can neither sing nor play; *jeg har aldrig været i ~ London el. Liverpool* I have never been to either London or Liverpool.
hverv *s* task, assignment; *blive pålagt et ~* be given an assignment; *nedlægge sit ~* resign; **~e** *v (mil)* recruit, enlist; *(om stemmer)* canvass.
hvid *adj* white; *det koster det ~e ud af øjnene* it costs the earth.
hvide *s* (egg-)white; **~varer** *spl (om stoffer)* linen; *hårde ~varer* kitchen hardware.
hvid. . . *sms:* **~glødende** *adj (af raseri)* livid; **~kalket** *adj* whitewashed; **~kål** *s* cab-

bage; ~**kålshoved** *s* head of cabbage; ~**løg** *s* garlic; ~**malet** *adj* painted white.
hvidte *v* whitewash; **hvidtning** *s* whitewashing.
hvidtøl *s* low-alcohol beer.
hvidvin *s* white wine.
hvil *s* rest; *holde* ~ take a rest; *(fx under biltur)* make a halt; ~**e** *s* rest // *v* rest; *~e sig* rest, take a rest; *lade ngt ~e* let sth be; *hvil! (mil)* at ease! ~**eløs** *adj* restless; ~**epause** *s* rest, break.
hvilken, *hvilket, hvilke pron* what; *(ud af bestemt antal)* which; *på hvilket tidspunkt?* at what time? *hvilke af disse ting er dine?* which of these things belong to you? *der kom 50 af hvilke en del var udlændinge* 50 people came, some of whom were foreigners; *hvilken som helst* any.
hvin *s* shriek; ~**e** *v* shriek; *(om bremser etc)* screech; *(om kugler)* whistle; ~**ende** *adj* shrieking; *(om lyd også:)* shrill.
hvirvel *s* whirl; *(lille ~ i vand)* eddy; *(ryg~)* vertebra; *(i håret)* tuft; ~**dyr** *s* vertebrate; ~**storm** *s* tornado; ~**søjle** *s* spinal column; ~**vind** *s* whirlwind; **hvirvle** *v* whirl; *hvirvle støv op* raise dust.
hvis *pron* whose; ~ *bil er det?* whose car is it? *den mand ~ bil vi har lånt* the man whose car we borrowed // *konj (dersom)* if; ~ *bare* if only; ~ *ikke* if not.
hviske *v* whisper; ~**n** *s* whisper(ing).
hvisle *v* hiss; *(om vind)* whistle.
hvor *adv (om sted)* where; *(om tid)* when; *(om grad, mængde etc)* how; ~ *bor du?* where do you live? *en dag ~ vi har tid* some day when we have got time; ~ *meget (koster det)?* how much (is it)? ~ *er det rart!* how nice! ~ *meget vi end arbejder, så...* no matter how much we work...; ~ *som helst* anywhere; ~ *kan det være at...?* how is it that...? (F) how come that...?
hvoraf *adv:* ~ *kommer det at...* how is it that...? (F) how come that...? *100 passagerer ~ de 14 er børn* 100 passengers, 14 of whom *(el.* which) are children.
hvordan *adv* how; ~ *har du det?* how are you? ~ *er han som lærer?* what is he like as a teacher?
hvorefter *adv* after which, whereupon.
hvorfor *adv* why; ~ *kom du ikke?* why did you not come? ~ *i al verden?* why on earth?
hvorhen *adv* where; ~ *fører denne vej?* where does this road lead (to)?
hvori *adv* wherein, where.
hvorimod *konj* whereas.
hvormed *adv* with which.
hvornår *adv* when.
hvorom *adv:* ~ *alting er* however that may be; ~ *drejer det sig?* what is it about?
hvortil *adv (spørgende)* where...to?; *(dvs. hvor langt?)* how far? *(om formål)* what for; *(relativt)* to which, where; ~ *kom vi?* how far did we get? ~ *anvendes den?* what is it used for? *huset ~ de kom* the house which they came to.
hvorvidt *konj* whether.
hvælve *v:* ~ *sig* vault, arch; **hvælving** *s* vault, arch.
hvæse *v* hiss; ~**n** *s* hiss(ing).
hyacint *s* hyacinth.
hyben *s* (rose)hip; ~**rose** *s* dog

rose.

hygge *s* cosiness, comfort // *v: ~ sig* feel cosy, have a nice time; **~krog** *s* cosy corner; **~lig** *adj* cosy, comfortable; *(rar)* nice.

hygiejne *s* hygiene; **~bind** *s* sanitary towel; **hygiejnisk** *adj* hygienic, sanitary.

hykler *s* hypocrite; **~i** *s* hypocrisy; **~isk** *adj* hypocritical.

hyl *s* howl, yell; *(om sirene)* wail; *(se også hyle).*

hyld *s (bot)* elder.

hylde *s* shelf; *lægge ngt på ~n* shelve sth; *(holde op med)* give sth up // *v (med bifald)* applaud; *(med hurraråb)* cheer.

hyldebær *s* elderberry.

hyldest *s* applause, ovation.

hyle *v* howl, yell; *(klagende)* wail; *blive ~t helt ud af det* get flustered; **~n** *s* howling, yelling, wailing.

hylster *s* case; *(pistol~)* holster.

hynde *s (sidde~)* cushion; *(ryg~)* bolster.

hypnose *s* hypnosis; **hypnotisere** *v* hypnotize; **hypnotisk** *adj* hypnotic; **hypnotisør** *s* hypnotist.

hypokonder *s* hypochondriac; **hypokondri** *s* hypochondria.

hypotese *s* hypothesis; **hypotetisk** *adj* hypothetical.

hyppig *adj* frequent; **~hed** *s* frequency.

hyrde *s (fåre~)* shepherd; **~hund** *s* sheepdog.

hyre *s (arbejde på skib)* job; *(løn for arbejdet)* pay; *tage ~* sign on // *v* hire; **~vogn** *s* taxi.

hysteri *s* hysterics; *(begrebet)* hysteria; **~sk** *adj* hysterical; *blive ~sk* go into hysterics.

hytte *s* hut; *(lille hus)* cottage; **~fad** *s* well box; **~ost** *s* cottage cheese; **~sko** *s* moccasin.

hæder *s* honour; **~lig** *adj* honest; *(nogenlunde, ret god)* decent; **~lighed** *s* honesty; **~sgæst** *s* guest of honour; **~stegn** *s* medal; **hædre** *v* honour.

hæfte *s (lille bog)* booklet; *(til at skrive op i)* notebook; *(stilebog)* exercise book; *(med frimærker, billetter etc)* book(let); *(fængsel)* prison // *v (sætte fast)* fasten, fix; *(med ~maskine)* staple; *(være ansvarlig)* be responsible; *~ ende (ved syning)* fasten off; *~ ngt sammen* fasten *(el.* staple) sth together; *~ sig ved ngt* notice sth; **~klamme** *s* staple; **~maskine** *s* stapler; **~t** *adj (om bog)* paperbound.

hæge *v: ~ om ngt* look well after sth.

hægte *s* hook // *v* hook; *komme til ~rne* recover; *~ ngt op* unhook sth.

hæk *s* hedge; *(i sport)* hurdle; **~keløb** *s* hurdles *pl;* **~kesaks** *s: en ~kesaks* a pair of shears.

hækle *v* crochet; **~nål** *s* crochet hook; **hækling** *s* crochet.

hækmotor *s* rear engine.

hæl *s* heel; *i ~ene på en* at sby's heels.

hælde *v (om væske, ~ op)* pour; *(skråne)* slant, slope; *(stå skråt, læne sig)* lean; **hældning** *s* slope; *(på tag)* pitch; *(om vejsving)* banking.

hæmme *v (begrænse)* restrict; *(gøre besværlig)* hamper; **~t** *adj (psykisk)* inhibited; *være ~t af ngt* be hampered by sth; **hæmning** *s* restraint; *(psykisk)* inhibition.

hæmorroider *spl* haemorrhoids, piles.

hænde *v* happen; **~lig** *adj* accidental; **~lse** *s* occurrence, incident.

hænge *v* hang; *blive hængt* get hanged; ~ *fast* stick, get stuck; ~ *i (dvs. slide)* work hard; ~ *(og dingle) i ngt* hang from sth; ~ *vasketøj op* hang (up) the washing; ~ *på den* be in for it; ~ *sammen* stick together; ~ *en ud* expose sby; ~ *sig* hang oneself; ~ *sig i småting* make a fuss about details; **~bro** *s* suspension bridge; **~køje** *s* hammock; **~lås** *s* padlock; **~plante** *s* hanging plant; **~røv** *s* (F, *om person)* softy; *have ~røv i bukserne* have baggy trousers; **~sofa** *s* garden hammock; **hængning** *s* hanging.

hængsel *s* hinge.

hær *s* army.

hærde *v* harden, toughen; *~t glas* toughened glass; **hærdning** *s* hardening, toughening.

hærge *v* ravage; *(om epidemi etc)* rage.

hærværk *s* vandalism; *begå ~* vandalize.

hæs *adj* hoarse; **~blæsende** *adj* breathless; *(hurtig)* hurried // *adv* breathlessly, in a hurry; **~hed** *s* hoarseness.

hæslig *adj* ugly.

hætte *s* hood; *(låg)* cap.

hævde *v (holde fast ved)* maintain; *(stædigt, vedholdende)* insist (on); *(gøre krav på)* claim; **~lse** *s* assertion.

hæve *v (løfte)* raise, lift (up); *(gøre højere)* raise; *(~ i bank etc)* draw; *(om check)* cash; *(ophæve)* lift, cancel; *(om møde)* adjourn; *(blive tykkere, svulme op)* swell; *(om dej)* rise; *føle sig ~t over ngt* be above sth; *det er ~t over enhver tvivl* it is beyond doubt; **~lse** *s* swelling.

hævn *s* revenge; *tage ~ over en* revenge oneself on sby; **~e** *v* revenge; *~e sig* revenge oneself; **~gerrig** *adj* vindictive; **~gerrighed** *s* vindictiveness.

hævning *s* raising, lifting; *sætte dejen til ~* let the dough rise.

hævnlyst *s* vindictiveness;

hævntørstig *adj* revengeful.

hø *s* hay; *(fig)* trash; **~feber** *s* hay fever.

høflig *adj* polite; **~hed** *s* politeness, courtesy.

høg *s (også fig)* hawk.

høj *s* hill // *adj* high; *(om person, om høj og tynd ting)* tall; *(om lyd)* loud; *bjerget er 1000 m ~t* the mountain is 1000 metres high; *hvor ~ er du?* how tall are you? *~ hat* top hat; *~e hæle* high heels; *~ sne* deep snow; *(se også højt)*.

højde *s* height; *(niveau)* level; *(geogr, astr)* altitude; *i stor ~* at a great height; *i ~ med taget* on a level with the roof; *han er på ~ med Peter* he is about the same height as Peter; *være på ~ med situationen* be equal to the situation; **~drag** *s* ridge, height; **~punkt** *s* height, peak; *på ~punktet af hendes karriere* at the height of her career; **~spring** *s* high jump.

højere *adj* higher; taller; louder; *(se høj); ~!* louder! speak up! **højest** *adj* highest; tallest; loudest; **højesteret** *s* supreme court.

høj... *sms:* **~fjeldssol** *s* sun lamp; **~forræderi** *s* high treason; **~halset** *adj* high-necked; **~hed** *s* highness; *Hans kongelige ~hed* His Royal Highness; **~hus** *s* high-rise block; **~hælet** *adj* high-heeled; **~kant** *s: stå på ~kant* be on edge; *(fig, om satsning)* be

at stake; ~**konjunktur** *s* boom; ~**land** *s* highland, upland; ~**lydt** *adj* loud // *adv* loudly; ~**lys** *adj: ved ~lys dag* in broad daylight.
højre *s (pol)* the Right // *adj* right; *dreje til ~* turn right; *anden gade på ~ hånd* the second street on your right; *på ~ side af ngt* on the right hand side of sth.
højreb *s (gastr) sv.omtr.t.* wing rib, rib roast.
højre. . . *sms:* ~**kørsel** *s* traffic on the right hand side of the road; ~**orienteret** *adj* right-wing; ~**styring** *s* right-hand drive.
højrød *s* scarlet.
højrøstet *adj* loud.
højskole *s* high school; *(folke~)* folk high school.
højslette *s* plateau.
højspænding *s* high voltage.
højst *adv (yderst, uhyre)* most, very, extremely; *(ikke mere end)* at (the) most, not more than; *det er ~ sandsynligt* it is most likely; *det varer ~ 14 dage* it will be a fortnight at the most.
højsæson *s* peak season.
højt *adv* high; *(om grad)* highly; *(om lyd)* loudly; *sige ngt ~* say sth aloud; *læse ~* read aloud; *~ oppe* high up, far up; *(lystig etc)* in high spirits; *sige ngt ~ og tydeligt* say sth loud and clear.
højtid *s* festival; ~**elig** *adj* solemn; *tage ngt ~eligt* take sth seriously; ~**elighed** *s* ceremony; *(det at være ~elig)* solemnity.
højtryk *s* high pressure.
højttaler *s* loudspeaker; ~**anlæg** *s* public address system.
højvande *s* high tide; *det er ~ (også:)* the tide is in.
høloft *s* hayloft; **hølæs** *s* hayload.
høne *s* hen; *(gastr)* chicken; **høns** *spl* chickens.
hønse. . . *sms:* ~**farm** *s* poultry farm; ~**hus** *s* hen house; ~**kødsuppe** *s* chicken soup; ~**ri** *s* poultry farm; ~**stige** *s* hen-coop ladder.
hør *s* flax.
høre *v* hear; *(lytte)* listen *(til* to); *~ dårligt* be hard of hearing; *~ efter børnene* keep an ear on the children; *~ efter (hvad der bliver sagt)* listen (to what is said); *~ til (dvs. være en del af)* belong to; *(dvs. være en af)* be among, be one of; ~**apparat** *s* hearing aid; ~**briller** *spl* hearing spectacles; ~**spil** *s* radio play; ~**vidde** *s: inden for (el uden for) ~vidde* within *(el.* out of) earshot; ~**værn** *s* hearing protection.
hørfrø *s* linseed.
høring *s* hearing.
hørlærred *s* linen.
høst *s* harvest; *(om udbyttet)* crop.
høstak *s* haystack.
høste *v* harvest; *(om korn)* reap; *(om frugt)* gather; *(fig)* gain, win; **høstmaskine** *s* reaper, harvester.
høtyv *s* hay fork.
høvding *s* chief.
høvl *s* plane; ~**e** *v* plane; ~**ebænk** *s* workbench; ~**spån** *s* shaving.
håb *s* hope; *gøre sig ~ om ngt* hope for sth; *i ~ om at vejret bliver godt* hoping that the weather will be fine; *i ~ om at gøre karriere* hoping to make a career; ~**e** *v* hope; *jeg ~er ikke de kommer* I hope they don't come; *det ~er jeg!* I hope so! *det ~er jeg ikke!* I hope not! *~ på ngt* hope for sth; ~**løs** *adj* hopeless; ~**løs-**

hed *s* hopelessness.
hån *s* scorn.
hånd *s* hand; *give en ~en* shake hands with sby; *give en en ~ med* lend sby a hand; *få ngt fra ~en* get sth off one's hands; *sy (el. skrive etc) i ~en* sew *(el.* write etc) by hand; *holde en i ~en* hold sby's hand; *gå ~ i ~* go hand in hand; *få ngt i hænde (dvs. modtage)* receive sth; *(få tilfældigt fat i)* get hold of sth; *på egen ~* single-handed; *under ~en* confidentially; *have ngt ved ~en* have sth at hand.
hånd... *sms:* **~arbejde** *s* needlework; **~bold** *s* handball; **~flade** *s* palm; **~fuld** *s* handful; **~gribelig** *adj* tangible; **~jern** *spl* handcuffs; **~klæde** *s* towel; **~kraft** *s: ved ~kraft* by hand; **~køb** *s (om medicin): i ~køb* without a prescription; **~langer** *s* helper; *(neds)* tool; **~lavet** *adj* handmade; **~led** *s* wrist; **~skrift** *s* handwriting; **~sving** *s* crank; **~syet** *adj* hand-stitched; **~sæbe** *s* toilet soap; **~tag** *s* handle; **~taske** *s* bag; *(dametaske)* handbag.
håndtere *v* handle; **håndtering** *s* handling.
hånd... *sms:* **~tryk** *s* handshake; **~vask** *s* hand basin, wash basin; *(det at vaske hænder)* washing one's hands; **~værk** *s* craft; **~værker** *s* tradesman, craftsman.
håne *v* scorn; *(gøre nar af)* mock; *(kritisere voldsomt)* sneer at; **hånlig** *adj* scornful.
hår *s* hair; *rede sit ~* comb one's hair; *sætte ~et* do one's hair; *få ~et ordnet* have one's hair done; *få klippet ~et* have a haircut; **~balsam** *s* (hair) conditioner; **~bund** *s* scalp; **~børste** *s* hairbrush; **~bånd** *s* hair ribbon.
hård *adj* hard; *~ hud* callous skin; *~ modstand* strong resistance; *med ~ hånd* relentlessly; *(se også hårdt)*; **~hed** *s* hardness; **~hudet** *adj (fig)* thick-skinned; **~hændet** *adj* rough; **~kogt** *adj (også fig)* hard-boiled; **~nakket** *adj (stædig)* stubborn; *(ihærdig)* persistent; **~t** *adv* hard; *(slemt)* badly; *bremse ~t op* brake hard; *~t såret* badly wounded; *det var ~t for ham* it was hard on him.
håret *adj* hairy.
hår... *sms:* **~farve** *s* hair colour; *(som farver håret)* hair-dye; **~fjerner** *s* hair remover; **~klemme** *s* hair clip; **~lak** *s* hair spray; **~nål** *s* hairpin; **~nålesving** *s* hairpin bend; **~rejsende** *adj* hair-raising; **~sløjfe** *s* bow; **~spænde** *s* hair clip; *(skydespænde)* hair slide; **~tørrer** *s* hair-drier; **~vask** *s* shampoo.

I

I *pron* you.
i *præp (om sted)* in; *(om afgrænset sted, punkt, adresse, institution)* at; *(hen til, fx skole)* to; *(ind i, ned i, op i etc)* into; *(inde i)* inside, in; *(om tidsrum)* in; *(om tidspunkt)* at; *(om varighed)* for; *(om klokkeslæt)* to; *(se også de enkelte ord som ~ forbindes med)*; *~ Danmark* in Denmark; *~ avisen* in the newspaper; *de mødtes ~ skolen* they met at school; *stå af ~ Helsingør* get off at Elsinore; *gå ~ skole* go to school; *gå ~ seng* go to bed; *gå ind ~ kirken* go into the church; *gå op ~ badet* get into the bath; *(inde) ~ bilen* in(side) the

car; *ligge ~ sengen* be in bed; *~ foråret 1986* in the spring of 1986; *~ julen* at Christmas; *de har boet her ~ fem år* they have been living here for five years; *klokken er fem minutter ~ to* it is five minutes to two; *tre ~ ni er tre* three into nine is three; *trække en ~ håret* pull sby's hair; *trække ~ tøjet* put on one's things; *~ al fald* at any rate; *slå sig ~ hovedet* bang one's head; *skære sig ~ hånden* cut one's hand.

iagttage *v (studere)* watch; *(overholde)* observe; *(lægge mærke til)* notice; **~lse** *s* observation.

idag *se dag.*

idé *s* idea; *få en ~* get an idea; *en genial ~* a stroke of genius.

ideal *s* ideal // *adj* ideal; **~isme** *s* idealism; **~ist** *s* idealist; **~istisk** *adj* idealistic; **ideel** *adj* ideal.

identificere *v* identify; **identisk** *adj* identical *(med* with); **identitet** *s* identity; **identitetskort** *s* identity card.

ideolog *s* ideologist; **~i** *s* ideology; **~isk** *adj* ideological.

idérig *adj* inventive.

idet *konj* as; *vi mødtes ~ vi var på vej ud* we met as we were going out.

idiot *s* idiot, fool; *din ~!* you fool! **~i** *s* idiocy; **~isk** *adj* foolish.

ID-kort *s* identity card.

idol *s* idol.

idræt *s* sports, athletics *pl; dyrke ~* go in for sports; **~sdag** *s* sports day; **~sfolk** *spl* athletes; **~sgren** *s* discipline; **~shal** *s* sports centre; **~splads** *s* sports field.

idyl *s* idyll; **~lisk** *adj* idyllic.

idømme *v: ~ en en bøde* fine sby; *~ en fem års fængsel* sentence sby to five years' imprisonment.

ifølge *præp* according to; *~ sagens natur* as is natural.

iføre *v: ~ sig ngt* put sth on; *han var iført mørk habit* he wore a dark suit.

igangværende *adj* ongoing, in progress.

igen *adj* again; *(tilbage)* back; *(ofte bruges* re- *foran verbet, fx:) læse en bog ~* reread a book; *sig det ~!* say that again! *få penge ~* get money back; *give en ngt ~* give sth back to sby; *kan du give ~? (om penge)* have you got change?

igennem *adv* through; *dagen (el. natten) ~* all day *(el.* night) long; *komme ~ parken* pass through the park.

igle *s* leech.

ignorere *v* ignore.

igår yesterday; *(se også går).*

ihjel *adv* to death; *ved at kede sig ~* bored to death, bored stiff; *slå en ~* kill sby; *blive slået ~* get killed.

ihærdig *adj (ivrig, flittig)* energetic; *(vedholdende, stædig)* persistent; **~hed** *s* energy; persistence.

ikke *adv* not; *(foran komp af adj:)* no; *det var ~ ham der gjorde det* it was not he who did it, he did not do it; *du er ~ bedre end jeg* you are no better than I am; *~ det?* really? *det håber jeg ~!* I hope not! *~ mere* no more; *(dvs. ikke længere)* no longer; *der kom ~ mindre end 20.000 til kampen* no less than 20,000 people watched the match; *her er ~ nogen* there is nobody here; *her er ~ nogen bøger jeg kan lide* there are no books here that I like; *der er ~ noget at se* there is nothing to see; *der var ~ noget øl tilbage* there was no beer left; *det mener du ~!* you don't say so! really! *det gør ~ ngt* it does not matter; *det er dejligt vejr, ~?* it's a lovely day, isn't it? **~-angrebspagt** *s* non-aggression pact; **~-ryger** *s* non-smoker; **~-svømmer** *s* non-swimmer; **~-vold** *s* non-violence; **~-voldelig** *adj* non-violent.

ild *s* fire; *der gik ~ i hans tøj* his clothes caught fire; *har du ngt ~?* have you got a light? *have ~ i pejsen (el. kakkelovnen)* have a fire (on); *sætte ~ på ngt* set sth on fire; *der er ~ i trappen* the staircase is on fire; *puste til ~en (fig)* add fuel to the flames.

ilde *adj* bad // *adv* badly; *føle sig ~ berørt af ngt* feel uncomfortable about sth; *være ~ stedt* be in trouble; *tage ngt ~ op* take sth badly; **~befindende** *s* indisposition; **~brand** *s* fire; **~lugtende** *adj* evil-smelling; **~set** *adj* unpopular; **~varslende** *adj* ominous.

ild. . . *sms:* **~fast** *adj* fireproof, ovenproof; **~rager** *s* poker; **~rød** *adj* burning red, scarlet; **~slukker** *s* fire extinguisher; **~sted** *s* fireplace.

ile *v* hasten, hurry; *(løbe)* run.

ilgods *s* express goods.

illegal *adj* illegal; **illegitim** *adj* illegitimate.

illoyal *adj* disloyal, unfair.

illumination *s* illumination; **illuminere** *v* illuminate.

illusion *s* illusion; **illusorisk** *adj* illusionary.

illustration *s* illustration; **~stekst** *s* legend; **illustrator** *s* illustrator; **illustrere** *v* illustrate.

ilt *s* oxygen; **~e** *v* oxidize.

iltelegram *s* express telegram.

iltmaske *en* oxygen mask.

imedens *adv d.s.s. imens.*

imellem *adv/præp* between; *(blandt)* among; *vi mødtes ~ stationen og rådhuset* we met between the station and the town hall; *huset ligger ~ bjergene* the house stands among the mountains; *engang ~* from time to time, sometimes.

imens *adv* in the meantime // *konj* while; *(hvorimod)* whereas.

imidlertid *adv (dvs. dog)* however *(dvs. i mellemtiden)* in the meantime.

imitation *s* imitation; **imitere** *v* imitate; **imiteret** *adj* imitation *(fx læder* leather).

immigrant *s* immigrant; **immigrere** *v* immigrate.

immun *adj* immune *(mod* to, against); **~isere** *v* immunize; **~itet** *s* immunity.

imod *el. mod adv/præp* against; *(hen ~)* towards; *(fig, over for)* to; *(se også de enkelte ord, som ~ forbindes med); kæmpe ~ ngt* fight (against) sth; *~ vinden* against the wind; *køre ~ nord* drive (towards the) north; *være rar ~ en* be nice to sby; *~ betaling af 20 kr* on payment of 20 kr.

imorgen *adv* tomorrow; *(se også morgen).*

imperfektum *s (gram)* the imperfect tense.

imperialisme *s* imperialism; **imperialist** *s* imperialist; **imperialistisk** *adj* imperialist(ic).

imperium *s* empire.

impliceret *adj* involved.

imponere *v* impress; **~nde** *adj* impressive.

import *s* import; **~afgift** *s* import duty; **~ere** *v* import; **~forbud** *s* import ban; **~ør** *s* importer.
impotens *s* impotence; **impotent** *adj* impotent.
impresario *s* impresario.
impressionisme *s* impressionism; **impressionist** *s* impressionist; **impressionistisk** *adj* impressionistic.
improvisere *v* improvise.
imprægneret *adj (vandtæt)* waterproof; *(brandsikker)* fireproof; *(mølsikret)* mothproof.
impuls *s* impulse; **~iv** *adj* impulsive.
ind *adv* in; *(se også de enkelte ord, som ~ forbindes med); ~ ad* in through, in at; *~ i* into; *~ til byen* into town; *~ under* under.
indad *adv* in, inward(s); *døren åbnes ~* the door opens inwards; **~til** *adv (i en person)* inwardly; *(i landet, firmaet etc)* internally; **~vendt** *adj* introvert.
indbefatte *v* include; **~t** *adj* included.
indbegreb *s: han er ~et af en leder* he is the embodiment of a leader.
indberetning *s* report; **indberette** *v* report.
indbetale *v* pay (in); *~s til bank* to be paid into a bank; **indbetaling** *s* payment.
indbilde *v: ~ sig at...* imagine that...; **indbildning** *s* imagination; **indbildsk** *adj* conceited; **indbildskhed** *s* conceit; **indbildt** *adj* imagined.
indbinding *s* binding.
indblanding *s* intervention; *(neds)* interference.
indblik *s: få ~ i ngt* gain an insight into sth.
indbo *s* furniture.
indbringe *v* bring in; *(indtjene)* fetch; *~ en sag for domstolene* take a case to court; **~nde** *adj* lucrative.
indbrud *s* burglary; *gøre ~ i et hus* burgle a house; **~styv** *s* burglar; **~styveri** *s* burglary, housebreaking.
indbyde *v: ~ en til ngt* invite *(el.* ask) sby to sth; **~lse** *s* invitation.
indbygger *s* inhabitant *(i* of); **~tal** *s* population.
indbygget *adj* built-in.
indbyrdes *adj* mutual, reciprocal.
inddele *v* divide *(i* into); **inddeling** *s* division.
inddrage *v (omfatte, involvere)* involve; *(beslaglægge, konfiskere)* confiscate.
inddæmmet *adj* dyked; *~ land (også:)* reclaimed land.
inde *adv* in, within; *(inden døre)* indoors; *holde sig ~* stay indoors; *holde ~ (dvs. tie)* stop talking; *holde ~ med skydningen* cease fire, stop shooting; *~ i* inside; *langt ~ i skoven* deep in the wood; *tiden er ~ til at...* it is time to...
indebære *v* imply.
indefra *adj* from within.
indefryse *v* freeze.
indehaver *s (ejer)* owner, proprietor; *(af fx pas)* holder.
indeholde *v* contain.
indeks *s* index; **~reguleret** *adj* index-linked.
indelukket *adj (om luft etc)* stuffy.
inden *adv/præp* before; *(om tidsfrist)* within; *~ for* inside; *~ i* inside; *~ under* underneath.
indenad *adv: kunne læse ~* be able to read.
indenbys *adj* local.
indendørs *adj* indoor // *adv*

indoors.
indenfor *adv* inside; *kom ~!* come in!
indeni *adv* inside.
indenlandsk *adj* domestic, inland.
indenom *adv* inside.
indenrigs... *sms:* **~fly** *s* domestic flight; **~ministerium** *s* Ministry of the Interior; **~politik** *s* domestic policy.
indenunder *adv* underneath.
inder *s* Indian.
inderbane *s (på flersporet vej)* inside lane.
inderkreds *s* inner circle.
inderlig *adj* deep, heartfelt // *adv* deeply; *jeg er ~ ligeglad* I could not care less.
inderlomme *s* inside pocket.
inderside *s* inside.
inderst *adj* inmost; *~ inde* deep down; *skifte fra ~ til yderst* change from top to toe.
indesluttet *adj* reserved.
indestængt *adj* pent-up *(fx vrede* anger).
indestå *v: ~ for* guarantee, vouch for; **~ende** *s (i bank)* deposit.
indeværende *adj* this, the present; *~ måned* this month.
indfaldsvej *s* approach.
indfatning *s (på smykke)* setting; *(på briller)* rim; *(om ruder)* frame; **indfatte** *v (ædelsten etc)* set; *(vinduer)* frame.
indfinde *v: ~ sig (om person)* appear, turn up; *(finde sted)* come.
indflydelse *s* influence; **~srig** *adj* influential.
indforstået *adj: være ~ med ngt* agree to sth; *et ~ blik* a knowing look.
indfri *v* redeem, meet.
indfødsret *s* citizenship; *have dansk ~* be a Danish subject; *få ~* become naturalized.
indfødt *s/adj* native.
indføre *v* introduce; *(importere)* import; *jeg kunne ikke få et ord indført* I could not get a word in edgeways; **indføring** *s* introduction *(i* to); **indførsel** *s* import.
indgang *s* entrance, entry; *betale ved ~en* pay at the door; **~sdør** *s* entrance door.
indgreb *s (indblanding etc)* interference; *(operation)* operation; *foretage et ~ i ngt* interfere with sth.
indgroet *adj* ingrown; *(fig)* inveterate *(fx ungkarl* bachelor).
indgå *v: ~ en aftale* make an agreement; *~ et forlig* make a compromise; *~ et væddemål* make a bet; *~ ægteskab* marry; **~ende** *adj (grundig)* thorough; *(som kommer ind, fx post, tog)* incoming.
indhegne *v* fence; **indhegning** *s (hegn)* fence; *(det at indhegne)* fencing.
indhente *v* catch up with; *(skaffe sig)* obtain; *~ oplysninger* gather information; *~ tilbud* invite offers, get quotations.
indhold *s* contents *pl; (~ af en enkelt ting i et hele)* content; **~sfortegnelse** *s* (table of) contents.
indhug *s: gøre ~ i ngt* draw on sth.
indhylle *v: ~ i* wrap up in.
indianer *s* (Red) Indian.
Indien *s* India.
indigneret *adj* indignant *(over* at).
indirekte *adj* indirect // *adv* indirectly.
indisk *adj* Indian.
individ *s* individual; **~uel** *adj* individual.
indkalde *v* summon; *(til mili-*

tæret) call up; **~lse** *s* summons; *(mil)* calling up.
indkassere *v* collect.
indkast *s (i fodbold)* throw-in.
indkomst *s* income; **~skat** *s* income tax.
indkvartere *v* accommodate, put up; **indkvartering** *s* accommodation.
indkøb s purchase; *gøre ~, gå på ~* go shopping; **~e** *v* buy, purchase; **~snet** *s* string bag; **~spris** *s* cost price; **~staske** *s* shopping bag; **~svogn** *s* shopping trolley.
indkørsel *s* entrance, drive; *~ forbudt* no entry.
indlade *v: ~ sig med en* have to do with sby; *~ sig på ngt* engage in sth; *(om ngt risikabelt)* let oneself in for sth; **~nde** *adj* willing; *(neds)* ingratiating.
indlagt *adj (om fx møbel)* inlaid; *være ~ (på sygehus)* be in hospital.
indland *s: i ~et* inside the country; **~sfly** *s* domestic flight; **~sis** *s* ice cap.
indlede *v* begin, start (off); **~nde** *adj* introductory; *de ~nde heats* the preliminary heats.
indledning *s (start)* beginning; *(forord, introduktion)* introduction.
indlevere *v* hand in; **indlevering** *s* delivery.
indlysende *adj* obvious.
indlæg *s (tale)* speech; *(i sko)* (arch) support; **~ge** *v* put in; *(på sygehus)* send to hospital; *blive indlagt* be admitted to hospital; *~ge elektricitet* install electricity; **~gelse** *s (på sygehus)* admission.
indløse *v (en check etc)* cash.
indlån *s* deposit.
indmad *s (i dyr som spises)* offal; *(i fjerkræ)* giblets; *(i ting)* insides.
indmeldelse *s* enrolment, registration; **~sblanket** *s* registration form.
indordne *v: ~ sig* adapt oneself; *~ sig under en* submit to sby.
indpakning *s* wrapping; **~spapir** *s* wrapping paper.
indprente *v: ~ en ngt* impress sth on sby; *~ sig ngt* make a note of sth.
indramme *v* frame; **indramning** *s* framing.
indre *s* interior // *adj* inner, interior; *(indenlandsk)* internal; *den ~ by* the centre of town; *det ~ Mongoliet* Inner Mongolia.
indregistrere *v* register; **indregistrering** *s* registration.
indrejse *s* entry *(i* into); **~tilladelse** *s* entry permit.
indretning *s* arrangement; *(af bolig)* decoration; *(dims, mekanisme)* contraption, gadget; **~sarkitekt** *s* interior decorator.
indrette *v* arrange; *(om bolig)* furnish, decorate; *~ sig efter en* adapt oneself to sby; *~ sig på at...* prepare to...
indrykke *v: ~ en annonce* insert an advertisement.
indrømme *v* admit, confess; *(give, bevilge)* grant, allow; **~lse** *s* admission; confession.
indsamling *s* collection.
indsats *s (som kan sættes ind i ngt)* inset; *(som man gør)* effort; *(i spil)* stake; *gøre en ~* make an effort; *med livet som ~* at the risk of one's life.
indse *v* see.
indsejling *s (havneløb)* entrance.
indsende *v* send in, submit.
indsigelse *s: gøre ~ mod ngt* object to sth.
indsigt *s* insight *(i* in).

indskrift *s* inscription.
indskrive *v (i bog etc)* enter; *(bagage)* register; *~ sig (på et hotel)* register (at a hotel); **indskrivning** *s* entry; *(af bagage og på hotel)* registration.
indskrænke *v (nedsætte, gøre mindre)* reduce; *(begrænse)* limit; *~ sig til* confine oneself to; **~t** *adj* limited; *(om person)* narrow-minded, stupid; **~thed** *s* stupidity; **indskrænkning** *s* reduction; limitation.
indskud *s (i bank)* deposit; *(ved spil)* stake; **~sborde** *spl* a nest of tables.
indskyde *v (bemærke)* remark; *(penge)* pay in; **~lse** *s* impulse; *få en ~lse* have an idea.
indskæring *s* incision, cut; *(vig, bugt)* bay.
indslag *s* element; *(tv etc)* feature.
indsmigrende *adj (neds)* fawning, ingratiating.
indsnit *s (i tøj)* dart.
indsnævring *s* narrowing.
indspille *v (på bånd el. plade)* record; *(på film)* produce; **indspilning** *s* recording; production.
indsprøjte *v* inject; **indsprøjtning** *s* injection.
indstille *v (til en stilling)* nominate; *(standse)* stop; *(regulere)* adjust; *(skarphed i kikkert el. kamera)* focus; *~ radioen på en kanal* tune the radio to a channel; *~ sig på ngt* prepare oneself for sth; *være fjendtligt ~t* be hostile; *være venligt ~t* be kind.
indstilling *s (se indstille)* nomination; stopping; adjustment; focusing; *(personlig holdning)* attitude *(til* towards).
indsætte *v* insert, put in; *(i embede)* install.
indsø *s* lake.
indtage *v* take in; *(spise, drikke)* have, eat, drink; *(erobre)* take; *(fylde, tage plads)* take up, occupy; *(standpunkt)* adopt; **~nde** *adj* charming; **indtagning** *s (i strikning, hækling)* decrease.
indtaste *v (edb)* key in.
indtegne *v* enter, register; **indtegning** *s* registration.
indtil *præp/konj* until, till; *(om afstand)* as far as, to; *~ da* until then; *~ videre* so far.
indtjening *s* earnings *pl.*
indtryk *s* impression; *gøre ~ på en* make an impression on sby, impress sby.
indtræde *v* set in; *~ i fællesmarkedet* join the Common Market; **~n** *s* commencement; *(det at indtræffe)* occurrence; *~n i fællesmarkedet* entry into the Common Market.
indtræffe *v* occur, take place.
indtrængende *adj* urgent; *(om hær etc som trænger ind)* invading; *~ anmode en om at...* implore sby to...
indtægt *s* income; *~er* earnings *pl; en fast ~* a regular income.
industri *s* industry; **~el** *adj* industrial; **~ferie** *s* annual holiday; **~område** *s* industrial area; **~virksomhed** *s* industry.
indvandre *v* immigrate; **~r** *s* immigrant; **~rpolitik** *s* immigration policy; **indvandring** *s* immigration.
indvende *v* object *(mod* to); *har du ngt at ~?* do you have any objection?
indvendig *adj* internal, inside.
indvending *s* objection *(mod* to, against).
indvi *v* consecrate; *(åbne)* open; *~ en i ngt (dvs. betro)*

let sby in on sth; *(dvs. forklare)* initiate sby in sth; **~else** *s* consecration; opening; initiation.
indviklet *adj* complicated.
indvillige *v* agree *(i* to).
indvolde *spl* bowels.
indvortes *adj* internal.
indånde *v* breathe in; **indånding** *s* breathing in; *tage en dyb indånding* take a deep breath.
infanteri *s* infantry.
infektion *s* infection; **~ssygdom** *s* infectious disease.
inficeret *adj* infected.
infiltration *s* infiltration; **infiltrere** *v* infiltrate.
infinitiv *s (gram)* the infinitive.
inflation *s* inflation.
influenza *s* influenza, (F) flu.
information *s* information; *~er* information; **informere** *v* inform *(om at* that).
ingefær *s* ginger.
ingen *pron* nobody, no one // *adj* no; *(stående alene og foran* of) none; *der var ~ der kom* nobody came; *der var ~ andre end os* there was no one but us; *han har ~ penge* he has got no money; *han har to børn, men hun har ~* he has got two children, but she has none; *~ af dem* none of them, *(af to)* neither of them.
ingeniør *s* engineer.
ingenting *pron* nothing; *det er det rene ~* it is a mere trifle; *lade som ~* behave as if nothing had happened.
initiativ *s* initiative; *tage ~et til at gøre ngt* take the initiative in doing sth; *han har ~* he has got enterprise; **~gruppe** *s* ginger group; **~rig** *adj* enterprising; **~tager** *s* initiator.
injurie *s (mundtlig)* slander *(mod* of); *(skriftlig)* libel *(mod* against, on); **~sag** *s* action for slander; libel action.
inkarneret *adj* inveterate.
inkasso *s* (debt) collection; **~sag** *s* (debt) recovery suit.
inkludere *v* include.
inklusive *adv* inclusive of, including.
insekt *s* insect; **~middel** *s* insecticide.
insinuere *v* insinuate.
insistere *v* insist *(på* on, *på at* that).
inspektion *s* inspection.
inspektør *s* inspector.
inspicere *v* inspect.
inspiration *s* inspiration; **inspirere** *v* inspire.
installation *s* installation; **installatør** *s* electrician; **installere** *v* install, put in.
instans *s* instance; *i første ~* in the first instance; *i sidste ~* ultimately.
instinkt *s* instinct; **~iv** *adj* instinctive.
institut *s* institute; **~ion** *s* institution.
instruere *v* instruct; *(teat, film)* direct.
instruktion *s* instructions *pl,* direction; **~sbog** *s* manual.
instruktør *s* instructor; *(teat, film)* director; *(tv)* producer.
instrument *s* instrument; **~bræt** *s (i bil)* dashboard; **~ere** *v* orchestrate.
insulin *s* insulin; **~chok** *s* insulin shock.
integrere *v* integrate; **~t** *s (om byggeri)* purpose-built; *~t kredsløb* integrated circuit.
intellektuel *adj* intellectual.
intelligens *s* intelligence; **intelligent** *adj* intelligent.
intens *adj* intense; **~itet** *s* intensity; **~iv** *adj* intensive.
interessant *adj* interesting.
interesse *s* interest; **~re** *v* interest; *~re sig for ngt* be

interested in sth.
interimistisk *adj* temporary.
intern *adj* internal.
international *adj* international.
internere *v* intern; **internering** *s* internment.
interval *s* interval.
intet *pron* nothing // *adj* no; *(stående alene)* none; *han havde ~ at sige* he had nothing to say; *~ mindre end* no less than; **~anende** *adj* unsuspecting; **~køn** *s (gram)* the neuter; **~sigende** *adj* meaningless; *(uvæsentlig)* insignificant.
intim *adj* intimate; **~itet** *s* intimacy.
intolerant *adj* intolerant.
intrige *s* intrigue; *(handling i fx bog)* plot.
introducere *v* introduce; **introduktion** *s* introduction.
intuition *s* intuition.
invalid *s* disabled person // *adj* disabled; **~epension** *s (p.g.a. fysisk handicap)* disablement pension; *(p.g.a. sygdom)* invalidity pension; **~itet** *s* disablement.
invasion *s* invasion.
inventar *s* furniture; *et stykke fast ~* a fixture.
investere *v* invest; **investering** *s* investment.
invitation *s* invitation.
invitere *v* invite, (F) ask; *~ en indenfor* invite *(el.* ask) sby in; *~ en til middag* invite *(el.* ask) sby to dinner; *~ en på en kop te* offer sby a cup of tea.
involvere *v* involve; **involvering** *s* involvement.
ir *s* verdigris.
Irak *s* Iraq; **i~er** *s,* **i~isk** *adj* Iraqui.
Iran *s* Iran; **i~er** *s,* **i~sk** *adj* Iranian.
irer *s* Irishman; *han er ~* he is an Irishman; *hun er ~* she is Irish; *~ne* the Irish.
irettesættelse *s* reprimand.
Irland *s* Ireland.
ironi *s* irony; **~sk** *adj* ironical.
irritabel *adj* irritable, edgy; **irritation** *s* annoyance, irritation; **irritere** *v* annoy, irritate; *irriteret over* annoyed by; *irriteret på* annoyed with; **irriterende** *adj* annoying, irritating.
irsk *adj* Irish.
is *s* ice; *(til at spise også:)* ice cream; **~afkølet** *adj* chilled, iced; **~bjerg** *s* iceberg; **~bjørn** *s* polar bear; **~bryder** *s* icebreaker.
iscenesættelse *s* production, staging; *(film)* direction.
isenkram *s* hardware; **isenkræmmer** *s* ironmonger.
isflage *s* ice floe; **isglat** *adj* icy.
Ishav *s: Det nordlige ~* the Arctic Ocean; *Det sydlige ~* the Antarctic Ocean.
iskage *s* ice cream.
iskias *s* sciatica.
iskiosk *s* ice-cream booth.
iskold *adj* icy.
Islam *s* Islam; **i~isk** *adj* Islamic.
Island *s* Iceland; **i~sk** *adj* Icelandic; **islænder** *s* Icelander; *(sweater)* Iceland sweater.
isnende *adj* icy.
isolation *s (ensomhed)* isolation; *(elek etc)* insulation; **isolere** *v (afsondre)* isolate; *(elek etc)* insulate.
ispind *s* ice lolly.
Israel *s* Israel; **i~er** *s,* **i~sk** *adj* Israeli.
isse *s* top.
isslag *s* black ice.
istandsætte *v* repair; *(om lejlighed etc ofte:)* redecorate; **~lse** *s* repair; redecoration.
istap *s* icicle.

isterning *s* ice cube.
istid *s* Ice Age.
isvaffel *s* ice-cream cone; *(vaffel som spises til is)* wafer.
især *adv* especially; *hver ~* each.
Italien *s* Italy; **i~er** *s,* **i~sk** *adj* Italian.
itu *adj* to pieces, broken; *gå ~* go to pieces; *slå ngt ~* break sth.
iver *s* zeal, eagerness; **ivrig** *adj* keen, eager; *ivrig efter at* keen to.
iværksætte *v* start.
iøjnefaldende *adj* striking.
iørefaldende *adj* catchy.

J

ja *interj* yes; *(~ vist)* certainly; *~, det tror jeg nok* yes, I think so; *sige ~ til ngt* accept sth; *~, jeg ved ikke rigtig* well, I don't know.
jag *s (hast)* hurry, rush; *(smerte)* twinge; *et værre ~* a terrible rush; **~e** *v (haste)* hurry, rush; *(gå på jagt)* hunt, shoot; *(forfølge)* chase; *~e en væk* chase sby away; *det ~r ikke* there is no hurry; *~e en nål i en* jab a needle into sby.
jager *s (om fly)* fighter; *(om skib)* destroyer.
jagt *s* hunting, shooting; *(forfølgelse)* hunt, pursuit *(på* of); *gå på ~* go hunting *(efter* for); *~en på materielle goder* the pursuit of material goods; **~gevær** *s* hunting rifle; **~hund** *s* pointer, retriever; *(til rævejagt)* hound; **~ret** *s* shooting rights *pl;* **~tegn** *s* shooting licence.
Jakel *s: mester ~-teater* Punch and Judy theatre.
jakke *s* jacket, coat; **~lomme** *s* coat pocket; **~sæt** *s* suit.
jalousi *s (følelse)* jealousy; *(til vindue)* (Venetian) blind; *(~dør i skab etc)* roll front;
jaloux *adj* jealous *(på* of).
jamen *interj: ~ er det dig?* well, if it is not you! *~ hør nu!* well, listen now! *~ så er det en aftale!* that's a deal then!
jammer *s (ynk)* misery; *(klagen)* moaning; **~lig** *adj* wretched, miserable; *(ynkelig)* pathetic; **jamre** *v* moan, wail.
januar *s* January; *den første ~* January the first *el.* the first of January.
Japan *s* Japan; **j~er** *s,* **j~sk** *adj* Japanese.
jarl *s* earl.
jas *s: gamle ~!* old boy!
jaske *v* be sloppy (in one's work); **~t** *adj* sloppy.
jaså *interj* indeed! I see! **javel** *interj* yes! *(mil etc)* yes sir! *(mar)* aye-aye, sir!
jeg *s* self, ego; *mit bedre ~* my better self // *pron* I; *~ så det selv* I saw it myself; *ja, det tror 'jeg!* I should think so!
jer *pron* you; *(refleksivt)* yourselves; *jeg henter ~* I'll pick you up; *morer I ~?* are you enjoying yourselves? *er han en ven af ~? is he a friend of yours? pas ~ selv!* mind your own business!
jeres *pron* your; *(stående alene)* yours; *~ hus* your house; *huset er ~* the house is yours.
jern *s* iron; *gammelt ~* scrap iron; *være et ~ til ngt* be a wizard at sth; *smede mens ~et er varmt* strike while the iron is hot; **~alder** *s: den ældre (el. yngre) ~alder* the early *(el.* later) Iron Age; **~alderfund** *s* Iron-Age find.
jernbane *s* railway; *sende ngt med ~en* send sth by rail; **~fløjl** *s* corduroy; **~færge** *s*

train ferry; **~knudepunkt** *s* railway junction; **~linje** *s* railway line; **~overskæring** *s* level crossing; **~skinne** *s* rail; **~station** *s* railway station.

jern... *sms:* **~beslag** *s (til forstærkning)* iron band; **~beslået** *adj (om støvler)* steel-tipped; **~beton** *s* reinforced concrete; **~malm** *s* iron ore; **~støberi** *s* iron foundry; **~tæppe** *s (teat)* safety curtain; *~tæppet (pol)* the Iron Curtain; **~værk** *s: et ~værk* an ironworks.

Jesus *s* Jesus; *~ Kristus* Jesus Christ; **j~barn** *s* infant Jesus.

jet... *sms:* **~fly** *s* jet plane; **~jager** *s* jet fighter; **~motor** *s* jet engine.

jo *adv (som svar)* yes; *(forklarende)* you know; *~ før ~ bedre* the sooner the better; *han er ~ min mand* he is my husband, you know; *du kan ~ ikke lide ham* you don't like him, do you?

job *s* job; *søge ~* be looking for a job; *miste ~bet* lose one's job.

jod *s* iodine; *rød ~* mercurochrome ®.

jogge *v* jog; **joggingdragt** *s* track suit.

jokke *v (gå tungt)* tramp; *(træde på)* trample; *~ en over tæerne* step on sby's feet; *~ i spinaten* put one's foot in it.

jolle *s* dinghy.

jomfru *s* virgin; *~ Maria* the Virgin (Mary); *J~en (astr)* Virgo; **~dom** *s* virginity; **~elig** *adj* virgin; **~hummer** *s* Norway lobster; **~nalsk** *adj* old-maidish; **~rejse** *s* maiden voyage.

jonglere *v* juggle *(med* with); **jonglør** *s* juggler.

jord *s (kloden, muld)* earth; *(~overflade)* ground; *(~bund)* soil; *(~ejendom)* land; *her på J~en* here on Earth; *lægge ngt på ~en* put sth on the ground; *købe et stykke ~* buy a piece of land; *han ejer vidtstrakte ~er* he owns extensive lands; *dyrke ~en* cultivate the land; *rejse J~en rundt* travel round the world; *falde til ~en* fall to the ground; *gå under ~en* go underground.

jord... *sms:* **~brug** *s* farming, agriculture; **~bund** *s* soil; **~bunden** *adj (negativt)* earthbound; *(positivt)* down-to-earth; **~bær** *s* strawberry.

jorde *v (begrave)* bury; *(slå ud, nedgøre)* floor; *vi ~de dem* (F) we wiped the floor with them.

jordejendom *s* land, landed property.

jordemoder *s* midwife; **~kaffe** *s* strong black coffee.

jordforbindelse *s (elek)* earth connection; *have ~ (om person)* be down-to-earth; *miste ~n* lose contact with reality.

jordisk *adj* earthly, worldly; *ikke have en ~ chance* not have an earthly (chance).

jord... *sms:* **~klode** *s* globe; **~ledning** *s (elek)* earth connection; *(kabel)* underground wire; **~nær** *adj* down-to-earth; **~nød** *s* peanut; **~nøddesmør** *s* peanut butter; **~-og-betonarbejder** *s* navvy; **~skred** *s (også fig)* landslide; **~skælv** *s* earthquake; *(i havet)* seaquake; **~slået** *adj* mouldy.

journal *s* record; *(syge~)* medical record; *føre ~ over ngt* keep a record of sth.

journalist *s* journalist, reporter.

jovial *s* jovial, jolly.

jubel *s (glædesråb)* cheers *pl;*

(begejstring) enthusiasm; *(munterhed)* hilarity; *vække ~* arouse cheers.
jubilar *s* person celebrating an anniversary; **jubilæum** *s* jubilee, anniversary; *50-års jubilæum* fiftieth anniversary; *100-års jubilæum* centenary.
juble *v* cheer, shout with joy; *(grine)* roar with laughter.
Jugoslavien *s* Yugoslavia; **jugoslav** *s*, **jugoslavisk** *adj* Yugoslav.
juks *s* trash.
jul *s* Christmas; *glædelig ~!* merry Christmas! *få ngt til ~* get sth for Christmas.
jule *v* make Christmas preparations; **~aften** *s* Christmas Eve; *lille ~aften* the night before Christmas Eve; **~dag** *s: (første) ~dag* Christmas Day; *anden ~dag* Boxing Day; **~ferie** *s* Christmas holiday; **~frokost** *s (i firma etc)* Christmas party for the staff; *(privat på ~dag)* lunch on Christmas Day; **~gave** *s* Christmas present; **~kort** *s* Christmas card; **~manden** *s* Father Christmas; **~pynt** *s* Christmas decorations *pl;* **~salat** *s (bot)* chicory; **~stjerne** *s (bot)* poinsettia; **~træ** *s* Christmas tree.
juli *s* July; *den første ~* the first of July *el.* July the first.
jungle *s* jungle.
juni *s* June; *den femte ~* the fifth of June *el.* June the fifth.
jura *s* law, jurisprudence; *studere ~* read *(el.* study) law.
juridisk *adj* legal; *~ bistand* legal advice; *~ kandidat* graduate in law; *~ rådgiver* legal adviser.
jurist *s* lawyer.
jury *s* jury; **~medlem** *s* juror.
justere *v (finindstille)* adjust; *få ~t bremserne* have one's brakes adjusted.
justits *s: holde ~* keep discipline; **~ministerium** *s* Ministry of Justice; **~mord** *s* judicial murder.
juvel *s* jewel; *(ædelsten)* gem; **~ér** *s (om person)* jeweller; *(om forretning)* jeweller's (shop).
jyde *s* Jutlander; **Jylland** *s* Jutland; **jysk** *adj* Jutlandic.
jæger *s* hunter; *(sports~)* sportsman; *(herregårdsskytte)* gamekeeper; **~korps** *s (mil)* commando troops *pl.*
jætte *s* giant; **~stue** *s* passage grave.
jævn *adj (plan)* even, level; *(glat)* smooth; *(om bevægelse, fart)* steady, even; *(nogenlunde)* moderate; *(ikke særlig god)* mediocre; *i ~t trav* at a steady trot; *almindelig ~ kost* plain food; *klare sig ~t (godt)* do moderately (well); **~aldrende** *adj* of the same age; **~byrdig** *adj* equal; *en ~byrdig kamp* an even match; **~døgn** *s* equinox; **~e** *v* level, smooth; *(om sovs)* thicken; *blive ~et med jorden* be levelled with the ground; **~føre** *v* compare; **~lig** *adj* frequent // *adj* frequently, often; **~strøm** *s* direct current.
jøde *s (mandlig)* Jew; *(kvindelig)* Jewess; **~dommen** *s* Jewry; **~forfølgelse** *s* persecution of the Jews; **jødisk** *adj* Jewish.

K

kabale *s* patience (game); *lægge ~* play patience.
kabel *s* cable; **~fjernsyn** *s* cable TV.
kabine *s (mar, fly)* cabin; **~scooter** *s* bubble car.

kabliau *s* cod.
kadet *s* (naval) cadet; *(færdiguddannet)* midshipman.
kaffe *s* coffee; **~bar** *s* café; **~filter** *s* coffee filter; **~fløde** *s* cream (with minimum 13% fat); **~kande** *s* coffee pot; **~kop** *s* coffee cup; **~maskine** *s* coffee maker, percolator.
kage *s* cake; *(konditor~)* fancy cake; *(små~)* biscuit; *(lag af fx mudder)* cake; *mele sin egen* ~ feather one's nest; **~dåse** *s* biscuit tin; **~kone, ~mand** *s* gingerbread woman (, man); **~rulle** *s* rolling pin; **~spore** *s* pastry wheel; **~tallerken** *s* tea plate.
kagle *v* cackle.
kahyt *s* cabin; **~sjomfru** *s* stewardess.
kaj *s* quay; *lægge til ved ~en* come alongside the quay.
kajak *s* kayak.
kajplads *s* moorage; *(for lystsejler)* (quay) berth.
kakao *s* cocoa; **~mælk** *s* drinking chocolate.
kakerlak *s* cockroach.
kakkel *s* tile; **~bord** *s* tile-top table; **~ovn** *s* stove; *tænde op (el. fyre) i ~ovnen* light the fire.
kaktus *s* cactus.
kald *s (råb)* call; *(indre trang)* calling; *(præste~)* living; **~e** *v* call; *~e på en* call sby; *han blev kaldt Bob efter sin far* he was called Bob after his father; *~e læge* call a doctor; *føle sig ~et til at gøre ngt* feel called upon to do sth; *det ~er jeg held!* that's what I call luck!
kaleche *s* hood.
kalender *s* calendar; **~år** *s* calendar year.
kaliber *s (om våben)* calibre, bore.
kalium *s (kem)* potassium.
kalk *s (jordarten)* lime; *(kem)* calcium; *(hvidte~)* whitewash; *(pudse~)* plaster; **~brud** *s* limestone quarry; **~e** *v (hvidte)* whitewash.
kalkere *v* trace; **kalkerpapir** *s* carbon paper.
kalk. . . sms: **~grube** *s* lime pit; **~maleri** *s* wall painting, fresco; **~tablet** *s* calcium tablet.
kalkulation *s* calculation; **kalkulere** *v* calculate.
kalkun *s* turkey; *stegt* ~ roast turkey.
kalv *s* calf; *(om kødet)* veal; **~eknæet** *adj* knock-kneed; **~ekotelet** *s* veal cutlet; **~ekød** *s* veal; **~elever** *s* calf's liver; **~eskind** *s* calfskin; **~esteg** *s* roast veal.
kam *s* comb; *(på bølge etc)* crest; *(gastr, fx svine~)* loin, back.
kamel *s* camel; **~uld** *s* camel hair.
kamera *s* camera.
kamgarn *s* worsted.
kamille *s* camomile; **~te** *s* camomile tea.
kamin *s* fireplace; **~hylde** *s* mantelpiece; **~gitter** *s* fender.
kammer *s (værelse)* room; *(hjerte~, grav~, pol)* chamber.
kammerat *s* friend; (F) buddy, chum; **~lig** *adj* friendly, chummy; **~skab** *s* comradeship.
kammer. . . sms: **~musik** *s* chamber music; **~tjener** *s* valet; **~tonen** *s* the concert pitch.
kamp *s* fight, struggle *(om* for); *(mil)* combat, action; *(sport)* match, game; *tage ~en op* give battle.
kampagne *s* campaign.
kampesten *s* (granite) boulder.
kamp. . . sms: **~fly** *s* fighter;

~**leder** *s (i boksning)* referee; ~**valg** *s* contested election; ~**vogn** *s* tank.

kanal *s (kunstig)* canal; *(naturlig og fig)* channel; *K~en (geogr)* the Channel.

kanariefugl *s* canary.

kande *s* can, jug; *(kaffe~, te~)* pot.

kandidat *s* candidate; *(som har bestået eksamen)* graduate.

kane *s* sleigh, sledge; *køre i ~* sleigh, go sleighing; *hoppe i ~n (F, fig)* hit the sack.

kanel *s* cinnamon; *stødt ~* powdered cinnamon; *det er hverken skidt el. ~* it's neither here nor there.

kanin *s* rabbit; ~**foder** *s (iron, om råkost)* rabbit feed.

kannibal *s* cannibal.

kano *s* canoe; *ro i ~* go canoeing.

'kanon *s (mus)* round // **ka'non** *s* gun; *som skudt ud af en ~* like a shot; *han er en stor ~ (fig)* he is a big shot; ~**fuld** *adj* dead drunk, stoned; ~**slag** *s* maroon.

kant *s* edge, border; *(på glas, kop etc)* rim; *(på stof)* selvage; *(egn)* region; *falde ud over ~en* fall over the edge; *i alle ender og ~er* inside (and) out, from top to bottom; *komme på ~ med en* fall out with sby; *de kom fra alle ~er* they came from all over the place; *jeg er født på de ~er* I was born in those parts; *der må være en ~!* there must be a limit!

kantarel *s (bot)* chanterelle.

kante *v* edge, border; *~ sig* edge; *~ sig ind* get in edgeways; ~**bånd** *s* edging; ~**t** *adj* edged; *(fig)* awkward.

kantine *s* canteen, staff restaurant.

kantsten *s* kerb.

kanyle *s* hypodermic needle.

kaos *s* chaos; **kaotisk** *adj* chaotic.

kap *s (forbjerg)* cape, headland; *K~ det gode Håb* the Cape (of Good Hope); *løbe (el. køre) om ~* race *(med en* sby).

kapacitet *s* capacity; *han er en ~ på sit område* he is an authority within his field.

kapel *s* chapel; *(lig~)* mortuary; *(orkester)* orchestra.

kapellan *s* curate.

kapelmester *s* conductor.

kapers *s* capers.

kapital *s* capital; ~**anbringelse** *s* investment; ~**isme** *s* capitalism; ~**ist** *s* capitalist; ~**stærk** *adj* financially strong.

kapitel *s* chapter; *det er et ~ for sig* that's a story all in itself.

kapitulation *s* surrender; **kapitulere** *v* capitulate, surrender.

kapløb *s* race.

kappe *s* cloak, mantle; *(dommer~ etc)* gown; *(til hovedet)* cap // *v* cut; ~**s** *v* compete; *~s om ngt* compete for sth; ~**strid** *s* competition.

kapre *v* capture, get hold of; (F) pinch; *han har ~t min plads* he has pinched my seat; *~ et fly* hijack a plane.

kaprifoleum *s (bot)* honeysuckle.

kap. . . sms: ~**roning** *s* boat race; ~**roningsbåd** *s* racing boat; ~**sejlads** *s* regatta.

kapsel *s* capsule; *(til flaske)* top, cap; ~**åbner** *s* bottle opener.

kaptajn *s* captain.

kaput *adj* done for; *han er helt ~* he has had it.

kar *s* vessel; *(stort)* vat.

karaffel *s* carafe; *(med prop)* decanter.

karakter *s* character; *(i skolen etc)* mark; **~bog** *s* school report; **~egenskab** *s* characteristic; **~fast** *adj* firm, determined; **~isere** *v* characterize; **~istisk** *adj* characteristic *(for* of); **~styrke** *s* strength of character; (F) guts.

karamel *s* caramel; *(fx fløde~) toffee;* **~rand** *s* caramel pudding; **~sovs** *s* caramel sauce.

karantæne *s* quarantine.

karat *s* carat.

karbad *s* bath; *(om karret)* tub.

karbonade *s (gastr)* meat rissole.

karbonpapir *s* carbon paper.

karburator *s (auto)* carburettor.

kardanaksel *s (auto)* propeller shaft.

kardemomme *s* cardamom.

karensdag *s* waiting day (first day of sick leave which is paid for by the wage earner).

karet *s* coach.

karikatur *s* caricature.

karklud *s* dishcloth, dishrag; *(fig)* wet rag.

karl *s (på gård)* farmhand; *(fyr)* chap, bloke; *han tror han er en farlig ~* he thinks he is one hell of a man.

Karlsvognen *s (astr)* the Great Bear.

karneval *s* carnival; *(mindre, indendørs)* fancydress ball; **~sdragt** *s* fancy dress.

karré *s* block of flats.

karriere *s* career; *gøre ~* make a career for oneself; **~ræs** *s* (F) careerism.

karrusel *s* merry-go-round.

karry *s* curry; *boller i ~* meat balls in curry sauce; *høns i ~* curried chicken.

karse *s* cress; **~hår** *s* crew cut.

kartoffel *s* potato; *han er en heldig ~* he's a lucky devil; **~mel** *s* potato starch; **~mos** *s* mashed potatoes, (F) mash; **~salat** *s* potato salad; **~skræl** *s* potato peel; **~skræller** *s (om kniv)* potato peeler.

karton *s (materialet)* cardboard; *(emballage)* cardboard box; *en ~ cigaretter* a carton of cigarettes.

kartotek *s* card index, file; **~skort** *s* index card.

kaserne *s* barracks *pl.*

kasket *s* cap.

kaskoforsikring *s* third party, fire and theft insurance.

kasse *s* box, case; *(pak~)* packing case; *(i forretning)* cash counter, cash point; *den film gav ~* that film was a box office success; *give en et par på ~n* bash sby on the head; **~apparat** *s* cash register; **~kredit** *s* cash credit.

kassere *v (smide væk)* throw away, chuck out; *(ved session)* reject.

kasserer *s* cashier; *(i forening)* treasurer.

kasserolle *s* saucepan.

kassette *s* cassette; **~bånd** *s* cassette tape; **~båndoptager** *s* cassette (tape) recorder.

kassevogn *s (auto)* box van.

kast *s* toss, throw; *(vindstød)* gust; *give sig i ~ med ngt* tackle sth; *gøre et ~ med hovedet* toss one's head.

kastanje *s* chestnut.

kaste *v* throw; *(voldsomt)* fling; *~ med sten (efter en)* throw stones (at sby); *~ op* be sick, vomit; *~ sig om halsen på en* throw one's arms around sby's neck; *~ sig ud i ngt* plunge into sth; **~spyd** *s* javelin; **~vind** *s* gust (of wind).

kastrere *v* castrate.

kasus *s (gram)* case.

kat *s* cat; *han gør ikke en ~ fortræd* he wouldn't hurt a fly; *her er ikke en ~* there is not a soul here; *det var ~tens!* well, I'll be damned! *av for ~ten!* ouch!

katalog *s* catalogue, list *(over* of); **~isere** *v* catalogue, list.

katapult *s* catapult; **~sæde** *s* ejection seat.

katar *s* catarrh.

katastrofal *adj* disastrous, catastrophic.

katastrofe *s* catastrophe, disaster; **~alarm** *s* emergency alarm; **~område** *s* disaster area.

kateder *s (i skole)* teacher's desk.

kategori *s* category; **~sk** *adj* categorical; *~sk benægtelse* flat refusal; *nægte ~sk at...* absolutely refuse to....

katolik *s* Roman Catholic; **katolsk** *adj* Catholic.

katte... sms: **~killing** *s* kitten; **~musik** *s* cats' concert; **~pine** *s: være i en slem ~pine* be in a fix; **~øje** *s* cat's eye; *(på cykel)* reflector.

kaution *s* guarantee, security; *(jur)* bail; *løsladt mod ~* (released) on bail; *stille ~* put up bail; **~ere** *v* guarantee, sign for; **~ist** *s* guarantor.

kaviar *s* caviar.

ked *adj: være ~ af ngt (dvs. træt af)* be tired of sth; *(bedrøvet over)* be sorry about sth; *være ~ af det* be unhappy, be sad; *jeg er ~ af at måtte sige det* I'm sorry to have to say it; *være led og ~ af en* be fed up with sby; *er du ~ af at flytte dig?* would you mind moving over? *han er rigtignok ikke ~ af det!* he's got a nerve!

kede *v* bore; *~ sig (ihjel)* be bored (stiff *el.* to death).

kedel *s* kettle; *sætte kedlen over* put the kettle on.

kedelig *adj* boring; *(trættende)* tiresome, tedious; *(trist)* dreary; *(ærgerlig)* annoying; *(pinlig)* awkward; *det var ~t at du ikke kom* what a pity that you didn't come.

kedsomhed *s* boredom.

kegle *s (mat)* cone; *(i spil)* (nine)pin, skittle; *et spil ~r* a game of skittles; *tage ~r (fig)* make a hit; **~bane** *s* skittle alley; **~formet** *adj* conical.

kejser *s* emperor; **~dømme** *s* empire; **~inde** *s* empress; **~snit** *s* Caesarian.

kejtet *adj* clumsy, awkward; **kejthåndet** *adj* left-handed.

keltisk *adj* Celtic.

kemi *s* chemistry; **~kalie** *s* chemical; **~ker** *s* chemist; **~sk** *adj* chemical; *~sk rensning* dry-cleaning; *~sk krigsførelse* chemical warfare.

kende *s (smule, anelse)* trifle, bit; *give sig til ~* disclose one's identity; *(om følelser, sygdom etc)* show itself // *v* know; *(genkende)* recognize; *~r du Dennis?* do you know Dennis? *kan du ~ ham igen?* do you recognize him? *jeg kan ~ ham på skægget* I know *(el.* recognize) him by his beard; *~ den ene tvilling fra den anden* tell one twin from the other; *han blev kendt skyldig* he was found guilty; **~lse** *s (jur)* decision; *(nævninge~)* verdict; **~r** *s* connoisseur; **~tegn** *s* characteristic; **~tegne** *v* be characteristic of.

kendingsbogstav *s (auto)* registration letter; **kendingsmelodi** *s* signature tune.

kendsgerning *s* fact; **kendskab** *s* knowledge *(til* of).

kendt *adj (berømt)* well-known, famous; *(velbekendt)* familiar; *han blev en ~*

mand he became famous; *han er ~ fra fjernsynet* he is known from television; *hun er ~ med alle* she knows everybody; *jeg er ikke ~ her på stedet* I am a stranger here.

kennel *s: en ~* a kennels (NB: a kennel: *et hundehus).*

keramik *s* pottery; *(tekn)* ceramics *pl;* **~er** *s* potter; ceramic artist.

kerne *s (i nød)* kernel; *(i æble etc)* pip; *(i korn)* grain; *(fig)* core, seed; *sagens ~* the heart of the matter; *den hårde ~* the hard core; **~familie** *s* nuclear family; **~fysik** *s* nuclear physics; **~hus** *s* core; **~kraft** *s* nuclear power; **~sund** *adj* as sound as a bell; **~våben** *s* nuclear weapon; *(se også: atom...).*

ketsjer *s (sport)* racket; *(til fiskeri)* landing net.

KFUK *(fork.f. Kristelig Forening for unge Kvinder)* YWCA *(fork.f.* Young Women's Christian Association); **KFUM** *(fork.f. Kristelig Forening for unge Mænd)* YMCA *(fork.f.* Young Men's Christian Association).

kid *s* kid; **~nappe** *s* kidnap.

kig *s* peep; *få ~ på ngt* catch sight of sth; *have ~ på ngt (dvs. være ude efter)* be after sth; **~ge** *v* look, glance, peep; *~ge ind ad nøglehullet* peep through the keyhole; *vi ~gede lige inden for hos dem* we just looked in on them.

kighoste *s* whooping cough.

kighul *s* peephole.

kikke *v d.s.s. kigge.*

kikkert *s (lang)* telescope; *(mindre, toøjet)* binoculars *pl,* field glasses *pl; (teater~)* opera glasses *pl; have ngt i ~en* have one's eye on sth.

kiks *s* biscuit, cracker; *(fejlskud etc)* miss; **~e** *v* miss *(fx et mål* a goal); **~er** *s* miss.

kilde *s* spring; *(også fig)* source // *v* tickle; **~n** *adj* ticklish; *(penibel)* delicate.

kildeskat *s* Pay-As-You-Earn tax (PAYE); **kildevand** *s* spring water.

kile *s* wedge; *(i tøj)* gusset; **~hæl** *s* wedged heel.

kilo... *sms:* **~(gram)** *s* kilogram(me); **~meter** *s* kilometre; *han kørte 120 ~meter i timen* he went at 120 kilometres per hour; **~metertæller** *s sv.t.* mileage indicator.

kim *s* germ, seed.

kime *v* ring; *(om kirkeklokke)* peal; **~n** *s* ringing, peal.

kimplante *s* seedling.

kimse *v: ~ ad* sniff at.

Kina *s* China; **k~kål** *s* Chinese cabbage.

kind *s* cheek; **~skæg** *s* whiskers *pl;* **~tand** *s* molar.

kineser *s* Chinese; *(om fyrværkeri)* firecracker; *du store ~!* Great Scott! **~tråd** *s* button thread; **kinesisk** *s/adj* Chinese.

kinin *s (med)* quinine.

kiosk *s* kiosk; *(blad~)* newsstand.

kirke *s* church; *(katolsk, frikirke)* chapel; *gå i ~* go to church *(el.* chapel); **~bog** *s* parish register; **~gænger** *s* church-goer; **~gård** *s (ved kirken)* churchyard; *(større, ikke ved kirken)* cemetery; **~klokke** *s* church bell; **~lig** *adj* church; **~ministerium** *s* Ministry of Ecclesiastical Affairs; **~musik** *s* church music; **~stol** *s* pew; **~tid** *s* service time; **~tårn** *s* church tower; **~værge** *s* churchwarden.

kiropraktor *s* chiropractor.

kirsebær *s* cherry; **~likør** *s*

cherry brandy.

kirtel *s* gland; *hævede kirtler* swollen glands; **~syge** *s* glandular disease.

kirurg *s* surgeon; **~i** *s* surgery; **~isk** *adj* surgical.

kisel *s* silicon.

kissejag *s* rush.

kiste *s* chest; *(lig~)* coffin; **~bund** *s: have penge på ~bunden* have put money by; **~glad** *adj* as pleased as Punch.

kit *s* putty; **~te** *v* putty.

kittel *s (dame~)* smock; *(arbejds~)* overall; *(læge~)* coat.

kiv *s* quarrel; *yppe ~* pick a quarrel; **~es** *v* quarrel.

kjole *s* dress, frock; *(lang)* gown; *(herre~)* dress coat; *lang ~* evening gown; *~ og hvidt* tails, evening dress; **~stof** *s* dress material; **~syning** *s* dressmaking; **~sæt** *s* dress suit.

kjortel *s* tunic.

kladde *s* (rough) draft; **~hæfte** *s* notebook.

klage *s (anke)* complaint; *(jamren)* wailing, lament; *indsende en ~ over en* lodge a complaint about sby // *v* complain; *(jamre)* wail, moan; *~ over ngt* complain about sth; *~ sig* wail; *(af smerte)* groan, moan; **~nde** *adj* plaintive; complaining; **~ret** *s (jur)* a Danish court of appeal; **~skrivelse** *s* written complaint; **~skrig** *s* wail, moan.

klam *adj* cold and damp; *han er ~* (S) he is yukky; *en ~ fidus* a damp squib.

klammeri *s* quarrel.

klamphugger *s* bungler; **~i** *s* bungling.

klamre *v: ~ sig til* cling to.

klang *s* sound, ring; **~fuld** *adj* sonorous; **~løs** *adj* toneless, dull; *(om stemme)* flat.

klap *s* flap; *(på kinden etc)* pat; *(i hjertet)* valve; *have ~ for øjet* wear an eye-patch; *der gik en ~ ned (fig)* I (, he, she etc) had a mental block; *give en et ~ på skulderen* give sby a pat on his/her shoulder; *det har du ikke et ~ begreb om* you don't know a thing about that; **~bord** *s* folding table.

klappe *v* clap; *(bifalde)* applaud; *(på kinden etc)* pat; *(gå godt)* go smoothly; *~ i hænderne* clap one's hands; applaud; *~ i* shut up; *~ sammen (folde sammen)* fold up; **~n** *s (bifald)* applause.

klapperslange *s* rattlesnake.

klapre *v* rattle, clatter; *(om tænder)* chatter.

klaps *s* slap.

klapsalve *s* round of applause.

klapse *v* slap, smack.

klap... sms: **~stol** *s* folding chair; **~sæde** *s (i bil)* folding seat; **~vogn** *s* pushchair.

klar *adj* clear; *(lys)* bright; *(tydelig)* plain, evident; *(parat)* ready; *blive ~ over* realize; *være ~ over* be aware of; *gøre sig ngt ~t* realize sth; *gøre sig ~* get ready; *det er ~t at han lyver* he is evidently lying; *sige ngt ~t og tydeligt* spell sth out.

klare *v* clear; *(ordne, overkomme)* manage, cope with; *han ~r sig godt* he is doing well; *~ op (om vejret)* clear up; *~ sig* manage, cope; *kan du ~ dig med det?* can you manage with that? *~ sig uden ngt* do without sth.

klarhed *s* clarity; brightness; *komme til ~ over* get sth in the clear.

klarinet *s* clarinet; *spille ~* play the clarinet.

klase *s* bunch; *en ~ vindruer*

a bunch of grapes.
klask *s* slap, smack; **~e** *v* slap, smack.
klasse *s* class; *(højere skoleklasse)* form; *rejse på første ~* travel first-class; *første ~s kvalitet* first-rate quality; **~kammerat** *s* classmate; **~kamp** *s* class struggle; **~lærer** *s* form master; **~værelse** *s* classroom.
klassificere *v* classify.
klassiker *s* classic; **klassisk** *adj* classic(al).
klat *s (klump)* lump; *(plet)* stain, blot; *(smule)* handful; *en ~ smør* a knob of butter; **~maleri** *s* daubing.
klatre *v* climb; *~ op ad et bjerg* climb a mountain; *~ op i et træ* climb a tree; *~ over en mur* climb a wall; **~plante** *s* climber.
klatte *v* blot, stain; *~ sine penge væk* fritter away one's money.
klatvask *s: ordne (el. vaske) ~en* wash one's smalls.
klatøjet *adj* bleary-eyed.
klaver *s* piano; *hun spiller ~* she plays the piano; **~stemmer** *s* piano tuner.
klejnsmed *s* locksmith.
klem *s: give en et ~* give sby a hug; *med fynd og ~* energetically; *døren stod på ~* the door was ajar.
klemme *s (knibe)* tight spot, fix; *(stykke mad) sv.t.* sandwich; *få foden i ~ i døren* get one's foot caught in the door; *have en ~ på en* have a hold on sby // *v* squeeze; *(om sko)* pinch; *(få i ~)* get caught, jam; *~ på en pakke* squeeze a package; *~ på med ngt* work away at sth; *klem bare på!* just get on with it!
klemte *v* peal, clang.
kleptoman *s* kleptomaniac.
kliché *s* block; *(fig)* cliché.
klid *s* bran.
klient *s* client.
klik *s* click, snap; *slå ~* fail; *(om pistol etc)* misfire.
klike *s* clique, set.
klikke *v (om lyd)* click; *(slå fejl)* fail; *(om pistol etc)* misfire.
klima *s* climate; **~anlæg** *s* air-conditioning.
klimaks *s* climax.
klimpre *v: ~ på* strum, twang.
klinge *v* blade; *gå en på ~n* press sby // *v* sound, ring; **~nde** *adj* sonorous *(fx stemme* voice).
klinik *s (mindre sygehus)* nursing home; *(tandlæge~)* clinic; **~assistent, ~dame** *s (hos læge)* receptionist; *(hos tandlæge)* assistant; **klinisk** *adj* clinical.
klink *s: han ejer ikke en ~* he hasn't got a penny; *spille ~* play pitch and toss.
klinke *s (på dør)* latch; *(flise)* clinker // *v (reparere)* rivet; *(skåle)* touch glasses.
klint *s* cliff.
klip *s* cut; *(på billet)* punch; *der er fire ~ tilbage på billetten* the ticket can be used four times more; **~fisk** *s* dried cod; **~ning** *s* cutting, clipping; *(om hår)* haircut.
klippe *s* rock // *v* cut, clip; *få håret ~t* have a haircut; *~ ens hår* cut sby's hair; **~blok** *s* rock, boulder; **~kort** *s* punch ticket; **~væg** *s* rock wall; **~ø** *s* rocky island.
klirre *v* rattle; *(med nøgler, mønter)* jingle; *(med glas)* clink; *(om ruder)* rattle.
klister *s* paste; **~mærke** *s* sticker; **klistre** *v* paste; *(hænge fast)* stick; *klistre sig op ad en* cling to sby; **klistret** *adj* sticky.

klit *s* dune.
klo *s* claw; *(skrift)* scrawl; *slå en ~ i ngt* grab sth; *forsvare sig med næb og kløer* defend oneself tooth and nail.
kloak *s* sewer; **~afløb** *s* drain.
klode *s* globe.
klodrian *s* bungler.
klods *s* block; *(legetøj)* toy brick; *(om person)* big lump, bungler; *købe ngt på ~* (F) buy sth on tick; **~et** *adj* clumsy; **~major** *s* clumsy fool.
klog *adj* clever, intelligent; *(forsigtig)* prudent; *(fornuftig)* wise, sound; *(snedig)* shrewd; *blive ~ på ngt* make sth out; *gøre ~t i at* be wise to; *er du rigtig ~?* are you out of your mind? *han er ikke rigtig ~* he is not quite right in the head; *gå til en ~ kone (el. mand)* see a healer, *(neds)* see a quack; **~skab** *s* cleverness, intelligence; prudence; wisdom, soundness; shrewdness.
klokke *s* bell; *de kom ~n syv* they arrived at seven; *~n er ni nu* it is nine o'clock now; *hvad er ~n?* what is the time? *~n er mange* it is late; *hun ringede på ~n* she rang the bell; *han ved hvad ~n er slået* he knows what the score is; **~r** *s* bellringer; **~slag** *s* stroke of a bell; **~slæt** *s: på ~slæt* on the stroke; **~spil** *s* carillon; **~tårn** *s* belfry.
klor *s* chlorine; **~vand** *s* chlorine water.
klos *adv: ~ op ad ngt* close to sth.
kloster *s (munke~)* monastery; *(nonne~)* convent; *gå i ~ (om mand)* become a monk; *(om kvinde)* take the veil; **~kirke** *s* abbey; **~skole** *s* convent school.
klovn *s* clown; *(klodrian)* bungler.
klub *s* club.
klud *s* rag; *(vaske~ etc)* cloth; *~e* (F, *om tøj)* things; *sætte liv i ~ene* liven things up.
kludder *s* mess, muddle.
kludedukke *s* rag doll; **kludetæppe** *s* rag rug.
kludre *v* bungle, mess up; *~ med ngt* bungle sth.
kluk *s (om høne etc)* cluck(ing); *(latter)* chuckle; **~ke** *v* cluck; chuckle; *(om vand)* gurgle; **~latter** *s* chuckle.
klump *s* lump; *der er ~er i sovsen* the sauce is lumpy; *få en ~ i halsen (fig)* get a lump in one's throat; **~e** *v* clot; *~e sig sammen (om personer etc)* mass together; **~et** *adj* lumpy; **~fod** *s* club foot.
kluntet *adj* clumsy.
klynge *s* cluster; *(menneske~)* group // *v: ~ sig til en* cling to sby.
klynke *v* whimper; cry; **~eri** *s* whining.
klæbe *v* stick; cling; *malingen ~r* the paint sticks; *~ plakater op* stick up posters; **~bånd, ~strimmel** *s* adhesive tape; **klæbrig** *adj* sticky.
klæde *s* cloth; *~r pl* clothes // *v* dress, clothe; *(passe til)* suit; *~ (sig) af* undress; *~ (sig) på* dress; *~ sig om* change; *~ om til middag* dress for dinner; *klædt ud som klovn* dressed up as a clown; *dårligt klædt* badly dressed; *pænt klædt* well-dressed; *~ en af til skindet* strip sby naked; *(fig)* fleece sby; **~bøjle** *s* coathanger; **~børste** *s* clothes brush; **~dragt** *s* clothing.
klædning *s* clothing; **~sstykke** *s* garment.
klæg *s (om brød etc)* pasty; *(om jord)* sticky.

klækkelig *adj: en ~ sum penge* a handsome sum of money.

klø *spl* beating; *en ordentlig gang ~* a sound beating // *v (slå)* beat; *(kradse)* scratch; *min næse ~r* my nose tickles; *~ sig i nakken* scratch one's neck; **~e** *s* itch(ing).

kløft *s* cleft; *(i klipper)* ravine, crevasse; *(i hagen)* dimple; *(fig)* gap; *der er en ~ imellem dem* there is a gap between them.

kløgtig *adj* shrewd, bright; *han er ikke videre ~* he is not very bright.

klør *s (i kortspil)* clubs *pl; en ~* a club; *~ dame* queen of clubs.

kløve *v* split, cleave; *~ brænde* chop wood.

kløver *s* clover; **~bladsudfletning** *s* cloverleaf.

km *(fork.f. kilometer): han kørte 100 km/t* he went at 100 km/h (kilometres per hour).

knage *s* peg // *v* creak; **~me** *adv: han er ~me ikke rigtig klog* he is jolly mad; *den er ~me god* it is jolly good.

knald *s* bang; *(om skud)* crack; *(om prop)* pop; *(abegilde)* beano; (V! *samleje)* screw; *han har ~ i låget* (F) he has got bats in the belfry; *det var ~ eller fald* it was touch-and-go; **~e** *v* bang; crack; *(slå i stykker)* smash; *(gå i stykker)* break; (V! *have samleje)* screw, have it off; *hun ~ede ham en lussing* she socked him one; *~e døren i* slam the door; *~e røret på (tlf)* slam down the receiver; **~roman** *s* thriller; **~rød** *adj* bright red.

knallert *s* moped; *(fyrværkeri)* cracker; **~fører** *s* moped driver.

knap *s* button; *(på radio etc)* knob; *tryk på ~pen* press the button; *tælle på ~perne* be in two minds // *adj/adv* scarce, scanty; *(næppe)* hardly, scarcely; *(kun lige)* barely; *han var ~ inde før...* he was barely inside when...; *vi kender ham ~ nok* we hardly know him; *i ~t et år* for almost a year; *det varer ~ ti minutter* it will be about ten minutes; **~hul** *s* buttonhole; **~pe** *v* button (up); *~pe op* unbutton; **~penål** *s* pin.

knase *v* crackle; *(med objekt)* crunch; *~nde sprød* crunchy, crisp.

knast *s* knot.

knastør *adj* bone-dry.

kneb *s (fif)* trick; *(kniben)* pinch; *alle ~ gælder* it is a free-for-all.

kneben *adj* scarce, narrow; *her er ~ plads* it is cramped here; *vinde med ~t flertal* win by a narrow majority.

kneble *v* gag.

knejse *v (rage op)* tower; *(kro sig)* strut; *(holde hovedet højt)* hold one's head high.

knibe *v* fix, tight spot // *v* pinch; *(klemme)* squeeze; *nu ~r det vist for ham* he is in trouble now; *~ sig i armen* pinch one's arm; *~ munden sammen* tighten one's lips; *~ øjnene sammen* screw up one's eyes; *det ~r med smør* we are short of butter.

knibtang *s: en ~* a pair of pincers.

knipling *s* lace.

knippel *s (politi~)* truncheon; *~- adj* jolly, thumping *(fx god* good).

knipse *v* flick; *(om fx guitarstreng)* pluck; *(foto)* snap; *~ med fingrene* snap one's fingers.

knirke *v* creak.
knitre *v (om ild etc)* crackle; *(om papir etc)* rustle.
kniv *s* knife; *der er krig på ~en mellem dem* they are at daggers drawn; **~skarp** *adj* razor-sharp; **~stik** *s* stab.
kno *s* knuckle.
knob *s* knot.
knofedt *s* elbow grease.
knogle *s* bone.
knojern *s* knuckle duster.
knokle *v* slave away.
knold *s* clod; *(høj)* knoll; *(hoved)* nob; *(bot)* bulb.
knop *s* knob; *(bot)* bud; *(bums etc)* pimple, spot; *han giver mig røde ~per* he makes me come out in spots; *skyde ~per* bud; **~skydning** *s* budding.
knotten *adj* grumpy.
knubs *s* blow.
knude *s* knot; *(svulst etc)* lump, tumour; *(frisure)* bun; *slå ~ på en snor* tie a knot in a string; *løse en ~ (op)* untie a knot; *gøre ~r* make trouble; **~punkt** *s* junction; **knudret** *adj* knotty, gnarled; *(indviklet, uklar)* intricate.
knuge *v* squeeze, press; *(omfavne)* hug; *(tynge)* oppress; *føle sig ~t* feel oppressed.
knurhår *s* whiskers *pl.*
knus *s: give en et ~* give sby a hug; **~e** *v* break, smash; *(omfavne)* hug; *det ~te hans hjerte* it broke his heart; **~ende** *adj: han tog det med en ~ende ro* he did not turn a hair; *et ~ende nederlag* a shattering defeat.
kny *s: uden at ~* without a murmur.
knyst *s* bunion.
knytnæve *s* fist.
knytte *v* tie *(sammen* up); *være ~t til en* be attached to sby; *et ~t tæppe* a knotted carpet; *~ en forbindelse* establish a connection.
knæ *s* knee; *ligge på ~* be on one's knees, be kneeling; *stå i vand til ~ene* be knee-deep in water; **~beskytter** *s* knee-pad; **~bukser** *spl* breeches; **~bøjning** *s* knee bend, (H) genuflection.
knægt *s* boy, lad; *(i kortspil)* jack; *hjerter ~* jack of hearts.
knæhase *s* hollow of the knee.
knæk *s* crack; *(på rør etc)* bend; *(ombøjning)* fold; *der lød et ~* there was a crack; *han fik et ~* he had a blow; **~brød** *s* crispbread; **~ke** *v* break, crack; *(med et smæld)* snap; *~ke nødder* crack nuts; *~ke midt over* break in two; *~ke sammen af grin* double up laughing; *~ke sig* (F) be sick.
knækort *adj* knee-length.
knæle *v* kneel *(for en* to sby).
knæ. . . sms: **~skade** *s (akut)* knee injury; *(længere varende, ældre)* bad knee; **~skal** *s* knee cap; **~strømpe** *s* knee sock.
ko *s* cow; *der er ingen ~ på isen* there is no danger.
koagulere *v* coagulate.
kobber *s* copper; **~stik** *s* copperplate; *(om billedet)* print.
koble *v* couple; *~ ngt sammen* couple sth; *~ fra* disconnect; *~ til* connect; *~ af (fig)* relax; **kobling** *s* coupling; *(auto)* clutch; *slippe koblingen* release the clutch; *træde på koblingen* depress the clutch.
kode *s* code; **~lås** *s* combination lock; **~ord** *s* code word.
kodriver *s (bot)* primrose.
kofanger *s (auto)* bumper.
kog *s: komme i ~* come to the boil; *holde i ~* keep boiling; **~e** *v* boil; *(lave mad)* cook;

kedlen ~er the kettle is boiling; *~e suppe* make a soup; *lade ngt ~e op* parboil sth; *~e over* boil over.
koge... sms: **~bog** *s* cookery book; **~grejer** *spl* cooking utensils; **~kunst** *s* cooking, cuisine; **~plade** *s* hotplate; **~pose** *s: ris i ~pose* boil-in-the-bag rice; **~punkt** *s* boiling point; **~sektion** *s* hob.
kogle *s* cone.
kogning *s* boiling; *(madlavning)* cooking.
kogsalt *s* cooking salt.
kok *s* cook; *(køkkenchef)* chef.
kokain *s* cocaine; (F) snow.
kokasse *s* cow-pat, cow dropping.
koket *adj* flirtatious; **~tere** *v* flirt; *~tere med ngt* play upon sth; **~teri** *s* flirtation.
kokkepige *s* cook.
kokos... sms: **~mel** *s* desiccated coconut; **~måtte** *s* coconut mat; **~nød** *s* coconut; **~palme** *s* coconut palm.
koks *spl* coke; *der er gået ~ i det* (F) it has gone haywire; **~e** *v* (F) go bonkers; *~e i det* bungle; **~grå** *s* charcoal (grey).
kolbøtte *s* somersault; *slå en ~* do a somersault.
kold *adj* cold; *slå ~t vand i blodet* keep one's head; *vise en en ~ skulder* give sby the cold shoulder; *det ~e bord* smorgasbord; **~blodig** *adj* cool, composed; **~blodighed** *s* composure; **~brand** *s* gangrene.
kolibri *s* humming bird.
kolik *s* colic.
kollega *s* colleague.
kollegium *s (studenterbolig)* hall of residence.
kollektiv *s* commune // *adj* collective; *~ aftale* collective agreement; *~ trafik* public transport; **~hus** *s* commune.
kollidere *v* collide; **kollision** *s* collision.
kolon *s* colon.
koloni *s* colony.
kolonialhandel *s* grocer's shop.
kolonihave *s* allotment.
kolonisere *v* colonize.
kolonne *s* column; *(arbejds~)* gang.
kolorit *s* colouring.
kolos *s* colossus; **~sal** *adj* enormous; **~salt** *adv: ~salt stor* enormously big.
kombination *s* combination; **~slås** *s* combination lock;
kombinere *v* combine.
komedie *s* comedy, play; *(halløj)* row; *(forstillelse)* play-acting; **~spil** *s* play-acting.
komet *s* comet; **~agtig** *adj: en ~agtig karriere* a meteoric career.
komfortabel *adj* comfortable.
komfur *s* cooker, kitchen range; *elektrisk ~* electric cooker; *gas~* gas cooker; *bord~* hob.
komik *s* comedy, comic; *kan du se ~ken?* do you see the joke? **~er** *s* comedian; **komisk** *adj* comic(al), funny.
komité *s* committee; *sidde i en ~* be on a committee.
komma *s* comma; *(i tal)* point; *5,75* five point seven five *(NB! skrives på eng: 5.75); i løbet af nul ~ fem* in no time.
kommandere *v* command; *~ med en* order sby around.
kommando *s* command; *gøre ngt på ~* do sth on command; *have ~en over* be in command of; **~bro** *s (mar)* bridge; **~tropper** *spl* commando troops; **~vej** *s: gå ~vejen* go through the proper channels.

kommandør *s* commander.
komme *s* approach; coming // *v* come; *(ankomme)* arrive; *(om bevægelse, rejse, følelse)* get; *(putte)* put; *(hælde)* pour; *kom nu!* come on! *vi ~r nu!* (we are) coming! *han ~r kl. 5* he is coming *(el.* arriving) at 5; *de kom for sent* they were (too) late; *~ sig (blive bedre)* improve; *(blive rask)* recover *(af* from); *hvordan ~r man til lufthavnen?* how do you get to the airport? *~ sukker i teen* put sugar in the tea; *~ mælk i koppen* pour milk into the cup; *det ~r af at...* it is because...; *det ~r an på dig* it depends on you, it is up to you; *han kom efter bilen* he came for the car; *~ frem (dvs. ~ videre)* get on; *(nå frem)* get through; *(blive afsløret)* be revealed; *han kom hen til mig* he came up to me; *~ igen* come back, return; *~ ind* get in; *~ ind i* enter; *~ ind på en sag* touch on a matter; *må jeg ~ med?* may I come along too? *de kom med vinen* they brought the wine; *hun kom med en undskyldning* she came up with an excuse; *~ sammen* meet, get together; *hun ~r sammen med en fyr* she is going steady with a bloke; *kan du ~ til?* can you manage? *~ til at gøre ngt* do sth by accident *(el.* mistake); *det ~r du til at lave om* you will have to do that again; *lad nu mig ~ til!* let me have a go! *~ til kræfter* recover; *kom du ngt til?* did you get hurt? *~ tilbage* come back, return; *de ~r godt ud af det sammen* they get on well together; *~ ud for ngt* meet with sth; *det ~r ud på ét* it comes to the same thing; *det er ikke til at ~ uden om* there is no getting away from it; *det ~r ikke dig ved* it is none of your business; *hvad ~r det dig ved?* what business is that of yours?
kommen *s (bot)* caraway seeds *pl; ~ og gåen* comings and goings *pl.*
kommende *adj* coming, future; *i den ~ tid* in future, from now on; *de ~ to år* the next two years.
kommentar *s* comment; **kommentator** *s* commentator; **kommentere** *v* comment on.
kommerciel *adj* commercial.
kommis *s* shop assistent.
kommission *s* commission, board.
kommode *s* chest of drawers.
kommunal *adj* local, municipal; **~bestyrelse** *s* town council; **~valg** *s* local election.
kommune *s* municipality, local authority; **~bibliotek** *s* municipal library; **~skat** *s* local tax; **~skole** *s* municipal school; *sv. ofte t.* local school.
kommunikation *s* communication; **~smiddel** *s* means of communication; **kommunikere** *v* communicate.
kompagni *s* company; **~skab** *s* partnership; *gå i ~skab med en* enter into partnership with sby.
kompagnon *s* partner.
kompakt *adj* compact.
kompas *s* compass; *efter ~set* by the compass.
kompensation *s* compensation; **kompensere** *v* compensate.
kompetence *s* competence; *have ~ til at* have the authority to; **~givende** *adj* qualifying; **kompetent** *adj*

competent, qualified.
kompleks *s* complex; *(bygn)* block of houses // *adj (sammensat)* complex.
komplet *adj* complete; *(negativt)* sheer, utter; *det er ~ spild af kræfter* it is sheer waste of energy; *~ åndssvag* utterly stupid; **~tere** *v* complete; *(supplere)* supplement.
kompliceret *adj* complex, complicated.
komplikation *s* complication; *der stødte ~er til* there were complications.
kompliment *s* compliment; **~ere** *v* compliment; *må jeg ~ere dig for dit arbejde?* may I compliment you on your work?
komplot *s* conspiracy, plot.
komponent *s* component.
komponere *v* compose; **komponist** *s* composer.
kompostbunke *s* compost heap.
kompot *s* stewed fruit.
kompres *s* compress.
komprimere *v* compress.
kompromis *s* compromise; *indgå ~* (make a) compromise.
komsammen *s* get-together.
koncentration *s* concentration; **~slejr** *s* concentration camp.
koncentrere *v* concentrate *(sig om* on).
koncern *s* firm, combine, group.
koncert *s* concert; *(om musikstykke, fx violin~)* concerto; **~flygel** *s* concert grand; **~mester** *s* (orchestra) leader; **~sal** *s* concert hall.
kondensator *s* condenser; **kondensere** *v* condense; **kondens(vand)** *s* condensation.
kondi *s* fitness, condition; *holde ~en i orden* keep fit; **~cykel** *s* exercise bike; **~løb** *s* jogging; **~rum** *s* exercise room; **~sko** *spl* trainers; **~tion** *s* condition.
konditor *s* confectioner; **~i** *s* confectioner's; *(om lokalet)* tea-room; **~kage** *s* fancy cake.
konditræning *s* fitness training.
kondom *s* condom, sheath.
konduktør *s (i bus, sporvogn)* conductor; *(i tog)* ticket collector.
kone *s (hustru)* wife; *(kvinde)* woman; *(hushjælp)* char-(woman); *han har ~ og børn* he has a wife and family; *hun er ~n i huset* she is the mistress of the house; *hils din ~!* remember me to your wife!
konfekt *s* chocolates; *lakrids~* liquorice allsorts; *dobbelt ~* the same thing twice over.
konfektion *s* ready-made clothing; **~ssyet** *adj* ready-made.
konference *s* conference; congress; *han er til ~* he is at a conference.
konferere *v (sammenligne)* compare; *(forhandle)* confer.
konfetti *s* confetti.
konfirmand *s* young person due for confirmation; **konfirmation** *s* confirmation.
konfiskere *v* confiscate, seize.
konflikt *s* conflict; **~e** *v* conflict, go *(el.* be) on strike; **~ramt** *adj (ved strejke)* strikebound.
konfrontation *s* confrontation; **konfrontere** *v* confront.
konfus *adj* confused; **~ion** *s* confusion.
konge *s* king; **~blå** *adj* royal blue; **~dømme** *s* kingdom; **~familie** *s* royal family; **~hus** *s* royal family, dynasty; **~krone** *s* royal crown; **~lig** *adj* royal; *de ~lige* the royal fa-

mily; *Det ~lige Teater* The Royal Theatre; **~loge** *s (teat etc)* royal box; **~par** *s* royal couple; **~rige** *s* kingdom; *~riget Danmark* the Kingdom of Denmark; **~skib** *s* royal yacht; **~slot** *s* royal palace; **~tro** *adj* royalist; **~ørn** *s* golden eagle.

kongres *s* congress, conference.

konjunktion *s (gram)* conjunction; **konjunktiv** *s (gram)* the subjunctive.

konjunktur *s* economic situation; *dårlige ~er, lav~* depression; *høj~* boom; **~stigning** *s* boom.

konkludere *v* conclude; **konklusion** *s* conclusion.

konkret *adj (ikke abstrakt)* concrete; *(bestemt)* definite; *få en ~ aftale* get a definite agreement.

konkurrence *s* competition; **~deltager** *s* competitor; **~dygtig** *adj* competitive; **~evne** *s* competitiveness.

konkurrent *s* competitor, rival.

konkurrere *v* compete; *~ med en om ngt* compete with sby for sth; *~ en ud* oust a competitor.

konkurs *s* bankruptcy // *adj* bankrupt; *gå ~* be bankrupt; **~bo** *s* bankrupt's estate; *(om aktieselskab)* winding-up estate; **~ramt** *s* bankrupt.

konkylie *s* conch, shell.

konsekvens *s (følge)* consequence; *(fornuft)* consistency; **konsekvent** *adj* consistent.

konservativ *adj* conservative; *de ~e (pol)* the Conservatives *(el.* the Conservative Party).

konservatorium *s* academy of music.

konservere *v* preserve; **konservering** *s* preservation; **konserveringsmiddel** *s* preservative.

konserves *s* tinned food; **~dåse** *s* tin.

konsistens *s* consistency; **~fedt** *s* grease.

konsonant *v* consonant.

konsortium *s* syndicate.

konspirere *v* conspire.

konstant *s/adj* constant.

konstatere *v* find; *(påvise)* establish, demonstrate; *(fastslå)* state, note; *~ gift i vinen* demonstrate poison in the wine; *der er ~t tilfælde af mund- og klovsyge på egnen* cases of foot-and-mouth disease have been recorded in the region.

konstitueret *adj* acting, temporary.

konstitution *s* constitution.

konstruere *v* construct; **konstruktion** *s* construction; **konstruktiv** *adj* constructive.

konstruktør *s* constructor, designer; *(tekn)* engineer.

konsul *s* consul; **~at** *s* consulate.

konsulent *s* adviser, consultant; *min juridiske ~* my legal adviser.

konsultation *s* consultation; *(læges)* surgery; **~stid** *s* surgery hours.

konsument *s* consumer; **konsumere** *v* consume; **konsumvarer** *spl* consumer goods.

kontakt *s* contact; *(elek)* switch; *(fig)* touch; *han er svær at få ~ med* he is difficult to get in touch with; **~annoncer** *spl* personal column; **~e** *v* contact; **~linse** *s* contact lens.

kontant *adj* cash; *(fig, ligefrem)* straightforward; *(håndgribelig)* concrete; *købe ~* buy for cash; *mod ~ beta-*

ling on cash payment; *betale* ~ pay cash; *et* ~ *svar* a straightforward answer; **~er** *spl* cash; **~pris** *s* cash price; **~rabat** *s* cash discount.

kontingent *s* subscription.

konto *s* account; **~kort** *s* credit card.

kontor *s* office; **~assistent** *s* typist; **~chef** *s (i ministerium) sv.t.* permanent under-secretary; *(øvrige) sv.t.* head of departmemt; **~hus** *s* office block; **~ist** *s* clerk; **~personale** *s* office staff; **~tid** *s* office hours.

kontoudtog *s* bank statement.

kontrabas *s* double bass.

kontrakt *s* contract, agreement; *skrive* ~ *med en* make up an agreement *(el.* contract) with sby; *hæve en* ~ cancel a contract; *i henhold til ~en* under the agreement *(el.* contract); **~ansat** *adj* appointed on a contract basis; **~brud** *s* breach of contract; **~mæssig** *adj* contractual.

kontra... sms: **~ordre** *s* counterorder; **~punkt** *s (mus)* counterpoint; **~spionage** *s* counter-espionage.

kontrast *s* contrast; *stå i* ~ *til* contrast with.

kontrol *s* control; *(opsyn)* supervision; *(~sted)* control, checkpoint; *føre* ~ *med ngt* keep control on sth, supervise sth; *gå til* ~ *hos lægen* go for a medical check-up; **~anordning** *s* control device; **~foranstaltning** *s* control measure; **~lere** *v* control; *(holde øje med)* supervise; *(undersøge)* check; **~lør** *s* inspector, supervisor; *(af billetter)* ticket collector; *(teat)* attendant; *(ved fodboldbane)* gateman; **~tårn** *s (fly)* control tower; **~ur** *s* time clock.

kontur *s* outline.

konversation *s* conversation; **~sleksikon** *s* encyclopaedia.

konversere *v* chat; *(formelt)* make conversation.

konvertere *v* convert; *(blive omvendt)* be converted.

konvoj *s* convoy, escort.

konvolut *s* envelope.

kooperation *s* co-operation; **kooperativ** *s/adj* co-operative.

koordinere *v* co-ordinate.

kop *s* cup; *et par ~per* a cup and saucer; *en* ~ *te* a cup of tea.

kopi *s* copy; *et brev med en (el. to) kopi(er)* a letter in duplicate *(el.* triplicate); **~ere** *v* copy; *(efterligne)* imitate; **~maskine** *s* photocopier.

kopper *spl (med)* smallpox; **koppevaccination** *s* smallpox vaccination.

kor *s (sangkor)* choir; *(del af kirke)* choir; *synge (el. råbe) i* ~ sing *(el.* cry) in chorus; *hun synger i et* ~ she is singing in a choir.

koral *s* coral; **~rev** *s* coral reef; **~ø** *s* atoll.

Koranen *s* the Koran.

kordegn *s* sexton; **~ekontor** *s sv.t.* parish office.

korende *s* currant.

koreograf *s* choreographer; **~i** *s* choreography.

kork *s* cork; **~prop** *s* cork.

kormusik *s* choral works *pl.*

korn *s* corn; *(om kerne etc)* grain; **~avl** *s* cultivation of grain; **~blomst** *s* cornflower.

kornet *s (mus)* cornet.

kornmark *s* corn field; **kornsort** *s* cereal.

korporlig *adj* corporal, bodily.

korps *s* corps, body.

korrekt *adj* correct; *(nøjagtig)* accurate.

korrektur *s* proof; *læse* ~ *på*

en bog read the proofs for a book; ~**læser** *s* proofreader.
korrespondance *s* correspondence; ~**kursus** *s* correspondence course; **korrespondent** *s* correspondent; **korrespondere** *v* correspond.
korridor *s* corridor.
korrigere *v* correct.
korrupt *adj* corrupt; ~**ion** *s* corruption.
kors *s* cross; *lægge armene over* ~ fold one's arms; *med benene over* ~ with crossed legs; *krybe til ~et* eat humble pie; *~, hvor er han dum!* God, how stupid he is!
korsang *s* choral singing; *(om sangen)* part song.
korse *v: ~ sig over ngt* be appalled at sth.
korset *s* corset; *(hofteholder)* girdle.
korsfæstelse *s* crucifixion.
kort *s* card; *(land~, bil~)* map; *(post~)* postcard; *et ~ over London* a map of London; *skal vi tage et slag ~?* shall we play a game of cards? *vil du give ~?* will you deal? // *adj* short; *(kortfattet)* brief; *om ~ tid* shortly, soon; *for ~ tid siden* recently, a short time ago; *~ efter* shortly after; *~ sagt* in short; *~ for hovedet* curt.
kortbølge *s* short wave; ~**behandling** *s* short-wave diathermy.
kortege *s* cortege.
kort. . . sms: ~**fattet** *adj* brief, concise; ~**fristet** *adj* short-term; ~**hed** *s* shortness; briefness; *(se kort); fatte sig i ~hed* be brief; *sagt i al ~hed* to be brief; ~**håret** *adj* short-haired; ~**lægge** *v* map; ~**sigtet** *adj* short-term; ~**slutning** *s* short circuit; ~**slutte** *v* short-circuit; ~**spil** *s* card game; *(om selve kortene)* pack of cards; ~**varig** *adj* brief, transitory.
kosmetik *s* cosmetics *pl;* **kosmetisk** *adj* cosmetic.
kosmisk *adj* cosmic.
kost *s (feje~)* broom; *(barber~ etc)* brush; *(sømærke)* shallows marker.
kost *s (føde)* food, diet; *have en på ~* have sby as a boarder; *betale for ~ og logi* pay for board and lodging; *det er skrap ~!* it is heavy stuff!
kostald *s* cowshed.
kostbar *adj* valuable, precious; *(dyr)* expensive; *gøre sig ~* need to be persuaded; ~**hed** *s* preciousness; *(~ ting)* treasure.
koste *v* cost; *hvad ~r den bog?* how much is that book? *den ~r alt for meget* it is far too expensive; *det ~de ham livet* it cost him his life; *~ hvad det ~ vil* at all costs, cost what it may.
kosteskab *s* broom cupboard; **kosteskaft** *s* broomstick.
kostskole *s* boarding school.
kostume *s* costume; ~**bal** *s* fancydress ball; ~**tegner** *s* costume designer.
kotelet *s* chop, cutlet.
koøje *s (mar)* porthole.
kr *(fork.f. kroner)* crowns.
krabat *s* fellow, bloke.
krabbe *s* crab.
kradse *v* scratch; *(skrabe)* scrape; *(irritere)* irritate; *(om tøj)* be scratchy; *~ sig på maven* scratch one's stomach; *den trøje ~r* that cardigan is scratchy; *~ 'af* (F) kick the bucket; *~ ngt ned* jot sth down.
kraft *s* strength, force; *(elek etc)* power; *(gyldighed)* force; *brug dine kræfter* use your strength; *køre for fuld ~* run

at full steam; *samle kræfter* build up one's strength; *komme til kræfter* recover one's strength; *af alle kræfter* with all one's might; *i ~ af* by virtue of; *træde i ~* come into force; *sætte ud af ~* annul, cancel; **~anstrengelse** *s* exertion; **~idiot** *s* blithering idiot.

kraftig *adj* strong, powerful; *(energisk)* vigorous; *(om person)* stout, heavy; *~t bygget* strongly built; *advare en på det ~ste* give sby a strong warning.

kraftudtryk *s* oath, swearword; **kraftværk** *s* power station.

krage *s* crow; **~tæer** *spl (fig)* scrawl.

krak *s (på børsen etc)* crash.

krakilsk *adj* finicky.

krakke *v* crash, (F) go bust.

kram *s* stuff, things *pl; kunne sit ~* know one's stuff; *det passer i mit ~* it suits me down to the ground; *få ~met på en* get the upper hand over sby.

kramme *v (klemme)* squeeze, crush; crumple; *(gramse på)* paw; *(kæle for)* cuddle; *~ ngt sammen* crumple sth up; *kysse og ~* kiss and cuddle; *~ ud med ngt* come out with sth.

krampagtig *adj* forced.

krampe *s* convulsions *pl; (mindre trækning)* spasm; *(i foden etc)* cramp; **~anfald** *s* convulsive fit; **~latter** *s* hysterical laughter; **~trækning** *s* spasm.

kran *s* crane; **~fører** *s* crane driver.

kraniebrud *s* fractured skull; **kranium** *s* skull.

krans *s* wreath; **~e** *v* wreathe; *(omgive)* surround; **~ekage** *s* almond cake.

krat *s* scrub, brushwood.

krav *s* demand; *(jur)* claim; *(ved eksamen, stillingsbesættelse)* requirement; *gøre ~ på* claim; demand; *stille et ~* make a demand.

krave *s* collar; **~ben** *s* collar bone; **~knap** *s* (collar) stud.

kravle *v* crawl; **~barn** *s* toddler; **~dragt** *s* rompers *pl;* **~gård** *s* playpen.

kreativ *adj* creative.

kreatur *s* head of cattle; *~er pl* cattle, livestock.

krebinet *s (gastr)* meat rissole.

krebs *s* crab, crayfish; *Krebsen (astr)* Cancer; *Krebsens vendekreds* the Tropic of Cancer.

kredit *s* credit; **~ere** *v* credit; **~kort** *s* credit card; **~køb** *s* credit buying; **~oplysningsbureau** *s* credit rating agency; **~or** *s* creditor; **~værdighed** *s* credit rating.

kreds *s* circle, ring; *(distrikt)* district; *(omgangs~)* set, circle; *(valg~)* constituency; *sidde i ~* sit in a circle; *i venners ~* among friends; *kendt i vide ~e* widely known.

kredse *v* circle; *~ om ngt (fig)* revolve around sth.

kredsløb *s (anat, med, fig)* circulation; *(elek)* circuit; *(om rumskib etc)* orbit.

krematorium *s* crematorium.

Kreml *s (i Moskva)* the Kremlin.

krepere *v* (F) kick the bucket; *(ærgre)* annoy.

krible *v* prickle; *det ~r i mine fingre efter at...* my fingers are itching to...

kridt *s* chalk; *købe på ~* (F) buy on tick; **~e** *v* chalk; *~e skoene (og stå fast)* dig in one's heels; **~hus** *s: være i ~huset hos en* be in sby's good books; **~pibe** *s* clay pipe.

krig *s* war; *(krigsførelse)* warfare; *erklære ~ mod* declare war on; *gå i ~* go to war; *han faldt i ~en* he was killed in the war; *under ~en* during the war; *gå i ~ med ngt (fig)* tackle sth.

kriger *s* warrior; **~isk** *adj* belligerent.

krigs... sms: **~erklæring** *s* declaration of war; **~forbrydelse** *s* war crime; **~forbryder** *s* war criminal; **~førelse** *s* warfare; **~humør** *s: være i ~humør* be on the warpath; **~invalid** *s* disabled soldier; **~maling** *s (også fig)* warpaint; **~ret** *s: blive stillet for en ~ret* be court-martialled; **~råd** *s* council of war; **~skib** *s* warship; **~sti** *s: være på ~stien* be on the warpath; **~tid** *s* wartime; *i ~tid* in times of war.

krimi *s* (F) whodunit.

kriminal... sms: **~assistent** *s sv.t.* detective inspector; **~betjent** *s* detective constable; **~film** *s* detective film; **~forsorg** *s* penal system; **~politi** *s* criminal police; **~roman** *s* detective story, (F) whodunit.

kriminel *adj* criminal; *den ~le lavalder* the age of criminal responsibility.

krimskrams *s* scrawl; *tegne ~* doodle.

kringle *s* pretzel // *v: han forstår at ~ den* (F) he knows how to fix it; **~t** *adj* intricate.

krinkelkroge *spl* nooks and crannies.

krise *s* crisis; **~ramt** *adj* depressed *(fx område* area); **~tid** *s* depression.

kristen *adj* Christian; **~dom** *s* Christianity.

kristtorn *s* holly.

Kristus *s* Christ; *før Kristi fødsel (f.Kr.)* before Christ (B.C.); *efter Kristi fødsel (e.Kr.)* anno Domini (A.D.).

kritik *s* criticism; *(anmeldelse)* review; *bogen fik god ~* the book got good reviews; **~er** *s* critic; *(anmelder)* reviewer; **kritisere** *v* criticize; **kritisk** *adj* critical; *(afgørende)* crucial; *det kritiske punkt* the crucial point.

kro *s (hotel)* inn; *(værtshus)* pub; *(hos fugle)* crop // *v: ~ sig* strut; **~ejer** *s* innkeeper.

krog *s* hook; *(hjørne)* corner; *(haspe etc)* catch; *bide på ~en (også fig)* rise to the bait; *trænge en op i en ~* corner sby; **~et** *adj* crooked, bent.

kroket *s (spil)* croquet; *(gastr)* croquette.

krokodille *s* crocodile.

krokone *s* landlady.

krokus *s (bot)* crocus.

krom *s (kem)* chromium.

kromand *s* innkeeper.

kronblad *s (bot)* petal.

krone *s (også om mønt)* crown; *(lyse~)* chandelier; *(træ~)* top; *han fik sat ny ~ på tanden* he had his tooth crowned; *han har ikke en ~ tilbage* he has not got a penny left; *plat el. ~* heads or tails; *slå plat og ~ om* toss up for // *v* crown.

kronhjort *s* red deer; *(om hannen)* stag.

kronik *s* feature article.

kroning *s* coronation.

kronisk *adj* chronic; *~ syg* chronically ill; *~ dranker* chronic alcoholic.

kronjuveler *spl* crown jewels *pl.*

kronologisk *adj: i ~ orden* in chronological order.

kronprins *s* crown prince.

krop *s (legeme)* body; *(kroppen alene)* trunk; *hun rystede over hele ~pen* she was trembling all over; *hun har*

ikke en trævl på ~pen she has not got a stitch on; **~sbevidst** *adj* body-conscious; **~sbygning** *s* build; **~slig** *adj* physical; **~snær** *s* clinging, close fitting *(fx kjole* dress); **~svisitation** *s* search, (F) frisking.
krostue *s* taproom; **krovært** *s* innkeeper; *(på værtshus)* publican.
krudt *s* (gun)powder; *(fut)* go, pep; *skyde med løst ~* fire blanks; *spare på ~et (fig)* save one's energy; *han har ikke opfundet ~et* he is not exactly a genius.
krukke *s* jar, pot; *(om person)* affected person; **~ri** *s* affectation; **~t** *adj* affected.
krum *adj* crooked, bent; **~bøjet** *adj* bent, stooping.
krumme *s* crumb; *der er ~r i den dreng* that boy has got guts // *v* bend, bow; *~ sig sammen* double up, bend over; *~ ryg (om kat etc)* arch one's back; *~ tæer (fig)* feel ashamed.
krumning *s (på vej, bane etc)* bend; *(det at krumme)* bending.
krum... sms: **~rygget** *adj* bent; **~spring** *s* caper; **~tap** *s (tekn)* crank.
krus *s* mug; *(om hår)* frizzle; **~e** *v (om hår)* frizzle; *(om vand)* ruffle.
krusedulle *s* flourish; *tegne ~r* doodle.
kruset *adj (om hår)* frizzy, woolly; *(om vand)* ruffled.
krustade *s (gastr)* patty shell.
kry *adj* pert; *(fræk)* cheeky.
krybbe *s* manger.
krybdyr *s* reptile.
krybe *v (kravle)* crawl; *(klatre)* climb; *(snige sig)* creep; *(fig)* cringe; *(om tøj)* shrink; *~ for en* fawn on sby; *~ op i sofaen* crawl onto the settee; *~ sammen* huddle; **~kælder** *s* crawl space; **~spor** *s (på motorvej)* slow lane.
krybskytte *s* poacher; **~i** *s* poaching.
krydder *s sv.t.* big rusk.
krydderi *s* spice.
krydder... sms: **~nellike** *s* clove; **~sild** *s* pickled herring; **~urt** *s* herb.
krydre *v* season; **~t** *adj* spicy, seasoned.
kryds *s* cross; *(mus)* sharp; *(gade~ etc)* crossing, crossroads; *(~togt)* cruise; *sætte ~ ved ngt* put a cross against sth; *over (el. på) ~* crosswise; *~ og bolle* noughts and crosses; *på ~ og tværs* this way and that; **~e** *v* cross; *(mar)* beat; *(sejle omkring)* cruise; *~e navne af* tick off names; *~e op mod vinden (mar)* beat up against the wind; *~e fingre for en* cross one's fingers for sby; **~ermissil** *s* cruise missile.
kryds... sms: **~finér** *s* plywood; **~forhør** *s* cross-examination; **~ild** *s* cross-fire; **~-og-tværs, ~ord** *s* crossword puzzle; **~togt** *s* cruise.
krykke *s* crutch; *gå med ~r* walk on crutches.
krympe *v* shrink; *~ sig ved at gøre ngt* shrink at doing sth; **~fri** *adj* non-shrink; **krympning** *s* shrinking.
krypt *s (i kirke)* crypt; **~isk** *adj* cryptic.
krysantemum *s* chrysanthemum.
krystal *s* crystal; **~glas** *s* crystal (glass); **~klar** *adj* crystal(-clear); **~lisere** *v* crystallize; **~sukker** *s (hugget sukker)* lump sugar.
kryster *s* coward.
kræft *s* cancer; **~behandling** *s*

cancer therapy; **~fremkaldende** *adj* carcinogenic; **~svulst** *s* (cancer) tumour.
kræmmerhus *s (af papir)* screw of paper; *(gastr)* cone.
krænge *v (mar, hælde)* heel (over); *(fly)* bank; *(vende vrangen ud)* turn inside out; *~ en skjorte af* strip off a shirt; *~ en strømpe på* roll on a sock.
krænke *v* offend; *(såre)* hurt; *(overtræde, bryde)* violate, break; *hun blev dybt ~t* she was deeply hurt; *blive ~t over ngt* be offended at sth; *~ loven* break the law; **~lse** *s* offence; breach; violation.
kræs *s* delicacies *pl*, goodies *pl*; **~e** *v: ~e op for en* do sby proud.
kræsen *adj* particular; *(meget ~)* squeamish.
kræve *v (forlange)* demand, require; *(~ som sin ret)* claim; *(behøve)* require, call for; *~ erstatning* claim damages; *~ ind* be demanding; *~ penge ind* collect money; *~ en til regnskab* call sby to account; *dette ~r stor omhu* this calls for exactitude.
krøbling *s* cripple.
krøl *s* curl, frizzle; *han har ~ i håret* he has curly hair; **~fri** *adj* crease-resistant.
krølle *s* curl; *(slange~)* ringlet; *hun har naturlige ~r* she has a natural curl; *grisen slog ~ på halen* the pig curled up its tail // *v (om hår)* curl; *(om papir, tøj)* crumple, crease; *~ papir sammen* crumple up paper; *~ sig sammen* curl up; **~jern** *s* curling iron.
kråse *s (om fugle)* gizzard.
kubikmeter *s* cubic metre; **kubikrod** *s* cube root.
kue *s* cow, subdue.
kuffert *s* suitcase; *(stor)* trunk; *(weekend~)* bag; *pakke sin ~* pack one's suitcase; *pakke ~en ud* unpack.
kugle *s* ball, globe; *(gevær~ etc)* bullet; *spille ~r* play marbles; *skyde sig en ~ for panden* blow one's brains out; **~hoved** *s (til skrivemaskine)* golf-ball; **~leje** *s* ball-bearing; **~pen** *s* ballpoint (pen); **~stød** *s (sport)* shot-putting.
kujon *s* coward; **~ere** *v* bully.
kuk *s: ikke et ~* not a word; **~ke** *v (om gøg)* call; *sidde og ~ke* sit all alone, mope; **~ker** *s (gøg)* cuckoo; **~ur** *s* cuckoo clock.
kul *s* coal; *(træ~, tegne~)* charcoal; *(kem)* carbon; *lægge ~ i ovnen* put coal on the fire; **~brinte** *s (kem)* hydrocarbon.
kuld *s (om dyr)* litter; *(om fugle)* brood; *et ~ studenter* the students of the year.
kulde *s* cold; *det er 10 graders ~* it is 10 degrees below zero; *ryste af ~* shiver with cold; *dø af ~* die of cold; **~gys(ning)** *s* shiver.
kuldioxid *s* carbon dioxide.
kuldskær *adj* sensitive to cold; **kuldslået** *adj* tepid.
kulhydrat *s* carbohydrate; **kulilte** *s* carbon monoxide.
kuling *s* wind, breeze; *stiv ~* strong breeze; *hård ~* moderate gale.
kulisse *s (teat)* wing; *(dekoration)* set piece; *der foregår ngt i ~rne* there is sth going on behind the scenes.
kul. . . sms: **~kasse** *s* coal box; **~kælder** *s* coal cellar; *han er helt nede i ~kælderen (fig)* he is really depressed; **~mine** *s* coal-mine; **~minearbejder** *s* coal-miner.
kulminere *v* culminate.

kulravende *adv: ~ mørkt* pitch-dark.
kulret *adj* crazy.
kul. . . sms: **~sort** *adj* pitch-black; **~spand** *s* coal scuttle; **~stof** *s (kem)* carbon; **~støv** *s* coaldust; **~syre** *s (kem)* carbonic acid; *(som luftart)* carbon dioxide; *(i sodavand)* fizz.
kultiveret *adj* cultivated.
kultur *s* culture; civilization; **~center** *s* cultural centre; **~el** *adj* cultural; **~historie** *s* history of civilization; **~ministerium** *s* Ministry of Cultural Affairs.
kultveilte *s* carbon dioxide.
kulør *s* colour; *(til sovs)* browning; *sætte ~ på foretagendet* jazz things up; *bekende ~ (i kortspil)* follow suit; *(fig)* show one's hand; **~t** *adj* coloured; *~te blade* glossy magazines; **~tvask** *s* coloureds *pl.*
kumme *s (vaske~)* (wash)basin; *(wc~)* (toilet) bowl; **~fryser** *s* chest freezer.
kun *adv* only; *(~ lige)* just; *(udelukkende)* merely; *der er ~ lidt te tilbage* there is only a little tea left; *drengen er ~ seks år* the boy is only six; *pigen er ~ lige ti år* the girl is just ten; *hun er ~ et barn* she is a mere child.
kunde *s* customer; **~kreds** *s* customers *pl,* clientele.
kundskab *s (viden)* knowledge; *(kendskab)* information; *~er* knowledge; *vi har fået ~ om at. . .* we have been informed that. . .
kunne *v (være i stand til)* be able to; *(forstå, kende)* know; *(om mulighed, tilladelse)* may; *(om vane)* will; *jeg kan ikke lide ham* I do not like him; *han kan løbe 20 km på en time* he can run 20 km in an hour; *jeg kan tale engelsk* I can speak English; *vi ~ ikke finde hende* we could not find her; *han ~ godt komme* he was able to come; *hun kan sine lektier* she knows her lessons; *han kan tysk* he knows German; *de kan komme når som helst* they may be here any time; *det kan da godt være* that may be; *vi ~ måske besøge ham* we might visit him; *du kan godt gå nu* you may go now; *han kan sidde og se tv i timevis* he will sit watching the telly for hours; *de kan ikke med hinanden* they do not get on; *kan du så holde op!* will you stop it! do stop it! *så kan det være nok! that will do!*
kunnen *s* ability; competence; *(viden)* knowledge.
kunst *s* art; *(dygtighed)* skill; *(~stykke)* trick; *han samler på ~* he collects art; *~en at stave* the art of spelling; *det er ingen ~* that is a piece of cake; *efter alle ~ens regler* thoroughly; *de skønne ~er* the fine arts; **~akademi** *s* art school; **~art** *s* (line of) art; **~færdig** *adj* ingenious; *(kompliceret)* elaborate; **~genstand** *s* objet d'art; **~gødning** *s* artificial fertilizer; **~historie** *s* art history; **~håndværk** *s* (handi)craft.
kunstig *adj* artificial; *(syntetisk også:)* man-made; *(neds)* false; imitation; *~e tænder* false teeth; *~t åndedræt* artificial respiration; *~t fremstillet* imitation, man-made *(fx læder* leather); *~t lys* artificial light.
kunst. . . *i sms:* **~industri** *s* applied art; **~læder** *s* imita-

tion leather; **~maler** *s* artist, painter; **~museum** *s* art gallery.

kunstner *s* artist; **~isk** *adj* artistic; **~kittel** *s* smock.

kunst. . . *i sms:* **~silke** *s* artificial silk; **~skøjteløb** *s* figure skating; **~stykke** *s* trick; **~værk** *s* work of art.

kup *s* coup; *(fig)* scoop; *(stats~)* coup d'état; *gøre et ~ (fig)* make a good haul.

kupé *s (jernb)* compartment.

kuperet *adj (om terræn)* hilly; *(om hund)* docked.

kupforsøg *s* attempted coup.

kupon *s* coupon.

kuppel *s* dome; *(mindre)* cupola; *(til lampe)* globe.

kur *s* cure, treatment; *(ved hoffet)* court; *hun er på ~* she is undergoing treatment; *(om slankekur)* she is on a diet; *gøre ~ til en* court sby.

kurere *v (helbrede)* cure; *nu er han vist ~t (iron)* I think he has had it now.

kuriositet *s* curio(sity).

kurs *s (retning)* course; *(om penge)* rate of exchange; *(om værdipapirer)* going rate; *sætte ~en mod England* set out for England; *have ~ mod ngt* be heading for sth; *komme ud af ~* get off one's course; *være i høj ~* be high; *(fig, populær)* be popular.

kursiv *s (om skrift)* italics; **~ere** *v* print in italics.

kursted *s* health resort.

kursus *s* course *(i* on).

kurv *s* basket; *give en en ~* send sby packing.

kurve *s* curve; *(om vej)* bend; **~kuffert** *s* wicker trunk; **~møbler** *spl* wicker furniture; **~stol** *s* basket chair.

kusine *s* (female) cousin; *de er fætter og ~* they are cousins.

kusk *s* driver.

kusse *s* (V!) cunt.

kustode *s* attendant.

kutter *s (mar)* cutter.

kuvert *s (konvolut)* envelope; *(ved bordet)* cover; *foret ~* padded envelope; **~brød** *s* roll.

kuvøse *s* incubator.

kvadrat *s* square; **~isk** *adj* square; **~meter** *s* square metre; **~rod** *s* square root.

kvadrere *v* square.

kvaj *s* ass, clot; **~e** *v: ~e sig* make a gaffe; **~hoved, ~pande** *s* ass.

kvaksalver *s* quack; **~i** *s* quackery.

kval *s* agony, anguish; *have ~er med ngt* have trouble with sth.

kvalificere *v: ~ sig til ngt* qualify for sth.

kvalifikation *s* qualification; **~skamp** *s (sport)* qualifying match.

kvalitet *s* quality; **~sbevidst** *adj* quality-conscious.

kvalme *s* nausea; *have ~* feel sick; *jeg får ~ af det* it makes me sick.

kvantitet *s* quantity.

kvantum *s* quantity.

kvark *s* quarg.

kvart *s* quarter; *(mus)* fourth; *klokken er ~ i (el. over) et* it is a quarter to *(el.* past) one // *adj* quarter of.

kvartal *s* quarter, three months; **~svis** *adj* quarterly.

kvarter *s (om tid)* quarter (of an hour); *(bydel)* district; *(mil)* quarters; *klokken er et ~ i (el. over) fire* it is a quarter to *(el.* past) four; *om tre ~* in three quarters of an hour, in forty-five minutes; *et ~s tid* a quarter of an hour.

kvartet *s (mus)* quartet.

kvartfinale *s (sport)* quarter-finals *pl.*

kvarts *s* quartz; ~**ur** *s* quartz watch *(el.* clock).
kvas *s (grene, kviste)* brushwood.
kvast *s* tassel; *(pudder~)* puff.
kvidder *s (om fugle)* chirping, twitter; *jeg forstår ikke et* ~ I do not understand a word; **kvidre** *v* chirp, twitter.
kvie *s (ung ko)* heifer // *v: ~ sig ved ngt* shrink (back) from sth.
kvik *adj (opvakt)* bright; *(rask)* well; *(hurtig)* quick; *han er et ~t hoved* he is bright; *lad det nu gå lidt ~t!* hurry up now!
kvikke *v: ~ (op) (dvs. opmuntre)* cheer up; *kaffe ~r* coffee is stimulating.
kviksølv *s* mercury.
kvindagtig *adj* effeminate.
kvinde *s* woman *(pl:* women); *(neds)* female; ~**bevægelse** *s* the women's *(el. feminist)* movement; ~**frigørelse** *s* women's lib; ~**hader** *s* woman-hater; ~**hus** *s* women's refuge; ~**kønnet** *s* the female sex; ~**lig** *adj* female, woman; *(feminin)* feminine, womanly; *~lig læge* woman doctor; ~**lighed** *s* femininity; ~**litteratur** *s* women's literature; ~**læge** *s* gynaecologist; ~**menneske** *s (neds)* female; ~**sagen** *s* feminism; ~**sagskvinde** *s* feminist, women's libber; ~**sygdom** *s* women's disease; ~**tække** *s: han har ~tække* he is a lady-killer.
kvint *s (mus)* fifth.
kvintet *s (mus)* quintet.
kvist *s (på gren)* twig; *(på hus)* attic; ~**lejlighed** *s* attic (flat); ~**vindue** *s* dormer.
kvit *adj: så er vi ~* that makes us quits; *blive en ~* get rid of sby; *~ eller dobbelt* double or quits; *få ngt ~ og frit* get sth free of debt; ~**te** *v* give up, (F) quit.
kvittere *v* sign; give a receipt; *(gøre gengæld)* repay; **kvittering** *s* receipt.
kvæg *s* cattle; *10 stk. ~* ten head of cattle; ~**avl** *s* cattle breeding; ~**besætning** *s* livestock; ~**flok** *s* herd of cattle; ~**race** *s* breed of cattle.
kvæk *s (om frø)* croaking; *ikke et ~* not a word; ~**ke** *v* croak.
kvæle *v* choke; *(med reb etc)* strangle; *(ved mangel på luft)* suffocate, stifle; *(ved tilstopning af luftvejen)* smother; *han blev kvalt i en mundfuld kød* he choked on a piece of meat; *hun kvalte ham med en pude* she stifled him with a cushion; *~ en gaben* stifle a yawn; *det er ~nde varmt* it is stifling hot.
kvælerslange *s* boa constrictor; **kvælertag** *s* stranglehold.
kvælstof *s* nitrogen.
kværn *s* (grinding) mill; ~**e** *v* grind; *(snakke)* gabble.
kværulant *s* grumbler; **kværulere** *v* grumble *(over* about).
kvæste *v* injure, bruise; *der var mange ~de* many people were injured; *han er helt ~t (fig)* he has got a bad hangover; ~**lse** *s* injury, bruise.
kyle *v* fling.
kylling *s* chicken; *stegt ~* roast chicken; ~**egryde** *s (gastr)* chicken casserole.
kyndig *adj (dygtig)* skilled; *(vidende)* knowledgeable; ~**hed** *s* skill; knowledge.
kynisk *adj* cynical.
kys *s* kiss; *(let, fx på kinden)* peck.
kyse *s* bonnet.
kysk *adj* chaste; ~**hed** *s* chastity.
kysse *v* kiss; *(let)* peck; *~ hinanden (el. ~s)* kiss; ~**tøj** *s* (F) kisser.

kyst *s* coast; *(strand)* shore; *(feriested)* seaside; *langs ~en* along the coast; *tage ud til ~en* go to the seaside; *byen ligger ved ~en* the town is on the coast *(el.* at the seaside); **~fiskeri** *s* inshore fishing; **~klima** *s* maritime climate; **~linje** *s* coastline; **~vagt** *s* coastguard.

kysægte *adj* kissproof.

kæbe *s* jaw; **~ben** *s* jawbone; **~hulebetændelse** *s* maxillary sinusitis; **~stød** *s* hook to the chin.

kæde *s* chain // *v: ~ sammen* link up; **~brev** *s* chain letter; **~forretning** *s* chain store; **~kasse** *s (på cykel etc)* chain guard; **~reaktion** *s* chain reaction; **~ryger** *s* chain-smoker; **~sting** *s* chain stitch.

kæft *s: hold ~!* shut up! *der kom ikke en ~* (S) not a soul turned up; **~e** *v: ~e op* shout.

kæk *adj* brave, bold; **~hed** *s* bravery, boldness.

kælder *s* cellar; *(~etage)* basement; **~rum** *s* cellar.

kæle *v: ~ for en* carress sby; *~ for sit arbejde* take pains over one's work; **~barn** *s* pet; **~dyr** *s* pet; **~n** *adj (om barn etc)* affectionate; *(forelsket)* amorous; *(om stemme)* languishing; **~navn** *s* pet name; **~ri** *s* cuddling; *(seksuelt)* necking.

kælk *s* sledge, toboggan; **~e** *v* sledge.

kælling *s* old woman; *en gammel ~ (neds)* an old hag; *hun er en dum ~* she is a stupid cow; **~eknude** *s* granny knot.

kælve *v* calve.

kæmpe *s* giant // *v* fight; *(hårdt)* struggle; *(konkurrere)* compete; *~ sig frem* struggle along; *~ om guldet* compete for the gold.

kæmpe... *i sms:* **~høj** *s* barrow // *adj* giant; **~mæssig** *adj* giant; **~stor** *adj* gigantic.

kænguru *s* kangaroo.

kæntre *v* capsize.

kæp *s* stik; *stikke en ~ i hjulet for en* throw a spanner in the works for sby; **~hest** *s* hobbyhorse; **~høj** *adj* pert, fresh.

kær *s* pond, pool; *(sump)* marsh // *adj (elsket)* dear, beloved; *(sød)* sweet, dear; *~e hr. NN* dear Mr. NN; *~e ven!* my dear (friend)! *er det ikke en ~ unge?* isn't that a darling child; *er hun ikke ~?* isn't she a dear?

kæreste *s (mandlig)* fiancé, boy friend; *(kvindelig)* fiancée, girl friend; **~brev** *s* love letter; **~sorg** *s* lovesickness.

kærkommen *adj* welcome.

kærlig *adj* affectionate, loving; *~ hilsen fra... (i brev)* love from...; **~hed** *s* love, affection; *kaste sin ~hed på en* fall in love with sby; *det er hans store ~hed* it is his passion; *erklære en sin ~hed* declare one's feelings to sby; *han skal få ~heden at føle* he'll catch it; **~hedsforhold** *s* love affair; **~hedsroman** *s* love story.

kærnemælk *s* buttermilk.

kærtegn *s* caress; **~e** *v* caress.

kætter *s* heretic; **~i** *s* heresy.

kø *s* queue; *(billard~)* cue; *stå i ~* queue up.

køb *s* purchase; *(det at købe ngt)* buying; *(handel)* bargain; *~ og salg* buying and selling; *gøre et godt ~* make a bargain; *oven i ~et* into the bargain; *få ngt med i ~et* get sth thrown in; **~e** *v* buy, purchase; *~e ngt af en for 50p* buy sth off sby at 50 p; *~e ind* go shopping; *~e en ud* buy sby out; **~edygtig** *adj* with

money to spend; **~ekraft** *s (om kunder)* spending power; *(om penge)* purchasing power.
København Copenhagen; **k~er** *s* Copenhagener; **k~sk** *adj* Copenhagen.
køber *s* buyer, purchaser.
købesum *s* purchase price.
købmand *s* grocer; *(grosserer)* merchant; *gå til ~en* go to the grocer's; **~sforretning** *s* grocer's, general store; **~sskole** *s* commercial school.
købstad *s* borough.
kød *s (på levende væsen)* flesh; *(som mad)* meat; *~ og blod* flesh and blood; *stegt ~* roast meat; *gå alt ~ets gang* go the way of all flesh; **~ben** *s* bone; **~bolle** *s* meat ball; **~elig** *adj (mods: åndelig)* bodily; *(sanselig)* carnal; *han er min ~elige fætter* he is my first cousin; **~fars** *s* forcemeat; **~gryde** *s* stewpan; *blive hjemme ved ~gryderne* stay home in the kitchen; **~hakkemaskine** *s* mincer; **~hammer** *s* (meat) tenderizer; **~rand** *s* moulded meat ring; *(fig)* crowd; **~suppe** *s* soup, meat broth; **~ædende** *adj* carnivorous *(fx plante* plant).
køje *s(på skib etc)* berth; *(i hus)* bunk; *gå til køjs* turn in; (F) hit the sack; **~seng** *s* bunk bed.
køkken *s* kitchen; *(om kogekunst)* cuisine; **~adgang** *s: værelse med ~adgang* a room with access to kitchen; **~bord** *s* kitchen table; **~dør** *s* back entrance; **~have** *s* vegetable garden; **~maskine** *s* kitchen appliance; **~rulle** *s* kitchen roll; **~salt** *s* cooking salt; **~trappe** *s* backstairs; **~udstyr** *s* kitchenware; *(hårde hvidevarer)* kitchen hardware; **~vask** *s* kitchen sink.
køl *s* keel; *på ret ~* on an even keel.
køle *v* cool, chill; *regnen ~r* the rain is cooling; *~ ngt af* chill sth; **~bil** *s* refrigerated van; **~disk** *s* refrigerated counter.
køler *s (auto)* radiator; **~gitter** *s* radiator grille; **~hjelm** *s* bonnet; **~væske** *s* anti-freeze.
køle... *i sms:* **~skab** *s* refrigerator, (F) fridge; **~skabskold** *adj* straight from the fridge; **~taske** *s* insulated bag; **~vand** *s* cooling water; **~vogn** *s (jern)* refrigerator van.
kølig *adj* cool; *(ubehageligt ~)* chilly; *det er ~t vejr* the weather is chilly; **~hed** *s* coolness; chill.
Køln Cologne.
kølvand *s* wake.
køn *s* sex; *(gram)* gender; *det modsatte ~* the opposite sex // *adj* pretty; nice; *en ~ udsigt* a pretty view; *du er en ~ en!* you are a nice one! *det er en ~ redelighed!* it is a pretty mess!
køns... *i sms:* **~celle** *s* gamete; **~dele** *spl* genitals; **~liv** *s* sex life; **~organ** *s* sexual organ; **~rolle** *s* sex role; **~sygdom** *s* venereal disease, VD.
køre *s: ud i én ~* non-stop // *v* drive; *(motorcykel, cykel)* ride; go; *(afgå)* leave; *~ bil* drive (a car); *~ en hjem* drive *(el.* take) sby home; *~ med toget* go by train; *han ~r på cykel til arbejdet* he rides his bike to work; *~ ind i en mur* run into a wall; *~ forkert* take the wrong road; *~ frem for rødt lys* drive through the red lights; *~ galt*

have an accident; ~ *ind til siden* pull in to the side; *må jeg ~ med?* can you give me a lift? ~ *en ned* run sby down; *blive kørt over* be run over; ~ *en tur* go for a drive; **~bane** *s* roadway; *(om bane på motorvej)* lane; **~klar** *adj (i orden)* in running order; *(parat)* ready to start; **~kort** *s* driving licence; *han blev frataget ~kortet* he had his licence suspended; **~lejlighed** *s* lift; **~lærer** *s* driving instructor; **~plan** *s* timetable; **~prøve** *s* driving test; **~stol** *s* wheelchair; **~tur** *s* ride; *(i egen bil)* drive, run; **~tøj** *s* vehicle.
kørsel *s* driving; *(transport)* haulage; *(edb)* run; *der er to timers ~ til byen* it is two hours' drive into town; *farlig ~* dangerous driving; **~sretning** *s* direction of travelling.
kørvel *s* chervil.
køter *s* cur.
kåbe *s* coat; *(fig)* cloak.
kåd *adj* playful; *(tankeløs)* wanton.
kål *s (især hvid~, rød~)* cabbage; *(grøn~)* kale; **~hoved** *s* head of cabbage; **~orm** *s* caterpillar; **~rabi, ~roe** *s* swede.
kår *spl* circumstances; *trange ~* poor circumstances.
kåre *v* choose; select; **kåring** *s* election; selection.

L

lab *s* paw; *suge på ~ben* tighten one's belt.
laban *s* rascal.
labbe *v: ~ ngt i sig* lap sth up.
laber *adj* (F) super; *en ~ larve* (S) an eyeful, a bird.
laborant *s* lab(oratory) technician; **laboratorium** *s* laboratory, (F) lab.
labskovs *s* stew.
lade *s* barn // *v* let, allow to; *(foregive)* pretend; *lad os vente og se* let us wait and see; *lad hende være (i fred)* leave her alone; ~ *som om man er ung* pretend to be young; *lad være (med det)!* don't (do that)! *hun kunne ikke ~ være med at grine* she could not help laughing; ~ *som ingenting* behave as if nothing had happened; *det ~r til at være i orden* it seems to be OK.
ladning *s* load; *(om skib)* cargo; *(elek)* charge.
lag *s* layer; *(maling, lak etc)* coat; *gå i ~ med ngt* tackle sth; *et ~ maling* a coat of paint.
lage *s (gastr)* pickle; *lægge agurker i ~* pickle cucumbers.
lagen *s* sheet.
lager *s* store; *(i forretning)* stock; *have ngt på ~* keep sth in stock.
lagkage *s* layer cake.
lagre *v* store; *(lægge til modning)* mature; *en ~t ost* a matured cheese; **lagring** *s* storage; maturing.
lak *s (fernis)* lacquer; *(maling)* enamel; *(til møbler, negle)* varnish, polish; **~fjerner** *s* lacquer remover; *(til negle)* nail varnish remover.
lakrids *s* liquorice; **~konfekt** *s* liquorice allsorts.
laks *s* salmon.
laksko *s* patent leather shoe.
laksørred *s* sea trout.
lalle *v* drivel; *~nde idiot* blithering idiot.
lam *s* lamb // *adj* paralyzed.
lamel *s (i træbund)* slat.
lametta *s* tinsel.
lamhed *s* paralysis; **lamme** *v*

paralyse; *stå som lammet* be petrified *(af skræk* with fear).
lammekød *s* lamb.
lammelse *s* paralysis.
lammesteg *s* roast lamb; **lammeuld** *s* lambswool.
lampe *s* lamp; **~feber** *s* stage fright; **~skærm** *s* lampshade.
lampet *s* wall bracket.
lamslået *adj* dumbfounded.
lancere *v* launch.
land *s* country; *(jord)* land(s); *gå i ~* go ashore; *trække i ~ (fig)* backtrack; *rejse over ~ (el. til ~s)* go by land; *ude på ~et* in the country; *tage på ~et* go into the country; *her til ~s* in this country; **~arbejder** *s* farm worker; **~befolkning** *s* rural population.
landbrug *s* farming; *(faget)* agriculture; *(landejendom)* farm; **~er** *s* farmer; **~sjord** *s* farm land; **~sministerium** *s* Ministry of Agriculture; **~sskole** *s* agricultural school.
lande *v* land; *(om fly, også:)* touch down.
landevej *s* country road; *lige ud ad ~en (om person)* straightforward; *(om ngt nemt)* simple; *på ~en* on the road; **~sløb** *s (cykling)* road race.
land... *sms:* **~flygtig** *adj* exiled; **~flygtighed** *s* exile; **~gang** *s* landing; **~gang(sbro)** *s* gangway; **~handel** *s* general store; *blandet ~handel* sundry shop.
landing *s* landing; *(om fly, også:)* touch-down; **~sbane** *s* runway.
land... *sms:* **~jorden** *s: på ~jorden* on dry land; **~kort** *s* map; **~krabbe** *s (neds)* landlubber; **~lig** *adj* rural; **~mand** *s* farmer; **~måler** *s* surveyor; **~måling** *s* surveying; **~område** *s* territory.
lands... *sms:* **~by** *s* village; **~bykirke** *s* village church; **~del** *s* part of the country; **~forræder** *s* traitor; **~forræderi** *s* treason; **~forvisning** *s* exile; **~hold** *s: det engelske ~hold* the English international team, the English eleven.
landskab *s* landscape, scenery; **~elig** *adj* scenic.
landskamp *s* international (match).
landskinke *s* ham.
landsmand *s* fellow countryman; *hvad ~ er du?* what nationality are you?
landsomfattende *adj* nationwide.
landsret *s sv.t.* high court and court of appeal.
landsted *s* country seat; **landvin** *s* local wine.
lang *adj* long; *(høj)* tall; *hele natten ~* all night long; *få en ~ næse* be disappointed; *i ~ tid* for a long time; *blive ~ i ansigtet* pull a long face; *(se også langt);* **~drag** *s: trække i ~drag* go on and on.
lange *v (række)* hand; *~ ud efter ngt* reach out for sth; *~ ud efter en* hit out at sby.
langemand *el. langfinger s* middle finger.
lang... *sms:* **~fart** *s* long voyage; **~fredag** *s* Good Friday; **~fristet** *adj* long-term *(fx lån* loan); **~håret** *adj* long-haired; **~rend** *s (på ski)* cross-country skiing.
langs *adv/præp* along; *~ med* along; *på ~* lengthwise; *ligge på ~* be in bed.
langsigtet *adj* long-term.
langsom *adj* slow; **~t** *adv* slowly; *uret går for ~t* the watch *(el.* clock) is slow; *~t men sikkert* slowly but sure-

ly; *~t virkende* slow-acting.
langstrakt *adj* lengthy.
langsynet *adj* long-sighted.
langt *adv* far; *(+ superlativ)* by far; *~ væk* far away; *der er ~ til stationen* it is a long way to the station; *~ inde i skoven* deep in the forest; *~ ud på natten* late in the night; *ikke på ~ nær* not by a long chalk; *~ den bedste* by far the best.
langtids... *sms:* **~holdbar** *adj* with a long shelf life; **~ledig** *s/adj* long-term unemployed; **~parkering** *s* long-term parking.
lang... *sms:* **~trukken** *adj* prolonged; **~turschauffør** *s* long-distance lorry driver; **~varig** *adj* lengthy, prolonged; **~vejs** *adv: ~vejs fra* from far away.
lanterne *s* lantern.
lap *s (på tøj etc)* patch; *(stykke papir)* piece of paper; *(se også same);* **~pe** *v* patch, mend; *~pe cykel* mend a puncture; **~pegrejer** *spl* (bicycle) repair outfit.
laps *s* dandy; **~et** *adj* foppish.
larm *s* noise; **~e** *v* make a noise; **~ende** *adj* noisy.
larve *s (zo)* caterpillar; (F, *om pige)* bird.
las *s* rag.
laserstråle *s* laser beam.
laset *adj* tattered.
lasket *adj* flabby.
last *s (uvane, synd)* vice; *(byrde)* weight, load; *(ladning)* cargo; *(lastrum)* hold; **~bil** *s (åben)* truck; *(lukket)* van; *(stor, tung)* lorry; **~e** *v (tage om bord)* load; *(bebrejde)* blame; **~vogn** *s d.s.s. ~bil;* **~vognstog** *s* lorry and trailer, (F) juggernaut.
lathyrus *s (bot)* sweet pea.
latin *s* Latin; **~sk** *adj* Latin.
latter *s* laughter; *(~anfald, måde at le på)* laugh; *slå en høj ~ op* burst into a loud laugh; *vække ~* be the laughing stock; **~gas** *s* laughing gas; **~krampe** *s: få ~krampe* go into fits of laughter; **~lig** *adj* ridiculous.
laurbærblad *s* bay leaf; **laurbærkrans** *s* laurel wreath.
lav *s (bot)* lichen; *(håndværker~)* guild.
lav *adj (ikke høj)* low; *(gemen)* mean; *(om vand)* shallow.
lava *s* lava.
lave *s: af ~* out of order; *(om fx verden)* out of joint; *gå i ~* go right // *v (fremstille)* make; *(gøre)* do; *(reparere)* mend, repair; *hvad ~r du?* what are you doing? *~ mad* cook, prepare a meal; *~t af* made of; *~ ngt om* change sth; *~ til* prepare; *~ cykel* mend one's bicycle; *få ~t låsen (også:)* have the lock seen to.
lavendel *s* lavender.
lavine *s* avalanche.
lav... *sms:* **~konjunktur** *s* depression; **~land** *s* lowland; **~prisvarehus** *s* discount store.
lavtlønnet *adj* low-paid; **lavtlønstillæg** *s* supplement for low-paid workers.
lavtryk *s (om vejret)* depression.
lavvande *s (ebbe)* low water, low tide; **~t** *adj* shallow.
le *s* scythe // *v* laugh *(ad* at); *~ af glæde* laugh with joy.
led *s (retning)* direction; *(anat)* joint; *(i kæde)* link; *(låge)* gate; *på den lange ~* lengthwise; *gå af ~* be dislocated; *være af ~* be out of joint; *være et ~ i ngt* be part of sth.
led *adj (ækel)* disgusting; *være ~ og ked af ngt* be fed up

with sth.
leddelt *adj* articulated.
leddeløs *adj (om fx stol)* rickety; *(fig, om person)* weak.
lede *s (væmmelse)* disgust *(ved* at), loathing *(ved* of).
lede *v (føre)* lead; *(vejlede)* guide; *(stå for)* manage; *(søge)* look; *(grundigt)* search; *(elek etc)* conduct; *~ et møde* chair a meeting; *~ en på sporet* give sby a clue; *~ efter en* look for sby; *~ huset igennem* search the house.
ledelse *s* management; *(vejledning)* guidance; *under ~ af (mus)* conducted by.
ledende *adj* leading.
leder *s* leader; *(elek)* conductor; *(artikel)* leading article.
ledig *adj (ubesat)* vacant, unoccupied; *(arbejdsløs)* unemployed; *(fri)* free; **~hed** *s* unemployment.
ledning *s (elek)* wire; *(til lampe etc)* lead; *(rør)* pipe; **~svand** *s* tap water.
ledsage *v* accompany; *(som beskyttelse)* escort; **~lse** *s* accompaniment; escort; **~r** *v* companion; escort.
leg *s* play; *(spil etc efter regler)* game; *det går som en ~* it is going on wheels; *holde op mens ~en er god* stop while the going is good.
legal *adj* legal; **~isere** *v* legalize.
legat *s (studie~)* scholarship; *(fra staten)* grant.
legation *s* legation.
lege *v* play; *(foregive)* pretend; *~ sørøvere* play at pirates; *~ med ngt* play with sth; *(pille ved)* toy with sth; *må jeg ~ med?* may I join you? **~gade** *s* play street; **~kammerat** *s* playmate.
legeme *s* body.
legems. . . *sms:* **~del** *s* part of the body; **~størrelse** *s: i ~størrelse* life-size; **~vægt** *s* (body)weight; **~øvelser** *spl (i skolen)* physical ecucation.
legendarisk *adj* legendary; **legende** *s* legend.
lege. . . *sms:* **~plads** *s* playground; **~syg** *adj* playful; **~tøj** *s* toys *pl; et stykke ~tøj* a toy; **~tøjsbutik** *s* toyshop.
legitimation *s (bevis, kort)* identification papers; **legitimere** *v: legitimere sig* identify oneself.
lejde *s: frit ~* safe-conduct.
leje *s* bed; *(færge~)* berth.
leje *s (lejemål)* lease; *(betaling)* rent; *værelse til ~* room for hire; *bo til ~* rent a room (, flat, house); *bo til ~ hos en* lodge with sby // *v* rent; *(for kort tid også:)* hire; *~ en bil* hire *(el.* rent) a car; *~ ngt ud (om hus, lejlighed)* let; *(om fx bil, båd)* hire out; **~kontrakt** *s (for hus)* lease; *(for fx bil)* hire contract; **~mål** *s* lease.
lejer *s (af bolig)* tenant; *(for lang tid)* leaseholder; *(af værelse)* lodger; *(af bil)* hirer; **~forening** *s* tenants' association.
lejesoldat *s* mercenary.
lejlighed *s (bolig)* flat; *(gunstig ~)* chance, opportunity; *(anledning)* occasion; *leje en ~* rent a flat; *benytte ~en* take the opportunity; *få ~ til at* have a chance to; *ved ~* some day; **~svis** *adv* occasionally.
lejr *s* camp; *ligge i ~, slå ~* camp; **~bål** *s* campfire; **~e** *v: ~e sig (dvs. lægge sig ned)* lie down; *(slå ~)* camp; **~skole** *s* camp school; **~sport** *s* camping.
leksikon *s (konversations~)* encyclopaedia; *(ordbog, mindre leksikon)* dictionary.

lektie *s* lesson; *lave ~r* do one's homework; **~hjælp** *s* (private) coaching.
lektion *s* lesson.
lektor *s (gymnasie~) sv.t.* senior teacher; *(univ)* senior lecturer.
lekture *s* reading matter.
lem *s (dør)* hatch; *(klap)* shutter; *(legemsdel)* limb; *ud af ~men!* get out! *det mandlige ~* the male member; *risikere liv og ~mer* risk one's life.
lemlæste *v* mutilate.
lempe *s: fare med ~* go easy // *v (flytte, lette)* ease; *(tilpasse)* adapt; *~ kontrollen* relax control; **~lig** *adj* gentle; *(om fx betingelser)* easy.
ler *s* clay; **~due** *s* clay pigeon; **~et** *adj* clayey; **~varer** *spl* pottery, earthenware.
lesbe *s,* **lesbisk** *adj* lesbian.
let *adj (ikke tung)* light; *(nem)* easy; *(svag)* slight // *adv* lightly; easily; slightly; *gå ~ hen over ngt* pass lightly over sth; *have ~ ved ngt* do sth easily; *en ~ forkølelse* a slight cold; *det er ~tere sagt end gjort* it is easier said than done; *~ påklædt* lightly dressed; **~fattelig** *adj* easily understood; **~fordærvelig** *adj* perishable; **~fordøjelig** *adj* digestible.
lethed *s (om vægt)* lightness; *(nemhed)* ease; easiness.
let... *sms:* **~købt** *adj* cheap; **~matros** *s* ordinary seaman; **~metal** *s* light metal; **~mælk** *s* low-fat milk, semi-skimmed milk; **~sindig** *adj (uansvarlig)* irresponsible; *(ligeglad)* careless; *(for hurtig, uoverlagt)* rash; **~sindighed** *s* irresponsibility; carelessness; rashness.
lette *v (om vægt)* lighten; *(gøre nemmere)* make easier; *(om fly)* take off; *(om tåge)* lift; *~ anker* weigh anchor; *~ sit hjerte* unburden oneself; *det ~de!* what a relief! *~ en i hans arbejde* make sby's job easier for him; *~ ben (om hund)* cock a leg; **~lse** *s* relief; **~t** *adj* relieved; *ånde ~t op* breathe again.
let... *sms:* **~tilgængelig** *adj* accessible; *(let at forstå)* easily understood; **~vægt** *s (sport)* lightweight; **~vægts-** lightweight *(fx habit* suit).
leve *s: udbringe et ~ for en* give three cheers for sby // *v* live; *(være i live)* be alive; *~ af grønsager* live on vegetables; *~ for sit arbejde* live for one's work; *~ for 500 kr om måneden* live on 500 kr a month; *han ~r og ånder for musik* music is his whole life; *~ med i ngt* take a strong interest in sth; *~ op til* live up to; *~ sammen med en* live with sby; *de ~r sammen* they live together.
levebrød *s* livelihood; *(stilling)* job; **levefod** *s* standard of living.
levende *adj* living; *(efter verbum)* alive; *(foran substantiv, ikke om person)* live; *(livlig)* lively; *i ~ live* (while) alive; *slippe ~ fra ngt* escape sth alive; *~ lys* candle; *være ~ interesseret i ngt* take a lively interest in sth.
leveomkostninger *spl* cost of living.
lever *s* liver; *tale frit fra ~en* speak one's mind.
leverance *s* delivery; **leverandør** *s* supplier.
leverbetændelse *s* hepatitis.
levere *v (aflevere, merk)* deliver; *(forsyne)* supply; *(fremstille)* produce; *(fremskaffe)* provide.

levering *s* delivery; *(forsyning)* supply; *til ~ i uge 9* for delivery in week 9; *betales ved ~en* payable on delivery; **~sdygtig** *adj* able to deliver; **~stid** *s* date of delivery; *14 dages ~stid* to be delivered within 14 days.

leverpostej *s* liver pâté; **levertran** *s* cod liver oil.

leve. . . *sms:* **~standard** *s* standard of living; **~tid** *s* lifetime, life; **~vej** *s* career; job; **~vis** *s* way of life.

levn *s* relic; **~e** *v* leave.

levned *s* life; **~smiddel** *s* foodstuff.

levning *s (også fortids~)* relic; **~er** *spl (om mad)* left-overs; *(ruiner)* remnants.

libaneser *s,* **libanesisk** *adj* Lebanese; **Libanon** Lebanon.

liberal *adj* liberal; **~isme** *s* liberalism.

Libyen Libya; **libyer** *s,* **libysk** *adj* Libyan.

licens *s* licence; *betale fjernsyns~* pay the TV licence fee.

licitation *s: udbyde ngt i ~* invite tenders for sth.

lide *v* suffer *(af* from); *~ nød* suffer deprivation; *~ nederlag* be defeated; *~ tab* suffer losses.

lide *v: kunne ~* like; *jeg kan bedre ~ den ost* I prefer that cheese; *jeg kan ikke ~ ham* I don't like him.

lidelse *s* suffering; *(sygdom)* disease; *(elendighed)* misery; *den guitar er en ~ at høre på* it is agony to listen to that guitar; **~sfælle** *s* fellow-sufferer; **~shistorien** *s (rel)* the Passion.

lidende *adj* suffering.

lidenskab *s* passion; **~elig** *adj* passionate.

liderlig *adj* randy; *(neds)* lecherous.

lidet *adv* not very, little; *~ tilfredsstillende* not very satisfactory.

lidt *adj* little // *adv* a little, slightly; *kun (el. bare) ~* just a little; *vil du have ~ te?* would you like some tea? *vent ~!* wait a minute! *~ efter* a little later; *~ efter ~* little by little; *om ~* in a minute; *for ~ siden* a moment ago.

lift *s (baby~)* carrycot; *få et ~* get a lift; **~e** *v* hitchhike.

lig *s* dead body; *(jur, med)* corpse; *ligne et ~* look like death.

lig *adj (lignende)* like; *(~ med)* equal to; *to og to er ~ fire* two and two equals *(el.* is) four.

liga *s* league.

ligbrænding *s* cremation.

lige *adj (ikke skæv)* straight; *(direkte)* direct; *(jævnbyrdig)* even; *(ligeberettiget)* equal; *i ~ linje* in a straight line; *(om nedstamning)* in direct line; *~ for ~* fair is fair // *adv (ikke skævt)* straight; *(direkte)* directly; *(ligeligt)* equally; *(jævnt)* evenly; *(netop)* just; *~ før han kom* just before he came; *det er ~ meget* it does not matter; *de er ~ store* they are the same size; *han er ~ så tyk som hun* he is just as fat as she is; *~ nu* just now, this minute; *kør bare ~ ud* just drive straight on; *vi bor ~ ved søen* we live close to the lake; *~ et øjeblik* just a moment.

ligeberettigelse *s* equal rights *pl.*

ligefrem *adj* straightforward, plain // *adv (simpelthen)* simply; *(bogstavelig talt)* literally; *(i lige retning)* straight on; *han var meget ~*

he was quite straightforward; *det er ikke ~ nemt* it is not exactly easy.

ligeglad *adj (uinteresseret)* indifferent; *(sjusket)* careless.

ligegyldig *adj (uden betydning)* unimportant; *(uinteresseret)* indifferent; *(sjusket)* careless; *~ hvad du gør* no matter what you do; *det er ret ~t* it does not really matter; **~hed** *s* indifference; carelessness.

ligeledes *adv* also, as well.

ligelig *adj* equal; *(retfærdig)* fair.

ligeløn *s* equal pay.

ligemand *s* equal.

ligesindet *adj* like-minded.

ligesom *adv* sort of; *(noget)* a little // *konj* like; (just) as; *(idet, da)* just as; *det er ~ lidt sært* it is sort of odd; *det går ~ bedre* it is kind of better; *hun er blond ~ du* she is blonde just like you; *gør ~ jeg* do as I do; *~ om* just as if; *~ vi skulle til at gå...* just as we were leaving...

ligestillet *adj* equal; **ligestilling** *s* equal status *pl.*

ligeså(dan) *adj* the same; *gøre ~* do the same.

ligetil *adj: det er ganske ~* it is quite simple.

ligevægt *s* balance; *bevare ~en (dvs. ikke vælte)* keep one's balance; *(dvs. ikke blive ophidset)* remain calm; *miste ~en (dvs. vælte)* lose (one's) balance; *(dvs. blive ophidset)* lose one's head; **~ig** *adj* well-balanced, calm.

ligge *v* lie; *(om hus etc)* stand; *lade ngt ~* let sth lie; *(fig)* leave sth alone; *~ for døden* be dying; *det ~r lige for* it is obvious; *det ~r ikke for ham* it is not his strong point; *~ i sengen (dvs. være syg)* be ill in bed; *~ inde med ngt* hold sth; *~ stille* lie still; *(om produktion etc)* be at a standstill; *~ under for* be the victim of; *huset ~r ved skoven* the house stands by the forest.

ligge... *sms:* **~stol** *s* deck chair; **~sår** *s* bedsore; **~vogn** *s (jernb)* couchette.

lighed *s* similarity; *(stærkere)* likeness; *(ligeret)* equality; *i ~ med* like; **~spunkt** *s* similarity; **~stegn** *s* equals sign.

ligkiste *s* coffin.

ligne *v (af ydre)* look like; *(af væsen)* be like; *~ sine forældre (også:)* take after one's parents; *~ en på en prik* look exactly like sby; *hvor det ~r ham!* how very like him! *ikke det der ~r* not a bit.

lignelse *s* parable.

lignende *adj* similar; *og ~* and the like, etc; *jeg har aldrig set ngt ~* I never saw anything like it.

ligning *s (mat)* equation; *(i skat)* assessment.

ligtorn *s* corn.

likør *s* liqueur.

lilje *s* lily; **~konval** *s* lily-of-the-valley.

lilla *adj* purple.

lille *adj* small; *(kort)* short; *~ bitte* tiny; *da han/hun var ~* when he/she was a little boy/girl; *en ~ uges tid* just under a week; *hun venter en ~* she is expecting (a baby); *blive den ~* get the worst of it.

lille... *sms:* **~bror** *s* little brother, younger brother; **~finger** *s* little finger, (F) pinkie; **~juleaften** *s* the evening before Christmas Eve; **~put** *s* midget; **~skole** *s* small private school; **~søster** *s* little sister, younger sister; **~tå** *s* little toe.

lim *s* glue; **~e** *v* glue; **~farve** *s* distemper; **~ning** *s* gluing; *gå op i ~ningen* come unstuck; *(fig)* fall apart.
limonade *s* lemonade.
limstift *s* glue stick.
lind *s* lime // *adj (blød)* soft; **~etræ** *s* lime tree.
lindre *v* relieve, ease; **lindring** *s* relief.
line *s* line; *gå på ~* walk the tightrope.
lineal *s* ruler.
linedanser *s* tightrope walker.
lingeri *s* underwear.
linje *s* line; *i store ~r* in broad outline; *bevare den slanke ~* keep one's figure; *ny ~ (i diktat)* new paragraph; *over hele ~n* all along the line; *køre med ~ ti* go by number ten.
linjere *v* rule.
linjeskriver *s (edb)* line printer; **linjevogter** *s (sport)* linesman.
linned *s* linen.
linoleum *s* linoleum; **~ssnit** *s* linocut.
linolie *s* linseed oil.
linse *s (bot)* lentil; *(optisk)* lens.
lire *v: ~ et vers af* reel off a poem; **~kasse** *s* barrel organ.
lirke *v: ~ ngt ud af en* wangle sth out of sby; *~ ved ngt* pick at sth; *~ sig frem* feel one's way.
list *s* trick; *(snedighed)* cunning.
liste *s (af træ etc)* strip (of wood etc); *(til pynt)* trim; *(fortegnelse)* list.
liste *v* creep, tiptoe; *(neds)* sneak; *~ sig væk* steal away; *~ sig til ngt* wangle sth.
listig *adj* sly, cunning; **~hed** *s* slyness, cunning.
lit de parade *s: ligge på ~* lie in state.
liter *s* litre; **~mål** *s* litre measure; **~vis** *adv* by the litre.
litograf *s* lithographer; **litografi** *s* lithograph.
litteratur *s* literature; **~historie** *s* history of literature; **~søgning** *s* information retrieval; **litterær** *adj* literary.
liv *s* life; *(overdel på kjole etc)* bodice, top; *(talje)* waist; *hans ~s chance* the chance of a lifetime; *nyde ~et* enjoy life; *tage ~et af en* kill sby; *en ven for ~et* a friend for life; *være i ~e* be alive; *aldrig i ~et* over my dead body; *føre ngt ud i ~et* put sth into effect; *med ~et i hænderne* with one's heart in one's mouth; *sætte ~ i en fest* liven up a party; *true en på ~et* threaten sby's life; *sætte en bøf til ~s* consume a steak; **~agtig** *adj* vivid, lifelike; **~garden** *s* the Royal Life Guards; **~lig** *adj* lively; **~løs** *adj* lifeless; *(død)* dead; **~moder** *s* womb; **~redder** *s* lifeguard; **~rem** *s* belt; **~ret** *s* favourite dish.
livs. . . *sms:* **~anskuelse** *s* philosophy; **~betingelse** *s* vital necessity; **~fare** *s* mortal danger; **~farlig** *adj* highly dangerous; *den dreng er ~farlig (iron)* that boy is a menace; **~forsikring** *s* life insurance; **~stil** *s* life style; **~tegn** *s* sign of life; *give ~tegn fra sig* show signs of life; **~tid** *s: fængsel på ~tid* prison for life, life sentence; **~varig** *adj* lifelong, for life; **~vigtig** *adj* vital.
livvagt *s* bodyguard; **livvidde** *s* waist.
lod *s (skæbne)* fate; *(andel)* share; *(i lotteri)* lot; *(til vægt)* weight; *(mar)* lead; *trække ~ om ngt* draw lots for sth; *være i ~ (tekn)* be plumb.
lodde *v (om metal)* solder;

(mar) sound; ~ *stemningen* test the atmosphere; **~kolbe** *s* soldering iron.
lodden *adj* hairy; *(om stof)* fleecy.
lodret *adj* vertical; *(i krydsord)* down; *en ~ løgn* a downright lie.
lods *s* pilot; **~e** *v* pilot.
lodseddel *s* (lottery) ticket.
loft *s* ceiling; *(~rum)* loft; *(pulterkammer)* attic; *lægge ngt på ~et* put sth in the attic; *lægge ~ over ngt (fig)* put a ceiling on sth.
loge *s (teat)* box; *(frimurer~ etc)* lodge.
logere *v* lodge; **~nde** *s* lodger;
logi *s* lodgings; *(for kort ophold)* accommodation.
logik *s* logic; **logisk** *adj* logical.
logre *v (om hund)* wag the tail; *(om person)* crawl *(for* to).
lokal *adj* local; **~bedøvelse** *s* local anaesthetic; **~befolkningen** *s* the locals.
lokale *s* room; *(sal)* hall.
lokalisere *v (finde)* locate.
lokal. . . *sms:* **~nummer** *s (tlf)* extension; **~plan** *s* district plan; **~radio** *s* local radio; **~samfund** *s (på landet)* rural society; **~tog** *s* local train.
lokke *v (friste)* tempt; *(forlokke)* seduce; *(besnakke)* coax; *~ en i en fælde* lead sby into a trap; *~ ngt ud af en* get sth out of sby; **~due** *s* decoy; **~mad** *s* bait.
lokomotiv *s* engine; **~fører** *s* engine driver.
lokum *s (udendørs)* privy; (F, *om wc)* loo.
lomme *s* pocket; *have penge på ~n* be flush; **~bog** *s* notebook; **~kalender** *s* agenda; **~kniv** *s* pocket knife; **~lygte** *s* torch; **~lærke** *s* hipflask; **~penge** *spl* pocket money; **~regner** *s* pocket calculator;
~smerter *spl: have ~smerter* be broke; **~tyv** *s* pickpocket; **~tørklæde** *s* handkerchief.
loppe *s* flea // *v: ~ sig* scratch oneself.
lort *s* (V) shit, crap; *(om person)* bastard.
losse *v (skib el. vogn)* unload; **~plads** *s* rubbish dump.
lotteri *s* lottery; **~gevinst** *s* prize.
lov *s* law; *(tilladelse)* permission; *ifølge ~en* according to law; *gældende ~* the existing legislation; *bestemt ved ~* statutory; *få ~ til at* be allowed to; *bede om ~* ask permission; *give en ~ til at gøre ngt* allow sby to do sth.
love *v* promise; *jeg skal ~ for at det var koldt* I tell you it was cold.
lovende *adj* promising.
lov. . . *sms:* **~forslag** *s* bill; **~givning** *s* legislation; **~lig** *adj* legal // *adv (lidt for)* rather, a bit too; *en ~lig undskyldning* a legitimate excuse; *han er ~lig fræk* he is a bit too cheeky; **~overtrædelse** *s* offence; **~pligtig** *adj* compulsory; **~stridig** *adj* illegal.
LP, lp *s* LP(-record), album.
lud *s: gå for ~ og koldt vand* be neglected; **~doven** *adj* bone-lazy.
luder *s* prostitute, (S) tart, pro.
ludfattig *adj* destitute.
lue *s* flame; *stå i lys ~* be ablaze.
luffe *s (vante)* mitten.
luft *s* air; *(~art)* gas; *trække frisk ~* get some fresh air; *få ~ for ngt* give vent to sth; *i fri ~* in the open (air); *springe (el. sprænge) i ~en* blow up; **~alarm** *s* air-raid warning; **~art** *s* gas.
lufte *v* air; *~ hunden* take the

dog for a walk; ~ *ud* air, ventilate; *det ~r* there is a slight breeze.

luft. . . *sms:* **~fart** *s* aviation, flying; **~forurening** *s* air pollution; **~havn** *s* airport; **~hul** *s (fly)* air pocket.

luftig *adj* airy; *(om tøj)* light.

luft. . . *sms:* **~post** *s* air mail; **~rør** *s (anat)* windpipe; **~tom** *adj: ~tomt rum* vacuum; **~tæt** *adj* airtight // *adv* hermetically; **~våben** *s* air force.

luge *s* hatch // *v* weed.

lugt *s* smell; *(duft)* scent; **~e** *v* smell *(af* of); *~e til ngt* smell sth; **~esans** *s* sense of smell.

lukke *v* shut; *(~ af, spærre)* close; *~ en virksomhed* close down a business; *~ en ind* let sby in, admit sby; *~ en inde* lock sby up; *~ op for vandet* turn on the water; *~ op for fjernsynet* switch on the television; *~ hunden ud* let out the dog; *~ en ude* shut sby out.

lukker *s (foto)* shutter.

lukket *adj* closed; *(om person)* reserved; *~ vej* dead end; *~ afdeling* locked ward.

lukketid *s* closing time; *efter ~* after hours.

lukning *s* shutting; closing; *(på nederdel etc)* fastening; *(se lukke).*

luksus *s* luxury.

lummer *adj (om vejr, luft)* close, sultry.

lumsk *adj* treacherous; *(bedragerisk)* deceitful; *(snedig)* cunning; *have en ~ mistanke* have a hunch; **~eri** *s* treachery; cunning; *(kunster, tricks)* tricks *pl.*

lun *adj* warm; *(rar)* snug, cosy; *(om person)* humorous.

lune *s* mood; *(humor)* humour; *(indfald)* whim // *v (varme op)* warm; *det ~de!* that was nice! **~fuld** *adj* capricious; *(om vejr)* changeable.

lunge *s* lung; **~betændelse** *s* pneumonia; **~kræft** *s* lung cancer.

lunken *adj* lukewarm; *(fig)* half-hearted.

luns *s* chunk.

lunte *s* fuse; *lugte ~n* smell a rat // *v: ~ af sted* trot along.

lup *s* magnifying glass.

lur *s* nap; *(mus)* lur(e); *stå på ~* lie in wait *(efter* for).

lure *v (lytte)* eavesdrop; *(kigge)* peep; *(narre)* take in; *~ en kunsten af* pick up the trick from sby; *~ på en chance* watch for a chance.

lurvet *adj* shabby; *(gemen)* mean.

lus *s* louse; *(om person)* creep; **~et** *adj* lousy; *(ussel)* measly.

luske *v (snige sig)* sneak; *~ af* slink away; *~ rundt* hang around; *~ sig til ngt* wangle sth; **~peter** *s* sneak; **~ri** *s* hanky-panky.

lussing *s* slap on *(el.* in) the face; *give en en ~ (også:)* box sby's ear.

lut *s* lute; **~spiller** *s* lutenist.

lutter *adj* sheer, all; *være ~ venlighed* be all kindness.

luv *s* pile, nap; **~slidt** *adj* threadbare.

ly *s* shelter; *søge ~* seek shelter; *i ~ af* under cover of.

lyd *s* sound; *(støj)* noise; *ikke give en ~ fra sig* not utter a word; *slå til ~ for ngt* advocate sth; **~bølge** *s* soundwave; **~dæmper** *s* silencer.

lyde *v* sound; *(klinge)* ring (out); *der ~r musik* music is heard; *det ~r godt* that sounds good; *~ navnet Smith* answer to the name of Smith.

lydig *adj* obedient.

lyd... *sms:* **~isolering** *s* soundproofing; **~løs** *adj* silent, soundless; **~mur** *s* sound barrier; **~potte** *s (auto)* silencer; **~skrift** *s* phonetics *pl.*
lydt *adj: huset her er meget ~* you hear every sound in this house.
lydtæt *adj* soundproof.
lygte *s (gade~, bil~)* light; *(cykel~)* lamp; *(lomme~)* torch; **~pæl** *s* lamp post.
lykke *s* happiness; *(held)* (good) luck; *gøre ~* be a success; *prøve ~n* try one's luck; *have ~n med sig* be lucky; *ønske en til ~ (med ngt)* congratulate sby (on sth); *til ~!* congratulations! **~lig** *adj* happy *(over* about); *(heldig)* fortunate; *prise sig ~lig* count oneself lucky.
lykkes *v* succeed; *det lykkedes os at gøre det* we succeeded in doing it.
lykønske *v* congratulate *(med* on); **lykønskning** *s* congratulation.
lymfe *s* lymph; **~kirtel** *s* lymph gland.
lyn *s* lightning; *som et ~ fra klar himmel* like a bolt from the blue; *som ramt af ~et* thunderstruck; *med ~ets fart* at lightning speed; *~et slog ned i tårnet* the tower was struck by lightning; **~afleder** *s* lightning conductor; **~e** *v* flash; *det ~er* it is lightening; *~e op (om lynlås)* zip up; *~ ned (om lynlås)* unzip; **~frossen** *adj* quick-frozen.
lyng *s* heather.
lyn... *sms:* **~kursus** *s* crash course; **~lås** *s* zip(per); **~tog** *s* high-speed train; **~visit** *s* flying visit.
lyrik *s* (lyric) poetry; **lyrisk** *adj* lyric; *(sentimental)* lyrical.
lys *s* light; *(belysning)* lighting; *(stearin~)* candle; *tænde (el. slukke) ~et* switch on *(el.* off) the light; *føre en bag ~et* pull the wool over sby's eyes; *der gik et ~ op for mig* it dawned on me; *en 60-~ pære* a 60-watt bulb // *adj* light; *(lysende, klar)* bright; *(om farve)* fair, pale; *når det bliver ~t* at dawn; *de ~e nætter* the light summer nights; *se ~t på tingene* have a bright outlook.
lysbilledapparat *s* (slide) projector; **lysbillede** *s* slide.
lyse *v* shine; *~ op* shine; *(fig)* brighten up; **~blå** *adj* pale blue; **~dug** *s* (table) mat; **~krone** *s* chandelier; **~rød** *adj* pink; **~stage** *s* candlestick.
lyshåret *adj* fair.
lyske *s (anat)* groin.
lyskurv *s* traffic light(s) *(pl);* **lysmåler** *s (foto)* light meter.
lysne *v* grow light; *(om daggry)* dawn; *(om vejret)* brighten (up).
lysnet *s (elek)* mains *(pl).*
lysning *s (i skoven)* clearing; *(bedring)* improvement.
lys... *sms:* **~punkt** *s: øjne et ~punkt* see a ray of hope; **~reklame** *s* neon sign; **~signal** *s* light signal; **~sky** *adj* shady; **~stofrør** *s* fluorescent tube; **~styrke** *s* luminosity; *(om elek pære)* wattage.
lyst *s (ønske, tilbøjelighed)* inclination; *(begær)* desire; *(glæde)* joy, pleasure; *have ~ til ngt (dvs. ville have)* want sth; *(dvs. føle trang til)* feel like sth; *miste ~en til ngt* go off sth; *kom hvis du har ~* come along if you like; *få sin ~ styret* have enough; *enhver sin ~* everyone to his taste; **~båd** *s* yacht; **~bådehavn** *s* yachting harbour; **~fisker** *s* angler; **~fiskeri** *s* fish-

ing, angling; ~**hus** *s* summer-house.
lystig *adj* gay.
lystkutter *s* yacht.
lystre *v* obey.
lystspil *s* comedy; **lystyacht** *s* yacht.
lysvågen *adj* wide awake; **lysægte** *adj* non-fade.
lytte *v* listen; *(lure)* eavesdrop; ~**r** *s* listener.
lyve *v* lie *(for* to); *nej, nu ~r du!* no, kidding!
læ *s* shelter; *søge ~* seek shelter; *stå i ~ af et træ* be sheltered by a tree.
læbe *s* lip; *ikke kunne få et ord over sine ~r* be struck dumb; ~**pomade** *s* lip balm; ~**stift** *s* lipstick.
læder *s* leather; ~**varer** *spl* leather goods.
læg *s (anat)* calf; *(fold)* pleat; *lægge stoffet i ~* pleat the material // *adj* lay.
læge *s* doctor; *(mediciner)* physician; *(kirurg)* surgeon; *almenpraktiserende ~* general practitioner, G.P.; *kvindelig ~* woman doctor; *tilkalde ~n* call the doctor // *v* heal, cure; *(om sår)* heal up.
læge. . . *sms:* ~**attest** *s* medical certificate; ~**hus** *s* health centre; ~**kittel** *s* (doctor's) white coat; ~**middel** *s* drug, medicine; ~**plante** *s* medicinal plant; ~**sekretær** *s* doctor's secretary; ~**undersøgelse** *s* medical (examination); ~**vagt** *s* medical emergency service; ~**videnskab** *s* medicine.
lægge *v* put, lay; *~ sig ned* lie down; *gå ind og ~ sig* go to bed; *~ frakken* take off one's coat; *~ æg* lay eggs; *~ sag an mod en* sue sby; *~ fra (land) (om båd)* set out; *~ en kjole ned* let down a dress; *~ tal sammen* add up figures; *~ tøj sammen* fold up clothes; *~ til ved en ø (om båd)* call at an island; *~ en bluse ud* let out a shirt; *~ sig ud* put on weight; *~ sig ud med en* fall out with sby.
lægget *adj* pleated.
lægmand *s* layman.
læhegn *s* windbreak.
læk *s* leak // *adj* leaky; *springe ~* spring a leak; ~**age** *s* leak; ~**ke** *v* leak.
lækker *adj* delicious; (F, *om fx bil)* smashing; *gøre sig ~ for en* make up to sby.
lænd *s* loin; ~**e-** lumbar *(fx smerter* pain).
læne *v* lean; *~ sig op ad ngt* lean against sth; *~ sig tilbage* lean back; ~**stol** *s* easy-chair.
længde *s* length; *(geogr)* longitude; *stuen er syv meter i ~n* the room is seven metres long; *det går ikke i ~n* it won't do in the long run; ~**grad** *s* degree of longitude; ~**spring** *s (sport)* long jumping.
længe *s* wing // *adv* long, for a long time; *det er ~ siden sidst* it has been a long time; *hvor ~ varer det?* how long will it be *(el.* take)? *endelig langt om ~* at long last; *være ~ oppe* stay up late; *farvel så ~!* see you (later)!
længere *adj/adv* longer; *(om sted)* farther, further; *kør lidt ~* go a little further on; *ikke ~* not any longer; *nu gider vi ikke ~* we can't be bothered any more.
længes *v* long; *~ efter ngt* long for sth; *~ hjem* be homesick; *~ efter at. . .* long to. . .
længsel *s* longing; ~**sfuld** *adj* longing.
længst *adj/adv* longest; *(om*

sted) farthest; *for ~* long ago.
lænke *s* chain // *v* chain; **~hund** *s* watchdog.
lære *s* doctrine; *(uddannelse, ~plads)* apprenticeship; *(lærestreg)* lesson; *(forkyndelse)* teachings *pl; stå i ~ hos en* serve one's apprenticeship with sby; *lad det være dig en ~!* let that be a lesson to you! *bibelens ~* the teachings of the Bible // *v (undervise)* teach; *(lære af andre)* learn; *~ at læse* learn to read; *hvem har lært dig engelsk?* who taught you English? *~ en at kende* get to know sby; *jeg skal ~ dig!* I'll teach you!
lære. . . *sms:* **~bog** *s* textbook; *~bøger (fagligt)* educational books; **~nem** *adj* quick to learn; **~plads** *s* job as an apprentice.
lærer *s* teacher; **~kræfter** *spl* teaching staff; **~studerende** *s* student teacher.
lærestreg *s* lesson.
lærk *s (bot)* larch.
lærke *s* lark.
lærling *s* apprentice.
lærred *s* linen; *(om maleri)* canvas; *(biograf~)* screen; **~ssko** *s* canvas shoe.
læs *s* load.
læse *v* read; *(studere også:)* study; *~ lektier* do one's homework; *~ højt for en* read (aloud) to sby; *~ op af en bog* read from a book; *~ til eksamen* prepare for an exam(ination); **~bog** *s* reader; **~briller** *spl* reading glasses; **~hest** *s (i skolen)* swot; *(som elsker at læse)* bookworm.
læser *s* reader; **~brev** *s* letter to the editor.
læse. . . *sms:* **~sal** *s* reading room; **~stof** *s* reading matter; **~værdig** *adj (om bog)* worth reading.
læsion *s* lesion, injury.
læske *v (om tørst)* quench; *(forfriske)* refresh; **~drik** *s* soft drink.
læskur *s* shelter.
læsning *s* reading; *(det at læsse)* loading.
læspe *v* lisp; **~n** *s* lisp(ing).
læsse *v* load; *~ af* unload; *~ på* load; **~vis** *adv: i ~vis af. . .* loads of. . .
løb *s* run; *(det at ~e)* running; *(kap~)* race; *(enkelt ~ i sportskonkurrence etc)* heat; *(flod~, tid)* course; *(sejl~ etc)* channel; *(gevær~)* barrel; *i ~et af dagen* during the day; *i det lange ~* in the long run; *i tidens ~* in the course of time; *sætte i ~* start running; *hun vandt andet ~* she won the second heat; *give tårerne frit ~* let one's tears flow.
løbe *v* run; *~ sin vej* run away; *vandhanen ~r* the tap is running; *~ af med sejren* come out the winner; *~ fra sit ansvar* shirk one's responsibility; *~ ind i en på gaden* come across sby in the street; *badekarret løb over* the bath overflowed; *farverne ~r ud* the colours run; *~ ud i sandet* come to nothing; **~hjul** *s* scooter.
løbende *adj* current *(fx forhandlinger* negotiations).
løbenummer *s* serial number;
løbepas *s: give en løbepas* send sby packing; *(afskedige)* sack sby.
løber *s (sport, bord~, tæppe~) runner; (i skak)* bishop.
løbetid *s (frist)* term; *(om dyr)* rutting season.
løbsk *adj* runaway; *løbe ~* run away; *en ~ fantasi* an unbridled imagination.
løfte *s* promise; *aflægge et ~*

make a promise; *holde et ~* keep a promise; *bryde et ~* break a promise // *v* lift; *(hæve, fx glasset)* raise; **~stang** *s* lever.

løg *s* onion; *(blomster~)* bulb.

løgn *s* lie; *det er ~* it is a lie; *være fuld af ~* be a born liar; *man skulle tro at det var ~* you would not believe it; *for at det ikke skulle være ~* to make quite sure; **~agtig** *adj* lying; **~ehistorie** *s* pack of lies; **~er** *s* liar.

løjer *spl* fun; *nu skal du se ~!* now you'll see! **~lig** *adj* odd, funny.

løjpe *s* ski run.

løjtnant *s* lieutenant.

løkke *s* loop; *(på fx lasso)* noose.

lømmel *s* lout.

løn *s* wage(s) *(pl); (gage)* salary; *hvad får du i ~?* what is your salary? (F) how much do you get paid? **~aftale** *s* wage agreement; **~forhandlinger** *spl* wage negotiations; **~forhøjelse** *s* pay increase, rise; **~indtægt** *s* earned income; **~krav** *s* wage claim; **~modtager** *s* wage earner; **~modtagerfradrag** *s sv.t.* earned income relief.

lønne *v* pay; *(belønne)* reward; *det ~r sig ikke* it does not pay.

lønning *s d.s.s. løn;* **~sdag** *s* pay day; **~spose** *s* pay packet.

løn... *sms:* **~seddel** *s* pay slip; **~skala** *s* wage scale; **~stop** *s* wage freeze; **~tillæg** *s* allowance, bonus.

lørdag *s* Saturday; *i ~s* last Saturday; *om ~en* on Saturdays; *på ~* on Saturday.

løs *adj/adv* loose; *(aftagelig)* detachable; *(om ansættelse)* temporary; *(slap)* slack; *(vag)* vague; *(skønnet)* rough; *knappen er gået ~* the button has come loose; *nu går det ~* here we go; *gå ~ på en* go for sby; *pludre ~* chat away; *et ~t rygte* a groundless rumour; *et ~t skøn* a rough estimate.

løse *v (gåde etc)* solve; *(slippe fri)* let loose; *(løsne)* loosen; *(knude)* untie; *~ billet* book (a ticket); **~penge** *spl* ransom.

løslade *v* release, set free; **~lse** *s* release.

løsne *v* loosen; *(fx stram snor)* slacken; *(greb)* relax; *(skud)* fire; *~ sig* work loose.

løsning *s (af gåde etc)* solution; *(det at løsne)* loosening, slackening.

løsrive *v: ~ sig* break away; *(om land)* secede; **~lse** *s* detachment; secession.

løstsiddende *adj (om fx kjole)* loose-fitting.

løv *s* foliage, leaves *pl.*

løve *s* lion; **~unge** *s* lion cub.

løv... *sms:* **~sav** *s* fretsaw; **~skov** *s* deciduous forest; **~stikke** *s (bot)* lovage; **~træ** *s* deciduous tree.

låg *s* lid; *(stort)* cover.

låge *s (i stakit etc)* gate; *(i skab etc)* door.

lågfad *s* covered dish.

lån *s* loan; *få et ~* get a loan; *tak for ~ af blyanten!* thank you for lending me your pencil! *have ngt til ~s* have sth on loan.

låne *v (~ af en)* borrow; *(~ ud til en)* lend; *~ ngt af en* borrow sth from sby; *~ en ngt* lend sby sth; *~ i en bank* get a loan from a bank; *må jeg ~ din blyant?* may I borrow your pencil?

låner *s* borrower; **~kort** *s* library card.

lår *s* thigh; *(gastr, om kød)* leg; **~ben** *s* thighbone; **~kort** *adj* mini- *(fx nederdel* skirt).

lås *s* lock; *(hænge~)* padlock; *(på taske etc)* catch; *sætte ~ for ngt* lock sth up; **~e** *v* lock; *~e huset af* lock up the house; *~e en inde* lock sby up; *~e døren op* unlock the door; *~e en ud* let sby out; *~e en ude* lock sby out; **~esmed** *s* locksmith.

M

mad *s* food; *(en ~)* sandwich; *lave ~* cook, prepare the meal; *smøre ~* spread sandwiches; *hvornår er ~en færdig* when will the meal be ready? *give hunden ~* feed the dog; *varm ~* a hot meal.

madding *s* bait.

made *v* feed; **madforgiftning** *s* food poisoning.

mad. . . *sms:* **~kasse** *s* lunch box; **~lavning** *s* cooking; *(finere)* cuisine; **~lede** *s: hun har ~lede* she has gone off food; **~opskrift** *s* recipe; **~pakke** *s* packed lunch; **~papir** *s* greaseproof paper.

madras *s* mattress.

mad. . . sms: **~rester** *spl* bits of food; *(som genbruges)* leftovers; **~ro** *s: kan vi så få ~ro!* let us eat in peace! **~sminke** *s* cosmetic additives *pl;* **~sted** *s: et godt ~sted* a place where they serve good food; **~varer** *spl* food; *(om råvarer)* foodstuffs; **~æble** *s* cooking apple.

mag *s: i ro og ~* at one's leisure.

magasin *s (lager)* warehouse; *(stor~)* department store; *(i våben og om tidsskrift)* magazine.

mage *s (sidestykke)* match; *(ligemand)* equal; *(del af par)* fellow; *(om fugl)* mate; *(om ægtefælle)* husband, wife; *min kjole er ~n til din* my dress is exactly like yours; *jeg har aldrig set ~(n)* I never saw the like of it; *nej, nu har jeg aldrig kendt ~(n)!* well, I never! **~lig** *adj (om fx stol)* comfortable; *(om person)* leisurely *~ligt anlagt* easygoing; **~løs** *adj (enestående)* unique // *adv* exceptionally.

mager *adj (om person)* thin; *(om kød)* lean; *(ringe)* poor, meagre.

magi *s* magic; **~sk** *adj* magic.

magister *s (humanistisk) sv.t.* Master of Arts (M.A.); *(naturvidenskabelig) sv.t.* Master of Science (M.Sc.).

magnet *s* magnet; **~bånd** *s* magnetic tape; **~isk** *adj* magnetic; **~lås** *s* magnetic catch; **~tavle** *s* magnetic board.

magt *s* power; *af al ~* with all one's might; *have ~en* be in control; *(pol)* be in power; *have en i sin ~* have power over sby; *stå ved ~* be in force; **~balance** *s* balance of power; **~e** *v* manage, cope with; *mere end vi kan ~e* more than we can cope with; **~esløs** *adj* powerless; **~fuld** *adj* powerful; **~haver** *s* ruler; *~haverne* those in power; **~kamp** *s* power struggle; **~påliggende** *adj: det er os ~påliggende at. . .* it is important to us to. . .

mahogni *s* mahogany.

maj *s* May; *den femte ~* the fifth of May *el.* May the fifth; **~drik** *s sv.t.* lemonade.

maje *v: ~ sig ud* doll *(el.* tart) oneself up.

majestæt *s* majesty; *Deres M~* Your Majesty; **~isk** *adj* majestic.

majroe *s* turnip.
majs *s* maize; *løse* ~ corn; **~kolbe** *s* corn cob; **~mel** *s* cornflour.
makaroni *s* macaroni.
makke *v:* ~ *ret* behave; *(om ting)* work.
makker *s* partner, mate.
makrel *s* mackerel.
makron *s* macaroon; *gå til ~erne* get down to it.
maksimal- maximum.
male *v (med farver)* paint; *(på kværn)* grind; *(på mølle)* mill; ~ *med oliefarver* paint in oils; ~ *sig (dvs. med sminke)* make up, (F) paint one's face; **~r** *s* painter; **~ri** *s* painting; **~risk** *adj* picturesque; **~rkost** *s* paintbrush; **~rkunst** *s* painting; **~rmester** *s* (master) painter; **~rpensel** *s* paintbrush; **maling** *s* paint.
malke *v* milk; **~ko** *s* milking cow; **~maskine** *s* milking machine.
malm *s* ore.
malplaceret *adj* out of place.
malt *s* malt.
man *pron (inkl. en selv)* one; *(inkl. den tiltalte)* you; *(andre mennesker)* people, they; *(ofte omskrives, fx:)* ~ *sendte bud efter lægen* the doctor was sent for; ~ *bedes benytte bagdøren* please enter by the back door; ~ *skulle tro at...* one would think that...; ~ *siger at der bliver valg* they say there will be an election; ~ *kan aldrig vide* you never can tell.
manchet *s* cuff; **~knap** *s* cuff link.
mand *s* man; *(ægte~)* husband; *han er* ~ *for at gøre det* he is the sort of man who can do it; ~ *mod* ~ man to man; *en øl pr.* ~ one beer per head.
mandag *s* Monday; *i ~s* last Monday; *på* ~ next Monday; *om ~en* (on) Mondays.
mandat *s* authorization; *(i folketinget)* seat.
manddom *s* manhood.
manddrab *s* manslaughter.
mande *v:* ~ *sig op* pull oneself together; **~bevægelsen** *s* the men's movement.
mandel *s* almond; *(anat)* tonsil.
mand... sms: **~folk** *s* man; *han er et rigtigt ~folk* he is real man; **~ig** *adj* virile; **~lig** *adj* male *(fx sygeplejerske* nurse); *(typisk for mænd)* masculine.
mandschauvinist *s* male chauvinist; **mandsdomineret** *adj* male dominated.
mandskab *s* men *pl; (på skib og fly)* crew; *(hold)* team.
mandsperson *s* male; **mandssamfund** *s* male-dominated society.
mane *v:* ~ *til eftertanke* give food for thought; ~ *til forsigtighed* call for caution.
manege *s (i cirkus)* ring.
manér *s (måde)* manner, way; *(vane)* trick; *gøre ngt på sin egen* ~ do sth in one's own way; *han har gode ~er* he has got good manners.
mange *adj* a lot, (a great) many; *(foran brit entalsord)* much; ~ *tak!* thank you very much! *der er* ~ *blomster i haven, men ikke* ~ *træer* there are lots of flowers in the garden, but not very many trees; ~ *penge* much money; *de har* ~ *møbler* they have lots of furniture.
mangel *s* lack; *(fejl)* fault, defect; *(knaphed)* shortage; *af* ~ *på* for lack of; *i* ~ *af bedre* for want of sth better; ~ *på B-vitamin* lack of vitamin B; **~vare** *s* scarce commodity;

gode redaktører er en ~vare good editors don't grow on the trees.

mangemillionær *s* multi-millionaire.

mangeårig *adj* long-standing.

mangfoldig *adj* multiple; *~e* many a; **~gøre** *s* multiply; **~hed** *s* variety.

mangle *v* lack; *(trænge til)* need; *(ikke være til stede)* be absent; *(være forsvundet, savnes)* be missing; *vi ~r smør* we are short of butter; *det ~de bare!* by all means! *det var lige det der ~de* that was all we needed.

mani *s* mania.

manipulere *v: ~ med* manipulate.

manke *s* mane.

mannequin *s* model; *(voksdukke)* dummy; **~opvisning** *s* fashion show.

manufakturhandel *s* draper's (shop).

manuskript *s* manuscript.

manøvre *s* manouvre; **~dygtig** *adj* in working order; **~re** *v* manouvre.

mappe *s* briefcase; *(omslag)* file.

maratonløb *s* marathon race.

march *s* march; **~ere** *v* march; **~hastighed** *s (auto, fly)* cruising speed.

marcipan *s* marzipan; **~brød** *s* marzipan bar.

marengs *s* meringue.

mareridt *s* nightmare.

margarine *s* margarine, (F) marge.

margen *s* margin.

mariehøne *s* ladybird.

marinade *s* marinade; *(til salat)* dressing.

marine *s* navy; **~blå** *adj* navy blue.

marinere *v* marinate; *~t sild* pickled herring.

marinesoldat *s* marine.

marionet *s* puppet; **~teater** *s* puppet theatre.

mark *s* field; *gøre studier i ~en* do fieldwork.

markant *adj* pronounced.

marked *s* market; *(forlystelses~, messe)* fair; *på det frie ~* in the open market; *sende ngt på ~et* put sth on the market; **~sanalyse** *s* market analysis; **~sandel** *s* share of the market; **~sføre** *v* market; **~sføring** *s* marketing; **~sundersøgelse** *s* market survey.

markere *v* mark; *(betegne)* show; *~ sig* make an image for oneself.

marketenderi *s* canteen.

markise *s* awning; *(foran butik)* sunblind.

marmelade *s (fx orange~)* marmalade; *(fx jordbær~)* jam.

marmor *s* marble.

marokkaner *s,* **marokkansk** *adj* Moroccan; **Marokko** *s* Morocco.

Mars *s* Mars; **~boer** *s* Martian.

marsk *s* marsh(land), fen.

marskandiser *s* second-hand dealer; **~butik** *s* second-hand shop.

marsvin *s (om hvalart)* porpoise; *(om gnaver)* guinea pig.

marts *s* March; *den femte ~* the fifth of March *el.* March the fifth.

martyr *s* martyr; **~ium** *s* martyrdom.

marv *s* marrow; *(i træ)* pith; *kulden gik os til ~ og ben* we were frozen to the bone.

mas *s* trouble; *vi havde et værre ~ med ham* we had an awful lot of trouble with him; **~e** *v (ase)* strive; *(knuse)* crush; *(presse)* press, squeeze; *~e med ngt* struggle with sth;

~ *sig frem* push on, squeeze through.

maske *s (for ansigtet)* mask; *(i strikning etc)* stitch; *(i net)* mesh; *holde ~n* keep a straight face; *tabe en ~* drop a stitch; *der er løbet en ~ i strømpen* there is a ladder in the stocking.

maskerade *s* masquerade.

maskere *v* disguise.

maskinarbejder *s* mechanic, machine operator.

maskine *s* machine; *(fx damp~, motor)* engine; *(skrive~)* typewriter; *sy på ~* use a sewing machine; *skrive på ~* type; **~l** *s* machinery; *(edb)* hardware.

maskin. . . sms: **~fabrik** *s: en ~fabrik* an engineering works; **~gevær** *s* machine-gun; **~ist** *s* engineer; **~mester** *s* chief engineer; **~pistol** *s* submachine gun; **~rum** *s* engine room; **~skade** *s* engine trouble; **~skrevet** *adj* typewritten; **~skrivning** *s* typing; **~syning** *s* machining, machine stitching; **~værksted** *s* machine shop.

maskot *s* mascot.

maskulin *adj* masculine; **~um** *s (gram)* the masculine (gender).

masochist *s* masochist.

massage *s* massage; **~klinik** *s* massage parlour.

massakre *s* massacre; **~re** *v* massacre.

masse *s (stof)* mass; *en ~* lots, a lot; *en ~ mennesker* lots of people; *~r af* lots of; *en hel ~* a whole lot; **~drab** *s* holocaust; **~medier** *spl* mass media; **~produceret** *adj* mass-produced; **~produktion** *s* mass production.

massere *v* massage; *cremen ~s ind i huden* rub the cream into the skin.

massevis *adv: i ~* in large numbers; *i ~ af* lots of.

massiv *adj (fast, ren etc)* solid; *~ modstand* massive resistance.

massør *s* masseur; **massøse** *s* masseuse.

mast *s* mast; *(elek)* pylon.

mat *adj (svag)* weak; *(glansløs)* dull; *(om foto)* mat; *(om rude)* frosted; *(i skak)* mated.

matador *s (om person)* kingpin; *(om spil)* Monopoly ®.

matematik *s* mathematics; (F, *i skolen)* maths; **~er** *s* mathematician; **matematisk** *adj* mathematical.

materiale *s* material.

materialist *s sv.t.* druggist; *(om forretningen)* drugstore.

materie *s (pus)* pus; *(fig)* matter.

materiel *s* equipment, supplies *pl; (edb)* hardware; *rullende ~ (jernb)* rolling stock // *adj* material.

matros *s* sailor; **~tøj** *s* sailor suit.

mattere *v (om fx overflade)* give a matt finish to; *(om glas)* frost.

mave *s* stomach; *(underliv)* abdomen; (F) tummy; *(vom)* paunch; *have ondt i ~n* have a stomach ache; *have dårlig ~* have stomach trouble, have indigestion; *hård ~* constipation; *tynd ~* diarrhoea; *ligge på ~n for en* cringe to sby // *v: ~ sig af sted* worm one's way forward.

mave. . . sms: **~katar** *s* gastroenteritis; **~kneb** *s* colic; **~landing** *s* belly landing; **~pine** *s* stomach ache; **~plaster** *s* belly flop; **~syre** *s* gastric acid; **~sæk** *s* stomach; **~sår** *s* (gastric) ulcer; **~tilfælde** *s* upset stomach.

med *præp* with; *(om transportmiddel)* by; *(om måde)* with, in; *(indbefattet)* including; *(iklædt)* in; *lege ~ en* play with sby; *tage ~ toget* go by train; *gøre ngt ~ forsigtighed* do sth with care; *tegne ~ blæk* draw in ink; *skrive ~ blokbogstaver* print; *til at begynde ~* to begin with; *gange (el. dividere) ~* multiply *(el.* divide) by; *~ andre ord* in other words; *er momsen regnet ~?* is the VAT included? *~ tiden* in time // *adv* along with (me, you, etc); *tager du børnene ~?* are you taking the children (along with you)? *kommer du ~?* are you coming (along)? *vil du køre ~?* can I give you a lift? *må jeg være ~?* may I join you? *være ~ til at gøre ngt* help to do sth; *er du ~? (dvs. har du forstået)* you see?

medalje *s* medal; **~vinder** *s* medallist.

medarbejder *s (kollega)* colleague; *(ansat i firma)* staff member; **~demokrati** *s* staff participation,

medbestemmelse *s* participation.

medborger *s* co-citizen.

medbringe *v (hertil)* bring (along); *(væk herfra)* take (along).

meddele *v (lade vide)* inform; *(bekendtgøre)* announce; *(om avis etc)* report; *han meddelte os at...* he told us that...; *herved ~s at... (i brev)* we hereby inform you that...; **~lse** *s* message; *(bekendtgørelse)* announcement; *(brev)* letter; *(i avis)* report; *skriftlig ~lse* written message.

medejer *s* joint owner.

medens *el. mens konj (om tid)* while; *(hvorimod)* whereas.

medfødt *adj* innate, inherent; *(om sygdom)* congenital.

medfølelse *s* sympathy.

medfør *s: i embeds ~* officially.

medføre *v* imply; *(have til følge)* result in; *det ~r en vis risiko* it implies a certain risk.

medgang *s* success; *i ~ og modgang* in good times and bad.

medhjælper *s* assistant.

medicin *s* medicine; *(medikament, også:)* drug; *han studerer ~* he is studying medicine; **~alfirma** *s* drug company; **~alvarer** *spl* pharmaceuticals; **~er** *s (studerende)* medical student; *(om læge, mods: kirurg)* physician; **~glas** *s* medicine bottle; **~misbrug** *s* drug abuse.

medicinsk *adj* medical; *~ afdeling* department of (internal) medicine.

medicinskab *s* medicine cupboard.

medie... sms: **~begivenhed** *s* media event; **~bevidst** *adj* media-conscious; **~forskning** *s* media research.

medikament *s* drug, pharmaceutical.

medisterpølse *s* frying-sausage.

meditere *v* meditate.

medlem *s* member; **~skab** *s* membership; **~skontingent** *s* subscription; **~skort** *s* membership card.

medlidenhed *s* pity; *have ~ med en* feel sorry for sby; **~sdrab** *s* euthanasia.

medlyd *s* consonant.

medmenneske *s* fellow (human) being; **~lig** *adj* charitable.

medmindre *konj* unless.

medregne *v* include.

medskyldig *s* accomplice // *adj* accessary *(i* to).
medspiller *s* fellow player.
medtaget *adj (træt, syg etc)* exhausted, worn out; *(beskadiget)* damaged.
medunderskriver *s* co-signatory.
medvind *s* tail wind; *(fig)* luck.
medvirke *v* take a part *(til, i* in), collaborate *(i* on); *(bidrage)* contribute *(til* to); **~n** *s* co-operation; *under ~n af* with the assistance of; **~nde** *s: de ~nde* those taking part.
megen *adj* much.
meget *adj* a lot, a good deal; *(især nægtende og spørgende samt efter too, so, as)* much; *hvor ~ koster det* how much is it? *de fik ~ at spise* they had a lot to eat; *de fik for ~ at drikke* they had too much to drink; *det er jeg ikke ~ for* I am not very keen on that // *adv* very; *(i komparativ)* much; *(temmelig)* quite; *han er ~ syg* he is very ill; *hun er ~ stærkere* she is much stronger; *de har rejst ~* they have travelled a lot; *bogen er ~ omdiskuteret* the book has been much discussed; *den film var da ~ sjov* that film was quite funny; *så ~ desto bedre* so much the better.
mejeri *s* dairy; **~produkt(er)** *s(pl)* dairy produce.
mejetærsker *s* combine (harvester).
mejse *s (om fugl)* tit.
mejsel *s* chisel.
mekanik *s* mechanics; *(maskineri)* mechanism; **~er** *s* mechanic; **~erværksted** *s (auto)* repair shop; **mekanisk** *adj* mechanical; **mekanisme** *s* mechanism.
mel *s* flour; *(fuldkorns~)* meal.
melankolsk *adj* melancholy.
melde *v* report; *(meddele ngt til personer)* inform; *~ en til politiet* report sby to the police; *~ sig* report *(hos* to); *(til konkurrence)* enter; *~ sig ind i en klub* join a club; **melding** *s* report.
meleret *adj* mixed.
melis *s* sugar; *stødt ~* granulated sugar.
mellem d.s.s. *imellem.*
Mellemamerika *s* Central America.
mellem... sms: **~distanceraket** *s* intermediate-range ballistic missile; **M~europa** *s* Central Europe; **~gulv** *s (anat)* diaphragm; **~landing** *s (fly)* touchdown; **~liggende** *adj: i den ~liggende tid* in the interval; **~mad** *s* snack; **~mand** *s* intermediary; *(neds)* go-between; **~rum** *s* space; *(stort)* gap; *(i tid)* interval; *med to timers ~rum* with two hours' interval; *med ~rum* at intervals; **~stor** *adj* medium; **~størrelse** *s* medium size; **~tid** *s: i ~tiden* in the meantime; **~ting** *s: en ~ting (mellem)* something in between; **~ørebetændelse** *s* inflammation of the middle ear.
Mellemøsten *s* the Middle East; **mellemøstlig** *adj* Middle-East.
melodi *s* melody; *(om sang, vise etc)* tune; *til ~en af...* to the tune of...; **~sk** *adj* melodious.
melon *s* melon.
men *s* injury; *han har stadig ~ af ulykken* he is still suffering from the after-effects of the accident.
men *konj* but; *~ dog!* dear me!
mene *v (tænke, tro)* think, believe; *(sigte til, agte at, tænke på)* mean; *hvad ~r du om*

ham? what do you think of him? *jeg forstår ikke hvad du ~r* I don't understand what you mean; *jeg ~r det alvorligt* I am serious.

menig *s* private (soldier) // *adj* ordinary, common.

menighed *s (trossamfund)* church; *(kirkegængerne)* congregation; *(beboere i sogn)* parishioners *pl;* **~shus** *s* parish hall; **~råd** *s sv.t.* church council.

menigmand *s* the man in the street.

mening *s (anskuelse)* opinion; *(betydning, hensigt)* meaning, idea; *(fornuft)* sense; *efter min ~* in my opinion; *der er ingen ~ i at gøre det* there is no sense in doing it; *hvad er ~en?* what is the idea? *det var min ~ at...* I meant to...; *gøre ngt i den bedste ~* do sth with the best of intentions; **~sforskel** *s* difference of opinion; **~sløs** *adj (dum)* senseless; *(uden mening)* pointless; **~småling** *s* opinion poll.

menisk *s (anat)* meniscus.

menneske *s* person; *(som fænomen, mods: dyr)* human being; *alle ~r* everybody; *vi så ikke et ~* we did not see a soul; *føle sig som et nyt og bedre ~* feel like a different person; *han bliver aldrig ~ igen* he will never be a man again; **~abe** *s* anthropoid; **~alder** *s* generation; **~heden** *s* mankind, humanity; **~kærlig** *adj* charitable, humane; **~lig** *adj* human; *(~kærlig)* humane; *(som opfører sig ordentligt)* decent; **~liv** *s: ulykken kostede fire ~liv* four lives were lost by the accident; **~mængde** *s* crowd; **~rettighederne** *spl* the human rights; **~skæbne** *s* life; **~æder** *s* cannibal.

mens *d.s.s.* medens.

menstruation *s* period; *hun har ~* she has got her period.

mental *adj* mental.

menu *s* menu; **~kort** *s* menu.

mere *adj/adv* more; *aldrig ~* no more; never again; *ikke ~ (end)* no more (than); *jeg holder ~ af te* I prefer tea; *vil du have ~ te?* would you like some more tea? *~ og ~* more and more; *meget ~* much more.

mergelgrav *s* marl pit.

merian *s (bot)* marjoram.

merindkomst *s* excess earnings *pl;* **merudgift** *s* additional expenditure.

messe *s (i kirke)* Mass; *(salgs~ etc)* fair; *(mil, mar)* mess(room) // *v* chant; **~hagel** *s* chasuble.

messing *s* brass; **~blæserne** *spl (mus)* the brass; **~suppe** *s* brass-band music.

mest *adj/adv* most; *(for det meste, især)* mostly, mainly; *det ~e af indholdet* most of the contents; *for det ~e* mostly, generally; *~ af alt* most of all; *~ af alle* more than anyone else; *jeg holder ~ af salat* I like salad best; *han er ~ kendt for...* he is best known for...

mester *s* master *(i, til* at); *(sport)* champion; **~lig** *adj* masterly; **~skab** *s* mastery; *(sport)* championship; **~skytte** *s* crack shot; **~stykke** *s* masterpiece; **mestre** *v* master.

metal *s* metal; **~lisk** *adj* metallic; **~træthed** *s* metal fatigue; **~tråd** *s* wire.

metastase *s (med)* metastasis.

meteor *s* meteor.

meteorolog *s* meteorologist;

~isk *adj: ~isk institut sv.t.* the Met Office.
meter *s* metre; **~mål** *s: sælge ngt i ~mål* sell sth by the metre; **~systemet** *s* the metric system; **~varer** *spl* fabrics.
metode *s* method; **metodisk** *adj* methodical.
midaldrende *adj* middle-aged.
middag *s (midt på dagen)* noon; *(om måltid)* dinner; *i går ~s* yesterday at noon; *sove til ~* take a nap; *spise til ~* have dinner, dine; *invitere en til ~* ask sby to dinner; *hvad skal vi have til ~?* what are we having for dinner? **~sbord** *s* dinner table; **~slur** *s* nap; **~smad** *s* dinner; **~sselskab** *s* dinner party; **~stid** *s: ved ~stid* at noon; *(tidspunkt for måltidet)* at dinner time.
middel *s* means *pl; (læge~)* remedy; *midler (dvs. penge)* resources; *de offentlige midler* the public funds // *adj: over (el. under) ~* above *(el.* below) the average; **M~alderen** *s* the Middle Ages *pl;* **~alderlig** *adj* medieval; **M~havet** *s* the Mediterranean; **~mådig** *adj* mediocre, (F) middling.
mide *s* mite.
midlertidig *adj* temporary // *adv* temporarily.
midnat *s* midnight; **~sforestilling** *s* midnight show; **~ssol** *s* midnight sun; **~stid** *s: ved ~stid* around midnight.
midsommer *s* midsummer.
midt *adv: ~ for* right in front of; *~ i* in the middle of; *~ i maj måned* in mid-May; *~ imellem Esbjerg og Harwich* halfway between Esbjerg and Harwich; *knække ~ over* break in two; *~ på marken* in the middle of the field; *~ under koncerten* in the middle of the concert.
midtbane *s (i fodbold)* midfield.
midte *s* middle; *(lige i ~n)* centre; *på ~n* in the middle.
midter. . . sms: **~linje** *s (i fodbold)* halfway line; **~parti** *s* centre party; **~rabat** *s (på motorvej)* central reservation.
midtpunkt *s* centre.
mig *pron* me; *(refleksivt, undtagen efter præp)* myself; *kan du se ~?* can you see me? *jeg har slået ~* I have hurt myself; *det var ikke ~ der gjorde det* I did not do it; *jeg skal skynde ~* I'm in a hurry.
migræne *s* migraine.
mikro. . . sms: **~bølgeovn** *s* microwave oven; **~datamat** *s* micro computer; **~fon** *s* microphone, (F) mike; **~skop** *s* microscope; **~skopisk** *adj* microscopic.
mild *adj (om fx vejr)* mild; gentle, soft *(fx stemme* voice); *for at sige det ~t* to put it mildly.
milepæl *s* milestone; **milevidt** *adv* for miles *(omkring* around).
militær *s* army; *~et* the army // *adj* military; **~nægter** *s* conscientious objector; **~tjeneste** *s* military service.
miljø *s* environment; **~aktivist** *s* environmentalist; **~beskyttelse** *s* environmental protection; **~bevidst** *adj* concerned about the environment; **~forurening** *s* environmental pollution; **~ministerium** *s* Ministry of the Environment; **~skadet** *adj (om fx barn)* maladjusted; **~venlig** *adj* non-polluting; **~ødelæggelse** *s* ecocide.

milliard *s* billion.
millimeter *s* millimetre.
million *s* million; *fem ~er indbyggere* five million inhabitants; *~er af mennesker* millions of people; **~bøf** *s* minced beef stew; **~ær** *s* millionaire.
milt *s* spleen.
mimik *s (ansigtsudtryk)* facial expression; **~er** *s* mime (artist).
mimre *v* quiver; **~kort** *s* OAP travel pass.
min *pron* my; *(stående alene)* mine; *det er ~ bil* it is my car; *bilen er ~* the car is mine.
minarine *s* low-fat margarine.
minde *s (erindring)* memory; *(~smærke)* memorial; *(souvenir)* souvenir; *til ~ om en* in memory of sby; *ikke i mands ~* not within living memory // *v: ~ en om at gøre ngt* remind sby to do sth; *det ~r mig om ngt* it reminds me of sth; **~højtidelighed** *s* commemoration; **~s** *v (huske)* remember; *(fejre ~t om)* commemorate; **~smærke** *s* memorial.
mindre *adj (om størrelse)* smaller; *(mods: mere, om mængde)* less; *(ubetydelig)* minor; *(yngre)* younger; *han er ~ end sin søn* he is smaller than his son; *~ støjende* less noisy; *en ~ forseelse* a minor offence; *ikke desto ~* nevertheless; *der kom ikke ~ end 500 personer* no less than 500 people came; *det varede ~ end fire timer* it took less than four hours; *med ~* unless; **~tal** *s* minority; **~værdskompleks** *s* inferiority complex; **~årig** *adj* under age; *en ~årig* a minor.
mindske *v* reduce, diminish.
mindst *adj (om størrelse)* smallest; *(mods: mest, om mængde)* least; *(yngst)* youngest // *adv* least; *(ikke under)* at least; *i det ~e* at least; *ikke ~* not least, especially; *ikke den ~e smule* not the least bit; *det ~ mulige* the smallest *(el.* least) possible; **~eløn** *s* minimum wage.
mine *s (grube)* mine, pit; *(mil)* mine; *(ansigtsudtryk)* look; *gøre ~ til at* make a move to; **~arbejder** *s* miner; **~distrikt** *s* mining district; **~drift** *s* mining.
mineral *s* mineral; **~vand** *s* mineral water.
mine... sms: **~spil** *s* facial expressions *pl;* **~stryger** *s (mar)* minesweeper; **~søger** *s* mine detector.
mini... sms: **~cykel** *s* folding bike; **~datamat** *s* mini computer; **~golf** *s* crazy golf; **~mal** *adj* minimal; **~mum** *s* minimum; **~skørt** *s* mini skirt.
minister *s* minister *(for* of), secretary *(for* for); **~ium** *s* ministry; *(regering)* cabinet; **~præsident** *s* prime minister.
mink *s* mink.
minus *s (tegnet)* minus; *(underskud)* deficit; *(fig)* drawback // *adv* minus, less; *ti ~ fire er seks* ten minus four is six; *~ seks grader* six degrees below zero; **~dage** *spl* off-days.
minut *s* minute; *den er fem ~ter i ti* it is five minutes to ten; *den er fem ~ter i halv* it is twenty-five past; **~viser** *s* minute hand.
mirakel *s* miracle; **mirakuløs** *adj* miraculous.
mis *s (om kat)* pussycat; *som en ~* like a shot.

misbillige *v* disapprove (of); **~lse** *s* disapproval.
misbrug *s (med vilje)* abuse; *(forkert brug)* misuse; **~e** *v* abuse; misuse.
misfornøjelse *s* displeasure; **misfornøjet** *adj (utilfreds)* displeased; *(gnaven)* cross.
misforstå *v* misunderstand; **~else** *s* misunderstanding.
mishandle *v* ill-treat; **mishandling** *s* ill-treatment; *(af børn, hustru, dyr)* cruelty *(af* to).
mislykkes *v* fail; *det mislykkedes for os* we failed; *dømt til at ~* doomed to failure; **mislykket** *adj* unsuccessful; *være mislykket* be a failure.
misse *v (med øjnene)* blink.
missil *s* missile.
mission *s* mission; *(mil opgave etc)* assignment, task; **~ere** *v* do missionary work; *(fig)* preach; **~ær** *s* missionary.
mistanke *s* suspicion; *have ~ om at* suspect that.
miste *v* lose.
mistelten *s* mistletoe.
mistillid *s* mistrust, distrust; *have ~ til en* mistrust *(el.* distrust) sby; **~svotum** *s* vote of censure.
mistro *s/v* mistrust, distrust; **~isk** *adj* suspicious.
mistænke *v* suspect; *~ en for at gøre ngt* suspect sby of doing sth; **~lig** *adj* suspicious.
misunde *v* envy; **~lig** *adj* envious *(på* of); *være ~lig på ens karriere* envy sby his/her career; **~lse** *s* envy.
misvækst *s* crop failure.
mit se *min.*
mjave *v* miaow.
mobil *adj* mobile; **~isere** *v* mobilize; **~isering** *s* mobilization.
mod *s* courage; *miste ~et* lose courage; *tage ~ til sig* take heart; *frisk ~!* cheer up! *have ~ på at gøre ngt* have a mind to do sth; *ilde til ~e* ill at ease // *præp* d.s.s. *imod.*
modarbejde *v* oppose.
modbydelig *adj* disgusting.
mode *s* fashion; *det er på ~ nu* it is the thing now; *gået af ~* out of fashion; *komme på ~* come into fashion; **~bevidst** *adj* fashion-conscious; **~blad** *s* fashion magazine; **~butik** *s* fashion shop; **~farve** *s: hvidt er sommerens ~farve* white is the thing this summer; **~hus** *s* fashion house.
model *s* model; *stå ~ (om mannequin)* model; *(om kunstnermodel)* sit for an artist; *stå ~ til ngt (fig)* stand for sth; **~lere** *v* model; **~lervoks** *s* plasticine ®.
moden *adj (om frugt etc)* ripe; *(om person)* mature; *blive ~* ripen; *(om person)* mature; *være ~ til* be ready for.
modeopvisning *s* fashion show.
moder *el. mor s* mother; *hun er ~ til tre børn* she is the mother of three children.
moderat *adj* moderate.
moder. . . sms: **~kage** *s* placenta; **~lig** *adj* motherly; **~løs** *adj* motherless; **~mælk** *s* breast milk; **~mælkserstatning** *s* breast milk substitute; **~mærke** *s* birthmark.
moderne *adj (nutids)* modern, comtemporary; *(på mode)* fashionable, in; **modernisere** *v* modernize; *(om hus)* renovate; **modernisering** *s* modernization, renovation.
moder. . . sms: **~selskab** *s* parent company; **~skab** *s* motherhood; **~smål** *s* native language.
modeskaber *s* fashion designer; **modevarer** *spl* milli-

nery.

modgang *s* bad luck; *(nød)* hardship.

modgift *s* antidote.

modig *adj* brave, courageous.

modlys *s (foto etc)* contre-jour; **~blænde** *s* lens hood.

modne(s) *v* ripen; *(om person)* mature.

modpart *s* opponent.

modsat *adj* opposite; *i ~ fald* otherwise // *adv* the other way round.

modsige *v* contradict; **~lse** *s* contradiction.

modstand *s* resistance; *(forsvar)* opposition; *gøre ~ mod ngt* resist sth; **~er** *s* opponent; **~sbevægelse** *s* resistance (movement); **~skamp** *s* resistance; **~skraft** *s* (power of) resistance.

modstrid *s: være i ~ med ngt* be contrary to sth; **~ende** *adj* conflicting.

modstræbende *adj* reluctant.

modstykke *s* counterpart.

modstå *v* resist; *ikke til at ~* irresistible.

modsætning *s* contrast; *(forskel)* difference; *i ~ til* contrary to; **modsætte** *v: modsætte sig* oppose; *(fysisk)* resist.

modtage *v* receive; *(sige ja til)* accept; *(ved toget etc)* meet; *(hilse velkommen)* welcome; *blive godt ~t* be well received; **~lig** *adj (påvirkelig)* susceptible *(for* to); **~lse** *s* reception; *(af ting, vare)* receipt; *(accept)* acceptance; **~r** *s (radio)* receiver.

modvilje *s* antipathy, aversion; *(stærk)* revulsion; **modvillig** *adj* reluctant.

modvind *s* headwind; *komme i ~ (fig)* meet opposition.

modvirke *adj* counteract.

modvægt *s* counterbalance; *danne ~ til* counterbalance.

mol *s (mus)* minor; *sangen står i a-~* the song is in A-minor.

mole *s* pier, jetty.

molekyle *s* molecule.

moms *s* value-added tax (VAT); **~fri** *adj* exempt from VAT.

mon *adj* I wonder; *ja, ~ ikke* I suppose so; *(dvs. det kan du tro)* you bet!

monarki *s* monarchy.

mononukleose *s (med)* glandular fever.

monopol *s* monopoly *(på* on).

monstrum *s* monster; *(stor, klodset ting)* monstrosity.

montage *s (installation)* installation; *(film)* montage;

montere *v (installere)* instal; *(anbringe)* mount, fit; *(samle)* assemble.

montre *s* showcase.

montør *s* fitter; *(elek)* electrician.

monument *s* monument; **~al** *adj* monumental.

mopset *adj* miffed, in a huff.

mor d.s.s. *moder.*

moral *s (etik)* ethics; *(livsførelse)* morals *pl; (kampånd etc)* morale; *prædike ~* moralize; **~sk** *adj* moral.

mord *s* murder, killing; *begå ~* commit murder; **~er** *s* murderer, killer; **~erisk** *adj* murderous; **~forsøg** *s* attempted murder.

more *v* amuse; *(underholde også:)* entertain; *det ~r ham ikke at vaske op* he does not enjoy doing the dishes; *~ sig* enjoy oneself, have fun; *~ sig over ngt* enjoy sth.

morfar *s* (maternal) grandfather, (F) granddad.

morfin *s* morphia; **~base** *s* morphine base.

morgen *s* morning; *god ~!* good morning! *fra ~ til aften* all day long; *i ~ tomorrow; i ~ eftermiddag* tomorrow afternoon; *i morges* this morning; *i går morges* yesterday morning; **~avis** *s* morning paper; **~bord** *s* breakfast table; **~brød** *s* (fresh rolls etc for breakfast); **~frue** *s (bot)* marigold; **~gry** *s* dawn; **~kåbe** *s* dressing gown; **~mad** *s* breakfast; **~mand** *s* early riser; **~post** *s* morning post; **~sko** *s* slipper.

mormor *s* (maternal) grandmother, (F) granny.

morsom *adj* funny, amusing; *(underholdende)* entertaining; *hvor ~t!* how funny! *skal du være ~?* are you trying to be funny? *det var ~t at hilse på Dem* it was nice to meet you; **~hed** *s* joke.

morter *s* mortar.

mos *s (bot)* moss; *(gastr)* mash.

mosaik *s* mosaic.

mose *s* bog // *v* mash; **~fund** *s* bog find; *(iron om person)* museum piece; **~konebryg** *s* ground mist.

moské *s* mosque.

moskito *s* mosquito.

moskusokse *s* musk ox.

Moskva Moscow.

most *s (æble~ etc)* juice; *han kan ikke tåle ~en (fig)* it's too much for him.

moster *s* (maternal) aunt.

motel *s* motel.

motion *s* exercise; **~ere** *v* (take) exercise; **~scykel** *s* exercise bike; **~sgymnastik** *s* exercises *pl.*

motiv *s* subject; *(bevæggrund)* motive; *(kunst, foto)* motif; **~ere** *v (begrunde)* give reasons for; *(give stødet til)* motivate.

motor *s* engine; **~bølle** *s* roadhog; **~båd** *s* motor boat; **~cykel** *s* motor cycle, (F) motor bike; **~hjelm** *s (auto)* bonnet; **~iseret** *adj* motorized; **~køretøj** *s* motor vehicle; **~skade** *s* engine trouble; **~sport** *s* motoring; **~stop** *s* engine failure; **~vej** *s* motorway.

mousserende *adj* sparkling.

mudder *s* mud; **~pøl** *s* puddle; **mudret** *adj* muddy.

mug *s* mould.

muggen *adj* mouldy; *(sur)* sulky; *(mystisk)* fishy; **mugne** *v* go mouldy.

muhamedaner *s,* **muhamedansk** *adj* Muslim.

muk *s: ikke forstå et ~ (af det hele)* not understand a word (of it all); **~ke** *v* grumble.

mulat *s* mulatto.

muld *s (jordlag)* top soil; **~jord** *s* humus; **~varp** *s* mole; **~varpeskud** *s* molehill.

mulig *adj* possible; *hvis det er ~t, om ~t* if possible; *samle på alt ~t* collect all sorts of things; *på alle ~e måder* in every possible way; *mest ~* as much as possible; *snarest ~* as soon as possible; **~hed** *s* possibility, chance; *(lejlighed)* opportunity; *(en af to ~heder)* alternative; *der er ingen ~hed for at...* there is no chance of...; *der er ingen anden ~hed* there is no alternative; *have gode ~heder (dvs. evner)* have a good potential; *(dvs. udsigter)* have good prospects; **~vis** *adv* possibly, perhaps.

mumie *s* mummy.

mumle *v* murmur; *(utydeligt)* mumble.

mund *s* mouth; *bruge ~* shout; *(groft)* be rude; *holde ~* keep quiet; *hold så ~!* be quiet! (F) shut up! **~aflæsning** *s* lipreading; **~e** *v: ~e ud i (om flod)* flow into; *(om vej)* join;

(fig) end in; **~fuld** *s* mouthful; **~harmonika** *s* mouth organ.
munding *s* mouth.
mund... sms: **~kurv** *s* muzzle; **~-og-klovsyge** *s* foot-and-mouth disease; **~stykke** *s* mouthpiece; *(på cigaret)* tip; **~-til-mund metoden** *s* the kiss of life.
mundtlig *adj* oral.
mundvig *s* corner of the mouth.
munk *s* monk; **~ekloster** *s* monastery; **~ekutte** *s* cowl; **~eorden** *s* monastic order.
munter *adj* gay, cheerful; *(livlig)* lively; **~hed** *s* gaiety, cheerfulness; **muntre** *v: muntre en op* cheer sby up; *muntre sig* have fun.
mur *s* wall; **~brokker** *spl* rubble; **~e** *v* build; *(lægge mursten)* do bricklaying; *~e ngt inde (i væggen)* wall sth up; **~er** *s* bricklayer; **~ermester** *s* master bricklayer; **~ersvend** *s* journeyman bricklayer; **~sten** *s* brick; **~værk** *s* masonry.
mus *s* mouse.
muse *s* muse.
muse... sms: **~fælde** *s* mousetrap; **~hul** *s* mousehole; **~stille** *adj* quiet as a mouse.
museum *s* museum; **~sgenstand** *s* museum piece.
musik *s* music; *sætte ~ til ngt* set sth to music; *for fuld ~* with flying colours; **~alsk** *adj* musical; **~er** *s* musician; **~handel** *s* music shop; **~instrument** *s* musical instrument; **~konservatorium** *s* academy of music; **~korps** *s* band; **~stykke** *s* piece of music.
muskat(nød) *s* nutmeg.
muskel *s* muscle; **~kraft** *s* physical strength; **muskuløs** *adj* muscular.
muslimsk *adj* Muslim.
musling *s* mussel; *(kam~)* scallop; **~eskal** *s* shell.
musvit *s* great tit.
muzak *s* piped music.
myg *s* midge, mosquito; **~gebalsam** *s* mosquito repellant; **~gestik** *s* mosquito bite.
mylder *s* crowd, swarm; **myldre** *v* swarm; *byen myldrer med turister* the city is teeming with tourists; *eleverne myldrede ind i klassen* the pupils flocked into the classroom; **myldretid** *s* rush hour.
München Munich.
myndig *adj (bestemt)* authoritative; *(jur)* of age; *blive ~* come of age; **~hed** *s* authority; *(jur)* majority; *~hederne* the authorities.
myrde *v* murder.
myre *s* ant; **~flittig** *adj* industrious; **~kryb** *s: han giver mig ~kryb* he gives me the creeps; **~sluger** *s* anteater; **~tue** *s* anthill.
mysterium *s* mystery; **mystisk** *adj* mysterious; (F) fishy.
myte *s* myth; **mytologi** *s* mythology.
mytteri *s* mutiny; *gøre ~* mutiny.
mægle *s* mediate; **~r** *s (i forlig)* mediator; *(vare~)* broker; **mægling** *s* mediation; **mæglingsforslag** *s* draft settlement; **mæglingsmand** *s* mediator.
mægtig *adj (magtfuld)* powerful; *(stor)* huge, tremendous // *adv (meget)* tremendously; *~ godt* jolly good.
mælk *s* milk; **~ebøtte** *s (bot)* dandelion; **~eflaske** *s* milk bottle; **~ejunge** *s* milk can; **~ekarton** *s* milk carton; **~emand** *s* milkman; **~epul-**

ver *s* powdered milk; **~espand** *s* milk pail; **~esyre** *s* lactic acid; **~etand** *s* milk tooth; **~evej** *s (astr)* galaxy; *M~evejen* the Milky Way.
mængde *s* quantity; *(tællelig)* number; *(utællelig)* amount; *en ~* a lot, lots; *der var en ~ folk* there was a lot of people; *i tilstrækkelig ~* sufficiently; *i rigelige ~r* in large quantities; *en hel ~* a whole lot (of); **~tal** *s* cardinal number.
mænge *v: ~ sig med* mix with.
mærkat *s* ® sticker.
mærke *s (tegn)* sign, mark; *(etiket)* label; *(varesort)* brand, make; *sætte ~ ved ngt* put a mark against sth; *sætte ~r på ngt (dvs. plette)* stain sth; *bide ~ i* note; *være oppe på ~rne* be on the alert; *lægge ~ til* notice // *v (føle)* feel; *(bemærke)* notice; *(sætte ~)* mark; *ikke lade sig ~ med ngt* behave as if nothing had happened; **~dag** *s* red-letter day; **~lig** *adj* strange, odd; *~ligt nok* strangely enough; *det var da ~t!* how odd! **~seddel** *s* label; *(som bindes på)* tag.
mærkværdig *adj* odd; **~hed** *s* oddity.
mæslinger *spl* measles.
mæt *adj* full, satisfied; *spise sig ~* eat one's fill; **~te** *v* satisfy; *(fys)* saturate; *ris er meget ~tende* rice is very filling; *have mange munde at ~* have many mouths to feed.
møbel *s* piece of furniture; *købe møbler* buy furniture; *de har mange møbler* they have lots of furniture; **~arkitekt** *s* furniture designer; **~handler** *s* furniture dealer; **~polstrer** *s* upholsterer; **~snedker** *s* cabinet-maker; **~stof** *s* furnishing fabric;
møblere *v* furnish.
mødding *s* dung heap; *kaste ngt på møddingen* scrap sth.
møde *s* meeting; *(kort, tilfældigt)* encounter; *(aftalt)* appointment; *holde ~* hold a meeting; *være til ~* be at a meeting, be in conference; *gå en i ~* go to meet sby // *v* meet; *(tilfældigt)* come across; *~s* meet; *vi mødtes på gaden* we met in the street; *vi mødte en demonstration* we came across a demonstration; *~ til tiden* be on time; *~ op (i retten)* appear (in court); **~lokale** *s* conference room; **~protokol** *s* minutes.
mødom *s* virginity.
møg *s (agr)* manure; *(snavs)* dirt; *(bras)* rubbish, trash; **~beskidt** *adj* filthy; **~fald** *s: give en et ~fald* (F) take sby to the laundry; **~vejr** *s* lousy weather.
møjsommelig *adj* laborious.
møl *s* moth; **~kugle** *s* mothball.
mølle *s* mill; *det er lige vand på min ~* it is right up my street; **~hjul** *s* mill wheel; **~r** *s* miller; **~sten** *s* millstone.
møl. . . sms: **~pose** *s* moth bag; *lægge ngt i ~pose (også fig)* mothball sth; **~tæt** *s* mothproof; **~ædt** *adj* motheaten.
mønje *s* red lead.
mønster *s* pattern; *(tegning, plan)* design; *være et ~ på ngt* be a model of sth; **~beskyttet** *adj* registered.
mønstre *v* inspect, examine; *~ på (el. af) (mar)* sign on *(el.* off).
mønt *s* coin; *(valuta)* currency; *i fremmed ~* in foreign currency; **~e** *v: det var ikke ~et på dig* it was not aimed at

you; ~**fod** *s* monetary standard; ~**renseri** *s* self-service cleaners; ~**samler** *s* collector of coins; ~**telefon** *s* pay phone, callbox; ~**vaskeri** *s* launderette.

mør *adj (smuldrende)* crumbling; *(om kød)* tender; *(om grønsager)* done; ~**banket** *adj* (beaten) black and blue; ~**brad** *s* tenderloin; ~**bradsteg** *s* sirloin; ~**dej** *s* rich shortcrust pastry.

mørk *adj* dark; *blive ~t* grow dark; ~**e** *s* darkness; *efter ~ets frembrud* after dark; *i ~e* in the dark; *i nattens mulm og ~* in the dead of night; ~**eblå** *adj* dark blue; ~**ekammer** *s (foto)* darkroom; ~**erød** *adj* dark red; ~**lægning** *s* blackout; ~**ning** *s* twilight.

mørtel *s* mortar.

møtrik *s* nut.

må *s: på ~ og få* at random.

måbe *v* gape.

måde *s* way; *(henseende)* respect; *i lige ~!* the same to you! *med ~* moderately; *på en ~* in a way; *på en el. anden ~* some way or other; *på alle ~r* in every possible way; *på den ~* that way; *på ingen ~* by no means; ~**hold** *s* moderation; ~**holden** *adj* moderate; ~**lig** *adj* mediocre.

måge *s* seagull.

mål *s (formål)* purpose; *(som man stræber efter)* aim; *(som man sigter på)* target; *(i boldspil)* goal; *(i løb etc)* finishing-line; *(størrelse)* measurement; *det er hans ~ at blive præsident* he aims to be president; *rejsens ~ er London* the destination is London; *sigte på et ~* aim at a target; *~ og vægt* weights and measures; *få taget sine ~* have one's measurements taken; *syet efter ~* made to measure; *kunne stå ~ med* measure up to; *tage ~ af hinanden (fig)* size one another up; *nu er ~et fuldt!* that is the limit! ~**bevidst** *adj* determined.

måle *v* measure; *kunne ~ sig med en* measure up to sby; *~ ngt op* measure sth; ~**bånd** *s* tape measure; ~**r** *s* measurer; *(gas, el etc)* meter; ~**raflæser** *s* meter man; ~**stok** *s* scale; *efter dansk ~stok* by Danish standards; *i stor ~stok* on a large scale.

mål... sms: ~**felt** *s (sport)* goal area; ~**gruppe** *s* target group; ~**kast** *s (sport)* goal-throw; ~**linje** *s (i fodbold)* goal line; *(i løb)* finishing-line; ~**løs** *adj (stum)* speechless; *(sport)* goalless; ~**mand** *s* goalkeeper; ~**scoring** *s* score; ~**spark** *s* goal kick; ~**sætning** *s* objective.

måltid *s* meal.

måne *s* moon; *(skaldet plet)* bald spot.

måned *s* month; *i juli ~* in (the month of) July; *sidst på ~en* towards the end of the month; *hun er i sjette ~* she is six months gone; ~**lig** *adj* monthly; *tre gange ~lig* three times a month; ~**sløn** *s* monthly income; ~**stid** *s: om en ~stid* in a month or so; ~**svis** *adv* monthly; *~svis betaling* pay by the month; *i ~svis* for months.

måne... sms: ~**formørkelse** *s* lunar eclipse; ~**skin** *s* moonlight; ~**skinsarbejde** *s* moonlighting.

mår *s* marten.

måske *adv* perhaps, maybe; *~ bliver det sent* it may be late.

måtte *s* mat; *holde sig på ~n* go easy.

måtte *v (have lov til)* be allowed to; *(om ønske)* might; *(nødvendigvis skulle)* must; *du må godt gå nu* you may go now; *må jeg låne din blyant?* may I borrow your pencil? *gid du ~ komme med* I wish you might come; *vi må hellere gå nu* we had better go now; *du må være gal!* you must be mad! *jeg må altså gå nu* I must go now; *det ~ jo ske* it was bound to happen; *det må du om* it is for you to decide; *ja, det må du nok sige!* you may well say so!

N

nabo *s* neighbour; **~lag** *s* neighbourhood.
nadver *s: den hellige ~* Holy Communion.
nag *s* grudge; *bære ~ til en over ngt* bear sby a grudge for sth; **~e** *v: det ~er mig* it is preying on my mind.
nagle *v* rivet; *stå ~t til stedet* freeze (in one's tracks).
naiv *adj* naïve; **~itet** *s* naïvety.
nakke *s* (back of the) neck; *klø sig i ~n* scratch one's head; *slå med ~n* toss one's head; *have øjne i ~n* have eyes at the back of one's head; *være på ~n af en* be after sby; **~kam** *s (gastr)* neck *(fx* of pork, of lamb); **~støtte** *s (i bil etc)* headrest.
nap *s (kniben)* nip, pinch; *(arbejdsindsats)* effort, go; *give et ~ med* lend a hand; **~pe** *v (knibe)* nip, pinch; *(bide)* snatch.
nar *s* fool; *gøre ~ af* make a fool of.
narko... *sms:* **~forhandler** *s* drug pusher; **~man** *s* drug addict; **~mani** *s* drug addiction.
narkose *s: være i ~* be under a general anaesthetic.
narko(tika) *spl* drugs *pl;* **~handel** *s* drug peddling; **~misbrug** *s* drug abuse.
narre *v* fool; *(snyde)* cheat; *~ en for ngt* cheat sby out of sth; *lade sig ~ af ngt* be taken in by sth; **~streger** *spl* tricks; *lave ~streger* play tricks; **~sut** *s* dummy.
nas *s: leve på ~* scrounge; **~se** *v* sponge *(på* on); **~set** *adj* messy.
nat *s* night; *god ~!* good night! *hele ~ten* all night; *i ~ (dvs. foregående)* last night; *(dvs. kommende)* tonight; *om ~ten* at night; *(i løbet af ~ten)* during the night; *ud på ~ten* late in the night; *~ten til den femte maj* the night of May the fourth; *ved ~* by night; **~arbejde** *s* nightwork; **~bord** *s* bedside table; **~dragt** *s (til barn)* sleeping suit; **~hold** *s* night shift.
national *adj* national; **~bank** *s* central bank; **~dragt** *s* national costume; **~isere** *v* nationalize; **~isme** *s* nationalism; **~ist** *s* nationalist; **~itet** *s* nationality; **~itetsmærke** *s (på bil)* nationality plate; **~sang** *s* national anthem; **~økonomi** *s* economics.
nat... *sms:* **~kjole** *s* nightdress, (F) nightie; **~klub** *s* night club; **~logi** *s* accomodation (for the night); **~mad** *s* snack.
Nato NATO; **~-stilling** *s (for tilskadekomne)* recovery position.
nattefrost *s* night frost.
nattergal *s* nightingale.
natte... *sms:* **~ro** *s: må vi så få ~ro!* let us get some sleep! **~sjov** *s: holde ~sjov* keep

late hours; **~søvn** *s* night's sleep; **~vagt** *s* night watch; *have ~vagt* be on night duty.
nattog *s* night train; **nattøj** *s* night clothes *pl.*
natur *s* nature; *(landskab)* scenery; *den fri ~* the open nature; *ængstelig af ~* anxious by nature; *~ens orden* the course of nature; *ifølge sagens ~* naturally; **~alisme** *s* naturalism; **~folk** *s* primitive people; **~forhold** *s* nature; **~fredning** *s* nature conservancy; **~fænomen** *s* natural phenomenon; **~gas** *s* natural gas; *(ofte:)* North-Sea gas; **~katastrofe** *s* natural disaster; **~kraft** *s* natural force; **~kræfterne** *pl* the forces of nature; **~lig** *adj* natural; *(enkel)* simple; *i ~lig størrelse (om portræt)* life-size; *(vedr. ting)* full-scale; **~ligvis** *adv* naturally, of course; **~mindesmærke** *s* natural monument; **~reservat** *s* nature reserve; **~stridig** *adj* unnatural; **~svin** *s* litter lout; **~videnskab** *s* (natural) science; **~videnskabsmand** *s* scientist.
nav *s (i hjul)* hub.
navle *s* navel; **~snor** *s* umbilical cord.
navn *s* name; *give en ~* name sby; *fulde ~* full name; *kendte ~e* distinguished people, VIP's; *lægge ~ til ngt* lend one's name to sth; *kende ngt af ~* know sth by name; *under ~et* under the name of; *sætte sit ~ under ngt* sign sth; *en mand ved ~ Smith* a man called *(el.* named) Smith.
navne... *sms:* **~bog** *s (tlf)* telephone directory; **~forandring** *s* change of name; **~opråb** *s* roll call; **~ord** *s* noun; **~skilt** *s* nameplate.
navnlig *adv* especially.
navnløs *s* nameless; *(ubeskrivelig)* unspeakable.
ned *adv* down; *solen går ~ i vest* the sun sets in the west; *~ ad trappen* down the stairs, downstairs; *~ fra* down from, off; *~ med krigen!* down with the war! *~ over* down.
nedad *adv* downward(s).
nedarvet *adj* hereditary.
nedbrudt *adj* broken down.
nedbør *s (om regn)* rainfall; *(om sne)* snowfall.
neddykket *adj (om u-båd)* submerged.
nede *adv* down, below; *~ på gaden* down in the street; *han er langt ~* he is depressed; *længere ~ ad vejen* further down the road; *han er der ~* he is down there.
neden... *sms:* **~for** *adv* below; **~om** *adv* round below; *gå ~om og hjem* go to the dogs; **~under** *adv* below; *(i hus)* downstairs.
nederdel *s* skirt.
nederdrægtig *adj/adv* beastly.
nederlag *s* defeat; *lide ~* suffer a defeat; *tilføje en et ~* defeat sby.
Nederland the Netherlands *pl;* **n~sk** *adj* Dutch.
nederst *adj* lowest, bottom // *adv* at the bottom; *fra øverst til ~* from top to bottom; *stå ~ på listen* be at the bottom of the list; *~e etage* the bottom floor.
nedfald *s (radioaktivt)* fallout; **~sfrugt** *s* windfalls *pl.*
nedfryse *v* freeze.
nedgang *s* decline; *(om fx solen)* setting; *(fald i fx priser)* fall, decrease; **~stid** *s* depression.
nedgroet *adj* ingrowing.

nedkomme *v* give birth *(med* to); **nedkomst** *s* birth.
nedlade *v: ~ sig til at* stoop to; **~nde** *adj* patronizing.
nedlægge *v (lukke ned)* close (down); *(opgive)* resign; *(dræbe)* kill; *(lægge fra sig)* lay down; *(konservere)* pickle; *~ arbejdet* stop work; *(strejke)* go on strike; *~ forbud mod ngt* ban sth; *~ en krans* lay a wreath; *~ protest imod ngt* protest against sth; *~ våbnene* lay down arms.
nedløbsrør *s* drainpipe.
nedre *adv* lower.
nedringet *adj (om fx kjole)* low-cut.
nedrive *v (fx hus)* pull down, demolish; **nedrivning** *s* demolition.
nedrustning *s* disarmament.
nedrykning *s: ~ til 2. division (sport)* relegation to the second division.
nedskæring *s* cut.
nedslag *s (i pris)* rebate.
nedslidt *adj* worn down *(fx dæk* tyre).
nedsmeltning *s (fys)* meltdown.
nedstryger *s* hacksaw.
nedsætte *v (formindske)* reduce; *(udnævne, fx udvalg)* appoint; *~ sig som læge* set up as a doctor; **~lse** *s* reduction; appointment; *(bogudsalg)* sale; **~nde** *adj* derogatory.
nedtrapning *s* de-escalation; *(fra medicin, stoffer)* withdrawal; **nedtrappe** *v* de-escalate; *(fra stoffer)* withdraw from drugs.
nedtrykt *adj* depressed.
nedtur *s (tilbagegang)* decline; *(depression)* depression.
nedtælling *s* count-down.
nedværdige *v: ~ sig* degrade oneself; *~ sig til at gøre ngt* stoop to doing sth.
neg *s* sheaf.
neger *s* black; *(neds)* negro; *han er ~* he is black.
negl *s* nail; *klippe ~e* cut one's nails; *en hård ~* a tough guy; **~e** *v* (F) pinch; **~ebørste** *s* nail brush; **~elak** *s* nail varnish; **~erenser** *s* nail cleaner; **~esaks** *s* nail scissors.
nej *s* no; *få et ~* be refused // *interj* no; *(overrasket)* oh! *~!* oh no! *~ hør nu!* now, now! *~ se bare!* oh, look! *sige ~ til ngt* refuse sth; *~ tak* no thanks.
neje *v* curtsy *(for* to).
nekrolog *s* obituary.
nellike *s (bot)* carnation; *(krydderi)* clove.
nem *adj* easy; *(lethåndterlig)* handy; *(omgængelig)* easy to get on with; *(om barn)* easy; *~ mad* easy cooking; *slippe ~t fra ngt* have an easy job of sth; *have ~t ved ngt* do sth easily; **~hed** *s* ease; *for ~heds skyld* for the sake of simplicity.
nemlig *adj (forklarende)* that is, you see; *vi var tre, ~ Ole, Hans og mig* we were three, that is Ole, Hans and me; *er det forstået? ~!* is that understood? right (you are)!
nerve *s* nerve; *han går mig på ~rne* he gets on my nerves; **~pille** *s* tranquillizer; **~pirrende** *adj* thrilling; **~sammenbrud** *s* nervous breakdown; **~sygdom** *s* nervous disorder; **~system** *s* nervous system; **~vrag** *s* nervous wreck.
nervøs *adj* nervous; **~itet** *s* nervousness.
net *s* net; *(fx vejnet, blodkarnet)* system; *(bærenet)* string bag; *(spind og fig)* web; **~hinde** *s (i øjet)* retina; **~melon** *s*

netted melon.

netop *adv* just; *(akkurat)* exactly; *det var ~ hvad jeg tænkte* it was exactly what I thought; *det er ~ mit speciale* it happens to be my specialty; *hvorfor ~ her?* why here of all places? *hvorfor ~ mig?* why me of all people? *ja ~!* exactly! *~ nu* just now; *vi er ~ kommet hjem* we only just came home.

netto: *tjene 10.000 ~* make 10,000 net; **~fortjeneste** *s* net profit; **~pris** *s* net price; **~vægt** *s* net weight.

netundertrøje *s* string vest.

neurose *s* neurosis; **neurotisk** *adj* neurotic.

neutral *adj* neutral; *holde sig ~* remain neutral; **~itet** *s* neutrality.

nevø *s* nephew.

ni *num* nine.

niche *s* recess.

niece *s* niece.

niende *adj* ninth; **~del** *s* ninth; **nier** *s* nine; *(om bus)* number nine.

nik *s* nod; **~ke** *v* nod; *~ke med hovedet* nod one's head; *~ke til bolden* head the ball; **~kedukke** *s* yes-man.

nikotinforgiftning *s* nicotine poisoning.

nip *s (af drik)* sip; *være på ~pet til at gøre ngt (dvs. ngt risikabelt)* be within an inch of doing sth; *(lige skulle til at)* be on the point of doing sth; **~pe** *s (tage små bidder)* nibble; *(tage små slurke)* sip; *(knibe)* nip; *~pe til maden* pick at one's food.

nips *s* bric-a-brac; **~enål** *s* pushpin; **~genstand** *s* knick-knack; *(om pige)* doll.

niptang *s* pliers *pl.*

nisse *s* goblin.

nital *s* nine; **nitiden** *s: ved nitiden* about nine o'clock.

nitte *s* rivet; *(i lotteri)* blank // *v* rivet.

nitten *num* nineteen; **~de** *adj* nineteenth.

nive *v* pinch; *~ en i armen* pinch sby's arm.

niveau *s* level; *i ~ med* on a level with; *på højt ~* on a high level; **nivellere** *v* level.

nobel *adj (af ydre)* distinguished; *(ædel)* noble.

node *s* note; *~r* music; *spille efter ~r* play from music; *spille uden ~r* play by heart; *være med på ~rne* be with it; **~papir** *s* music paper; **~skrift** *s* musical notation; **~stativ** *s* music rest.

nogen *pron (en el. anden)* somebody, someone; *(~ som helst af personer)* anybody; *(brugt som adj: et vist antal)* some; *(~ som helst om andet end personer)* any; *der er ~ der har taget tasken* somebody took the bag; *er der ~ der har set den?* did anybody see it? *vil du have nogle kager?* would you like some cakes? *er der ~ breve til mig?* are there any letters for me? **~lunde** *adj* fairly.

noget *pron (et el. andet)* something; *(~ som helst)* any; *(stående alene)* anything; *(en vis mængde)* some; *er der ~ i vejen?* is something the matter? *er der ~ mælk?* is there any milk? *har du købt ~?* did you buy anything? *der er ~ mad til overs* there is some food left over // *adv (temmelig)* rather, a bit; *det varer ~* it will be some time; *vi blev ~ skuffede* we were somewhat disappointed.

nogle *pron* some; *~ mennesker* some people; *~ få* a few; *~ og tres* sixty odd.

nok *adj/adv* enough; *(sandsynligvis)* probably; *have fået ~ af ngt* have had enough of sth; *de kommer ~ (dvs. sikkert)* they are sure to come; *(dvs. måske)* they will probably come; *du kan ~ forstå...* you can imagine...; *det må jeg ~ sige!* well, I say! *det må du ~ sige!* you may well say so! *nu er det ~!* that's enough!
nonne *s* nun; **~kloster** *s* convent.
nord *s/adv* north; *vinden er i ~* the wind is in the north; *vende mod ~* face north; *~ for* north of; *mod ~* north(wards); **N~amerika** North America; **~bo** *s* Scandinavian; **N~en** *s* Scandinavia; **~envind** *s* north wind; **N~europa** Northern Europe; **~fra** *adv* from the north.
nordisk *adj* Nordic, Scandinavian; *N~ Råd* the Nordic Council.
nord... *sms:* **~lig** *adj* northern; *i det ~lige Norge* in the north of Norway; *vinden er ~lig* the wind is in the north; **~ligere** *adj* further north *(end* than); **~ligst** *adj* northernmost; **~lys** *s* northern lights; **~mand** *s* Norwegian; **N~polen** the North Pole; **~på** *adv* north; *(oppe ~på)* in the north; *flytte længere ~på* move further north.
nordre *adj* northern.
Nord... *sms:* **~søen** *s* the North Sea; **n~vest** *s* north west; **n~vestlig** *adj* north western; *det n~vestlige Skotland* the north west of Scotland; **n~øst** *s* north east; **n~østlig** *adj* north eastern; *n~østlig vind* north easterly wind.
Norge Norway.
norm *s* standard.
normal *s/adj* normal; *over (el. under) ~en* above *(el.* below) normal; *over det ~e* above normal; **~løn** *s* standard wage; **~t** *adv* normally.
norsk *s/adj* Norwegian.
nosser *spl* (V) balls.
nostalgisk *adj* nostalgic.
notat *s* note; *tage el. gøre ~er* take notes.
note *s* note; *(i bog)* annotation; **~re** *v: ~re sig ngt* make a note of sth; *~re ngt ned* take sth down; *blive ~ret af politiet* be reported by the police; **~sbog** *s* notebook.
notits *s* notice; *(i avis)* paragraph; *tage ~ af ngt* take notice of sth.
novelle *s* short story.
nr. *(fork.f. nummer)* No., no.
nu *s (øjeblik)* moment, instant; *~et* the present; *i samme ~* that instant *(el.* moment) // *adv* now; *kom ~!* come on! *fra ~ af* from now on; *hvad ~?* what now? *indtil ~* up to now; *~ til dags* nowadays; *det har jeg ~ aldrig sagt* now, I never said that.
nuance *s* shade; **~ret** *adj* varied.
nudel *s* noodle.
nul *s* zero, nought; *(om person)* nobody; *(i fodbold)* nil; *(i tennis)* love; *~ plus 2 er 2* nought and two makes two; *mit lokalnummer er 300 (tlf)* my extension is 300 ['θri:dʌbl'əu] // *adj* no, zero.
nulevende *adj* contemporary.
nullermænd *spl* fluff.
nulpunkt *s* zero; **nulvækst** *s* zero growth.
nummer *s* number; *(i tøj, sko)* size; *(af blad)* issue; *(på program el. liste)* item; *fortsættes i næste ~* to be continued in the next issue; *han bruger ~ 45 i sko* he takes size 45 in

shoes; *blive ~ ét* come first; *lave numre med en* play tricks on sby; *forkert ~ (tlf)* wrong number; **~plade** *s (auto)* number plate.
numse *s* bottom, bum.
nuppe *v* pinch.
nusse *v: ~ med ngt* fiddle with sth; *~ rundt* potter around.
nusset *adj (snavset)* tatty; *(uordentlig)* untidy.
nutid *s* present (day); *(gram)* the present (tense); *~ens ungdom* young people of today; **~ig** *adj* contemporary; **~skunst** *s* modern art.
nutildags *adv* nowadays.
nuværende *adj* present.
ny *s: i ~ og næ* on and off // *adj* new; *hvad ~t?* what's the news? *det er ikke ngt ~t* that is nothing new; *det ~este ~e* the latest; *på ~* once more; **~ankommen** *adj* newly arrived; **~anskaffelse** *s* new purchase; **~bagt** *adj (om brød)* freshly baked; *(fx far)* new; **~begynder** *s* novice; **~bygger** *s* settler.
nyde *v (med velbehag)* enjoy; *(mad og drikke)* take, have; *(med skadefryd)* gloat over; *(modtage)* receive; *jeg ~r ikke spiritus* I don't take alcohol; *~ godt af ngt* have the benefit of sth; *tak, jeg skal ikke ~ ngt!* I'm not having any!
nydelig *adj* pretty, nice; *du er en ~ en!* you are a nice one!
nydelse *s* pleasure; **~smiddel** *s* stimulant.
nyfødt *adj* newborn.
nygift *adj* newly married; *de ~e* the newly-weds.
nyhed *s (ngt nyt)* novelty; *(efterretning)* news *pl; en ~* a piece of news; *dårlige ~er* bad news; *det er ingen ~* that is no news; *have ~ens interesse* be a novelty; **~sbureau** *s* news agency; **~sudsendelse** *s (i radio)* news broadcast; *(i tv)* television news.
nylagt *adj (om æg)* freshly laid.
nylavet *adj* freshly made.
nylig *adj/adv: for ~* recently; *først for ~* only recently.
nymalet *adj* freshly painted; *(om kaffe)* freshly ground.
nymalket *adj: ~ mælk* milk straight from the cow.
nymåne *s* new moon; *det er ~* there is a new moon.
nynne *v* hum.
nyre *s* kidney; *kunstig ~* kidney machine; **~bælte** *s* body belt; **~steg** *s* loin; **~sten** *s* kidney stone; **~transplantation** *s* kidney transplant.
nys(en) *s* sneeze; **nyse** *v* sneeze.
nysgerrig *adj* curious *(efter at* to).
nyt *se ny.*
nytte *s* use, usefulness; *(fordel)* benefit; *gøre ~* be of use; *til hvad ~ er det?* what's the use of it? *ingen ~ til* no use; *have ~ af ngt* benefit from sth // *v* be of use; *det ~r ikke* it is no use; *hvad ~r det?* what's the use of it? **~have** *s* kitchen garden; **~løs** *adj* useless; **~plante** *s* utility plant.
nyttig *adj* useful.
nytår *s* New Year; *glædeligt ~!* happy New Year! **~saften** *s* New Year's eve; **~sdag** *s* New Year's day.
næb *s (buet)* beak; *(lige)* bill; *hænge med ~bet* be down in the mouth; *med ~ og kløer* tooth and nail; **~bet** *adj* pert.
nægte *v (benægte)* deny; *(afslå)* refuse; *~ en ngt* refuse sby sth; *~ at gøre ngt* refuse to do sth; *det kan ikke ~s* it can't be denied; *han ~r sig*

ikke ngt he does not deny himself anything; ~ *sig skyldig* plead not guilty; **~lse** *s* denial; refusal; *(gram)* negative.

nælde *s* nettle; **~feber** *s* nettle rash.

nænne *v: hvor kan du ~ det!* how can you do it! *jeg kan ikke ~ at...* I have not got the heart to...

nænsom *adj* gentle; **~hed** *s* gentleness.

næppe *adv* hardly, scarcely; *han havde ~ sagt det før...* he had hardly said it when...; *undgå ngt med nød og ~* have a narrow escape.

nær *adj* near, close // *adv* near; *(næsten)* nearly, almost; *~e slægtninge* close relatives; *i ~ fremtid* in the near future; *~ ved huset* close to *(el.* near) the house; *tage sig ngt ~* take sth to heart; *alle kom på ~ NN* everybody came except NN; *det er ngt ~ alt han kan* that is about all he can; *ikke på langt ~ nok* far from enough // *præp* near, close to; *være døden ~* be dying; *han er ~ de 50* he is close on fifty.

nær... *sms:* **~billede** *s* close-up; **~butik** *s* local shop; **~demokrati** *s* local democracy.

nære *v (føle)* have, feel; *(give næring)* feed; *(~ sig)* behave; *~ kærlighed til* love; *~ afsky for* detest; *~ interesse for ngt* have an interest in sth; *kan du så ~ dig!* do behave! *vi kunne ikke ~ os for at gøre det* we could not resist doing it; *han kunne ikke ~ sig for kløe* he could not bear the itching; **~nde** *adj* nourishing.

nærgående *adj (om spørgsmål)* tactless; *nu skal du ikke blive for ~ (mod mig)* don't get fresh (with me)!

nærhed *s* proximity; *i ~en af* close to, near.

nærig *adj* stingy; **~hed** *s* stinginess.

næring *s (føde)* food, nourishment; *(erhverv)* business, trade; *give ilden ~* feed the fire; **~sbrev** *s* licence (to trade); **~sdrivende** *s* tradesman; **~sliv** *s* trade; **~smiddel** *s* foodstuff; **~sstof** *s* nutrient; **~svej** *s* trade; *(om person)* profession; *(om stat)* industry.

nærliggende *adj* nearby; *(fig)* obvious.

nærlys *s* dipped headlights.

nærme *v: ~ sig* come closer, approach, draw near; *ferien ~r sig* the holidays are drawing near; *din opførsel ~r sig det uartige* your behaviour verges on rudeness.

nærmere *adj* nearer, closer, more closely; *afvente ~ besked* await further orders; *ved ~ eftertanke* on second thoughts; *det er ~ ad denne vej* this way is shorter // *adv: angive ngt ~* specify sth; *~ betegnet* more precisely; *se ~ på ngt* take a closer look at sth; *undersøge ngt ~* examine sth more closely.

nærmest *adj* nearest, closest; *i den ~e omegn* in the immediate neighbourhood; *i den ~e fremtid* in the near future // *adv* nearest; *(temmelig)* rather; *(næsten)* almost; *hun var ~ ked af det* she was almost sorry // *præp* nearest to, next to; *enhver er sig selv ~* it is every man for himself.

nærsynet *adj* short-sighted; **~hed** *s* short-sightedness.

nærtrafik *s* local traffic.

nærved *adv (i nærheden)* nearby, close by; *(næsten)* al-

most.
nærvær *s* presence; *i vidners* ~ before witnesses; **~ende** *adj (til stede)* present; *(nuværende)* existing; *samtlige ~ende* all those present.
næs *s* foreland; *(stejlt)* headland.
næse *s* nose; *(irettesættelse)* reprimand; *pille* ~ pick one's nose; *pudse* ~ blow one's nose; *få en lang* ~ be disappointed; *stikke sin* ~ *i ngt* poke one's nose into sth; *være som snydt ud af ~n på en* be the spitting image of sby; *smække døren i for ~n af en* slam the door in sby's face; *bogen ligger lige for ~n af dig* the book is right under your nose; *falde på ~n* fall flat on one's face; *blive taget ved ~n* be taken in.
næse... *sms:* **~blod** *s* nosebleed; *have ~blod* have a nosebleed; **~horn** *s* rhinoceros; **~tip** *s* tip of the nose.
næst *adv:* ~ *efter* next to, after; **~bedst** *adj* second best.
næste *s* neighbour // *adj* next; *(følgende)* following; *til ~ år* next year; *fortsættes på ~ side* continued overleaf; *værsgo, ~!* next, please! **~kærlighed** *s* charity.
næsten *adv* nearly, almost; ~ *aldrig* almost never; ~ *altid* nearly always; ~ *ikke* hardly; ~ *ingen* hardly anybody; ~ *intet* hardly anything, almost nothing; *jeg synes ~ at...* I'm inclined to think that...; *det er ~ synd for ham* one almost feels sorry for him.
næst... *sms:* **~formand** *s* vice-president; **~kommanderende** *s* second in command; **~sidst** *adj* last but one; **~ældst** *adj* second oldest; **~øverst** *adj* second from the top.
næsvis *adj* impertinent; **~hed** *s* impertinence.
næve *s* fist; *knytte ~rne* clench one's fists; **~nyttig** *adj* officious.
nævn *s* board; *sidde i et* ~ be on a board.
nævne *v (sige navnet på)* name; *(omtale)* mention; ~ *en ved navn* call sby by name; **~lse** *s: med navns ~lse* by name.
nævner *s (i brøk)* denominator.
nævneværdig *adj* worth mentioning.
nævning *s* juror; *~ene* the jury; **~esag** *s* trial by jury.
nød *s (bot)* nut; *en hård ~ at knække* a tough nut to crack; *give en et gok i ~den* bash sby on the head.
nød *s (vanskeligheder)* distress; *(fattigdom)* need; *lide* ~ suffer hardships; *der er stor ~ i landet* there is extreme poverty in the country; *komme i* ~ get into trouble; *undslippe med ~ og næppe* have a narrow escape; *vi klarer det til* ~ we can just about manage; **~bremse** *s* emergency brake.
nødde... *sms:* **~busk** *s* hazel; **~knækker** *s* nutcracker; **~skal** *s* nutshell; *det er sagen i en ~skal* that is it in a nutshell.
nøde *v (tvinge)* force; *(overtale)* press, urge.
nødig *adj (mods: gerne)* reluctantly; *vi gør det* ~ we hate to do it; *jeg vil ~ forstyrre* I don't like to disturb; *jeg ville ~ være ham* I would not like to be in his shoes; *det skulle ~ komme så vidt* I hope it won't come to that.

nød. . . *sms:* **~landing** *s* emergency landing; **~lidende** *adj* distressed; *(fattig)* needy; **~løgn** *s* white lie; **~saget** *adj: være ~saget til at* be forced to; **~signal** *s* distress signal; **~stilfælde** *s* emergency.

nødt: *være ~ til* have to.

nød. . . *sms:* **~tvungent** *adv* of necessity, perforce; **~tørft** *s: forrette sin ~tørft* answer the call of nature; **~udgang** *s* emergency exit.

nødvendig *adj* necessary; *kun det ~ste* only the essentials; *ikke mere end strengt ~t* no more than strictly necessary; **~hed** *s* necessity; *af største ~hed* of the utmost necessity; **~vis** *adv* necessarily.

nødværge *s* self-defence.

nøgen *adj* naked, nude; *vi badede nøgne* we went swimming in the nude; **~badning** *s* nude bathing; **~hed** *s* nakedness, nudity.

nøgle *s* key; *(mus)* clef; *(garn~)* ball; **~barn** *s* latchkey child; **~ben** *s* collarbone; **~hul** *s* keyhole; **~klar** *adj (om hus)* ready for moving into; **~knippe** *s* bunch of keys; **~ord** *s* keyword; **~roman** *s* roman à clef; **~stilling** *s* key position.

nøgtern *adj* sober, down-to-earth.

nøjagtig *adj* accurate; *(præcis)* exact, precise; *en ~ kopi* an exact copy; *være meget ~* be very precise // *adv* exactly, precisely; *sig mig helt ~. . .* tell me exactly. . .; *hvad er klokken ~?* what is the exact time? **~hed** *s* accuracy; exactness, preciseness.

nøje *adj (omhyggelig)* careful; *(nær)* close; *ved ~re eftersyn* on close inspection; *en ~ efterligning* a careful copy; *efter ~ overvejelse* after careful consideration // *adv* carefully; closely; *(nøjagtigt)* exactly; *~ overholde reglerne* keep strictly to the rules; *det tager vi ikke så ~* we are not particular about that; **~regnende** *adj* particular.

nøjes *v: ~ med* be content with; *kan du ~ med kold mad?* can you do with cold food?

nøjsom *adj (som ikke kræver meget)* undemanding; *(beskeden)* modest; **~hed** *s* modesty.

nøkkerose *s* white waterlily.

nøle *v* hesitate; *(trække tiden ud)* play for time; *uden at ~* without delay; **~n** *s* hesitation; delay.

nå *v* reach, get to; *(komme i tide til)* be in time for; *(om tog, bus etc)* catch; *(indhente)* catch up with; *(opnå)* achieve; *få ~et ngt* get sth done; *kan vi ~ det?* can we make it? *vi ~ede ikke bussen* we missed the bus.

nå *interj* well! *~ sådan!* oh, I see! *~, hvad siger du så?* well, what do you say now? *~, ~!* come, come!

nåde *s (barmhjertighed)* mercy; *(rel)* grace; *(gunst)* favour; *lade ~ gå for ret* be merciful; *bede om ~* beg for mercy; *tage en til ~* forgive sby // *v: Gud ~ dig!* God help you! **nådig** *adj* merciful, gracious.

nål *s* needle; *(knappe~, sikkerheds~)* pin; *sidde som på ~e* be like a cat on hot bricks; **~eskov** *s* coniferous forest; **~estik** *s* prick; **~etræ** *s* conifer.

når *konj* when; *~ bare* if only; *~ først de kommer* once they come; *~ som helst* whenever; any time.

O

oase *s* oasis.
obduktion *s* autopsy.
oberst *s* colonel; **~løjtnant** *s* lieutenant colonel.
objekt *s (gram)* object.
objektiv *s (linse)* lens // *adj* objective.
obligation *s* bond; **~skurs** *s* bond quotation.
obligatorisk *adj* compulsory.
obo *s* oboe; *spille* ~ play the oboe; **~ist** *s* oboe player, oboist.
observans *s (synspunkter)* views *pl;* **observation** *s* observation; **observatorium** *s* observatory; **observatør** *s* observer; **observere** *v* observe.
ocean *s* ocean; **O~ien** *s* the Pacific Islands.
od *s (spids)* point.
odde *s* land tongue, point.
odder *s* otter; *(om person)* oaf.
offensiv *s/adj* offensive; *gå i ~en* take the offensive.
offentlig *adj* public // *adv* in public; *en ~t ansat* a public servant; *~ tilgængelig* open to the public; *det ~e* the authorities *pl;* **~gøre** *v* publish; **~gørelse** *s* publication; **~hed** *s* publicity; *~heden (dvs. folk)* the (general) public; *det er i ~hedens interesse* it is in the public interest.
offer *s* sacrifice; *(person som det går ud over)* victim; *bringe et ~* make a sacrifice; *blive ~ for ngt* be the victim of sth.
officer *s* officer.
officiel *adj* official.
ofre *v* sacrifice; *(give ud, bruge)* spend; *~ sig for en sag* devote oneself to a cause.
ofte *adv* often, frequently; **~re** *adv* more often; *lad det ikke ske ~re* don't let it happen again; **~st** *adv (som regel)* usually, as a rule.
og *konj* and; *vi skal ud ~ købe ind* we are going shopping; *gå hjem ~ sov* go home and sleep.
også *adv* also, too; *hun kan ~ køre bil* she can also drive, she can drive too; *det er da ~ irriterende!* how annoying! *han spiller obo, og det gør hun ~* he plays the oboe and so does she; *mener du nu ~ det?* are you sure you mean that?
okkupere *v* occupy.
okse *s* ox *(pl:*oxen); *(kød af ~)* beef; **~bryst** *s* brisket (of beef); **~filet** *s* fillet of beef; **~kød** *s* beef; **~kødssuppe** *s* (beef) broth; **~steg** *s (rå)* joint of beef; *(stegt)* roast beef.
oktantal *s* octane number; *med højt ~* high-octane.
oktav *s (mus)* octave; *(format)* octavo.
oktober *s* October; *den første ~* the first of October *el.* October the first; **~ferie** *s* autumn school holiday.
oldefar *s* great-grandfather; **oldemor** *s* great-grandmother.
oldfrue *s* matron.
olding *s* old man.
oldnordisk *adj* Old Norse; *(fig)* antediluvian.
oldtid *s (klassisk)* antiquity; *Danmarks ~* early Danish history; **~sfund** *s* prehistoric find; **~skundskab** *s* classical civilization.
olie *s* oil; *finde ~* strike oil; *bore efter ~* drill for oil; **~boring** *s* oil drilling; **~farve** *s* oil colour; *male med ~farve* paint in oils; **~forekomst** *s* oil deposit; **~fyr** *s* oil-burner;

~kilde *s* oil well; **~kridt** *s* crayon; **~maling** *s* oil-based paint; **~målepind** *s (auto)* dipstick; **~pøl** *s (på vandet)* oil slick; **~raffinaderi** *s* oil refinery; **~selskab** *s* oil company; **~tankskib** *s* oil tanker; **~udslip** *s* oil slip; *(ved et uheld)* oil leak.

oliven *s* olive; **~grøn** *adj* olive; **~olie** *s* olive oil; **~træ** *s* olive (tree).

olympiade *s (OL)* Olympic Games, Olympics *pl.*

om *præp (rundt ~)* about, (a)round; *(angående)* about, on, of; *(om tid)* in, on; *(pr.)* a; *(se også de enkelte ord som ~ forbindes med); han bor lige ~ hjørnet* he lives just round the corner; *dreje ~ hjørnet* turn the corner; *spørge en ~ ngt* ask sby about sth; *bede en ~ ngt* ask sby for sth; *filmen handler ~ krigen* the film is about the war; *~ en time (, uge etc)* in an hour (, a week etc); *arbejde ~ natten* work at night; *flere gange ~ dagen* several times a day; *~ morgenen* in the morning; *~ søndagen* on Sundays; *falde ~* fall over; *gøre ngt ~* do sth again; *bygge huset ~* rebuild the house // *konj* if, whether; *jeg ved ikke ~ de kommer* I don't know whether they will come; *~ jeg så må sige* if I may say so; *som ~* as if.

omadressere *v* forward.

omarbejde *v* alter, revise.

ombestemme *v: ~ sig* change one's mind.

ombord *adv* on board.

ombudsmand *s* ombudsman.

ombygning *s* rebuilding; *under ~* being rebuilt.

ombæring *s (af post og fig)* delivery; *det må blive i næste ~* it will have to wait till next time.

omdanne *v* change, convert *(til* into); *(ordne om)* reorganize; *(om regering)* reshuffle; **~lse** *s* change, conversion; reorganization; reshuffle.

omdele *v* distribute.

omdiskuteret *adj* much discussed; *(omstridt)* controversial.

omdrejning *s* revolution, rotation; *... ~er i minuttet ...* revolutions per minute.

omdømme *s* reputation.

omegn *s* neighbourhood, surroundings *pl; København og ~* Copenhagen and its environs; *de bor i ~en af København* they live on the outskirts of Copenhagen; **~skommune** *s* suburban municipality.

omelet *s* omelette.

omfang *s (størrelse)* size; *(udstrækning)* extent; *(omkreds)* circumference; *(rækkevidde, ~ af arbejde, undersøgelse etc)* scope; *i stort ~* on a large scale; *i fuldt ~* completely; **~srig** *adj (stor, tyk)* voluminous; *(rummelig)* spacious; *(om viden, interesser etc)* wide.

omfart(svej) *s* by-pass.

omfatte *v (inkludere)* include; *(angå)* affect; **~nde** *adj (vidtgående)* extensive; *(som rummer meget)* comprehensive; *(grundig)* thorough.

omfavne *v* embrace; **~lse** *s* embrace.

omflakkende *adj* unsettled.

omformer *s (elek)* converter.

omgang *s (runde)* round; *(det at omgås)* dealings *pl (med* with); *(måde at bruge ngt på)* handling *(med* of); *pleje ~ med en gruppe* mix with a group; *en skrap ~* tough going; *en dyr* ~ an expensive affair; *i denne* ~ this time; *på* ~ by turns; *gå på* ~ pass round; **~skreds** *s* acquaintances *pl,* friends *pl.*

omgive *v* surround; **~lser** *spl* surroundings, environs; *(miljøet)* environment.

omgående *adj* immediate // *adv* immediately.

omgås *v (personer)* mix with; *(ting)* handle, deal with; *vi* ~ *formelt* we see each other formally; *nem at* ~ easy to get on with; ~ *ngt med forsigtighed* handle sth with care.

omhu *s* care.

omhyggelig *adj* careful *(med* about).

omkamp *s (sport)* replay.

omklædning *s* changing (one's clothes); **~srum** *s* changing room; *(med skabe til tøj etc)* locker room.

omkomme *v* die, get killed; *være ved at* ~ *af grin* nearly die laughing.

omkostninger *spl* costs, expenses.

omkreds *s* circumference; *i miles* ~ for miles around.

omkring *adv/præp* about, (a)round; *(cirka)* about; *de bor her* ~ they live around here; **~liggende** *adj* surrounding.

omkuld *adv* over, down; *vælte* ~ fall down; *vælte en* ~ knock sby down.

omkvæd *s* chorus.

omkørsel *s* diversion.

omlægge *v (dvs. ændre)* change, reorganize; *(om vej)* relocate.

omløb *s* circulation; *sætte ngt i* ~ circulate sth; *være i* ~ be circulating; *have* ~ *i hovedet* be bright.

omme *adv (forbi)* over; *da tiden var* ~ when the time was up; ~ *bag træet* behind the tree; *den står der* ~ it is back there.

omregne *v* convert *(til* into); **omregning** *s* conversion.

omrejsende *adj* travelling, itinerant *(fx teater* theatre).

omrids *s* outline; *tegne et* ~ *af ngt* outline sth; *i korte* ~ in brief outline.

omringe *v* surround.

område *s* area, region; *(som tilhører en stat)* territory; *(fig, felt)* field; *(fig, gren)* branch; *på fjendens* ~ in enemy territory; *det ligger uden for mit* ~ it is out of my field; **~nummer** *s (tlf)* area code.

omsider *adv* finally, at last.

omskiftelig *adj* changeable; *(om vejr)* changing.

omskole *v* retrain; **omskoling** *s* retraining.

omskæring *s* circumcision.

omslag *et (til papirer etc)* cover; *(med, fx varmt* ~*)* compress; *(skift, ændring)* (sudden) change.

omsonst *adj* futile // *adv* in vain.

omsorg *s* care; ~ *for de ældre* eldercare; *drage* ~ *for* take care of; **~sarbejde** *s* welfare work; **~sfuld** *adj* careful; *(af indstilling)* solicitous.

omstigning *s* change; **~sbillet** *s* transfer ticket.

omstille *v (produktion, tv, radio etc)* switch over *(til* to); *(tlf)* put through *(til* to); ~ *sig til ngt nyt* adapt to sth new; **omstilling** *s (af produktion etc)* switch-over, changeover; **omstillingsbord** *s (tlf)* switchboard.

omstrejfende *adj* vagrant; *(om fx hund)* stray.

omstridt *adj* controversial, disputed.

omstændelig *adj* elaborate; *(langtrukken)* long-winded.
omstændighed *s* circumstance; *(kendsgerning)* fact; *~er (besvær, mas)* trouble; *(formaliteter)* fuss; *efter ~erne går det godt* it goes as well as can be expected; *alt efter ~erne* according to circumstances; *nærmere ~er* further details; *være i ~er (dvs. gravid)* be expecting; *under alle ~er (dvs. alligevel)* at any rate; *(dvs. for enhver pris)* at all costs; *under ingen ~er* under no circumstances; **~støj** *s* maternity wear.
omsværmet *adj: han/hun er ~* he/she is very popular with the girls/boys.
omsvøb *s: lave ~* beat around the bush; *uden ~* straight out.
omsætning *s (handel)* trade, business; *(merk, fx et års ~)* turnover; *(om penge, cirkulation)* circulation; **omsætte** *v (sælge)* sell; *de har omsat for 100 millioner i første halvår* they have had a turnover of 100 millions for the first six months.
omtale *v* mention; *omtalte politiker...* the said politician...
omtanke *s: vise ~* show consideration; *vælge ngt med ~* choose sth with care.
omtrent *adv* about; *(næsten)* almost; *(cirka)* approximately; *den kostede ~ 100 kroner* it was almost 100 kroner; *sådan ~ 100 kroner* 100 kroner or so; *~ sådan her* something like this; **~lig** *adj* approximate.
omvej *s* detour; *(fig)* roundabout-way; *gå en ~ (med vilje)* make a detour; *(ufrivilligt)* go the long way round; *ad ~e (fig)* in a roundabout way.
omvende *v* convert; **~lse** *s* conversion.
omvendt *adj (om rækkefølge)* reverse; *(modsat)* opposite, the other way round // *adv* the other way round; *(på hovedet)* upside down; *han elsker hende og ~* he loves her and vice versa; *billedet hænger ~* the picture is upside down.
omvæltning *s (drastisk ændring)* radical change; *(pol etc)* revolution.
onanere *v* masturbate; **onani** *s* masturbation.
ond *adj* wicked, evil; *(slem)* bad, nasty; *en ~ ånd* an evil spirit; *få ~t* get a pain; *gøre ~t* hurt; *det gør ~t i såret* the wound hurts; *det gør mig ~t at høre det* I am sorry to hear it; *have ~t af en* feel sorry for sby; *have ~t i halsen* have a sore throat; *have ~t i maven (el. hovedet)* have a stomachache *(el.* headache); *tale ~t om en* say bad things about sby; *der er ikke ngt ~t i at prøve* there is no harm in trying,
ondartet *adj (om person)* vicious, nasty; *(om sygdom)* serious; *(om svulst etc)* malignant.
onde *s* evil; *et nødvendigt ~* a necessary evil.
ondsindet *adj* ill-natured.
ondskab *s* wickedness, evil; **~sfuld** *adj* malicious.
onkel *s* uncle.
onsdag *s* Wednesday; *i ~s* last Wednesday; *om ~en* on Wednesdays; *på ~* next Wednesday.
op *adv/præp* up; *(i hus)* upstairs; *(se også de enkelte ord som ~ forbindes med); køre ~ ad bakke* drive uphill; *klatre ~ ad et bjerg* climb a

mountain; *lukke døren* ~ open the door; *hun er* ~ *imod de 80* she is getting on for 80; *tage ngt* ~ *af lommen* take sth out of one's pocket; ~ *med humøret!* cheer up!

opad *adv* up, upwards; **~til** *adv* at the top *(på* of).

opbagning *s (gastr)* roux.

opbakning *s* support, backing.

opbevare *v* keep; **opbevaring** *s* keeping, storage; *(i sikkerhed)* safekeeping.

opbremsning *s* braking.

opbrud *s* departure.

opbud *s: et stort* ~ *af pressefolk* an imposing array of reporters.

opdage *v* discover; *(finde ud af)* find out; *(få øje på)* spot; **~lse** *s* discovery; *gå på ~lse* go exploring; **~lsesrejse** *s* expedition; **~r** *s* discoverer; *(detektiv)* detective.

opdigtet *adj* invented.

opdrage *v (om barn)* bring up; *(uddanne)* educate; *(om fx hund)* train; *dårligt ~t* ill-bred; *godt ~t* well-bred; **~lse** *s* upbringing; education; training.

opdrive *v* get hold of, find; *ikke til at* ~ impossible to get hold of.

opdræt *s* breeding; **~te** *v* breed.

opdyrke *v* cultivate; **opdyrkning** *s* cultivation.

opdækning *s (af bord)* setting; *(i fodbold)* marking.

opefter *adv* upwards.

opera *s* opera; **~sanger** *s* opera singer.

operation *s* operation; *gennemgå en* ~ *(også:)* undergo surgery; **~sbord** *s* operating table; **~sstue** *s* operating theatre.

operatør *s* operator; *(om kirurg)* surgeon.

operere *v* operate; ~ *en* operate on sby; *blive ~t* be operated on, undergo surgery.

opfatte *v (forstå)* understand; *(mærke)* perceive; *(få fat i, opfange)* catch, get; *(betragte, anse)* regard; *(tyde)* interpret, take *(som* as); *jeg ~de ikke meningen* I did not get the meaning; ~ *ngt som ren politik* regard sth as sheer politics; ~ *ngt forkert* misunderstand sth; **~lse** *s* understanding; perception; *(mening, idé)* idea, concept; *efter min ~lse* in my opinion; *langsom i ~lsen* slow on the uptake.

opfinde *v* invent; **~lse** *s* invention; **~r** *s* inventor; **opfindsom** *adj* inventive; *(fantasifuld)* imaginative; **opfindsomhed** *s* ingenuity.

opfordre *v* ask *(til at* to); **opfordring** *s* request; *på ens opfordring* at sby's request.

opfylde *v* fill; *(udføre, indfri, holde fx løfte)* fulfil, carry out; *(rette sig efter)* comply with, meet; *få sit ønske opfyldt* have one's wish; **~lse** *s* fulfilment; *gå i ~lse* come true, be fulfilled.

opføre *v (bygge)* build; *(spille fx koncert)* perform; *(indskrive på liste)* enter; ~ *sig (godt el. dårligt)* behave (well *el.* badly); **~lse** *s* building; performance; *under ~lse* in construction.

opførsel *s* behaviour.

opgang *s (trappe~)* staircase; *(stigning)* rise; *(vækst)* increase, growth.

opgave *s* task, job; *(formål)* purpose; *(i skolen, øvelse)* exercise; *(regne~)* problem; *(gåde)* puzzle; *det er ikke din* ~ *at...* it is not your job to...; *regne ~r* do sums; *skriftlig* ~ written exercise; *stille en en*

~ set sby a task.

opgive *v* give up; *(angive, meddele)* give, state; *~ at gøre ngt* give up doing sth; **~lse** *s* giving up; statement.

opgør *s (strid)* clash, scene; *de havde et ~ (også:)* they had it out; **~e** *v (om regnskab)* make up, settle; *(anslå)* estimate; **~else** *s* statement.

ophavsmand *s* instigator, originator *(til* of).

ophavsret *s* copyright.

ophidse *v* excite, upset; **~lse** *s* excitement; **~t** *adj* excited, upset; *blive ~t* be upset.

ophold *s (kortere)* stay; *(fast)* residence; *(~ på tur)* stop, break; *(forsinkelse)* wait, delay; *tjene til livets ~* earn one's living; *gøre et ~ (under arbejdet)* have a break; *(på rejse)* stop; *køre uden ~* go non-stop; **~e** *v (forsinke)* delay; *~e sig* stay; *(fast)* live *(hos* with); **~ssted** *s* whereabouts; *(fast)* residence; **~sstue** *s* living room; *(i virksomhed etc)* recreation room; **~stilladelse** *s* residence permit.

ophugning *s: sende bilen til ~* send the car to the breakers.

ophæve *v (gøre ugyldig)* abolish; *(om lov)* repeal; *(om kontrakt)* cancel, annul; *(om forlovelse)* break off; *(hæve fx blokade)* lift; **~lse** *s* abolition; repeal; cancellation, annulment.

ophør *s* ending, cessation; *(om forretning etc)* closing down; **~e** *v* stop, cease; close down; *~e med at gøre ngt* stop doing sth; **~sudsalg** *s* clearance sale.

opinion *s* public opinion; **~sundersøgelse** *s* opinion poll.

opkald *s (tlf)* call; **~e** *v: ~e en efter hans onkel* name sby after his uncle.

opkast *s* vomit; **~ning** *s* vomiting.

opklare *v* clear up, solve; **opklaring** *s* solution; *(også om vejret)* clearing up.

opkomling *s* upstart.

opkræve *v* collect; **opkrævning** *s* collection.

oplag *s (af bog)* impression; *(af varer)* stock.

oplagre *v* store (up); **oplagring** *s* storing.

oplagt *adj (dvs. i form)* in form, fit *(til* for, *til at* to); *(klar, selvfølgelig)* evident, obvious; *ikke være ~ til at arbejde* not feel like working.

opleve *v* experience; *(gennemleve)* go through; *(komme ud for)* have, meet with; *~ en masse i ferien* have an eventful holiday; *~ ngt rart (el. væmmeligt)* have a pleasant *(el.* nasty) experience; *tænk at jeg skulle ~ det med!* I never thought I'd live to see that! *jeg har aldrig ~t ngt lignende* I never saw the like; **~lse** *s* experience.

oplukker *s (dåse~)* tin opener; *(flaske~)* bottle opener.

oplyse *v (lyse på)* light (up); *(meddele)* declare, state; *(uddybe, forklare)* explain; *~ en om ngt* inform sby of sth.

oplysning *s (med lys)* lighting; *(åndeligt stade)* enlightenment; *(undervisning)* education; *(besked)* information; *~en (tlf)* Information; *give en ~ om ngt* inform sby of sth; *nærmere ~er* further details; *indhente ~er* make enquiries.

oplyst *adj (med lys)* lit-up; *(fig)* enlightened, educated.

oplæg *s* introduction; *(forslag)* proposal.

opløb *s (af folk)* crowd; *(ved løb, spurt)* final spurt; *standse ngt i ~et* nip sth in the bud.

opløse *v* dissolve; *~s* dissolve; **~lig** *adj* soluble; *let ~lig* readily soluble.

opløsning *s* dissolution; *(færdig ~, fx sukker~)* solution; *gå i ~* disintegrate; *(rådne)* decay, rot.

opmagasinere *v* store.

opmuntre *v* encourage *(til at* to); *(live op)* cheer up; **~nde** *adj* encouraging; **opmuntring** *s* encouragement.

opmærksom *adj* attentive; *(som ser alt)* observant; *(hensynsfuld)* considerate *(mod* towards); *gøre en ~ på ngt* draw sby's attention to sth; *blive ~ på ngt* become aware of sth; **~hed** *s* attention; *(lille gave)* token (gift); *det er undgået min ~hed* it has escaped my attention; *vække ~hed* attract attention.

opnå *v* get, obtain; *(resultat, mål)* achieve; *(vinde)* gain; *~ at* manage to; *ikke ~ ngt* achieve nothing; **~elig** *adj* obtainable.

opofre *v: ~ sig* make sacrifices *(for* for); **~nde** *adj* self-sacrificing.

oppe *v: ~ sig* pull oneself together // *adv* up, above; *(~ i huset)* upstairs; *(~ af sengen)* up; *være længe ~* stay up late; *der ~* up there; *her ~* up here; *være tidligt ~* be up early; *være ~ til eksamen* sit for an examination; *helt ~ på bjerget* right on top of the mountain; *højt ~* high up; *være højt ~* be in high spirits; **~fra** *adv* from above.

oprejsning *s: få ~* get satisfaction.

oprejst *adj* upright.

opretholde *v* maintain; *(forbindelse, kontakt)* keep up; *(vedligeholde)* sustain; *~ livet* keep alive.

opretstående *adj* upright *(fx klaver* piano).

oprette *v (grundlægge)* establish, found; *(indgå, fx kontrakt)* make; **~lse** *s* establishment, foundation; making.

oprindelig *adj* original; **oprindelse** *s* origin.

opringning *s (tlf)* call.

oprydning *s* clearing-up; *(i hjemmet)* tidying-up.

oprykning *s (sport)* promotion.

oprør *s* revolt, rebellion, uprising; *(uro, røre)* tumult; *gøre ~* revolt; *være i ~ (også fig)* be in a turmoil; **~ende** *adj* outrageous; **~er** *s* rebel; **~sk** *adj* rebellious; **~t** *adj (om hav etc)* rough; *(om person)* indignant *(over* at, *over at* that).

opråb *s* appeal; *(navne~)* call-out.

opsat *adj: ~ på at gøre ngt* set on doing sth; *have ~ hår* have one's hair up.

opsige *v (kontrakt etc)* terminate; *(abonnement etc)* cancel; *(fyre)* dismiss; *~ en lejer* give sby notice (to quit); *~ sin lejlighed* give in notice for one's flat; *~ sin stilling* give in one's notice; **~lse** *s* termination; cancellation; dismissal; *have en måneds ~lse* have a month's notice; **~lsesfrist** *s* period of notice.

opsigt *s: vække ~* cause a sensation; **~svækkende** *adj* sensational.

opskrift *s (strikke~ etc)* pattern; *(mad~)* recipe *(på* for).

opslag *s (ærme~)* cuff; *(bukse~)* turn-up; *(revers)* lapel; *(plakat)* poster; *(bekendtgørelse)* notice; **~sbog** *s* reference book; **~stavle** *s* notice

board.
opslugt *adj: ~ af* absorbed in.
opslå *v (stilling)* advertise.
opsparing *s* savings *pl; (det at spare op)* saving up; *tvungen ~* compulsory saving.
opspind *s* fabrication.
opspore *v* track down.
opstand *s* uprising, revolt.
opstandelse *s (uro)* commotion; *(fra de døde)* resurrection.
opstille *v* put up; *(kontrakt, budget etc)* make, draw up; *(til valg)* run *(til* for); *(~ på række etc)* line up; **opstilling** *s* putting up; making, drawing up; running; lining up.
opstoppernæse *s* snub nose.
opstrammer *s (drink)* pick-me-up.
opstød *s* burp; *surt ~* acid regurgitation; *(om person)* sourface.
opstå *v* arise, come into being; *ilden opstod ved en kortslutning* the fire was caused by a short circuit.
opsving *s (økon)* boom.
opsvulmet *adj* swollen.
opsyn *s (overvågning)* supervision *(med* of); *(med person)* surveillance; *(med børn)* care *(med* of); *(kontrollør)* attendant; *holde ~ med ngt* supervise sth, be in charge of sth; **~smand** *s* attendant.
opsøge *v (besøge)* call on; *(finde)* seek out; *~nde arbejde* fieldwork.
optage *v (tage op, opsuge)* take up; *(som medlem, elev etc)* admit *(i* to); *(på liste)* include; *(foto)* take (a photo of); *(film)* film, shoot; *(på plade, bånd)* record; **~lse** *s* taking up; admission; inclusion; photo; filming, shooting; recording; **~lsesprøve** *s* entrance examination; **~r** *s* recorder; **~t** *adj (om person)* busy; *(om toilet, tlf, siddeplads etc)* engaged; *~t af at gøre ngt* busy doing sth; *~t af en bog* absorbed in a book; *'alt ~t'* 'full up'; **~ttone** *s (tlf)* engaged signal.
optakt *s: det var ~en til en krig* it marked the beginning of a war.
optegnelse *s* note, record.
optik *s* optics; *(på kamera)* lens system; **~er** *s* optician.
optimisme *s* optimism; **optimist** *s* optimist; **optimistisk** *adj* optimistic.
optisk *adj* optical; *~ bedrag* optical illusion; *~ læser* optical character-reader.
optog *s* procession, parade.
optrapning *s* escalation; **optrappe** *v* escalate.
optrin *s* scene.
optræde *v (vise sig, ses)* appear *(som* as); *(som kunstner etc)* perform; *(forekomme)* occur; *(opføre sig)* behave; *(handle)* act; *~ på ens vegne* act for sby; *~ høfligt* be courteous; *de ~nde* the performers; **~n** *s* appearance; performance; occurrence; behaviour.
optræk *s: der er ~ til ballade* there is trouble brewing.
optælle *v* count; **optælling** *s* count.
optændingsbrænde *s* firewood.
optøjer *spl* riots.
opvarme *v* heat; **opvarmning** *s* heating.
opvartning *s* attendance.
opvask *s* washing-up; *tage ~en* do the dishes; **~ebalje** *s* washing-up bowl; **~ebørste** *s* washing-up brush; **~emaskine** *s* dishwasher; **~emiddel** *s* washing-up liquid; **~estativ** *s* dish rack; **~evand** *s* dishwater.
opveje *s (fig)* make up for.

opvisning *s* show.
orange *s* orange; **~marmelade** *s* (orange) marmalade.
orangutang *s* orang-utan.
ord *s* word; *så er det et ~* that is settled then; *sige ngt med rene ~* say sth straight out; *ikke et ~ mere om det* not another word about it; *det har jeg ikke hørt et ~ om* I never heard anything about it; *han har ~et* it is his turn to speak; *have ~ for at være ngt* have a reputation for being sth; *holde sit ~* keep one's word; *med andre ~* in other words; *tage ~et* start speaking; *(i forsamling)* take the floor; *tage en på ~et* take sby at his word; *komme til ~e* get a chance to speak; **~blind** *s* dyslexic; **~bog** *s* dictionary; *slå ngt op i en ~bog* look sth up in a dictionary.
orden *s* order *(også om udmærkelse); holde ~* keep things tidy; *det er helt i ~* it is quite all right; *for en ~s skyld* as a matter of form; *er bilen i ~?* is the car working? *få ngt bragt i ~* settle sth.
ordens. . . *sms:* **~magten** *s* the police; **~menneske** *s* tidy person; **~politiet** *s* the uniformed police; **~regel** *s* regulation; **~tal** *s* ordinal (number).
ordentlig *adj (som holder orden)* tidy, orderly; *(regelret, korrekt)* regular, correct; *(pæn, anstændig)* decent, nice; *(rigtig)* proper, real; *opføre sig ~t* behave properly; *have et ~t arbejde* have a real job; *en ~ omgang (tæv)* a sound beating.
ordinere *v (præst)* ordain; *(foreskrive)* prescribe.
ordinær *adj* ordinary; *(simpel)* common, vulgar; *~t medlem* full member.
ordne *v* arrange; *(bringe i orden)* put in order; *(rydde op)* tidy (up); *(sortere)* sort out; *(klare)* manage, settle; **ordning** *s* arrangement; *(aftale om fx betaling)* settlement; *(system)* system.
ordre *v* order; *efter ~* by order; *(om varelevering)* to order; *afgive en ~ på ngt* place an order for sth; *få ~ til at* be ordered to; **~seddel** *s* order form.
ordret *adj* literal.
ordsprog *s* proverb; **ordstyrer** *s* chairman.
organ *s* organ.
organisation *s* organization; **organisere** *v* organize; *blive organiseret (i fagforening)* unionize; *organiseret arbejdskraft* union labour.
organisk *adj* organic; **organisme** *s* organism.
organist *s* organ player.
orgasme *s* orgasm.
orgel *s* organ.
orgie *s* orgy.
orient *s: ~en* the East; **~alsk** *adj* Oriental.
orientere *v* inform; *~ en* put sby in the picture; *~ sig* get one's bearings; *ikke kunne ~ sig* have lost one's bearings.
orientering *s* information; *(i skolen) sv.t.* general sciences; **~sløb** *s (sport)* orienteering.
original *s* original; *(om person)* eccentric // *adj* original; *(om person)* eccentric; *en ~ Rubens* a genuine Rubens; **~udgave** *s (af bog)* first edition.
orkan *s* hurricane.
orke *v* be able to; *jeg ~r ikke mere* (F) I'm all in.
orkester *s* orchestra; **~plads** *s (teat)* stall.
orkidé *s* orchid.
orlov *s* leave; *have ~* be on

leave.

orm *s* worm.

ornament *s* ornament.

ornitolog *s* ornithologist; **ornitologi** *s* ornithology.

ortodoks *adj* orthodox.

ortopædisk *adj* orthopaedic; **ortopædkirurgi** *s* orthopaedic surgery.

os *s (røg)* smoke; *(stank)* reek.

os *pron* us; *(refleksivt)* ourselves; *(efter præp)* us; *han så ~* he saw us; *vi glæder ~ til at...* we are looking forward to...; *til ~ selv* for ourselves; *mellem ~ sagt* between ourselves; *det bliver mellem ~* it will go no further; *en ven af ~* a friend of ours.

ose *v (ryge)* smoke; *(stinke)* reek.

ost *s* cheese; **~eanretning** *s* cheeseboard; **~eklokke** *s* cheese cover; **~emad** *s* cheese sandwich; **~eskorpe** *s* cheese rind; **~eskærer** *s* cheese slicer.

osv. *(fork.f. og så videre)* etc. *(fork.f. etcetera).*

otium *s* retirement.

otte *num* eight; *om ~ dage* in a week; *i dag ~ dage* today week; **~nde** *adj* eighth; **~ndedel** *s* eighth; **~ndedelsnode** *s (mus)* quaver; **~r** *s* eight; *(om bus etc)* number eight; **~tal** *s* eight; **~tiden** *s: ved ~tiden* at about eight o'clock; **~timers-** *adj* eight-hour.

oval *s/adj* oval.

oven *adv: fra ~* from above; *~ i hinanden* on top of one another; *(lige efter hinanden)* in succession; *~ i købet* into the bargain; *~ over* above; *~ på* on top of; *(i hus)* upstairs; *de bor ~ på os* they live upstairs from us // *præp: ~ senge* up and about; *~ vande* above water; **~for** *adv* above; **~fra** *adv* from above; **~i** *adv* on top; **~lysvindue** *s* skylight; **~nævnt** *adj* above(-mentioned); **~over** *adv* above; **~på** *adv* above; *(i hus)* upstairs; *(siden, bagefter)* afterwards; *svømme ~på* float; *være ~på (dvs. den stærkeste)* have the upper hand; *(dvs. glad, i fin form)* be on top of the world; *(økonomisk)* be in clover; **~stående** *adj* the above.

over *præp/adv* over; *(oven ~)* above; *(tværs ~, fx gade)* across; *(mere end)* over, above, more than; *(om klokkeslæt)* past; *(på grund af)* at, of; *(via)* by, via; *hoppe ~ en pyt* jump over a puddle; *have magt ~ en* have power over sby; *det tog ~ tre timer* it lasted over *(el.* more than) three hours; *fem grader ~ frysepunktet* five degrees above zero; *klokken er ~ ti* it is past ten o'clock; *glæde sig ~ ngt* be pleased about sth; *være vred ~ ngt* be angry at *(el.* about) sth; *tage til Exeter ~ Reading* go to Exeter via *(el.* by) Reading; *elske en ~ alt (i verden)* love sby more than anything (in he world); *det går ~ min forstand* it is beyond me.

overalt *adv* everywhere; *jeg har søgt ~* I have been looking all over *(el.* everywhere); *~ i verden* all over the world; *~ hvor man kommer* wherever you go.

overanstrenge *v: ~ sig (med arbejde)* overwork; *(fysisk)* overstrain oneself; **~lse** *s* overexertion; strain.

overarbejde *s* overtime; *have ~* work overtime.

overbalance *s: få ~* lose one's

balance.
overbelastet *adj (om person)* overtaxed; *(om fx tlf, elek)* overloaded.
overbevise *v* convince *(om* of, *om at* that); *være overbevist om at...* be convinced that...
overbevisning *s* conviction; *være ngt af ~* be sth by conviction; *efter min bedste ~* to the best of my belief.
overblik *s: få ~ over ngt* get a general idea of sth; *miste ~ket* lose track of things; *et ~ over aftenens program* a survey of tonight's programmes.
overbærende *adj* indulgent *(mod* to); **overbærenhed** *s* indulgence.
overdrage *v* transfer; *(betro)* entrust; *(ansvar)* give; *(opgave)* assign; *(hus, ejendom)* make over; *~ ngt til en* entrust sby with sth; **~lse** *s* transfer; trusting; giving; assignment; making over.
overdrive *v* exaggerate; *(drive det for vidt)* overdo it, go too far; **~lse** *s* exaggeration; *man kan uden ~lse sige at...* it is no exaggeration to say that...
overdøve *v* drown; *(skaffe sig ørenlyd)* make oneself heard above.
overdådig *adj* opulent, luxurious; **~hed** *s* opulence, luxuriance.
overens *adv: komme ~ om ngt* agree on sth; *stemme ~* tally *(med* with).
overenskomst *s* agreement; *slutte ~* make an agreement; **~stridig** *adj* contrary to the agreement.
overensstemmelse *s* agreement; *være i ~ med* agree with, tally with.
overfald *s* attack, assault *(på* on); *(på gaden også:)* mugging *(på* of); **~e** *v* attack, assault; mug; *~e en bank* raid a bank; *~e en med spørgsmål* bombard sby with questions.
overfart *s* crossing.
overflade *s* surface; *komme op til ~n* surface; **overfladisk** *adj* superficial.
overflod *s* abundance *(af* of); *(velstand)* affluence; *i ~* plenty of, an abundance of; **~ssamfund** *s* affluent society.
overflødig *adj* superfluous.
overfor *adv* opposite.
overfyldt *adj* full, packed, crowded.
overfølsom *adj (sart)* oversensitive *(for* to); *(allergisk)* allergic *(for* to); **~hed** *s* oversensitivity; allergy.
overføre *v* transfer; *(om sygdom)* transmit; **overførsel** *s* transfer; transmission; **overført** *adj (om betydning)* figurative.
overgang *s (sted hvor man kommer over)* crossing; *(tid)* time; *(skift, ændring)* transition; *(elek)* leak; *det er kun for en ~* it is only for a time; *hans stemme er gået i ~* his voice is breaking; **~salder** *s* climacteric; **~sløsning** *s* interim solution; **~ssted** *s* crossing; **~stid** *s* transitional period; *(mellem årstiderne)* in-between season.
overgive *v* hand over; *(betro)* entrust; *(udlevere)* give up; *(mil)* surrender; *~ sig* surrender; **~lse** *s* surrender.
overgå *v (være bedre end)* surpass; *(yde mere end)* outdo; *(ske)* happen to; *(ændres, skifte)* change *(til* into); *~ sig selv* surpass oneself; *~ til statseje* become state property.

overhale *v (indhente)* overtake, pass; **overhaling** *s* overtaking, passing; *(grundig istandsættelse etc)* overhaul; *(skældud)* ticking-off; **overhalingsbane** *s* fast lane.

overholde *v (fx regler)* observe, keep.

overhovedet *adv* at all; *~ ikke* not at all; *har du ~ tænkt dig om?* did you think at all? *det har ~ ingen betydning (også:)* it has no importance whatsoever.

overhuset *s (brit)* the House of Lords.

overhængende *adj: ~ fare* imminent danger.

overhøre *v (dvs. ikke høre)* not hear, miss; *(dvs. komme til at høre)* overhear.

overhånd *s: få ~* gain the upper hand; *tage ~* get out of hand.

overilet *adj* rash, hasty.

overkant *s* top, upper edge; *det er i ~en* it is a bit much.

overkomme *v* manage; *(kunne betale)* afford; **~lig** *adj* feasible; *(håndterlig)* manageable.

overkrop *s* upper part of the body; *med nøgen ~* stripped to the waist; **overkæbe** *s* upper jaw; **overkøje** *s* upper berth.

overlade *v (lade få, give)* let have; *(betro)* entrust *(en ngt* sby with sth); *(låne)* lend; *det vil jeg ~ til dig at bestemme* I'll leave that for you to decide; *være overladt til sig selv* be left to oneself; *~ en til hans skæbne* abandon sby to his fate.

overlagt *adj (om forbrydelse)* wilful, premeditated.

overlegen *adj (storsnudet etc)* supercilious; *(bedre end)* superior; *være en ~* be superior to sby; *en ~ sejr* a convincing victory; **~hed** *s* superciliousness; superiority.

overleve *v* survive; *(leve længere end)* outlive *(med to år* by two years); *den bil har ~t sig selv* that car has had its day; **~nde** *s* survivor // *adj* surviving.

overlevering *s (aflevering)* delivery; *(skreven)* record; *(tradition)* tradition.

overlyds- supersonic.

overlæbe *s* upper lip.

overlæg *s: med ~* on purpose, deliberately.

overlæge *s* senior consultant.

overmand *s* superior; *møde sin ~* meet one's match; **~e** *v* overcome; *blive ~et af ngt* be overcome by sth.

overmorgen *s: i ~* the day after tomorrow; *i ~ aften* the day after tomorrow in the evening.

overmund *s (om protese)* upper denture.

overnatte *v* stay the night *(hos en* with sby).

overnaturlig *adj* supernatural.

overordentlig *adj* extraordinary // *adv* extremely.

overordnet *s/adj* superior; *den overordnede målsætning* the overall objective.

overraske *v* surprise; *(overrumple også:)* take by surprise; *~ en i at gøre ngt* catch sby doing sth; *blive ~t over ngt* be surprised at sth; *blive ~t af et tordenvejr* be caught in a storm; **~lse** *s* surprise; *til min store ~lse* much to my surprise.

overrendt *adj* overrun *(af* by); *(plaget)* pestered *(af* by).

overrumple *v* take by surprise.

overrække *v: ~ en ngt* present sby with sth.

overse *v (se ud over)* survey;

(ikke se) overlook, miss; *~ at...* overlook the fact that...
oversigt *s* survey *(over* of); *(tabel)* table *(over* of).
overskrift *s* heading; *(avis~)* headline.
overskrævs *adv: ~ på ngt* astride sth.
overskud *s* surplus *(af* of); *(fortjeneste)* profit; *give ~* yield a profit; *have ~ til at gøre ngt* have strength enough to do sth; **~sdeling** *s* profit-sharing; **~slager** *s* surplus stock.
overskue *v* survey; *det er ikke til at ~ hvor længe* it is impossible to tell how long; **~lig** *adj* clear; *inden for en ~lig fremtid* in the foreseeable future.
overskydende *adj* surplus.
overskyet *adj* overcast.
overskæg *s* moustache.
overskæring *s (jernb)* level crossing.
overslag *s* estimate *(over* of).
overspændt *adj* highly-strung.
overstadig *adj* hilarious; *(vild)* boisterous.
overstige *v* exceed, go beyond.
overstrø *v (drysse over)* sprinkle; *~et med sten* littered with stones.
overstrømmende *adj* effusive; *(neds)* gushing.
overstå *v* get through, get over; *få det ~et* get it over with; *godt det er ~et!* thank God it is over.
oversvømme *v* flood; *~et af turister* overrun by tourists; **~lse** *s* flooding.
oversygeplejerske *s* senior nursing officer.
oversætte *v* translate; *~ fra dansk til engelsk* translate from Danish into English; **~lse** *s* translation; **~r** *s* translator.
oversøisk *adj* overseas.
overtag *s: få ~et* get the upper hand.
overtage *v* take over; *(påtage sig)* take on; *(købe)* buy; *~ kommandoen efter en* take over command from sby; *~ ens vaner* adopt sby's habits; **~lse** *s* takeover; *(det at overtage)* taking over.
overtal *s: være i ~* be in the majority; *(være for mange)* be superior in number.
overtale *v: ~ en til at gøre ngt* persuade sby to do sth; **~lse** *s* persuasion.
overtro *s* superstition; **~isk** *adj* superstitious.
overtræde *v (fx regler)* break; **~lse** *s* offence *(af* against), breach *(af* of).
overtræk *s* cover; *(på konto)* overdraft; **~ke** *v* cover; *(med chokolade, lak etc)* coat; *(om konto)* overdraw.
overtræt *adj* overtired.
overtøj *spl* outdoor things, coat.
overveje *v* consider, think about; *jeg skal ~ det* I'll think about it; *~ ngt igen* reconsider sth; *~ at tage til Kina* consider going to China; **~lse** *s* consideration, thought; *efter nærmere ~lse* on closer examination; *tage ngt op til ~lse* look into sth; **~nde** *adv* mainly, chiefly; *det er ~nde sandsynligt at de kommer* most likely they will come.
overvinde *v* defeat; *(fig)* overcome; *~ sig til at gøre ngt* bring oneself to do sth; **~lse** *s* overcoming; *det kostede mig stor ~lse* it took me a lot of will power.
overvurdere *v* overestimate.
overvægt *s* overweight; *der er ~ af udlændinge* there is a

predominance of foreigners; **~ig** *adj* overweight.
overvælde *v* overwhelm; *blive ~t af* be overwhelmed with, be overcome by; **~nde** *adj* overwhelming.
overvære *v* be present at, attend; *(se)* see; *~ en fodboldkamp* watch a football match; **~lse** *s: i ~lse af* in the presence of, before.
overvåge *v (holde opsyn med)* supervise; *(observere, fx om patient)* watch, observe; *(en mistænkt)* keep under surveillance; *(med måleapparatur)* monitor *(fx stråling* radiation).
ovn *s (bage~)* oven; *(varme~)* stove; *(til brænding af fx keramik)* kiln; **~fast** *adj* heat-resisting; **~klar** *adj* oven-ready.
ovre *adv* over; *der ~* over there; *her ~* over here.

P

pacificere *v* pacify.
padde *s* amphibian; **~hat** *s* toadstool; *(spiselig)* mushroom; **~rokke** *s (bot)* horsetail
padle *v* paddle.
paf *adj* flappergasted.
pagaj *s* paddle.
pagt *s* pact, treaty.
paillet *s* sequin.
pakhus *s* warehouse.
pakistaner *s,* **pakistansk** *adj* Pakistani.
pakkasse *s* case; *(stor)* crate.
pakke *s* parcel, package; *(lille ~, fx cigaretter)* packet // *v (fx kuffert)* pack; *~ ind* pack up; *(i papir)* wrap up; *~ op* unpack; *(om papirspakke)* unwrap; *~ sammen* pack up; *~ ud d.s.s. ~ op;* **~nelliker** *spl* odds and ends; **~post** *s* parcel post.
pakning *s (i emballage etc)* packing; *(til vandhane)* gasket.
palads *s* palace.
palet *s* palette; **~kniv** *s* slice.
palle *s* pallet.
palme *s* palm; **~søndag** *s* Palm Sunday.
palmin *s* vegetable fat.
palæ *s* palace; *(fint hus)* mansion.
Palæstina *s* Palestine; **palæstinenser** *s,* **palæstinensisk** *adj* Palestinian.
pamper *s* tycoon.
pande *s (anat)* forehead; *(stege~)* pan; *rynke ~n* frown; *løbe ~n mod en mur* run one's head against a brick wall; **~bånd** *s (til sportsfolk etc)* sweat-band; **~hår** *s* fringe; **~hulebetændelse** *s* sinusitis; **~kage** *s* pancake; **~kagedej** *s* batter.
panel *s* panelling; **~diskussion** *s* panel discussion.
panere *v* bread.
panik *s* panic; *der gik ~ i dem* they panicked; **~slagen** *adj* panic-stricken; **panisk** *adj* panic.
panser *s* armour; **~dør** *s* steel door; **pansre** *v* armour; *pansret bil* armoured car.
pant *s* security; *(i ejendom)* mortgage; *(for fx flaske)* deposit; *(symbol, tegn)* token; *sætte ngt i ~* give sth as a security; *sætte ~ i huset* mortgage the house; **~ebrev** *s* mortgage deed; **~efoged** *s* bailiff; **~elåner** *s* pawnbroker.
panter *s* panther.
pantsætte *v* pawn; *(om hus)* mortgage.
pap *s* cardboard; *skære ngt ud i ~* (F) spell sth out.
papegøje *s* parrot.

papir *s (materialet)* paper; *(brev~, skrive~)* stationery; *(værdi~)* security; *have ~ på ngt* have sth in writing; *få sin afsked på gråt ~* be sacked; **~affald** *s* wastepaper; *(i naturen)* litter; **~fabrik** *s* paper mill; **~kniv** *s* paper knife; **~kurv** *s* wastepaper basket; **~løs** *adj: ~løst samliv* cohabitation; *leve ~løst sammen* cohabitate; (F) live together; **~nusseri** *s* paperpushing; **~serviet** *s* paper napkin; **~slommetørklæde** *s* paper hankie; **~spose** *s* paper bag.

pap... *sms:* **~mælk** *s* milk in cartons; **~tallerken** *s* paper plate, disposable plate; **~æske** *s* cardboard box.

par *s (to der hører sammen)* pair; *(gifte, forlovede etc)* couple; *et ~ (dvs. nogle få)* a couple of, a few; *et ~ kopper* a cup and saucer; *et ~ gange* a couple of times; *hun er et ~ og fyrre* she is forty-odd.

parabolantenne *s* parabolic reflector.

parade *s* parade.

paradis *s* paradise; *hoppe ~* play hopscotch; **~æble** *s* crab apple.

paraffin *s* paraffin; **~olie** *s* paraffin oil.

paragraf *s (i lov etc)* section; *(i kontrakt etc)* clause; *klare ~ferne* sort things out.

parallel *s/adj* parallel *(med* to).

paranød *s* Brazil nut.

paraply *s* umbrella; *slå ~en op (el. ned)* put up *(el.* down) one's umbrella; *slå ~en ned* put down one's umbrella.

parasit *s* parasite.

parasol *s* sunshade.

parat *adj* ready; *~ til at gøre ngt* ready to do sth; *gøre sig ~* get ready; *holde maden ~* have the meal ready.

parcelhus *s* detached house.

parentes *s* parenthesis, bracket; *i ~ bemærket* by the way; *sætte ngt i ~* put sth in brackets.

parfait *s (is)* ice cream (with bits of fruit, chocolate etc).

parforhold *s: leve i ~* live together as husband and wife.

parfume *s* perfume, scent; **~re** *v* scent; **~ri** *s* perfumery.

park *s* park.

parkere *v* park.

parkering *s* parking; *'~ forbudt'* 'No parking'; **~sbøde** *s* parking ticket; **~shus** *s* (multi-storey) car park; **~slys** *s* parking light; **~splads** *s* parking space; *(til flere biler)* car park; **~sskive** *s* parking disc; **~svagt** *s sv.t.* traffic warden.

parket *s (teat)* stalls; *(gulvbelægning)* parquet (flooring); **~gulv** *s* parquet floor.

parkometer *s* parking meter.

parlament *s* parliament; **~arisk** *adj* parliamentary; **~ere** *v* negotiate, discuss; **~smedlem** *s* member of parliament (M.P.); **~svalg** *s* election.

parløb *s (på skøjter)* pair-skating; *(på cykel)* partner race.

parlør *s* phrase book.

parodi *s* parody *(på* of); **~ere** *v* parody.

parre *v (om dyr)* mate; *(om ting)* pair; *~ sig (om dyr)* mate; **parring** *s* mating; **parringstid** *s* mating season.

part *s (del)* part; *(andel)* share; *have ~ i en forretning* have an interest in a business; *det er bedst for alle ~er* it is the best for everybody concerned.

partere *v* cut up; **partering** *s* cutting up.

parthaver *s* partner.

parti *s (del)* part; *(om varer)* lot; *(pol)* party; *(kortspil)* game; *(ægteskab)* match; *tage ~ for en* take sby's side; **~fælle** *s* fellow party member; **~ledelse** *s* party committee; **~politik** *s* party politics; **~sk** *adj* partial, bias(s)ed.
partner *s* partner.
parvis *adv* in couples, in pairs.
paryk *s* wig; *(spøg om hår)* mop of hair; *gå med ~* wear a wig.
pas *s (rejse~)* passport; *(bjerg~)* pass; *melde ~* give up; **~form** *s* fit; **~foto** *s* passport photo; **~kontrol** *s* passport control.
pasning *s (pleje)* care; *(i fodbold)* pass.
passage *s* passage.
passager *s* passenger; *blind ~* stowaway; **~fly** *s* airliner; **~skib** *s* (passenger) liner.
passant: *en ~* by the way.
passe *v (pleje)* nurse; *(tage sig af)* take care of, look after; *(passe i målene, fx om tøj)* fit; *(være rigtig)* be true; *(være belejlig)* suit, be convenient; *skoene ~r godt* the shoes fit well; *~ sin lillesøster* look after one's little sister; *~ sit arbejde* attend to one's work; *det ~r mig fint* it suits me fine; *~ tiden* keep check on the time, (F) mind the time; *~ en op* waylay sby; *~ på (tage sig af)* take care of; *(være forsigtig)* take care, be careful; *pas på!* look out! take care! *~ sammen* go well together; *~ sammen med (i farver etc)* go well with.
passende *adj* suitable; *(belejlig)* convenient; *(sømmelig)* decent, proper.
passer *s* compasses *pl; en ~* a pair of compasses.
passere *v (komme forbi)* pass (by); *(komme igennem)* pass through; *(komme over)* cross; *(ske)* happen.
passioneret *adj* keen, devoted.
passiv *adj* passive; *~t medlem sv.t.* associate member.
pasta *s* paste.
pastel(farve) *s* pastel.
pastil *s* lozenge.
pastinak *s* parsnip.
pastor *s: ~ A. Jensen (i omtale)* the Reverend A. Jensen; *(i tiltale)* Mr. Jensen; *~en* the vicar.
patent *s* patent; *have ~ på ngt* hold a patent for sth; *tage ~ på ngt* take out a patent for sth; **~anmeldt** *adj* patent pending; **~beskyttet** *adj* patented; **~ere** *v* patent; **~løsning** *s* panacea.
patient *s* patient; *ambulant ~* out-patient.
patina *s* patina.
patriot *s* patriot; **~isk** *adj* patriotic.
patron *s (til våben)* cartridge; *(til pen)* refill; **~hylster** *s* cartridge case.
patrulje *s* patrol; **~re** *v* patrol; **~vogn** *s* patrol car.
patte *s (om dyr)* teat; *~r* (V, *neds om bryster)* tits // *v* suck; *~ på ngt* suck sth; **~barn** *s* baby; **~dyr** *s* mammal; **~gris** *s* sucking pig.
pauke *s* timpani *pl.*
pause *s* pause; *(teat)* interval; *(i arbejde etc)* break; **~signal** *s* interval sign.
pave *s* pope; *stolt som en ~* proud as a peacock; **~dømme** *s* papacy.
pavillon *s* pavilion.
peber *s* pepper; **~bøsse** *s* pepper pot; **~frugt** *s* pepper; **~korn** *s* peppercorn; **~kværn** *s* pepper mill; **~mynte** *s* peppermint; **~mø** *s* spinster;

~nødder *spl* (F, *om småpenge)* peanuts; **~rod** *s* horseradish; **~svend** *s* bachelor.
pebret *adj (krydret)* peppery; *(dyr)* expensive; *(om pris)* stiff.
pedal *s* pedal.
pedant *s* pedant; **~isk** *adj* pedantic.
pedel *s* janitor.
pege *v* point; *~ på ngt* point at sth; *(påpege)* point sth out; **~finger** *s* index finger, forefinger; **~pind** *s* pointer.
pejle *v* get the bearings of; **~vogn** *s* detector van.
pejs *s* open fireplace; **~esæt** *s* fire irons.
pekingeser *s* pekinese, (F) peke.
pelargonie *s* geranium.
pels *s* fur; *vove ~en* risk one's skin; **~dyr** *s* furred animal; **~dyravl** *s* fur farming; **~foret** *adj* fur-lined; **~handler** *s* furrier; **~krave** *s* fur collar; **~værk** *s* furs *pl.*
pen *s* pen.
penalhus *s* pencil case.
pendant *s* match, counterpart.
pendle *v (om fly, tog)* shuttle; *(om person)* commute; **pendul** *s* pendulum; **pendulfart** *s* commutation; *køre i pendulfart* shuttle, commutate.
penge *spl* money *(singularis); han har mange ~* he has got lots of money; *i rede ~* in ready money, in cash; *tjene ~* make money; *få ngt for ~ne* get one's money's worth; *det var alle ~ne værd* it was priceless.
penge... *sms:* **~afpresning** *s* blackmail; **~automat** *s (ved bank etc)* cash machine; **~institut** *s* financial institution; **~kasse** *s* money box; **~nød** *s: være i ~nød* be hard up; **~pung** *s* purse; **~sager** *spl* money matters, finances; **~seddel** *s* bank note; **~skab** *s* safe; **~stykke** *s* coin; **~stærk** *adj* financially strong.
penneven *s* pen pal.
pensel *s* (paint) brush.
pension *s* pension; *(kost)* board; *(pensionat)* boarding house, pension; *gå af med ~* retire with a pension; **~at** *s* boarding house, pension; **~eret** *adj* retired; **~ist** *s* (old-age) pensioner (OAP); **~salder** *s* retirement age; **~sberettiget** *adj* entitled to a pension; **~sbidrag** *s* contribution to a pension fund; **~skasse** *s* pension fund; **~sordning** *s* pension scheme; **~ær** *s* boarder.
pensle *v* paint; *~ en i halsen* paint sby's throat.
per *præp (fork. pr.)* per; *(i adresse)* near; *der er tre ~ person* there are three per head; *overskud ~ 31. december* balance as of December 31st.
perfekt *adj* perfect; **~ionist** *s* perfectionist.
pergament *s* parchment; **~papir** *s (til madpakke)* greaseproof paper.
periode *s* period; **periodisk** *adj* periodic.
periskop *s* periscope.
perle *s (ægte)* pearl; *(af glas, træ etc)* bead; *(dråbe)* drop; **~kæde** *s* string of pearls *(el.* beads); **~løg** *s* pearl leek; **~mor** *s* mother-of-pearl; **~musling** *s* pearl oyster; **~strikning** *s* moss stitch.
permanent *s* perm // *adj* permanent; **~e** *v* perm.
perpleks *adj* bewildered.
perron *s* platform; **~billet** *s* platform ticket.
persianer *s* Persian lamb.

persienne *s* (Venetian) blind.
persille *s* parsley; **~kværn** *s* parsley mincer; **~rod** *s* parsley root.
persisk *adj* Persian.
person *s* person; *(i bog, skuespil, film etc)* character; *en 4-~ers bil* a four-seater; *møde i egen ~* appear personally; *præsidenten i egen høje ~* the president in person.
personale *s* staff; **~chef** *s* personnel manager.
personlig *adj* personal // *adv* personally; *kende en ~t* know sby personally; *~ samtale (tlf)* personal call; **~hed** *s* personality; *(væsen, natur)* character; *være en ~hed* be a character.
person. . . *sms:* **~nummer** *s* civil registration number; **~tog** *s* passenger train; **~vogn** *s* car; **~vægt** *s* scales.
perspektiv *s* perspective; **~plan** *s* blueprint.
pertentlig *adj* meticulous; *(neds)* pernickety.
pervers *adj* perverted; *~ person* pervert; **~itet** *s* perversion.
pessar *s* diaphragm.
pessimist *s* pessimist; **~isk** *adj* pessimistic.
pest *s* plague; *hade ngt som ~en* hate sth like poison; **~ilens** *s* pestilence.
petroleum *s* paraffin, kerosene; **~sapparat** *s* paraffin (cooking) stove; **~slampe** *s* kerosene lamp; **~sovn** *s* paraffin heater.
pianist *s* pianist, piano player.
pibe *s* pipe; *ryge ~* smoke a pipe; *stoppe sin ~* fill one's pipe // *v (fløjte)* pipe, whistle; *(om hund etc)* whine; *(klynke)* whimper; **~hoved** *s* pipe bowl; **~kradser** *s* pipe-bowl scraper.
piben *s* piping; whistling; whining; whimper(ing).
pibe. . . *sms:* **~renser** *s* pipe cleaner; **~ryger** *s* pipe smoker; **~tobak** *s* smoking tobacco.
piedestal *s* pedestal.
pift *s* whistle; **~e** *v* whistle; *~e en cykel* let down the tyre(s) of a bike.
pig *s (på pindsvin etc)* spine; *(på plante, busk etc)* prickle; *(af metal)* spike; **~dæk** *s* studded tyre.
pige *s* girl; *(tjeneste~)* maid; **~navn** *s (dvs. før ægteskab)* maiden name; **~skole** *s* girls' school; **~spejder** *s* girl guide; **~værelse** *s* maid's room.
pighvar *s (om fisk)* turbot.
pigtråd *s* barbed wire.
pik *s* (V) prick, cock.
pikant *adj* piquant; *(dristig, fx historie)* racy.
pil *s (bot)* willow; *(til bue og på skilt etc)* arrow; *(kaste~)* dart; **~e** *v: ~e af sted* dash along; **~espids** *s* arrowhead; **~etræ** *s* willow (tree).
pilgrim *s* pilgrim; **~srejse** *s* pilgrimage.
pilk *s* jig; **~e** *v: ~e torsk* fish cod.
pille *s (tablet)* pill; *(søjle)* pillar; *(bro~)* pier // *v* pick; *(skrælle etc)* peel; *~e næse* pick one's nose; *ikke ~!* don't touch! *~ en ned* cut sby down to size; *~ ved ngt* fiddle with sth, toy with sth; **~arbejde** *s* niggling work; **~kartofler** *s* potatoes to be cooked in their jackets; **~sikret** *adj* fiddle-proof.
pilot *s* pilot; **~ering** *s* piling; **~projekt** *s* pilot scheme.
pilsner *s* lager.
pimpe *v* booze.
pimpsten *s* pumice (stone).
pincet *s: en ~* a pair of twee-

zers.
pind *s* stick; *(strikke~)* needle; *(række masker i strikning)* row; *stiv som en ~* stiff as a rod; *jeg forstår ikke en ~ af det hele* I don't understand a word of it; **~e** *v: ~e ngt ud for en* spell sth out for sby; **~ebrænde** *s* firewood; **~emad** *s* canapé; **~svin** *s* hedgehog.
pine *s* pain; *(stærk ~)* agony; *det var en ~ at høre på* it was agony to listen to; *død og ~!* good God! // *v (smerte)* pain; *(tortere, volde stærke smerter)* torture, torment; *det ~r ham at hun vandt* it annoys him that she won.
ping *s (om person)* bigwig, mandarin.
pingvin *s* penguin.
pinlig *adj (ubehagelig)* painful, awkward; *(flov)* embarrassing; *(omhyggelig)* meticulous; *det var vel nok ~t!* how embarrassing! *føle sig ~t berørt* feel embarrassed; *~t ædru* stone cold sober; *~ orden* meticulous order.
pinse *s* Whitsun; **~dag** *s: første ~dag* Whit Sunday; *anden ~dag* Whit Monday; **~lilje** *s* (white) narcissus.
pioner *s* pioneer.
pip *s (fugle~)* chirp; *det tog ~pet fra os* it discouraged us; *få ~* go nuts; *det er det rene ~* it is completely crazy; **~pe** *v (om fugl)* chirp.
pirat *s* pirate; **~sender** *s* pirate radio.
pirre *v* tickle; *(ophidse)* excite; **~lig** *adj* irritable; **pirring** *s* stimulation, excitation.
pis *s* (V) piss; *det er ngt værre ~!* it's a load of crap!
pisk *s* whip; *(en omgang ~)* whipping; **~e** *v* whip; *(om æg)* whisk; *(om fløde)* whip; *regnen ~ede ned* the rain was pelting down; *være ~et til at gøre ngt* be forced to do sth; **~efløde** *s* double cream; **~eris** *s* whisk.
pisse *v* (V) piss; **~fuld** *adj* pissed; **~åndssvag** *adj* bloody stupid.
pissoir *s* urinal.
pistol *s* pistol; **~hylster** *s* holster.
pive *v (jamre)* whimper; *(beklage sig)* whine; **~t** *adj* soft, wet.
pjalt *s* rag; *slå sine ~er sammen (dvs. gifte sig)* get spliced; *(slå sig sammen)* combine forces.
pjank *s* nonsense; *(flirten)* hankypanky; **~e** *v* fool around; **~et** *adj* silly.
pjask *s (plask)* splash; *(tynd te etc)* slush; **~e** *v* splash; **~våd** *adj* dripping wet.
pjat *s d.s.s. pjank;* **~te** *v d.s.s. pjanke;* **~tet** *adj: han er helt ~tet med Mozart* (F) he is crazy about Mozart.
pjece *s* pamphlet, leaflet.
pjok *s* sissy.
pjusket *adj (om hår etc)* tousled; *(om udseende)* ruffled.
pjække *v: ~ fra skole* play truant; *~ fra arbejde* shirk one's work; **~ri** *s* truancy; *(fra arbejde)* absenteeism.
placere *v* place; **placering** *s* placing, placement; *(beliggenhed)* situation.
pladder *s (pløre)* slush; *(vrøvl)* nonsense; **~sentimental** *adj* soppy, slushy; **~våd** *adj* sopping wet.
plade *s* plate; *(tynd ~, metal~)* sheet; *(rund ~)* disc; *(LP etc)* record; *(bord~)* top; *(lille løgn)* fib; *en ~ chokolade* a bar of chocolate; *lægge en ~ på* put on a record; *stikke en en ~* tell sby a fib; **~omslag** *s*

cover, sleeve; **~spiller** *s* record player; **~tallerken** *s* turntable.

pladre *v (plaske)* splash; *(snakke)* prattle.

plads *s (sted)* place; *(torv)* square; *(sidde~)* seat; *(~ til ngt)* room; *(stilling)* job, position; *er der ~ til en til?* is there room for one more? *bestille ~ (fx i teat)* book a seat; *(på hotel)* book a room; *gøre ~ for en* make room for sby; *der er god ~* there is plenty of room; *lægge ngt på ~* put sth in its place; *sætte en på ~* put sby in his right place; *tage ~* take a seat, sit down; **~besparende** *adj* space-saving; **~billet** *s* seat reservation; **~hensyn** *s: af ~hensyn* to save space; **~mangel** *s* lack of space.

plage *s (gene)* nuisance; *(pine)* torment // *v (genere)* plague; *(irritere)* irritate; *(om børn der tigger)* pester; *(pine)* torture; *~ livet af en* worry sby to death; *(med plagerier)* pester sby to death; **~ri** *v (tiggeri)* pestering; **~ånd** *s* pest.

plagiat *s* plagiarism; **plagiere** *v* imitate.

plakat *s (opslag med oplysninger etc)* notice; *(med billeder)* poster; *sætte et stykke på ~en (teat)* bill a play; **~søjle** *s* advertising column.

plan *s* plan; *(kort over ngt)* map; *(niveau)* level; *lægge ~er* make plans; *have ~ om at gøre ngt* plan to do sth; *på højeste ~* at top level // *adj (jævn)* even; *(vandret)* level; *(flad)* flat; **~ere** *v* level.

planet *s* planet.

planke *s* plank; **~værk** *s* hoarding, fence.

planlægning *s* planning.

planmæssig *adj (efter køreplanen etc)* scheduled.

plantage *s* plantation.

plante *s* plant // *v* plant; **~fiber** *s* vegetable fibre; **~margarine** *s* vegetable margarine; **~skole** *s* nursery; **~vækst** *s* vegetation; **plantning** *s* planting.

plapre *v: ~ op* prattle away; *~ ud med ngt* let sth out.

plask *s* splash; **~e** *v* splash; **~våd** *adj* dripping wet.

plaster *s* (sticking-)plaster; *som et ~ på såret* by way of consolation.

plastic *s* plastic; **~maling** *s* emulsion paint.

plastikkirurgi *s* plastic surgery.

plastpose *s* plastic bag.

plat *s: slå ~ og krone* toss a coin; *~ el. krone?* heads or tails?

platfodet *adj* flat-footed.

platin *s* platinum; **~blond** *adj* platinum blonde.

pleje *s* care; *(af syge el. børn også:)* nursing; *have et barn i ~* foster a child // *v (passe)* take care of, nurse; *vi ~r at gøre det* we usually do it; *~ sin hud* take care of one's skin; *vi ~r ikke at glemme* we don't usually forget; *gør som du ~r* do as you are used to; **~barn** *s* foster child; **~forældre** *spl* foster parents; **~hjem** *s (for børn)* foster home; *(for ældre)* nursing home.

plet *s (mindre ~, sted)* spot; *(større ~, fx blod~)* stain; *(sølv~)* silver plate; *møde på ~ten* be there one the spot; *sætte ~ter på ngt* stain sth; *ikke røre sig ud af ~ten* not budge; *ramme ~* hit the bull's eye; **~fri** *adj* spotless; **~rensning** *s* spot-cleaning; **~skud** *s* bull's-eye; **~te** *v* spot, stain; **~tet** *adj* spotted; *(spættet)* speckled; *(snavset)* stained; **~vis** *adj* in places.

pligt *s* duty; *gøre sin ~* do one's duty; **~ig** *adj: ~ig til* under an obligation to; **~opfyldende** *adj* conscientious; **~skyldigst** *adv* dutifully.

plisseret *adj* pleated.

plombe *s (segl)* lead seal; *(i tand)* filling; **~re** *v (forsegle)* seal; *(om tand)* fill.

plov *s* plough; **~fure** *s* furrow.

pludre *v (snakke)* chat; *(om barn)* babble.

pludselig *adj* sudden // *adv* suddenly; *standse ~t (også:)* stop short.

plukke *v (blomster etc)* pick, gather; *(høns etc)* pluck; *(udplyndre)* fleece; *have en høne at ~ med en* have a bone to pick with sby.

plump *s/interj* splash; **~e** *v* plump; *~e i vandet* go splash into the water; *~e i (dvs. dumme sig)* make a gaffe; *~e ud med det hele* spill the beans.

plus *s* plus; *(fordel)* advantage // *adv: to ~ to er fire* two plus two makes four; *~ tre grader* three degrees above zero.

plyndre *v* loot; *(om by også)* plunder; *(ved overfald på person)* rob; *(flå for penge)* fleece; **plyndring** *s* looting; fleecing.

plys *s* plush; **~klippet** *adj* crew-cut; **~se** *v* crew-cut.

plæne *s* lawn; *slå ~* mow the lawn; **~klipper** *s* lawn-mower.

pløje *v* plough; **~mark** *s* ploughed field.

pløk *s* peg; **~ke** *v: ~ke en ned* (F) plug sby.

pløre *s* mud; **~t** *adj* muddy; (F, *fuld)* stoned.

pochere *v (gastr)* poach.

poesi *s* poetry; **~bog** *s sv.t.* autograph book; **poetisk** *adj* poetic.

point *s* point; *vinde på ~s* win on points.

pointe *s (i historie)* point; *(i vittighed)* punchline; **~re** *v* emphasize.

pokal *s* cup; **~finale** *s (sport)* cup final; **~kamp** *s* cup-tie.

pokker *s* the devil; *hvad ~ mener du?* what the hell do you mean? *det var som ~!* well, I'll be damned! *bo ~ i vold* live miles from anywhere; *give ~ i ngt* not give a damn about sth; **~s** *adj* damned, blasted; *~s!* damn! *en ~s karl* one hell of a man.

pol *s* pole.

polak *s* Pole.

polar... *sms:* **~cirkel** *s* polar circle; *den nordlige (el. sydlige) ~cirkel* the Arctic *(el.* Antarctic) Circle; **~forsker** *s* polar explorer; **~klima** *s* arctic climate; **P~stjernen** *s* the Pole Star.

Polen *s* Poland.

polere *v* polish; **polering** *s* polish(ing).

polet *s* token.

police *s* policy.

poliklinik *s* out-patients' department.

polio *s* polio.

politi *s* police; *tilkalde ~et* call the police; **~afspærring** *s* police cordon; **~assistent** *s sv.t.* police inspector; **~beskyttelse** *s* police protection; **~betjent** *s* policeman, constable; *(kvindelig)* policewoman; **~bil** *s* police car; **~fuldmægtig** *s sv.t.* assistant chief constable; **~inspektør** *s* chief superintendent.

politik *s* politics; *(speciel ~)* policy; **~er** *s* politician.

politi... *sms:* **~mester** *s sv.t.* chief constable; **~skilt** *s* policeman's badge; **~station** *s* police station; **~stav** *s* truncheon.
pollen *s* pollen; **~tal** *s* pollen count.
polsk *adj* Polish; *leve på ~* cohabit.
polstret *adj (om møbel)* upholstered; *hun er godt ~ (iron)* she's well-padded;
polstring *s* upholstery.
polterabend *s* bachelor's night.
polyp *s* polyp; *have ~per (i næsen)* have adenoids.
pomade *s* pomade, grease.
pommes frites *spl* potato chips.
pompøs *adj* grandiose.
pony *s* pony.
popgruppe *s* pop group.
poplin *s* poplin.
popmusik *s* pop music.
poppel *s* poplar.
popsanger *s* pop singer.
populær *adj* popular *(hos* with).
porcelæn *s* porcelain; *(ting af ~)* china; *kongeligt ~* Royal Copenhagen; **~sfabrik** *s* porcelain factory.
pore *s* pore.
porno... *sms:* **~blad** *s* porno magazine; **~film** *s* porno film; **~grafi** *s* pornography; **~grafisk** *adj* pornographic.
porre *s* leek.
port *s* gate; *smide en på ~en* send sby packing.
porter *s (øl)* stout.
portier *s* hall porter.
portion *s (om mad)* helping; *(part)* part; *(mængde)* lot; *i små ~er* little by little.
portner *s* caretaker.
porto *s* postage; **~fri** *adj* free of charge.
portræt *s* portrait; **~tere** *v* portray.
Portugal *s* Portugal; **portugiser** *s,* **portugisisk** *adj* Portuguese.
portvin *s* port.
portør *s (på sygehus)* hospital porter; *(jernb)* railwayman.
pose *s* bag // *v (om bluse etc)* puff out; *(om bukser)* bag.
posere *v* pose.
position *s* position; *skabe sig en ~* establish a position for oneself; *parkere i anden ~* double-park; **~slys** *s* parking lights *pl.*
positiv *adj (velvillig)* sympathetic; *(bekræftende)* positive; *være ~t indstillet over for ngt)* have a positive attitude towards sth.
post *s (vandpumpe)* pump; *(vandhane)* tap; *(~væsen, forsendelser)* post, mail; *(stilling)* post; *(i regnskab)* entry; *(på liste)* item; *sende ngt med ~en* post sth, send sth by mail; *er der ~ til os?* is there any mail for us? *blive på sin ~* remain at one's post; *være på sin ~* be on one's guard *(overfor* against); **~anvisning** *s* postal order; **~bil** *s* mail van; **~boks** *s* post-office box (P.O. box); **~bud** *s* postman; **~distrikt** *s* postal district.
poste *v (om vand etc)* pump; *(sende)* post.
postej *s* pâté; *(portions~)* patty.
postevand *s* tap water.
post... *sms:* **~hus** *s* post office; **~kasse** *s (offentlig)* post-box; *(privat)* letter box; **~kort** *s* postcard; **~mester** *s* postmaster; *(kvindelig)* postmistress; **~nummer** *s* postal code; **~ombæring** *s* mail delivery; **~ordre** *s* mail order; **~pakke** *s* parcel; *sende ngt som ~pakke* send sth by parcel post; **~stempel** *s* postmark; **~takst** *s* postal rate;

~**væsen** *s* mail services *pl.*
postyr *s (opstandelse)* fuss; *(uro)* commotion.
pote *s* paw; *give ~ (om hund)* shake hands; *(fig, lønne sig)* pay off.
potens *s (mat)* power; *(seksuel)* potency; *to i anden ~* the square of two; *ni i tredje ~* the cube of nine; *opløfte et tal til anden (el. tredje) ~* square *(el.* cube) a figure; *i højeste ~ (fig)* to the highest degree.
potte *s* pot; *(til børn)* pottie; *så er den ~ ude* that takes care of that; ~**mager** *s* potter; ~**mageri** *s* pottery; ~**plante** *s* potted plant.
poulard *s sv.t.* broiler.
p-pille *s: ~n* the pill; *hun tager ~r* she is on the pill.
pr. *d.s.s. per.*
pragt *s* splendour; ~**eksemplar** *s* beauty; ~**fuld** *adj* splendid, magnificent.
praj *s* hail; *giv mig lige et ~* give me a hint; ~**e** *v* hail.
prakke *v: ~ en ngt på* palm sth off on sby.
praksis *s* practice; *føre ngt ud i ~* put sth into practice.
praktik *s* practice; *(under uddannelse)* trainee service; *(i skolen)* work experience; ~**ant** *s* trainee; ~**plads** *s* trainee job.
praktisere *v* practise; *~nde læge* general practitioner (GP).
praktisk *adj* practical // *adv* practically; *~ talt* so to speak.
prale *v* boast; *(skryde)* brag; *~ med sin bil* show off one's car; ~**ri** *s* boasting, bragging; **pralhans** *s* show-off.
pram *s* barge.
prelle *v: ~ af på* glance off on; *dine ord ~r af på ham* your words are lost on him.
premiere *s* first night, opening night.
premierminister *s* prime minister.
pres *s* pressure; *(fig)* strain; *lægge ~ på en* put a pressure on sby; *lægge ngt i ~* press sth.
presenning *s* tarpaulin.
presning *s* pressing.
presse *s (presseanordning)* press; *(aviser, blade etc)* news media; *(pressefolk)* newsmen // *v* press; *(om frugt etc)* squeeze; *~ en til at gøre ngt* press sby to do sth; *~ penge af en* blackmail sby; *få sit tøj ~t* have one's clothes pressed; ~**bureau** *s* news agency; ~**fold** *s* crease; ~**folk** *spl* newsmen; ~**fotograf** *s* press photographer; ~**konference** *s* press conference.
presserende *adj* urgent.
pression *s* pressure; ~**sgruppe** *s* pressure group.
prestige *s* prestige.
prik *s* dot; *(plet)* spot; *(stik)* prick; *ligne ngt på en ~* be completely like sth; *til punkt og ~ke* to the letter; *~ken over i'et (fig)* the finishing touch; ~**ke** *v* prick; *~ke hul i ngt* puncture sth; *~ke til en* get at sby.
primitiv *adj* primitive.
primus *s* ® primus stove.
primær *adj* primary.
princip *s* principle; *af ~* on principle; *i ~pet* in principle; ~**iel** *adj: af ~ielle grunde* on grounds of principle; *vi er enige i det ~ielle* we agree in principle.
prins *s* prince; ~**esse** *s* princess; ~**gemal** *s* prince consort.
prioritere *v (give forret)* give priority to; *(om ejendom)* mortgage; *~ ngt højt* give sth

a high priority; *~t til op over skorstenen* mortgaged to the rooftop; **prioritet** *s (forret)* priority; *(i ejendom)* mortgage.

pris *s* price; *(billet ~, i bus etc)* fare; *(betaling som kræves, også:)* charge; *(præmie)* prize; *tage for høje ~er* charge too much; *opgive ~en på ngt* quote the price for sth; *for enhver ~* at all costs; *sætte ~ på ngt* set great store by sth; **~belønnet** *s* prize-winning; **~belønning** *s* award; **~bevidst** *adj* price-conscious; **~billig** *adj* inexpensive.

prise *v* praise; *~ sig lykkelig* count oneself lucky.

pris. . . *sms:* **~fald** *s* fall in price(s); **~forskel** *s* difference in price(s); **~givet** *adj: være ~givet en* be at the mercy of sby; **~idé** *s* suggested price; **~klasse** *s* price range; **~nedsættelse** *s* price reduction; *(udsalg)* sale; **~niveau** *s* price level; **~skilt** *s* price label, tag; *(i vindue etc)* show card; **~stigning** *s* price increase; **~stop** *s* price freeze; **~tal** *s* price index; **~talsreguleret** *adj* index-linked; **~uddeling** *s* prize-giving.

privat *adj* private // *adv* privately, in private; **~bane** *s* private railway; **~chauffør** *s* chauffeur; **~detektiv** *s* private detective; **~isere** *v* privatize; **~klinik** *s* private clinic; **~sag** *s* private matter; **~sekretær** *s* private secretary; **~skole** *s* private school.

privilegeret *adj* privileged; **privilegium** *s* privilege.

problem *s* problem; **~atisk** *adj* problematic; **~fri** *adj* problem-free.

procedure *s* procedure.

procent *s* per cent (p.c.); *(~del)* percentage; *betale 10 ~s rente* pay a 10 per cent interest; *få ~er* get a discount; **~del** *s* percentage; **~vis** *adj/adv* percentage.

proces *s* process; *(retssag)* case; *gøre kort ~ med en* make short work of sby.

procession *s* procession.

producent *s* producer, manufacturer; **producere** *v* produce, manufacture.

produkt *s* product; **~ion** *s* production, manufacture; **~ionsmiddel** *s* means of production; **~ionssted** *s* place of manufacture *(el.* production); **~iv** *adj* productive.

profession *s* profession; *(om håndværk)* trade; *han er gartner af ~* he is a gardener by trade; **~el** *adj* professional.

professor *s* professor; *hun er ~ i fysik ved universitetet* she is a professor of physics at the university; **~at** *s* chair *(i* in).

profet *s* prophet; **~ere** *v* prophesy; **~i** *s* prophecy.

profil *s* profile; *(fig)* image; *holde en lav ~* keep a low profile.

program *s* programme; *stå på ~met* be on the programme; **~erklæring** *s* manifesto; **~mel** *s (edb)* software; **~mere** *v* programme; **~mør** *s* programmer; **~oversigt** *s* today's *(el.* tonight's) programme.

projekt *s* project; *(plan også:)* plan; **~ere** *v* project; plan.

projektør *s (til belysning af bygning etc)* floodlight; *(teat)* spot(light); *(på politibil etc)* searchlight; **~lys** *s* floodlight; spotlight.

proklamere *v* proclaim.

prokura *s: have ~ for et firma*

sign for a firm.
prokurist *s sv.t.* confidential clerk.
proletar *s* proletarian; **~iat** *s* proletariat.
prolog *s* prologue.
promenade *s* promenade; **~vogn** *s* pushchair; **promenere** *v* stroll.
promille *s* per thousand; *(spiritus~)* alcohol level.
pronomen *s (gram)* pronoun.
prop *s (til flaske)* cork; *(af glas, gummi etc)* stopper; *(til badekar)* plug; *(sikring)* fuse; *få en ~* have a fit.
propaganda *s* propaganda; **propagandere** *v* propagate *(for* for).
propel *s* propeller.
pro persona per head.
proportion *s* proportion; **~al** *adj: omvendt ~al med* in inverse proportion to; **~sforvrængning** *s: det er ~sforvrængning* it is out of all proportion.
proppe *v (stoppe fuld)* cram; *~ sig med mad* stuff oneself with food; *~ flasker til* cork bottles.
proptrækker *s* corkscrew.
prosa *s* prose; **~isk** *adj* prosaic.
prosit *interj* bless you.
prostitueret *s/adj* prostitute; **prostitution** *s* prostitution.
protein *s* protein.
protese *s (arm, ben etc)* artificial limb; *(tand~)* denture.
protest *s* protest; *nedlægge ~ mod ngt* make a protest against sth; **~ant** *s* Protestant; **~antisk** *adj* Protestant; **~ere** *v* protest *(mod* against, about); **~møde** *s* protest meeting; **~skrivelse** *s* letter of protest.
protokol *s (navneliste, skole~)* register; *(regnskabs~)* ledger; *(møde~)* minutes *pl.*
proviant *s* provisions *pl;* **~ere** *v* provision.
provins *s* province; *ude i ~en* out in the provinces; **~by** *s* provincial town.
provision *s* commission.
provisorisk *adj* temporary.
provokation *s* provocation; **provokere** *v* provoke; **provokerende** *adj* provoking.
provst *s* dean.
pruste *v* snort.
prut *s* fart; **~te** *v (om prisen)* haggle; *(fjerte)* fart.
pryd *s* ornament; **~busk** *s* ornamental bush; **~e** *v (pynte)* decorate; *(være en ~ for)* adorn.
prygl *s* hiding, beating; **~e** *v* beat, thrash; **~estraf** *s* corporal punishment.
præcis *adj* exact, precise; *(punktlig)* punctual // *adv* exactly, precisely; punctually; *kom klokken to ~* come at two o'clock sharp; *klokken er ~ halv* it is exactly half past; *være ~* be punctual; **~ere** *v* define; *(specificere)* specify; **~ion** *s* precision; *(punktlighed)* puncuality.
prædike *v* preach; **~n** *s* sermon; *(neds)* lecture; **~stol** *s* pulpit.
præfabrikeret *adj* prefab(ricated).
præg *s* stamp; *(udseende)* look; *sætte sit ~ på ngt* leave one's stamp on sth, mark sth; *bære ~ af* have a look of; *(være mærket)* be marked by; **~e** *v (om mønt)* strike; *(sætte ~ på)* mark, stamp; *(påvirke)* influence; *(karakterisere)* characterize.
prægtig *adj* fine.
præke *v* preach.
præmie *s (belønning)* reward; *(gevinst)* prize; *(forsikrings~ etc)* premium; *vinde første ~*

win the first prize; **~konkurrence** *s* prize contest; **~obligation** *s* premium bond; **~re** *v* give an award to; **~uddeling** *s* prize giving.
præparat *s* preparation; **præparere** *v (behandle)* prepare; *(påvirke)* work on.
præposition *s* preposition.
prærie *s* prairie; **~ulv** *s* coyote; **~vogn** *s* prairie wagon.
præsens *s (gram)* the present (tense).
præsentere *v* present; *(~ personer for hinanden)* introduce; *må jeg ~ min kone for Dem?* (H) allow me to introduce my wife, (F) this is my wife; *~ sig* introduce oneself; *~ en for ngt* introduce sby to sth; *~ gevær* present arms.
præservativ *s (kondom)* contraceptive sheath, (F) rubber.
præservere *v* preserve; **præserveringsmiddel** *s* preservative.
præsident *s* president; **~kandidat** *s* presidential candidate; **~valg** *s* presidential election.
præsidere *v (ved møde)* preside *(ved* over).
præst *s* clergyman; *(sogne~)* vicar, rector; *(i frikirke)* minister; *(katolsk)* priest; *gå til ~* be prepared for confirmation.
præstation *s* achievement, performance.
præste... *sms:* **~bolig, ~gård** *s* vicarage, rectory; *(katolsk)* presbytery; **~kald** *s* living; **~kjole** *s* gown.
præstere *v (udføre)* perform; *(opnå)* achieve.
præstinde *s* priestess.
prævention *s* contraception; **præventiv** *adj (mod sygdom)* prophylactic; *præventivt middel (mod svangerskab)* contraceptive.
prøve *s* test, trial; *(på koncert etc)* rehearsal // *v (forsøge)* try; *(undersøge)* test; *have ngt på ~* have sth on trial; *~ en kjole* try on a dress; *~ sig frem* feel one's way; *du kan bare ~ på det!* you just try!
prøve... *sms:* **~ballon** *s: opsende en ~ballon* put out a feeler; **~billede** *s (tv)* testcard; **~boring** *s* test drilling; **~flyvning** *s* test flight; **~klud** *s* guineapig; **~køre** *v* try out; *(om bil)* test-drive; **~lse** *s (lidelse)* trial; **~løsladelse** *s* conditional release; **~rum** *s (i fx tøjbutik)* fitting booth; **~sprængning** *s (af atomvåben)* nuclear test; **~tid** *s* trial period.
pseudonym *s* pseudonym.
p-skive *s (fork.f. parkeringsskive)* parking disc.
psyke *s (sind)* mentality; *(ånd)* mind; **psykiater** *s* psychiatrist; **psykiatri** *s* psychiatry; **psykisk** *adj* mental, psychological // *adv* mentally; *psykisk handicappet* mentally disabled.
psyko... *sms:* **~analyse** *s* psychoanalysis; **~analytiker** *s* psychoanalyst; **~log** *s* psychologist; **~logisk** *adj* psychological; **~pat** *s* psychopath; **~tisk** *adj* psychotic.
p.t. *(for tiden)* at present.
pubertet *s* puberty; **~salder** *s* age of puberty.
publicere *v* publish; **publikation** *s* publication.
publikum *s (tilskuere, tilhørere)* audience; *(offentligheden)* the public; **~stække** *s: have ~stække* be popular, draw crowds.
puddel(hund) *s* poodle.
pudder *s* powder; **~dåse** *s* powder box; *(til at have i*

tasken) powder compact; **~kvast** *s* powder puff; **~sukker** *s* brown sugar; **~underlag** *s* foundation.
pude *s (sofa~ etc)* cushion; *(hoved~)* pillow; **~betræk** *s* cushion cover; *(til hoved~)* pillowcase.
pudre *v: ~ (sig)* powder.
puds *s (på mur)* plaster; *spille en et ~* play a trick on sby; **~e** *v (polere)* polish; *(rense)* clean; *(væg, mur)* plaster; *~e næse* blow one's nose; *~e sølvtøj* polish the silver; *~e hunden på en* set the dog on sby; **~ecreme** *s* polish; **~eklud** *s* polishing cloth.
pudsig *adj* funny.
puf *s* push; **~fe** *v* push; *~fe til en* push sby; **~ærme** *s* puff sleeve.
pukkel *s* hump; *(overskud)* surplus; *få på puklen* catch it; *slide sig en ~ til* work like a slave; **~rygget** *adj* hunchbacked; **pukle** *v* slave.
pulje *s* pool.
puls *s* pulse; *føle en på ~en (fig)* sound sby out; **~e** *v (ryge)* puff; **~ere** *v* throb; **~åre** *s* artery.
pult *s* desk.
pulterkammer *s* box room; *(loft)* attic.
pulver *s* powder; **~fløde** *s* powdered cream; **~isere** *v* pulverize; *(smadre)* smash up; **~kaffe** *s* instant coffee; **~slukker** *s* dry-powder extinguisher.
pumpe *s* pump // *v* pump; *(~ op, om fx dæk)* inflate, pump up.
pund *s* pound; *tre ~ kartofler* three pounds of potatoes.
pung *s (til penge)* purse; *(til tobak etc)* pouch; *(testikel~)* scrotum; **~e** *v: ~e ud* (F) fork out, pay up.
punkt *s* point; *(prik)* dot; *(henseende)* respect; *nå et dødt ~* reach a deadlock; *det springende ~* the crux of the matter; *du har ret på det ~* you are right on that point; *på nogle ~er går det godt* in some respects things are alright; *til ~ og prikke* to the letter.
punktere *v* puncture; *(med et brag)* burst; *hans bil er ~t* he has a puncture; **punktering** *s* puncture.
punktstrejke *s* pinpoint strike.
punktum *s* full stop, period.
pupil *s* pupil.
puppe *s* pupa *(pl:* pupae).
puré *s* puree; **purere** *v* cream.
purløg *s* chive.
pus *s (om materie)* pus; *(om barn)* darling.
pusle *v (rumstere)* move about; *(passe, pleje)* nurse; *(om baby)* change; **~bord** *s* baby's changing table; **~spil** *s* jigsaw (puzzle); *lægge ~spil* do a jigsaw.
pust *s (af vind)* breath of air; *(ånde~)* breath; *(pause)* breather; *miste ~en* get out of breath; **~e** *v* blow; *(hvile)* breathe; *~e og stønne* pant; *~e en ballon op* inflate a balloon; *~e sig op* puff oneself up; *~e på ngt* blow on sth; *~e til ilden (fig)* add fuel to the flames; *~e et lys ud* blow out a candle; **~rum** *s* breathing space; **~erør** *s* peashooter.
putte *v (anbringe)* put; *(et barn)* tuck in; *~ sig (under dynen etc)* snuggle down (in bed); *~ ngt i lommen* put sth into one's pocket, pocket sth.
pyjamas *s* pyjamas *pl; hvor er min ~?* where are my pyjamas?
pylre *v: ~ om en* fuss over sby; **~t** *adj* soft.

pynt *s (næs)* point; *(ngt fint)* finery; *(dekoration)* ornament, decoration; *(besætning, fx på kjole)* trimming; *klare ~en (fig)* weather the storm; **~e** *v (udsmykke)* decorate; *(være pæn)* look nice; *~e juletræ* decorate the Christmas tree; *~e sig* smarten oneself up; *~e på resultaterne* doctor the results.

pyramide *s* pyramid.

pyroman *s* pyromaniac.

pyt *s (regn~)* puddle // *interj: ~ med det* never mind.

pædagog *s* teacher, educationalist.

pæl *s* stake; *(stor stolpe)* post; *(tlf etc)* pole; *stå på gloende ~e* be on end.

pæn *adj* nice; *det var ~t af dig* it was nice of you; *have ~t tøj på* be nicely dressed; *klare sig ~t* do quite well.

pære *s (bot)* pear; *(elek)* bulb; (F, *hjerne)* brains *pl; han har ~n i orden* (F) he has got brains.

pære... *sms:* **~dansk** *adj* typically Danish; **~let** *adj* dead easy; **~træ** *s* pear tree; **~vælling** *s (fig)* hotchpotch.

pøl *s* puddle; *(svømme~)* pool.

pølse *s* sausage; *bajersk ~* frankfurter; *~r og kartoffelmos* (F) bangers and mash; **~mad** *s* sandwich with sausage; **~vogn** *s* sausage stand.

pønse *v: ~ på ngt* plan sth; *(ngt ondt)* be up to sth.

på *adv/præp* on; *(i, i løbet af, om sprog, om måde, om gader, bydele)* in; *(om sted el. punkt, om sted hvor ngt sker, om adresse, virksomhed, bygning)* at; *(beskrivelse, tilhørsforhold)* of; *(se også de enkelte ord som ~ forbindes med); ~ mandag* on Monday; *sidde ~ gulvet* sit on the floor; *han er ~ sit værelse* he is in his room; *vi gjorde det ~ to timer* we did it in two hours; *sig det ~ engelsk* say it in English; *vi bor ~ Nygade* we live in Nygade; *han bor ~ Fyn* he lives in Funen; *~ balletskolen* in the school of ballet; *~ hjørnet* at the corner; *~ det tidspunkt* at that time; *han er ~ posthuset* he is at the post office; *en pige ~ otte år* a girl of eight; *en lejlighed ~ fire værelser* a flat of four rooms; *taget ~ bilen* the top of the car; *(andre sammenhænge:) se ~ en (el. ngt)* look at sby *(el.* sth); *tabe ngt ~ gulvet* drop sth on the floor; *tage ~ landet* go into the country; *gå ~ besøg* go visiting; *være vred ~ en* be angry with sby; *lægge låget ~* put the lid on; *tage sweater ~* put on a jersey.

påbegynde *v* begin.

påberåbe *v: ~ sig* refer to; *(hævde retten til)* claim.

påbud *s* order.

pådrage *v: ~ sig* incur; *(en sygdom)* catch.

påfaldende *adj* striking.

påfugl *s* peacock.

påfund *s (idé)* idea; *(lune)* whim; *(ngt opdigtet)* fabrication.

påfylde *v: ~ benzin* fill up with petrol.

pågribe *v* catch; *(anholde)* arrest.

pågældende *adj: den ~ (person)* the person in question *(el.* concerned).

pågående *adj* aggressive.

påhæng *s (om familie etc)* appendages *pl;* **~smotor** *s* outboard motor; **~svogn** *s* trailer.

påhør *s: i ens ~* in front of *(el.* before) sby.

påklædning *s (det at klæde sig på)* dressing; *(dragt)* dress, clothes *pl; tvangfri* ~ informal dress; *festlig* ~ evening dress; **~sdukke** *s* paper doll, cutout.
påkrævet *adj* required; *(nødvendig)* necessary.
påkøre *v* run into; **påkørsel** *s* collision.
pålandsvind *s* onshore wind.
pålidelig *adj* reliable; *fra ~ kilde* from a reliable source.
pålydende *s* denomination; *tage ngt for ~* take sth at its face value.
pålæg *s (på brød)* (slices of) sausage, vegetables, ham etc for open sandwiches; *(smøre~)* spread; *(befaling)* order *(om* to); *(løn~)* rise; **~ge** *v (befale)* order *(at* to); *(lægge på)* put on; **~schokolade** *s* thin chocolate wafers for open sandwiches; **~sforretning** *s* delicatessen (shop).
påmindelse *s* reminder.
påpasselig *adj* careful.
påpege *v* point out.
pårørende *s* relative.
påsat *adj: ilden var ~* the fire had been set.
påse *v: ~ at* see to it that.
påsejling *s* collision.
påske *s* Easter; *i ~en* at Easter; **~bryg** *s* strong light beer brewed for Easter; **~dag** *s: første ~dag* Easter Day; *anden ~dag* Easter Monday; **~ferie** *s* Easter holidays *pl;* **~lilje** *s* daffodil; **~æg** *s* Easter egg.
påskud *s* pretext, excuse; *under ~ af at* on the pretext that.
påskønne *v* appreciate.
påstand *s (krav, hævdelse)* claim.
påstå *v (kræve, hævde)* claim, allege; *(erklære)* declare; *(holde fast ved)* insist; **~elig** *adj* stubborn; **~et** *adj* alleged.
påtaget *adj* affected; *~ navn* assumed name.
påtrængende *adj (om person)* insistent, pushing; *(om nødvendighed)* urgent.
påtvinge *v: ~ en ngt* force sth on sby.
påtænke *v* plan.
påvirke *v* influence; *han lader sig ikke ~ af dem* he is unaffected by them; **~lig** *adj: let ~lig* easily influenced; **~t** *adj (beruset)* under the influence of drink; **påvirkning** *s* influence.
påvise *v* show; *(bevise)* prove; **~lig** *adj* demonstrable.

R

rabalder *s* din, racket.
rabarber *s* rhubarb; **~kompot** *s* stewed rhubarb.
rabat *s (om pris)* discount; *(vej~)* shoulder, side; *(havebed)* border; *der er 10% ~ på sko* there is a 10 per cent discount on shoes; *give ~* give a discount; *'~ten er blød'* 'soft shoulder'; **~kort** *s (i bus etc)* reduced-rate ticket.
rable *v: ~ ngt af sig* reel sth off; *nu ~r det for ham* he is cracking up; **~nde** *adj: ~nde sindssyg* stark staring mad.
race *s* race, breed; **~diskrimination** *s* racial discrimination; **~fordom** *s* racial prejudice; **~hest** *s* thoroughbred.
racerbil *s* racer (car); **racerbåd** *s* powerboat; **racercykel** *s* racing bike.
racist *s* racist; **~isk** *adj* racist.
rad *s (række)* row, line; *(fyr, karl)* fellow, bloke; *stille op på ~ (og række)* line up; *stå i ~* stand in a row; *gå ~en rundt* go the rounds.

radar *s* radar.
radbrække *v* maim; *(fx et sprog)* murder; *jeg er helt ~t* I am aching all over.
radere *v (slette)* erase; *(et billede)* etch; **radering** *s* etching.
radialdæk *s* radial (tyre).
radiator *s* radiator.
radikal *adj* radical; *det ~e venstre (pol) sv.t.* the Liberal Democratic Party.
radio *s* radio, wireless; *høre ngt i ~en* hear sth on the radio; *det blev udsendt i ~en* it was broadcast; **~aktiv** *adj* radioactive; *~aktiv stråling* radiation; **~aktivitet** *s* radioactivity; **~antenne** *s* aerial; **~avis** *s* news; **~bil** *s (i tivoli etc)* bumper car, dodgem; **~fyr** *s* radio beacon; **~graf** *s* radiographer; **~licens** *s* radio licence fee; **~modtager** *s* radio set; **~program** *s* radio programme; **~sender** *s* radio transmitter; *(sendestation)* radio station; **~styret** *adj* radio-controlled; **~telegrafist** *s* wireless operator; *(på skib,* F) sparks; **~udsendelse** *s* radio programme.
radise *s* radish; *R~rne (tegneserie)* Peanuts.
radius *s* radius *(pl:* radii); *i en ~ af 10 km* within a radius of 10 km.
radmager *adj* skinny.
raffinaderi *s* refinery; **raffineret** *adj (udspekuleret)* sophisticated; *(spidsfindig)* subtle; *(smart)* smart; *(renset, fx om olie)* refined.
rafle *v* throw dice.
rage *v: ~ frem* protrude; *~ op* stand up; *~ uklar med en* fall out with sby; *~ i skufferne* rummage in the drawers; *~ ngt til sig* grab sth; *hvad ~r det dig?* mind your own business! *det ~r mig en fjer* I could not care less; **~kniv** *s* razor; **~lse** *s* junk, rubbish.
ragout *s* stew.
raket *s* rocket; *(som våben)* missile; *affyre en ~* fire a rocket; *opsende en ~ til Mars* launch a rocket for Mars; **~base** *s* missile base; **~våben** *s* missile.
rakke *v: ~ ned på en* denigrate sby; *~ rundt* knock about.
rakle *s* catkin.
ralle *v* rattle.
ram *s: få ~ på en* get at sby // *adj (om lugt etc)* acrid; *det er hans ~me alvor* he is in dead earnest.
ramaskrig *s: opløfte et ~* raise an outcry.
ramle *v (falde)* fall; *~ sammen (dvs. falde sammen)* fall *(el.* tumble) down; *(støde sammen)* collide; *(slås)* fight.
ramme *s* frame; *(omgivelser)* setting; *(grænser)* limits *pl; sætte et billede i ~* frame a picture; *inden for ~rne af...* within the limits of...; *sprænge ~rne for ngt* go beyond the scope of sth // *v (træffe)* hit; *(hænde)* overtake; *(berøre)* affect; *~ ind* frame; *bolden ramte overliggeren* the ball hit the bar; *den bemærkning ramte* that remark went home; *føle sig ramt* feel stung; **~nde** *adj* incisive, apt.
rampe *s (skråning)* ramp; *(affyrings~)* launching pad; **~lys** *s* limelight.
ramponeret *adj* battered, damaged.
rand *s (kant)* edge; *(bræmme)* border; *(på glas etc)* rim; *(fig)* verge, brink; *fyldt til ~en* brimful; *sorte ~e under øjnene* dark rings under the eyes; *på afgrundens ~* on the brink of the precipice; *være på*

sammenbruddets ~ be on the verge of a breakdown.
rang *s* rank; *første ~s* first-rate; *gøre en ~en stridig* challenge sby's position.
rangere *v (jernb)* shunt; *(i rang)* rank; **rangering** *s* shunting.
rangle *s* rattle; **~t** *adj* lanky.
rangstige *s* hierarchy.
rank *adj* erect.
ranke *s (bot)* vine.
ransage *v* search; **ransagning** *s* search.
rap *s (slag)* rap; *de fik tre sønner i* ~ they had three sons in rapid succession // *adj (hurtig)* quick; *(næsvis)* pert; *(smart)* smart, (S) zappy; **~and** *s* quack-quack; **~kæftet** *adj: være ~kæftet* have a big mouth; **~pe** *v (om and)* quack; **~penskralde** *s* shrew; *(om hustru)* nagging wife.
rapport *s* report; *aflægge ~ om ngt* make a report on sth; **~ere** *v* report.
rar *adj* nice; *her er ~t at være* it is nice to be here; *det var ~t at høre* I am glad to hear it; *vær nu lidt ~!* do be good now!
rase *v* rage; *(være vanvittig)* rave; *få ~t ud* let off steam; **~nde** *adj* furious; *(vanvittig)* mad; *blive ~nde på en* get furious *(el.* mad) with sby; *i ~nde fart* at a furious rate // *adv* furiously, madly.
rasere *v (hærge)* ravage, play havoc; *(barbere)* shave.
raseri *s* rage, fury.
rask *adj (sund)* healthy, sound; *(hurtig)* quick, rapid; *(kæk)* brave; *blive* ~ recover; *tage en ~ beslutning* make a quick decision // *adv* quickly, rapidly; *~ væk* just like that.
rasle *v* rattle; *(om tallerkener etc)* clatter; *(om papir, blade, skørter)* rustle; *(om penge, nøgler)* jingle; *~ med ngt* rattle (, clatter, rustle, jingle) sth; *pundet ~de ned* the pound slumped; **~n** *s* rattling, rattle; clatter(ing); rustling; jingling, jingle.
rasp *s (tekn)* rasp; *(gastr)* breadcrumbs; *vende fisk i ~* bread fish.
rast *s: holde* ~ stop, take a break; **~e** *v* rest; **~eplads** *s* lay-by.
rastløs *adj* restless.
rat *s* (steering) wheel.
rate *s* instalment; *betale i ~r* pay by instalments.
ratgear *s* column (gear) shift.
ration *s* ration; **~alisere** *v* rationalize; **~alisering** *s* rationalization; **~el** *adj* rational; **~ere** *v* ration; **~ering** *s* rationing.
rat. . . *sms:* **~lås** *s* steering(-wheel) lock; **~slør** *s* play; **~søjle** *s* steering column.
rav *s* amber; *lave ~ i den* stir things up.
rave *v* stagger, reel.
ravn *s* raven.
razzia *s* raid; *foretage* ~ raid.
reagensglas *s* test tube; **~barn** *s* test-tube baby.
reagere *v* react *(på* to).
reaktor *s* reactor.
realisere *v (gennemføre)* carry out; *(sælge)* sell; *~ sig selv* fulfil oneself.
realisme *s* realism; **realistisk** *adj* realistic.
realitet *s* reality; *i ~en* in reality; **~ssans** *s: have ~ssans* have a sense of reality.
realløn *s* real wages *pl.*
reb *s* rope; **~e** *v: ~e sejlene* reef the sails; **~stige** *s* rope ladder.
rebus *s* picture puzzle, riddle.
recept *s* prescription; *fås kun*

på ~ only on prescription; *skrive* ~ *på ngt* make out a prescription for sth.

reception *s (i hotel etc)* reception desk; *(sammenkomst)* reception.

reck *s (til gymnastik)* horizontal bar.

redaktion *s (det at redigere)* editing; *(kontoret)* editorial office; *(personalet)* editorial staff; **~schef** *s* chief subeditor; **~ssekretær** *s* sub-editor; **redaktør** *s* editor.

redde *v* save, rescue; *(bjærge)* salvage; ~ *sig ud af ngt* get out of sth.

rede *s* nest; *gøre* ~ *for ngt* explain sth; *få* ~ *på ngt (dvs. ordne)* get sth straight; *(erfare)* find out sth // *v:* ~ *sit hår* comb one's hair; ~ *seng* make the bed // *adj (parat)* ready, prepared; *være* ~ *til at* be prepared to; *holde sig* ~ be ready; ~ *penge* ready money; *have svar på* ~ *hånd* not be at a loss for an answer.

redegørelse *s* report.

redekam *s* comb.

redelig *adj* honest; *ærligt og ~t* honestly; **~hed** *s* honesty; *(rod)* mess; *sikke en ~hed!* what a mess!

reder *s* shipowner; **~i** *s* shipping company.

redigere *v* edit.

redning *s (frelse)* salvation; *(bjærgning)* rescue; *(udvej)* resort; *(om målmand)* save; **~sarbejde** *s* rescue work; **~sbælte** *s* lifebelt; **~sbåd** *s* lifeboat; **~skorps** *s* rescue service; **~smand** *s* rescuer; **~svest** *s* life jacket.

redskab *s* tool; *(instrument)* instrument; *(køkken~)* utensil; **~sskur** *s* tool shed; **~søvelser** *spl (i gymnastik)* apparatus gymnastics.

reducere *v* reduce; **reduktion** *s* reduction.

reel *adj (virkelig)* real; *(god)* genuine; *(om person)* reliable; **~t** *adv* really; *(ærligt)* honestly.

referat *s* report; **reference** *s* reference; **referere** *v* report; *(genfortælle)* repeat.

refleks *s (genskin)* reflection; *(som kaster refleks)* reflector; *(i fx benet)* reflex; **~bånd** *s* luminous strip; **reflektere** *v* reflect; *reflektere på en annonce* reply to an advertisement.

reform *s* reform; **~ation** *s* reformation; **~ere** *v* reform; **~venlig** *adj* reformist.

refræn *s* refrain, chorus.

refundere *v* reimburse; **refusion** *s* reimbursement.

regel *s* rule; *(forskrift)* regulation; *følge reglerne* stick to the rules; *en undtagelse fra reglen* an exception to the rule; *i reglen, som* ~ as a rule; **~mæssig** *adj* regular.

regent *s* ruler, sovereign; **~par** *s* royal couple.

regere *v (styre)* rule, govern; *(som konge, dronning)* reign; *(støje, herse)* carry on; ~ *med en* boss sby around; **~nde** *adj: ~nde dronning* reigning queen.

regering *s* government; *danne* ~ take office; **~savis** *s* government paper; **~schef** *s* head of government; **~sforslag** *s* government bill; **~skrise** *s* government crisis; **~smagt** *s: overtage ~smagten* come into office; **~sparti** *s* governing party; **~stid** *s* reign.

regie *s (iscenesættelse)* production; *i FN's* ~ under the auspices of the UN.

regime *s* regime.

regiment *s* regiment; **~schef** *s* commanding officer.
region *s* region; **~al** *adj* regional; **~alradio** *s* regional radio (station); **~altog** *s* local train.
regissør *s* stage manager.
register *s (indholdsfortegnelse)* table of contents; *(alfabetisk)* index; *(orgel~)* stop; **registrere** *v* register; *(lægge mærke til)* note.
reglement *s* regulations *pl;* **~eret** *adj* prescribed.
regn *s* rain; *det ser ud til ~* it looks like rain; **~bue** *s* rainbow; **~byge** *s* shower; **~dråbe** *s* raindrop.
regne *v (om regn)* rain; *(med tal)* count, calculate; *(anse)* consider; *det ~r stærkt* it is raining hard; *~ regnestykker* do sums; *~ med at* take it for granted that; *~ med en* count on sby; *~ sammen* add up; *~ ngt ud* work sth out; *(udtænke)* figure out sth; **~fejl** *s* miscalculation; **~maskine** *s* calculator; **~opgave** *s* sum; **~stok** *s* slide rule; **~stykke** *s* sum.
regnfrakke *s* waterproof, mac(kintosh).
regning *s (fag)* arithmetic; *(beregning)* calculation; *(nota)* bill, invoice; *må jeg bede om ~en?* can I have the bill, please? *det er på min ~* it is on me; *en stor ~* a heavy bill.
regnmåler *s* rain gauge; **regnorm** *s* earthworm.
regnskab *s* account(s); *føre ~* keep an account; *gøre ~ for ngt* account for sth; *gøre ~et op* settle the account; *kræve en til ~* call sby to account; *stå til ~ for* answer for; **~schef** *s* chief accountant; **~sår** *s* fiscal year.
regn... *sms:* **~skov** *s* rain forest; **~skyl** *s* downpour; **~slag** *s* waterproof cape; **~tid** *s* rainy season; **~tæt** *adj* showerproof; **~tøj** *s* rainwear; **~vand** *s* rainwater; **~vejr** *s* rainy weather.
regulere *v* regulate; *(indstille)* adjust; **regulering** *s* regulation; adjustment; **regulær** *adj* regular; *(rigtig)* proper.
reje *s (fjord~)* shrimp; *(større, fx nordsø~)* prawn; *pille ~r* shell shrimps; *ikke en rød ~* not a penny; **~mad** *s* open sandwich with shrimps.
rejse *s (mindre)* trip; *(større)* journey; *(til søs)* voyage; *være på ~* be travelling, be on a trip // *v (tage af sted)* leave, set out; *(rejse fra et sted til et andet)* go; *(være på rejse)* travel; *~ til England* go to England; *de rejste i går* they left yesterday; *vi ~r til London i morgen* we are leaving for London tomorrow; *~ med tog* go by train; *~ med fly* go by air.
rejse *v (om bygning etc)* erect, put up; *(et spørgsmål, penge etc)* raise; *~ ngt op* stand sth upright; *~ sag mod en* sue sby; *~ sig* get up, stand up; *(bygges, rage op, gøre oprør, blæse)* rise.
rejse... *sms:* **~arrangør** *s* tour operator; **~bureau** *s* travel agency; **~check** *s* traveller's cheque; **~fører** *s* guide; **~gilde** *s* topping-out ceremony; **~gods** *s* luggage; **~nde** *s* traveller, passenger; **~selskab** *s (på charterrejse)* party; **~skrivemaskine** *s* portable typewriter.
rejsning *s (det at rejse ngt op)* raising; *(holdning)* carriage; *(erektion)* erection.
reklamation *s (klage)* complaint.

reklame *s* publicity; *(annonce etc)* advertisement; *(i tv)* commercial; *gøre ~ for ngt* advertise sth, (F) boost sth; **~afdeling** *s* publicity department; **~bureau** *s* advertising agency; **~film** *s* commercial; **~indslag** *s* commercial break; **~re** *v (gøre ~)* advertise; *(klage)* complain *(over* about); **~skilt** *s* advertising sign; **~tegner** *s* commercial artist.
rekonstruere *v* reconstruct; **rekonstruktion** *s* reconstruction.
rekonvalescens *s* convalescence.
rekord *s* record; *slå en ~* break a record; *sætte ~* set up a record, *det slår alle ~er* it beats everything; **~tid** *s: på ~tid* in record time.
rekreation *s* convalescence; **~shjem** *s* convalescent home; **rekreere** *v: rekreere sig* recuperate.
rekrut *s* recruit; **~tere** *v* recruit.
rektangel *s* rectangle; **rektangulær** *adj* rectangular.
rektor *s (mandlig)* headmaster; *(kvindelig)* headmistress.
rekvirere *s* order, requisition.
rekvisit *s* requisite; *~ter* equipment; *(teat)* props; **~ion** *s* requisition.
relation *s* relation.
relativ *adj* relative.
relevant *adj* relevant.
relief *s* relief.
religion *s* religion; *(tro)* faith; *(som skolefag)* religious instruction; **~sfrihed** *s* religious freedom; **religiøs** *adj* religious.
relæ *s (elek)* relay.
rem *s* strap; *(liv~)* belt.
remoulade *s* remoulade.
remse *s* string of words; *(børne~)* jingle // *v: ~ ngt op* reel off sth.
ren *s (rensdyr)* reindeer // *adj (mods: snavset)* clean; *(ublandet)* pure; *(~ og skær)* sheer; *(kun)* mere; *det var et ~t tilfælde* it was pure accident; *det ~e vanvid* sheer madness; *han er et ~t barn* he is a mere child.
rend *s* run(ning); *der var et værre ~* there was a coming and going all the time; *stikke i ~* start running.
rende *s (rille)* groove; *(grøft)* ditch; *(sejl~)* channel // *v* run; *(være utæt)* leak; *~ fra sit ansvar* shirk one's responsibility; *~ sin vej* run away; *rend og hop!* get stuffed! **~sten** *s* gutter.
rengøring *s* cleaning; **~sassistent** *s* cleaner; **~sdille** *s* housework mania; **~skone** *s* char(woman); **~sselskab** *s* cleaning service.
renhed *s* cleanliness; *(ublandethed, ægthed)* purity.
renlig *adj* cleanly; **~hed** *s* cleanliness.
renommé *s* reputation.
renovation *s* garbage collection; **~svogn** *s* dust cart.
rense *v* clean; *(grundigt)* cleanse; *(fx luft)* purify; *(for mistanke etc)* clear; *(skylle)* rinse; **~creme** *v* cleansing cream; **~lse** *s* cleaning; **~middel** *s* cleansing agent; **~ri** *s* (dry-)cleaners; **~serviet** *s* cleansing tissue.
renskrive *v: ~ ngt* write out a fair copy of sth.
rensning *s* cleaning; *kemisk ~* dry-cleaning; **~sanlæg** *s* purification plant.
rent *adv (helt)* quite, completely; *gøre ~* clean the house; *synge ~* sing in tune; *vi har ~ glemt det* we have clean

forgotten; ~ *ud sagt* to put it bluntly.
rente *s* interest *(af* on); *give ~r* bear interest; *tage 12% i ~ af ngt* charge 12 per cent interest on sth; **~fod** *s* rate of interest; **~fri** *adj* free of interest.
renvasket *adj* clean.
renæssance *s* renaissance.
reol *s* bookcase, book shelves.
reparation *s* repair(s); *(mindre, fx af tøj)* mending; **~sværksted** *s* repair shop; *(auto, også:)* garage; **reparere** *v* repair; mend.
repertoire *s* repertory.
repetere *v (gentage)* repeat; *(læse igen)* re-read; **repetition** *s* repetition.
replik *s (svar)* reply; *(teat)* line(s).
reportage *s (tv)* report.
repos *s (på trappe)* landing.
reprise *s* repeat.
reproduktion *s* reproduction.
repræsentant *s* representative; *(for firma også:)* agent; **~skab** *s* board; **repræsentation** *s (selskabelighed)* entertainment; **repræsentere** *v* represent; *(være)* be.
republik *s* republic.
reservat *s (fx for indianere)* reservation.
reserve *s* reserve; **~del** *s* spare part; **~hjul** *s* spare wheel; **~lager** *s* emergency stock; **~læge** *s* registrar; **~officer** *s* reserve officer.
reservere *v* reserve; *(bestille forud)* book; **~t** *adj* reserved.
residens *s* residence; *forlægge ~en til* adjourn to; **residere** *v* reside.
resignere *v (opgive)* give up; *(affinde sig)* resign oneself; **~t** *adj* resigned.
resolut *adj* determined.
respekt *s* respect, regard; *have ~ for en* respect sby; *sætte sig i ~* make oneself respected; **~abel** *adj* respectable; **~ere** *v* respect; **~indgydende** *adj* awe-inspiring; **~løs** *adj* disrespectful.
ressourcer *spl* resources.
rest *s* remainder; *(som er levnet)* remnant; *~en* the rest; *~er* remains; *(madrester)* left-overs; *for ~en (dvs. apropos)* by the way, incidentally; *(dvs. for den sags skyld)* for that matter; *(dvs. desuden)* besides; *blive til ~* be left (over).
restance *s: være i ~ med huslejen* be in arrears with the rent.
restaurant *s* restaurant; **restauratør** *s* restaurant proprietor.
restere *v* remain; *det ~nde* the remainder.
restgæld *s* remaining debt; **restskat** *s* underpayment of tax.
resultat *s* result; *(bedrift, ngt som opnås)* achievement; *(virkning)* effect.
resumé *s* summary.
ret *s (mad)* dish; *(ikke uret, rettighed)* right; *(domstol)* (law)court; *dagens ~* today's special; *vi fik tre ~ter mad* we had three courses; *få ~* prove right; *give en ~* agree with sby; *det har du ~ i* you are right (there); *have ~ til ngt* have a right to sth; *med ~te* rightly; *gå ~tens vej* go to court; *finde sig til ~te (dvs. vænne sig til ngt, slå sig til ro)* settle down; *sætte sig til ~te* settle oneself; *tale en til ~te* reason with sby.
ret *adj (lige)* straight; *(rigtig)* right; *strikke ~* knit plain; *komme i ~te tid til ngt* be in time for sth; *i en ~ vinkel* at

right angles // *adv (lige)* straight; *(rigtig)* rightly; *(temmelig)* rather; *det blev ~ sent* it was rather late; *jeg har det ikke ~ godt* I don't feel very well; *kender jeg ham ~, så...* if I know him, ...; *stå ~* stand at attention.
retfærdig *adj* just; **~hed** *s* justice; *lade ~heden ske fyldest* let justice be done.
retmaske *s* plain stitch.
retmæssig *adj* lawful, rightful.
retning *s* direction; *(henseende)* respect; *(tendens)* tendency; *i alle ~er (dvs. henseender)* in all respects; *køre i ~ af York* drive towards York; *ngt i ~ af* something like; *eller ngt i den ~* or something like that; **~slinjer** *spl* guidelines.
retræte *s* retreat.
rets... *sms:* **~forfølge** *v* sue; **~gyldig** *adj* valid; **~hjælp** *s* legal aid.
retskaffen *adj* honest, upright.
retslig *adj* legal; *~ undersøgelse* judicial inquiry.
rets... *sms:* **~medicin** *s* forensic medicine; **~pleje** *s* administration of justice; **~sag** *s* case; *(kriminal-)* trial; *(civil)* law suit; **~væsen** *s* judicial system.
rette *v (gøre lige)* straighten; *(stile)* direct; *(henvende)* address; *(korrigere)* correct; *~ stile* mark essays; *~ sig* straighten up; *(få det bedre)* get better; *~ sig efter en* comply with sby; *(adlyde)* obey sby; *~ ngt til* adjust sth.
rettelse *s (af fejl)* correction; *(tilretning)* adjustment.
rettesnor *s (fig)* guiding principle.
rettidigt *adv* on time; *(tids nok)* in time.
retur *s* return; *være på ~ (dvs. i aftagende)* be declining // *adv* back; *lade ngt gå ~* return sth; *tage ngt ~* take sth back; **~billet** *s* return ticket; **~flaske** *s* returnable bottle; **~nere** *v* return.
rev *s* reef.
revalidering *s* rehabilitation; *(omskoling)* re-education.
revanche *s* revenge.
revers *s (på jakke etc)* lapel.
revidere *v* revise; **revision** *s* revision; *(af regnskaber)* audit; **revisor** *s* auditor; *statsautoriseret revisor sv.t.* chartered accountant.
revle *s* sandbank.
revne *s (i væg etc)* crack; *(i klippe)* crevice; *(i huden)* chap; *(i tøj)* tear // *v* crack; *(sprænges)* burst; *være ved at ~* be ready to burst; **~nde** *adv: jeg er ~nde ligeglad* (F) I don't give a damn.
revolution *s* revolution; **~ere** *v* revolutionize; **~ær** *adj* revolutionary.
revolver *s* revolver.
revy *s (teater~)* revue, show; *(tidsskrift)* review; *(mil)* review; *passere ~ (fig)* pass in review.
Rhinen the Rhine; **rhinskvin** *s* hock.
ri *v* baste, tack.
ribbe *s (i blad etc)* rib; *(til gymnastik)* wall bar // *v (udplyndre)* rob, strip; *(om fx bønner)* string.
ribben *s* rib; **~ssteg** *s* rib roast; **~sstykke** *s* spare rib.
ribbort *s* ribbing.
ribs *s* red currant.
ribstrikket *adj* ribbed; **ribstrikning** *s* rib stitch.
ridder *s* knight; *udnævne en til ~* make sby a knight.
ride *v* ride; *~ en tur* go for a ride; *~ stormen af (fig)* weather the storm; **~bane** *s*

(riding) arena; **~banespringning** *s* show jumping; **~bukser** *spl* riding breeches; **~hest** *s* saddle-horse, mount; **~nde** *adj: ~nde politi (etc)* mounted police (etc); **~pisk** *s* riding crop; **~skole** *s* riding school; **~sti** *s* bridle-path; **~stævne** *s* horse show; **~støvle** *s* riding-boot; **ridning** *s* riding; *gå til ridning* take riding lessons.

ridse *s* scratch // *v* scratch; *~ ngt up* sketch sth.

riffel *s* rifle.

rift *s* scratch; *(flænge)* cut, tear; *der er stor ~ om det* there is a great demand for it.

rig *adj* rich; *(velhavende, også)* wealthy; *blive ~* grow rich; *have ~ lejlighed til at* have ample opportunity to; *~ på* rich in; **~dom** *s* riches *pl; (velstand)* wealth; *(formue)* fortune; *(rigelighed)* abundance *(på* of).

rige *s* realm; *(konge~)* kingdom.

rigelig *adj (mere end nok)* plentiful, abundant; *(lidt for stor)* on the large size; *(mindst)* at least; *i ~e mængder* abundantly; *have ~ tid* have plenty of time // *adv* abundantly; *(lidt for)* a bit; *(mindst)* at least.

righoldig *adj* rich.

rigmand *s* rich man.

rigning *s (på skib)* rigging.

rigs. . . *sms:* **~advokat** *s* head of public prosecution; **~arkiv** *s* public record office; **~dag** *s* parliament; **~dansk** *adj (om sproget)* standard Danish; **~våben** *s* national arms.

rigtig *adj* right; *(sand)* true; *(passende)* proper; *(virkelig)* real // *adv* right; properly; *(i høj grad)* very; *(helt)* quite; *det er ~t* that's right; *ganske ~* quite right; *de kom ganske ~* they came right enough; *en ~ dame* a real lady; *det er ngt af det ~e* that is something like it; **~nok** *adv* certainly.

rille *s* groove; *(i jorden)* furrow.

rim *s (i vers)* rhyme; *(~frost)* hoarfrost, rime; **~e** *v* rhyme; *(passe, stemme)* agree.

rimelig *adj* reasonable; **~hed** *s* reasonableness; *inden for ~hedens grænser* within reason; **~vis** *adj* probably.

rimfrost *s* hoarfrost; **rimtåge** *s* frosty mist.

rindende *adj: ~ vand* running water; *~ øjne* watery eyes.

ring *s* ring; *(kreds også:)* circle; *(bil~)* tyre; *gå med ~* wear a ring; *køre i ~* drive in a circle; **~bind** *s* ring binder.

ringe *v (om klokke)* ring; *(telefonere)* phone, call; *~ med en klokke* ring a bell; *~ en op* phone *(el.* call) sby; *~ på* ring (the bell) // *adj (lille)* small; *(dårlig)* poor; *(beskeden)* humble; *i ~ grad* little; *en ~ ulejlighed* a small trouble; *efter min ~ mening* in my humble opinion; *ingen ~re end* no less than; *ikke det ~ste* not the least.

ringeklokke *s* bell-push; **ringetone** *s (tlf)* ringing tone.

ring. . . *sms:* **~forlovet** *adj* formally engaged; **~ning** *s* ringing; **~ridning** *s* riding at the ring; **~vej** *s* ring road, orbital road.

rippe *v: ~ op i ngt* stir up sth.

ris *s* rice; *(kviste)* twigs; *(til afstraffelse)* rod; **~engrød** *s* rice pudding.

risikabel *adj* risky.

risikere *v* risk.

risiko *s* risk; *løbe en ~* run a risk; *på egen ~* at one's own risk.

risle *v* run; *(om lyden)* murmur; **~n** *s* trickle; murmur.
rismark *s* paddy field; **rismel** *s* rice flour.
rist *s* grating; *(stege~)* grill; **~e** *v (på pande, i ovn)* roast; *(på grill)* grill; *(om brød)* toast; *~t brød* toast.
ritråd *s* tacking thread.
rival *s* rival; **~isere** *v* rival, compete.
rive *s* rake // *v (kradse)* scratch; *(flænge)* tear; *(med rive)* rake; *(på rivejern)* grate; *(~ til sig)* snatch; *~ sig* get scratched; *~ hul i bukserne* tear one's trousers; *~ vittigheder af sig* crack jokes; *~ løg* grate onions; *~ sig løs fra ngt* break loose from sth; *~ en side ud af bogen* tear a page out of the book; **~jern** *s* grater; **~nde** *adj (hurtig)* rapid; *(om flod etc)* tearing; *i ~nde fart* at a tearing speed; *den er ~nde gal* it is all wrong; *en ~nde udvikling* a rapid development.
ro *s (fred)* peace; *(hvile)* rest; *(stilhed)* quiet; *(sindsro)* calm; *fred og ~* peace and quiet; *få ~ til sit arbejde* be allowed to work in peace; *holde sig i ~* keep quiet; *(uden at arbejde)* take a break; *i ~ og mag* at one's ease; *gå til ~* retire; *tag den med ~!* take it easy! *falde til ~* calm down.
ro *v* row; *tage ud at ~* go rowing.
robot *s* robot.
robust *adj* robust.
robåd *s* rowing boat.
rod *s (om plante etc)* root; *(bølle)* thug; *(uorden)* disorder, mess; *slå ~* take root; *værelset var ét ~* the room was a complete mess; **~behandling** *s (hos tandlægen)* root treatment.
rode *v (lave uorden)* make a mess; *(søge)* rummage; *(i jorden)* root; *~ sig ind i ngt* get mixed up in sth; *~ med ngt* mess around with sth; *~ tingene sammen* mix things up; **~butik** *s* mess; **~hoved** *s* untidy person, clutterer; **~kontor** *s* tax collector's office; **~t** *adj* untidy.
rodfrugter *spl* root crops.
rodløs *adj* rootless.
roe *s* beet.
roer *s* oarsman.
roesukker *s* beet sugar.
rogn *s* roe.
rokke *v* rock; *(ryste, svække)* shake; *(flytte)* move.
rolig *adj* quiet, calm; *(jævn, uden vaklen)* steady // *adv* quietly, calmly; steadily; *sidde (, stå etc) ~t* sit (, stand etc) still; *en ~ bydel* a quiet part of town; *~e vindforhold* calm weather; *han var helt ~* he was quite calm; *tag det ~t!* take it easy!
rolle *s* part, role; *det spiller ingen ~* it does not matter; *det spiller en stor ~* it is very important; **~liste** *s* cast.
Rom Rome.
rom *s (om drik)* rum.
roman *s* novel; **~forfatter** *s* novelist.
romansk *adj (om kunst etc)* romanesque; *~ stil (brit)* Norman style.
romer *s* Roman; **~riget** *s* the Roman Empire; **~sk** *adj* Roman; **~sk-katolsk** *adj* Roman Catholic; **~tal** *s* Roman numeral.
Romtraktaten *s* the Treaty of Rome.
roning *s* rowing.
ror *s* rudder; *(rat)* wheel; *stå til ~s* be at the helm; **~pind** *s* tiller.

ros *s* praise; *det tjener til din ~* it does you credit.
rose *s (bot)* rose // *v* praise; *~ sig af ngt* boast of sth.
rosen. . . *sms:* **~krans** *s (rel)* rosary; **~kål** *s* Brussels sprout; **~træ** *s (om materialet)* rosewood.
rosin *s* raisin.
roskildesyge *s* gastroenteritis.
rosmarin *s (bot)* rosemary.
rotere *v* rotate; **~nde** *s* revolving.
rotte *s* rat; *han er en gammel ~* he knows all the tricks // *v: ~ sig sammen* gang up *(mod* against); **~fælde** *s* rat trap; **~gift** *s* ratpoison; **~haler** *spl (om frisure)* pigtails; **~ræs** *s* ratrace.
rotur *s: tage på ~* go rowing.
roulade *s (om kage)* Swiss roll.
rov *s (plyndring)* pillage; *(bytte)* spoils; *gå på ~ (om dyr)* go in search of prey; **~drift** *s* exploitation; *drive ~drift på ngt* exploit sth; **~dyr** *s* beast of prey; **~fisk** *s* predator; **~fugl** *s* bird of prey; **~mord** *s* robbery with murder.
ru *adj (ujævn)* rough; *(hæs)* hoarse.
rubin *s* ruby.
rubrik *s* category; *(i avis)* section; *(længere)* article; **~annonce** *s* small ad.
rude *s* pane, window (pane); **~kuvert** *s* window envelope.
ruder *s (i kort)* diamonds; *~ konge* king of diamonds.
rug *s* rye; **~brød** *s* brown rye bread.
ruge *v (også om person)* brood; *(ruge ud)* hatch; brood; **~høne** *s* sitting hen; **~maskine** *s* incubator.
rugmel *s* rye flour.
rugning *s* brooding; incubation.
ruin *s* ruin; *ligge i ~er* be in ruins; **~ere** *v* ruin.
rulle *s* roll; *(valse)* roller; *(til at rulle ngt om)* reel; *(til håret)* curler; *(film~)* reel; *(til tøj)* mangle // *v* roll; *~ med øjnene* roll one's eyes; *~ gardinet ned* draw the blind; *~ gardinet op* pull up the blind; *~ rundt* roll (over); *~ sig sammen* curl up; *~ dej ud* roll out pastry *(el.* dough; *~ sig ud (udfolde sig)* prove one's worth; *(slå sig løs)* let one's hair down; *(blive vred)* let oneself go.
rulle. . . *sms:* **~bord** *s* tea trolley; **~gardin** *s* roller blind; **~krave** *s* polo-neck; **~pølse** *s* sausage made of rolled and pressed meat; **~sele** *s (auto)* (inertia reel) seatbelt; **~skøjte** *s* roller skate; **~sten** *s (lille)* pebble; *(stor)* cobble; **~stol** *s* wheelchair; **~trappe** *s* escalator.
rum *s (værelse)* room; *(verdens~)* space; *(i skab, taske etc)* compartment // *adj: i ~ sø* in the open sea; *en ~ tid* quite some time; **~dragt** *s* spacesuit; **~fang** *s* volume; **~fart** *s* space travel; **~forskning** *s* space research; **~færge** *s* space shuttle.
rumle *v* rumble.
rumme *v* hold, contain; *(indebære)* imply; **~lig** *adj* spacious, roomy.
rumpe *s* behind, bottom.
rum. . . *sms:* **~pilot** *s* astronaut; **~raket** *s* space rocket; **~rejse** *s* space flight; **~skib** *s* spaceship.
rumstere *v* rummage.
rumæner *s* Romanian; **Rumænien** Romania; **rumænsk** *adj* Romanian.
rund *adj* round.
runde *s* round; *(tur)* stroll // *v (gøre ~)* round; *(sejle rundt*

om) double; *(være rund)* curve; ~ *af* round off.
rund... *sms:* **~fart** *s* tour *(i* of); **~håndet** *adj* generous; **~håndethed** *s* generosity; **~ing** *s (det at gøre rund)* rounding; *(krumning)* bending; **~kirke** *s* round church; **~kreds** *s* circle; **~kørsel** *s* roundabout; **~pind** *s* circular needle; **~rejse** *s* tour; **~rygget** *adj* stooping; **~sav** *s* circular saw; **~skrivelse** *s* circular; **~skåret** *adj (om fx skørt)* flared; **~spørge** *s* opinion poll; **~strikning** *s* circular knitting; **~stykke** *s* roll.
rundt *adv* round, about, around // *præp* round; *gå ~ i huset* walk around (in) the house; *gå ~ om huset* walk round the house; *hele året ~* all the year round; *være helt ~ på gulvet* be quite confused.
rundtosset *adj* giddy; **rundtur** *s* tour; **rundvisning** *s* conducted tour *(i* of).
rune *s* runic character, rune; **~indskrift** *s* runic inscription; **~sten** *s* rune-stone.
runge *v* resound; **~nde** *adj* ringing, resonant.
rus *s (beruselse)* intoxication; *(fig)* ecstasy; *sove ~en ud* sleep it off; **~gift** *s* drug.
ruske *v* shake; *(trække)* pull; *~ en i armen* shake sby by the arm; *~ en i håret* pull sby's hair.
ruskind *s* suede.
Rusland Russia; **russer** *s,* **russisk** *adj* Russian.
rust *s* rust; *(på biler etc)* corrosion; **~beskyttelse** *s* anti-rust treatment; **~e** *v (blive rusten)* rust; corrode; *(opruste)* arm (oneself); *(forberede sig)* prepare (oneself); **~en** *adj* rusty; *en ~en stemme* a hoarse voice; **~fri** *adj* stainless.
rustning *s (harnisk etc)* armour; *(oprustning)* armament; **~skapløb** *s* arms race.
rustvogn *s* hearse.
rute *s* route; *(forbindelse, fx bus~)* service, run; **~bil** *s* bus, coach; **~fart** *s* regular service; **~fly** *s* airliner.
rutine *s* routine; *få ~ i ngt* get experienced in sth; **~arbejde** *s* routine work; **~mæssig** *adj* routine; **~ret** *adj* experienced.
rutsche *v* slide; **~bane** *s* switchback; *(på legeplads)* slide.
ry *s* reputation; *have ~ for at være ngt* have a reputation for being sth.
rydde *v* clear; *~ en (el. ngt) af vejen* get rid of sby *(el.* sth); *~ op* tidy (up); *~ op i stuen* tidy up the room.
rydning *s* clearing.
ryg *s* back; *(bjerg~)* ridge; *vende ~gen til en* turn one's back on sby; *det løb mig koldt ned ad ~gen* it sent a shiver down my spine; *have ondt i ~gen* have a backache; **~dækning** *s* backing.
ryge *v* smoke; *(fare, styrte)* rush; *(falde)* fall; *må man ~ her?* is smoking allowed here? *han ~r pibe, hun ~r cigaretter* he smokes a pipe, she smokes cigarettes; *der røg den fridag!* goodbye to that holiday! *hun røg ned ad trappen* she fell down the stairs; *sikringerne er røget* the fuses have blown; **~kupé** *s* smoker; **~pause** *s* smoking break; **~r** *s* smoker; *ikke-~r* non-smoker.
ryg... *sms:* **~hvirvel** *s* vertebra; **~hynde** *s* bolster; **~læn** *s* back(-rest).

rygning *s* smoking; *'~ forbudt'* 'no smoking'.
ryg. . . *sms:* **~rad** *s* spine; **~smerter** *spl* back-ache; **~stød** *s* back(-rest); **~svømning** *s* backstroke; **~sæk** *s* rucksack.
rygte *s* rumour; *(ry, omdømme)* reputation; *der går ~r om at. . .* rumour has it that. . .; *det er bare løse ~r* it is just vague rumours; **~s** *v* be rumoured; *(blive kendt)* get about.
ryk *s (træk)* pull; *(hurtigt)* jerk; *(spjæt)* start; *det gav et ~ i ham* he started; **~ke** *v (trække)* pull; *(flytte)* move; *~ke for svar* press for an answer; *~ke frem mod* advance on; *~ke ned i 2. division* be relegated to the second division; *~ke nærmere* approach; *~ke op i 1. division* move up to the first division; *~ke planter op* pull up plants; *~ke sammen* move closer; *~ke ud (om fx politi)* turn out; *~ke ud med ngt* come out with sth.
rykker(skrivelse) *s* reminder.
rynke *s* wrinkle; *(i stof)* gather // *v* wrinkle; *(fx kjole)* gather; *~ panden* frown; *~ på næsen ad ngt* turn up one's nose at sth; **~t** *adj* wrinkled; *en ~t nederdel* a gathered skirt.
ryste *v* shake; *~ på hovedet* shake one's head; *~ over det hele* be shaking all over; **~lse, ~n** *s* shaking; *(jordskælv)* tremor; *(fig)* shock; **~t** *adj* shaken; *(chokeret)* shocked.
rytme *s* rhythm; **rytmik** *s* rhythmics; **rytmisk** *adj* rhythmical.
rytter *s* rider, horseman; **~i** *s* cavalry; **~statue** *s* equestrian statue.
ræb *s* belch; **~e** *v* belch; **~en** *s* belching.
ræd *adj* scared.
ræddike *s* (black) radish.
rædsel *s (frygt)* horror, terror; *(om fx hus)* monstrosity; *(om fx hat, person)* fright; **~sfuld** *adj* terrible, awful; **~slagen** *adj* terrified.
rædsom *adj* awful.
række *s* row; *(geled)* line; *(serie)* series; *(antal)* number; *stille op på ~* line up; *en ~ år* a number of years; *en ~ forelæsninger* a series of lectures // *v (give)* hand; *(give videre)* pass; *(nå, række ud efter)* reach; *(strække)* stretch; *~ hånden frem (el. ud)* hold out one's hand; *~ en ngt* hand sby sth; *pengene ~r ikke langt* the money does not go very far.
række. . . *sms:* **~følge** *s* succession, order; *i ~følge* in order (of succession); *(efter tur)* by turns; *i omvendt ~følge* in reverse order; **~hus** *s* terraced house; **~vidde** *s* reach; *(om skud, lyd etc)* range; *(betydning)* scope.
rækværk *s* parapet; *(gelænder)* railing.
ræling *s* railing; *(i åben båd)* gunwale.
ræs *s* (F) race, rush; *et værre ~* an awful rush; *stå af ~et* opt out.
ræv *s* fox; *(hunræv)* vixen; *(pelskrave)* fox fur; *en klog gammel ~ (om person)* a sly old fox.
ræve. . . *sms:* **~grav** *s* fox's den; **~hale** *s* fox's tail; **~jagt** *s* fox-hunt(ing); **~saks** *s* fox-trap.
røbe *v (afsløre)* betray, reveal; *(vise)* show; *~ sig* give oneself away.

rød *adj* red; *(stærkt ~)* scarlet; *blive ~ i hovedet (af anstrengelse el. vrede)* flush; *(af generthed)* blush; *Det ~e Hav* the Red Sea; *~e hunde* German measles; *R~e Kors* the Red Cross; *~ numse (om baby)* nappy rash; *(se også rødt).*

rød. . . *sms:* **~bede** *s* beetroot; **~brun** *adj* chestnut; **~glødende** *adj* red-hot; **R~hætte** *s* Little Red Ridinghood; **~håret** *adj* red-haired; *en ~håret (person)* a redhead; **~kælk** *s (zo)* robin; **~kål** *s* red cabbage; **~lig** *adj* reddish; **~løg** *s* red onion.

rødme *s* blush // *v* blush.

rød. . . *sms:* **~mosset** *adj* ruddy; **~randet** *adj* red-rimmed; **~spætte** *s* plaice; **~strømpe** *s* redstocking.

rødt *adj* red; *køre over for ~* jump the lights; *standse for ~* stop at red.

rødvin *s (generelt)* red wine; *(bordeaux)* claret; *(bourgogne)* burgundy.

røg *s* smoke; **~bombe** *s* smoke bomb.

røgelse *s* incense.

røgeri *s* smokehouse; **røget** *adj* smoked *(fx sild* herring).

røg. . . *sms:* **~forgiftning** *s* asphyxiation; **~fri** *adj* smokeless; **~fyldt** *adj* smoky; **~sky** *s* cloud of smoke; **~slør** *s* smokescreen; **~tobak** *s* smoking tobacco.

rømme *v (flygte)* run away; *(desertere)* desert; *(forlade)* leave; *(rydde, tømme)* clear; *(evakuere)* evacuate; *~ sig* clear one's throat; **rømning** *s* escape; desertion; clearing; evacuation.

røn *s* rowan; **~nebær** *s* rowan berry.

røntgen *s* X-rays *pl;* **~afdeling** *s* radiological department; **~behandling** *s* radiotherapy; **~billede** *s* radiograph, X-ray (plate); **~fotografere** *v* X-ray; **~læge** *s* radiologist; **~undersøgelse** *s* X-ray (examination).

rør *s (vand~, lednings~ etc)* pipe; *(fjernsyns~, stål~, etc)* tube; *(tlf)* receiver; *(bot)* reed; *lægge ~et på (tlf)* put down the receiver.

røre *s* commotion; *vække ~* make a commotion // *v (berøre)* touch; *(bevæge)* move; *(~ rundt)* stir; *(gribe, vække medfølelse etc)* move, touch; *ikke ~!* don't touch! *~ på sig* move; *~ benene* stretch one's legs; *~ rundt i sovsen* stir the sauce; *~ mel ud i mælk* mix flour with milk; *~ sig* move; *~ ved ngt* touch sth; **~lse** *s* emotion; **~maskine** *s* mixer; **~nde** *adj* touching; *det er vi ~nde enige om* we could not agree more; **~skål** *s* mixing bowl.

rør. . . *sms:* **~fletning** *s* wickerwork; **~formet** *adj* tubular; **~høne** *s (zo)* moorhen.

rørig *adj* active.

rør. . . *sms:* **~ledning** *s* pipeline; **~post** *s* pneumatic dispatch system; **~strømsk** *adj* mushy, sloppy; **~sukker** *s* cane sugar.

rørt *adj (bevæget)* moved, touched; *dybt ~* deeply moved *(el.* touched).

røræg *s* scrambled eggs *pl.*

røst *s* voice; *tale med høj ~* speak in a loud voice.

røv *s* (V) arse; *være helt på ~en* be on one's arse; *rend mig i ~en!* get stuffed!

røve *v* rob, steal; **~r** *s* robber; *(spøg)* rascal; *lege ~re og soldater* play cops and robbers; **~rhistorie** *s* yarn; **~ri** *s*

robbery; **~riforsøg** *s* attempted robbery; **~rkøb** *s* bargain.
røvhul *s* (V) arse-hole; **røvrende** *v: ~rende en* do the dirty on sby; *(fuppe)* do sby in the eye.
rå *adj* raw, crude; *(grov)* course; *(brutal)* brutal, rough; *sluge ngt ~t* swallow sth hook, line and sinker.
råb *s* call, shout; **~e** *v* shout, call out, cry; *~e efter (el. på) en* call sby, shout for sby; *~e om hjælp* shout for help; *~e op* shout; *~e navne op* call names.
råbåndsknob *s* reef knot.
råd *s (vejledning)* advice; *(middel)* remedy; *(forsamling)* council, board; *give en et ~* give sby a piece of advice; *følge ens ~* take sby's advice; *spørge en til ~s* ask sby's advice; *have ~ til ngt* be able to afford sth; *vi har ikke ~ til det* we can't afford it.
rådden *adj* rotten; *behandle en som et ~t æg* handle sby with kid gloves; **~skab** *s* rottenness; *(i hus, træværk)* rot.
råde *v (give råd)* advise; *(regere)* reign; command; *(bestå)* prevail; *~ over ngt* have sth at one's disposal; *~ en fra at gøre ngt* advise sby against doing sth; *~ en til at gøre ngt* recommend sby to do sth.
rådgiver *s* adviser; **rådgivning** *s* advising.
rådhus *s* town hall.
rådighed *s* disposal; *have ~ over ngt* have sth at one's disposal; *stå til ~ for en* be at sby's disposal.
rådne *v* rot, decay; *(om organiske stoffer, fx lig)* decompose.
rådvild *adj* at a loss, bewildered.
rådyr *s* roe (deer); *(kød af ~)* venison.
rå. . . *sms:* **~gummi** *s (til såler)* crepe rubber; **~kold** *adj* raw; **~kost** *s* raw vegetables and fruit; **~kostjern** *s* grater, shredder; **~olie** *s* crude oil; **~vare** *s* raw material.

S

sabbat *s* Sabbath; **~år** *s* sabbatical.
sabel *s* sabre; **sable** *v: sable en ned (fig)* butcher sby.
sabotage *s* sabotage; **sabotere** *v* sabotage.
sadel *s* saddle; **~mager** *s (vedr. møbler)* upholsterer; **~taske** *s (på cykel)* tool-bag;
sadle *v* saddle (up); *sadle om (fig)* change one's policy.
safran *s* saffron.
saft *s* juice; *(i fx træ)* sap; *(sukkersyltet)* syrup; **~ig** *adj* juicy; *(fx bemærkning)* racy.
sag *s (anliggende)* matter; *(emne)* subject; *(ting)* thing *(rets~)* case; *(som man er optaget af, fx en god ~)* cause; *~en er den at. . .* the thing is that. . .; *det er en anden ~* that is a different matter; *det er ingen ~* it is easy; *det er lige ~en* it's just the thing; *for den ~s skyld* for that matter; *gå til ~en* get on with it; *lægge ~ an mod en for ngt* sue sby for sth.
sagfører *se advokat.*
sagkyndig *adj* expert.
saglig *adj (nøgtern)* matter-of-fact; *(upartisk)* objective; **~hed** *s* matter-of-factness; objectivity.
sagn *s* legend.
sags. . . *sms:* **~anlæg** *s* legal action; **~behandler** *s (på bistandskontor etc)* caseworker; **~behandling** *s* casework; **~omkostninger** *spl* legal

costs *pl.*
sagsøge *v* sue; **~r** *s* plaintiff; **sagsøgte** *s* the defendant.
sagte *adj (om lyd, dæmpet)* soft, low; *(svag)* slight, faint; *(let, mild)* gentle; *(om varme, ild)* slow.
sagtens *adv (let)* easily; *du kan ~!* lucky you; *du kan ~ snakke* it's all very well for you to talk.
sagtne *v: ~ farten* slow down.
sakke *v: ~ bagud* fall behind.
saks *s: en ~* (a pair of) scissors; *må jeg låne ~en?* may I borrow the scissors?
sal *s* hall; *(etage)* floor; *bo på anden ~* live on the second floor.
salat *s (bot)* lettuce; *(som mad)* salad; **~fadet** *s* Black Maria; **~hoved** *s* (head of) lettuce; **~olie** *s* salad oil; **~slynge** *s* salad washer; **~sæt** *s* salad servers *pl.*
saldo *s* balance.
salg *s* sale; *(det at sælge)* selling; *til ~* for sale; **~schef** *s* sales manager; **~sfremstød** *s* sales drive; **~skampagne** *s* sales campaign; **~spris** *s* retail price.
salig *adj* blessed; *(lykkelig)* blissful; **~hed** *s* bliss.
salme *s* hymn; *(i bibelen)* psalm; **~bog** *s* hymn book.
salmiakspiritus *s* (liquid) ammonia.
salpeter *s* saltpetre; **~syre** *s* nitric acid.
salt *s/v* salt; **~bøsse** *s* salt shaker; **~e** *v* salt; *(om kød)* cure; **~kar** *s* salt cellar; **~lage** *s* brine; **~syre** *s* hydrochloric acid.
salve *s (creme)* ointment; *(skud~)* volley.
salvie *s* sage.
samarbejde *s* co-operation // *v* co-operate; **samarbejdsudvalg** *s (på arbejdsplads)* works committee.
sambeskatning *s* joint taxation.
samfund *s* society; *(fællesskab)* community; *~et* society; **~sfag** *s* social studies; **~sklasse** *s* social class; **~svidenskab** *s* social sciences *pl;* **~søkonomi** *s* economics *pl.*
samfærdsel *s* traffic, communication(s).
samkvem *s: have ~ med* mix with; **~sret** *s* visiting rights *pl.*
samle *v* gather; *(~ på)* collect; *(løse dele)* assemble; *~ kræfter* gather strength; *~ sig (dvs. samles)* gather; *(dvs. tage sig sammen)* pull oneself together; **~bånd** *s* assembly line; *på ~bånd (fig)* non-stop.
samleje *s* (sexual) intercourse; *have ~ med en* (F) have sex with sby.
samler *s* collector; **~objekt** *s* collector's item.
samlesæt *s* kit.
samlet *adj (fælles)* joint; *(hel)* total; *(forsamlet)* assembled // *adv* jointly.
samlever *s* common-law husband/wife.
samling *s (af ting)* collection; *(ophobning)* accumulation; *(af løsdele)* assembly; *(forsamling)* gathering, assembly.
samliv *s* living together; *(papirløst)* cohabitation; *(i ægteskab)* married life.
samme *adj* the same; *i det ~* just then; *med det ~* at once; *det kan være det ~* never mind; *jeg har kun den ~* I've only got the one.
sammen *adv* together; *(i forening)* jointly; *alt ~* all (of it); *bo ~* live together; *de kommer ~ (dvs. de ses)* they see each other; *(dvs. som par)*

they are going steady; *lægge ~ (dvs. folde ~)* fold up; *(om tal)* add up.
sammenbidt *adj* grim, determined.
sammenbrud *s* breakdown, collapse.
sammendrag *s* summary.
sammenfatte *v* summarize.
sammenhold *s* solidarity.
sammenhæng *s* connection *(el.* connexion); *(i tekst)* context; *sagens rette ~* the facts (of the case); **~ende** *adj* coherent; *(uafbrudt)* continuous; *(i træk)* consecutive; *(indbyrdes forbundne)* connected.
sammenklappelig *adj* collapsible *(fx bord* table); folding *(fx cykel* bike).
sammenkogt *adj: ~ ret* casserole.
sammenkomst *s* gathering, (F) get-together.
sammenlagt *adj* put together; *(om tøj)* folded; *(om beløb)* total.
sammenligne *v* compare *(med* with); *det kan ikke ~s* there is no comparison; **sammenligning** *s* comparison.
sammenlægning *s (af tal)* addition; *(af firmaer)* merger.
sammensat *adj* compound; *(indviklet)* complex.
sammenskudsgilde *s* Dutch party.
sammenslutning *s* union; *(af firmaer)* merger; *(forening)* association.
sammenspist *adj* cliquey.
sammenstød *s* collision; *(skænderi)* row.
sammensvorne *spl* conspirators.
sammensværge *v: ~ sig* conspire; **~lse** *s* conspiracy.
sammensætning *s* composition; *(gram)* compound; **sammensætte** *v* put together.
sammesteds *adv* in the same place; **~fra** *adv* from the same place; **~hen** *adv* to the same place.
samordne *v* co-ordinate; **samordning** *s* co-ordination.
samråd *s* consultation; *i ~ med* after conferring with.
samspil *s (mus)* ensemble playing; *(fig)* interaction; *(samarbejde)* teamwork.
samt *konj* and, plus.
samtale *s* conversation; *(uformel)* talk; *(tlf)* call; *føre en ~* have a conversation, have a talk; **~anlæg** *s* intercom; **~emne** *s* topic.
samtid *s: ~en (dvs. nu)* our age; *(dvs. tidligere)* that age.
samtidig *adj* comtemporary *(med* with); *(på én gang)* simultaneous // *adv* at the same time, simultaneously; *(på den anden side)* on the other hand; *~ med at...* at the same time as...; **~sorientering** *s* modern studies *pl.*
samtykke *s* consent; *give sit ~ til ngt* (give one's) consent to sth // *v* consent *(i* to).
samvittighed *s* conscience; *have ngt på ~en* feel guilty about sby; **~sfuld** *adj* conscientious; *(omhyggelig også:)* painstaking; **~snag** *s* pangs of conscience; **~sspørgsmål** *s* matter of conscience.
samvær *s* company; *selskabeligt ~* get-together.
sand *s* sand; *løbe ud i ~et* come to nothing // *adj* true; *det er ~t, vi skal jo vaske op* by the way, we have to do the dishes; *det er da ikke ~t!* it can't be true! *du så det, ikke ~t?* you saw it, didn't you? *~t at sige* to tell the truth.
sandblæse *v* sandblast; **sand-**

bund *s* sandy bottom.
sandelig *adj* indeed.
sandfærdig *adj* truthful; **~hed** *s* truthfulness.
sandhed *s* truth; *tale ~* tell the truth; *~en er at...* to tell the truth...
sand... *sms:* **~kage** *s sv.t.* sponge cake; **~kasse** *s* sandpit; **~papir** *s* sandpaper; **~strand** *s* sandy beach.
sandsynlig *adj* likely, probable; **~hed** *s* probability; *efter al ~hed* in all probability; **~vis** *adv* probably.
sanere *v (om bydel etc)* redevelop; *(om fx økonomi)* rehabilitate; **sanering** *s* redevelopment; rehabilitation; **saneringshus** *s* condemned house.
sang *s* song; *(det at synge)* singing; *gå til ~* take singing lessons; **~er** *s* singer; **~fugl** *s* song-bird; **~kor** *s* choir; **~leg** *s* singing game; **~stemme** *s* singing voice; *(node, del af musikstykke)* vocal part.
sankt Saint, St.; **~hansaften** *s* Midsummer's Eve; **~hansbål** *s* Midsummer's Eve bonfire.
sanktion *s* sanction; **~ere** *v* sanction.
sans *s* sense; *have ~ for ngt* have a sense of sth; *(værdsætte)* appreciate sth; *gå fra ~ og samling* take leave of one's senses; **~e** *v (opfatte)* perceive; *de ~ede ingenting* they did not feel a thing; *de kunne hverken ~e el. samle* they did not know where they were; **~elig** *adj* sensuous; *(erotisk etc)* sensual; **~elighed** *s* sensuality; **~eløs** *adj* blind, frantic.
sardin *s* sardine.
sarkasme *s* sarcasm; **sarkastisk** *adj* sarcastic.
sart *adj (følsom)* sensitive; *(svag)* delicate; *(pivet)* squeamish; *(som let bliver fornærmet)* touchy.
sat *adj* sedate.
satan *s* Satan; *for ~!* damn it! oh hell! *det var ~s!* well, I'll be damned; *(se også pokker)*.
satellit *s* satellite.
satire *s* satire *(over* on); **satirisk** *adj* satirical.
sats *s (tarif etc)* rate; *(typ)* type; *(mus)* movement.
satse *v: ~ på ngt* bet on sth; *(stile efter)* aim at sth; *~ alt på ngt* stake everything on sth.
saudi-araber *s* Saudi; **Saudi-Arabien** *s* Saudi Arabia; **saudi-arabisk** *adj* Saudi (Arabian).
sav *s* saw; **~buk** *s* sawhorse; **~e** *v* saw; *~e ngt over* saw through sth; *(i to dele)* saw sth in two.
savl *s* saliva; **~e** *v* dribble; *~e over ngt* slobber over sth.
savn *s (mangel)* want; *(behov)* need; *det er et stort ~* it is a great loss; **~e** *v* miss; *(mangle, ikke have)* lack, want; *(trænge til)* need; *vi har ~et dig* we missed you; *være ~et* be missed; *(dvs. forsvundet)* be missing.
sav... *sms:* **~smuld** *s* sawdust; **~smuldstapet** *s* wood-chip paper; **~takket** *adj* serrated; **~værk** *s* sawmill.
scene *s* scene; *(teat)* stage; *lave en ~* create a scene; *gå til ~n* go on the stage; *sætte ngt i ~* stage sth; *(teat, film)* produce sth; **~instruktør** *s* producer, director; **~ri** *s* setting; **scenograf** set-designer.
Schweiz *s* Switzerland; **s~er** *s*, **s~isk** *adj* Swiss.
schæfer(hund) *s* alsatian.
score *v* score.
se *v (kunne se, få øje på)* see;

(bruge øjnene, se på ngt) look; *(være tilskuer, overvære)* watch; *kan du ~ ham?* do you see him? *~ ham!* look at him! *~ fjernsyn* watch television; *~ her!* look here! *~s* meet; *vi ~s!* see you! *kan det ~s, kan man ~ det?* does it show? *~ sig for* look where one is going; *~ sig om* look around; *(dvs. rejse)* travel around; *~ sig om efter ngt* look around for sth; *jeg skal ~ ad* I'll see; *~ bort fra ngt* ignore sth; *~ efter (dvs. lede efter)* look for; *(dvs. holde øje med)* look after; *~ ngt efter* look sth over; *~ frem til* look forward to; *~ ned på en* look down on sby; *~ op til en* look up to sby; *~ på ngt* look at sth; *(som tilskuer)* watch sth; *~ til (som tilskuer)* look on, watch; *~ en del til en* see quite a lot of sby; *~ til at...* see (to it) that...; *~ ud (af ydre)* look; *(virke)* seem; *hvordan ~r hun ud?* what does she look like? *~ ud ad vinduet* look out of the window; *det ser ud som om* it looks as if; *det ~r ud til regn* it looks like rain.

seddel *s (penge~, besked etc))* note; *(papir~)* slip (of paper); *(mærke~)* label; **~penge** *spl* paper money.

seer *s* viewer.

segne *v* drop; **~færdig** *adj* ready to drop.

sej *adj* tough; *(fig, stædig)* dogged; **~hed** *s* toughness; doggedness.

sejl *s* sail; *sætte ~* set sail; *for fulde ~* all sails set.

sejlads *s (det at sejle)* navigation; *(sejltur)* sail; *(sørejse)* voyage.

sejlbåd *s* sailing boat; **sejldug** *s* canvas.

sejle *v* sail; *(som sport)* yacht; *(i robåd)* row; *(i kano)* go canoeing; *tage ud at ~e* go sailing; *~ med englandsbåden* go on the boat to England.

sejl... *sms:* **~garn** *s* string; **~klub** *s* sailing club; **~rende** *s* fairway; **~skib** *s* sailing ship; **~sport** *s* sailing; **~tur** *s* sail.

sejr *s* victory; *vinde ~* gain the victory; **~e** *v* win; *~e over en* win over sby; *(i sport)* beat sby; **~herre** *s* victor, winner.

sekret *s* secretion.

sekretariat *s* secretariat; **sekretær** *s* secretary; *(om møbel)* bureau.

seks *num* six; **~dagesløb** *s* six-day race; **~er** *s* six; *(om bus etc)* number six; **~kant** *s* hexagon; **~kantet** *adj* hexagonal; **~løber** *s* six-shooter; **~tal** *s* six; **~ten** *num* sixteen; **~tiden** *s: ved ~tiden* at about six o'clock.

seksualitet *s* sexuality; **seksuel** *adj* sexual.

sekt *s* sect.

sektor *s* sector.

sekund *s* second; **~ant** *s* second; **~ere** *v* second; **~viser** *s* second hand.

sekundær *adj* secondary.

sele *s* strap; *(auto,fly)* seat belt; *(gå~ til børn)* reins *pl; (bære~ til børn)* carrying sling; *~r (til bukser etc)* braces; *lægge sig i ~n for at gøre ngt* work hard to do sth; **~tøj** *s* harness.

selleri *s* celeriac; *(blad~)* celery.

selskab *s (fest, rejse~ etc)* party; *(forening)* society; *(handels~ etc)* company; *(det at være sammen med ngn)* company; *han er godt ~* he is good company; *komme i dår-*

ligt ~ get into bad company; *holde et* ~ have a party; *holde en med* ~ keep sby company; **~elig** *adj* social; *(om person)* sociable; **~elighed** *s (som man selv afholder)* entertaining; *(som man går ud til)* parties *pl.*

selskabs. . . *sms:* **~kjole** *s* evening gown; **~leg** *s* parlour game; **~rejse** *s* conducted tour; **~skat** *s* corporation tax.

selv *pron sing:* myself (, yourself, himself, herself, itself, oneself); *pl:* ourselves (, yourselves, themselves); *jeg gjorde det* ~ I did it myself; *hun så det* ~ she saw it herself; *de syr* ~ *deres tøj* they make their own clothes; *det må I* ~ *om* that's up to you; *det kan du* ~ *være!* the same to you! *du ligner dig* ~ you have not changed; *gøre ngt af sig* ~ do sth of one's own accord; *det begynder af sig* ~ it starts automatically; *være for sig* ~ be alone; *være ngt for sig* ~ be sth out of the ordinary; *komme til sig* ~ recover; *(efter besvimelse)* come round // *adv* even; ~ *chefen tog fejl* even the boss was wrong; ~ *om (dvs. skønt)* (even) though; *(om gætteri, teori)* even if.

selv. . . *sms:* **~angivelse** *s* (income) tax return; **~beherskelse** *s* self-control; **~betjening** *s* self-service; **~bevidst** *adj* self-assured; *(neds)* conceited; **~biografi** *s* autobiography; **~disciplin** *s* self-discipline.

selve *adv: i* ~ *huset* in the house itself; *under* ~ *krigen* during the actual war.

selv. . . *sms:* **~eje** *s* freehold; **~ejende** *adj (om institution)* independent; **~erhvervende** *adj (selvstændig)* self-employed; *(om hustru)* working; **~forsvar** *s* self-defence; **~forsynende** *adj* self-sufficient.

selvfølge *s* matter of course; **~lig** *adj (naturlig)* natural; *(indlysende)* obvious // *adv* naturally, of course; **~lighed** *s* naturalness; obviousness.

selv. . . *sms:* **~glad** *adj* self-satisfied; **~hjulpen** *adj (som klarer sig selv)* self-reliant; *(selvforsynende)* self-supporting; **~højtidelig** *adj* pompous.

selvisk *adj* selfish; **~hed** *s* selfishness.

selv. . . *sms:* **~klæbende** *adj* self-adhesive; **~kritik** *s* self-criticism; **~lyd** *s* vowel; **~lysende** *adj* luminous; **~mord** *s* suicide; *begå ~mord* commit suicide; **~morder** *s* suicide; **~mordsforsøg** *s* attempted suicide; **~mål** *s (sport)* own goal.

selvom *se selv (om).*

selv. . . *sms:* **~optaget** *adj* self-centred; **~portræt** *s* self-portrait; **~respekt** *s* self-respect; **~risiko** *s* own liability; **~sikker** *adj* self-assured; **~sikkerhed** *s* self-assurance; **~skreven** *adj: være ~skreven til ngt* be the obvious choice for sth; **~styre** *s* autonomy.

selvstændig *adj* independent; *(særskilt)* separate; *(egen)* of one's own; ~ *erhvervsdrivende* self-employed person; **~hed** *s* independence.

selv. . . *sms:* **~tilfreds** *adj* complacent, smug; **~tilfredshed** *s* complacency, smugness; **~tillid** *s* self-confidence; **~valg** *s (tlf)* direct dialling; **~valgt** *adj* self-elected; *(tlf)* self-dialled.

semifinale *s* semifinal(s) *(pl).*
semikolon *s* semicolon.
seminarium *s* teacher training college.
sen *adj* late; *(langsom)* slow; *(forsinket)* belated; *i en ~ alder* late in life; *(se også sent).*
senat *s* senate; **~or** *s* senator.
sende *v* send; *(merk)* forward; *(med skib el. fly)* ship; *(i radio)* broadcast; *(i tv)* transmit; **~bud** *s* messenger; **~r** *s (radio)* transmitter.
sending *s (parti varer)* shipment.
sene *s* sinew.
senere *adj* later; *(fremtidig)* future // *adv* later; *(bagefter)* afterwards; *~ på dagen* later in the day; *i de ~ år* in recent years; *i den ~ tid* lately; *før el. ~* sooner or later.
senest *adj* latest; *(langsomst)* slowest // *adv* at the latest; *~ 1. maj* on May the first at the latest, not later than May the first; *i den ~e tid* recently.
seng *s* bed; *gå i ~* go to bed; *gå i ~ med alle og enhver* sleep around; *ligge i ~en* be in bed; *(være syg)* be ill in bed; **~ehest** *s* bed guard; **~ekant** *s* bedside; **~eliggende** *adj* bedridden; **~etid** *s* bedtime; **~etæppe** *s* bedspread; **~etøj** *s* bed linen.
senil *adj* senile; **~itet** *s* senility.
sennep *s* mustard.
sensation *s* sensation; *skabe ~* create a sensation; **~el** *adj* sensational.
sensibel *adj* sensitive.
sent *adv* late; *for ~* too late; *komme for ~ til ngt* be late for sth; *komme for ~ til toget* miss the train; *~ på dagen* late in the day; *vi er ~ på den* we are late; *så ~ som i mandags* only last Monday.
sentimental *adj* sentimental; **~itet** *s* sentimentality.
separat *adj* separate.
separation *s* separation; **~sbevilling** *s* separation order.
september *s* September; *den første ~* September the first *el.* the first of September.
sergent *s* sergeant.
serie *s* series; *(merk)* batch; *(tv)* serial; **~fremstillet** *adj* mass-produced.
seriøs *adj* serious.
serve *s (i tennis)* service // *v* serve.
servere *v* serve; *(varte op)* wait at table; *~ for en* wait on sby; *middagen er ~t* dinner is served; **servering** *s* service; **serveringsdame** *s* waitress.
service *s (porcelæn etc)* service; *(på vare, fx vedligeholdelse)* maintenance; **~ydelse** *s* service.
serviet *s* napkin; *(rense~)* tissue.
servitrice *s* waitress.
servostyring *s (auto)* power(-assisted) steering.
set *adj* seen; *bilen ~ fra siden (, forfra, bagfra)* side (, front, rear) view of the car; *sådan ~* in a way.
seværdighed *s* sight.
sex *s* sex; **~et** *adj* sexy; **~istisk** *adj* sexist.
sgu *interj: det er ~ sjovt* it's damned funny; *det er ~ møgvejr igen* it's bloody awful weather again; *jeg mener det ~* I mean it, damn you.
si *s* sieve; *(te~)* strainer; *(dørslag)* colander // *v (om væske)* strain; *(om fx mel)* sift.
sidde *v* sit; *(være anbragt)* be; *(om tøj)* fit; *de sad og spiste* they were eating; *der ~r en flue på lampen* there is a fly

on the lamp; *~ fast* be stuck; *~ i møde* be at a meeting, be in conference; *~ i et udvalg* be on a committee; *~ inde (i fængsel)* do time; *~ inde med ngt* hold sth; *~ ned* be sitting *(el.* seated); *(sætte sig)* sit down; **~nde** *adj* sitting, seated; *(om bestyrelse etc)* present; *blive ~nde* remain seated; *(sidde fast)* get stuck; *bliv bare ~nde!* please don't get up! **~plads** *s* seat; *der er 400 ~pladser i salen (også:)* the hall seats 400.

side *s* side; *(i bog etc)* page; *(ngt typisk)* point; *det er ikke hans stærke ~* it is not his strong point; *en anden ~ af sagen* a different matter; *de kom fra alle ~r* they came from all sides; *se det fra den lyse ~* look at it from the bright side; *køre i højre (el. venstre) side (af vejen)* drive on the right *(el.* left) hand side (of the road); *se næste ~* see overleaf, see next page; *på den anden ~* on the other side; *(fig)* on the other hand; *se til ~n* look aside; *til alle ~r* on all sides; *lægge ngt til ~* put sth aside; *ved ~n af* beside, next to; *det er helt ved ~n af* it is quite beside the point; *de bor inde ved ~n af* they live next door.

side... *sms:* **~bygning** *s* wing; **~gade** *s* side street; **~linje** *s (i fodbold)* touchline; **~læns** *adv* sideways; **~løbende** *adj* parallel.

siden *adv* since; *(derefter)* afterwards; *(om lidt)* presently; *før el. ~* sooner or later; *det er flere år ~ vi sås* it has been several years since we met; *det var for tre år ~* it was three years ago; *det er længe ~* it is a long time ago; *for længe ~* a long time ago // *præp/konj* since; *~ du nu vil have det* since you want it; *~ sidst* since last time.

side... *sms:* **~spejl** *s (auto)* side-view mirror; **~spor** *s* side track; *komme ind på et ~spor* get sidetracked; **~spring** *s (fig)* digression; *et ~spring (fx i ægteskabet)* a bit on the side; **~stykke** *s (fig)* parallel; **~vej** *s* side road; **~vogn** *s (på motorcykel)* side car.

sidst *adj* last; *(senest)* latest // *adv* last; *komme ~* be last; *(i mål)* come in last; *~e nyt* the latest news; *hvornår sås vi ~?* when did we meet last? *den tredje ~e* the last but two; *~e uge* last week; *han er ~ i tresserne* he is in his late sixties; *~ på måneden* at the end of the month; *til ~ (dvs. endelig)* at last; *(dvs. til slut)* finally; **~nævnte** *s* the last-mentioned; *(ud af to)* the latter.

sig *pron (efter v:)* oneself (, himself, herself, itself, themselves); *(efter præp:)* him, her, it, them; *hun morede ~* she enjoyed herself; *de slog ~* they hurt themselves; *de så ~ omkring* they looked about them; *(ofte oversættes ~ ikke, fx:) hun satte ~* she sat down; *de giftede ~* they married.

sige *v* say; *(fortælle, give besked)* tell; *hvad ~r du til det?* what do you say to that? *han sagde farvel* he said goodbye; *jeg skal ~ dig ngt* I will tell you sth; *kan du ~ mig hvad klokken er?* can you tell me what time it is? *det ~s at vi får valg* they say there will be an election; *hun sagde at de skulle vaske sig* she told them to wash; *~ en imod* contradict sby; *~ op* give notice; *hvad ~r du til (at)...?* how would you like to...? *der er ikke ngt at ~ til at de gik* you can't blame them for leaving; *sig til når du er færdig* tell me when you are finished.

sigende *s: efter ~ er det den bedste bil* it is said to be the best car // *adj (om fx blik)* meaning.

signal *s* signal; *give en ~ til at standse* signal sby to stop; **~ement** *s* description; **~ere** *v* signal; **~flag** *s* signal flag.

signere *v* sign.

sigt *s* sight; *(sigtbarhed)* visibility; *på kort (el. langt) ~* in the short *(el.* long) run; **~barhed** *s* visibility.

sigte *s* sieve; *(til væske)* strainer; *(det man stræber efter, formål)* aim; *(~korn på våben)* sight; *få ngt i ~* catch sight of sth; *tabe ngt af ~* lose sight of sth // *v (si)* sift; *(tage ~)* take aim; *(anklage)* charge *(for* with); *~ efter ngt* aim at sth; *~ imod at* aim to; *hvad ~r du til?* what are you getting at?

sigtelse *s* charge.

sigøjner *s* gipsy.

sikke(n) *pron* what a // *adv* how; *sikken en larm!* what a noise! *sikken de ter sig!* what a way to behave!

sikker *adj* certain, sure; *(stensikker)* positive; *(sikret, stærk nok, i sikkerhed)* safe; *(selv~)* confident; *en ~ sejr* a certain victory; *det er helt ~t* it is absolutely certain; *er du ~?* are you sure? *ja, jeg er helt ~* yes, I'm positive; *være ~ på ngt* be sure about sth; *(se også sikkert).*

sikkerhed *s* safety; *(sikring for fremtiden, tryghed)* security; *(selv~)* confidence; *(dygtighed)* skill; *(garanti, kaution)* security; *for en ~s skyld* for safety's sake; *bringe ngt i ~* save sth; *komme i ~* save oneself; *stille ~ for ngt* guarantee sth; **~sbælte** *s* seat belt; **~snet** *s* safety net; **~snål** *s* safety pin; **~spolitik** *s* security policy; **~srepræsentant** *s* safety steward; **S~srådet** *s (i FN)* the Security Council; **~ssele** *s* seat belt.

sikkert *adv (sandsynligvis)* probably, no doubt; *(utvivlsomt)* undoubtedly; *(helt ~)* certainly; *(uden fare el. risiko)* safely; *han glemmer ~ nøglen* he is sure to forget the key.

sikre *v* make sure; *(garantere)* guarantee; *(få fat i)* get; *(beskytte)* protect; *~ sig* make sure; *(skaffe sig)* secure, get hold of; *~ sig mod ngt* protect oneself against sth.

sikring *s* protection; *(elek)* fuse; *(på fx pistol)* safety catch; *sprænge ~erne* blow the fuses.

siksak *s: i ~* zigzag.

sild *s* herring; *røget ~* smoked herring; *som ~ i en tønde* like sardines in a tin; **~eanretning** *s* assorted herring dishes; **~epostej** *s* smoked herring pâté; **~salat** *s* salad of herring, beetroot etc; *(iron om ordener etc)* fruit salad.

sile *v (om regn)* pour down.

silhouet *s* silhouette.

silke *s* silk; **~papir** *s* tissue paper.

simili *s* imitation; **~smykker** *s* paste jewellery.

simpel *adj (enkel)* simple, plain; *(ren og skær)* mere; *(ufin)* common; **~hed** *s* simplicity, plainness; commonness; **~t** *adj: ~ hen* simply;

ganske ~t quite simply.
simulere *v* feign, pretend to be.
sin, *sit, sine pron* his, her, *(stående alene:)* hers, its, one's; *han bor i sit hus, hun i sit* he lives in his house, she in hers; *glemme sin paraply* forget one's umbrella; *gøre sit til at...* do one's best to...; *de fik hver sin gave* they got a present each; *de har hver sit værelse* they have separate rooms; *~e steder* in places.
sind *s* mind; *(temperament)* temper, disposition; *have i ~e at* intend to; *i sit stille ~* secretly; **~et** *adj* disposed; *venlig~et* friendly; *dansk-~et* pro-Danish.
sinds... *sms:* **~bevægelse** *s* emotion; *(ophidselse)* excitement; **~forvirret** *adj* mentally confused; **~oprivende** *adj* nerve-racking; **~ro** *s* calmness; *med største ~ro* quite calmly; **~stemning** *s* mood; **~syg** *adj* mentally ill; *(skør)* mad, crazy; **~syge** *s* mental illness; **~tilstand** *s* state of mind.
singularis *s (gram)* the singular.
sinke *s* mentally retarded person // *v* delay, detain.
sippet *adj* prudish; *(overpertentlig)* fussy.
sirene *s* siren.
sirlig *adj* neat; *(pertentlig)* meticulous.
sirup *s (lys)* syrup; *(mørk)* treacle.
sit *se sin.*
situation *s* situation; *være ~en voksen* rise to the occasion.
siv *s* rush.
sive *v* ooze; *(om lys og fig)* filter; *(forlade stedet lidt efter lidt)* trickle out *(el.* away); *~ ind (dvs. blive forstået)* sink in; *lade ngt ~ ud* leak sth; **~brønd** *s* cesspool.
sjal *s* shawl.
sjap *s* slush; **~pet** *adj* slushy.
sjask *s* slush; **~e** *v* splash; **~et** *adj* sloppy.
sjat *s* drop, spot.
sjette *adj* sixth; **~del** *s* sixth.
sjippe *v* skip; **~tov** *s* skipping rope.
sjofel *adj (uanstændig)* dirty; *(led)* filthy, beastly; **~hed** *s* dirty trick; *(historie etc)* dirty story (, joke etc); *(~t ord)* obscenity.
sjokke *v* shuffle.
sjov *s* fun; *det er kun for ~* it is only for fun; *lave ~* have fun; *lave ~ med en* have sby on // *adj* fun; *(morsom)* funny; *det er ~t* it is funny; *det er ~t at lege* it is fun to play; *se ~ ud* look funny; *~t nok* strangely enough.
sjover *s* bastard.
sjus *s* whisky-and-soda.
sjusk *s* bungling; *(ligegyldighed)* carelessness; **~e** *v* be careless, be slovenly; **~eri** *s* bungling; **~et** *adj* slovenly; *(rodet, ~ i tøjet)* untidy.
sjæl *s* soul; *af hele min ~* of all my heart; *lægge sin ~ i ngt* put one's heart and soul into sth.
sjælden *adj* rare; *(bemærkelsesværdig)* remarkable; *i ~ grad* exceptionally; *en ~ gang imellem* at rare intervals; **~hed** *s* rarity; *det hører til ~hederne* it is a rare thing; **~t** *adv (ikke ofte)* rarely; *(specielt)* remarkably.
Sjælland *s* Zealand; **s~sk** *adj* Zealand.
skab *s* cupboard; *(klæde~)* wardrobe.
skabagtig *adj* affected.
skabe *v* create, make; *(give anledning til)* cause; *~ sig (dvs. være krukket)* be affect-

ed; *(tage på vej)* make a fuss *(over* about); *(give problemer, fx om motor)* play up; *(te sig dumt)* play the fool; *~ sig et navn* make a name for oneself; **~lse** *s* creation, making; *~lsen* the Creation; **~r** *s* creator, maker; **~ri** *s* affectation.

skabning *s* creature.

skabsfryser *s* upright freezer.

skabt *adj* created, made; *han er flot ~* he is well-made; *være som ~ til at være ngt* be cut out to be sth.

skade *s (zo)* magpie; *(beskadigelse)* damage; *(fortræd)* harm; *(legemlig)* injury; *(maskin~)* trouble; *tage ~ (om ting)* be damaged; *komme til ~* get hurt; *(blive såret etc)* be injured // *v (om ting)* damage; *(om person, kvæste etc)* injure; *(lettere)* hurt; *(om helbred)* harm; *det ~r ikke* there is no harm in it; *spilleren er ~t (sport)* the player is injured.

skade. . . *sms:* **~dyr** *s* pest; **~fro** *adj* gloating; *være ~fro over ngt* gloat over sth; **~fryd** *s* gloating; **~lig** *adj* harmful; *(alvorligere)* damaging; **~serstatning** *s* damages *pl;* **~sløs** *adj: holde en ~sløs* indemnify sby; **~stue** *s* emergency *(el.* casualty) ward.

skaffe *v (få fat i)* get; *(ved særlig indsats)* procure; *(om penge)* raise, find; *(levere)* provide, supply; *~ sig af med ngt* get rid of sth.

skafot *s* scaffold.

skaft *s (på fx pande, hammer etc)* handle; *(på spyd, stang)* shaft; *(på strømpe, støvle)* leg; *(på kost)* stick.

Skagen *s* the Skaw; **Skagerak** *s* the Skagerak.

skak *s* chess; *et parti ~* a game of chess; *holde en i ~* stall sby; **~brik** *s* chessman; **~bræt** *s* chessboard; **~mat** *s* checkmate; **~spil** *s (om delene)* chessboard and chessmen; **~spiller** *s* chessplayer.

skakt *s* shaft; *(til affald)* chute.

skal *s* shell; *(på frugt)* skin, peel; *(på korn)* husk; *(hjerne~)* skull; (F, *om hovedet)* nut.

skala *s* scale.

skaldet *adj* bald; *(sølle)* measly; **~hed** *s* baldness.

skaldyr *s* shellfish.

skalle *s: nikke en en ~* smash one's head into sby's face // *v: ~ af (om maling etc)* peel off; *(om hud)* peel.

skalotteløg *s* shallot.

skalp *s* scalp; **~ere** *v* scalp.

skam *s* shame, disgrace; *det er en ~* it is a pity; *gøre en til ~me (dvs. overgå)* put sby in the shade // *adv* really, you know; *det er ~ ikke let* it is not easy, you know; *han gjorde det ~* he really did it.

skamfere *v (beskadige)* damage; *(vansire)* disfigure.

skamfuld *adj* ashamed *(over* of; *over at* that).

skamløs *adj* shameless.

skamme *v: ~ sig* be ashamed *(for at* to; *over* of); **~krog** *s: blive sat i ~krogen* be put in the corner.

skammel *s* stool.

skammelig *adj* disgraceful.

skandale *s* scandal; *gøre ~* cause a scandal; **~pressen** *s* the gutter press; **skandaløs** *adj* scandalous.

skandinav *s* Scandinavian; **S~ien** *s* Scandinavia; **~isk** *adj* Scandinavian.

skank *s* leg.

skare *s* crowd, flock.

skarlagensfeber *s* scarlet fe-

ver.
skarn *s (snavs)* dirt; *(affald)* refuse; *(møg)* dung.
skarp *adj* sharp; *(fig om fx hørelse)* keen; *(se også skarpt)*; **~hed** *s* sharpness; keenness; *(foto)* focus; **~ladt** *adj* loaded with live ammunition; **~sindig** *adj* acute; *(nøgtern)* shrewd; **~t** *adv* sharply; keenly; *se ~t på en* look keenly at sby; *indstille kameraet ~t* bring the camera into focus.
skat *s (kostbar ting)* treasure; *(om person)* darling, dear; *(stats~)* tax; *(kommune~)* local tax; *(ejendoms~)* rates *pl*; *(afgift)* duty; *betale ~ af ngt* pay tax on sth; **~kiste** *s* treasure chest.
skatte... *sms:* **~borger** *s* taxpayer; **~fidus** *s* tax dodge; **~fradrag** *s (på selvangivelse)* deduction; *(som myndighederne giver)* allowance; **~fri** *adj* tax-free; **~frihed** *s* tax exemption; **~lettelse** *s* tax relief; **~ly** *s* tax haven; **~pligtig** *adj (om person)* liable to pay tax; *~pligtig indkomst* taxable income; **~procent** *s* rate of taxation; **~snyderi** *s* tax evasion; **~væsen** *s* tax authorities *pl*; **~yder** *s* taxpayer; **~år** *s* fiscal year.
skavank *s* fault; *(mindre)* flaw; *(fysisk)* disability.
ske *s* spoon.
ske *v* happen; *(foregå, finde sted)* take place; *hvad er der ~t?* what (has) happened? *det kan godt ~ at han har ret* he may be right; *nu er det ~t med os* we are done for now.
skede *s* sheath; *(vagina)* vagina.
skefuld *s* spoonful.
skele *v* squint *(til* at); **~n** *s* squint.
skelet *s* skeleton; *(i bygning, fig)* framework.
skelne *v* make out; *(kende forskel på)* distinguish; *~ mellem rødt og grønt* distinguish between red and green, tell red from green.
skeløjet *adj* cross-eyed.
skema *s (skole~ etc)* timetable; *(plan)* schedule; *(diagram)* diagram; **~tisk** *adj* schematic.
skepsis *s* scepticism; **skeptisk** *adj* sceptical *(over for* of).
ski *s* ski; *stå (el. løbe) på ~* ski, go skiing.
skib *s* ship; *(kirke~)* nave; *(side~ i kirke)* aisle; *sende ngt med ~* send sth by sea; **~brud** *s* shipwreck; *lide ~brud* be shipwrecked; *(fig, om sag el. person)* fail.
skibs... *sms:* **~bygger** *s* shipbuilder; **~fart** *s (som erhverv)* shipping; *(det at sejle)* navigation; **~mægler** *s* shipbroker; **~reder** *s* shipowner; **~rederi** *s* shipping company; **~værft** *s* shipyard.
skid *s* (V) *(fjert)* fart; *(om person)* shit, turd; *slå en ~* fart; *have en ~ på* (V) be pissed; **~e** *v* (V) shit; *~e på ngt* not give a damn about sth; **~e-** (V) bloody *(fx god* good); **~eballe** *s: give en en ~eballe* take sby to the laundry; **~efuld** *s* pissed; **~erik** *s* bastard.
skidragt *s* ski suit.
skidt *s (snavs)* dirt, filth; *(fig om fx bog)* trash; *~ med det!* never mind! *hele ~et* the whole lot // *adj* bad // *adv* badly; *det går ~* it is not going well; *en ~ fyr* a nasty piece of work.
skifer *s* slate.
skift *s* shift; *(ændring)* change; *arbejde i ~* do shiftwork; *på*

~in turns; *gøre ngt på* ~ take turns at doing sth.

skifte *s (jur)* division of an estate // *v* change; *(flytte rundt på)* shift; *(veksle)* alternate; ~ *dæk* change a tyre; ~ *ble på den lille* change the baby's nappy; **~holdsarbejde** *s* shiftwork; **~nde** *adj* changing, varying; **~nøgle** *s* monkey wrench; **~ramme** *s* clip-on picture frame; **~ret** *s* probate court; **~s** *v* take turns; *~s til at gøre ngt* take turns at doing sth; **~vis** *adv* alternately.

skihop *s* ski jumping; *(hopbakke)* ski jump.

skik *s* custom; *det er* ~ *og brug* it is customary; *få* ~ *på ngt* get sth into shape.

skikkelig *adj* harmless.

skikkelse *s* shape, form; *(tilstand)* state; *(person)* figure; *han har en flot* ~ he is well-made; *i* ~ *af* in the shape of.

skilderhus *s* sentry box.

skildpadde *s* tortoise; *(hav~)* turtle; *forloren* ~ mock turtle.

skildre *v (i ord)* describe; *(udmale, afbilde)* depict; **skildring** *s* description; picture.

skildvagt *s* sentry.

skille *v* separate; *(dele)* divide; *(om mælk, sovs etc)* curdle; *blive skilt* be divorced; *lade sig* ~ *fra en* divorce sby; ~ *ngt ad* separate sth; *(pille fra hinanden)* take sth to pieces; ~ *sig af med ngt* get rid of sth; **~s** *v* separate; *(blive skilt)* be divorced; *(om ting)* come apart; **~vej** *s* crossroads; **~væg** *s* partition.

skilling *s: ikke eje en* ~ not have a penny; *tjene ~er (dvs. mange penge)* make a packet; **~e** *v: ~e sammen* club together.

skilning *s* parting.

skilsmisse *s* divorce; *søge* ~ apply for a divorce; *få* ~ obtain a divorce; **~barn** *s* child from a broken home.

skilt *s (butiks~)* signboard; *(reklame~)* advertisement board; *(trafik~)* sign; *(vej~)* signpost; *(navne~)* nameplate; *(politi~)* badge.

skiløb *s* skiing; **~er** *s* skiier.

skin *s* light; *(ubehageligt, grelt)* glare.

skind *s* skin; *(huder)* hide; *(om pelsdyr)* coat; *(pelsværk)* fur; *(læder)* leather; *dit ~!* poor thing! *holde sig i ~et* control oneself; *våd til ~et* wet through.

skindød *adj* in a state of apparent death.

skinger *adj* shrill; **skingre** *v* shrill; **skingrende** *adj* shrill.

skinke *s* ham; *røget* ~ smoked ham.

skinne *s (jernb etc)* rail; *(ben~ etc)* splint // *v (lyse)* shine; *lade ngt* ~ *igennem* hint at sth; **~ben** *s* shin; **~bus** *s* rail bus; **~nde** *adj* bright, shining; *~nde ren* spotless.

skinsyg *adj* jealous *(på* of); **~e** *s* jealousy.

ski. . . *sms;:* **~sport** *s* skiing; **~sportssted** *s* ski(ing) resort; **~stav** *s* ski stick; **~støvle** *s* ski boot.

skitse *s* sketch; *(til plan)* draft; **~re** *v* sketch; *(fig)* outline.

skive *s (kød, brød, ost etc)* slice; *(rund plade)* disc; *(ur~, tlf)* dial; *(skyde~)* target; *skære brød i ~r* slice bread; **~bremse** *s* disc brake.

skjold *s* shield; *(våben~)* coat of arms; *(plamage, plet)* blotch; **~bruskkirtel** *s* thyroid gland.

skjorte *s* shirt; **~bluse** *s* shirt-blouse.

skjul *s (gemmested)* hiding place; *(ly)* cover; *i ~ (af)* under cover (of); *krybe i ~* seek shelter; *lege ~* play hide-and-seek; *ikke lægge ~ på ngt* make no secret of sth; **~e** *v* hide; *(dække over)* cover up; *~e sig* hide *(for* from); **~ested** *s* hiding place; **~t** *adj* hidden; *holde ngt ~t* hide sth.

sko *s* shoe // *v (~ en hest)* shoe; **~børste** *s* shoe brush; **~creme** *s* shoe polish.

skod *s (cigaret~)* fag-end; **~de** *v (en cigaret)* butt, stub out; *(med årerne)* back (the oars).

skolde *v* scald; *(om solen)* scorch.

skoldkopper *spl* chicken pox.

skole *s* school; *i ~n* at school; *gå i ~* go to school; *gå ud af ~n* leave school; *danne ~* become the accepted thing // *v* school, train; **~bestyrer** *s* headmaster; *(kvindelig)* headmistress; **~eksempel** *s* classic example *(på* of); **~elev** *s* pupil; **~gang** *s* schooling; *tvungen ~gang* compulsory schooling; **~gård** *s* playground; **~kammerat** *s* schoolmate; **~køkken** *s (som fag)* domestic science; **~lærer** *s* schoolteacher; **~penge** *spl* school fees *pl;* **~ridning** *s* dressage; **~skema** *s* timetable; **~skib** *s* training ship; **~tid** *s* school hours; *(dengang man gik i ~)* school days; **~træt** *s* tired of school; **~væsen** *s* education authorities *pl;* **~år** *s* school year.

skomager *s* shoemaker; **skopudser** *s* shoeblack.

skorpe *s (på brød, jord etc)* crust; *(på ost)* rind; *(på sår)* scab.

skorpion *s* scorpion; *S~en (astr)* Scorpio.

skorsten *s* chimney; *(på skib)* funnel; **~sfejer** *s* chimney-sweep.

skosværte *s* shoe polish.

skotsk *adj* Scottish; *(om person og sprog)* Scots; *(om whisky)* Scotch; **~ternet** *adj* tartan; **skotte** *s* Scot(sman).

skotøj *s* footwear; **~sforretning** *s* shoe shop; **~sæske** *s* shoe box.

skov *s (stor)* forest; *(mindre)* wood; *gå tur i ~en* walk in the woods *(el.* the forest); **~bevokset** *adj* wooded; **~brand** *s* forest fire; **~brug** *s* forestry; **~bund** *s* forest floor; **~e** *v* cut down trees; **~foged** *s* ranger; **~jordbær** *s* wild strawberry.

skovl *s* shovel; *(lille)* scoop; *(på gravemaskine)* bucket; *få ~en under en* get sby where you want him/her; **~e** *v* shovel, scoop; *~e penge ind* make loads (of money).

skov. . . *sms:* **~rider** *s* forester; **~snegl** *s* black slug; **~strækning** *s* woodland; **~svin** *s* litter lout; **~tur** *s (med madkurv)* picnic; *(uden madkurv)* walk in the woods.

skrabe *v* scrape; *(kradse)* scratch; *~ østers* dredge for oysters; **~t** *adj (om fx budget)* pared-down; *brød med ~t smør* bread and scrape; **~æg** *s* free-range egg.

skrald *s (om torden etc)* clap, crash; *(om trompet, eksplosion etc)* blast; *(affald)* rubbish; *(køkkenaffald)* garbage; **~e** *s* rattle // *v (runge)* peal; **~ebøtte** *s* dustbin, rubbish bin; **~emand** *s* garbage man.

skramle *v* rattle; *~ med ngt* rattle sth; **~kasse** *s (om bil)* banger; **~n** *s* rattling.

skramme *s* scratch; *være ude*

på ~r be asking for it // *v* scratch.
skrammel *s* junk, rubbish.
skrammet *adj* scratched.
skranke *s (disk)* counter; *(barriere)* barrier, bar.
skrante *v* be ailing, be sickly; **~nde** *adj* ailing, sickly.
skrap *adj (hård, streng)* hard; *(anstrengende, vanskelig)* tough; *(urimelig, ubehagelig)* stiff; *(dygtig)* smart; *(om ord, tale)* sharp; *det er vel nok ~t!* it is a bit stiff *(el.* thick)! *det var en ~ omgang* it was tough going.
skratte *v* rattle; *(skurre)* grate; *(om pen, negl)* scratch.
skravere *v* hatch; **skravering** *s* hatching.
skred *s (jord~, også fig)* landslide; *(lavine)* avalanche; *komme i ~ (om bil etc)* go into a skid; *(fig, komme i gang)* get going.
skribent *s* writer.
skride *v (glide)* slip; *(om bil etc)* skid; *(gå sin vej)* bugger off; *skrid!* get lost! *~ ind mod ngt* take action against sth; *~ ud (om bil)* skid; **skridsikker** *adj* non-skid.
skridt *s* step; *(i bukser og anat)* crotch; *med raske ~* at a brisk pace.
skrift *s* writing; *(hånd~)* handwriting; *(publikation)* publication; *(afhandling, artikel)* paper; *hans samlede ~er* his collected works.
skrifte *v* confess; **~mål** *s* confession; **~stol** *s* confessional.
skriftlig *adj* written, in writing.
skriftsprog *s* written language.
skrig *s (råb, kalden)* cry; *(højt)* scream; *(hyl)* yell; *give et ~* cry out, scream; *det er sidste ~* it is the latest; **~e** *v* cry; scream; yell; *~e op* cry out; yell; **~en** *s* crying; screaming; yelling; **~ende** *adj* crying; *(om farve)* loud.
skrin *s (lille)* box; *(større)* chest.
skrive *v* write; *(på maskine)* type; *~ ngt af* copy sth; *~ efter ngt* write for sth; *~ med blyant (etc)* write in pencil (etc); *NATO ~s med store bogstaver* NATO is written in capital letters; *~ ngt ned (el. op)* write sth down; *~ til en* write sby; *~ ngt under* sign sth; **~blok** *s* writing pad; **~bord** *s* desk; **~hjul** *s (på printer etc)* daisy wheel, print wheel.
skrivelse *s* letter.
skrivemaskine *s* typewriter; *skrive på ~* type.
skrivepapir *s* notepaper; **skriveunderlag** *s* blotting pad.
skrivning *s* writing.
skrog *s (af skib)* hull; *(af fly)* fuselage; *(af æble)* core; *(om stakkel)* poor thing.
skrot *s* scrap (iron).
skrubbe *s (fisk)* flounder; *(børste)* scrubber // *v* scrub; *skrub af!* get lost! scram!
skrubtudse *s* toad; *have en ~ i halsen* have a frog in one's throat.
skrue *s* screw // *v* screw; *~ ngt fast* screw sth up; *~ ngt løs* unscrew sth; *~ ned for radioen* turn down the radio; *~ op for gassen* turn up the gas; **~blyant** *s* propelling pencil; **~brækker** *s* scab; **~is** *s* pack ice; **~låg** *s* screw top; **~nøgle** *s* spanner; **~stik** *s* vice; **~trækker** *s* screwdriver; **~tvinge** *s* clamp.
skrummel *s* monstrosity.
skrumpe *v: ~ (ind)* shrink.
skrup... *sms:* **~forvirret** *adj (kronisk)* scatterbrained; *(akut)* flustered; **~grine** *v* laugh one's head off; **~skør**

adj nuts; **~sulten** *adj* famished.

skrupel *s* scruple; **~løs** *adj* unscrupulous.

skryde *v (om æsel)* bray; *(prale)* brag.

skrædder *s* tailor; *(dame~)* dressmaker; **~kridt** *s* tailor's chalk; **~saks** *s* tailor's shears *pl;* **~stilling** *s: sidde i ~stilling* sit cross-legged; **~syet** *adj* tailored; *(fig)* tailormade; **~syning** *s (til herrer)* tailoring; *(til damer)* dressmaking.

skræk *s (frygt)* fear; *(rædsel)* terror; *(pludseligt chok)* fright, scare; *den unge er en ~* that kid is a menace; *være ved at dø af ~* be scared stiff; *ryste af ~* tremble with fear; *af ~ for* for fear of; **~indjagende** *adj* terrifying; **~kelig** *adj* terrible, awful // *adv* terribly, awfully; **~slagen** *adj* terror-stricken.

skræl *s* peel; *(på banan)* skin; **~le** *v* peel; **~lekniv** *s* paring knife.

skræmme *v* frighten, scare; *du skræmte mig!* you gave me a fright; **~skud** *s* warning shot.

skrænt *s* slope.

skræppe *v (om and)* quack; *~ op* cackle.

skræve *v* straddle; *~ over ngt* stride over sth; *(sidde overskrævs på)* straddle sth.

skrøbelig *adj* fragile; *(om person)* frail; **~hed** *s* fragility; frailty.

skrå *s (tobak)* chewing tobacco // *v* chew tobacco // *adj* slanting, sloping; *på ~* obliquely; *klippe stof på ~* cut material on the bias; *lægge hovedet på ~* cock one's head; *~t op!* (V) stuff it! **~bånd** *s* bias strip; *(i metermål)* bias binding.

skrål *s* bawl, yell; **~e** *v* bawl, yell.

skråne *v* slant, slope; **skråning** *s* slope.

skråstreg *s* slash; **skråtobak** *s* chewing tobacco.

skub *s* push; *sætte ~ i ngt* get sth moving; **~be** *v* push; *~be til en* push sby.

skud *s* shot; *(af plante)* shoot.

skude *s* ship, boat.

skudsikker *adj* bulletproof; *(fig)* cast-iron; **skudt** *adj: være skudt i en* have a crush on sby; **skudår** *s* leap year.

skuespil *s* play; **~forfatter** *s* playwright, dramatist; **~ler** *s* actor, *(kvindelig)* actress.

skuffe *s* drawer // *v (gøre skuffet)* disappoint; *blive ~t over ngt* be disappointed at *el.* in sth; *~t over en* disappointed with sby; **~lse** *s* disappointment.

skulder *s* shoulder; *trække på ~en* shrug; **~blad** *s* shoulder blade; **~bredde** *s (mål)* shoulders; **~strop** *s* shoulder strap; **~taske** *s* shoulder bag.

skule *v* scowl *(til* at); **~n** *s* scowl.

skulle *v (være nødt til)* have to, must; *(have ordre til)* must, be to; *(burde)* ought to; *(råd man giver)* should; *(siges at være)* is/are said to be; *jeg skal altså nå det til tiden* I must make it in time; *jeg skal tisse* I have to pee; *jeg skal møde ham på stationen* I am to meet him at the station; *de ~ være her nu* they ought to be here now; *det ~ du have sagt før* you should have said that before; *han skal være en god læge* he is said to be a good doctor; *hvad skal vi gøre?* what are we (going) to do? *skal jeg komme?* do you want me to come? *skal du ngt i morgen?* are you doing anything tomorrow? *hvad ~ det* *være? (i forretning)* can I help you? *hvad skal det være? (dvs. forestille)* what is that supposed to be? *vi skal af næste gang* we are getting off at the next stop; *hvor skal vi hen?* where are we going? *hvad skal vi her?* what are we doing here? *vi ~ lige til at gå* we were just leaving; *han skal til at gå i skole* he is starting school; *der skal mere til for at...* it takes more to...; *vi skal ud i aften* we are going out tonight.

skulptur *s* sculpture.

skum *s* foam; *(på øl)* froth; **~gummi** *s* foam rubber; **~me** *v* foam; froth; *(~ fløde af mælk etc)* skim.

skummel *adj* sinister; *(mørk og dyster)* gloomy.

skummetmælk *s* skimmed milk.

skumring *s* twilight.

skumslukker *s* foam extinguisher; **skumsprøjt** *s* spray.

skur *s* shed; *(neds om hus)* shack.

skure *v* scrub; **~børste** *s* scrubbing brush; **~pulver** *s* scouring powder.

skurk *s* scoundrel; *(teat etc)* villain; *din lille ~!* you little rascal!

skurre *v* jar; *~ i ørerne* jar on the ear; **~n** *s* jarring.

skvadderhoved *s* fool, twit.

skvadre *v* blether.

skvat *s* softy, sissy; **~te** *v* fall; **~tet** *adj* wet.

skvulpe *v (om bølger)* lap; *(plaske)* splash.

sky *s* cloud; *(kødsaft)* gravy; *(stivnet kødsaft)* jelly // *adj* shy; **~brud** *s* cloudburst.

skyde *v (med våben)* shoot; *(puffe)* push; *(gro, spire, ~ på mål)* shoot; *~ af* fire; *~ forbi* miss; *~ 50 kr til* contribute 50 kr; *~ ngt ud (dvs. skubbe)* push sth out; *(dvs. udsætte)* put sth off; **~bane** *s* shooting range; **~dør** *s* sliding door; **~r** *s (våben)* gun, shooter; *(slå)* slide; **~ri** *s* shooting; **~skive** *s* target; **~spænde** *s* hair slide; **~våben** *s* firearm; **skydning** *s* shooting, fire.

skydække *s* cloud ceiling; **skyfri** *adj* cloudless.

skygge *s* shadow; *(mods: sol)* shade; *(på hat)* brim // *v* shade; *(udspionere)* tail; *~ for ngt* shade sth; *~ for en* stand in sby's light.

skyld *s (skyldfølelse, det at være skyldig)* guilt; *(fejl)* fault; *(ansvar)* blame; *få ~ for ngt* get the blame for sth; *det er ikke min ~* it is not my fault; *give en ~en for ngt* blame sby for sth; *det er din egen ~* you have only got yourself to blame; *for din ~* for your sake; *for fredens ~* for the sake of peace; **~bevidst** *adj* guilty.

skylde *v* owe; *du ~r mig at gøre det* you owe it to me to do it; *~ en 500 kr* owe sby 500 kr; **~s** *v* be due to.

skyldig *adj* guilty; *erkende sig ~* plead guilty *(i* of); *ikke ~* not guilty *(i* of); *det ~e beløb* the amount owing.

skylle *s (af regn)* downpour // *v* pour; *(vasketøj, hår etc)* rinse; *(i wc'et)* flush; **~middel** *s (ved vask)* conditioner, softener.

skynde *v: ~ sig* hurry; *skynd dig!* hurry up! *~ sig at gøre ngt* hasten to do sth; *~ på en* urge sby to hurry up.

skypumpe *s* waterspout; **skyskraber** *s* skyscraper.

skysovs *s* gravy.

skytte *s (person der skyder)* rifleman, shot; *(ansat fx på* *herregård)* gamekeeper; *han er en god* ~ he is a good shot; *S~n (astr)* Sagittarius; **~grav** *s* trench.

skæbne *s* fate; *~n* fate; *(tilfældet)* chance; *~n ville at de tabte slaget* they were destined to lose the battle; **~svanger** *adj* disastrous, fatal.

skæg *s* beard; *(over~)* moustache; *(kind~)* whiskers *pl; (sjov)* fun; *få ~, lade ~get stå* grow a beard *(el.* moustache); ~ *og ballade* fun and games // *adj* funny; *det var mægtig ~t* it was great fun; **~get** *adj* bearded; *(med skægstubbe)* unshaven; **~stubbe** *spl* stubble.

skæl *s (på fisk etc)* scale; *(i håret)* dandruff.

skælde *v* scold; ~ *en ud over ngt* scold sby for sth; ~ *en ud for ngt* call sby names; ~ *ud over ngt* be angry about sth; **skældsord** *s* swearword; **skældud** *s* scolding.

skælve *v* tremble, shake; *(af kulde el. gys)* shiver; **~n** *s* trembling, shaking; shivering.

skæmme *v* blemish; *(stærkt, vansire)* disfigure.

skæmt *s* jest; **~e** *v* jest.

skænd *s: få* ~ be scolded; *give en* ~ give sby a scolding; **~e** *v (skælde ud)* scold; *(voldtage)* violate; *(helligt sted etc)* desecrate; **~eri** *s* argument, row; **~es** *v* argue, have a row; *hold op med at ~es!* stop arguing! *komme op at ~es* start a row; **~ig** *adj* disgraceful.

skænk *s (møbel)* sideboard; *(i restaurant)* buffet.

skænke *v (give)* give; *(hælde op)* pour; ~ *en ngt* give sby sth (as a present); ~ *sin formue væk* give away one's fortune; ~ *teen* pour the tea; ~ *for en* pour sby a drink (etc); ~ *i koppen* fill the cup; **~stue** *s* taproom, bar.

skær *s (klippe~)* rock; *(lys~)* gleam; *(glød)* glow; *(stærkt, grelt lys)* glare; *(tone, anstrøg)* touch // *adj (ren)* pure; *(klar)* clear; *~t kød* low-fat meat with no bones.

skære *v* cut; ~ *ansigt* pull faces; *(af væmmelse)* make a wry face; ~ *sig* cut oneself; ~ *tænder* grit one's teeth; ~ *stegen for* carve the roast; ~ *ned på forbruget* cut down on the consumption; ~ *halsen over på en* cut sby's throat; **~brænder** *s* cutting torch; **~bræt** *s (til brød)* breadboard; *(til steg etc)* carving board; **~nde** *adj* cutting; *(om stemme)* shrill; *(om lys etc)* glaring.

skærgård *s* archipelago.

skærm *s* screen; *(edb)* monitor, display; *(på bil, cykel)* mudguard; **~e** *v (beskytte)* protect *(imod* from); **~terminal** *s (edb)* visual display unit.

skærpe *v* sharpen; *(gøre skrappere)* tighten; ~ *appetitten* whet one's appetite; ~ *reglerne* tighten rules; **~lse** *s* sharpening; tightening.

skærsilden *s* purgatory.

skærtorsdag *s* Maundy Thursday.

skæv *adj* oblique, slanting; *(om fx næse)* crooked; *(ulige)* unequal; *(ensidig)* lopsided; *(påvirket af stoffer)* high; *et ~t smil* a wry smile; *~e øjne* slanted eyes; *(se også skævt);* **~benet** *adj* crooked-legged.

skæve *v:* ~ *til en* look at sby out of the corner of one's eye.

skævhed *s* crookedness; *(fejl)* fault; *(ulighed)* inequality.

skævt *adv* awry; *(på skrå)* aslant; *(forkert)* wrongly; *(ulige)* unequally; *billedet hænger* ~ the picture is not straight; *gå* ~ go wrong; *se* ~ *til en* look askance at sby.
skød *s* lap, knee; *(fig)* bosom; *sidde på ~et hos en* sit on sby's lap; *sidde med hænderne i ~et* sit back (and take it easy).
skøde *s (jur)* deed.
skødehund *s* lap-dog.
skødesløs *adj (om person)* careless; *(forsømmelig)* negligent; ~ *påklædning (ikke neds!)* casual wear.
skøjte *s* skate; *løbe på ~r* skate, be skating; **~bane** *s* ice rink; **~løb** *s* skating; **~støvler** *spl* skating boots.
skøn *s (vurdering)* estimate; *(mening)* opinion; *danne sig et* ~ *over ngt* make an estimate of sth; *handle efter bedste* ~ act to the best of one's judgement // *adj (smuk, dejlig)* lovely, beautiful; *vi har det ~t (dvs. vi nyder det)* we are having a good time; *(dvs. vi har det godt)* we are fine; *en ~ne dag* one day; *(ud i fremtiden)* one of these days; *de ~ne kunster* the fine arts.
skønhed *s* beauty; **~sfejl** *s* blemish, flaw; **~sklinik** *s* beauty parlour; **~splet** *s* mole; **~spræparat** *s* cosmetic.
skønlitteratur *s* fiction.
skønne *v (vurdere)* estimate; *(mene)* judge; *(efter undersøgelse)* find; *så vidt man kan* ~ to all appearances; ~ *om ngt* estimate sth; *(danne sig en mening)* judge sth.
skønsmæssig *adj* estimated; **~t** *adv* on an estimate.
skønt *konj* (al)though.
skør *adj (skrøbelig)* fragile; *(tosset)* crazy *(med* about); *blive* ~ go crazy.
skørbug *s* scurvy.
skørt *s (nederdel)* skirt; *(under~)* underskirt, slip; **~ejæger** *s* womanizer.
skål *s* bowl, basin; *(en* ~ *for en)* toast; *udbringe en* ~ *for en* drink to sby; ~ *for os!* here's to us! **~e** *v* touch glasses *(med* with); *~e for en* drink to sby.
skåne *v* spare; *(passe godt på)* be careful about; *skån mig for dine kommentarer!* spare me your comments! **~kost** *s* light diet.
skår *s (hak)* clip; *(i fx tallerken)* chip; *(fx glas~)* broken piece; **~et** *adj (om fx tallerken)* chipped.
sladder *s* gossip; **~hank** *s* telltale; **~kælling** *s* gossip; **sladre** *v (snakke)* gossip; *(angive)* tell tales; *sladre om en* tell on sby; *du må ikke sladre (om det)!* don't tell!
slag *s (enkelt* ~ *fx med hånden)* blow; *(med kølle, ketsjer, om ur)* stroke; *(psykisk)* blow, shock; *(cape)* cape; *(i krig)* battle; *(i kortspil)* game; *et* ~ *i luften* an empty gesture; *på ~et syv* at 7 o'clock sharp; *~et på Reden* the Battle of Copenhagen; **~bas** *s* stringbass; **~bor** *s* percussion drill.
slagger *spl (af kul etc)* cinders.
slag. . . *sms:* **~kraftig** *adj* powerful; **~mark** *s* battlefield; **~ord** *s* catchword, slogan; **~plan** *s* plan of action.
slags *s* sort, kind; *han er en* ~ *guru* he is a kind of guru; *den* ~ *ting* that sort of thing; *hvad* ~ *bil har du?* what sort of car do you have?
slagside *s: få* ~ take a list; *(fig)* get out of proportion; **slag-**

skib *s* battleship.
slagsmål *s* fight; *komme i ~* start fighting.
slagte *v* slaughter, kill; *(brutalt)* butcher; **~kvæg** *s* beef cattle; **~r** *s* butcher; **~ri** *s* slaughterhouse; **~svin** *s* porker.
slagtilfælde *s* stroke.
slagtning *s* slaughtering.
slagtøj *s (mus)* percussion; **~spiller** *s* percussionist.
slalom *s* slalom; *stor~* giant slalom.
slam *s* mud; *(kloak~)* sludge.
slange *s* snake; *(af gummi, plast etc)* tube; *(i bil, cykel)* inner tube; *(have~ etc)* hosepipe // *v: ~ sig* sprawl; **~bøsse** *s* catapult; **~krøller** *spl* corkscrew curls.
slank *adj* slim; *bevare den ~e linje* keep one's figure; **~e** *v: ~e sig (dvs. blive tyndere)* grow thinner; *(dvs. ved diæt etc)* slim; *fiberkost ~er* a high-fibre diet is slimming; **~ekost** *s* slimming diet.
slap *adj* slack, loose; *(kraftløs)* limp; *(fig)* slack; **~hed** *s* slackness, looseness; limpness; **~pe** *v* slacken, loosen; *(afslappe)* relax; *~pe af* relax; **~svans** *s* weakling, softy.
slaske *v* flap.
slatten *adj* limp.
slave *s* slave *(af* to); **~arbejde** *s (fig, om fx jobbet)* drudgery; **~handel** *s* slave trade; **~ri** *s* slavery.
slavisk *adj (nøjagtig)* slavish; *(om folk, sprog)* Slavic.
slem *adj* bad; *være ~ ved en* be hard on sby; *være ~ til at glemme* have a tendency to forget.
slentre *v* stroll; **~n** *s* strolling.
slesk *adj (krybende)* grovelling, fawning; **~e** *v: ~e for en* grovel before sby, fawn on sby.
slet *adj (dårlig)* bad; *(ond)* wicked // *adv* badly, wickedly; *~ ikke* not at all; *~ ingen* nobody at all; *~ ingen penge* no money at all; *~ intet* nothing at all.
slette *s* plain // *v* strike out; *(med viskelæder)* rub out; *(på bånd og edb)* erase; *(annullere)* cancel.
slibe *v (gøre skarp)* sharpen; *(polere)* polish; *(tildanne)* grind; **~maskine** *s* grinding machine; **~sten** *s* grindstone; **slibning** *s* sharpening; grinding; polishing.
slid *s (mas)* hard work; *(på ting)* wear; **~bane** *s (på dæk)* tread; **~e** *v (arbejde)* work hard; *(ved brug)* wear; *~e sig ihjel* work oneself to death; **~er** *s* hard worker; **~gigt** *s* arthrosis.
slids *s (i tøj)* slit; *(i jakke, frakke)* vent.
slidstærk *adj* hard-wearing.
slidt *adj* worn; *(luv~)* threadbare; *~ op* worn out.
slik *s* sweets *pl; købe ngt for en ~* buy sth for a song; **~butik** *s* sweet shop; **~ke** *v* lick; *(spise slik)* eat sweets; *~ke solskin* bask in the sun; *~ke på ngt* lick sth; **~ken** *adj: være ~ken* have a sweet tooth; **~kepind** *s* lollipop.
slim *s* slime; *(i fx næse, hals)* mucus; *(opspyt)* phlegm; **~et** *adj* slimy; **~hinde** *s* mucous membrane.
slingre *v (om bil etc)* sway; *(om hjul)* wobble; *(om fuld person)* reel; **~n** *s* swaying; wobble; reeling.
slip *s: give ~ på ngt* let go of sth.
slippe *v (~ ngt)* let go of; *(tabe)* drop; *(give slip)* let go; *(~ fri for)* get off; *~ af med*

get rid of; ~ *af sted* get away; ~ *for ngt* escape sth; *(undgå med vilje)* avoid sth; ~ *fra en* get away from sby; ~ *godt fra ngt (dristigt el. frækt)* get away with sth; *(fra fx ulykke)* have a lucky escape; *(fra et arbejde etc)* do well; ~ *løs* break loose; ~ *ngt løs* let sth loose; ~ *med en bøde* get off with a fine; ~ *op* run out; ~ *ud* get out; *(om hemmelighed etc)* leak out.

slips *s* tie.

slitage *s* wear (and tear).

slot *s* castle; *(kongeligt)* palace; *(herregård)* manor house; **~splads** *s* palace square; **~sruin** *s* ruined castle.

slubre *v* slurp; *(om sko)* flap.

slud *s* sleet.

sludder *s* nonsense, rubbish; *(samtale)* chat; *sige ngt ~* talk nonsense; ~ *og vrøvl* rubbish; **sludre** *v* talk, chat; *(vrøvle)* talk nonsense.

sluge *v* swallow; *(æde grådigt)* gulp down; *(forbruge)* consume *(fx benzin* petrol); ~ *en bog* devour a book.

slugt *s* gorge.

slukke *v (om ild)* put out; *(om lys, radio etc)* turn off; **~t** *adj* out; *(om vandhane)* off.

slukning *s* putting out; *(om brandvæsen)* fire-fighting; **~sapparat** *s* fire extinguisher.

slum(kvarter) *s* slum (area); **slumstormer** *s* squatter.

slurk *adj* swallow, gulp.

sluse *s* sluice; *(til at sejle igennem)* lock // *v: ~ folk ind* let people in.

slut *s* end // *adj* over; *(færdig)* finished, at an end; **~kamp** *s (sport)* final; **~ning** *s* end; *(afslutning)* conclusion; *(i bog, film etc)* ending; *i ~ningen af tyverne* in the late twenties; *mod ~ningen af ngt* towards the end of sth; **~opgørelse** *s* final settlement; **~resultat** *s* final result.

slutte *v* end, finish; *(indgå, fx forlig)* enter into; *(konkludere)* conclude; ~ *af med at gøre ngt* finish up by doing sth; ~ *sig sammen* unite; *(om firmaer)* merge; ~ *sig til en* join sby; ~ *sig til hvad en siger* go along with sby.

slynge *v* sling, fling; ~ *sig* wind; *(om å etc)* meander; ~ *om sig med ngt* bandy sth about.

slyngel *s* scoundrel.

slyngplante *s* climber.

slæb *s (på kjole)* train; *(arbejde)* hard work; *(besvær)* trouble; *have en på ~* have sby in tow; **~e** *v (med besvær)* drag; *(bugsere)* tow; *(arbejde hårdt)* work hard; *~e på fødderne* drag one's feet; *~e sig af sted* drag on; **~ebåd** *s* tug.

slæde *s* sledge; *(kælk)* toboggan; *køre i ~* go sledging; **~hund** *s* husky.

slægt *s* family; *være i ~ med en* be related to sby; ~ *og venner* kith and kin; **~e** *v: ~e en på* take after sby; **~ning** *s* relative; **~sforskning** *s* genealogy; **~skab** *s* relationship; *(samfølelse, beslægtethed)* affinity; **~snavn** *s* family name.

slække *v* slacken; ~ *på reglerne* relax the rules.

slæng *s* crowd, set; **~e** *v* throw, fling.

sløj *adj (ikke rask)* unwell, poorly; *(ringe)* poor.

sløjd *s* woodwork.

sløjfe *s* bow; *(fig, om linje etc)* loop // *v (nedrive)* demolish; *(nedlægge, afskaffe)* abolish;

(udelade) leave out.
slør *s* veil; *(i bilrat)* play; *(i hjul)* wobble; *løfte ~et for ngt* reveal sth; **~e** *v* blur; *(om lys)* dim; *med ~et stemme* in a husky voice.
sløse *v (ødsle)* waste; *(sjuske)* be slovenly; **~ri** *s* negligence.
sløv *adj (om person, forestilling etc)* dull; *(ligeglad)* apathetic; *(om kniv)* blunt; **~ende** *adj (om arbejde)* dulling; **~hed** *s* lethargy; *(om kniv)* bluntness.
slå *s* bolt; *skyde ~en for* bolt the door; *skyde ~en fra* unbolt the door.
slå *v* beat; *(enkelt slag) hit; (om ur)* strike; *(~ hårdt)* knock; *(støde imod så det gør ondt)* hurt; *(gøre indtryk på)* strike; *~ fejl* go wrong; *~ græsplænen* mow the lawn; *~ igen* hit back; *~ igennem (om fx kunstner)* get known; *~ en ihjel* kill sby; *~ med nakken* toss one's head; *~ en med en kæp* hit sby with a stick; *~ en ned* knock sby down; *~ et oprør ned* suppress a rebellion; *~ blikket ned* cast down one's eyes; *det slog ned i mig at...* it suddenly occurred to me that...; *lynet slog ned* the lightning struck; *~ om (om vejr etc)* change; *(om vind)* shift; *~ bogen op* open the book; *~ ngt op i ordbogen* look sth up in the dictionary; *~ op med en* break with sby; *~ liggestolen sammen* fold up the deckchair; *~ til (dvs. slå hårdt)* hit out; *(dvs. være nok)* be sufficient; *(dvs. sige ja)* accept; *(dvs. gå i opfyldelse)* come true; *~ ud (dvs. få udslæt)* come out in a rash; *~ en ud* knock sby out; *(besejre)* beat sby; *~ sig* hurt oneself; *~ sig ned* sit down; *~ sig på flasken* hit the bottle.
slåen *s (bot)* sloe.
slående *adj (om lighed)* striking; *(om fx argument)* convincing.
slåfejl *s (i ngt maskinskrevet)* typing error.
slåmaskine *s* mower.
slås *v* fight; *~ med en* fight (with) sby; *~ med ngt* struggle with sth; *~ om ngt* fight over sth.
smadre *v* smash (up).
smag *s* taste; *(let, lækker ~)* flavour; *enhver sin ~* every man to his taste; *det er ikke min ~* it is not my cup of tea; *det er lige efter min ~* it is exactly to my taste; *falde i ens ~* be to sby's taste; **~e** *v* taste; *~e på ngt* taste sth; *~ til med krydderier* add spices to taste; **~fuld** *adj* in good taste; **~løs** *adj* in bad taste; **~sprøve** *s* sample; **~sstof** *s: tilsat kunstigt ~sstof* artificial flavouring added.
smal *adj* narrow; *det er en ~ sag* it is quite simple; **~film** *s* cine-film; **~filmskamera** *s* cine-camera.
smaragd *s* emerald.
smart *s* smart.
smaske *v* eat noisily.
smattet *adj* slippery.
smed *s (grov~)* blacksmith; *(klejn~)* locksmith; **~e** *v* forge; *~e mens jernet er varmt* strike while the iron is hot; **~ejern** *s* wrought iron; **smedje** *s* smithy, forge.
smelte *v* melt; **~vand** *s* meltwater; **smeltning** *s* melting.
smerte *s* pain; *have ~r* be in pain; *have ~r i ryggen* have a pain in one's back // *v (gøre ondt)* ache; *(bedrøve)* grieve; **~fri** *adj* painless; **~fuld** *adj* painful; **~lig** *adj (ubehagelig)*

painful; *(sørgelig)* sad; **~stillende** *adj* pain-killing; *~stillende middel* pain-killer.

smide *v* throw, (F) chuck; *(let, overlegent, fx om bold)* toss; *(voldsomt)* fling; *~ med sten* throw stones; *~ sig ned* fall down flat; *~ en ud* throw sby out; *~ ngt ud (el. væk)* throw sth away, chuck sth out.

smidig *adj* supple; *(om materiale)* plastic; *(fig, som kan indrette sig)* flexible; **~hed** *s* suppleness; plasticity; flexibility.

smiger *s* flattery; **smigre** *v* flatter.

smil *s* smile; **~e** *v* smile; *~e ad (, over, til)* smile at; **~ehul** *s* dimple.

sminke *s* make-up // *v: ~ (sig)* make up, paint; **sminkning** *s* making-up; **sminkør** *s* make-up artist.

smitsom *adj* contagious, infectious; **smitstof** *s* germs *pl.*

smitte *s* infection // *v* infect; *(fig)* be contagious; *~ en med forkølelse* pass one's cold on to sby; *blive ~t med influenza* catch the flu; *blive ~t af en* catch it off sby; *~ af på* come off on; *(fig)* infect; **~fare** *s* danger of infection; **~farlig** *adj* contagious; **~kilde** *s* source of infection; **~nde** *adj (fx latter)* catching.

smoking *s* dinner jacket.

smuds *s* dirt; **~blad** *s (om avis)* dirt rag; **~ig** *adj* dirty; *(ufin)* sordid; **~litteratur** *s* trash; *(porno)* pornography; **~omslag** *s (på bog)* dust jacket.

smug *s: i ~* secretly.

smugle *v* smuggle; **~r** *s* smuggler; **~ri** *s* smuggling.

smuk *adj* beautiful; *(om mand)* handsome; *(køn)* good-looking; *(ædel)* noble; *det var ~t af dig* that was very good of you.

smuldre *v* crumble.

smule *s* bit; *(af væske)* drop; *en ~* a little, a bit; *ikke en ~* nothing at all.

smut *s (lille tur)* trip; *jeg kom lige et ~ forbi* I'm just dropping in for a minute; *slå ~ (med sten)* play ducks and drakes; **~hul** *s* hiding place; *(fig)* loophole; **~te** *v (hurtigt)* nip, pop; *(gå ubemærket)* slip; *nu ~ter jeg* I'm off; *~te over og se til en* pop over to see sby; *~te i tøjet* slip into one's clothes; *~te fra en* give sby the slip; *~te mandler* blanch almonds; **~ter** *s (fejl)* slip; **~tur** *s* trip; **~vej** *s* short cut.

smykke *s (ægte)* piece of jewellery; *(ikke kostbart)* trinket; *~r* jewellery // *v* decorate; **~skrin** *s* jewel box.

smæk *s (lyd)* snap; *(stærkt)* bang; *(slag)* slap; *(hage~, bukse~)* bib; *få ~* be spanked; *give en ~* give sby a spanking; **~fornærmet** *adj* miffed; **~ke** *v (om lyd)* snap; bang, slam; *(slå)* slap; *(give endefuld)* spank; *~ke med døren* slam the door; *~ke døren op* throw the door open; **~lås** *s* latch.

smæld *s* click, snap; *(stærkt)* bang; *slå ~ med tungen* click one's tongue; **~e** *v* crack, snap.

smøg *s* (F) fag.

smøge *s (gyde)* alley, passage // *v: ~ ngt af sig* slip sth off; *~ ærmerne op* turn up one's sleeves.

smøle *v* dawdle *(med* over).

smør *s* butter; *komme ~ på brødet* butter the bread; **~blomst** *s* buttercup; **~e** *v* smear; *(gnide ind)* rub; *(om* *brød)* spread; *(med smør)* butter; *(med olie)* oil; *(med fedt)* grease; **~ebræt** *s* platter; **~ekande** *s* oil can; **~ekniv** *s* spreading knife; **~else** *s* lubricant; **~eolie** *s* lubricating oil; **~eost** *s* cheese spread; **~eri** *s (om skriveri)* scribbling; *(om maleri)* daubing; **~kniv** *s* butter knife; **~krukke** *s* butter jar.

smørrebrød *s* open sandwiches *pl; et stykke ~* an open sandwich; **~sbord** *s* smorgasbord; **~spapir** *s* grease-proof paper.

smørskål *s* butter dish; **smørsovs** *s* melted butter.

små *adj* small, little; *(knap, ca.)* just under; *de ~* the children; *gøre ngt i det ~* do sth in a small way; *så ~t* gradually; **~borgerlig** *adj (neds)* petty bourgeois; **~børn** *spl* young children; **~kage** *s* (sweet) biscuit; **~koge** *v* simmer; **~kød** *s: hakket ~kød* mince.

smålig *adj (for nøjeregnende)* petty; *(fedtet)* stingy; *(snæversynet)* narrow-minded; **~hed** *s* pettiness; stinginess; narrow-mindedness.

små. . . *sms:* **~penge** *spl* (small) change; *det er kun ~penge* (F) it is only peanuts; **~regne** *v* drizzle; **~sløjd** *s sv.t.* handicrafts *pl;* **~ternet** *adj* small-checked; **~ting** *spl* small things; *(ligegyldige)* trifles; **~tingsafdeling** *s (med sysager)* haberdashery department; *det hører til ~tingsafdelingen* it is a mere trifle; **~tosset** *adj* batty.

snabel *s* trunk; *(næse)* conk.

snage *v: ~ i ngt* pry into sth.

snak *s (samtale)* talk; *(sludder)* nonsense; *(sladder)* gossip; *der er ngt om ~ken* there is sth in it; *løs ~* gossip; *sikke ngt ~!* what nonsense! **~ke** *v* talk, chat; *(vrøvle)* talk nonsense; *(sladre)* gossip; *~ke med en* talk to sby; *~ke om ngt* talk about sth; **~kesalig** *adj* talkative.

snappe *v* snatch; *(bide)* snap *(efter* at); *~ efter vejret* gasp for breath.

snaps *s* snaps.

snarere *adv* rather; *(nærmest)* if anything; *(hurtigere)* sooner; *vi er ~ for tidlig på den* we are too early, if anything.

snarest *adv (så hurtigt som muligt)* as soon as possible; *(nærmest)* if anything.

snarlig *adj* early; *(nært forestående)* approaching.

snart *adv* soon, shortly; *(kort efter)* soon, shortly after(wards); *(næsten)* almost, nearly; *det er ~ for sent* it will soon be too late; *det er ~ på tide* it is about time; *så ~ (som)* as soon as.

snavs *s* dirt, filth; **~e** *v: ~e ngt til* dirty sth; *~e sig til* get dirty; **~et** *adj* dirty; *(meget beskidt)* filthy; **~etøj** *s* washing, laundry; **~etøjskurv** *s* laundry basket.

sne *s* snow; *høj ~* deep snow // *v* snow; *det ~r* it is snowing; *~ inde* be snowed up; *(om bil)* get stuck in the snow; **~bold** *s* snowball.

snedig *adj* cunning; *(neds: snu)* sly; *(snild)* clever; **~hed** *s* cunning; slyness; cleverness.

snedker *s (bygnings~)* joiner; *(tømrer)* carpenter; *(møbel~)* cabinetmaker; **~ere** *v* do woodwork.

snedrive *s* snowdrift; **snefnug** *s* snowflake.

snegl *s* snail; *(uden hus)* slug; *en sær ~* an odd fish; **~e** *v:*

~e sig af sted crawl along; *(tage lang tid)* drag on; **~ehus** *s* snail-shell.

sne... *sms:* **~hvid** *adj* snow-white; **S~hvide** Snow White; **~kastning** *s* snow shovelling; **~kæde** *s* snow chain; **~mand** *s* snowman; **~plov** *s* snowplough.

snerpe *v: ~ munden sammen* purse one's lips; **~ri** *s* prudery; **~t** *adj* prudish.

snerydning *s* snow clearing.

snes *s* score; *en halv ~* about a dozen; **~evis:** *i ~evis* in scores.

sneskred *s* avalanche; **snevejr** *s* snow.

snige *v: ~ sig* steal, creep *(ind på en* up on sby); **~nde** *adj* sneaking; **snigmord** *s* assassination; **snigskytte** *s* sniper.

snit *s* cut; *(tvær~, ud~)* section; *se sit ~ til at* see one's chance to; *i ~ (dvs. i gennemsnit)* on (an) average; **~mønster** *s* pattern; **~sår** *s* cut; *(dybt)* gash.

snitte *s (smørrebrød)* open sandwich, canapé // *v (skære i stykker, skiver)* cut (up), slice; *(skære i strimler)* shred; **~bønne** *s* French bean.

sno *v* twist; *~ sig* twist; *(om å, vej)* wind; *(i trafikken)* weave.

snob *s* snob; **~beri** *s* snobbery; **~bet** *adj* snobbish.

snoet *adj* twisted; *(om vej)* winding.

snog *s* grass snake.

snoning *s (det at sno sig)* twisting; *(bugtning)* winding; *(i strikning)* cable stitch.

snor *s* string; *(tlf, elek)* cord, *(tøj~)* line; *(hunde~)* leash; *gå med hunden i ~* have the dog on a leash; *binde en ~ om ngt* tie sth up (with string).

snorke *s* snore; **~n** *s* snore, snoring.

snot *s* snot; **~klud** *s* (V!) snotrag; **~tet** *adj* snotty.

snu *adj* sly.

snuble *v* stumble *(over over).*

snude *s (på dyr)* nose; *(på person, neds)* snout; *(på sko)* toe; *stikke sin ~ i ngt* poke one's nose into sth.

snue *s* cold.

snuppe *v* snatch; *(stjæle)* pinch.

snurre *v (om bevægelse)* spin, whirl; *(om lyd)* whirr; *(småkoge)* simmer; **~n** *s* spinning, whirling; whirring; simmering.

snuse *v* sniff; *~ rundt* nose around.

snusket *adj (snavset, ulækker)* dirty; *(fig)* sordid.

snustobak *s* snuff.

snyde *v* cheat; *~ næse* blow one's nose; *~ en for ngt* cheat sby out of sth; *~ i kortspil* cheat at cards; *~ i skat* fiddle one's income tax; **~r** s cheat; **~ri** *s* cheating.

snylte *v (om person)* sponge *(på* on); **~r** *s* parasite.

snæver *adj* narrow; *(om tøj etc)* tight; *i en ~ vending* at a pinch; **~synet** *adj* narrow-minded; **snævre** *v: snævre ind* narrow.

snøft *s* sniff; **~e** *v* sniff; *(pruste)* snort.

snøre *s* line // *v* lace up; **~bånd** *s* (shoe)lace; **~sko** *s* lace-up shoe.

so *s* sow.

sober *adj* sober.

social *adj* social; **~arbejder** *s* social worker; **~demokratiet** *s* the Social Democratic Party; **~forsorg** *s* social welfare (services *pl);* **~hjælp** *s* social security; **~isme** *s* socialism; **~ist** *s,* **~istisk** *adj* socialist;

~**kontor** *s* social security (office); ~**ministerium** *s* Ministry for Social Affairs; ~**rådgiver** *s* social worker.

sod *s* soot.

soda *s* soda; ~**vand** *s (hvid)* soda water; *(farvet)* fizzy soft drink; ~**vandsis** *s* ice lolly.

sofa *s* sofa; *(mindre)* settee; ~**bord** *s* coffee table; ~**vælger** *s* non-voter.

sogn *s* parish; ~**ekirke** *s* parish church; ~**epræst** *s* vicar; *(i katolsk sogn)* parish priest; ~**råd** *s* parish council.

soja *s* soy; ~**bønne** *s* soy bean; ~**sovs** *s* soy sauce.

sok *s* sock.

sokkel *s (til fx mur)* plinth; *(til søjle)* base; *(til elek pære)* holder.

sol *s* sun; *~en skinner* the sun is shining; *~en står op* the sun is rising; *~en går ned* the sun is setting; ~**arium** *s* solarium; ~**bad** *s: tage ~bad* sunbathe; ~**batteri** *s* solar battery; ~**briller** *spl* sunglasses; ~**brændt** *adj* suntanned; ~**brændthed** *s* suntan; ~**bær** *s* black currant; ~**creme** *s* suntan lotion.

soldat *s* soldier; *være ~ (også:)* be in the army.

solde *v: ~ pengene op på ngt* throw one's money away on sth; *være ude at ~ (dvs. drikke)* be out on the booze; ~**ri** *s (ødslen)* waste; *(druk)* boozing.

sole *v: ~ sig* sit (, lie etc) in the sun; ~**klar** *adj* crystal-clear.

solenergi *s* solar energy; **solformørkelse** *s* solar eclipse; **solhverv** *s* solstice.

solid *adj* solid; *(holdbar, modstandsdygtig)* robust; *(om måltid)* substantial; *(til at stole på)* reliable; ~**arisk** *adj* solidary; *være ~arisk med* show solidarity with; ~**aritet** *s* solidarity.

solist *s* soloist.

sollys *s* sunlight; **solnedgang** *s* sunset.

solo *s/adj* solo; ~**danser** *s* leading dancer; *(om kvinde)* prima ballerina.

sol. . . *sms:* ~**olie** *s* suntan oil; ~**opgang** *s* sunrise; ~**sikke** *s* sunflower; ~**skin** *s* sunshine; ~**skinsdag** *s* sunny day; ~**skoldet** *adj* sunburnt; ~**sort** *s* blackbird; ~**stik** *s* sunstroke; ~**stråle** *s* sunbeam; ~**system** *s* solar system; ~**tag** *s (i bil)* sunshine roof; ~**ur** *s* sundial; ~**varme** *s* solar heat.

som *pron (om person, som subjekt)* who; *(som objekt)* whom; *(efter præp)* whom; *(om alt andet end personer)* which; *den dame ~ kommer i morgen* the lady who is coming tomorrow; *den mand ~ du bad feje gården* the man (whom) you asked to sweep the yard; *det brev ~ kom i går* the letter which arrived yesterday; *det samme ~ vi fik i går* the same as we had yesterday // *konj (indledende en sætning, i egenskab af)* as; *(ikke indledende en sætning, lige som)* like; *(så som)* such as; *lige ~ vi kom* just as we arrived; *~ forventet* as expected; *gør ~ jeg siger* do as I tell you; *efterhånden ~* as; *få ngt ~ belønning* get sth as a reward; *opføre sig ~ en gal* behave like a madman; *kæledyr ~ hamstre og marsvin* pets like hamsters and guinea pigs; *~ det dog regner!* how it rains! *~ om* as if; *sort ~ kul* as black as coal; *~ sådan* as such.

sommer *s* summer; *i ~ (dvs. sidste)* last summer; *(dvs. kommende)* this summer; *om ~en* in summer; *til ~* next summer; **~dag** *s* summer's day; **~ferie** *s* summer holidays *pl;* **~fugl** *s* butterfly; **~hus** *s* holiday house, cottage; **~lejr** *s* holiday camp; **~tid** *s* summertime.
sondere *v* probe; *~ terrænet (fig)* see how the land lies.
soppe *v* paddle; **~bassin** *s* paddling pool.
sorg *s* grief; *(beklagelse)* regret; *(bekymring)* worry; *bære ~* be in mourning; *det er med ~ at vi må meddele Dem at...* we regret to have to inform you that...; **~løs** *s* carefree.
sort *s (art)* sort, kind; *(mærke)* brand // *adj* black; *arbejde ~* do moonlighting; *se ~ på tingene* look on the dark side of things; **~børs** *s* black market; **S~ehavet** *s* the Black Sea; **~eper** *s: blive ~eper (fig)* be left holding the baby; *lade ~eper gå videre* pass the buck.
sortere *v* sort; *~ fra* sort out; **sortering** *s* sorting; *(finhed, kvalitet etc)* quality, grade.
sortiment *s* assortment.
sortseer *s* pessimist; *(tv)* licence dodger.
souschef *s* deputy head.
sove *v* sleep, be asleep; *sov godt!* sleep well! *~e godt* be fast asleep; *han ~r let* he is a light sleeper; *~ længe* have a long lie; *~ over sig* oversleep; *~ rusen ud* sleep it off; **~briks** *s* plank bed; **~by** *s* dormitory town; **~kammerøjne** *pl* (F) come-to-bed eyes; **~pille** *s* sleeping pill; **~pose** *s* sleeping bag; **~sal** *s* dormitory; **~sofa** *s* bed settee; **~vogn** *s* sleeping car, sleeper; **~værelse** *s* bedroom.
sovjetisk *adj* Soviet; **Sovjetunionen** *s* the Soviet Union, the USSR.
sovs *s* sauce; *(sky~)* gravy; **~eskål** *s* sauceboat.
spade *s* spade.
spadsere *v* walk; *(slentre)* stroll; **~dragt** *s* suit; **~tur** *s* walk; stroll.
spagat *s: gå i ~* do the splits.
spagfærdig *adj* meek.
spalte *s* crack; *(større, i fx klippe)* crevice; *(i bog, avis)* column // *v* split (up); *(om brænde)* chop; **spaltning** *s* splitting (up); *(om atomer)* fission.
spand *s* pail; *(større)* bucket; *(om bil, neds)* banger; *(om fx heste)* team; *være på ~en* be in a fix.
Spanien *s* Spain; **spanier** *s* Spaniard; **spansk** *adj* Spanish.
spanskrør *s* cane.
spar *s (i kort)* spades; *~ konge* king of spades.
spare *v (~ op, ikke bruge)* save; *(skåne)* spare; *(være sparsommelig)* economize; *spar mig for detaljerne* spare me the details; *~ op* save up; *~ på strømmen* economize on the current; *~ på kræfterne* save one's strength; *~ sig ulejligheden* save oneself the trouble; **~bøsse** *s* savings box; **~kasse** *s* savings bank; **~kniv** *s: blive ramt af ~kniven* get the axe.
spark *s* kick; *få et ~ bagi* get a kick in the pants; **~e** *v* kick; *~e en over skinnebenet* kick sby's shin; **~ebukser** *spl* (pair of) rompers.
sparsom *adj (spredt)* sparse, *(tynd)* thin; **~melig** *adj* economical; **~melighed** *s* econo-

my.

spartel *s* spatula; *(kit~)* putty knife; **~masse** *s* stopping; **spartle** *v* fill; *(kitte)* putty.

spastiker *s* spastic; **spastisk** *adj* spastic.

speaker *s (tv, radio)* announcer.

specialarbejder *s* semi-skilled worker; **specialbygget** *adj* purpose-built.

speciale *s* specialty; *(afhandling)* dissertation; *(i skolen)* term paper.

specialisere *v: ~ sig i* specialize in; **specialisering** *s* specialization; **specialist** *s* specialist; **specialitet** *s* specialty.

speciallæge *s* specialist.

speciel *adj* special; **~t** *adv* especially; *(udtrykkelig)* specially.

specificere *v* specify; *(om regning)* itemize.

specifik *adj* specific; **~ation** *s* specification.

spedalsk *s: en ~* a leper; **~hed** *s* leprosy.

speditør *s* shipping agent.

speeder *s (i bil)* accelerator; **speedometer** *s* speedometer.

spegepølse *s* salami; **spegesild** *s* salted herring.

spejde *v* look out *(efter* for); **~r** *s (pige~)* girl guide; *(drenge~)* boy scout.

spejl *s* mirror; *se sig i ~et* look in the mirror; **~billede** *s* reflection; **~e** *v: ~e sig (dvs. se sig i ~et)* look in a mirror; *(dvs. genspejles)* be reflected; *~e æg* fry eggs; **~glas** *s* mirror glass; *(vindue)* plate glass; **~glat** *adj* slippery; **~refleks-kamera** *s* reflex camera; **~vendt** *adj* the wrong way round; **~æg** *s* fried eggs.

spektakel *s* noise; *spektakler (dvs. uro, optøjer)* riots.

spekulation *s* speculation.

spekulere *v* think *(over, på* about); *(fx over problem)* puzzle *(over, på* about); *(være bekymret)* worry *(over, på* about); *~ på at gøre ngt* think of doing sth.

spencer *s* pinafore dress.

spendere *v* spend; *~ ngt på en* treat sby to sth.

spid *s* spit; *sætte ngt på ~* spit sth; **~de** *v* pierce.

spids *s (skarp)* point; *(yderste ende)* tip; *(øverste ende)* top; *gå i ~en* lead the way; *gå op i en ~* (F) go off the deep end; *stå i ~en for ngt* be at the head of sth // *adj (også fig)* pointed, sharp; **~belastning** *s* peak (load); **~e** *v* sharpen *(fx en blyant* a pencil); *~e ører* prick up one's ears; **~findig** *adj* subtle; **~kål** *s* spring cabbage.

spidstege *v* spitroast.

spil *s* play; *(efter regler, fx kort, tennis)* game; *(skuespillers ~)* acting; *(musikers ~)* playing; *have frit ~* have a free rein; *et ~ kort (dvs. selve kortene)* a pack of cards; *(dvs. spillet)* a game of cards; *have en finger med i ~let* have a hand in it; *sætte ngt på ~* put sth at stake; *være på ~* be at work; *gå til ~* take music lessons.

spild *s* waste; *(affald)* refuse; *lade ngt gå til ~e* waste sth; *gå til ~e* be wasted; **~e** *v* spill; *(ødsle væk)* waste; *~e sovs på skjorten* spill sauce on one's shirt; *~e tid(en)* waste time; **~evand** *s* waste water; *(kloakvand)* sewage; **~olie** *s* waste oil; *(på stranden)* oil pollution.

spile *v: ~ ngt ud* distend sth.

spille *v* play; *(opføre)* perform; *(om rolle)* act; *~ klaver* play the piano; *~ kort* play cards;

~ *med i et spil* join a game; ~ *om ngt* play for sth; **~automat** *s* slot machine; **~film** *s* feature film; **~hal** *s* (amusement) arcade; **~kasino** *adj* (gambling) casino; **~kort** *s* playing card; **~lærer** *s* music teacher; **~r** *s* player.

spinat *s* spinach; *jokke i ~en* put one's foot in it.

spinde *v* spin; *(om kat)* purr; **~læv** *s* spider's web, cobweb; **~ri** *s* spinning mill; **~rok** *s* spinning wheel.

spinkel *adj* slight; *(skrøbelig)* delicate, frail; *(slank)* slender.

spion *s* spy; **~age** *s* espionage; **~ere** *v* spy.

spir *s* spire.

spiral *s* spiral; *(mod graviditet)* coil, IUD.

spire *s* shoot; *(bønne~)* sprout; *(fig)* germ // *v (om frø)* germinate; *(om plante, løg etc)* sprout; *(fig)* begin; **spiring** *s* sprouting, germination.

spiritus *s* alcohol; *(om drikke)* drink, liquor, (F) booze; **~beskatning** *s* alcohol duty; **~bevilling** *s* licence (to sell alcoholic beverages); **~kørsel** *s* drunken driving; **~prøve** *s* *(med spritballon)* breathalyzer; *(med blodprøve)* blood alcohol test; **~påvirket** *adj* under the influence of alcohol.

spise *v* eat; have; ~ *middag* have dinner; *hvornår skal vi ~?* when do we eat? ~ *sig mæt* have enough to eat; ~ *ude* eat out; **~bord** *s* dining table; **~kort** *s* menu; **~krog** *s* dining area; **~køkken** *s* kitchen-dining room; **~lig** *adj* *(dvs. ikke giftig)* edible; *(dvs. værd at spise)* eatable; **~olie** *s* salad oil; **~pinde** *spl* chopsticks; **~rør** *s* gullet; **~ske** *s* tablespoon; **~sted** *s* eating place; **~stel** *s* dinner service; **~stue** *s* dining room; **~tid** *s* mealtime; **~vogn** *s (jernb)* dining car; *(kun med let servering)* buffet (car); **~æble** *s* eating apple; **spisning** *s* eating; *(lettere bespisning)* refreshments *pl.*

spjæld *s (i ovn, kamin)* damper.

spjæt *s* start; **~te** *v* twitch; *(med fødderne)* kick.

splejs *s* shrimp; **~e** *v* splice; *(deles om udgift)* club together *(til ngt* to buy sth).

splid *s* conflict; *så ~* make trouble.

splint *s* splinter; *(flis)* fragment; **~erny** *adj* brand-new; **~fri** *adj: ~frit glas* safety glass; **~re** *v* splinter.

splitflag *s* swallow-tailed flag.

splitte *v* split, divide; *(sprede fx folkemængde)* scatter; ~ *ngt ad (dvs. sprede)* scatter sth; *(dvs. pille fra hinanden)* take sth to pieces; **~lse** *s* split; *(opløsning)* split-up.

splitter... *sms:* **~nøgen** *adj* stark naked; **~ravende** *adj: ~ravende tosset* stark staring mad.

splittet *adj* divided; *(opdelt)* split up.

spole *s* spool, reel; *(til symaskine)* bobbin // *v (om garn)* spool, wind; *(om film)* reel; ~ *frem (el. tilbage) (på båndoptager)* wind forwards *(el.* rewind).

spolere *v* spoil, ruin.

spontan *adj* spontaneous.

spor *s (fod~)* footprint, track; *(hjul~)* wheel track; *(jernb, sti)* track; *(mærke efter ngt)* mark, trace; *ikke ~* nothing at all; *(dvs. slet ikke)* not at all; *følge i ens ~* follow in sby's footsteps; *løbe af ~et (jernb)* be derailed; *komme på ~et af ngt* get onto sth;

-sporet *(om vej)* -lane; *(jernb)* -track.

spor... *sms:* **~løst** *adv* without (a) trace; **~skifte** *s* points *pl;* **~stof** *s* trace element.

sport *s* sports *pl; dyrke ~* go in for sports; **~sbegivenhed** *s* sporting event; **~sfolk** *spl* sportsmen, athletes; **~sforretning** *s* sports shop; **~sgren** *s* sport; **~shal** *s* sports centre; **~slig** *adj* sporting; **~smand** *s* athlete; **~splads** *s* sports ground; **~ssiderne** *spl (i avisen)* the sports pages; **~sstrømpe** *s* knee-stocking; **~sstævne** *s* sports meeting; **~støj** *s (i forretning)* sportswear; *(antræk)* sports clothes; **~sudstyr** *s* sports equipment; **~svogn** *s (auto)* sports car; **~sudsendelse** *s* sportscast.

spot *s* mockery, ridicule; **~pris** *s: til ~pris* for a song; **~te** *v* mock (at); *(med hånlige bemærkninger)* sneer at; *(være ugudelig)* blaspheme; **~tende** *adj* mocking.

spraglet *adj* gaily coloured; *(neds, alt for ~)* loud.

sprede *v* spread; *(splitte, ~ vidt og bredt)* scatter; *~ sig* spread; scatter; **spredning** *s* spreading; scattering; *(statistisk)* dispersion; *(fig)* variation; **spredt** *adj* scattered.

spring *s* jump; *(stort)* leap; *~ over hest (i gymnastik)* horse vault; *være på ~ for at...* be ready to...; **~bræt** *s* springboard; **~e** *v* jump; *(større ~)* leap; *(om kilde)* spring; *(om springvand)* play; *(~ i stykker)* burst; *(om fx streng)* snap; *(eksplodere)* explode, blow up; *der er sprunget en sikring* a fuse has blown; *~e fra ngt (fig)* back out of sth; *~ i luften* blow up, explode; *døren sprang op* the door flew open; *~e over ngt* jump sth; *~e ngt over* skip sth; *(udelade)* leave sth out; *(glemme)* miss sth; *~e ud (dvs. om blomst etc)* come out; *(dvs. i vandet)* dive in; **~er** *s* jumper; *(i skak)* knight; **~kniv** *s* flick knife; **~madras** *s* spring mattress; **~vand** *s* fountain.

sprit *s* alcohol, spirit; *(spiritus)* spirits *pl;* **~apparat** *s* spirit stove; **~bilist** *s* drunken driver; **~te** *v: ~te ngt af* clean sth with spirit.

sprog *s* language; *(måde at tale på)* speech; **~brug** *s* usage; **~forskning** *s* linguistic research; **~kundskaber** *spl* language skills; **~kursus** *s* language course; **~lig** *adj* linguistic; **~lære** *s* grammar; **~videnskab** *s* linguistics *pl.*

sprosse *s (i vindue)* bar.

sprudle *v* bubble; *~ frem* well out; **~nde** *adj* bubbling; *(om fx vin)* sparkling.

sprut *s* (F) booze; **~te** *v* splutter; *(om stegepande etc)* sputter.

sprække *s (revne)* crack; *(fx klippe~)* crevice // *v* crack, burst.

sprælle *v* kick about; *(med kroppen)* wriggle; **~mand** *s* jumping jack; **sprælsk** *adj* lively.

sprænge *v* burst; *(ved eksplosion)* blow up; *(om bombe)* explode; *(åbne med magt)* break open; *(opløse fx et møde)* break up; *~s* burst; *(om fx regering)* split; **sprængfarlig** *adj* explosive; **sprængladning** *s* explosive charge; *(i missil)* warhead; **sprængning** *s* bursting; explosion; breaking open *(el.* up); splitting; **sprængningskommando** *s* bomb disposal squad; **sprængstof** *s* explosive; *(fig)* dynamite; **sprængt** *adj (om kød)* salted, pickled.

sprætte *v: ~ ngt op (om tøj)* unstitch sth; *(om kuvert)* slit sth open; *(om bog)* cut the pages of sth.

sprød *adj* brittle; *(om mad)* crisp, crunchy.

sprøjt *s* splash; *(neds, om fx tynd te)* dishwater; *(om dårlig vin)* plonk; **~e** *s (til indsprøjtning)* syringe; *(brand~)* fire engine; *(neds, om blad)* rag // *v* spray; *(indsprøjte)* inject; *(stænke)* spatter; *(plaske)* splash; **~emale** *v* spray (paint); **~epistol** *s* spray-gun; **~ning** *s* spraying.

spule *v* wash down.

spurv *s* sparrow.

spyd *s* spear; *(i sport)* javelin.

spydig *adj* sarcastic; **~hed** *s* sarcasm.

spydkast *s (i sport)* throwing the javelin.

spyflue *s* bluebottle.

spyt *s* spittle, saliva; **~kirtel** *s* salivary gland; **~te** *v* spit.

spæd *adj (lille)* tiny; *(fin, sart)* tender; *en ~ stemme* a frail voice; *da han var ~* when he was a baby; **~barn** *s* baby, infant.

spæk *s (svine~)* bacon fat; *(hval~)* blubber; **~ke** *v (gastr)* lard; *~ket med (dvs. fuld af)* bristling with; **~kebræt** *s* trencher.

spænde *s* clasp; *(på fx sko)* buckle; *(hår~)* hair slide // *v (stramme)* tighten; *(udspænde)* stretch; *(om bælte)* clasp; *(om rem)* strap; *~ ben for en* trip sby up; *~ livremmen ind* tighten one's belt; *~ vidt (fig)* cover a wide field.

spændende *adj* exciting, thrilling.

spændetrøje *s* straitjacket.

spænding *s (om ngt spændende)* excitement; *(elek)* voltage; *(stramning)* tightening; *(det at være spændt el. stram, social ~ etc)* tension.

spændstig *adj* elastic; *(smidig)* supple; **~hed** *s* elasticity; suppleness.

spændt *adj (nysgerrig, interesseret)* curious; *(anspændt)* tense; *(ivrig)* anxious; *(strammet)* tight; *være ~ på ngt* be curious to see sth.

spæne *v* bolt, run.

spærre *v* bar, block; *vejen er ~t* the road is closed; *~ for en* obstruct sby; *~ en inde* shut sby up; *(i fængsel)* lock sby up; **spærring** *s* barring, blocking, closing; *(vej~)* road block; *(politi~)* cordon.

spøg *s* joke; *for ~* for fun; *det var kun min ~* I was only joking; *forstå ~* have a sense of humour; *~ til side* joking apart; **~e** *v* joke; *(gå igen)* haunt; *~e med ngt* make a joke of sth; *det er ikke ngt at ~e med* it is no joking matter; *det ~er på slottet* the castle is haunted; **~efugl** *s* joker; **~efuld** *adj* playful; *(humoristisk)* humorous.

spøgelse *s* ghost; **~shistorie** *s* ghost story; **spøgeri** *s* haunting.

spørge *v* ask; *(høfligt, formelt)* inquire; *(bydende, krævende)* demand; *~ en (ad)* ask sby; *~ efter en* ask for sby; *~ om ngt* ask *(el.* inquire) about sth; *~ hvad det koster* ask the price; *~ en om vej* ask sby the way; *~ til en* ask after sby; *~ en ud* question sby; **~nde** *adj* inquiring; **~skema** *s* questionnaire.

spørgsmål *s* question; *(sag)* matter; *stille en et ~* ask sby a question; *det er ~et* that is the question; *et ~ om liv og død* a matter of life and death; **~stegn** *s* question mark; *sætte ~stegn ved ngt (fig)* question sth.

spå *v* foretell; *(forudsige ud fra viden)* predict; *(profetere)* prophesy; *blive ~et (dvs. få sin skæbne spået)* have one's fortune told; *~ i kort* tell the future from cards; **~kone** *s* fortuneteller.

spån *s* chip; *(høvl~)* shaving; **~plade** *s* chipboard.

stab *s* staff.

stabel *s (bunke)* pile *(fx bøger* of books); *(større, fx med brænde)* stack; *løbe af ~en* be launched.

stabil *adj* steady; *(mods: usikker)* stable; **~isere** *v* stabilize; **~itet** *s* stability.

stable *v: ~ op* pile up, stack up.

stade *s (salgs~)* stall; *(på messe)* stand; *(bi~)* hive; *(trin)* level.

stadfæste *v* confirm, ratify; **~lse** *s* confirmation, ratification.

stadig *adj (uforandret)* constant; *(om vejr)* settled; *(uafbrudt)* steady // *adv* constantly; *(endnu)* still; **~hed** *s* steadiness; *til ~hed (dvs. permanent)* permanently; *(dvs. altid)* constantly; **~væk** *adv* still.

stadion *s* stadium.

stadium *s* stage; *på et sent (el. tidligt) ~* at an advanced *(el.* early) stage; *det er et overstået ~* it belongs to the past.

stads *s (ngt fint)* finery; *(ngt skidt)* rubbish, trash; *gøre ~ af en* make a fuss about sby; *være i ~en* be wearing one's best things.

stafetløb *s* relay (race).

staffeli *s* easel.

stage *s (pæl)* pole, stake; *(til lys)* candlestick // *v (om båd)* punt.

stagnere *v* stagnate.

stak *s* stack; *(bunke)* pile, heap.

stakit *s* fence, paling.

stakkel *s* poor thing; *din ~!* poor you! **~s** *adj* poor.

stald *s* stable; *(ko~)* cowshed.

stamgæst *s* regular.

stamme *s (træ~)* trunk; *(ord~)* stem; *(folke~)* tribe // *v (om talefejl)* stutter, stammer; *~ fra* come from; *(skyldes)* be due to, originate in; **~n** *s* stutter, stammer.

stampe *s: stå i ~* be at a standstill // *v* stamp (one's foot).

stamtavle *s* pedigree; **stamtræ** *s* family tree.

stand *s (tilstand)* condition, state; *(om fx hus)* (state of) repair; *(samfundsklasse)* class, rank; *(bod etc på udstilling)* stand; *være i ~ til at* be able to; *være ude af ~ til at* be unable to; *gøre ngt i ~* put sth in order; *gøre sig i ~ (dvs. vaske sig etc)* clean up; *(dvs. klæde sig på)* dress; *gøre huset i ~ (dvs. gøre rent)* clean the house; *(dvs. male etc)* redecorate (the house); *lave ngt i ~ (dvs. reparere)* mend *(el.* repair) sth.

standard *s* standard; *(niveau)* level.

standpunkt *s (synspunkt)* point of view; *(holdning)* attitude; *(stadium)* stage; *(niveau)* level; *(i kundskaber)* proficiency.

standse *v* stop; *(om fx bil også:)* pull up; *~ for rødt lys* stop at red; *~ op* stop short;

standsning *s* stopping, stop; *(i trafikken)* hold-up; *(afbrydelse)* interruption.

stang *s* bar; *(fiske~)* rod; *(telt~, flag~)* pole; *(cykel~)* crossbar; *en ~ chokolade* a chocolate bar; *flage på halv ~* fly the flag at half mast; *holde en ~en* hold sby at bay; **~drukken** *adj* dead drunk.
stange *v* butt; *~ tænder* pick one's teeth; *~ ål* spear eels.
stangspring *s* pole vaulting; **stangtøj** *s* off-the-peg clothes.
stank *s* stink, stench.
stankelben *s (zo)* daddy-long-legs.
stanniol *s* tinfoil.
start *s* start; **~bane** *s* runway; *(lille)* airstrip; **~e** *v* start; **~er** *s* starter; **~kapital** *s* initial capital; **~nøgle** *s* ignition key; **~signal** *s*, **~skud** *s* starting signal.
stat *s* state; *~en* the State; **~elig** *adj* imposing.
station *s* station; **~car** *s* estate car; **~ere** *v* station; **~sforstander** *s* station-master; **~ær** *s* stationary.
statisk *adj* static.
statist *s* extra.
statistik *s* statistics; **statistisk** *adj* statistical.
stativ *s* stand, rack; *(foto)* tripod.
stats. . . *sms:* **~advokat** *s* public prosecutor; **~autoriseret** *adj sv.t.* chartered; **~bane** *s* national railway; **~borger** *s* citizen; **~chef** *s* head of state; **~ejet** *adj* state-owned; **~forbund** *s* confederation; **~garanti** *s* state guarantee; **~gæld** *s* national debt; **~kassen** *s sv.t.* the Exchequer; **~kirke** *s* state church; **~kundskab** *s* political science; **~kup** *s* coup d'état; **~lig** *adj* state(-), national; **~lån** *s* government loan; **~mand** *s* statesman; **~minister** *s* prime minister; **~støtte** *s* state subsidy; **~støttet** *adj* state-subsidized; **~tilskud** *s* government grant; **~videnskab** *s* political science.
statue *s* statue; **~tte** *s* statuette.
status *s: gøre ~* make out the balance sheet; *(fig)* take stock; **~symbol** *s* status symbol.
staude *s* perennial; **~bed** *s* herbaceous border.
stav *s* stick; *(politi~)* truncheon; *falde i ~er* be lost in thought.
stave *v* spell; *hvordan ~s det?* how do you spell it? **~fejl** *s* misspelling; **~lse** *s* syllable.
stearinlys *s* candle.
sted *s* place; *(lille ~, plet)* spot; *finde ~* take place, happen; *alle ~er* everywhere, all over the place; *et el. andet ~* somewhere; *vi går ingen ~er* we are not going anywhere; *komme galt af ~ (dvs. til skade)* get hurt; *tage af ~* start, leave *(til* for); *i ~et for* instead of; *på ~et* on the spot; *være til ~e* be present *(ved* at); *komme til ~e* appear.
stedbarn *s* stepchild; **stedfader** *s* stepfather.
stedfortræder *s* substitute.
stedlig *adj* local.
stedmoder *s* stepmother; **~blomst** *s* pansy.
stedord *s* pronoun; **stedsans** *s* sense of direction.
stedse *adv: for ~* for good, for ever; **~grøn** *adj* evergreen.
stedvis *adj* local // *adv* in places.
steg *s* roast.
stege *v (i ovn el. gryde)* roast; *(på pande)* fry; *(på rist)* grill; *stegt kalkun* roast turkey; *stegt fisk* fried fish; **~fedt** *s* dripping; **~flæsk** *s* pork loin; **~gryde** *s* stewpan; **~nde** *adj:*

~nde varm baking hot; **~pande** *s* frying pan; **~spid** *s* skewer; **stegning** *s* roasting; frying.

stejl *adj* steep; *(om person)* stubborn.

stejle *v (om hest)* rear; *~ over ngt* bridle at sth.

stel *s* frame; *(spise~ etc)* set, service.

stemme *s* voice; *(ved valg)* vote; *med høj ~* in a high voice; *med 50 ~r mod 48* by 50 votes to 48 // *v (et instrument)* tune; *(passe)* be correct, be right; *(ved valg)* vote; *det ~r!* that's right! *~ imod ngt* vote against sth; *~ om ngt* put sth to the vote.

stemme. . . *sms:* **~bånd** *s* vocal chord; **~gaffel** *s* tuning fork; **~jern** *s* chisel; **~ret** *s* the vote; **~seddel** *s* ballot paper.

stemning *s (sinds~)* mood; *(på et sted)* atmosphere; *(af instrument)* tuning; *er der ~ for en drink?* what about a drink? *i løftet ~* in high spirits; **~sfuld** *adj* full of atmosphere.

stempel *s* (rubber) stamp; *(i motor)* piston; **~pude** *s* (ink) pad.

stemple *v* stamp; *~ en som forbryder* brand sby as a criminal.

stemt *adj (om instrument)* in tune; *(om sproglyd)* voiced; *være ~ for ngt* be in favour of sth; *venligt ~* well disposed *(over for, mod* to).

sten *s* stone; *(lille)* pebble; *(kampesten)* boulder; *sove som en ~* sleep like a log; **~alder** *s* Stone Age; **~brud** *s* quarry; **~dysse** *s* dolmen; **~et** *adj* stony; **~hugger** *s* stone mason; **~høj** *s (i have)* rockery; **~hård** *adj* (as) hard as rock.

stenografere *v* do shorthand; **stenografi** *s* shorthand.

stenrig *adj* (F) filthy rich; **stensikker** *adj* positive, dead certain; **stentøj** *s* stoneware.

step(dans) *s* tap-dancing; **steppe** *s (slette, prærie)* steppe // *v* tap-dance.

stereoanlæg *s* stereo system.

steril *adj* sterile; **~isere** *v* sterilize.

stewardesse *s (i fly)* air hostess, stewardess.

sti *s* path.

stift *s (søm)* nail; *(tegne~ etc)* tack; *(til pladespiller)* stylus; *(til blyant)* lead; *(kirkeligt)* diocese.

stifte *v (oprette, grundlægge)* found, establish; *(fremkalde, fx uro)* cause, stir up; *~ familie* start a family; *~ gæld* incur debts; **~lse** *s* foundation; **~nde** *adj: ~nde generalforsamling* statutory general meeting; **~r** *s* founder.

stigbøjle *s* stirrup.

stige *s* ladder // *v* rise, go up; *(om pris også:)* increase; *(vokse)* grow; *~ af bussen* get off the bus; *~ i løn* get a rise; *~ i pris* go up; *~ om (til fx anden bus)* change; *~ op* go up; (på hest) mount; *~ op i badekarret* climb into the tub; *~ på (fx bus)* get on; *~ ud* get off; *~ ud af badet* get out of one's bath.

stigning *s* rise; *(forøgelse)* increase.

stik *s (med nål, søm etc)* prick; *(med kniv)* stab; *(af fx myg)* bite; *(af bi)* sting; *(jag af smerte)* twinge; *(elek kontakt, tlf-stik)* point; *(~prop)* plug; *(i kortspil)* trick // *adv: ~ imod* dead against; *(fig)* directly contrary to; *~ modsat* directly opposite; *~ syd*

due south; ~**dåse** *s (elek)* socket; ~**irenddreng** *s* errand boy.
stikke *v (med nål, søm etc)* stick, prick; *(med kniv)* stab; *(anmelde)* inform on; *(om myg)* bite; *(om bi)* sting; *(putte, anbringe)* put; *(række)* hand; *(sy)* stitch; *stik mig lige smørret!* hand me the butter, please! *~ sig på ngt* prick oneself on sth; *~ af* clear out; *(flygte)* bolt; *~ frem* stick out; *(dvs. række frem)* put out; *~ i ngt* prod sth; *~ ild i ngt* set fire to sth; *~ ngt i lommen* put sth into one's pocket; *(for at hugge det)* pocket sth; *~ ngt ind i ngt* put sth into sth; *~ en ned* stab sby; *~ op* stick up; *~ til en (fig)* get at sby; *~ til maden* toy with one's food; *~ ud* stick out.
stikkelsbær *s* gooseberry.
stikkende *adj* pricking; *(om smerte)* shooting; *~de øjne* piercing eyes.
stikker *s* informer.
stikkesting *s* backstitch; *sy ~* backstitch.
stikkontakt *s* socket, point.
stikling *s* cutting.
stikning *s (søm)* seam; *(det at sy ~)* stitching.
stikpille *s (med)* suppository; *(hib)* gibe; **stikprop** *s* plug; **stikprøve** *s* spot test.
stil *s* style; *(i skolen)* essay; *i den ~* along those lines; *i ~ med* something like; *i stor ~* on a large scale; ~**art** *s* style.
stile *v* address *(til* to); *~ efter at...* aim at...; *~ mod* make for; *(fig)* aim at.
stilebog *s* exercise book.
stilethæl *s* stiletto heel.
stilfærdig *adj* quiet, gentle; ~**hed** *s* quietness, gentleness.
stilhed *s* quiet, calm; *(tavshed)* silence; *i al ~* quietly; *(tavst)* silently.
stilk *s* stalk; *(blomster~ også:)* stem; *deres øjne stod på ~e* their eyes were popping out of their heads.
stille *v (anbringe)* put, place; *(møde op)* appear, turn up; *(indstille, fx ur)* set; *~ en et spørgsmål* ask sby a question; *~ uret* set the watch; *være dårligt ~t* be badly off; *blive ~t for en dommer* be brought before a judge; *~ sig i række* line up; *~ ind på en kanal* tune in to a channel; *~ sig op* take up one's position; *(om flere personer)* line up; *hvad skal vi ~ op?* what are we going to do? *der er ikke ngt at ~ op* there is nothing we can do; *~ op til folketingsvalget* stand for parliament; *~ sig på tå* stand on tip-toe; *hvordan ~r du dig til sagen?* what do you think of the matter?
stille *adj (rolig)* quiet, calm; *(ubevægelig)* still; *(tavs)* silent; *ganske ~* quietly; *holde ~* be standing still; *(standse)* stop; *ligge ~* lie still; *stå ~* stand still; *tie ~* be quiet; *vær nu ~!* be quiet now!
Stillehavet *s* the Pacific (Ocean).
stilling *s* position; *(indstilling)* attitude; *(arbejde også:)* job; *(erhverv)* occupation; *(situation)* situation; *(i sportskamp)* score; *søge ~* apply for a job; *tage ~ til ngt* make up one's mind about sth.
stilne *v: ~ af* calm down.
stilstand *s* standstill.
stiltiende *adj* tacit.
stime *s* shoal.
stimle *v: ~ sammen* crowd; **stimmel** *s* crowd.
stimulans *s* stimulant; **stimulere** *v* stimulate.

sting *s* stitch.
stinke *v* stink, reek.
stipendium *s* scholarship.
stirre *v* stare; *(begejstret, drømmende)* gaze; **~n** *s* staring; gazing; *(blik)* stare.
stiv *adj* stiff; *blive ~ (om fx budding)* set; *(om person, stivne)* stiffen; *tage ngt i ~ arm* not bat an eyelid; *nej, det er for stift!* that's a bit stiff! **~e** *v* starch; *~e ngt af* prop sth up; *~ede skørter* starched skirts; **~else** *s* starch.
stiver *s (i fx krave)* stiffener; *(i paraply)* rib; *(støttebjælke)* brace.
stivfrossen *adj* frozen stiff.
stivhed *s* stiffness.
stivkrampe *s* tetanus.
stivne *v* stiffen; *(om budding)* set.
stjerne *s* star; **~billede** *s* constellation; **~himmel** *s* starry sky; **~klar** *adj* starry; **~skruetrækker** *s* Phillips ® screwdriver; **~skud** *s* shooting star.
stjæle *v* steal, (F) pinch.
stodder *s* beggar; (F, *fyr)* bloke.
stof *s (tøj)* material, fabric; *(fys)* matter; *(emne)* subject; *~fer (narko)* drugs; *~ til eftertanke* food for thought; **~misbrug** *s* drug abuse; **~misbruger** *s* drug abuser; **~prøve** *s* sample; **~skifte** *s* metabolism; **~tryk** *s* textile printing.
stok *s* stick.
stokdøv *adj* stone deaf.
stokkonservativ *adj* arch-conservative.
stokrose *s* hollyhock.
stol *s* chair; *(på strygeinstrument)* bridge.
stole *v: ~ på en (dvs tro på)* trust sby; *(dvs. regne med)* rely on sby, depend on sby; *det kan du ~ på!* you can take my word for it! **~ryg** *s* back of a chair; **~sæde** *s* seat.
stolpe *s* post.
stolt *adj* proud; *(flot, pragtfuld)* grand; **~hed** *s* pride.
stop *s* stop; *sige ~* call a halt; **~forbud** *s* no waiting; **~fuld** *adj* crammed *(af* with); *(om bus etc)* packed; **~lygte** *s* stop-light.
stoppe *v (standse)* stop; *(fylde, proppe)* fill, cram; *(putte)* tuck; *(tilstoppe)* block; *(reparere fx strømper)* darn, mend; *(give forstoppelse)* be constipating; *~ skjorten ned i bukserne* tuck one's shirt into one's trousers; *~ op* stop; **~garn** *s* darning wool; **~nål** *s* darning needle; **~sted** *s* stop, halt.
stopsignal *s* stop signal; **stopur** *s* stopwatch.
stor *adj* big, large; *(høj)* tall; *(fin, god, mægtig)* great; *blive ~* grow (big); *en ~ mand* a great man; *(af størrelse)* a tall man; *et ~t hus* a big house; *i det ~e og hele* on the whole; *de er lige ~e* they are the same size; *(se også ~t).*
storartet *adj (glimrende)* splendid; *(skøn)* gorgeous.
Storbritannien *s* Great Britain.
storby *s* big city, metropolis.
storebror *s* big brother; **storesøster** *s* big sister.
storetå *s* big toe.
storhed *s* greatness; *(pragt etc)* glory; **~stid** *s* days of glory; **~svanvid** *s* megalomania.
stork *s* stork; **~erede** *s* stork's nest.
storm *s (med regn el. sne etc)* storm; *(orkan også:)* gale; *(angreb)* assault.
stormagasin *s* department store; **stormagt** *s* great power.
storme *v (fare, suse af sted)* rush; *(lave stormangreb)*

storm; *det ~r* there is a gale blowing; **~nde** *adj* stormy; *~nde bifald* a storm of applause.
storm... *sms:* **~flod** *s* storm tide, flood; **~fuld** *adj* stormy; **~varsel** *s* gale warning; **~vejr** *s* stormy weather.
stor... *sms:* **~ryger** *s* heavy smoker; **~sejl** *s* mainsail; **~slået** *adj* magnificent; **~snudet** *adj* snooty; **~snudethed** *s* arrogance; **~stilet** *adj* large-scale.
stort *adv: ~ set* on the whole; *ikke ~ bedre* not much better; *se ~ på ngt* ignore sth.
storvask *s* wash(ing); *holde ~* do the washing; *(fig)* have a clean-up; **storvildt** *s* big game.
straf *s* punishment; *(dom)* sentence; *til ~* as a punishment; **~arbejde** *s* penal servitude; **~bar** *adj: en ~bar handling* a criminal offence; **~fe** *v* punish *(for* for); *han har været ~fet* he has been convicted; **~feboks** *s (sport)* penalty box; **~fefange** *s* convict; **~fespark** *s* penalty (kick); **~fesparkfelt** *s* penalty area; **~porto** *s* excess (postage).
straks *adv* immediately, at once; *(lige ~, om lidt)* presently, in a minute; *vil du ~ holde op!* will you stop it immediately! *det er ~ midnat* it is close on midnight; *~ da han startede, punkterede han* the moment he started, he had a puncture; *~ i morgen tidlig* first thing tomorrow morning.
stram *adj* tight; *(om person)* stiff, severe; **~hed** *s* tightness; stiffness, severity; **~me** *v (gøre stram, fx snor)* tighten; *(være for ~, genere)* be too tight; *~me reglerne* tighten up the rules; **~ning** *s* tightening.
strand *s* beach; *på ~en* on the beach; **~bred** *s* beach; **~e** *v* be stranded; *(fig)* fail; **~ing** *s (forlis)* wreck.
strategi *s* strategy; **~sk** *adj* strategic.
streg *s* line; *(stribe)* streak; *(tanke~)* dash; *(gavtyve~ etc)* trick; *gå over ~en* overstep the mark; *slå en ~* draw a line; *slå en ~ over ngt (fig)* forget sth; *(opgive)* drop sth; *sætte ~ under* underline; **~e** *v (slette)* strike out, delete; *~e under* underline.
strejfe *v (flakke rundt)* roam; *(røre let ved)* brush against, touch; *(nævne i forbifarten)* touch on.
strejke *s* strike // *v* (be on) strike, come out (on strike); *(om fx motor)* refuse to work; **~bryder** *s* scab; **~vagt** *s* picket; **~varsel** *s* strike notice.
streng *s (på instrument el. bue)* string // *adj* strict; *(hård)* severe; *(af udseende og væsen)* stern; *~t arbejde* hard work; *~e regler* strict rules; *~ straf* severe punishment; *være ~ ved en* be strict with sby; *nej, det er for ~t!* no, that is too much! **~hed** *s* strictness, severity; sternness; **~t** *adv* strictly; severely; sternly; *~t forbudt* strictly forbidden; *~t nødvendigt* absolutely necessary; *~t taget* strictly speaking.
stresset *adj (om person)* under stress.
stribe *s* stripe; *(lys~)* streak; **~t** *adj* striped; streaky.
strid *s (uenighed)* argument, dispute; *(kamp)* fight; *det er i ~ med reglerne* it is against the rules; *komme i ~* get into an argument // *adj (stiv)* stiff, hard; *(om flod etc)* rapid; **~e**

v (kæmpe) fight; *(slide, anstrenge sig)* struggle, toil; *~es* fight *(om* over), argue *(om* about); **~spørgsmål** *s* matter of dispute; **~søkse** *s: begrave ~søksen* bury the hatchet.
strigle *v* groom.
strikke *v* knit; **~garn** *s* knitting yarn; *(af uld)* knitting wool; **~opskrift** *s* knitting pattern; **~pind** *s* knitting needle; **~tøj** *s* knitting; **strikning** *s* knitting; **strikvarer** *spl* knitwear.
strimmel *s* strip; *(lang ~ af papir el. stof)* tape; *(film~)* reel.
stritte *v (om fx hår)* bristle; *(om ører)* protrude; *~ med fingrene* stick out one's fingers; **~nde** *adj* bristly.
strop *s* strap; *(i fx jakke)* hanger; **~løs** *adj* strapless.
strube *s* throat; **~hoved** *s* larynx.
struds *s* ostrich.
struktur *s* structure; **~ere** *v* structure.
struma *s* goitre.
strutte *v (stritte)* bristle; *(bule ud)* bulge; *(om skørt)* be full; *~ af sundhed* be bursting with health.
stryge *v (med strygejern)* iron; *(med hånden)* stroke; *(strege, slette)* strike out, delete; *(aflyse)* cancel; *(suse, fare)* run, shoot; **~bræt** *s* ironing board; **~jern** *s* iron; **~kvartet** *s* string quartet; **~r** *s (som spiller strygeinstrument)* string player; *~rne (i orkester)* the strings; **strygning** *s* ironing; stroking; striking; cancellation.
stræbe *v: ~ efter (dvs. have som mål)* aim at; *(dvs. anstrenge sig for)* strive for; *~ efter at* strive to; **~n** *s* striving, efforts *pl; (ærgærrighed)* aspiration; **~r** *s* swot.
stræde *s (smal gade etc)* lane, alley; *(smalt sund)* straits.
stræk *s (~behandling)* traction; *læse en bog i ét ~* read a book at one go; **~ke** *v* stretch; *(få til at slå til)* make go further; *~ke hånden ud efter ngt* reach out for sth; *lønnen ~ker ikke langt* the pay does not go far; *det ~ker lige til* it is just enough; *~ke sig* stretch oneself; *(om fx skov, marker)* stretch (out); *~ke sig over tre uger* last (for) three weeks; **~ning** *s (det at strækkes)* stretching; *(stykke land, skov etc)* stretch; *(afstand, vejlængde)* distance; **~nylon** *s* stretch nylon.
strø *v* strew, sprinkle; *~ sukker på en kage* sprinkle a cake with sugar; *~ om sig med penge* throw money about.
strøg *s (område)* stretch; *(let berøring)* touch; *(pensel~, bue~)* stroke; **~et** *adj: en ~et teskefuld* a level teaspoonful.
strøm *s (elek, hav, luft etc)* current; *(å, flod etc)* stream; **~afbrydelse** *s* power cut; **~førende** *adj (elek)* live; **~linet** *adj* streamlined; **~me** *v* stream, pour; *(om fx flod)* flow; *regnen ~mede ned* the rain was pouring down; *folk ~mede til* people flocked to the place; **~ning** *s* current; *(fig også:)* trend.
strømpe *s (lang)* stocking; *(kort)* sock; **~bukser** *spl* tights, panty-hose; **~holder** *s* suspender belt; **~sokker** *spl: gå på ~sokker* walk in one's stockinged feet.
strømstyrke *s* strength of the electric current; *(om fx elek pære)* wattage; **strømsvigt** *s*

power failure.
strå *s* straw; **~hat** *s* straw hat.
stråle *s* ray; *(tyk lysstråle)* beam (of light); *(af vand, gas etc)* jet // *v* shine; *(glitre)* sparkle; **~nde** *adj (af glæde)* beaming, radiant; *(glitrende)* sparkling; *han har det ~nde* he is fine; *i ~nde humør* in high spirits.
stråling *s* radiation.
stråtag *s* thatched roof; **stråtækt** *adj* thatched.
stud *s* bullock; *(om person)* boor; *~.jur.* law student; *~.med.* medical student; *~.polit.* student of political science; *~.polyt.* student of engineering; *~.theol.* student of divinity.
student *s (som har taget eksamen)* postgraduate; *(som studerer)* (university) student; **~ereksamen** *s* school-leaving certificate (A-level); **~erkammerat** *s* fellow student.
studere *v* study; **~nde** *s* student.
studie *s* study; *(atelier, radio~ etc)* studio; **~kreds** *s* study circle; **~rejse** *s* study trip; **~vært** *s (tv)* (television) host.
studse *v (klippe)* trim; *(blive forbavset)* be surprised; *~ over ngt* begin to wonder about sth.
stue *s* room; *(på sygehus)* ward; *(~etage)* ground floor; **~antenne** *s* indoor aerial; **~etage** *s* ground floor; **~gang** *s (på sygehus)* rounds *pl; gå ~gang* go the rounds; **~hus** *s* farmhouse; **~plante** *s* house plant, potted plant; **~ur** *s* clock.
stuk *s* stucco.
stum *adj* dumb, mute; **~film** *s* silent movie.
stump *s (smule)* bit; *(rest)* stump; *(lille barn)* little darling; **~e** *v (om fx skørt)* be too short.
stutteri *s* stud farm.
stuve *v: ~de grønsager* boiled vegetables in a white sauce; *~ ngt sammen* pack sth; *~nde fuld* packed.
styg *adj (uartig)* naughty; *(væmmelig)* bad, nasty; *(grim)* ugly.
stykke *s* piece, bit; *(skive, fx af brød)* slice; *(del)* part; *(skuespil)* play; *et ~ brød* a slice of bread, a piece of bread; *et ~ mad* a sandwich; *et par ~r* one or two; *koste tre kr ~t* cost three kr each *(el.* a piece); *et ~ vej* some distance; *gå i ~r* go to pieces; *rive ngt i ~r* tear sth to pieces; *slå ngt i ~r* smash sth; *bilen er i ~r* the car is out of order.
styr *s (på cykel)* handlebars *pl; have ~ på ngt* be in control of sth; *holde ~ på ngt* control sth; **~bord** *s* starboard.
styre *s (regering)* government; *(ledelse)* management // *v (regere)* govern; *(lede)* manage; *(om skib)* steer; *(holde styr på)* control; *børnene er svære at ~* the children are difficult to cope with; *~ sig* restrain oneself; *have fået sin lyst ~t* have had enough; **~lse** *s* administration; *(ledelse)* management.
styrke *s* strength; *(om lyd)* volume; *(om fx briller)* power; *~r (dvs. tropper etc)* forces // *v (gøre stærkere)* strengthen; *(opkvikke)* refresh; **~prøve** *s* trial of strength.
styrmand *s* mate; *(i robåd)* cox(swain); *første ~* chief officer; *anden ~* second officer; *uden ~ (om kaproningsbåd)* coxless.
styrt *s* fall; *(med fly)* crash; **~dyk** *s* nosedive; **~e** *v (falde)*

fall down; *(~e ned, om fx fly)* crash; *(falde om)* fall down; *(fare, suse)* rush; *~e ned (om fly)* crash; *(om regn)* be pouring down; *~e sammen* collapse; *(om jord, klipper etc)* fall in; **~hjelm** *s* crash helmet.

stædig *adj* stubborn; **~hed** *s* stubbornness.

stængel *s* stem.

stænk *s* splash; *(plet)* spot; *(lille smule, fx parfume)* dash; *(fig, antydning, islæt)* touch; **~e** *v (sprøjte)* splash; *(lettere, også om tøj)* sprinkle; **~elap** *s (auto)* mud flap.

stær *s (zo)* starling, *(om øjensygdom:) grå ~* cataract; *grøn ~* glaucoma.

stærk *adj* strong; *(om lyd)* loud; **~t** *adv* strongly; loudly; *(hurtigt)* fast; *(meget ~t)* heavily; *det blæser ~t* it is blowing hard; *løbe ~t* run fast.

stævne *s* meeting; *sætte en ~* make an appointment with sby; **~møde** *s* date; **stævning** *s* summons.

støbe *v* cast; *sidde som støbt* fit like a glove; **~jern** *s* cast iron; **~ri** *s* foundry; **støbning** *s* casting; *(fig)* cast.

stød *s (skub)* push; *(elek)* shock; *(med dolk)* stab; *(i fx bil ved huller i vejen)* bump; *(i trompet, horn)* blast; *(i sprog)* glottal stop; *give ~et til ngt* initiate sth; *være i ~et* be in form; **~dæmper** *s* shock absorber.

støde *v (skubbe)* push; *(findele, knuse)* pound; *(bumpe)* jolt; *(beskadige, slå)* hurt; *(såre, fornærme)* offend; *~ imod ngt* hit sth, bump against sth; *~ ind i ngt* collide with sth; *~ op til* adjoin; *~ på en (dvs. træffe)* come across sby; *~ sammen* collide; *~ foden* hurt one's foot; **~nde** *adj* offensive.

stødpude *s* buffer.

stødt *adj (findelt, fx peber)* ground; *(om fx æble)* bruised; *(om person)* offended.

stødtand *s* tusk.

støj *s* noise; *lave ~* make a noise; **~dæmper** *s* silencer; **~e** *v* make a noise; **~ende** *adj* noisy; **~forurening** *s* noise pollution; **~sender** *s (radio)* jamming station.

stønne *v (gispe)* pant; *(give sig, jamre)* groan; **~n** *s* panting; groaning.

størkne *v* harden; *(om blod etc)* clot, coagulate.

større *adj* bigger, greater; *(højere)* taller; **~lse** *s* size; *(højde)* height; *(mængde)* quantity; *(omfang)* extent; *hvilken ~lse bruger du?* what size do you take? *hun er på min ~lse* she is my size; **~lsesorden** *s* magnitude; *ngt i den ~lsesorden* sth like that.

størst *adj* biggest, greatest; *(højst)* tallest; **~edelen** *s* the greater part; *(de fleste)* the majority.

støtte *s* support; *(statue)* statue; *(søjle)* pillar; *(økonomisk ~, tilskud)* subsidy // *v* support; *~ sig til ngt* lean on sth; **~ben** *s (til cykel)* kick stand; **~punkt** *s* (point of) support; *(mil)* base.

støv *s* dust; *tørre ~ af ngt* dust sth; **~drager** *s* stamen; **~e** *v* raise dust; *~e ngt af* dust sth; *~e ngt igennem* search sth; *~e ngt op* dig sth out; **~eklud** *s* duster; **~et** *adj* dusty.

støvle *s* boot; **~skaft** *s* bootleg.

støv... *sms:* **~regn** *s* drizzle; **~sky** *s* cloud of dust; **~suge** *v* vacuum-clean, (F) hoover; **~suger** *s* vacuum cleaner, (F) hoover ®.

stå *s: gå i ~* stop // *v* stand; *(dvs. befinde sig)* be; *~ stille* stand still; *der ~r en statue uden for* there is a statue outside; *det ~r 3-1* the score is 3-1 ['θri:tə'wʌn]; *de stod og ventede* they stood waiting, they were waiting; *~ af (fx bussen)* get off; *hvad ~r X for?* what does X stand for? *~ for indkøbene* be in charge of the shopping; *hun kunne ikke ~ for den taske* she could not resist that bag; *der står i avisen (, bogen etc) at...* it says in the paper (, the book etc) that...; *~ ngt igennem* get through sth; *~ op* stand; *~ op (af sengen)* get up; *solen ~r op* the sun rises; *~ over for* face; *~ på (fx bussen)* get in, get on; *hvad ~r menuen på?* what is on the menu? *det stod på i flere dage* it lasted (for) several days; *hvis det stod til mig...* it you asked me...; *~ ud (af bil etc)* get out; *~ ved sit løfte* stand by one's promise.

ståhej *s* fuss.

stål *s* steel; **~børste** *s* wire brush; **~tråd** *s* (steel) wire; **~trådshegn** *s* wire fence; **~uld** *s* steel wool; **~værk** *s: et ~værk* a steelworks.

ståplads *s* standing room.

subjekt *s (gram)* subject; *(om person, sut)* sot; **~iv** *adj* subjective.

subsistensløs *adj* destitute.

subskribere *v: ~ på et blad* subscribe to a magazine; **subskription** *s* subscription.

substantiv *s (gram)* noun.

succes *s* success; *have ~* be a success.

sufflere *v* prompt; **sufflør** *s* prompter.

sug *s* suck; *(af fx drink)* sip, (F) swig; *(af cigaret)* puff; **~e** *v* suck; *~e ngt op* absorb sth; **~erør** *s* (drinking) straw; **~eskive** *s* suction pad; **sugning** *s* suction.

suk *s* sigh; *jeg forstår ikke et ~* I don't understand a word of it; *drage et dybt ~* heave a deep sigh; *drage et lettelsens ~* heave a sigh of relief.

sukat *s* candied peel.

sukke *v* sigh; **~n** *s* sighing.

sukker *s* sugar; *hugget ~* lump sugar; *et stykke ~* a lump of sugar; *komme ~ i ngt* put sugar in sth; **~fabrik** *s* sugar mill; **~overtræk** *s* sugar coating; **~rør** *s* sugar cane; **~skål** *s* sugar basin; **~syge** *s* diabetes; **~sygediæt** *s* diabetic diet; **~sød** *adj* sugary.

sulfosæbe *s* detergent.

sult *s* hunger; *dø af ~* die of starvation; *være ved at dø af ~* be starving; **~e** *v* starve; **~en** *adj* hungry; *meget ~en* (F) famished, starving; **~estrejke** *s* hunger strike.

sum *s* sum.

summe *v (om bi etc)* hum, buzz; **~n** *s* humming, buzzing; **~tone** *s (tlf)* dialling tone.

sump *s* swamp; **~et** *adj* swampy.

sund *s* sound; *S~et* the Sound // *adj (rask)* sound; *(god for helbredet)* healthy; *(fornuftig)* sound; *fibre er ~t for maven* roughage is good for your stomach; *~ fornuft* common sense; **~e** *v: ~e sig* collect oneself; **~hed** *s* health; **~hedsfarlig** *adj* damaging to health; **~hedspleje** *s* hygiene; **~hedsplejerske** *s* (infant) health visitor; **~hedssektoren** *s* the health sector; **~hedsvæsen** *s* health authorities *pl.*

suppe *s* soup; *klar ~* consommé; **~gryde** *s* soup pot; **~ske** *s* soup spoon; *(opøseske)* ladle; **~terning** *s* stock cube; **~urter** *spl* vegetables.

supplement *s* supplement; **supplere** *v* supplement; **supplerende** *adj* supplementary; **supplering** *s* supplementation.

sur *adj* sour; *(syreholdig, fx om regn)* acid; *(om person)* cross; *(om vejr)* dull; *blive ~ (om person)* get cross; *(om mælk)* turn (sour); *være ~ over ngt* be cross about sth; *være ~ på en* be cross with sby; **~dej** *s* leaven; **~hed** *s* sourness, acidity; crossness; **~mule** *v* sulk.

surre *v (binde fast)* secure; *(om fx bi)* buzz, hum.

suse *v (om blæst)* whistle; *(fare af sted)* rush, tear; **~n** *s* whistling; rushing.

sut *s (på flaske)* teat; *(narre~)* dummy; *(sko)* slipper; *(stodder)* sot; **~te** *v* suck *(på ngt* sth); **~teflaske** *s* (feeding) bottle.

suveræn *adj* sovereign; *(overlegen)* superior.

svag *adj* weak; *(meget ~, afkræftet)* feeble; *(let)* faint, slight; *min ~e side* my weak point; *~ vind* light breeze; *en ~ hvisken* a faint whisper; **~elig** *adj* delicate; **~hed** *s* weakness; **~t** *adv* weakly, feebly; faintly; *det tør ~t antydes!* I should say so!

svaj *s (i fx bukser)* flare; **~e** *v* sway, swing; **~rygget** *adj* sway-backed.

svale *s* swallow // *v* cool; *~ ngt af* cool sth (down).

svamp *s (bot, spiselig)* mushroom; *(~ i træværk etc)* dry-rot; *(bade~)* sponge; **~et** *adj* spongy.

svane *s* swan; **~unge** *s* cygnet.

svang *s (på foden)* arch; *gå i ~* be rampant.

svangerskab *s* pregnancy; **~safbrydelse** *s* termination of pregnancy; **~sforebyggelse** *s* contraception.

svar *s* answer, reply; *give en ~ på ngt* give sby an answer to sth; *som ~ på Deres skrivelse* in reply to your letter; *blive ~ skyldig* be at a loss for an answer; **~e** *v* answer, reply; *~ igen* answer back; *~e på ngt* answer sth; *~e til ngt* correspond to sth; *(passe til)* fit sth.

sved *s* sweat; **~e** *v* perspire, sweat; *~e ngt ud (dvs. glemme)* forget sth; **~en** *adj (om mad etc)* burnt; *et ~ent grin* a mischievous grin; **~ig** *adj* sweaty.

svejse *v* weld; **svejsning** *s* welding.

svelle *s (jernb)* sleeper.

svend *s (fyr)* fellow; *(håndværker)* journeyman.

svensk *adj* Swedish; **~er** *s* Swede; **~nøgle** *s* adjustable spanner; **Sverige** *s* Sweden.

sveske *s* prune.

svide *v* singe, scorch; *(om mad)* burn.

svie *s* pain // *v* sting.

svige *v* betray.

sviger. . . *sms:* **~datter** *s* daughter-in-law; **~far** *s* father-in-law; **~forældre** *spl* parents-in-law, (F) in-laws; **~inde** *s* sister-in-law; **~mor** *s* mother-in-law; **~søn** *s* son-in-law.

svigte *v* let down; *(løfte etc)* break, go back on; *(om kræfter, mod)* fail.

svimlende *adj* dizzy; *(meget stor)* enormous; **svimmel** *adj* dizzy, giddy; **svimmelhed** *s* dizziness, giddiness.

svin *s (zo)* pig; *(om kødet)*

pork; *(om person)* swine, pig; *et dumt* ~ a bastard.

svind *s* waste, loss; **~e** *v* *(mindskes)* decrease, decline; *(forsvinde)* vanish; *(om tid)* pass.

svindel *s* swindle; *(det at svindle)* swindling; **svindle** *v* swindle; *svindle med ngt (dvs. forfalske)* fiddle sth; **svindler** *s* swindler.

svine *v:* ~ *ngt til* dirty sth, make a mess of sth; **~fedt** *s* lard; **~held** *s* fat luck; **~kam** *s* neck of pork; **~kotelet** *s* pork chop; **~kød** *s* pork; **~lever** *s* pig's liver; **~læder** *s* pigskin; **~ri** *s* filth, mess; **~sti** *s* pigsty.

sving *s (drejning)* turn; *(vej~)* bend, turning; *(svingning)* swing; *sætte ngt i* ~ set sth going; *være i fuldt* ~ be in full swing; **~dør** *s* swing door; *(som drejer rundt)* revolving door; **~e** *v (dreje)* turn; *(svinge med, vifte med)* wave; *(skifte ustadigt)* change, fluctuate; *~e med ngt* wave sth; *humøret er ~ende* the mood changes; *~e om hjørnet* turn the corner; *~e sig* swing; **~ning** *s (drejning)* turn; *(være i svingninger)* swing; *(skiften)* changing, fluctuation.

svinsk *adj* filthy, dirty.

svipse *v* go wrong, fail; **~r** *s: det var en ~r* it was a flop; **sviptur** *s* trip.

svire *v* booze.

svirre *v* whirr; *(om møl etc)* buzz.

svoger *s* brother-in-law.

svovl *s* sulphur; **~syre** *s* sulphuric acid.

svulme *v* swell; **~nde** *adj* swelling.

svulst *s* growth; *(med)* tumour; **~ig** *adj* pompous; **~ighed** *s* pompousness.

svække *v* weaken; **~lse** *s* weakening; *(det at være svækket, svagelig)* frailty, weakness; **svækling** *s* weakling.

svælg *s (slugt etc)* abyss; *(anat)* throat; **~e** *v (synke)* swallow; *~e i ngt* revel in sth.

svær *s (flæske~)* rind; *(sprød)* crackling // *adj (tung)* heavy; *(tyk, kraftig)* stout; *(stærk)* strong, solid; *(vanskelig)* difficult, hard; *lide ~e tab* suffer heavy losses.

sværd *s* sword.

sværge *v* swear *(på* to); ~ *til ngt* swear by sth.

sværhed *s (se svær);* heaviness; stoutness; difficulty.

sværindustri *s* heavy industry.

sværm *s* swarm; *(af folk)* crowd; **~e** *v (om insekter)* swarm; *~e for en* have a crush on sby; *~e for ngt* be crazy about sth; **~eri** *s* passion; *(drømmeri)* dreaming.

svært *adv (tungt)* heavily; *(meget)* very, most, *(tykt, kraftigt)* heavily, stoutly; *have ~ ved at gøre ngt* find it difficult to do sth; *det var ~ hyggeligt* it was very nice.

sværte *s (tryk~)* ink; *(sko~)* polish // *v (om sko)* black; *(med tryk~)* ink; *(gøre ngt sort)* blacken; *(bagtale)* smear.

sværvægt *s* heavyweight.

svæve *v* float; *(om fugl)* hover; *(om fly)* glide; **~bane** *s* cable railway; **~fly** *s* glider; **~flyvning** *s* gliding.

svøbe *v* wrap; ~ *ngt ind* wrap sth up.

svømme *v* swim; *de ~r i penge* they are rolling in money; ~ *ovenpå* float; ~ *over Kanalen* swim the Channel; *være ude at ~ (dvs. føle sig usik-*

ker) be all at sea; **~bassin** *s* swimming pool; **~bælte** *s* swimming belt; **~dykker** *s* skin-diver; **~dykning** *s* skin-diving; **~fugl** *s* swimming bird; **~hal** *s* swimming bath; **~r** *s* swimmer; *(tekn)* float; **~tag** *s* stroke; **~tur** *s* swim; *tage en ~tur* go for a swim; **svømning** *s* swimming.

sy *v* sew; *~ sit eget tøj* make one's own clothes; *få ~et en dragt* have a suit made; *~ knapper i* sew on buttons; *~ ngt sammen* sew sth up.

syd *s* south; *i ~en* in the south; *~ for* south of; *rejse mod ~* go south; *stuen vender mod ~* the room faces south; **S~afrika** *s* South Africa; **S~amerika** *s* South America; **S~danmark** *s* Southern Denmark.

syde *v* seethe.

Syd... *sms:* **~europa** *s* Southern Europe; **s~fra** *adv* from the south; **~frankrig** *s* the South of France; **s~frugt** *s* *(citron, appelsin etc)* citrus fruit; **~havet** *s* the South Sea.

sydlig *adj* southern; *(om vind)* south; *den ~e vendekreds* the Tropic of Capricorn; **~ere** *adj* more southern; further south; **~st** *adj* southernmost.

Syd... *sms:* **~polen** *s* the South Pole; **s~polsekspedition** *s* Antarctic expedition; **s~på** *adv* south, towards the south; *(nede s~på)* in the south; **s~vendt** *adj* facing south; **s~vest** *s (om regnhue)* sou'wester // *adj* south-west; **s~øst** *adj* south-east.

syerske *s* seamstress; *(dameskrædder)* dressmaker.

syfilis *s* syphilis.

syg *adj* ill; *(foran substantiv)* sick; *(om del af kroppen, fx ben)* bad; *han er ~* he is ill; *en ~ mand* a sick man, a patient; *blive ~* be taken ill; *jeg bliver ~ af at se på det* it makes me sick to look at it; *være ~* be ill; *(sygemeldt)* be off sick; *være ~ efter at gøre ngt* be dying to do sth; **~dom** *s* illness, sickness; *(om bestemt ~dom)* disease.

syge *s* disease; **~besøg** *s: gå på ~besøg (generelt)* visit a patient; *(om læge)* do one's rounds; **~dage** *spl* days off due to illness; **~dagpenge** *spl* sickness benefit; **~forsikring** *s* health insurance; **~hjælper** *s* assistant nurse; **~hus** *s* hospital; **~lig** *adj (svagelig)* sickly; *(pervers, unormal)* sick; **~melding** *s* notification of illness; **~meldt** *adj: være ~meldt* be off sick; **~orlov** *s* sick leave; **~pleje** *s* nursing; **~plejeelev** *s* student nurse; **~plejer** *s* male nurse; **~plejerske** *s* nurse; **~sikring** *s* (national) health insurance.

sygne *v: ~ hen* waste away.

syl *s* awl; **~espids** *adj* sharp as a needle.

sylte *s (gastr)* brawn // *v* preserve; *(lave saft)* make juice; *(lave ~tøj)* make jam; *~ en sag* shelve a case; **~tøj** *s* jam; **~tøjsglas** *s* jam jar; **syltning** *s* preserving.

symaskine *s* sewing machine.

symbol *s* symbol *(på* of); **~isere** *v* symbolize; **~sk** *adj* symbolic.

symfoni *s* symphony; **~orkester** *s* symphony orchestra.

symmetri *s* symmetry; **~sk** *adj* symmetrical.

sympati *s* sympathy, liking; *have ~ med en* sympathize with sby; **~sk** *adj* nice, pleasant; **~strejke** *s* sympathy strike // *v* come out in

sympathy.
symptom *s* symptom.
syn *s (synsevne)* eyesight, vision; *(det man ser)* sight; *(anskuelse)* view; *(bilkontrol)* MOT(-test); *have et svagt ~* have bad eyesight; *komme til ~e* appear; *forsvinde af ~e* disappear; *for et ~s skyld* for the sake of appearances.
synd *s* sin; *begå en ~* commit a sin; *det var ~ at du ikke så det* what a pity you did not see it; *det er ~ for dig* I feel sorry for you; **~e** *v* sin; **~ebuk** *s* scapegoat; **~er** *s* sinner; *~eren (dvs. den skyldige)* the culprit; **~flod** *s* deluge; *S~floden* the Flood; **~ig** *adj* sinful; *(dvs. stor)* awful; **~sforladelse** *s* absolution.
synes *v (mene)* think; *(virke)* seem; *hvad ~ du?* what do you think? *det ~ som om...* it seems as if...; *gør det, hvis du ~* do it if you like; *~ om ngt* like sth.
synge *v* sing; *~ med* join in.
syning *s (det at sy)* sewing, stitching; *(søm)* seam; *(håndarbejde)* needlework; *(af sår)* stitches *pl.*
synke *v (sluge)* swallow; *(dale)* sink; *(om skib)* go down; *(om temperatur)* fall, go down; *~ sammen* collapse.
synlig *adj* visible; *(åbenbar)* obvious.
syns... *sms:* **~bedrag** *s* optical illusion; **~kreds** *s* horizon; **~prøve** *s* eye test; **~punkt** *s* point of view; **~vidde** *s: inden for ~vidde* within sight; *uden for ~vidde* out of sight; **~vinkel** *s (fig)* aspect.
syntetisk *adj* synthetic, manmade *(fx sål* sole).
synål *s* sewing needle.
syre *s* acid.
syren *s* lilac.
syrer *s* Syrian.
syreregn *s* acid rain.
Syrien *s* Syria; **syrisk** *adj* Syrian.
syrlig *adj* sour, acid.
sysilke *s* sewing silk.
sysle *v: ~ med ngt* be doing sth; *(pille, nusse)* fiddle with sth.
system *s* system; *'S~et'* the Establishment; *sætte ngt i ~* systematize sth; **~analytiker** *s* systems analyst; **~atisk** *adj* systematic; **~chef** *s* systems manager.
sytråd *s* sewing thread.
sytten *num* seventeen; **~de** *adj* seventeenth.
sytøj *s* sewing.
syv *num* seven; **~ende** *adj,* **~endedel** *s* seventh; **~er** *s* seven; *(om bus etc)* number seven; **~tal** *s* seven.
syæske *s* work-box, sewing box.
sæbe *s* soap; *et stykke ~* a cake of soap; *brun ~* soft soap // *v: ~ ngt af* wash sth with soap; **~automat** *s* soap dispenser; **~pulver** *s* soap powder; **~skum** *s* lather; **~spåner** *spl* soapflakes; **~vand** *s* soapy water.
sæd *s* seed; *(sperma)* semen; **~celle** *s* sperm cell.
sæde *s* seat.
sædelighed *s* morality; **~sforbrydelse** *s* sex crime; **~spoliti** *s* vice squad.
sædvane *s* custom; *efter ~* according to custom.
sædvanlig *adj* usual; *(vant)* customary; *som ~* as usual; *han er ngt ud over det ~e* he is sth out of the ordinary; **~vis** *adv* usually.
sæk *s (mindre)* bag; *(større)* sack; **~kelærred** *s* sackcloth; **~kepibe** *s* bagpipe.
sæl *s* seal; **~fangst** *s* sealing.

sælge *v* sell; *grunde ~s* land for sale; **~r** *s* seller; *(om jobbet)* salesman.
sælskind *s* sealskin.
sænke *v* lower; *(om skib)* sink; *~ sig (om mørket)* fall; **~køl** *s* centreboard; **sænkning** *s* lowering; *(af skib)* sinking; *(i landskabet)* depression, hollow.
sær *adj (mærkelig)* odd, strange; *(sur)* cross.
særdeles *adv* extremely, very; **~hed** *s: i ~hed* especially.
særeje *s* separate estate; *huset er mit ~* the house is my separate property.
særhed *s (se sær);* oddity, strangeness; crossness.
særlig *adj* special, particular; *(særskilt)* separate // *adv* specially; *(især, specielt)* especially; *ikke ~ rar* not very nice.
særling *s* eccentric.
sær... *sms:* **~nummer** *s* special (issue); **~præg** *s* character, peculiarity; **~præget** *adj (mærkelig)* strange, peculiar; **~skilt** *adj* separate, individual; **~syn** *s* rarity; **~tog** *s* special train; **~tryk** *s* reprint.
sæson *s* season.
sæt *s (ryk)* start, jump; *(ting der hører sammen)* set; *det gav et ~ i mig* I started *(el.* jumped); *et ~ byggeklodser* a set of toy bricks; *et ~ tøj* a suit; *et ~ undertøj* a set of underwear.
sætning *s (gram)* sentence; *(typ)* composing.
sætte *v (anbringe)* put, place, set; *(antage)* suppose; *(typ)* set; *~ sig* sit down; *~ sig 'for at gøre ngt* decide to do sth; *~ sig ind i ngt* get acquainted with sth; *~ sig til at gøre ngt* start doing sth; *~ penge af til ngt* set aside money for sth; *~ en af på vejen hjem* drop sby on the way home; *~ ngt fast* fasten sth; *~ en fast* arrest sby; *~ en i fængsel* put sby in prison; *~ farten ned* reduce speed; *~ farten op* increase speed; *~ tapet op* hang wallpaper; *~ håret op* put up one's hair; *~ vand over* put the kettle on; *~ ngt sammen* put sth together, assemble sth; *~ ngt til (dvs. miste)* lose sth; *~ ngt til livs* consume sth; *motoren satte ud* the engine failed; *~ en lejer ud* turn out a tenant; *~ sit navn under ngt* sign sth.
sættemaskine *s* type-setter.
sø *s (indsø)* lake; *(bølge, hav)* sea; *(pyt)* pool; *i rum ~, i åben ~* on the open sea; *lade en sejle i sin egen ~* let sby go on his own way; *til ~s* at sea; **~bred** *s* lakeside.
sød *adj (om smag etc)* sweet; *(rar, pæn)* nice; *(artig)* good; *(nuttet)* cute; *hvor er det ~t af dig!* how nice of you! *~e sager* sweets; *det smager ~t* it tastes sweet; *vi sov ~t* we slept soundly; *gå nu, så er du ~!* go now, there's a dear! **~e** *v* sweeten; *(komme sukker i, fx teen, også:)* sugar; **~emiddel** *s* sweetener; **~lig** *adj* sweetish; *(neds)* sugary; **~me** *s* sweetness; **~mælk** *s* whole milk.
sø... *sms:* **~dygtig** *adj* seaworthy; **~farende** *s* sailor, seaman; **~fart** *s* navigation; *(som fag)* shipping; **~folk** *s* sailors, seamen; **~gang** *s* sea.
søge *v (lede)* look, search; *(lede efter)* look for; *(ansøge om)* apply for; *(bevæge sig for at opnå ngt)* go, seek, take to; *~ at gøre ngt* try to do sth; *~ hjælp* ask for help; *~ job* be looking for a job; *~ ly*

seek shelter; ~ *læge* see a doctor; ~ *efter ngt* look for sth, search for sth; ~ *om ngt* apply for sth; **~lys** *s* searchlight; *være i ~lyset* be in the limelight; **~n** *s* search(ing); **søgning** *s* search(ing); *(kunder)* custom; **søgt** *adj (populær)* popular; *(om vare)* in demand; *(kunstig, affekteret)* affected.

søhelt *s* naval hero; **søhest** *s* sea horse.

søjle *s* column, pillar; **~gang** *s* colonnade.

søkort *s* chart.

sølle *adj* poor.

sølv *s* silver; **~bryllup** *s* silver wedding; **~mærke** *s* hallmark; **~papir** *s (stanniol)* tinfoil, aluminium foil; **~plet** *s* silverplate; **~smed** *s* silversmith; **~tøj** *s* silverware.

søløve *s* sea lion.

søm *s* nail; *(stift)* tack; *(syning)* seam; *(ombøjet, fx forneden på kjole)* hem; *slå ~ i* drive in nails; *sy en ~* stitch a seam *(el.* hem); *gå op i ~mene* burst at the seams.

sømand *s* sailor, seaman; **~sskole** *s* sea training school.

sømil *s* nautical mile.

sømløs *adj* seamless.

sømme *v (slå fast)* nail; *(sy)* stitch; ~ *sig* be proper; **~lig** *adj* decent, proper; **~lighed** *s* decency, propriety.

sømærke *s* navigational aid; *(som flyder)* buoy.

søn *s* son; *være ~ af en* be the son of sby.

søndag *s* Sunday; *i ~s* last Sunday; *om ~en* on Sundays; *på ~* on Sunday, next Sunday; **~sbilist** *s* Sunday driver; **~sskole** *s* Sunday school; **~støj** *s* Sunday clothes.

sønder *adv: ~ og sammen* to bits (and pieces).

Sønderjylland *s* the South of Jutland.

sønderknust *adj (fig)* heartbroken; **sønderlemmende** *adj* devastating.

søofficer *s* naval officer; **~sskole** *s* naval college; **søpindsvin** *s* sea urchin; **sørejse** *s* voyage; *(overfart)* crossing.

søret *s (domstol)* maritime court.

sørge *v* grieve; *(over afdød også:)* mourn; ~ *for ngt* take care of sth, look after sth; ~ *for at...* see to it that...; ~ *over en* mourn for sby; *de ~nde* the mourners; **~dragt** *s* mourning; **~lig** *adj* sad; *(ynkelig)* pitiful.

sørgmodig *adj* sad; **~hed** *s* sadness.

sørøver *s* pirate; **~i** *s* piracy.

søskende *spl* brother(s) and sister(s).

søspejder *s* sea scout.

søster *s* sister; **~datter** *s* niece; **~søn** *s* nephew.

sø... *sms:* **~stjerne** *s* starfish; **~stærk** *adj: hun er ~stærk* she is a good sailor; **~syg** *adj* seasick; **~syge** *s* seasickness; **~sætning** *s* launching; **~sætte** *v* launch; **~tunge** *s (zo)* sole.

søvn *s* sleep; *falde i ~* fall asleep; *gå i ~e* sleepwalk; *tale i ~e* talk in one's sleep; **~dyssende** *adj* soporific; *(kedelig)* monotonous; **~gænger** *s* sleepwalker; **~ig** *adj* sleepy; **~ighed** *s* sleepiness; **~løs** *adj* sleepless; **~løshed** *s* insomnia.

søværnet *s* the Navy.

så *v (lægge frø etc)* sow.

så *adv/interj (om tid, derpå, da etc)* then; *(derfor)* so; *(så meget, i den grad)* so; *(i så fald)* then; *(andre sammenhænge, se eksempler); hun blev vred,* *og ~ gik han* she got angry, and then he left; *det er sent, ~ vi må gå* it is late, so we must leave; *det er ~ koldt at...* it is so cold that...; *hvis du er syg, ~ må du gå hjem* it you are ill, then you must go home; *kom ~ skal du se* come and see; *~ dum kan man da ikke være!* you can't be that stupid! *gør det nu, ~ er du sød!* do it now, there's a dear! *~ ~!* come, come! *det var ~ det* that was that, then.

sådan *adj* such, like that // *adv (så meget)* so much; *(således)* like this, like that; *han er ~ en idiot* he is such a fool; *~ en stor mand* a big man like that; *hvorfor siger du ~?* why do you say that *(el.* so)? *~!* that's it! *~ noget* that sort of thing, stuff like that; *nå, ~!* I see! *~ set* in a way; *~ som du kører...* the way you drive...

såkaldt *adj* so-called.

sål *s* sole.

således *adv* like this, like that.

såmænd *adv (egentlig)* really; *det gik ~ meget godt* it really went quite well; *det skal ~ nok gå* it will be all right.

sår *s* wound; *(kronisk, fx mave~)* ulcer; *forbinde et ~* dress a wound; **~bar** *adj* vulnerable; **~barhed** *s* vulnerability; **~e** *v* hurt, injure, wound; *blive ~et (i krig etc)* get wounded; *(ved ulykke)* get injured; *(fig)* get hurt; *hårdt ~et* seriously wounded *(el.* injured); **~ende** *adj (om fx bemærkning)* hurtful.

såsom *adv (fx)* such as.

såvel *adv: ~ ... som* both ... and.

T

tab *s* loss; *lide et ~* suffer a loss; *sælge ngt med ~* sell sth at a loss; *store ~ (i krig etc)* heavy losses.

tabe *v* lose; *(på gulvet, jorden etc)* drop; *de tabte kampen (i krig etc)* they lost the battle; *(i sport)* they were beaten; *han tabte glasset på gulvet* he dropped the glass on the floor; *gå tabt* be lost; *~ i vægt* lose weight.

tabel *s* table.

taber *s* loser; *være en god ~* be gracious in defeat.

tablet *s* tablet, pill.

taburet *s* stool; *(fig, om minister~)* office.

taft *s* taffeta.

tag *s (på hus etc)* roof; *(greb)* hold, grip; *(håndelag)* knack; *(svømning, roning)* stroke; *få ~ i ngt* get hold of sth; *have godt ~ på at gøre ngt* have the knack of doing sth; *miste ~et* lose one's hold *(el.* grip).

tagantenne *s* roof aerial; **tagbagagebærer** *s (auto)* roof rack.

tage *v* take; *(tåle, udholde)* stand, take; *(rejse, begive sig)* go; *tag det roligt!* take it easy! *jeg kan ikke ~ den fyr* I can't stand that chap; *~ af (om tøj)* take off; *(mindskes)* decrease; *(i vægt)* lose weight; *~ af bordet* clear the table; *~ af sted* leave, start; *~ for sig (af retterne)* help oneself; *~ £10 for en bog* charge £10 for a book; *~ ngt frem* take sth out, produce sth; *~ imod ngt (modtage)* receive sth; *~ imod en ved toget* meet sby at the station; *~ imod fornuft* listen to reason; *~ ind (i strikning)* decrease; *~ ind på et hotel* put up at a hotel; *~ med bussen* go by bus; *han tog hende med ud (i byen)* he took her out; *~ ngt op (fra* *gulvet)* pick sth up (from the floor); ~ *ngt op af lommen* take sth out of one's pocket; ~ *plads op* take up room; ~ *på (om tøj)* put on; ~ *på i vægt* put on weight; *det tog hårdt på ham* it was hard on him; *de er ~t på landet* they have gone into the country; *hun tog sig et bad* she had a bath; ~ *sig af* take care of, look after; *(være bekymret over)* worry about; *det skal du ikke ~ dig af!* don't worry about that! ~ *sig sammen* pull oneself together; ~ *til (øges)* increase; ~ *til London* go to London; ~ *en til fange* take sby prisoner; ~ *ud* take out; *(udvælge)* pick (out); *(i strikning)* increase; *(af bordet)* clear the table.

tag... *sms:* **~etage** *s* top floor; **~pap** *s* asphalt paper; **~rende** *s* gutter; **~sten** *s* tile; **~terrasse** *s* roof terrace.

tak *s (spids)* point, jag; *(på sav)* tooth; *~ker (på hjort)* antlers.

tak *s* thanks, (F) ta; *mange ~!* thank you very much! *ja ~!* yes please! *nej ~!* no thanks! no thank you! *selv ~!* don't mention it! *nej, nu skal du snart have ~!* now, look here! ~ *i lige måde!* the same to you! *tage til ~ke med ngt* make do with sth.

takke *v* thank; ~ *en for ngt* say thank you to sby for sth; *vi kan ~ ham for at det gik* it went well thanks to him; *ikke ngt at ~ for!* don't mention it! *~t være* thanks to; **~skrivelse** *s* letter of thanks.

taknem(me)lig *adj* grateful; *(tilfredsstillende)* worthwhile; *jeg er ham meget ~* I am very grateful to him; **~hed** *s* gratitude.

takst *s* charge, rate; *(i bus, tog etc)* fare; **~zone** *s* fare stage.

takt *s* time; *(mus)* measure; *(finfølelse)* tact; *holde ~en* keep time; *gå i ~* walk in step; *slå ~* beat time; *ude af ~* out of time; *en fire~s motor* a four-stroke engine; **~fast** *adj* measured // *adv* in time; **~fuld** *adj* discreet.

taktik *s* tactics, policy; **taktisk** *adj* tactical.

taktløs *adj* indiscrete; **~hed** *s* indiscretion.

taktslag *s* beat; **taktstok** *s* baton.

tal *s (antal)* number; *(~tegn)* figure; *(i flercifret ~)* digit; *lige (el. ulige) ~* even *(el.* odd) number; *holde ~ på ngt* keep count of sth.

tale *s* speech; *(samtale)* talk; *holde en ~* make a speech; *det hus der er ~ om* the house in question; *det kan der ikke være ~ om* that is out of the question // *v* talk, speak; ~ *ens sag* plead for sby; ~ *med en* talk to sby; ~ *om ngt* talk about sth; *ikke ngt at ~ om* nothing to speak of; ~ *sammen* talk; ~ *til en* talk to sby.

tale... *sms:* **~boble** *s (i tegneserie etc)* balloon; **~fod** *s: være på ~fod med en* be on speaking terms with sby; **~gaver** *spl* eloquence; **~måde** *s (udtryk)* phrase, turn of speech.

talende *adj* talking, speaking; *(udtryksfuld)* meaning, significant; *den ~* the speaker.

talent *s* talent, gift; *have ~ for at gøre ngt* have a talent for doing sth; **~fuld** *adj* talented; **~løs** *adj* untalented; **~spejder** *s* talent spotter.

taler *s* speaker; **~stol** *s* platform, rostrum.

talesprog *s* spoken language;

talestemme *s* speaking voice.
talg *s* tallow.
talje *s (midje)* waist; *(mål)* waistline; *(tekn)* tackle.
talkum *s* talc(um powder).
tallerken *s* plate; *dyb ~* soup plate; *flad ~* plate; *en ~ gullasch* a plate(ful) of goulash; *flyvende ~* flying saucer.
talløs *adj* innumerable, countless.
talord *s* numeral.
talrig *adj* numerous.
talsmand *s* spokesman; *gøre sig til ~ for ngt* advocate sth.
tam *adj (mods: vild; kedelig)* tame; *(om husdyr)* domestic(ated).
tampon *s* tampon; *(til at tørre af med)* swab.
tand *s* tooth; *få tænder* cut one's teeth; *skifte tænder* cut one's second teeth; *skære tænder* grit one's teeth; *vise tænder (om dyr)* bare one's teeth; **~beskytter** *s (sport etc)* mouthpiece; **~byld** *s* gumboil; **~børste** *s* toothbrush; **~hjul** *s* cogwheel; **~klinik** *s* dental clinic; **~krus** *s* tooth mug; **~kød** *s* gum; **~læge** *s* dentist; **~løs** *adj* toothless; **~pasta** *s* toothpaste; **~pine** *s* toothache; **~sten** *s* tartar; **~stikker** *s* toothpick; **~tekniker** *s* dental technician; **~tråd** *s* dental floss; **~udtrækning** *s* extraction (of tooth).
tang *s (værktøj)* (pair of) tongs; *(med)* forceps; *(bot)* seaweed.
tange *s (som forbinder)* isthmus; *(næs)* tongue (of land).
tangent *s (på klaver, skrivemaskine etc)* key.
tangere *v* touch (on); *(fig)* border on; *~ verdensrekorden* equal the world record.
tank *s* tank; *(~station)* petrol station; **~bil** *s* tanker.
tanke *s* thought; *(indfald, idé)* idea; *(hensigt)* intention; *gå i sine egne ~r* be lost in thought; *hun skænkede det ikke en ~* she did not give it a thought; *komme i ~ om ngt* come to think of sth; *hun fik den ~ at...* it occurred to her that...; *jeg bliver dårlig bare ved ~n (om det)* the mere thought of it makes me sick // *v: ~ op* fill up; *(om fx olietank også:)* refuel; **~fuld** *adj* thoughtful, pensive; **~gang** *s* mind; *(tænkemåde)* way of thinking; **~løs** *adj* thoughtless; **~streg** *s* dash; **~torsk** *s* blunder.
tank... *sms:* **~skib** *s* tanker; **~station** *s* petrol *(el.* filling) station; **~vogn** *s (jernb)* tank wagon.
tante *s* aunt.
tap *s (som ngt drejer om)* pivot; *(hane)* faucet, tap.
tapet *s* wallpaper; *sætte ~ op* (re)paper; *være på ~et* be on the order of the day; **~sere** *v* (re)paper; **~sering** *s* paperhanging.
tappe *v* tap, draw; *~ på flasker* bottle; *~ en for penge* drain sby of money.
tapper *adj* brave; **~hed** *s* courage.
tarm *s* intestine; *~ene (også:)* the bowels; **~katar** *s* enteritis; **~slyng** *s* volvulus.
tartelet *s* patty shell.
tarvelig *adj (beskeden)* simple, frugal; *(dårlig)* inferior, poor; *(gemen)* mean; *hvor er du ~!* how mean you are! **~hed** *s* simplicity, frugality; inferiority, poorness; meanness.
taske *s* bag; *(hånd~)* handbag; *(mappe)* (brief)case; **~tyv** *s* bag-snatcher.

tastatur *s* keyboard.
taste *s* key // *v: ~ (ind)* keyboard; **~operatør** *s* keyboard operator.
tatovere *v* tattoo; **tatovering** *s* tattoo(ing).
tavle *s* board; *(i skole)* blackboard; *(opslags~)* notice board.
tavs *adj* silent; *(uudtalt)* tacit, mute; *det ~e flertal* the silent majority; *forholde sig ~* remain silent; **~hed** *s* silence; **~hedspligt** *s* professional secrecy.
taxa *s* taxi; **~chauffør** *s* taxi driver; **~holdeplads** *s* taxi rank; **~meter** *s* taximeter.
te *s* tea; *en kop ~* a cup of tea; *det var en tynd kop ~ (fig)* it was old hat // *v: ~ sig* carry on.
teater *s* theatre; *gå i teatret* go to the theatre; *spille ~* playact; **~billet** *s* theatre ticket; **~direktør** *s* theatre manager; **~forestilling** *s* theatrical performance; **~kikkert** *s* opera glasses *pl;* **~stykke** *s* play; **~tosset** *adj* stage-struck.
te... *sms:* **~blad** *s* tea-leaf; **~bolle** *s sv.omtr.t.* muffin, scone; **~brev** *s* tea bag; **~dåse** *s* tea caddy.
tegl *s (til mur)* brick; *(til tag)* tile; **~værk** *s: et ~værk* a tileworks.
tegn *s* sign; *(typ)* character; *gøre ~ til en* signal to sby; *være ~ på ngt* be a sign of sth; *vise ~ på* show signs of; *som ~ på* as an indication of.
tegne *v* draw; *(let)* sketch; *~ et hus (fx om barn)* draw a house; *(om arkitekt)* design a house; *~ abonnement på et blad* take out a subscription for a magazine; *det ~r godt* it looks promising; *det ~r til at blive godt vejr* it looks like a fine day; **~blok** *s* drawing pad; **~bog** *s (til penge etc)* wallet; **~film** *s* cartoon; **~r** *s (kunstner)* artist; *(teknisk)* draughtsman; **~serie** *s* comic strip; **~stift** *s* drawing pin, thumbtack.
tegning *s* drawing; *(til hus etc)* plan; *(af aktier etc)* subscription.
tegnsprog *s* sign language; **tegnsætning** *s* punctuation.
tehætte *s* tea cosy; **tekande** *s* tea pot.
teknik *s* technique; *(som videnskab)* technology; **~er** *s* technician, engineer; **teknisk** *adj* technical; *teknisk skole* technical school; *teknisk uheld* technical hitch.
teknologi *s* technology; **~sk** *adj* technological.
tekst *s* text; *(til musik)* words *pl; (til fx popmelodi)* lyrics *pl; (til illustration)* caption; *komme videre i ~en (fig)* get on with it; **~behandling** *s* word processing; **~behandlingsanlæg** *s* word processor; **~e** *v (om film)* subtitle.
tekstil *s* textile; *(stof)* fabric; **~varer** *spl* textiles *pl.*
tekøkken *s* kitchenette.
teledata *s* viewdata.
telefon *s* telephone; (F) phone; *have ~* be on the telephone; *tage ~en* answer the telephone; *der er ~ til dig* you are wanted on the telephone; **~besked** *s* telephone message; **~bog** *s* telephone directory; **~boks** *s* (tele)phone booth; **~bombe** *s* bomb scare; **~bruser** *s* hand shower; **~central** *s* telephone exchange; **~ere** *v* telephone, (F) phone; *~ere til en* call *(el.* phone) sby; **~forbindelse** *s* telephone connection; **~ist** *s* (telephone) operator; **~møde**

s link-up; **~nummer** *s* telephone number; **~opringning** *s* (telephone) call; **~rør** *s* receiver; **~samtale** *s* call; **~selskab** *s* telephone company; **~svarer** *s* answering machine; **~vækning** *s* wake-up service; **~væsen** *s* telephone service.

telegraf *s* telegraph; **~ere** *v* cable, wire; *~ere til en* cable sby; **~ist** *s* telegraph operator; *(på skib)* wireless operator, (F) sparks.

telegram *s* telegram, cable; **~blanket** *s* telegram form; **~bureau** *s* news agency.

tele... *sms:* **~kommunikation** *s* telecommunication; **~objektiv** *s (foto)* telephoto lens; **~skop** *s* telescope.

telex *s* telex; **~e** *v* telex.

telt *s* tent; *(stort til fx havefest)* marquee; *ligge i ~* camp; **~dug** *s* canvas; **~lejr** *s* camp; **~pløk** *s* tent peg; **~stang** *s* tent-pole; **~underlag** *s* ground sheet.

tema *s (emne)* subject, topic.

temmelig *adj* rather, fairly; *der var ~ mange mennesker* there was quite a lot of people; *de spiste ~ meget* they ate rather a lot.

tempel *s* temple.

temperament *s* temper; *have ~* have a temper.

temperatur *s* temperature; *have ~* run a temperature.

tempo *s (mus)* tempo; *(fart)* pace, speed; *i roligt ~* at a steady pace.

tendens *s* tendency; *have ~ til at...* have a tendency to...

tennis *s* tennis; *(på græs)* lawn tennis; **~bane** *s* tennis court; **~bold** *s* tennis ball; **~ketsjer** *s* tennis racket; **~sko** *spl* tennis shoes *pl;* **~spiller** *s* tennis player.

teolog *s* theologian; **~i** *s* theology, divinity; *læse ~i* read divinity; **~isk** *adj* theological.

teoretisk *adj* theoretic(al); **teori** *s* theory.

tepause *s* tea break; **tepotte** *s* tea pot.

terminal *s (edb)* data terminal; *(fly)* air terminal.

terminsprøve *s sv.t.* mock exam.

termo... *sms:* **~flaske** *s* thermos ® flask; **~kande** *s* vacuum jug; **~meter** *s* thermometer; **~rude** *s* double glazing; **~stat** *s* thermostat.

tern *s* check pattern; **~e** *s (firkant)* square; **~et** *adj* checkered; *(skotsk~)* tartan.

terning *s* die *(pl:* dice); *(mat)* cube; *spille ~er* throw dice; *skære ngt i ~er* cut sth into cubes.

terpe *v* swot, cram.

terpentin *s* turpentine, (F) turps; *(mineralsk)* white spirit.

terrasse *s* terrace, patio.

terrin *s* tureen.

territorialfarvand *s* territorial waters *pl;* **territorium** *s* territory.

terror *s* terror; **~balance** *s* balance of terror; **~isere** *v* terrorize; **~ist** *s* terrorist; **~regime** *s* reign of terror.

terræn *s* country, ground; *vinde ~* gain ground; *sondere ~et* see how the land lies; **~gående** *adj (om bil etc)* cross-country; **~løb** *s* cross-country race.

te... *sms:* **~si** *s* tea-strainer; **~ske** *s* teaspoon; **~skefuld** *s* teaspoonful.

testamente *s* will; *gøre ~* make a will; *Det ny (el. gamle) T~* the New *(el.* Old) Testament; **~re** *v* bequeath.

testikel *s* testicle.

tevarmer *s* tea-cosy; **teæg** *s* tea ball.
ti *num* ten; *køre med linje* ~ go by number ten; *spar* ~ ten of spades.
tid *s* time; *(tidspunkt også:)* moment, hour; *(tidsalder)* age; *(hos læge etc, aftalt)* appointment; *(gram)* tense; *~en går* time passes; *hele ~en* all the time; *har du ~ et øjeblik?* have you got a minute? *vi har god ~* we have got plenty of time; *vi har ikke ~ til det* we don't have the time for it; *det tager lang ~* it takes a long time; *(nu) for ~en* at present; *i disse ~er* nowadays; *fra ~ til anden* from time to time; *følge med ~en* move with the times; *om en uges ~* in a week or so; *om kort ~* shortly, soon; *nu er det på ~e at gå* it is time to leave now; *på Henrik 8.s ~* at the time of Henry VIII; *gæsterne kom til ~en* the guests arrived on time; *til sin ~* in due course; *somme ~er* at times, sometimes.
tidevand *s* tide; **~s-** *adj* tidal.
tidlig *adj/adv* early; *vi er for ~ på den* we are early; *~t på dagen* early in the day; *i morgen ~* tomorrow morning; **~ere** *adj* earlier; *(forudgående)* previous; *(forhenværende)* former, late // *adv* earlier; formerly; previously; *som ~ere nævnt* as previously mentioned; *han er ~ere statsminister* he is an ex-prime minister; **~st** *adj* earliest // *adv* at the earliest; *vi spiser ~st kl. 6* we eat at 6 at the earliest.
tidnød *s: være i ~* be pressed for time.
tids *adv: ~ nok* in time; *komme ~ nok til ngt* be in time for sth.
tids. . . sms: **~alder** *s* age, era; **~begrænset** *adj* limited; **~begrænsning** *s* time limit; **~besparende** *adj* time-saving.
tidsel *s* thistle.
tids. . . *sms:* **~fordriv** *s* pastime; *til ~fordriv* to pass the time; **~frist** *s* time limit; **~indstillet** *adj: ~indstillet bombe* time bomb; **~krævende** *adj* time-consuming; **~plan** *s* timetable, schedule; **~punkt** *s* time, moment; *på det ~punkt* at that point, then; *på dette ~punkt (dvs. nu)* at the moment; **~regning** *s (kalender)* calendar; *(epoke)* era; *efter vor ~regning* anno Domini, A.D.; *før vor ~regning* before Christ, B.C.; **~rum** *s* period; **~skrift** *s* periodical, journal; **~spilde** *s* waste of time; **~spørgsmål** *s* question of time; **~svarende** *adj* up-to-date.
tie *v: ~ stille (være tavs)* be silent; *(holde mund)* stop talking; *ti så stille!* be quiet! (F) shut up!
tiende *num* tenth; **~del** *s* tenth.
tier *s (mønt)* ten-kroner; *(bus etc)* number ten; *(kort)* ten.
tiger *s* tiger; **~unge** *s* tiger cub.
tigge *v* beg; *~ en om ngt* beg sth of sby; *~ en om at gøre ngt* beg sby to do sth; **~r** *s* beggar.
tikamp *s (sport)* decathlon.
tikke *v* tick; **tik-tak** *(om ur)* tick-tock.
til *præp* to; *(efter* arrive, arrival:) at, in; *(bestemt for, om bestemmelsessted)* for; *(om tid, indtil)* until, till; *(om tid, senest)* by; *(om tidspunkt)* at; *(førstkommende)* next; *(om tidspunkt for møde, fest etc)*

for; *(om pris etc)* at; *(se også de ord hvormed ~ forbindes); sige ngt ~ en* say sth to sby; *tage ~ England* go to England; *ankomme ~ stationen* arrive at the station; *ankomme ~ Danmark* arrive in Denmark; *blomsterne er ~ dig* the flowers are for you; *vi skal have fisk ~ middag* we are having fish for dinner; *tage af sted ~ Jylland* leave for Jutland; *vent ~ i aften* wait until this evening; *fra morgen ~ aften* from morning till night; *I må prøve at være her ~ klokken otte* you must try to be here by eight; *de kommer ~ sommer* they are coming next summer; *jeg har inviteret dem til klokken syv* I asked them for seven o'clock; *mødet er aftalt ~ i morgen* the meeting has been arranged for tomorrow; *maleriet er vurderet ~ 500.000* the painting has been valued at 500,000; *(andre eksempler:) have tid ~ at...* have time to...; *være god ~ ngt* be good at sth; *drikke øl ~ maden* have beer with one's meal; *tage ~ (dvs. øges)* increase // *adv (ekstra, yderligere)* more; another; *gøre ngt en gang ~* do sth once more; *vil du have en kop te ~?* would you like another cup of tea?

tilbage *adv* back; *(bagude)* behind; *(baglæns)* backward(s); *(tilovers)* left (over); *de rejste ~ til England* they went back to England; *han fik tegnebogen ~* he got back his wallet; *hun blev ~ med børnene* she stayed behind with the children; *gå to skridt ~* take two steps backwards; *der blev ngt mad ~* there was some food left over; *han er lidt ~* he is a bit backward.

tilbageblik *s* retrospect; *(i film etc)* flashback.

tilbagefald *s* relapse.

tilbageholde *v* hold back; *(om politiet)* detain; *han kunne ikke ~ et smil* he could not help smiling; *med tilbageholdt åndedræt* with bated breath; **~nde** *adj* reserved; *(forsigtig)* cautious; *(beskeden)* modest.

tilbagekalde *v* call back; *(hjemkalde)* recall; *(et løfte etc)* retract; *(om vare)* call in.

tilbagekomst *s* return.

tilbagelægge *v* cover, do *(fx en afstand* a distance).

tilbageskridt *s* step backwards.

tilbageslag *s* rebound; *(om gevær etc)* recoil; *(fig)* repercussion.

tilbagestrøget *adj* combed *(el.* brushed) back.

tilbagestående *adj* backward, retarded.

tilbagetog *s* retreat.

tilbagetrækning *s* withdrawal.

tilbagevej *s* way back; *på ~en* on the way back.

tilbede *v* adore; *(rel)* worship; **~lse** *s* adoration; worship; **~r** *s (beundrer)* admirer; *(rel)* worshipper.

tilbehør *s* accessories *pl.*

tilberede *v* prepare, make; *(om mad også:)* cook; **tilberedning** *s* preparation; cooking.

tilbringe *v* spend; *~ natten med at læse* spend the night reading.

tilbud *s* offer; *(om pris)* quotation; *(overslag)* estimate; *dagens ~* today's special (offer); *kjolen var på ~* the dress was a special offer; *~ og efterspørgsel* supply and demand.

tilbyde *v* offer; *~ sig* volunteer.

tilbygning *s* extension.
tilbøjelig *adj:* ~ *til (villig til, med tendens til)* inclined to; *(med hang til)* given to; *jeg er* ~ *til at give dig ret* I'm inclined to agree with you; ~**hed** *s* inclination; tendency.
tildele *v* give; *(præmie etc)* award; *(titel etc)* bestow; **tildeling** *s* allotment; award; bestowal.
tilegne *v* dedicate *(fx en en bog* a book to sby); ~ *sig ngt (fx viden)* acquire sth; *(fx et sprog)* pick up sth; *(tage med sig)* appropriate sth; ~**lse** *s* dedication.
tilflugt *s* refuge; *søge* ~ *hos en* seek refuge with sby; *tage sin* ~ *til (fig)* resort to; ~**ssted** *s* refuge.
tilflytter *s* newcomer.
tilfreds *adj (fornøjet)* contented, pleased; *(som har fået nok)* satisfied; *give sig* ~ be content; *stille en* ~ satisfy *(el.* please) sby; ~**hed** *s* content; satisfaction; ~**stille** *v* satisfy, please; ~**stillende** *adj* satisfactory.
tilfælde *s* case; *(lykketræf)* chance; *(sammentræf)* coincidence; *(hændelse)* occurrence; *(anfald)* fit; *et akut* ~ *af influenza* a sudden attack of flu; *hun fik et* ~ she had a fit; *i* ~ *af at han glemmer det* in case he forgets; *i hvert* ~ at any rate, anyway; *ved et* ~ by accident.
tilfældig *adj (ved et tilfælde)* accidental, chance; *(lejlighedsvis)* occasional; *vi opdagede det helt* ~*t* we found out by mere chance; *et* ~*t bekendtskab* a chance acquaintance; ~*t valgt* chosen at random; ~**hed** *s* chance; *(sammentræf)* coincidence; ~**vis** *adv* by chance, accidentally; *(for resten)* incidentally; *vi kom* ~*vis forbi* we happened to pass by; *du har vel ikke* ~*vis en tier?* do you by any chance have a ten-kroner?
tilfælles *adv* in common.
tilføje *v (lægge til)* add; *(volde)* inflict *(fx en et sår* a wound on sby); cause *(fx skade* damage); ~**lse** *s* addition; *(tillæg)* appendix.
tilføre *v (skaffe)* supply; *(om fx luft)* let in; **tilførsel** *s* supply; *(om luft etc)* intake.
tilgang *s (forøgelse)* increase; *(af personer)* intake *(fx af studerende* of students).
tilgift *s: give (el. få) ngt i* ~ give *(el.* get) sth into the bargain.
tilgive *v* forgive; ~**lse** *s* forgiveness.
tilgodehavende *s* credit; *hans* ~ *(også:)* the amount due to him.
tilgroet *adj* overgrown.
tilgængelig *adj* accessible; *(til at få fat i)* available; *offentligt* ~ open to the public.
tilholdssted *s* haunt, resort.
tilhænger *s* supporter, (F) fan; *være* ~ *af ngt* believe in sth.
tilhøre *v* belong to; ~**nde** *adj* belonging (to); *(tilsvarende)* matching; ~**r** *s* listener; ~*rne (også:)* the audience; *mange* ~*re* a large audience.
tilintetgøre *v* destroy; *(ved massakre etc)* exterminate; ~**lse** *s* destruction; extermination.
tilkalde *v (til hjælp)* call (in); ~ *lægen (el. politiet)* call *(el.* send for) the doctor *(el.* the police); ~**vagt** *s: have* ~*vagt* be on call.
tilkendegive *v (vise)* show; *(ytre)* express; ~**lse** *s* manifestation; expression.
tilknytning *s (forbindelse)* con-

nection, association; *i ~ til* in connection with.

tilkomme *v: der ~r os en andel* we are entitled to a share; *det ~r ikke dig at...* it is not for you to...; **~nde** *adj: hans ~nde* his future wife, his fiancée; *hendes ~nde* her future husband, her fiancé.

tilkæmpe *v: ~ sig ngt* win sth.

tilkørsel(svej) *s* approach.

tillade *v* allow, permit; *~er De?* excuse me! *~ sig at gøre ngt* take the liberty to do sth; *det kan man ikke ~ sig* that is not done; *hvis vejret ~r det* weather permitting; **~lse** *s* permission; *give ~lse til ngt* permit sth; **tilladt** *adj* allowed, permitted; *er det tilladt at parkere her?* is parking allowed here?

tillid *s* confidence, trust, faith; *have ~ til en* have confidence in sby, trust sby; *miste ~en til en* lose confidence in sby; **~sbrud** *s* breach of confidence; **~sfuld** *adj* confident; *(fx om barn)* trustful; **~shverv** *s* honorary office; **~skvinde, ~smand** *s* shop steward.

tillige *adj* too, as well; *(desuden)* in addition.

tillæg *s (til blad etc)* supplement; *(tilføjelse)* addition; *(i løn)* rise; *(til pris)* extra charge; **~ge** *v* add; *~ge en ngt* ascribe sth to sby; **~småde** *s (gram)* participle; **~sord** *s (gram)* adjective.

tilløb *s (til spring)* run-up; *(begyndelse)* approach; *(forsøg)* attempt; **~sstykke** *s* draw.

tilnavn *s* epithet; *(øgenavn)* nickname; *med ~et* nicknamed.

tilnærmelse *s* approach; *gøre ~r (til en kvinde)* make advances; **~svis** *adj* approximate; (F) rough *(fx skøn estimate)* // *adv* approximately; *ikke ~svis så god* not nearly so good.

tilovers *adv (til rest)* left (over); *(som ikke bruges)* spare; *føle sig ~* feel left out; *ham har vi ikke ngt ~ for* we have not got much time for him.

tilpas *adj* right // *adv* sufficiently; *(om tid)* at the right moment; *~ stegt* done just right; *gøre en ~* please sby; *føle sig dårligt (el. godt) ~* feel rotten *(el.* fine); **~ning** *s* adjustment, adaptation; **~se** *v* adjust, adapt; *(om mønster, tøj)* fit.

tilrejsende *s* visitor.

tilrettelægge *v* organize; *(forberede)* prepare; **tilrettelægning** *s* organization, arrangement.

tilrøget *adj* smoky; *(om pibe)* seasoned.

tilråb *s* call; *komme med ~ (dvs. opmuntre)* cheer.

tilsammen *adv (om sum)* in all; *(i fællesskab)* between us *(el.* them); *det blev ~ 100 kr* it was 100 kr in all; *vi havde 100 kr ~* we had 100 kr between us.

tilse *v* attend to, see.

tilsidesætte *v* neglect.

tilsigelse *s* summons.

tilsigtet *adj* intentional; *den tilsigtede virkning* the desired effect.

tilskadekommen *adj* injured.

tilskud *s* contribution; *(offentligt)* grant, subsidy.

tilskuer *s* onlooker; *~ne (teat etc)* the audience; *(til fodbold etc)* crowd; *være ~ til* watch; *(tilfældigt overvære)* witness; **~pladserne** *spl* the seats.

tilskynde *v* encourage; **~lse** *s (opmuntring)* incentive;

(stærk) urge.
tilskæring *s (af lave mønster)* cutting out; *(tilpasning af tøj)* fitting.
tilslutning *s (støtte)* support; *(samtykke)* consent, approval; *(el, trafik etc)* connection; *give sin ~ til ngt* endorse sth; *i ~ til mødet* in connection with the meeting; *vinde ~* meet with approval; **tilslutte** *v* connect; *tilslutte sig (dvs. støtte)* go along with; *(gå med i)* join.
tilsløre *v* veil; *(fig)* disguise.
tilstand *s* condition, state; *huset var i en elendig ~* the house was in bad repair.
tilstedeværende *adj* present; *de ~* those present.
tilstoppet *adj (om afløb)* blocked.
tilstrækkelig *adj* sufficient, enough; *han er ~ dum til at...* he is stupid enough to...; *der er ~ med brød* there is enough bread; *i ~ mængde* in sufficient quantities.
tilstrømning *s (af folk)* rush; *der er stor ~ til filmen* the film draws large audiences.
tilstøde *v* happen to; *der er tilstødt dem en ulykke* they have met with an accident; *der er tilstødt komplikationer* there are complications; **~nde** *adj* adjoining *(fx værelser* rooms); adjacent *(fx hus* house).
tilstå *v* admit; *(bekende)* confess; *~ en forbrydelse* confess to a crime; **~else** *s* confession.
tilsvarende *adj* corresponding; *(lignende)* similar.
tilsyn *s (overvågning)* supervision; *(undersøgelse)* inspection; *(om person)* supervisor; inspector; *føre ~ med* be in charge of; *(holde øje med)* look after; **~eladende** *adj* apparent // *adv* apparently; **~sførende** *s se tilsyn;* **~sværge** *s (for kriminel)* probation officer.
tilsætning *s* addition; *(krydderi)* seasoning; *(til kaffe)* chicory; **~sstof** *s* additive; **tilsætte** *v* add.
tiltage *v (vokse)* increase, grow; *(om månen)* wax; **~nde** *adj* increasing, growing.
tiltale *s (henvendelse)* address; *(i retten)* charge; *rejse ~ mod en* charge sby // *v (henvende sig til)* address, speak to; *(i retten)* prosecute; *(behage)* please; *han er tiltalt for...* he has been charged with...; *føle sig tiltalt af et sted* take to a place; **~nde** *adj (af ydre)* attractive; *(af væsen)* nice.
tiltro *s* confidence, faith // *v: ~ en ngt* believe sby capable of sth; *have ~ til en* have faith in sby.
tiltrække *v* attract, draw; **~nde** *adj* attractive; **tiltrækning** *s* attraction.
tiltrænges *v* be needed; *hårdt tiltrængt* badly needed.
tiltænke *v: ~ en ngt* intend sth for sby.
tilvalgsfag *s* optional subject.
tilvænning *s* habituation; *(til stoffer)* addiction.
tilværelse *s* life, existence.
time *s* hour; *(i skole etc)* lesson; *en halv ~* half an hour; *for en ~ siden* an hour ago; *hver ~* every hour; *i ~en* per hour; *det varer en ~s tid* it takes about an hour; *tre gange i ~n* three times an hour; *køre 60 miles i ~n* drive at 60 miles per hour; **~løn** *s: få ~løn* be paid by the hour; **~plan** *s* timetable; **~vis** *adv: i ~vis* for hours.

timian *s (bot)* thyme.
tin *s (grundstoffet)* tin; *(materialet)* pewter.
tinde *s* peak, pinnacle.
tinding *s* temple.
ting *s* thing; *(genstand også:)* object; *(sag)* matter; *en ~ ad gangen* one thing at a time.
tingest *s* thing, gadget; (F) thingummy.
tip *s: give en et ~* tip sby off.
tipning *s* the pools; *vinde 10.000 i ~* win 10,000 on the pools.
tipolde- great-great-grand... *(fx -mor* -mother).
tippe *v (vippe, give et tip)* tip; *(i tipning)* do the pools.
tips... *sms:* **~gevinst** *s* win on the pools; **~kupon** *s* pools coupon; **~resultater** *spl sv.t.* football results.
tirre *v* irritate; *(drille)* tease.
tirsdag *s* Tuesday; *i ~s* last Tuesday; *på ~* on Tuesday; *om ~en* (on) Tuesdays.
tis *s* pee; **~se** *v* pee, piddle; *~se i bukserne* wet one's pants; **~semand** *s* willie.
tit *adv* often; *~ og ofte* time and time again.
tital *s* ten; **~systemet** *s* the decimal system.
titel *s* title; *en bog med titlen X* a book entitled X; **~blad** *s* title page; **~melodi** *s* theme tune.
titiden *s: ved ~* at about ten o'clock.
titte *v* peep.
tivoli *s* funfair; *T~ (i Kbh)* the Tivoli Gardens.
tiår *s* decade.
tjavs *s* wisp; **~et** *adj* wispy.
tjekker *s,* **tjekkisk** *adj* Czech; **Tjekkoslovakiet** *s* Czechoslovakia.
tjene *v (gøre tjeneste)* serve; *(indtjene)* earn; *det her kan du ikke være tjent med* you are ill-served with this; *hun ~r godt* she has a good income; *~ på ngt* make money on sth; *han tjente £100 på handelen* he made £100 on the deal; *~ til at* serve to.
tjener *s (i restaurant etc)* waiter; *(butler)* man-servant; *(fig)* servant.
tjeneste *s* service; *(vagt etc)* duty; *(hjælp)* favour; *han gjorde ~ i marinen* he served in the navy; *han har ~ i aften* he is on duty tonight; *fritaget for ~* exempt from duty; *vil du gøre mig en ~?* will you do me a favour? **~bolig** *s* official residence; **~folk** *spl* servants; **~fri(hed)** *s* leave; **~mand** *s* official; *(i ministerium)* civil servant; **~rejse** *s* business trip.
tjenst... *sms:* **~gørende** *adj* on duty; **~lig** *adj* official; **~villig** *adj* helpful.
tjære *s* tar // *v* tar.
tjørn *s* hawthorn.
to *num* two; *~ og ~ er fire* two and two make four; *gå ~ og ~* walk in twos; *de kommer begge ~* they are both coming; *I ~ er også inviteret* you two *(el.* the two of you) have also been invited.
tobak *s* tobacco; **~sdåse** *s* tobacco tin; **~shandler** *s* tobacconist; **~spung** *s* tobacco pouch; **~srygning** *s* tobacco smoking; **~srøg** *s* tobacco smoke.
todelt *adj* in two parts; *(om tøj)* two-piece.
toer *s* two; *(om bus etc)* number two.
toetages *adj (om hus)* two-storeyed; *(om bus)* double-decker.
tog *s* train; *vi tog ~et* we went by train; *jeg nåede ~et* I caught my train; *han nåede*

ikke ~et he missed his train; *de mødtes i ~et* they met on the train; **~forbindelse** *s* train connection *(el.* service); **~fører** *s* chief guard; **~konduktør** *s* ticket collector; **~kort** *s* season ticket; **~plan** *s* timetable; **~rejse** *s* railway journey; **~sammenstød** *s* train crash; **~ulykke** *s* railway accident.

toilet *s* toilet, (F) loo; *(i restaurant etc) (dame~)* ladies' (room); *(herre~)* men's (room); *gå på ~tet* go to *(el.* use) the bathroom; **~artikler** *spl* toiletries; **~bord** *s* dressing table; **~papir** *s* toilet paper; **~taske** *s* sponge bag, toilet bag.

toilette *s: gøre ~* dress.

told *s (afgift)* (customs) duty; *~en (om stedet)* the customs; *betale ~ af ngt* pay duty on sth; **~betjent** *s* customs officer; **~eftersyn** *s* customs check; **~er** *s* customs officer; **~fri** *adj* duty-free; **~pligtig** *adj* dutiable; **~union** *s* customs union; **~væsen** *s* customs authorities *pl.*

tolerant *adj* tolerant; *(for ~)* permissive; **tolerere** *v* tolerate.

tolk *s* interpreter; **~e** *v* interpret.

tolv *num* twelve; **~er** *s* twelve; *(om bus etc)* number twelve; **~te** *adj* twelfth; **~tedel** *s* twelfth; **~tiden** *s: ved ~tiden* at about twelve o'clock.

tom *adj* empty; *(om udtryk)* blank, vacant; *huset står ~t* the house is empty; *glo ~t ud i luften* stare into space.

tomat *s* tomato; **~ketchup** *s* tomato ketchup; **~puré** *s* tomato paste.

tomgang *s* idling; *gå i ~* idle.

tomhed *s* emptiness; vacancy; blankness; *(se også tom).*

tomhændet *adj* empty-handed.

tommelfinger *s* thumb; *rejse på ~en* hitch-hike; *have ti tommelfingre* be all thumbs.

tommestok *s (til at folde sammen)* folding rule.

tomrum *s* vacuum.

tomt *s (grund)* site.

ton *s (1000 kg)* ton, tonne.

tone *s (lyd, klang)* sound, tone; *(enkelt ~)* note; *(~højde)* pitch; *(opførsel)* form; *det er ikke god ~* it is not done // *v (klinge)* sound; *~t glas* tinted glass; *~ hår* tint one's hair; *~ frem* appear; **~angivende** *adj* leading; **~art** *s* key; **~fald** *s* accent, tone of voice; **~hoved** *s (i båndoptager)* recording head.

top *s* top; *(bjerg~)* summit, peak; *(paryk)* hairpiece; *(overdel)* top // *interj: ~!* done! **~hastighed** *s* top speed; **~hue** *s* pixie cap; **~løs** *adj* topless; **~møde** *s* summit (meeting); **~nøgle** *s (tekn)* box spanner; **~pakning** *s (i motor)* cylinder head gasket.

toppes *v (skændes)* bicker.

top. . . *sms:* **~punkt** *s* summit; *(fig)* zenith; **~skefuld** *s* heaped spoonful; **~stilling** *s* top position; **~stykke** *s (i motor)* cylinder head.

torden *s* thunder; *det trækker op til ~* it looks like thunder; *som lyn og ~* like lightning; **~skrald** *s* clap of thunder; **~vejr** *s* thunderstorm; **tordne** *v* thunder.

torn *s* thorn; **~ebusk** *s* briar; **T~erose** *s* the Sleeping Beauty.

torpedere *v* torpedo; **torpedo** *s* torpedo.

torsdag *s* Thursday; *i ~s* last Thursday; *om ~en* Thurs-

days; *på* ~ next Thursday.
torsk *s (fisk)* cod(fish); *(person)* fool; **~edum** *adj* oafish; **~elever** *s* cod liver; **~erogn** *s* cod roe.
tortere *v* torture; **tortur** *s* torture.
torv *s (plads i by)* square; *(salgssted)* market; *gå på ~et* go to the market.
to. . . *sms:* **~sidet** *adj* two-sided; *(om aftale etc)* bilateral; **~sporet** *adj (om vej)* two-lane; *~sporet vej (også:)* dual carriageway; **~sproget** *adj* bilingual.
tosse *s* fool // *v: ~ rundt* fool around; **~ri** *s spl* nonsense; **~t** *adj* foolish; *(skør)* crazy, (F) nuts; *blive ~t* go crazy; *det er til at blive ~t af* it is enough to drive you crazy; *være ~t efter en* be crazy about sby; *det ser ikke så ~t ud* it does not look too bad.
tot *s* tuft, wisp; *en ~ vat* a wad of cottonwool.
totakter *s (om motor)* two-stroke engine.
total *s (tallet 2)* two.
total *adj* total; **~skade** *s* total loss; *bilen blev ~skadet* the car was a write-off; **~t** *adv* completely; *det var ~t mislykket* it was a complete failure.
totiden *s: ved ~* at about two o'clock.
toupere *v (om hår)* backcomb.
tov *s* rope; **~trækkeri** *s (fig)* toing and froing; **~trækning** *s* tug-of-war; **~værk** *s* ropes *pl.*
toværelses *adj* two-room.
tradition *s* tradition; *~en tro* in keeping with tradition; *ifølge ~en* true to tradition; **~el** *adj* traditional.
trafik *s* traffic; *stærk ~* heavy traffic; **~ant** *s* road-user; **~ere** *v* use; *stærkt ~eret* busy; **~fly** *s* airliner; **~forbindelser** *spl* communications; **~lys** *s* traffic lights *pl;* **~ministerium** *s* Ministry of Transport; **~prop** *s* traffic jam; *(bilkø)* tailback; **~sikkerhed** *s* road safety; **~ulykke** *s* road accident.
tragedie *s* tragedy; **tragisk** *adj* tragic // *adv* tragically.
tragt *s* funnel; *(tlf)* mouthpiece; **~e** *v (om kaffe etc)* filter; *(si)* strain; *~e efter ngt* aspire to sth.
traktat *s* treaty.
traktere *v: ~ en på ngt* treat sby to sth; *jeg ~r!* it is on me!
traktor *s* tractor; **~fører** *s* tractor-driver.
trampe *v (i gulvet etc)* stamp; *(~ ned)* trample; *~ med fødderne* stamp one's feet; **~n** *s* stamping; trampling.
tran *s* whale oil.
tranchere *v* carve; **tranchersaks** *s* poultry shears *pl.*
tranebær *s* cranberry.
trang *s (behov)* need; *(lyst)* desire; *(nød)* want; *føle ~ til at sige ngt* feel a desire to speak // *adj (kneben)* narrow; *(stram)* tight; *~e tider* hard times.
transformator *s* transformer.
transistor *s* transistor; **~radio** *s* transistor (radio).
translatør *s* interpreter.
transmission *s* transmission; *(i tv, radio)* broadcast; **transmittere** *v* transmit; broadcast.
transparent *s (skilt med slagord etc)* banner.
transpiration *s* perspiration; **transpirere** *v* perspire.
transplantation *s* transplant(ation); *hjerte~* heart transplant; **transplantere** *v* transplant.
transport *s* transport; *(ladning*

der sendes) shipment; **~abel** *adj* movable; *(bærbar)* portable; **~bånd** *s* conveyer belt; **~ere** *v* carry; *(sende)* ship, forward; **~middel** *s* means of transport; **~syge** *s* motion sickness; **~vogn** *s* truck; *(varevogn)* van.

trapez *s* trapeze.

trappe *s* staircase, stairs *pl; (udvendig)* steps; *gå ned ad ~n* go downstairs; *gå op ad ~n* go upstairs // *v: ~ op* escalate; *~ ned* de-escalate; *(om narko, medicin)* withdraw; **~afsats** *s* landing; **~gang** *s* staircase; **~sten** *s* doorstep; **~stige** *s* step ladder; **~trin** *s* step.

traske *v* plod, trudge.

trav *s (gangart)* trot; *(sport)* trotting; *i rask ~* at a brisk trot; **~bane** *s* trotting course; **~e** *v* trot; **~esko** *s* walking shoe; **~etur** *s* hike; **~hest** *s* trotting horse; **~kusk** *s* sulky driver.

travl *adj* busy; *have meget ~t (dvs. have meget at lave)* be very busy; *(skulle skynde sig)* be in a hurry.

travløb, travsport *s* trotting.

tre *num* three; *gæt ~ gange* you can have three guesses; **~cifret** *adj* three-digit; **~dimensional** *adj* three-dimensional.

tredive *num* thirty; *han er i ~rne* he is in his thirties; *han er født i ~rne* he was born in the thirties; **tredivte** *adj* thirtieth.

tredje *num* third; *for det ~* thirdly; **~del** *s* third; *2/3* two thirds; **~grads** *adj* third-degree; **~rangs** *adj* third-rate.

tredobbelt *adj* triple.

treer *s (om bus etc)* number three; *(kort)* three.

treetages *adj* three-storey.

trehjulet *adj: ~ cykel* tricycle.

trekant *s* triangle; **~et** *adj* triangular.

trekvart *adj* three quarters.

tremme *s (i stakit etc)* slat; *(i vindue og bur)* bar; *han er bag ~r* he is behind bars; **~kalv** *s* battery calf; **~seng** *s* cot; **~værk** *s* lattice.

tres *num* sixty; *han er i ~serne* he is in his sixties; *han er født i ~serne* he was born in the sixties.

tresporet *adj (om vej)* three-lane.

tretal *s* three; **tretiden** *s: ved tretiden* at about three o'clock.

tretten *num* thirteen; **~de** *adj* thirteenth.

treværelses *adj* three-room.

tribune *s* platform; *(til tilskuere)* stand.

trikot *s* tights *pl;* **~age** *s* hosiery; *(om strikvarer)* knitwear; **~agehandler** *s* hosier.

trille *s (i sang etc)* trill; *(om fugl)* warble; *slå ~r* trill; warble // *v (rulle)* roll; *(langsomt, om fx tåre)* trickle; *(med genstand, fx barnevogn)* wheel; *(slå ~r)* trill; warble; **~bør** *s* wheelbarrow.

trilling *s* triplet.

trin *s (fod~, trappe~ etc)* step; *(stadium)* stage; **~bræt** *s* footboard; *(lille station)* halt; **~vis** *adj* step by step.

trippe *v* trip; *(om lyden)* patter; *stå og ~* shuffle one's feet.

trisse *s (til garn)* reel; *(hejseværk)* pulley // *v: ~ rundt* potter about.

trist *adj* sad; *(deprimerende)* depressing, dreary; *(kedelig)* boring; *~ vejr* dreary weather; *i ~ humør* gloomy; **~hed** *s* sadness; depression, dreariness.

trit *s: holde ~ med en* keep pace with sby; *ude af ~* out of step.
triumf *s* triumph; **~ere** *v* triumph; *(skadefro)* gloat.
trivelig *adj* plump.
trives *v (have det rart)* be happy; *(vokse etc)* thrive *(ved* at).
triviel *adj* trivial, banal.
trivsel *s* well-being; *(vækst)* growth; *~ på arbejdspladsen* job satisfaction.
tro *s* belief; *(stærkere og rel)* faith; *(tillid)* confidence; *i god ~* in good faith; *lad dem blive i ~en* don't rob them of their illusions; *i den ~ at...* thinking that // *v (mene)* think; *(være sikker på)* believe; *(stole på)* trust; *(rel)* believe *(på* in); *jeg ~r ikke de kommer* I don't think they are coming; *nej, det kan du ~ (de ikke gør)!* you bet (they are not)! *du kan ~ det var rart* you have no idea how nice it was; *jeg kunne knapt ~ mine egne øjne* I could hardly believe my eyes; *~ på spøgelser* believe in ghosts; *~ på en* trust sby // *adj (trofast)* faithful, loyal *(mod* to); *(nøjagtig)* accurate.
trods *s* defiance; *gøre ngt på ~* do sth in sheer defiance; *til ~ for at...* in spite of the fact that... // *præp* in spite of; *~ alt* in spite of everything; *(dog, alligevel)* after all; **~e** *v* defy; **~ig** *adj* defiant; *(om barn etc)* difficult.
trofast *adj* faithful, loyal *(mod* to); **~hed** *s* faithfulness, loyalty.
trold *s* goblin; *(i eventyr)* troll; *(om arrig person)* spitfire; **~dom** *s* magic; **~mand** *s* magician, wizard.
troløs *adj* disloyal; **~hed** *s* disloyalty.
tromle *s* roller; *(tønde)* drum // *v* roll; *~ en ned* bulldoze sby.
tromme *s* drum; *spille ~* play the drum; *slå på ~ for ngt* beat the drum for sth // *v* drum; *~ i bordet* drum the table; **~hinde** *s* eardrum; **~spiller** *s* drummer, drum player; **~stik** *s* drumstick.
trompet *s* trumpet; *spille ~* play the trumpet; *støde i ~en* blow the trumpet; **~ist** *s* trumpet player.
tronarving *s* heir to the throne.
trone *s* throne; *komme på ~n* come to the throne; *frasige sig ~n* abdicate, renounce the throne // *v* sit in state.
tronfølger *s* heir to the throne.
trop *s* troop, squad; *følge ~* keep up; *(se også tropper).*
troperne *spl* the tropics; **tropisk** *adj* tropical.
troppe *v: ~ op* turn up.
tropper *spl* troops, forces.
trosbekendelse *s* creed.
troskab *s* faithfulness *(mod* to).
troskyldig *adj* innocent, naïve.
troværdig *adj (pålidelig)* reliable; *(sandsynlig)* credible; **~hed** *s* reliability; credibility.
true *v* threaten *(med* with; *med at* to); **~nde** *adj* threatening; *(overhængende)* imminent.
trug *s* trough.
trusseindlæg *s* panty liner.
trussel *s* threat *(mod* to).
trusser *spl* briefs, panties.
trut *s (i bilhorn)* hoot; *(i horn)* toot; *give et ~ i (bil)hornet* honk, sound the horn; **~mund** *s* pout; *lave ~mund* pout; **~te** *v (om bil)* hoot, honk; *(om horn)* toot.
tryg *adj* safe, secure; *føle sig ~* feel safe; *(se også trygt);* **~hed** *s* safety; security.

trygle *v* beg, implore; ~ *en om ngt* beg sby for sth.
trygt *adv* safely; securely; *det kan du ~ stole på* you can (safely) rely on that.
tryk *s (pres)* pressure; *(typ)* print; *udøve et ~ på en* put pressure on sby; *sætte ngt på ~* put sth in print; *gå i ~ken* go to press; **~fejl** *s* misprint; **~fod** *s (på symaskine)* presser foot.
trykke *v* press; *(klemme)* squeeze; *(skubbe)* push; *(aviser etc)* print; *~ en i hånden* shake hands with sby; *~ på en knap* press a button.
trykken *s* oppression; *~ for brystet* a weight on the chest; **~de** *adj (om luft)* close, heavy; *(fig)* oppressive.
trykkeri *s* printing works *pl*, printer's.
trykket *adj (utilpas)* oppressed; *(nedtrykt)* depressed; *føle sig ~* feel ill at ease.
tryk. . . *sms:* **~knap** *s* pushbutton; **~koger** *s* pressure cooker; **~luft** *s* compressed air; **~luftbor** *s* pneumatic drill; **~lås** *s* press-stud; **~ning** *s* printing; **~sager** *spl* printed matter; **~stærk** *adj* stressed; **~svag** *adj* unstressed; **~sværte** *s* printer's ink.
trykt *adj* printed; *~e bogstaver* block letters.
trylle *v* conjure *(frem* up); **~kunst** *s* conjuring trick; **~kunstner** *s* conjurer, magician; **~ri** *s* magic; **~stav** *s* magic wand.
tryne *s* snout.
træ *s (som vokser)* tree; *(materialet)* wood; *af ~* wooden; **~bevokset** *adj* wooded; **~blæseinstrument** *s* woodwind (instrument).
træde *v (gå)* step; *(trampe)* tread; *(stærkere)* trample; *~ frem* step forward; *~ i ngt* step on sth; *~ i pedalerne* pedal hard; *~ i spinaten* put one's foot in it; *~ i kraft* come into force; *~ i stedet for en* take sby's place; *~ et dyr ihjel* trample an animal to death; *~ ind (i)* enter, step into; *~ ned fra ngt* step down from sth; *~ ngt ned* tread sth down; *~ nærmere* approach; *~ en over tæerne* tread on sby's toes; *~ på ngt* step *(el.* tread) on sth; *~ tilbage* stand back; *(fra stilling etc)* resign.
træf *s (tilfælde)* coincidence; *(møde)* get-together; *et heldigt ~* a stroke of luck.
træffe *v (møde)* meet, come across; *(ramme)* hit; *(foretage)* make *(fx foranstaltninger* arrangements); **~s** meet; *~r jeg direktøren?* can I see the director, please? *lægen ~s efter kl. 11* you can see the doctor after 11; *føle sig truffet* feel stung; **~nde** *adj (om bemærkning)* apt; *(om lighed)* striking; **~r** *s (om skud etc)* hit; **~tid** *s (på kontor)* office hours; *(hos læge)* surgery hours.
træg *adj (langsom)* slow; **~hed** *s* slowness; *(fig, fys)* inertia.
træk *s (i skorsten, hus etc)* draught; *(ryk)* pull; *(ansigts~)* feature; *(egenskab)* trait; *(om fugle)* migration; *(i skak og fig)* move; *fire gange i ~* four times running; *i ét ~* at a stretch, at one go; *i korte ~* briefly; *i store ~* broadly.
trækasse *s* wooden box.
trækbasun *s* trombone; **trækfugl** *s* migratory bird.
trække *v (rykke, hive)* pull; *(slæbe)* drag; *(bugsere)* tow; *(om fugle)* migrate; *(om skorsten og te)* draw; *(om te)*

draw; *(om luder)* be on the game; *det ~r her* there is a draught here; *~ lod om ngt* draw lots for sth; *~ cyklen* wheel the bike; *~ (gardinerne) for* draw the curtains; *~ (gardinerne) fra* draw back the curtains; *~ fra (i regning)* subtract; *~ 10% fra* deduct 10 per cent; *~ i ngt* pull at sth; *~ en i ørerne* pull sby's ears; *~ ned* pull down; *~ rullegardinet ned* lower the blind; *~ uret op* wind the clock *(el.* watch); *~ proppen op* draw the cork; *det ~r op til torden* it looks like thunder; *vagtparaden ~r op* they are changing the guard; *~ på skuldrene* shrug; *~ ngt tilbage* withdraw sth; *~ sig tilbage* retire; *~ ud* pull out; *(om tand)* extract; *(fig, fx om møde)* drag on; **~s** *v: ~s med ngt* have to put up with sth.

trækning *s (i ansigtet)* twitch; *(krampe~)* spasm; *(lod~)* draw; **~sliste** *s* list of winners.

træk... sms: **~papir** *s* blotting paper; **~procent** *s* (income) tax rate; **~rude** *s* ventilator.

trækul *s* charcoal.

trækvind *s* draught; **trækvogn** *s* handcart; *(med varer)* barrow.

træl *s* slave; **~dom** *s* bondage.

træls *adj* laborious; *(kedelig)* tiresome.

træne *v* train *(til* for); *(øve sig i)* exercise; **~r** *s* trainer; *(sport)* coach.

trænge *v (være i trang)* suffer hardship; *(presse)* force; *~s* crowd; *~ frem* advance; *~ igennem ngt* penetrate sth; *~ ind (fig)* sink in; *~ ind i et hus* enter a house; *(med magt)* force one's way into a house; *~ til ngt* need sth; *han ~r til at blive vasket* he could do with a wash; **~nde** *adj (fattig)* needy; *være ~nde (dvs. skulle tisse)* need (to go to) the bathroom.

trængsel *s (af folk)* crowd; *(modgang)* hardship; *der er ~ i butikken* the shop is crowded.

træning *s* training; *(øvelse)* practice; *være i ~* be in practice; *være ude af ~* be out of practice; **~sdragt** *s* track suit; **~ssko** *spl* trainers.

træ... *sms:* **~rod** *s* tree root; **~sko** *s* clog; **~skæreri** *s* wood carving; **~sløjd** *s* woodwork; **~snit** *s* woodcut; **~sort** *s* kind of wood; **~sprit** *s* wood alcohol; **~stamme** *s* tree trunk; **~stub** *s* tree stump.

træt *adj* tired; *blive ~* get tired; *blive ~ af ngt (dvs. ked af)* be fed up with sth; *køre ~* be run down; **~hed** *s* tiredness; *(udmattelse)* fatigue.

trætop *s* treetop.

trætte *v (gøre træt)* tire; *(kede)* bore; **~nde** *adj* tiring; *(kedelig)* tiresome; **~s** *v (blive træt)* tire; *(strides)* quarrel.

trævarer *spl* wooden articles.

trævl *s* thread; *(las)* rag; *uden en ~ (dvs. nøgen)* without a stitch on; **~e** *v (om stof)* fray; *~e ngt op* unravel sth.

træværk *s* woodwork, panelling.

trøje *s* jacket; *(strikket)* cardigan; *(strikket jumper)* jersey.

trøst *s* comfort; *få ~* be comforted; **~e** *v* comfort; **~ende** *adj* comforting; **~epræmie** *s* consolation prize; **~esløs** *adj (trist)* dreary, depressing; *(håbløs)* hopeless.

tråd *s* thread; string; *trække i ~ene (fig)* pull the strings; *få taget ~ene (om sår)* have the stitches taken out; **~e** *v: ~e* *en nål* thread a needle; **-trådet** *(om garn)* -ply; *3-trådet uld* 3-ply wool; **~kurv** *s* wire basket; **~net** *s* wire netting; **~udløser** *s (foto)* cable release.

tuba *s* tuba.

tube *s* tube.

tuberkulose *s* tuberculosis, TB.

tud *s (på kande etc)* spout; *(næse)* (F) hooter; **~brøle** *v* howl.

tude *v* howl; *(om ugle)* hoot; *(om bil)* honk; *(græde)* cry; **~grim** *adj* ugly as sin; **~horn** *s* horn.

tudse *s* toad.

tue *s* mound; *(af græs)* tuft.

tulipan *s* tulip.

tumle *v (boltre sig)* romp (about); *(falde)* tumble; *(styre, klare)* manage; *~ med ngt (om besværlig ting)* struggle with sth.

tummel *s* tumult, turmoil.

tumult *s (optøjer etc)* riot; *(larm)* uproar.

tuneser *s* Tunisian; **Tunesien** *s* Tunisia; **tunesisk** *s/adj* Tunisian.

tung *adj* heavy; *(besværlig)* hard.

tunge *s* tongue; *række ~ ad en* stick one's tongue out at sby; *jeg har det lige på ~n* it is on the tip of my tongue.

tunghør *adj* hard of hearing.

tungnem *adj* slow-witted.

tungsindig *adj* melancholy.

tunnel *s* tunnel; *(fodgænger~)* subway.

tur *s (spadsere~)* walk; *(udflugt)* outing; *(rejse)* trip; *(i båd)* sail; *(sørejse)* voyage; *(i bil)* drive; *(omgang)* turn; *gå en ~* go for a walk; *køre en ~* go for a drive; *cykle en ~* go for a ride; *vi skal en ~ til England* we are going on a trip to England; *nu er det din ~* it is your turn now; *gøre ngt efter ~* do sth in turns.

turde *v* dare; *vi tør ikke gøre det* we daren't do it, we are afraid to do it; *de tør godt gøre det* they are not afraid to do it; *det tør siges!* I dare say!

turisme *s* tourism.

turist *s* tourist; **~bureau** *s* tourist agency; **~bus** *s* coach; **~plakat** *s* travel poster.

turkis *s/adj* turquoise.

turné *s* tour.

turnering *s* tournament.

tusch *s* Indian ink.

tusind(e) *s/num* a thousand; *tre ~ mennesker* three thousand people; *flere ~ mennesker* several thousand people; *det er ~ gange værre* it is a thousand times worse; *~ tak!* thank you very much! **tusindben** *s* millipede; **tusindvis:** *i tusindvis* by the thousand; *i tusindvis af børn* thousands of children.

tusmørke *s* twilight, dusk.

tusse *s (filtpen)* marker, felt tip // *v: ~ rundt* potter around.

tvang *s* compulsion; *gøre ngt under ~* do sth under compulsion; *bruge ~ mod en* exert pressure on sby; **~fri** *adj (om person)* casual; *(om tøj)* informal; **~sarbejde** *s* forced labour; **~sauktion** *s* compulsory sale; **~fodre** *v* force-feed; **~sindlægge** *v* commit to mental hospital; **~stanke** *s* obsession.

tv-avisen *s* the television news.

tvebak *s* rusk.

tvetydig *adj* ambiguous; **~hed** *s* ambiguity.

tvilling *s* twin; **T~erne** *s (astr)* Gemini.

tvinge *v* force, compel; *~ en til at gøre ngt* force sby to do sth; *~ ngt igennem* force sth through; **~nde** *adj: ~nde nødvendig* absolutely necessary.

tvist *s (strid)* dispute *(om* over); *(pudse~)* cotton waste.

tvivl *s* doubt; *være i ~ om ngt* doubt about sth; *der er ingen ~ om at han mener det* there is no doubt that he means it; *uden ~* no doubt; *det er hævet over enhver ~* it is beyond doubt; **~e** *v* doubt; *~e om (el. på)* doubt; *jeg ~er på at han kommer* I doubt whether he will come; *det ~er jeg ikke på* I don't doubt it; **~ende** *adj* doubting; *(som tvivler)* doubtful; *stille sig ~ende over for ngt* have one's doubts about sth; **~som** *adj* doubtful, dubious; **~sspørgsmål** *s* matter of dispute.

tvungen *adj* forced, compelled; *(påbudt)* compulsory.

tvære *v: ~ ngt ud (mase)* crush sth; *(smøre)* smear sth; *lad nu være med at ~ i det!* don't rub it in!

tværs *adv: ~ igennem* right through; *på ~ af* across; *(fig)* in opposition to; *gå ~ over gaden* cross the street.

tværsnit *s* cross section; **tværstribet** *adj* cross-striped.

tværtimod *adv* on the contrary.

tværvej *s* crossroad.

tyde *v (tolke)* interpret; *(om skrift, tegn etc)* make out; *~ på* suggest, indicate; *det ~r dårligt* it is a bad sign; **~lig** *adj* clear, distinct; *(ligefrem, forståelig)* plain; *tale ~ligt* speak distinctly; *skrive ~ligt* write clearly; *jeg kan ~lig huske at...* I distinctly remember that...

tyfus *s* typhoid fever.

tygge *v* chew; *~ på ngt* chew sth; *(fig)* think about sth; **~gummi** *s* chewing gum; **tygning** *s* chewing.

tyk *adj* thick; *(om person)* fat; *han er blevet ~* he has grown fat; *et ~t gulvtæppe* a thick carpet; *det er for ~t! (fig)* that's a bit much! *smøre ~t på (fig)* lay it on thick; **~kelse** *s* thickness; fatness; *(diameter)* diameter; *(omfang)* circumference; **~mælk** *s* sv.t. junket; **~steg** *s (gastr)* rump steak; **~tarm** *s* colon; **~tflydende** *adj* thick, viscous.

tyl *s* tulle [tju:l].

tynd *adj* thin; *(slank)* lean; *(mager)* thin, skinny; *(knap, sparsom)* sparse; *blive ~* grow thin; *en ~t befolket ø* a sparsely inhabited island; **~e** *v: ~e ud (i)* thin (out); **~slidt** *adj* threadbare; **~tarm** *s* small intestine; **~tflydende** *adj* thin.

tyngde *s* weight; **~kraft** *s* gravitation.

tynge *v (være tung)* be heavy; *(med objekt)* weigh down; *(fig)* weigh on; *~t af ansvar* loaded down with responsibility.

type *s* type; **~hus** *s* standard house; **typisk** *adj* typical *(for* of).

typograf *s* typographer; **~i** *s* typography; **~isk** *adj* typographical.

tyr *s* bull; *T~en (astr)* Taurus.

tyran *s* tyrant; **~ni** *s* tyranny; **~nisere** *v* bully; **~nisk** *adj* tyrannical.

tyrefægtning *s* bullfight.

tyrk(er) *s* Turk; **Tyrkiet** *s* Turkey; **tyrkisk** *s/adj* Turkish.

tysk *s/adj* German; **~er** *s* German; **T~land** *s* Germany.

tysse *v: ~ på en* hush sby up.

tyv *s* thief; *(indbruds~)* burglar.

tyve *num* twenty; *han er i ~rne* he is in his twenties; *han er født i ~rne* he was born in the twenties; **~nde** *adj* twentieth; **~ndedel** *s* twentieth.

tyveri *s* theft; *(indbruds~)* burglary; **~alarm** *s* burglar alarm; **~forsikring** *s* burglary insurance.

tæge *s* bug.

tælle *v* count; *dine dage er talte* your days are numbered; *~ efter* check; *~ ngt med* include sth; *de ~r ikke (med)* they don't count; *~ sammen* add up; *~ til ti* count up to ten; **~apparat** *s (ved indgang etc)* turnstile; **~r** *s (til el etc)* meter; *(i brøk)* numerator.

tæmme *v* tame; *(gøre til husdyr)* domesticate; **tæmning** *s* taming; domestication.

tænde *v* light; *(radio, lys etc)* switch *(el.* put) on; *(om motor)* ignite; *~ for gassen* light the gas; *~ et lys* light a candle; *lyset er tændt (dvs. det elektriske)* the light is on; *~ ild i ngt* set fire to sth; *~ op* light the fire; *~r s* lighter.

tænding *s* lighting; *(om motor)* ignition.

tændrør *s* spark(ing) plug.

tændstik *s* match; *tænde en ~* strike a match; **~æske** *s* matchbox.

tænke *v* think; *(agte, ville)* intend *(at* to); *tænk bare!* imagine! just think! *tænk at det skulle ske!* to think that this should happen! *det tænkte jeg nok* I thought so; *jeg havde tænkt mig at gå kl. fem* I was planning to leave at five; *jeg kunne godt ~ mig en kop te* I would not mind a cup of tea; *~ ngt igennem* think sth over; *~ sig om* think; *~ over ngt* think about sth, consider sth; *~ på ngt* think of *(el.* about) sth; *~ på at gøre ngt ved det* intend to do sth about it; *vi kom til at ~ på at...* it occurred to us that...

tænksom *adj* thoughtful.

tænkt *adj* imaginary *(fx* linje line); *det var ~ som en gave* it was meant to be a present.

tæppe *s (gulv~)* carpet; *(mindre)* rug; *(uld~)* blanket; *(vat~)* quilt; *(væg~)* tapestry; *(teat)* curtain; *ægte ~r* Oriental carpets; **~banker** *s* carpet-beater; **~maskine** *s* carpet-sweeper.

tære *v (om metal)* corrode; *~ på formuen* eat into one's fortune; *~s hen* waste away; **tæring** *s (af metal)* corrosion.

tærske *v* thresh.

tærskel *s* threshold.

tærskemaskine, tærskeværk *s* threshing machine; **tærskning** *s* threshing.

tærte *s* pie, tart; *(med frugt også:)* flan.

tæsk *s* thrashing; **~e** *v* thrash; *~e i klaveret* thump the piano.

tæt *adj* close; *(mods: utæt)* tight // *adv* close(ly), tight(ly); *~ besat (med folk)* packed; *holde ~* keep tight; *(tie stille)* keep one's mouth shut; *~ op ad ngt* close to sth; *det var ~ på!* it was a near thing! *gå ~ på en* question sby closely; *sidde ~ sammen* be sitting close together; *~ ved* close to; *nearby, close by;* **~bebygget** *adj* densely built-up; **~befolket** *adj* densely populated; **~hed** *s* closeness; tightness; *(se også tæt);* **~klippet** *adj* close-cropped; **~ning** *s* tightening; stopping; *(af sprækker)* sealing; **~ningsli-**

ste *s* seal, draught strip; **~pakket** *adj* packed; **~siddende** *adj* close-set *(fx øjne* eyes); *(om tøj)* clinging.
tætte *v* make tight; *(om sprækker etc)* seal (up); *(om hus, isolere)* insulate.
tæv *s* beating; **~e** *s (hunhund)* bitch // *v* thrash, beat up.
tø *s* thaw // *v* melt, thaw; *det ~r* it is thawing.
tøj *s (stof)* material; *(klæde)* cloth; *(klæder)* clothes *pl* clothing; *lægge ~et (dvs. overtøjet)* take off one's coat (, jacket etc); *(dvs. klæde sig af)* undress; *tage ~et på (dvs. overtøjet)* put on one's coat (, jacket etc); *(dvs. klæde sig på)* dress; *et sæt ~* a suit; **~dyr** *s* fluffy animal; **~klemme** *s* clothes-peg.
tøjle *s* rein; *få frie ~r* get a free hand // *v (fig)* curb; *~ sig* restrain oneself; **~sløs** *adj* unbridled.
tøjsnor *s* clothes-line.
tømme *s* rein // *v* empty; *~s* empty.
tømmer *s* timber; **~flåde** *s* raft; **~mænd** *spl* hangover.
tømning *s* emptying; *(om postkasse, skraldebøtte)* collection.
tømre *v* make, build; **~r** *s* carpenter.
tønde *s (af træ)* barrel; *(af metal)* drum; *som sild i en ~* like sardines in a tin.
tør *adj* dry; *(om fx whisky)* neat; *løbe ~ for benzin* run out of petrol; *give den lille ~t på* change the baby's nappy; **~gær** *s* dry yeast; **~hed** *s* dryness.
tørke *s* drought; **~ramt** *adj* drought-stricken.
tørklæde *s* scarf.
tørmælk *s* dried milk.
tørre *v* dry; *~ bordet af* wipe the table; *~ af efter opvasken* dry the dishes; *~ hænderne* wipe one's hands; *~ sig* wipe oneself; **~hjelm** *s* hairdrier; **~skab** *s* drying cupboard; **~snor** *s* clothes-line; **~tumbler** *s* tumbler drier; **tørring** *s* drying; wiping.
tørst *s* thirst; **~e** *v* be thirsty; *~e efter ngt* crave for sth; **~ig** *adj* thirsty.
tørv *s* peat; *(græs~)* turf.
tørvejr *s* dry weather; *stå i ~* take cover; *det er blevet ~* it has stopped raining.
tørvemose *s* peat bog; **tørvestrøelse** *s* garden peat.
tøs *s* girl, lass; *(neds)* broad; **~edreng** *s* sissy, poofter.
tøsne *s* sleet, slush.
tøve *v* hesitate *(med at* to).
tøvejr *s* thaw.
tøven *s* hesitation; *uden ~* without delay.
tå *s* toe; *på ~* on tiptoe; *træde en over tæerne* stand on sby's toes; *fra top til ~* from top to bottom.
tåbe *s* fool; **~lig** *adj* foolish, stupid; **~lighed** *s* foolishness, stupidity.
tåge *s* fog; *(dis)* mist; **~dis** *s* mist; **~horn** *s* foghorn; **~lygte** *s* fog light; **~t** *adj* foggy; *(let)* misty; *(uklar)* dim, vague.
tåle *v (finde sig i)* put up with, take; *(udholde)* stand, bear; *(lide)* bear, suffer; *jeg kan ikke ~ den fyr* I can't stand that chap; *han kan ikke ~ hvidløg* garlic doesn't agree with him; *man må ~ meget* one has to put up with a lot; **~lig** *adj* tolerable; *(så nogenlunde)* passable.
tålmodig *adj* patient; **~hed** *s* patience.
tånegl *s* toe nail.
tår *s* drop; *en ~ øl* a drink of

beer.

tåre *s* tear; **~gas** *s* tear gas; **~vædet** *adj* tearful *(fx blik* look).

tårn *s* tower; *(med spir)* steeple; *(klokke~)* belfry; *(i skak)* rook, castle; **~e** *v: ~e sig op* pile up; **~falk** *s* kestrel; **~høj** *adj (fig)* sky-high; **~ur** *s* tower clock.

tåspids *s* tip of the toe; *på ~erne* on tiptoe.

U

uadskillelige *adj* inseparable.

uafbrudt *adj (uden pause)* continuous, constant; *(som stadig gentages)* continual // *adv* constantly; continually; *~ i otte timer* for eight hours on end.

uafgjort *adj* unsettled; *(om fx fodboldkamp)* drawn; *spille ~* draw; *ende ~* end in a draw.

uafhængig *adj* independent; **~hed** *s* independence.

uafladelig *adj* constant // *adv* constantly.

uagtsom *adj: ~t manddrab* homicide by misadventure; **~hed** *s* negligence.

ualmindelig *adj* unusual, exceptional.

uanet *adj* undreamt-of.

uanfægtet *adj* unaffected *(af* by).

uanmeldt *adj* uninvited.

uanset *præp* regardless of; *~ hvordan (, hvor, hvem etc)* no matter how (, where, who etc).

uanstændig *adj* indecent; **~hed** *s* indecency.

uansvarlig *adj* irresponsible; **~hed** *s* irresponsibility.

uantastet *adj* unchallenged.

uappetitlig *adj* unsavoury.

uarbejdsdygtig *adj* unfit for work.

uartig *adj* naughty; *(uhøflig, grov)* rude; *(sjofel)* dirty; *være ~ mod en* be naughty to sby; **~hed** *s* naughtiness; rudeness; dirtiness.

ubarberet *adj* unshaven.

ubarmhjertig *adj* merciless, pitiless; **~hed** *s* mercilessness, pitilessness.

ubeboelig *adj* uninhabitable; **ubeboet** *adj* uninhabited.

ubegrundet *adj* unfounded.

ubegrænset *adj* unlimited.

ubehag *s (fysisk)* discomfort; *(som man ikke kan lide)* dislike *(ved* of, for); **~elig** *adj* unpleasant; *~eligt til mode* uneasy, ill at ease; **~elighed** *s* unpleasantness; *~eligheder* trouble; *få ~eligheder* get into trouble.

ubehjælpsom *adj* clumsy; **~hed** *s* clumsiness.

ubehøvlet *adj* rude.

ubekendt *adj* unknown; *være ~ med ngt* be a stranger to sth.

ubekvem *adj* uncomfortable.

ubelejlig *adj* inconvenient.

ubemidlet *adj* without means.

ubemærket *adj* unnoticed; **~hed** *s: i ~hed* unnoticed.

ubenyttet *adj* unused.

uberegnelig *adj* unpredictable; **~hed** *s* unpredictability.

uberettiget *adj* unwarranted.

uberørt *adj* unaffected *(af* by); *~ natur* virgin nature.

ubeset *adj: købe ngt ~* buy sth without seeing it first.

ubeskrivelig *adj* indescribable; *(neds)* unspeakable // *adv* indescribably; unspeakably.

ubeslutsom *adj* irresolute, hesitant; **~hed** *s* hesitancy.

ubestemmelig *adj* indeterminable; *(neds)* nondescript.

ubestemt *adj* indefinite; *på ~ tid* indefinitely.

ubetinget *adj* unconditional, absolute // *adv* absolutely.
ubetydelig *adj* insignificant; **~hed** *s* insignificance; *(lille smule)* trifle.
ubevidst *adj* unconscious.
ubevogtet *adj* unguarded; *~ jernbaneoverskæring* level crossing without barrier.
ubevæbnet *adj* unarmed.
ubevægelig *adj* motionless; *(ikke til at bevæge)* immobile; **~hed** *s* immobility.
ublu *adj* shameless; *(om pris)* stiff.
ubodelig *adj* irreparable *(fx skade* damage).
ubrugelig *adj* useless.
ubøjelig *adj* inflexible; *(hård)* relentless; *(stiv)* rigid.
ubønhørlig *adj* relentless.
u-båd *s* submarine.
uciviliseret *adj* uncivilised; *(vild)* savage.
ud *adv* out; *gå ~* go out; *gå (,køre etc) lige ~* go (, drive etc) straight on; *tale ~* finish speaking; *få talt ~ med en* have it out with sby; *en ~ af ti* one in ten; *parkere ~ for kirken* park opposite the church; *~ fra* from; *vende ~ mod* look out on, face; *kunne ngt ~ og ind* know sth inside out; *hverken vide ~ el. ind* be all at sea; *punge ~ med 50 kr* pay out 50 kr; *~ over* over, more than; *(undtagen)* except; *~ på dagen* late in the day; *ugen ~* to the end of the week.
udad *adv* outwards; **~til** *adv* outwardly; **~vendt** *adj* extrovert.
udarbejde *v* prepare, make *(fx en rapport* a report); **~lse** *s* preparation; *under ~lse* being prepared.
udarte *v* degenerate *(til* into); *(komme ud af kontrol)* get out of hand.
udbede *v: ~ sig ngt* ask for sth; *svar ~s* please answer; *(på indbydelse)* R.S.V.P.
udbedre *v (om mindre skade)* mend; *(om støre skade)* repair; **udbedring** *s* mending; repair.
udbetale *v* pay (out); *få udbetalt en check* cash a cheque; **udbetaling** *s* payment; *(på afdragskøb)* down payment; *betale 500 kr i udbetaling* pay 500 kr down.
udblæsning *s (auto)* exhaust; *for fuld ~* at full blast; **~srør** *s* exhaust pipe.
udbrede *v* spread (out); *~ sig om ngt* enlarge on sth; **~lse** *s (almindelig)* prevalence; *(om sygdom)* incidence; *(af skriftligt el. trykt materiale)* circulation; *(fordeling)* distribution; **udbredt** *adj (almindeligt)* widespread; *(fremherskende)* prevalent.
udbringe *v: ~ et leve for en* call for (three) cheers for sby; *~ en skål for en* propose a toast for sby; **udbringning** *s* delivery.
udbrud *s (start)* outbreak *(fx af krig* of war); *(om vulkan)* eruption; *(udråb)* exclamation; *komme til ~* break out.
udbryde *v* exclaim, cry.
udbygge *v* enlarge; *(forklare nærmere)* elaborate; **udbygning** *s (udvidelse, tilbygning)* extension; *(udhus)* outhouse; *(forbedring)* development.
udbytte *s (fortjeneste)* profit; *(af høst)* yield; *(af aktier)* dividend; *få ~* get a profit; *have ~ af ngt* profit from sth // *v* exploit; **~deling** *s* profit-sharing; **~rig** *adj* profitable.
uddanne *v* educate, train; *~ sig til læge* study medicine; *hun er ~t sygeplejerske* she is

a qualified nurse; **~lse** *s* education, training; **~lsesstøtte** *s* grant.
uddele *v* distribute; *(dele rundt, også:)* hand out; *~ præmier* award prizes; **uddeling** *s* distribution; handing out.
uddrag *s* extract; *(af fx artikel)* abstract.
uddybe *v (fig)* elaborate.
uddød *adj* extinct.
ude *adv* out; *(udenfor)* outside; *(udendørs)* out (of doors); *(forbi)* up, at an end; *være ~ af sig selv af skræk* be beside oneself with fear; *være ~ at køre (, gå etc)* be out for a drive (, walk etc); *~ at rejse* travelling; *være ~ efter en (el. ngt)* be after sby *(el.* sth); *du var selv ~ om det* you were asking for it; *~ på landet* (out) in the country; *være ~ på ngt* be up to sth.
udearbejdende *adj* working.
udebane *s* away ground; *kamp på ~* away match.
udeblive *v* stay away, not turn up; *(ikke ske)* not happen; **~lse** *s* absence; *(pjækkeri)* absenteeism.
udefra *adv* from the outside; *(fra udlandet)* from abroad.
udelade *v* omit, leave out; **~lse** *s* omission.
udelukke *v* exclude; *(vise bort)* expel; **~lse** *s* exclusion; expulsion; **~nde** *adj* exclusive // *adv* exclusively, entirely; **~t** *adj: det er ~t* it is out of the question.
uden *præp* without; *(ikke inkluderet)* excluding; *~ at ane det* without knowing it; *~ moms* exclusive of VAT; *~ for huset* outside the house; *~ for Danmark* out of Denmark; *~ om* round; *~ på* on the outside of.
udenad *adv* by heart.
udenbords *adv* outboard *(fx motor* engine); *(over bord)* overboard.
udenbys *adj/adv* out of town; *han er ~ fra* he is from out of town; *~ telefonsamtale* trunk call.
udendørs *adj* outdoor // *adv* out of doors.
udenfor *adv* outside; *føle sig ~* feel left out.
udenlands *adv* abroad; **~k** *adj* foreign.
udenom *adv: gå ~ ngt* go round sth; *der er ingen vej ~* there is no getting around it; **~sbekvemmeligheder** *spl* conveniences.
udenpå *adv* outside.
udenrigs. . . *sms:* **~handel** *s* foreign trade; **~korrespondent** *s* foreign correspondent; **~ministerium** *s* Ministry of Foreign Affairs; **~politik** *s* foreign politics.
udesejr *s (i fodbold etc)* away win.
udfald *s (resultat)* result, issue; **~svej** *s* arterial road.
udflugt *s (tur)* outing, excursion; *(med madkurv etc)* picnic; *(snakken udenom)* evasion; *komme med ~er* make excuses.
udflåd *s* discharge.
udfordre *v* challenge; **~nde** *adj* provocative; **udfordring** *s* challenge.
udforske *v* explore; **udforskning** *s* exploration.
udfylde *v (tomt rum etc)* fill up; *(skema etc)* fill in; *(stilling)* fill; **udfyldning** *s* filling up *(el.* in).
udfærdige *v* make out *(fx en regning* an invoice); draw up *(fx et testamente* a will); **~lse** *s* preparation.
udføre *v (gøre)* carry out, do;

(fremføre) perform; *(eksportere)* export; ~ *en ordre* carry out an order; ~ *sit arbejde* do one's work; ~ *en kunst* perform a trick; **~lse** *s* carrying out; performance; *(om ngts kvalitet)* workmanship; *(om ngts art)* version; *bringe til ~lse* carry out; *under ~lse* in the making.
udførlig *adj* elaborate, detailed // *adv* in detail.
udførsel *s* export(ation); **~sforbud** *s* embargo; **~stilladelse** *s* export licence.
udgang *s* exit, way out; *(resultat)* issue; *stuen har ~ til terrasse* the room opens on to a patio; **~sdør** *s* exit; **~stilladelse** *s* permission to go out; *(mil)* pass.
udgave *s* edition.
udgift *s* expense; *faste ~er* regular outlays; *diverse ~er* sundries; **~sbilag** *s* expenditure voucher; **~spost** *s* item of expenditure.
udgive *v (bog, avis etc)* publish; ~ *sig for* pretend to be; **~lse** *s* publication; **~r** *s* publisher.
udgravning *s* excavation; *(arkæologisk)* dig.
udgøre *v (danne, være)* make up; *(repræsentere)* make out; *(beløbe sig til)* amount to.
udgå *v* be left out, be omitted; *(stamme)* come *(fra* from); **~ende** *adj* outgoing *(fx post* mail); **~et** *adj (om vare)* out of stock; *(om træ)* dead; *være ~et for ngt* be out of sth.
udholdende *adj* enduring; **udholdenhed** *s* endurance.
udhus *s* outhouse.
udhvilet *adj* rested.
udhængsskab *s* showcase.
udkant *s* outskirts *pl; i ~en* on the outskirts.
udkast *s* sketch.
udkig *s: holde ~ efter* be on the look-out for.
udklip *s* cutting; *(fra avis)* press cutting.
udklække *v* hatch; *(fig, fx om plan)* cook up; **udklækning** *s* hatching.
udkomme *v (om bog etc)* appear, be published.
udkørsel *s (vej ud)* exit, way out; *(det at køre varer etc ud)* delivery; *(edb)* run.
udkørt *adj* exhausted.
udlandet *s* the foreign countries; *fra ~* from abroad; *i ~* abroad; *tage til ~* go abroad.
udlejning *s* letting, hiring; **~sbil** *s* hired car; **~sejendom** *s* tenement house.
udlevere *v (aflevere)* deliver, give up; *(uddele)* distribute; *(om forbryder der sendes til et andet land)* extradite; ~ *en (dvs. gøre til grin, afsløre)* compromise sby; **udlevering** *s* delivery; *(uddeling)* distribution; *(af forbryder)* extradition.
udligne *v (forskelle, i boldspil)* equalize; *(opveje)* counterbalance; **udligning** *s* equalization; *(merk)* settlement; **udligningsmål** *s* equalizer.
udluftning *s* airing.
udlæg *s* outlay; *gøre ~ i ngt* distrain upon sth.
udlægge *v* lay out; *(tyde, fortolke)* interpret; **udlægning** *s* laying out; interpretation.
udlænding *s* foreigner.
udlært *adj* trained, skilled.
udløb *s (af flod)* mouth; *(af frist etc)* expiration; *inden månedens ~* before the end of the month; **~e** *v (om frist etc)* expire; **~er** *s (af plante)* runner; *(fig)* offshoot.
udløse *v (starte)* start, trigger off; ~ *en bombe* release a bomb; ~ *spændingen* relieve

the tension; **~r** *s (foto)* shutter release; **udløsning** *s* release; *(for vrede etc)* outlet; *(seksuelt)* satisfaction.
udlån *s* loan; *(på biblioteket)* lending; **~e** *v* lend.
udmale *v* depict.
udmatte *v* exhaust; **~lse** *s* exhaustion.
udmeldelse *s (af skole)* withdrawal; *(af forening)* resignation; *~ af EF* secession from the EEC.
udmunde *v: ~ i (om flod)* flow into; *(fig)* end in; **udmunding** *s (om flod)* mouth.
udmærket *adj* excellent; *det er ~!* that's fine!
udnytte *v (bruge)* utilize; *(misbruge)* exploit; *~ ens viden* draw on sby's knowledge; **~lse** *s* utilization; exploitation.
udnævne *v* appoint; *~ en til direktør* appoint sby director; **~lse** *s* appointment *(til* as).
udpege *v* point out; *(udnævne)* appoint.
udplyndre *v* rob; **udplyndring** *s* robbery.
udpræget *adj* pronounced, distinct.
udredning *s (forklaring)* explanation.
udregning *s* calculation.
udrejse *s (af et land)* departure; **~tilladelse** *s* exit permit.
udrensning *s (af personer el. politiske grupper)* purge.
udrette *v (udføre)* achieve.
udringet *adj* low-cut.
udruste *v* equip; **udrustning** *s* equipment, outfit.
udrydde *v* wipe out, exterminate; **~lse** *s* extermination.
udrykning *s* turn-out; **~shorn** *s* siren, (S) hee-haw; **~svogn** *s* ambulance; fire engine; police car.
udråb *s* exclamation; *(råb)* cry; **~sord** *s* interjection; **~stegn** *s* exclamation mark.
udsagn *s* statement; **~sord** *s* verb.
udsalg *s* sale; *(butik)* shop; **~spris** *s* retail price; *(under nedsættelse)* sale price.
udsat *adj* exposed *(for* to); *(udskudt, fx om møde)* put off, postponed.
udseende *s* look, appearance; *kende en af ~* know sby by sight; *dømme efter ~t* go by appearances.
udsende *v* send out; *(udgive)* publish; *(i tv, radio)* broadcast; **~lse** *s* sending out; publication; broadcasting; *(enkelt ~lse)* programme; **udsending** *s* envoy; *(delegeret)* delegate.
udsigt *s* view; *(fig)* prospect; *(om vejr)* forecast; *der er ~ til byger* showers may be expected.
udskejelse *s* excess.
udskifte *v* change *(med* for), replace *(med* by); **udskiftning** *s* change, replacement; *(i fodbold)* substitution.
udskille *v* separate; *(fjerne)* remove; *(afsondre)* secrete; *~ sig fra ngt* separate from sth; **~lse** *s* separation; removal; secretion.
udskrabning *s (med)* curettage, D and C.
udskrive *v (en check etc)* write out, make out; *(skat etc)* levy; *(fra sygehus)* discharge; *~ valg* call an election; **udskrivning** *s* writing out; levying; discharge; *(af soldater)* conscription; *(udgift)* expense.
udskud *s (om person)* scum, pariah.
udskyde *v* postpone, put off; **~lse** *s* postponement.
udskænkning *s* serving (of

drinks); **~stilladelse** *s* licence.
udskæring *s* cutting out; *(på møbler etc)* carving; *(af kød)* cut; *(i kjole etc)* neck; **udskåren** *adj (møbel etc)* carved; *(kjole etc)* low-cut.
udslag *s (resultat)* result, effect; *(tegn)* symptom; *(om viser på fx vægt)* deflection; *give sig ~ i* be reflected in; *(resultere i)* result in.
udslette *v* wipe out; *(tilintetgøre også:)* annihilate; **~lse** *s* obliteration; annihilation.
udslidt *adj* worn out.
udslip *s* leak(age).
udslukt *adj* extinct.
udslæt *s* rash; *få ~ (også:)* come out in spots.
udsmykke *v* decorate; **udsmykning** *s* decoration.
udsolgt *adj* sold out.
udspekuleret *adj* sly, cunning.
udspil *s (forslag)* proposal; *(initiativ)* initiative; *du har ~let* it is your move; *komme med et ~* make a proposal.
udspilet *adj* dilated.
udspille *v: ~ sig* take place.
udspionere *v* spy on.
udsprede *v* spread (out).
udspring *s (om svømmer)* dive, plunge; *(om flod)* source; *(i faldskærm)* jump; **~e** *v (om flod)* rise.
udspørge *v* question.
udstationere *v* station.
udsted *s (grønlandsk)* settlement.
udstede *v* issue; *~ en recept* write out a prescription; *~ et pas* issue a passport; **~lse** *s* issue; making out.
udstille *v* exhibit, show.
udstilling *s* exhibition, show; **~sgenstand** *s* exhibit; **~svindue** *s* show window.
udstoppe *v* stuff.
udstrakt *adj (strakt ud)* outstretched; *(vid, omfattende)* extensive; *ligge ~ (om person)* lie prone; *(om landskab)* spread.
udstrækning *s* extension; *(omfang)* extent; *i vid ~* to a large extent.
udstråling *s* radiation; *(om person)* aura.
udstykke *v* parcel out; **udstykning** *s* parcelling out; *(til byggeri)* development.
udstyr *s* equipment; *(tilbehør)* accessories *pl; (brude~)* trousseau; *(baby~)* layette; **~e** *v* equip; *(forsyne)* provide *(med* with).
udstøde *v (forstøde, udvise)* expel; *(komme med)* give, utter; *~ et suk* heave) a sigh; **~lse** *s* expulsion; **udstødning** *s (auto)* exhaust.
udstå *v (holde ud)* stand, bear; *(lide, gennemgå)* undergo, suffer; *(straf etc)* serve; **~ende** *adj (om ører, øjne etc)* protruding.
udsvævende *adj* dissipated.
udsætte *v (udskyde, opsætte)* postpone, put off; *(udlove)* offer; *(om lejer, smide ud)* evict; *~ en for ngt* expose sby to sth; *nationalsangen udsat for hornorkester* the national anthem arranged for brass band; *have ngt at ~ på ngt* find fault with sth; *~ vagtposter* post sentries; **~lse** *s* postponement; setting; offer; eviction; *(af frist)* respite; *(af militærtjeneste)* deferment; *(af musik)* arrangement.
udsøge *v: ~ sig* pick, select; **udsøgt** *adj (af bedste kvalitet)* choice; *(særlig lækker el. fin)* exquisite.
udtage *v* select *(til* for); **~lse** *s* selection.
udtale *s* pronunciation // *v* pronounce; *(sige)* say; *h ~s*

ikke foran v the h is silent in front of v; ~ *ngt forkert* mispronounce sth; ~ *sig om ngt* give one's opinion on sth; ~ *sig til en* speak to sby; **~lse** *s* pronouncement; *(bemærkning)* remark; *komme med en ~lse* make an pronouncement.

udtryk *s* expression; *(vending, talemåde)* phrase; *(ord)* term; *give ~ for ngt* express sth; **~ke** *v* express; *~ke sig* express oneself; **~kelig** *adj* explicit; **~sfuld** *adj* expressive; **~sløs** *adj* expressionless; **~t** *adj: være ens ~te billede* be the spitting image of sby.

udtræde *v: ~ af* retire from; *~ af EF* secede from the EEC; **~lse** *s* retirement; secession.

udtræk *s (af urter etc)* extract; *(i kogende vand)* infusion; **~ke** *v* extract; **~ning** *s* extraction; **~sbord** *s* extension table.

udtrådt *adj (om sko)* well-worn.

udtænke *v* think up, think out.

udtømmende *adj* exhaustive.

uduelig *adj* incompetent; **~hed** *s* incompetence.

udvalg *s (som man kan vælge fra)* selection; *(komité)* committee; *nedsætte et ~* set up a committee; *sidde i et ~* be on a committee; *et stort ~ af ngt* a large selection of sth; **~t** *adj* selected; *(særlig fin)* choice.

udvandre *v* emigrate; **~r** *s* emigrant; **udvandring** *s* emigration.

udvej *s* way (out); *som en sidste ~* in the last resort; *på ~en* on the way out.

udveksle *v* exchange; **udveksling** *s* exchange.

udvendig *adj* outside, external // *adv* on the outside, externally; *det ~e af huset* the outside *(el.* exterior) of the house.

udvide *v (gøre større)* enlarge; *(om firma etc)* expand; *(om fx bukser, sko)* stretch; *~ sig* expand; **~lse** *s* enlargement; expansion; stretching.

udvikle *v* develop *(sig til* into); **~t** *adj (om barn)* mature; *tidligt ~t* precocious.

udvikling *s* development; *(biol)* evolution; **~shjælp** *s* development aid, foreign aid; **~sland** *s* developing country.

udvinde *v* extract; **udvinding** *s* extraction.

udvise *v (vise)* show, display; *(sende ud af landet)* expel; *(ved sportskamp)* send off; **udvisning** *s* expulsion; *(sport)* sending-off; **udvisningsbænk** *s* penalty bench.

udvælge *v* choose, select; **~lse** *s* choice, selection.

udødelig *adj* immortal; **~hed** *s* immortality.

udøve *v* exercise; *(sport etc)* practise; *~nde kunstner* practising artist.

udånding *s* expiration.

uegnet *adj* unfit *(til* for).

uendelig *adj* infinite; *(endeløs)* endless; *i det ~e* indefinitely; **~hed** *s* infinity; *i én ~hed* continuously.

uenig *adj: være ~e* disagree; *være ~ i ngt* disagree with sth; **~hed** *s* disagreement.

uerstattelig *adj (om ting)* irreplacable; *(om fx skade, tab)* irreparable.

ufaglært *adj* unskilled.

ufarlig *adj* harmless, safe.

ufattelig *adj* inconceivable // *adv* inconceivably.

ufin *adj* tactless.

uforanderlig *adj (som ikke kan ændres)* unchangeable; *(som ikke ændrer sig)* invariable.

ufordøjelig *adj* indigestible.
uforenelig *adj* incompatible *(med* with).
uforfalsket *adj* genuine.
uforglemmelig *adj* unforgettable.
uforholdsmæssig *adj* disproportionate.
uforklarlig *adj* inexplicable.
uformel *adj* informal.
uformelig *adj* shapeless.
uformindsket *adj* undiminished.
ufornuftig *adj* unwise.
uforpligtende *adj (fx svar)* non-committal; *(fx forhandling)* informal.
uforrettet *adj: med ~ sag* without having achieved anything.
uforsigtig *adj* careless.
uforskammet *adj* impudent, impertinent; *en ~ pris* an outrageous price; **~hed** *s* impudence, impertinence; *en ~hed* an insult.
uforstyrret *adj* undisturbed.
uforståelig *adj* unintelligible.
uforstående *adj* unsympathetic *(over for* to); *se ~ ud* look blank.
uforsvarlig *adj* irresponsible; *~ kørsel* reckless driving.
uforudset *adj* unforeseen, unexpected.
ufremkommelig *adj* impracticable.
ufri *adj* not free; *(hæmmet)* constrained; **~villig** *adj* unintentional.
ufuldendt *adj* unfinished.
ufuldkommen *adj* imperfect; **~hed** *s* imperfection.
ufuldstændig *adj* incomplete.
ufærdig *adj* unfinished.
ufølsom *adj* insensitive *(over for* to); **~hed** *s* insensitivity.
uge *s* week; *i sidste ~* last week; *i denne ~* this week; *i næste ~* next week; *om en ~* in a week; *i dag om en ~* today week; *flere gange om ~n* several times a week; **~dag** *s* day of the week, weekday.
ugenert *adj (ikke genert)* unembarrassed; *(hæmningsløs)* uninhibited; *(uforstyrret)* undisturbed.
ugentlig *adj/adv* weekly, a week; *tre gange ~* three times a week.
ugepenge *s* weekly allowance;
ugevis *s: i ugevis* for weeks.
ugift *adj* single, unmarried.
ugle *s* owl // *v: ~ sit hår* tousle one's hair; **~set** *adj* unpopular.
ugyldig *adj* invalid; **~hed** *s* invalidity.
uhelbredelig *adj* incurable.
uheld *s* accident; *(mods: held)* bad luck; *held i ~* a blessing in disguise; *sidde i ~* be out of luck; *være ude for et ~* have an accident; **~ig** *adj (mods: heldig)* unlucky; *(beklagelig)* unfortunate; *(som ikke lykkes)* unsuccessful; *(skadelig)* bad; **~igvis** *adv* unfortunately; **~svanger** *adj* ominous.
uhjælpelig *adv: ~ fortabt* irretrievably lost.
uholdbar *adj (fx situation)* intolerable; *(som ikke holder længe)* not durable; *(om mad)* perishable.
uhumsk *adj* filthy; **~hed** *s* filthiness; *(skidt)* filth.
uhygge *s (som fremkalder frygt)* horror; *(mods: hygge)* discomfort; *(dårlig atmosfære)* dismal atmosphere; **~lig** *adj (som fremkalder frygt)* sinister, frightening; *(ubehagelig)* uncomfortable; *~lig til mode* uneasy.
uhygiejnisk *adj* insanitary.
uhyre *s* monster, beast // *adj*

huge, enormous // *adv* enormously.
uhyrlig *adj* monstrous; **~hed** *s* monstrosity.
uhæmmet *adj* unrestrained; *(hensynsløs, grov)* reckless.
uhøflig *adj* rude.
uhørt *adj* unheard of, incredible // *adv* incredibly.
uhåndgribelig *adj* intangible.
uigenkaldelig *adj* irrevocable // *adj* irrevocably.
uigennemførlig *adj* impracticable.
uimodståelig *adj* irresistible.
uimodtagelig *adj* insusceptible *(for* to); *(for sygdom)* immune *(for* to).
uindbudt *adj* uninvited.
uindbunden *adj* unbound.
uindfattet *adj (om briller)* rimless.
uindskrænket *adj* unlimited.
uinteressant *adj* uninteresting; **uinteresseret** *adj* uninterested.
ujævn *adj* uneven, rough; *(om hullet vej)* bumpy; **~hed** *s* unevenness, roughness; *(på vej)* bump.
ukendt *adj* unknown; *(uvant)* unfamiliar; *være ~ med ngt* not be familiar with sth.
uklar *adj (utydelig)* vague, indistinct; *(diset)* hazy; *(om væske)* muddy; *(svær at forstå)* obscure; *rage ~ med en* fall out with sby; *det er ~t hvornår* it is not clear when; **~hed** *s* vagueness; haziness; muddiness; obscurity.
uklog *adj* unwise.
ukristelig *adv* awfully; *på et ~t tidspunkt* at an ungodly hour; *en ~ masse* an awful lot.
ukrudt *s (enkel plante)* weed; *(generelt)* weeds *pl; luge ~* weed; **~smiddel** *s* weedkiller.
ukuelig *adj* indomitable.
u-land *s* developing country; **~shjælp** *s* development aid, foreign aid.
ulastelig *adj* immaculate.
uld *s* wool; **~en** *adj* woollen; *(fig, tåget)* vague; **~garn** *s* wool; **~tæppe** *s* woollen blanket; **~varer** *spl* woollens.
ulejlige *v* trouble, bother; *~ sig med at gøre ngt* take the trouble to do sth; *du behøver ikke ~ dig* you needn't bother.
ulejlighed *s* trouble, bother; *gøre ~* give trouble; *gør dig ingen ~!* don't bother! *komme til ~* come at an inconvenient time; *undskyld ~en!* I'm sorry to trouble you! excuse me! *det er ikke ~en værd* it is not worth the trouble.
ulempe *s* drawback.
ulidelig *adj* unbearable.
ulige *adj* unequal; *(tal)* uneven, odd; *~ numre* odd numbers; *det er ~ bedre* it is far better; *~ fordeling* uneven distribution; **~vægtig** *adj* unbalanced.
ulogisk *adj* illogical.
ulovlig *adj* illegal; **~hed** *s* unlawfulness.
ultimo: *~ august* at the end of August.
ultralyd *s* ultrasound; **~scanning** *s* (ultrasound) scan.
ulv *s* wolf; **~eunge** *s (også om spejder)* wolf cub.
ulydig *adj* disobedient *(mod* to); *være ~* disobey; **~hed** *s* disobedience.
ulykke *s (~stilfælde)* accident; *(katastrofe)* disaster; *(mangel på held)* misfortune; *han blev dræbt ved en ~* he was killed in an accident; *det var hans ~ at...* it was his misfortune that...; *komme i ~* get into trouble; *lave ~r* make mis-

chief; **~lig** *adj (ked af det)* unhappy *(over* about); *(uheldig)* unfortunate; *(beklagelig)* deplorable; *være ~ligt stillet* be in distress; **~ligvis** *adv* unfortunately.

ulykkes... *sms:* **~forsikring** *s* accident insurance; **~fugl** *s (som bringer uheld)* bird of ill omen; *(som altid kommer galt af sted)* accident-prone person; **~stedet** *s* the scene of the accident; **~tilfælde** *s* accident.

ulyksalig *adj* unfortunate.

ulækker *adj* unappetizing; *(fig)* unsavoury; (S) yukky.

ulæselig *adj* illegible.

ulønnet *adj* unpaid.

uløselig *adj* insoluble.

umage *s* trouble, pains *pl; gøre sig ~ for at...* take pains to...; *gøre sig ~ med ngt* take pains over sth; *det er ikke ~n værd* it is not worth the trouble // *adj (ikke ens)* odd.

umedgørlig *adj* difficult to handle.

umenneskelig *adj* inhuman.

umiddelbar *adj* immediate, direct; *(om person)* straightforward; *i ~ nærhed af stationen* in the immediate vicinity of the station; **~hed** *s* spontaneity; **~t** *adv* immediately, directly; *(i begyndelsen)* at first.

umoden *adj* unripe; *(om person)* immature; **~hed** *s* unripeness; immaturity.

umoderne *adj* old-fashioned, out-dated.

umoralsk *adj* immoral.

umotiveret *adj* uncalled for, unfounded.

umulig *adj* impossible; *det kan ~t passe* it can't possibly be true; *det er mig ~t at komme* it is impossible for me to come; *han er ~ til regning* he is hopeless at arithmetic; **~hed** *s* impossiblity.

umyndig *s* minor // *adj* under age; **~gøre** *v: ~gøre en* (legally) incapacitate sby.

umættelig *adj* insatiable.

umøbleret *adj* unfurnished.

umådelig *adj* immense.

unaturlig *adj* unnatural.

unddrage *v: ~ en ngt* deprive sby of sth; *~ sig* evade.

unde *v (ønske, håbe på)* wish; *(forunde)* give; *jeg ~r dig det gerne* I am delighted for you; *jeg ~r hende ikke den triumf* I grudge her that triumph; *det er ham vel undt* I don't grudge him that; *han ~r sig ingen ro* he gives himself no peace.

under *s* wonder; *det er ikke ngt ~ at...* no wonder that... // *præp (mods: over, mindre end, dækket af)* under; *(neden under, lavere end)* below; *(i løbet af)* during *(fx krigen* the war); *~ ti år* under ten; *temperaturen er ~ nul* the temperature is below zero; *~ bæltestedet* below the belt.

underbelyst *adj (foto)* underexposed.

underbetalt *adj* underpaid.

underbevidst *adj* subconscious; **~hed** *s* subconsciousness; *~heden* the subconscious.

underbukser *spl* pants; *(trusser)* briefs.

underdanig *adj* submissive; **~hed** *s* submissiveness.

underernæret *adj* undernourished; **underernæring** *s* malnutrition.

undergang *s* destruction, ruin; *verdens ~* the end of the world.

undergravende *adj: ~ virksomhed* subversion; *~ kræfter* subversive elements.

undergrund *s* subsoil; **~sbane** *s* underground.
underhold *s (for andre)* maintenance; *(for en selv)* subsistence, living; **~e** *v (forsørge)* support; *(more)* entertain; **~ning** *s* entertainment; **~sbidrag** *s (til hustru)* alimony.
underjordisk *adj* subterranean; *(fig)* underground.
underkant *s: i ~kanten* not quite good enough.
underkaste *v: ~ en forhør* subject sby to interrogation; *~ sig en* submit to sby; *være ~t ngt* be subject to sth.
underkjole *s* slip.
underkop *s* saucer.
underlag *s* foundation; *(i telt)* ground sheet; *(skrive~)* blotting pad.
underlegen *adj* inferior.
underlig *adj* strange, odd; (F, *ofte)* funny; *han er en ~ en* he is a strange one; *føle sig ~t til mode* feel funny; *~t nok* strangely enough; *det er ikke så ~t* it is no wonder.
underliv *s* abdomen.
underlæbe *s* lower lip.
underminere *v* undermine.
underordne *v: ~ sig en (el. ngt)* submit to sby *(el.* sth); **~t** *s/adj* subordinate; *(fig, ligegyldig, ikke af betydning)* secondary.
underretning *s* information; *få ~ om ngt* be informed of *(el.* about) sth; *give en ~ om ngt* inform sby of sth.
underrette *v* inform, notify *(om* of); *holde en ~t* keep sby informed; *~ en om at* inform sby that.
underside *s* underside.
underskrift *s* signature; *sætte sin ~ under ngt* sign sth; **underskrive** *v* sign.
underskud *s* deficit, loss; *forretningen gav ~* the shop ran at a loss.
underskørt *s* underskirt, slip.
underskål *s (til potteplante)* drip saucer.
underslæb *s* embezzlement; *begå ~* embezzle.
underst *adj* lowest, bottom; *(af to)* lower // *adv* at the bottom.
understrege *v* underline; *(fig)* emphasize; **understregning** *s* underlining; emphasis.
understøtte *v* support; **~lse** *s* support; *(fra det offentlige som legat etc)* grant; *(til arbejdsløse etc)* benefit; *være på ~lse* (F) be on the dole.
understå *v: ~ sig i at gøre ngt* have the nerve to do sth.
undersøge *v* examine; *(gennemsøge)* search; *~ en sag* look into a matter; **~lse** *s* examination; search; *ved nærmere ~lse* on closer examination; *blive undersøgt hos lægen (også:)* have a medical check-up.
undersøisk *adj* underwater.
undertegne *v* sign; *~de* the undersigned.
undertekst *s (film, tv)* subtitle.
undertiden *adv* from time to time, now and then.
undertrykke *v (holde nede)* oppress; *(slå ned)* suppress; *~ en gaben* stifle a yawn; **~lse** *s* oppression; suppression.
undertrøje *s* vest.
undertøj *s* underwear.
undervandsbåd *s* submarine.
undervejs *adv* on the way.
undervise *v* teach; *~ i ngt* teach sth; *~ en i historie* teach sby history.
undervisning *s* instruction; *(timer)* lessons *pl; (generelt)* education; *(som lærer giver)* teaching; *give ~ i ngt* teach sth; *få ~ i programmering* take programming lessons; **~smidler** *s* educational mate-

rials; **~sministerium** *s* Ministry of Education; **~spligt** *s* compulsory education.
undervognsbehandle *v: få bilen ~t* have the car undersealed.
undervurdere *v* underestimate.
undgå *v* avoid; *(slippe godt fra)* escape; *ikke hvis jeg kan ~ det* not if I can help it; *~ ngt med nød og næppe* narrowly escape sth; *det er ~et min opmærksomhed* it has escaped my attention.
undlade *v: ~ at gøre ngt* refrain from doing sth.
undre *v* surprise; *det ~r mig at de kom* I am surprised that they came; *det skulle ikke ~ mig* I shouldn't wonder; **~n** *s* surprise, wonder.
undselig *adj* shy.
undskylde *v* excuse; *(bede om undskyldning)* apologize; *undskyld!* sorry! *(dvs. tillader De)* excuse me! *undskyld at jeg kommer for sent* I'm sorry I'm late; *det må du meget ~!* I'm terribly sorry! *~ sig* make excuses; **~nde** *adj (fx smil)* apologetic.
undskyldning *s* apology; *(påskud, grund etc)* excuse; *give en en ~* apologize to sby; *det er en dårlig ~* it is a bad excuse.
undsætning *s* rescue; *komme til ens ~* come to sby's rescue.
undtage *v* except; **~lse** *s* exception; *med ~lse af* except; *uden ~lse* without exception; **~lsestilstand** *s* state of emergency; **~n** *præp* except.
undulat *s* budgerigar, (F) budgie.
undvigende *adj* evasive.
undvære *v* do without; *(afse)* spare.
ung *adj* young; *som ~ var han en flot fyr* when he was young, he was a goodlooker.
ungarer *s* Hungarian; **Ungarn** *s* Hungary; **ungarsk** *adj* Hungarian.
ungdom *s* youth; *~men (dvs. unge mennesker)* the young people; **~melig** *adj* youthful; *se ~melig ud* look young; **~sforbryder** *s* juvenile delinquent.
unge *s* young one; *(barn)* kid; *(om ~ af hund, løve, tiger, ræv etc)* cub; *få ~r* have young ones.
ungkarl *s* bachelor.
uniform *s* uniform; **~ere** *v* dress in uniform; **~eret** *adj* in uniform.
union *s* union.
univers *s* universe; **~al** *adj* universal; **~alarving** *s* sole heir; **~alnøgle** *s (hovednøgle)* master key; *(skruenøgle)* universal spanner.
universitet *s* university; *læse ved ~et* be at university; **~scenter** *s* university centre; **~slærer** *s* university teacher.
unormal *adj* abnormal.
unægtelig *adv* undeniably.
unødvendig *adj* unnecessary.
unøjagtig *adj* inaccurate; **~hed** *s* inaccuracy.
unåde *s* disgrace; *komme i ~ hos en* fall into disgrace with sby.
uopdragen *adj* ill-mannered; **~hed** *s* bad manners *pl.*
uopmærksom *adj* inattentive; **~hed** *s* inattention.
uopslidelig *adj* imperishable.
uorden *s* disorder; *(rod)* mess; *i ~ (dvs. som ikke virker)* out of order; *(dvs. rodet)* in a mess; **~tlig** *adj* disorderly; *(rodet)* untidy; *(sjusket)* slovenly.
uorganisk *adj* inorganic.
uoverensstemmelse *s* discrep-

ancy; *(uenighed)* disagreement.
uoverkommelig *adj* insurmountable.
upartisk *adj* unbiased, impartial; **~hed** *s* impartiality.
upassende *adj* improper; *(uheldig, fx bemærkning)* ill-timed.
upersonlig *adj* impersonal.
uplejet *adj (om person)* untidy; *(om fx have)* neglected.
upopulær *adj* unpopular *(hos* with).
upraktisk *adj* unpractical; *(om besværlig ting)* awkward.
upålidelig *adj* unreliable; *(om vejr)* unsettled; **~hed** *s* unreliability; unsettledness.
upåvirkelig *adj* indifferent *(af* to); **upåvirket** *adj* unaffected *(af* by).
ur *s* clock; *(armbånds~, lomme~)* watch; *hvad er klokken på dit ~?* what is the time by your watch? *have ~ på* wear a watch; *med ~et* clockwise; *mod ~et* anti-clockwise.
uran *s* uranium.
uredt *adj* unkempt; *(om seng)* unmade.
uregelmæssig *adj* irregular; **~hed** *s* irregularity.
uregerlig *adj* unruly.
uren *adj* unclean; *(blandet)* impure; *(om hud)* bad; **~hed** *s* impurity.
uret *s* wrong, injustice; *gøre en ~* do sby an injustice; *have ~* be wrong; **~færdig** *adj* unfair, unjust *(mod* to); **~færdighed** *s* injustice.
urigtig *adj* wrong; *(usand)* untrue.
urimelig *adj* unreasonable, absurd; *(uretfærdig)* unfair; *(grov, fx pris)* exorbitant; **~hed** *s* unreasonableness, absurdity; *(uretfærdighed)* injustice.
urin *s* urine; **~ere** *v* urinate; **~prøve** *s* urine specimen; **~vejene** *spl* the urinary system.
urmager *s* watchmaker, clockmaker.
urne *s* urn.
uro *s (nervøsitet)* agitation; *(rastløshed)* restlessness; *(angst)* anxiety; *(politisk, social etc)* unrest; *(røre)* commotion; *(mobile)* mobile.
urokkelig *adj* unshakeable; *(rolig)* imperturbable; *(stædig)* stubborn.
urolig *adj* troubled; *(nervøs)* nervous *(over* about); *(om vejr)* windy, rough; *(rastløs)* restless; *(bange)* anxious; *være ~ for ngt* worry about sth; **~heder** *spl* disturbances; *(optøjer)* riots.
uropatrulje *s* riot squad.
urostifter *s* troublemaker.
urrem *s* watch strap; **urskive** *s* dial.
urskov *s* jungle.
urt *s* herb; *(grønsag)* vegetable; **~epotte** *s* flowerpot; **~epotteskjuler** *s* (flower) container, (F) planter.
urviser *s* hand; **urværk** *s* clockwork.
urørlig *adj (uden at røre sig)* motionless; *(som ikke kan røres)* inviolable.
uråd *s: ane ~* smell a rat; *ikke ane ~* suspect nothing.
usammenhængende *adj* incoherent.
usand *adj* untrue; **~hed** *s* untruth.
usandsynlig *adj* unlikely; *~ dum* incredibly stupid; **~hed** *s* improbability.
uselvisk *adj* unselfish; **~hed** *s* unselfishness.
usikker *adj (i tvivl)* doubtful, uncertain; *(farlig)* unsafe, risky; *(ikke til at stole på)* unre-

liable; *(ustabil, vaklende)* unsteady, shaky; *isen er ~* the ice is not safe; *være ~ om ngt* be doubtful *(el.* uncertain) about sth; **~hed** *s* doubtfulness, uncertainty; unsafety; unsteadiness.

uskadelig *adj* harmless;
uskadt *adj* unharmed, safe.

uskarp *adj (om foto etc)* blurred.

uskik *s* bad habit.

uskyld *s* innocence; *miste sin ~* lose one's virginity; **~ig** *adj* innocent *(i* of); **~ighed** *s* innocence.

usmagelig *adj* unsavoury.

uspiselig *adj* inedible.

ussel *adj* miserable, wretched; *(led)* mean; **~hed** *s* wretchedness; meanness.

ustabil *adj* unstable.

ustadig *adj* unsteady; *(om vejr)* changing.

ustandselig *adv* constantly.

ustraffet *adj* unpunished.

ustyrlig *adj* unruly; *~ morsomt* terribly funny.

usund *adj* unhealthy; *det er ~t for dig (også:)* it is not good for you.

usympatisk *adj* unpleasant; *(frastødende)* repulsive.

usynlig *adj* invisible; **~hed** *s* invisibility.

usædvanlig *adj* unusual; *(mærkelig)* extraordinary.

utaknem(me)lig *adj* ungrateful *(mod* to); **~hed** *s* ingratitude.

utal *s: et ~ af...* countless..., vast numbers of...; **~lig** *adj* countless, innumerable.

utid *s: i ~e* at the wrong moment; *i tide og ~e* time and again; **utidig** *adj (ikke i form)* not up to it; *(om barn)* fretful.

utilfreds *adj* dissatisfied; **~stillende** *adj* unsatisfactory.

utilgivelig *adj* unforgivable.

utilgængelig *adj* inaccessible *(for* to).

utilladelig *adj* inadmissible; *(chokerende, grov)* outrageous.

utilnærmelig *adj* unapproachable.

utilpas *adj* indisposed, unwell; *(fig)* uneasy *(ved* about); **~hed** *s* indisposition.

utilregnelig *adj* insane; **~hed** *s* insanity.

utilsigtet *adj* unintentional.

utilsløret *adj* unveiled, open.

utilstrækkelig *adj* insufficient; **~hed** *s* insufficiency.

utraditionel *adj* unconventional, unorthodox.

utro *adj* unfaithful *(mod* to).

utrolig *adj* incredible // *adv* incredibly.

utroskab *s* unfaithfulness; *begå ~ (i ægteskabet)* commit adultery.

utryg *adj* insecure *(ved* about); **~hed** *s* insecurity.

utrættelig *adj* untiring.

utrøstelig *adj* inconsolable.

utvivlsom *adj* undoubted; **~t** *adv* undoubtedly.

utvungen *adj* free, unrestrained; *(ikke kunstig)* unaffected; **~hed** *s* spontaneity, ease.

utydelig *adj* indistinct.

utænkelig *adj* unthinkable.

utæt *adj* leaky; **~hed** *s (hul)* leak(age).

utøj *s* vermin.

utålelig *adj* intolerable // *adv* intolerably.

utålmodig *adj* impatient; **~hed** *s* impatience.

uudholdelig *adj* intolerable // *adv* intolerably.

uudslettelig *adj* indelible.

uundgåelig *adj* inevitable.

uundværlig *adj* indispensable.

uvane *s* bad habit.

uvant *adj* unaccustomed *(med* to).

uvedkommende *s* trespasser, intruder // *adj* irrelevant; *det er sagen* ~ it is irrelevant; '~ *forbydes adgang*' 'no trespassing'.
uvejr *s* storm.
uven *s* enemy; *blive ~ner med en* fall out with sby; *være ~ner med en* be on bad terms with sby; **~lig** *adj* unkind, unfriendly *(mod* to); **~lighed** *s* unkindness, unfriendliness; **~skab** *s* enmity.
uventet *adj* unexpected.
uvidende *adj* ignorant *(om* of); **uvidenhed** *s* ignorance.
uvilje *s (tøven)* reluctance; *(modvilje)* aversion *(mod* to).
uvilkårlig *adv* involuntarily.
uvillig *adj* unwilling; **~hed** *s* reluctance.
uvis *adj* uncertain; *~t hvorfor* for some unknown reason; **~hed** *s* uncertainty.
uvurderlig *adj* invaluable.
uvægerligt *adv* invariably; *(uundgåeligt)* inevitably.
uægte *adj (kunstig)* imitation, artificial; *(forfalsket)* false, fake; ~ *barn* illegitimate child.
uændret *adj* unchanged.
uærlig *adj* dishonest; **~hed** *s* dishonesty.
uønsket *adj* unwanted, undesirable.
uøvet *adj* unpractised.

V

vable *s* blister.
vaccination *s* vaccination; **vaccine** *s* vaccine; **vaccinere** *v* vaccinate.
vade *v* wade; ~ *i ngt (dvs. have masser af)* be rolling in sth; **~fugl** *s* wader; **~hav** *s* (tidal) flats *pl;* **~sted** *s* ford.
vaffel *s (sprød kage)* wafer; *(blød, bagt i jern)* waffle; *(kræmmerhus)* cone; **~jern** *s* waffle iron.
vag *adj* vague.
vagabond *s* tramp.
vager *s (mar)* marker buoy.
vagt *s* guard, watch; *(tjeneste)* duty; *have* ~ *(om fx læge)* be on duty; *holde* ~ keep watch; *være på* ~ *over for en* be on one's guard against sby; **~havende** *adj* on duty; **~hund** *s* watchdog; **~parade** *s sv.t.* changing of the guards; **~post** *s* sentry; **~selskab** *s* security corps.
vakle *v* wobble, shake; *(om person)* totter; *(være i tvivl)* falter, hesitate; **~n** *s* wobble, shaking; faltering, hesitation; **~vorn** *adj* rickety.
vaks *adj* bright.
vakuum *s* vacuum; **~pakket** *adj* vacuum-packed.
valdhorn *s* French horn.
valg *s* choice; *(mellem to ting)* alternative; *(folketings~)* election; *træffe sit* ~ make one's choice; *vi havde ikke ngt* ~ we had no alternative; *få frit* ~ be given a free choice; **~bar** *adj* eligible; **~fri** *adj* optional; **~kamp** *s* election campain; **~kreds** *s* constituency; **~ret** *s* suffrage; **~sprog** *s* motto.
valle *s* whey.
valmue *s* poppy.
valnød *s* walnut.
vals *s* waltz; *danse* ~ waltz.
valse *s* roller; *(på skrivemaskine)* platen; **~værk** *s* rolling mill.
valuta *s (pengesort)* currency; *(værdi)* value; *fremmed* ~ foreign currency; *få* ~ *for pengene* get value for one's money; **~slange** *s (i EF)* currency snake.
vammel *adj* sickly; **~hed** *s* sickliness.

vampyr *s* vampire.
vand *s* water; *lade ~et* urinate; *gå i ~et* bathe, go swimming; *øjnene løber i ~* the eyes water; *have ~ i knæet* have water on the knee; *til ~s* by sea; *ved ~et* by the sea; **~beholder** *s* water tank; **~damp** *s* steam; **~dråbe** *s* drop of water; **~e** *v* water; *(overrisle)* irrigate; **~et** *adj* watery; *(om vittighed)* thin; **~fad** *s* wash basin; **~fald** *s* waterfall; **~farve** *s* watercolour; *male med ~farve* paint in watercolour; **~fast** *adj* waterproof; **~forsyning** *s* water supply; **~hane** *s* tap; **~hul** *s* pool; **~ing** *s* watering; *(overrisling)* irrigation; **~kraft** *s* waterpower; **~kraftværk** *s* hydroelectric power station; **~ladning** *s* urination; **~løb** *s* stream; **~lås** *s* (odeur) trap; **~mand** *s (zo)* jellyfish; *V~en (astr)* Aquarius; **~melon** *s* water melon; **~ondulation** *s* water-waving; **~plante** *s* aquatic plant; **~post** *s* pump; **~pyt** *s* puddle.
vandre *v* walk; *være ude at ~* be hiking; **~hjem** *s* youth hostel; **~r** *s (som er på ~tur)* hiker.
vandret *adj* horizontal; *(i krydsord)* across; *ligge ~ i luften (af travlhed)* work flat out.
vandretur *s* hike.
vand... *sms:* **~rør** *s* waterpipe; **~skel** *s* watershed; **~skyende** *adj* water-repellent; **~slange** *s* (water) hose; **~stand** *s* water-level; **~sugende** *adj* absorbent; **~tæt** *adj* watertight; *(om tøj)* waterproof; **~vogn** *s: være på ~vognen* be on the (water) wagon; **~værk** *s: et ~værk* a waterworks.
vane *s* habit; *have for ~ at gøre ngt* have a habit of doing sth; *af gammel ~* from habit; **~dannende** *adj* habit-forming; **~sag** *s* question of habit.
vanfør *s/adj* disabled.
vanille *s* vanilla; **~stang** *s* vanilla pod.
vanke *v: der ~r et godt måltid* you will get a good meal.
vanlig *adj* usual, customary.
vanrøgt *s* neglect; **~e** *v* neglect.
vanskabt *adj* deformed.
vanskelig *adj* difficult, hard // *adv* with difficulty; **~gøre** *v* complicate; **~hed** *s* difficulty; *komme i ~heder* get into trouble.
vant *adj (sædvanlig)* usual; *være bedre ~* be used to better things; *~ til at gøre ngt* used to doing sth.
vante *s* mitten.
vantrives *v: de ~* they don't thrive.
vantro *s* infidelity; *(rel om person)* infidel // *adj (undrende, tvivlende)* incredulous; infidel.
vanvare *s: af ~* inadvertently.
vanvid *s* madness, insanity; *han driver mig til ~* he is driving me mad; *det glade ~* sheer madness.
vanvittig *adj* mad, insane, crazy; *have ~ travlt* be terribly busy; *det var ~ sjovt!* it was a scream; *te sig som en ~* behave like mad; *~t lækker* (S) way out.
vanære *s/v* disgrace.
vare *s* product; *(enkelt)* article; *~r* goods, merchandise; *bringe ~r ud* deliver goods; *våde ~r* liquor; *tage ~ på ngt* take care of sth.
vare *v* last; *(tage, fx om tid)* take; *turen ~r tre timer* the

trip takes three hours; *krigen ~de i fem år* the war lasted for five years; *det ~r længe før det bliver sommer* it is a long time until summer; *~ ved* go on, continue.
vare... *sms:* **~deklaration** *s* informative label; *(vedr. indhold af fx fødevarer)* (description of) contents; **~hus** *s* department store; **~mærke** *s* trade-mark; **~prøve** *s* sample; **~tage** *v* take care of, attend to; **~tægt** *s* care; **~tægtsfængsel** *s* custody; **~vogn** *s* van.
variant *s* variant *(til* on); **variation** *s* variation *(over* on); **variere** *v* vary; **varieret** *adj* varied.
varieté *s* variety; *(om selve teatret)* music hall, variety theatre.
varig *adj* permanent; **~hed** *s* duration; *(løbetid, fx for kontrakt)* term; *af kortere ~hed* of short duration.
varm *adj* warm; *(stærkere)* hot; *de ~e lande* the tropics; *et ~t bad* a hot bath; *~t vand* hot water; *løbe (el. køre) ~ (om motor etc)* run hot; *få ~ mad* get a hot meal; *have det ~t* feel warm; *klæde sig ~t* dress up warmly; *være ~ på ngt (el. en)* fancy sth *(el.* sby).
varme *s* heat; *(fig)* warmth; *lukke op (el. i) for ~n* turn the heating on *(el.* off); *to graders ~* two degrees above zero // *v* heat, warm; *~ maden i ovnen* warm up the food in the oven; *~ op (sport)* warm up; *~ huset op* heat *(el.* warm) up the house; *~ sig* get warm; **~apparat** *s* radiator; *(elek)* electric heater; **~blæser** *en* fan heater; **~bølge** *s* heatwave; **~dunk** *s* hot-water bottle; **~mester** *s* *(dvs. vicevært)* janitor; **~måler** *s* calorimeter; **~ovn** *s* stove, heater; **~pude** *s* electric (heat) pad; **~tæppe** *s* electric blanket.
varmtvandshane *s* hot-water tap.
varsel *s* warning, notice; *(spådom etc)* omen; *med kort ~* at short notice; **varsle** *v* notify; *(spå etc)* augur.
varsom *adj* careful, cautious; **~hed** *s* caution.
varte *v: ~ en op* wait on sby; *~ op ved bordet* wait at table.
vartegn *s (for by etc)* symbol.
varulv *s* werewolf.
vase *s* vase.
vask *s (det at vaske)* washing; *(vasketøj)* laundry; *(køkkenvask)* sink; *(håndvask)* hand basin; *lægge tøj til ~* put clothes in the wash; *gå i ~en (fig)* go down the drain; *hælde ngt i ~en* pour sth down the sink; **~bar** *adj* washable.
vaske *v* wash; *~ hænder* wash one's hands; *~ tøj* do the washing; *~ op* do the dishes; *kjolen kan ikke ~s* the dress won't wash; *~ sig* (have a) wash; **~balje** *s* washbowl; **~bjørn** *s* raccoon; **~klud** *s* facecloth; **~kumme** *s* (wash-)basin; **~maskine** *s* washing-machine; **~pulver** *s* washing-powder.
vaskeri *s* laundry.
vaske... *sms:* **~skind** *s* chamois; **~svamp** *s* sponge; **~tøj** *s* laundry, washing; **~ægte** *adj* (colour)fast; *(fig)* genuine.
vat *s* cotton wool; *(pladevat)* wadding.
vaterpas *s* spirit level.
vatnisse *s* softy, sissy.
vatpind *s* cotton swab.
vattere *v* pad, quilt; *~t stof* quilted material; *~t tæppe* quilt; **vattering** *s* padding,

quilting.

vattæppe s quilt.

ve *s* labour pain; *have ~er* be in labour; *dit ~ og vel* your welfare.

ved *præp (om sted)* at; *(henne ~)* by; *(i nærheden af)* near; *(om tid)* at; *(om middel, grund)* by; *(se også de enkelte ord som ~ forbindes med); vil du standse ~ rådhuset?* will you stop at the town hall? *de bor ~ vandet* they live by the sea; *~ midnat* at midnight; *den drives ~ elektricitet* it is run by electricity; *røre ~ ngt* touch sth; *~ siden af* next to, beside; *ikke ville være ~ det* not want to admit it; *være ~ at gøre ngt* be doing sth; *være ~ at blive søvnig* be getting sleepy; *jeg var ~ at eksplodere* I nearly blew up.

vedbend *s* ivy.

vedblive *v* continue, go on; **~nde** *adv* still.

vederlag *s* compensation; **~sfrit** *adv* free of charge.

vedhæng *s* appendage; *(smykke)* pendant.

vedkende *v: ~ sig* acknowledge; *ikke ville ~ sig* refuse to acknowledge.

vedkomme *v* concern; **~nde** *s* the person concerned // *adj* concerned; *for mit ~nde* for my part.

vedligeholde *v* keep, maintain; *(holde i gang)* keep up; *huset er pænt (, dårligt) vedligeholdt* the house is in good (, bad) repair; **~lse** *s* maintenance; repair.

vedlægge *v* enclose; *vedlagt fremsendes...* enclosed you will find...

vedrøre *v* concern; **~nde** *præp* concerning, as regards.

vedtage *v* agree to, decide; *(ved afstemning, parl)* carry; *de vedtog at gøre det* they agreed *(el.* decided) to do it; *forslaget blev ~t* the motion was carried; *~ en lov* pass an act; **~lse** *s* decision; carrying.

vedtægter *spl* rules, regulations.

vedvarende *adj* continued, constant; *~ energi* inexhaustible energy // *adv* still.

vegetabilsk *adj* vegetable.

vegetar *s,* **~isk** *adj* vegetarian.

vegne *s: alle ~* everywhere; *vi kommer ingen ~* we are not getting anywhere; *på mine ~* on my behalf; *på embeds ~* officially.

vej *s* road; *(vejlængde, afstand)* way, distance; *finde ~* find one's way; *gå sin ~* go away; *hele ~en* all the way; *der er lang ~ til Rom* it is a long way to Rome; *er der lang ~ til stranden?* is it far to the beach? *vise en ~* show sby the way; *hen ad ~en* along the road; *(fig)* as you go along; *gå af ~en* get out of the way; *ikke gå af ~en for ngt (fig)* stop at nothing; *rydde en (el. ngt) af ~en* get rid of sby *(el.* sth); *komme i ~en for en* get in sby's way; *være i ~en* stand in the way; *hvad er der i ~en?* what is the matter? what is wrong? *der er ngt i ~en med bilen* there is sth wrong with the car; *være på ~ til et sted* be on one's way to some place; *skaffe ngt til ~e* procure sth; *huset ligger ved ~en* the house is by the roadside.

vej... *sms:* **~arbejde** *s* roadworks *pl; (på skilt også:)* 'road up'; **~bane** *s* carriageway; *(på flersporet vej)* lane; **~belægning** *s* road surface.

veje *v* weigh; *hvor meget ~r*

du? how much do you weigh? ~ *kartofler af* weigh out potatoes; *kufferten ~r en del* the suitcase is rather heavy.

vej... *sms:* **~grøft** *s* ditch; **~kant** *s* roadside; *(rabat)* shoulder; **~kryds** *s: et ~kryds* a crossroads.

vejlede *v* guide; *(undervise)* instruct; *~nde pris* recommended price; **~r** *s* guide; instructor; **vejledning** *s* guidance; instruction.

vejning *s* weighing.

vejr *s* weather; *(ånde)* breath; *få ~et* breathe; *dårligt ~* bad weather; *godt ~* fine weather; *i ~et* up; *med bunden i ~et* upside down; *ryge i ~et (dvs. eksplodere)* blow up; *stige til ~s* go up; *trække ~et* breathe; **~bidt** *adj* weather-beaten; **~forandring** *s* a change in the weather; **~hane** *s* weathercock; **~kort** *s* weather chart; **~melding** *s* weather report; **~trækning** *s* breathing; **~udsigt** *s* weather forecast.

vej... *sms:* **~skilt** *s* road sign; **~spærring** *s* road block; **~sving** *s* road bend; **~træ** *s* roadside tree; **~viser** *s (skilt)* road sign, signpost; *(bog)* directory.

veksel *s (merk)* bill of exchange; **~erer** *s* stockbroker; **~kurs** *s* rate of exchange; **~strøm** *s* alternating current (A.C.); **~virkning** *s* interaction.

veksle *v* change; *(udveksle)* exchange; *(skiftes)* alternate; *~ fem pund til pence* change five pounds into pence; **~n** *s* change; alternation.

vel *s* welfare, well-being; *det almene ~* the common good; *det er til dit eget ~* it is for your own good // *adj/adv* well; *(forhåbentlig)* I hope, hopefully; *(formentlig)* probably; *(lidt for, lovlig)* rather; *(bestemt)* surely; *han kommer ~ til tiden?* I hope he'll be on time; *vi bliver ~ nødt til at gøre det* I suppose we will have to do it; *han er lidt ~ storsnudet* he is a bit stuck-up; *~ er det sandt!* sure it is true! *du gør det ~ ikke?* you won't do it, will you? *~ at mærke* mind you; *han er ~ nok rar!* how nice he is!

velbefindende *s* well-being.

velbegavet *adj* bright, intelligent.

velbehag *s* pleasure, well-being.

velbeholden *adj (om person)* safe and sound; *(om ting)* intact.

velegnet *adj* suitable *(til* for); *(om person)* well qualified *(til* for).

velfortjent *adj* well-deserved.

velfærd *s* welfare; **~ssamfund** *s* affluent society.

velgørende *adj (behagelig)* refreshing; *(godgørende)* charitable; *til ~ formål* for charity; **velgørenhed** *s* charity; **velgører** *s* benefactor.

velgående *s: i bedste ~* safe and sound.

velhavende *adj* wealthy, well off; *(om samfund)* affluent.

velholdt *adj* well-kept.

velkendt *adj* well-known.

velkommen *adj* welcome; *byde en ~* welcome sby; **velkomst** *s* welcome.

vellidt *adj* popular.

vellignende *adj* life-like.

vellykket *adj* successful; *være ~* be a success.

velmenende *adj* well-meaning; **velment** *adj* well-meant.

velopdragen *adj* well-bred;

(som opfører sig godt) well-behaved; **~hed** *s* good manners *pl.*
veloplagt *adj* in good form, fit *(til* for); **~hed** *s* fitness.
velset *adj* welcome.
velsigne *v* bless; **~lse** *s* blessing; *en guds ~lse af ngt* an abundance of sth.
velskabt *adj* well-made.
velsmagende *adj* savoury, delicious.
velstand *s* wealth, affluence; **velstillet** *adj* well off.
veltalende *adj* eloquent; **veltalenhed** *s* eloquence.
veltilpas *adj* comfortable.
velvilje *s* benevolence, goodwill; **velvillig** *adj* benevolent, kind.
velvære *s* well-being.
ven *s* friend; *blive ~ner* make friends; *være ~ner* be friends; *det er en af min mors ~ner* he/she is a friend of my mother's.
vende *v* turn; *(om vind)* shift; *~ hjem* return home; *~ om* turn back; *~ sig* turn; *~ sig om* turn round; *~ tilbage* return; *køkkenet ~r ud til gården* the kitchen looks out on the courtyard; *huset ~r mod syd* the house faces south; **~kreds** *s* tropic; *Krebsens (el. Stenbukkens) ~kreds* the Tropic of Cancer *(el.* Capricorn); **~punkt** *s* turning point.
vending *s (drejning)* turning; *(ændring)* turn; *(talemåde)* turn of speech; *i en snæver ~* at a pinch; *være hurtig i ~en* be quick; *være langsom i ~en* be slow.
vene *s* vein.
Venedig *s* Venice; **venetiansk** *adj* Venetian.
veninde *s* friend; *(kæreste)* girl friend.
venlig *adj* kind; *vær så ~ at...* please...; *vil du være så ~ at gøre det?* will you please do it? *hvor er det ~t af Dem!* how kind of you! **~hed** *s* kindness.
venskab *s* friendship; **~elig** *adj* friendly; **~sby** *s* twin town.
venstre *s: partiet V~* the Danish Liberal Party; *en lige ~* a straight left // *adj* left; *på ~ hånd* on the left hand; *i ~ side (af vejen)* on the left (hand side of the road); *til ~* left, to the left; *dreje til ~* turn left; **~fløjen** *s* the left wing; **~kørsel** *s* driving on the left; **~orienteret** *adj* left-wing; **~styring** *s (auto)* left-hand-drive.
vente *s: have ngt i ~* have sth coming; *være i ~* be expected // *v* wait; *(forvente)* expect; *~ at ngt sker* expect sth to happen; *lade en ~* keep sby waiting; *vent lidt!* wait a minute! *~ med at gøre ngt* put off doing sth; *~ på* wait for; *~ på at ngt sker* wait for sth to happen; *~ sig ngt* expect sth; *hun ~r sig* she is expecting; **~liste** *s* waiting list; **~tid** *s* wait; **~tøj** *s* maternity wear; **~værelse** *s* waiting room.
ventil *s* valve; **~ation** *s* ventilation; **~ationsanlæg** *s* ventilation system; **~ator** *s* ventilator; *(som drejer rundt)* fan; **~ere** *v* ventilate.
veranda *s* veranda.
verbum *s* verb.
verden *s* world; *hele ~* the whole world; *fra hele ~* from all over the world; *ikke for alt i ~* not for the world; *hvad i al ~!* what on earth! *den tredje ~* the Third World; *så er det ude af ~!* that takes care of that!

V~sbanken *s* the World Bank; **~sberømt** *s* world-famous; **~sdel** *s* continent; **~shav** *s* ocean; **~shistorie** *s* world history; **~shjørne** *s* direction; **~skendt** *adj* world-known; **~skort** *s* world map; **~skrig** *s* world war; **~smester** *s* world champion; **~smesterskab** *s* world championship; *(i fodbold)* World Cup; **~somspændende** *adj* global; **~srekord** *s* world record; **~srum** *s* space.
verdslig *adj* secular, worldly.
verificere *v* verify; **veritabel** *adj* veritable.
vers *s* verse; *(strofe)* stanza; *på ~* in verse; **~emål** *s* metre.
version *s* version.
vest *s (tøj)* waistcoat; *(verdenshjørne)* west; *~ for* (to the) west of; *fra ~* from the west; *mod ~* west, westwards; *huset vender mod ~* the house faces west; **~envind** *s* west wind; **V~erhavet** *s* the North Sea; *~erhavs-* North-Sea *(fx fiskeri* fishing); **V~europa** *s* Western Europe; **~europæisk** *adj* West European; **V~indien** *s* the West Indies; **~indisk** *adj* West-Indian, Caribbean; **~kyst** *s* west coast; **~lig** *adj* western; west; **~ligst** *adj* westernmost; **~magterne** *spl* the Western powers; **~på** *adv* west, westwards; *(i vest)* in the west; **~tysk** *adj* West German; **V~tyskland** *s* West Germany.
veteran *s* veteran; **~bil** *s* vintage car.
veto *s* veto; *nedlægge ~ mod ngt* veto sth; **~ret** *s: have ~ret* have a veto.
vi *pron* we.
viadukt *s* viaduct.
vibe *s (zo)* lapwing, peewit.
vibration *s* vibration; **vibrere** *v* vibrate.
vice. . . *sms:* **~formand** *s* vice-chairman, vice-president *(for* of); **~præsident** *s* vice-president; **~vært** *s* janitor, caretaker.
vid *s* wit // *adj* wide; *(om tøj)* loose; *stå på ~ gab* be wide open; *kendt i ~e kredse* widely known; *(se også vidt);* **~de** *s* width; *(åben strækning)* expanse; *en nederdel med ~de* a full skirt.
vide *v* know; *jeg ved (det) ikke* I don't know; *man kan aldrig ~* you never know; *~ besked med ngt* know about sth; *få ngt at ~* be told sth, learn sth; *jeg gad ~ om. . .* I wonder whether *(el.* if). . .; **~n** *s* knowledge; *handle mod bedre ~nde* act against one's better judgement.
videnskab *s (især natur~)* science; *de humanistiske ~er* the humanities, **~elig** *adj* scientific; **~smand** *s* scientist.
videobånd *s* video tape; **videomaskine** *s* video.
videre *adj/adv (længere frem)* farther, further; *(sammen med verbum:)* on *(fx* go on); *(mere, yderligere)* further; *(mere vid)* wider; *give ngt ~* pass sth on; *lad os se at komme ~* let's get on; *sende ngt ~* send sth on; *han er ikke ~ rar* he is not very nice; *der skete ikke ngt ~* nothing much happened; *indtil ~* undtil further notice; *(dvs. hidtil)* so far; *og så ~* and so on, etc; *uden ~* without further ado.
videre. . . *sms:* **~forhandle** *v* resell; **~føre** *v* continue; **~gående** *adj* further; **~kommen** *adj* advanced.
videst *adj/adv* widest; farthest; *i ordets ~e forstand* in every

sense of the word.
vidne *s* witness; *blive indkaldt som* ~ be summoned as a witness; *være* ~ *til ngt* witness sth // *v (i retten)* give evidence; ~ *om (dvs. tyde på)* indicate; *(dvs. aflægge vidnesbyrd)* testify to; **~sbyrd** *s (tegn, bevis)* evidence; *(udtalelse)* testimony; *(attest)* certificate; *(i skolen)* school report; *aflægge ~sbyrd om ngt* testify to sth; **~skranke** *s* witness box.
vidt *adv* far, wide; *(fig)* widely; *gå for* ~ go too far; *for så* ~ for that matter; *(egentlig)* really; *for så* ~ *som* in so far as; *hvor* ~ *(dvs. om)* whether; *være lige* ~ be back to square one; *så* ~ *jeg ved* as far as I know; *ikke så* ~ *jeg ved* not that I know of; **~gående** *adj* extensive; **~løftig** *adj* long-winded; **~rækkende** *adj* far-reaching; **~strakt** *adj* extensive.
vidunder *s* wonder; **~barn** *s* child prodigy; **~lig** *adj* wonderful.
vie *v (ægtevie)* marry; *(indvie)* consecrate; *(hellige)* dedicate; **~lse** *s* wedding; **~lsesattest** *s* marriage certificate; **~lsesring** *s* wedding ring.
vifte *s* fan // *v* wave; *(med ~)* fan; ~ *med ngt* wave sth.
vig *s* creek.
vige *v* give way, yield *(for* to); *ikke* ~ *tilbage for ngt* stop at nothing; **~plads** *s (på vej)* lay-by; **~pligt** *s: ~pligt for trafik fra højre* right of way for traffic from the right.
vigte *v:* ~ *sig* show off; ~ *sig med ngt* show sth off.
vigtig *adj (af betydning)* important; *(storsnudet)* stuck-up, conceited; *det ~ste* the most important thing; **~hed** *s* importance; conceit.
viis *adj* wise.
vikar *s* substitute; *(kontor~)* temp; **~iat** *s* temporary job; **~iere** *v* substitute *(for* for), replace.
viking *s* Viking; **~eskib** *s* Viking ship; **~etiden** *s* the Viking age.
vikle *v* wind, twist; ~ *garn (op)* wind yarn; ~ *ngt sammen* roll sth up.
viktualiehandel *s* delicatessen (shop).
vild *adj* wild; *(brutal, grusom)* savage; *~e (mennesker)* savages; *~e dyr* wild animals; *fare* ~ lose one's way; *være* ~ *med ngt* be crazy about sth.
vildelse *s* delirium; *tale i* ~ be delirious.
vildlede *v* mislead; **~nde** *adj* misleading.
vildnis *s (tæt krat)* tangle; *(vildmark)* wilderness.
vildrede *s: være i* ~ be at a loss; *(i uorden)* be in a tangle.
vildskab *s* wildness.
vildspor *s: være på* ~ be on the wrong track.
vildsvin *s* wild boar.
vildt *s* game; *(dyrekød)* venison; **~handler** *s* poulterer; **~tyv** *s* poacher; **~voksende** *adj* wild.
vilje *s* will; *få sin* ~ have one's own way; *gøre ngt med* ~ do sth on purpose; *jeg gjorde det ikke med* ~ I didn't mean to do it; *ikke med min gode* ~ not if I can help it; **~styrke** *s* will-power; **~stærk** *adj* strong-willed; **~svag** *adj* weak-willed.
vilkår *spl (forudsætninger)* conditions; *(omstændigheder)* circumstances; *ikke på* ~ not under any circumstances; **~lig** *adj (tilfældig)* hap-

hazard; *(hvilken som helst)* any; *(valgt)* arbitrary; ~**lighed** *s* haphazardness; arbitrariness.

villa *s* house; *(stor)* villa; *(lille)* cottage; ~**kvarter** *s* residential area.

ville *v (hjælpeverbum) vil, ville:* will, would; *(efter* I *og* we:) shall, should; *(ønske, have til hensigt)* want, will; *(gerne ville)* be willing to; *han vil ikke* he won't; *hvad vil han?* what does he want? *han vil ud* he wants to get out; *vil de komme?* will they come? *hvis du vil* if you want to; *som du vil* as you like; *vil du med?* are you coming too? *uden at ~ det* without wanting to; *(se også gerne).*

villig *adj* willing; ~**hed** *s* willingness.

vimpel *s* streamer.

vims *adj* nimble; ~**e** *v* bustle *(rundt* about).

vin *s* wine; ~**avler** *s* winegrower; ~**bjergsnegl** *s* edible snail; *(på menu)* escargot.

vind *s* wind; *~en blæser* the wind is blowing; *~en vender* the wind is shifting; *med ~en* with the wind; *mod ~en* against the wind; ~**blæst** *adj* wind-swept; ~**drejning** *s* shift of the wind.

vinde *v* win; *(opnå også:)* gain; *(vikle)* wind; *~ sejr* gain the victory; *prøve at ~ tid* play for time; *~ i kortspil* win at cards; *~ i tipning* win the pools; *~ ind på en* gain on sby; *~ over en* beat sby.

vindebro *s* drawbridge.

vindeltrappe *s* spiral staircase.

vinder *s* winner.

vinding *s (gevinst)* profit, gain; *(snoning)* winding; *(i skrue)* thread.

vind... *sms:* ~**jakke** *s* windcheater; ~**kraft** *s* wind energy; ~**mølle** *s* windmill; ~**pose** *s* wind-sock; ~**pust** *s* puff of wind; ~**retning** *s* direction of the wind.

vindrue *s* grape; ~**klase** *s* bunch of grapes.

vind... *sms:* ~**spejl** *s* windscreen; ~**stille** *s/adj* calm; ~**styrke** *s* wind-force; *~styrke 6* force 6; ~**stød** *s* gust of wind; ~**tæt** *adj* windproof.

vindue *s* window; ~**skarm** *s* window-sill; ~**splads** *s* window seat; ~**spudser** *s* window cleaner; ~**srude** *s* window pane; ~**svisker** *s* windscreen wiper.

vindyrkning *s* winegrowing.

vinge *s* wing; *gå på ~rne (om fly)* take off; *baske med ~rne* flap one's wings.

vin... *sms:* ~**glas** *s* wineglass; ~**gummi** *s* fruit gum; ~**gård** *s* vineyard; ~**handel** *s* wine shop; ~**handler** *s* wine merchant; ~**høst** *s* vintage.

vink *s (tegn)* sign; *(med hånden)* wave; *(antydning, tip)* hint; *give en et ~* give sby a hint; ~**e** *v (som hilsen)* wave (one's hand); *(give tegn)* beckon; *~ ad en* beckon sby; *~ til en* wave to sby.

vinkel *s* angle; *en ret ~* a right angle; *se ngt fra en ny ~* see sth from another angle; ~**formet** *adj* angled; ~**måler** *s* protractor; ~**ret** *adj: ~ret på* at right angles to; ~**stue** *s* L-shaped room.

vin... *sms:* ~**kort** *s* wine list; ~**kælder** *s* wine cellar; ~**ranke** *s* vine; ~**stok** *s* vine.

vinter *s* winter; *i ~ (dvs. sidste ~)* last winter; *(dvs. denne ~)* this winter; *om ~en* in (the) winter; *til ~* next winter; ~**dag** *s* winter's day; ~**gæk** *s* snowdrop; ~**have** *s* conservatory; **~lege** *s (vinter-OL)* Winter Olympics *pl;* **~solhverv** *s* winter solstice; **~sport** *s* winter sports *pl;* **~tøj** *s* winter clothing.

viol *s* violet.

violet *s (blå~)* violet; *(rød~)* purple.

violin *s* violin; *spille ~* play the violin; **~bygger** *s* violin maker; **~ist** *s* violin player, violinist.

vippe *s (til svømmeudspring)* diving board; *(på legeplads)* seesaw; *det er lige på ~n* it is touch and go // *v* rock; *(på legetøjsvippe)* seesaw; *(tippe)* tip.

vipstjært *s* wagtail.

viril *adj* virile; **~itet** *s* virility.

virke *v* work, act; *(forekomme)* look, seem; *bremsen ~r ikke* the brake does not work; *hun ~r rar* she seems nice; **~lig** *adj* real // *adv* really; *nej, ~?* oh, really? *han er ~lig dygtig* he is really good; **~liggøre** *v* realize; **~lighed** *s* reality; *i ~ligheden* in reality, actually; *blive til ~lighed* become a reality; *(gå i opfyldelse)* come true; **~nde** *adj: hurtigt ~nde* quick-acting; *langsomt ~nde* slow-acting.

virkning *s* effect; *have ~* have an effect; *være uden ~* have no effect; **~sfuld** *adj* effective; **~sløs** *adj* ineffective.

virksomhed *s (aktivitet)* activity; *(funktion)* action; *(foretagende)* business, firm; *(fabrik)* factory, works; **~sledelse** *s* management; **~sleder** *s* manager.

virtuos *s* virtuoso // *adj* brilliant.

virus *s* virus *(pl:* vira); **~sygdom** *s* virus disease.

virvar *s* chaos, confusion.

vis *adj* certain; *(sikker)* sure; *en ~ hr. Hansen* a certain Mr. Hansen; *til en ~ grad* to a certain degree; *være ~ på ngt* be sure of sth; *(se også vist).*

visdom *s* wisdom; **~stand** *s* wisdom tooth.

vise *s* song; *(folke~)* ballad // *v* show; *det vil tiden ~* time will show; *~ en vej* show sby the way; *~ af (når man skal dreje)* signal; *~ ngt frem* show sth; *(pralende)* show sth off; *~ sig* appear, turn up; *(vigte sig)* show off; *det viser sig at...* it appears that...; *~ sig at være en skurk* turn out to be a crook; *det vil ~ sig* we shall see.

viser *s* needle; *(på ur)* hand; *den lille ~* the hour hand; *den store ~* the minute hand.

visesanger *s* singer, folksinger.

vished *s* certainty; *få ~ for at...* get to know for sure that...; *skaffe sig ~* make sure.

visir *s (på hjelm)* visor.

visit *s* visit, call; *aflægge ~ hos en* pay a visit to sby.

visitere *v* search; *(krops~)* frisk.

visitkort *s* visiting card.

viske *v: ~ ngt ud (med viskelæder)* erase sth, rub sth out; *(med klud)* wipe sth out; **~læder** *s* eraser; **~stykke** *s* dishcloth.

vismand *s* wise man.

visne *v* wither, die; **vissen** *adj* withered, dead.

vist *adv (bestemt)* certainly; *(~ nok)* probably; *de kommer ~ ikke* they probably won't come; *jo ~!* oh, yes! certainly! **~nok** *adv* I daresay, probably.

visum *s* visa; *søge ~ til...* apply for a visa to...

vitamin *s* vitamin; *B-~* vitamin

B; **~mangel** *s* vitamin deficiency; **~rig** *adj* rich in vitamins.
vitrine *s (møbel)* display cabinet; *(til udstilling etc)* showcase.
vits *s* joke.
vittig *adj* witty; **~hed** *s* joke; **~hedstegning** *s* cartoon.
vod *s (til fiskeri)* dragnet; *trække ~ (i havnen)* drag (the harbour).
vogn *s (bil)* car; *(heste~)* waggon, cart; *(vare~)* van; *(last~)* lorry; *(taxa)* taxi; *(personvogn i tog)* carriage; *(gods~)* goods waggon; *(bagage~)* trolley; *(indkøbs~)* shopping cart; **~bane** *s (på vej)* lane; **~dæk** *s (på færge)* car deck; **~ladning** *s (om lastbil)* lorryload; **~mand** *s (med transportfirma)* haulage contractor; *(hyrevognsejer)* taxi owner; *(fragtmand)* carrier; **~park** *s* fleet of cars.
vogte *v* watch, guard; *~ sig* take care; *~ sig for ngt* beware of sth; *~ sig for at* take care not to; **~r** *s* keeper; *(af får)* shepherd; *(fig)* guardian.
vokal *s* vowel // *adj* vocal.
voks *s* wax; **~dug** *s* oilcloth,
vokse *v* grow; *~ fra sit tøj* outgrow one's clothes; *gælden ~r med 20% om året* the debt grows by 20 per cent a year; *~ sammen (om sår)* heal; *~ sig stor* grow big; **~n** *s* grown-up, adult; *blive ~n* grow up; *de voksne* the grown-ups, the adults; **~nundervisning** *s* adult education; **~værk** *s* growing pains *pl.*
vold *s (jord~)* embankment; *(magt)* power; *(voldsomhed)* violence; *bruge ~* use violence; *være i ens ~* be in sby's power; *med ~* by force; **~e** *v* cause; **~gift** *s* arbitration; **~giftsmand** *s* arbitrator; **~giftsret** *s* court of arbitration; **~grav** *s* moat.
volds. . . *sms:* **~handling** *s* act of violence; **~mand** *s* assailant; **~metoder** *spl* violent means.
voldsom *adj* violent; *(enorm)* immense; **~hed** *s* violence.
voldtage *v* rape; **voldtægt** *s* rape.
volumen *s* volume; **voluminøs** *adj* voluminous.
vom *s* paunch.
vor *se vores.*
vorden *s: være i sin ~* be in the making; **~de** *adj* future; *hans ~de hustru* his future bride; *en ~nde mor* an expectant mother.
vores *(vor, vort, vore(s)) pron* our; *(stående alene)* ours; *det er ~ bil* it is our car; *bilen er ~* the car is ours.
Vorherre God, the Lord.
vort *se vores.*
vorte *s* wart.
votere *v* vote; *(om nævninge)* consider the verdict.
vove *v (turde)* dare; *(risikere)* risk; *~ på* dare to; *det kan du lige ~ på!* don't you dare! *~ sig ind på ngt* venture into sth; **~hals** *s* daredevil; **~t** *adj* risky.
vovse *s* doggie.
vrag *s* wreck; **~e** *v* reject; *vælge og ~e* pick and choose.
vralte *v* waddle; **~n** *s* waddle.
vrang *s (vrangen)* wrong side; *vende ~en ud* turn the wrong side out // *adj: strikke ~* purl; *to ret og to ~* knit two, purl two; **~maske** *s* purl; **~strikning** *s* purl knitting.
vred *adj* angry; *blive ~ over ngt* get angry at sth; *blive ~ på en* get angry with sby; **~e** *s* anger; *(raseri)* rage.
vride *v* twist; *(om tøj, hænder*

etc) wring; ~ *halsen om på en* wring sby's neck; ~ *om på foden* twist one's ankle; ~ *sig* writhe; ~ *og vende sig* twist and turn; **~maskine** *s* wringer.

vrikke *v* wriggle; ~ *med ørerne* wriggle one's ears; ~ *om på foden* twist one's ankle.

vrimle *v* team, swarm *(med, af* with); **vrimmel** *s* swarm.

vrinske *v* neigh; **~n** *s* neigh(ing).

vrisse *v* snap *(ad* at).

vrist *s* instep.

vræl *s* yell, roar; **~e** *v* yell, roar.

vrænge *v* sneer *(ad* at).

vrøvl *s* nonsense; *(besvær)* trouble; *gøre ~ over ngt* complain of sth; **~e** *v* talk nonsense.

vugge *s* cradle // *v* rock; **~stue** *s* crèche, day nursery.

vulgær *adj* vulgar.

vulkan *s* vulcano; **~isere** *v (om dæk)* retread; **~udbrud** *s* volcanic eruption.

vurdere *v* estimate; *(fig)* evaluate.

vurdering *s* estimate; evaluation; *efter min* ~ in my opinion; **~smand** *s* surveyor; **~spris** *s* estimated price.

væbne *v* arm; *~de styrker* armed forces.

vædde *v* bet *(om* on); *skal vi ~?* do you want to bet (on it)? **~løb** *s* race; **~løbsbane** *s* racing track; *(til heste)* racecourse; **~mål** *s* bet.

vædder *s (zo)* ram; *V~en (astr)* Aries.

væde *s* moisture // *v* moisten.

væg *s* wall; *hænge ngt op på ~gen* hang sth on the wall.

væge *s* wick.

væggetøj *spl* bedbugs.

væglampe *s* wall lamp; **vægmaleri** *s* mural (painting).

vægre *v: ~ sig ved at gøre ngt* refuse to do sth; **vægring** *s* refusal.

vægt *s (det ngt vejer, tyngde etc)* weight; *(apparat til at veje på)* scales; *V~en (astr)* Libra; *i løs ~* in bulk; *tabe i ~* lose weight; *tage på i ~* put on weight; *passe på ~en* watch one's figure; *lægge ~ på at gøre ngt* set great store by doing sth; **~er** *s* night watchman; **~fylde** *s* specific gravity; **~løftning** *s* weightlifting; **~løs** *adj* weightless; **~tab** *s* weight loss.

vægtæppe *s (gobelin)* tapestry; *(mindre pynte~)* wallhanging.

væk *adv* away; *(borte også:)* gone; *blive ~ (dvs. forsvinde)* disappear; *(om person)* be lost; *(holde sig væk)* stay away; *langt ~* far away.

vække *v* wake (up); *(kalde på for at vække)* call; *(frembringe)* arouse, excite, cause; *væk mig kl. 7* please call me at 7; *~ forargelse* cause a scandal; *~ mistanke* arouse suspicion; *~ en til live (dvs. genoplive)* resuscitate sby; *(dvs. sætte liv i)* arouse sby; **~lse** *s* revival; **~ur** *s* alarm clock; *sætte ~uret til at ringe kl. 6* set the alarm for 6 o'clock; **vækning** *s* calling; *(tlf)* wakeup service.

vækst *s* growth; *han er høj af ~* he is tall; **~hus** *s* greenhouse.

væld *s: et ~ af* lots of.

vældig *adj (stor)* enormous, immense; *det ser ~ godt ud* it looks awfully good.

vælge *v* choose; *(~ ud, udsøge)* pick, select; *(ved valg)* elect; *~ en til præsident* elect sby president; **~r** *s* voter, elector; **~rmøde** *s* election

meeting.
vælling *s* gruel.
vælte *v (med objekt)* upset; *(selv ~, falde)* fall over; *(~ frem, fx om vand)* pour; *~ et glas* upset a glass; *~ ngt på gulvet* push sth on to the floor; *~ med cyklen* have a fall with one's bicycle; *~ sig i ngt* be rolling in sth.
væmmelig *adj* nasty, disgusting; **væmmelse** *s* disgust; **væmmes** *v: ~ ved ngt* be disgusted at sth.
vænne *v* accustom; *~ en af med ngt* get sby to give up *(el.* stop) sth; *~ en til (at gøre) ngt* accustom sby to (doing) sth; *~ sig af med at ryge* give up smoking; *~ sig til at gøre ngt* get used to doing sth.
værd *adj* worth; *(værdig)* worthy; *det er det ikke ~* it is not worth it; *det er ikke ~ at vi gør det* we had better not do it; *den er mange penge ~* it is worth a lot of money.
værdi *s* value; *af stor ~* of great value; *til en ~ af 500 kr* to the value of 500 kr; *~er (ejendom)* valuables; *(papirer)* securities; **~fuld** *adj* valuable.
værdig *adj* worthy; *(om persons fremtræden)* dignified; *være ~ til* be worthy of; **~e** *v: ikke ~e en et blik* not deign to look at sby; **~hed** *s* dignity; *det var under hans ~hed* it was beneath him; **~t** *adj* with dignity.
værdiløs *adj* worthless; **værdipapirer** *spl* securities.
værdsætte *v* appreciate.
være *v* be; *(som hjælpeverbum:)* have; *hvem er det?* who is it? *det er mig* it is me; *det kan ~ at de har glemt os* they may have forgotten us; *de er lige kommet hjem* they have just come home; *~ til (dvs. eksistere)* exist; *hvad er den æske til?* what is that box for? *den er til at lægge øreringe i* it is for putting earrings in.
værelse *s* room; *en femværelses lejlighed* a five-room flat.
værft *s* shipyard.
værge *s* guardian // *v: ~ for sig* defend oneself; **~løs** *s* defenceless.
værk *s* work; *(el~, gas~ etc)* works; **~fører** *s* foreman; **~sted** *s* workshop.
værktøj *s* tool; *han har en masse ~* he has lots of tools; **~skasse** *s* toolbox; **~smaskine** *s* machine tool.
værn *s (forsvar)* defence; *(beskyttelse)* protection; **~e** *v* defend; protect *(mod* from, against); **~epligt** *s* compulsory military service; **~epligtig** *s* conscript.
værre *adj* worse; *han er en ~ en* he is a bad one; *du er en ~ idiot* you are a damned fool.
værsgo *interj (når man giver en ngt)* here you are; *(når man lader en vælge ngt selv)* help yourself; *(når maden er færdig)* the meal (, dinner, lunch etc) is ready.
værst *adj* worst; *det ~e er at...* the worst thing is that...; *i ~e fald* at worst.
vært *s (husejer, kroejer)* landlord; *(ved selskab)* host; **~inde** *s* landlady; hostess; **~shus** *s* pub, inn; **~sland** *s* host country.
væsen *s (skabning)* creature, being; *(beskaffenhed, natur)* nature; *(optræden)* manners *pl; (etat)* service, department; **~tlig** *adj* essential; *(betragtelig)* considerable; *i det ~tlige* essentially // *adv* considerably; *(meget)* much.

væske *s* liquid.
vættelys *s* thunderstone.
væv *s* loom; *(vævet stof)* tissue; *(net)* web; **~e** *v* weave; *(vrøvle etc)* ramble; **~er** *s* weaver // *adj* agile; **~eri** *s* (textile) mill; **~ning** *s* weaving.
våben *s* weapon; *(om krigsvåben, pl)* arms; *(heraldisk)* (coat of) arms; *handle med ~* trade in arms; *nedlægge våbnene* lay down arms; **~fabrik** *s* arms factory; **~hus** *s (ved kirke)* porch; **~kapløb** *s* arms race; **~skjold** *s* coat of arms; **~stilstand** *s (foreløbig)* ceasefire; *(endelig)* armistice.
våd *adj* wet; *blive ~ i håret* get one's hair wet; *det er ~t i vejret* it is a wet day; **~eskud** *s* accidental shot; **~område** *s* wetland.
våge *s (i isen)* hole in the ice // *v (holde sig vågen)* wake, be awake; *~ over en* watch over sby; **~blus** *s* pilot light.
vågen *adj* awake; *(på vagt)* vigilant; *(kvik)* bright; *holde sig ~* keep awake; **vågne** *v* wake (up).
vår *s (til dyne etc)* cover; *(forår)* spring.
vås *s* nonsense; **~e** *v* talk nonsense.

W

wagon *s (jernb)* carriage.
waliser *s* Welshman; *~ne* the Welsh; **walisisk** *adj* Welsh.
Warszawa *s* Warsaw.
wc *s* toilet, lavatory, (F) loo; *gå på ~* go to the toilet, use the toilet; **~kumme** *s* toilet bowl; **~papir** *s* toilet paper.
weekend *s* weekend; *i ~en* over the weekend; *forlænget ~* long weekend; **~kuffert** *s* overnight bag.
whisky *s (skotsk)* whisky; *(irsk)* whiskey; *(amerikansk)* bourbon; *en tør ~* a neat whisky; **~sjus** *s* whisky and soda.
Wien *s* Vienna; **w~er** *s* Viennese; **w~erbrød** *s* Danish pastry; **w~ervals** *s* Viennese waltz.
wire *s* cable.

Y

yde *v (give)* yield, give; *(præstere)* do; *(betale)* pay; *~ sit bedste* do one's best; *~ en bistand* help sby; **~dygtig** *adj* productive; *(om motor etc)* powerful; **~evne** *s* capacity; *(om fx bilmotor)* performance; **~lse** *s (udbytte etc)* yield; *(præstation)* performance; *(social ~)* benefit; *(tjeneste~)* service; *(betaling)* payment.
yderbane *s* outside lane.
yderlig *adj* near the edge; **~ere** *adj/adv* further; **~gående** *adj* extreme; *(om person)* extremist; **~hed** *s: fra den ene ~hed til den anden* from one extreme the other; *gå til ~heder* go to extremes.
yderside *s* outside; *(om fx hus)* exterior.
yderst *adj* extreme; *(udvendig)* outer; *våd fra inderst til ~* wet through; *det ~e højre (pol)* the extreme right; *ligge på sit ~e* be dying; *i ~e nødstilfælde* if the worst comes to the worst; *gøre sit ~e* do one's utmost // *adv* extremely, most.
ydmyg *adj* humble; **~e** *v* humiliate; **~ende** *adj* humiliating; **~else** *s* humiliation; **~hed** *s* humility.
ydre *s* outside; *(udseende)* appearance; *ligne en af ~* be

like sby to look at // *adj* outer, outside; external; *~ fjender* foreign *(el.* external) enemies; *det ~ rum* outer space.
ynde *s* charm // *v* like; **~fuld** *adj* graceful; **~r** *v* lover, admirer *(af* of); **~t** *adj* popular.
yndig *adj* lovely.
yndling *s* favourite; **~s-** *adj* favourite, pet; **~sbeskæftigelse** *s* favourite occupation.
yngel *s* brood; *(om fisk)* fry; **yngle** *v* breed; *(om penge)* multiply; **yngletid** *s* breeding season.
yngling *s* youth; *(sport)* junior.
yngre *adj* younger *(end* than); *(ret ung)* youngish; **yngst** *adj* youngest.
ynk *s: det er den rene ~* it is pathetic; **~e** *v* pity *(en* sby); **~elig** *adj* pitiful, pathetic; *gøre en ~elig figur* be a sorry sight.
yoghurt *s* yoghurt.
yppe *v: ~ kiv* start an argument.
ypperlig *adj* superb, excellent.
ytre *v (vise)* show; *(udtale)* utter, speak; *hun ~de et ønske* she expressed a desire; *han ~de ikke ngt om det* he did not utter a word about it; **ytring** *s (udtalelse)* remark, comment; *(demonstration)* manifestation; **ytringsfrihed** *s* freedom of expression.
yver *s* udder.

Z

zar *s* tsar.
zebra *s* zebra; **~striber** *spl (fodgængerovergang)* zebra crossing.
zink *s* zinc; **~salve** *s* zinc ointment.
zobel *s* sable.
zone *s* zone; *(takst~)* fare stage; **~terapi** *s* zone therapy, reflexology.
zoolog *s* zoologist; **~i** *s* zoology; **~isk** *adj* zoological; *~isk have* zoo.
zoome *v* zoom; **zoomlinse** *s (foto)* zoom lens.

Æ

æble *s* apple; *stridens ~* the bone of contention; *bide i det sure ~* swallow the bitter pill; **~mos** *s* apple sauce; **~most** *s* apple juice; **~skrog** *s* apple core; **~skræl** *s* apple peel.
æde *v* eat; *(neds)* stuff oneself, gobble; *~ ngt i sig igen* take sth back; **~dolk** *s* glutton; **~gilde** *s* blow-out.
ædel *adj* noble; *ædle metaller* precious metals; *de ædlere dele* the private parts; **~gran** *s* silver fir; **~modig** *adj* magnanimous; **~modighed** *s* magnanimity; **~sten** *s* precious stone.
æderi *s* gluttony, guzzling.
ædru *adj* sober; *pinligt ~* stone-cold sober; **~elig** *adj* sober.
æg *s* egg; *(på fx kniv)* edge; *(på stof)* selvedge; **~geblomme** *s* egg yolk; **~gebæger** *s* egg cup; **~gedeler** *s* egg slicer; **~gehvide** *s* egg white; **~gehvidestof** *s* protein; **~gekage** *s* omelet; **~geleder** *s* Fallopian tube; **~geskal** *s* egg shell; **~gestok** *s* ovary.
ægte *adj* real, genuine; *(om guld etc også:)* pure; **~fælle** *s* spouse; **~par** *s* married couple; **~skab** *s* marriage; *hun har tre børn af første ~skab* she has three children by her first husband; *født uden for ~skab* illegitimate; **~skabelig** *adj* married.
ægæisk *adj: Det ~e Hav* the Aegean (Sea).

ækel *adj* nasty; *en ~ karl* a nasty piece of work.
ækvator *s* the Equator.
ælde *s* age; *dø af ~* die of old age.
ældgammel *adj* ancient.
ældre *s* elderly (people) // *adj* older; *(om søn, datter etc også:)* elder; *(ret gammel)* rather old; *(om person)* elderly; *(tidligere)* earlier; *hun er 15 år ~ end han* she is 15 years older than he; *den ~ stenalder* the earlier Stone Age; **~forsorg** *s* care of the elderly.
ældst *adj* oldest; *(om søn, datter etc også:)* eldest.
ælling *s* duckling.
ælte *s (pløre)* mud // *v (om dej)* knead; **æltning** *s* kneading.
ændre *v* change, alter; *~ mening* change one's mind; *~ på* change; *~ sig* change; **ændring** *s* change.
ængste *v: ~ en* alarm sby; *~s* be alarmed; **~lig** *adj* anxious *(for* about); *(af væsen)* timid; **~lse** *s* anxiety.
ænse *v: hun ~de ham ikke* she had no eye for him; *uden at ~...* regardless of...
æra *s* era.
ærbar *adj* demure; **~hed** *s* demureness.
ærbødig *adj* respectful, reverent, *~st (i brev)* Yours faithfully; **~hed** *s* respect, deference.
ære *s* honour; *(anerkendelse)* credit; *det er al ~ værd* it is highly creditable; *tage ~n for ngt* take the credit for sth; *hvad skylder man ~n?* to what do I owe this honour? *på ~* honestly; *til ~ for* in honour of // *v* honour; *det ~de medlem* the Honourable member.
ære... *sms:* **~frygt** *s* awe; **~frygtindgydende** *adj* awe-inspiring; **~fuld** *adj* honourable; **~krænkende** *adj* defamatory.
æres... *sms:* **~bevisning** *s* honour; **~doktor** *s* honorary doctor; **~gæst** *s* guest of honour; **~medlem** *s* honorary member; **~ord** *s* word of honour; **~sag** *s* matter of honour.
ærgerlig *adj* annoying; *(som ærgrer sig)* annoyed; *det var da ~t* how annoying.
ærgre *v* annoy; *~ sig* be annoyed; **~lse** *s* annoyance, worry.
ærinde *s* errand; *være ude i andet ~* be after sth else.
ærke... *sms:* **~biskop** *s* archbishop; **~engel** *s* archangel; **~fjende** *s* arch-fiend.
ærlig *adj* honest, frank; *(oprigtig)* sincere, straightforward; *det er en ~ sag* it is no crime; *~t spil* fair play; **~hed** *s* honesty; **~t** *adv* honestly; sincerely; *det har du ~t fortjent* it serves you right; *~t talt* honestly.
ærme *s* sleeve; *uden ~r* sleeveless; *smøge ~rne op* roll up one's sleeves; *ryste ngt ud af ~t* produce sth just like that; **~gab** *s* armhole; **~linning** *s* cuff.
ært *s* pea; **~ebælg** *s* pea pod.
ærværdig *adj* venerable; **~hed** *s* venerability.
æsel *s* donkey; **~øre** *s (i bog etc)* dog-ear.
æske *s* box; *en ~ tændstikker* a box of matches.
æstetisk *adj* aesthetic.
æter *s* ether; **~isk** *adj* ethereal.
ætse *v* corrode; *(med syre)* etch; **~nde** *adj* caustic.
ævl *s* rubbish; **~e** *v* talk rubbish; *~e løs* blether.
ævred *v: opgive ~* give up.

Ø

ø *s* island; *de britiske ~er* the British Isles; **øbo(er)** *s* islander.

øde *adj* deserted, empty; *en ~ ø* a desert island; **~gård** *s* derelict farm.

ødelagt *adj* ruined, spoiled; *(gået i stykker)* broken; *(udslidt)* worn out.

ødelægge *v* ruin, spoil; *(med vilje)* destroy; *(slå i stykker)* break, smash; **~lse** *s* destruction; *(skade)* damage.

ødemark *s* wilderness.

ødsel *adj* extravagant; *(som gerne giver væk)* lavish; **~hed** *s* extravagance; lavishness; **ødsle** *v* be extravagant; *ødsle ngt væk* sqander *(el.* waste) sth; *ødsle sine penge på en* lavish one's money on sby.

øg *s (gammel hest)* nag, jade.

øge *v* increase *(med* by); *(om tøj)* add to; **~navn** *s* nickname; **~s** *v* increase; **~t** *adj* added.

øgle *s* lizard.

øgruppe *s* group of islands; **øhav** *s* archipelago.

øje *s* eye; *lukke øjnene* close one's eyes *(for* to); *åbne øjnene* open one's eyes; *gøre store øjne* be all eyes; *have ~ for ngt* have an eye for sth; *for øjnene af naboerne* in front of the neighbours; *i mine øjne* as I see it; *se i øjnene at...* face the fact that...; *holde ~ med ngt* keep an eye on sth; *få ~ på ngt* spot sth, see sth; *have et godt ~ til en* have an eye on sby; *under fire øjne* in private.

øjeblik *s* moment; *(et kort nu)* instant; (F) second, minute; *et ~!* just a moment! just a second! *vent et ~* wait a minute; *for ~ket* at the moment; *i det ~* at that moment; *i samme ~ som...* the moment...; *i sidste ~* at the last moment; *om et ~* in a minute; *på et ~* in no time; **~kelig** *adj* immediate, instant; *(nuværende)* present; *(som snart går over)* temporary // *adv* instantly, at once; **~sbillede** *s* snapshot.

øjemål *s: efter ~* by eye.

øjen... *sms:* **~bryn** *s* eyebrow; *løfte ~brynene* raise one's eyebrows; **~dråber** *spl* eye drops; **~glas** *s* eye bath; **~læge** *s* eye specialist; **~låg** *s* eyelid; **~skygge** *s* eyeshadow.

øjensynlig *adj* apparent.

øjeæble *s* eyeball.

øjne *v* see.

økolog *s* ecologist; **~i** *s* ecology; **~isk** *adj* ecological.

økonom *s* economist.

økonoma *s* catering officer.

økonomi *s* economy; *(som fag)* economics; *(økonomiske forhold)* finances *pl;* **~ministerium** *s* Ministry of Economic Affairs; **~sere** *v: ~sere med ngt* economize on sth; **~sk** *adj* economic; *(sparsommelig)* economical.

økse *s* axe.

øl *s* beer; *(pilsner)* lager; *lyst ~* light ale; *~ fra fad* draught beer; *købe fem ~* buy five beers; **~dåse** *s* beer can; **~flaske** *s* beer bottle; **~glas** *s* beer glass; **~gær** *s* brewer's yeast; **~kapsel** *s* beer-bottle cap; **~kasse** *s* beer crate.

øllebrød *s* soup made of bread and beer.

ølmave *s* beer paunch; **øloplukker** *s* bottle opener.

øm *adj* sore; *(kærlig)* tender; *være ~ i benene* have sore legs; *være ~ over ngt* be very concerned about sth; *et ~t punkt (fig)* a sore spot; **~findtlig** *adj* sensitive; **~hed** *s (smerte)* pain, ache; *(kærlighed)* love; *(varme følelser)* affection; **~me** *v: ~me sig* moan; **~skindet** *adj* sensitive.

ønske *s* wish, desire; *efter ~ (dvs. som man vil)* as desired; *(dvs. efter smag)* to taste; *(dvs. som det skal være)* satisfactory // *v* wish; *(ville have, ville)* want; *~ en godt nytår* wish sby a happy New Year; *~ en til lykke* congratulate sby *(med* on); *De ~r? (i butik)* can I help you? *som De ~r* as you please; *jeg ville ~ at det var sommer* I wish it were summer; *~ sig ngt* wish for sth; *~ sig ngt til jul* want sth for Christmas; **~barn** *s (som er planlagt)* planned child; **~drøm** *s* pipe-dream; **~koncert** *s* musical request programme; **~lig** *adj* desirable; **~seddel** *s* list of gift wishes; **~t** *adj* desired, wanted; **~tænkning** *s* wishful thinking.

ør *adj (svimmel)* dizzy; *(rundt på gulvet)* confused.

øre *s* ear; *(mønt)* øre; *have ~ for ngt* have an ear for sth; *holde en i ~rne* keep a tight rein on sby; *have meget om ~rne* be up to one's ears (in work); *ikke en rød ~* not a penny; **~døvende** *adj* earsplitting; **~flip** *s* earlobe; **~gang** *s* auditory canal; **~læge** *s* ear specialist; **~mærke** *s* earmark.

ørenlyd *s: få ~* obtain a hearing.

ørentvist *s* earwig.

ørepine *s* earache; **øresnegl** *s (tv etc)* earpiece; **ørestik** *s (ørering)* stud earring.

Øresund *s* the Sound.

øre... *sms:* **~tæve** *s* box on the ear, slap (on the face); *give en en ~tæve* slap sby's face; *få en ~tæve (fig)* get a smack in the eye; **~tæveindbydende** *adj: han er ~tæveindbydende* he makes my fingers itch; **~varmer** *s* earmuff; *(på huen)* ear flap; **~voks** *s* earwax.

ørken *s* desert; **~dannelse** *s* desertification.

ørn *s* eagle; *være en ~ til ngt* be a wizard at sth; **~enæse** *s* aquiline nose; **~eunge** *s* eaglet.

ørred *s* trout.

øse *s (mar)* baler; (S, *om bil)* racy car // *v* scoop; *(mar)* bale; *det ~r ned* it is pouring down; *~ suppe op* dish up soup.

øsregn *s* downpour; **~e** *v: det ~er* it is pouring down.

øst *s/adv* east; *~ for* (to the) east of; *i ~* in the east; *mod ~ (dvs. østpå)* eastwards; *(dvs. som vender mod ~)* facing east; **Ø~afrika** *s* East Africa; **~asiatisk** *adj* East Asian; **Ø~asien** *s* East Asia; **Ø~berlin** *s* East Berlin; **~blokken** *s* the Eastern bloc; **Ø~danmark** *s* Eastern Denmark; **Ø~en** *s* the East; *det fjerne Ø~en* the Far East; **~envind** *s* east wind; **~erlandsk** *adj* oriental.

østers *s* oyster; **~banke** *s* oyster bed.

Østersøen *s* the Baltic (Sea).

Østeuropa *s* Eastern Europe.

øst... *sms:* **~europæisk** *adj* Eastern European; **~fra** *adv* from the east; **~kyst** *s* east coast; **~land** *s* East European country.

østlig *adj* east; *(om vind)* eastern.

østpå *adv* east, eastwards; *(i*

den østlige del af landet) in the east.

Østrig *s* Austria; **ø~er** *s,* **ø~sk** *adj* Austrian.

østtysk *adj,* **~er** *s* East German; **Ø~land** *s* East Germany.

øve *v* practise; *(opøve)* train; *(gøre, volde etc)* do; ~ *hærværk* vandalize; ~ *vold* use violence; ~ *sig på ngt* practise sth; **~hæfte** *s* exercise book; **~lse** *s* practice; *(enkelt øvelse, fx i gymnastik)* exercise; *have ~lse i ngt* be practised in sth.

øverst *adj* top, topmost, *(fig)* highest // *adv* at the top; *~e etage* the top floor; ~ *i højre hjørne* in the top right-hand corner; *stå* ~ *på listen* top the list; *fra* ~ *til nederst* from top to bottom.

øvet *adj* experienced.

øvre *adj* upper.

øvrig *adj: det/de ~e* the rest; *for ~t (dvs. apropos)* by the way; *(dvs. ellers)* otherwise; *(dvs. imidlertid)* however; **~heden** *s* the authorities *pl.*

å *s* stream; *(stor, bred)* river; *(lille, smal)* brook.

åben *adj* open; *(om person)* open-minded; *være* ~ *over for ngt* be open to sth; *stå* ~ be open; *lade døren stå* ~ leave the door open; *(se også åbent).*

åbenbar *adj* evident; **~e** *v* reveal; *~e sig* appear; **~ing** *s* revelation; *Johannes' ~ing* the Apocalypse; **~t** *adv (helt klart)* evidently, obviously; *(tilsyneladende)* apparently.

åbenhjertig *adj* frank, candid.

åbenlys *adj* open, unconcealed; *(tydelig)* obvious.

åbent *adv* openly; *holde længe* ~ be open late; **~stående** *adj* open.

åbne *v* open (up); *(låse op)* unlock; ~ *sig* open (up); ~ *for en* open the door to sby; ~ *for vandet* turn on the water.

åbning *s* opening; *(hul)* hole; **~stid** *s (i forretning)* opening hours *pl.*

ådsel *s* carcass; **~grib** *s* vulture.

åger *s* usury; **~karl** *s* usurer; **~pris** *s* exorbitant price; *betale ~pris* pay through the nose.

åh *interj* oh; ~ *ja* well, yes; ~ *jo!* please! ~ *hold op!* come now!

åkande *s* waterlily.

ål *s* eel; **~eglat** *adj (fig)* slick; **~ejern** *s* eelspear.

ånd *s* spirit, mind; *(spøgelse)* ghost; *en ond* ~ an evil spirit; *opgive ~en* give up the ghost; *se ngt i ~en* see sth in one's mind's eye; **~e** *s: holde en i ~e* keep sby occupied // *v* breathe; *~e lettet op* breathe again.

åndedræt *s* respiration; *kunstigt* ~ artificial respiration; **~sbesvær** *s* difficulty in breathing.

åndelig *adj* spiritual, mental.

åndeløs *adj* breathless.

åndenød *s* difficulty in breathing.

ånds. . . *sms:* **~evner** *spl* mental faculties; **~forladt** *adj* dull; **~fraværelse** *s* absentmindedness; **~fraværende** *adj* absent-minded; **~frisk** *adj* mentally sound; **~nærværelse** *s* presence of mind; **~svag** *adj* mentally deficient; *(idiotisk)* stupid; **~svaghed** *s* mental deficiency.

år *s* year; *være 20* ~ be twenty (years old); *blive 30 (år)* be thirty; *i* ~ this year; *i de senere* ~ in recent years; *han er oppe i ~ene* he is getting on in years; *om et* ~ in a year; *om ~et* a year; *en dreng på otte* ~ an eight-year old boy; *sidste* ~ last year; **~bog** *s* yearbook.

åre *s (mar)* oar; *(blod~)* vein; *(puls~)* artery; *(i træ)* grain; **~forkalkning** *s* arteriosclerosis; **~gaffel** *s* rowlock; **~knude** *s* varicose vein; **~tag** *s* stroke; **~told** *s* tholepin.

årevis: *i* ~ for years.

årgang *s (aldersklasse)* year; *(af tidsskrift etc)* volume; *(af vin)* vintage; **~svin** *s* vintage wine.

århundrede *s* century; **~skifte** *s: ved ~skiftet* at the turn of the century.

-årig *(om alder)* ...-year old; *(om varighed)* ...-year; *en 10~ dreng* a 10-year old boy; *en fem~ aftale* a five-year agreement.

årlig *adj* annual, yearly // *adv* annually, a year; *fire gange* ~ four times a year.

årsag *s* cause *(til* of), reason *(til* for); *(anledning)* occasion *(til* for); *af den* ~ for that reason; *give* ~ *til* give cause for; *~en til at...* the reason why...

års... *sms:* **~basis** *s: på ~basis* on an annual basis; **~beretning** *s* annual report; **~dag** *s* anniversary *(for* of); **~møde** *s* annual meeting; **~prøve** *s* annual examination; **~skifte** *s* turn of the year; **~tal** *s* year; **~tid** *s* season.

årti *s* decade; **årtusinde** *s* millennium.

ås *s* ridge.

åsted *s: ~et* the scene of the crime.